Gault&Millau
ÖSTERREICH

HERAUSGEBER & CHEFREDAKTION

Martina & Karl Hohenlohe

2020

www.gaultmillau.at

JA! ZUR NATUR HEISST NATÜRLICH

GESUNDER BODEN

Gut sein zum Boden heißt gut sein zu allem, was dort lebt.

Dem Boden nicht mit Gewalt mehr abringen, als er bereit ist zu geben. Ihm zurückgeben, was er braucht, um immer wieder etwas Gutes hervorzubringen. Aber nur ja keinen Kunstdünger. Lieber Kompost samt Regenwürmern. Und ganz sicher keine chemisch-synthetischen Spritzmittel, wo es doch gegen jeden Schädling einen Nützling gibt. Danke, sagt der Boden. Im Namen der Zukunft all seiner Bewohner.

Aus unseren gesunden lebendigen Bio Böden wird jetzt das frische Gemüse von Ja! Natürlich geerntet.

*Gut für uns.
Und die Natur natürlich.*

janatuerlich.at
#BioBoden

Gibts nur bei:

INHALT

EINLEITUNG & NEUES BEWERTUNGSSYSTEM	4
RANKINGS	10
AUSZEICHNUNGEN	25
SYMBOLE & LANDKARTE	56/57
BEWERTUNGEN I	
Wien	58
Burgenland	142
Kärnten	158
Niederösterreich	192
Almhütten Niederösterreich	248
Oberösterreich	264
Salzburg	294
Steiermark	342
Tirol	390
Almhütten Tirol	460
Vorarlberg	532
DIE BESTEN HOTELS ÖSTERREICHS	566
NEU GOLFCLUBS MIT RESTAURANTS	726
NEU DIE BESTEN BARS ÖSTERREICHS	752
NEU DIE BESTEN KAFFEEHÄUSER ÖSTERREICHS	778
BEWERTUNGEN II	
Südtirol, Hotels	796
Almhütten, Hof- und Buschenschänken	896
INDEX A–Z	928
IMPRESSUM	22

NEUSTART MIT 41

© Philipp Lipiarski

Voller Stolz dürfen wir Ihnen die 41. Ausgabe des Guide Gault&Millau präsentieren. Stolz macht uns die konsequente und qualitätsorientierte Arbeit der letzten 41 Jahre, aber auch die große Neuerung dieser Ausgabe: Ab sofort bewerten wir nach dem internationalen Schema von Gault&Millau und vergeben Höchstnoten mit fünf Hauben.

Schon vor einigen Jahren hat Gault&Millau Frankreich eine fünfte Haube eingeführt, um die weiter wachsende Spitze an Top-Restaurants differenzierter bewerten zu können. Für die etablierten Länderausgaben wie Deutschland, Österreich, Benelux und die Schweiz bestand damals kein Grund, vom bewährten 4-Hauben-System abzugehen. Wieso sollte man ein gelerntes und bestens bewährtes System verändern, wenn es im jeweiligen Markt keinen aktuellen Anlass dafür gibt?

International auf der Überholspur

Seit ein paar Jahren befindet sich Gault&Millau jedoch auf einem beachtlichen internationalen Expansionskurs. Nicht nur in Ost- und Südeuropa (Kroatien, Polen, Russland, Rumänien, Slowenien), sondern auch in Übersee (Australien, Israel und Japan) wurden in den letzten Jahren neue Gault&Millau-Ausgaben auf den Markt gebracht. Somit werden Gault&Millau-Hauben nicht mehr nur zum Vergleich der Restaurants innerhalb eines Landes herangezogen, sondern entwickeln sich zu internationalen Gütezeichen.

Damit länderübergreifende Vergleiche auch aussagekräftig sind, muss man allerdings die gleichen Maßstäbe anlegen. International betrachtet, waren unsere besten Haubenrestaurants in den letzten Jahren etwas benachteiligt, weil sie eine Bewertung mit fünf Hauben gar nicht erreichen konnten.

EINLEITUNG & NEUES BEWERTUNGSSYSTEM

Um einer weltweit immer stärker agierenden Marke Rechnung zu tragen, ziehen wir als längster Lizenznehmer (Österreich ist nach Frankreich die älteste Ausgabe des Gault&Millau) mit am gleichen Strang **und verwenden ab sofort das neue 5-Hauben-System.**

Der Einstieg in die Haubenwelt ist dadurch nicht leichter geworden. Ein-Hauben-Restaurants, die bisher mit 13 Punkten ausgezeichnet wurden, erhalten ab nun eine Bewertung von 11 bis 12,5. Wer bisher mit 14 Punkten quasi am Sprung zur zweiten Haube stand, befindet sich nun mit 13 oder 13,5 Punkten ebendort. **Das deutlich erweiterte Punktesystem mit Halbpunkten von 11 bis 19,5 Punkten ermöglicht eine deutlich differenziertere Bewertung, was vor allem bei den besten Restaurants des Landes mehr Orientierung bringt.** Die Idealnote von 19,5 Punkten, die auch von unseren französischen Kollegen extrem sparsam verliehen wird (aktuell sind es in Frankreich zwei Restaurants), kommt heuer nicht zur Anwendung. Unsere fünf bisherigen 4-Hauben-Restaurants konnten ihre Position verteidigen und wurden allesamt mit 19 Punkten und fünf Hauben ausgezeichnet.

Dahinter gibt es ein relativ breites Feld von 38 4-Hauben-Restaurants, die mit 17 bis 18,5 Punkten bewertet sind. Es lohnt sich also mehr als bisher, nicht nur auf die Anzahl der Hauben, sondern auch auf die dazugehörigen Punkte zu schauen.

Zugegeben, das neue System mag für treue Leser nach 40 Jahren vielleicht etwas irritierend sein. Auch für uns war die Umstellung nicht ganz einfach. Schlussendlich lassen sich die alten Bewertungen aber relativ leicht in das neue System übersetzen.

Ökologie und Genuss

Produkte aus der unmittelbaren Umgebung zu verwenden, gehört heute zum Job-Profil eines Haubenkochs. Wenn man im Sommer den eigenen Kräutergarten vor der Tür hat, schmeckt es zumeist besonders gut.

Aber muss man es auf die Spitze treiben? Eine Küche, die sich ausschließlich auf regionale Produkte beschränkt, würde nicht nur im Winter zahlreiche Einschränkungen bedeuten.

Wollen wir wirklich auf Meeresfisch, Schokolade, Zitrusfrüchte und Kaffee verzichten? Auch auf Vanille und Pfeffer?

Auch unter Berücksichtigung der Nachhaltigkeit darf man einen allzu restriktiven Ansatz überdenken. Nicht nur der ökologische Fußabdruck eines Pfefferkorns ist vernachlässigbar. Wenn länger haltbare Produkte mit Schiff und Bahn geliefert werden, kann deren Schaden auf die Umwelt möglicherweise geringer sein, als der von in Plastik verschweißten regionalen Produkten, wenn sie mit einem alten Diesel-LKW geliefert werden.

Wie weit erlaubt uns der Nachhaltigkeitsgedanke, den kulinarischen Radius zu ziehen? Wir sind der Meinung, es kommt auf die Ware, deren Herkunft und Entstehung sowie auf die Umstände an. Ein Mehr an Transparenz sowohl bei der Herstellung wie auch beim Transport wäre in diesem Zusammenhang jedenfalls zu begrüßen. Wir stehen für einen verantwortungsvollen Konsum und nicht für genussfeindlichen Fanatismus.

Doch nicht nur die Herkunft und der Transport von Lebensmitteln sind ein Thema, das uns beschäftigt. **Verpackungswahn** und **Food Waste** sind ebenfalls brisante Themen, bei denen verantwortungsvolle Gastronomen viel bewirken können. Es braucht weder Gütesiegel noch großspurige Ankündigungen auf der Speisekarte, wenn man sich darüber Gedanken macht, wie man ökologischer wirtschaften kann. Bewusster Einkauf, konsequentes Mülltrennen, gute Isolierungen und viele andere kleine Maßnahmen können unterm Strich große Auswirkungen haben. Dafür braucht es nicht zwingend Ökosteuern, wenngleich die Politik durchaus gefragt ist, bessere Rahmenbedingungen zu schaffen.

Foodtrends und Inszenierung

Hippes, Cooles, Spektakuläres zählt in der Welt der feinen Restaurants, der teuren Menüs und der manchmal allzu eitlen Genießer oft mehr als einfach „nur" gute Küche. Zweifellos ist der Rahmen wichtig – und war es immer schon. Edles Ambiente, elegante Tischkultur und höflicher Service waren seit je her Attribute eines sehr guten Restaurants. Daran ist nichts Altmodisches, auch wenn sich die Formen im Laufe der Zeit

EINLEITUNG & NEUES BEWERTUNGSSYSTEM

wandeln. Früher war das edle Tischtuch wichtiger als gute Weingläser. Heute ist es umgekehrt.

Wer heute international auffallen will, muss tief in die Dramaturgie-Kiste greifen. So hat René Redzepi in seinem Restaurant Noma vor ein paar Jahren lebende Garnelen im Glas serviert, die man sich selbst „fangen" musste. Ob das wirklich mit Geschmack und nicht mehr mit Effektheischerei zu tun hat, spielt keine Rolle.

Bei aller Freude an Neuem, Interessantem und Weiterentwickeltem sollten wir stets reflektieren, worum es eigentlich geht. In der Welt der professionellen und halbprofessionellen Blogger, Kritiker und Influencer geht es oft nur darum, mit möglichst bizarren Geschichten Aufmerksamkeit zu erregen. Medienköche und Fernsehshow-Darsteller liefern dabei gerne Munition.

Public cooking

Was uns heuer vermehrt auffiel, waren die immer häufiger installierten offenen Küchen. **Die Köche bei ihrer Arbeit zu beobachten hat nicht nur Unterhaltungswert, auch ihr Stil muss sich der ultimativen Transparenz anpassen.** Sei es als in das Restaurant integrierte Küchen oder in die Küche eingebaute Restaurants. Köche älterer Generation verweigern die Open kitchen häufig, die straffe Führung sei ihnen in Fleisch und Blut übergegangen und nicht für die Gäste bestimmt. Doch für die jüngere Generation unter den Köchen gehören gebrüllte Befehle und fliegende Pfannen weitgehend der Vergangenheit an und sie sehen die offenen Küchen vielmehr als Möglichkeit, mit den Gästen direkt in Kontakt zu treten und ihre Arbeit persönlich zu präsentieren.

Erlebnisfaktor Trinken

Viel Bewegung gibt es bei den Getränken. **Alkoholfreie Getränkebegleitungen** kennen wir ja bereits seit einigen Jahren – doch spielt das nur in wenigen Spitzenrestaurants tatsächlich eine Rolle. Doch immer öfter haben wir uns in letzter Zeit über sehr gute hausgemachte Limonaden gefreut, egal ob mit Kohlensäure versetzt oder still. Manchmal basieren diese Getränke auf Fruchtsaft, manchmal auf Tee, manchmal auf Kräutern. Gut gemacht sind solche hausgemachten Erfrischungen eine absolute Bereicherung.

Das Thema **Natural Wines** ist in der Mitte der Gesellschaft angekommen. Wohl auch deshalb, weil es dabei nicht mehr primär um orange Weine mit langen Maischestandzeiten geht. Wir haben heuer erstaunlich viele **Weißweine aus dem Süden** (Rioja, Kanarische Inseln, Sizilien) glasweise angeboten bekommen und auch unsere **östlichen Nachbarn** (Tschechien, Slowakei, Ungarn, Rumänien) haben es offensichtlich geschafft, ihr angestaubtes Image hinter sich zu lassen. So vielfältig wie heuer war das Weinangebot in der heimischen Gastronomie jedenfalls noch nie.

Ein Trend, der uns ebenfalls erwähnenswert erscheint, spielt sich in der Welt des Kaffees ab. Hier scheiden sich die Geister. **Soll es nun ein Espresso sein oder ein hipper Filterkaffee der neuen Generation?** Unsere Großeltern schworen noch auf Melitta und Maresi, wir trinken völlig selbstverständlich Espresso und schäumen Milch im Spezialzubehör. Doch das Rad dreht sich weiter, dies scheint nicht der Weisheit letzter Schluss zu sein. Kaffee heißt nun **Drip Coffee**, serviert in Brew Bars. Die neuen Baristas kommen aus den Vereinigten Staaten, aus Australien und Neuseeland. Sie hantieren ernst mit laborartigem Zubehör, fern jeder traditionellen Kaffeehaus-Gemütlichkeit, diskutieren über Röstaromen wie andere über das Weinbouquet und favorisieren kleine Röster aus der Region. Wohin führt uns dieses heiße Thema? Nach unseren Recherchen stellt sich die Frage, ob italienischer Espresso tatsächlich schon Kaffeesatz von gestern ist. Wir bleiben dran.

In diesem Sinne wünschen wir Ihnen eine aufschlussreiche Lektüre und vor allem viele erfreuliche Erlebnisse in Österreichs Gastronomie – genügend Adressen dafür können wir Ihnen garantieren.

Herzlichst,
Martina & Karl Hohenlohe
Herausgeber Gault&Millau

Schärdinger Affineur
aus Österreich

Schärdinger Affineur steht für erlesenste Käsegenüsse unseres Landes.

Herrlich feine Geschmacksnuancen von mild bis würzig und ein harmonisch abgestimmtes Sortiment an Käsesorten prägen das Angebot.
Jeder einzelne Käse wird hierfür affiniert. Das heißt auf den Punkt der optimalen Geschmacksentfaltung gereift und mit großer Sorgfalt gepflegt und veredelt.

- Le Rose
- Asmonte
- Österkron
- Camembert
- Weinkäse

www.affineur.at

EINLEITUNG & NEUES BEWERTUNGSSYSTEM

FÜNF HAUBEN FÜR ÖSTERREICH

Nach vier Jahrzehnten erweitert Gault&Millau Österreich sein Haubenspektrum nach oben und vergibt erstmals fünf Hauben. Mit der neuen Bewertungsskala folgt Gault&Millau Österreich dem französischen Vorbild und trägt zu einer besseren internationalen Vergleichbarkeit bei.

DIE NEUE BEWERTUNG VON GAULT&MILLAU:

Bewertet werden:

- Frische (Saison) und Qualität der verwendeten Produkte

- Kreativität (zeitgemäße Zubereitung der Landesküche) bzw. Einfallsreichtum in Bezug auf neue Gerichte

- Harmonie der Zubereitung (Erhaltung des Eigengeschmacks)

- Beschaffenheit der Suppen und Saucen, Exaktheit der Garung.

Alles unter Berücksichtigung unseres persönlichen Geschmacks.

Die Benotung erfolgt nach dem Gault&Millau-Punktesystem: 20 von 20 Idealnote, bis dato noch nie vergeben. Die Noten beziehen sich nur auf die Küche, nicht aber auf Ausstattung und Service.

EINLEITUNG & NEUES BEWERTUNGSSYSTEM

19 BIS 19,5 VON 20 PUNKTEN
Höchstnote für die weltbesten Restaurants.

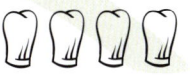
17 BIS 18,5 VON 20 PUNKTEN
Prägende Küche, führend in Kreativität, Qualität und Zubereitung.

15 BIS 16,5 VON 20 PUNKTEN
Hoher Grad an Kochkunst, Kreativität und Qualität.

13 BIS 14,5 VON 20 PUNKTEN
Sehr gute Küche, die mehr als das Alltägliche bietet.

11 BIS 12,5 VON 20 PUNKTEN
Ambitionierte Küche.

10 BIS 10,5 VON 20 PUNKTEN
Gute Küche, wie man sie in jedem gutbürgerlichen Haus voraussetzen kann.

DIE BESTEN

👨‍🍳👨‍🍳👨‍🍳👨‍🍳👨‍🍳 **KONSTANTIN FILIPPOU**
Konstantin Filippou, Wien

👨‍🍳👨‍🍳👨‍🍳👨‍🍳👨‍🍳 **SILVIO NICKOL**
Silvio Nickol Gourmet Restaurant, Wien

👨‍🍳👨‍🍳👨‍🍳👨‍🍳👨‍🍳 **KARL UND RUDOLF OBAUER**
Obauer, Werfen

👨‍🍳👨‍🍳👨‍🍳👨‍🍳👨‍🍳 **HEINZ REITBAUER**
Steirereck im Stadtpark, Wien

👨‍🍳👨‍🍳👨‍🍳👨‍🍳👨‍🍳 **SIMON TAXACHER**
Simon Taxacher, Kirchberg in Tirol

👨‍🍳👨‍🍳👨‍🍳👨‍🍳 **JUAN AMADOR**
Amador, Wien

👨‍🍳👨‍🍳👨‍🍳👨‍🍳 **THOMAS DORFER**
Landhaus Bacher, Mautern

👨‍🍳👨‍🍳👨‍🍳👨‍🍳 **ANDREAS DÖLLERER**
Döllerer, Golling

👨‍🍳👨‍🍳👨‍🍳👨‍🍳 **HARALD IRKA**
Saziani Stub'n, Straden

👨‍🍳👨‍🍳👨‍🍳👨‍🍳 **MARTIN KLEIN**
Ikarus, Salzburg

Fotos: © Gerhard Wasserbauer, Palais Coburg/Felicitas Matern, Thomas Apolt, Marija Kanizaj, Relais & Chateau Rosengarten_Michael Huber, Markus Gmeiner, Petr Blaha, Jörg Lehmann, Marion Luttenberger, Helge Kirchberger Photography/Red Bull Hangar-7

100 % Genuss aus Österreich!

Mein BERGER Schinken

Nr. 3 Der Genussvolle
Backofen-Schinken

Eine von 60 Schinkenspezialitäten aus der Berger Schinkenfamilie.

Nr. 03 DER GENUSSVOLLE
Mein BERGER Schinken

Serviervorschlag

Backofen-Schinken
100 % ÖSTERREICHISCHES FLEISCH

Fleisch zu 100% aus Österreich

WWW.BERGER-SCHINKEN.AT

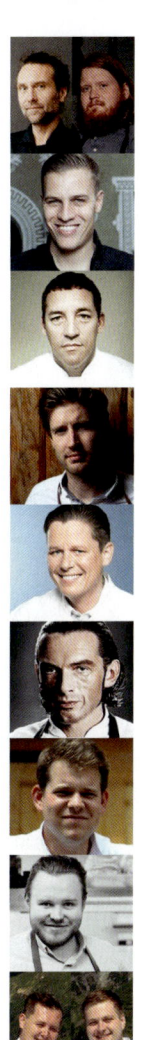

MARKUS UND LUKAS MRAZ
Mraz & Sohn, Wien

BENJAMIN PARTH
Stüva, Ischgl

ALAIN WEISSGERBER
Taubenkobel, Schützen am Gebirge

JAMES BARON
Tannenhof, St. Anton am Arlberg

ALEXANDER FANKHAUSER
Alexander, Fügenberg

GUSTAV JANTSCHER
Schlossherrnstube, Ischgl

MAX NATMESSNIG
Schualhus Chefs Table, Lech am Arlberg

RICHARD RAUCH
Geschwister Rauch, Bad Gleichenberg

MATTHIAS SCHÜTZ UND DOMINIC BAUMANN
Griggeler Stuba, Lech am Arlberg

ANDREAS SENN UND CHRISTIAN GEISLER
SENNS.Restaurant, Salzburg

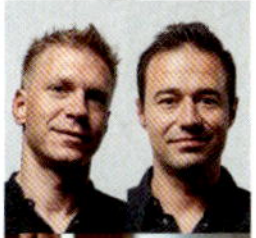

MARTIN SIEBERER
Paznaunerstube, Ischgl

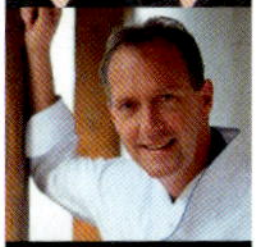

HUBERT WALLNER
See Restaurant Saag, Techelsberg

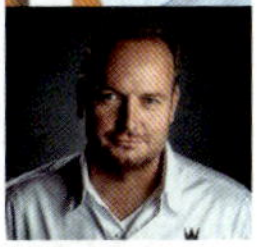

Fotos: © Mraz&Sohn & Lisa Edi, ProMedia-Jochum, Taubenkobel, René Riis, Phillip Horak, Ciryl Müller, Schualhus Lech, Ingo Pertramer, burgvitalresort, Lukas Jahn, Trofana Royal, See Restaurant Saag

HOTELLERIE KONZEPT
FÜR FRÜHSTÜCK & SEMINAR

✓ VEGAN
✓ 100% BIO-S.
✓ ALLERGENFR
✓ NACHHALTI

90% KLEINERER ÖKOLOGISCHER FUSSABDRUCK ALS VERGLEICHBARE FLASCHENGETRÄNKE.
SPI zertifiziert durch die TU-Graz 2012.

Formschön und kompakt

Individuelles Design möglich

Auf dem Buffet oder als Stand-Alone einsetzbar.

INNOVATIVE IDEEN FÜR PROFIS

GETRÄNKE + TECHNIK + SERVICE
EXKLUSIV FÜR DIE GASTRONOMIE
www.grapos.com | www.schankomat.com

DIE BESTEN ÖSTERREICHS
VON  BIS

MIT 19 VON 20 PUNKTEN

KONSTANTIN FILIPPOU
Wien

OBAUER
Werfen (S)

SILVIO NICKOL GOURMET RESTAURANT
Wien

SIMON TAXACHER
Kirchberg in Tirol (T)

STEIRERECK IM STADTPARK
Wien

MIT 18,5 VON 20 PUNKTEN

AMADOR
Wien

DÖLLERER
Golling (S)

IKARUS
Salzburg (S)

LANDHAUS BACHER
Mautern (NÖ)

MRAZ & SOHN
Wien

SAZIANI STUB'N
Straden (STM)

STÜVA
Ischgl (T)

TAUBENKOBEL
Schützen am Gebirge (B)

MIT 18 VON 20 PUNKTEN

ALEXANDER
Fügenberg (T)

GESCHWISTER RAUCH
Bad Gleichenberg (STM)

GRIGGELER STUBA
Lech am Arlberg (V)

PAZNAUNERSTUBE
Ischgl (T)

SCHLOSSHERRNSTUBE
Ischgl (T)

SCHUALHUS CHEFS TABLE
Lech am Arlberg (V)

SEE RESTAURANT SAAG
Techelsberg am Wörthersee (K)

SENNS.RESTAURANT
Salzburg (S)

TANNENHOF
St. Anton am Arlberg (T)

MIT 17,5 VON 20 PUNKTEN

AEND
Wien

AURELIO'S
Lech am Arlberg (V)

BOOTSHAUS
Traunkirchen (OÖ)

DIE FORELLE
Weissensee (K)

Heiraten in historischem Ambiente

Keine Nachbarn, völlige Ruhe, eine idyllische Kapelle – der Hohenlohe-Hof mit seinen uralten, von Efeu umrankten Mauern, dem Teich und dem Taubenkobel hat einen ganz eigenen Zauber.

Eine Hochzeit am Hohenlohe-Hof ist etwas ganz Besonderes. Umgeben von Natur, in absolut privater Atmosphäre, wird dieser Tag für immer etwas Unvergessliches bleiben.

Hohenlohe-Hochzeitshof
Guntersdorf 283, 2042 Guntersdorf
+43 1/712 43 84 31
www.hohenlohehof.at

RANKINGS

KILIAN STUBA
Hirschegg/Kleinwalsertal (V)

LE CIEL BY TONI MÖRWALD
Wien

MÜHLTALHOF
Neufelden (OÖ)

SICHER RESTAURANT
Tainach (K)

TANGLBERG
Vorchdorf (OÖ)

MIT 17 VON 20 PUNKTEN

APRON
Wien

CARAMÉ
Velden am Wörthersee (K)

GLASS GARDEN
Salzburg (S)

HUBERTUS STUBE
Neustift im Stubaital (T)

INTERALPEN-CHEF'S TABLE
Telfs-Buchen/Seefeld (T)

KUPFERSTUBE
Kitzbühel (T)

MESNERHAUS
Mauterndorf (S)

MÖRWALD „TONI M."
Feuersbrunn (NÖ)

SONNHOF
St. Veit im Pongau (S)

STIAR
Ischgl (T)

TANNHEIMER STUBE
Tannheim (T)

TIAN RESTAURANT WIEN
Wien

MIT 16,5 VON 20 PUNKTEN

ALMHOF SCHNEIDER RESTAURANT
Lech am Arlberg (V)

DER LUIS
Anger (STM)

DIDI DORNER IM MAGNOLIA
Graz (STM)

DIE WEINBANK RESTAURANT
Ehrenhausen (STM)

ESSENZZ
Stainz (STM)

ESSZIMMER
Salzburg (S)

FRIERSS FEINES ECK
Villach (K)

GENIESSERHOTEL KRAINER
Langenwang (STM)

GUT PURBACH
Purbach (B)

HOLZPOLDL
Lichtenberg (OÖ)

LIEPERT'S KULINARIUM
Leutschach (STM)

MAYER'S RESTAURANT
Zell am See (S)

OPUS
Wien

PFEFFERSCHIFF ZU SÖLLHEIM
Hallwang/Salzburg (S)

PRAMERL & THE WOLF
Wien

RESTAURANT STEIRERSCHLÖSSL
Zeltweg (STM)

ROSSBARTH
Linz an der Donau (OÖ)

T.O.M R – PFARRHOF SANKT ANDRÄ
Sankt Andrä im Sausal (STM)

WEYRINGER WALLERSEE
Henndorf am Wallersee (S)

RANKINGS

NEUE HAUBENLOKALE

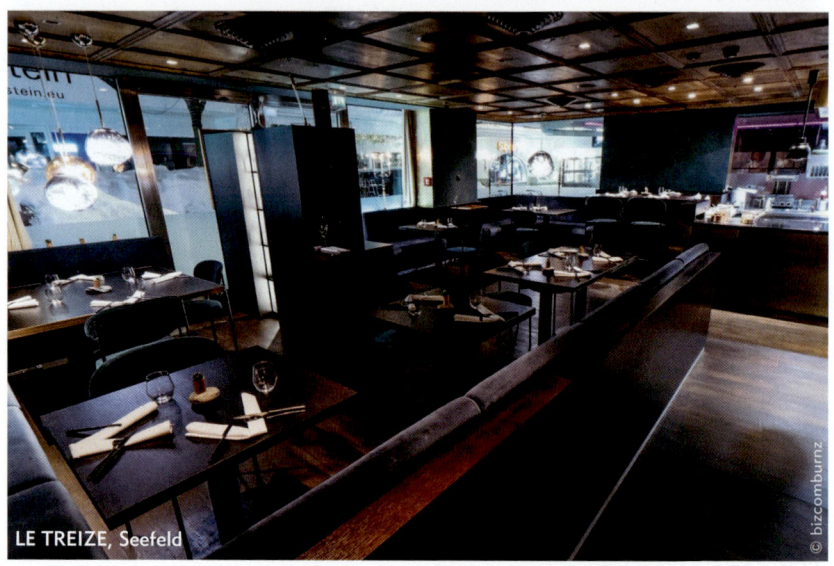

LE TREIZE, Seefeld

MIT 16 VON 20 PUNKTEN

LE TREIZE
Seefeld (T)

SAZIANI-G'WÖLB
Straden (STM)

MIT 15,5 VON 20 PUNKTEN

GOURMETSTUBE HOCHFIRST
Obergurgl (T)

HERZIG
Wien

RAU
Großraming (OÖ)

WEYERHOF
Bramberg am Wildkogel (S)

MIT 15 VON 20 PUNKTEN

GESUNDHEITSRESTAURANT TENZO
Achenkirch (T)

INNOVATION COOKING
St. Gilgen (S)

LUDWIG VAN
Wien

SEVERIN*S – THE ALPINE RETREAT
Lech am Arlberg (V)

MIT 14,5 VON 20 PUNKTEN

ALBERT
Wien

FORTINO
Wels (OÖ)

FRITZ&FRIEDRICH
Obertauern (S)

GASTHAUS HINTERLEITHNER
Weins Hofamt Priel (NÖ)

GASTHAUS ZIEGELWERK
Wimpassing an der Leitha (B)

JOSEFS HIMMELREICH
Zaussenberg am Wagram (NÖ)

TUYA
Wien

RANKINGS

MIT 14 VON 20 PUNKTEN [N]

BEEF CLUB
Fiss (T)

BRUDER
Wien

EUGEN21
Wien

NEUWIRT
Kitzbühel (T)

MIT 13,5 VON 20 PUNKTEN [N]

DEVAL
Wien

MEMORI
Graz (STM)

PASTAMARA
Wien

RIEDERALM
Leogang (S)

MIT 13 VON 20 PUNKTEN [N]

BEVANDA
Gloggnitz (NÖ)

CUCINA CIPRIANO
Wien

ESS:ENZ
Leogang (S)

GAUMENKITZEL
Kirchberg am Wechsel (NÖ)

HÖRNLINGEN
Rankweil (V)

KROPF
Griffen (K)

LANDHAUS ROIS
Frohnleiten (STM)

ONE OF ONE – 101
Wien

SCHNEIDEREI
Leithaprodersdorf (B)

STELLAS
Wien

WALSERSTUBE-JÄGERSTUBE
Lech am Arlberg (V)

ZOMM
Reith bei Seefeld (T)

DEVAL, Wien
© Tim Cavadini

RANKINGS

KURZ & BÜNDIG

Wir versuchen, für Sie so aktuell wie möglich zu berichten. Doch der Redaktionsschluss macht es uns leider nicht möglich, manche (Neu-)Eröffnungen und Personalrochaden in den Bewertungen zu berücksichtigen. Daher ein Überblick in aller Kürze:

MOBY DICK, Wien
Mit seiner ersten Bar Botanical Garden hat sich Sammy Walfisch als Meister der Cocktail-Kultur bewiesen. In seinem zweiten Lokal Moby Dick (zuvor The BirdYard) kann man auch richtig gut essen, denn diese Bar hat auch eine professionelle Küche und mit Max Hauf (zuvor Birdyard) einen talentierten Küchenchef. Wirklich spannend ist das Pairing von gutem Essen und tollen Drinks.

Moby Dick, Neustiftgasse 26, 1070 Wien

AT EIGHT, Wien
Mit 16 Punkten und zwei Hauben zählte das Restaurant im Hotel The Ring im Gault&Millau 2017 zu den Aufsteigern, nach Küchenchefwechseln gab es 2019 nur mehr eine Haube, heuer fiel das At Eight überhaupt aus unserem Guide. Ende September 2019 will man mit dem neuen Küchenchef Alexandru Simon wieder voll durchstarten.

At Eight, Kärntner Ring 8, 1010 Wien

DAS KLEINE PARADIES, Wien
Nach einem längeren Umbau eröffneten die Weinhändlerin Michaela Klein und Autorin Eschi Fiege im September ihr „Kleines Paradies". Das Lokal befindet sich in einem spektakulär schönen Geschäftslokal aus dem Jahr 1927, das Portal strotzt vor Marmor, teils sitzt man in prachtvoll Holz-verkleideten Schaufenstern. Tomaž Fink kochte schon bei Ana Roš und Konstantin Filippou, hier versucht er den Spagat zwischen hoher Kreativität und unkompliziert zu genießendem „Comfort Food."

Das kleine Paradies, Blindengasse 3, 1080 Wien

SPOON, Wien
Mike Köberl hat als Koch die ganze Welt bereist. Am längsten ist er bei Wolfgang Puck in Los Angeles tätig. Jetzt ist der gebürtige Kärntner nach Österreich zurückgekehrt und hat in der Wiener City das Restaurant Spoon eröffnet. Dort kocht er eine raffinierte internationale Küche, die man auch in Form von mehrgängigen Menüs genießen kann.

Spoon Seilerstätte 19, 1010 Wien

HEFENBRÜDER, Wien
Die Betreiber des Café Blaustern und des Dauerbrenners Freiraum haben jetzt im Nachbarhaus auf der Mariahilfer Straße das Lokal Hefenbrüder eröffnet. Die Schreibweise ist nicht nur eine Anspielung auf das umfangreiche Craft Bier Angebot, sondern deutet auch an, worum es kulinarisch geht: Hier werden wunderbare Pizzen gebacken.

Hefenbrüder, Mariahilfer Straße 117/2/24, 1060 Wien

Das kleine Paradies, Wien

RANKINGS

STELLAS 3, Wien
Martina und Rodschel Rachnaev hatten mit dem St. Ellas ein wunderbares Nachbarschaftslokal in der Zieglergasse geführt, das nach Abriss des Hauses ins benachbarte Gaumenspiel übersiedelte und als Stellas fortgeführt wurde. Seit Ende September 2019 hat das Stellas eine kulinarische Schwester am Rochusmarkt bekommen.

Stellas 3, Landstraßer Hauptstraße 44, 1030 Wien

TIPPELER, Schwaz
Dieses Traditionsgasthaus gibt es bereits seit 1657, doch in den letzten 50 Jahren war es in einen Dornröschenschlaf gefallen. Nach einer umfassenden Renovierung wurde das älteste Gasthaus von Schwaz jetzt wieder aufgesperrt und bietet ein breites kulinarisches Angebot. Ab 17 Uhr kommt täglich der Schweinsbraten mit dunkler Biersauce aus dem Rohr.

Tippeler, Burggasse 6, 6130 Schwaz

Merkur Campus, Graz

MERKUR CAMPUS, Graz
Im Februar soll der Neubau des Campus der Merkur Versicherung gleich neben der Grazer Messe abgeschlossen sein. Dort wird auch ein Bistro unseres 5-Hauben-Kochs Konstantin Filippou beheimatet sein, das auch externe Gäste ansprechen will. Geboten wird eine österreichisch-mediterrane Küchenlinie mit feinen Grill- und Schmorgerichten.

Merkur Campus, Conrad-von-Hötzendorf-Straße 84, 8010 Graz

AICHHORN, Kleinarl
Nach 33 Jahren erfolgreicher Selbstständigkeit schließt Franz Aichhorn sein gleichnamiges Restaurant in Kleinarl, das in unserem Guide die längste Zeit mit zwei Hauben ausgezeichnet war.

Aichhorn, Peilsteingasse 15, 5603 Kleinarl

KIRCHENWIRT, Kitzeck
Alfred und Getraud Heber schließen nach 50 Jahren ihr Gasthaus Kirchenwirt in Kitzeck, das in den vergangenen 25 Jahren stets mit einer Haube ausgezeichnet war. Somit war es eines der ältesten Haubenlokale der Südsteiermark und hat dazu beigetragen, dass diese Gegend zu einer beliebten Destination für Feinschmecker geworden ist.

Kirchenwirt, Steinriegel 52, 8442 Kitzeck

GRIMMIGWURZ'N, Bad Mitterndorf
Nach 40 Jahren am Herd hat man sich die Pension wohl verdient. Und weil auch keine geeigneten Nachfolger in Sicht waren, schloss Rainer Vergund im vergangenen Frühling seinen Betrieb.

Grimmigwurz'n, Bad Mitterndorf 354, 8983 Bad Mitterndorf

RATHHAUS IM GEORGIUM, St. Georgen am Längsee
Leider musste Markus Rath nach sechs Jahren am Längsee sein Restaurant schließen. Schade, denn er zeigte sich zuletzt in absoluter Hochform.

Längseestraße 9, 9313 St. Georgen am Längsee

CARPE DIEM WIRD MEISSL & SCHADN, Salzburg
Das beliebte Haubenrestaurant in der Salzburger Getreidegasse wurde mit Ende Oktober 2019 geschlossen. Ab Ostern 2020 wird der Grazer Hotelier Florian Weitzer hier nach Wiener Vorbild ein Meissl & Schadn-Restaurant eröffnen.

Getreidegasse 50, 5020 Salzburg

IMPRESSUM

Herausgeber	Karl Hohenlohe, Mag. Martina Hohenlohe
Chefredakteurin	Mag. Martina Hohenlohe
Mitarbeiter der Redaktion	Paul Golger, *paul.golger@gaultmillau.at* Florian Holzer, *florian.holzer@chello.at* MMag. Eva Primavesi, *eva@primavesi.at* Mag. Daniela Riedl, BA, *daniela.riedl@gaultmillau.at* Mag. Tamara Schramek, BA *tamara.schramek@gaultmillau.at* Mag. Isabella Udovc *isabella.udovc@gaultmillau.at* Mag. Wolfgang Schedelberger, *wolfgang@schedelberger.at* Petra Bader, *petra.bader@gaultmillau.at* Franziska Ettmeier, *franziska.ettmeier@gaultmillau.at* Jennifer Rahberger, *jennifer.rahberger@gaultmillau.at* Mag. Daniela Illich, Bakk., *daniela.illich@me.com* Jürgen Schmücking, *juergen@schmuecking.bio* Elisabeth Sperr MSc, *elisabeth.sperr@gaultmillau.at*
Technische Umsetzung	i-security, 1050 Wien Blacksheep Productions
Lektorat	Christa Fuchs
Landkarten	ARGE KARTO, Mag. Herwig Moser, 3152 St. Georgen, *arge.karto@aon.at*
Leserservice Österreich	Leserservice@gaultmillau.at Gault&Millau, Strohgasse 21a, A-1030 Wien, Tel.: +43(0)1/712 43 84-25,
Internet	www.gaultmillau.at
Vertrieb A	Mohr-Morawa, Wien, Tel.: +43(0)1/68 01 40, Fax: +43(0)1/688 71 30
Vertrieb D/CH	Libri GmbH, Friedensallee 273, 22763 Hamburg, Tel.: +49 (0)40 85 39 80, *Libri@libri.de*
Anzeigen-Vertretung	Karl Hohenlohe, Strohgasse 21a, A-1030 Wien, Tel.: +43(0)1/712 43 84, *office@hohenlohe.at*
	Josef Jungmann, Strohgasse 21a, A-1030 Wien, Tel.: +43(0)1/712 43 84-31, *josef.jungmann@gaultmillau.at*
Repro und Satz	Renner Print+Media GmbH, A-5202 Neumarkt a.W., www.renner-print.at
Herstellung/Herstellungsort	Print Alliance HAV Produktions GmbH, A-2540 Bad Vöslau, www.printalliance.at
Verlag	KMH Media Consulting GesmbH, Strohgasse 21A, A-1030 Wien, Tel: +43/(0)1/712 43 84
	© by GaultMillau S. A.
	© by KMH Media Consulting GesmbH
	Registered Trademark
ISBN	978-3-9504053-8-5

Eine Verwertung des urheberrechtlich geschützten Gault&Millau und aller in ihm enthaltenen Beiträge und Abbildungen, insbesondere durch Vervielfältigung oder Verbreitung, ist ohne vorherige schriftliche Zustimmung des Verlages unzulässig und strafbar, soweit sich aus dem Urheberrechtsgesetz nichts anderes ergibt. Insbesondere ist eine Einspeicherung oder Verarbeitung des auch in elektronischer Form vertriebenen Werkes in Datensystemen ohne Zustimmung des Verlages unzulässig. Für die Zusammenstellung dieses Führers ließen wir größtmögliche Sorgfalt walten, trotzdem können Daten falsch oder überholt sein. Eine Haftung können wir auf keinen Fall übernehmen. Druck- und Satzfehler vorbehalten.

GENUSS BIS ZUM LETZTEN GANG

SINFONIE DES GUTEN GESCHMACKS

Kulinarik ist – ein zartrosa Stück Kalbfleisch? Ein cremiger Risotto? Ein knackiger Beilagensalat? Ganz bestimmt. Ein gehaltvoller Rotwein? Gehört dazu. Aber etwas fehlt zur Vollendung. Was das ist?

AquaClean, das Dusch-WC – denn die hohe Kunst der Kulinarik ist das Zusammenspiel aller Wohlgefühle. Vom ersten bis zum letzten Gang. Nur wenn alles harmoniert, sich perfekt ergänzt, dann und nur dann entsteht eine Sinfonie des guten Geschmacks.

AquaClean von Geberit – verleiht jedem Festmahl den würdigen Abschluss. Mit dem letzten Gang. Reinigt mit einem warmen Duschstrahl für perfekte Sauberkeit und Wohlgefühl.

www.geberit-aquaclean.at

AUSZEICHNUNGEN – KOCH DES JAHRES

KOCH DES JAHRES 2020
HUBERT WALLNER
SEE RESTAURANT SAAG, KÄRNTEN

AUSZEICHNUNGEN – KOCH DES JAHRES

v. l. n. r. Karl Hohenlohe, Hubert Wallner (See Restaurant Saag), Martina Hohenlohe, Reinhard Hanusch (GF Lohberger Küchen Competence Center GmbH)

Aus dem einstigen Jungkoch und Schüler von Heinz Hanner und Hans Haas ist nun der beste Koch Kärntens und „Koch des Jahres 2020" geworden. Hubert Wallner ist ein hochdekorierter Koch, der nie den Bezug zu seiner Region verloren hat. Er verfügt über ein außergewöhnliches Talent, wenn es darum geht, bekannte Gerichte neu zu interpretieren und schafft es immer wieder, für Überraschungsmomente zu sorgen. Seine Küchenlinie besticht durch leise, aber umso tiefgründigere Töne.

Die begehrte Auszeichnung „Koch des Jahres" wurde heuer zum 37. Mal mit Unterstützung von Lohberger Küchen Competence Center GmbH verliehen. Mit prominenten Gästen wie TV-Koch Mike Süsser, Haubenkoch, Laudator und Wallners langjährigem Wegbegleiter Martin Sieberer, und Christian Kresse, GF der Kärnten Werbung, wurde die Auszeichnung in stimmigem Ambiente am 13. September 2019 in Techelsberg (Kärnten) übergeben. Nach Champagner von Laurent-Perrier und kleinen Häppchen in Hubert Wallners Bistro Südsee ging es für die Gäste per Schiff weiter über den Wörthersee zum See Restaurant Saag. Dort bot der frisch gekürte „Koch des Jahres 2020" den Gratulanten ein ausgezeichnetes Fünf-Gang-Menü mit Weinen vom Weingut Ott, Hans Schwarz, Tement sowie Velich und Wieninger. Für herbe Erfrischung sorgte das Austrian Lager der CulturBrauer.

Ei in der Zwiebel

Aperitif und Empfang im Bistro Südsee

AUSZEICHNUNGEN – KOCH DES JAHRES

2020 HUBERT WALLNER
„See Restaurant Saag", Techelsberg am Wörthersee

2019 BENJAMIN PARTH
„Restaurant Stüva", Ischgl

2018 MARKUS MRAZ
„Mraz & Sohn", Wien

2006–2016 KOCH DES JAHRZEHNTS
Heinz Reitbauer, „Restaurant Steirereck", Wien

2016 KONSTANTIN FILIPPOU
„Restaurant Konstantin Filippou", Wien

2015 RICHARD RAUCH
„Steira-Wirt", Trautmannsdorf

2014 SILVIO NICKOL
„Silvio Nickol Gourmet Restaurant", Wien

2004–2014 KÖCHE DES JAHRZEHNTS
Karl und Rudi Obauer, „Obauer", Werfen

2012 BOBBY BRÄUER
„Petit Tirolia", Kitzbühel

2010 ANDREAS DÖLLERER
„Döllerer's Genusswelten", Golling

2009 THOMAS DORFER
„Landhaus Bacher", Mautern

2008 THORSTEN PROBOST
„Griggeler Stuba", Lech

2007 JOACHIM GRADWOHL
„Meinl am Graben", Wien

2006 LEONARD CERNKO
„Mörwald Kloster UND", Krems

2005 ALEXANDER FANKHAUSER
„Alexander" (Hotel Lamark), Hochfügen

2004 GERHARD FUCHS
„Saziani Stub'n", Straden

2003 JOSEF TRIPPOLT SEN. UND JUN.
„Zum Bären", Bad St. Leonhard

2002 CHRISTIAN PETZ
„Meinl am Graben", Wien

2001 KLAUS FLEISCHHAKER
„Pfefferschiff", Salzburg-Söllheim

2000 KOCH DES JAHRZEHNTS
Helmut Österreicher, „Steirereck", Wien

2000 MARTIN SIEBERER
„Trofana Royal", Ischgl

1999 JÖRG WÖRTHER
„Schloss Prielau", Zell am See

1998 HEINO HUBER
„Deuring-Schlössle", Bregenz

1997 HEINZ V. HANNER
„Kronprinz", Mayerling

1996 JOHANNA MAIER
„Hubertus", Filzmoos

1995 WALTER ESELBÖCK
„Taubenkobel", Schützen

1994 FRANZ FUIKO
„Mesnerhaus", Mauterndorf

1993 REINHARD GERER
„Korso" (Bristol), Wien

1992 HARALD FRITZER
„Ex-À la Carte", Klagenfurt

1991 EWALD PLACHUTTA
„Zu den 3 Husaren", Wien

1990 SISSY SONNLEITNER
„Kellerwand", Kötschach-Mauthen

1980–1990 KOCH DES JAHRZEHNTS
Jörg Wörther, „Villa Hiss", Badgastein

1989 KARL UND RUDI OBAUER
„Obauer", Werfen

1988 HELMUT ÖSTERREICHER
„Steirereck", Wien

1987 HANSI UNTERBERGER
„Unterberger Stuben", Kitzbühel

1986 ALFRED SÜSSENBACHER
„Bleibergerhof", Bad Bleiberg

1985 WERNER MATT
„Hilton", Wien

1984 ERNST HUBER
„Ex-Zoll", Bregenz

1983 LISL WAGNER
„Bacher", Mautern

Patronanz:

LOHBERGER

seit 2018 Verleihung durch: Lohberger Küchen Competence Center GmbH

AUSZEICHNUNGEN

SERVICE AWARD 2020
HEINER UNBENANNT

Die Namen der großen Küchenchefs des Landes sind vielen Genießern natürlich geläufig. Auch der eine oder andere Sommelier hat es hierzulande zu einer gewissen Bekanntheit gebracht. Die Namen der Serviceleiter kennt jedoch kaum jemand, obwohl diese dafür verantwortlich sind, dass der Restaurantbesuch zu einem rundum gelungenen Erlebnis wird. Unser diesjähriger Service-Award geht an Heiner Unbenannt, dessen Gesicht für regelmäßige Restaurant-Geher in Wien alles andere als unbekannt ist. Gemeinsam mit Hermann Botolen wechselte er vor 20 Jahren vom Weibel 3 zum neu eröffneten Meinl am Graben. Davor war er schon beim mittlerweile verstorbenen Niki Kulmer in dessen legendärer Kuchlmasterei tätig, danach in Restaurants wie Artner am Franziskaner Platz oder dem Schwarzen Kameel. Sein letztes Engagement vor dem Restaurant Apron war Restaurantleiter im luxuriösen City-Restaurant Aï, dem allerdings nur ein kurzes Dasein beschieden war.

Wirklich glücklich wurde Unbenannt jetzt im Apron, wo er seit September 2018 tätig ist. Das liegt zum einen an der großartigen Küchenleistung von Stefan Speiser, die es ihm erleichtert, jedes Gericht bei Tisch mit einem aufrichtigen Lächeln zu präsentieren. Zum anderen hat er mit Alexander Fürst einen kongenialen Partner als Sommelier zur Seite, der genauso tickt wie er. „Gastronomie ist immer Teamarbeit. Nur wenn alle gemeinsam an einem Strang ziehen, gelingt es, dem Gast ein stimmiges Erlebnis zu bereiten", erklärt Unbenannt.

Die Freude, mit der er sich um das Wohlbefinden der Gäste kümmert, merkt man ihm an. „Was gibt es Schöneres, als Gäste mit einem guten Service zu begeistern? Manchmal fühlt sich meine Arbeit fast so gut an, wie wenn ich privat mit Freunden fort gehe. Bei aller Professionalität, die in einem Restaurant dieser Klasse natürlich dazu gehört, behandeln wir unsere Gäste wie gute Freunde, die zu uns auf Besuch kommen", erklärt Unbenannt. Diese Mischung aus professioneller Distanz und persönlicher Herzlichkeit beherrscht Heiner Unbenannt wie nur wenige Servicemitarbeiter in unserem Land.

Restaurant Apron 17/20
im Hotel am Konzerthaus
1030 Wien, Am Heumarkt 35–37
www.restaurant-apron.at

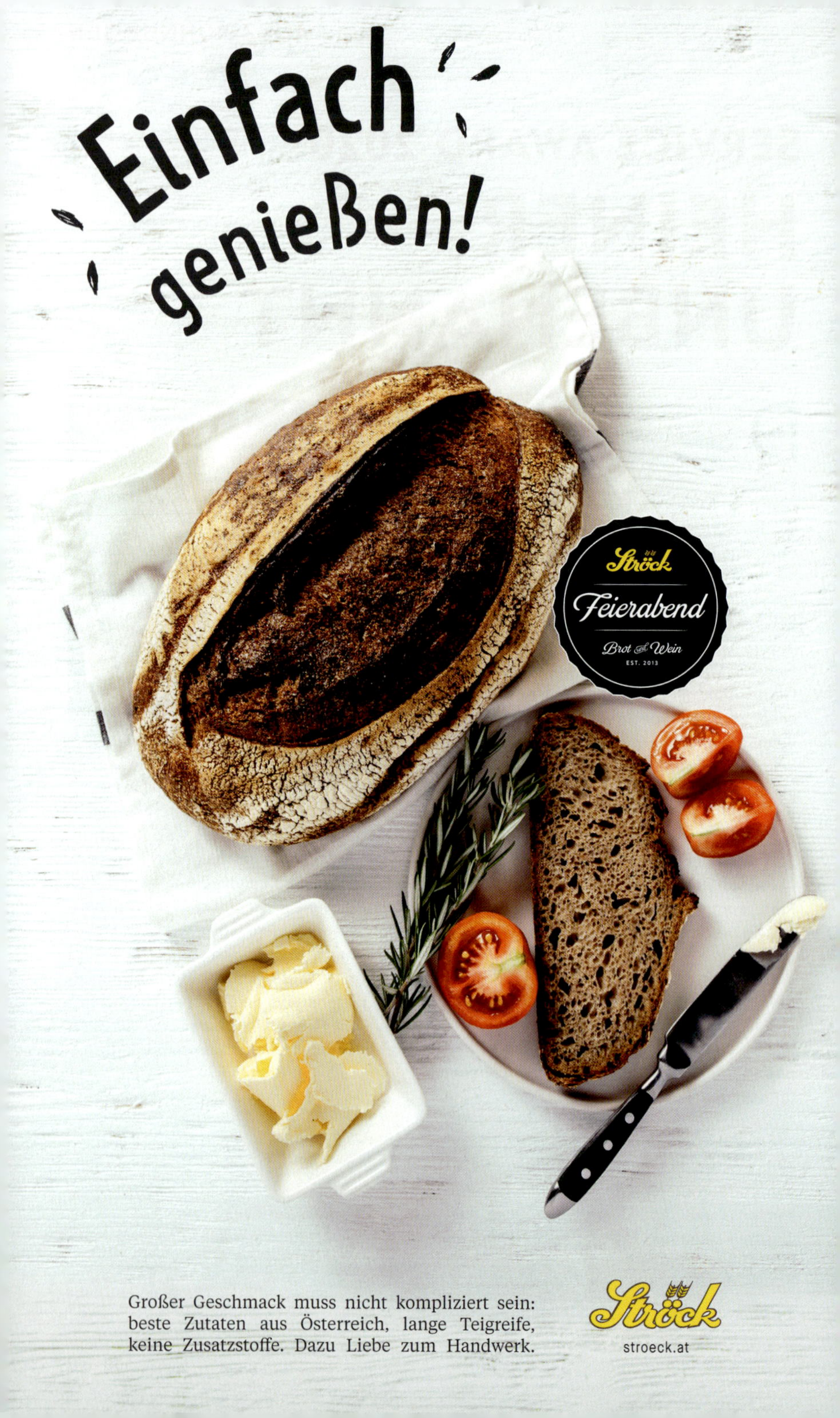
Einfach genießen!
Ströck
Feierabend
Brot und Wein
EST. 2013
Großer Geschmack muss nicht kompliziert sein: beste Zutaten aus Österreich, lange Teigreife, keine Zusatzstoffe. Dazu Liebe zum Handwerk.
Ströck
stroeck.at

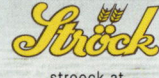

AUSZEICHNUNGEN

PÂTISSIER DES JAHRES 2020
LUKAS LACINA

Wenn man als Lehrling gleich im Steirereck anfangen darf, hat man schon viel richtig gemacht. Dort hat Lukas Lacina seine Liebe zur Patisserie entdeckt und gelernt, dass man dabei ruhig ausgetretene Pfade verlassen darf, um Neues zu probieren.

Nach dem Bundesheer ging es für eine Saison ins Hotel Crystal nach Obergurgl und dann für ein gutes Jahr zum Döllerer nach Golling, wo er sich ausschließlich der Patisserie widmete. Dort lernte er Martin Schmid kennen, der bei Andreas Döllerer als Souschef tätig war. Nach einem kurzen Intermezzo im Tian-Bistro wechselte Lacina im Mai 2017 ins neu eröffnete Wein Bistro MAST, wo Schmid Küchenchef geworden war.

Dort gibt es zwar „nur" drei verschiedene Desserts auf der Karte, doch die wechseln laufend. Zumeist handelt es sich dabei um ein Schokolade-Dessert, etwas Fruchtiges und einen modern interpretierten Klassiker. Lacinas Mohnnudeln mit eingelegten Zwetschgen mit Muskatblütengranité sind einfach umwerfend. Aber auch seine Variationen der Feige – einmal mit Feigenblatt-Eis, ein anderes Mal mit Mascarpone und Walnuss – haben Suchtpotential.

Was den Genuss noch erhöht, ist die stets ausgefallene Weinbegleitung. Nur selten greifen die beiden MAST-Chefs Steve Breitzke und Matthias Pitra zu einem klassischen Dessertwein mit hoher Gradation. Schließlich wollen sie ihre Gäste auch beim letzten Gang mit einer außergewöhnlichen Kombination überraschen. Und das gelingt eigentlich immer.

Lacina legt großen Wert darauf, dass seine Desserts nicht zu süß sind. Wie auch in der pikanten Küche kommt es ihm stets auf eine perfekte Balance der Gerichte an.

Weinbistro MAST
Porzellangasse 53, 1090 Wien
www.mast.wine

15,5/20

VERSCHÖNERT *jeden* MOMENT

S.PELLEGRINO

Tastefully Italian

AUSZEICHNUNGEN

SOMMELIER DES JAHRES 2020
SIMON SCHUBERT

© Wasserbauer

Er ist Teil eines der stimmigsten Restaurantkonzepte – Simon Schubert, vinologischer Part des Wiener Aend. Er und Küchenchef Günzel kennen einander gut und lange, vertrauen sich und wissen genau, wie der andere tickt. Schubert ist ein eminent wichtiger Faktor für das Restaurant und prägt es mit seiner ruhigen Persönlichkeit.

> **Er hat nicht nur eine sehr gute Hand, was die Auswahl auf der breit gefächerten Weinkarte anbelangt, sondern ist auch ein herrlich unprätentiöser Gastgeber.**

In Schubert sieht man sich nie dem Typ Oberlehrer oder Weinsuperstar gegenüber. Sich in seine Hände zu begeben wird dadurch ganz leicht. Die Schwelle zum oft mit viel Tamtam bedachten Wein fällt im Aend wie selbstverständlich weg und der Genuss wird unbeschwert. Trends sind dem sensiblen Sommelier eigentlich ein Graus und ihnen nachzulaufen noch mehr. Er schätzt Bewährtes, beobachtet aber trotzdem jede spannende Entwicklung der Szene. Mit seiner enorm geschmackssicheren (Wein-)Begleitung wird ein Menü erst wirklich perfekt. Er überrascht mit Klassikern und Individuellem aus aller Herren Länder und natürlich mit den wirklich guten Sachen aus Österreich. Und genau das wirkt bei ihm nie angestrengt oder gewollt, sondern lustvoll entspannt. Er ist unser mehr als würdiger Sommelier des Jahres.

Simon Schubert – Restaurant Aend 17,5/20
Mollardgasse 76, 1060 Wien
www.aend.at

Patronanz: SAN PELLEGRINO

AUSZEICHNUNGEN

WEINKARTE DES JAHRES 2020
BURG VITAL RESORT

3000 beziehungsweise 5000 – das sind die beeindruckenden Zahlen, die die Weinkarte des Burg Vital Resorts in Oberlech ausmachen. 3000 Positionen sind aktuell gelistet.

5000 verschiedene Weine liegen insgesamt in den hauseigenen Weinkellern.

Darunter viele, die der junge Patron Maximilian Lucian und sein talentierter Sommelier Michael Bauer noch nicht als trinkreif erachten oder die als Geheimtipps für besondere Momente weiter schlummern dürfen. Die Geschichte der Weinkarte begann bescheiden. Thomas Lucian, Maximilians Vater, hat sie aus einer kleinen Basis heraus mit viel Herzblut, Wissen und Geschmackssicherheit aufgebaut. Schon vor Jahrzehnten sammelte er genau die richtigen Weine. So wuchs die Auswahl mit der heutigen enormen Jahrgangstiefe und Angebotsbreite stetig an. Darunter rare und gesuchte Juwele.

Schwerpunkte waren schon immer Österreich, Italien, Spanien und Frankreich – vor allem Bordeaux. Bis heute sind noch viele Perlen aus Burgund dazugekommen. Wie an einer Kette sind sie hier auf den unzähligen Seiten aneinandergereiht. Es ist schwer möglich, auf dieser außergewöhnlichen Weinkarte nicht fündig zu werden. Ein Schatz von unglaublichem Wert.

Burg Vital Resort
Oberlech 568, 6764 Lech am Arlberg
www.burgvitalresort.com

AUSZEICHNUNGEN

WEINKARTE DES JAHRES 2020
SCHWERPUNKT ÖSTERREICH
SODOMA

© Sodoma

Der Sodoma in Tulln besteht über viele Jahrzehnte und ist als Anlaufpunkt für eine prachtvolle Auswahl an heimischen Weinen weit bekannt und geschätzt. Kongenial dazu: der klare, heimatverbundene und bodenständige Küchenstil. Besonders sympathisch ist hier die Zusammenarbeit der ganzen Familie. So wurde das Gasthaus nahe der großen Weinregionen Niederösterreichs zur Anlaufstelle für viele genussaffine Weinliebhaber und Menschen, die sich dem Patron, Josef „Pepi" Sodoma, und seinen Empfehlungen vorbehaltlos anvertrauen.

Der passionierte Wirt ist und war schon immer ein großer Kuppler zwischen der Küche und dem österreichischen Wein.

Seine Empfehlungen sind auf dem Punkt, die Weinkarte eine Fundgrube des Allerbesten, was hierzulande gekeltert wird.

Und das in einer sehr guten Angebotsbreite und vor allem in einer großen Jahrgangstiefe. Viele Winzer sind natürlich immer wieder zu Gast. Zwischen ihnen und Sodoma rennt der Schmäh. Und für sie hat der „Pepi" natürlich auch die eine oder andere besondere Flasche von außerhalb der Landesgrenzen in seinem Weinbuch gelistet.

Sodoma 15/20
Bahnhofstraße 48, 3430 Tulln

Patronanz: ÖWM

Erlebe reinsten Fruchtgenuss mit dem neuen PAGO Bio.

PAGO Bio ist jetzt in 5 köstlichen Sorten erhältlich: Apfel naturtrüb, Marille, Orange-Karotte-Zitrone, Apfel-Holunder und Orange.

Pago SINCE 1888 PREMIUM FRUIT
Liebe das Leben

AUSZEICHNUNGEN

WIRTSHAUS DES JAHRES 2020
LANDGASTHOF LINDE

Angesichts des alten Gemäuers dieses Gasthofes kann man nur in Entzücken geraten. Seit über einem halben Jahrtausend wird hier Gastfreundschaft gepflegt und mit Familie Ebster werden die alten Traditionen vorbildlich gewahrt. Die alten Stuben mit ihrer hölzernen Originaltäfelung haben inzwischen Zuwachs bekommen. Im großen, eigenen Garten gedeihen auch viele Kräuter. Lamm, Kalb und Rind etwa stammen aus nächster Umgebung. Noch kräftiger strahlen die Augen des Wirts, wenn er anfängt, von der eigenen Landwirtschaft zu erzählen. Das Wirtshaus verarbeitet das Fleisch der eigenen Tiere, geschlachtet wird beim Nachbarn, dem Metzgerwirt. Nach eigenen Vorstellungen und einem „Tiertransport" von wenigen Metern.

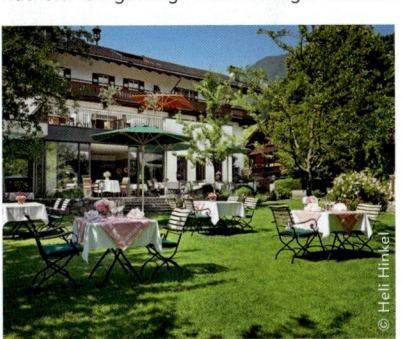

> **Alte Rezepte werden mit neuen Ideen versehen, aber so behutsam, dass nichts auf den Kopf gestellt wirkt.**

So ist die Graukasrahmsuppe von besonders leichter Art und sehr delikat gewürzt. Auch die Zillertaler Ofenleber (ein Zillertaler Champion) mit Püree und Speckwirsing wird zu einem köstlichen Leichtgewicht. Regionale Edelbrände runden das Angebot ab – zum Glück gibt es wunderschöne Zimmer im Haus.

Landgasthof Linde
6275 Stumm im Zillertal, Dorf 2
www.landgasthof-linde.at

11,5/20

NESPRESSO®

UNWIDERSTEHLICHER GENUSS

what else?

www.nespresso.com

AUSZEICHNUNGEN

HOTEL DES JAHRES 2020
HOTEL PIERER

Neu bezogen und eingelassen, besprudelt und bemalt ist das Vier-Sterne-Plus-Hotel Pierer auf der Teichalm. Die Brüder Alfred und Franz Pierer haben ihr nachhaltiges Resort in der Steiermark erweitert. Voilà: Almfrische auf höherer Ebene.

> **Höher heißt im Falle der Pierers 1237 Meter Seehöhe.
> Seit vier Generationen kümmert sich die Familie mitten im Naturpark Almenland um das Wohlbefinden ihrer Gäste.**

Und die reisen gerne an, besonders aus dem Umland und der zwei Stunden entfernten Bundeshauptstadt. Sie kommen zum Durchatmen, Alm-Genießen und der Wellness wegen. Das geht nach dem Umbau jetzt noch besser.

Das Spa hat zu den bestehenden Saunen und dem Almgarten mit Naturschwimmteich einen 20 Meter langen Infinitypool und einen zweiten Außenwhirlpool bekommen. Dazu eine Panoramasauna und einen Yogaraum, dessen Ausblick so herrlich ist, dass man gar nicht mehr aufhören mag, sich zu dehnen. Ein Fitnessstudio mit neuen Geräten, noch ein Ruheraum und eine Lounge.

AUSZEICHNUNGEN

Neu sind auch zwölf elegante Almgartensuiten mit Terrasse oder Balkon und eine Parkgarage, die nicht nur als Unterschlupf für das Auto bei Schlechtwetter dient, sondern auch als Galerie. Auf ihren Wänden hat Tattoo-Künstler André Zechmann Motive der Familie und der Alm verewigt: Kühe, Radfahrer, die Gastgebereltern. „Mich haben die enorme Größe und die Abwechslung gereizt", so der Ennstaler, der dafür 200 Arbeitsstunden und 15 Liter Farbe eingesetzt hat.

Apropos Einsatz: Nachhaltig zu wirtschaften – in jeder Hinsicht – ist für die Pierers eine Selbstverständlichkeit.

Sie heizen mit nachwachsenden Rohstoffen und einer Solaranlage. Gemeinsam mit ihrem Hofdesigner Josef Göbel verwenden sie im Haus „Holz und Stein zu einem großen Teil aus der Umgebung", so Göbel. Das gilt auch für das Essen und Trinken, vieles davon machen sie selbst. In der Südsteiermark bauen sie ihren eigenen Wein an, den man stilvoll im Weindegustationsraum verkosten kann.

Obst, Gemüse und Kräuter holen sie aus eigenem Bestand und machen daraus Schnäpse, Marmeladen, Brot oder Kuchen. Den Rest kaufen sie von Partnern in der Region. Die profitieren von den Pierers in mehrerlei Hinsicht. Ihre Latschenhütte am nahe gelegenen Teichalmsee ist ein beliebtes Ausflugsziel, wo auch regelmäßig Almpartys gefeiert werden, ihr Almerlebnispark ein Mekka für Hochseil-Klettergarten-Freaks, Bewegungs- und Waldbadefans.

Almwellness Hotel Pierer
8163 Fladnitz, Teichalm 77
www.hotel-pierer.at

Patronanz: NESPRESSO

Gault&Millau
CHANNEL

Peter Knogl

Stefan Heilemann

—GaultMillau—
—Newsletter—

Jetzt gratis abonnieren!

www.gaultmillau.ch

Visionäre
Architektur fernab von alpinen Klischees

Die Bereitschaft, immer wieder neue Wege zu gehen, ist eines der Erfolgsgeheimnissen der Familie Schultz. Die Schultz Gruppe ist ein österreichischer, privat geführter Seilbahn- und Tourismusbetrieb. Neben höchster Qualität, einzigartigem Genuss und modernster Infrastruktur überzeugt die Schultz Gruppe mit imposanter Architektur: Klare Formensprache, kompromissloses Interieur, natürliche Materialien. Dies wurde bereits mehrfach ausgezeichnet; Vom Green Luxury Award, dem Leading Spa Award bis hin zum Tiroler Holzbaupreis und zur Nominierung für den Staatspreis Architektur gilt die Schultz-Architektur als zukunftsweisend.

Der Blick für die Details: Tradition trifft auf Moderne Persönliche Engagement, Liebe zum Tun und starke Verbundenheit zur Region sind in allen Projekten der Familie Schultz spürbar. Dabei spielt auch Holz – das natürliche, traditionelle Baumaterial der Alpen – eine bedeutende Rolle. Holz schafft Geborgenheit, vermittelt Persönlichkeit, macht die Magie der Bergwelt erlebbar. Dazu wird die Zusammenarbeit mit Künstlern aus der Region großgeschrieben. Im Gradonna****S Mountain Resort Châlets & Hotel beeindrucken die Zirbenholz-Figuren des Osttiroler Künstlers Peter Niedertscheider. Für gute Schwingungen sorgen die Energiebilder von Birgit Schröttner-Thurner. Und in der edlen Kristallhütte, dem hochalpinen Traum aus Holz, Stein und Glas, erhalten Künstler die wertvolle Möglichkeit, ihre Werke auf 2.147 Metern Höhe zu präsentieren.

Weitere Informationen: Gradonna****S Mountain Resort, Châlets & Hotel
Gradonna 1, A-9981, Kals am Großglockner | +43 4876 82000 | www.gradonna.at

AUSZEICHNUNGEN

AMBIENTE AWARD 2020
ALTES GERICHT

Inmitten des Vorarlberger Rheintals, in Sulz, liegt eines der geschichtsträchtigsten Restaurants des Landes. Wie sein Name sagt, tagte hier jahrhundertelang die Gerichtsbarkeit der Region. In den 1980er-Jahren wurde dieses mächtige Gebäude renoviert und dadurch zum unübersehbaren Wahrzeichen, das unter Denkmalschutz gestellt wurde.

AUSZEICHNUNGEN

Schon beim Betreten dieses altehrwürdigen Hauses wird man von einzigartig romantischer Atmosphäre gefangen genommen. Im Kastaniengarten vor dem Haus wird in der warmen Jahreszeit jeder Apèro-Genuss oder jedes Sommerfest zum Erlebnis, der Gewölbekeller und Weinkeller sind die ältesten Teile des Hauses, wo natürlich dementsprechende Raritäten auf die Genießer warten.

Es gibt keinen Platz, keine Ecke, die nicht von einladender Romantik geprägt wäre – so gehört man seit mehr als 25 Jahren sehr erfolgreich zu den Romantikrestaurants.

Für rustikale Wohlfühlatmosphäre sorgen die unterschiedlichen Stuben des Hauses.

Einzigartig ist die barocke Malerei in der einladenden „Schweizer Stube", charaktervoll die Deckenvertäfelung der „Rudolf von Tufer Stube", die gotische Balkendecke in der „Sulmer Stube", die elegante „Landamann Stube" und die gemütlichen Ecken einer Rheintalstube im „Mittelzimmer" – überall dominiert noble Gemütlichkeit bei köstlichen Menüs und kreativen Gerichten.

Altes Gericht   14,5/20
6832 Sulz, Taverneweg 1
www.altesgericht.at

Patronanz: Schultz

and creative minds.

The castle in an other country ™

www.experiencecharacter.com

AUSZEICHNUNGEN

© Lukas Beck

FEINSCHMECKER DES JAHRES 2020
MICHAEL SCHADE

Michael Schade ist der lebende Beweis, wie nahe sich die hohen Künste und der Hochgenuss liegen. Er ist nicht nur ein begnadeter Sänger auf den großen Opernbühnen der Welt, er widmet sich mit derselben Hingabe und Leidenschaft allem, was sich auf den Tellern der gehobenen Gastronomie abspielt. Obendrein steht er selbst mit Begeisterung am Herd und macht ein einfaches Essen durch seine Euphorie zu einem Festmahl.

AUSZEICHNUNGEN

v. l. n. r. Karl Hohenlohe, Martina Hohenlohe, Michael Schade, Tobias Moretti

2020 MICHAEL SCHADE
Opernsänger

2019 ANDREAS VITÁSEK
Kabarettist

2018 WILLI KLINGER
Geschäftsführer der Österreich Wein Marketing

2017 FLORIAN SCHEUBA
Kabarettist, Autor, Schauspieler

2016 BERNHARD PAUL
Zirkusdirektor, Regisseur

2014 HEINZ MARECEK
Schauspieler

2012 ERWIN STEINHAUER
Schauspieler und Kabarettist

2011 SARAH WIENER
TV-Köchin

2010 DOMINIQUE MEYER
Direktor der Wiener Staatsoper

2009 DR. MICHAEL HÄUPL
Bürgermeister der Stadt Wien

2008 IRMI UND HANNO SORAVIA
Unternehmer

2007 HANS-PETER HASELSTEINER
Industrieller

2006 PETER SIMONISCHEK
Schauspieler

2005 DI JOSEF PRÖLL
Bundesminister

2004 PROF. RUDOLF KLINGOHR
TV-Produzent

2003 AGNES UND RUDOLF BUCHBINDER
Gastgeberin/Pianist

2002 DR. WERNER SCHNEYDER (†)
Schriftsteller

2001 LOUISE MARTINI (†)
Schauspielerin und Autorin

2000 WOLFGANG ROSAM
Lobbyist und Connaisseur

1999 GERHARD TÖTSCHINGER (†)
Intendant und Autor

1998 HERBERT SCHIMETSCHEK
Präsident Aufsichtsrat Uniqa,
Generalrat Österr. Nationalbank

1996 HANS MAHR
RTL-Redaktionsdirektor

1994 DI FRIEDRICH UND CATHERINA STICKLER
Vorstandsdirektor/TV-Dame

1993 PROF. PETER WECK
Intendant und Schauspieler

1992 EVA DEISSEN (†)
Journalistin

Patronanz: Naber Kaffee Manufaktur, café+co, Fini's Feinstes

v. l. n. r.: Konstantin Filippou (Restaurant Konstantin Filippou), Sandra Kobald und Simon Taxacher (Restaurant Simon Taxacher), Silvio Nickol (Gourmet-Restaurant Silvio Nickol), Birgit Reitbauer (Steirereck), Rudolf Obauer (Restaurant Obauer), Heinz Reitbauer (Steirereck)

Gault&Millau
Haubenköche Wanderung

Es war im wahrsten Sinne des Wortes ein Gipfel-Treffen der Spitzenköche. Gemeinsam mit 195 Kollegen tauschten die österreichischen Vier-Hauben-Stars bei der Gault&Millau Haubenköchewanderung zum zweiten Mal die Kochlöffel gegen Wanderschuhe und machten Kitzbühel am 15. Juli 2019 zum Zentrum der Gourmet-Szene.

Die Haubenköchewanderung wurde von Karl und Martina Hohenlohe und Reinhard Hanusch (Lohberger) als Dankeschön an die Köche für die gute Zusammenarbeit im Zuge der Gault&Millau Genuss-Messe ins Leben gerufen. Ob bei der gemütlichen Einstimmung im traditionsreichen Restaurant Neuwirt, beim Erklimmen des Kitzbüheler Horns, beim Black Jack-Spielen für den

Haubenkoch Jürgen Kleinhappel servierte den Kollegen Schweinsbraten

v. l. n. r.: Präsidentin des TVB Kitzbühel Signe Reisch mit Karl & Martina Hohenlohe

Eröffnungsabend mit Aperitif auf der Dachterrasse des Hotels Schwarzer Adler

Spielen für den guten Zweck am Black Jack Tisch der Casinos Austria

Kitzbüheler Bäuerinnen bereiten authentische Regionalküche zu.

guten Zweck oder bei authentischer Regionalküche, gekocht von Kitzbüheler Bäuerinnen, im Rasmushof – Heinz Reitbauer, Rudi Obauer, Simon Taxacher, Konstantin Filippou, Silvio Nickol und viele weitere Küchenchefs aus Österreich, Deutschland und Südtirol nutzten die Möglichkeit, sich in entspannter Stimmung miteinander auszutauschen und verwöhnen zu lassen.

Aufstieg auf das Kitzbüheler Horn

v. l. n. r.: Metro Rum GF DI (FH) Johannes Raitmayr und Metro Department Manager Aaron Waltl mit Martina und Karl Hohenlohe

Ein unvergleichliches Event dank starker Partner: Josef Sigl (Trumer Privatbrauerei), Marco Salvatori (Naber Kaffee Manufaktur), Sezai Özkan (Laurent Perrier), Martina & Karl Hohenlohe (Gault&Millau), Reinhard Hanusch (Lohberger Küchen Competence), Mark Gordon Hübl (American Express), Frank Hallerbach (San Pellegrino); v.l.n.

Simon Taxacher mit seinem deutschen Kollegen Joachim Kaiser.

Heinz Reitbauer zeigt sich auch am Berg in Höchstform.

Hubert Wallner und Andreas Döllerer nutzen die Wanderung für Ideenaustausch in der Küche.

v. l. n. r.: Paul und Anna Ivic (Tian), Manuela und Konstantin Filippou (Restaurant Konstantin Filippou), Edith Berghofer und Harald Brunner (Das Spittelberg)

Fotos © Michael Chuop, www.goodlifecrew.at

Heinz Winkler und Burkhard Bacher (Kleine Flamme)

Heinz Reitbauer lässt sich beim Buffet der Kitzbüheler Bäuerinnen verwöhnen.

„HAUBEN HELFEN"

Im Zuge der Haubenköchewanderung riefen Gault&Millau und Casinos Austria das Charity-Projekt „Hauben helfen" ins Leben, um Gastronomen in Not zu unterstützen. Am Black Jack Tisch konnten die Haubenköche auch heuer ihr spielerisches Können für den guten Zweck unter Beweis stellen und zeigen, wie wichtig es ist, an einem Strang zu ziehen und zu helfen.

v. l. n. r.: Generaldirektorin Casinos Austria Mag. Bettina Glatz-Kremsner und Martina & Karl Hohenlohe überreichen Nikolaus Lanner (Alpenhotel Wanderniki) den Erlös von „Hauben helfen".

DIE PARTNER DER GAULT&MILLAU HAUBENKÖCHEWANDERUNG

ÖSTERREICHISCHER SEKT.
GESCHÜTZTER URSPRUNG. GEPRÜFTE QUALITÄT.

GROSSE RESERVE

RESERVE

KLASSIK

Sekt-Genuss auf die Spitze getrieben!
Höchste Qualität mit gesetzlich geschütztem Ursprung ist durch die rot-weiß-rote Banderole garantiert. Sekt g.U. in drei Stufen von duftig-leichtfüßig bis elegant und vielschichtig verspricht einzigartige prickelnde Momente: Klassik, Reserve und Große Reserve.

österreichwein.at

ÖSTERREICH WEIN
Große Kunst. Ohne Allüren.

AUSZEICHNUNGEN

v. l. n. r.: Benedikt Zacherl (GF Österreichisches Sektkomitee), Ferry Maier (Präsident Kulinarisches Erbe Österreich), Petra Stolba (GF Österreich Werbung) und Karl Hohenlohe (Herausgeber Gault&Millau)

© Christian Lendl

BESTE ÖSTERREICHISCHE SEKTAUSWAHL

Gault&Millau und das Österreichische Sektkomitee holen, gemeinsam mit den Sektbotschaftern Karl Hohenlohe (Gault&Millau) und Petra Stolba (Österreich Werbung), den Sekt vor den Vorhang und zeichnen jene Betriebe aus, die sich besonders um das Angebot österreichischer Schaumweine verdient machen.

WIEN
RESTAURANT ECKEL, Wien

NIEDERÖSTERREICH
DER FLOH, Langenlebarn

OBERÖSTERREICH
DAS GÖTTFRIED, Linz

SALZBURG
PFEFFERSCHIFF, Hallwang

TIROL
NATURHOTEL WALDKLAUSE, Längenfeld

VORARLBERG
GASTHOF KRONE, Hittisau

BURGENLAND
WACHTER-WIESLERS RATSCHEN, Deutsch-Schützen

STEIERMARK
RESTAURANT ECKSTEIN, Graz

KÄRNTEN
RESTAURANT OSCAR, Klagenfurt

Patronanz: Österreichisches Sektkomitee

#ViennaNow   www.wien.inf

Nur kurz was Essen gehen.
Ewig sitzen bleiben

WIEN

JETZT ◆ FÜR IMMER

SYMBOLE & ÖSTERREICHLANDKARTE

SYMBOLE

H4	Koordinaten: siehe Klapp-Landkarte Seite 56/57
👍 **Tipp**	Empfehlungen außerhalb der Haubenwelt
pop	Szenelokale (Restaurants, Bars, Kaffehäuser)
ⓘ	Bewertung ausgesetzt
Ⓝ	Neu im Guide
Wirtshauskultur	Niederösterreichische Wirtshauskultur
JRE	Jeunes Restaurateurs d'Europe
🚴	Hütten die mit dem Rad/Mountainbike erreichbar sind
Segafredo	Segafredo

Bewertungen NEU

11 bis 12,5 Punkte von 20 Punkten: 1 Haube
13 bis 14,5 Punkte von 20 Punkten: 2 Hauben
15 bis 16,5 Punkte von 20 Punkten: 3 Hauben
17 bis 18,5 Punkte von 20 Punkten: 4 Hauben
19 bis 19,5 Punkte von 20 Punkten: 5 Hauben

LANDKARTE ÖSTERREICH

LEGENDE

○ Orte allgemein
● Orte mit 🦷
● Orte mit 🦷🦷
● Orte mit 🦷🦷🦷
● Orte mit 🦷🦷🦷🦷
● Orte mit 🦷🦷🦷🦷🦷

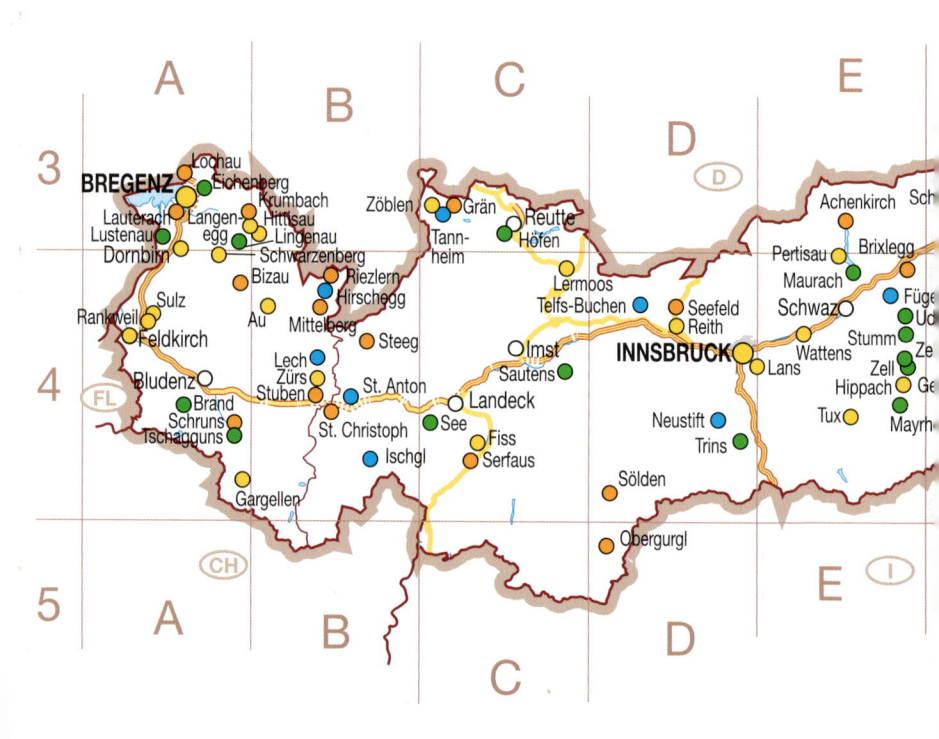

L
M
I
N
O
K
J
CZ
H
G
P
SK
H
SLO
1
2
3
4
5
Waidhofen a. .d. Thaya
Unterretzbach
Retz
Laa a. d. Thaya
Gmünd
Kaltenbach
Mailberg
Hanfthal
Eggenburg
Guntersdorf
Horn
Mistelbach
Zwettl
Harmannsdorf
Eggendorf
Hollabrunn
Zistersdorf
Rohrbach
Afiesl
Senftenberg
Langenlois
Kirchberg
Zaussenberg
Oberrohrbach
Freistadt
Hadersdorf
Neufelden
St. Johann a. Wimsberg
Arbesbach
Mautern
Nöhagen
Krems
Feuersbrunn
Riedenthal
Schärding
Dürnstein
Königsbrunn
Zeiselmauer
Weißenkirchen
Grafenegg
Korneuburg
Lichtenberg
Wösendorf
Rossatz
Traismauer
Gänserndorf
Spitz
Furth bei Göttw.
Tulln
Klosterneuburg
Eferding
Maria Taferl
Kapelln
Langenlebarn
Geinberg
LINZ
Mauthausen
Weinzierl
Gurten
Grieskirchen
Perg
Rassing
Mauerbach
Braunau am Inn
Ried im Innkreis
Enns
Weins
Melk
WIEN
Ardagger
Kirchheim im Innkreis
Wels
St. Florian
Kronstorf
ST. PÖLTEN
Gallbrunn
Haslau
Amstetten
Sulz
Mödling
Göttlesbrunn
Ernsthofen
Petzenkirchen
Gaspoltshofen
Bachmanning
Wolfpassing
Laaben
Gumpoldskirchen
Bruck a. d. Leitha
Steyr
Haag
Eschenau
Sommerein
Vorchdorf
Neunofen
Kirchberg
Zurndorf
Baden
Neusiedl am See
Garsten
Scheibbs
Lilienfeld
Vöcklabruck
Oberwaltersdf.
Weiden am See
Bad Vöslau
Ebreichsdorf
Mattsee
Schörfling
Schlierbach
Waidhofen a. d. Ybbs
Purbach
Neumarkt
Gmunden
Kirchdorf a. d. Krems
Großraming
St. Aegyd am Neuwalde
Wiener Neustadt
Wimpassing
Schützen
Elixhausen
Henndorf
Nußdorf
Miesenbach
Bergheim
Hallwang
Mondsee
Podersdorf
Thalgau
Winzendorf
EISENSTADT
SALZBURG
Hof
Traunkirchen
Mitterbach
Rust
St. Gilgen
Weikersdorf
Wals
Fuschl
Leithaprodersdorf
Anif
St. Wolfgang
St. Sebastian
Neunkirchen
Katzelsdorf
Mattersburg
Krispl
Vorderstoder
Reichenau a. d. Rax
Bad Ischl
Pamhagen
Hallein
Bad Vigaun
Altaussee
Neuberg
Erlach
Gloggnitz
Bad Goisern
Grundlsee
Ebbs
Kufstein
Golling
Mürzzuschlag
Kirchberg am Wechsel
Going
St. Johann
Bad Aussee
Trautenfels
Liezen
Turnau
Langenwang
Oberpullendorf
St. Jakob in Haus
Annaberg
Ratten
Bad Schönau
Werfen
Reith
Kitzbühel
Leogang
Fischbach
Saalfelden
Filzmoos
Kammern
Kirchberg
Aurach
Maria Alm
Saalbach
Schladming
Bruck a. .d. Mur
Birkfeld
Pöllauberg
Zell am See
Rohrmoos
Leoben
Jochberg
Hinterglemm
St. Veit
St. Kathrein am Offenegg
Hartberg
Oberwart
St. Johann im Pongau
Stuhlfelden
Goldegg
Seckau
Frohnleiten
Anger
Mittersill
Kaprun
Obertauern
Bad Waltersdorf
Fohnsdorf
Knittelfeld
Weiz
Deutsch-Schützen
Rauris
St. Radegund
Kohfidisch
Bad Hofgastein
Mariapfarr
Judenburg
Zeltweg
Rein
Mauterndorf
Tamsweg
Murau
Ilz
Bad Gastein
Mariahof
GRAZ
Fürstenfeld
Güssing
Kals am Großglockner
Voitsberg
St. Lambrecht
Eltendorf
Matrei
Premstätten
St. Andrä im Sausal
Bad St. Leonhard
Feldbach
Jennersdorf
Turrach
St. Stefan
Stainz
Lölling
Bad Gleichenberg
Innervillgraten
Lienz
Bad Kleinkirchheim
Patergassen
Guttaring
Wolfsberg
Groß St. Florian
Seeboden
Althofen
Deutschlandsberg
Gralla
Straden
Anras
Lavant
Spittal a. d. Drau
Radenthein
Feld a. S.
St. Georgen
Klein St. Paul
Leibnitz
Amlach
Döbriach
Liebenfels
Gleinstätten
St. Veit
Strassen
Arriach
Gnesau
Moosburg
St. Veit a. d. Glan
Schwanberg
Spielfeld
Weissensee
Landskron
Ossiach
Tanzenberg
Griffen
Gamlitz
Bad Radkersburg
Villach
KLAGENFURT
Völkermarkt
Ehrenhausen
Hermagor
Velden
Tainach
St. Nikolai im Sausal
Leutschach
Warmbad Villach
Egg
Pörtschach
Grafenstein
Kitzeck
Ledenitzen
Techelsberg
Mitterberg
St. Jakob Defereggen

Die 50 Top-Ausflugsziele

Burgen & Schlösser
- 01 Renaissanceschloss Rosenburg, Tel. 02982/29 11
- 02 Liechtenstein Schloss Wilfersdorf, Tel. 02573/33561
- 03 Schloss Artstetten, Tel. 07413/8006
- 04 Ruine Aggstein, Tel. 02753/82 28-1
- 05 Renaissanceschloss Schallaburg, Tel. 02754/63 17-0
- 06 Schloss Laxenburg, Tel. 02236/712260

Stifte & Klöster
- 07 Stift & Naturpark Geras, Tel. 02912/3450
- 08 Stift Altenburg, Tel. 02982/3451
- 09 Stift Zwettl, Tel. 02822/20 20 217
- 10 Benediktinerstift Göttweig, Tel. 02732/85581 0
- 11 Benediktinerstift Melk, Tel. 02752/55 50
- 12 Stift Seitenstetten, Tel. 07477/423 00
- 13 Stift Klosterneuburg, Tel. 02243/411212
- 14 Zisterzienserabtei Stift Heiligenkreuz, Tel. 02258/87 03

Naturparks & Erlebniswelten
- 15 Kittenberger Erlebnisgärten, Tel. 02734/8228
- 16 LOISIUM Langenlois, Tel. 02734/ 322400
- 17 Whisky-Erlebniswelt, Tel. 02874/7496
- 18 Amethystwelt Maissau, Tel. 02958/848 40
- 19 Fossilienwelt Weinviertel, Tel. 02262/62409
- 20 Nationalpark Thayatal, Tel. 02949/7005-0
- 21 Retzer Erlebniskeller, Tel. 02942/27 00
- 22 Der Heldenberg, Tel. 02956/81240
- 23 Römerstadt Carnuntum, Tel. 02163/33 77-0
- 24 schlossORTH Nationalpark-Zentrum, Tel. 02212/3555
- 25 Die Garten Tulln, Tel. 02272/68188
- 26 Weinerlebnis „Sandgrube 13 wein.sinn" Winzer Krems, Tel. 02732/85511-33 27
- 27 Eibl Jet, Tel. 02769/82 45
- 28 Erlebniswelt Mendlingtal, Tel. 07484/26060
- 29 HAUBIVERSUM „Die Brot-Erlebniswelt", Tel. 07416/503499
- 30 Naturpark Buchenberg, Tel. 0676/844991444
- 31 Museum Niederösterreich, Tel. 02742/908090
- 32 Tierpark Stadt Haag, Tel. 07434/ 454081
- 33 Naturpark Hohe Wand, Tel. 02638/88 545
- 34 Römertherme Baden, Tel. 02252/450 30
- 35 Naturpark Sparbach, Tel. 02237/7625
- 36 VINO VERSUM Poysdorf, Tel. 02552/20371
- 37 DIE KÄSEMACHERWELT, Tel. 02862/525280
- 38 Sonnenwelt Grossschönau, Tel. 02815/77270-50
- 39 Unterwasserreich Schrems, Tel. 02853/76334
- 40 Bärenwald Arbesbach, Tel. 02813/7604-0
- 41 Therme Laa Hotel & Spa, Tel. 02522/84700570

Bergbahnen & Schifffahrt
- 42 BRANDNER Schiffahrt GmbH, Tel. 07433/25 90-21
- 43 Schneebergbahn, Tel. 02742/360 990 1000
- 44 Raxseilbahn, Tel. 02666/524 97
- 45 Bergbahnen Mitterbach, Tel. 03882/41720
- 46 Mariazellerbahn, Tel. 02742/360 990 1000

Museen & Ausstellungen
- 47 Kunstmeile Krems, Tel. 02732/908010
- 48 Museumsdorf Niedersulz, Tel. 02534/333
- 49 MAMUZ Schloss Asparn/Zaya und Museum Mistelbach, Tel. 02572/20719

Eine Information des Landes Niederösterreich

Kultur & Kulinarik –
Hochgenuss in Niederösterreich

🍺 Haubenlokale

WENN WIR UNSERE RESSOURCEN WEITERHIN SO VERSCHWENDEN, HABEN WIR BALD ALLE EIN PROBLEM!

Leo Hillinger
BIO-Winzer, Puls4-Investor, Business Angel und Klimaaktivist

tele-klimainitiative.at – Diese Welt ist noch zu retten!

tele

WIEN

DIE BESTEN

19/20	♛♛♛♛	**KONSTANTIN FILIPPOU** Wien	Seite 90
19/20	♛♛♛♛	**SILVIO NICKOL GOURMET RESTAURANT** Wien	Seite 108
19/20	♛♛♛♛	**STEIRERECK IM STADTPARK** Wien	Seite 110
18,5/20	♛♛♛	**AMADOR** Wien	Seite 62
18,5/20	♛♛♛	**MRAZ & SOHN** Wien	Seite 97
17,5/20	♛♛♛	**AEND** Wien	Seite 60
17,5/20	♛♛♛	**LE CIEL BY TONI MÖRWALD** Wien	Seite 92
17/20	♛♛♛	**APRON** Wien	Seite 63
17/20	♛♛♛	**TIAN RESTAURANT WIEN** Wien	Seite 117

WIEN Restaurants

A BARRACA   12/20

Café-Restaurant-Pastelaria
Koch: Kurt Aberl

Tel.: 0660 346 57 37
1010 Wien
Hohenstaufengasse 7
www.abarraca.at
schoeneressen@abarraca.at
Mo–Fr 11.30–15 und 18–22.30,
Sa 18–22.30 Uhr
✻ variabel

Wenn Gastgeberin Lucinda nicht gerade in der Küche nach dem Rechten sieht, wird man von der gebürtigen Portugiesin beim Eintreten mit einer herzlichen Begrüßung bedacht, sodass man sich sofort wie bei Freunden willkommen fühlt. Die Spezialität des Hauses ist natürlich der Stockfisch, doch aus ihrer Heimat bringt Lucinda Tavares immer wieder neue Familienrezepte mit, die die Karte abwechslungsreich gestalten. Zu Stoßzeiten kann es hier zu längeren Wartezeiten kommen. Man kann sich dafür sicher sein, dass alle Speisen frisch zubereitet werden. Und für die legendäre Süßspeise, Pastel de Nata, die noch ofenwarm serviert wird, lohnt sich das Warten allemal.

à la carte: 15,80–25 €

AEND   17,5/20

Koch: Fabian Günzel

SIMON SCHUBERT, SOMMELIER DES JAHRES 2020

Tel.: 01 5953416
1060 Wien
Mollardgasse 76
www.aend.at
hello@aend.at
Mo–Fr 12–14 und 19–21.30 Uhr
✻ Fei

Reduktion – das ist das prägende Thema des Aend. Wobei Reduktion nicht schmale Kost oder Entbehrung meint. Vielmehr ist es hier im besten Sinne des Wortes die Reduktion auf das Wesentliche, auf das Beste und somit das Weglassen von allem Unnötigen. Das beginnt bei der minimalistischen Einrichtung, die aber trotzdem oder auch vielleicht gerade deshalb mit Wohlfühlen taugt. Ausladende Dekoration im Raum, an den Wänden oder auf dem Tisch sucht man vergeblich. Und das ist gut so. Das Besteck ist samt Serviette in einer Lade für jeden Gast an seinem Platz versteckt. Reduziert ist die Speisekarte. Fabian Günzel und sein Team, die in der offenen Küche beobachtet werden können, konzentrieren sich auf ein Menü, das es in einer großen, kleineren und (preislich moderaten) Mittagsvariante gibt. Und ehrlich, mehr braucht es nicht. Die Speisenfolge ist in ihrer Zusammenstellung enorm spannend und bietet von A wie Apérobissen bis Z wie zuckersüßer Abschluss sehr viel. Reduktion ist auch das Hauptaugenmerk bei den Produkten. Zwei Komponenten prägen jeden Teller. Wir begannen mit Mais & Tonkabohne – einer herrlich zart nach Tonka duftenden Tartelette mit Maishaube. Wunderbar erfrischend danach: das Salatherz samt außergewöhnlich gutem French Dressing und einer krachend-knusprigen Hühnerhaut. Auf dem Punkt kam das würzige Filet von der Rotbarbe, dem man die Frische von Wassermelone an die Seite stellte. Saftig, butterzart und ideal rosa: der Lammrücken, in Begleitung von ganz kleinen Frühlingsmorcheln. Zum Dessert wurde es mollig süß und trotzdem fantastisch leicht: cremige Schokolade traf Datteln. So weit, so erfreulich. Was das Ganze noch adelt, ist der tadellose Service und die Weinempfehlungen von Simon Schubert – schlicht spannend und auf den Punkt gebracht. Bravo an das Team des Aend. So geht perfekte Reduktion.

Bewertungen NEU

11 bis 12,5 Punkte von 20 Punkten: 1 Haube

13 bis 14,5 Punkte von 20 Punkten: 2 Hauben

15 bis 16,5 Punkte von 20 Punkten: 3 Hauben

17 bis 18,5 Punkte von 20 Punkten: 4 Hauben

19 bis 19,5 Punkte von 20 Punkten: 5 Hauben

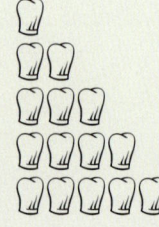

Die Wiener Märkte können mehr

Den Markt gibt es, seit es Menschen gibt. Früher waren sie zwar nicht so schick wie heute, aber seit jeher kommen die Menschen hier zusammen. Man kauft, tratscht und gibt sich dem Flair des Marktes hin. Aber das geht in Wien natürlich nicht ohne Gemütlichkeitsfaktor.
Bei einer Tasse Kaffee tauscht man sich in einem Gastgarten aus und entspannt in der Sonne – für viele Menschen ist der Markt „das Herz" im Grätzl. Wenn man will, kann man hier den ganzen Tag verbringen und das bunte Treiben beobachten.

Die Produkte als Visitenkarte für die Verkäufer

Der große Unterschied vom Markt zum Supermarkt ist die persönliche Note, die der Markt bietet. Hier steht der Verkäufer für die Qualität seiner Waren ein. Deshalb achtet er darauf, dass alles, was über die Theke geht, frisch ist. „Der Fisch ist frisch, anders geht es gar nicht", sagt Danijel Jankovic. Er ist als „der König der Karpfen" am Floridsdorfer Markt bekannt und selbst begeisterter Angler. Er weiß, wie er die KundInnen dazu bringt, wiederzukommen: Durch Freundlichkeit und frische Waren.

Als Nahversorger ist der Markt einsame Spitze. Er bietet alle Produkte, die man täglich braucht – und wenn man will, auch noch mehr. Auf vielen Wiener Märkten gibt es am Wochenende auch Bauernmärkte, wo man Produkte direkt vom Bauernhof bekommt.

© Dostal

Mit der neuen Marktordnung wurden Kernöffnungszeiten eingeführt, die garantieren, dass jeder Markstand in ganz Wien zumindest von

Dienstag bis Freitag 15.00 bis 18.00 Uhr, sowie am
Samstag von 8.00 bis 12.00 Uhr geöffnet hat!

Wer wissen will, wann welcher Stand offen hat, holt sich die „Wiener Märkte"-App

WIEN Restaurants

ALBERT ⓝ   14,5/20

Koch: Mario Bernatovic

Tel.: 01 956 71 14
1080 Wien
Albertgasse 39/16
reservierung@albert.bar
www.albert.bar
Mo–Sa 11–2, So 11–24 Uhr

Mario Bernatovic schenkt dem achten Wiener Gemeindebezirk mit seinem Albert (vormals Albert 39 … und eher glücklos!) in einer ehemaligen Tischlerei eine wunderbare Bar-Lounge mit Parade-Barfood und von großer Kompetenz zeugender Weinauswahl. All das sehr gastfreundlich kalkuliert und vor allem unheimlich gut. Eines der besten von Wien ist das grob geschnittene, puristisch arrangierte Beef Tatar mit Jalapeñomayonnaise und Wachteleidotter, das mit den extra-knusprigen Hühnerflügeln „grün-rot-schwarz" (Frühlingszwiebel, Chili, selbst gemachte Hoisinsauce) um den Titel „Highlight des Abends" ritterte. Dem kaum nach standen die warmen Salatherzen mit Chorizovinaigrette, die Oktopus-Popper mit Tintenmayonnaise oder der Albert-Burger mit wunderbarem Patty, die die Vorfreude auf die sehr gelungenen Nachspeisen ohne Chichi, aber dafür mit einem Mehr an Geschmack (Cheesecake mit Rhabarber, Schokolade mit Olivenöl, Yuzu und Fleur de Sel bzw. Erdbeeren mit Crème Chantilly und Basilikum) schürten. Das Personal ist so lässig wie freundlich und wird vom Wirt noch getoppt.

AMADOR   pop 18,5/20

Koch: Juan Amador

Tel.: 0660 907 05 00
1190 Wien
Grinzinger Straße 86
www.restaurant-amador.com
reservation@restaurant-amador.com
Mi–Sa 12–14 und 18–24 Uhr

Juan Amador ist ein Produktfanatiker. Was bei ihm in den Töpfen und anschließend auf den Tellern landet, ist von ausgesuchtester Qualität und Herkunft. Das Menü sprüht von A bis Z geradezu vor Edelzutaten. Das Brot kommt vom innovativsten Bäcker, die Butter dazu von der Kultmolkerei Bordier aus der Normandie. Zu Beginn offerierte uns der neue Sommelier einen Winzersekt in Rosa von Fritz Wieninger, in dessen Räumen Amador seine kulinarische Heimat in Wien gefunden hat. Zum prickelnden Wein kam als Gruß der Küche ein fantastisches Wachtel-Überraschungsei: zuerst ganz fein knusprig und dann schmelzend am Gaumen. Danach zweimal Luxus: Austern und Kaviar. Daraus entsteht eines der Signature Dishes des Chefs, der geeiste „Laubfrosch". Wobei das Gericht ganz ohne Frosch auskommt – die Bezeichnung weist lediglich auf die Farbe hin. Unter einer gelierten Petersildecke schlummern perfekt sautiertes Herzbries und Jakobsmuscheln. Dem folgenden Zander gibt Amador Pimenton in Form einer dichten, kraftvollen Sauce, Spitzkohl und Luma-Schwein an die Seite. Hier übernimmt der Paprika im Gericht ganz klar die Führung. Am Rande: Das Luma-Schwein gehört zum Teuersten, was man in der Kategorie Fleisch kaufen kann. Es reift mit Edelschimmel, der bewirkt, dass es die maximale Zartheit erreicht. Das Menü war bis hierher nahezu stimmig und ausgefeilt in seiner Aromatik (auf die uns der junge Servicemitarbeiter leider auch unnötigerweise immer wieder hinwies). Bis zu den Desserts. Unser Fazit fiel hier nur durchschnittlich aus: Dem „Brick in the Wall" – bestehend aus Gewürzmilchcreme und Roter Rübe – fehlte jegliche Finesse. Vielmehr erlebten wir eine sehr süße Nachspeise, die zwar optisch schön, aber außer süß wenig aufregend war. Dann das „Edelweiß": Rhabarber, Ingwer und Sauerampfer machten uns neugierig. Leider auch da keine Frische und kaum Aromen. Zudem sah der helle Ring mit den wenigen Garnituren ziemlich farb- und lieblos aus. Superspannend hingegen die süßen Kleinigkeiten zum Abschluss. Allen voran der Minitaco, der zart-lieblich, cremig gefüllt und im Nachhall chili-scharf war. Die Weinkarte ist momentan noch groß und gut gebaut. Wir hoffen, dass sie es bleibt. Vernahmen wir doch sowohl an unserem Tisch als auch bei den Nachbarn, dass es sich bei der jeweils georderten Flasche um die letzte handelte.

à la carte: 25–65 €

Die besten Weine Österreichs:

Restaurants WIEN

APRON
im Hotel am Konzerthaus
Koch: Stefan Speiser

17/20

Tel.: 01 907 47 47
1030 Wien
Am Heumarkt 35–37
www.restaurant-apron.at
welcome@restaurant-apron.at
Mo–So 17.30–22.30 Uhr

HEINER UNBENANNT, SERVICE AWARD 2020

Von außen wirkt das Haus weniger elegant als die noblen Grandhotels innerhalb des Rings, doch sobald man das Restaurant Apron betreten hat, fühlt man sich sofort bestens aufgehoben. Das hat nicht nur mit der gemütlichen Einrichtung des Restaurants zu tun, sondern auch mit dem zuvorkommenden Service, der Sonderwünsche nicht als Belästigung, sondern als willkommene Gelegenheit sieht, das eigene Engagement zu beweisen. Wirklich fein wird es jedoch, wenn die ersten Grüße aus der Küche zu Tisch kommen. In Erinnerung bleibt vor allem die „Butterkerze", die sich langsam tropfend mit Bratlfett vereint. Sowohl optisch als auch geschmacklich setzte dann der Langustino mit Gin und Gurke ein erstes Ausrufezeichen! So erfrischend können Meeresfrüchte also auch in Wien schmecken. Tief und erdig, komplex und mollig dann die Aubergine mit Shiitakepilzen, Petersilwurzel und Belper Knolle. Großartig auch die perfekt gegarte Taube mit Macadamia, Granatapfel und Radicchio. An den hohen kulinarischen Ambitionen des Teams rund um Küchenchef Stefan Speiser ist jedenfalls nicht zu zweifeln. Von den akribisch konstruierten Amuse gueules bis zu verführerischen Desserts schmeckt hier einfach alles und auch die Weinbegleitung von Sommelier Alexander Fürst ist ein Gedicht. Im vergangenen Sommer wurde das Restaurant geteilt, um eiligen Hotelgästen eine weniger aufwendige Bistroküche zu bieten. Es lohnt sich jedoch, das Menü in voller Länge (man hat die Wahl zwischen vier, fünf oder sieben Gängen) zu ordern.

à la carte: 11–33 €

Jetzt im Gault&Millau-Weinguide.

WIEN Restaurants

ARTNER
auf der Wieden

14,5/20

Tel.: 01 50 35 03 30
1040 Wien
Floragasse 6
www.artner.co.at
wieden@artner.co.at
Mo–Fr 12–22, Sa 18–22 Uhr
Fei

Koch: Markus Höller

Das kulinarische Angebot ist vielfältig, doch die große Stärke sind die kreativen abendlichen Menüs, die an guten Abenden zu den besten der Stadt zählen. Küchenchef Markus Höller kombiniert aus erstklassigen Grundprodukten wirklich spannende Gerichte, die mit geschmacklicher Tiefe überzeugen. Gerne verwendet er Früchte, um fleischigen Gängen auf die Sprünge zu helfen, ohne dass es dabei zu süß oder zu banal wird. Man braucht schon einen sehr feinen Gaumen, um darauf zu kommen, dass es der Staub fermentierter Erdbeeren war, der das gewisse Extra bei der gebratenen Gänseleber brachte. Statt Wasabi und Ingwer sorgen Kren und eingelegter Blutapfel beim „Alpensashimi" für die passende Begleitmusik. Ungewöhnlich war die Kombination von roter Wildgarnele mit Wachtelconsommé, doch die Übung gelang. Sehr gut, aber vergleichsweise brav die Rehfilets mit Lauch, Kakao und Himbeeren. Die größte Schwäche des Lokals liegt in der wechselhaften Performance – sowohl beim Service als auch in der Küche. Wenn sehr viel, oder fast noch schlimmer, sehr wenig los ist (wie bei einem unserer verunglückten Testbesuche), kann es holpern.

à la carte: 12–32 €

ARTNER
am Franziskanerplatz

12,5/20

Tel.: 01 50 35 00 34
1010 Wien
Franziskanerplatz 5
www.artner.co.at
franziskanerplatz@artner.co.at
Mo–Sa 12–22.30 Uhr
Fei

Koch: Markus Nagl

Unweit des Stephansplatzes finden Gäste im Artner beste Steaks, die etwa von Ofenpfefferoni und Cognac-Pfeffer-Sauce begleitet werden, das fast schon obligate Beef Tatar oder verschiedenste Burger mit hausgemachtem Ketchup. Die Kellner servieren mit einem etwas eigenwilligen Wiener Charme gebeizten Seesaibling mit Gurkensorbet, Lavendel-Crème-brûlée mit Birnensorbet sowie Apfelstrudel mit Vanillesauce. Die Weinkarte ist angesichts der zentralen Lage des Restaurants günstig kalkuliert und hält einige interessante Tropfen bereit.

à la carte: 18–29 €

AURELIUS

11,5/20

Tel.: 01 535 55 24
1010 Wien
Marc-Aurel-Straße 8
www.aurelius-wien.at
info@aurelius-wien.at

Im Aurelius wagt man nichts Neues. Daher wird man keine Höhepunkte erleben, aber auch Enttäuschungen bleiben einem erspart. Das Thunfischtatar könnte etwas mehr Würze vertragen, die Rigatoni mit Salsiccia, Tomatensauce und frischem Thymian hingegen geraten, wie man sie sich wünscht. Wer Fisch liebt, kommt bei Goldbrasse oder Wolfsbarsch auf seine Kosten. Beide werden je nach Wunsch gegrillt oder in der Salzkruste zubereitet. Dazu gibt es je nach Gusto Salzerdäpfel, Spinat oder Mangold. Und wer möchte, kann seine süßen Gelüste mit einem Schokoladekuchen mit Himbeereis stillen. Als hochprozentige Alternative bietet sich ein Grappa an.

BACCO

12,5/20

Tel.: 01 585 66 92
       0699 12 16 88 46
1040 Wien
Margaretenstraße 36
www.bacchusco.at
office@bacchusco.at

Typisch italienisch gehört es sich eben, nicht nur einen Gang zu zelebrieren, sondern nach Antipasti und Pasta mit einem ordentlichen Hauptgang, bestehend aus Fleisch oder Fisch, fortzufahren und mit einem Dessert und Espresso zu enden. Gesagt, getan. Padrone Alberto Stefanelli lässt einem in seiner Osteria auch nur ungern eine andere Wahl, den Tagesempfehlungen sollte streng gefolgt werden. Die verarbeiteten Zutaten sind hochwertig, authentische Aromen garantiert. Die Pappardelle mit Zitrone aromatisch eine Wucht, der gegrillte Wolfsbarsch mustergültig. Finalmente dann noch ein hausgemachtes Tiramisu – Mamma mia, das ist gut. Vinophile Begleitung wählt man flaschenweise und eigens aus den Regalen, der umsichtige Service steht für Beratung zur Verfügung. Basta. Italienische Kochkunst braucht nicht mehr Worte.

BAUER

Koch: Mike Feierabend

16/20 🍴🍴

Tel.: 01 5129871
1010 Wien
Sonnenfelsgasse 17
restaurant.walter.bauer@aon.at
Mo 18–22, Di–Fr 12–14 und 18–22 Uhr

Als Lottomillionär hätte man es in der Sonnenfelsgasse leicht. Man würde eine Flasche Jahrgangschampagner bestellen, danach noch den einen oder anderen teuren Burgunder oder Bordeaux trinken und sich keine Gedanken über die Rechnung machen. Da Fortuna uns mit ihrem Füllhorn aber noch nicht überschüttet hat, blieben wir beim Neuburger, Lage Tausendeimerberg aus der Wachau. Der ist ja auch nicht schlecht. Eine witzige Idee zu Beginn des Essens: eine Scheibe Leberkäse mit Waldviertler Senf zu servieren. Es folgten Calamari, mit Spargel gefüllt, Brennnesselravioli, über die geräucherter Pecorino gerieben wurde, und ein exzellentes Felchenfilet mit Gemüse. Die gebratene Taube – mit Mandeln und einem leicht süßlichen Geschmack – würde man gerne jeden Tag essen, vielleicht auch die geschmorten Ochsenbäckchen mit Morcheln und Polenta. Es kehren hier auch gerne Touristen ein, finden sich doch auf der Speisekarte auch österreichische Küchenklassiker wie das allgegenwärtige Wiener Schnitzel wieder. Vielleicht werden wir – wie die Japaner am Nachbartisch – das nächste Mal auch zum panierten Kalb greifen? Das ist zwar auch sehr verlockend, aber eigentlich nur Stammgästen anzuraten, die zur Abwechslung einmal etwas simpler genießen wollen.

à la carte: 6,50–36 €

WIEN Restaurants

BEAULIEU

pop 11/20

Tel.: 01 5321103

1010 Wien
Herrengasse 14, Palais Ferstel

www.beaulieu-wien.at
office@beaulieu-wien.at

Mo–Sa 11.30–21.30,
in der Weihnachtszeit sonntags
10–18 Uhr geöffnet

❦ Fei

Bereits das Betreten des kleine Bistros und der dazugehörigen Épicerie bedeutet einen Grenzübertritt. Allenthalben stapeln sich hier französische Spezialitäten. Neben diversen Käsesorten schmückt sich eine Schautheke mit Quiche Lorraine und natürlich frischem Baguette. Bei all den Eindrücken sollte man es nicht verpassen, einen Sitzplatz zu ergattern, um sich mit Klassikern wie Foie gras, Wiener Weinbergschnecken oder Bœuf bourguignon verwöhnen zu lassen. Dass nach diesem deftigen Einstieg genügend Platz für eine Zitronentarte gelassen werden muss, bedarf keiner Diskussion. Austern gibt es hier das ganze Jahr über, die mit prickelnder Begleitung für feudales Savoir-vivre sorgen.

à la carte: 12–26 €

BEEF & GLORY

11/20

Tel.: 01 9974155

1080 Wien
Florianigasse 35

www.beefandglory.at
steak@beefandglory.at

Mo–Sa 17–24, So 11–24 Uhr

Koch: Filippo Karawatt

Ein gutes Steak hat seinen Preis. Dieser lässt sich gerade bei größeren Stücken im Voraus nicht immer genau feststellen, weshalb das Verrechnen nach Gramm durchaus Sinn macht. Was als faires Prinzip für beide Seiten funktionieren sollte, öffnet leider unseriösem Personal Tür und Tor, um die Gäste über den Tisch zu ziehen. Wir wollten zu zweit lieber gemeinsam ein großes, anstatt zwei kleinere Steaks genießen. Leider ließen wir uns von der nachdrücklichen Argumentation des Kellners überzeugen, drei kleinere Steaks mit unterschiedlichen Cuts und verschiedener Herkunft zu probieren. Das wäre interessanter und käme preislich aufs Gleiche hinaus. Ganz so klein waren die drei Steaks dann doch nicht – jedenfalls war es weit mehr, als wir nach den Vorspeisen (gute Grammelknöderl mit Kimchi und mäßig delikate Tagliatelle mit Eierschwammerln) trotz großen Hungers bewältigen konnten. Am besten hat uns das saftige Rib Eye aus Urugay (45 Euro) geschmeckt. Recht gut war auch der in Whisky gereifte Special Cut aus US-Beef (85,68 Euro). Das österreichische New York Strip (79,60 Euro) war zwar wie die beiden anderen Steaks wie gewünscht perfekt medium rare gebraten, doch waren weder Textur noch Geschmack überzeugend. Da trotz dieses beeindruckenden Preisniveaus sämtliche Beilagen separat verrechnet werden, entsprach unsere finale Rechnung der eines Luxusrestaurants in der City. Dass uns angeboten wurde, das nicht verzehrte Fleisch mit nach Hause zu nehmen („für den Hund"), hat den Abend nicht mehr gerettet. Das Angebot an Rotweinen ist ausbaufähig, dafür gibt es eine ambitionierte Cocktailkarte.

BENKEI ⁿ   12,5/20

Tel.: 01 718 18 88
1030 Wien
Ungargasse 65
benkei@aon.at
Mo–Fr 11.30–14 und 18–22,
Sa 18–22 Uhr
❦ Fei

Das legendäre Benkei hat nach einer Pause nun in der Ungargasse 65 Platz genommen. Das Interieur ist schlicht, die Bedienung freundlich. Die Gerichte reichen von Sushi/Sashimi/Maki über diverse Kleinigkeiten wie gebrannter Tofu mit Bonitoflocken bis zu traditionellen Hauptspeisen (Heilbutt in Miso oder Teriyaki-Huhn). Wer es üppiger mag, sollte das Omakase-Menü ordern. Das Besondere hier ist die Qualität der Produkte. Kaum woanders in Wien bekommt man die rohen Fische so frisch und in dieser Vielfalt. Abseits des Üblichen wie Lachs und Tuna isst man hier Surfmuscheln, Seewolf, Aal und besten Kaviar. Es lohnt sich auf jeden Fall, zu Mittag einen Tisch zu reservieren bzw. Geduld mitzubringen.

BISTRO PORTO ⁿ   11/20
Koch: Josef Neuherz

Tel.: 01 589 18 133
1040 Wien
Rilkeplatz 4
www.dastriest.at/triest/de/
kulinarik/bistroporto
office@dastriest.at
Mo–So 11.30–22 Uhr

Das Triest leistet sich im Zuge seines gelungenen Umbaus nun ein Zweitlokal. Während der Name Bistro Porto eher auf den Südwesten des Mittelmeeres schließen ließe, huldigt die Küche dem Italienischen. Riesenbruschette gelangen von richtig gut (Piccante mit Salami) bis unausgewogen (Beef BBQ mit Schulterscherzl). Bei den Nudelgerichten erfreuten uns Gnocchi mit Blutwurst und langweilten uns Garganelli mit Entenragout. Die eher unitalienischen Minidesserts gibt es auch preisgünstig im Dreierpack. Das kleine Weinangebot kann auf Nachfrage mit Bouteillen aus dem Restaurant Collio ergänzt werden.

à la carte: 12–23 €

BRISTOL LOUNGE   13,5/20
im Hotel Bristol

Tel.: 01 515 16 553
1010 Wien
Kärntner Ring 1
www.bristol-lounge.at
restaurant.bristol@
luxurycollection.com

Was könnten diese altehrwürdigen Wände der gediegenen Bristol Lounge nicht alles von den vielen kulinarischen Höhenflügen (und wenigen Niederlagen) berichten, wären sie bereit, uns einzuweihen. Bei unserem heurigen Besuch hätten sie vor allem Positives und sehr Positives vermerkt. Abseits des perfekten Service mit Augenzwinkern und der so ausführlichen (wie überraschungslosen) Weinkarte zwei vegetarische Gänge, die sich inspiriert, frisch und durchdacht präsentierten. Einerseits confierte Zucchini, schön kombiniert mit Fenchel, Paprika und Karfiol, und anderseits geschmortes Wurzelwerk mit Hirsesoufflé, Jungzwiebel, Senf und Pimientos. Kompliment! Ebenbürtig erwies sich der 48 Stunden sanft gegarte Ibérico-Bauch mit Majoran, Brokkoli und Zwiebel. Ein Gedicht, das wohl der Höhepunkt des Abends gewesen wäre, hätte uns nicht der Atlantik-Hummer mit Tagliatelle und Safran restlos(est) überwältigt. Ganz im Gegensatz zur Vanillepudding-gleichen Crème brûlée, die gar nicht überzeugen wollte. Trost spendete die Bristol-Schnitte – ein All-time-Klassiker – und die Erinnerung an den Hummer.

BRUDER ⓝ 14/20

Koch: Lucas Steindorfer

Tel.: 0664 135 13 20
1060 Wien
Windmühlgasse 20
www.bruder.xyz
hallo@bruder.xyz
Mi–Sa 17–1 Uhr

Im Bruder von Hubert Peter (der experimentierfreudigste Barkeeper Wiens!?) und Lucas Steindorfer (der in der Küche dagegenhält) hat der Bierernst Pause und das macht nicht nur uns, sondern auch dem dicht gedrängten Publikum merklich Spaß. Zu den innovativen Getränkekreationen kredenzt er bemüht bis sehr lustig benamste Kreationen wie „Butterberge und Milchseen" (Bachforelle in Milchsäure mit viel brauner Butter), „Traditionen Zeit geben" (Wiener Schnecke in Gulaschsaft), „Bauchfleck am Grill" (Schweinsbauch mit Roter Rübe, dazu Schalottensenf) oder „Mexiko treu bleiben" (Rindfleisch in der Palatschinke mit Apfelkren), die zwar lässig und ohne viel Chichi zusammengestellt scheinen, es geschmacklich aber faustdick hinter den Ohren haben. Empfehlung: das „5-Gerichte/5-Getränke Menü", das die Bandbreite von Bar und Herd veranschaulicht und als Starter mit „Mir doch wurscht" (Hauswürstel, Speck, Leberwurst und Essiggurke samt Obstler) und „Sei nicht sauer" (Eingelegtes, Fermentiertes und Frischkäse) auch Snacks beinhaltet. Rein ins Geschehen ... ab ins Bruder, Brüder und Schwestern.

à la carte: 7–19 €

BUCHECKER & SOHN IM GUSSHAUS ⓝ 12,5/20

Tel.: 01 929 56 74
1040 Wien
Gußhausstraße 23
www.gasthaus-
bucheckerundsohn.at
franzbuchecker.wien@
gmail.com
Mo–Sa 10.30–23 Uhr

Familie Buchecker weiß halt, worauf es ankommt. Zum Beispiel auf die inneren Werte (Schlachttag am Dienstag), auf ein Weltklasseschnitzel und darauf, dass die atmosphärische und kulturelle Patina eines Wiener Wirtshauses gewahrt bleibt. Und was machen Bucheckers mit diesem Wissen? Eines der besten neuen Wirtshäuser der Stadt. Weil sie die Standards aus dem Ärmel schütteln und auch das Besondere beherrschen: gebackene Fledermaus, steirisches Wurzelfleisch aus der Spanferkelstelze, Prager Kuttelflecksuppe, Wuzinudeln. Und wir wissen jetzt ein neues Lokal mit Zweitwohnsitzeignung.

BUXBAUM

13/20

Koch: Martin Zeißl

Tel.: 01 2768226
1010 Wien
Grashofgasse 3
www.buxbaum.restaurant
office@buxbaum.restaurant
täglich 12–15 und 17–23 Uhr

Die ruhige Enklave Heiligenkreuzerhof inmitten des geschäftigen ersten Bezirks gewinnt durch den neuen Buxbaum-Küchenchef Martin Zeißl (ehemals Motto am Fluss) weitere Attraktivität. Die Karte liest sich spannend, das Angebot präsentiert sich farbenfroh-innovativ. Dass mitunter die Harmonie (säuerlicher Seesaibling mit Artischocke und Amalfi-Zitrone) auf der Strecke bleibt – geschenkt. Solange die Produktqualität – zartes Lamm (Rücken und Schulter) – keine Wünsche offenlässt und der Service weiterhin so aufmerksam-effizient agiert, zieht es nicht nur uns gerne in den (leider immer noch autoverparkten) ruhigen Innenhof bzw. in die unauffällig-dezenten Räumlichkeiten. Schade, dass bei der Crème brûlée von der schwarzen Trüffel dieselbe nicht schmeckbar war. Dafür machten die Kunstwerken gleich arrangierten Desserts (weiße Schokotarte mit Granatapfel, Sesameis und Sektespuma) viel Freude. Angesichts der umfangreichen Weinkarte böte sich eine etwas offensivere Beratung an.

à la carte: 10–32 €

CANTINETTA ANTINORI

14/20

Koch: Lorenzo Dimartino

Tel.: 01 5337722
1010 Wien
Jasomirgottstraße 3–5
www.cantinettaantinori-vienna.at
office@cantinetta-antinori.at
täglich 11.30–23 Uhr

Die italienische Küche ist eine fürs Herz, besonders in ihrer klassischen, unverfälschten Form. Genau die wird hier in eleganter Ambiance in Steinwurfnähe des Stephansdoms geboten. Kein Chichi, kein unnötiges Pipapo, auch der Service entspricht uneingeschränkt dem Anspruch der Italianità. Selbstredend ist die Minestrone eine mit einem Bouquet an Gemüsearomen, dominiert von der Süße der Karotten und so, wie man sie sich auch ums Eck des Mailänder Domes erwarten würde. Zartbitter das Ratatouille mit Frischkäse, von zarter, saftiger Konsistenz die Tintenfische im lauwarmen, mit nicht zu viel Rucola angereicherten Meeresfrüchtesalat. Das Erbsenrisotto mit Gamberi könnte als Benchmark für dieses Gericht herhalten, viel besser kann man es nicht zubereiten. Das gilt in seiner unverschnörkelten Einfachheit auch für das Kalb in Zitronensauce – gottlob gibt es Brot, um auch den allerletzten Tropfen dieser perfekt „limonigen" Sauce aufzutunken. Nicht ganz so überzeugt haben die Calamari mit Pesto, da haben wir schon deutlich zartere gegessen. Doch die Versöhnung folgt auf dem Fuß: Das Tiramisu überzeugt charmant mit Schokoladeunterstützung.

CLEMENTINE IM GLASHAUS

13,5/20

im Palais Coburg

Tel.: 01 51818130
1010 Wien
Coburgbastei 4
www.palais-coburg.com
reservierung@palais-coburg.com

Clementines Gastgarten ist einer der stimmungsvollsten Orte Wiens und im Glashaus sitzt man mittendrin. Der junge Service setzt alles daran, uns den Aufenthalt möglichst angenehm zu gestalten, und die Küche übertrifft mit zwei schönen Frühsommergerichten – Erdäpfelrösti, Karfiol, Passionsfrucht und Endivien bzw. Büffelmozzarella, Amalfi-Zitrone, Basilikum, Topinamburchip und Apfel – die Erwartungen. Mit feinem Saiblingsfilet, Gurke, Ingwer, Nussbutter und Püree, aber auch mit der Wildhendlbrust, begleitet von Erbsen, grünen Oliven und Spitzkohl, wird der Standard bis zu den beiden Desserts – Zitronentarte nebst Mango, Kokos und Minze und Grießschmarren mit Zwetschke, Muscovado (Rohrzucker) und Zitronenmelisse – scheinbar mühelos gehalten. Einziger Kritikpunkt mag die optische Präsentation sein, die mit der geschmacklichen Treffsicherheit nicht ganz mitzuhalten vermag. Über die Coburg'sche Weinkarte wurde schon so manches Loblied geträllert und wir stimmen gerne mit ein, sind aber zugleich verwundert, dass hier im Gegensatz zum benachbarten Gourmetrestaurant und der Weinbar recht billige Gläser zum Einsatz kommen.

Bei der Zusammenstellung dieses Führers ließen wir größtmögliche Sorgfalt walten, trotzdem können Daten falsch oder überholt sein. Eine Haftung können wir auf keinen Fall übernehmen.

WIEN Restaurants

COLLIO
im Hotel Das Triest
Koch: Josef Neuherz

14/20

Tel.: 01 589 18 0
1040 Wien
Wiedner Hauptstraße 12
www.dastriest.at
ina@dastriest.at
Mi–Sa 18.30–22 Uhr
Fei

Auch wenn das Ambiente im Collio eher unpersönlich wirkt, täuscht der erste Eindruck. Denn das, was serviert wird, lässt das Drumherum sofort vergessen. Ein wunderbares Vitello tonnato, das zwar den Namen scheut und sich mit „rosa Kalbsrückenscheiben" zu tarnen versucht, ist zwar nicht ganz klassisch, gerade deshalb umso spannender. Auch die Jakobsmuscheln in Maiskruste gelangen hervorragend. Das Steinbuttfilet mit dem ersten grünen Spargel auf einem Safransaucenspiegel war sowohl fürs Auge als auch für die Zunge tadellos. Die Linguine mit Sardinen und Mönchsbart, ein beachtlicher Pastaberg, der zwar nicht sehr ansehnlich, dafür allerdings geschmacklich wunderbar gelungen war. Auch das Dessert konnte mithalten: Die „Erdbeertarte einmal anders" versteckte sich unter hauchzarten Mandelplätzchen und umgab sich mit Limonencreme und Crème-fraîche-Eis, eine zarte Frühlingsversuchung. Der Rhabarber ging eine erfreuliche Verbindung mit Marzipan ein und badete in einer Himbeersauce, begleitet vom Zitronenthymiansorbet. Das Studium der Weinkarte ist abendfüllend: Einheimisches von Rang und Namen, aus dem europäischen Ausland neben ein paar französischen und deutschen vorwiegend Weine aus dem Collio.

à la carte: 16–29 €

CUCINA CIPRIANO ⓝ

13/20

Tel.: 0660 164 76 08
1060 Wien
Aegidigasse 15
www.facebook.com/
cucinaCipriano

Er Gradeser, sie Neapolitanerin. Andrea (er) und Carmela beleben den Sechsten in Gürtelnähe mit einer um die eine oder andere Idee angereicherten Fischküche Marke Bella Italia. Die Rohware dazu wird aus Chioggia angeliefert und macht auch auf dem Präsentierteller einen untadelig frischen Eindruck. Andrea kann als Koch auf diverse Topadressen (Taubenkobel, Filippou, Melograno) verweisen – und das schmeckt man. Etwa beim klassischen, in der Konsistenz weniger cremig ausgelegten Baccalà mantecato, dem Stockfischmus auf Roten Rüben, oder beim vorbildlich zarten, behutsam marinierten Sepiasalat mit Streifen von Erbsen, Karotten und Zucchini. Die Ombrina ist auf den Punkt gebraten, der Schattenfisch wird hier mit Erbsenpüree und Joghurt kombiniert. Schmeckt einfach nur gut. Die Fregola-Nudeln, klein und rund, sind für Andrea die ideale Pasta für diverse Meeresfrüchte in fein würziger, „meeresfruchtiger" Sauce. Das Lokal ist eher nüchtern möbliert, für den Service sollte man etwas Geduld mitbringen. Beim Wein dominieren natürlich italienische Gewächse.

Restaurants **WIEN**

CUISINO WIEN
12/20

das Restaurant im Casino Wien

Koch: Lukas Olbrich

Haben sich die Augen an die Einrichtung des Casinorestaurants in der Kärntner Straße gewöhnt, steht einem spannenden Cuisinoabend nichts mehr im Wege. Auch wenn das Motto an diesem Abend „Nichts geht mehr" lauten sollte, muss man sagen, dass durchaus noch Luft nach oben besteht. Trotz ansprechender Weinkarte merkt man den Fachkräftemangel in der Beratung sehr deutlich. Was auf den Teller kommt, ist durchaus solide, große Überraschungen erlebt man bei guter Spielweise aber doch eher eine Etage tiefer. Den individuellen Charakter der Küchenlinie merkt man nur im Ansatz, was etwas schade ist. So wird einem hier eine verlässlich gute, aber eben keine aufregende Küche geboten.

Tel.: 01 51 24 83 62 15 00
1010 Wien
Kärntner Straße 41
www.wien.casinos.at
cuisino.wien@casinos.at
täglich 17–23.30 Uhr
24. Dez. 2019

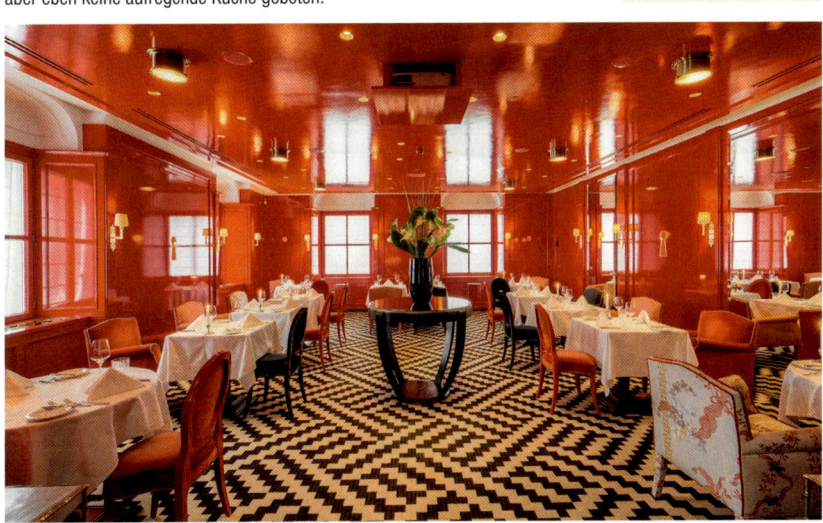

DA MORITZ
12/20

Koch: Thomas Bös

Im Herzen Wiens sorgt die Trattoria und Pizzeria der Familie Huth für italienisches Lebensgefühl. Das Angebot ist klassisch gehalten – von Vitello tonnato und Minestrone bis hin zu Pizza, Pasta und Risotti. Die Dorade und das Rib-Eye-Steak werden auf dem Lavastein gegrillt und sorgen mit gegrilltem Gemüse und Rosmarinkartoffeln für Röstaromen und harmonischen Geschmack. Bella Italia kommt auch bei den Desserts nicht zu kurz. Hier hat man stehts die genussvolle Qual der Wahl. Das Ambiente wirkt durch die dunklen Holzelemente sehr gemütlich, ein Geheimtipp ist der kleine Weinkeller, der für Veranstaltungen gebucht werden kann.

Tel.: 01 512 44 44
1010 Wien
Schellinggasse 6
www.zum-huth.at
tisch@damoritz.at
täglich 12–23 Uhr

à la carte: 5,50–29,90 €

DA SALVATORE
11/20

Italienische Restaurants gibt es auch in Wien wie Sand am Meer. Das Ristorante da Salvatore ist jedoch in vielerlei Hinsicht einzigartig. Obwohl etwas entfernt von der Wiener Innenstadt, finden viele Gäste ihren Weg zu Salvatore Parisi. Denn für authentische italienische Küche nimmt man diese Anreise gerne auf sich. Das Speisenangebot ist überschaubar, orientiert sich an dem, was der Patron gerade frisch vom Markt mitbringen konnte, und variiert daher täglich. Hausgemachte Pasta und frischen Fisch vom Grill findet man jedoch meistens auf der Kreidetafel. Dazu herrlicher italienischer Wein und die Lust auf den nächsten Urlaub ist geweckt.

Tel.: 0664 140 08 94
1130 Wien
Rohrbacherstraße 31
www.ristorante-salvatore.at
dasallvatore78@gmail.com
Di–Sa 11.30–14.30 und 18–22.30 Uhr

WIEN Restaurants

DAS SCHICK
im Hotel Am Parkring

Koch: Gerasimos Kavalieris

15/20

Tel.: 01 51480417
1010 Wien
Parkring 12
www.das-schick.at
restaurant-das-schick@schick-hotels.com
Mo–Fr 12–14.30 und 18–22,
Sa, So 18–22 Uhr
Fei. variabel

Das Konzept austro-iberisch, der Koch Grieche, die Produkte luxuriös – was kann da noch schiefgehen? Der erste Gang (gebeizte Seeforelle mit grünem Spargel, Ibérico-Grammeln und Seeigeleis) zeigt eine Möglichkeit: Hier spielt ein Ensemble an Hocharomatikern weniger mit- als nebeneinander; jeder für sich exzellent, aber ohne gemeinsames Ziel. Irgendwie fühlt man sich an Real Madrid erinnert. In Richtung ganz frühe RB Salzburg geht dann der zweite Gang, Gänseleberpraline im Rote-Rüben-Staub mit Apfel, marinierten Hibiskusblüten und vergoldeter Macadamianuss: vielversprechend besetzt, aber am Ende fehlt irgendetwas (zum Beispiel eine neue Idee). Der erste Treffer folgt mit einem glasklar abgeschmeckten Schwertmuscheltatar mit knusprigen Hühneraustern und Erbsenvelouté. Das geht nun tatsächlich in Richtung Champions League. Souverän auch der Hauptgang: Milchkalb in zwei Stadien (Filet und Backfleisch) mit Lauchtortilla, dunklem Jus und Sommertrüffel. Klassisch dann das Finale: Salzkaramelleis, buttriger Schokoladekuchen, marinierte Erdbeeren. Ergebnis: unentschieden.

à la carte: 16–94 €

DAS SPITTELBERG

Koch: Harald Brunner

15/20

Tel.: 01 5877628
1070 Wien
Spittelberggasse 12
www.das-spittelberg.at
reservierung@das-spittelberg.at
Di–Sa 17–1 Uhr

Das Spittelberg befindet sich in einem der schönsten Teile Wiens und ist somit der perfekte Startpunkt für einen besonderen Abend. Das moderne, gemütliche und offene Ambiente gibt einem das Gefühl, immer am Ort des Geschehens zu sein. Direkt im Geschehen ist auch Harald Brunner selbst. Ein Gastgeber, wie er im Buche steht. Die Küchenlinie zu benennen, fällt schwer. Es gibt Ceviche, Jakobsmuscheln, Currylinsen, aber auch viele österreichische Schmankerl, die modern interpretiert sind. Die Art und Weise der Zusammensetzung der Speisen ist zwar

Restaurants **WIEN**

nicht immer ideal geglückt, beim Genießen des hauseigenen Weins aber auch schnell wieder vergessen. Vor allem Rotisserie-Gerichte sind hier stets zu empfehlen. Sie zählen zweifellos zu den besten der Stadt.

à la carte: 7,90–35 €

WIEN

---

iSi Nitro System
The smooth revolution.

Einfach, schnell und flexibel. Mit dem iSi Nitro System kreieren Sie Nitro Coffee, Tea und trendige Nitro-Cocktails. Visuell überzeugend und geschmacklich ein Erlebnis. iSi bringt Abwechslung in jede Bar und jedes Restaurant.

Erhältlich im ausgewählten Fachhandel, Großhandel und im iSi Online Shop.

WIEN Restaurants

DER RINGSMUTH

Koch: René Ringsmuth

12/20

Tel.: 01 6031835
1100 Wien
Johannitergasse 1
www.der-ringsmuth.at
restaurant@der-ringsmuth.at
Di–Sa 10.30–23, Fei 10.30–15 Uhr

Über die vorurteilsbehaftete Lage am Hauptbahnhof ist Der Ringsmuth längst erhaben. Einheimische wissen, dass es sich hier um das beste Wirtshaus in Favoriten handelt. Außen wirkt es wie ein typisches Wiener Beisl, innen werden jedoch moderne Akzente gesetzt. Diese Kombination spiegelt auch die Speisekarte wider. Unter klassische Gerichte mischen sich Speisen wie die Variation vom „Yellow Fin-Thunfisch" oder eine Zitronengras-Kokos-Suppe. René Ringsmuth versteht sein Handwerk, weshalb man hier so gut wie alles bedenkenlos bestellen kann. Die flaumigen Erdäpfel-Grammel-Knödel sind sowieso ein Hit, Innovatives wie die irische Lammhüfte oder die Entenbrust mit Gemüsecouscous haben uns ebenso begeistert. Die Weinkarte ist überschaubar, aber gut zusammengestellt.

à la carte: 8–25 €

DEVAL

Koch: Daan de Val

13,5/20

Tel.: 01 8908797
1010 Wien
Doblhoffgasse 5
www.devalrestaurant.at
info@devalrestaurant.at
Di–Sa 18–21 Uhr
variabel

Da haben sich zwei gefunden. Daan de Val, in Australien aufgewachsener niederländischer Friese, als Botschaftskoch und bei Mörwalds Catering in Österreich gastronomisch sozialisiert, sowie die charmante, unaufhörlich um das Wohl ihrer Gäste bemühte Evelyn Schranz aus Ottakring. In der ruhigen Doblhoffgasse hinter dem Parlament erfüllten sie sich ihren Traum vom eigenen, geschmackvoll-gemütlich eingerichteten kleinen Restaurant und bieten eine sehr spezielle Autorenküche in Form eines Menüs (vier- bis siebengängig) an. Daan erklärt jedes Gericht detailliert mit Stolz, der angesichts der ausgesuchten Topprodukte durchaus gerechtfertigt ist. Bei der Zubereitung geht ihm mitunter die Fantasie durch und es landet zu viel Verschiedenes auf dem Teller. Nicht so beim Carpaccio vom burgenländischen Strauß mit köstlichem Ei. Die Vogelmiere (zer)störte jedoch den ohnedies indifferenten Geschmack diverser Pilze mit Knollensellerie. Köstlich das auch aus einer knusprigen Komponente bestehende Mille-feuille vom Bärlauchraviolo, viel zu schwer die Sauce zur Kalbsrippe mit – gewagt – süßen Radieschen. Glasweise (österreichische) Weinbegleitung, kleine Flaschenauswahl und insgesamt vernünftige Preisgestaltung.

DINGELSTEDT 3 Ⓝ 12,5/20

Koch: Andreas Döcler

Die Betreiber sehen sich als moderne Grätzlwirte und werben mit „Wiener Tradition trifft Moderne". Und so geht es im großzügigen und hellen Wirtshausambiente neben der Kirche Maria vom Siege beherzt zur Sache. Mit üppig gegrammeltem Ei (spannend!), sämiger Brotsuppe mit Kümmelaromen, eher flüssigem und mit Zitronenzeste verfeinertem Beuscherl mit pikanter Note. Der gebackene Waller lässt keine Wünsche offen, der Bratkartoffelsalat verspricht allerdings mehr, als er letztlich hält, und beim Kalbsbutterschnitzel fragt man sich, ob das wirklich alles auf einen so kleinen Teller muss. Das Angebot an offenen Weinen ist noch etwas ausbaufähig.

à la carte: 3,90–19,10 €

Tel.: 01 8908732
1150 Wien
Dingelstedtgasse 3
www.dingelstedt3.at
restaurant@dingelstedt3.at
Mo–Fr 11–24 Uhr
Fei

DININGRUHM pop 14,5/20

Koch: Marcel Ruhm

Das Diningruhm wird seinem Namen gerecht. Das geschmackvoll zurückhaltend gestylte Lokal bietet den perfekten Rahmen für eine wunderbare Nikkei-Küche. Es darf aus dem überschaubaren, aber vielseitigen Menü gewählt oder bei Entscheidungshemmung auch das „Family Style Menue" geordert werden. Damit bekommt man einen repräsentativen Querschnitt durch Marcel Ruhms Können. Die Starter in Gestalt vom Lachsforelle, Lachs, Kingfish und Beefsashimi auf Yuzu-Soja-Sauce mit Cevichedressing, Ponzusauce oder Jalapeñodressing sind ohne Ausnahme tadellos. Frischer geht es nicht, qualitativ besser auch nicht. Auch die warmen Vorspeisen strotzen vor Kreativität: Der Spinatsalat mit Shiitake im Yuzu-Trüffel-Dressing ist ein vegetarischer Traum. Die Hauptspeisen halten das hohe Niveau. Das Rib Eye ist perfekt gegrillt, der Schweinsbauch bestechend knusprig. Die Chili-Anticucho- und auch die Spicy-Miso-Sauce sind die idealen Begleiter. Generell lässt sich feststellen, dass Ruhm die besten Zutaten mit seinen genialen Saucen kombiniert und genau diese Komponenten den Gerichten die Einzigartigkeit verleihen. Er ist der König der Saucen! Sascha Ruhm als Sommelier steht seinem Bruder in nichts nach, am besten man lässt sich weinmäßig vertrauensvoll von ihm begleiten.

à la carte: 6,90–29,90 €

Tel.: 01 9452224
1040 Wien
Lambrechtgasse 9
www.diningruhm.at
office@diningruhm.at
Di–Sa 11–14 und 17–22 Uhr

WIEN Restaurants

DO & CO ALBERTINA

Koch: Alexander Kantner

SERVICE AWARD 2005

pop 12/20

Tel.: 01 5329669
1010 Wien
Albertinaplatz 1
www.doco.com
albertina@doco.com
täglich 9–15 und 18–24 Uhr

Die Küche hält nicht, was die ersten Eindrücke beim Betreten des Lokals versprechen. Dem Artischockensalat fehlten die Artischocken. Die Paradeiserscheiben darauf eiskalt. Das Knochenmark, direkt aus dem Knochen, wohlschmeckend, das Brot dazu perfekt gebäht. Das Suprême vom Huhn in Korma-Sauce belanglos, der Wasabireis dazu, wenn überhaupt, nur lauwarm. Die Stücke vom karamellisierten Beinfleisch deutlich zu heiß (Mikrowelle?), aber zumindest geschmacklich sehr gut. Uninspiriert die Tarte mit Frischkäse. Der Service professionell freundlich, aber keine Spur von Herzlichkeit. Mit entsprechender Führung wäre hier deutlich mehr möglich.

DO & CO STEPHANSPLATZ

pop 13/20

Tel.: 01 5353969
1010 Wien
Stephansplatz 12
(Haas-Haus)
www.doco.com
stephansplatz@doco.com
täglich 12–15 und 18–24 Uhr

Do & Co Stephansplatz steht für beste Produktqualität und gastronomische Routine. Wer in Wien ausgezeichnetes Sushi oder Sashimi speisen möchte, der ist hier gut aufgehoben. Ebenfalls bestens das Carpaccio – mit verzichtbarer Garnele in Tempurateig – oder das Tataki vom Atlantik-Thunfisch mit Apfel-Ingwer-Dressing. Die Weinkarte bietet keine aufregenden Neuentdeckungen zu interessanten Preisen, braucht man hier wegen der zahlungskräftigen Klientel anscheinend nicht. Zum süßen Finale bietet sich der Key-Lime-Pie mit knuspriger Meringue an, der uns an unseren letzten Aufenthalt im sonnigen Florida erinnerte.

DOOR NO. 8

Koch: Stefan Sommer

12/20

Tel.: 01 5220392
1070 Wien
Neubaugasse 8
www.door8.at
contact@door8.at
Mo–Sa 17–23 Uhr

Steaklokale findet man in Wien mittlerweile einige, versteckt in der Neubaugasse hat man sich ebenfalls auf die Zubereitung edler Rindfleischteile spezialisiert. Der liebenswürdige Service und das im Industrial Chic gehaltene Ambiente schaffen sofort eine heimelige Atmosphäre, sodass wir uns noch mehr auf ein saftiges Steak freuen. Wir haben die Qual der Wahl zwischen verschiedenen Cuts und unterschiedlicher Herkunft, durch das Sous-vide-Garen und dann kurz bei 1000 °C Anflämmen gelingen alle Varianten perfekt. Eine willkommene Abwechslung als Beilage ist die mit Tomatensalsa gefüllte Avocado. All das begleitet man am besten mit einem Craftbeer, aber auch die Weinkarte ist ganz ordentlich.

à la carte: 15–75 €

Wo man sich willkommen fühlt

Südtiroler Gasthaus
LOCANDA SUDTIROLESE
hgv

Die Mitglieder der Gruppe Südtiroler Gasthaus haben die Kunst des Gastgebens zu ihrem Lebensinhalt gemacht. Sie bieten regionale saisonale Köstlichkeiten in einzigartigem Ambiente, in dem sich die Gäste auf Anhieb wohlfühlen.

www.gasthaus.it

WIEN Restaurants

DSTRIKT
im Hotel The Ritz-Carlton

pop 12,5/20

Tel.: 01 311 88
1010 Wien
Schubertring 5–7
www.dstrikt.com
vienna.restaurant@ritzcarlton.com

Die kulinarische Macht ist stark im Ritz-Carlton, im Krieg der Sternehotels kann so etwas heutzutage entscheidend sein. Im hauseigenen Steaklokal geht es trotzdem eher friedlich zu, die teils erhebliche Lautstärke ist rein raumakustikbedingt. Man fühlt sich halt schnell wohl hier – der Service hochprofessionell, die Weinkarte in Auswahl und leider auch Preisgestaltung Weltklasse, die Küche verlässlich souverän: perfekte Steaks, firlefanzfreie Beilagen, internationale, rinderlose Alternativen (Wiener Schnecken, französische Austern, Kärntner Kasnudeln). Möge die Kreditkarte mit uns sein.

DUSPARA

11/20

Tel.: 01 945 71 20
1050 Wien
Wiedner Hauptstraße 115
www.duspara.at
info@duspara.at
Mo–Fr 11.30–15 und 17.30–22 Uhr
✢ Fei, 24. Dez. 2019–7. Jän. 2020

Das Duspara bleibt weiterhin eine empfehlenswerte Adresse. Die Burrata – mit verschiedensten Wildkräutern serviert – und die Paradeiser-Kokosnuss-Suppe waren ein gelungener Einstieg. Weiter ging es mit einem gut gewürzten Rehbutterschnitzel mit Erdäpfelpüree beziehungsweise einem zarten Kalbsrücken mit Eierschwammerl-Steinpilz-Risotto. Was würden wir uns für das nächste Jahr wünschen? Dass die Weinauswahl sich auf dem bisherigen Preisniveau bewegt und sich die Auswahl an Desserts verbessert. Denn auch wenn der aus der vergangenen Saison bekannte Cheesecake gut schmeckte, man würde auch gerne einmal etwas anderes essen.

à la carte: 5,20–27,80 €

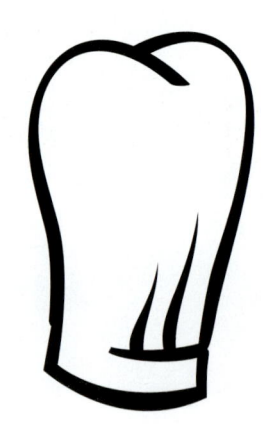

Gault&Millau

Gault&Millau 2020 – alle Ergebnisse ab sofort auch unter www.gaultmillau.at erhältlich

ECKEL

14/20

Köchin: Maria Zarl-Eckel

Vertrautheit wäre das Wort, das man wählen könnte, um einen Besuch beim Eckel in Sievering zu beschreiben. Wenn man auf die Karte blickt, findet man nostalgische Hits. Wir versuchten dieses Mal eingangs eine Portion Spargel Polonaise und Lachstatar – der Spargel entgegen der gängigen Façon butterweich, wie bei der Omi. Ein klassischer Kalbsnierenbraten war verzückend, der Angler auf Spargelrisotto ebenso. Die gebackenen Hollerblüten konnten unsere Erwartungen voll und ganz erfüllen, das Malakofftörtchen hingegen nicht. Der Service agiert gekonnt, aber ein wenig behäbig – Nostalgie-Feeling. Und ja, die Weinkarte ist immer noch grandios.

à la carte: 5,10–38 €

Tel.: 01 3203218
1190 Wien
Sieveringer Straße 46
www.restauranteckel.at
gast@restauranteckel.at
Di–Sa 11.30–14.30 und 18–22 Uhr
✱ 3 Wochen ab 24. Dez. 2019

EDVARD

16/20

im Palais Hansen Kempinski
Koch: Thomas Pedevilla

Fine Dining wie sich das gehört – mit überraschenden Momenten untermalt. Das beginnt mit den Amuse-gueules-Varianten, allerfeinste Kunstwerke, Vorfreude. Der junge Küchenchef Thomas Pedevilla, er stammt aus Südtirol, setzt auf „alpin-mediterran-inspirierte Gerichte". Die kommen wahlweise im Fünf-Gang-, Sieben-Gang- oder Neun-Gang-Menü daher. Wir entscheiden uns für das Überraschungsmenü und haben jede Menge Spaß dabei. Etwa mit der bretonischen Sardine mit Melanzani und Hopfenspargel oder der bayerischen Garnele mit Karotte und Spinat. Spannend die Taube mit Petersilwurzel und wildem Brokkoli. Für Geschmacksexplosionen sorgt das herausragende Dessert – das Himbeertörtchen auf Rhabarbersauce mit Basilikum schmeckt frühlingsfrisch, mit diffizilen Geschmackskomponenten. Die Weinbegleitung überzeugt ebenso, weil abseits des Mainstreams. Aber auch wer lieber selbst wählen mag, wird mit der äußerst umfangreichen Weinkarte und einer schönen Auswahl an internationalen und heimischen Weinen glücklich sein. Was das Ganze noch abrundet: der kompetente, aber locker-angenehme Service.

à la carte: 21–39 €

Tel.: 01 236 10 00 80 82
1010 Wien
Schottenring 24
www.kempinski.com/wien
edvard.vienna@kempinski.com
Di–Sa 12–14 und 18–22 Uhr
✱ Fei

WIEN Restaurants

EL GAUCHO
im Design Tower

Koch: Christian Hermann

pop 11/20

Tel.: 01 2121210
1020 Wien
Praterstraße 1

www.elgaucho.at
designtower@elgaucho.at

Mo–Sa 11.30–1, Fei 12–23 Uhr

Zwei oder drei Dinge, die wir über El Gaucho wissen: Service und Küche arbeiten hochprofessionell, das Gesamtkonzept sitzt. Was wir leider nie genau wissen: ob an einem konkreten Tag auch wirklich der Funke überspringt. Diesmal waren die geflämmten Jakobsmuscheln mit Sepiamayonnaise und gegrillter Avocado ein vielversprechender Start, das T-Bone-Steak danach zwar dry-aged, in Aroma und Konsistenz aber leider unausgereift. Die Beilagen – Trüffelgnocchi, wilder Brokkoli mit Haselnüssen – machten mehr Freude, die etwas trockenen Topfenknödel mit mariniertem Rhabarber weniger. Eine Sache, die wir uns wünschen: mehr Konstanz.

à la carte: 7–40 €

Bewertungen NEU

11 bis 12,5 Punkte von 20 Punkten: 1 Haube

13 bis 14,5 Punkte von 20 Punkten: 2 Hauben

15 bis 16,5 Punkte von 20 Punkten: 3 Hauben

17 bis 18,5 Punkte von 20 Punkten: 4 Hauben

19 bis 19,5 Punkte von 20 Punkten: 5 Hauben

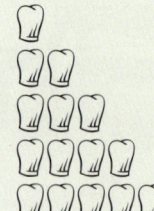

Restaurants WIEN

EL GAUCHO AM ROCHUSMARKT 11,5/20
Koch: Jeffrey Bartolome

Man könnte bereits von einer Steakhaus-Kette sprechen. Schließlich ist die Dependance am Rochusmarkt mit ihrem modern-urbanen Ambiente auf zwei Etagen bereits die fünfte El-Gaucho-Filiale. Doch den Grossauers ist es wichtig, als Familienbetrieb gesehen zu werden. Das Konzept ist allerdings überall sehr ähnlich, so wird auch hier der Fokus Steak großgeschrieben. Im Mittelpunkt stehen unterschiedliche Cuts des Angus-Rinds aus Argentinien, dazu wählt man Beilagen und Saucen. Zu empfehlen wären unbedingt die Steak Fries und Chimichurri. Dass die Steaks mit der genau richtigen Garstufe daherkommen, muss man an dieser Stelle wohl nicht erwähnen.

Tel.: 01 381000
1030 Wien
Rochusplatz 1 (Zugang über Erdbergstraße 4)
www.elgaucho.at
rochusmarkt@elgaucho.at
Mo–Sa 11.30–23,
So, Fei 12–22 Uhr
✵ 24. und 25. Dez. 2019

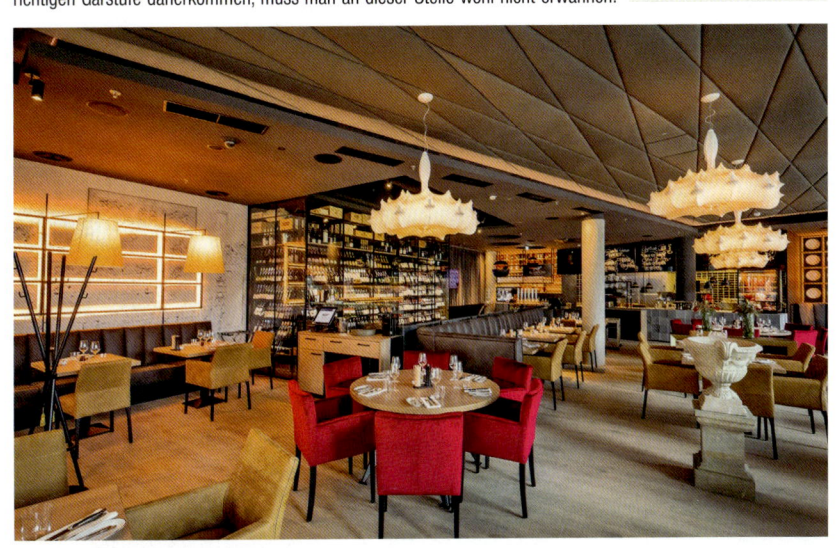

ELLA'S BAR. RESTAURANT 11/20
Koch: Christoph Nägele

Im Herzen Wiens gibt es einen Ort, der herrliches Mittelmeer-Feeling verströmt. Wenn man sich, wie wir, an den herrlichen Mezze und den gegrillten Jakobsmuscheln mit Couscous erfreut, scheint Griechenland plötzlich gar nicht mehr so fern. Die geschmorte Lammstelze hat hier noch jedem geschmeckt, aber auch die Fischgerichte sind einen Versuch wert. Im Sommer sollte man sich unbedingt einen Platz im Schanigarten sichern, aber auch das schicke und moderne Ambiente der Innenräume ist durchaus gemütlich. Spannend ist auch die Weinkarte, die interessante griechische Tropfen bereithält. Wer Hilfe bei der Auswahl benötigt, den berät der kompetente Service gerne.

à la carte: 5,80–25,90 €

Tel.: 01 535 15 77
1010 Wien
Judenplatz 9
www.ellas.at
office@ellas.at
Mo–Sa 11.30–24 Uhr

ÉMILE 11/20
im Hotel Hilton Vienna Plaza
Koch: Stefan Wödl

Im Emile sollte man es nicht eilig haben. Denn obwohl genügend Kellner ihre Arbeit verrichten, kommt es zu langen Wartezeiten. Und das Essen? Zeitgemäße Küche sollte mehr bieten als einen braven Caesar Salad oder gute Burger. Vielleicht einen mit mehr Liebe zubereiteten Meeresfisch wie Wolfsbarsch oder Seezunge. Das Piña-Colada-Dessert – Kuchen und Creme – schmeckte angenehm nach Rum, Kokosnuss und Ananas – ein Lichtblick am Ende eines nur mäßig erfreulichen Abends.

à la carte: 8,50–38 €

Tel.: 01 313 90 02 24 03
0664 857 22 39
1010 Wien
Schottenring 11
www.emile-brasserie.at
viepw.emile@hilton.com
täglich 7–23 Uhr

WIEN Restaurants

EUGEN21 ⁿ
im Andaz Vienna am Belvedere

14/20

Koch: Richard Leitner

It's all about fusion. Das Motto der 90er feiert im brandneuen Hyatt-Ableger Andaz beim Belvedere nicht nur ambientemäßig fröhliche Urständ'. Da gibt es im großen, etwas unpersönlich wirkenden Eugen21 Wiener Schnitzel, Gulasch vom Galloway-Rind und ein – sauguat's – Schweinsbratl. Richard Leitner, bis vor Kurzem Küchenchef im nobleren Park Hyatt in der Innenstadt, will – und kann auch – mehr. Manches gelingt gut – Seesaibling-Gabelbissen mit Saiblingskaviar und Sauerrahm, eine leichte und erfrischende Vorspeise –, anderes wirkt etwas gekünstelt, gleichwohl durchaus harmonisch (geröstete Rüben mit Spinat, Himbeeren und Ricotta). Fleisch beyond Schweinsbraten: eine mürbe Lammschulter, feiner Maibock. Und die Desserts bereiten größtenteils sinnliches Vergnügen wie der traumhaft geschmacksintensivere Schokoladepudding kalt-warm mit Gewürzmilch und Honig. Der sympathische Service in Jeans verbindet jugendliche Frische mit teilweise beachtlichem Produktwissen – bloß das mickrige glasweise Weinangebot enttäuscht.

à la carte: 12–36 €

Tel.: 01 205 77 44 12 34
1100 Wien
Arsenalstraße 10
www.restaurant-eugen21.com
restaurant-eugen21@andaz.com
Mo–So 12–14.30 und 18–22.30 Uhr

FABIOS

pop 16/20

Koch: Christoph Brunnhuber

Manche Lokale kommen in die Jahre, andere werden von Jahr zu Jahr besser. Im Fabios wird permanent an der Qualitätsschraube gedreht. Dass dies gelingt, ist neben dem Engagement des Patrons auch der Konstanz des Teams geschuldet. Mit Christoph Brunnhuber steht jener Küchenchef am Herd, der schon bei der Eröffnung vor 18 Jahren an Bord war – genauso übrigens wie Serviceleiter Martin Kahovec. Bei Vollbetrieb läuft auch Patron Fabio Giacobello so richtig zur Höchstform auf und springt als Playing Captain überall dort ein, wo er gerade Handlungsbedarf sieht. Nicht dass seine Crew jemals „schwimmen" würde, aber der Vollblutgastronom will jedem Gast ein paar Momente persönlicher Aufmerksamkeit widmen. Ein bis auf den letzten Platz ausgebuchtes Lokal ist auch für die Küche kein Problem. Die Rezepturen sind erprobt, die Abläufe eingespielt und auf die Produktqualität ist hier stets Verlass. Auch in Italien findet man derart verführerische Calamari fritti (mit ein paar knackigen grünen Chilis als Kontrast) nur selten. Die venezianische Leber mit Erdäpfelpüree erscheint nur optisch als einfacher Gang: minimalistisch in der Präsentation, tief und subtil im

Tel.: 01 532 22 22
1010 Wien
Tuchlauben 6
www.fabios.at
fabios@fabios.at
Mo–Sa 12–23 Uhr

Geschmack – sowohl die Leber als auch das Püree. Einfach nur großartig. Das Gleiche gilt übrigens auch für die Steaks vom Holzkohlengrill. Nudeln kochen können sie hier natürlich auch. Ein Pastagericht wie die zarten Ravioli, gefüllt mit Tomatenfocaccia, muss einfach sein. Mit ein bisschen Appetit geht sich für den geübten Genießer die volle italienische Menüfolge – Antipasti – Pasta – Hauptspeise – Dessert – schon aus. Großartig ist auch das Angebot an Weinen und die erstaunlich faire Kalkulation derselben. Dass es hier auch ein paar kostspielige Luxusweine gibt, soll nicht darüber hinwegtäuschen, dass sich auf der Karte einige echte Empfehlungen verbergen, die deutlich günstiger zu haben sind als in vergleichbaren Innenstadtrestaurants. An der neu gestalteten Bar ist mit Ferenc Haraszti ein echter Meister am Werk, sodass jetzt auch die Cocktails zu den besten der Stadt zählen.

à la carte: 10,50–36,50 €

FUHRMANN

16/20

Koch: Sascha Hoffmann

Tel.: 01 944 43 24
1080 Wien
Fuhrmanngasse 9
www.restaurantfuhrmann.com
info@restaurantfuhrmann.com
Mo–Fr 12–14.30 und 18–23.30 Uhr

Die roh marinierte Bachforelle mit Rhabarber, Sauerrahmmousse und Bittersalaten hob in kulinarische Sphären ab, die ihresgleichen suchen. Sicherlich eines der besten Gerichte des Jahres. Dem stand die andere Vorspeise kaum nach: Heftig dunkel geröstete Shiitakepilze mit cremiger Polenta und Bergkäse ergaben ein Geschmackskonvolut ungeahnter Kraft und Molligkeit. Ein Gericht „zum Eingraben". Das pochierte Ei mit Spargel und Erdäpfelcreme konnte danach nicht ganz mithalten, es fehlten Highlights in Geschmack und Textur, jedoch folgten sagenhaft gute Rehravioli mit Mandeln, Preiselbeeren und Kohlsprossen, die ewig in Erinnerung bleiben werden, so gut war das Gericht abgeschmeckt. Der rosa gebratene Kalbstafelspitz mit Schupfnudeln und Erbsen blieb brav, nicht so jedoch die geschmorte Schulter vom Lamm: außen perfekt dunkel geröstet, innen saftig zart geschmort, ein Jus von nicht enden wollendem dunklen Aroma – besser geht es nicht. Besser ginge hingegen der ungefüllte Germknödel mit Rhabarber. Erfreulich jedoch das zweite Dessert: ein geschmorter Apfel mit Walnuss, Buttermilch und Dinkel. Das Weinangebot zählt zu den besten Wiens, die glasweise Weinbegleitung ist hier eigentlich ein Muss, selbst wenn man in größerer Runde genießt.

à la carte: 10,50–28,50 €

WIEN Restaurants

GASTHAUS PÖSCHL   10,5/20

Institution für Habitués und Wien-Führer, wobei letzterer Umstand dem winzigen Lokal ein erkleckliches Maß an Touristen beschert. Es ist eng, jeder Quadratzentimeter wird genutzt und die Gäste wissen, warum sie sich drängen. Die Architektur Hermann Czechs sorgt für unvergleichliche Atmosphäre, der Service ist einmal ruppig, einmal etwas freundlicher. Am Sonntag versammeln sich die Stammgäste um das gefüllte Hendl und niemand bereut die Wahl. Das Reisfleisch ist immer eine Empfehlung wert, die Portion riesig. Das Backhendl wiederum ist vorbildlich, der Mohr im Hemd zum Nachtisch ebenso. Mickrige Weinauswahl.

Tel.: 01 513 52 88
1010 Wien
Weihburggasse 17
www.gasthauspöschl.com
täglich 12–22.30 Uhr

GASTHAUS SEIDL   14,5/20

Koch: Thomas Wohlfarter

Wer zum Seidl geht, wird von der ersten Sekunde an von einem Gefühl begleitet: So einfach kann das Leben sein. So entgegenkommend. Und so schön. Ein Wirtshaus, das unprätentiös ist, gemütlich, und vor allem richtig gut. Die Karte ist überschaubar, die Auswahl klein, aber das Essen, das so herrlich unaufgeregt wie im Vorbeigehen kredenzt wird, ausgezeichnet. Als Vorspeise gibt es einen schnörkellos gelungenen marinierten Oktopus mit Fenchel, Safran und Krustentieraioli oder einfach nur einen feinen Beinschinken mit Kren. Und danach sollte man schon eine Vorliebe für das Panierte haben. Ob Schnitzel (vom Kalb und Schwein) oder Backhenderl, die Portionen sind groß, die Qualität stets hoch. Wien, wie Wien sein sollte. Auch das geschmorte Lamm auf Olivenpolenta mit Kapern und Pinienkernen schafft es, uns zu imponieren – bestens arrangiert, aromatisch gewürzt. Und am Ende landen noch Marillenpalatschinken auf dem Tisch. Ein paar Weine mehr noch auf der Karte, fertig wäre das perfekte Glück.

à la carte: 11–25,50 €

Tel.: 01 713 17 81
1030 Wien
Ungargasse 63
www.gasthaus-seidl.at
info@gasthaus-seidl.at
Mo–Fr 17.30–22 Uhr

GASTHAUS WOLF   13/20

Koch: Jürgen Wolf

Wer sich auf die Suche nach dem Inbegriff eines klassischen Wiener Wirtshauses macht, sollte beim Wolf vorbeischauen. Klein, aber atmosphärisch, mit einer Küche, die staunen macht (auch wegen der moderaten Preise). Der Frühlingssalat mit Frischkäse ist eine feine Kombination, das würzige, fast cremige Beef Tatar vielleicht eines der besten der Stadt. Das Spargelrisotto mit einem Hauch Kerbelgeschmack ist sämig und angenehm leicht, die Leber vom Ziegenkitz eine gelungene Variante mit einem herrlichen Saft. Höhepunkt ist aber die Buchtel danach. So gut, dass wir sie ein zweites Mal bestellen.

à la carte: 5,80–26,80 €

Tel.: 01 581 15 44
1040 Wien
Große Neugasse 20
www.gasthauswolf.at
tisch@gasthauswolf.at
Mo 18–23, Di–Fr 12–14 und 17–1, Sa 17–1 Uhr

GHISALLO   11/20

Ist das Ghisallo ein Radshop oder doch ein Restaurant? Wie gut, dass sich Livia Pálffy nicht festlegen wollte und so diesen wunderbaren Ort der großen italienischen Leidenschaften – Radsport und Essen – geschaffen hat. Das Konzept ist ausgefallen, aber durchwegs stimmig und eine Bereicherung für dieses Eck im fünften Bezirk. Die Speisekarte wird bewusst klein gehalten und ist, wie nicht anders zu erwarten, mediterran inspiriert. Immer eine gute Wahl die Focaccia mit hausgemachtem Pesto, spannend auch die fruchtig-pikanten Kombinationen wie Birnen-Nuss-Risotto oder gegrillte Pfirsiche mit Bresaola und Ziegenkäse. Die Qualität der Gerichte hat sich bereits herumgesprochen, von einem echten Geheimtipp kann also kaum noch die Rede sein.

à la carte: 5–25 €

Tel.: 0677 61 29 58 80
1050 Wien
Schönbrunnerstraße 97
www.ghisallo.cc
enjoy@ghisallo.cc

GMOA KELLER 10,5/20

Koch: Roland Wondrak

Der Gmoa Keller ist als symbiotische Erscheinung aus traditionellem Beislkult und durchwachsener Küche eine Kategorie für sich. Die Speisekarte ist umfangreich und manche Bestellung kommt ein wenig überladen zum Tisch. So ist das Thunfischtatar ausgesprochen fein, wenn man es unter Grünzeug, Kapern, Zwiebeln und Sauce gefunden hat. Das Rhabarbersorbet als Ergänzung ist hingegen eine unorthodoxe Idee, aber es geht sich aus. Auch das Rindscarpaccio macht – wenn es endlich freigelegt ist – große Freude. Oder der Zwiebelrostbraten, dessen Fleisch erst nach vielen Bissen sichtbar wird. Zweifelsohne besonders, aber weniger wäre mehr.

à la carte: 9,80–29 €

Tel.: 01 7125310
1030 Wien
Am Heumarkt 25
www.gmoakeller.at
reservierung@gmoakeller.at
Mo–Sa 11–23.30 Uhr

GOLDENE ZEITEN 12,5/20

Koch: Jian Zhao

Neigen sich die goldenen Zeiten hier dem Ende zu? Dieses gepflegte Restaurant ist eigentlich ein Bollwerk für klassische chinesische Küche, bekannt für spannende Tofuvariationen, Dim Sums und Authentisches abseits der hiesigen Chinalokal-Alltäglichkeit. Unser letzter Besuch war allerdings von kulinarischer Lieblosigkeit geprägt: Gefüllte knusprige Calamari waren weder gefüllt noch knusprig, beim knusprigen Huhn wurde die Beilage kommentarlos weggelassen (Antwort auf Nachfrage: „Ist leider ausgegangen".), lediglich der Lammrücken und die interessante Weinauswahl erinnerten ein wenig an frühere, goldenere Zeiten. Wir wünschen uns, dass der frühe Glanz wieder zurückkehren möge.

à la carte: 4,90–33 €

Tel.: 01 5134747
0664 9154903
1010 Wien
Dr.-Karl-Lueger-Platz 5
www.goldenezeiten.at
office@goldenezeiten.at
täglich 11.30–15.30 und 18–23 Uhr

www.gaultmillau.at
Tipps, Trends, Rankings und alle Restaurantkritiken

WIEN Restaurants

GOLDFISCH pop 12,5/20

Koch: Sebastian Slavicek

Und Wien hat doch einen Zugang zum Meer. Für alle, die das noch nicht gewusst haben: Dieser liegt im achten Bezirk, nennt sich Goldfisch und sollte nicht nur dann besucht werden, wenn die Sehnsucht nach dem weiten Ozean zu groß wird. Küchenchef Sebastian Slavicek nimmt sich der besten Grundprodukte an, die internationale sowie heimische Gewässer zu bieten haben, und schafft daraus Gerichte, die für Auge und Gaumen gleichermaßen ein Hochgenuss sind. Herrlich zart der Oktopus und eine erfrischende Abwechslung die Wildgarnele, die mit Bioferkel als Surf and Turf kombiniert wird. Die Speisekarte wechselt wöchentlich und das Bistro fungiert auch als gut bestückter Fischverkauf.

à la carte: 6–30 €

Tel.: 0664 254 9596
1080 Wien
Lerchenfelder Straße 16
www.goldfisch.wien
ahoi@goldfisch.wien
Di–Fr 12–15 und 18–21 Uhr

GOURMET GASTHAUS FREYENSTEIN 14,5/20

Koch: Jakob Kaineder

Jakob Kaineder hat das von Meinrad Neunkirchner eingeführte und sehr bewährte Konzept des Freyensteins übernommen und setzt es seit ein paar Jahren erfolgreich fort. Für interessierte Feinschmecker, denen die Innenstadt zu nobel erscheint, ist das Freyenstein eine ideale Alternative. Hier kommen pro Gang zwei verschiedene Köstlichkeiten auf den Tisch und so kann auf diese Weise eine ansehnliche Vielfalt der Kaineder'schen Kreationen verkostet werden. Unter anderem waren die gebratenen Melanzani mit Rucolapesto, Haselnüsschen und Sherry-Kapern-Vinaigrette als Entree ganz wunderbar. Der confierte Saibling folgte mit authentischem Aroma und als Frühlingsboten begleiteten perfekte Morcheln und junge Erbsen das Kalbsfilet. Am Ende darf zwischen Käse und Süßem gewählt werden, ist man in Begleitung, kann das Maximum aus diesem zwar kleinteiligen, aber überaus feinen Menü herausgeholt werden. Der Service ist aufmerksam, ohne aufdringlich zu sein, die Weinkarte hauptsächlich mit österreichischen Weinen sehr gut sortiert und mit einigen Überraschungen versehen. Ein Pflichtbesuch für neugierige Esser.

Tel.: 0664 439 08 37
1180 Wien
Thimiggasse 11
www.freyenstein.at
info@freyenstein.at
Di–Sa 18–20.30 Uhr

GRACE pop 15,5/20

Koch: Oliver Lucas

Die dunkle Holzvertäfelung strahlt Gemütlichkeit aus, die Weinkarte – obgleich klein – macht neugierig und die acht Speisen anpreisende Karte lässt auf Großes – zu wohlfeilen Preisen – hoffen. Und so beglückte uns die entzückend quirlige Chefin mit fluffigem Comté-Soufflé mit Zitrone und Brunnenkresse als Starter und auch die auf dem Punkt gegarte Garnele mit Schwarzwurzel, Kokos und Basilikum wusste zu überzeugen. Spannend – wie selten in Menüfolgen – die beiden Hauptgänge: Sellerie, Orange und Koriander, die die Ente hochleben ließen, und Rotkraut, Sterz und Pinien, die das Leutschacher Reh perfekt unterstützten. Überraschend und originell dann das „Echo der Hauptspeisen" in anderem Gewand: Ententascherl und Rehbutterschnitzerl mit Rotkrautcreme – beides exquisit. Wunderbar auch zur Verabschiedung der flaumige Minigermknödel mit Powidl und leichter Vanillesauce nach den beiden Desserts Grapefruit mit Ricotta und Zitronenverbene (sehr erfrischend!) und Birne mit Mandel, Schokolade und Portwein (Harmonie pur!). Man merkt, dass hier jemand mächtig Spaß dran hat, Gastgeber zu sein.

à la carte: 11–32 €

Tel.: 01 503 10 22
1040 Wien
Danhausergasse 3
www.grace-restaurant.at
office@grace-restaurant.at
Di–Fr 18.30–20.30, Sa 12–13.30 und 18.30–20.30 Uhr
✻ Fei

Die besten Weine Österreichs: der Gault&Millau-Weinguide.

GRÜNAUER 14/20

Die Karte kennt man in- und auswendig, möchte man meinen. Doch geringfügige Änderungen gibt es dann doch. So haben uns beim letzten Besuch gefüllte Paprika und gebackener Leberkäse mit dem wohl besten Kartoffelsalat der Stadt angelacht. Und dann gibt es natürlich noch ein paar saisonale Highlights (gebackener Parasol!), die für Abwechslung sorgen. Die wahren Stärken des Lokals sind jedoch die Beständigkeit, mit der hier gekocht wird, und der Charme, mit dem Patron Christian Grünauer Weine empfiehlt, die nicht nur außergewöhnlich gut, sondern auch stets absolut fair bepreist sind. Für eine klassische Wiener Küche in gemütlichem Ambiente gibt es in der Stadt wohl keine bessere Adresse.

Tel.: 01 5264080
1070 Wien
Hermanngasse 32
www.gasthaus-gruenauer.com

GUSTL KOCHT 10,5/20
Koch: Maximilian Kraus

Der Gustl ist anders. Und das ist ein gutes Argument, ihn zu besuchen. Die Küche ist polnisch inspiriert und hat viel Gemüse im Angebot. Das Beef Tatar war gut gemeint, aber leider zu „sardellig", die Pierogi mit Pilzen wiederum entpuppten sich als besonderer Genuss. Die Hühnerleber war zart und gut gewürzt. Die Erdäpfellaibchen dazu gerieten eher langweilig. Der osteuropäische Vorspeisenteller (mit Matjes, Buchweizenblinis mit Melanzani, Dillgurken, Pilztatar, Räucherwurst) war deftig, aber gut abgestimmt. Das georgische Khachapuri (Flade vom Grill mit Pilzsauce, Käse, Ei) ist eine Empfehlung.

à la carte: 7,90–18,50 €

Tel.: 01 7120151
0664 8890 76 85
1030 Wien
Erdbergstraße 21
www.gustl-kocht.at
der@gustl-kocht.at
Di–Fr 11–23, Sa 9–23,
So 9–16 Uhr
✱ 24. Dez. 2019–1. Jän. 2020

HANSEN 13/20
Koch: Reinhard Haas

Es ist ein schicker Ort, an dem wir in diesem Jahr von einem etwas plumpen Service weniger angetan waren, während das Servierte auf gutem Niveau punkten konnte. War die Bärlauchsuppe noch etwas wenig aussagekräftig, wurde mit dem Beef Tatar geschmacklich schon solider agiert. Doch sowohl das Curryrisotto als auch das Rhabarberrisotto konnten sowohl durch cremige Konsistenz als auch mit Geschmack überzeugen. Das Lachsforellenfilet war leider übergart, konnte uns nicht begeistern. Der Kipferlschmarren war süß und warm. Die offenen Weine sind gediegen, die Auswahl klein.

à la carte: 9–28 €

Tel.: 01 5320542
0676 750 17 53
1010 Wien
Wipplingerstraße 34
www.hansen.co.at
restaurant@hansen.co.at
Mo–Fr 9–23, Sa 9–17 Uhr

HERZIG [N] 15,5/20
Koch: Sören Herzig

Nach Nickol, Amador und Günzel (ænd) tritt nun Amadors ehemaliger Souschef Sören Herzig als nächster Bundesbürger an, Wiens (Fine-)Dining-Szene aufzumischen. Allein das Ergebnis, dies sei vorweggenommen, ist durchwachsen. Es gelang beim Aperitif auf der atemberaubenden Dachterrasse und mit einer liebevoll zusammengestellten Wein- oder Saftbegleitung. Die stets bemühte Servicetruppe trug zum Gelingen des Abends bei, auch wenn wiederholt die Beschreibung der Gerichte nur stockend gelingen wollte. Vielleicht lag Letzteres auch an der (Über-)Fülle der Ingredienzien, die bei Seeteufel mit Sauerkraut und Austernhollandaise oder Kalbsrücken mit Thunfischcreme und Erbsen zu großer Harmonie fanden, aber bei Jakobsmuschel geflämmt mit Eierschwammerln, Röstzwiebeln und Ochsenmark oder Poulet au citron (Zitronenhuhn) eher miteinander kämpften. Jedenfalls ein ehrgeiziges und zukunftsträchtiges Projekt, bei dem es nachzuschärfen gilt – auch der ambitionierten Preisgestaltung wegen. Diese kippte ins Nicht-Nachvollziehbare, als die Damen, die aus Kapazitätsgründen den Hauptgang und eines der Desserts strichen, für ihre fünf Gänge deutlich mehr als für das vollständige siebengängige Menü berappten.

Tel.: 0664 1150300
1150 Wien
Schanzstraße 14
www.restaurant-herzig.at
servus@restaurant-herzig.at
Di–Sa 18.30–22 Uhr
✱ je zwei Wochen im Frühjahr und Sommer 2020

WIEN Restaurants

HERZOG'S WIRTSHAUS — 12,5/20

Koch: Johann Herzog

Sollte es in der platonischen Ideenlehre auch das Urbild „Wiener Beisl" geben, so darf man sich dieses Ideal wohl so vorstellen wie das Wirtshaus Herzog. Das gilt nicht nur für das Interieur, sondern auch für die Küche. Feinwürzige, nicht zu fette Krautfleckerl, eine perfekte geröstete Lammleber mit Erdäpfelpüree oder besonders zarte Kalbsvögerl mit Walnusssafterl und Spargel. Zum Dessert gute Erdbeerknödel, noch bessere Mohnnudeln und am besten: der italienische Apfelkuchen. Das macht glücklich und lässt nur einen Wunsch offen: Möge diese Küchenleistung doch künftig von einer ihr würdigen Weinkarte begleitet werden.

à la carte: 9,20–28 €

Tel.: 01 8936929
1150 Wien
Sechshauser Straße 120
www.herzogswirtshaus.at
office@herzogswirtshaus.at
Mo–Fr 11.30–14 und 18–22 Uhr
Fei, 23. Dez. 2019–6. Jän. 2020

HEUNISCH & ERBEN — pop 15,5/20

Koch: Michael Gubik

Niederschwelligerer Zugang zu Genuss geht kaum. Der Raum ist hoch, dezent modern und mit viel Gefühl gestaltet. Genuss ist hier das Erreichbare. Er braucht keine großen Gesten, braucht kein Tischtuch unter und keine Pünktchen auf dem Teller. Wenige Zutaten, die aber mit so viel Bedacht zusammengestellt und zubereitet sind, dass einem das Herz übergeht. So ruht ein seidig weiches Bauernei auf knackigen Karfiolbröseln, bedeckt von aromatischen Herbsttrompeten – ein Wunder an Texturen und Aromen. Ein Höhepunkt das Erdäpfelrisotto, bedeckt von Erdäpfelcreme und der Umamibombe Shiitake, mit Mimolette und knusprigem Salbei versehen – so einfach und doch so unfassbar wohlig, mollig, selig machend. Das ist Kunst. Nicht weniger atemberaubend die Weinbergschnecken auf einer Petersilcreme mit Haselnussgranola. Angerichtet wird alles schön und sinnvoll. Effekthascherei hat hier keinen Platz. Einzig beim Tatar vom dry-aged Beef fehlte es an Säure, dieses Gericht blieb blass. Das größte Angebot der Stadt an offenen Weinen unterstreicht den Anspruch, zu den besten Lokalen der Stadt zu gehören.

à la carte: 5,60–28 €

Tel.: 01 2868563
1030 Wien
Landstraßer Hauptstraße 17,
Seidlgasse 36
www.heunisch.at
erben@heunisch.at
Di–Sa 18–22 Uhr

HUTH GASTWIRTSCHAFT — 11,5/20

Koch: Karl Spenger

Als Stammhaus der Huth-Lokale verspricht die Gastwirtschaft traditionelle Wiener Küche auf solidem Niveau. Das Speiseangebot wird von Einheimischen und Touristen gleichermaßen geschätzt. Beef Tatar mit Senfcreme, geröstete Kalbsleber in Majoransaft oder das ausgelöste Backhenderl mit sämigem Erdäpfel-Vogerlsalat überzeugen mit solidem Handwerk und adretter Präsentation. Der Gastraum ist charmant, im Sommer erhascht man im Schanigarten Blicke auf das wilde Innenstadttreiben.

à la carte: 4,70–19,90 €

Tel.: 01 5135644
1010 Wien
Schellinggasse 5/3
www.zum-huth.at
info@zum-huth.at
täglich 12–23 Uhr

IL MELOGRANO — 14/20

Mit den typischen Attributen gediegener Ausstattung, freundlich südländischer Bedienung und einer Karte, die unsere Sehnsucht nach Sonne und Meer zumindest kurzzeitig stillt, umgarnt uns der Nobelitaliener. Unsere Sinne fürs Detail schärft aber eine gastgeberfreundliche Preisgestaltung, die auch in der Wiener Innenstadt auffällt. Klassiker wie die handgezogene Burrata oder die Bistecca alla fiorentina ließen wir diesmal beiseite und wagten „Viaggio nelle tradizioni" (ab zwei Personen). Diese viergängige „traditionelle" Reise startete mit einer (sehr) kleinen süditalienischen Bauernplatte von hoher Qualität. Die kartoffelig feinen Gnocchi und die wunderbar rustikalen Polpette vereinte dann nicht nur Authentizität, sondern auch eine annähernd identische Tomatensauce. Die luftigen, in Rum eingelegten Germteigknopferl zum Abschluss wären, hätte man sie weniger kalt serviert, wohl ein Genuss gewesen. Auch die Weinkarte lässt sich nicht lumpen. Das Beste aus Italien gibt es hier zu sehr stolzen Preisen.

Tel.: 01 5127784
1010 Wien
Blumenstockgasse 5
www.ilmelograno.at
office@ilmelograno.at

KIM KOCHT

pop **16/20**

Restaurant – Shop
Köchin: Sohyi Kim

Tel.: 0664 425 88 66
1090 Wien
Währinger Straße 46
www.sohyikim.com
restaurant@kim.wien

Sohyi Kim geht es wieder gemütlicher an. Ihre multimediale, omnipräsente Zeit ist vorbei, und es ist gut so, wie es ist. Mittags gibt es ein Menü für Businessmenschen, abends eines für Genießer, Letzteres zeigt schon im ersten von sieben Gängen, was Kim beherrscht wie kaum jemand sonst: auf ganz einfache Art einfach das Richtige zu machen, in diesem Fall einen Reiscracker mit Thunfischtatar zu belegen, bei dem jeder Bissen ein bisschen anders gewürzt ist, darunter Spuren von Chili, Nori, Sesamöl, Karfiol, Walnuss, Brokkoli. Es folgt grüner Spargel auf Avocadocreme, längs gefüllt mit schmalzig-grammeligem Tempeh, seitlich begleitet von roher Jakobsmuschel – schon wieder so ein Gang, dem es an gar nichts fehlt. Kaum weniger perfekt der in Whisky marinierte Lachs mit Fisolen und scharfem Lemongrassdressing. Zum Hauptgang kommt, was kommen muss: eine erfreulich erfrischende Art von koreanischer Klassik, nämlich resch angebratenes Rindsfilet auf Japchae (gebratenen Glasnudeln). Am Ende noch die gute alte Lemongrass-Crème-brûlée und die Erkenntnis: Sohyi Kim geht es genau richtig an.

KIM CHINGU

12,5/20

Köchin: Sohyi Kim

Tel.: 0664 88 18 56 76
1090 Wien
Althanstraße 21–25
www.sohyikim.com/chingu
chingu@kim.wien

Im Zweitlokal Kim Chingu (=Freund) bietet die kleine Karte zeitgemäße koreanische Küche von guter Qualität. Neben dem Drei-Gang-Menü wird jeden Tag ein anderes Tagesgericht wie geschmortes Biohuhn, Green-Fisch-Curry oder gedämpfter Wurzelfisch angeboten. Wokgemüse oder koreanischer Bibimbap mit Reis und verschiedenen Gemüsesorten, serviert mit kleiner Misosuppe und wahlweise Spiegelei, Bulgogi-Beef, durchgebratener Spicy Tuna oder Tunasteak.

KLEE AM HANSLTEICH

pop **11/20**

Koch: Alexander Pochlatko

Tel.: 01 480 51 50
1170 Wien
Amundsenstraße 10
www.klee.wien
office@klee.wien
täglich 11.30–22.30 Uhr
24. und 25. Dez. 2019,
1. und 2. Jän. 2020

Die wunderschöne Lage des Lokals am Wasser spricht für sich. Doch diesen Vorteil scheint man hier nur bedingt zu nützen. Aperitif und Vorspeisen werden hektisch zugleich serviert und auch die Küche gibt zu viel Gas. Damit bleibt die Qualität fast zwangsläufig auf der Strecke. So landen welke Basilikumblätter als Garnitur zu den knusprigen Calamari mit Zitronen und Chili auf dem Teller und auch das Vanilleeis zum Grießkuchen schmeckt, sagen wir einmal, sehr neutral. Gut gelungen war das gebratene Filet vom Neusiedler-See-Zander mit Spinatrisotto und Kirschparadeisern.

KOMMOD

14/20

Koch: Stephan Stahl

Tel.: 01 402 13 98
1080 Wien
Strozzigasse 40
www.kommod-essen.at
anfrage@kommod-essen.at
Di–Sa 18–24 Uhr
Karwoche und August 2020

Klein, aber oho – das klingt natürlich wie ein abgedroschenes Klischee, trifft im Falle des Kommod aber nicht nur hundertprozentig zu, sondern ist in gewisser Hinsicht auch das Konzept. Denn Christina Unteregger und Stephan Stahl versuchen die Kleinheit ihres Restaurants, das sie Ende 2015 in einer ehemaligen Backstube aus den 30er-Jahren, die wie eine Schmuckschatulle mit intarsiertem Holz verkleidet ist, eröffneten, zum Vorteil zu machen: Ihr Service ist so persönlich, dass man von veritabler Gastgeberschaft sprechen kann, die Küche ist so klein, dass ein À-la-carte-Betrieb nicht möglich ist und Stahl daher täglich ein anderes, dem täglichen Angebot angepasstes Vier-Gang-Menü zubereitet. Stilistisch tendiert Stephan Stahl zu einer leichten, aromatischen Linie mit Inspirationen aus mediterranen, asiatischen, aber auch heimischen Küchen. Butterweicher Oktopusarm auf einem frischen Toamten-Fisolen-Gemüse mit Limetten-Koriander-Dressing etwa, fasciertes Lamm mit Gurkengemüse und Dill, gedämpftes Seesaiblingsfilet auf Zitronenrisotto und Mascarpone mit Himbeeren und Sauerampfereis, schlicht und köstlich.

à la carte: 9–28 €

WIEN Restaurants

KONSTANTIN FILIPPOU

19/20

Tel.: 01 5122229

Koch: Konstantin Filippou

1010 Wien
Dominikanerbastei 17

KONSTANTIN FILIPPOU, KOCH DES JAHRES 2016

www.konstantinfilippou.com
reservation@
konstantinfilippou.com

Mo–Fr 12–14 und 18.30–22.30 Uhr

Das Ambiente ist so wie das Outfit des Küchenchefs elegant in Schwarz gehalten, nur ein paar graue Elemente sorgen für „Farbtupfer". Alles scheint auf den ersten Blick unverändert, und doch hat sich im Vergleich zum Vorjahr einiges getan. Auf den neuen, maßgefertigten Stühlen sitzt man einfach noch komfortabler. Konstantin Filippou geht es offensichtlich darum, an vielen kleinen Qualitätsschrauben zu drehen, die man nicht auf Anhieb bemerkt. Diese Detailverliebtheit zeigt sich auch beim Essen. Die Gerichte schauen einfach gut aus, was aber noch wichtiger ist, sie schmecken auch großartig. Filippou erfindet seine Menüs dabei nicht von Grund auf neu – wieso auch? –, sondern entwickelt viele Gerichte weiter oder zeigt sie in unterschiedlichen Variationen. Das gilt auch für sein Signature Dish „Brandade", die es bei unserem diesjährigen Besuch in einer Kombination von Amurkarpfen mit Störkaviar gab. Wir haben sie bereits in der Ursprungsvariante mit Kabeljau und Saiblingskaviar geliebt. Dieses Gericht steht übrigens nicht auf der Karte und ist einer von zwei Überraschungsgängen, die aus dem regulären sechsgängigen Menü das große achtgängige machen. Auch der zweite Überraschungsgang hat es in sich und ist eine Variation eines Gerichts, das uns schon im Vorjahr begeistert hat. Damals war es ein Muscheltatar mit klein geschnittenen Artischocken, diesmal umrahmte Sellerie die feinen Herzmuscheln. Weniger kleinteilig angerichtet, was die Tiefe und Geschmacksintensität betrifft jedoch auf gleich hohem Niveau, war das „Flusskrebs-Ragout" auf Spargelcreme. Ebenfalls nur scheinbar simpel zeigte sich der Seeigelgang mit Fenchel und schwarzem Miso. Das ist große Küche mit emotionalem Tiefgang, solche Gerichte wirken komponiert und nicht konstruiert. Große Fleischstücke bekommt man hier schon länger nicht mehr serviert, zum Würzen greift Filippou hingegen nach wie vor gerne zu Fleisch. Würde der saftige Langostino genauso gut schmecken, wenn die verführerische Sauce nicht mit Kalbszunge verfeinert wäre? Eigentlich ja, ist man versucht zu sagen, doch andererseits hat es wohl einen guten Grund, wieso die Sauce so schmeckt, wie sie schmeckt. Auch beim „Hauptgang", einer Rotbarbe mit Trüffel und Haselnuss, sorgte Knochenmark für wohlschmeckende Molligkeit. Und doch wirkt alles leicht und beschwingt, sodass man auch die drei fruchtigen Dessert-Miniaturen (Erdbeer-Kokos, Kirsche-Apfel-Schokolade, Banane-Kumquat-Sherry) noch mit großer Freude genießt. Schon seit Jahren großartig ist auch die Weinbegleitung, die nicht nur Freunde von Naturweinen begeistert.

Weinfühlige Gastgeber in den besten Lagen

29 erlesene Hotels für Weinliebhaber

Vinum Hotels Südtirol sind eine Cuvèe aus Weinerlebnis und Genuss, Wohlbefinden, Kultur, Architektur – so frisch wie die Alpen, so fruchtig wie der Süden, so harmonisch wie die Menschen, so spannend wie die 2500-jährige Weinbaugeschichte, so kontrastreich wie die Landschaft.

Vinum Hotels Südtirol

SÜDTIROL

www.vinumhotels.com
info@vinumhotels.com

WIEN Restaurants

L'ORIENT 11/20
Koch: Mustapha Khattat

Tel.: 01 8903922
0676 3021230
1020 Wien
Rotensterngasse 22
www.lorient.at
office@lorient.at
Di–Do 17–22, Fr 12–22,
Sa 10–22, So 10–12.15 und
12.30–15 Uhr

Marokko ist ein faszinierendes Land mit viel Geschmack. Dieser zeigt sich in Form von Einrichtungs- und Modeaccessoires, die es hier zu kaufen gibt, aber natürlich auch beim Essen. Im L'Orient wird nämlich ordentlich gekocht. Schnörkellos und ohne viel Drumherum kommen die Gerichte zu Tisch, doch alles wirkt liebevoll arrangiert. Die Speisen werden authentisch zubereitet, was mitunter überraschend schmeckt. Wer hätte gedacht, dass gezuckertes Huhn derart köstlich sein kann? Bei der Pastilla Fassia handelt es sich genau darum: geschmortes Hühnerfleisch mit Zwiebeln und Mandeln wird in Teig verpackt und dann mit Zimt und Staubzucker bestreut. Schlicht und einfach sind die Carottes marinées, die mit Koriander und Zitrone mariniert werden. Sie sind aber auch einfach gut. Tagine und Couscous gibt es hier natürlich auch, Wein allerdings nicht. Den darf man sich aber gerne selbst mitbringen, wenn man unbedingt Alkohol zum Essen genießen will. Sehr empfehlenswert ist auch das breite Angebot an orientalischen Frühstücksspezialitäten.

à la carte: 6–19 €

LABSTELLE POP 13/20
Koch: Kristijan Bacvanin

Tel.: 01 2362122
1010 Wien
Lugeck 6
www.labstelle.at
office@labstelle.at
Mo–Fr 12–14.30 und 18–22.30,
Sa 10–14 und 18–22.30 Uhr
✲ Fei

Die Dichte an Lokalen, die interessantes Essen verheißen, ist rund ums Lugeck relativ groß und die Labstelle zählt von außen nicht gerade zu den auffälligsten davon. Dennoch ist das modern gestaltete Restaurant mit außerordentlich breit aufgestellter Bar stets gut besucht (und das trotz katastrophaler Fahrstuhlmusik). Die Ambition, mit saisonalen und regionalen Zutaten zu kochen, ist groß und findet in den viergängigen „Nose-to-tail"- und „Leaf-to-root"-Menüs ihren Höhepunkt, aber auch à la carte hat man da ordentlich etwas zu bieten: Das sehr stückig geschnittene Saiblingstatar wurde mit Radieschen, Klee, Sauermilch, eingelegten Bärlauchblüten und einem mit Frischkäse gefüllten Brandteigkrapferl auf Frühling getrimmt, die legierte Spargelsuppe mit rohem Spargel und Radieschen blieb ihrem Aroma überaus treu, die zarten Kalbskutteln mit San-Marzano-Tomaten und knusprigen Parmesan-Krokettenkügelchen waren das einzige Gericht ohne saisonalen Bezug. Bei den Pelmeni mit Pilzen stimmte Optik und Zusammenstellung, der Teig war aber eindeutig zu dick, das Maibock-Arrangement mit rosa gebratenem Rücken (leider kalt), geschmorter Keule (leider trocken) und einer in Speck gewickelten Maise mit Mispel und Wurzeln geriet bis auf die Kakaobohnen eher klassisch. Gutes Sortiment an offenen Weinen.

à la carte: 13–70 €

LE CIEL BY TONI MÖRWALD 17,5/20
im Grand Hotel Wien
Koch: Roland Huber

Tel.: 01 5158091
0676 8422 9833
1010 Wien
Kärntner Ring 9
www.leciel.at
leciel@jjwhotels.com

Hotelrestaurants bereiten manchem Besucher Schwellenangst, vor allem wenn die Schwelle bis in den siebten Stock des Grand Hotels Wien in Rufweite der Oper reicht. Man möchte ja die betuchten Hotelgäste nicht beim Dinieren stören. Oder gar bei heiklen, folgenschweren Geschäftsanbahnungen. Kaum hat man diese Vorbehalte beiseitegeschoben, befindet man sich schon im siebten Himmel der Gastronomie. Einem etwas altmodischen, aber nicht minder charmanten Himmel, bevölkert von überaus kompetenten und witzigen Altengerln in schwarzen Anzügen unter der souveränen Leitung des Küchengotts Roland Huber. Und so kamen wir in den Genuss von asiatisch inspiriertem Thunfischbauch mit Yuzu, Avocado und Seegras, frischem Spargel mit Miso und Bonito, Kaisergranat – ein Norwegischer Hummer – mit Kalbskopf, einem zarten Täubchen in Tamarindensauce mit Camembert, im Mund zerfallenden Schweinsripperln mit Karotte, das alles wunderbar unaufgeregt und doch inspiriert kombiniert, in sich stimmig und einleuchtend, mit leichtem Asiatouch, aber niemals zwangsoriginell. Einfach meisterlich. Dazu eine vom souveränen Chefsommelier Dietmar Baumgartner perfekt zusammengestellte Weinbegleitung, als Pars pro Toto sei der wunderbare Blaufränkisch Szapary 2013 von Uwe Schiefer zu den Ripperln erwähnt. Die Desserts sowohl exotisch mit Pandan und Kalamansi als auch bewährt als schokoladig-malziger Cheesecake mit Parmesan. Die einzige Frage, die sich da noch stellt – soll man das vier-, fünf-, sechs-, sieben-, acht- oder neungängige Menü wählen –, ist dann auch ganz leicht beantwortet. Warum sollte man hier irgendetwas auslassen?

LE SALZGRIES PARIS   13,5/20

Koch: Denis König

Tel.: 01 5334030
1010 Wien
Marc-Aurel-Straße 6
www.le-salzgries.at
restaurant@le-salzgries.at
Di–Sa 12–24 Uhr
1.–7. Jän. 2020

Der französischen Küche hat sich das schön gestaltete, durchaus hochpreisige Innenstadtlokal verschrieben, was beim Garnelencocktail und der uninspirierten Zwiebelsuppe nicht so recht gelingen mochte. Das etwas zu lange in der Pfanne verbliebene Entrecôte fiel vor allem durch perfekte Pommes frites und eine beispielhafte Sauce béarnaise auf. Taschenkrebs und Wellhornschnecken wurden sehr puristisch auf Eis mit einer wohlschmeckenden Mayonnaise präsentiert. Ein erstes Highlight, das von der Birnentarte zum Abschluss übertroffen wurde. Das Personal zeigte sich bemüht, wie auch die frankophile Weinkarte. So ganz wird hier das offensichtlich vorhandene Potenzial leider nicht immer ausgeschöpft.

à la carte: 8,50–32 €

LEBENBAUER   12,5/20

Koch: Karl Lebenbauer

Tel.: 01 5335556
1010 Wien
Teinfaltstraße 3
www.lebenbauer.eu
lebenbauer.restaurant@gmail.com

Wer von Vollwertkost immer noch das Bild einer geschmacklosen Küche vor Augen hat, der kennt den Lebenbauer wohl noch nicht. Gemüse, Tofu, Quinoa und Co werden von Karl Lebenbauer gekonnt in Szene gesetzt und wunderbar spannend gewürzt. Wir konnten uns bei der Fülle verlockend klingender Gerichte kaum entscheiden. Die intensive Currysuppe war der ideale Beginn unserer Reise durch die Naturküche, die nicht nur vegetarische Speisen auf Lager hat. Auch Fisch kommt in erstklassiger Qualität auf den Teller. Die liebenswürdigen Gastgeber tun ein Übriges, den Gästen einen Abend zu bereiten, der in Erinnerung bleibt. Für den wunderschönen Schanigarten wurde das Restaurant nicht grundlos prämiert und auch die Weinkarte ist erfreulich.

LÉONTINE   14,5/20

Koch: Nicolas Scandella

Tel.: 01 7125430
1030 Wien
Reisnerstraße 39
www.leontine.at
reservierung@leontine.at
Di, Mi 11.30–14.30, Do–Sa 11.30–14 und 18.30–21 Uhr

Französische Bistroküche im Botschaftsviertel. Und ja, man darf dem Léontine durchaus Charme attestieren, der gepflegte Parkettboden, die olivgrüne Wandverkleidung, die alte Schankanlage am Eingang, die an ein gemütliches Wiener Beisl erinnert. Mittags wird ein günstiges Menü geboten. Abends ziehen die Preise spürbar an. In Anbetracht der stolzen À-la-carte-Preise (Vorspeisen ab 18,50 Euro) wäre es unklug, nicht das Degustationsmenü (59 Euro) zu wählen. Ob ein Rohkostsalat aus verschiedenfärbigen geraspelten Karotten der perfekte Auftakt ist, sei dahingestellt. Es folgen einige stimmige Gänge – Sepie mit Yamswurzel, gebratenes Zanderfilet mit sardischer Pasta, krosses Bries mit Artischocken und Knollenziest, alles kräftig gewürzt. Ungesüßt das Pistazieneis, das mit einigen Tupfern Zitruscreme und Himbeeren einen mürben Sablé (Keks) ziert. Die Weinkarte enthält vorwiegend französische Ware von durchwegs schlichtem Wesen. Wir hätten uns zumindest eine kleine Auswahl höherwertiger Weine gewünscht. Enttäuschend war die Weinbegleitung – sind es doch exakt die gleichen Weine, die glasweise angeboten werden.

à la carte: 18,50–29 €

WIEN Restaurants

LINGENHEL
Koch: Mario Schneider

pop 12,5/20

Tel.: 01 710 15 66
1030 Wien
Landstraßer Hauptstraße 74
www.lingenhel.com
reservierung@lingenhel.com
Mo–Sa 8–21.30 Uhr

Das Lingenhel mit seiner eigenen Käserei und den ausgewählten Delikatessen ist mittlerweile zu einem Fixpunkt für Genießer geworden. Dass das dazugehörige Restaurant im skandinavischen Design ebenso nicht unterschätzt werden sollte, bewies auch der diesjährige Besuch. Schon beim Blättern in der Karte fiel auf, dass sowohl das preiswerte Mittagsmenü als auch die kleine Bistrokarte reizvolle Gerichte mit Käse und diversen Milcherzeugnissen versprechen. Abends hat man beim Mehrgangmenü und diversen À-la-carte-Speisen hingegen die Qual der Wahl. Hervorragend der Einstieg mit Ziegenfrischkäse aus eigener Produktion und – saisonal passend – zarten Marillen mit schwarzer Nuss. Der geräucherte Lachs mit Avocado und geschmacksintensiver Amalfi-Zitrone punktete durch Frische und Harmonie. Nicht weniger souverän dann der Gang mit gebratener Wachtelbrust und Gnocchi. Stimmig dazu die Weinkarte.

à la carte: 5–28 €

LIVINGSTONE
Koch: Markus Nagel

pop 13/20

Tel.: 01 533 33 9 30
1010 Wien
Zelinkagasse 4
www.livingstone.at
office@livingstone.at
Mo–Sa 17–22.30 Uhr

Beim Betreten ist man beeindruckt von der stimmigen Atmosphäre des Lokals in der Wiener Innenstadt. Elegantes Holz und Leder bilden die Szenerie für einen entspannten Abend. Das Livingstone ist bekannt für seine exquisiten Fleischsorten aus aller Welt. Steakburger, feines Wagyu oder „Hanging Tender" von der niederösterreichischen Boa-Farm bekommt man genauso wie Köstlichkeiten vom Yellowfin Tuna. Auch die Weinkarte ist gut sortiert und wird durch eine große Auswahl an heimischen Edelbränden ergänzt. Die Inszenierungen der Speisen stehen der Inszenierung des Lokals leider ein wenig nach.

à la carte: 9,80–82 €

LOBO Y LUNA
Koch: Felix Becker

11/20

Tel.: 01 944 99 66
0699 19 44 99 66
1070 Wien
Mondscheingasse 2
www.loboyluna.at
office@loboyluna.at
Di–Sa 17–1 Uhr
(von Mai–Aug. Mo–Fr geöffnet)

Ein kleines Stück Spanien mitten im siebten Wiener Gemeindebezirk, an dem die Urlaubserinnerungen wieder zum Leben erweckt werden. Die Tapas Boutique hält gute Klassiker wie Oliven, Jamón Serrano oder Pimientos de Padrón bereit. Allesamt wirklich ausgezeichnet, keine Frage, doch besonders aufregend sind vor allem ausgewählte, modern interpretierte Gerichte, bei denen man beim ersten Bissen die gelungene Kreativität des Küchenchefs bemerkt. Wer sich nicht entscheiden kann, bestellt die „Reise durch Spanien" und verlässt sich auf die Auswahl des Kellners. Auch die Getränkeauswahl, vor allem bei den Cocktails, kann sich sehen lassen.

à la carte: 6,90–29 €

LUDWIG VAN (N)
Koch: Bernhard Stocker

15/20

Tel.: 01 587 13 20
0676 551 41 43
1060 Wien
Laimgrubengasse 22
www.ludwigvan.wien
info@ludwigvan.wien
Di–Sa 18–22.30 Uhr

Man muss schon ziemlich taub sein, um den Ruf aus der Laimgrubengasse zu überhören. Es handelt sich um einen Lockruf. In angenehm abgedunkeltem Wirtshausambiente lauscht man hier in aller Ruhe dem Zweiklang alter und neuer Geschmäcker, dirigiert von Oliver Jauk, einem der entspanntesten Gastgeber der Stadt, und seinem kongenialen Küchenchef Bernhard Stocker. Es geht um klare Aromen, produktfokussierte Gerichte, um alte Geschichten, neu erzählt. Die gebeizte Forelle kommt, ganz pur, mit „abgehangener", säuerlicher Buttermilch und ein bisschen Kaviar, danach ein fast schon symphonischer Zwischengang: marinierte weiße, schwarze, kleine und große Bohnen mit Heidelbeeren und Oliven, getragen von Süßkartoffelpüree, beflügelt von ein wenig Yuzuschaum. Stocker kann aber auch herzhafter: Das Beef Tatar stammt von der alten Kuh, wird mit Dijon-Ribisel-Senf und ein bisschen Wacholderöl koloriert, der grandiose Maibock – einmal als zartes Filet, einmal als mürbes Backfleisch – braucht nicht mehr als ein paar Rohscheiben, geschmortes Stöckelkraut und Jus. Wiener Moderne!

à la carte: 14–32 €

Restaurants **WIEN**

LUGECK

pop **12/20**

Tel.: 01 5125060

1010 Wien
Lugeck 4
www.lugeck.com
info@lugeck.com

In der Wiener Innenstadt ein Wirtshaus mit fairen Preisen und guter Qualität zu finden, ist gar nicht so einfach. Sind wir froh, dass es das Lugeck gibt, das bereits seit 2014 hungrige Stadtbesucher glücklich macht. Wiener Küche von Tafelspitz über Schnitzel bis zu Kalbsleber wird auf ordentlichem Niveau serviert, uns schmeckte aber auch das auf den Punkt gebratene Filet vom Seesaibling sehr gut. Eine internationale Schiene wird mit Ripperl und Steak bedient, zu der die überraschend umfangreiche Auswahl an österreichischen Craftbieren besonders gut passt. Auch die Weinkarte kann sich sehen lassen.

MAST WEINBISTRO

pop **15,5/20**

Tel.: 01 9226679
0664 121 62 29

1090 Wien
Porzellangasse 53
www.mast.wine
contact@mast.wine
Mi–Fr 12–14 und 18–22,
Sa, So 18–22 Uhr

Koch: Martin Schmid

LUKAS LACINA, PÂTISSIER DES JAHRES 2020

Dass guter Wein von gutem Essen begleitet werden soll, mag plausibel klingen. Nicht überall wird dieser Symbiose aber derartige Aufmerksamkeit geschenkt wie im Weinbistro von Matthias Pitra und Steve Breitzke. Gemeinsam mit einem jungen Küchenteam gelingt es ihnen, eine kleine Geschmacksoase zu schaffen. Das Konzept unterscheidet sich dabei von dem eines klassischen Restaurants: Tapas und diverse Gänge werden in der Mitte des Tisches platziert, einzelne Sinneswahrnehmungen dadurch erhöht. Schon bei der ersten Variation mit Küchenchef Martin Schmids Feingefühl erkennbar. Wir wagen zu ahnen, welch Abenteuer noch erwartet werden darf. Erdig und zugleich harmonisch zeigen sich die dünn gehobelten Champignons mit Topinambur und kross gebackenen Schalotten. Die Kartoffelrösti mit Saiblingsrogen und Crème fraîche mag simpel erscheinen, jedoch beweist sie souveräne Würze. Die Aromen sind stimmig, die Strukturen ausbalanciert. Der folgende Saibling mit Radieschen, Kren und Rogen liefert ausgetüftelte Schärfe und setzt die Grundprodukte mit ihrem Eigengeschmack in Szene, ohne dass das Gesamtwerk an Konsens verliert. Bei den Desserts ist von Ambitionsverlust keine Spur, die Gerichte begeistern mit Konzept und Geschmack. Mispel, Schokolade und Honig serviert man wie Wabe und Biene, die Kreation mit Rhabarber, Wiesenkräutern und Joghurt punktet mit eleganter Säure. Dass die Weine hier keine Wünsche offenlassen, liegt sehr nahe. Unaufdringlich und bemüht wird durch den Abend geleitet. Für eine derart stilsichere Leistung führt daher kein Weg vorbei: eine Aufwertung zu 15,5 Punkten in unseren Augen ein klares MAST. Chapeau.

à la carte: 5–17 €

MEIEREI IM STADTPARK

15/20

Tel.: 01 713 31 68 10

1030 Wien
Am Heumarkt 2a
www.steirereck.at
wien@steirereck.at
Mo–Fr 8–22, Sa, So 9–18 Uhr

Koch: Heinz Reitbauer

Während eine Etage höher Highend-Gourmetküche zelebriert wird, geht es im Untergeschoss der ehemaligen städtischen Milchbar mit „feiner Wiener Küche in entspannter Atmosphäre" casual zu. Mit etwas Glück ergattert man einen Tisch auf der Terrasse zum Wienfluss, hier beleben immer wieder Jogger und Kinderwagen schiebende Jungmütter die Szenerie. Herzstück der Karte sind Klassiker wie Kalbsschnitzel, Gulasch und Kaiserschmarren. Spannend die saisonal wechselnden Gerichte, hier zeigt sich eindrucksvoll, wie kreativ man mit heimischen Produkten, Kräutern und Gemüse arbeiten kann. Besonders gelungen finden wir die Vorspeisen. Erfrischend die marinierte Lachsforelle in einem aromatischen grünen Fond mit Melone, ebenso die Saibling-Kohlrabi-Tascherl mit Birne und Melisse. Unverständlich, warum einige Gerichte des Menüs nicht einzeln geordert werden können. Dass die Fischstäbchen eigentlich Kroketten sind, verwundert. Zumindest sind sie knusprig, was man dem Blätterteig der Rhabarber-Cremeschnitte leider nicht nachsagen kann. Auf Topniveau der stets bemühte und umsichtige Service.

Die besten Weine Österreichs: der Gault&Millau-Weinguide.

WIEN Restaurants

MEINL AM GRABEN 14,5/20
Koch: Alexander David

Tel.: 01 53233346000
1010 Wien
Graben 19
www.meinlamgraben.at
restaurant@meinlamgraben.at
Mo–Fr 8–22, Sa 9–22 Uhr
✻ Fei

Es fühlt sich nach wie vor sehr erhaben an, in diesem eleganten Restaurant zu essen. An einem heißen Sommermittag saßen wir bei angenehmen Temperaturen mit Blick auf das Geschehen am Graben und ließen uns kulinarisch verwöhnen. Das Speisenangebot ist klassisch gehalten. Zum Auftakt gibt es Austern, Beef Tatar, eine traditionelle Rindsuppe. Wir wählten einen ausgezeichneten Melonen-Ceviche mit Wildgarnele und hausgebeiztem Lachs. Auch bei den Hauptgerichten ließen wir die Klassiker wie Wiener Schnitzel oder Rindsfilet links liegen und gönnten uns einen gebratenen Wolfsbarsch, dessen Begleitung (Avocadoravioli, Orangen, Fenchel) spannender klang, als sie dann schmeckte. Eine echte Enttäuschung erlebten wir bei den Salzburger Nockerln, die mit ihrem hohen Mehlanteil nicht leicht und luftig, sondern etwas pampig zu Tisch kamen. Schade, denn eigentlich ist dieses Restaurant in Würde gealtert und bietet einen sehr angenehmen Rückzugsort im hektischen Treiben der Wiener Altstadt. Das Weinangebot ist traditionell, aber gut, die Preise angemessen.

à la carte: 3,90–39 €

MEISSL & SCHADN 12,5/20
Koch: Jürgen Gschwendtner

Tel.: 01 90212
1010 Wien
Schubertring 10–12
www.meisslundschadn.at
schnitzellove@
meisslundschadn.at
Mo–So 12–1 Uhr

Die Schönheiten einer Stadt erschließen sich einem Einheimischen manchmal erst, wenn man sie mit den Augen eines Fremden betrachtet. Dieses Restaurant Meissl & Schadn begrüßt den Gast mit dem Slogan „Schnitzellove". Schon von der Ringstraße aus kann man den Köchen beim eifrigen Klopfen und Panieren zusehen. Im Restaurant weicht die Show einem qualitätsbewussten Konzept. Hier stimmt so gut wie alles. Das perfekte Wiener Schnitzel – auf Wunsch in Butterschmalz, Schweineschmalz oder Pflanzenöl herausgebacken – als das Zentrum, um das sich die kakanische Speisenauswahl dreht. Angefangen mit Alt-Wiener Einschieb-Speisen, ein Potpourri von traditionellen Leckerbissen wie Beinschinken, gesulzter Tafelspitz oder gespicktes Rahmherz, über die Kaisersuppe mit Kalbsbries bis zum wunderbar zart geschmorten Zwiebelrostbraten. Dazu der wohlfeile Hauswein, rot oder weiß, in der Lyoner Karaffe und als Abschluss a Cremeschnittn. Ob Sigmund Freud und Arthur Schnitzler, wie in der Speisekarte vermerkt, ihr Schnitzel wirklich mit preußischer Preiselbeermarmelade zu sich genommen haben, wagt man zu bezweifeln. Bei der hier gebotenen Qualität wird man zum toleranten Monarchisten. Es war so schön, es hat uns sehr gefreut.

à la carte: 14,30–28 €

MEIXNER'S GASTWIRTSCHAFT 13/20
Köchin: Berta Meixner

Tel.: 01 6042710
1100 Wien
Buchengasse 64
www.meixners-
gastwirtschaft.at
k.meixner@aon.at
Mo–Fr 11.30–14.30 und
17.30–21.30 Uhr

Seit einigen Jahren gibt es „stichhaltige Gerüchte" um die Schließung des Paradegasthauses in Favoriten und doch beweist auch unser heuriger Besuch im so gemütlichen wie gut geführten Haus, wie schade es wäre, zum Beispiel auf den gschmackigen Fixstarter gebackene Minigrammelknödl mit warmem Speckkraut und herzhaftem Bratensaft verzichten zu müssen. Einzig der Schafkäse, im Speckmantel gebraten, auf deutlich zu sauer angemachtem Blattsalat enttäuschte ein wenig, ganz im Gegensatz zum gebackenen Rehschlögelschnitzl mit Petersilerdäpfeln, das wunderbar paniert durch seine Produktqualität bestach. Der beherzt abgeschmeckte Girardirostbraten, mit Champignons, Kapern und Speck gebraten, wusste ebenso zu begeistern wie der herzhafte Zimt-Nuss-Schmarren mit exzellentem Apfelmus. Das Personal – freundlich und präsent wie eh und je – und die etwas verkleinerte, aber noch immer vorbildliche Weinkarte trugen zum Gelingen des Abends wesentlich bei. Und so hoffen wir auch heuer, dass das Gerücht ein Gerücht bleibt.

à la carte: 9,80–28,80 €

Restaurants **WIEN**

MOCHI
POP 13,5/20

SANDRA JEDLICZKA, SERVICE AWARD 2017

Jedes Jahr denkt man, der Hype um das Mochi würde schon vorübergehen und irgendwann würde es einfacher, einen Tisch zu bekommen. Und jedes Jahr werden wir aufs Neue eines Besseren belehrt. Die gelungene Mischung aus ungezwungenem, hippem Streetfood-Ambiente, freundlicher Bedienung und den ungebrochen grandiosen asiatischen Gerichten findet immer noch höchsten Zuspruch. Die Edamame sind mitunter die besten, die man in Wien serviert bekommt, und alleine deshalb ein Muss bei jedem Besuch. Auch der Babyspinat, dessen sämig-weiches und intensives Dressing eine so einfache Speise zu etwas Besonderem macht. Dass die Mochi-Saucen einfach können, zeigt sich auch an den Special Sushi Rolls, die durch Trüffel- oder Chilimayonnaise ordentlich aufgepeppt werden. Beim ersten Kontakt mit der Gabel zerfällt das saftige Rindsbackerl, das man sich am Tisch selbst in einen Teigfladen mit allerlei Eingelegtem wickeln kann, ebenfalls für Begeisterung sorgen mit ihrem Raucharoma die angeflämmten Lauchspieße. Hier zu essen, macht uns einfach unglaublichen Spaß.

Tel.: 01 9251380
1020 Wien
Praterstraße 15
www.mochi.at
reservation@mochi.at
Mo–Sa 11.30–23 Uhr

MODERN KOREAN
POP 14/20

Die koreanische Küche erfreut sich international, vor allem aber auch in Wien zunehmender Beliebtheit. Warum das so ist, lässt sich im Modern Korean gut nachvollziehen. Die Präzision und Kreativität von Sohyi Kim, die hier früher ihre austro-koreanische Hochküche zelebrierte, erreicht man zwar nicht annähernd, zeigt sich aber, zu ebener Erd', durchaus souverän. Beste Beispiele: der angenehm vielschichtige Garnelen-Mango-Salat, das jugendlich knackige Hauskimchi und ein Seidentofu-Meeresfrüchte-Eintopf, der einem Schweißperlen des Glücks ins Gesicht zaubert.

à la carte: 7–28 €

Tel.: 0664 1967972
1090 Wien
Lustkandlgasse 4
www.modernkorean.at
restaurant@modernkorean.at
Mo–Sa 12–15 und 18–22 Uhr

MOTTO AM FLUSS
POP 13/20

AMBIENTE AWARD 2010

Bummvoll ist das Restaurant an einem heißen Sommertag – nicht einmal unser reservierter Tisch ist frei. Das ist aber auch die einzige negative Überraschung, denn sonst läuft alles nach Plan. Egal ob Beef Tatar mit Manchego, Saibling mit Shiitake, Burrata mit Spargel oder der Spargelsalat mit Minze und Yuzucreme: Die Vorspeisen sind ebenso routiniert gelungen wie das folgende Risotto mit Ingwerschaum und Jakobsmuscheln, der Heilbutt mit Spargel und der Schweinsbauch mit Tong Hao und Chilihonig. Gerade so viel Kreativität, um das konservative Szenepublikum nicht zu verschrecken. Aber genug für einen kulinarisch tadellosen Abend.

à la carte: 8,50–31,50 €

Tel.: 01 25255
1010 Wien
Franz-Josefs-Kai 2
www.mottoamfluss.at
office@mottoamfluss.at
Mo–Fr 12–14 und 18–23.30,
Sa 18–23.30, So 12–14.30 und 18–23.30 Uhr

MRAZ & SOHN
18,5/20

Köche: Markus Mraz & Lukas Mraz

MARKUS MRAZ, KOCH DES JAHRES 2018
LUKAS MRAZ, NEWCOMER DES JAHRES 2019

Dass Lukas Mraz von manchen Wiener Kollegen gerne mit Häme bedacht wird, darf er als Kompliment betrachten. Zu wenig auf dem Teller, sagen sie, zu viel vom Ausland gekapert, sagen sie. Dabei ist Ersteres bei einem bis zu 20 Gänge starken Menü einfach lächerlich, Zweiteres hingegen Teil eines gastronomischen Patchworks, bei dem die Frage „Wer hat's jetzt eigentlich wirklich erfunden?" in den Hintergrund tritt. Fakt ist, dass auch weitgereiste Foodies großes Vergnügen am Essen bei Mraz & Sohn haben, Fakt ist weiterhin, dass das Restaurant stets bis auf den letzten Platz ausgebucht ist. Auf einem Schild neben der Eingangstüre steht: „Yes, it is still Vienna". Doch das bezieht sich nicht auf die Internationalität der Küche, sondern auf die Lage etwas abseits vom Zentrum, denn es stellt für Wiener Esser immer ein Hindernis dar, wenn sie für ein Restaurant länger als zwei Minuten Taxifahrt auf sich nehmen müssen. Der wie Tempura gegarte Lauch allerdings wäre dann die Anreise schon wert. Oder die (leider brennheiß servierte) Schnecke mit Kräutern. Topinambur, herrlich knackig,

Tel.: 01 3304594
1200 Wien
Wallensteinstraße 59
www.mrazundsohn.at
restaurant@mrazundsohn.at
Mo–Fr 19–21 Uhr
Fei

WIEN Restaurants

kommt unter einer Decke aus Périgord-Trüffel, erdig, fantastisch. Sepia, zart wie Butter, passt herausragend zur Yuzubutter. Gebratene, einmal getrocknete, dann frische Shiitakepilze, mehr braucht es nicht. Gewagt und gewonnen hat die Küche bei der Ente, mit allerlei Gewürzen, der erste Teller nur eine Scheibe von der köstlichen, fast blutigen Brust, dann der Rest der Ente mit Tacos und Gemüse. Fast wie eine Reise in die Vergangenheit die perfekt gereifte Käseauswahl. Einfallsreich die Desserts, etwa ein sogenannter „Elektrokrapfen", sehr gut gewählt die Weinbegleitung.

NIHONBASHI 12/20
Koch: Masaaki Shinazawa

Tel.: 01 890 78 56
1010 Wien
Kärntner Straße 44
www.nihonbashi.at
reservation@nihonbashi.at
täglich 12–14.30 und 18–22.30 Uhr

Einen guten Querschnitt durch die umfangreiche Karte bietet das Acht-Gang-Menü. Authentische japanische Küche bewiesen um Misosuppe mit Tofu und Wakame sowie Edamame, gekochte grüne Sojabohnenschoten. Empfehlenswert gekochter Daikon-Rettich mit Misosauce sowie Tempura, gebackene Spezialitäten mit Garnelen und Fisch. Fein der marinierte Heilbutt in leicht süßlicher Saikyo Miso und die California Futo-Maki, Garnelen, Krebs, Rogen vom Fliegenden Fisch und Avocado. Beachtliche Sakeangebote.

à la carte: 3,20–59 €

O BOUFÉS pop 15,5/20
Natural Wine Bistro
Koch: Konstantin Filippou

Tel.: 01 512 22 29 10
1010 Wien
Dominikanerbastei 17
www.konstantinfilippou.com
reservation@
konstantinfilippou.com
Mo–Sa 17–22.30 Uhr

Das O boufés kann zu Recht als die Urmutter aller Wiener Naturweinbars bezeichnet werden. An ihr orientierten sich etliche Kollegen, die heute mit gleichen oder ähnlichen Konzepten Erfolg haben. Die Einrichtung in ihrem reduzierten „Industrial Style" ist zeitgemäß wie eh und je. Beständig ist auch seit Beginn das Weinthema. Alles, was in die Gläser kommt, stammt aus biodynamischem oder organisch-biologischem Anbau und spielt auch im qualitativen Sinn in einer eigenen Liga. Wer noch nicht so firm bei diesem Thema ist, dem seien die Empfehlungen von Sommelier Dominik Ginzinger ans Herz gelegt. Er versteht es, dem Gast jeden Wein charmant und unprätentiös auf die Zunge zu legen. Er und seine Kollegen schaffen daneben eine Atmosphäre, die kaum herzlicher sein könnte. Ja, natürlich, es gibt ja noch die Küche. Hier herrscht höchste Qualität im casual style. Das Brot ist selbst gebacken und macht fast süchtig. Man bekommt herrlich knackigen Bröselkarfiol mit Salzzitrone und Senfsalat genauso auf den Teller wie Sepia mit Fenchel und würziger Blunze oder Rindsbackerl mit Gremolata. Sehr gut sind auch die Desserts: seien es die Mohnnudeln mit Salzmandeleis oder die Orangen-Crème-brûlée.

à la carte: 12–31 €

ON

Koch: Simon Xie Hong

POP 12/20

Tel.: 01 5854900
1050 Wien
Wehrgasse 8
www.restaurant-on.at
office@restaurant-on.at
Mo–Sa 12–23.30 und
So 12–22 Uhr

Hinter diesem Restaurant steckt kein Unbekannter. Simon Xie Hong sorgt in seinem Stammhaus nahe dem Wiener Naschmarkt für abwechslungsreiche und moderne China-Küche. Fernöstliche Aromen werden dabei mit viel Raffinement und Feingefühl mit frischen österreichischen Produkten kombiniert. Ein gewagter Twist, der jedoch stets mit Bravour gelingt. Man bekommt Lust, sich durchzuprobieren. Mit von der Partie sollten dabei unbedingt die authentischen Innereiengerichte sein. Die hausgemachten Teigtaschen sind ebenso ein Muss. Der Gastraum hat viel Charme, im Sommer sitzt man gemütlich im schattigen Innenhof.

ONE OF ONE – 101

13/20

Tel.: 01 8902616
1010 Wien
Seilerstätte 16
www.dots-lounge.com
Mo–Sa ab 18 Uhr

Martin Ho, seit Eröffnung seines Dots in der Mariahilfer Straße vor etlichen Jahren Garant für innovative Asia-Lokale, betreibt seit Kurzem in der Innenstadt ein weiteres außergewöhnliches Etablissement. Wer den Eingang gefunden hat, findet sich in einem hochherrschaftlichen Stadthaus des Wiener Bürgertums wieder, das in extravagant eingerichtete Bar- und Restauranträumlichkeiten umgestaltet wurde. Mr. Wow – Chinesisch-Koreanisches Fine Dining nennt sich das sogenannte Hauptrestaurant, in dem recht erfreuliche Dim-Sum-Kreationen, Pekingenten und erstaunlich wohlschmeckend-harmonische Desserts – preislich am oberen Rand – offeriert werden.

OPUS
im Hotel Imperial
Koch: Werner Pichlmaier

16,5/20

Tel.: 01 50110389
1015 Wien
Kärntner Ring 16
www.restaurant-opus.at
opus.restaurant@
luxurycollection.com
Di–So 18–24 Uhr

Elegant, präzise, klassisch-traditionell. So könnte man in wenigen Worten beschreiben, was den Gast im Restaurant Opus im Hotel Imperial an der Ringstraße erwartet. Drei Menüs stehen zur Auswahl – das Menü „Opus" zum Beispiel, mit einer hinreißend zarten Taube aus dem Südburgenland, die leicht geräuchert mit Pistazien und Rosa-Bianca-Melanzani serviert wird. Oder das Frühlingsgemüse mit knusprigem Amaranth aus der Menüfolge „Imperial". Es weckt tatsächlich Assoziationen von einem Spaziergang in der Wiese und ist von herrlicher Frische. Ganz wunderbar auch der unglaublich zarte Kaninchenrücken mit Agnolotti, Senf und Salatherzen. Vegetarier kommen hier ebenfalls auf ihre Rechnung, etwa mit der knackig-frischen Kombination von Kohl-

WIEN Restaurants

rabi, Buttermilch, Erbsen, Buchweizen oder einer Brunnenkressesuppe mit Puffreis und Ricotta. Ein gelungener Abschluss war ein originelles Gericht aus Apfel, Dill, Holunderblüte, weißer Schokolade und Sauerteig. Dennoch beruhigend nach all den Gängen, dass man sich nie unangenehm überessen fühlt, sondern auf allen Ebenen genährt, von der Anmutung ebenso wie von der Optik her. Um Experimente geht es hier nicht und das erwartet der Gast in diesem Rahmen auch nicht. Daher setzt man auch bei der Weinbegleitung auf solide Tropfen, die dann aber perfekt zur Menüfolge passen. Wer das imperial-üppige und sehr klassische Ambiente eines Wiener Ringstraßenhotels auf Topniveau schätzt, kann hier einen wunderbaren Abend genießen.

à la carte: 17–77 €

OSTERIA D'ATRI 13/20
Köchin: Anna d'Atri

Tel.: 01 535 48 04
1010 Wien
Schauflergasse 4
www.datri.at
office@osteria-datri.at
Mo–Fr 12–14.30 und 18–22.30,
Sa 18–22.30 Uhr

Am Weg vom Michaelerplatz in Richtung Volksgarten entdeckt man rechter Hand ein kleines, reizendes Lokal. Der Weg führt über Stufen hinunter in einen kajüteähnlichen Raum mit Tischabständen wie beim Singletreffen. Durch die sympathische Art der zwei feschen italienischen Kellner – Zitat meiner weiblichen Begleitung – gewöhnt man sich aber sehr rasch an das ungewöhnliche Ambiente. Statt der Speisekarte werden hier eine geringe Auswahl an diversen, vorwiegend Fisch-, aber auch Fleischgerichten mit mediterranen Beilagen und insbesondere Nudeln empfohlen. Die Antipasti und Pastagerichte waren sehr ordentlich, den Seeteufel haben wir anderswo schon frischer erlebt.

à la carte: 14–39 €

PACO 12/20
Köchin: Raquel Garcia Sanchez

Tel.: 01 890 37 85
1090 Wien
Nußdorfer Straße 7
www.pacorestaurant.at
info@pacorestaurant.at

Hier wird nicht nur Spanisch gesprochen, hier wird die spanische Ess- und Trinkkultur auch mit großer Leidenschaft gelebt. Das Paco ist ein Mittelding zwischen Tapasbar und Restaurant und trifft so den Geschmack der Wiener punktgenau. Anders als in kleinen Tapasbars auf der Iberischen Halbinsel wird hier auch richtig gekocht, die Tapas sind kein Ersatz für ein warmes Essen, sondern dienen als verlockende, kleine Vorspeisen. Geschmacklich einwandfrei der leider nicht von Hand geschnittene Jamón Iberico – doch so einen Service sucht man in ganz Österreich leider zumeist vergeblich. Wunderbar die in Öl eingelegten galizischen Anchovis sowie die gegrillten Sardinen, Schwertmuscheln und Minijakobsmuscheln. Wien liegt doch am Meer, möchte man denken. Leider fielen die Hauptspeisen etwas ab: Der Schweinsbauch mit Gurken war vergleichsweise langweilig, die Kalbsleber mit karamellisierten Zwiebeln zu hart. Alles in allem lohnt sich ein spanischer „Kurzurlaub" à la Paco dennoch, denn authentischer wird man auch in Spanien nicht bekocht.

PASTAMARA Ⓝ 13,5/20
im The Ritz Carlton Vienna

Tel.: 01 311 88
1010 Wien
Schubertring 5–7
www.pastamara.com
vienna.restaurant@
ritzcarlton.com

Das Haus am Ring gönnt sich neuerdings ein Zweitlokal – als „Bar con Cucina" betitelt – und geht dabei in die Vollen. Nicht nur die Kooperation mit dem Zwei-Sterne-Koch Ciccio Sultano, sondern auch ein Programm, das sich neben Frühstück, Lunch und Dinner auch der italienischen Kunst des Aperitivo widmet, legen Zeugnis davon ab. (Negroniwagen!) Das nach der Eröffnung noch nicht ganz trittfeste, aber umso engagiertere Personal erfreute uns mit Fritto misto, Tartar di manzo oder Tortino Ragusano (gebackener Ragusano-Käse) als Starter. Pur und durch die Bank gut! Es folgten Ravioli mit Ricotta und Lamm (der Höhepunkt des Abends), Spaghetti mit Bottarga (Rogen der Meeräsche) und bissfest kartoffelige Gnocchi Ragusani – gefüllt mit Käse, Muscheln, Calamari und Schwein. Cannolo siciliano, Cassata und Biancomangiare – ein Mandelmilchpudding – rundeten den Eindruck ab, dass hier ein authentisches Stück Sizilien in Wien Einzug hielt. Schön! Treuer Wegbegleiter der kulinarischen Urlaubsreise ist eine ausführliche, rein italienische Weinkarte mit Altbekanntem, aber auch neu zu Entdeckendem.

Roter Hahn – Bauernhof spüren

Urlaub auf dem Bauernhof, köstliche Hausmannskost in gemütlichen Stuben, authentische Qualitätsprodukte vom Bauern sowie hochwertiges bäuerliches Handwerk – die Marke „Roter Hahn" zeigt Ihnen das Beste aus der Welt der Südtiroler Bauernhöfe.

Roter Hahn – Südtiroler Bauernbund
info@roterhahn.it, **www.roterhahn.it**

WIEN Restaurants

PATARA   13/20

Koch: Prakai Wongphuttha

Die Vorspeisen waren eher enttäuschend, bei den Hauptgerichten nahm die Küche dann Fahrt auf. Die Satayspieße waren etwas trocken und der Papayasalat bestand aus Karotten und Blattsalat. Dafür war dann das Huhn in grünem Curry sowie die Rindswade mit Chili geschmacklich überzeugend. Die abschließende Thai-Palatschinke war geschmacklos und von ebensolchen Früchten begleitet. Hervorzuheben sind die Zutaten, besonders das Freilandhuhn und Biorindfleisch sowie der hauseigene Grüne Veltliner. Das Preisniveau entspricht der prominenten Lage.

à la carte: 10–31 €

Tel.: 01 997 19 380
1010 Wien
Petersplatz 1
www.patara-wien.at
email@patara.at
Mo–Sa 12–15 und 17.30–23,
So 17.30–22 Uhr

PFARRWIRT   12/20

Koch: Alois Schanner

Dass Grinzing eine gute Anlaufstelle für traditionelle Wiener Küche ist, wissen nicht nur Touristen, auch Einheimische schätzen dieses Viertel deswegen. Mit einem Besuch beim Pfarrwirt ist man immer gut beraten, Klassiker wie Backhendl und Schnitzel werden hier quasi zelebriert. Weil eine gute Rindsuppe auch an heißen Tagen nicht verkehrt ist, erfreuten wir uns an der würzig-kräftigen Bouillon mit ordentlich gebackenen Frittaten. Etwas rustikaler ging es dann weiter mit den Grammelknödeln auf warmem Speck-Kraut-Salat, die sich durch exzellente Qualität auszeichneten. Auch die geröstete Kalbsleber auf Erdäpfelpüree war sorgfältig zubereitet und erfreute durch Konsistenz und Geschmack. Die hausgemachte Cremeschnitte mit Kirschragout dann ein würdiger Abschluss. Für passende Begleitung sorgen Weine vom eigenen Gut.

à la carte: 4,90–29,80 €

Tel.: 01 370 73 73
1190 Wien
Pfarrplatz 5
www.pfarrwirt.com
info@pfarrplatz.at
täglich 12–24 Uhr

PHILIGRANO Ⓝ   12/20

Koch: Philipp Meindl

Das kleine Innenstadtlokal vermittelte trotz eher nüchterner Einrichtung und hoher Tischdichte einen gemütlichen Eindruck, der vom aufmerksamen Service verstärkt wird. Die Karte widmet sich italienischen Klassikern wie Minestrone oder Calamari vom Grill ohne größere Experimente. Spezialität des Hauses sind die Tagliatelle, die in der Pfanne in Olivenöl und Kräutern geschwenkt werden, um im ausgehöhlten Käselaib ordentlich mit Parmesan überzogen und mit oder ohne Prosciutto serviert zu werden. Nähere Beschäftigung mit dem Thema Wein wäre noch anzuraten, denn hier finden halt alle ihr Glück.

à la carte: 5,50–39 €

Tel.: 01 890 49 58
1010 Wien
Riemergasse 12
philigrano.at
office@philigrano.at
Mo–Sa 17–22 Uhr
✽ Fei

PICHLMAIERS ZUM HERKNER   13,5/20

Koch: Roman Artner

Die Anreise zu unserem diesjährigen Test erfolgte – ganz im Sinne des aktiven Umweltschutzes – mit der Straßenbahn. Zugegeben, beim Herkner fällt dies nicht besonders schwer, hält doch die Linie 43 direkt vor der Restauranttüre. Dass sich die Anreise auch heuer gelohnt hat, zeigte uns die Küche schon beim Tatar von der Lachsforelle mit Krenmousse, Gurke und eingelegtem Rettich. Nach der erfrischend schmeckenden Vorspeise erwärmte uns eine Erbsensuppe mit geräuchertem Aal, die durch einen Spritzer Minzöl das gewisse geschmackliche Extra erhielt. Wer nicht zu gekochtem Rindfleisch oder dem Wiener Schnitzel mit Petersilerdäpfeln greifen möchte, dem seien die hausgemachten Teigtaschen empfohlen, die mit grünem Spargel und Erdäpfeln gefüllt sind und die durch Salzzitrone und Schafgarbe spannende Geschmackskomponenten erhalten. Apfelspalten im Mostteig mit Vanillesauce und Zimt beziehungsweise einer Bitterschokoladeganache mit Macadamia, Banane und Kokos kann man nur schwer widerstehen.

à la carte: 6–29 €

Tel.: 01 480 12 28
1170 Wien
Dornbacher Straße 123
www.zumherkner.at
pichlmaiers@zumherkner.at
Mi, Do 18–21.30,
Fr, Sa 11.30–21.30,
So 11.30–21 Uhr

PLACHUTTA HIETZING   12/20

Kulinarisch lebt das Stammhaus in Schönbrunn natürlich vor allem von seiner Rindfleischkompetenz. Grandiose Fleischqualität mit bekannten Beilagen wie Semmelkren und Cremespinat versprechen vielleicht nicht die große Überraschung, gut sind die verschiedenen Fleischteile vom Weideochsen trotzdem. Wer sie mager und mürbe mag, wählt das Weiße Scherzl, das Schulterscherzl erweist sich als besonders saftig. Gekochtes Rindfleisch – eine Philosophie für sich, die die Plachutta-Küche seit Jahrzehnten versteht und lebt.

à la carte: 5,30–27,40 €

Tel.: 01 877 70 87
1130 Wien
Auhofstraße 1
www.plachutta-hietzing.at
hietzing@plachutta.at
Mo–Fr 11.30–15 und 18–23.30,
Sa, So, 11.30–23.30 Uhr

PLACHUTTA NUSSDORF   12/20

Plachutta und Tafelspitz sind unzertrennlich, was verständlich ist, wenn man auf die stets gleichbleibend hohe Qualität bei Fleisch und Grundprodukten verweisen kann. Mageres Meisel, Hüferschwanzerl oder doch der berühmte Tafelspitz? Gekochtes Rindfleisch gibt es hier in all seinen Facetten, dazu werden klassische Beilagen wie Semmelkren und Rösterdäpfel gereicht. Der Apfelkren darf natürlich nicht fehlen, ebenso wenig die Rindsuppe mit Markknochen davor. Für alle, die keinen Gusto auf Rindfleisch haben, bieten die Wiener Klassiker eine passende Alternative. Das Ambiente in der Döblinger Zweigstelle ist freundlich, der Innenhof bietet im Sommer ein lauschiges Plätzchen.

à la carte: 6,30–27,20 €

Tel.: 01 370 41 25
1190 Wien
Heiligenstädter Straße 179
www.plachutta.at
nussdorf@plachutta.at
täglich 11.30–23.30 Uhr

PLACHUTTA WOLLZEILE   12/20

Wenn es um gesottenes Rindfleisch geht, sind die Restaurants des Herrn Plachutta die erste Anlaufstelle. So auch die Dependance in der Innenstadt, die sich bei Einheimischen wie Touristen so großer Beliebtheit erfreut, dass die Tische zu kaum einer Tageszeit leer bleiben. Wie am Fließband servieren routinierte Kellner Kupfertöpfe, die mit der herrlichsten Rindsuppe, cremigen Markknochen und fein mürbem Rindfleisch – vom Mageren Meisel bis zum Tafelspitz – in stets verlässlich guter Qualität gefüllt sind. Wen noch nach einer Nachspeise gelüstet, dem seien die flaumigen Marillenpalatschinken empfohlen.

Tel.: 01 512 15 77
1010 Wien
Wollzeile 38
www.plachutta.at
wollzeile@plachutta.at
täglich 11.30–24 Uhr

WIEN Restaurants

PLACHUTTAS GASTHAUS ZUR OPER   12,5/20

Tel.: 01 5122251
1010 Wien
Walfischgasse 5–7
www.plachutta-oper.at
oper@plachutta.at
täglich 11–0.30 Uhr

Trotz des Namens ist dieses Lokal mehr Restaurant denn Gasthaus. Aufgrund der prominenten Lage wird es von Touristen gestürmt, Ruhe ist in den wirklich sehr schön eingerichteten, perfekt beleuchteten Goberäumen also kaum zu finden. Ein ständiges Kommen und Gehen erzeugt Unruhe. Das ist schade, denn die Küche und der Service sind absolut top. Aus der Küche kommen perfekt zubereitete Klassiker, das Wiener Schnitzel gilt zu Recht als eines der besten der Stadt. Die Servicemitarbeiter sind umsichtig und flott, ein Mitarbeiter ist für die Begrüßung und Platzzuweisung abgestellt – alles in allem sehr professionell. Das Preisniveau ist – auch bei den Weinen – erstaunlich fair.

à la carte: 4,70–23,50 €

PRAMERL & THE WOLF   pop 16,5/20
Koch: Wolfgang Zankl-Sertl

Tel.: 01 9464139
1090 Wien
Pramergasse 21
pramerlandthewolf.com
office@pramerlandthewolf.com
Mi–Sa 18–24 Uhr

Das uneitle Wirtshausambiente samt Holzvertäfelung ist Understatement pur, das der einstige Quereinsteiger – mit Lehrherrn wie Herrn Markus Mraz – in seinem kleinen Lokal mit noch kleinerer Küche großherzig betreibt. Die Tische sind wie eh und je heiß begehrt und die Weinbegleitung zum fünf- bis neungängigen Überraschungsmenü so gewagt wie genial. Vom Chef persönlich serviert, beglückten uns Kombinationen wie Auster begleitet von Granny Smith und Stangensellerie (was für ein Sommergericht!), Lammtatar in einem zitronigen Kräuterbad oder Räucheraal eskortiert von Häuptelsalat und Kresse, die allesamt schlüssig, ja zwingend schienen. Hier trifft Geschmackssicherheit auf Experimentierfreude, was bei Saiblingsleber mit Hollerblüten und unreifen Erdbeeren und einer von Karotten und Rotbuschtee umschmeichelten Taube nochmals deutlicher wurde. Auch der Käsegang (Fourme d'Ambert mit Birne, Malz und Petersilie) und die dunkle Schokolade mit Erdnuss und Maracuja kontrastierend zum Abschluss eines überaus gelungenen Abends ohne Fehl und Tadel. So lassen wir uns gerne überraschen … wieder und wieder!

Restaurants WIEN

Q'ERO   12,5/20

Fast 20 Minuten kam nach Beendigung des Hauptgangs kein Kellner, um uns ein Dessert anzubieten. Solche Umstände lassen Gäste leicht vergessen, dass sie vorher ganz gut gegessen haben. Das Lachstatar mit Wakame und Wasabicreme oder der Oktopuscocktail mit Zwiebel, Paprika und Avocado waren ebenso wie die gegrillten Garnelen mit Rucolapesto sogar hervorragend. Passabel die Streifen vom Rumpsteak mit sautierten Tomaten, Kartoffelstäbchen und Basmatireis, hier schmeckte die Sauce sehr salzig. Die Cocktailkarte des peruanischen Restaurants bietet zahlreiche interessante Drinks, die es wert sind, verkostet zu werden.

à la carte: 5,60–31 €

Tel.: 01 532 03 95
1010 Wien
Börsegasse 9/16
www.qero-viena.at
office@qero-viena.at
Mo–Fr 11–24, Sa 17–24 Uhr

ROOTS   pop 15,5/20
Koch: Miki Apostolo

Das Roots gibt nicht nur dem Namen nach eine klare Linie vor. Die Wurzeln ausgezeichneter Gerichte liegen in den hervorragenden Grundprodukten, die in diesem Weinbistro, geführt von drei motivierten Betreibern, gegeben sind. Gemüse und teilweise auch das Fleisch kommen von der familieneigenen Landwirtschaft an der slowakisch-ungarischen Grenze und sorgen für die stimmige Komposition der Speisen. Man hat die Wahl zwischen fünf oder sieben Gängen, die allesamt besonders saisonal zusammengestellt sind. Wobei man in Wahrheit für sein Geld viel mehr bekommt, weil man bereits zu Beginn mit vielerlei Amuse gueules – eines feiner als das andere – überrascht wird. Als Klassiker wird die Rote Rübe in Buttermilch und knusprigem Malz, kombiniert mit gebeiztem Saibling serviert. Besonders eindrucksvoll angerichtet und auch geschmacklich facettenreich bleibt uns der Hauptgang, Stör mit Linsenpüree und Beurre blanc, in Erinnerung. Wie bei einem Weinbistro nicht anders zu erwarten, lässt die Weinkarte keine Wünsche offen und bietet neben bekannten Namen auch spannende Alternativen aus den Nachbarländern.

Tel.: 0660 242 40 65
1050 Wien
Schönbrunnerstraße 32
www.restaurantroots.at
office@restaurantroots.at
Di–Sa 18–23 Uhr
✝ Fei

RUDIS BEISL   12,5/20
Koch: Christian Wanek

Mit Superlativen wird kaum gespart, wenn von Rudis Beisl die Rede ist. Hier gibt es das beste Wiener Schnitzel der Stadt, den saftigsten Zwiebelrostbraten und die flaumigsten Marillenpalatschinken. Und auch wir müssen ehrlich sagen: Wenn es um die Qualität und Zubereitung von Fleisch geht, zählt Christian Wanek mit seinem Kultbeisl zur Spitze der gehobenen Wirtshausküche. Dass die Tische in dem kleinen Lokal eng beisammenstehen und es mitunter etwas lauter sein kann, nehmen wir gerne in Kauf. Wir fühlen uns hier einfach rundum wohl und kulinarisch bestens versorgt, wenn die Rindsbouillon mit geschmacklicher Dichte auftrumpft und das Backfleisch keine Wünsche offenlässt. Dazu ein edler Tropfen aus der überschaubaren Weinkarte und wir gehen glücklich nach Hause.

à la carte: 7,90–24,90 €

Tel.: 01 544 51 02
1050 Wien
Wiedner Hauptstraße 88
www.rudisbeisl.at
info@rudisbeisl.at
Mo–Fr 12–14.30 und 18–22 Uhr

SACHER – RESTAURANT „GRÜNE BAR"   14,5/20
im Hotel Sacher Wien
Koch: Dominik Stolzer

Die gute alte Zeit der Monarchie lässt grüßen – im grünen Samtambiente dieses Salons. Doch dank Dominik Stolzer geht es auf den gereichten Tellern durchaus modern zur Sache. Wir waren mutig und haben uns für das „Blind Date Dinner" entschieden. Der Anspruch der Küche ist hoch, doch leider wurde dieser nicht immer erreicht. Die Gerichte waren nur zum Teil stimmig, wechselten von überraschend einfachen Zutaten wie ungewürzten Kichererbsen, Quinoa oder Rollgerste zu hochpreisigen Edelzutaten wie gehobelter Trüffel oder, wie betont wurde, echtem Kaviar auf einem groben, halbrohen Erdäpfelstanitzel, bestrichen mit Petersilöl. Die Zubereitung unterstützt die Besonderheiten der Produkte nicht immer, wie bei dem über-

Tel.: 01 514 56 10 53
1010 Wien
Philharmonikerstraße 4
www.sacher.com
gruenebar@sacher.com
Mo–So 18–24 Uhr

WIEN Restaurants

trieben stark geräucherten Rib-Eye-Steak, andernfalls schon, wie beim sous vide gegarten Zander. Sehr gut gefiel uns das Bries mit Kumquats und Spargel, ebenso das Oktopustatar. Unverständlich bleibt, wieso in diesem Haus gerade die Desserts schwächeln: Auch Anna Sacher hätte mit der gegrillten Banane mit Barbecuesauce und Asche keine Freude gehabt, denn sie war keine Umschreibung für einen Genieblitz, sondern nicht mehr als eine gegrillte Banane mit Barbecuesauce und Asche.

à la carte: 14–36 €

SACHER – RESTAURANT „ROTE BAR" 13/20
im Hotel Sacher Wien
Koch: Dominik Stolzer

Tel.: 01 514 56 10 53
1010 Wien
Philharmonikerstraße 4
www.sacher.com
rotebar@sacher.com
täglich 12–23.30 Uhr

In der mit rotem Samt ausgekleideten Roten Bar des Hotels Sacher stehen die Tische so eng, dass auch der abendliche Klavierspieler in die Ecke gedrängt scheint. Geboten wird auf der Weinkarte vor allem Altbekanntes, wobei die zahlreichen Halbflaschen positiv zu erwähnen sind. Die Speisekarte bietet einerseits mit einer kräftigen Tafelspitzsuppe mit flaumigem Grießnockerl, mürben Rindsroulade mit jungem Gemüse und Püree, Wiener Schnitzel vom Milchkalbsrücken aus der Pfanne oder Buchteln mit Powidl, Vanille und/oder Marille echte Klassiker, die auch durchwegs gut bis sehr gut gelingen. Andererseits dürfen auch Spielereien wie „Michi-Bauers-Gemüsebeet" samt essbarer Erde oder Neuinterpretationen vom Paprikahendl (sehr viel Paprika) oder eine optisch interessante Birne Helene sein. Die Preisgestaltung ist so selbstbewusst wie der Service höflich-professionell.

à la carte: 14–49 €

SAKAI 13/20
Koch: Hiroshi Sakai

Tel.: 01 729 65 41
1080 Wien
Florianigasse 36
www.sakai.co.at
restaurant@sakai.co.at
Mi–Sa 18–23, So 12–14.30 und 18–22 Uhr

In angenehmer Atmosphäre wird hier beste japanische Küche jenseits von auch ausgezeichneten Sushi, Maki und Sashimi angeboten. Fünf- bis Neun-Gang-Menüs mit kräftigem, fein ausgewogenem Geschmack, mit oder ohne Sakebegleitung. Agedushi-Tofu, knusprige Spieße mit Garnele, Shisoblatt, Camembert, Melanzani und Lachs. Goldbrasse gefüllt mit Tofu-Ginko-Pastete, Taschen aus Yubateig, gefüllt mit Krabbenfleisch und Pilzen, gebackene Austern mit Sesamsaucetatar, alles von bester Qualität. Köstlich das Dessert Reistaschen mit Bohnenpaste. Freundlicher Service, gute Erklärungen der Dame des Hauses.

à la carte: 9–35 €

SCHNATTL 13,5/20
Koch: Wilhelm Schnattl

Tel.: 01 405 34 00
0664 14 19 1 21
1080 Wien
Lange Gasse 40
www.schnattl.com
schnattl@aon.at
Mo–Do 11.30–15, Fr 11.30–15 und 18–24 Uhr
✱ 2 Wochen über Weihnachten 2019, Karwoche 2020, 3 Wochen im August 2020

Hocharomatisch gebeizter Seesaibling, kombiniert mit Karfiol und Endivien, wie auch die geschmacksdichte Rindskraftsuppe mit Liebstöckelstrudel legen erstes Zeugnis davon ab, dass Wilhelm Schnattl in seinem stimmungsvollen Restaurant nach wie vor ein Garant für gehobene Gasthausküche bleibt, auch wenn er uns seit einigen Jahren nur mehr mittags (mit Ausnahme von Freitagabend!) mit seiner Kunst beglückt. Besonders gelungen dann die Schwarzwurzellasagne mit Schmorparadeisern und Basilikumpesto, der ein saftiger Skrei, eskortiert von Erdäpfeln, Senfgurken und Treviso, und das rosa gebratene Biobeiried bester Qualität in Gesellschaft von Semmelschnitte und Sennfisolen kaum nachstanden. Als schöner und erfrischender Abschluss erwies sich die Blutorangencrêpe, die wie die eher kleine, aber feine Weinkarte und die augenzwinkernd freundliche Servicetruppe mehr als positiv in Erinnerung bleiben wird.

à la carte: 5,80–30 €

Bei der Zusammenstellung dieses Führers ließen wir größtmögliche Sorgfalt walten, trotzdem können Daten falsch oder überholt sein. Eine Haftung können wir auf keinen Fall übernehmen.

SCHREINERS GASTWIRTSCHAFT 11,5/20

Koch: Thomas Schreiner

Hier wird gutes Handwerk zu entsprechenden Preisen geboten. Dass es hier um Umsatz geht, merkten wir auch beim Getränkeservice, der ziemlich pushy war. Der marinierte Thunfisch war von beeindruckender Qualität, jedoch überwog bedauerlicherweise das Sojasaucearoma – intensiv würzig der dazu servierte Asiasalat. Die Südtiroler Schlutzkrapfen waren fein, allerdings hätte sich deren Genuss noch deutlich erhöht, wenn man die Butter etwas dunkler gebräunt hätte. Sehr interessant klang die Kombination aus Blunze, Garnele und Rote-Rüben-Püree, auf dem Teller wirkte dieses Ensemble dann aber etwas blass. Kurzum: eine ordentliche Küche, die mit etwas mehr Engagement wirklich Freude bereiten könnte.

à la carte: 15–35 €

Tel.: 0676 4754060
1070 Wien
Westbahnstraße 42
www.schreiners.cc
wohnen@schreiners.cc
Di–Fr 18–21 Uhr

SERVITENWIRT 12/20

Koch: Matthias Eichblatt

Im frankophilen Grätzl Wiens ist der Servitenwirt mit seinem schönen Gastgarten neben Kirche und Feinkostläden eine verlässliche Adresse für Genießer der österreichischen Küche auf hohem Niveau. Während Klassiker wie Kalbsbeuschel und Backhendl nicht fehlen, reihen sich neben zeitgemäßen Interpretationen wie gedämpfte Grammelravioli auch moderne, ambitionierte Gerichte. So auch das gebratene Wolfsbarschfilet mit sämigem Garnelenrisotto, salzigem Queller und feiner Safransauce. Auch das auf den Punkt gebratene Entrecôte mit gebackenen Panelle (aus Kirchererbsenmehl bestehende Fladen) wusste nicht nur mit Internationalität, sondern auch mit akkuratem Handwerk zu überzeugen. Lediglich bei den Desserts bewegt man sich überwiegend auf bekanntem Terroir: Palatschinke und Marillenknödel sind aber eine gute Wahl.

à la carte: 5,50–26,50 €

Tel.: 01 3152387
1090 Wien
Servitengasse 7
www.servitenwirt.at
office@servitenwirt.at
täglich 10–23 Uhr

SETTIMO CIELO 11,5/20

Dass das Ambiente auf der Dachterrasse und der Blick auf den Steffl exklusive Atmosphäre bieten, steht außer Frage. Ob wir uns bei unserem Besuch wirklich im siebten Himmel befanden, sorgte hingegen schon für etwas mehr Diskussion. Der Einstieg, eine Kürbis-Buttermilch-Terrine mit Pumpernickel und Chiasamen, war handwerklich zwar in Ordnung, jedoch muss man feststellen, dass die Spezialität des Hauses in der Landesküche ruht. Auch die nett gedachte Erdäpfelsuppe mit Blunze konnte nur mäßig überzeugen. Einwandfrei und authentisch dann aber die Pappardelle mit Hasenragout. Die Pasta al dente, das Ragout sämig und würzig zugleich. Immer gut sind auch die gegrillten Fischgerichte, die mit Erdäpfeln und Salat serviert werden. Das finale Dessert, Panna cotta mit Hokkaido und Verbene, sorgte dann noch einmal für Gesprächsstoff, gewöhnungsbedürftige Komponenten, die aber durchaus zusammenpassten.

Tel.: 01 5123875
1010 Wien
Singerstraße 3, 10. Stock
www.settimocielo.at
restaurant@settimocielo.at

SHIKI POP 15/20

Koch: Alois Traint

Das Shiki bietet mit seiner umfangreichen Karte eine schöne Auswahl an japanisch inspirierten Gerichten. Zusätzlich gibt es sowohl traditionelles als auch contemporary Sushi. Wer sich nicht entscheiden will und kann, bestellt am besten das „Omakase Menü" und lässt sich mit vier Gängen überraschen. Das Menü beinhaltete reine Fischgerichte, einmal in Form einer gebratenen Reinanke mit Chicorée und Kürbis und im Hauptgang als Saibling mit Spargel, Erbsen und aromatischem Wasabi-Dashi. Dazwischen wurde das serviert, worauf das Shiki auf jeden Fall spezialisiert ist, beeindruckende Sushivariationen: Gelbschwanzmakrele, geflämmte Jakobsmuschel und Lachs mit Trüffelmarinade sind allesamt köstlich. Man kann allerdings auch ein fünf- bis achtgängiges Fine-Dining-Menü bestellen, das dann auch Luxusprodukte

Tel.: 01 5127397
1010 Wien
Krugerstraße 3
www.shiki.at
info@shiki.at
Di–Sa 12–14.30 und 18–22.30 Uhr

WIEN Restaurants

wie Hummer und Garnelen umfasst. Der Rahmen im sehr edlen, ganz in Schwarz gehaltenen Hinterzimmer vermittelt den Gästen ein exklusives Ambiente. Die Qualität der Gerichte selbst hebt sich jedoch nur unwesentlich von denen der Brasseriekarte ab. Sowohl der Hauptgang (in Miso gebeiztes Biowildhuhn) als auch das Dessert (Schokolade & Popcorn) fielen gegenüber den zuvor gereichten Fischgerichten deutlich ab. Von einem japanischen Gourmetmenü erwarten wir uns einfach mehr. Haben jene Touristen am Nachbartisch – im Sommer genießen alle Gäste friedlich vereint im Schanigastgarten –, die nach dem Sushi einen optisch verlockenden Wagyu-Burger bestellt haben, vielleicht die bessere Wahl getroffen? Umfangreiches Wein- und Sakeangebot und sehr aufmerksamer Service.

SHOKUDO KUISHIMBO 13/20

Tel.: 0676 553 0727
1060 Wien
Esterházygasse 12
www.shokudokuishimbo.com

Shokudo (japanisch = familiär geführtes Beisl) Kuishimbo der Familie Numata ist ein minimalistisch ausgestattetes Lokal. Durch die hervorragenden japanischen Klassiker fühlen sich die vielen Gäste sehr wohl. Aus der umfassenden Karte wählten wir zuerst Mozuko, rauchig frischen Seetang mit Ponzu-Dressing, und weiters Agedashidofu, Seidentofu mit Ingwer und geriebenem Rettich. Die Udon-Nudelsuppe mit Gemüse und Naruto-Fischkuchen ist genauso gut wie Shishamo, ein gegrilltes kleines Stint-Fischchen, und Natto, fermentierte Sojabohnen. Fein das Mochi-Eis mit Schwarzsesamgeschmack. Flinker Service.

SILVIO NICKOL GOURMET RESTAURANT 19/20
im Palais Coburg
Koch: Silvio Nickol

SILVIO NICKOL, KOCH DES JAHRES 2014
WEINKARTE DES JAHRES 2019

Tel.: 01 51818130
1010 Wien
Coburgbastei 4
www.palais-coburg.com
reservierung@palais-coburg.com

Empfängt man internationale Gäste in Wien und hat das nötige Budget, ist das Palais Coburg eine der ersten Anlaufstellen. Zum Wohnen wie zum Essen. Silvio Nickol kocht einfach großartig. Hat man ihn in der Vergangenheit öfter damit konfrontiert, zu geschliffen, zu akkurat, zu wenig emotional zu kochen, so kann man das nun nach unseren heurigen Besuchen endgültig vom Tisch wischen. Es beginnt schon mit dem Amuse – Aal mit Roter Rübe und Kren im Blini, Schweinsbauch mit Avocado und Tomate, Kaisergranat mit Algencremebrandade und Bottarga – man ahnt schon, dass hier Großes auf einen zukommt. Es ist besser, sich beim hausgemachten Sauerteigbrot mit Süßrahmbutter und Schnittlauch zurückzuhalten, denn es folgt die vegetarische Version des Nickol-Klassikers „Wald", für die er die Entenleber durch Sellerie ersetzt. Eine sommerlich gelungene Interpretation seiner selbst. Einer der Favoriten des Abends: die luxuriös cremige Polenta mit ebenso luxuriösem Trüffel-Rondeau und Ei. Dazu weiches Brioche, so reichhaltig, man könnte fast sagen, Butter in ihrer besten Form. Es folgte der Blün-Waller aus dem 22. Bezirk mit bissfesten Cavatelli, Häuptelsalat und Schnittlauchöl – tolles Gericht, rassige Säure, Cavatelli gewagt salzig, ansonsten ein Volltreffer. Der weiße Heilbutt mit Sellerie, Beurre blanc und Kaviar war perfekt gegart und leicht angeflämmt, dazu gab es Favabohnen und einen wunderbaren Schaum von der Beurre blanc. Sehr klassisch, aber wozu so etwas neu erfinden, wenn es ohnehin nicht besser werden kann? Das Luxus-Upgrade mit dem Kaviar braucht es nicht, es geht fast unter. Einzig mit den Nachspeisen hatten wir heuer ein Thema – vieles hatte vegetabile Noten –, was stellenweise schwer zu verstehen war. Die Aufmerksamkeit, die man damit erreichen wollte, kann auch ins Negative gehen. In Summe aber eine große Leistung des Teams Nickol, der Service steht dem um nichts nach – zuvorkommend, hochprofessionell und kompetent. Am Ende so eines Abends wird einem völlig klar, wodurch sich das Coburg von anderen High-Class-Hotels am Ring unterscheidet.

Bewertungen NEU

11 bis 12,5 Punkte: 1 Haube
13 bis 14,5 Punkte: 2 Hauben
15 bis 16,5 Punkte: 3 Hauben
17 bis 18,5 Punkte: 4 Hauben
19 bis 19,5 Punkte: 5 Hauben

Restaurants **WIEN**

SINOHOUSE

11/20

Tel.: 0699 10 32 71 68

Koch: Jin Loh

1090 Wien
Nußdorfer Straße 86

Für seine hervorragende Pekingente ist das Sinohouse stadtbekannt. Wer in diesen typisch chinesischen Genuss kommen will, muss nur die Hürde der Vorbestellung überwinden. Ansonsten ist der Rest der Speisekarte ein kulinarischer Streifzug durch quasi alle erdenklichen asiatischen Küchenstile. Die Auswahl ist dementsprechend groß, die Portionen sind meistens recht üppig. Von thailändischen Currys über vielerlei Dim-Sum bis zu Fleisch und Gemüse aus dem Wok ist nahezu alles dabei. Wie man es sich beim Asiaten vorstellt, herrschen hier besondere Gastfreundschaft und überaus freundliche Bedienung.

www.sinohouse.at
jin@sinohouse.at

Mo–Sa 17–23 Uhr

✝ Juli–August 2020

à la carte: 12,50–18,50 €

SOPILE

11,5/20

Tel.: 01 585 24 33

Koch: Ivo Surlina-Poropat

1040 Wien
Paulanergasse 10

Das Sopile ist ein gutes, einfaches Restaurant, das ohne große Inszenierung oder unnötigen Firlefanz auskommt. Es ist auch ein bisschen altmodisch, wie der Blick in die Weinkarte unterstreicht. Vertreter aus der spannenden kroatischen Natural-Wine-Szene sucht man vergeblich und auch die Glaskultur ist – formulieren wir es positiv – ein bisschen retro. Aber gekocht wird hier verlässlich gut und der Service ist aufmerksam und freundlich. Fisch schmeckt hier in jeder Form, egal ob als Hauptspeise im Ganzen gebraten oder als Vorspeise in Form einer Suppe, eines mürben Oktopussalats, als Sardinenfilets in Rotweinmarinade oder als feine Stockfischcreme Bakalar. Sehr gut sind auch die Kutteln mit Polenta, und wenn es geschmorte Lammschulter mit Bratkartoffeln und grünen Bohnen gibt, sollte man sich das nicht entgehen lassen.

www.sopile.at
office@sopile.at

Mo–Sa 18–23 Uhr

à la carte: 8,50–36 €

Gault&Millau
2020

Die neuesten Ergebnisse aus der Haubenwelt:
800 Restaurants, neu getestet und bewertet.

Plus: Die besten Weine, Wirtshäuser, Hotels und Almhütten.
Neu in dieser Ausgabe: Golfclubs, Cafés und Bars.

Zwei Bücher, ein Preis: € 39,- für Ihren Wegweiser in die Welt des guten Geschmacks
www.gaultmillau.at

Bleiben Sie up to date mit unseren täglichen Nachrichten
auf **Facebook** und **Instagram**.

WIEN Restaurants

STEIRERECK IM STADTPARK   19/20
Koch: Heinz Reitbauer

HEINZ REITBAUER, KOCH DES JAHRZEHNTS
RENÉ ANTRAG, SOMMELIER DES JAHRES 2019

Tel.: 01 7133168
1030 Wien
Am Heumarkt 2a
www.steirereck.at
wien@steirereck.at
Mo–Fr 11.30–14 und 18.30–22 Uhr

Endlich wurden uns die Augen geöffnet. Da „fehlt es der österreichischen Küche an Weltoffenheit und Innovation" und wir haben es nicht bemerkt. Gott sei Dank haben uns deutsche Gastronomie-Journalisten heuer darauf aufmerksam gemacht. Anlass dafür war ketzerische, die Bewertungen eines in Deutschland hoch angesehenen Restaurantführers in Frage stellende Kritik aus Österreich, in der oft, anders als in besagtem Führer, das Steirereck als bestes Restaurant des Landes genannt wurde. Dass dieses Lokal auch noch seit vielen Jahren in der internationalen „World's Best Restaurants"-Liste einen Top-20-Platz hat und damit jedes Mal klar vor dem bestplatzierten deutschen Restaurant liegt, zeigt, wie weit verbreitet der Irrglaube von der Weltoffenheit und Innovation österreichischer Küche schon ist. Schuld daran hat zweifelsohne Heinz Reitbauer. Er fördert diese Fehleinschätzung heimischer Kulinarik auf besonders perfide Art und Weise. Nämlich dadurch, dass er von Jahr zu Jahr besser wird. Und dabei immer mehr eine ganz eigene Handschrift entwickelt, die sich klar unterscheidet vom routinierten, einzig auf Perfektion zielenden, aber dabei oft austauschbar beliebigen Stil so mancher sternenumkränzter Spitzenköche. Da serviert er Räucheraal mit Karotten, Schwarzkohl und Zitrone oder Seesaibling mit Blutorange, knuspriger Quinoa, Dill und in Sauerkrautsaft geschmortem Spitzkraut und man hat das Gefühl, als gäbe es für beide Fische nichts Selbstverständlicheres als mit diesen geschmacklichen Begleitern auf faszinierende Art zu harmonieren. Oder dann eine geräucherte Kalbszunge mit Karotten, Rettich und Kren in einer Mandarinenvinaigrette mit Whiskey und Nussbutter. Man schmeckt jede Komponente dieses Gerichts heraus und trotzdem verbinden sich die einzelnen Aromen zu einem völlig neuartigen Ganzen. Das ist vielleicht Reitbauers größtes Atout: Seine Kombinationen sind immer stimmig, meistens originell, manchmal ungewöhnlich, aber niemals zwanghaft unkonventionell. So auch bei der Milchferkelschulter mit Brennnesseln und Zwiebeldashi, dem Wallergulasch mit Calamansi und Mispeln oder dem durchaus rustikalen, aber extrem fein abgeschmeckten Pilzbeuschel mit Waldstauden-Roggenbrot-Auflauf. Dazu schenkt René Antrag wahrhaft einzigartige Weine aus. Er hat ausgewählten Winzern Fässer von ganz speziellen Tropfen abgekauft, die nun exklusiv für seine Gäste reifen und abgefüllt werden.

Restaurants **WIEN**

Die Presse
Der Shop

Reinhard Winiwarter Winery
///RW5 – Rotburger Riedencuvée 2016

Herr der Rieden

„Aber Hallo", sagen Weichsel und der Pfeffer in der Nase. Lorbeer mischt sich ein und setzt sich ungefragt dazu. Kaum auf der Zunge ist dann Schluss mit frech, da geht es seriös und edel ab. Tannin aus Samt und edler Würze hüllt den Gaumen ein, unten ziehen Heidelbeerschwaden durch die Gegend und am Ende streiten sich die Kirschen mit dem Pfeffer, wer als Erster ins Finale einzieht.
Ein Rotburger, der nicht den kleinsten Zweifel offen lässt.

€ 19,90

Mehr erlesene Weine finden Sie unter:
DiePresse.com/shop

WIEN Restaurants

STEIRERSTÖCKL   11/20

Idyllisch in den Wienerwald eingebettet ist das steirische Wirtshaus. Zu essen gibt es hier alles, was das grüne Bundesland zu bieten hat: Steirische Zwiebelsuppe, Krautstrudel mit kernigen Käferbohnen und Wildschweinschnitzerl, das natürlich mit Kürbiskernpanier serviert wird. Die verarbeiteten Zutaten stammen ausschließlich aus dem Stammhaus, dem Jagawirt am Reinischkogel. Die Schweine und das Gemüse der Saison versprechen somit Frische und Qualität. Man merkt, hier wird mit viel Liebe nachhaltig gearbeitet. Die urige Stube sorgt an kühlen Tagen für gemütliches Ambiente. Die etwas weitere Anreise nimmt man also gerne in Kauf.

à la carte: 4,70–23,90 €

Tel.: 01 440 49 43
1180 Wien
Pötzleinsdorfer Straße 127
www.steirerstoeckl.at
steirerstoeckl@jagawirt.at
Mi–So, Fei 11.30–22 Uhr

STELLAS Ⓝ   13/20

Das Konzept? Wohnzimmer-Wohlfühlatmosphäre in dezenter Beleuchtung und ein lässiger Speisenmix aus mediterran, asiatisch mit einem Schuss Austria. Das Stellas im früheren Gaumenspiel hat auf Anhieb eingeschlagen, Martina und Rodschel Rachnaev haben sicher auch viele ihrer Gäste aus dem geschlossenen St. Ellas mitgebracht. Auch die Kulinarik überzeugt, vom Couscous mit Gemüse und Zitronenjoghurt über superzarte Lammspießchen mit Melanzanipüree bis zum Waller auf Spinat und Bohnen in perfekt ausgewogener Sauce. Umwerfend gut: die Schokoschnitte „Stellas" mit Kirsche und Sauerrahmeis.

à la carte: 7–32 €

Tel.: 01 526 11 08
1070 Wien
Zieglergasse 54
www.stellas.at
bistrosieben@stellas.at
Mo–Fr 17–23.30 Uhr

STOMACH   11/20

Das Stomach zählt zu jenen Edelbeisln, die vor knapp 30 Jahren in Wien für einen kulinarischen Aufbruch standen: lässiges Ambiente und lockere Atmosphäre, gepaart mit einer anspruchsvollen Küche, die ohne allzu enge konzeptionelle Grenzen auf Wohlfühlgerichte setzt. Dieser Demokratisierung des guten Geschmacks ist man im Stomach bis heute treu geblieben. Die Gäste erfreuen sich an Beef Tatar und hausgebeiztem Lachs, es gibt gebackenes Lammfilet mit Erdäpfelsalat statt dem ewig gleichen Wiener Schnitzel und natürlich auch ein feines Kalbsrahmgulasch. Die französische Zwiebelsuppe vermittelt Retro-Feeling, die Kärntner Kasnudeln Bodenständigkeit, die Schweinssulz mit Vongole Kombinationsfreude. Kulinarisch neugierige Gäste gönnen sich eine vier- beziehungsweise sechsgängige Menüfolge. Dass das Weinangebot nicht in einer Karte, sondern lässig in einem Schulheft präsentiert wird, passt zum entspannten Gesamteindruck des Lokals.

Tel.: 01 310 20 99
1090 Wien
Seegasse 26

Restaurants **WIEN**

STUWER 11,5/20
Köchin: Lisa Kitmüller

Tel.: 0660 601 03 69
1020 Wien
Stuwerstraße 47
www.stuwer.com
hallo@stuwer.com
Di–So 11.30–22 Uhr

Ein charmantes, junges Beisl, dem es gelingt, österreichische Klassiker zeitgemäß zu adaptieren und mit internationalem Weitblick sattelfest für das aufstrebende Stuwerviertel zu machen. Das kommt nicht nur bei den Studenten der nahe gelegenen Wirtschaftsuni an, auch älteres Publikum weiß die dortige Qualität zu schätzen. Handgeschnittenes Beef Tatar mit Bärlauchbrioche und Wiener Weinbergschnecken erfreuen ebenso wie das Wiener Backfleisch mit viel Apfelkren. Für Gesundheitsbewusste ist der Couscoussalat mit Avocado eine gute Wahl, für all diejenigen, die davon nichts wissen möchten, ist der hausgemachte Lángos mit Lachsforelle und Chilimayonnaise ein klares Muss. Urbane Getränke, eine große Bierauswahl und ein kleines Angebot an regionalen Weinen bieten die passende Begleitung.

à la carte: 4,90–23,90 €

TANCREDI 11,5/20
Koch: Peter Neurath

Tel.: 01 941 00 48
1040 Wien
Große Neugasse 5/
Rubensgasse 2
www.tancredi.at
restaurant@tancredi.at
Mo 11.30–14.30, Di–Fr
11.30–14.30 und 18–21.30,
Sa 18–21.30 Uhr

Dass sich Patron Peter Neurath auf keine Lieblingsküche festlegen will, spiegelt sich in der Speisekarte des Tancredi wider. Er liefert eine kreative und abwechslungsreiche Aromenküche. So gibt es Ceviche und geröstete Garnelen, aber auch österreichische Fleisch- und Fischgerichte, die dem hohen Anspruch an Qualität und Frische der Produkte gerecht werden. Einst ein Reitstall, haben sich die Räumlichkeiten zu einem gemütlichen zweiten Wohnzimmer für zahlreiche Stammgäste entwickelt, die gerne auch auf aktuelle Tagesspezialitäten zurückgreifen. Der freundliche Service trägt zu einem gelungenen Gesamterlebnis bei.

à la carte: 9,80–24,80 €

TARTUF [N] 12,5/20
Koch: Ivan Justa

Tel.: 01 786 49 66
1150 Wien
Zinckgasse 2
www.restaurant-tartuf.at
office@tartuf.at
Mo–So 12–24 Uhr

Weder die Lage hinterm Westbahnhof noch die gewöhnungsbedürftige Inneneinrichtung können wir als Plus fürs neu eröffnete Tartuf verbuchen. Dem gegenüber stehen eine interessante, abwechslungsreiche Karte mit Trüffelschwerpunkt (Empfehlungen: frittiertes Eigelb in Tintenfischtinte mit Trüffelschaum und getrocknetem Prosciutto oder Fischvelouté mit Sekt und Meeresfrüchten), eine Weinkarte, die neben den üblichen Verdächtigen auch interessante Bouteillen aus Kroatien bereithält, und vor allem ein junger Kellner, der charmant und aufmerksam keinen Zweifel aufkommen lässt, dass er seinen Beruf liebt.

à la carte: 5,50–65 €

WIEN Restaurants

TERRA ROSSA 11,5/20

Koch: Mario Gattinger

Tel.: 01 484 14 80
1160 Wien
Roterdstraße 3
www.laterrarossa.at
willkommen@laterrarossa.at
Mi–Sa 17–22, So 11–21 Uhr
variabel

Mit Küche und Ambiente will man die Gäste zumindest im Geiste vom Wilhelminenberg weg und direkt in das schöne Italien befördern. Der Fokus liegt vor allem auf norditalienischen und istrischen Gerichten, von köstlichen Miesmuscheln in Weißweinsud über zart gegrillten Oktopus bis hin zu vom Knochen fallendem Ossobuco. Besonders auf der Terrasse mit ihren Oliven- und Zitronenbäumen kommt Mittelmeerfeeling auf. Mit einem Glas Wein, beispielsweise vom familieneigenen Weingut Fuhrgassl-Huber, lässt es sich hier auch länger gemütlich sitzen.

à la carte: 8,50–30 €

THE BANK BRASSERIE & BAR 14/20

im Hotel Park Hyatt Vienna

Koch: Istvan Törzsök

Tel.: 01 227 40 12 36
1010 Wien
Bognergasse 4
www.restaurant-thebank.at
restaurant-thebank.vienna@hyatt.com
Mo–Sa 12–14.30 und 18–22.30,
So 12–15 und 18–22.30 Uhr

AMBIENTE AWARD 2014

Niemand, der sich zumindest rudimentär für Architektur interessiert, kann sich dem monumentalen, gleichwohl geschmackvoll-stimmigen Ambiente der ehemaligen Länderbank-Kassenhalle entziehen. Hier kein nobles High-End-Restaurant, sondern eine unkonventionell-lässige Brasserie einzurichten, hat etwas. Der reizvolle Kontrast setzt sich beim Speiseangebot fort: Burger – ja, aber „Rossini", also mit Gänseleber und Trüffel. Klassisches Beef Tatar, Oktopus bester Konsistenz (unpassend das viel zu geschmacksintensive Minzekraut dazu), nur von der feinen Gänseleber-Crème-brûlée hätte es nicht zuletzt angesichts des Preises etwas mehr sein dürfen. Oliver Ivanschits sei Dank: Der Ausnahme-Patissier zeigt, wie eine Grand-Cru-Schokomousse mit Madagaskar-Vanilleeis schmecken kann – nämlich himmlisch! Und wenn man Glück hat, gerät man an einen der weininteressierten Servicemitarbeiter, der eine höchst stimmige flüssige Begleitung anbietet.

à la carte: 12–42 €

Immer ein Gewinn*

*Der Gault Millau unter den Wirtschaftsmagazinen: GEWINN.

Was der Gault Millau bei den Restaurantführern, ist der GEWINN bei den Wirtschaftsmagazinen: die unangefochtene Nummer 1. Beide Medien bieten ihren kaufkräftigen Lesern seit Jahrzehnten höchste Qualität. Deshalb hat GEWINN auch den größten Abonnenten-Anteil aller Wirtschaftsmagazine. Interesse? Siehe www.gewinn.com.

AUCH AM TABLET

www.gewinn.com

GEWINN
DAS WIRTSCHAFTSMAGAZIN FÜR IHREN PERSÖNLICHEN VORTEIL

WIEN Restaurants

THE BIRDYARD 14/20
Koch: Norbert Györfi

Tel.: 01 402 46 24
1080 Wien
Lange Gasse 74/1
www.thebirdyard.at
hello@thebirdyard.at
Di–Sa 17.30–22 Uhr

Es muss nicht immer feinstes Tafelsilber oder ein mehrgängiges Menü sein, das uns begeistert. Nein, auch ein reduziertes Speisenangebot, gepaart mit einem aufmerksamen Service kann – wie es das Birdyard zeigt – überzeugen. Zum kräftigen Weißwein aus Südfrankreich begeisterten etwa der Softshell-Krebs mit Sobanudeln, das Beef Tatar mit scharfer Wasabimayonnaise sowie Knäckebrot, das Chinabrötchen mit Gemüse, Shiitakepilzen und Schmorsauce. Die Moules-frites (Miesmuscheln mit Pommes frites) waren an unserem Abend leider schon aus, daher mussten wir uns mit den ausgezeichneten Spareribs mit Coleslaw begnügen, die man hier selbstverständlich auch mit der Hand essen darf. Zum Darüberstreuen gab es noch eine Cheesecake-Panna-cotta, das Maronieis heben wir uns für den nächsten Besuch auf. Tipp für Liebhaber ausgefallener Cocktails: Im Untergeschoß des Lokals mixen die Barkeeper geheimnisvolle Drinks, die man probieren sollte. Make Bourbon Great Again, Kung Fu Pandan, Rabbit in the Hat, Peanut Butter Jelly Time oder Bouquet de la Mer sind nur einige der ausgefallenen und wohlschmeckenden Kreationen.

à la carte: 5,50–14 €

THE GUEST HOUSE VIENNA 11/20

Tel.: 01 512 13 20 15
1010 Wien
Führichgasse 10
www.theguesthouse.at
brasserie@theguesthouse.at
täglich 6.30–24 Uhr

Unweit der Albertina kann man abends in der Brasserie des Hotels The Guest House auf einem erfreulich hohen Niveau speisen. Die weiß gekleideten Kellner servieren etwa eine geröstete Topinambursuppe mit Wiener Schnecke, Rote-Rüben-Agnolotti oder Zweierlei vom Ötscherblick-Schwein – rosa gebratenes Filet beziehungsweise geschmorte Backerl. Auf der Karte finden sich auch Beef Tatar, Wiener Schnitzel, Ceviche oder gratinierter Ziegenkäse mit eingelegten Schwarzwurzeln. Die Torten und Kuchen sucht man sich in der Vitrine selbst aus, dazu gibt es einen sehr guten Espresso.

à la carte: 8–35 €

THE VIEW 11,5/20
Koch: Stephan Ribisch

Tel.: 01 890 83 74
1020 Wien
Handelskai 265
www.theview.at
office@theview.at
täglich 10–22 Uhr
✱ 1.–12. Jän. 2020

Wie der Name bereits vermuten lässt, bietet das Lokal zwischen Schiffsanlegestelle und Donauradweg einen direkten Blick auf Fluss und Insel und, vor allem auf der Sonnenterrasse, ein besonderes Ambiente. Auch kulinarisch wird hier eine solide Küchenleistung geboten, die sich in einer kleinen, dafür aber regelmäßig wechselnden Speisekarte widerspiegelt. Mediterran und österreichisch wird hantiert,

Küchenchef Stephan Ribisch weiß mit beiden Küchenstilen umzugehen. Klassisch, gut mariniert sorgt das Beef Tatar für einen soliden Einstieg, nicht weniger ansprechend dann die handgemachten Ravioli mit Steinpilzfüllung und Grana Padano. Frisch vom Grill durfte es ein saftig gebratenes Rib-Eye-Steak sein, das uns auf den Punkt gegart und mit rauchigem Thymianjus erreichte. An ein Dessert war nach all den Köstlichkeiten nicht mehr zu denken, halbflüssiger Schokokuchen und Erdbeer-Crème-brûlée klangen aber sehr verlockend.

à la carte: 5,50–34,50 €

TIAN RESTAURANT WIEN   17/20

Koch: Paul Ivić

THOMAS SCHEIBLHOFER, PATISSIER DES JAHRES 2016

Es soll tatsächlich noch Menschen geben, die ein Essen ohne Fleisch und/oder Fisch als unvollständig betrachten. Nun, die waren offenbar noch nicht im Tian. Mag das eine oder andere Gericht des abends obligatorischen achtgängigen Menüs (mit Küchengrüßen, Sorbet, Pré-Dessert und Petits fours eigentlich zwölf Gänge) wie die gebratene Selleriescheibe mit traumhafter Pumpernickelsauce oder Kohlrabi in vielerlei Texturen mitunter noch an den vielerorts vordergründig-intensiven Gemüsegeschmack gemahnen, herrscht ansonsten über weite Strecken perfekte Harmonie: Sei es beim wunderhübschen kleinen Erbsen-Kichererbsen-Törtchen auf himmlischem Tofu, auf die Sekunde getroffenen knackigen Marchfelder Spargel mit frisch aufgegossener Brennnesselsuppe oder bei der Mairübe mit Zackenschötchen. Unübertroffen das Leinsamensorbet mit -crumbles, Sauerampfer und Erdbeersauce, fein der am Tisch geflämmte Raclette-Käse mit Apfel in verschiedenen Aggregatzuständen und wahrlich köstlich die – nach dem eher traditionellen Kokos-Milchreis-Pré-Dessert – servierte „Woody-Nachspeise" (peruanische Schokolade, Orange, Shiso). Egal, ob man die glasweise Weinbegleitung – Schwerpunkt maischevergorenes Unfiltriertes – oder das alkoholfrei Passende (Apfel-Hagebutte-Limette zum Dessert!) wählt, die Harmonie ist stets gewährleistet. Bestens disponierter Service unter Leitung des sympathischen Vorarlberger Maître.

Tel: 01 8904665

1010 Wien
Himmelpfortgasse 23

www.tian-restaurant.com/wien
wien@taste-tian.com

Di 18–21, Mi–Sa 12–14 und 18–21 Uhr

Die besten Weine Österreichs: der Gault&Millau-Weinguide.

WIEN Restaurants

TONI'S KULINARIUM 7   11,5/20
Koch: Ante Toni Bjelančić

Adriatischer Kurzurlaub in Wien gefällig? Toni's Kulinarium 7 macht es möglich. Schon bei den Antipasti und der beinahe legendären Fischsuppe schweben die ersten Gedanken in Richtung Dalmatien fort. Spätestens beim ersten Bissen des perfekt gebratenen Branzinos mit klassischer Gemüsebeilage sind wir, zumindest im Geiste, vollends in Kroatien angekommen. Ante „Toni" Bjelančić weiß einfach, wie er den Gästen seine Heimat näherbringen kann. Da braucht es keine Küche mit vielen Schnörkeln, sondern einfach frischen Fisch auf verlässlich hohem Niveau und eine puristische Zubereitung. Dazu ein Gläschen kroatischer Wein und der Abend könnte kaum gelungener sein.

à la carte: 12–35 €

Tel.: 01 5220530
0664 88 26 39 70
1070 Wien
Sigmundsgasse 1
www.kulinarium7.com
office@kulinarium7.com
Di–Sa 17–23, So 12–22 Uhr

TRATTORIA MARTINELLI ⓝ   12/20
Koch: Daniel Kellner

Trattoria ist für diesen eleganten Innenstadtitaliener fast eine Untertreibung, Ristorante erschiene passender. Das Angebot ist überschaubar und durchwegs traditionell, die Fische werden in einer Vitrine präsentiert und schauen bei unserem Besuch nicht mehr ganz taufrisch aus grauen Augen. Die Küche gibt sich – bis auf einige Würzmankos – keine Blöße. Klassikern wie Minestrone und Vitello tonnato kann man blind vertrauen, die Fischsuppe ist elegant und klar, die Spaghetti carbonara exzellent. Tiramisu wird in extra leichter Variante serviert. Die Auswahl an offenen Weinen ist ausbaufähig.

à la carte: 5–60 €

Tel.: 01 5336721
1010 Wien
Freyung 3/Palais Harrach
www.barbaro.at/trattoriamartinelli
martinelli@barbaro.at
täglich 11.30–23.30 Uhr
24. und 25. Dez. 2019, 1. Jän. 2020

TUYA ⓝ   14,5/20
Koch: Richard Rios

Ohne großes Ankündigungsgetöse hat im Juni 2019 in der Jasomirgottstraße, also an denkbar zentraler Adresse in der Innenstadt, das Tuya aufgesperrt. Ein zweigeschossiges Luxusrestaurant internationalen Zuschnitts, das mit Marmor und Goldtönen etwas protzig eingerichtet wurde. Im ersten Stock findet man die offene Küche, in der mit Richard Rios ein Mann mit weltweiter Erfahrung das Sagen hat. Die generelle Ausrichtung gibt man mit südfranzösisch an, was zu großen Teilen auch eingehalten wird. Ein paar aktuelle Everybody's Darlings wie Burrata, Quinoasalat, Beef Tatar oder Pasta, wie die nicht eben wohlfeilen, dafür umso präziser handgearbeiteten Gnocchi mit Tomatensauce, bietet man zwar an, wagt sich aber auch

Tel.: 0664 154 32 68
1010 Wien
Jasomirgottstraße 3a
www.tuya.rest
reservation@tuya.rest

über prononciertere Gerichte. Etwa Krabbenkroketten oder eine geräucherte Wachtel mit Thymian und Rosmarin. Zu einer beeindruckenden Schnitte vom Steinbutt modernisiert man hier das provenzalische Artischockengemüse Barigoule und würzt zusätzlich mit ein paar Scheibchen rustikaler Chorizo. „En papilotte"(sic!) kommt die Dorade im Ganzen, während man das Stubenkücken mit Kräutern der Provence und Joghurt mit kräftigen Bratoromen versieht. Das alles ist bis hin zu den Desserts, unter denen man Altmodisches wie ein idealtypisch aufgegangenes Schokoladesoufflé für zwei findet, wirklich gekonnt zubereitet. Die recht umfangreiche Weinkarte schielt, etwa mit Großflaschen von Roederer Cristal, auf ein zahlungskräftiges Publikum, gibt sich aber preislich auch überraschend zugänglich. Vielleicht hält sich ja dieses aufwendig gestaltete Innenstadt-Luxusrestaurant doch länger als andere Neuzugänge der vergangenen Jahre?

UNKAI
im Grand Hotel

13,5/20

Tel.: 01 515 80 91 10
1010 Wien
Kärntner Ring 9
www.unkai.at
unkai@grandhotelwien.com

Die umfangreiche Karte bietet Kaiseki-Menüs und À-la-carte-Gerichte. Der Start mit Edamami (Sojabohnen) und Misosuppe war sehr gut. Tadellose Qualität auch bei den Hauptgerichten: Fleisch wie Beiriedschnitte vom österreichischen Rind oder Fisch wie Weißfisch, Lachs, Garnele, Tintenfisch und Jakobsmuschel. Hervorragend die Sushi- und Maki-Kombinationen. Spezialitäten wie Wolfsbarsch und Oktopus sind ebenso wie Udon, Nudelsuppe mit Hühnerfleisch, sehr zu empfehlen. Ein Highlight war das Yuzusorbet mit Erdbeeren, Kakaocreme und Vanille. Gute Auswahl von Sake und offenen Weinen. Kompetente Beratung.

VERANDA
im Hotel Sans Souci
Koch: Jeremy Ilian

12,5/20

Tel.: 01 522 25 20 194
1070 Wien
Burggasse 2
www.veranda.wien
veranda@sanssouci-wien.com
Mo–Fr 11.30–22, Sa–So 18–22 Uhr

An das Restaurant eines Boutiquehotels stellt man natürlich gewisse Ansprüche. Einwandfreie Qualität und ein hohes Niveau der Speisen setzt man als Gast voraus. Küchenchef Jeremy Ilian ist sehr bemüht, alle Geschmäcker zu bedienen und fährt eine internationale Küchenlinie, mit der er kaum anecken kann. Moderne Interpretation klassischer Gerichte steht im Vordergrund. Ein Wiener Schnitzel hat diesen Ansatz nicht nötig, muss es aber auch nicht, denn auch traditionell zubereitet hat es uns hier sehr gut geschmeckt. Der Eierschwammerlsalat ist nicht nur für Vegetarier eine Empfehlung. Recht gehoben gestalten sich die Preise der Weine. Der kompetente Service sollte unbedingt ebenfalls erwähnt werden.

WIEN Restaurants

VESTIBÜL
15/20

im Burgtheater

Köche: Christian Domschitz & Christoph Schuch

Tel.: 01 5324999

1010 Wien
Universitätsring 2

www.vestibuel.at
restaurant@vestibuel.at

Di–Fr 12–14.30 und 18–22.30,
Sa 18–22.30 Uhr
✞ 1.–6. Jän., und
26. Juli–16. August 2020

Das legendäre Szegediner Hummerkrautfleisch gibt es natürlich immer noch – und noch viel, viel mehr. Dieses wunderschöne Restaurant ist ein Ort für viele Gelegenheiten. Entsprechend breit ist das kulinarische Angebot auch angelegt. Man kann zwischen „feinem Streetfood" (Beinschinken, Leberkäse) und anspruchsvollen Gerichten mit Schwerpunkt Fisch wählen. Zusätzlich stehen zwei Menüs zur Auswahl. Das kleine „Chef-Menü" gibt es drei- oder viergängig, das große Menü umfasst sechs feine Gerichte. Sehr gut war die geräucherte Lachsforelle auf cremigem Fenchelsalat und auch die Wiener Interpretation von Fish & Chips (mit Waller) weiß stets zu gefallen. Zart und mit einer interessanten Pilzbegleitung serviert, mundete die gebratene Kalbsleber. Die Weinkarte ist kenntnisreich zusammengestellt und umfasst wesentlich mehr als die „üblichen Verdächtigen". Erfreulich, dass es über ein Dutzend Weine auch glasweise gibt.

à la carte: 11–48 €

WEINZIRL
13,5/20

Restaurant im Konzerthaus

Koch: Ralph Kampf

Tel.: 01 5125 55030
0664 1459114

1030 Wien
Am Heumarkt 6

www.weinzirl.at
info@weinzirl.at

Ob mehr als gut besuchtes Haus vor Beginn des Konzertes oder beinahe ausgestorbenes, das formidable Personal hat am Herd wie am Serviertablett jede Situation mit buddhistischer Gelassenheit und ebendieser Freundlichkeit im Griff. Gut abgestimmt auf die Bedürfnisse der Konzertbesucher erwies sich die Karte, die vom Happen zum Sekt vor dem Musikgenuss über reizvolle Pausensnacks bis zu einer Vielzahl von Gerichten in zwei Portionsgrößen alles zu bieten weiß. Höhepunkte unseres Besuches waren der mit Landfrischkäse gefüllte Paprika mit Spinatsalat und gebeiztem Ei und der mehr als zarte Kalbstafelspitz in Heumilch mit Spargelrisotto und Portweinjus, aber auch das meisterliche Waldmeisterparfait mit Erdbeeren und Haselnusscrisp. Alles überstrahlte aber die bestens abgeschmeckte Maibock-Bolognese mit hausgemachter Kalmutpasta, die mit dem Suchtmittelgesetz in Konflikt geraten könnte. Tipp: Wenn Sie den liebevoll zusammengestellten Speisen in aller Ruhe huldigen wollen, kommen sie fünf Minuten nach Konzertbeginn und probieren Sie viele, fein ziselierte Kleinigkeiten – es zahlt sich aus!

à la carte: 8–26 €

WETTER

pop **13/20**

Gutes Essen zu einem fairen Preis. Das können Gäste hier erwarten. Die Speisekarte ist auf Italienisch geschrieben, das Personal hilft bei Verständigungsschwierigkeiten weiter. So wählt man – je nach Tagesangebot – zwischen Burrata mit Salat, milden Tomatenkutteln oder Fleischbällchen vom Fasan. Wenn man Glück hat, findet man eine pikant zubereitete Artischocke, die man, wie im Süden üblich, herzhaft mit den Fingern verspeisen darf. Bei den Desserts hat man die Chance, sich an einem Camparisorbet zu erfrischen oder sich an einer Schokolademousse zu erfreuen. Die Weinkarte ist interessant gestaltet und gästefreundlich kalkuliert.

Tel.: 01 406 07 75
1160 Wien
Payergasse 13
Di–Fr 17–23.45, Sa 10–15 Uhr

WINKLERS ZUM POSTHORN

10,5/20

Koch: Andreas Bauer

Das Posthorn in der Posthorngasse ist längst eine Institution. Die Gästeschar scheint nur aus Stammgästen zu bestehen – mehr oder weniger prominent. Das Posthorn ist das klassische Wiener Beisl, wie es oft nur als Familienbetrieb bestehen kann. Walter Winkler ist der geborene Wirt, seine Ehefrau Andrea eine kongeniale Partnerin. Die Menükarte ist überschaubar, klassische Wiener Küche mit Niveau. Reisfleisch, Schnitzel, Spinatködel mit Salbeibutter, Gulasch etc., etc. – alles wunderbar, frisch und authentisch. Die eingefleischten Posthorn-Fans pilgern am Mittwoch in die Gaststätte, da ist Schweinsbratentag und dieser Schweinsbraten mit Knödeln und Kraut zählt zu den besten, die man in Wien bekommen kann. Darüber hinaus haben sich die Winklers in der Vorweihnachtszeit auf Gansln spezialisiert, die Nachfrage ist enorm, eine Reservierung in diesem Paradebetrieb der Wiener Beislkultur wird empfohlen.

à la carte: 3,90–15,30 €

Tel.: 0664 431 21 23
1030 Wien
Posthorngasse 6
www.winklers-zumposthorn.at
w-winkler@chello.at
Mo, Fr 17–22.45, Di–Do 12–14 und 17–22.45 Uhr
✝ Fei, 23. Dez. 2019–6. Jän. 2020, 1 Woche im Feb. und Juli, 2 Wochen im August 2020

WIRTSCHAFT AM MARKT [N]

12,5/20

Köchin: Heidi Neuländtner

Der Pavillon der Wirtschaft am Markt wirkt doch ein bisschen anders als der Rest der Standl am Meidlinger Markt. Dahinter steckt Bauträger Hans Jörg Ulreich, der hier am Markt schon einmal aktiv war. Er hat Köchin Heidi Neuländtner mit dem Lokal gleichsam eine Bühne errichtet und für den Baumanager und Winzer Robert Gassner sowie Sommelier Michael Gruber – Doberer eine Weinspielwiese – mit einer Vinothek in einer zweiten Hütte. Neuländtner kochte zuvor im Knappenhof im Voralpenland und hatte wiederum davor bei Christian Petz und Harald Brunner gelernt, was Wiener Küche ausmacht und wie man sie jung halten kann. Etwa mit Zweierlei vom Kalbskopf: einmal dünn aufgeschnitten (nicht kalt und geschmacksarm wie anderswo), einmal als super-

Tel.: 0660 594 41 25
1120 Wien
Meidlinger Markt 89–92
office@wirtschaftammarkt.at
www.wirtschaftammarkt.at

WIEN Restaurants

knuspriges Börek-Röllchen, wohl als Hommage an den Bezirk mit hohem Migrantenanteil, dazu eine Sauce mit Kürbiskernöl. Die Topfen-Spinat-Ravioli sind perfekt – vom hauchdünnen, bissfesten Teig über die Fülle bis hin zur Begleitung, marinierten Mispeln und rauchigem Schotten, stimmen hier die kleinsten Details. Zitronentarte, gebeizte Lachsforelle mit Melone und Avocado oder Perlcouscous mit Passionsfrucht und geschmorten Melanzani zeigen, dass sie auch bei Unwienerischem ziemlich sattelfest ist. Was nun kein Freifahrtschein sein soll, das Rieslingbeuschel zu versäumen ...

WORACZICZKY 12,5/20
Koch: Martin Buzernic

Dass das Rad nicht immer neu erfunden werden muss, beweist das verstecke Eckwirtshaus mit Grätzelcharme. Wer es einmal gefunden hat, wird sich nicht scheuen, den Weg für feine Hausmannskost auf sich zu nehmen. Das Szegediner Krautfleisch mit Salzerdäpfeln erfreut ebenso wie der mürbe Vanillerostbraten. Dass aber auch Speisen wie Shrimpscocktail und Kalbsherz in Madeirasauce auf der Karte stehen und so vor dem Vergessen bewahrt werden, ist dem Woracziczky hoch anzurechnen. Zu Mittag lockt ein täglich wechselndes Menü zu fairen Preisen. Nur der Restaurantname führt zu kleinen Problemen – mit etwas Übung wird aber auch das bewältigt.

à la carte: 9,50–19,50 €

Tel.: 0699 11 22 95 30
1050 Wien
Spengergasse 52
www.woracziczky.at
gasthaus@wora.at
täglich 11.30–14.30 und 18–21.15 Uhr
✱ je 3 Wochen ab Weihnachten 2019 und im August 2020

YOHM 15/20
Koch: Andreas Fuchs

Wer bewährte, verlässliche Asia-Küche sucht, ist hier sicher sehr gut aufgehoben. Die Qualität der Ware lässt niemals zu wünschen übrig, große Überraschungen oder Experimente wird man hier aber nicht finden. Der milden Wan-Tan-Suppe hätte mehr Würze nicht geschadet. Die frittierte Entenrolle mit Pflaumensauce ist eigentlich ein Must-have. Die Alpin-Nigiri-Variation, eine Sushi-Selektion von heimischen Fischen wie Lachsforelle, Zander und Saibling, ist hervorragend, der Fisch vielleicht einen Hauch zu trocken. Der knusprig gebratene Lachs mit Meersalz, Limette, frischem Spinat ist heute leider nur zum Teil knusprig, sonst allerdings auf dem Punkt und wunderbar. Außerdem ist das leicht scharfe Ananaschutney echt fein. Ein besonders schönes Gericht: die Mangoente, bei der der zarte Salatmix mit der Sauce fein harmoniert. Noch mehr als die Weinauswahl, die schon einmal größer war, reizt das Angebot an außergewöhnlichen Sakes.

à la carte: 5,90–26 €

Tel.: 01 533 29 00
1010 Wien
Petersplatz 3
www.yohm.at
restaurant@yohm.at
Mo–So 12–23 Uhr

ZUM FINSTEREN STERN 11,5/20
Köchin: Ella de Silvas

Ein beständiger und versteckter Stern am Himmel der Wiener Innenstadtlokale, der mit Ella de Silvas abwechslungsreicher und internationaler Küche mittlerweile zu einer verlässlichen Adresse für Genießer wurde. Auch bei unserem heurigen Besuch wurden wir nicht enttäuscht, dabei wurden mediterrane Aromen mit asiatischen Einflüssen gekonnt kombiniert. Für einen gelungenen Einstieg sorgte der marinierte Oktopus mit Wurzelgemüse und Salicornes (Queller), für weitere Gaumenfreude das kalte Kohlrabisüppchen mit Radieschen und Kresse. Der folgende Seesaibling mit Pak Choi, Ingwermayonnaise und Algen-Sesam-Crêpe punktete nicht nur durch seine harmonierenden Komponenten, allen voran auch durch mustergültiges Handwerk. Die Schokolade-Kokos-Panna-cotta mit Himbeeren wurde einem würdigen Abschluss mehr als gerecht.

Tel.: 01 535 21 00
1010 Wien
Schulhof 8
zumfinsterenstern.at
restaurant@zumfinsterenstern.at
Di–Sa 18–23 Uhr
✱ 2 Wochen Ende Dez. 2019

ZUM SCHWARZEN KAMEEL 15/20
Köchin: Sevgi Hartl

AMBIENTE AWARD 2007

Alter vor Schönheit: Das Kameel hat seinen 400. Geburtstag gut über die Bühne gebracht und Letztere dabei einem leichten Umbau unterzogen. Bar und Restaurant sind aneinandergerückt, womit die tendenziell trubelige Stimmung des Brötchenbereichs das gesamte Etablissement erfasst. Darüber kann man geteilter Meinung sein. Über das, was hier auf den Tisch kommt, nicht. Die Karte ist im Wesentlichen

Tel.: 01 533 81 25 11
1010 Wien
Bognergasse 5
www.kameel.at
info@kameel.at
täglich 12–15 und 18–22.30 Uhr
✱ 24. und 25. Dez. 2019, 1. Jän. 2020

eine Auflistung Wiener Urmeter mit Ausflügen ins Internationale. Auftakt, klassisch: handgeschnittener Beinschinken in Schinkensaftmarinade, dazu verlorenes Wachtelei und kross angebratene Spargelspitzen – ein Fest der Sinne. Auch die Spargelcremesuppe kommt aromatisch selbstbewusst daher sowie mit Hummerfleisch und Estragon, wir haben es wohl mit einer Art großbürgerlichem Supersmoothie zu tun. Klassisches Kameel-Experiment: Zanderrostbraten mit Zwiebelmarmelade, Ingwer-Zitrus-Butter, Kardamomkarotten und Blattspinat. Abteilung Urmeter: Tafelspitz, hier als dermaßen urgroße Portion aufgetragen, dass einem fast die Marillenpalatschinken entgehen könnten. Was sie natürlich keineswegs sollten.

à la carte: 7,50–39 €

ZUM WEISSEN RAUCHFANGKEHRER 12,5/20

Koch: Matthias Schicht

SERVICE AWARD 2008

Das Ambiente mit seinen vier Stuben und abgetrennten Nischen mag zwar etwas altmodisch anmuten, doch es ist genau das, was man vom Weißen Rauchfangkehrer erwartet und an ihm schätzt. Hat ja auch seinen Reiz. Und über die typisch österreichische Küche, die in diesem Traditionsgasthaus geboten wird, kann man nicht meckern. Das Wiener Schnitzel wird ordentlich in Butterschmalz herausgebacken und vom aufmerksamen Service mit wirklich gutem Erdäpfelsalat serviert, die köstlichen Salzburger Nockerln mussten ebenfalls unbedingt sein. Wer mit großem Hunger einkehrt, dem sei das „Rauchfangkehrermenü" ans Herz gelegt. Die Auswahl an österreichischen Weinen und Schnäpsen ist beachtlich.

à la carte: 15–29 €

Tel.: 01 5123471
0699 12 03 36 60
1010 Wien
Weihburggasse 4
www.weisser-rauchfangkehrer.at
info@weisser-rauchfangkehrer.at
täglich 12–24 Uhr
variabel

ZWISCHENBRÜCKENWIRT 13/20

Manche Schätze liegen etwas verborgen, doch das macht sie umso reizvoller. Das Ambiente ist modern und gemütlich. Die Küche ist verlässlich und bietet auf einer überschaubaren, laufend sich verändernden Karte genug Abwechslung, sodass auch Stammgästen nicht langweilig wird. Man kocht österreichisch ohne allzu traditionelle Scheuklappen. Dem Service merkt man an, dass Arbeit auch Spaß machen kann. Wirklich ins Staunen gerät man jedoch, sobald man durch die Weinkarte blättert. Man ist versucht, von einem Lexikon der österreichischen Weinkultur zu sprechen, was sich auch in einer bemerkenswerten Jahrgangstiefe zeigt.

Tel.: 01 3331062
1200 Wien
Treustraße 27
www.zwischenbrueckenwirt.at
guenther.szigeti@chello.at
Mo–Sa 18–22 Uhr

WIEN Tipps
Empfehlungen außerhalb der Haubenwelt

1070
„Running Cooking"

Im Restaurant 1070 am Spittelberg ist jeder Besuch besonders. Drei Gänge gibt es zuerst und drei weitere kann man zusätzlich bestellen. Eine Speisekarte bekommt man jedoch nicht an den Tisch gebracht. Das Servicepersonal erkundigt sich lediglich äußerst aufmerksam, was man nicht essen möchte. Das Geheimnis um die aktuellen Gänge wird somit erst gelüftet, wenn sie duftend auf den Tisch kommen.

Tel.: 0676 566 17 74
1070 Wien
Gutenberggasse 28
www.restaurant-1070.com
reservierung@restaurant-1070.com
Di–Sa 17–1, So 17–24 Uhr

AL BORGO

Ein kleines Stück Italien findet man mit dem Al Borgo zwischen Stephansdom und Stadtpark im ersten Wiener Gemeindebezirk. Bereits beim Betreten des Lokals wird man so nett begrüßt wie in unseren Breitengraden normalerweise nur von Freunden und diese angenehme Stimmung zieht sich dank des engagierten Service durch den Abend. Die italienischen Klassiker sind preiswert und dennoch überzeugend.

à la carte: 5,90–29,00 €

Tel.: 01 512 85 59
1010 Wien
An der Hülben 1
www.alborgo.at
booking@borgo.at
Mo–Fr 11.30–14.30 und 18–23,
Sa 18–23 Uhr

ALI'S GRILL ⓝ

Die türkische Küche kann weit mehr, als man in den zumeist recht günstigen Kebab-Lokalen der Vorstadt geboten bekommt. Kebab gibt es hier natürlich auch, aber nicht als billige Füllung eines Fladenbrotes, sondern als Grillspezialität mit Beilage. Neben den großartigen Grillgerichten aus vorzüglichem Lammfleisch sind die köstlichen Vorspeisen (Mezze) zu erwähnen.

Tel.: 01 581 15 67
1010 Wien
Operngasse 14
www.alisgrill.at
info@alisgrill.at

ANTONS TAFEL ⓝ

Das Konzept, das Anton Rusnak mit seinem Lokal verfolgt, ist durchaus ungewöhnlich, denn eigentlich ist es ein Eissalon, in dem aber von Mittwoch bis Samstag ein viergängiges Genussmenü angeboten wird. Der Plan geht jedoch auf, denn das Eis ist hervorragend und die kreativen Gerichte des Menüs ebenfalls. Man merkt, dass der Chef bereits im Fabios, im Palais Coburg und im Le Canard in Hamburg gekocht hat.

à la carte: 7–24 €

Tel.: 01 876 24 85
1130 Wien
Hietzinger Hauptstraße 174
www.antons.at
reservierung@antons.at
Mi–Sa 18–22 Uhr
✱ Juni–August 2020

APPIANO
„das Gasthaus"

In feinem Wiener Beislambiente labt man sich im Appiano nicht bloß an Klassikern der Wiener Küche, auch mediterrane Speisen werden hier serviert. Entweder abends à la carte, als Degustationsmenü mit drei bis sieben Gängen oder bei einem schnellen Mittagessen, das auch als Take-away möglich ist. Die umfangreiche Weinkarte hält ebenfalls für jeden Geschmack etwas bereit.

à la carte: 13–28 €

Tel.: 01 533 61 28
1010 Wien
Schottenbastei 4
www.appiano-dasgasthaus.at
office@appiano-dasgasthaus.at
Mo–Fr 11.30–14.30 und 18–22 Uhr
✱ variabel

Die besten Weine Österreichs:

👍 **Tipps WIEN**

Empfehlungen außerhalb der Haubenwelt

BEIM CZAAK

Als Alt-Wiener Gaststätte tituliert, wird das Lokal seit 1926 von der Familie Czaak im ersten Bezirk geführt. Der Charme vergangener Zeit findet sich in jedem Winkel des Restaurants und typisch wienerisch ist auch die Speisekarte. Vom Surschnitzel bis zum Herrengulasch gibt es hier alles, aber man bietet auch vegetarische Gerichte an. Die Beislatmosphäre ist herrlich authentisch und der Service geizt nicht mit Wiener Schmäh.

à la carte: 9–25 €

Tel.: 01 5137215
0664 2042309

1010 Wien
Postgasse 15

www.czaak.com
beim@czaak.com

Mo–So 16–23.30 Uhr

BODULO

Seit fast 40 Jahren gilt das Bodulo für alle, die wieder einmal gepflegt Fisch essen wollen, als eine der ersten Anlaufstellen Wiens. Das Interieur ist zwar etwas aus der Mode gekommen, doch das tut der stets hohen Qualität der Speisen keinen Abbruch. Man schätzt die authentisch dalmatinischen Gerichte ohne viel Schnickschnack.

Tel.: 01 4864311

1170 Wien
Hernalser Hauptstraße 204

www.bodulo.at
office@bodulo.at

Di–Sa 11.30–14.30 und
17.30–22.30 Uhr

CHALET MOELLER ⓝ

Mitten im idyllischen Wienerwald liegt es, das Chalet Moeller. Hier kann man am Gipfel der Amundsenstraße in gediegenem Ambiente speisen. Die Auswahl der Gerichte reicht von Gutbürgerlichem (wie Kalbsbackerl) bis hin zu Mediterranem (wie den hausgemachten Tagliolini). Auch bekennende Naschkatzen werden mit allerlei fruchtigen und schokoladigen Köstlichkeiten verwöhnt.

Tel.: 01 4842163

1140 Wien
Amundsenstraße 5

www.chalet-moeller.at
office@chalet-moeller.at

Mi–Sa 11.30–22,
So 11.30–21.30 Uhr

CHINABAR

Da es in China keine typischen Bars gibt, ist dieses Lokal an und für sich schon ein Widerspruch in sich. Seit acht Jahren liegt hier der Fokus auf der Weiterentwicklung der klassischen asiatischen Küche mit spanischen Elementen. Innovative Gerichte à la Tofu mit Mangalitzaschwein entstehen und sind einen Versuch wert. Auch die gut sortierte Weinkarte unterstreicht die Qualität.

Tel.: 01 5220831

1070 Wien
Burggasse 76

www.chinabar.at
office@chinabar.at

täglich 23.30 Uhr

CHINABAR AN DER WIEN ⓝ

In der stimmig eingerichteten Chinabar an der Wien wird das Konzept der Chinabar von Simon Xie Hong fortgeführt. Der Fokus liegt hier jedoch auf der Sichuanküche. Dementsprechend würzig und scharf präsentieren sich die Speisen, aber ohne den europäisch geprägten Gaumen zu überfordern. Das Lokal liegt in der Nähe des Naschmarkts und hat einen netten Schanigarten.

à la carte: 4–17 €

Tel.: 01 9713288

1050 Wien
Hamburgerstraße 2

chinabaranderwien.at
office@chinabaranderwien.at

täglich 12–23.30 Uhr

Jetzt im Gault&Millau-Weinguide.

WIEN Tipps 👍
Empfehlungen außerhalb der Haubenwelt

DANIELI

Seit 1996 genießt man im Danieli italienische Köstlichkeiten aller Art. Das gemütliche Ambiente des Ziegelgewölbes versprüht Italo-Charme und Antipasti, Holzofenpizzen, Fisch vom Grill und Co sorgen für zusätzliches Urlaubsgefühl. Die Weinkarte umfasst eine schöne Auswahl und auch die Digestifkarte ist einen Blick wert. Auf die Dolci sollte man nicht verzichten.

à la carte: 7–38 €

Tel.: 01 5137913
1010 Wien
Himmelpfortgasse 3
www.danieli.at
ristorante@danieli.at
täglich 11.30–23 Uhr

DAS CAMPUS

Nicht nur WU-Studenten sind große Freunde des Campus-Restaurants, auch umliegende Geschäftsleute und Anrainer wissen es zu schätzen. Das mag an der hippen und legeren Atmosphäre liegen oder an der breit gefächerten Speisekarte, die mit ihrem Mix aus österreichischen Klassikern, Burgern und mediterranen Gerichten für jeden etwas Passendes bietet. Hausgemachte Limonaden, aromatisiertes Bier und der Sonntagsbrunch sind es durchaus wert, dem Unigelände auch am Wochenende einen Besuch abzustatten.

à la carte: 4–20 €

Tel.: 01 7297420
1020 Wien
Welthandelsplatz 1
(Eingang Trabrennstraße)
www.dascampus.at
welcome@dascampus.at
Mo–Fr 11–22, Sa 9–22,
So 9–18 Uhr

DAS GLASHAUS Ⓝ

Inmitten weiterer Glaspaläste ist das Glashaus ein neuer Hotspot im WU-Viertel. Österreichische Klassiker, mediterrane Pasta-Träume sowie saisonale Gerichte stehen auf der Karte. Hier kann man von Business-Lunch bis zu Candle-Light-Dinner alles haben. Der Service ist sehr bemüht, das Ambiente modern und die Qualität passt auch.

à la carte: 6–28 €

Tel.: 01 3483553
1020 Wien
Am grünen Prater 11
www.dasglashaus.at
hello@dasglashaus.at
Mo–Sa 11.30–22, So 10–18 Uhr
⌀ 24.–31. Dez. 2019

Tipps WIEN
Empfehlungen außerhalb der Haubenwelt

DAS HEINZ

Einen schönen Blick auf den Rudolfspark genießt man in Das Heinz und das wohnliche Ambiente führt sofort dazu, dass man sich wohl und wie zu Hause fühlt. Die Speisekarte bietet gutbürgerliche Hausmannskost, die mit viel Sorgfalt zubereitet wird. Außergewöhnlich sind das Pferdefiletsteak und der Horse-Burger mit Pferdefaschiertem.

à la carte: 4,90–30,90 €

Tel.: 01 5320378
1010 Wien
Rudolfsplatz 12
www.dasheinz.at
lokal@dasheinz.at
Mo–Fr 16–23, Sa 18–23 Uhr

DIE KÜCHE WIEN
im Palais Hansen Kempinski

Im Palais Hansen Kempinski bietet das kleine Restaurant Die Küche Wien Casual Dining auf höchstem Niveau. Auf der Karte finden sich Bodenständiges aus der österreichischen Küche sowie saisonale Schmankerl. Nett sind auch das Frühstück, der Brunch oder der Lunch. Egal um welche Uhrzeit man das Gefühl des nagenden Hungers verspürt, Die Küche Wien ist eine ideale Anlaufstelle.

à la carte: 9–39 €

Tel.: 01 236 10 00 80 80
1010 Wien
Schottenring 24
www.kempinski.com/wien
restaurants.vienna@kempinski.com
Mo–Fr 12–14 und 18–22,
Sa, So, Fei 18–22 Uhr

DIE SCHWEMME

Als Schwemme bezeichnet man den Raum eines Brauhauses, in dem Bier getrunken und auch etwas gegessen wird. Das Konzept ist hier ähnlich, auch wenn das moderne Bistro optisch nichts mit einem Brauhaus gemein hat. Zum Bier werden Burger, Tacos und Sandwiches serviert, deren Qualität top ist. Hier führt man fort, was man mit Gmoa Keller, Gelbmanns Gaststube und Waldviertlerhof erfolgreich begonnen hat.

à la carte: 4,50–19,80 €

Tel.: 01 9544448
1030 Wien
Marokkanergasse 3a
www.dieschwemme.at
reservierung@dieschwemme.at
Mo–Sa 11–23 Uhr

DON ALFREDO

Holzofenpizzen, Fischspezialitäten und weitere klassische italienische Gerichte kommen hier in solider Qualität auf den Tisch. Schön ist die Lage im Kurpark Oberlaa, vor allem weil man bei Schönwetter auf der Terrasse sitzen kann. Auch der Innenraum ist stimmig eingerichtet und versprüht italienisches Lebensgefühl.

à la carte: 5–26 €

Tel.: 01 6895931
1100 Wien
Filmteichstraße 1
www.ristorantedonalfredo.at
office@ristorantedonalfredo.at
Mo–Sa 11–22, So 11–21 Uhr

DOTS

Einer der kulinarischen Lichtblicke in der Mariahilfer Straße ist Martin Hos Dots. Bei cooler Atmosphäre punktet es vor allem mit Kreativ-Sushis, die auch optisch eine Augenweide sind, oder außergewöhnlichen Dim-Sum. Das Preisniveau ist eher hoch, die Weinkarte ansprechend, die Servicetruppe exzellent.

à la carte: 6–39 €

Tel.: 01 9209980
1060 Wien
Mariahilfer Straße 103
www.dots1060.at
info@dotsgroup.eu
So–Do 18–1, Fr, Sa 12–1 Uhr

DOTS IM BRUNNERHOF

Die Filiale der Dots-Kette in Döbling lockt mit einem schönen, gemütlichen Gastgarten. Die klassischen bis ungewöhnlichen Variationen von Sushi, Maki, Sashimi und Co werden durch warme Speisen wie Currys und Dim-Sum ergänzt und verwandeln den ehemaligen Heurigenbetrieb in einen kulinarischen Hotspot. Das Ambiente ist eine extravagante Mischung aus asiatisch, österreichisch und mediterran.

Tel.: 01 9089110
1190 Wien
Kahlenberger Straße 1
www.dotsimbrunnerhof.at
info@dotsgroup.eu
Mo–Do 18–24, Fr 18–1,
Sa 12–1, So, Fei 12–24 Uhr

WIEN Tipps 👍
Empfehlungen außerhalb der Haubenwelt

FLATSCHERS

Steaks vom Lavasteingrill und herzhafte Burger sorgen dafür, dass sich täglich Fleischliebhaber aus ganz Wien hier in der Kaiserstraße tummeln. Das Rindfleisch kommt aus Argentinien und den USA, der Rest wird von regionalen Produzenten bezogen. Neben den fleischigen Köstlichkeiten gibt es auch ein großes Angebot an Fisch- und Veggiegerichten.

à la carte: 20–60 €

Tel.: 01 5234268
1070 Wien
Kaiserstraße 113–115
www.flatschers.at
restaurantleitung@flatschers.at
täglich 17–23 Uhr

FROMME HELENE

Hier gibt es wunderbare Wiener Spezialitäten. Ob es schnell nach dem Theater noch Würstel mit Saft oder ein Alt-Wiener Backfleisch sein sollen (das Theater in der Josefstadt ist schließlich ums Eck) oder Rindsfiletspitzen in Pfefferrahmsauce am Sonntag zu Mittag – die Qualität stimmt. Auch Innereien und vegetarische Gerichte werden mit viel Sorgfalt zubereitet.

Tel.: 01 4069144
1080 Wien
Josefstädter Straße 15
www.frommehelene.at
restaurant@frommehelene.at

GELBMANNS GASTSTUBE

Im ruhigen, mit Kastanien überdachten Schanigarten sitzen und gut essen und trinken. Genau das kann man in Gelbmanns Gaststube, die bereits seit 1988 von der Familie Laskowsky geführt wird. Die traditionellen Gerichte und den Wiener Schmäh hat man bis heute beibehalten. Besonderer Fokus liegt auf bewusstem Umgang mit österreichischen Produkten.

à la carte: 11,80–22,80 €

Tel.: 01 4861599
1160 Wien
Wilhelminenstraße 62
www.gelbmanns.at
reservierung@gelbmanns.at
Di–Sa 11–22 Uhr
❄ variabel

GREEN COTTAGE

Küchenchef Meister Wu stammt aus Hangzhou, der Hauptstadt der chinesischen Provinz Zhejiang. Die dortige Küche ist bekannt für ihren besonders leichten und frischen Charakter – Attribute, die auch im Green Cottage zu finden sind. Die Speisekarte bietet eine große Auswahl nationaler Speisen und sorgt mit Froschschenkeln in Salzkruste, tausendjährigen Eiern und Chrysanthemen-Heilbutt für optimale Einblicke in die dortige Landesküche. Wer gerne Pekingente isst, wählt am besten das fünfgängige Entenmenü.

à la carte: 9,90–25 €

Tel.: 01 5866581
1050 Wien
Kettenbrückengasse 3
www.green-cottage.at
info@green-cottage.at
Mo–Sa 11.30–15 und 18–23 Uhr

GRILLHOUSE DA MAX

Exzellentes Grilllokal des Huth-Imperiums. Sämtliche Fleischsorten von ausgezeichneter Qualität landen hier auf dem Rost. Ob saftige Steaks oder Burger, Fleischliebhaber werden hier besonders glücklich, denn die Gerichte werden mit viel Können zubereitet. Ein besonderes Highlight ist die große Auswahl an Craftbieren auf der Karte.

à la carte: 10,90–29,90 €

Tel.: 01 5128128
1010 Wien
Schellinggasse 6
www.zum-huth.at
tisch@damax.at
täglich 12–23 Uhr

HAN AM STADTPARK Ⓝ

Koreanische Hausmannskost mit feurigen Aromen wird hier authentisch zelebriert. Nach dem Motto „Sharing is Caring" bestellt man am besten von allem etwas und genießt dann gemeinsam. Das hausgemachte Kimchi darf dabei natürlich nicht fehlen, genauso wenig wie die koreanischen Teigtaschen Mandu und fermentierter Rettich. Spezialität ist der feurige Chongol, ein heißer Suppentopf mit Tofu, Reiskuchen und viel Gemüse. Dass hier mit viel Leidenschaft gearbeitet wird, zeigt sich nicht nur am Gaumen. Das Dauerlächeln der jungen Chefin spricht für sich.

à la carte: 3–18 €

Tel.: 01 5355050
1030 Wien
Am Heumarkt 9/3
www.han-wien.at
post@han-wien.at
Di–So 12–15 und 17.30–23 Uhr
❄ Fei

Tipps WIEN
Empfehlungen außerhalb der Haubenwelt

HAUSMAIR'S GASTSTÄTTE

Eine fixe Größe am Wirtshaushimmel, wo der Fokus auf Produktherkunft und -qualität liegt. Besonders beeindruckend sind die Wildgerichte. Das Wild wird direkt von der eigenen Jagd bezogen, Workshops zur Verarbeitung „Nose to tail" werden auch angeboten. Ebenfalls Klassiker auf der Karte sind das Rindsgulasch und die herrlichen Nachspeisen, von Apfelschmarren bis Powidlpalatschinke.

à la carte: 3,10–29,90 €

Tel.: 0676 754 6018
1070 Wien
Lerchenfelder Straße 73
www.hausmair.at
herbert.hausmair@gmx.at
Mo–Fr 11.30–15.30 und
17.30–21.30 Uhr
Fei, variabel

HERBECK

An der Grenze zwischen Gersthof und Pötzleinsdorf steht mit dem Herbeck ein echtes Wiener Wirtshaus. Das Vorstadt-Juwel verzaubert mit Einrichtung im Stil der Jahrhundertwende und die Karte bietet Gutbürgerliches, ohne dabei zu konservativ zu sein. Die Qualität ist konstant hoch und die Weinkarte erstaunlich umfangreich.

à la carte: 8,90–36,90 €

Tel.: 01 470 37 57
1180 Wien
Scheibenbergstraße 11
www.herbeck.wien
office@herbeck.wien
Di–Sa 11.30–15 und 17.30–23 Uhr

HIDORI

Das Hidori hat sich ganz der Izakayaküche – japanische Alltags-und Beislküche – verschrieben, wodurch man als Gast einen guten Einblick in die authentische Aromenvielfalt Japans gewinnen kann. Spannend sind die begehrten Yakitori-Spießchen mit gegrilltem Rindsherz oder Hühnermagen, der rohe Fisch und das Sushi sind ein Muss. Passend dazu gibt es eine große Auswahl an feinem Sake.

Tel.: 01 523 33 900
1070 Wien
Burggasse 89
Mo–Sa 18–24 Uhr

HOLLERKOCH Ⓝ

Ob zum Frühstück oder zum Abendessen, hier wird klassisch-österreichische Küche mit internationalen und saisonalen Leckerbissen serviert. Man genießt frische Salate, saftigen Schweinsbraten und – wie könnte es anders sein – Holler in unterschiedlichen Variationen. Die Einrichtung ist freundlich und hell, das dadurch entstehende Ambiente lädt zum längeren Bleiben ein.

à la carte: 11,90–28,90 €

Tel.: 0660 860 94 01
1180 Wien
Gersthoferstraße 14
www.hollerkoch.at
info@hollerkoch.at
Mo–Do 16.30–24, Fr, Sa 9–24,
So 9–22 Uhr

IKI

Mitten auf dem neuen Erste Campus ist das moderne japanische Restaurant zu Hause und beglückt nicht nur zu Mittag die umliegenden Geschäftsleute mit frischen Sushis und heißen Ramen in zahlreichen Varianten. Auch abends kann man sich bei einem lässigen Dinner an einer erweiterten Speisekarte und entspannter Atmosphäre erfreuen. Der Service ist freundlich und flott, die offene Küche ermöglicht es, dem regen Treiben hinter Herd und Sushimatte zu folgen. In Kooperation mit dem Mochi-Team ist hier eine interessante Alternative entstanden, die abseits des zweiten Wiener Gemeindebezirks hochwertige asiatische Küche bietet.

à la carte: 10–29 €

Tel.: 01 050 100 13 600
1100 Wien
Am Belvedere 1
www.iki-restaurant.at
info@iki-restaurant.at
Mo–Fr 11–21 Uhr
Fei

IL MARE

Die traditionelle italienische Küche, die neben herrlichen Pizzen auch Fisch- und Fleischgerichte beinhaltet, wird hier seit 1975 gelebt. Die Pizza wird selbstverständlich im Holzofen gebacken und auch die Zubereitung der Bistecca alla fiorentina ist exzellent. Man erfindet das Konzept des guten Italieners nicht neu, aber wer qualitativ hochwertige Gerichte serviert, muss das ja auch nicht.

Tel.: 01 523 74 94
1070 Wien
Zieglergasse 15
www.ilmare.at

WIEN Tipps
Empfehlungen außerhalb der Haubenwelt

IN-DISH

Es sind die simplen Dinge, die Raffinement benötigen. Das zeigt sich auch im indischen Restaurant nahe dem Schwarzenbergplatzes, wo traditionelle Landesklassiker für Aromenvielfalt sorgen. Zu Mittag punktet das preiswerte Menü, später wählt man zwischen schmackhaften Currys und Tandoori-Spezialitäten. Unbedingt probieren sollte man das Signature Dish Fisch-Tikka, welches im Bananenblatt schonend gegart wird. Zum Abschluss kommt man am verführerischen Schokoladesamosa nicht vorbei. Als passende Getränke empfehlen sich hausgemachte Limonaden und Cocktails.

Tel.: 01 941 28 01
1010 Wien
Schwarzenbergstraße 8
www.in-dish.at
reservations@in-dish.at

JOSEPH

Dass der Bäcker aus dem Waldviertel feinstes Brot und Gebäck zu zaubern weiß, ist mittlerweile in und um Wien bekannt. Nach einem Besuch des Bistros ist man aber auch begeisterter Anhänger der dort servierten Speisen, die durch die Verarbeitung qualitativ hochwertiger Produkte überzeugen. Zum Frühstück findet man hausgemachtes Müsli und pochierte Eier auf der Karte, zu Mittag beglücken Klassiker wie das Club Sandwich oder die wöchentlich wechselnden Gerichte. Damit man sich nicht um die Plätze streiten muss, gibt es in der Kirchengasse und am Albertinaplatz noch weitere Niederlassungen.

à la carte: 7–17 €

1030 Wien
Landstraßer Hauptstraße 4
www.joseph.co.at
office@joseph.co.at
Mo–Fr 8–21, Sa, So 8–18 Uhr

KRAWALL ⓝ

Ein wahrer Geheimtipp am Naschmarkt ist das Krawall. Es ist winzig klein und fungiert hauptsächlich als Vinothek und Bar. Zu den ausgewählten Weinen können Tapas, kalte Platten und täglich wechselnde warme Gerichte bestellt werden. Das ungemein hohe Niveau von Bisonschinken, Hirschgulasch und Co erstaunt direkt in einem Lokal dieser Art.

Tel.: 0664 207 22 52
1060 Wien
Naschmarkt Stand 975/C8
www.krawall.at
bar@krawall.at
Di–Fr 11–22, Sa 8–22 Uhr
⚜ Fei

KUCHLMASTEREI

Der Name ließe vermuten, dass es sich bei der Kuchlmasterei um ein österreichisches Gasthaus handelt. Umso überraschter ist man nach Betreten des Lokals, dass man in den Innenräumen pompöser Luster und protziger Deko-Elemente ansichtig wird, die so gar nicht traditionell anmuten. Die Speisekarte gibt sich französisch, bei unserem Besuch wurde allerdings ein Spezialmenü serviert, das unserer Meinung nach nicht der regulären Küchenlinie entsprach, sondern sich eher klassisch österreichisch zeigte. Die Auswahl der Grundprodukte war in Ordnung, an den Aromenkombinationen könnte man allerdings noch etwas feilen.

à la carte: 6,90–33 €

Tel.: 01 410 26 69
1030 Wien
Obere Weißgerberstraße 6
www.kuchlmasterei-rest.com
info@kuchlmasterei-rest.com
Di–Fr 11.30–15 und 18–24,
Sa 18–24, So 11–16 Uhr

LE BOL

Betritt man die Räumlichkeiten des französischen Bistros, taucht man in die wunderbare Welt Frankreichs ein. In der Luft liegt der Duft frischen Kaffees und des Le-Bol-Klassikers „Monsieur Seguin". Ein Traum von einem Salat, der mit gratiniertem Ziegenkäse und feinstem Currydressing überzeugt. Wer diesen Herrn einmal probiert hat, wird ihm immer treu bleiben. Wer aber kein Freund der Ziege ist, findet bei den wunderbaren Tartines und restlichen Salatvariationen sicher passende Alternativen. Während der Umbauarbeiten am Neuen Markt hat der Schanigarten in der Naglergasse 21 sein Ausweichquartier.

Tel.: 0699 10 30 18 99
1010 Wien
Neuer Markt 14
www.lebol.at
info@lebol.at

Tipps **WIEN**

Empfehlungen außerhalb der Haubenwelt

LISBOA LOUNGE

Traditionelle portugiesische Speisen, iberische Tapas und eine große Auswahl an Landestypischem sorgen für Genussmomente und überzeugen mit ihren feinen, südeuropäischen Aromen. Knoblauchgarnelen, frischer Oktopussalat oder die portugiesische Spezialität Pastel de Nata – ein süßes Blätterteigtörtchen mit Zimt – machen Lust auf mehr. Ein Glas Portwein macht das geglückte Gastspiel perfekt.

à la carte: 1,80–36 €

Tel.: 01 9670061
1040 Wien
Mühlgasse 20
www.lisboalounge.at
lisboalounge@lisboalounge.at
Mo–Sa 12–24 Uhr

MAMA & DER BULLE ⓝ

Ein weiteres Restaurant der Familie Huth. Man bekommt Steaks und Burger in gewohnter Qualität, so wie man sie sich wünscht. Die Karte ist angenehm überschaubar, das Flat-Iron-Steak ist zart und saftig und die Beilagen sind ebenso gut gemacht. Trotz des Fleischfokus werden hier auch Vegetarier fündig und das gemütliche Ambiente sorgt dafür, dass man sich wohlfühlt.

à la carte: 3,50–13,80 €

Tel.: 01 5123449
1010 Wien
Schellinggasse 5
www.mamaundderbulle.at
tisch@mamaundderbulle.at
täglich 12–23 Uhr

MAMA LIU & SONS

Dass die chinesische Küche viel mehr als Frühlingsrollen zu bieten hat, ist mittlerweile auch in Österreich kein Geheimnis mehr. Einen tieferen Einblick in die asiatische Küche bekommt man in diesem Restaurant, in welchem Mama Liu gemeinsam mit ihren Söhnen für das leibliche Wohl der Gäste verantwortlich ist. Der Algensalat schmeckt, die Dim Sum werden von Hand gefertigt und die Hot Pots mit ihren unterschiedlichen Fonds und Einlagen sind ein klarer Geheimtipp. Auf die Plätze, Stäbchen, los!

Tel.: 01 5863673
1060 Wien
Gumpendorfer Straße 29
www.mamaliuandsons.at
hello@mamaliuandsons.at
Di–Fr 17–24, Sa, So 12–24 Uhr

MARCO SIMONIS BASTEI10

Gutem Geschmack sind keine Grenzen gesetzt, wie auch die kleine und liebevolle Bastei10 beweist. Neben stilvollen, ausgewählten Design- und Dekoartikeln aus aller Welt ergattert man hier auch viele kulinarische Köstlichkeiten, die zum direkten Verzehr oder zum Mit-nach-Hause-Nehmen geeignet sind. Klassiker wie Vitello tonnato oder Beef Tatar beglücken zu Mittag, zum Afterwork wählt man aus einer breiteren Karte und kann sich mit saisonalen Speisen verwöhnen lassen. Es kann ja so einfach sein, sich den tristen Alltag zu verschönern.

à la carte: 5–22 €

Tel.: 01 5122010
1010 Wien
Dominikanerbastei 10
www.marcosimonis.com
welcome@marcosimonis.com
Mo–Fr 8.30–20.30 Uhr, im Nov. und Dez. auch Sa 10–17 Uhr geöffnet

MARIO

Die moderne italienische Atmosphäre lässt kaum darauf schließen, dass das Mario ebenfalls der Plachutta-Kette angehört. Aus der Küche kommen aber nicht Tafelspitz & Co., sondern Antipasti, hausgemachte Pasta sowie saftiges Fleisch und Fisch vom Grill. Die Bewohner Hietzings wissen das Mario zu schätzen und kommen gerne auch für das preiswerte Mittagsmenü oder das feine Frühstück.

à la carte: 4,80–28,90 €

Tel.: 01 8769090
1130 Wien
Lainzer Straße 2
www.mario-hietzing.at
office@mario-hietzing.at
täglich 8–0.30 Uhr

MEIN WUNDERBARER *Kochsalon*
www.martinahohenlohe.com

WIEN Tipps
Empfehlungen außerhalb der Haubenwelt

MARKET RESTAURANT
AMBIENTE AWARD 2013

Hier gibt es von früh bis spät asiatische Fusionsküche in Reinkultur. Ob japanisches Sushi, chinesische Dim Sum oder thailändisches Tom Kha Gai, hier findet man die unterschiedlichsten Gerichte und Neuinterpretationen in durchaus überzeugender Qualität. Für Spätaufsteher gibt es Frühstück täglich sogar bis 16 Uhr. Das Essen und das beeindruckende Ambiente sind definitiv einen Besuch wert.

à la carte: 12,90–21,80 €

Tel.: 01 581 12 50
1060 Wien
Linke Wienzeile 36
www.market-restaurant.at
office@market-restaurant.at
täglich 8–2 Uhr

MAYER & FREUNDE ⓝ

Was auf den ersten Blick wie ein Feinkostladen aussieht, entpuppt sich bei genauerem Hinsehen als Alexander Mayers Edelgreißler mit Bistrotküche. Im hinteren Teil des Lokals können am gefliesten Chef's Table zwölf Leute Platz nehmen und zwischen 11 und 17 Uhr aus einem überschaubaren Angebot an wechselnden Speisen wählen. Samstags gibt es zünftige Weißwürste, Leberkäse und bayrisches Bier.

Tel.: 01 532 32 76
1010 Wien
Jasomirgottstraße 4

Gault&Millau Österreich 2020

Weinguide

Die besten Weine Österreichs im NEUEN Design.

👍 Tipps **WIEN**

Empfehlungen außerhalb der Haubenwelt

MÖSLINGER

Im Gasthaus Möslinger heißen die Brüder Roman und Richard Taudes ihre Gäste willkommen. Nach der Übernahme des Lokals von den Eltern im Jahr 2018 haben sie die gewohnt gute Qualität absolut erhalten. Die Gerichte sind nach wie vor klassisch bodenständig (Fiakergulasch, Tafelspitz, gebackene Leber), besonders geachtet wird auf die Verwendung heimischer und regionaler Produkte.

à la carte: 4,90–28,90 €

Tel.: 01 7280195

1020 Wien
Stuwerstraße 14

www.gasthausmoeslinger.at
office@gasthausmoeslinger.at

Di–Sa 11.30–22.30 Uhr

MUSCHELN & MEHR

Sie sind viel zu gut, um sie nur während eines Urlaubsaufenthalts zu verzehren, wenn Meer und Strand nicht weit sind. Das dachte sich auch der Betreiber des kleinen Lokals und beglückt daher mitten in Wien in Zusammenarbeit mit besten Lieferanten mit einem wahren Muschelparadies. Die Speisekarte bietet eine breite Auswahl, der Klassiker Spaghetti vongole darf dabei natürlich nicht fehlen. Spannend auch die geräucherten Miesmuscheln auf Blattsalat. Für alle, die sich mit Muscheln und Meeresfrüchten eher weniger anfreunden können, bietet ein kleines Angebot an muschelfreien Alternativen eine gute Wahl. Das Ambiente ist gemütlich und macht Lust auf mehr und Meer.

à la carte: 3,50–22,50 €

Tel.: 01 4026032
0664 5147820

1080 Wien
Kochgasse 18

www.muschelnundmehr.at
mum1080@gmx.at

Di–Sa 18–22.30 Uhr

NIRVANA

Das in einem Hauseingang etwas versteckt liegende, durchaus elegante Innenstadtlokal bietet authentische indische Küche mit kleiner, aber ausreichender Weinkarte und ausgesucht freundlichem Service. Besonders zu empfehlen ist das nur mit ordentlichem Hunger zu bewältigende „Discovery Dinner", das einen wunderbaren Querschnitt bietet.

à la carte: 4,95–18,50 €

Tel.: 01 5133075
0699 1924 4874

1010 Wien
Rotenturmstraße 16–18

www.restaurant-nirvana.at
info@restaurant-nirvana.com

Mo–Fr 11.30–14 und 18–22,
Sa 12–15 und 18–22 Uhr

WIEN Tipps 👍
Empfehlungen außerhalb der Haubenwelt

OFENLOCH

Das Ambiente der alten Gewölbe hat beinahe etwas Magisches, was die Gäste neben der typischen Wiener Küche, die hier geboten wird, sehr zu schätzen wissen. Die Speisekarte mit beliebten Klassikern wie Kalbsleber, saftigem Backhendl oder Beuschel wird durch eine wöchentlich wechselnde Mittags- und Abendkarte ergänzt.

Tel.: 01 533 88 44
1010 Wien
Kurrentgasse 8
www.restaurant-ofenloch.at
reservierung@restaurant-ofenloch.at

OSTERIA MANGIA E RIDI

Feine, authentische Osteriaküche aus dem südlichsten Teil Kalabriens lässt hier die Herzen höher schlagen. Auf der Speisekarte finden sich keine Pizzen, dafür aber frische Fischgerichte, cremige Risotti und hausgemachte Antipasti. Der kleine Raum mit viel Holz und die schlichte Tischdekoration sorgen für ein gemütliches Ambiente. Dank der offenen Küche lässt sich so mancher Blick auf italienisches Handwerk erhaschen.

à la carte: 49–149 €

Tel.: 01 512 27 03
1010 Wien
Sonnenfelsgasse 5
www.osteria-mangiaeridi.at
office@osteria-mangiaeridi.at
Mo–Fr 12–15 und 18–22.30,
Sa 18–22.30 Uhr

PARLOR
im Hotel InterContinental Wien

Im Hotel InterContinental Wien findet man hier innovatives, kreatives Ambiente. Ungewöhnliches Design in Schwarz und Weiß bildet spannende Kontraste, aber nicht nur das Interieur, auch das Essen hat etwas zu bieten. Besonders das umfangreiche Frühstücksbuffet ist beeindruckend. Gute Küche und eine kleine, aber feine Weinkarte runden aber auch einen gemütlichen Abend hervorragend ab.

Tel.: 01 71 12 21 10
1030 Wien
Johannesgasse 28
www.restaurant-parlor.at
vienna.parlor@ihg.com
täglich 6.30–10.30 und
17.30–23 Uhr

PLACHUTTAS GRÜNSPAN

Im weitläufigen Gastgarten zu sitzen und eines der vielen traditionell österreichischen Gerichte zu probieren, ist in dieser Ottakringer Institution im Sommer besonders gemütlich. Das Vorstadtwirtshaus bietet von saftigen Steaks bis hin zu rustikal Gebackenem und Gekochtem eine gute Auswahl an klassischen Speisen.

à la carte: 4,30–17,20 €

Tel.: 01 480 57 30
1160 Wien
Ottakringer Straße 266
www.gruenspan.at
office@gruenspan.at
täglich 11–24 Uhr

PRILISAUER

Seit Jänner 1882 gibt es ihn, den Prilisauer, und mittlerweile ist er zu einer Institution der Wiener Gasthauskultur geworden. Hermann und Barbara Prilisauer führen das gepflegte Vorstadtrestaurant bereits in der fünften Generation. Die Kombination traditioneller Wiener Küche und saisonaler Themenwochen mit Herzlichkeit und Gastfreundschaft ist der Grund, warum man seit vielen Jahren gerne hierherkommt.

à la carte: 8–23 €

Tel.: 01 979 32 28
1140 Wien
Linzer Straße 423
www.prilisauer.at
office@prilisauer.at
Di 16–23, Mi–Sa 10–23,
Sa, So 10–22 Uhr

PUB KLEMO
WEINKARTE DES JAHRES 2017

An dieser Weinbar führt einfach kein Weg vorbei. Das Sortiment (auch an glasweise ausgeschenkten Weinen) ist enorm und breit gefächert, die Preise dafür wirklich fair. Wer sich näher mit Wein beschäftigen möchte, kann dies hier bei wechselnden Verkostungsflights tun. In der klein gehaltenen Speisekarte finden handgemachte Pasta, kalte Kleinigkeiten und abwechselnde Schmorgerichte ihren Platz.

Tel.: 0699 11 09 13 32
1050 Wien
Margaretenstraße 61
www.pubklemo.at
info@pubklemo.at
Mo–Sa 17–1 Uhr
❦ Fei

👍 **Tipps WIEN**
Empfehlungen außerhalb der Haubenwelt

RAINERS WINTERGARTEN
im Rainers Hotel Vienna

Auch wenn es sich bei diesem Lokal „nur" um das Restaurant des Rainers Hotel Vienna handelt, ist die Küche mehr als ordentlich. Ob zum Frühstück, Lunch oder abends an der Bar, hier werden zwar keine kreativen Höchstleistungen erbracht, aber dafür ist die Qualität von Kaffee, Speisen und Co exzellent und das Ambiente sehr stilvoll.

Tel.: 01 60580
1100 Wien
Gudrunstraße 184
www.rainers-hotel.eu
info@rainers-hotel.eu

RAMASURI

In urbaner Lage auf der Praterstraße befindet sich das Ramasuri und gilt als beliebter Treffpunkt und hippes Szenelokal. Frühstück gibt es hier bis in den Nachmittag, auch Lunch und Dinner sind es wert hier einzukehren. Die Küche überzeugt mit soufflierten Semmelknödeln und hausgemachtem Wallerbutterschnitzel und widmet sich dabei einer modernen, internationalen Küche. Die Getränkekarte mit ihren Eigenkreationen bei Gin und Co weiß ebenfalls zu überzeugen.

Tel.: 0676 4668060
1020 Wien
Praterstraße 19
ramasuri.at
office@ramasuri.at
Mo–Sa 8–22, So 9–22 Uhr

REBHUHN

Unaufdringlich, charmant und rustikal. Drei Adjetive, die das alteingesessene Wiener Gasthaus treffend beschreiben. Traditionelles Ambiente ist garantiert, der besondere Eingang in Holzfassoptik ist ein wahrer Blickfang. Zu essen gibt es hier alles, was die österreichische Landesküche zu bieten hat. Sympathische Hausmannskost zu fairen Preisen.

à la carte: 7,90–22 €

Tel.: 01 3195058
1090 Wien
Berggasse 24
www.rebhuhn.at
gasthaus@rebhuhn.at
Mo–So 11.30–22.30 Uhr
🍴 variabel

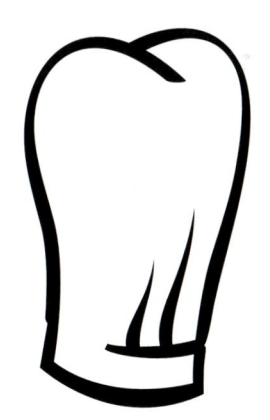

Gault&Millau

Besuchen Sie uns auf Facebook unter
www.facebook.com/Gault.Millau.Oesterreich 👍

WIEN Tipps
Empfehlungen außerhalb der Haubenwelt

REGINA MARGHERITA

Ein kleines Stück Neapel nach Wien zu bringen, das ist der Anspruch der Pizzeria Regina Margherita. Malerisch im Innenhof des Palais Esterházy gelegen, findet man hier auch tatsächlich ein wenig italienisches Dolce Vita. Die Pizza aus dem original neapolitanischen Holzofen ist ein Genuss und auch der Branzino vom Grill ist noch saftig. Die Atmosphäre ist angenehm entspannt.

à la carte: 5–60 €

Tel.: 01 5330812
1010 Wien
Wallnerstraße 4/
Palais Esterházy
www.barbaro.at
regina@barbaro.at
täglich 12–22.30 Uhr
24. und 25. Dez. 2019,
1. Jän. 2020

RINDERWAHN

Wahnsinnig frisch, wahnsinnig gut und wahnsinniger Geschmack. Dass dem Wahnsinn im Burgerlokal des Gastronomenpaars Huth keine Grenzen gesetzt sind, wird spätestens beim Stöbern in der Speisekarte klar. Neben Blauem Toni und Scharfer Resl steht die Fette Sau alias Pulled Pork zur Auswahl, der Eitle-Gockel-Burger ist aber eine ebenso gute Wahl. Auch an Vegetarier wurde bei der Speisekartenzusammenstellung gedacht, der Ziegen Peter mit gereiftem Käse vom Grill ist eine schmackhafte Alternative. Ungezwungene Atmosphäre, beste österreichische Fleischqualität, das Lokal ist immer einen Besuch wert. Sollte man einmal keinen Platz erhaschen, bietet die Filiale in der Praterstraße oder der praktische Burgerkiosk am Naschmarkt idealen Ersatz.

Tel.: 01 5120996
1010 Wien
Weihburggasse 3
www.rinderwahn.at
restaurant@rinderwahn.at

RISTORANTE PAOLO

Mediterrane Küche mit italienischen, aber auch dalmatinischen Gerichten findet man hier. Besonders Fisch und Meeresfrüchte sind zu empfehlen und die eigene Enoteca legt nahe, zum Essen noch einen guten Tropfen Wein zu genießen. Man sitzt gemütlich im Kaminzimmer, Hauptsaal oder auch im grünen Gastgarten. Der Service ist sehr bemüht.

à la carte: 4,50–24,90 €

Tel.: 01 7134273
1030 Wien
Paulusgasse 8
www.paolo.at
reservierung@paolo.at
Mo–Sa 11.30–14.30 und
17.30–22 Uhr

👍 Tipps **WIEN**
Empfehlungen außerhalb der Haubenwelt

ROSNOVSKY UND CO

Gemütlich-urige Beislstimmung herrscht im Rosnovsky und Co. Mit viel Leidenschaft hat Andreas Ebenhöchwimmer hier ein Lokal zum Wohlfühlen geschaffen. Einen Herrn Rosnovsky sucht man zwar vergeblich (der Name ist durch einen Film inspiriert), dafür gibt es österreichische Spezialitäten mit leicht mediterranem Touch. Die Bier- und Weinkarte überrascht überaus positiv mit einer schönen Auswahl.

Tel.: 01 403 25 20

1080 Wien
Buchfeldgasse 10

www.rosnovskyundco.at
rosnovskyundco@hotmail.com

SCHUTZHAUS AM SCHAFBERG

Bodenständige österreichische Küche gibt es hier gemeinsam mit herrlicher Aussicht. Man ist sehr bemüht, auf die Wünsche der Gäste einzugehen, die Speisen werden mit viel Liebe angerichtet. Auch das Angebot an Weinen ist schön und die Atmosphäre angenehm entspannt. Die Räumlichkeiten und der Gastgarten eignen sich außerdem ideal für private Feste und Feierlichkeiten.

à la carte: 9,90–26,80 €

Tel.: 01 479 22 79

1170 Wien
Czartoryskigasse 190–192

www.schutzhaus-schafberg.at
reservierung@
schutzhaus-schafberg.at

Di-Sa 11–23, So 10–22 Uhr

SKOPIK & LOHN

Seit Jahren ein Garant für gute, ambitionierte Küche. Das Wiener Schnitzel vom Kalb ist herrlich dünn und die Panade so knusprig, wie sie sein soll. Auch Filetsteak, Entenbrust und Roter Waller unterstreichen nicht nur die Spitzenqualität der Produkte, sondern auch, dass man sein Handwerk hier versteht. Besonders beeindruckend ist das abstrakte Deckengemälde von Otto Zitko.

à la carte: 5–28 €

Tel.: 01 219 89 77

1020 Wien
Leopoldsgasse 17

www.skopikundlohn.at
office@skopikundlohn.at

Di-Sa 18–1 Uhr

STAFLER

Eine überaus gelungene Kombination aus österreichischen, mediterranen und Südtiroler Spezialitäten findet man im Stafler. Ob es nun das Wiener Schnitzel, die Spaghetti all'amatriciana oder die Schlutzkrapfen sind. Auch für die Desserts wurde das Beste der Regionen vereint und so stehen unter anderem Marillenknödel, Profiteroles und Zitronensorbet mit Prosecco zur Auswahl.

à la carte: 4–22 €

Tel.: 01 815 62 35

1120 Wien
Ehrenfelsgasse 4

www.stafler.at
gasthaus@stafler.at

Di-Fr 11.30–14 und 18–21.30,
Sa 12–14 und 18–21.30 Uhr
🎄 variabel

STERN

Bodenständige Wiener Küche findet man im Stern im elften Wiener Gemeindebezirk, in Simmering. Das Ambiente des gepflegten Wirtshauses ist klassisch und für den besonderen Touch sorgt die eigene Rubrik „Innereien" auf der Karte. Hirn mit Ei, Beuschel und gebackene Hühnerleber werden hier erfreulich souverän zubereitet. Dazu noch ein guter Tropfen – mehr braucht es nicht, um glücklich zu sein.

à la carte: 4,20–33,90 €

Tel.: 01 749 33 70

1110 Wien
Braunhubergasse 6

www.gasthausstern.at
office@gasthausstern.at

täglich 9–23 Uhr

STRÖCK-FEIERABEND

Das Restaurant mit hauseigener Bäckerei ermöglicht es, die Küche rund um das Brot neu zu beleben, ohne dabei Nachhaltigkeit, Regionalität und faire Preise aus den Augen zu verlieren. Aber nicht nur für den Feierabend bietet das Lokal mit seinen saisonalen Gerichten eine geeignete Anlaufstelle, auch Frühstücksliebhaber kommen mit hausgemachtem Granola, Eiergerichten und French Toast auf ihre Kosten.

Tel.: 01 20 43 99 99 30 57

1030 Wien
Landstraßer Hauptstraße 82

www.stroeck-feierabend.at
feierabend@stroeck.at

Mo-Sa 7–22, So 7–18,
Fei 8–18 Uhr

WIEN Tipps 👍
Empfehlungen außerhalb der Haubenwelt

TAKANS RESTAURANT

Kennt man den aus der Türkei stammenden Fischhändler vom Kutschkermarkt, weiß man, dass man in puncto Qualität und Frische bei Suat Takan nichts falsch machen kann. Schon beim Eintreten erblickt man in der Vitrine prächtige Meerestiere und freut sich auf ein fischiges Mahl, das Urlaubserinnerungen wachruft. Calamari fritti, Branzino in der Salzkruste oder frische Vongole in Weißweinsud – man ist mit allen Speisen gut beraten und fragt am besten auch nach dem Tagesfang. Filetiert wird der Fisch vor den Augen der Gäste, dabei rennt der Schmäh.

Tel.: 01 3820016
1180 Wien
Haizingergasse 13
www.takans.com
Di–Fr 16–22 und Sa 12–16 und 18–22 Uhr

TARTUFO

Das Tartufo ist ein gemütliches italienisches Restaurant mit herrlich authentischen italienischen Spezialitäten und einer Weinbar, in der hauptsächlich ausgewählte italienische und österreichische Weine zu verkosten sind. Die Pasta ist selbstverständlich hausgemacht, besonders empfehlenswert sind die saisonalen Angebote mit – wie könnte es anders sein – schwarzen und weißen Trüffeln.

à la carte: 5,00–35,00 €

Tel.: 01 2786676
1210 Wien
Frömmlgasse 36
www.tartufo.at
ristorante-tartufo@chello.at
Mo–Sa 11–14 und 17–22 Uhr

TIAN BISTRO AM SPITTELBERG

Wie auch im haubengekrönten „großen Bruder" hat man sich im Tian Bistro am Spittelberg auf kreative vegetarische Küche spezialisiert, die manchmal gut, manchmal etwas holprig gelingt. Geschmacklich spannend gestaltete sich das – natürlich fleischlose – Tian Tatar und bei dem Kaspressknödel fragten wir uns ebenfalls, wie man diesen intensiven Suppengeschmack ohne Rindsknochen zuwege bringt. Der Spittelburger und das Tian-Raffaelo mit weißer Polenta waren zwar nicht schlecht, haben es jedoch nicht geschafft, unsere Begeisterung zu wecken. Das Getränkeangebot ist ausreichend und breit gefächert.

à la carte: 7–15 €

Tel.: 01 5269491
1070 Wien
Schrankgasse 4
www.tian-bistro.com
spittelberg@taste-tian.com
Mo 17–22, Di–Fr 12–22, Sa, So 10–22 Uhr

TULSI

Klassische indische Küche wird hier serviert, allerdings ist sie modern und kreativ umgesetzt. Inspiration zum Namen gab das indische Basilikum – Tulsi. Als wichtige Komponente der ayurvedischen Küche findet es auch hier in sämtlichen Gerichten Verwendung. Die zentrale Lage im neunten Bezirk ist ideal und perfekt für einen Besuch geeignet, etwa nach einem Abend in der Volksoper.

à la carte: 4,80–19,70 €

Tel.: 01 3101777
1090 Wien
Fluchtgasse 1
www.tulsirestaurant.at
kontakt@tulsi.co.at
täglich 11.30–14.30 und 18–23 Uhr
✽ 24. und 25. Dez. 2019

UBL

Das Ubl ist der Inbegriff des Wiener Wirtshauses. Die dunkle Holzvertäfelung an der Wand sorgt für die richtige Atmosphäre und das Ambiente schreit förmlich nach der Bestellung von Schweinsbraten und Schnitzel. Selbiges wird hier auch konsequent in äußerst überzeugender Qualität geliefert. Dazu noch ein gutes Gläschen Wein – Herz, was willst du mehr.

Tel.: 01 5876437
1040 Wien
Pressgasse 26

UMAMI5

Mit Bezug auf den namensgebenden fünften Geschmack lädt das Lokal auf eine Geschmacksreise ein. Mittags gibt es solide Menüs, zu späterer Stunde lockt eine größere Auswahl an Speisen. Japanische Küche, die von klassischen Sushis und Sashimis bis hin zu asiatischen Fisch- und Fleischgerichten reicht. Edle österreichische Weine begleiten den kulinarischen Brückenschlag. Ein schmackhaftes, köstliches Erlebnis.

Tel.: 01 9561907
1080 Wien
Lerchenfelderstraße 88–90
www.umami5.at
eat@umami5.at

Tipps **WIEN**

Empfehlungen außerhalb der Haubenwelt

UMAR

Wer in Wien gut Fisch essen will, der ist am Naschmarkt bei Erkan Umar goldrichtig. Seit 1996 verkauft er hier schon frischen Fisch und seit 2003 gibt es zusätzlich noch ein Restaurant. Der Fokus liegt klar auf der Präsentation der frischen Produkte und nicht auf der kreativen, neuartigen Zubereitung, aber das passt gut. Für ein Marktlokal sind die Gerichte allerdings nicht unbedingt preiswert.

Tel.: 01 587 04 56
1060 Wien
Naschmarkt 76–79
www.umarfisch.at
office@umarfisch.at

UNKAI SUSHI

Besonders zu Mittag ist das Lokal im Grand Hotel wegen seines Lunch-Angebots beliebt, aber auch am Abend kann man sich hier an der japanischen Küche erfreuen. Sushi und Sashimi stehen dabei ebenso auf der Karte wie Live-Kochen am Teppanyaki-Grill. Man speist in sehr geschmackvoll eingerichteten Separee-Räumen und kann sich ein kleines bisschen wie im fernen Land der aufgehenden Sonne fühlen.

à la carte: 3,30–35 €

Tel.: 01 515 80 97 73
1010 Wien
Kärntner Ring 9
www.unkai.at
unkai@grandhotelwien.com
Mo-So 11–23 Uhr

WALDVIERTLERHOF

Gleich sieben unterschiedlich eingerichtete Räume stehen einem zur Verfügung, wenn man im Waldviertlerhof essen möchte, und allesamt sind sie klassisch, gemütlich eingerichtet. Auf der Karte des Stadtgasthauses stehen allerlei gutbürgerliche Gerichte aus Österreich. Anleihen bei Gerichten aus dem Waldviertel nimmt man etwa mit einem Karpfenfilet oder einem Erdäpfelstrudel.

à la carte: 9,80–30 €

Tel.: 01 586 35 12
1050 Wien
Schönbrunner Straße 20
www.waldviertlerhof.at
reservierung@waldviertlerhof.at
Mo-Sa 10–24 Uhr
Fei

WEIN & CO

Drei Ebenen sind ganz dem Thema Wein und Genuss gewidmet. Während einen im Untergeschoß eine schier grenzenlose Weinauswahl erwartet, kann man im Restaurantbereich feine österreichische Speisen genießen. Egal ob Frühstück, Lunch oder Abendessen – hier ist man in jedem Fall gut aufgehoben.

à la carte: 9–23 €

Tel.: 05 07 06-31 22
1010 Wien
Jasomirgottstraße 3–5
www.weinco.at
jasbar@weinco.at
täglich 12–17 (Bistro),
17–22 Uhr (Dinner)

WEIN & CO MARIAHILFERSTRASSE

Wer denkt, dass man bei Wein & Co nur einkaufen kann, der irrt. In einzelnen Wein & Co-Filialen kann man neben der Weinbar auch im dazugehörigen Restaurant Platz nehmen und den guten Wein zu passenden Speisen genießen. Die Karte wechselt je nach Saison und beinhaltet internationale Evergreens à la Caesar Salad, Currybowl und knusprigen Wolfsbarsch.

Tel.: 01 05 07 06 30 22
1070 Wien
Mariahilfer Straße 36
www.weinco.at
mar@weinco.at

WEIN & CO NASCHMARKT

Wein- wie Biertrinker und Feinschmecker aller Art finden auch in der Filiale am Naschmarkt ihren individuellen Genussmoment. Aus einem Sortiment von 2000 Weinen kann man hier wählen, dazu gibt es knusprige Flammkuchen, Beef Tatar oder auch die rustikale Brettljause vom Pöhl am Naschmarkt.

Tel.: 01 05 07 06 31 02
1060 Wien
Linke Wienzeile 4
www.weinco.at
nasbar@weinco.at

www.gaultmillau.at – Tipps, Trends, Rankings und alle Restaurantkritiken

WIEN Tipps 👍
Empfehlungen außerhalb der Haubenwelt

WILD

Wer gutbürgerliche Wiener Küche sucht, ist im Gasthaus Wild goldrichtig. Hier werden Klassiker serviert, die herrlich puristisch angelegt sind, ohne dabei verstaubt zu wirken. Neben den altösterreichischen Wirtshausgerichten finden sich aber auch mediterrane Einflüsse auf der Karte, und diese gelungene Kombination setzt sich auch bei den Nachspeisen fort. Ein stimmiges Konzept.

à la carte: 8,50–33 €

Tel.: 01 9209477
1030 Wien
Radetzkyplatz 1
www.gasthaus-wild.at
wild@chello.at
Mo–Sa 11.30–23, So 11.30–22 Uhr
✝ 23. Dez. 2019–3. Jän. 2020

Bei der Zusammenstellung dieses Führers ließen wir größtmögliche Sorgfalt walten, trotzdem können Daten falsch oder überholt sein.

Eine Haftung können wir auf keinen Fall übernehmen.

WITWE BOLTE

Fine Dining und klassische Wiener Küche auf hohem Niveau – wer am Spittelberg auf der Suche nach solch einem Gasthaus ist, wird in der Witwe Bolte nicht enttäuscht. Ein traditionelles Wirtshaus im Biedermeierstil mit viel Charme, das sowohl Menüs als auch À-la-carte-Gerichte zu bodenständigen Preisen und in hoher Qualität bietet. Die Auswahl an österreichischen Weinen rundet das Ganze gelungen ab.

à la carte: 14–28 €

Tel.: 01 5231450
1070 Wien
Gutenberggasse 13
www.witwebolte.at
info@witwebolte.at
Mo–Fr 17.30–23,
Sa, So 11.45–23 Uhr

WULFISCH

Im Wulfisch am Wiener Karmelitermarkt weht eine steife nordische Prise. Die Krabbenbude offeriert typisch friesische Fischdelikatessen, die dort gemeinsam mit landestypischem Bier verzehrt werden können. Spezialitäten sind das Friesengedeck mit Rollmops und Matjes und die hausgemachten Fischsalate mit warmen Brötchen. Mit der original friesischen Krabbensuppe ist man ohnedies immer gut beraten. Wer nordisches Flair lieber mit nach Hause nimmt, findet hier ebenso die richtige Anlaufstelle.

à la carte: 0,90–12 €

Tel.: 01 9461875
1020 Wien
Haidgasse 5
www.wulfisch.at
hunger@wulfisch.at
Mo–Fr 11–20, Sa 10–18 Uhr

YAMM!
am Schottentor

Modernes Ambiente und frisches, vegetarisches Essen vom Buffet – das ist das Konzept des Yamm!, das direkt gegenüber der Universität am Ring liegt. Gezahlt wird nach Gewicht der Speisen, die man am Ende der Buffetrunde abwiegt. Auch für Leute, die sich nicht vegetarisch ernähren, eine schöne Abwechslung für zwischendurch, jedoch sind die Preise für das Angebot doch gehoben.

Tel.: 01 5320544
1010 Wien
Universitätsring 10
www.yamm.at
office@yamm.at

Tipps WIEN
Empfehlungen außerhalb der Haubenwelt

ZUM RENNER

Der Renner ist seit 1899 ein Zentrum für gepflegte Wiener Küche. Hier kommen authentische bodenständige Gerichte auf den Tisch. Die hauseigene Fleischhauerei ist die Basis für die exzellente Qualität von Klassikern wie Tafelspitz und Wiener Schnitzel. Auch der Schinken und die Weißwürste sind hausgemacht und für die Mehlspeisen sollte man sich immer noch ein wenig Platz im Magen lassen.

Tel.: 01 378 58 58
1190 Wien
Nussdorfer Platz 4
www.zum-renner.at
gasthof@zum-renner.at
Mo–Sa 11–22 Uhr
3 Wochen ab Weihnachten 2019

ZUM REZNICEK

Für sein Ganslessen berühmt ist der Reznicek, ein Traditionswirtshaus mit Stammtischcharakter. Auf der Karte findet man überwiegend Wiener Hausmannskost und diese auf überaus gutem Niveau. Jeden Monat gibt es zusätzlich einen eigenen saisonalen Themenschwerpunkt, à la Bärlauch, Spargel & Co, der die Gäste begeistert.

à la carte: 6,90–23,50 €

Tel.: 0699 13 17 91 40
1090 Wien
Reznicekgasse 10
www.zumreznicek.at
office@zumreznicek.at
Mo–Fr 11–23.30 Uhr
variabel

ZUR GOLDENEN KUGEL

Wer authentische Wiener Küche in klassischem Ambiente sucht, ist hier genau richtig. Serviert werden altösterreichische Gerichte wie Kalbsbries und Ochsenschlepp, aber auch das obligatorische Wiener Schnitzel und der Zwiebelrostbraten fehlen nicht. Zusätzlich gibt es noch mediterrane Speisen wie Branzino und gegrillten Oktopus. Spätestens bei den himmlischen Desserts wird jeder schwach!

à la carte: 9–35 €

Tel.: 01 405 83 63
1090 Wien
Lazarettgasse 6
www.zurgoldenenkugel.at
lokal@zurgoldenenkugel.at
Mo–Fr 11.30–22, So 11.30–15 Uhr

Segafredo

Gault&Millau
2020

Die neuesten Ergebnisse aus der Haubenwelt:
800 Restaurants, neu getestet und bewertet.

Plus: Die besten Weine, Wirtshäuser, Hotels und Almhütten.
Neu in dieser Ausgabe: Golfclubs, Cafés und Bars.

Zwei Bücher, ein Preis: € 39,- für Ihren Wegweiser in die Welt des guten Geschmacks
www.gaultmillau.at

Bleiben Sie up to date mit unseren täglichen Nachrichten
auf **Facebook** und **Instagram**.

BURGEN-
LAND

DIE BESTEN

18,5/20 ♟♟♟ **TAUBENKOBEL**   Seite 154
Schützen am Gebirge

16,5/20 ♟♟ **GUT PURBACH**   Seite 153
Purbach

15,5/20 ♟♟ **GREISSLEREI BEIM TAUBENKOBEL**   Seite 154
Schützen am Gebirge

15/20 ♟♟ **WACHTER-WIESLERS RATSCHEN**   Seite 147
Deutsch Schützen

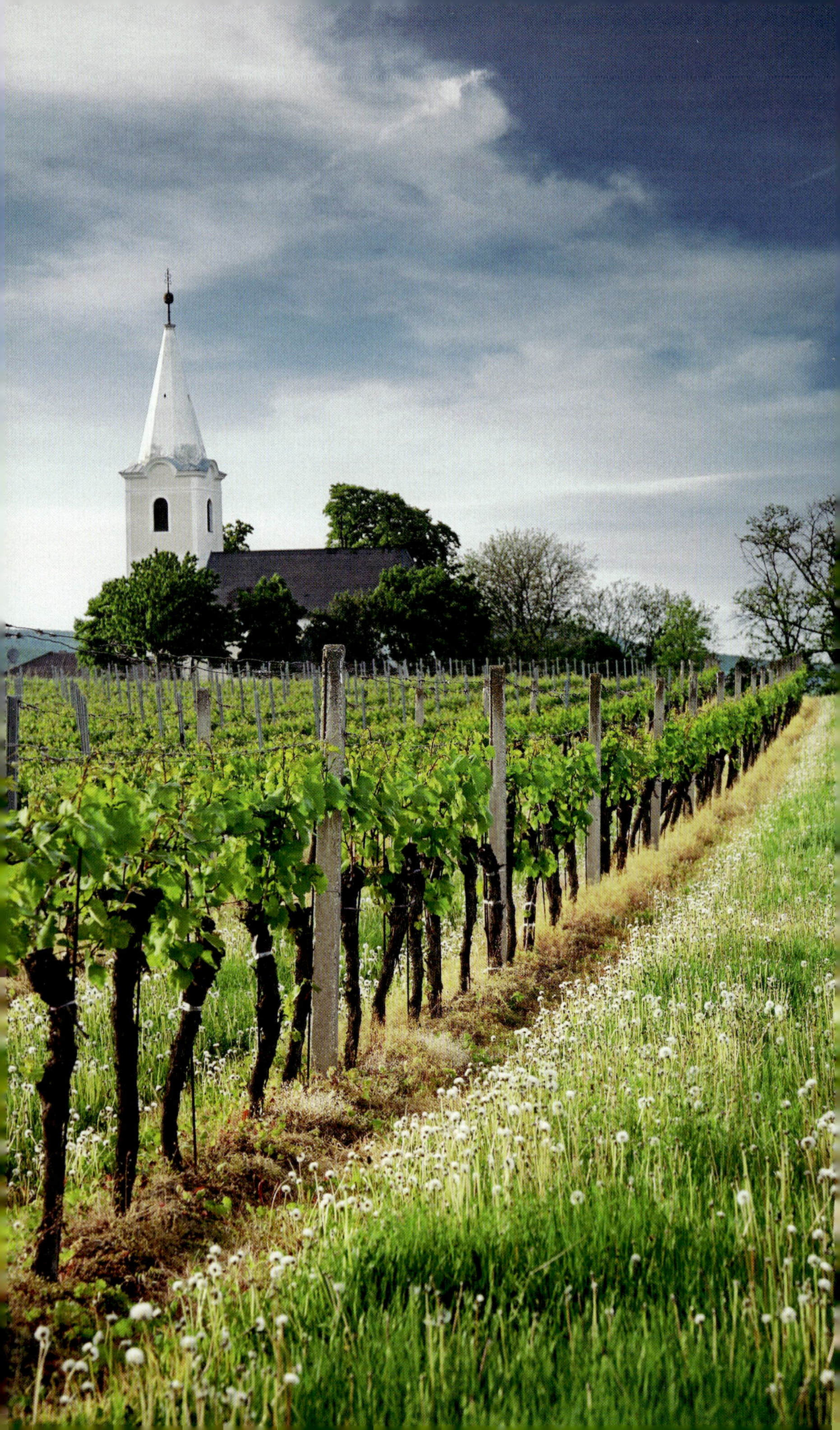

LANDKARTE

LEGENDE

- ○ Orte allgemein
- 🟢 Orte mit 👨‍🍳
- 🟡 Orte mit 👨‍🍳👨‍🍳
- 🟠 Orte mit 👨‍🍳👨‍🍳👨‍🍳
- 🔵 Orte mit 👨‍🍳👨‍🍳👨‍🍳👨‍🍳
- 🔴 Orte mit 👨‍🍳👨‍🍳👨‍🍳👨‍🍳👨‍🍳

BURGENLAND

- Zurndorf
- Neusiedl am See
- Leithaprodersdorf
- Wimpassing
- Purbach
- Weiden am See
- Donnerskirchen
- Schützen
- Eisenstadt
- Podersdorf
- Rust
- Pöttsching
- Mattersburg
- Pamhagen
- Deutschkreutz
- Oberpullendorf
- Lutzmannsburg
- Pinkafeld
- Bad Tatzmannsdorf
- Oberwart
- Großpetersdorf
- Deutsch-Schützen
- Kohfidisch
- Güssing
- Eltendorf
- Jennersdorf

Neusiedler See
Leitha
Pinka
Raabnitz
Lafnitz

Raiffeisen G:M 145

APETLON

APETLON 03

ZUM FRÖHLICHEN ARBEITER 👍 Tipp

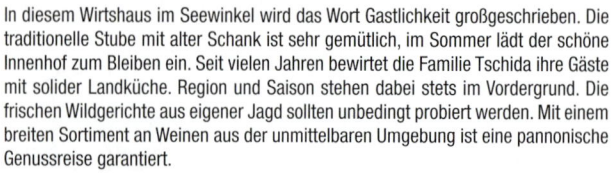

In diesem Wirtshaus im Seewinkel wird das Wort Gastlichkeit großgeschrieben. Die traditionelle Stube mit alter Schank ist sehr gemütlich, im Sommer lädt der schöne Innenhof zum Bleiben ein. Seit vielen Jahren bewirtet die Familie Tschida ihre Gäste mit solider Landküche. Region und Saison stehen dabei stets im Vordergrund. Die frischen Wildgerichte aus eigener Jagd sollten unbedingt probiert werden. Mit einem breiten Sortiment an Weinen aus der unmittelbaren Umgebung ist eine pannonische Genussreise garantiert.

à la carte: 8–28,50 €

Tel.: 02175 2218
0699 19 77 12 03

7143 Apetlon
Quergasse 98
www.froehlicherarbeiter.at
gasthaus@froehlicherarbeiter.at
Mo, Di, Fr, Sa 11.30–14.30 und 17.30–21, So 11.30–21 Uhr
✱ variabel

BAD TATZMANNSDORF N4

TREIBER 👍 Tipp

Seit über 60 Jahren verwöhnt der Familienbetrieb Treiber seine Gäste mit einer vielfältigen Speisenauswahl, die für jeden Anlass stets das Passende bietet. Dabei beschränkt man sich nicht nur auf Traditionelles aus Österreich, sondern bereitet auch Internationales wie Pizza, Pasta und Spareribs gekonnt zu. Der Wein stammt aus dem eigenen Anbau und bietet eine optimale Begleitung. Gemütliches Ambiente.

à la carte: 8,50–26 €

Tel.: 03353 8271
0676 756 37 27

7431 Bad Tatzmannsdorf
Jormannsdorferstraße 52
www.burgenlandurlaub.at
info@burgenlandurlaub.at
Mo, Di, Fr–So 11–21 Uhr
✱ variabel

Die besten Weine Österreichs:

EISENSTADT

BERNSTEIN N4

PANNONIA 👍 Tipp

Tel.: 03354 6543
0660 2620104

7434 Bernstein
Hauptstraße 58

www.pannonia-roth.at
office@pannonia-roth.at

Mo–Sa 11–21, So 11–20 Uhr

Pannonisch urig, mit mediterranem Charme zeigt sich das Restaurant Pannonia. Traditionelle Gerichte vermischen sich hier mit Pizza und Pasta und auch der Gastraum passt sich der Kombination aus Regionalem und südlichem Flair mit seinen warmen Gelbtönen gut an. Die Zutaten der Gerichte stammen von umliegenden Produzenten, saisonale Höhepunkte schaffen Abwechslung auf der Karte. Die Weine kommen vorwiegend aus der Region.

à la carte: 9,50–28 €

DEUTSCH SCHÜTZEN P4

WACHTER-WIESLERS RATSCHEN 15/20 🦷🦷

Köche: Stefan Csar & Bernd Konrath

Tel.: 03365 20082

7474 Deutsch Schützen
Am Ratschen 5

www.ratschen.at
office@ratschen.at

Mi–Fr 18.30–21.30, Sa 11–14
und 18.30–21.30, So 11–14 Uhr
❄ Jänner–Februar 2020

Inmitten der sanft abfallenden Weinberge – mit Blick weit ins Land – werden wir von der Servicetruppe gebeten, uns doch überraschen zu lassen. Und so mögen, nachdem wir etwaige Allergien verneint haben, die Spiele beginnen. Noch ein Blick in die die Umgebung abbildende Weinkarte (die auch andere Regionen einbezieht) und schon geht es los. Beeindruckend die Grüße aus der Küche, die (leider) auch schon den Höhepunkt des Abends bringen: einen golddukatengroßen Flammkuchen mit Blutwurst, Sauerrahm, Lachs und Schnittlauch. Kompositionen wie geflämmte Stachelmakrele mit Karotte süß-sauer und Wasabischaum oder Schwarzfederhuhn mit Spargel, Tomaten und Salatherzen überzeugen zwar durch Präzision, Technik und Produktqualität, lassen aber Esprit ein wenig vermissen. Vielleicht noch erwähnenswert der confierte und gebeizte Dotterraviolo mit Kohlrabicreme, Blattspinat und Pecorinoschaum.

à la carte: 14–34 €

EISENSTADT O3

OHR 👍 Tipp
Hotel-Restaurant

Tel.: 02682 62460

7000 Eisenstadt
Ruster Straße 51

www.hotelohr.at
info@hotelohr.at

Di–Sa 11.30–14 und 18–21,
So 11.30–14.30 Uhr

Wenn man in Eisenstadt essen gehen möchte, ist das liebevoll geführte Restaurant Ohr immer eine empfehlenswerte Adresse. Bereits in dritter Generation serviert die Familie Ohr ihren Gästen nur das Beste. Auf der Speisekarte finden sich neben traditionellen Klassikern aus Omas Küche immer wieder auch exotische Komponenten. Im Winter macht man es sich in der Zirbenstube gemütlich, im Sommer ist der Gastgarten das absolute Highlight.

à la carte: 4,90–69 €

Jetzt im Gault&Millau-Weinguide.

ELTENDORF/ZAHLING

RUCKENDORFER 👍 Tipp

Tel.: 02682 64688

7000 Eisenstadt
Joseph-Haydn-Gasse 43
www.ruckendorfer.com
ruckendorfer@ruckendorfer.com
Di–Sa 11.30–14 und 18–21,
So 11.30–14 Uhr

Im Zentrum von Eisenstadt sorgt das Café und Restaurant Ruckendorfer mit seinem malerischen, verspielten Gastgarten für besonderen Charme und ist eine optimale Anlaufstelle für Genießer. Zu Mittag locken preiswerte Tagesteller, abends wählt man aus regionalen Köstlichkeiten wie frischem Zander aus dem Neusiedler See oder Zwiebelrostbraten vom Donauland-Jungstier und Internationalem. Ein scharfes Curry erfreut hier genauso wie das saftig gebratene Rib-Eye-Steak. Die Weinkarte ist mit besten Tropfen nationaler Winzer bestückt, die Auswahl an Craftbeer bietet fein-herbe Alternativen.

à la carte: 9,90–33 €

ELTENDORF/ZAHLING N4

AN-ALAPANKA-MA 13/20

speiseAtelier

Koch: Friedrich Gutscher

Tel.: 03325 22544

7562 Eltendorf/Zahling
Bobisberggasse 20
www.an-alapanka-ma.at
herberge@an-alapanka-ma.at
Fr–So und Fei 12–23 Uhr

Das An-Alapanka-Ma ist nicht mehr und nicht weniger als ein Gesamtkunstwerk, in dem das speiseAtelier eine zentrale Stellung einnimmt. Inmitten der von Sylvia Mies gestalteten Gartenanlage kann man hier in familiärer Atmosphäre ein vegetarisches Menü auf höchstem Niveau genießen. Speisekarte gibt es keine, beim Aperitif auf der Terrasse bespricht Küchenchef Friedrich Gutscher persönlich die saisonal ausgerichtete Speisenabfolge. Aus der Küche grüßte eine Spargelcremesuppe mit Ziegenkäsestanitzel, gefolgt von einem zarten grünen Jungspargel mit Parmesan überbacken. Das Wechselspiel von süß und sauer überraschte beim sanft blanchierten Mangold mit griechischem Feta und Balsamico. Die Ravioli mit einer Erdäpfel-Topfen-Füllung in Salbeibutter wurden von frischen, kurz sautierten Eierschwammerln begleitet. Danach ein gereifter Brie de Meaux aus Rohmilch mit Trüffelöl. Ein Himbeersorbet erfrischte zwischenzeitlich und ein zart-flaumiges Topfensoufflé mit frischen Erdbeeren beendete die kulinarische Reise. Die Weinbegleitung überzeugte mit raren Weinen aus Deutschland und Spanien. Im Kaminzimmer bot sich noch die Möglichkeit, einen altehrwürdigen Rum zu verkosten. Beseelt beschließt man,* wiederzukommen.

FRAUENKIRCHEN P3

ALTES BRAUHAUS 👍 Tipp

Tel.: 02172 2217

7132 Frauenkirchen
Kirchenplatz 27
www.altesbrauhaus.at
storch@altesbrauhaus.at
Mi–Sa 9–22, So 9–21 Uhr
✻ variabel

Das Alte Brauhaus im denkmalgeschützten Landgasthof ist mit seiner urigen Stube und dem idyllischen Gastgarten der ideale Ort für pannonische Klassiker. Die burgenländische Krautsuppe und der gesottene Topfenstrudel mit Bohnen dürfen natürlich nicht fehlen. Dank guter Zusammenarbeit mit benachbarten Bauern und Produzenten aus der Umgebung ist Frische und Qualität bei den Lebensmitteln garantiert. Wer sich ein Stück Altes Brauhaus mit nach Hause nehmen möchte, ist mit der Paprikamarmelade und den handgeradelten Suppennudeln der Wirtin bestens beraten.

à la carte: 10–26 €

---

www.gaultmillau.at – Tipps, Trends, Rankings und alle Restaurantkritiken

HALBTURN — Q3

KNAPPENSTÖCKL
im Hotel Schloss Halbturn

👍 **Tipp**

Tel.: 02172 82390
0664 180 63 30

7131 Halbturn
Im Schloss

www.knappenstoeckl.at
info@knappenstoeckl.at

Di–So 11.30–21 Uhr
❄ 16. Dez. 2019–16. Jän. 2020

In einem Barockjuwel wie dem Schloss Halbturn darf natürlich ein gepflegtes Restaurant nicht fehlen. Man kann sich entweder in einem der vier gemütlichen Stüberl oder, wenn das Wetter mitspielt, im grandiosen Gastgarten niederlassen. Geboten wird eine feine, regionale Landgasthaus-Küche. Dazu passen ausgesuchte burgenländische Weine.

à la carte: 9,80–23,50 €

HEILIGENBRUNN IM BURGENLAND — N4

BEIM KRUTZLER
Genussgasthof & Hotel

👍 **Tipp**

Tel.: 03324 7240

7522 Heiligenbrunn im Burgenland
Heiligenbrunn 16

www.hotel-krutzler.at
post@hotel-krutzler.at

Mo–So 12–14 und 18–21 Uhr

In der weiteren Umgebung wird man kaum ein gastlicheres Haus finden. Die Familie Krutzler versteht es, Übernachtungsgäste, Einheimische und hungrige Kurzzeitgäste gleichermaßen zu verwöhnen. Im gediegenen Genussgasthof kocht Chefin Ingrid Krutzler österreichische und pannonische Gerichte mit saisonalen Schwerpunkten. Ausgewählte Weine aus dem Südburgenland runden das Angebot ab.

à la carte: 3,20–27,90 €

HEILIGENKREUZ IM LAFNITZTAL — N4

GASTHOF GERLINDE GIBISER

👍 **Tipp**

Tel.: 03325 4216
0664 420 79 25

7561 Heiligenkreuz im Lafnitztal
Obere Hauptstraße 10

www.g-gibiser.at
info@g-gibiser.at

Di, Mi, Fr, Sa 11.30–14.30 und 17.30–21.30, So 11.30–17 Uhr

Nicht nur das gemütliche Ambiente lockt Durchreisende wie auch Einheimische in das Gasthaus an der österreichisch-ungarischen Grenze. Die Speisekarte hält Klassiker der burgenländischen Küche bereit. Aufgrund der Lage sind jedoch auch ungarische Einflüsse eine Selbstverständlichkeit. Die Krautsuppe ist legendär, eine absolute Empfehlung sind auch stets die Wildspeisen – schließlich ist die Wirtin passionierte Jägerin. Die Weinkarte hält viel Regionales bereit, die Möglichkeit zu übernachten besteht ebenfalls.

à la carte: 9,80–31 €

KOHFIDISCH — N4

GASTHAUS CSENCSITS
Koch: Jürgen Csencsits

14,5/20

Tel.: 03366 77220
0664 314 88 44

7512 Kohfidisch
Harmisch 13

www.gasthaus-csencsits.at
gasthaus@csencsits.at

Do–Sa 11.30–13.30 und 18–20.30, So 11.30–14 Uhr
❄ 20. Jänner–13. Feb. 2020

JRE

Fernab vom Trubel zelebriert Jürgen Csencsits – im Service unterstützt von seiner charmanten Gemahlin – im idyllischen Harmisch seine gehobene Gasthausküche. Heuer erfreuten uns eine keck abgeschmeckte, tiefrote Fischsuppe voll von knackigem Gemüse und Filetstücken und ein im Gegensatz dazu ganz feinsinnig gestaltetes Saiblingstatar mit Jungerbsen, Fenchel und Camelina (Leindotter). Es folgten ein im Rosmarinsaft geschmortes gefülltes Bauernhenderl und eine extrazarte Lammstelze mit Erdäpfeln und Holzofengemüse. Beides perfekt auf dem Punkt und gleich traditionell wie modern zubereitet. Und so bleibt noch über eine dekonstruierte Cremeschnitte mit Erdbeeren, Rhabarber, Mandeln und Vanille zu berichten,

KUKMIRN

die nicht nur optisch, sondern auch geschmacklich überzeugte. Dazu eine liebevoll zusammengestellte Weinkarte mit Positionen aus nah und fern, die das Speisenangebot perfekt begleitet und unterstützt.

à la carte: 5,50–26,50 €

KUKMIRN N4

LAGLER 👍 Tipp

Tel.: 03328 32003
7543 Kukmirn
Hotelgasse 1
www.lagler.cc
info@lagler.cc
Mo–So 12–14 und 18–20 Uhr

Im Lagler will man den Gästen mehr bieten als bloß einen schönen Gastgarten in herrlichem Landidyll. Hervorragende bodenständige Küche und ein bemerkenswertes Weinangebot erwarten einen im Restaurant Brennofen. Weit über die Ortsgrenzen hinaus bekannt sind die hausgemachten Destillate und Fruchtsäfte.

LEITHAPRODERSDORF N3

SCHNEIDEREI Ⓝ 13/20 🎩🎩

Koch: Walter Leidenfrost

Tel.: 02255 73 76 20
2443 Leithaprodersdorf
Hauptplatz 14
www.schneiderei-te.at
Do, Fr 9–12 und 17–21.30,
Sa 9–21.30, So 9–17 Uhr

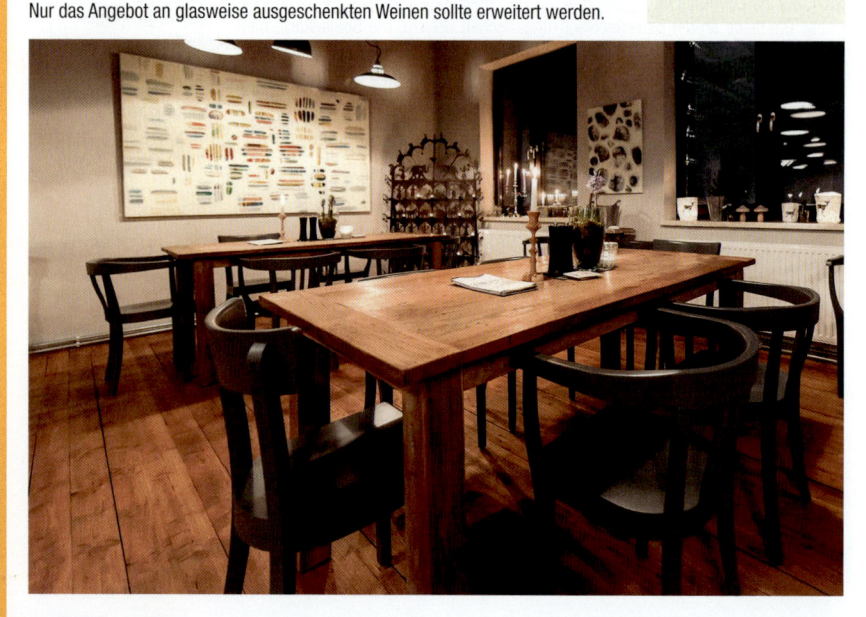

Und da soll noch jemand behaupten, auf dem Land gibt es nur langweilig-konservative Gastronomie. Hart an der niederösterreichisch-burgenländischen Grenze mischt Walter Leidenfrost (zuletzt im Wiener Ludwig van für zwei Hauben gut) die Schneiderei, eine modern-kuriose Mischung aus Friseursalon und Gasthaus, gehörig auf. Für den fortgeschrittenen Gourmet gibt es himmlisch grünes und erstaunlich leichtes Schmalz mit extraknusprigem Brot, eine köstlich-intensive Zucchini-Kokos-Kaltschale oder/und hauchdünn geschnittene Kohlrabi mit Zitronenverbene, Orangen und Haselnüssen zu entdecken. Der zarte Seesaibling kommt puristisch auf dem Salzstein gegart, die schmackhafte alte Kuh wird – fein aufgeschnitten – auf Frühlingsgemüse arrangiert. Wenn dann noch vier exquisite Käsesorten und erfreuliche flüssige Begleitung zu Tisch kommen, schlägt das Genießerherz so richtig hoch. Nur das Angebot an glasweise ausgeschenkten Weinen sollte erweitert werden.

NEUSIEDL AM SEE · 02

MOLE WEST
pop 11/20

Tel.: 02167 20205
7100 Neusiedl am See
Seegelände 9
www.mole-west.at
office@mole-west.at
variabel

Wer sich nach einem Kurzurlaub sehnt, ist mit einem Besuch der Mole-West-Terrasse gut beraten. Mit direktem Blick auf den Neusiedler See bietet das Restaurant nicht nur ein exklusives Ambiente, auch die Küchenleistung mit ihrem modernen Einschlag findet sich auf ansprechendem Niveau. Hier wird sicherlich jeder fündig, denn die Speisekarte bietet neben kleinen Snacks und Fingerfood auch Burger, Hausmannskost und frischen Fisch aus dem See. Man sitzt quasi an der Quelle. Wenn man verpasst hat, rechtzeitig zu reservieren, oder das Wetter einmal schlechte Laune hat, erweisen sich die gemütlichen Innenräume als angenehme Alternative.

OGGAU 03

GUT OGGAU
Tipp

Tel.: 0664 206 92 98
7063 Oggau
Hauptstraße 31
www.gutoggau.com
office@gutoggau.com

Ihre naturnahen Weine mit den außergewöhnlichen Etiketten findet man auf den besten Weinkarten der Welt. Aber irgendwie schmecken sie an der Quelle – also im gemütlichen und sehr geschmackvoll eingerichteten Innenhof des Weinguts von Stephanie und Eduard Tscheppe – noch eine Spur besser. Und noch einmal besser schmecken sie, wenn man die Gelegenheit hat, mit Eduard über die überschätzte Bedeutung von reinsortigen Weinen in unserem Land zu plaudern. Seit heuer gibt es auch eine kleine Profiküche, wo an den Wochenenden von Ende April bis Ende September auch warmes Essen zubereitet wird.

PAMHAGEN 03

VITATELLA
im Vila Vita Pannonia

11/20

Tel.: 02175 2180-0
0664 1108517
7152 Pamhagen
Storchengasse 1
www.vilavitapannonia.at
info@vilavitapannonia.at
täglich 11.30–21.30
bis 6. Jän. 2020

Auch in so manchem Hotelrestaurant wird ein hoher Anspruch an Qualität gestellt. Im Vila Vita Resort setzt man im Restaurant Vitatella auf gehobene burgenländische Küche mit Regionalitäts- und Saisonalitätsfokus und bemüht sich um Kreativität bei den Gerichten. Mitunter hat man das Gefühl, dass die Speisekarte zu breit gehalten ist, doch ist dies wohl den unterschiedlichen Ansprüchen des Publikums geschuldet. Geflügel und Fleisch sind Pflicht, Fisch aus dem nahe gelegenen See sowieso, immer mehr junge Gäste genießen vegetarisch und dann will man auch Populäres für Kinder haben. Dennoch, wenn man nicht gerade zu Sommerbeginn an einem Sonntag zu Mittag kommt, schaffen Service und Küche diese Herausforderungen recht souverän. Apropos Sommer: Besonders gemütlich ist es im idyllischen Innenhof. Neben dem umfangreichen Weinangebot wäre noch die breite Auswahl an Obstbränden zu erwähnen.

à la carte: 11,50–28 €

MEIN WUNDERBARER Kochsalon
www.martinahohenlohe.com

PINKAFELD

PINKAFELD 04

WEINSTUBE SZEMES 👍 Tipp

Tel.: 03357 42305
0664 558 20 07

7423 Pinkafeld
Hauptstraße 33

www.szemes.net
gasthaus@szemes.net

Mi–Sa 11–14 und 18–21,
So, Fei 11–14 Uhr

Die Weinstube Szemes ist ein bodenständiger Familienbetrieb, der seit Generationen für traditionelle burgenländische Spezialitäten garantiert. Zu Mittag überzeugt ein preiswertes Menü, das sowohl Vegetarier als auch Veganer erfreut. Abends kann man sich beim Mehrgangmenü überraschen lassen. Im Sommer locken gemütliche Grillabende und Gerichte aus dem eigenen Smoker. Passende Begleitung bieten Weine aus der hauseigenen Vinothek sowie die breite Auswahl an Spirituosen.

à la carte: 8,80–32 €

PODERSDORF 03

ZUR DANKBARKEIT 12/20

Tel.: 02177 2223

7141 Podersdorf
Hauptstraße 39

www.dankbarkeit.at
office@dankbarkeit.at

Do, Fr 11.30–14, 18–21,
Sa, So, Fei 11.30–21 Uhr
✝ Dez. 2019–Jän. 2020

Sonntagmittag in der Dankbarkeit. Draußen tobten Wind und Regen eines frühen Frühlingstages, der Duft von geschmortem Fleisch und frisch gebackenem Germteig liegt in der Luft, die Geräuschkulisse ist beeindruckend, geprägt von klapperndem Geschirr und fröhlichem Gespräch. Die Dankbarkeit kultiviert seit Jahren das Kunststück, Reisende ebenso zufriedenzustellen, wie einheimische Stammgäste. Die Speisekarte ändert sich kaum und das ist gut so: unverzichtbar sind jiddische Hühnerleber oder die paprizierte Fischsuppe. Auch immer im Programm sind Klassiker wie Schnitzel und Braten oder nicht Alltägliches wie Kaninchenleber und Nierndln. Dazu Weine aus der eigenen Produktion, aber auch von den Nachbarn. Kurzum: ein Klassiker, der seit Jahren die Qualität hält und zu dem wir immer wieder gerne kommen.

à la carte: 13,50–26,50 €

Bei der Zusammenstellung dieses Führers ließen wir größtmögliche Sorgfalt walten, trotzdem können Daten falsch oder überholt sein. Eine Haftung können wir auf keinen Fall übernehmen.

PURBACH

PANNONIA
im Hotel Pannonia

👍 **Tipp**

Tel.: 02177 2245
7141 Podersdorf
Seezeile 20
www.pannonia-hotel.at
office@pannonia-hotel.at
Mo, Mi–Fr 11.30–14.30 und 17–21.30, Sa–So 11.30–21.30 Uhr
❄ Mitte Dez. 2019–Anfang April 2020

Die Lage am See ist nur einer der vielen Pluspunkte des Pannonia. Im Hotelrestaurant kommt eine breite kulinarische Vielfalt auf die Teller. Neben traditionellen Köstlichkeiten aus der Region, von frischem Fisch aus dem See bis zu Spezialitäten vom Mangalitzaschwein, scheut die Küche auch nicht vor Neuem zurück und setzt auch gerne fernöstliche oder mediterrane Aromen ein.

à la carte: 8,90–29 €

PURBACH 03

GUT PURBACH
Koch: Max Stiegl

pop 16,5/20 😁😁

Tel.: 02683 56086
0699 11 03 82 41
7083 Purbach
Hauptgasse 64
www.gutpurbach.at
office@gutpurbach.at
Mo 18–23, Do–Sa 12–15 und 18–23, So 12–18 Uhr

Hier schmeckt es uns immer, doch besonders spannend sind die speziellen Menüs. Im Ostermenü der vergangenen Saison gab es zum Beispiel grandioses Kitzherz mit Calamari, Oliven und Beurre blanc. Oder serbische Kutteln. Oder die Kitzkeule mit einer butterzarten Zunge. Das Pannonische Ganslessen mit der großartigsten Ganslsuppe überhaupt, Schleientempura mit Roten Rüben und Sesam und schließlich das Gansl selbst. Unvergesslich. Wie übrigens auch das Menü, das unter dem Motto „Alles, was fliegt is(st) gut!!!" aus der Küche getragen wird. Das Herz vom Königsfasan mit Trüffel und Leber ist herausragend, ebenso die mittlerweile legendäre Purbacher Waldschnepfe in Form von Brust, Erdäpfelgratin, Brioche und Schnepfendreck. Aber auch im „Normalbetrieb" kommen neugierige Genießer auf ihre Rechnung. Das Huhn in der Blase (eine Hommage an Fernand Point, den Erfinder der „Poularde en vessie") hat es auf die Tageskarte geschafft. Kurz: Ein Huhn wird mit Trüffel und Foie gras gestopft und dünstet dann, eingenäht in eine Schweinsblase, eine Zeit lang vor sich hin. Zuviel Brimborium? Mitnichten.

à la carte: 16–65 €

BURGENLAND

RUST

RUST 03

WIRTSHAUS IM HOFGASSL 12,5/20

Tel.: 02685 60763
7071 Rust
Rathausplatz 10
www.hofgassl.at

Die Störche pfeifen es von den Dächern: In einem pittoresken Ruster Altstadthof wird seit einiger Zeit groß aufgekocht. Chef Michael Pilz fährt ein durchaus mutiges, weil konsequent kreatives Programm. Allein die Grießnockerlsuppe und das Kalbsschnitzerl gehen noch als Wirtshausstandards durch, der Schweinsbraten kommt als Spanferkelbrust mit asiatischen Aromen, Erdnussspinat und Perlencouscous schon recht exotisch daher, der Seesaibling mit Safranrisotto, Vanillepaprika und Basilikumöl detto. Die Weine sind hingegen regional. Der Service war bei unserem Besuch für ein Haus dieser Preisklasse ein bisschen schludrig.

SCHÜTZEN AM GEBIRGE 03

GREISSLEREI BEIM TAUBENKOBEL POP 15,5/20

Tel.: 02684 2297
7081 Schützen am Gebirge
Hauptstraße 29–33
www.taubenkobel.com
restaurant@taubenkobel.at
Mi–Fr 10–15 und 17–22,
Sa–So 10–22 Uhr
✱ 24. Dez. 2019–1. März 2020

Die Nebenbühne des Taubenkobels ist weit mehr als „nur" eine gewöhnliche Greißlerei. Alain Weissgerbers Kreativität kommt in der kleinen, ausgewogenen Karte prägend zum Ausdruck. Neben den Steaks – zur Wahl stehen Hüfte, Entrecôte und Rib Eye – bietet sie vor allem unverfälschte regionale und saisonale Küche. Eine absolute Empfehlung sind die pannonischen Antipasti als Entrée. Eingelegte Zucchini, kurz gebratene Jungzwiebeln, gebackene Zucchiniblüten – einfach wunderbar. Als Vorspeisen begeisterten uns die mollig-cremige Leberpastete vom Sulmtaler Huhn sowie die roh marinierte Forelle mit Wildkräutern und Kren. Als Hauptgänge ein perfekt auf den Punkt rosa gebratenes Lammkotelett mit süßlich-saurer Peperonata und Pimientos und ein zartes Saiblingsfilet mit Gurken in verschiedenen Variationen, von Blüte über Babygürkchen bis zur bissfest gegarten Gurkenscheibe. Eine Adelung dieses sonst doch eher schlichten Gemüses. Zum süßen Abschluss noch eine Erdbeer- und Zitronentarte. Zusammen mit den naturbelassenen Orange Wines vom Gut Oggau ergab all das ein wunderbares sommerliches Menü.

à la carte: 12–34 €

TAUBENKOBEL 18,5/20

Tel.: 02684 2297
7081 Schützen am Gebirge
Hauptstraße 29–33
www.taubenkobel.com
restaurant@taubenkobel.at
Mi, Do 18–22, Fr–So 12–15 und
18–22 Uhr
✱ 24. Dez. 2019–1. März 2020

Koch: Alain Weissgerber

AMBIENTE AWARD 2005

Zurück zur Natur, zum Schilf und zur Kunst. Rückkehr nach Schützen. Der Taubenkobel war schon immer mindestens so sehr Philosophie wie Restaurant, es ging hier nie nur ums Essen, sondern um viel mehr. Um die Vielfalt im Einfachen, um das Sein und die Zeit und um die Wahrheit, die im Holzfeuer lodert. Rückkehr auf den Boden der Tatsachen: Aus der Küche grüßt zum Einstieg das platonische Ideal einer Karottensuppe. Es folgt eine kapitale (getrocknete) Zanderkarkasse, auf der diverse Amuses baumeln, etwa roh mariniertes Saiblingsfilet oder ein Cracker mit Hechtlebercreme – mehr Gag als Gang. Wesentlich unaufgeregter, aber auch ein bisschen unaufregend der Start ins Menü: Chicorée gefüllt mit Forellenfarce, dazu Salbeisud und Forellenkaviar – hier fehlt es, buchstäblich und metaphorisch, ein bisschen an Biss. Dann aber kriegt die Küche beide Beine auf den Boden: Spitzkraut mit Lammfleisch und Kümmelnage – die vielleicht edelste Krautroulade der Welt. Die im Ganzen (inklusive Schale) gegarte, mit Aal gefüllte Rote Rübe verströmt luxuriöse Erdigkeit. Es folgt der Höhepunkt: Milchkalb aus dem Holzofen, wunderbar pur, saftig und fett, dazu sauer angemachter Rettich und üppiges Erdäpfelpüree. Himmel. Zurück auf die Erde führt das Finale: Eine Tartelette mit Frischkäse, Birne und Kräutern sowie der „geeiste Salat" mit Sellerieeis und

WEIDEN AM SEE

tiefgrünem Kerbelsaft erscheinen wie ungefragte Antworten auf den Smoothie-Zeitgeist, den auch die – konsequent naturale – Weinbegleitung nicht recht vertreiben kann. Aber damit können wir gut leben.

BURGENLAND

STEGERSBACH 04

KASTELL STEGERSBACH 👍 Tipp

Das Restaurant im romantischen Renaissanceschloss hat für jeden Geschmack etwas zu bieten: Beliebte österreichische Klassiker stehen ebenso auf der Karte wie herzhafte Burger, Steaks und zahlreiche vegetarische Optionen. Hervorzuheben sind die günstigen Mittagsmenüs.

à la carte: 9,90–29,90 €

Tel.: 0660 222 12 34

7551 Stegersbach
Sparkassenplatz 2

www.kastellstegersbach.at
info@kastellstegersbach.at

Mi–Sa 11.30–21.15,
So 11.30–20 Uhr
🍴 2 Wochen Ende Feb. 2020

WEIDEN AM SEE P3

DAS FRITZ POP 11,5/20

Koch: Friedrich Tösch

Dass Familie Tösch dank der direkten Seelage und dem eleganten Design mit einem außergewöhnlichen Ambiente punkten kann, steht außer Frage. Dass aber auch die dortige Küche mit hoher Qualität und angemessenem Preis-Leistungs-Verhältnis begeistert, erfreut umso mehr. Neben Regionalität setzt man auf eine Mischung aus österreichischen Klassikern und Neuinterpretationen der pannonischen Küche.

Tel.: 02167 40222
0664 4321159

7121 Weiden am See
Seebad 1

www.dasfritz.at
info@dasfritz.at

täglich 9–22 Uhr

WIMPASSING AN DER LEITHA

Gedämpftes Forellenfilet überzeugt ebenso wie die kräftige Tafelspitzsuppe, bei den Hauptgängen punkten das sämige Rahmbeuschel und der fangfrische Zander. Fritz' Cremeschnitte gehört zum Besuch dazu wie auch eine rechtzeitige Reservierung während der Sommermonate.

à la carte: 9–27 €

ZUR BLAUEN GANS (N)   12,5/20

Koch: Oliver Wiegand

Wie oft ist doch die blaue Gans schon einem Phönix gleich aus der Asche auferstanden… und so sind wir wieder einmal besonders gespannt, was uns in dem schön gelegenen, stimmungsvoll gestalteten Haus erwartet. Das Speisenangebot klang ambitioniert, konnte aber bei Gerichten wie Zanderbouillabaisse (geschmacksneutral) oder Krabbenfleischtatar mit Birne und rosa Pfeffer (unausgewogen) dem hohen Anspruch zwar küchentechnisch, nicht aber kompositorisch standhalten. Der Komponentenvielfalt trotzte einzig der geschmorte Rotweinchicorée mit Kakao und Blauschimmelkäse. Manchmal ist weniger einfach mehr. Vielleicht hätten wir besser aus dem relativ umfangreichen À-la-carte-Angebot bestellen sollen? Das Weinangebot ist sehr groß und überaus fair kalkuliert.

à la carte: 9,90–38,90 €

Tel.: 02167 70000
7121 Weiden am See
Seepark Weiden
www.zurblauengans.at
blaue-gans@seepark.at
Mo, Do, Fr, Sa 11.30–14 und
18–21.30, So 12–19 Uhr
✻ variabel

WIMPASSING AN DER LEITHA   N3

GASTHAUS ZIEGELWERK (N)   14,5/20

Koch: Werner Tschiedel

40 Minuten südlich der Bundeshauptstadt ist dem aus dem Coté Sud bekannten Werner Tschiedel mit dem Umbau der elterlichen Ziegelfabrik zum Vorzeige-Gasthaus ein wahres Meisterstück gelungen. Aus der liebevoll zusammengestellten Karte entschieden wir uns einerseits für die glacierte Hühnerleber mit Sommersalaten, Kirschen und eingelegten Pilzen, andererseits für den Leithasalat mit Ziegenfrischkäse, Kräuterbrotkrusteln, Erdbeeren, eingelegten Radieschen und Eierschwammerln. Beides erfrischend und perfekt abgeschmeckt, was auch für das kalte Gurken-Kräuter-Süppchen mit gebeizter Lachsforelle galt. Puristisch dann das Butterschnitzerl vom Waller mit Rahm-Gurken-Salat – ein sehr schöner

Tel.: 02623 73796
2485 Wimpassing
an der Leitha
Ziegelofengasse 28
www.ziegelwerk-gasthaus.at
info@ziegelwerk-gasthaus.at

ZURNDORF

Tagesteller. Besonders gefielen uns das Weiße Scherzerl vom Kalb mit Pilzkroketten und die perfekt ausbalancierte Zitronentarte zum Abschluss. Und das alles bei äußerst moderaten Preisen, was übrigens auch für die schlau zusammengestellte Weinkarte gilt. Das Serviceteam scheint die Arbeit wirklich gerne zu machen. Da macht dann ein Besuch gleich doppelt Freude.

ZURNDORF 02

RESTAURANT AM FRIEDRICHSHOF — 12,5/20

Koch: Stefan Steinhöfer

Dort, wo sich Fuchs und Hase Gute Nacht sagen, liegt friedlich auf dem Gelände der ehemaligen Muehl-Kommune das Seminarhotel am Friedrichshof. Der Service präsentierte sich motiviert, die Weinkarte widmete sich vor allem der näheren Umgebung. Man verwöhnte uns mit knusprigen Zanderknöderln und Erdäpfelgemüse sowie mit Chioggia-Rüben-Carpaccio mit Frischkäse und Wildkräutern – eine Freude nicht nur für eingefleischte Vegetarier. Besonders gelungen dann die Kohlcremesuppe mit Selchfleisch, gefolgt von einer gefüllten Süßkartoffel mit Pimiento de Padrón, Paprika und Lauch. Sehr fein auch der rosa gebratene Kalbstafelspitz mit Dreierlei von der Karotte und Mangold. Erwähnenswert zum Abschluss der erfrischend säuerliche Rhabarberstrudel und eine Schokolade-Himbeer-Kombination als Törtchen.

à la carte: 6–32 €

Tel.: 02147 7000600
2424 Zurndorf
Römerstraße 2
www.restaurant-friedrichshof.at
office@restaurant-friedrichshof.at

Mo, Do–Sa 11.30–14 und 18–22,
So 11.30–17 Uhr
✝ Mitte Dez. 2019–Mitte Feb. 2020

BURGENLAND

Gault&Millau
2020

Die neuesten Ergebnisse aus der Haubenwelt:
800 Restaurants, neu getestet und bewertet.

Plus: Die besten Weine, Wirtshäuser, Hotels und Almhütten.
Neu in dieser Ausgabe: Golfclubs, Cafés und Bars.

Zwei Bücher, ein Preis: € 39,- für Ihren Wegweiser in die Welt des guten Geschmacks
www.gaultmillau.at

Bleiben Sie up to date mit unseren täglichen Nachrichten
auf **Facebook** und **Instagram**.

KÄRNTEN

DIE BESTEN

18/20	♟♟♟♟	**SEE RESTAURANT SAAG** Techelsberg am Wörthersee	Seite 184
17,5/20	♟♟♟♟	**DIE FORELLE** Weissensee	Seite 190
17,5/20	♟♟♟♟	**SICHER RESTAURANT** Tainach	Seite 184
17/20	♟♟♟♟	**CARAMÉ** Velden am Wörthersee	Seite 186
16,5/20	♟♟♟	**FRIERSS FEINES ECK** Villach	Seite 189
16/20	♟♟♟	**DOLCE VITA** Klagenfurt	Seite 171
16/20	♟♟♟	**MORITZ** Grafenstein	Seite 168
16/20	♟♟♟	**SCHLOSSSTERN** Velden am Wörthersee	Seite 187

LANDKARTE

LEGENDE

- ○ Orte allgemein
- 🟢 Orte mit 🎩
- 🟡 Orte mit 🎩🎩
- 🟠 Orte mit 🎩🎩🎩
- 🔵 Orte mit 🎩🎩🎩🎩
- 🔴 Orte mit 🎩🎩🎩🎩🎩

Obervellach
Gmünd
Patergasser
Winklern
Seeboden
Bad Kleinkirchheim
Millstatt
Spittal a. d. Drau
Radenthe
Feld a. See
Oberdrauburg
Döbriach
Arriac
Weissensee
Kötschach
Landskron
Mauthen
Hermagor
Villach
Villach Warmbad

LANDKARTE

KÄRNTEN

Friesach

Bad St. Leonhard im Lavanttal

Lölling

Guttaring

Althofen

Klein St. Paul

Wolfsberg

Gnesau

Feldkirchen in Kärnten

St. Veit a. d. Glan

St. Georgen

Liebenfels

Tanzenberg

Griffen

St. Paul i. Lavanttal

ssiach

Techelsberg

Moosburg

KLAGENFURT

Tainach

Völkermarkt

Pörtschach

Grafenstein

Bleiburg

Velden

Egg

Ledenitzen

Ferlach

Bad Eisenkappel

Gurk

Glan

Lavant

Drau

Wörther See

SLO

Raiffeisen G·M 161

ALTHOFEN K5

BACHLER
im Kulturwirtshaus

15/20

Tel.: 04262 3835
0650 34 33 40 78

9330 Althofen
Silberegger Straße 1

www.bachler.co.at
restaurant@bachler.co.at

Di–Sa 10–14 und 18–21.30,
So 11.30–14 Uhr
variabel

Koch: Gottfried Bachler

Regionalität ist bei den Bachlers kein leeres Schlagwort. Gemeinsam mit einer bunt zusammengewürfelten Gruppe hochwertiger Produzenten ist mittlerweile sogar eine Initiative namens „Marktplatz Mittelkärnten" entstanden. Das macht sich auch bei den fantastischen Gerichten bemerkbar, die man in den gutbürgerlich eingerichteten Räumlichkeiten genießen darf. Die Lammleberpastete wurde vom herben Aromenspiel von eingelegten Vogelbeeren und Weichseln perfekt ergänzt. Die folgende Taube hatte, Ausnahmen bestätigen die Regel, eine etwas weitere Anreise, doch der Weg aus Frankreich hat ihr nicht geschadet. Im Gegenteil, wie auch das Filetsteak schmolz der Vogel regelrecht von der Gabel, ideal passend dazu die leicht knusprigen Schupfnudeln und ein dicht komponierter Rotweinsaft. Sehr ordentlich die Desserts. Wer ein echtes Erlebnis sucht, sollte sich jedoch an den Käse halten: Hier werden gut gereifte Köstlichkeiten, geliefert von meist kleinen Spezialisten aus nah und fern, serviert, die ihresgleichen suchen. Bei der feinen Weinauswahl kann man sich voll und ganz auf Ingrid Bachler verlassen – sie findet stets den passenden Tropfen.

à la carte: 12–29 €

www.gaultmillau.at
Tipps, Trends, Rankings und alle Restaurantkritiken

ARRIACH

ALTE POINT
Koch: Bernhard Trügler

13/20

Tel.: 04247 8523
0664 120 90 25

9543 Arriach
Arriach 4

www.altepoint.at
office@altepoint.at

Di, Mi, Fr–So 12–14 und
18–21 Uhr

Arriach ist der geographische Mittelpunkt Kärntens. Hier findet auch die Kulinarik unter der Ägide von Claudia und Bernhard Trügler ihre Mitte. In ihrem liebevoll rustikal eingerichteten Gasthaus kocht Bernhard Trügler zumeist klassisch – stets jedoch mit Liebe zum Detail und mit handwerklicher Perfektion. Nur selten findet man ein derart feines Kalbsbeuschel vom Angus-Kalb. Das zur Vorspeise gereichte gebackene Bauernei beeindruckte durch das präzise Spiel der Konsistenzen. Eine gut sortierte Weinkarte sowie ein außerordentlich freundlicher Service stellen den hungrigen Gast in den Mittelpunkt des Mittelpunkts Kärntens.

à la carte: 10,50–32,50 €

MEIN WUNDERBARER Kochsalon
www.martinahohenlohe.com

BAD KLEINKIRCHHEIM

LOY STUB'N
in der Thermenwelt Hotel Pulverer
Koch: Markus Moser

12/20

Tel.: 04240 744
9546 Bad Kleinkirchheim
Thermenstraße 4
www.pulverer.at
hotel@pulverer.at

täglich 18–21 Uhr
✽ bis 6. Dez. 2019

In der urigen Stube hat man ein wenig das Gefühl, in vergangene Zeiten zurückversetzt zu sein. Die mit Stoff überzogenen Lampenschirme erinnern an Großmutter, die Wände schmücken sich mit Hirschgeweihen. So traditionell und klassisch zeigt sich auch die Speisekarte mit bodenständiger Landesküche sowohl beim Mehrgangmenü als auch bei den À-la-carte-Gerichten. Für einen soliden Einstieg sorgte die Variation vom Rind mit Sulz, Rohschinken und feinem Tatar. Frische und qualitativ hochwertige Produkte machten sich dabei bezahlt, das Tatar erfreute mit einer würzigen, nicht zu dominanten Marinade. Überzeugend auch der zarte Tafelspitz, der im Kupferpfandl mit Röstkartoffeln und Cremespinat serviert wurde. Als Abschluss erfreuten wir uns an einem köstlich karamellisierten Kaiserschmarren.

à la carte: 3,50–35 €

BAD ST. LEONHARD

TRIPPOLT ZUM BÄREN
Koch: Josef Trippolt

15,5/20

Tel.: 04350 2257
0664 445 52 88
9462 Bad St. Leonhard
Hauptplatz 7
www.zumbaeren.at
silvia.trippolt@zumbaeren.at

Di–Sa 11.30–14 und 18–20.30 Uhr
✽ variabel

JOSEF TRIPPOLT JUN. UND JOSEF TRIPPOLT SEN., KÖCHE DES JAHRES 2003
Schon bei der Ortseinfahrt verweist ein Schild stolz auf unsere Köche des Jahres 2003. Seniorchef Josef Trippolt ist leider vor zwei Jahren verstorben, doch sein gleichnamiger Sohn führt das väterliche Erbe mit ungebremstem Elan gekonnt fort. Das Speisenangebot ist erstaunlich breit. Neben den À-la-carte-Gerichten und dem „Bären-Menü" wird noch ein knappes Dutzend Tagesempfehlungen auf einer großen Schiefertafel aufgelistet. Bei seinen Kreationen blickt Trippolt gerne über die Grenze nach Istrien und Italien. Ganz wunderbar schmeckten uns die zu Recht als flaumig beschriebenen Gnocchi mit Trüffelkäse, nicht ganz so überzeugend waren

die Tagliatelle mit Eierschwammerln – sie waren blass und langweilig. Butterzart die Rehschnitzerl mit Polenta und Orangen-Preiselbeeren – so lassen wir uns Alternativen zum Wiener Schnitzel gerne gefallen. Sehr gut auch die Tagliata vom Jungrind mit gebratenen Schupfnudeln, brav – aber nicht mehr – die Desserts. Das Weinangebot ist reichhaltig und fair kalkuliert, der Service freundlich und kompetent.

à la carte: 3–35 €

DÖBRIACH

SEEFISCHER
Koch: Christian Gölles

12/20

Tel.: 04246 77 12
9873 Döbriach
Fischerweg 1
www.seefischer.at
hotel@seefischer.at
nur abends geöffnet

Dieser wunderbare Ort ist kaum zu toppen. Wer bei Schönwetter kommt, darf an den Tischen im hauseigenen Hafen Platz nehmen und den Segelbooten beim Schaukeln zusehen. Mittags wählt man à-la-carte, abends steht ein Menü gesamt oder in Teilen zur Wahl. Der Seefischer-Fischsuppentopf ist eine klare Angelegenheit. Mit viel Gemüsejulienne angereichert, aber doch etwas verhalten gewürzt. Auch der Caesar Salad präsentiert sich ordentlich, aber eher von der braven Seite. Mehr Würzmut täte nicht schlecht. Beim perfekt zarten Rehrücken mit etwas zu al dente gegartem Kürbis hatte man auf die kalt gerührten Cranberrys vergessen, wodurch die gebackene Kärntner-Nudel-Beilage zu trocken wirkte. Tadellos jedoch der auf den Punkt gebratene Saibling mit Safrankarfiol und Mandel-Hirse. Als Dessert machte uns eine fein ausgewogene Vanille-Panna-cotta mit cremigem Marilleneis glücklich. Das zu kalte und daher zu harte Erdbeerparfait zum Ananascarpaccio war weniger geglückt. Die Weinauswahl ist interessant, der Service kompetent.

Gault&Millau
2020

Die neuesten Ergebnisse aus der Haubenwelt:
800 Restaurants, neu getestet und bewertet.

Plus: Die besten Weine, Wirtshäuser, Hotels und Almhütten.
Neu in dieser Ausgabe: Golfclubs, Cafés und Bars.

Zwei Bücher, ein Preis: € 39,- für Ihren Wegweiser in die Welt des guten Geschmacks
www.gaultmillau.at

Bleiben Sie up to date mit unseren täglichen Nachrichten
auf **Facebook** und **Instagram**.

EGG/FAAKER SEE

DER TSCHEBULL
Gastwirtschaft

11,5/20

Koch: Hannes Tschemernjak

Der Tschebull ist eines der ältesten Gasthäuser Kärntens, das seit Jahrzehnten von der Familie Tschemernjak mit viel Liebe und Leidenschaft geführt wird. Die Küche ist simpel, aber überzeugend. Ohne viel Chichi kommen hier ordentliche Portionen auf den Tisch und begeistern mit ehrlichem Geschmack. Altes adaptiert man gekonnt mit einem Hauch von frischem Esprit, was sowohl beim Entenleberparfait mit Rieslingmarillen als auch den Alpe-Adria-Pastavariationen zur Geltung kommt. Nicht nur bei Einheimischen ist das Wirtshaus daher für Familienfeste und Sonntagsausflüge beliebt, auch Kärntenurlauber genießen im Sommer die schöne Terrasse.

à la carte: 9,50–29 €

Tel.: 04254 2191-0
9580 Egg/Faaker See
Egger Seeuferstraße 26
www.tschebull.cc
office@tschebull.cc
täglich 12–14.30 und 18–21.30 Uhr
7. Jän.–Ende März 2020

GÖTZLSTUBE
im Hotel Karnerhof

15/20

Koch: Peter Brandstätter

Sieht man aus dem Fenster der gemütlichen Götzlstube, bietet sich dem hungrigen Gast ein atemberaubendes Panorama: Der Blick schweift über den Faaker See bis zu den Karawanken. Wir lassen uns davon jedoch nur kurz ablenken und richten den Blick auf das Wesentliche. Nach dem Kärntner Maler Willi Götzl benannt, können die kulinarischen Kreationen von Küchenchef Peter Brandstätter getrost mit dem Attribut „malerisch" versehen werden. Das erste Highlight war eine Kombination von Gänseleber-Crème-brûlée und Maiwipfelsorbet. Raffiniert auch die Texturen von Kalb, Bries und Speck. Es folgte ein zartes Filet vom Maibock mit gebackenem Rotkraut – ausgeklügelt, kreativ und überaus gelungen. Diese Attribute galten auch für die zur Nachspeise servierten flaumigen Tomaten-Topfen-Knödel. Der ausgezeichnete Service und die gut bestückte Weinkarte passten zum erfreulichen Eindruck, den die Götzlstube bei unserem Besuch hinterlassen hat.

à la carte: 15–40 €

Tel.: 04254 2188
9580 Egg/Faaker See
Karnerhofweg 10
www.karnerhof.com
hotel@karnerhof.com
Di–Sa 18–21 Uhr
bis 20. Mai 2020

FELD AM SEE

FEISTRITZ IM ROSENTAL   J5

JURITZ   👍 Tipp

Tel.: 04228 2115
9181 Feistritz im Rosental
Unterfeistritzer Straße 41
www.camping-juritz.com
office@camping-juritz.com
Mi–So 11.30–14.30 und
18–22 Uhr

Urlaub für Leib und Seele garantiert dieses solide Gasthaus am Campingplatz. Im Sommer hat man die Möglichkeit, auf der schönen Gartenterrasse zu speisen, bei kühleren Temperaturen spenden die hellen, freundlichen Innenräume Gemütlichkeit. Die Küche lädt mit einer Mischung aus heimischen und internationalen Gerichten der Natur- und Vollwertküche zu einer Reise um die Welt und verspricht dabei großzügige Portionen und ehrlichen Geschmack. Pizza und Pasta reihen sich neben Klassikern wie Wiener Schnitzel und frischen Kaiserschmarren ein. Einem unkomplizierten Besuch ohne Experimente steht also nichts im Weg.

à la carte: 5–29 €

FELD AM SEE   I5

LANDHOTEL LINDENHOF ⓝ   12,5/20

Gourmetstube

Koch: Martin Schretter

Tel.: 04246 2274
9544 Feld am See
Dorfstraße 8
www.landhotel-lindenhof.at
urlaub@landhotel-lindenhof.at
Do–Mo 18–21.30 Uhr
❄ bis 9. Mai 2020

Das Ehepaar Nindler ist mit Herzblut bei der Sache – so wie schon zahlreiche Generationen vor ihnen. Schließlich befindet sich der Lindenhof schon seit dem 19. Jahrhundert in Familienbesitz. In der Gourmetstube hat sich Küchenchef Martin Schretter ganz auf Regionalität eingeschworen. Bei seiner „Slow Food Geschmacksreise" soll keine Zutat eine weitere Anreise als 55 Kilometer haben. Wir genossen mit gutem Gewissen ein frühlingshaft leichtes Bärlauch-Wiesenkräuter-Schaumsüppchen, ein gebratenes, überaus zartes Oberkärntner Weidekalb sowie verführerische Käsespezialitäten aus dem Gegendtal.

à la carte: 7–28 €

GMÜND

GMÜND　　　　　　　　　　　　　　　　　　　　　　　　　　J5

ALTE BURG　　　　　　　　　　　　　　👍 Tipp
Burgrestaurant

Tel.: 04732 3639
0676 949 70 80

9853 Gmünd
Burgwiese 1
www.alteburg.at
luk@alteburg.at
täglich 11–20 Uhr
✵ variabel, 6. Jän.–Anfang April 2020

In Gmünd steht mit der Alten Burg das „Spätzlezentrum" Kärntens. Die handgemachte Spezialität der Hausherrin und gebürtigen Schwäbin Ula gibt es hier in zahlreichen Variationen. Über 30 unterschiedliche Spätzlevarianten hat sie über die Jahre schon erdacht und zur Freude der vielen Stammgäste auch gekonnt gekocht. Darüber hinaus gibt es auch Klassiker der österreichischen Küche sowie saisonal wechselnde Gerichte.

à la carte: 4–21 €

GNESAU　　　　　　　　　　　　　　　　　　　　　　　　　　K5

SEEBACHER　　　　　　　　　　　　　　11/20
Landgasthof vlg. Blaser
Koch: Fritz Seebacher

Tel.: 04278 257
0676 962 23 87

9563 Gnesau
Gurk 23
www.seebacher.at
gasthof.seebacher@aon.at
Mo–Di, Fr–Sa 12–21,
So, Fei 12–19 Uhr
✵ variabel im Juni 2020

Wild von den heimischen Jägern, Fleisch von Züchtern aus der Umgebung und auch sonst kommen vorwiegend regionale Produkte zum Einsatz. Beim Seebacher ist die Herkunft kein Schlagwort, sondern gelebte Philosophie. Das familiär geführte Landgasthaus mitten in den Nockbergen erfreut die Gäste mit bodenständigen Gerichten in bester Qualität, von Gurktaler Speckknödelsuppe über feine Tafelspitzsulz bis zu Kasnudeln und Cordon bleu. Im rustikalen Ambiente kommt rasch heimelige Stimmung auf, die durch die Herzlichkeit der Gastgeber befeuert wird.

à la carte: 6–57 €

GRAFENSTEIN　　　　　　　　　　　　　　　　　　　　　　　　K5

MORITZ　　　　　　　　　　　　　　　　16/20
Koch: Roman Pichler

Tel.: 0664 424 03 16

9131 Grafenstein
Oberwuchel 5
www.restaurantmoritz.at
info@restaurantmoritz.at
Di–Sa 17–21.30 Uhr

Segafredo

Patronne Anja Moritz und ihr Mann Roman Pichler sind ein perfekt eingespieltes Paar, das sich gekonnt und charmant um das Wohl der Gäste kümmert. Vielversprechend war schon die Moritz'sche „Brot"-Wundertüte zum Auftakt. Auch Spargel & Miso – eine Komposition aus Kärntner Spargel, knusprigem Wildreis, Avocado und warmem Misoaufguss – schmeckte vorzüglich. Mit belebendem Kräuterfrischekick erfreute uns Oktopus & Chimichurri, hinreißend frisch durch Petersil, Minze, Basilikum, Ingwer und Limette. Butterzart kam das soufflierte Lammschnitzerl vom Nuart zu Tisch. Auch der zweite Lamm-Akt – Rücken mit Grammeln und persischem Baharat – konnte überzeugen. Die charmante Wirtin führte mit einer abwechslungsreichen Weinbegleitung souverän durch den Abend, der mit einem „Earl-Grey-Dessert-Tee" ein würdiges Finale fand.

à la carte: 16–32 €

GREIFENBURG　　　　　　　　　　　　　　　　　　　　　　　　H5

LEITNER　　　　　　　　　　　　　　　　👍 Tipp
Gasthof-Pension

Tel.: 04712 344

9761 Greifenburg
Bahnhofstraße 121
www.pension-leitner.at
office@pension-leitner.at
Mi–So 11.30–14 und 18–21 Uhr
✵ Mitte Jän.–Ende Feb. 2020

Diesem traditionsreichen Familienbetrieb gelingt es, die altbewährte Alpe-Adria-Küche zeitgemäß zu adaptieren und mit saisongerechten Spezialitäten gekonnt umzusetzen. Süßwasser- und Meeresfische kredenzt man von Mitte März bis April, im Herbst erfreut man sich an frischen Karpfen aus dem Weissensee. Gelebte Regionalität und Kärntner Gastlichkeit begeistern jedes Mal aufs Neue.

à la carte: 3,80–32 €

HERMAGOR

GRIFFEN — L5

KROPF ⓝ 13/20
Gasthof
Koch: Andreas Morolz

Tel.: 04234 255
9112 Griffen
Lind 1
www.gasthof-kropf.at
info@gasthof-kropf.at

Es gibt viele gute Gründe, sich auf den Freitag zu freuen, und Eingeweihte wissen: In Griffen gibt es seit einiger Zeit einen weiteren. Denn da ist Gourmetabend im Gasthof Kropf und die Gebrüder Morolz, nach Stationen bei österreichischen Topadressen heimgekehrt in den elterlichen Betrieb, nehmen das durchaus ernst. Gelernter Koch ist keiner von den beiden, umso erstaunlicher also, mit welchem Gespür für spannende Kompositionen Andreas Morolz seiner Kreativität freien Lauf lässt. Saiblingstatar erhielt durch Schafjoghurt vom Nuart mit Orange und einem Hauch von Maiwipfeln einen erfrischenden Kick, samtiger Brennnesselspinat umschmeichelte geflämmte Forelle und fantastischen grünen Spargel aus dem Lavanttal. Eigenwillig und doch sehr gefällig war ein geräuchertes Linsencurry mit zart gehobelten Champignonflocken und geeistem Koriander. Dass sich Wild mit Kaffee gut verträgt, bewies darauf der in Letzterem gewälzte Maibockrücken. Die Patisserie ist noch ein wenig ausbaufähig, das Erdbeertörtchen in Kombination mit Holunderparfait und Colakraut war aber trotzdem ein gelungener Abschluss.

GUTTARING — K5

BRUNNWIRT KASSL 11/20
Koch: Christian Brunner

Tel.: 04262 8125
0664 2428344
9334 Guttaring
Unterer Markt 2
www.kassl-brunnwirt.at
brunnwirtkassl@aon.at
Do–Mi 11–14 und 17.30–21 Uhr
❄ Jänner 2020

Die Einrichtung dieses traditionellen Gasthofs mitten am Hauptplatz ist schlicht und rustikal, im Sommer sitzt man im lauschigen Gastgarten. Die Speisekarte präsentiert sich ziemlich fleischlastig und das ist gut so. Schließlich kommen die Fleischspezialitäten aus der eigenen Fleischerei. Die traditionelle Kärntner Küche gibt sich mit saisonalen Schwerpunkten durchaus abwechslungsreich. Der Service ist herzerfrischend und ist auch bei der Weinberatung kompetent.

à la carte: 10–32 €

HERMAGOR — H5

BÄRENWIRT 15/20
Koch: Manuel Ressi

Tel.: 04282 2052
0664 7511 39 35
9620 Hermagor
Hauptstraße 17
www.baerenwirt.info
mail@baerenwirt.info
Di 17–21, Mi–Sa 11.30–14 und 17–21, So 11.30–14.30 Uhr

WIRTSHAUS DES JAHRES 2018

Manuel Ressi – vor Zeiten Souschef im Steirereck – weiß seine Gäste glücklich zu machen. Sei es mit der Gestaltung dreier moderner Gästezimmer im „Kleinen Bären" (bei der Kirche gegenüber dem Bärenwirt gelegen), dem kontinuierlichen Ausbau der Weinkarte oder dem Speiseangebot, das mit wunderbarem Wiener Schnitzel, geschmackssicherem Kalbsbeuschel oder sämigem Rindsgulasch die Einheimischen oder mit kreativen Neuinterpretationen die Neugierigen aus nah und fern anlockt. Wir gingen mit unserem siebengängigen Überraschungsmenü aufs Ganze und wurden unter anderem von Lachsforelle mit Pastinakenpüree und Sprossensalat oder zarten Schweinsripperln mit mariniertem Spitzkraut und Biersauce (Suchtgefahr!) erfreut, von grünem Spargel auf Ziegenkäseemulsion und Pulver von der getrockneten schwarzen Olive (feinsinnig) begeistert und von Maibockkleber mit Morcheln und frischen Kräutern oder Grießflammeri mit Yuzueis und Rhabarber (sehr erfrischend) verzaubert. Stimmig und doch so mutig wie unerwartet.

à la carte: 4,50–27 €

HIRT

HIRT K5

HIRTER BRAUKELLER
Privatbrauerei Hirt

👍 **Tipp**

Tel.: 04268 205045
9322 Hirt 1
www.hirterbraukeller.at
hirterbraukeller@hirterbier.at
täglich 11–21 Uhr
✕ 23. und 24. Dez. 2019,
13.–17. Jän. 2020

Der urige Braukeller zählt zu den traditionsreichsten Gastronomiebetrieben Kärntens. Die Speisekarte bietet einen Auszug von bodenständigen Gerichten und beweist dabei, dass herber Geschmack und feine Aromen durchaus kombinierbar sind. Das Pils-Rahmbeuscherl mit Knödel erfreut den Gaumen, der saure Bierteller mit Rindfleisch, hausgemachter Sulz, Bieressig und -brot bietet in den Sommermonaten eine ideale Stärkung. Die unterschiedlichen Räumlichkeiten haben alle ihren eigenen Charme, gemütlich sind sie durch die Bank.

à la carte: 9,50–28,50 €

KLAGENFURT J5

151 BISTRO BAR
Koch: Markus Vidermann

12/20

Tel.: 0676 6151151
9073 Klagenfurt
Höhenweg 151
www.151.at
151@151.at
Mo–Sa 17–23 Uhr
✕ je 2 Wochen im Jän. und Sept. 2020

Ab 16 Uhr offen, ab 17 Uhr Küche, ab 19 Uhr voll. Die Atmosphäre ist ungezwungen, der Service unaufgeregt-locker, die Musik relativ laut. Das geht beim Aperitif an der Bar, erschwert aber die Unterhaltung am Tisch. Reden wir also übers Essen, das sich als ambitionierter Dreisprung von Kärnten in internationale und asiatische Gefilde präsentiert. Die vegane Tatarvariante aus Roten Rüben mit Pilzen lässt das übliche Beef Tatar fast ein bisschen alt aussehen. Der rohe Kärntner Laxn mit Ingwer gelang besonders gut, Kalbspaillard und -kotelett waren hingegen nur gehobener Durchschnitt. Das Weinangebot ist verlockend, nur die eine oder andere Flasche erscheint uns zu ambitioniert kalkuliert.

à la carte: 7–33 €

KLAGENFURT

DOLCE VITA   16/20

Koch: Stephan Vadnjal

Mittags gibt es einen Aushang der Angebote am Eingang, abends zählt der Chef die angebotenen Gerichte kurzerhand persönlich auf. Begrüßt werden wir mit einem freundlichen, nicht ganz akzentfreien, sympathischen „Buona sera". Das Lokal ist relativ schlicht, schick, mit warmen Orangetönen im Gewölbe gestaltet. Hausgemachte Grissini und Brote, Sardellenbutter und Kräutertopfen werden mit einer Schale exzellentem Olivenöl gereicht. Hier ist jemand von höchster Qualität überzeugt und weiß sie auch umzusetzen. Ricottaravioli auf Auberginen, gratinierte Canestrelli oder Trofiette mit Vongole – alles leicht und mediterran im Geschmack. Die Spezialität Stephan Vadnjals ist aber Meeresfisch, natürlich stets Wildfang. Egal ob gebraten oder in der Salzkruste, alles ist unverfälscht und pur. Wir entschieden uns für ein wunderbar natur gebratenes Filet vom Drachenfisch mit leicht angebratenem italienischen Gemüse und flaumigem Salbeipüree. Die Weinkarte ist äußerst gut sortiert, schwerpunktmäßig natürlich an Italien orientiert und sehr umfangreich. Wir verließen uns bei der Auswahl auf den Rat der sehr freundlichen und kompetenten Servierkraft. Den krönenden Abschluss bildete eine traumhaft flaumige Ricottatarte mit den ersten Marillen der Saison. Jedenfalls die beste kulinarische Italien-Erfahrung in Klagenfurt und weit darüber hinaus.

à la carte: 14–32 €

Tel.: 0463 55499
9020 Klagenfurt
Heuplatz 2/
Ecke Purtscherstraße
www.dolce-vita.at
restaurant.dolcevita@aon.at
Mo–Fr 11.30–14 und 18–22 Uhr
✽ variabel

KOCHWERKSTATT   12,5/20

Koch: Christian Cabalier

Ja auch so kann ein Haubenlokal aussehen. Einfach, lässig und auf den ersten Blick nicht weiter besonders. Doch im Gegensatz zu anderen Marktbeiseln wird hier richtig gut gekocht und darauf kommt es bei der Verleihung von Hauben schlussendlich an. Mit scheinbarer Leichtigkeit wechselt Christian Cabalier laufend die Gerichte. Das entspricht dem Konzept einer „Kochwerkstatt" mitten am Benediktinermarkt und bietet zugleich den zahlreichen Stammgästen Abwechslung. Nur Klassiker wie das Beef Tatar (stets vorzüglich) und Kalbsrahmgulasch dürfen niemals fehlen. Sommerlich frisch hat uns der Garnelen-Calamari-Salat mit Stangensellerie, Pfirsich und Burrata gefallen. Das scheinbare Durcheinander am Teller ergab geschmacklich absolut Sinn. Weniger fürs Auge dafür umso mehr für den Gaumen war das Eierschwammerlrisotto mit geräuchertem Bröseltopfen, frischen Apfelstücken und Spinat. Die Weine sind klug ausgewählt und sehr fair kalkuliert, der Service auch bei samstäglichem Vollbetrieb stets bestens gelaunt. Fazit; ein unkompliziertes Gute-Laune-Lokal mit verlässlich guter Küche.

Tel.: 0664 217 88 77
9020 Klagenfurt
Benediktinerplatz,
Stand 15–16
christiancabalier@gmail.com
Di–Sa 11–15 Uhr
✽ variabel

OSCAR   12/20

Koch: Bernd Thaller

Wenn eine seriöse Bank ein Restaurant betreibt, was darf man sich da erwarten? Korrektheit und keine Experimente, schon gar keine waghalsigen. Genau darum geht es im Oscar – solide, gehobene Küche mit mediterranen Akzenten und der einen oder anderen Idee (schwarze Nüsse zum Pulpocarpaccio, Eisweinschaum zum Kalbsbries), kundig gegrillte Steaks und die Möglichkeit, bei vielen Speisen zwischen kleineren und größeren Portionen zu wählen. Mittags gibt es (wohl für den kleinen Sparer) ein € 8,90-Menü und ein abgespecktes Programm, abends steht die volle Bandbreite zur Wahl. Ein Extralob für den Service, der auch beim Wein kompetent berät.

à la carte: 7–31 €

Tel.: 0463 50 23 00
9020 Klagenfurt
St. Veiter Ring 43
www.oscar-restaurant.at
oscar@a1business.at
Mo–Fr 11.30–14 und 18–21.30,
Sa 18–21.30 Uhr
✽ variabel

KÄRNTEN

Die besten Weine Österreichs: der Gault&Millau-Weinguide.

KLAGENFURT

OSTERIA VENETA   11/20
Koch: Luca Scarabello

Tel.: 0463 9157 10
0660 594 06 37

9020 Klagenfurt
Kardinalplatz 3

www.osteriaveneta.at
info@osteriaveneta.at

Mo–Sa 11.30–14.30 und
17.30–22.30 Uhr

Dass zu einer authentisch italienischen Küche Fisch und Meeresfrüchte sowie hausgemachte Pasta dazugehören, ist bekannt. Schön, dass auch Küchenchef Luca Scarabello das so sieht und mitten in Klagenfurt eine Anlaufstelle für all diejenigen schafft, die mediterranes Flair und italienische Aromen nicht missen möchten. Dreimal pro Woche werden frische Meerestiere geliefert, die dann unter anderem zu Spaghetti alle vongole, Branzino in der Salzkruste oder Seeteufel vom Grill verarbeitet werden. Aber auch der venezianische Klassiker Garganelli mit Entenragout ist eine lohnende Alternative. Wofür man sich auch entscheidet, das Ergebnis auf dem Teller überzeugt und weckt Lust auf Meer.

à la carte: 15–50 €

RESTAURANT LEITEN   13/20
am Weingut Karnburg
Koch: Leo Suppan

Tel.: 0676 350 42 20

9063 Klagenfurt
Leiten 6

www.restaurant-leiten.at
leiten@alpenspirit.eu

Do 16–22, Fr–So, Fei 11–22 Uhr
6. Jän.–26. März 2020

Noch sind die Kärntner Weingüter nicht so bekannt wie ihre Pendants in der Südsteiermark. Doch auch sie entwickeln sie sich zu richtigen Genusszentren mit einem verlockenden kulinarischen Angebot. Das Restaurant Leiten bietet mit seiner gemütlichen Einrichtung und der spektakulären Terrasse ein tolles Ambiente. Und weil Leo Suppan richtig gut kochen kann, schmecken hier Gerichte wie Rote Rüben mit Schafskäse, Eierschwammerlrisotto mit Liebstöckl oder Hühnerbrust mit cremiger Polenta und Champions ganz vorzüglich. Ein echtes Highlight war das gegrillte Tomahawk-Steak vom Schwein.

Bei der Zusammenstellung dieses Führers ließen wir größtmögliche Sorgfalt walten, trotzdem können Daten falsch oder überholt sein. Eine Haftung können wir auf keinen Fall übernehmen.

WISPELHOF   12,5/20
Gasthaus

Koch: Helmut Tatschl-Satler

Tel.: 0463 55398

9020 Klagenfurt
Feldkirchner Straße 29

www.wispelhof.at
1784@wispelhof.at

Mo–Sa 11.30–14 und 17–21 Uhr
✻ variabel

Die Melange aus Tradition und Moderne funktioniert im Wispelhof ausgesprochen stimmig – architektonisch wie auch kulinarisch. Die Karte teilt sich neuerdings in die Abteilungen Maxi und Mini auf, wobei Mini – wie unschwer zu erraten ist – für kleinere Portionen, also für eine Art Tapas steht. Dem Mini-Esser werden Kleingerichte mit asiatischen, mediterranen und heimischen Aromen geboten, im Segment Maxi dominiert die klassische Wirtshausküche, von Tafelspitz über Backhendl (herrlich großmütterlich mit Erbsenreis) bis zum Wiener Schnitzel mit dünner, vorbildlich gewellter Panade. Bei den Minis überzeugte die asiatisch marinierte Lachsforelle mit feiner Konsistenz und Aromenstärke, das herzhaft gewürzte Ziegenkitzwürstel harmonierte deftig mit den Kärntner Perlgraupen, ein Cassoulet entpuppte sich als perfekte Begleitung des zarten Lammrückens. Lediglich die abschließenden Erdbeer-Mohn-Knödel hätten flaumiger, also weniger patzig sein dürfen. Der Weinkeller ist gut gefüllt, der Service flott und unaufdringlich.

à la carte: 5–60 €

GASTHAUS IM LANDHAUSHOF   👍 Tipp

Tel.: 0463 50 23 63

9020 Klagenfurt
Landhaushof 1

www.gut-essen-trinken.at
office@gasthaus-im-landhaushof.at

täglich 11–22 Uhr

Die österreichische Gastfreundschaft lässt man im historischen Landhaushof hochleben. Der Tafelspitz kommt ganz klassisch mit Wurzelgemüse im Reindl daher, die Kärntner Tradition würdigt man mit den typischen Kasnudeln. Die Karte bietet auch zahlreiche weitere traditionelle Gerichte. Die meisten Gäste lassen sich das frisch gezapfte Bier munden, aber auch Weinfreunde werden in der kleinen, aber feinen Weinkarte fündig.

à la carte: 7,50–21,90 €

KLEIN ST. PAUL   K5

ZUM DORFSCHMIED   11/20
Gasthof

Koch: Josef Müller

Tel.: 04264 2280

9373 Klein St. Paul
Marktstraße 16

www.zumdorfschmied.at
zumdorfschmied@aon.at

Mi–Sa 12–13.30 und 18–20.30,
So 11.30–14 Uhr
✻ variabel

Segafredo

Das unscheinbare Dörfchen Klein St. Paul birgt mit seinem Gasthof Zum Dorfschmied einen kulinarischen Geheimtipp. Dort agieren Wirtsleute mit viel Leidenschaft, was sich sowohl beim Ambiente als auch bei der Speisekarte zeigt. Die Gaststube mit ihren liebevollen Details schafft eine angenehme Atmosphäre. Die eigene Landwirtschaft und Selcherei liefern nicht nur würzige Hirschsalami und frischen Glundner Käse, gemeinsam mit dem hausgebackenen Brot sind Genussmomente vorprogrammiert. Schön, wie man sich hier Zeit nimmt, Gäste mit arbeitsintensiven, regionalen Spezialitäten zu verwöhnen.

à la carte: 12,80–32,80 €

LANDSKRON   I5

BURG LANDSKRON   14,5/20
Kronensaal

Köchin: Bettina Mitter-Melcher

Tel.: 04242 41563
0664 464 42 80

9523 Landskron
Schlossbergweg 30

www.burg-landskron.at
office@burg-landskron.at

Hoch über Villach thronend liegt die für ihre Greifvogelschau bekannte Burg Landskron. Doch hier darf man nach dem Anblick der hungrigen Adler aus ebendiesem Motiv als Genießer bleiben. Im Kronensaal mit herrlichem Blick über Villach

LEDENITZEN

werden kulinarische Krönungen in treffsicherer Perfektion serviert. Wer kann schon einer Suppe von Flusskrebsen mit Krustentierfagottini widerstehen? Ein erfreulicher, kreativer und wohlschmeckender Quantensprung ist hier zu verzeichnen, der durch einen unschlagbaren Preis und einen außerordentlich freundlichen Service den Ritterschlag erfährt.

à la carte: 22,50–39 €

täglich 18–22 Uhr
🍴 bis 20. Mai 2020

JAGERSBERG Ⓝ 👍 Tipp

Die Speisekarte im Jagersberg liefert genug Stoff für mehrere Themenrestaurants, vom American Dinner über den Italiener ums Eck bis hin zum österreichischen Wirtshaus. Dass man sich bei diesem Spagat in der Lage sieht, zusätzlich noch monatlich wechselnde saisonale Spezialitäten anzubieten, ist durchaus beeindruckend.

à la carte: 3,90–39,90 €

Tel.: 04242 42287
9523 Landskron
Ossiacher Straße 75 a
www.jagersberg.at
restaurant@jagersberg.at
Di–Fr 11–14 und 17–22,
Sa 11–22, So 11–21 Uhr

LEDENITZEN   J5

HARRY'S FARM   11,5/20

Harry's Farm ist eine Pilgerstätte für all jene, denen der Sinn nach einer guten Portion Fleisch steht. An der Vitrine, in der die unterschiedlichen Stücke aus der familieneigenen Fleischhauerei für ihren großen Auftritt auf dem Grill bereitliegen, lässt es sich gustieren. Wer bei der Auswahl der Cuts Hilfe braucht, wird kompetent beraten. Rib Eye, Filetsteak und Co werden zart-saftig, mit herrlichen Röstaromen und exaktem Garungsgrad serviert. Wunderbar passen Beilagen wie Speckfisolen oder das scharfe Texasgemüse. Ein wahrlich genussvoller Ausklang ist das hausgemachte Vanilleeis mit verschiedenen Saucen.

Tel.: 04254 2359
9581 Ledenitzen
Kumweg 8
www.harrys-farm.at
office@harrys-farm.at
Mo bzw. Di (winters)–Sa ab 17 Uhr
🍴 So, im Winter auch Mo

LIEBENFELS

J5

GLANTALERHOF

Koch: Hannes Siegel

11/20

Tel.: 04215 2440
0664 5100482

9556 Liebenfels
Lebmach 16

www.glantalerhof.at
office@glantalerhof.at

Di–Sa 11–14 und 17.30–22,
So, Fei 11–19.30 Uhr
Karwoche, 3 Wochen Ende Juli 2020

Das kulinarische Angebot im Glantalerhof ist ein Paradebeispiel für ausgezeichnete Landküche mit dem gewissen Extra. Heimische Aromen werden dabei gekonnt mit Einflüssen aus den südlichen Nachbarländern kombiniert. Über das Beef tatar vom Kärntner Almochsen freuen wir uns jedes Mal. Auch die gegrillte Lachsforelle auf Flusskrebsspaghetti und Bärlauchbutter ist ein beliebter Klassiker. Das Wochenmenü verspricht abwechslungsreiche Kompositionen mit saisonalen Schwerpunkten. Ein süßer Abschluss muss natürlich auch sein. Die gebackenen Eisparfaitzuckerl haben für Naschkatzen Suchtpotenzial. Das Ambiente in den Innenräumen ist gepflegt, der Gastgarten ein idyllischer Platz.

à la carte: 14–29 €

KUNSTHANDWERK

Wirtshaus
Koch: Johannes Magnet

pop 12,5/20

Tel.: 04215 2894
0664 357 46 12

9556 Liebenfels
Radelsdorf 1

www.wirtshaus-kunsthandwerk.at
wirtshaus-kunsthandwerk@utanet.at

Di–Sa 17–21, So 12–15 Uhr

Den Namen Kunsthandwerk könnte man auch auf die Schaffenskraft der Großfamilie Magnet beziehen, die sich überall im wunderschön hergerichteten ehemaligen Forsthaus der Familie Goëss bewundern lässt. Es ist aber auch eine mehr als adäquate Beschreibung dafür, was hier Johannes Magnet aus der Küche schickt. Es ist eine gelungene Komposition regionaler Produkte von hoher Qualität mit mediterranen und asiatischen Einflüssen zu einem stimmigen Ganzen. Die Weinkarte ist bunt gemischt und mehr als fair kalkuliert, vieles auch glasweise. Alternativ gibt es für Freunde des alkoholfreien Genusses eine Reihe selbst gemachter Sirupsorten. Veganer freuen sich über ein eigenes Menü.

à la carte: 11,50–34,50 €

LÖLLING

K5

NEUGEBAUER
Landgasthof & Landhotel

12,5/20

Koch: Lothar Krings-Neugebauer

Tel.: 04263 407
9335 Lölling
Lölling-Graben 6
www.landgasthof-neugebauer.at
neugebauer@loelling.at

Di–So 11.30–20.30 Uhr
3 Wochen im Jän.,
1 Woche im Nov. 2020

Der Landgasthof vereint nicht nur herzliche Kärntner Gastlichkeit mit gediegener Landesküche, die alte Bauernstube verspricht uriges Ambiente, der Terrassenbereich verzaubert durch Idylle. Dass hier mit viel Leidenschaft gearbeitet wird, ist gleich erkennbar. Das knusprige Backhendl ist und bleibt einfach grandios, die weiteren Gerichte auf der Speisekarte sind aber ebenfalls einen Versuch wert. Man zeigt sich durchaus kreativ, internationale Einflüsse kommen dabei spielerisch zum Einsatz. Die hauseigene Vinothek bietet eine breite Auswahl, eine passende Begleitung ist also garantiert.

à la carte: 11–35 €

MARIA WÖRTH

K5

SÜDSEE ⓝ
HUBERT WALLNER, KOCH DES JAHRES 2020

👍 **Tipp**

Tel.: 0664 418 14 00
9082 Maria Wörth
Wörthersee-Südufer-Straße 258
www.sued-see.at
office@sued-see.at

Di–So ab 12.30–20.30 Uhr
bis April 2020

Seit einem Jahr betreibt Hubert Wallner auf der Wörthersee-Südseite, vis à vis seines Hauben-Tempels, ein schickes, neues Strandlokal. Die Location bietet viel Flair und bei Schlechtwetter auch geschützte Sitzplätze im Innenbereich. Kulinarisch werden Gerichte wie Caesar Salad, Beef Tatar oder Calamari geboten. Mit dem Motorboot-Taxi kommt man in wenigen Minuten ins ausgezeichnete Vier-Hauben-Restaurant auf der gegenüberliegenden Seite des Sees.

à la carte: 10–32 €

MILLSTATT AM SEE

J5

DAS STEFANIE'S
im Hotel Die Forelle

👍 **Tipp**

Tel.: 04766 20500
9872 Millstatt am See
Fischergasse 65
www.hotel-forelle.at
office@hotel-forelle.at

täglich
Nov. 2019, Jän. und März 2020

In der Luft liegt eine leichte Seebrise und auf den Wellen tanzen die Sonnenstrahlen. Diesen traumhaften Blick hat man vom À-la-carte-Restaurant Das Stefanie's am Millstätter See. In diesem Ambiente schmecken die österreichisch-mediterranen Gerichte und der täglich fangfrische Fisch gleich noch besser. Im Inneren des Lokals herrscht klassische Eleganz vor, doch wann immer es möglich ist, lockt die romantische Terrasse.

PATERGASSEN

MOOSBURG — J5

FISCHERHAUS 12/20

Nur fünf Minuten vom Wörthersee entfernt und in wunderschöner Umgebung liegt das Fischerhaus. Ein großer, romantischer Garten lädt während der Sommermonate ein, bei schlechtem Wetter sitzt man im hellen und freundlichen Gastraum. Dass man nicht weit von der italienischen Grenze entfernt ist, spiegelt sich in der Speisekarte wider, die mediterrane Einflüsse mit heimischen Spezialitäten verbindet. Das verlangt viel Gespür bei der Abstimmung der Gerichte, die ambitionierte Küchencrew wird dieser Anforderung aber stets gerecht. Liebevolle Details sowohl auf dem Teller als auch beim Ambiente versprechen kulinarische Abenteuer- und Wohlfühlmomente.

Tel.: 04272 83315
9062 Moosburg
Pörtschacher Straße 44
www.fischerhaus-moosburg.at
office@fischerhaus-moosburg.at

OSSIACH — J5

STIFTSSCHMIEDE 12,5/20
Koch: Gerhard Satran

Eine Reservierung ist keine unverbindliche Absichtserklärung, sondern eine fixe Vereinbarung! Das wird von der Gastronomie, wenn sie sich über Now-Shows ärgert, zu Recht eingefordert. Es gilt aber auch in der umgekehrten Richtung. Wenn man zu sechst pünktlich ein Lokal betritt und dann über eine halbe Stunde auf den reservierten Tisch warten muss, kann auch ein noch so nettes Service die Verärgerung nur bedingt lindern. Tisch und Ausblick waren dann wunderbar, die Küche führte uns hingegen durch ein Wechselbad der Gefühle. Dabei gab es durchaus erfreuliche Highlights. Wirklich fein waren die Forellen – sowohl roh mariniert mit Kren wie auch vom Grill. Ebenfalls sehr gut das Beef tatar und der exzellente Hirschrücken mit Poenta – der allerdings an diesem Chaos-Abend erst nach den Desserts serviert wurde. Das Lamm war jedoch geschmacklich rustikal und die Fischsuppe sehr fad, was in einem expliziten Fischrestaurant doppelt schmerzt. Missglückt war der Abend dennoch nicht. Ein überaus freundliches Service kann vieles retten, aber eben nicht alles vergessen machen.

à la carte: 13–38 €

Tel.: 0676 401 17 93
9570 Ossiach 4
www.stiftsschmiede.at
office@stiftsschmiede.at
Mi–So 17–24 Uhr; im Juli und August täglich geöffnet
❄ Feb.–Mitte März 2020

PATERGASSEN — I5

FELLACHER 11,5/20
im Almdorf Seinerzeit
Koch: Robin Berger

Im Almdorf Seinerzeit beherbergt das Fellacher eine urig-moderne Gaststube mit einer wunderschönen Terrasse, auf der man gerne ein paar Sonnenstrahlen erhascht. Alles befindet sich hier im Einklang mit der Natur. Nachhaltigkeit und Region spielen auch bei der Menügestaltung eine große Rolle. So schafft es die Küchencrew, Kärntner Spezialitäten mit mediterranen Zutaten der Alpe-Adria-Region zu einem stimmigen Ganzen zu verbinden. Bresaola mit Waldorfsalat und Preiselbeeren schmeckt genauso gut wie die geschmorte Kalbsschulter mit Bergkäse, Röstzwiebeln und sämigem Gerstenrisotto. Unverfälschte Aromen, ehrlicher Geschmack und Wohlfühlambiente garantieren einen gelungenen Abend.

Tel.: 04275 7201
9564 Patergassen
Voderkoflach 36
www.almdorf.com
welcome@almdorf.com
täglich 12–21 Uhr

www.gaultmillau.at – Tipps, Trends, Rankings und alle Restaurantkritiken

PÖRTSCHACH

J5

WERZER'S BADEHAUS 12/20

Ohne die Erwähnung der fulminanten Aussicht auf den Wörthersee, besonders bei Sonnenuntergang, kommt eine Beschreibung von Werzer's Badehaus einfach nicht aus. Ja, es handelt sich dabei wirklich um einen der schönsten Plätze am See. Auch die Speisen, vor allem der Fisch, sind von einer Qualität, die sich sehen lassen kann. Zwar ist die Karte mit klassischen sowie mediterran akzentuierten Speisen überschaubar, dafür aber recht abwechslungsreich. Abends ist man mit dem Überraschungsmenü gut beraten, untertags mit Kärntner Tapas wie Kasnudeln und Kärnter Laxn.

à la carte: 12–36 €

Tel.: 04272 2231
9210 Pörtschach
Werzerpromenade 8
www.werzersbadehaus.at
resort@werzers.at
Di–Sa 12–21 Uhr
Jänner 2019

JILLY BEACH WÖRTHERSEE Tipp

In diesem schicken Ambiente mit mediterranem Flair lässt es sich an lauen Sommerabenden wahrlich aushalten. Direkt am See gelegen trennt lediglich eine hüfthohe Glasscheibe den Gast vom kühlen Nass. Dass man in der „ersten Reihe fußfrei" auch Wörthersee-Preise bezahlt, versteht sich von selbst. Doch es lohnt sich. Geboten wird jene stimmige Mischung aus heimischen und mediterranen Gerichten, die gerade im Sommer so beliebt ist. Nicht nur das Weinangebot ist attraktiv, auch die Cocktails, die hier kenntnisreich gemixt werden, können sich sehen lassen.

à la carte: 8,50–34 €

Tel.: 04272 2391
0664 201 46 41
9210 Pörtschach
Alfredweg 5–7
www.jilly.at
gastronomie@jilly.at
Mo–So 12–15 und 18–22 Uhr
variabel

LA BALANCE Tipp
im Hotel Balance

Die vier Elemente des Spa- und Golfhotels am Wörthersee – Erde, Feuer, Luft und Wasser – kommen auch in der Menügestaltung zum Einsatz. Welch Glück, dass man sich auch als externer Gast hier mit dem täglich wechselnden Halbpensionsmenü verwöhnen lassen kann. À-la-carte-Bestellungen sind aber ebenso möglich. Egal worauf die Wahl fällt – regionale Zutaten und hochwertiges Fleisch aus der eigenen Landwirtschaft sorgen stets für geschmackvolle Speisen.

Tel.: 04272 2479
0664 848 52 01
9210 Pörtschach
Winklernerstraße 68
www.balancehotel.at
office@balancehotel.at

PÖRTSCHACH, TECHELSBERG AM WÖRTHERSEE

Heimische Aromen werden dabei gekonnt mit mediterranen Einflüssen kombiniert. Die Sitzplätze auf der schönen Terrasse sind natürlich heiß begehrt, doch auch die Innenräume versprechen freundliche Atmosphäre.

à la carte: 12,40–38 €

täglich 18.30–21.30 Uhr
bis 2. Dez. 2019,
22. Feb.–1. April 2020

LAKE'S
my lake hotel & spa

👍 **Tipp**

Tel.: 04272 20505
9210 Pörtschach
Augustenstraße 24
www.mylakehotel.com
rezeption@mylakehotel.com
täglich 12–21.30 Uhr
variabel

Im modernen Ambiente des Restaurants Lake's werden österreichische und typisch kärntnerische Spezialitäten, aber auch internationale Gerichte serviert. Der herrliche Ausblick auf die Promenade und den Wörthersee lädt zum Verweilen ein und wer besonders gerne verweilt, kann sich zum Sonnenuntergang noch für einen Drink an die Bar setzen.

PÖRTSCHACH, TECHELSBERG AM WÖRTHERSEE   J5

LA TERRASSE
im Hotel Schloss Seefels
Koch: Richard Hessl

14,5/20 🦷

Tel.: 04272 2377
9212 Pörtschach,
Techelsberg am Wörthersee
Töschling 1
www.seefels.at
office@seefels.at
täglich 19–21.30 Uhr
bis 5. Dez. 2019

Im schönen Ambiente des Schlosshotels Seefels mit Blick auf den Wörthersee verwöhnen Richard Hessl und sein äußerst aufmerksames und bestens eingespieltes Serviceteam den Gast. Schade, dass es das Degustationsmenü nur tischweise gibt. Ein Fest des Geschmacks und der Texturen stellt das Spargel-Grieß-Koch mit confiertem Eigelb, knuspriger Hühnerhaut und Kaviar dar. Vergessen ist der Kindheitsschrecken angesichts dieses Highlights mit Umami-Faktor. Der Perfektionismus setzt sich beinahe beim auf den Punkt gegarten Filet vom Pörtschacher Saibling mit Brennnessel, Erbse und kleinem Raviolo fort, wäre da nicht der eher langweilig geratene Raviolo. Rundum perfekt hingegen die Weideente mit Spargel, Erdäpfeln und Apfel – gekonnt wird hier wieder mit Texturen umgegangen. Der krönende Abschluss – weiße Opalys-Schokolade von Valrhona mit Mango und Pistazie – fügt dem visuell anmutigen Panorama die kulinarische Komponente endgültig hinzu. Die Weinkarte ist prall gefüllt und von internationaler Bandbreite.

à la carte: 19–39 €

KÄRNTEN

RADENTHEIN

RADENTHEIN — I5

METZGERWIRT 13,5/20
Koch: Emanuel Stadler

Ein charmanter Flecken Erde in der Granat- und Bergbaustadt Radenthein fördert mit dem Traditionsgasthaus Metzgerwirt einen gemütlich-traditionellen Diamanten zutage. Hier wird exzellente Wirtshausküche serviert, die man anderenorts nur mehr allzu selten findet. Traditionell und gleichzeitig mit Finesse bereitet Emanuel Stadler seine nie aus der Mode gekommenen Gerichte wie Ochsenbackerl, Kalbsbeuschel und hausgemachte Presssulz zu. Regionale Getränke, eine sehr gut sortierte Weinkarte und ein freundlicher Service schleifen den Wirtshausdiamanten zu seiner zum Wiederkehren einladenden Form.

à la carte: 9,80–35 €

Tel.: 04246 2052
0699 15954515
9545 Radenthein
Hauptstraße 22
www.metzgerwirt.co.at
stadler.emanuel@metzgerwirt.co.at
Do–Di 11–14 und 17.30–21 Uhr
16. März–3. April, 28. Sept.–7. Okt. 2020

REIFNITZ — J5

LAKESIDE pop 👍 Tipp

Am Südufer des Wörthersees liegt das Lakeside. Es gleicht einer kleinen Insel der kreativen, bunten Küche. Von der thailändischen Kokos-Garnelen-Suppe über Bärlauchrisotto mit gebratenem Huchenfilet bis hin zu Kalbsrieslingbeuschel mit Serviettenknödel und Wachtelei ist hier für jeden etwas dabei. Lediglich die Tatsache, dass Tische im Zweistundentakt vergeben werden, trübt die Begeisterung mitunter, wenn man den Digetistif in Anbetracht des Traumblicks endlos verlängern will.

à la carte: 10–35 €

Tel.: 0664 4300990
9081 Reifnitz
Süduferstraße 104 c
www.lakesidelounge.at
strandbar@lakesidelounge.at
Mitte Mai–Mitte Sept. 2020
täglich 12–22 Uhr

ST. GEORGEN AM LÄNGSEE — K5

LIEGL AM HIEGL 13,5/20
Köchin: Elisabeth Warmuth-Liegl

Dieses zauberhafte Landgasthaus wird bereits in der vierten Generation von der Familie Liegl betrieben. Ob im Garten unter der alten Linde oder in den gemütlichen Gaststuben – dieses Haus ist zu jeder Jahreszeit ein Ort zum Wohlfühlen. Im originellen Holzkisterl präsentierte man Eigenprodukte wie Pasteten, Aufstriche und Würste als Gruß. Danach genossen wir ein leichtes Frühlingskräutersüppchen mit Buttermilchschnee und einen raffinierten Dotterraviolo mit herrlichem Spargelragout. Die Leber vom Milchkalb in einer leichten Thymiansauce mit karamellisierten Apfelstücken war genauso perfekt wie die dazu servierten Sellerieravioli. Zum Nachtisch gab es diesmal Nougat-Nuss-Knödel mit einer angenehm molligen Vanillesauce und gebrannten Mandeln. Ausnahmsweise haben wir auf die hausgemachten Kletzennudeln verzichtet, die – so wie die legendären Kasnudeln – zu den besten in ganz Kärnten zählen. Die Weinkarte ist übersichtlich gestaltet, gut sortiert und bietet auch eine schöne Auswahl regionaler Kärntner Weine an.

à la carte: 4,50–31,50 €

Tel.: 04213 2124
9313 St. Georgen am Längsee
St. Peter 2
www.lieglamhiegl.at
office@lieglamhiegl.at
Do–Mo 11.30–14 und 17.30–21 Uhr
variabel

Die besten Weine Österreichs:

ST. VEIT AN DER GLAN

ST. VEIT AN DER GLAN J5

LA TORRE 15,5/20

Köchin: Rosemarie Trabelsi

Tel.: 04212 39250
0664 1247676

9300 St. Veit an der Glan
Grabenstraße 39
www.latorre.at
ristorante@latorre.at
Di–Sa 12–14 und 18–21.30 Uhr
❄ Fei

Die Eroberungstaktik im mittelalterlichen Wehrturm der St. Veiter Stadtmauer ist bestens erprobt, aber ungewöhnlich. Bei den kulinarischen Geschützen, die hier aufgefahren werden, wäre es für den Ankömmling nämlich vergeblich, sich zu wehren. Die Karte ist klein, erlaubt das Wechseln zwischen den beiden Menüs und hat vor allem frische Meerestiere zu bieten, die Rosemarie Trabelsi mit kreativer Kompetenz zubereitet. Hausherr Ammar Trabelsi glänzt mit sicherem Griff (Weißwein aus Sardinien, der Rote aus der Maremma) für passende Begleiter. Gefährlich ist der Brotkorb – mehrere selbst gebackene Sorten verführen. Die Thunfischpraline mit Kresse und Salz war ein puristisches Gedicht, der zart-mürbe Oktopus koalierte mit matter Bohnencreme. Die Tagliatelle mit Fisch waren sehr pikant, wenn auch etwas einförmig. Wunderbar im Zusammenspiel der Wolfsbarsch auf Topinamburcreme mit Artischocken und die Entenbrust mit Hagebuttensauce und Kohlsprossen. Himmlisch die sizilianische Cassata mit Kaffee und kandierten Früchten.

à la carte: 15,50–32 €

KÄRNTEN

Jetzt im Gault&Millau-Weinguide.

SEEBODEN

WEINGUT TAGGENBRUNN Ⓝ

👍 **Tipp**

Tel.: 04212 30200
9300 St. Veit an der Glan
Taggenbrunn 9
www.taggenbrunn.at
info@taggenbrunn.at
Mi–Fr 15–22, Sa–So 11.30–22 Uhr

Die Eigendefinition „Heurigenrestaurant" ist eine zarte Untertreibung. Im ehemaligen Stall auf Burg Taggenbrunn bei St. Veit hat Jacques-Lemans-Uhrenfabrikant und Winzer Alfred Riedl gastronomische Träume verwirklicht. Hier wird regionale Küche mit mediterranen und vegetarischen Akzenten angeboten. Das schmeckt ausgezeichnet, von geradliniger Taggenbrunner Fischsuppe über zart spicy gewürztes Gemüsetatar bis zu herzhaftem Wildragout und Edelteilen vom (besonders saftigen) Huhn. Natürlich gibt es auch eine Winzerjause, Weine aber nur vom eigenen Gut und eine Terrasse mit atemberaubender Aussicht.

SEEBODEN

DAS MOERISCH

13/20 🍴🍴

Tel.: 04762 81372
9871 Seeboden
Tangern 2
www.moerisch.at
info@moerisch.at
täglich 18.30–20 Uhr

segafredo

Genießerhotel
Köchin: Julia Kerschbaumer

Tagsüber wird hier recht brav gekocht, doch wenn sich die Sonne langsam verabschiedet, schmeckt es wirklich gut. Das abendliche Gourmetmenü ist eine perfekt durchgetaktete Reise und startet mit Lavanttaler Spargel (mit sehr luftiger Sauce hollandaise), geht mit Zweierlei vom Ibérico-Schwein (Filet gebraten und paniert) mit Popcorn und Polenta (richtig goldig vom ganzen Mais anstelle von Grieß) weiter und findet später mit flaumigem Karottentörtchen mit Schokoladebegleitung einen gelungenen Abschluss. Exzellent das traditionelle Gespann Rinderconsommé mit bissfesten Leberknödeln, immer gut sind Wiener Schnitzel und Kaiserschmarren. Das Gastgeberpaar begrüßt mit Handschlag, der Service verströmt auch bei der Weinempfehlung rustikalen Charme – alles jedoch sehr angenehm und kultiviert.

à la carte: 25–35 €

🍇 **Die besten Weine Österreichs: der Gault&Millau-Weinguide.**

SPITTAL AN DER DRAU   H5

KLEINSASSERHOF   pop 11,5/20

Tel.: 04762 2292

9800 Spittal an der Drau
Kleinsass 3

www.kleinsasserhof.at
buchung@kleinsasserhof.at

Do, Fr 17.30–24, Sa 1–15 und
17–24, So 12–20 Uhr
❋ 7. Jän.–1. März 2020

Weit oben über Spittal, am Weg den Berg hinauf, liegt eine Perle von einem Gasthof, wie man sie so noch selten gesehen hat. Bunt die Fassade, noch bunter das Interieur. Der Kleinsasserhof positioniert sich irgendwo zwischen Kitsch, Kunst und Kulinarik. Durch die zahlreichen kuriosen Objekte und Gemälde im Speiseraum ist man fast abgelenkt von dem, was sich auf den Tellern tut. Nämlich handwerklich gekonnt zubereitete Hausmannskost – von Brathuhn über Schweinsbraten bis zu Forelle und den obligatorischen Kärntner Nudeln –, die stets zu überzeugen versteht.

à la carte: 5,30–32,40 €

METTNITZER   12/20
in der Altdeutschen Weinstube
Koch: Karlheinz Mettnitzer

Tel.: 04762 35899

9800 Spittal an der Drau
Neuer Platz 17

mettnitzer@aon.at

Mi–So 11–13.45 und 17.30–21 Uhr
❋ je 2 Wochen im Juni und
Okt. 2020

Heinz Mettnitzer versteht sein Handwerk. Seit er in den historischen Galerieräumen der Altdeutschen Weinstube für die Kulinarik verantwortlich ist, ändert sich die Speisekarte zwar immer nur marginal, doch ein besonders abwechslungsreiches Angebot und ausgefeilte Kreativität braucht es hier auch gar nicht. Die Gäste schätzen die gehobene Wirtshausküche, die sich zwischen mediterranen und österreichischen Gerichten bewegt. Geschmacklich wie auch bei der Präsentation der Gerichte agiert man auf verlässlich hohem Niveau. Die Wirtin liefert freundlich und kompetent die passende Weinempfehlung.

à la carte: 10,90–31 €

STRASSBURG   J5

DAS HERRENHAUS   👍 Tipp

Tel.: 04266 2251
0664 88 46 79 60

9341 Straßburg
Hauptplatz 3

www.dasherrenhaus.at
dasherrenhaus@aon.at

Di–Sa 11.45–13.45 und
18.15–21.30, So 11.45–13.45
und 18.15–20 Uhr
❋ bis März 2020

Im Restaurant in Straßburg speist man elegant mit Stoffservietten in der Bürgerstube oder isst bodenständig an rustikalen Buchenholztischen in der Wirtsstube. Kärntner Tradition mit Anklängen an den Nachbarn Italien bestimmt die Speisekarte.

à la carte: 8,50–21 €

TAINACH

TAINACH K5

SICHER RESTAURANT 17,5/20
Koch: Michael Sicher

Tel.: 04239 2638
9121 Tainach
Mühlenweg 2
www.sicherrestaurant.at
office@sicherrestaurant.at
Mi–Sa 11.30–14 und 18–21.30 Uhr
3 Wochen im Oktober 2020

Kann man aus einem kleinen, herausragenden Repertoire an Zutaten über Jahre immer wieder neue, überraschende Nuancen herauskitzeln? Ja, sicher. Schon das Amuse bouche, Fischleberparfait mit Flohkrebschip war ein Geniestreich. Und der nächste folgte sogleich: Saiblingscarpaccio mit Stangensellerie und dessen Extrakt, dazu der goldorange Kaviar, dessen Herstellung die Sichers weit über die Grenzen Kärntens hinaus berühmt gemacht hat. Geradlinig-kraftvoll präsentierte sich die klare Fischsuppe, dann folgte das Vorzeigeprodukt eines anderen prominenten österreichischen Züchters: Die Wiener Schnecken vom Gugumuck sind so sprichwörtlich wie zu Recht in aller Munde, hier wurden sie in Lardo gebraten und mit Pastinakennudeln sowie Bärlauchspinat kombiniert. Und der Kaviar passte natürlich auch da wunderbar dazu. Zur Erfrischung dann ein Schafmilch-Joghurt-Eis vom Nuart mit Topinamburschaum, Basilikumsauce, Berberitzen und Propolis – eine recht verwegene Kreation, aber in jeder Hinsicht gelungen. Da mutete der Hauptgang fast ein wenig konservativ an. Doch köstlich war das Saiblingsfilet mit Spargel, Kartoffelrisotto, Morcheln und Spitzkohlschaum allemal. Dass es Michael Sicher auch süß kann, bewies er beim Dessert: Süßdoldeneis mit Schokokuchen sowie einer knusprigen Süßwasseralgenrolle mit Frischkäse.

à la carte: 10–34 €

TANZENBERG J5

KOLLERWIRT 11/20

Tel.: 04223 2455
 0664 795 97 06
9063 Tanzenberg
Affelsdorf 3
www.kollerwirt.com
office@kollerwirt.com
Do–Mo 17–24, Fei ab 12 Uhr

Die bodenständige, traditionelle Küche begeistert, ohne viel Chichi, dafür aber mit konzentrierten Geschmackserlebnissen. Man erwartet hier keine neuen Kreationen auf den Tellern, sondern weiß die hohe Qualität der Produkte und deren souveräne Verarbeitung zu schätzen. Auf einer kleinen Speisekarte reihen sich neben Kärntner Kasnudeln und gerösteter Kalbsleber Gänselebermousse und die legendäre Tarte Tatin – eine charmante Lösung, österreichische Klassiker mit den Landesspezialitäten des belgischen Gastgebers zu vermischen. Dazu passt das Angebot an belgischem Bier, das man im herrlichen Gastgarten oder in der rustikalen Stube genießt.

à la carte: 15–50 €

TECHELSBERG AM WÖRTHERSEE J5

SEE RESTAURANT SAAG 18/20
Koch: Hubert Wallner

Tel.: 04272 43501
 0664 401 27 30
9212 Techelsberg am Wörthersee
Saag 11
www.saag-ja.at
office@saag-ja.at
März–Juni und Sept. 2020–Jänner 2021 Mi–Sa 18–21, So 12–19; Juli–August 2020 Mo–Sa 19–21, So 1–19 Uhr
März–Juni und Sept. 2020–Jänner 2021 Mo–Di, Juli–August 2020 Di

HUBERT WALLNER, KOCH DES JAHRES 2020
MARTIN KLEIN, SERVICE AWARD 2019

Die Lage ist bezaubernd, der Blick auf den See traumhaft. Doch auch wenn man den Fokus schärft und sich dem Geschehen bei Tisch widmet, lässt die Begeisterung nicht nach. Hubert Wallners Gerichte überzeugen nicht nur geschmacklich, sondern verzücken auch stets das Auge. Das kann puristisch geschehen, wie bei der als Aperó servierten Maiscreme auf gepopptem Mais oder der gelungenen Interpretation eines Tafelspitzes. Aber auch wenn Wallner auf den (bemerkenswert geschmackvollen) Tellern mehrere Elemente zu einem harmonischen Ganzen zusammen führt, lachen Auge und Gaumen. Der Kärntner Lax'n mit saurer Haselnuss und wildem Brokkoli zählt zu den schönsten Gerichten, die wir im Laufe dieses Jahres kosten durften. Wallner hat auch ein großes Talent, wenn es darum geht, bekannte Gerichte neu zu interpretieren. Das gilt nicht nur für den bereits erwähnten Tafelspitz, sondern auch für die Variation einer Carbonara oder Wallners Interpretation der Kärntner Kasnudel. Und wer hätte gedacht, dass ein Kärntner Reindling zur Gänseleber

TECHELSBERG AM WÖRTHERSEE

noch besser passt, als das flaumigste Brioche? Bei aller Liebe zu Kärntner Produkten blickt Wallner auch gerne über die Landesgrenzen: Feine Meeresfische aus der nahen Adria schmecken schließlich genauso vorzüglich wie echter Kaviar. Das reizvolle Spiel zwischen Nah und Fern spiegelt sich auch bei der ausgezeichneten Weinbegleitung wider, für die seit heuer Sommelier Andreas Katona (zuvor Amador beziehungsweise Taxacher) verantwortlich ist. Von Kärntner Chardonnay über Weinviertler Rosé bis zu trockenem Pedro-Ximenes aus Jerez, Cidre aus Schweden und einem grandiosen Tawny Port aus der Großflasche zum Finale weiß Katona ein Menü lang auf höchst unterhaltsame Art und Weise positiv zu überraschen.

à la carte: 12–49 €

BEACH CLUB BAD SAAG

👍 **Tipp**

Tel.: 04272 43501
9212 Techelsberg am Wörthersee
Saag 11
www.saag-ja.at
office@saag-ja.at
täglich 12.30–20.30 Uhr

Dass das Ambiente mit seinem Ausblick auf den Wörthersee hier keine Wünsche offenlässt, liegt auf der Hand. Egal ob zu Mittag, bei einem kleinen Snack zwischendurch oder einem entspannten Abendessen: Das Bistro mit seiner herrlichen Terrasse bietet eine zeitgemäße Küche, die von internationalen Einflüssen geprägt ist.

à la carte: 9–29 €

VELDEN AM WÖRTHERSEE

VELDEN AM WÖRTHERSEE J5

CARAMÉ
Koch: Thomas Guggenberger

pop 17/20

Tel.: 04274 3000
0664 140 44 69
9220 Velden am Wörthersee
Am Corso 10
www.carame.at
3000@carame.at
Di–So 18.30–22.30 Uhr
✻ Feb. 2020

Eine durchdachte Beleuchtung und extrem bequeme Sessel tragen entscheidend dazu bei, dass man sich wohl fühlt. Auch der exzellente Service und die gediegene Weinauswahl (wenngleich recht hoch kalkuliert) zeigen, worum es hier geht. Das Degustationsmenü namens „Gourmetreise" ist ein kulinarisches Feuerwerk. Schon der Gruß aus der Küche – ein Carpaccio von der Gelbflossenmakrele – überzeugte. Romanasalat, gebeiztes Lachssuprême und Limettenvinaigrette ergaben ein erfrischend leichtes Trio. Das aromatisch-herbe Safrancremesüppchen mit Jakobsmuscheln und Rote-Rüben-Raviolo machte ebenso froh wie die Topinamburcremesuppe mit Kalbsbutterschnitzel und ein paar Tropfen Sesamöl. Richtig fein auch die Gänseleber im Nussmantel auf Haselnusscreme mit Granny Smith. Es folgten gegrillte Rotgarnelen (mit Ingwercreme und Kürbis), Kalbsmedaillons mit Basilikumtortellini und Rehmedaillons mit dreierlei Mais (Kolben, Körner und Polenta) auf Whiskeyjus mit eingelegten Gojibeeren. Ja, das klingt nach viel und war es (inklusive der nicht weiter bemerkenswerten Desserts) auch, aber dank gut abgestimmter Portionsgrößen verließen wir den schicken Glaskubus beschwingt.

à la carte: 19–41 €

„DIE YACHT"
das Restaurant im Casino Velden
Koch: Marcel Vanic

pop 15/20

Tel.: 0664 206 45 15
9220 Velden am Wörthersee
Am Corso 17
www.casinos.at
cuisino.velden@casinos.at
täglich 18–23.30 Uhr
✻ 24. Dez. 2019

Das modern gestaltete Restaurant Yacht bietet Veldens schönsten Blick auf den See und ist mit dem preislich günstigen „Dinner & Casino"-Paket beliebter Einstieg in einen vergnüglichen Casinoabend. Gästen, die ihr Glück lieber in einem wunderbaren Essen suchen, sei gesagt, dass die neue Serviceleiterin Katja und der langjährige Küchenchef Marcel Vanic sehr flexibel agieren und sämtliche Zusammenstellungen aus der Karte möglich sind. Die Kombination von kurz angebratener Jakobsmuschel auf Gurke, Gurkenjus und Kaviar war geschmacklich eindrucksvoll. Die roh marinierte Gänsestopfleber fand mit der süß-säuerlichen Kirsche ihren genialen Kombinationspartner. Der kross

VELDEN AM WÖRTHERSEE

gebratene Wildfang-Branzino überzeugte mit perfektem Biss und blieb mit seinem Thymianjus nicht endenwollend am Gaumen präsent. Ähnlich perfekt die Qualität des am Knochen gebratenen Kalbs-Tomahawk-Steaks, zu dessen Geschmack die ersten Eierschwammerl eine gekonnte Symbiose bildeten. Auch die Weinkarte ist überzeugend.

à la carte: 7–52 €

HUBERTUSHOF IM GARTEN
Seehotel Hubertushof
Koch: Thomas Eichwald

12,5/20

Tel.: 04274 2676
9220 Velden am Wörthersee
Europaplatz 1
www.seehotelhubertushof.com
office@seehotelhubertushof.com
täglich 18.30–21.30 Uhr
Ende Dez. 2019–Mitte Apr. 2020

Das Restaurant von der Straßen- zur Seeseite zu verlegen, war eine Königsidee. Denn im Garten des Hubertushofs sitzt man – auch drinnen – wie in einer Oase, also in jedem Fall geschützt vom Trubel, der im Bistro herrscht. Die Karte ist klein, das Angebot durchdacht und mit einem hohen Anteil an Slow-Food-Gerichten. Das Menü – ein Crossover von Erdbeergazpacho über „Salsiccia" von Josef Nuarts Molkeschwein (eine zünftige Portion mit pikant ausklingendem Würstel auf zurückhaltender Erdäpfelmousseline) bis zur krossen Reinanke mit gemüsigen Claqueuren (Karfiol, Rüben) – ist für Velden ein Schnäppchen. Die in Gin marinierte Lachsforelle bringt diesen alkoholischen Touch noch deutlich mit. Die Küche kann knuspriges Wiener Schnitzel, Steak und rosa Rücken von Milchkalb. Sollte der karamellisierte Topfenkaiserschmarren (luftig und krustig) zu haben sein: unbedingt zuschlagen. Dass das Mangosorbet ein süßes Eis war, befremdete uns etwas. Sehr anregend die Weinkarte mit vielen Österreichern und handverlesenen Franzosen, beflissen die beiden jungen Damen im Service.

à la carte: 5,90–26,90 €

SCHLOSSSTERN
Falkensteiner Schlosshotel Velden
Koch: Thomas Gruber

pop 16/20

Tel.: 04274 52000-0
9220 Velden am Wörthersee
Schlosspark 1
www.falkensteiner.com
schlossstern.schlossvelden@falkensteiner.com
Do–Sa 18.30–22 Uhr

JRE

Großartig, dieser Wörtherseeblick von der Terrasse des Schlosshotels. Kühl und nüchtern dagegen das Entree, das hier stets etwas verlassen wirkt. In der Küche werkt weiterhin Thomas Gruber, den man allerdings ziemlich eingeschränkt hat: Das Schlossstern ist nur mehr an drei Abenden geöffnet und auch das nur im Sommer. Die Preise haben angezogen – sowohl beim Menü „Alps" und „Adriatic" als auch bei den glasweise offerierten Weinen. Die Küche überzeugt mit ihrer Linie, regionale Produkte mit dem einen oder anderen Schuss Kreativität zu adeln. Etwa

VELDEN AM WÖRTHERSEE

beim Küchengruß, einer sechsteiligen Bentobox, aus der das Portiönchen Mark im Roggenbrot und das simple Minibutterschnitzerl hervorstechen. Großartig auch das im Shisokresseblatt servierte Rehtatar und die Drau-Krebse mit reichlich al dente Erbsen und feinem Kaffirlimettenschaum. Überraschung des Abends: der in Miniaturen von Kärntner Nudeln gepackte Schweinskopf in einer suppigen Sauce, von dem man die dreifache Menge hätte löffeln wollen. Das einzig Adriatische am Menü „Adriatic" war der wunderbar saftige Branzino aus Piran mit Mangold und Oliven. Nicht ganz so überzeugend das Dessert: weißes Baiser auf Yuzusorbet und (zu) saurer Kirschsauce. Der Service gab sich als Kontrast zur Distanziertheit des Hauses betont locker – vielleicht sogar zu locker.

SEERESTAURANT ROSÉ pop 12,5/20

Tel.: 0664 449 62 82
9220 Velden am Wörthersee
Süduferstraße 95
www.seerestaurantrose.at
info@seerestaurantrose.at
Mo–So 12–22 Uhr
variabel

Koch: Egor Kirikov

Sehr zur Freude vieler Stammgäste hat sich das Rosé schon fast zum Ganzjahreslokal entwickelt und gönnt seinen Freunden jetzt auch in der Zeit von Oktober bis Dezember an den Wochenenden den schönsten Sonnenuntergang am See. Natürlich kann das kleine Lokal auch in der kühleren Jahreszeit mit einer sehr feinen Küche aufwarten. Das Roastbeef auf Zucchinicreme mit Trüffel war stimmig gewürzt und hatte im Verhältnis vielleicht etwas zu viel Salat auf dem Teller. Sommerlich frisch auch der Flusskrebsesalat mit Honigmelone, viel frischer Dille und Chicorée. Die Weinkarte ist sehr umfangreich und bietet speziell bei den Rotweinen große Gewächse.

à la carte: 8–42 €

STERNAD'S RESTAURANT PAVILLON pop 11,5/20

Tel.: 04274 51109
9220 Velden am Wörthersee
Seecorso 8
www.pavillon-velden.at
stefan@sternad-velden.at
täglich 11–22 Uhr
Jän.–Feb. 2020

Den Versuch, den Pavillon in eine Kategorie zu stecken, gelingt nur schwer. Am ehesten ließe er sich noch als lässiges Bistro mit austro-italienischem Touch beschreiben. Während der Sommermonate herrscht hier natürlich reger Betrieb. Kein Wunder, schließlich ist alleine der Blick von der Sonnenterrasse auf den Wörthersee einen Besuch wert. Doch auch wenn Hochbetrieb herrscht, wird auf Qualität größter Wert gelegt. Die Speisekarte orientiert sich an der Saison und hat regionale Schwerpunkte, wobei die italienische Grenze bekanntlich sehr nahe liegt. Auch zu einem scheinbar einfachen Gericht, wie etwa dem saftiger Burger, passt ein Glas guter Rotwein. Schließlich ist der Wein eine große Leidenschaft des Patrons Stefan Sternad.

à la carte: 8–35 €

VILLACH

DIE BUCHT
in Werzer's Hotel Velden

🖒 **Tipp**

Tel.: 04274 38280
9220 Velden am Wörthersee
Seecorso 64 a
www.velden.werzers.at
velden@werzers.at
Di–Sa 12–21 Uhr

Im Tourismus-Hotspot Velden schwebt das Restaurant Die Bucht mit seiner Terrasse förmlich über dem Wörthersee. Das Ambiente ist stilvoll, die Karte bietet mediterrane und regionale Genüsse und der Ausblick auf den See tut ein Übriges, um zum Gelingen des Besuchs beizutragen.

à la carte: 5,10–36 €

VILLACH

FREINDAL WIRTSCHAFT ᴺ

11,5/20

Tel.: 0676 423 77 51
9500 Villach
Sankt-Johanner-Straße 56
www.freindal-wirtschaft.at
office@freindal-wirtschaft.at
Di–Sa 14–22 Uhr

Dass hier zwei sehr engagierte junge Burschen am Werk sind, hat sich schon herumgesprochen und damit ist es gar nicht so einfach, spontan einen Tisch zu bekommen. Die Vorschusslorbeeren wurden bei unserem Besuch dann noch weit übertroffen. Bei den Tatar-Variationen überzeugte uns die raffiniert asiatisch gewürzte Fischvariante in Kombination mit Melone und Mango. Und die mediterranen Calamari, bouillabaisse-artig, mit viel frischem Gemüse zeigten uns, dass hier ein ganz großes Talent hinter dem Herd steht. Wir freuen uns stets, wenn junge Köche ihrer Kreativität gekonnt freien Lauf lassen.

FRIERSS FEINES ECK
in Frierss Feinem Haus

16,5/20

Koch: Stefan Lastin

Tel.: 04242 30 40 45
9500 Villach
Gewerbezeile 2
www.feines-haus.at
info@feines-haus.at
Mi–Sa ab 18 Uhr,
Restaurant Mo–Sa 8–23 Uhr

Segafredo

Ein Haubenlokal stellt man sich gemeinhin anders vor, doch das sollte niemanden davon abhalten, sich von Stefan Lastin mit einem der besten Menüs von ganz Kärnten verwöhnen zu lassen. In einem Gewerbegebiet am Stadtrand befindet sich neben einem Motorrad-Café ein sympathisches Outlet namens Frierss Feines Haus, das seit sechs Jahren vom traditionsreichen Villacher Wurst- und Fleischspezialisten betrieben wird. Dort wird mittags und abends zu fairen Preisen mitunter auf Haubenniveau gekocht, was nicht nur bei Gästen, die in der Umgebung zu tun haben, sehr gut ankommt. An vier Abenden pro Woche hat im Feinen Haus jedoch auch das Feine Eck geöffnet, wo Stefan Lastin für maximal vier Tische richtig groß aufkocht. Da gibt es dann in rund acht kleinen Gängen solche Köstlichkeiten wie Huchen mit Kaviar, sizilianische Carabineros mit Sauerkrautsauce, Reinanke mit dazugehöriger Leber, Milchkalbsherz mit Hopfenspargel, Étouffée Taube mit Albufera-Sauce. Bei unserem Besuch zeigte sich Lastin in Höchstform, ein Gericht war köstlicher als das nächste – stets begleitet von perfekt passenden Weinen. Das Rundherum – von den Amuse-gueules über die Tisch- und Glaskultur bis zu den abschließenden Petits fours – ist ebenfalls ohne Fehl und Tadel. Ein Blick durchs „normale" Restaurant zeigt: Auch an den Nachbartischen sieht man glückliche Gesichter, aber sie wissen halt nicht, was ihnen gerade entgeht.

LAGANA
Gourmetrestaurant Bar im Holiday Inn Villach

15/20

Koch: Hermann Andritsch

Tel.: 04242 22522
9500 Villach
Europaplatz 2
www.hi-villach.at
info@hi-villach.at
Di–Sa 11.30–13.30 und
18–22 Uhr
✱ Fei

Ausgestattet mit einer bestens sortierten Bar für Aperitif oder Digestif in moderngediegenem Ambiente und einem äußerst professionellen und kompetenten Service hat das Restaurant Lagana bereits auf den ersten Eindruck eine Menge zu bieten. Dies setzt der Chef de cuisine Hermann Andritsch mit dem Dreierlei vom Bioseesaibling wunderbar auf dem Teller fort. Zarte Aromen von Quitte und Apfelrösti unterstreichen den in mehreren Aggregatzuständen präsentierten Saibling. Auch die „Gänseleber kalt-warm" war mit samtiger Textur und exquisitem Geschmack ein Hochgenuss. Nicht ganz geglückt wirkte der Vulcano-Schinken zum à point gegarten Branzino, doch die Sinfonie von der Manjari-Kuvertüre mit einem fantastischen Matcha-Grünteeeis wischte den dezenten Misston rasch wieder beiseite.

VILLACH WARMBAD

URBANI-WEINSTUBEN   11,5/20

Tel.: 04242 28105
0699 11 88 54 54

9500 Villach
Meerbothstraße 22

www.urbaniweinstuben.at
restaurant@
urbaniweinstuben.at

Die Nähe zur Adria macht man sich in Kärnten gerne zunutze. So auch in der Urbani-Weinstuben, in der die Speisekarte nicht bloß heimische Gerichte, wie die übrigens ausgezeichneten Kärntner Nudeln nach originaler Rezeptur, bereithält. Die klassische Küche wird durch italienische Fischgerichte erweitert und so findet sich für jeden Geschmack das Passende. Zart und saftig kommen Hühnerbrust und Tafelspitz auf den Teller, auf den Punkt gegart das Branzinofilet. Das Villacher Traditionslokal eignet sich auch gut für Feiern jeder Art.

VILLACH WARMBAD   I5

DAS KLEINE RESTAURANT   15,5/20
im Hotel Warmbaderhof
Koch: Jürgen Perlinger

Tel.: 04242 30 011283

9504 Villach Warmbad
Kadischenallee 22–24

www.warmbaderhof.com
warmbaderhof@warmbad.at
Di–Sa 18.30–21.30 Uhr

Kunstwerke vis-à-vis von Spiegelflächen und anmutiger Blumenschmuck verleihen dem schlauchartigen, kleinen Restaurant neben dem Hotelspeisesaal Eleganz und Großzügigkeit. Kleine Kunstwerke sind es auch, die Küchenchef Jürgen Perlinger in zwei- bis achtgängigen Menüs auf die Teller zaubert. Topqualität gepaart mit minimalistischer Aromatherapie und ästhetischer Präzision. Dieses Konzept ergab etwa ein apart-zünftiges Duo von mariniertem Kalbskopf und Pulpo. Der Tafelspitz überraschte mit Szegediner-Pointe (stand ihm sehr gut). In der Reihe „Fisch verliebt" überzeugte die Schaumsuppe von Räucherfischen: herb-frischer Dill und Cannelloni mit rauchigem Innenleben, mit einem zarten Klacks Sauerrahm auf Linie gebracht. Als Skreifilet mit Zitronenkruste zeigte sich der Winterkabeljau in erfrischender Höchstform, Rote Rübe sorgte mariniert, als Schaum und in Gnocchiform für Schwung. Eine Künstlerin ist auch Chefpatissière Michaela Neumayr. Ihre Desserts (z. B. Zitronentarte mit Feigen und Schoko) und das im Humidor angebotene Konfekt sind eine Offenbarung. Gediegenes Weinangebot.

WEISSENSEE   H5

DIE FORELLE   17,5/20
Genießer-Landhotel Die Forelle
Koch: Hannes Müller

Tel.: 04713 2356
0676 706 55 01

9762 Weissensee
Techendorf 80

www.dieforelle.at
info@dieforelle.at

Di–Sa 18–20 Uhr
bis 18. Dez. 2019,
Mitte März–Anfang Mai 2020

Das Glück ist ein Vogerl, das in besonderen Momenten auch in Form einer Forelle erscheint. Etwa dann, wenn sich kurzfristig noch ein freies Zimmer findet. Ein Idealfall, denn so darf man sich unbeschwert der fantastischen Weinbegleitung hingeben. Zum Auftakt gab es einen „Mulatschak" mit fünf Grüßen aus der Küche – einer origineller als der andere: warmer Endiviensalat mit Saiblingskaviar, Wacholderschaumbutter, Speckschmalz, ein Selchfleischpackerl und Hirschessenz mit Flechtenküchlein. Bei Hannes Müller kommt nur auf den Tisch, was die Natur gerade hergibt. Im Winter folglich Wurzelgemüse in allen Spielarten und heimisches Obst. Wenn sich Schwarzwurzel, Apfel und roher Saibling unter Buttermilchschaum treffen, lacht das Genießerherz. Sellerie wird in der kräftigen Wildsuppe zum aromatischen Leichtgewicht. Eine reizvolle Herausforderung war das dazu gereichte extraherbe Loncium-Bier. Die fermentierte Seeforelle und würzige Petersilwurzel wurden mit dem aufmunternden Saft vom Petersilgrün richtig rund. Das Angus-Rind verstand sich blendend mit der dezenten Schwarzwurzel, das Hirschfilet mit der nussig-süßlichen Verwandtschaft namens Haferwurzel. Krönender Abschluss der von Monika Müller sympathisch moderierten Genussreise: Gailtaler Maisküchlein mit schwarzem Holler.

WEISSENSEE

WEISSENSEERHOF 13/20

Der Weissenseerhof hat sich als rein vegetarischer Hotelbetrieb positioniert. Die kulinarische Kooperation mit dem Restaurant Tian sollte aber auch überzeugte Karnivoren neugierig machen. Dazu kommt der bezaubernde Blick auf das Wasser, im Sommer idealerweise von der hauseigenen Terrasse. Dann wähnt man sich im Paradies. Bei unserem Besuch gab es zwar „nur" das Menü für die Hausgäste, das überzeugte jedoch (fast) durchgängig. Die Weinkarte ist gut bestückt und fair kalkuliert. Wer da Angst hat, sich nicht entscheiden zu können, für den bietet die Homepage des Hotels einen angenehmen Service: Die Bestände sind digitalisiert.

Tel.: 04713 2219
0676 965 83 40
9762 Weissensee
Neusach 18
www.weissenseerhof.at
rezeption@weissenseerhof.at
täglich 18.30–20.30 Uhr
✱ 4. Nov.–18. Dez. 2019

ZIMMERMANN'S GASTHAUS 12/20

Koch: Thomas Balka

Die Stube ist gemütlich, die Produkte aus der unmittelbaren Region sind ausgezeichnet. Ein paar kleine handwerkliche Missgeschicke trüben den positiven Gesamteindruck nicht wirklich. Zumeist gelingt die Übung, der klassischen Wirtshausküche mit ein paar kreativen Handgriffen einen zusätzlichen Kick zu verleihen. Besonders empfehlenswert sind die geräucherten Fischprodukte aus dem kristallklaren Wasser des Weissensees. Auch für fleischliche Genüsse und eine gute Weinauswahl ist hier stets gesorgt.

Tel.: 04713 2271
9762 Weissensee
Techendorf 6
www.zimmermann-weissensee.at
info@zimmermann-weissensee.at
Di–So 12–14 und 18–21 Uhr
✱ bis Mitte Dez. 2019, Mitte März–Anfang Mai, Mitte Okt.–Mitte Dez. 2020

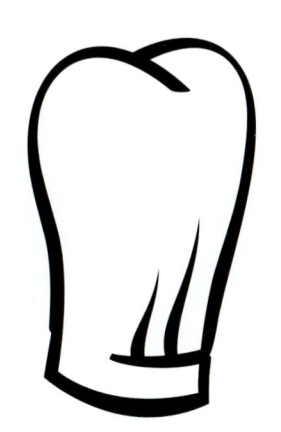

KÄRNTEN

Gault&Millau

Besuchen Sie uns auf Facebook unter
www.facebook.com/Gault.Millau.Oesterreich

NIEDER-ÖSTERREICH

DIE BESTEN

18,5/20	🍷🍷🍷	**LANDHAUS BACHER** Mautern	Seite 225
17/20	🍷🍷🍷	**MÖRWALD „TONI M."** Feuersbrunn	Seite 208
16/20	🍷🍷	**FLOH** Langenlebarn	Seite 222
16/20	🍷🍷	**HOFMEISTEREI HIRTZBERGER** Wösendorf	Seite 246

LANDKARTE

LEGENDE

- ○ Orte allgemein
- 🟢 Orte mit 🦷
- 🟡 Orte mit 🦷🦷
- 🟠 Orte mit 🦷🦷🦷
- 🔵 Orte mit 🦷🦷🦷🦷
- 🔴 Orte mit 🦷🦷🦷🦷🦷

Litschau
Heidenreichstein
Raabs an der Thaya
Waidhofen a. d. Thaya
Drosendorf-Stadt
Schrems
Gmünd
Kaltenbach
Weitra
Allentsteig
Horn
Eggenburg
Harmannsdorf
Maissau
Groß-Gerungs
Zwettl
Eggendorf
Gföhl
Langenlois
Feuersbrunn
Arbesbach
Senftenberg
Hadersdorf
Nöhagen
Krems
Dürnstein
Grafenegg
Weißenkirchen
Mautern
Wösendorf
Rossatz
Spitz an der Donau
Furth bei Göttw.
Traismauer
Herzogenburg
Kapelln
Rassing
Maria Taferl
Melk
Weins
Pöchlarn
Böheimkirchen
St. Valentin
Ardagger
Ybbs an der Donau
Petzenkirchen
ST. PÖLTEN
Obergrafendf.
Wilhelmsburg
Ernsthofen
Wieselburg
Mank
Haag
Amstetten
Wolfpassing
Kirchberg an der Pielach
Eschenau
Hainfeld
St. Peter i. d. Au
Neuhofen a. d. Ybbs
Traisen
Scheibbs
Lilienfeld
Waidhofen an der Ybbs
Annaberg
Mitterbach
St. Aegyd am Neuwalde

LANDKARTE

NIEDERÖSTERREICH

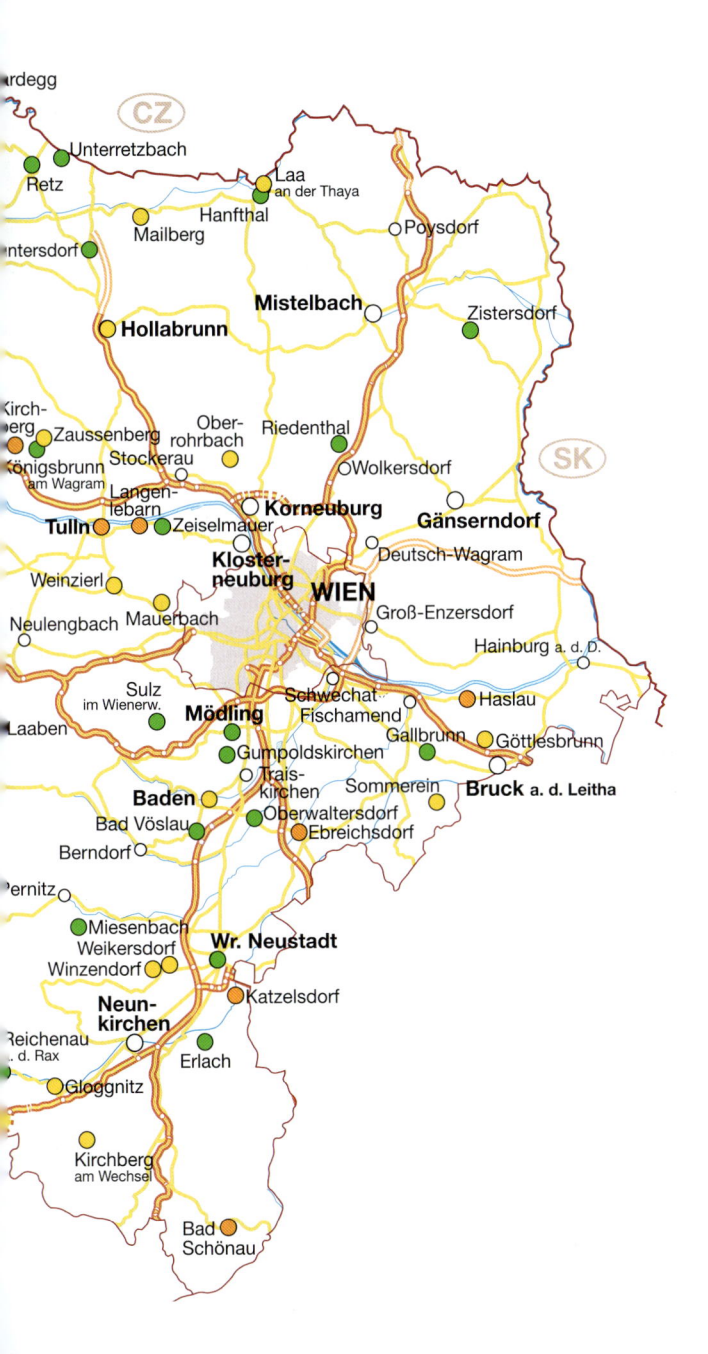

Gault&Millau
LandPartie

Am 15. Juni 2019 lud Gault&Millau zur dritten Landpartie in den niederösterreichischen Geyerhof. Im prachtvollen Gut der Familie Maier am Fuß des Göttweiger Berges ließen sich rund 600 Gäste bei sommerlichen Temperaturen kulinarisch und önologisch verwöhnen. Das umfangreiche Angebot bestritten **50 Top-Winzer** und **zehn Haubenköche** aus der Region. Mit dabei unter anderem die Küchenstars **Lisl Wagner-Bacher, Josef Floh** und **Toni Mörwald**. Die anwesenden Winzer **Birgit Braunstein, Roman Horvath/Domäne Wachau, Nikolaus Saahs/Nikolaihof** sowie Mitglieder der Traditionsweingütern unter anderem **Willi Bründlmayer, Alwin Jurtschitsch, Fred Loimer, Bernhard Ott** und die **Familie Steininger** füllten die Gläser der Gäste zum diesjährigen Thema: Gereiftes Österreich. Das **Weingut Hirsch** brachte eine Vertikalverkostung von **fünf Jahrgängen** seines **Top-Rieslings Gaisberg** mit. Der älteste Wein war ein herrlich vitaler **1977 Riesling Höhlgraben** aus dem Keller von **Franz Zederbauer**. Auch das Side-Programm konnte sich sehen lassen: spannende Workshops zum Schwerpunkt gereifte österreichische Weine, Kellerführungen und viele Aktivitäten für die Kleinen und Kleinsten. Ein Tag zum Entspannen und Genießen.

LANDPARTIE

Bründlmayer

3550 Langenlois
Zwettler Straße 23
Tel.: 02734 21720
weingut@bruendlmayer.at
www.bruendlmayer.at

Bründlmayer – das ist eine Bank im Kamptal, in Österreich und überhaupt in der Weinwelt. Mit Fug und Recht kann man behaupten, dass das, was aus dem Keller von Willi Bründlmayer und seinem Team kommt, mit zum Besten gehört, was man an Riesling und auch an Veltliner trinken kann. Und: Der Chardonnay aus dem Jahr 2017 gefällt uns daneben ausnehmend gut. Er hat ein rauchiges Bukett, hinter dem eine feine, helle Frucht liegt, er ist engmaschig, markant und dabei so elegant.

19,5	♥♥♥♥	Riesl. Zöb. Heiligenst. 1ÖTW Alte Reb. 2018	€ 50,40
19	♥♥♥♥	Gr. Veltl. Langenloiser Käferb. 1ÖTW 2018	€ 39,90
18,5	♥♥♥♥	Gr. Veltl Kammerner Lamm 1ÖTW 2018	€ 49,50
18,5	♥♥♥♥	Riesl. LangenL. Steinmassl 1ÖTW 2018	€ 19,00
18,5	♥♥♥♥	Riesl. Zöb. Heiligenstein 1ÖTW Lyra 2018	€ 40,20
18	♥♥♥	Chardonnay Bründlmayer 2017	€ 29,00
18	♥♥♥	Gr. Veltl. LangenL. Spiegel 1ÖTW 2018	€ 39,90
18	♥♥♥	Riesl. Zöbinger Heiligenstein 1ÖTW 2018	€ 20,50
17	♥♥♥	Grüner Veltliner Berg Vogelsang 2018	€ 14,90
16,5	♥♥	Cuvée rot Willi & Vincent 2015 Reserve	€ 27,90
16,5	♥♥	Zweigelt 2016 Reserve	€ 22,40

Domäne Wachau

3601 Dürnstein 107
Tel.: 02711 371
office@domaene-wachau.at
www.domaene-wachau.at

Die Genossenschafter aus Dürnstein sind natürlich wieder, wie jedes Jahr, eine Bank für ihre fantastischen Rieslinge und Veltliner Smaragde. Allen voran jene vom Kellerberg mit ihrer Struktur und Mineralität. Was daneben höchst spannend bleibt, sind die Sideprojekte, die Roman Horvath MW und Heinz Frischengruber entwickeln. Zum Klassiker geworden ist der hochwertige Rosé 1805. Mit viel Format zeigt sich auch die Pinot Noir Reserve – würzig, beerig und voll burgundischem Spirit.

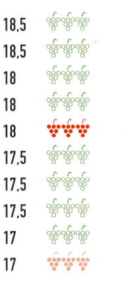

18,5	♥♥♥	Grüner Veltl. Ried Kellerb. 2018 Smaragd	€ 26,00
18,5	♥♥♥	Riesling Ried Kellerberg 2018 Smaragd	€ 26,00
18		Grüner Veltl. Ried Axpoint 2018 Smaragd	€ 23,00
18		Riesling Ried Singerriedel 2018 Smaragd	€ 26,00
18	♥♥♥	Pinot Noir 2017 Reserve	€ 23,00
17,5		Gem. Satz Uralt-Reben 2018 Smaragd	€ 23,00
17,5		Grüner Veltl. Ried Achl. 2018 Smaragd	€ 26,00
17,5		Riesling Ried Achleiten 2018 Smaragd	€ 26,00
17		Roter Traminer Ried Setzb. 2018 Reserve	€ 23,00
17	♥♥♥	Rosé 1805 2018 Reserve	€ 14,00

LANDPARTIE

Herbert Zillinger
2251 Ebenthal
Hauptstraße 17
Tel.: 02538 85395
office@radikal.bio
www.radikal.bio

Herbert Zillinger bewirtschaftet seine Weingärten nach biodynamischen Grundsätzen. Selbst in heißen Jahren werden sie nicht bewässert. Im Keller arbeitet er völlig naturbelassen, es wird weder etwas entzogen noch etwas hinzugefügt (keine Enzyme, Gelatine, Säure, Zucker etc.). All das macht er im Sinne des Terroirgedankens und der Nachhaltigkeit. Seine Weine zählen daher auch nie zu den lauten, sondern sind vielmehr authentisch und in ihrer Eleganz und Klarheit ganz eigenständig.

Hirsch
3493 Kammern
Hauptstraße 76
Tel.: 02735 2460
info@weingut-hirsch.at
www.weingut-hirsch.at

Wer vom Verkostungsraum des Weinguts in die Ferne blickt, versteht recht schnell, was das Wesen der Weine ausmacht: Der Blick geht über Weingärten und Obstbäume bis zu den markanten Erhebungen, wo Hirschs Rieden zu finden sind. Alle werden biodynamisch bewirtschaftet. Etwas ganz Besonderes ist die Hirschin: eine herrlich leichte Riesling-Interpretation mit nur 8,5 Prozent Alkohol. Eine Hommage Hannes Hirschs an seine Frau Sandra, die diesen fruchtbetonten Weinstil liebt.

18,5	Grüner Veltliner Radikal 2017	€ 39,50
18	Grüner Veltliner Ried Vogelsang 2018	€ 19,50
17,5	Grüner Veltliner Ried Hohes Eck 2018	€ 19,50
17	Grüner Veltliner Ried Weintal 2018	€ 19,50
17	Traminer Profund 2017	€ 39,50
17	Zweigelt Steinberg 2016	€ 25,50
16	Chardonnay Horizont 2018	€ 12,50
16	Grüner Veltliner Horizont 2018	€ 12,50
16	Sauvignon Blanc Ried Vogelsang 2017	€ 19,50
15,5	Traminer In Haiden 2018	€ 17,50
15,5	Weißburgunder Horizont 2018	€ 12,50

19	Riesling Ried Heiligen. 1ÖTW Zöb. 2017	€ 30,00
18,5	Gr. Veltl. Ried Lamm 1ÖTW Kammern 2017	€ 30,00
18,5	Riesling Ried Gaisberg 1ÖTW Zöb. 2017	€ 30,00
18	Gr. Veltl. Ried Gaisb. 1ÖTW Kammern 2017	€ 21,00
18	Gr. Veltl. Ried Grub 1ÖTW Kammern 2017	€ 30,00
17,5	Gr. Veltl. Ried Renner 1ÖTW Kamm. 2017	€ 21,00
17,5	Riesling Hirschin 2018	€ 21,00
16,5	Riesling Zöbing 2018	€ 12,50
16	Grüner Veltliner Kammern 2018	€ 12,50

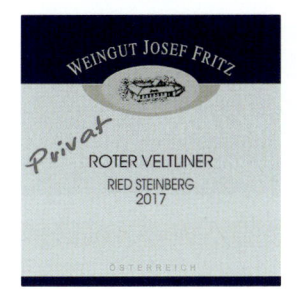

LANDPARTIE

Josef Fritz

3701 Zaußenberg am Wagram
Ortsstraße 3
Tel.: 02278 2550
office@weingut-fritz.at
www.weingut-fritz.at

Josef Fritz hat sein Weingut über die vergangenen 20 Jahre zum Aushängeschild für Roten Veltliner vom Wagram geformt. Seit Kurzem hat er Unterstützung von seinem Sohn Johannes. Ihn lässt er, was Sinn macht, Neues ausprobieren. Mit dem Jahrgang 2018 kam sein kleines Nebenprojekt auf den Markt: zwei naturbelassene Weine, die er sensibel auf der Maische vergärt. Vor allem der Sauvignon Blanc überzeugt uns. Er zeigt eine sehr gute Rebsortentypizität, ist engmaschig und hat einen feinen Grip.

18		Roter Veltliner Ried Mordthal 2018	€ 18,00
18		Roter Veltliner Ried Steinberg Priv. 2017	€ 23,00
17,5		Roter Traminer Große Reserve 2017	€ 18,00
17,5		Sauvignon Blanc Tertiär 2018	€ 18,00
17		Grüner Veltliner Ried Mordthal 2016	€ 18,00
17		Roter Veltliner Ried Steinberg 2018	€ 12,50
16		Grüner Veltliner Ried Schloßberg 2017	€ 15,00
16		Roter Veltliner Wagram Terrassen 2018	€ 7,50
16		Traminer Tertiär 2018	€ 18,00
15,5		Chardonnay Große Reserve 2017	€ 18,00

Franz Leth

3481 Fels am Wagram
Kirchengasse 6
Tel.: 02738 2240
office@weingut-leth.at
www.weingut-leth.at

Nicht nur in Österreich, vor allem auch international ist das Weingut Franz Leth für Veltliner (grün und rot) und Riesling vom Wagram bekannt. Die Saftigkeit und Typizität der Weine machen sie zum Bestseller. Der Betrieb liegt in Fels am Wagram, dem Herzstück der Weinregion. Die Familie sieht ihre Weingärten als Kapital. Zum Schutz von Flora und Fauna kombiniert man traditionelle Verfahren mit den neuesten Erkenntnissen und verzichtet auf Herbizide und Insektizide.

17		Grüner Veltliner Scheiben 1ÖTW 2018	€ 21,60
17		Riesling Brunnthal 2018	€ 21,60
17		Roter Veltliner Scheiben 2018	€ 21,60
16,5		Grüner Veltliner Brunnthal 1ÖTW 2018	€ 15,00
16,5		Riesling Schillingsberg 2018	€ 15,00
16		Roter Veltliner Fumberg 2018	€ 15,00
16		Weißburgunder 2018 Reserve	€ 15,00
16		Pinot Noir 2016 Reserve	€ 25,20
15,5		Grüner Veltliner Schafflerberg 2018	€ 10,80
15		Chardonnay Große Reserve 2017	€ 17,40

LANDPARTIE

Prechtl

2051 Zellerndorf 12
Tel.: 02945 2297
0676 3238470
weingut@prechtl.at
www.prechtl.at

Die Veltliner-Serie Franz Prechtls ist wieder wie aus einem Guss. Längen und Altenberg aus 2018 haben beide einen herrlichen Trinkfluss und eine authentische Frucht, wenn auch durch den Jahrgang 2018 etwas saftiger und weniger straff wie im Vorjahr. Eine Pracht in seiner Eleganz und Würze ist der 2017er Rotondon. Prechtl kann aber nicht nur Grünen Veltliner, auch bei den Aromasorten Sauvignon Blanc (klare Cassisfrucht) und Muskateller (verspielt, typisch) zeigt er auf.

17,5		Grüner Veltliner Rotondon 2017	€ 26,00
17		Grüner Veltliner Leitstall 2017	€ 15,90
16,5		Gelber Muskateller Ried Maulavern 2018	€ 8,60
16,5		Grüner Veltliner Ried Altenberg 2018	€ 9,50
16,5		Sauvignon Blanc Ried Altenfeld 2018	€ 8,60
16		Grüner Veltliner Ried Längen 2018	€ 8,90
16		Grüner Veltliner Ried Äußere Berg. 2017	€ 13,90
15,5		Cuvée weiß Burgundercuvée 2018	€ 9,90
15,5		Riesling Ried Wartberg 2018	€ 8,60

Schabl

3465 Königsbrunn am Wagram
Kremser Straße 13
Tel.: 02278 2287
office@weingut-schabl.at
www.weingut-schabl.at

1891 kam der Hof in den Besitz der Familie. Seither wird er stets weiterentwickelt und von den Eltern an die Kinder vererbt. Momentan arbeiten Romana und Herbert, die das Weingut die vergangenen Jahre geprägt haben, zusammen mit Sohn Paul und seiner Partnerin Elena. Die beiden, als fünfte Generation und Zukunft, steuern großes Talent und viel önologisches Gespür bei. So entstehen Weine voll Seele, Herzblut und mit wohltuendem Gebietscharakter. Bravo für die schöne Weinserie!

17		Grüner Veltliner 2017 Reserve	€ 15,00
17		Roter Veltliner Ried Hochrain 2017	€ 8,50
17		Roter Veltliner 2017 Reserve	€ 15,00
16,5		Grüner Veltliner Ried Hochr. Alte R. 2018	€ 8,50
16,5		Grüner Veltliner Ried Mordthal 2018	€ 11,00
15,5		Roter Veltliner Königsbrunn 2018	€ 7,50
15		Grüner Veltliner Ruppersthal 2018	€ 7,50
15		Weißburgunder Ried Rainthal 2018	€ 8,50

LANDPARTIE

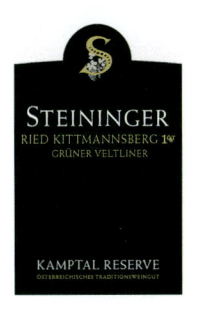

Steininger

3550 Langenlois
Walterstraße 2
Tel.: 02734 2372
office@weingut-steininger.at
www.weingut-steininger.at

Auch heuer hat die Familie Steininger wieder eine wunderschöne Weinserie erzeugt. Unsere Favoriten dabei sind der Veltliner vom Lamm mit seiner würzigen Mineralität und der facettenreiche Riesling Seeberg. Philosophie der Steiningers ist es, Weine zu machen, welche die Frucht und den Charakter der Traube und vor allem auch der Lage zeigen. Steininger steht für spannende Stilistik und hohes Trinkvergnügen – die Aromen präsentieren sich klar und ausdrucksstark.

18		Grüner Veltliner Ried Lamm 1ÖTW 2018	€ 26,00
18		Riesling Ried Seeberg 1ÖTW 2018	€ 17,00
17,5		Grüner Veltliner Ried Kitt. 1ÖTW 2018	€ 17,00
17,5		Grüner Veltl. Ried Ko. Terr. 1ÖTW 2018	€ 26,00
17,5		Riesling Ried Steinhaus 1ÖTW 2018	€ 17,00
17,5		Riesling Ried Kogelberg 1ÖTW 2018	€ 26,00
17		Grüner Veltliner Grand Grü 2018	€ 16,00
16,5		Grüner Veltliner Loisium 2018	€ 10,00

Franz Zederbauer

3511 Palt, Maria-Lager-Gasse 30
Tel.: 02732 82931
0650 5939349
weingut.zederbauer@aon.at
www.weingut-zederbauer.at

Wie schon im vergangenen Jahr ist es eine Freude, die Entwicklung des Weingutes Zederbauer zu verfolgen. Franz und seine Frau Barbara (seit heuer ausgebildete Facharbeiterin für Weinbau und Kellerwirtschaft) machen ihre Sache wirklich sehr gut. Ihre Serie ist mehr als gelungen. Wie in der Vergangenheit sticht wieder besonders der maischevergorene Grüne Veltliner heraus. Aber auch der Riesling vom Höhlgraben spielt alle Stückerl: facettenreiche Zitrusfrucht, etwas Apfel, feine Pikanz und Länge.

17,5		Grüner Veltliner Vitis Pura III 2018	€ 16,50
17,5		Riesling Höhlgraben 2018	€ 8,50
17		Grüner Veltliner Hochrain 2018	€ 7,80
16,5		Grüner Veltliner Höhlgraben 2018	€ 6,50
16,5		Zweigelt 2017	€ 6,80
16		Merlot 2017	€ 8,20
15,5		Gelber Muskateller 2018	€ 7,10
15		Blauburger Vitis Pura Nigrum I 2017	€ 18,50

ARBESBACH

ARBESBACH K1

BÄRENHOF KOLM 13/20
Koch: Michael Kolm

Sowohl vom eleganten Restaurant als auch von der einladend gedeckten Terrasse genießt man den Ausblick auf die hügelige, reizvolle Landschaft des Waldviertels. Michael Kolm versteht es seit Jahren, kulinarische Erlebnisse zu kreieren. Wir begannen mit einer leichten Frühlingsvorspeise – Variationen vom Spargel mit rosa Milchkalb und geschmackvollen Bärlauch-Salatherzen –, darauf folgte ein saftiges, einmalig gutes Perlhuhnbrüstchen mit frischen Morcheln sowie ein Lachsforellenfilet mit Rollgerstl und Jungzwiebeln. Ein wahrer Genuss. Als regionale, köstliche Spezialität entpuppte sich die saftige Mohntorte, das leichte Erdbeer-Waldmeister-Nougat-Dessert zum Abschluss war unwiderstehlich gut.

à la carte: 9–25 €

Tel.: 02813 242
3925 Arbesbach
Schönfeld 18
www.baerenhof-kolm.at
info@baerenhof-kolm.at
Mi–Sa 11.30–14 und 18–21,
So 11.30–14 Uhr
4.–24. Nov. 2019

ARDAGGER L2

LANDHAUS STIFT ARDAGGER 11,5/20
Koch: Florian Klement

Der einladend schöne Landhausstil des Restaurants mit seinen drei Terrassen bietet alle Voraussetzungen für ein stimmiges kulinarisches Erlebnis. Kartoffel-Käse-Aufstrich und knuspriges Brot kommen als Auftakt, während aus der kleinen Karte ein Blattsalat mit kleinen regionalen Schmankerln wie Schafkäse, Hascheeknöderl und gebackener Sauhaxen sowie Stephansharter Ziegenkäse mit Rhabarber gewählt werden. Weniger aufregend das von zu viel Fett umgebene Zweierlei vom Lamm, passabel das gegrillte Beiried, langweilig die Beilagen dazu. „Der Apfelstrudel" zeigt sich in ganz besonderer Form auf dem Teller, begleitet von geflämmter Vanillesauce und ausgezeichnetem Apfelstrudelsorbet. Gute Weinkarte, noch interessanteres Angebot an regionalen Mosten.

à la carte: 14–27 €

Tel.: 07479 6565-0
3321 Ardagger
Ardagger Stift Nr. 3
www.landhaus-stift-ardagger.at
office@landhaus-stift-ardagger.at
Di 18–21.30, Mi–Sa 12–14 und 18–21.30, So 12–14.30 Uhr
27. Dez. 2019–2. Jän. 2020

BAD SCHÖNAU N3

GESUNDHEITSRESORT KÖNIGSBERG 12/20
Bucklige Welt
Koch: Markus Oelgarte

Vom etwas nüchternen Ambiente – das Restaurant befindet sich in einem Gesundheitsresort – sollten sich externe Besucher nicht abschrecken lassen. Die Speisekarte bietet eine Vielzahl an regionalen Köstlichkeiten mit naturverbundener Vitalität. Das „Grüne-Hauben-Menü" mit Kresseschaumsuppe und gefüllter Dinkelpalatschinke begeistert ebenso wie die Saisonempfehlung, geräuchertes Tatar vom Schaffrischkäse mit Bärlauchtramezzini und grünem Spargelsalat. Zum finalen Abschluss dürfen die Königsberg Nockerl mit Himbeerobers nicht fehlen. Solides Küchenniveau mit außergewöhnlichem Ambiente.

à la carte: 12,50–26,90 €

Tel.: 02646 8251741
2853 Bad Schönau
Am Kurpark 1
www.koenigsberg-bad-schoenau.at
restaurant@gkbs.at
Do–So, Fei 11.30–13.30 und 18–20 Uhr

www.gaultmillau.at – Tipps, Trends, Rankings und alle Restaurantkritiken

BAD VÖSLAU

TRIAD 15/20

Koch: Uwe Machreich

Das Triad steht für ein innovatives Konzept. Ob angeschlossener Golfplatz, Übernachtung direkt „in da Wiesn", Kochkurs oder Hofladen, wer Abwechslung sucht, der ist hier richtig. Die Küche ist ebenfalls originell, aber sehr bodenständig ausgerichtet. Man setzt hier bei den Gerichten und Getränken in erster Linie auf regionale Produkte und Zutaten aus dem eigenen Kräutergarten. Vor allem klassische österreichische Gerichte wie Zwiebelrostbraten, Wiener Schnitzel und Backhenderl stehen hier im Vordergrund. Unbedingt probieren sollte man die köstliche Kaninchenkeule mit Erbsen und Estragon. Kalbsrahmbeuschl, paprizierte Kutteln und Rindsuppe mit Milzschnitten sind ebenfalls Spezialitäten des Hauses. Darüber hinaus werden die Raritäten im Weinkeller das Herz so manchen Connaisseurs höher schlagen lassen.

à la carte: 16,80–29,80 €

Tel.: 02646 8317
2853 Bad Schönau
Ödhöfen 25
www.triad-machreich.at
office@triad-machreich.at
Di 18–20.30, Mi–Fr 11.30–13.30 und 18–20.30, Sa 11.30–14.30 und 18–20.30 Uhr

NIEDERÖSTERREICH

BAD VÖSLAU 02

ALLERLEY 12,5/20

Koch: Johannes Ley

Mediterrane Einflüsse und heimische Geschmäcker finden im Gasthaus Allerley glücklich zueinander. Die Speisekarte wird dabei bewusst klein gehalten, wechselt dafür aber alle vier Wochen. So wird den Stammgästen auf sinnvolle Art und Weise Abwechslung geboten. Knusprigen Schweinsbauch serviert man hier mit Sellerie und Pak Choi, der Rostbraten wird von Fregola Sarda (eine aus Sardinien stammende Pasta) begleitet. Auch bei den Desserts zeigt sich das Küchenteam sehr ambitioniert und sorgt mit Rote-Rüben-Sorbet mit Joghurtmousse für ungewohnte Aromen. Der frische Esprit bringt kulinarische Farbe in eine Gegend, die fast ausschließlich von Heurigen geprägt ist.

à la carte: 9–26 €

Tel.: 02252 251879
0664 5341069
2540 Bad Vöslau
Tattendorferstraße 2
www.allerley.at
office@allerley.at
Mi–Sa 17–24 Uhr
variabel

BADEN BEI WIEN

BADEN BEI WIEN   N2

CUISINO RESTAURANT BADEN 12/20
im Casino Baden
Koch: Walter Zwiletitsch

Tel.: 02252 43502
2500 Baden bei Wien
Kaiser-Franz-Ring 1
baden.casinos.at
baden.restaurant@casinos.at
Mo–Do, So 18–22,
Fr–Sa 18–24 Uhr

Ein Abend im Casino gefällig? Davor kann man sich im Cuisino noch preiswert verwöhnen lassen. Die Vorspeisen sind gut und großzügig. Beim Hauptgang kann man zwischen zwei günstigen „Casino"-Menüs wählen. À la carte gibt es Gourmetgerichte vom Fisch, Rind, Schwein und Huhn. Zudem die Klassiker wie das Wiener Schnitzel und den Tafelspitz. Auch ein Surf & Turf – mit perfekter Garstufe – darf nicht fehlen. Die Bedienung ist freundlich, die Weinkarte umfangreich. Spätestens nach den ausgezeichneten Nachspeisen entscheidet sich, wie viel Kraft man noch für den Spieltisch hat.

à la carte: 16–34 €

PRIMAVERA 13/20
Koch: Franz Pigel

Tel.: 02252 85551
2500 Baden bei Wien
Weilburgstraße 3
www.restaurant-primavera.at
office@restaurant-primavera.at
Mi–Sa 11.30–14.30 und
18–24 Uhr

Beim Betreten des Lokals überrascht die in Rosa gehaltene altmodische Einrichtung, zu der nur noch ein Klavierspieler fehlt, der in dem entzückend kleinen Raum aber ohnehin keinen Platz fände. Der Küchenchef ist zugleich auch Maître, Kellner und Sommelier in einer Person. Auf der Karte findet man vorwiegend ausgezeichnete Fischgerichte, aber auch eine kleine Auswahl an Wild, Rind und Lamm. Die französische Küchenlinie merkt man nicht zuletzt auch beim Dessert. Man darf sich hier einen speziellen Abend mit sehr gutem Essen zu entsprechenden Preisen erwarten.

à la carte: 20–60 €

DÜRNSTEIN

DEUTSCH WAGRAM — N2

MARCHFELDERHOF 👍 Tipp

Tel.: 02247 2243
2232 Deutsch Wagram
Bockfließerstraße 31
www.marchfelderhof.at
office@marchfelderhof.at
Mo–Fr 17–22,
Sa, So, Fei 11–22 Uhr
✼ 24. Dez. 2019, 1. Jän. 2020

Wer dieses Haus zum ersten Mal betritt, kommt aus dem Staunen nicht heraus. Im außergewöhnlichsten und opulentesten Lokal rund um Wien entdeckt man an allen Ecken und Enden der zehn überaus reichhaltig dekorierten Stuben Kuriositäten und Artefakte. Auch in der umfangreichen Speisekarte gibt es einiges an altösterreichischen Klassikern zu finden. Legendär sind die Spareribs, ein jährliches Highlight stellen die Spargelwochen dar.

à la carte: 6–21 €

DÜRNSTEIN — M2

LOIBNERHOF 14/20

Koch: Josef Knoll

Tel.: 02732 82890
3601 Dürnstein
Unterloiben 7
www.loibnerhof.at
reservierung@loibnerhof.at
Mi–So 11.30–20 Uhr
✼ Jän. 2020

Hier wird die österreichische Küche in klassischer Form und in stets verlässlicher Qualität zubereitet. Das ist umso erstaunlicher, wenn man sich die Größe des Loibnerhofs und den Umfang der Speisekarte vor Augen führt. Der Matjes wird natürlich selbst mariniert, die Schweinssulz mit Kernöl ist genau so, wie man sich das erwartet, aber leider nur selten bekommt. Auch die gefüllte Kalbsbrust und die geröstete Kalbsleber kann man nicht besser zubereiten, wobei die Beilagen – Erdäpfelpüree beziehungsweise gemischter Salat – ein Sonderlob verdienen. Und während wir sinnieren, wie wunderbar dieser gastliche Ort eigentlich ist und wie gut die glasweise verkosteten Weine der Knoll'schen Verwandtschaft Jahr für Jahr schmecken, kommen die Buchteln mit Vanillesauce zu Tisch. Und wir sind wirklich, wirklich glücklich.

SCHLOSS DÜRNSTEIN 13/20

Koch: Emil Szechenyi

Tel.: 02711 212
3601 Dürnstein 2
www.schloss.at
hotel@schloss.at
täglich 12–16.30 und 18.30–21 Uhr
✼ 27. Okt. 2019–27. März 2020

Die Wachau ist ein Touristenmagnet, Dürnstein einer der beliebtesten Orte in der Wachau, das barocke Schloss der höchste und prominenteste Platz im Ensemble. Es wundert nicht, dass hier einheimische Gäste in der Minderheit sind. Ein Klavierspieler unterstreicht den „klassischen" Stil des Hauses und auch auf der Karte wird jeder Ansatz irritierender Modernität vermieden, doch wer diese nicht sucht, vermisst sie auch nicht. Die Muskat-parfümierte Cremesuppe von der Gelbrübe als Amuse war genauso tadellos wie die Tafelspitzbouillon mit flaumigen Milzschnitten. Die hausgebeizte Forelle mit Kerbel, Buttermilch und Forellenkaviar war zumindest hübsch anzusehen, geschmacklich aber kaum wahrnehmbar. Das kleine Stück Seeteufel mit

EBREICHSDORF

Erbsencreme und Risotto wurde auf der sehr sicheren Seite gebraten, auch dem Kalbssteak hätte eine Spur weniger Garung nicht geschadet, Polenta und Eierschwammerl dazu waren mehrheitsfähig, die grünen Fava-Bohnen leider nur ein optischer Akzent. Ordentlich die Marillenknödel. Die Weinkarte ist vor allem in der Wachau sehr stark, der Service international und untadelig, die Preise schmerzhaft.

à la carte: 15–38 €

EBREICHSDORF N2

ROSENBAUCHS 15/20
Koch: Franz Rosenbauch

Tel.: 02254 72338
2483 Ebreichsdorf
Rechte Bahnzeile 9
www.rosenbauchs.at
office@rosenbauchs.at
Mi–Fr 11.30–14 und 17.30–22 Uhr, Sa 11.30–14.30 und 17.30–22, So 11.30–14.30 und 17–21 Uhr
variabel

Im Gegensatz zur neu gestalteten, gut gelungenen Website präsentiert sich das Entree des Rosenbauchs – dieses Zwitterwesens mit Gasthaus- und Restaurantkarte – immer noch recht düster und harrt einer Neugestaltung. Anders als der verzauberte Garten, der allgegenwärtige Service, die abwechslungsreiche Karte und eine an Jahrgangstiefe und Weltgewandtheit vorbildliche Weinkarte, die zum fünf- oder siebengängigen Überraschungsmenü (mit durchaus selbstbewusster Preisgestaltung) – sage und schreibe – drei verschiedene Weinbegleitungen bietet. Der hitzige Sommertag verlangt nach leichten Gerichten aus dem Josper-Grill wie dem Miniburger mit Vanillemayonnaise (nicht so toll), dem geräucherten Saibling (gut) mit Oktopus (sehr gut) oder gefüllten Calamares mit geschmorten Tomaten und Eierschwammerln (exzellent). Die rauchig abge schmeckte spanische Tomatensuppe mit Garnele und die perfekt panierten, aber sehr dünn geschnittenen Steinpilze mit der besten Sauce tatare seit langem ließen dann nur mehr für eine gelungene Marillenpalatschinke Platz.

à la carte: 12,90–36,90 €

EGGENBURG N1

ZUM SEHER 11/20
Koch: Milan Kopecny

Tel.: 02984 20031
3730 Eggenburg
Hauptplatz 17
www.landgasthaus-seher.at
office@landgasthaus-seher.at
variabel

Im Weinviertel muss man schon ein bisschen suchen, um ein wirklich gutes Wirtshaus zu finden. In Eggenburg wurden wir fündig. Man sitzt am historischen Hauptplatz und freut sich, dass man beim Seher mehr bekommt als Schnitzel aus der Fritteuse und dünne Suppe. Im Gegenteil: Die Rindsuppe schmeckt echt und kräftig, allerdings scheinen sich die

Frittaten eher an Pancakes zu orientieren, sie sind einfach zu dick. Abseits der Klassiker bestellten wir gegrillten Fenchel als Vorspeise, dazu Aioli und Bratkartoffeln. Man könnte noch etwas daran feilen: Die Erdäpfel sollten speckiger sein, das Ganze knofelt zu stark und ist als Vorspeise etwas deplatziert (wie die Knödel mit Ei). Der Grillspieß vom Biohuhn gelang hingegen sehr gut, dazu Erdäpfel und Joghurtsauce. Herrlich mager und mürbe der Schweinsbraten, dazu Erdäpfelknödel. Solide Leistung mit Potenzial.

EGGENDORF — N1

LANDGASTHAUS WINKELHOFER — 12,5/20
Koch: Johannes Winkelhofer

Dieses Landgasthaus ist zu einer Institution für Feinschmecker geworden, leider nur am Wochenende. Hausgemachte Aufstriche mit Blunzen-, Tomaten- und Kräuterbrot eröffneten wieder einen Besuch voller kulinarischer Überraschungen. Sowohl Reinanke in Wacholderbutter wie Frühlingssalat mit Marchfelder Spargel als Vorspeise, eine feine, knusprige Landhendlbrust und ein köstliches Filet vom Saibling mit sündhaft gutem Blattspinat überzeugten wie gewohnt. Zuletzt servierte die Chefin eine süße Verführung in Form von cremigem Schafjoghurt und eine Tarte von der Valrhona-Bitterschokolade mit Bananeneis.

Tel.: 02958 82772
3712 Eggendorf
Eggendorf am Wald 45
www.derwinkelhofer.at
gasthaus@derwinkelhofer.at
Sa 11–21, So 11–15.30 Uhr

EMMERSDORF — M2

ZUM SCHWARZEN BÄREN — Tipp

Die Familie Pritz führt den Betrieb bereits in vierter Generation – mit ungebrochenem Elan und Leidenschaft. Im Schwarzen Bären speist man in traditionellen, gemütlichen Stuben oder im wunderschönen Wintergarten. Wachauer Spezialitäten und Waldviertler Fisch sind die Highlights auf der Karte. Und auch das Weinangebot zeugt vom genussvollen Engagement der Familie Pritz.

à la carte: 9–39 €

Tel.: 02752 71249
0676 5074070
3644 Emmersdorf 7
www.hotelpritz.at
hotel@hotelpritz.at
täglich 11.30–14 und 17–21 Uhr
Feb. 2020, variabel

ERLACH AN DER PITTEN — N3

DAS LINSBERG — pop 12/20
Asia Resort Linsberg
Koch: Michael Suttner

Das À-la-carte-Restaurant des Hotels Linsberg Asia ist auch für externe Gäste zugänglich, Kinder unter 16 Jahren haben abends – wie ganztags in der Therme – jedoch keinen Zutritt. Damit steht einem romantischen Abend nicht viel im Wege, noch dazu wenn der Service – wie bei unserem Besuch – sehr aufmerksam agiert. Bei so viel Lob muss jedoch erwähnt werden, dass das bestellte Menü zwar mit dem Kellner besprochen wurde – die einzelnen Gänge dann jedoch nicht mit dem Besprochenen übereinstimmten. Die Gänseleber auf Fladenbrotcracker als Amuse gueule und das Glas Sekt waren ein angenehmer Beginn, es folgte eine zu mild gewürzte Kräutersuppe – anstatt der angekündigten Hühner-Dashi mit Steinpilzen. Die Fjordforelle wurde durch mit Bündnerfleisch gefüllte Dim-Sums ersetzt, bei der nicht ganz rosa gebratenen Entenbrust mit Himbeerhummus und Roten Rüben blieb die Küchenleitung bei der Ankündigung. Kreativität zeigte es bei der Nachspeisenabteilung bei den „Snickers Linsberg Asia", die aus gesalzenem Vanilleeis und Schokolademousse bestanden. Interessante und fair kalkulierte Weinauswahl.

à la carte: 9–28 €

Tel.: 02627 48000
2822 Erlach an der Pitten
Thermenplatz 1
www.linsbergasia.at
mail@linsbergasia.at
Di–Sa 18.30–22 Uhr

ERNSTHOFEN

ERNSTHOFEN K2

FISCHERWIRT 13/20
Koch: Franz Harthaller

Tel.: 07435 8466
0650 290 43 08

4432 Ernsthofen
Mühlrading 11
www.fischerwirt.cc
info@fischerwirt.cc

Mo, Do–So 11.30–14 und 17.30–20 Uhr
je 2 Wochen im Jän. und Juli 2020

Angesichts des prinzipiell guten Preis-Leistungs-Verhältnisses – negative Ausnahme sind die Flaschenweine – ist es kein Wunder, dass der Fischerwirt im niederösterreichischen Ernsthofen gut besucht ist. Nach einem erfrischenden Gin Tonic gefielen uns schon die Vorspeisen: Das Tatar von der geräucherten Forelle war gut abgeschmeckt und die gebratenen Garnelen erhielten durch das Mangocouscous und die Rosenblütenmarinade eine erfrischend exotische Note. Die Leberknödelsuppe sowie das gebackene Schweinsschnitzel mit Preiselbeeren verdienten sich das Prädikat beste österreichische Wirtshausküche. Die mit Speck umwickelte Hühnerbrust vom Grill war sowohl zart als auch saftig. Ebenfalls fein der mit Kräutern und Knoblauch gebratene Saibling. Abschließend versüßte ein geeister Nougatspitz mit Waldbeerenragout den Besuch.

à la carte: 8–30 €

ESCHENAU AN DER TRAISEN N3

GASTHOF PILS 13,5/20
Koch: Karl Pils

Tel.: 02762 68613

3153 Eschenau an der Traisen
Rotheau 6
www.gasthof-pils.at
service@gasthof-pils.at

Mo–Do 17–21.30 Uhr
2 Wochen im Dez. 2019, 3 Wochen Ende Juli 2020

Der Gasthof Pils liegt rund 20 Kilometer von St. Pölten in Richtung Mariazeller Land und ist, nebenbei bemerkt, nicht gerade das, was man als einen Blickfang bezeichnen würde. Hinter der ziemlich unscheinbaren Fassade befinden sich aber eine besonders sympathische Wirtschaft und einer der heimischen Gastro-Wein-Geheimtipps. Karl Pils ist Gastgeber aus Passion, eine solch fair ausgepreiste Weinkarte mit derart spannendem Inhalt gibt es wirklich selten. Kongenial dazu: Pils' Küche. Sie ist heimatverbunden und ohne viel Chichi. Beispiele dafür: die kross gebratene, hausgemachte Leberwurst mit Grammeln und Chili-Paradeiser-Kraut oder das saftige und gleichzeitig mürbe, acht Stunden in Blaufränkisch geschmorte Schulterscherzerl.

à la carte: 4–24 €

FEUERSBRUNN M2

MÖRWALD „TONI M." 17/20
Gourmetrestaurant
Koch: Toni Mörwald

Tel.: 0676 84 22 98 81

3483 Feuersbrunn
Kleine Zeile 15
www.moerwald.at
toni@moerwald.at

Di–Sa 19–22 Uhr

Die Krone im Gastro-Imperium von Toni Mörwald trägt seinen Namen. Entsprechend wichtig ist es dem umtriebigen Multi-Gastronomen, dass sein Flaggschiff stets auf Kurs bleibt. In der großen Variante (acht statt fünf Gängen) starteten wir gleich nobel mit einem gebackenen Landei mit Champagnersauce, Spinat und Kaviar. Über eine klassische Foie gras, Garnelen (originell mit gebratenen Bananen und Curry) und Hummerbisque mit Jakobsmuscheln setzte die Küche auf internationalen Luxus. Heimatliche Gefühle kamen beim köstlichen Wallerszegediner und dem perfekt rosa gebratenen Reh auf. Wenn die Zubereitung exakt und das Produkt richtig gut ist, braucht es auch keine theatralischen Gemälde auf dem Teller. Nach dem Österreichausflug bei den Hauptgerichten wurde es mit einer Epoisse-Crème-brûlée und einer Yuzu-Panna-cotta zum Finale wieder international. Der Service zeigte sich freundlich, kompetent und unaufdringlich. Die Weinkarte ist großartig und hinterlässt dennoch einen zwiespältigen Eindruck: Als Weinbibliothek der Regionen Kamptal und Wagram ist sie geradezu vorbildlich, auch was Preisgestaltung und Jahrgangstiefe betrifft. Wer sich die Mühe macht, das imposante Werk in voller Länge zu studieren, wird auch die eine oder andere internationale Mezzie entdecken. Doch prinzipiell sind die Preise für internationale Weine (auch für Champagner) knapp an und manchmal auch jenseits der Schmerzgrenze angesetzt. Das tut wirklich weh, weil es genügend fair bepreiste Alternativen gibt, aber ganz nachvollziehbar ist diese Kalkulation dennoch nicht.

à la carte: 16–46 €

GALLBRUNN BEI SCHWECHAT

MÖRWALD „ZUR TRAUBE"   14,5/20

Tel.: 02738 22980
3483 Feuersbrunn
Kleine Zeile 13–17
www.moerwald.at
traube@moerwald.at
Mo–So 12–14 und 18–21 Uhr

Das Wirtshaus Mörwald, das Restaurant Zur Traube, das Gourmetrestaurant, der Shop, das Hotel, das Weingut, die Veranstaltungsräume – Mörwald, das ist mittlerweile ein Ortsteil von Feuersbrunn. Und die Traube ist so etwas wie das Verbindungsglied. Hier spannt Toni Mörwald den Spagat von der verfeinerten Bodenständigkeit hin zum Gourmetbereich. Da gibt es als Gruß aus der Küche eine Tasse Gazpacho mit kaltgepresstem Olivenöl, das hat sich bewährt. Beim in Rote-Rüben-Saft rot gebeizten Lachs mit Gurkenröllchen, Avocadopüree und (weder geschmacklich notwendigen noch wirklich essbaren) Pumpernickelcrumbles wird vor allem das Auge erfreut, beim Kellerfleisch, einem Ragout aus in Weißwein geschmorter Schweinsschulter mit viel Kümmel, Zwiebel und Liebstöckel, auch der Gaumen. Das Szegediner Krautfleisch vom Waller begeisterte uns heuer eher nicht so, etwas übergart der Fisch, wässrig das Kraut, die Optik ist zu überdenken. Das Rhabarberparfait mit Himbeergelee passte dann wieder ins zu erwartende Bild. Die Weine des Hauses begleiten das Menü glasweise tadellos, das Angebot an Flaschen ist enorm, der Service aufmerksam und klassisch geschult.

FURTH BEI GÖTTWEIG   M2

SCHICKH   14/20

Tel.: 02736 7218
3511 Furth bei Göttweig
Avastraße 2
www.schickh.at
office@schickh.at
Mo, Di, Fr 11.30–14.30 und 18–21.30, Sa, So 11.30–21.30 Uhr
2 Wochen im März, 1 Woche im August 2020

Alles beim Alten im Hause Schickh. Der Gastgarten schön wie immer und auch – wie üblich – gut besucht. Das Serviceteam ist bestens disponiert. Die Küchencrew auch. Dies bestätigte sich in Form eines perfekt gebackenen Kalbsbrieses mit gut abgeschmecktem Erdäpfel-Vogerlsalat und einer Sauce tatar wie aus dem Bilderbuch. Geschmacksintensiv das Reisfleisch nach Art des Hauses. Idealtypisch die Waldviertler Mohnnudeln mit kontrastierendem Zwetschkenröster und hausgemachtem Mohn-Rum-Eis. Nicht restlos überzeugend war einzig die Zwiebelsuppe mit Käsestangerl, die Raffinesse vermissen ließ. Die Weinkarte bietet ein gutes Ebenbild der umliegenden Regionen – allerdings ohne ausgeprägte individuelle Handschrift. Dennoch: Auf den Schick ist stets Verlass.

à la carte: 9,20–32 €

GAADEN BEI MÖDLING   02

PÖCHHACKER'S KRONE   👍 Tipp

Tel.: 02237 7204
2531 Gaaden bei Mödling
Hauptstraße 57
www.kronegaaden.at
restaurant@kronegaaden.at
Do–Sa 11–22, So 11–16 Uhr

Bereits in sechster Generation führt die Familie Pöchhacker den liebevoll gepflegten Landgasthof. Die Speisekarte umfasst Gerichte von klassisch bis modern. Der Fokus liegt dabei auf regionalen Zutaten sowie Produkten aus biologischem Anbau. Aufgrund des gediegenen und romantischen Ambientes ist der Familienbetrieb auch bei Hochzeitspaaren sehr beliebt.

GALLBRUNN BEI SCHWECHAT   02

MUHR   12/20

Koch: Jakob Muhr

Tel.: 02230 2858
0660 285 80 01
2463 Gallbrunn bei Schwechat
Hauptstraße 87
www.muhr.co.at
info@muhr.co.at
Fr–Di 11–14.30 und 17–21 Uhr
je 2 Wochen im Feb. und Juli 2020

Wer gerne Garnelen und Flusskrebse isst, ist beim Muhr richtig. Kaum ein Gericht, das nicht mit diesen Krustentieren veredelt wird. Das Thunfischtatar wurde in einem großen, langstieligen Rotweinglas serviert, samt Garnelenspieß und einem langen Löffel, um das Tatar herauszubekommen. Die Blutwurst, natürlich auch mit Garnelenspieß, wurde im Rexglas gereicht. Diese Effekthascherei beim Anrichten nervt ein bisschen. Der Zarzuela fehlten die Fische, der Zwiebelschaumsuppe das Zwiebelaroma. Das Hirschkalb war perfekt gegart, die zarten Aromen gingen jedoch in der kräftigen Rotweinsauce unter. Ja, man bemüht sich, aber mit etwas mehr Fingerspitzengefühl wäre hier mehr möglich.

à la carte: 11–29 €

GLOGGNITZ N3

BEVANDA ⓝ 13/20

Koch: Robert Letz

Urbanität geht auch in Gloggnitz. Die Verwandlung der früheren Blauen Traube in das stylische, mit türkis-violetten Sitzgelegenheiten voll im Trend liegende Ristorante Bevanda gelang gut. Umso erfreulicher, dass auch die Küche unter Robert Letz (ehemals Schlosspark Mauerbach) scheinbar mühelos mithalten kann. Die Auswahl präsentiert sich im Wesentlichen viergeteilt: 1. günstiges, meist ordentliches Mittagsmenü; 2. knusprige Pizzen aus dem riesigen Spezialofen; 3. feines Simmentaler Steak vom Lavasteingrill, u. a. mit köstlichen Saucen und aromatischem Rote-Rüben-Püree sowie 4. diverse À-la-carte-Gerichte mit Schwerpunkt feiner Fisch (Seeteufel, Calamari, Branzino, …). Behutsam werden Klassiker wie ein dünn geschnittenes Lachscarpaccio mit knusprigen Sesamalgen und Granatapfel oder die Maishendlbrust mit einem fantastischen Kürbisrisotto aufgepeppt. Zum Abschluss: ein etwas langweiliger Eierliköreis-Schokospitz in subtil-intensiver Kaffeesauce und flaumige Topfenknöderl mit Marillenröster.

à la carte: 6,50–25 €

Tel.: 02662 43528
2640 Gloggnitz
Hauptstraße 11
www.bevanda.restaurant
info@bevanda.restaurant
Di–So 11–23 Uhr

S'PLATZL ⓝ 👍 Tipp

In diesem über 800 Jahre alten Lokal herrscht heute urig-stylisches Flair. Bodenständige Wirtshausklassiker wie Cordon bleu (wahlweise von Schwein oder Huhn) treffen auf moderne, zeitgeistige Kreationen wie Riesengarnelen im Backteig mit Karotten-Ananas-Salat. Dazu werden österreichische Weine aus einer gut sortierten Weinkarte serviert.

à la carte: 7,90–28,40 €

Tel.: 02662 44028
0664 8339547
2640 Gloggnitz
Hauptstraße 24a
www.s-platzl.at
office@s-platzl.at
Mo–Sa 11.30–14 und
17–20.30 Uhr

GRAFENEGG

GÖTTLESBRUNN 02

DER JUNGWIRT 14/20
Koch: Johannes Jungwirth

Johannes Jungwirth hat sich etabliert hier in Göttlesbrunn. Sein Restaurant im ehemaligen Großheurigen mit schöner Gartenterrasse funktioniert sowohl als Dorfwirt, als Ortsvinothek und auch als jener Ort, den man als Bewohner der Umgebung aufsucht, um einmal „etwas Besonderes" zu erleben. Das Angebotsspektrum ist entsprechend groß, die Karte demgemäß sinnvollerweise in die vier Bereiche – Fleisch, Fisch, „Wald & Wiese" sowie „Klassiker" – unterteilt, die alle ihre Highlights aufzuwarten haben. Saisonale Tagesangebote kommen noch dazu. Als Gruß aus der Küche wurde ein kleiner Block frisch gebratenen Leberkäses serviert, das kommt gut an. Die paprizierte Fischsuppe strotzte vor Kraft, Paprika und Rustikalität, die panierten Steinpilze mit einer Art Coleslaw gelangen tadellos knusprig. Die Lachsforellenfilets aus der Zucht Dornau wurden richtig gebraten, das Grünspargelrisotto könnte man sich eventuell auch etwas eleganter und weniger käselastig vorstellen. Das fünf Zentimeter hohe Rückensteak vom Bioschwein war meisterlich gegrillt, herrlich saftig, nur die begleitenden Pommes frites hätten knuspriger sein können. Ein Dessert aus alten Tagen wie gebackene Hollerblüten machten neugierig, doch leider gerieten sie etwas zu teiglastig. Das glasweise Angebot bietet ein paar interessante und auch weniger bekannte Weine aus der Region.

à la carte: 11–28 €

Tel.: 02162 8943
0676 337 59 46
2464 Göttlesbrunn
Landstraße 36
www.derjungwirt.at
info@derjungwirt.at
Do 17–21.30,
Fr–So 11–21.30 Uhr
✽ 23. Dez. 2019–9. Jän. 2020

GENUSSWIRTSHAUS BITTERMANN 12,5/20
Vinarium Göttlesbrunn
Koch: Adi Bittermann

Wer noch immer glaubt, dass gute Gastronomie nur mit überteuerten Preisen und kleinen Portionen möglich ist, der sollte einmal in Göttlesbrunn Station machen. Grillweltmeister Adi Bitterman zeigt in seinem Restaurant nämlich, dass Gästezufriedenheit und Gewinnstreben Hand in Hand gehen können. So kann ein Glas Sekt oder eine Flasche Weiß- oder Rotwein zum Essen hier Vergnügen machen, ohne das Budget unangemessen zu belasten. Wir lieben Innereien, starteten daher gerne mit einer ausgezeichneten gebratenen Milzschnitte und einem würzigen Lammbeuschelcurry, zu denen der regionale Muskateller bestens schmeckte. Weiter ging es mit zarten Rindsripperln mit verschiedenen Saucen und hausgemachten Pommes frites beziehungsweise mit dem gekochten Schulterscherzl vom Voralpenland-Rind, das in einer Erdäpfelkruste gebraten worden war und mit Cremespinat serviert wurde. Wir hätten gerne noch ein Dessert – etwa die Variation von der Valrhona-Schokolade – verkostet, angesichts der riesigen Portionen mussten wir jedoch leider w. o. geben.

à la carte: 9,90–36 €

Tel.: 02162 81 155
0664 88 44 70 44
2464 Göttlesbrunn
Abt-Bruno-Heinrich-Platz 1
www.bittermann-vinarium.at
info@bittermann-vinarium.at
Do–Sa 10–22, So 10–20 Uhr
✽ variabel

GRAFENEGG M2

MÖRWALD „TAVERNE SCHLOSS GRAFENEGG" 14/20

Ein historischer Park mit uralten Linden. Und mittendrin steht ein märchenhaftes Schloss im Tudor-Stil und eine spektakuläre Konzertbühne namens Wolkenturm. Kulinarisch liegt der Fokus der Schlosstaverne auf verfeinerten Klassikern, die mit internationalen Dauerbrennern wie Caesar Salad, Carpaccio oder Tuna Tataki ergänzt werden. Etwas zu gut gemeint waren die reichlichen Beigaben von Sauce – beim Thunfisch ebenso wie bei den gebratenen Kalbsmedaillons, die mit cremigem Püree und Grünspargel serviert wurden. Vorzüglich das knusprige Spargel-Cordon-bleu mit Kräutermayonnaise, es kommt wie alle weiteren Gerichte tadellos abgeschmeckt und mit obligater Stiefmütterchenblüte auf den Teller. Die confierte Lachsforelle war leider übergart. Die umfangreiche Weinkarte mit edlen Tropfen internationaler Top-Weingüter lässt kaum Wünsche offen. Glasweise werden zu recht stolzen Preisen vor allem Weine des Bruders des Patrons ausgeschenkt.

Tel.: 02735 26160
3485 Grafenegg 12
www.moerwald.at
grafenegg@moerwald.at
Mi–So 12–14 und 18–21 Uhr
✽ Weihnachten 2019 bis Ostern 2020

GUMPOLDSKIRCHEN

GUMPOLDSKIRCHEN N2

HEURIGER SPAETROT 12/20
Koch: Konstantino Bampalas

Der schmucke Heurige befindet sich in einem der schönsten Häuser im Herzen der historischen Weinbaustadt, die es geschafft hat, mit einem Bein in der guten alten Zeit zu verharren. Das langgezogene Winzerhaus verfügt über schöne Gewölberäume und einen stillen Innenhof. Die Küchenlinie konzentriert sich auf Klassiker wie Ofenbratl und Gebackenes. Auch Vegetarier kommen mit mehr als nur einem Salat auf ihre Kosten. Zusätzlich gibt es einige asiatisch inspiriere Gerichte, die allerdings nicht immer mit den hervorragenden Weinen vom Weingut Gebeshuber zurechtkommen.

à la carte: 8,50–23 €

Tel.: 02252 62230
0664 145 91 59
2352 Gumpoldskirchen
Wiener Straße 1
www.heuriger-spaetrot.com
johanna.gebeshuber@heuriger-spaetrot.com
Mo, Do 11–15 und 17–23,
Fr–So 11–23 Uhr

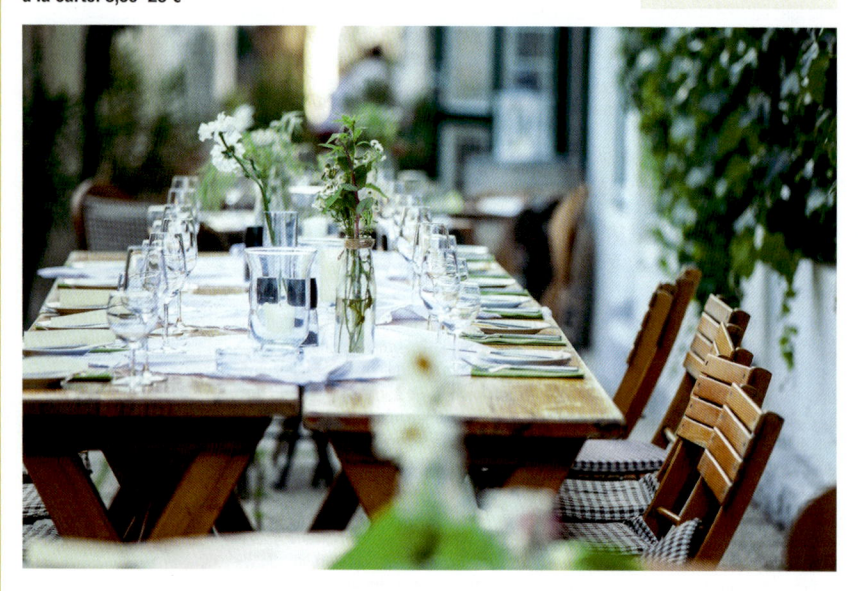

GUNTERSDORF N1

GASTHAUS AN DER KREUZUNG 12/20
Koch: Manfred Hausgnost

Ein Prototyp eines gut funktionierenden Wirtshauses, das man häufig sucht, aber immer seltener findet: fleißige, herzliche Wirtsleute, eine besonders freundliche Servicemannschaft, der auch unter Hochdruck das Lächeln nicht vergeht, und eine Küche, die von Jahr zu Jahr die Qualität nicht nur hält, sondern steigert. So schmecken die Marillenknödel aus Brandteig so gut wie nirgendwo sonst, der Erdäpfelsalat ist speckig und fein mariniert (die Zwiebeln könnten noch etwas Feinschliff vertragen, sind manchmal zu grob), die Schweinsfiletspitzen im Eierschwammerlgulasch (aus diesen besonders delikaten, kleinen Exemplaren) zart und mürbe, der Serviettenknödel so flaumig, wie er sein soll. Hier steht ein Profi am Herd, dessen jahrelange Erfahrung auch Exkurse vom klassischen Wirtshausmenü locker gelingen lässt. Die Weine sind übrigens auch größtenteils aus der Gegend, es gibt immer wieder Interessantes davon glasweise.

à la carte: 7,20–18,60 €

Tel.: 02951 2229
2042 Guntersdorf 110
www.hausgnost.at
info@hausgnost.at
Mo, Di, Fr, Sa 11–22 und
So 11–20.30 Uhr
✱ 2 Wochen Ende Juli 2020

HADERSDORF AM KAMP

HAAG-STADT L2

MITTER 13/20
Koch: Albin Hawel

Man isst stets gut im Mitter. Man täte es wohl noch besser, wenn der Patron an eine Verkleinerung der umfangreichen Speisenkarte denken würde. Auch wenn man hier zweigleisig – einmal Wirtshaus, einmal Restaurant – fährt, braucht es nicht so viel Auswahl. So gelingen manche Gerichte – wie der Lachskaviar im Kartoffel oder das Kalbssteak mit reichlich Morcheln – fantastisch. Andere, wie das Fiakergulasch (mit Spiegelei und Pfefferoni), kommen nicht über eine durchschnittliche Perfomance hinaus. Das gebackene Eis und Nusskipferl zum Dessert war brav, aber nicht mehr. Dafür kommt bei der Rechnung wieder gute Stimmung auf. Das Preis-Leistungs-Verhältnis ist nicht nur bei den Weinen mehr als fair.

à la carte: 6,20–31,50 €

Tel.: 07434 42426
0660 377 96 96

3350 Haag-Stadt
Linzer Straße 11
www.mitter-haag.at
office@mitter-haag.at
11.30–13.30 und 18–20.30 Uhr
Do

HADERSDORF AM KAMP M2

ESSLOKAL 12/20
Köchin: Miriam Laister

In zumindest einem Punkt ist man sich bei einem Besuch des Esslokals einig: Einen herzlicheren Empfang gibt es in der Umgebung nicht so schnell. Während Sebastian Pesau im Service und bei der Weinauswahl für das Wohl der Gäste sorgt, zaubert Miriam Laister in der Küche regional und saisonal orientierte Gerichte mit persönlicher Note auf die Teller. Abends bekommt man auch ein Überraschungsmenü, das alle zwei Wochen wechselt. So geht moderne Wirtshausküche! Die Grammelknödel und das Backhendlfilet sind beliebte Klassiker. Auch der Erdäpfelsalat ist nahe am Kultstatus angesiedelt.

Tel.: 02735 20386

3493 Hadersdorf am Kamp
Hauptplatz 16
www.esslokal.at
reservierung@esslokal.at
Do–Sa 18–21 und
Sa, So 12–14 Uhr

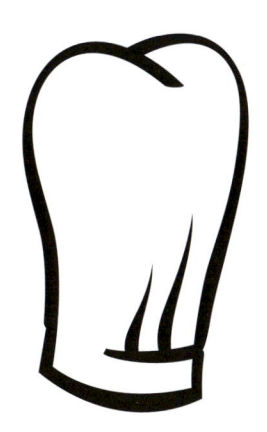

NIEDERÖSTERREICH

Gault&Millau

NEU! Die besten Almhütten in Tirol und Niederösterreich, alle Infos unter www.gaultmillau.at

HAINBURG AN DER DONAU

HAINBURG AN DER DONAU — P2

ZUM GOLDENEN ANKER 👍 Tipp

Tel.: 02165 64810
2410 Hainburg an der Donau
Donaulände 27
www.goldeneranker.at
restaurant@goldeneranker.at
Mo–Sa 11.30–21, So 11.30–20 Uhr

Der Schanigarten des historischen Landgasthofs ist wunderschön gelegen, direkt mit Ausblick auf die Donau. Im idyllischen Innenhof ranken sich alte Weinreben die Laube entlang. Die Karte ist regional, klassisch bestückt und die Speisen werden mit viel Liebe fürs Detail zubereitet. Ein Ort, an dem man seinen Anker gerne für einen längeren Aufenthalt auswirft.

à la carte: 9,90–29,90 €

HANFTHAL — N1

GASTHAUS HERBST 12/20

Koch: Matthias Herbst

Tel.: 02522 2480
2136 Hanfthal 48
www.gasthaus-herbst.at
hanfthal48@gmail.com
Di–Sa 9.30–14.30 und 17–21.30,
So 9.30–14 Uhr

Es herrscht ursprüngliches Flair, die Gaststube ist wie zu Großvaters Zeiten erhalten. Man erkennt auf den ersten Blick, dass dies ein Gasthaus mit Geschichte ist. Doch in der Küche weht mit Matthias Herbst, der an vielen heimischen Topadressen (Steirereck am Pogusch, Gut Purbach) gelernt hat, ein frischer Wind. Mit gekonnt verfeinerten traditionellen Speisen, dry-aged Beef aus dem eigenen Reiferaum und einem Nose-to-tail-Konzept bietet das Gasthaus Herbst mehr als ein übliches Landgasthaus – und das zu äußerst fairen Preisen.

à la carte: 3,40–20 €

HARMANNSDORF — M1

BUCHINGER – DAS WIRTSHAUS 12,5/20

Koch: Franz Buchinger

Tel.: 02984 8241
3713 Harmannsdorf
Harmannsdorf 18

Die Familie Buchinger setzt in Harmannsdorf auf Regionalität, die auch mit der entsprechenden Qualität umgesetzt wird. Den Gast erwarten nach einem Glas Winzersekt lauwarme Schafkäsepralinen im Kürbiskernmantel oder Tatar vom geräucherten Alpenlachs. Zu Letzterem hätte es nicht unbedingt eine Erdäpfelrösti gebraucht. Im Hinblick auf die Größe der folgenden Portionen hätten wir uns etwas Leichteres gewünscht. Denn nach den Vorspeisen ging es mit einer Bauernente mit Erdäpfelknödel und Blaukraut beziehungsweise mit einer geschmorten Lammkeule und gebackenen Erdäpfelnudeln und Kohlsprossen weiter ordentlich zur Sache. Der aufmerksame Service versorgte uns während des Essens mit einem richtig temperierten Zweigelt aus dem Weinviertel, den wir aus der umsichtig zusammengestellten Weinkarte gewählt hatten. Dem hausgemachten Nougateis mit eingemachten Birnen gaben wir – wegen starken Sättigungsgefühls – den Vorzug gegenüber den Mohnnudeln, die wir vielleicht das nächste Mal versuchen werden. Nächtigungsmöglichkeit im Haus.

www.gasthofbuchinger.at
info@gasthofbuchinger.at
Mi–Sa 10–14 und 18–22,
So 10–15 Uhr
23. Dez. 2019–6. Jän. 2020,
2 Wochen im Sommer 2020

à la carte: 11–28 €

HASLAU AN DER DONAU 02

HASLAUERHOF
Landgasthof
Koch: Roland Lukesch

15/20

Tel.: 02232 80221
2402 Haslau an der Donau
Hauptstraße 17
www.haslauerhof.at
reservierung@haslauerhof.at
Do–So 11–21.30 Uhr
23. Dez. 2019–5. Jän. 2020

Es gibt zwei Gründe, weshalb sich ein Ausflug nach Haslau an der Donau lohnt. Der eine sind die Donauauen, die hier zu jeder Jahreszeit ein wunderbares Naturerlebnis bieten. Der zweite ist der Hauslauerhof, ein seit vielen Jahren vorbildlich geführter Familienbetrieb. Das von außen recht unscheinbare Restaurant klammert sich förmlich an die Abbruchkante zur Donau. Der herrliche Ausblick auf die Aulandschaft und den vielbesungenen Strom ist ein weiterer Grund, sich in diesem gastfreundlichen Haus niederzulassen. Von Beginn an fällt der unglaublich freundliche wie kompetente Service auf. Eine stimmige Kombination gibt der geräucherte Butterfisch mit Erbsenpüree und Pilzen ab, auch der Rollmops vom Saibling, wenngleich nicht sauer eingelegt, sondern pochiert und mit Wurzelgemüsesalat, macht Freude. Überraschend der kräftige Geschmack der gebratenen Welsleber, saftig die geschmorten Ochsenbackerl. Die Weinkarte hat neben dem Schwerpunkt Carnuntum eine höchst spannende Seite zu bieten, nämlich Weine aus der nahen Slowakei, die mit einigen feinen Entdeckungen aufwartet.

à la carte: 4,50–29,80 €

HOLLABRUNN

HOLLABRUNN N1

WAGNER'S WIRTSHAUS 13/20

Tel.: 0676 308 65 36
2020 Hollabrunn
Gschmeidlerstraße 32
www.diewagners.at
catering@diewagners.at
Do–Sa 11–22, So 11–20 Uhr

Wagners Wirthaus sieht wie ein modernes Café-Restaurant aus. Doch Christoph Wagners Küche bietet weit mehr, als das Ambiente erwarten lässt. Ja, es gibt auch ein paar klassische Wirtshausklassiker, aber eben noch deutlich mehr. Wir verkosteten eine vorzügliche Brennnesselschaumsuppe mit Hühnerraviolo, eine zart gebratene Wachtelbrust auf geschmackvoll arrangiertem Rote-Rüben-Carpaccio, tatsächlich rosa gebratenes Reh mit Blattspinat und mit Molke karamellisierten Tagliatelle sowie Marcarponehippen mit aparten Vanille-Kakaopulver-Marillen. Und was Philipp Wagner an Weinen anzubieten hat, ist schlichtweg beeindruckend.

à la carte: 8,50–27,50 €

KALTENBACH BEI VITIS L1

ZUM TOPF 12,5/20
Landgasthof

Koch: Oswald Topf

Tel.: 02841 8329
0664 345 06 80
3902 Kaltenbach bei Vitis 26
www.landgasthof-topf.at
landgasthaus.topf@A1.net
Fr–So 11.30–14 und 18–22 Uhr
✽ variabel

Dieses charmante Landgasthaus bietet Oswald Topf eine attraktive Bühne, um seine Gäste mit einer abwechslungsreichen Küche zu verwöhnen. Der kleine, gemütliche Garten wird in der warmen Jahreszeit zur genüsslichen Oase, wo schon Vorspeisen wie Bratlcarpaccio, Terrine vom Maibock oder Lachsforellen-Jakobsmuschel-Terrine gut schmecken. Fein auch die Geflügel: Eine knusprige Bauernente gibt es hier genauso wie das herrliche goldgelbe Backhendl. Deftig-rustikal zeigt sich das Schopfbratl mit Erdäpfelknödel, fein und elegant die Filetspitzen in Cognac-Pfeffer-Sauce. Auch die Dessertkarte gibt sich abwechslungsreich: Neben den feinen Strudeln (Rhabarberstrudel!) bietet man luftige Somlauer Nockerl und fruchtige Sorbetvariationen.

à la carte: 8–24 €

www.gaultmillau.at – Tipps, Trends, Rankings und alle Restaurantkritiken

KAPELLN AN DER PERSCHLING   M2

SCHLOSS THALHEIM   13/20
Koch: Patrick Marx

Hier speist man in einer beeindruckenden Kulisse. Das Restaurant liegt in einer rundum gepflegten Anlage des Schlossgartens – auf der gemütlichen Terrasse sitzt man mittendrinnen. Der aus der vielseitigen Weinkarte ausgesuchte Grüne Veltliner wird zum galanten Begleiter einer klaren Fischsuppe mit Lindenblüten und wunderbar gegrillten Jakobsmuscheln mit Belugalinsen als Vorspeise. Als leichtes Frühlingsgericht gefiel uns der gebackene Grünspargel, ein spezielles Erlebnis war das Lachsforellenfilet in der Honigwabe mit wildem Broccoli. Für Erfrischung zum Abschluss sorgten die hausgemachten Sorbets, ein Bild von einem Teller der Tonkabohnen-Sponge-Cake mit einem Allerlei von der Erdbeere, dunklem Schokoladecrumble und Vanille-Espuma.

à la carte: 10–30 €

Tel.: 02784 20 079
3141 Kapelln an der Perschling
Thalheim 22
www.schlossthalheim.at
reservierung@schlossthalheim.at
Di–So 11.30–14 und 18–21 Uhr

KATZELSDORF/LEITHA   N3

KUPFER-DACHL   15/20
Köche: Martin und Stefan Görg

Hat man dieses Restaurant einmal gefunden, befindet man sich an einem idyllischen Kraftplatz am Waldrand, wo man die Ruhe des Landes bei herrlicher Aussicht bis zum Schneeberg genießen kann. Bildschön auf dem Teller arrangierte Gerichte, bestmöglich zubereitet, sorgen für weitere Entspannung und Zufriedenheit. Ob der wohlschmeckende Auftakt mit dem köstlichen Gedeck, zur Vorspeise das pfiffige Beef Tatar mit Erdäpfelkas oder raffinierte Salatherzen mit Eierschwammerln – sie alle zeigten die professionelle Handschrift der Küche. Mit Frischkäse gefüllte, einmalig flaumige Brennnesselknödel auf Paprikasauce sowie die Siglesser Lachsforelle, kross auf der Haut gebraten, mit Kohlrabi, Erbsen und Erdäpfeln, lieferten weitere besondere Eindrücke. Selbst das Wiener Schnitzel wird hier zum wahren Erlebnis. Zum Abschluss gefielen uns ganz besonders die erfrischenden, leichten Sorbets, ebenfalls fein das Eierlikörparfait mit Erdbeeren und Mandeln.

à la carte: 10,50–29,50 €

Tel.: 02622 78 236
2801 Katzelsdorf/Leitha
Eichbüchl 23
www.kupfer-dachl.at
info@kupfer-dachl.at
Mi–Fr 16–21, Sa 11–15 und 17–21, So 11–15 Uhr

KILB

KILB
M2

DENKENHOF PITTERLE
👍 Tipp

Tel.: 02748 7269

3233 Kilb
Rametzberg 4
www.pitterle.at
engelbert@pitterle.at
Mi, Do 9–21, Fr, Sa 9–22,
So 9–18 Uhr

Mitten im Grünen liegt das beliebte Ausflugsziel der Familie Pitterle. Die Kernkompetenz des Hauses ist und bleibt das Henderl in all seinen Variationen. Die Wildspezialitäten aus dem eigenen Gatter sollten aber ebenfalls probiert werden. Die Speisen orientieren sich an bodenständiger Hausmannskost und werden seit vielen Jahren auf solidem Niveau zubereitet. Im Sommer laden Grillabende und Feuerflecken, ein breites Sortiment an diversen Biersorten steht zur Auswahl.

à la carte: 8,50–29 €

KIRCHBERG AM WAGRAM
N2

GUT OBERSTOCKSTALL
15/20

Koch: Christoph Wagner

Tel.: 02279 2335

3470 Kirchberg am Wagram
Ringstraße 1
www.gutoberstockstall.at
restaurant@
gutoberstockstall.at
Mi–Fr 16–21,
Sa, So 11.30–21 Uhr
❄ Feb.–März 2020

Gute Küche, tolle Weine, freundlicher Service und das alles in einem zauberhaften Ambiente? Ja, das wird hier geboten, auch wenn die Gäste zuerst eine nicht ganz einfach zu lesende Speisekarte entschlüsseln müssen. Zusätzlich zum Sechs-Gang-Menü (und einer vegetarischen Alternative) gibt es auch allerhand à la carte zu bestellen, wie etwa Kalbsrahmbeuscherl, Forelle im Ganzen gebraten, Lammrücken oder gebackenes Hendl mit Erdäpfelsalat. In Erinnerung geblieben ist die intensive und gleichzeitig elegante Lammconsommé. Wieso bekommt man so eine großartige Suppe nicht öfter geboten? Auch das geräucherte Saiblingsfilet, das Ei mit Bärlauchspinat und der Hauptgang (Zweierlei vom Rind) waren perfekt zubereitet und geschmacklich wie optisch ein Gedicht. Absolut stimmig auch die begleitenden Weine – bis hin zur Beerenauslese –, die das Dessert (Sauerrahm mit Rhabarber und Mandeln) zu einem krönenden Finale adelte.

à la carte: 6–35 €

KIRCHBERG AM WECHSEL 03

GAUMENKITZEL ᴺ 13/20
im Hotel Molzbachhof
Koch: Peter Pichler

Tel.: 02641 2203
2880 Kirchberg am Wechsel
Tratten 36
www.molzbachhof.at
office@molzbachhof.at
Di, Fr, Sa 18–20.30 Uhr
❋ Nov. 2019

Immer mehr Hotels auf dem Land entschließen sich, neben dem Halbpensionsangebot einen kleinen Gourmetbereich für den anspruchsvoll(er)en Gast einzurichten. So auch im architektonisch auf viel Holz setzenden Molzbachhof im Kirchberg am Wechsel. Peter Pichler, zuvor schon in etlichen renommierten Häusern tätig, bietet im zurückhaltend-elegant möblierten Gaumenkitzel große und kleine Wahlmenüs, deren Gänge durch ihre akribische, kreative Zubereitung optisch begeistern. Schmecken tut das dann nicht immer ganz so perfekt wie es aussieht (indifferent der Frühlingskräutersalat mit Gartenkressesorbet und Rindszunge, rustikal-vordergründig die Maibockleber). Andererseits sorgte eine auf dem heißen Stein zubereitete, traumhaft-zarte Forelle ebenso wie köstliches, intensives dry-aged Lamm für Furore. Das Ganze gibt es zu zivilen Preisen, wunschgemäß auch mit ordentlicher glasweiser Weinbegleitung. Insgesamt ein erfreulicher Zugang in einer mit kulinarischen Adressen nicht sehr gesegneten Region.

KIRCHBERG AN DER PIELACH L2

KALTEIS 11,5/20
Koch: Hubert Kalteis

Tel.: 02722 7223
3204 Kirchberg an der Pielach
Melker Straße 10
www.kalteis.at
office@kalteis.at
Do–So 11.30–14 und 17–21 Uhr

Wirtin Sonja Kalteis ist eine Gastgeberin mit Herz und Seele und sorgt bei jedem Tisch dafür, dass es ihren Gästen an nichts fehlt. Im familiär geführten Landgasthof südlich von St. Pölten werden saisonale und regionale Produkte zu traditionellen Wirtshausklassikern, aber auch zu kreativen Gerichten verarbeitet. Kalbsbries und kräftiges Ragout sind ebenso beliebt wie die spannenden Menü-Kompositionen, in denen der Innovationsgeist von Koch Hubert Kalteis spürbar ist. Die große Auswahl an Weinen ist erfreulich.

KÖNIGSBRUNN AM WAGRAM M2

LANDGASTHOF MANN 11/20

Tel.: 02278 2334
3465 Königsbrunn am Wagram
Rathausplatz 14
www.mann.co.at
gasthaus@mann.co.at

In einem verschlafenen Nest wie Königsbrunn ein ambitioniertes Wirtshaus zu führen, ist leicht einfach – auch ohne aufwändige Renovierungen. Die Gaststube präsentiert sich in unverfälscht authentischem Retro-Design. Wer es weniger urig bevorzugt, dem stehen noch ein modernes Speisezimmer und der Gastgarten im Innenhof offen. Wir erleben solide Wirtshausküche mit regionalen Zutaten, gute „Dorf"-Weine, gepflegte Tischkultur und die ungeteilte Aufmerksamkeit des Wirtes. Der frische Maibock war leider aus, der etwas blasse Wildschweinrücken nur ein schwacher Trost. Beim Dessert – Holunder-Panna-cotta mit Rhabarber – kam wieder Freude auf.

KREMS M2

GOZZO 12/20

Tel.: 02732 802802
3500 Krems
Hoher Markt 11
www.gozzo.at
reservierung@gozzo.at

Wer den Sonnenuntergang über Stift Göttweig erleben und sich dabei kulinarisch verwöhnen lassen möchte, ist im Gozzo bestens aufgehoben. Die klassischen Gerichte, modern interpretiert oder mit asiatischem Touch, lassen sich gut mit der ausgezeichneten Weinkarte kombinieren. Beim Überraschungsmenü kamen bei uns Ceviche vom Seesaibling mit reifer Wachauer Marille und angenehmer Säure sowie Beef Tatar mit Pfeffercreme im Salatherz auf den Tisch. Besondere Begeisterung bescherte uns das auf den Punkt gebratene Adlerfischfilet auf unaufdringlichem Kokosrisotto und Zitronengras-Curry-Sauce. Auch beim Fleischgang, Steak in der Kräuterkruste mit Zucchininudeln und Olivengnocchi, war alles stimmig. Wie erwartet endete das Menü mit der Marille: süßes Schokotörtchen mit Olive und erfrischenden Marillen-Lavendel-Eis.

KREMS/STEIN

JELL — 11,5/20

Unaufdringlich, rustikal und charmant. Drei Attribute und Eigenschaften, die das Gasthaus Jell in der Kremser Altstadt kurz und prägnant beschreiben. Die Gaststube ist urig, das viele Holz, die Hirschgeweihe an den Wänden und der alte Kachelofen sorgen für ein stimmiges Ganzes. Zu essen gibt es eine traditionelle Wirtshausküche, die durch eine Vielzahl an mediterranen Gerichten auf der Speisekarte ergänzt wird. Gebratene Nierndln mit Speck und Grammeltaschen schmecken ebenso wie der Saibling mit gebratener Steingarnele und cremigem Kohlrabirisotto. Legendär und quasi ein Muss: die Hauscremeschnitte. Dass die Wachau auch für ihre Weine bekannt ist, wird auf der Weinkarte eindrucksvoll dokumentiert.

à la carte: 12–26 €

Tel.: 02732 82345
3500 Krems
Hoher Markt 8–9
www.amon-jell.at
gasthaus@amon-jell.at
Di–Fr 10–14.30 und 18–22.30,
Sa, So 10–14 Uhr

ZUM KAISER VON ÖSTERREICH — 14/20
Koch: Hermann Haidinger

Hermann Haidinger hat sich zum Genusskaiser von Krems entwickelt – ob im kleinen Restaurant oder auf der Terrasse. Aus dem saisonal-regionalen Angebot stellt man sich seine Speisenfolge zusammen, während bereits die ersten Grüße aus der Küche eintreffen: verschiedene Aufstriche, Schinken, Gemüsespieße und Brotsorten – alles hausgemacht. Schon der Auftakt überzeugt. Cremiges Spargelrisotto mit gebratenem Kalbsbries und vorzügliche Knoblauchnudeln mit gebratenen Garnelen. Besonders appetitlich kam das butterweiche Beiried vom Weiderind auf den Tisch. Ebenfalls viel Spaß bereitete die gebratene Perlhuhnbrust und ein einmalig gutes Wagramer Lachsforellenfilet mit Dillgurken und Erdäpfellaibchen. Ein süßer Traum schließlich das karamellisierte Heidelbeeromelett mit Rumschaum sowie Rahmdalken mit Erdbeerrahm. Richtig ansteckend ist die gute Laune der Chefin, der man ansieht, dass ihr die Arbeit nicht nur Beruf, sondern eine erfüllende Berufung ist.

Tel.: 02732 86001
3500 Krems
Körnermarkt 9
www.kaiser-von-oesterreich.at
restaurant@kaiser-von-oesterreich.at
Di–Sa 18–22 Uhr

KREMS/STEIN — M2

WEINGUT HUTTER — 11/20

Das Restaurant ist geschmackvoll eingerichtet, die Lage immer wieder bezaubernd. Doch allzu lässig, ja geradezu nachlässig agierte diesmal der Service. Auch das sogenannte Gedeck entsprach nicht den Erwartungen. Als köstliche Vorspeisen brachten der gegrillte Spargel und eine wunderbare Gebirgsforelle dann doch ein Lächeln auf unsere Lippen. Zart der Tafelspitz vom Biorind, etwas matschig jedoch die Rösterdäpfel. Einfach nur perfekt das Wiener Schnitzel vom Milchkalb, etwas gewöhnungsbedürftig die Mousse und Espuma von der Avocado.

Tel.: 02732 82006
3504 Krems/Stein
Weinzierlbergstraße 10
www.weinguthutter.at
info@weinguthutter.at

LAA AN DER THAYA — N1

WEILER — 13/20

Dieses Landgasthaus mit seit Jahren gewohnt guter Küche bietet eine regionale, der Jahreszeit angepassten Karte, ein gutes Weinsortiment aus der Region sowie einen stets freundlichen Service. Ein wunderbar mariniertes Carpaccio vom Rind und die lauwarm marinierte Lachsforelle überzeugten schon zu Beginn, das gebratene Wallerfilet mit Zitronen-Parmesan-Sauce, Erdäpfelpüree, Spargel-Paradeiser-Gemüse und Kräutern wurde zu einem echten Erlebnis. Ob Topfenknödel, Kokos-Nougat-Parfait oder Kardinalschnitte – alles geniale Desserts, die große Freude machten.

à la carte: 9–27 €

Tel.: 02522 2379
2136 Laa an der Thaya
Staatsbahnstraße 60
www.weilerlaa.at
martin@weilerlaa.at
Di 11–14.30, Mi–Fr 11–14.30
und 17.30–21, Sa, So 11–15 Uhr
❄ 1 Woche im Feb. 2020,
2 Wochen im Juli 2020

LANGENLEBARN

LAABEN BEI NEULENGBACH M2

ZUR LINDE 12,5/20

Köchin: Regina Waldherr

Tel.: 02774 8378
3053 Laaben bei Neulengbach 28
www.linde-laaben.at
linde@linde-laaben.at

Mo, Di, Fr, Sa 11.30–14 und 18–21.30, So 11.30–20 Uhr
6. Jän.–13. Feb. 2020, 4. Juli–20. Juli 2020

Das Haus mit viel Tradition und Geschichte liegt schon in einer sehr abgelegenen und idyllischen Gegend. Aber auch der Kaiser wusste einst schon um die Vorzüge des Hauses und nahm die längere Anreise gerne in Kauf. Die umfangreiche Speisekarte bietet das Beste aus Feld, Wiese, Fluss und Meer, aber auch Fleisch aus dem Reifekühlschrank bis hin zu echten Wirtshausklassikern. Auch wenn das Ambiente an ein richtiges Dorfwirtshaus erinnert, ist es doch um vieles mehr als das. Das Bekenntnis zu Regionalität ist kompromisslos. Das Bestreben, hochwertige Kochkunst auf den Teller zu bringen, gelingt nahezu uneingeschränkt.

à la carte: 9,80–28 €

LANGENLEBARN N2

DAS WOLF pop 15/20

Koch: Christian Wöber

Tel.: 02272 62567
3425 Langenlebarn Bahnstraße 58
daswolf.restaurant
restaurant@daswolf.at

Mi 17–20.30, Do–Sa 11.30–13.30 und 17.30–20.30, So 11.30–19.30 Uhr

Es muss sich „tierisch gut" anfühlen, in Langenlebarn zu Haus zu sein. Hat man doch neben dem Floh auch „Das Wolf" vor der Haustür. Beide ambitioniert, beide hochqualitativ … und doch so verschieden. Das direkt am Bahnhof gelegene, sehr modern und geschmackvoll eingerichtete Haus bietet eine Karte, so hochpreisig wie interessant: Wir starteten mit „Frühlingserwachen" – einer stimmigen Komposition von Frischkäse, dekorativer Chioggia-Rübe und erfrischendem Sauerampfer – bzw. lauwarmem Lachs mit feinst abgestimmter Senfsauce, Erdäpfel-Bärlauch-Salat und Amarant, um unsere Reise mit dem Highlight des Tages fortzusetzen: Safranschaumsuppe mit knackigem Wurzelgemüse, Oktopus, Chili und Edelfischen – ein Traum mit Suchtfaktor. Die Niere vom Strohschwein, begleitet von schwarzem Knoblauch und weißer Bohnencreme, suhlte sich selig im intensiven Majoransaft und auch bei der Marzipanmousse mit Amarenakirschen, weißer Schokolade und Amaretti fand zusammen, was zusammengehört. Apropos Bahn: Ob der Weinkarte darf man auch über eine etwaige Anreise per ÖBB nachdenken.

à la carte: 19–36 €

NIEDERÖSTERREICH

LANGENLOIS

FLOH   16/20

Koch: Josef Floh

Tel.: 02272 62809
3425 Langenlebarn
Tullner Straße 1
www.derfloh.at
floh@derfloh.at
Mo 11.30–14 und 18–21,
Do 17–22, Fr 11.30–14 und
18–22, Sa 11.30–15 und 18–22,
So 11.30–15 und 18–21 Uhr
✴ variabel

Die Tatsache, dass auch in Österreich immer mehr Spitzenköche auf regionale Grundprodukte setzen, kommentierte heuer ein deutscher Gourmetkritiker mit der Behauptung, dass „die beschränkte Auswahl der Produkte erst einmal Verzicht auf spannenden Genuss" bedeute. Dem Mann kann geholfen werden. Am besten mit einem Besuch im Gasthaus Floh. Dort könnte er zum Beispiel, so wie wir, die geräucherte Entenbrust mit Chicorée, Topaz-Apfel und gehobeltem Entenei kosten und dabei erkennen, dass aus regionalen Produkten auch ein raffiniert asiatisch anmutendes Gericht entstehen kann. Spannenden Genuss bieten auch die gebratenen Donau-Fische mit Gartenknoblauch, roter Paprikacreme und violetten Erdäpfeln, der Spargel mit Linsencreme und Kaffee, das perfekte Lammbeuscherl mit Knödel oder der feine Zander mit Bärlauchravioli und Schaftopfen. Vielleicht würde unser deutscher Gast dann auch ins Grübeln kommen, ob seine Gleichsetzung von „Regionalismus" mit „Patriotismus" nicht doch daneben ist. Dieses Lokal lässt nämlich nur eine patriotische Regung aufkommen: Österreich kann stolz auf Josef Floh sein.

à la carte: 9,80–38,50 €

LANGENLOIS   M1

HEURIGENHOF BRÜNDLMAYER   15/20

Köche: Marco Gangl & Lukas Humer

Tel.: 02734 2883
3550 Langenlois
Walterstraße 14
www.heurigenhof.at
office@heurigenhof.at
Mi–Fr 15–22, Sa–So 12–22 Uhr
✴ Jän. und Feb 2020

Ein Heurigenhof – wie sich das gediegene Haus unweit des Loisiums kokett nach wie vor nennt – ist das durchaus auf Luxus und Gourmet getrimmte Haus schon lange keiner mehr. Der Hof ist unverändert urig-gemütlich und auch die Nachmittagskarte frönt der Jausenidee im Gegensatz zu den acht Gängen der Abendkarte. Die Ansprüche sind hoch was das wunderbare Sommergericht aus Kohlrabi in Kombination mit Gurke, Rose und Bulgurweizen wie auch die Velouté vom Biosaibling mit Paradeiseressenz, Saiblingsfilet und Minze unter Beweis stellte. Bei rosa gebratenem Spanferkelrücken mit Zitronenseitlingen, Weißkraut und Haselnuss wollten die Komponenten hingegen nicht so recht zueinander finden und das Dessert von der Melone mit Molke, Kurkuma und Zitronenmelisse blieb trotz hohen Aufwands ein wenig eindimensional. Beeindruckend ist der so junge wie aufmerksame Service und eine Weinkarte, die nicht nur dem Namensgeber, sondern dem Weinbau weltweit huldigt.

VINEYARD   pop 11,5/20

Tel.: 02734 77 100-500
3550 Langenlois
Loisium-Allee 2
www.loisium.com
gastronomie-langenlois@
loisium.at
Mo–Do 12–14 und 17.30–21.30,
Fr, Sa 12–14 und 17.30–22,
So 7–12 und 17.30–21.30 Uhr

Im Komplex des gestylten Hotels in Langenlois hat man die Möglichkeit, die beliebte Weinregion einmal von einer anderen Seite kennenzulernen. Dieses Kontrastprogramm zwischen moderner Architektur und idyllischen Weingärten ist reizvoll. Dieses Spiel der Gegensätze funktioniert auch beim Essen sehr gut. So stehen regionalen Spezialitäten wie Rieslingschaumsuppe und Wiener Schnitzel Internationales wie schwarze Pasta mit Safran und Garnelen gegenüber. Noch mehr Safran verspricht die Safran-Schokolade-Mousse, eine passende Weinbegleitung findet sich hier immer.

LAXENBURG   P2

GALLO ROSSO   👍 Tipp

Tel.: 02236 71 04 20
0699 17 10 42 05
2361 Laxenburg
Franz-Josef-Platz 3
www.gallo-rosso.net
info@gallo-rosso.net
Mo–Fr 11–15 und 17.30–23,
Sa und So 11–23 Uhr

Italienische Köstlichkeiten schmecken nicht nur unter Zypressen, sondern auch im Ambiente eines alten Bahnhofs. Der Kaiserbahnhof Laxenburg gilt als einer der ältesten noch erhaltenen Biedermeierbahnhöfe Österreichs und begeistert heutzutage nicht nur mit dem geschichtlichen Hintergrund, sondern auch mit der herrlichen Pasta.

à la carte: 8–26 €

MAILBERG N1

GENUSSWIRTSCHAFT 14,5/20
Koch: Christoph Schüller

Küche wie Service agieren hier auf auf Topniveau – und das zu Preisen, die mehr als fair sind. Christoph Schüller holt aus den Produkten der Region das Maximum an Aromendichte heraus, immer raffiniert und überraschend. Taube, Rebhuhn, Ente, Wels, Reh – er wird von ausgesuchten Produzenten beliefert und verarbeitet die Tiere im Ganzen. Vom Reh hatten wir zum Beispiel den Kopf (Zunge in der Rehsuppe, gebackenes Hirn), das Beuscherl und ein Stück vom Schlögel – alles auf einem Teller, mit viel Gefühl gewürzt. Die Desserts sind ein Traum und auch das Weinangebot zeugt von hohem Engagement.

à la carte: 4–30 €

Tel.: 02943 30056
0664 9130427
2024 Mailberg
Mailberg 252
www.genusswirtschaft-mailberg.at
reservierung@genusswirtschaft-mailberg.at
Fr–Di, Fei 11.30–14 und 18–21 Uhr
❄ Jän. 2020

MARIA TAFERL L2

HOTEL SCHACHNER 14/20
Restaurant Smaragd
Koch: Wolfgang Bauer

Als Wallfahrtsort ist Maria Taferl vielen Österreichern ein Begriff, doch auch für Genießer ist dieser kleine Ort dank des Engagements der Familie Schachner zu einer kulinarischen Pilgerstätte geworden. Der Start des Überraschungsmenüs – nach einem Glas Sekt aus der Wachau und den Grüßen aus der Küche (Austern, Beef Tatar) – gelang mit der Variation von Spargel, Morchel und Rehlungenbraten ganz ausgezeichnet. Dazu ein Glas Grüner Veltliner und der Ausblick auf die im Tal fließende Donau – und man vergisst schnell die Sorgen des Alltags. Weiter ging es mit einer Rotbarbe, Paprika und knuspriger Hühnerhaut. Etwas zu banal dann leider der Hauptgang: Die Lammhaxe war zwar zart, feine geschmackliche Nuancen suchte man jedoch vergebens. Die Nachspeisenabteilung konnte unseren Vorstellungen mit einer Neuinterpretation der Kardinalschnitte wieder voll gerecht werden. Die Baiser- und Biskuitbestandteile wurden in einem tiefen Teller separat angerichtet, dazu Physalis und Kokosnusseis – ein süßes Gedicht.

Tel.: 07413 6355
3672 Maria Taferl 24
www.hotel-schachner.at
office@hotel-schachner.at
Do–Sa 18–21 Uhr

MAUERBACH

MAUERBACH 03

BERGHOTEL TULBINGERKOGEL 14/20

Koch: Georg Bläuel

Von der Terrasse des Hotelrestaurants mitten im Wienerwald genießt man einen traumhaften Blick auf das Tullnerfeld. Aber auch drinnen sitzt man in den stilvoll eingerichteten Gasträumen ganz formidabel. Die Bedienung ist auf Zack, man spürt die jahrelange Erfahrung. Auf der Karte finden sich ausgezeichnete Wildspeisen, aber auch die Fischgerichte haben einen tadellosen Ruf. Traditionell österreichische Gerichte ergänzen das kulinarische Angebot. Die Portionen sind großzügig dimensioniert und immer wieder auch mit Wiesenblumen entzückend garniert. Das Weinangebot ist umfangreich und sorgsam zusammengestellt.

à la carte: 19–39 €

Tel.: 02273 7391
0676 6290088

3001 Mauerbach bei Wien
Tulbingerkogel 1

www.tulbingerkogel.at
hotel@tulbingerkogel.at

täglich 12–21 Uhr
3.–7. Feb. 2020

Bewertungen NEU

11 bis 12,5 Punkte von 20 Punkten: 1 Haube

13 bis 14,5 Punkte von 20 Punkten: 2 Hauben

15 bis 16,5 Punkte von 20 Punkten: 3 Hauben

17 bis 18,5 Punkte von 20 Punkten: 4 Hauben

19 bis 19,5 Punkte von 20 Punkten: 5 Hauben

Bei der Zusammenstellung dieses Führers ließen wir größtmögliche Sorgfalt walten, trotzdem können Daten falsch oder überholt sein. Eine Haftung können wir auf keinen Fall übernehmen.

MAUTERN

„IM PARK" – SCHLOSSPARK MAUERBACH ⓝ 12,5/20

Tel.: 01 97030-100

3001 Mauerbach
Herzog-Friedrich-Platz 1
www.schlosspark.at
info@imschlosspark.at

täglich 7–22 Uhr

Neue Besen kehren – laut Volksmund – gar gut … und wie recht er doch hat, der Volksmund. Der „neue Besen" Christian Wallner zeigt uns schon mit dem veganen, als Beef-Tatar-Lookalike getarnten Paradeisertatar mit Avocado und Yuzu, dass er Großes vorhat. Aber auch die Wiener Schnecken, begleitet vom eigenen Kaviar in einer herrlich gschmackigen (vielleicht etwas zu salzigen) Petersiliensauce machen Lust auf mehr. Diese wird mit einer herrlich leichten Variante des Parmesansüppchens mit Paradeiseröl und der artgerecht gebratenen Goldforelle mit Erbsenpüree und gefüllten Paprika perfekt gestillt. Auch die Dulcey-Schokolade mit Erdnüssen und gesalzenem Karamell ist nicht nur herrlich anzuschauen. Diese Aufbruchstimmung scheint sich auch auf die Weinkarte und die Laune des Personals äußerst positiv niederzuschlagen.

MAUTERN   M2

LANDHAUS BACHER   18,5/20
Genießerhotel

Koch: Thomas Dorfer

THOMAS DORFER, KOCH DES JAHRES 2009
SERVICE AWARD 2012

Tel.: 02732 82937

3512 Mautern
Südtirolerplatz 2
www.landhaus-bacher.at
info@landhaus-bacher.at

Mi–Sa 12–13.30 und 18.30–21,
So 11–20.30 Uhr
1. Jän.–6. März 2020

Die „Fantastischen Vier" sind eine der beliebtesten und beständigsten Musikformationen im deutschsprachigen Raum, der Frontmann, Thomas D, genießt Kultstatus. Auch wir haben einen Thomas D, der es in puncto Beliebtheit und Beständigkeit locker mit seinem deutschen Namenskollegen aufnehmen kann. Thomas Dorfer hat das Kunststück geschafft, das Landhaus Bacher neu zu definieren, ohne den Stempel abzuwaschen, den die legendäre Lisl Wagner-Bacher in jahrzehntelanger Arbeit in die Mauern des ehemaligen Backhendlrestaurants gestanzt hat. Thomas D hat also eine gehörige Portion Zielstrebigkeit bewiesen, indem er mit ungemeiner Sensibilität das Landhaus Bacher in seine eigene Richtung navigiert hat, ohne langjährige Stammkundschaft zu vergraulen oder neue zu langweilen. Im Gegenteil, er versteht es, von Anfang an auf höchstem Niveau zu unterhalten: geräucherter Wildsaibling gehobelt auf Häuptelsalatröllchen in einer hauchzarten, knusprigen Tartelette, erfrischend-knackiges Kohlrabiraviolo mit Avocado gefüllt, geeiste Suppe von grünen Gemüsen, konzentriert auf Zebra-Paradeiser. Schon unsere Eltern haben immer versucht, uns beizubringen, dass man ordentlich grüßen soll, bei Dorfer hat dies offensichtlich besonders gut funktioniert. Ähnlich begeisternd geht es

MELK

weiter: ein Kaisergranat (leicht übergart) mit weichem Fond von der jungen Kokosnuss, butterzarten Calamaristreifen und ein paar knusprig frittierten Calamaritentakeln. So wenige Protagonisten, die so viel zu sagen haben. Ebenso reduziert wie raffiniert ist die Bergforelle mit Erbsenfond samt mutiger Säure, Haselnüssen und knackigen Erbsenschoten. Dem Zander, in Sardellenbutter gebraten mit Chorizo-Gemüse-Fond, Zucchinivielfalt und Pfirsichen schickten wir etwas Skepsis voraus – der Fisch im Konkurrenzkampf mit zwei extremen Geschmäckern (Chorizo und Sardellen), aber Dorfer verband sie auf meisterliche Art in ein harmonisches Ganzes. Die Ripperlravioli vom Ötscher Duroc-Schwein, Szegedinerschaum und Kraut – ein Klassiker der LHB-Küche, kräftig und geschmackvoll. Mehr kann man sich davon nicht erwarten. Endlich finden wir mehr Huhn auf den Karten unserer Haubengastronomie: hier eine zarte Tranche vom Stradener Weidehuhn, in Nussbutter gegart, Tandoori und Marillen. Die Beilagen – Sterz, Fenchel und glacierte Hahnenkämme – fielen etwas blass aus, der konzentrierte Brathendljus fing das wieder auf. Ein Highlight am Ende: Hochprozentige Schokolade kann ein ziemliches Schwergewicht sein, hier schafft man es, dass aus Madagaskar-Schokolade (50 %) und Tulakalum (75 %) ein leichtes, klares und dank der eingearbeiteten glacierten Kirschen ein fruchtiges Dessert wurde. Dazu gebackene Mousse, fluffiger kann ein Soufflé nicht sein. Was verzichtbar war: die Wipferlspur am Rand des Tellers. Dennoch – ein würdiges Finale.

à la carte: 18–56 €

MELK L2

WACHAUER STUBE
im Hotel Wachau

Tipp

Tel.: 02752 52531
3390 Melk
Am Wachberg 3
www.hotel-wachau.at
info@hotel-wachau.at
Mo–Sa 18–22 Uhr
23. Dez. 2019–7. Jänner 2020

Jochen Hipfingers moderne, regionale Küche zeichnet ein hervorragendes Zusammenspiel von ausgesuchten Grundprodukten aus der Region aus. Die eigenen biologischen Hochlandrinder liefern Fleisch und auch der Rest der Produkte kommt größtenteils aus der Melker Umgebung. Diese Konsequenz bei ebenso vorhandener Kreativität führt zu gar köstlichen Resultaten.

MÖDLING

MIESENBACH   N3

APFELBAUER   11/20

Koch: Markus Kuchner

Das Gasthaus Apfelbauer, ein alteingesessener Familienbetrieb, kocht für seine Gäste bevorzugt ausgezeichnete Hausmannskost. Bei der Menügestaltung orientiert man sich an den Landesklassikern und konzentriert sich dabei ohne viel Schnickschnack auf das Wesentliche: den Geschmack. Hausgeräucherter Alpenlachs und Ricottanockerl mit Bärlauchpesto begeistern ebenso wie die Innereiengerichte. Unbedingt probieren sollte man den karamellisierten Apfelschmarren mit hausgemachtem Topfen-Rum-Eis – Apfelbauers Spezialität. Mit der breiten Speiseauswahl und einem großen Garten mit angrenzendem Kinderspielplatz ist das Gasthaus auch ein beliebtes Ausflugsziel.

à la carte: 8–21 €

Tel.: 02632 8244
2761 Miesenbach
Ascherstraße 15
www.apfelbauer.at
info@apfelbauer.at
Mi, Fr–Sa 11–20, Do 11–14,
So 11–18 Uhr

Wirtshauskultur

MITTERBACH   M3

R&R RESTAURANT HOTEL MITTERBACH   12/20

Koch: Gabor Bakai

Zum Glück sind Hotelrestaurants schon lange nicht mehr nur den Hotelgästen vorbehalten. In diesem erstklassigen Haus im modernen Landhausstil im Ortskern von Mitterbach lohnt es sich auch zu speisen, wenn man nicht im Hotel übernachtet. Internationale sowie regionale Köstlichkeiten wissen durch die Bank zu begeistern. Herrlich das Lachstatar mit Avocado-Mango-Ragout, auf den Punkt gebraten die Lammkrone. Da kann man schon einmal über das typische Hotelambiente hinwegsehen. Auf der Terrasse, mit Blick in die Natur, sitzt man dafür umso schöner.

à la carte: 5–25 €

Tel.: 03882 34482
3224 Mitterbach
Schwurwiesenweg 1
www.rr-residenzen.at
hotel@rr-residenzen.at
täglich 12–14 und 18–21 Uhr

MÖDLING   N2

BABENBERGERHOF   11,5/20

Vis-à-vis vom Stadttheater liegt diese Mödlinger Institution. Doch nicht nur die Mödlinger wissen die gemütliche Wirtsstube und gutbürgerliche Hausmannskost zu schätzen. Über die Kontinuität bei der Qualität freuen auch wir uns. Die Speisekarte bildet eine gelungene Mischung aus österreichischen Klassikern und modernen, zeitgemäßen Interpretationen. Die gut gewürzte Haxlsulz mit viel Zwiebel und Kernöl entzückt stets aufs Neue. Etwas gewagter zeigt man sich beim gebratenen Rindssteak mit hausgemachten „Polenta-Pommes" und Rübengemüse. Zum Abschluss verwöhnt eine kleine Auswahl klassischer Mehlspeisen, man wählt zwischen Apfelstrudel und Mohr im Hemd.

à la carte: 10–30 €

Tel.: 02236 22246
2340 Mödling
Babenbergergasse 6
www.babenbergerhof.com
hotel@babenbergerhof.com
Mo–Fr 7.30–1, Sa 8–1,
So 8–24 Uhr

PINO   👍 Tipp

Wer italienische Klassiker und Spezialitäten in entspannter Atmosphäre genießen möchte, ist im Pino genau richtig. Von Pasta und Pizza, über Fleisch- und Fischgerichte, bis hin zu herrlichen Dolci gibt es hier alles, was das italophile Herz begehrt. Ob Mittagsmenü oder à la carte, hier gleicht jeder Besuch einem Kurzurlaub in Italien.

à la carte: 9–50 €

Tel.: 02236 860187
2340 Mödling
Brühlerstraße 6
www.pino-ristorante.at
info@pino-ristorante.at
Mo–Sa 11.30–14.30 und
18–22.30 Uhr
✵ 24.–26. Dez. 2019, 1. Jän.
und 12.–19. Jän., 13. April,
15. August 2020

Segafredo

NIEDERÖSTERREICH

NEUHOFEN AN DER YBBS

NEUHOFEN AN DER YBBS · L2

GASTHAUS ZUR PALME   pop 15,5/20
Köchin: Theresia Palmetzhofer

Tel.: 07475 52794
0660 527 77 30

3364 Neuhofen an der Ybbs
Marktplatz 6
www.gasthaus-zur-palme.at
kontakt@gasthaus-zur-palme.at
Do 17.30–24, Fr, Sa 11.30–14
und 17.30–24, So 11.30–14 und
17.30–20 Uhr

In der „Wiege Österreichs" schaukelt die junge Wirtin und Köchin Theresia Palmetzhofer ein Baby, für das man gerne auch von weiter anreist. Die Palme ist die kulinarische Oase des Mostviertels. Hier speist man bodenständig und zugleich weltgewandt. Die ehemalige Pizzeria wurde stimmig renoviert, die Bänke und Stühle mit grünem Samt überzogen, das puristische Ambiente überlässt dem Wesentlichen die Bühne: dem Essen. Die Köchin brilliert mit handwerklicher Perfektion, ihre Kreativität setzt sie uneitel und stets der Sache dienend ein. Saucentüpfchen und mit der Pinzette drapierte Winzigkeiten wird man nicht finden, dafür Geschmack in allen Details. Ob butterweich gegrillte Calamari mit Krustentierschaum, auf den Punkt gebrachter Spargel mit beglückender Hollandaise und geräuchertem Saibling oder rosa Lammrücken mit Schwarzwurzeln – jedes Gericht ist eine stimmige Komposition. Ein sicheres Händchen beweist sie auch bei den Desserts wie der Panna cotta mit Rhabarber und Malzhippe. Bemerkenswert ist die umfangreiche Weinkarte, wobei der klare Fokus auf Natural Wines junger, aufstrebender Winzer liegt.

à la carte: 5–30 €

NÖHAGEN · L2

SCHWARZ   15/20
Koch: Erwin Schwarz

Tel.: 02717 8209
3521 Nöhagen 13
www.gasthaus-schwarz.at
office@gasthaus-schwarz.at
Mi–Fr 11.30–13.30 und
17.30–20.30, Sa, So 11.30–14
und 17.30–20.30 Uhr
✻ variabel

Der Jänner in der Wachau kann trocken sein. Nahezu alle empfehlenswerten Restaurants befindet sich im Winterschlaf. Alle? Nein! Der wackere Könner der Waldviertler Hausmannskost Erwin Schwarz hält die Fahnen der Kulinarik hoch. Und das auf gewohnt köstlichem Niveau. Wir erfreuten uns an einer gebratenen Blutwurstscheibe auf cremigem Erdäpfelpüree und gekonnt abgeschmecktem Rotkraut. Wunderbar die frische Lauch-Knoblauch-Cremesuppe, ein Gedicht die gerösteten Kalbsnieren in betörendem Saft. Und dann einer der Klassiker des Hauses: Zwiebelrostbraten mit Braterdäpfeln. Und wenn wir schon von Schwarz'schen Klassikern reden, dürfen natürlich das Role Model der Cremeschnitten und die tiefschwarzen Topfenschupfnudeln mit Mohn und Marillenröster zum Abschluss nicht fehlen. Ein schon wunderbarer Abend wurde noch vom so familiären wie aufmerksamen Service und der ob ihrer Wachautiefe gelobten und prämierten Weinkarte komplettiert. So schön kann es im Jänner in der Wachau sein.

à la carte: 12–29 €

Gault&Millau Österreich 2020

Weinguide

Die besten Weine Österreichs im NEUEN Design.

OBERROHRBACH　　　　　　　　　　　　　　　　　　　　N2

GOLDENES BRÜNDL　　　　　　　13/20

Koch: Norbert Steiner

Im Gastgarten sitzt die Radfahrertruppe und symbolisiert jenes Ausflüglerleben, das idealerweise hier einkehrt. Doch die Küche bietet deutlich mehr als das übliche Gasthausrepertoire. Etwa ein Menü, das wirklich Freude macht. Mit einem höchst aromatischen Lachs mit Wildkräutersalat, einem (schwach gewürzten) Trüffelei mit Spinat-Erdäpfel-Creme, einer besonders gelungenen Gänseleber mit Kaffeekirschen und einer gut abgestimmten Variation vom Hirschkalb. Aber auch Lungenstrudelsuppe, Frühlingssalat, Biohendlbrust und vor allem die grandiose Pavlova mit Erdbeeren machen einen Besuch lohnenswert.

à la carte: 9–28 €

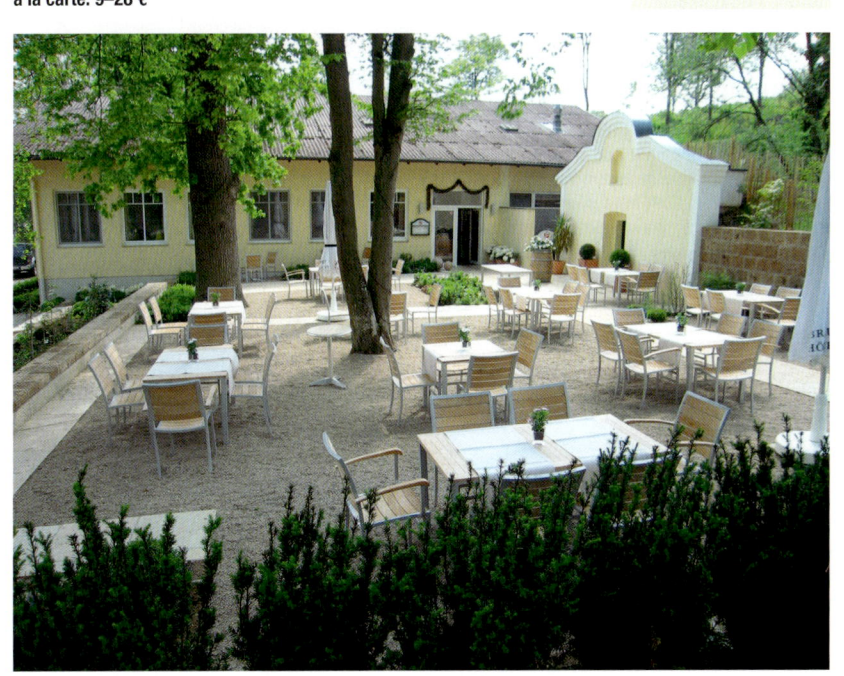

Tel.: 02266 80495
2105 Oberrohrbach
Waldstraße 125
www.goldenesbruendl.at
gasthaus@goldenesbruendl.at
Do, Fr 10–15 und 18–21,
Sa 11–21, So, Fei 11.30–16 Uhr
23. Dez. 2019–8. Jän. 2020

NIEDERÖSTERREICH

OBERWALTERSDORF　　　　　　　　　　　　　　　　　　O3

FONTANA RESTAURANT　　　　　　11/20

Koch: Josef Balogh

Nicht nur Golfer schätzen das Restaurant im Clubhaus des Fontana-Komplexes. Das liegt einerseits natürlich an der Lage am See, der zwar künstlich angelegt ist, aber trotzdem sehr idyllisch wirkt. Andererseits an der ordentlichen Auswahl der Speisekarte. Man entscheidet sich zwischen anständigen Klassikern wie Kalbsbutterschnitzel, Schinkenfleckerln und dem Club Sandwich oder nimmt das wöchentlich wechselnde, an die Saison angepasste Menü. Auf der Weinkarte ist für jeden etwas dabei.

à la carte: 6–33 €

Tel.: 02253 606 23 11
2522 Oberwaltersdorf
Fontana Allee 1
www.fontana.at
office@fontana-restaurant.at
täglich 8–21 Uhr
Jän. 2020, variabel

OBERWEIDEN

OBERWEIDEN 02

WEYDNER WIRTSHAUS 👍 Tipp

Tel.: 02284 20153
0680 222 16 39

2295 Oberweiden
Schönfelder Straße 2

www.weydner-wirtshaus.at
info@weydner-wirtshaus.at

Mi, Fr, Sa 11.30–13.30 und 17.30–21, Do 11.30–13.30, So 11.30–14 Uhr
✸ 30. Dez. 2019–5. Jän. 2020

Wenn ein Familienbetrieb auch noch eine eigene Biolandwirtschaft führt, dann ist der Fokus in der Küche sofort klar. Die Herkunft der Produkte ist von besonderer Wichtigkeit, statt von Regionalität muss man hier eigentlich von Lokalität sprechen. Es wird traditionell, teilweise aber auch sehr originell gekocht, sodass es an Abwechslung nie fehlt.

à la carte: 8–25 €

PAYERBACH M3

LOOSHAUS AM KREUZBERG 👍 Tipp

Tel.: 02666 52911

2650 Payerbach
Kreuzberg 60

www.looshaus.at
steiner@looshaus.at

Do–Di 11.30–20.30 Uhr
✸ 3 Wochen im Nov. 2019, 2 Wochen Ende Feb. 2020

In der Villa des großen Architekten Adolf Loos zu speisen, ist an sich schon außergewöhnlich. Mit dem Panorama von Rax und Schneeberg wirkt das Ganze sogar noch imposanter. In diesem traumhaften Ambiente werden sowohl raffinierte Hausmannskost als auch feine internationale Gerichte serviert. Ein umfangreiches Weinsortiment rundet das kulinarische Angebot ab.

à la carte: 8,50–22,50 €

PETZENKIRCHEN L2

BÄRENWIRT 12,5/20

Köchin: Renate Schaufler

Tel.: 07416 52153
0676 639 33 00

3252 Petzenkirchen
Ybbser Straße 3

www.baerenwirt1.at
info@baerenwirt1.at

Mo–Sa 11–21.30,
Sa und Fei 11–14.30 Uhr

Die kleine Gemeinde Petzenkirchen beherbergt ein sympathisches Mostviertler Wirtshaus, das den Gästen traditionelle Gaumenfreuden näherbringt und beste heimische Gastlichkeit lebt. Bevor man sich einem feinen Beuscherl oder Rindsgulasch hingibt, erfreut der Mostviertler Vorspeisenteller genauso wie eine Mostschaumsuppe. Bei den „Wochenschmankerln" darf es dann auch etwas ausgefallener sein. Interessant und vor allem sehr österreichisch geprägt ist die Weinkarte gestaltet.

à la carte: 9–33 €

RASSING M2

NÄHRER 14/20

Koch: Michael Nährer

Tel.: 02784 2224

3141 Rassing
Hubertusstraße 2

www.gasthaus-naehrer.com
office@gasthaus-naehrer.com

Mo, Di, Fr, Sa 11.30–14 und 18–21, So 11.30–14 Uhr
✸ 24. Dez. 2019–5. Jän. 2020

Leicht zu finden ist dieser empfehlenswerte Ort nicht. Auffallend ist hier, wie viel Grün und Kräuter Verwendung finden. Die kraftvolle Eierschwammerlsuppe ist ein Paradebeispiel dafür. Der hausgebeizte Saibling mit gerösteem Mais und Kerbelcreme war mehr als gelungen. Das Huhn mit Erdäpfel-Lauch-Püree, Käferbohnen und Kernöl ist eine interessante Variante. Das Reh (toller Saft) fiel klassisch aus, das flaumige Grießknöderl dazu ist eine Extraerwähnung wert. Und die speziellen Natural Wines werden auch offen serviert. Sehr fein. Die Suche nach diesem versteckten Kleinod hat sich gelohnt.

à la carte: 3,30–29,90 €

REICHENAU AN DER RAX N3

DER KNAPPENHOF 12/20

Der Knappenwirt ist eine verlässliche Adresse für Genießer und auch für steirische Hausmannskost. Traditionelles wird hier zeitgemäß interpretiert, mit Feingefühl werden die Gerichte abgestimmt. Bei den Zutaten schöpft man aus dem Vollen und verkocht das, was die Region saisonal zu bieten hat. Die Spargelvariation mit Mousse, Sulz und Cremesuppe schmeckt sehr gut, die Lachsforelle mit Kartoffel-Sellerie-Püree ist solide zubereitet. Süßes darf natürlich auch nicht fehlen, die Kürbiskernroulade mit Beerenragout und Pistazieneis beglückt zum Abschluss. Das Ambiente ist gemütlich, der Garten idyllisch und heimelig. Die passende Begleitung stammt aus Schätzen des hauseigenen Weinkellers.

Tel.: 02666 53633
0664 1325113
2651 Reichenau an der Rax
Kleinau 34
www.knappenhof.at
office@knappenhof.at
Mi–Fr 12–14 und 18–21,
Sa 12–22, So 12–18 Uhr

RETZ N1

MÄHRISCHE BOTSCHAFT 12/20
im Weinschlössl
Koch: Petr Fučík

Das geschichtsträchtige frühere k. & k. Tröpferlbad ist heute das Weinschlössl, wo sich schon seit geraumer Zeit die Mährische Botschaft etabliert hat. Jitka und Peter Pucher servieren hier regionale Klassiker der Weinviertler und südmährischen Küche in beeindruckender Art und Weise. Zuerst überzeugte uns ein feiner Spargelsalat mit pochiertem Landei und Räucherlachs sowie flaumige Spinatknödel zur Vorspeise, gefolgt von der grandiosen „Traditionellen Svickova" – einem Rindsbraten mit böhmischen Knödeln – und einem lobenswerten Kabeljau als Fisch des Tages. Zum Abschluss servierte man „Medovnik" – eine vorzügliche hausgemachte Honigtorte auf tschechische Art. Neben Weinen aus dem Retzerland kann man hier auch spannende Weine aus Mähren probieren.

Tel.: 02942 31100
2070 Retz
Wallstraße 13
maehrische-botschaft.at
restaurant@
maehrische-botschaft.at

RIEDENTHAL N2

BUCHINGERS GASTHAUS 12,5/20
Zur alten Schule

Über 52 Jahre hat Manfred Buchinger in diversen Küchen verbracht, was nicht nur großes Know-how und handwerkliches Geschick verspricht, sondern vor allem seine Liebe zum Beruf verdeutlicht. Die Speisekarte passt sich dabei regelmäßig der jeweiligen Saison an und verbindet Weinviertler Köstlichkeiten mit zeitgemäßen Interpretationen. Die klare Spargelsuppe und Bärlauchfrittaten ergänzen einander perfekt, das scharfe Chili-Kokos-Beuscherl ist eine gewagte, aber rundum gelungene Kreation. Unbedingt probieren sollte man die flaumigen Schneenockerl, die den Abend abschließend versüßen. Gemütlich ist es in diesem liebevollen Gasthaus mit seiner heimeligen Wohnzimmeratmosphäre ohnehin.

Tel.: 02245 82500
2122 Riedenthal
Wolkersdorfer Straße 6
www.buchingers.at
manfred@buchingers.at
Do–So 11.30–14.30 und
17.30–21.30 Uhr

ROSENAU SCHLOSS

ROSENAU SCHLOSS — L1

SCHLOSSHOTEL ROSENAU 👍 Tipp

Gutbürgerliche Klassiker und saisonale Gerichte werden im Barockschloss Rosenau serviert. Für ein prächtiges Ambiente ist durch das herrschaftliche Anwesen gesorgt. Wer noch eines in Sachen Romantik drauflegen möchte, kann hier ein Rosen- oder Candle-Light-Dinner genießen und in einem der gediegenen Zimmer oder einer der Suiten nächtigen.

à la carte: 16–32 €

Tel.: 02822 58221
0664 2405157
3924 Rosenau Schloss
Schloss Rosenau 1
www.schlosshotelrosenau.at
schloss@hotelrosenau.at
täglich 8–22 Uhr
🍴 7.–31. Jän. 2020

ROSSATZ — L2

ESSL   15/20

Landgasthaus
Koch: Philipp Essl

Es muss nicht immer Spitz, Weißenkirchen oder Dürnstein sein. Auch der südlich der Donau gelegene Teil der Wachau hat seine kulinarischen Reize. Von Jahr zu Jahr besser wird die Küche von Philipp Essl, was sich bei unserem diesjährigen Besuch in Rossatz eindrucksvoll bestätigte. In der gemütlichen Stube mit viel Holz, aber ganz ohne Kitsch ließen wir uns vom sechsgängigen Degustationsmenü verwöhnen und fanden unter anderem an eingelegtem Solospargel mit marinierter Gurke und Dijoncreme oder gebratenem Wildfang-Kabeljau, begleitet von Bröselkarfiol und wunderbarer Nussbutter-Hollandaise Gefallen. Auch das Zweierlei vom Kalb (gebratener Rücken und geschmortes Schulterscherzl) oder den dekonstruierten „Snickers" – ein Schokoladeküchlein mit Salz-Karamell-Eis und Erdnusscreme – gelangen an diesem Abend formidabel. Und auch das Dreierlei vom Vorarlberger Bergkäse (Schaum, gehobelt, Chip) gefiel als krönender Abschluss hervorragend. Die Weinkarte ist der näheren Umgebung verpflichtet, wagt aber auch einige verlockende Fremdgänge.

à la carte: 12–29 €

Tel.: 02714 6384
3602 Rossatz
Rührsdorf 17
www.winzerstueberl.at
winzerstueberl@aon.at
Mi–Fr 11.30–14.30 und 17.30–21, Sa 11.30–15 und 17.30–21, So 11.30–15 und 17.30–20 Uhr
🍴 variabel

RUST IM TULLNERFELD

RÜHRSDORF   L2

PULKER'S HEURIGER   👍 Tipp

Am südlichen Donauufer der malerischen Wachau liegt Bernd Pulkers stimmungsvoller Heuriger. Aber nicht nur der Blick auf die Ruine Dürnstein und die saftigen Weinreben rundherum machen glücklich – auch das Weinangebot und das Essen sind von überdurchschnittlicher Güte. Herzhafte Schmankerl wie Bratlfett und Blunzen werden ausschließlich aus selbst erzeugten Produkten und Erzeugnissen von Bauern aus der Region hergestellt. Weinfreaks kommen wegen exklusiver Raritäten, die nicht nur aus der Wachau stammen.

à la carte: 3–13,50 €

Tel.: 0664 393 53 12
3602 Rührsdorf
Kellergasse 1
www.pulkers-heuriger.at
heuriger@pulkers.at
Mo, Di, Do, Fr 14–21,
Sa, So, Fei 12–21 Uhr
❄ Nov. 2019–Feb. 2020

RUST IM TULLNERFELD   N2

LANDGASTHAUS HIESINGER   👍 Tipp

Seit 1903 befindet sich das Landgasthaus im Besitz der Familie Hiesinger. Die traditionelle, altösterreichische Küche wird seit der ersten Generation liebevoll gepflegt, ohne dass dabei auf Innovation verzichtet wird. Das Ambiente ist gemütlich, die Atmosphäre herzlich und auch die reiche Auswahl an Wein und Schnaps ist überzeugend.

à la carte: 9,50–36 €

Tel.: 02275 51 11
0664 213 49 57
3451 Rust im Tullnerfeld
Kirchengasse 1
www.hiesinger-rust.at
hiesinger.rust@aon.at
Mo, Di, Fr, Sa 11.30–14.30 und
17–21, So 11.30–14.30 Uhr
❄ 1.–10. Jän. 2020

Besuchen Sie **Gault Millau** auf facebook.

NIEDERÖSTERREICH

ST. AEGYD AM NEUWALDE

ST. AEGYD AM NEUWALDE M3

ZUM BLUMENTRITT 14/20
Köchin: Ulli Hollerer-Reichl

Im Blumentritt fühlt man sich rundum wohl. Dafür verantwortlich sind die Schwestern Christa Hollerer und Ulli Hollerer-Reichl. Wer hier einkehrt, hat die Wahl zwischen einem Menü und verschiedenen individuell bestellbaren Gerichten. Hat man nach einem Glas Sekt seine Entscheidung getroffen, dann speist man einmal gut, einmal extrem gut. Einzige Kritik: Der Blattsalat hätte sich über eine würzigere Vinaigrette gefreut und das gebackene Hirschschnitzel hätte nach Entfernung des Fettes deutlich besser geschmeckt. Sehr fein jedoch die gebratenen Scampi mit Mango-Avocado-Creme und der rosa gebratene Rehrücken mit Austernpilzen und Erdäpfelstrudel. Herrlich die flaumige Mohntorte mit Schlagobers und Preiselbeeren. Die Weinkarte hält interessante Newcomer sowie einige gereifte Flaschen bereit.

à la carte: 7,50–24,50 €

Tel.: 02768 2277
3193 St. Aegyd am Neuwalde
Markt 20
www.zumblumentritt.at
office@zumblumentritt.at
Mo, Do–Sa 11.30–14 und 18–20.30, So 11.30–14 Uhr
variabel

ST. PÖLTEN M2

LA DOLCE VITA 12,5/20

Ein modernes italienisches Restaurant mit ansprechendem Ambiente sowie einem sehr freundlichen Empfang erwartet einen im Dolce Vita am Rathausplatz der Landeshauptstadt. Raffinierte Besonderheiten der umfangreichen Karte wie Thunfischtatar mit Avocadocreme oder die Spezialität des Hauses, ein delikates Meeresfrüchterisotto, hausgemachte Pappardelle mit Garnelen, Jakobsmuscheln und getrockneten Kirschtomaten werden durch vegetarische Gerichte und Dessertklassiker wie Tiramisu und ausgezeichnetes hausgemachtes Eis ergänzt. Bemerkenswert ist auch das ausgesucht gute Weinangebot.

à la carte: 10–25 €

Tel.: 02742 20233
3100 St. Pölten
Rathausplatz 5
www.zanettigroup.at
info@zanettigroup.at
Mo–Sa 11–15 und 17.30–22.30, So 12.00–21.00 Uhr
sonntags nur Pizzeria geöffnet, montags Pizzeria geschlossen

OSTERIA Tipp

Die Osteria/Weinbar in der St. Pöltener Fußgängerzone bietet neben zahlreichen Weinen eine kleine Speisenauswahl, die es verdient, verkostet zu werden. Rohschinken aus San Daniele, Parmesan, Oliven zu Beginn, später dann Spaghetti mit Kalbsleber oder Gnocchi mit Spargel stillen nicht nur den Hunger, sondern schmecken auch wirklich gut. Und zum Espresso darf es dann ein Grappa sein.

à la carte: 9,80–25,50 €

Tel.: 0676 3548139
3100 St. Pölten
Herrenplatz 2
www.cucina-vini.at
osteria@cucina-vini.at
Di–Fr 9.30–24, Sa 9.30–16 Uhr
Fei, 1.–6. Jän. 2020, 1.–10. Juli 2020

VINZENZ PAULI Tipp

Die nach dem Wirten benannte St. Pöltener Gastwirtschaft schafft es mit Bravour, den Bogen von der Tradition zur Moderne zu spannen. Geschichtsträchtige Mauern wurden liebevoll saniert, dem Küchenteam gelingt es, die österreichische Wirtshausküche zeitgemäß zu adaptieren. Daneben schmücken Klassiker wie Surschnitzel oder Rindsroulade die Karte. Verarbeitet werden hauptsächlich Produkte aus dem Umland. Es gilt das Motto: so gut und nah wie möglich. Das Ambiente ist ungezwungen und leger, der Gastgarten lädt zum Genuss des einen oder anderen Achterls ein.

à la carte: 12–24 €

Tel.: 0650 6202077
3100 St. Pölten
Alte Reichsstraße 11
www.vinzenzpauli.at
frag@vinzenzpauli.at
Di–Sa 17–22, So, Fei 11.30–15 Uhr
1.–6. Jän. 2020

Die besten Weine Österreichs:

SEMMERING

ST. PÖLTEN/RATZERSDORF   M2

GASTSTÄTTE FIGL   11/20

Koch: Sebastian Kickinger

Die Gaststätte Figl ist ein Ort gutbürgerlicher Gastfreundschaft, an dem man sich dank des freundlichen und kompetenten Service rundum wohlfühlen kann. Unter den regionalen und saisonalen Köstlichkeiten finden sich feine Klassiker wie das knusprige Zitronenbackhendl oder ein auf dem heißen Stein gebratenes Rindsfilet, für das die Gaststätte Figl bekannt ist. Die meisten Produkte wie Fleisch und Fisch bezieht man aus der Nachbarschaft – Regionalität nimmt man hier wörtlich. Im Sommer sitzt man am besten im schönen Gastgarten im Innenhof.

à la carte: 9,50–33,90 €

Tel.: 02742 257402
0676 9157322

3100 St. Pölten/Ratzersdorf
Hauptplatz 4

www.gaststaettefigl.at
gaststaettefigl@aon.at

Di–Sa 11.30–14.30 und 18–21.30 Uhr

SCHEIBLINGSTEIN   N2

SCHEIBLINGSTEIN   👍 Tipp

Mitten im Wienerwald gelegen, bietet das Landgasthaus Scheiblingstein österreichische Hausmannskost in klassischem Ambiente. Die schöne Kulisse bietet einen idealen Rahmen für Feste und Feiern jeglicher Art, und wer sich sein Essen erst verdienen möchte, für den stehen neben dem Restaurant auch zwei sorgsam gepflegte Tennisplätze zur Verfügung.

Tel.: 01 4403192

3400 Scheiblingstein
Tullnerstraße 5

www.landgasthaus-scheiblingstein.at
info@landgasthaus-scheiblingstein.at

Do–Mo 11.30–21.30 Uhr

SEITENSTETTEN   L2

STIFTSMEIERHOF SEITENSTETTEN   👍 Tipp

Das Mostviertel im Geschmack heimischer Fische und Gemüse von den Feldern auf dem Teller und edle Tropfen im Glas! Auch so kann eine klösterliche Küchentradition weitergeführt werden. Im Stiftsmeierhof Seitenstetten erfreut eine bodenständige Küche mit raffinierten Kompositionen die Gäste, die es schätzen, dass hier alles frisch auf den Tisch kommt, was in der Nähe wächst und gedeiht.

Tel.: 07477 43070
0664 4036617

3353 Seitenstetten
Am Klosterberg 5

www.stiftsmeierhof.at
gasthaus@stiftsmeierhof.at

Mi–Sa 11–20, So 11–15 Uhr

SEMMERING   M3

SEEWIRTSHAUS   👍 Tipp

Am Fuße des Zauberbergs, direkt neben einem idyllischen Speichersee, liegt das Seewirtshaus. In dem historischen Bauernhaus wird heimisch, saisonal und regional gekocht. Der Fisch kommt direkt aus dem See vor der Tür und auch das urige Ambiente schafft eine Oase der Gemütlichkeit. Ein überaus großzügiges Weinsortiment sorgt für eine passende flüssige Untermalung.

Tel.: 02664 20030
0664 3003089

2680 Semmering
Zauberberg 2

www.seewirtshaus.at
office@seewirtshaus.at

Jetzt im Gault&Millau-Weinguide.

NIEDERÖSTERREICH

SENFTENBERG

SENFTENBERG M2

WEINHAUS NIGL 12,5/20
Koch: Bertram Nigl

Tel.: 02719 260 95 00
3541 Senftenberg
Kirchenberg 1
www.weingutnigl.at
reservierung@weingutnigl.at
Mo, Do–Sa 11.30–14 und
17.30–22, So 11.30–22 Uhr

Spitzenwinzer Martin Nigl aus Priel hat dem Kremstal ein wunderbares Landhotel samt Gastwirtschaft beschert. Einladend die gemütliche Gaststube mit Holzdielenboden, im windgeschützten Garten ist selbst im kühlen Frühjahr mit Blick auf die alte Burgruine gut zu sitzen. Die Küchenleitung hat Bertram Nigl, ein Sohn des Winzers, inne. Das Hendlschnitzerl, das er gerade am Nachbartisch abstellt, duftet verlockend, die Panier knuspert hörbar. An diesem sonnigen Sonntag passt alles – das saftige Fischfilet mit feinem Bärlauchschaum, der saftige Bauch vom Duroc-Schwein mit knusprigem Schwartl und flaumigen Erdäpfelknöderln, das Zweierlei vom Kalb. So macht regionale Küche Freude, da braucht es keine kreativen Ausflüge. Und so kann selbst eine profane Marillenpalatschinke mit Vanilleeis zum Glücksfall geraten. Die Weinkarte beschränkt sich, bis auf einige rote Zukäufe, auf die herausragenden Nigl-Weine.

à la carte: 14,50–35 €

SOMMEREIN O2

SCHILLER 14/20

Tel.: 0676 944 40 49
2453 Sommerein
Hauptstraße 31
www.landgasthausschiller.at
mail@landgasthausschiller.at
Mi–So 11–22 Uhr

Als wir eines Sonntags auf der Rückreise vom Neusiedler See im Schiller eintrudelten, erwartete uns nicht nur eine äußerst gemütliche Gaststube und ein herzlicher Service, sondern auch eine gelungene kulinarische Überraschung. Das viergängige Menü war nach Lust und Laune des Wirts stimmig zusammengestellt. Gleiches galt für die Weinbegleitung, die – so wie das Menü auch – sehr gästefreundlich kalkuliert ist. Los ging es mit Karfiol mit Dattelcreme, Joghurt und geriebener Gänseleber beziehungsweise knusprigen Topinamburchips für den Vegetarier und einer famos abgeschmeckten Kartoffelsuppe mit Thymian. Auch das in einer wunderbaren Sauce servierte geschmorte Schulterscherzl mit Brokkoli, Kren und Perlzwiebeln begeisterte uns. Wirklich bemerkenswert – weil anderswo oft nur eine langweilige Pflichtübung – war der vegetarische Hauptgang: Getreidestrudel (u. a. Bulgur und Quinoa) mit schwarzer Bohnencreme – klingt unspektakulär, rockte aber saftig und vielschichtig die Geschmacksnerven. Da auch die Weinbegleitung und der abschließende Grießschmarren perfekt gelangen, fuhren wir voller Zufriedenheit nach Hause.

à la carte: 10–40 €

SPITZ M2

PRANKL 13,5/20
Koch: Florian Fink

Tel.: 02713 2323
0664 968 21 17
3620 Spitz
Hinterhaus 16
www.gasthaus-prankl.at
gasthaus.prankl@aon.at
Fr–Mi 11.30–20.30 Uhr
❄ 16. Dez. 2019–1. März 2020

Die Donau vor der Haustür, die Ruine Hinterhaus im Rücken. Als ehemaliges Schiffmeisterhaus war der Gasthof einst Anlaufstelle für Flößer, heute halten Radler und Gourmetreisende ebenso gerne Einkehr wie Einheimische. Die dunkel vertäfelte Gaststube wäre mit Holz- statt Fliesenboden wohl um einiges gemütlicher – doch das ist halt nicht so praktisch. Sonst jedoch gibt es hier wirklich nichts zu meckern – die freundlichen Herren vom Service versuchen allen aufkommenden Wünschen mit lockerer Souveränität zu entsprechen. Eine Freude, wie hier gehobene Wirtshausküche umgesetzt wird, alle Gerichte sind sorgfältig zubereitet und großzügig portioniert. Das gilt für die dezent paprizierte Fischsuppe und den knusprig gebackenen Ochsenschlepp mit Liebstöckelmayonnaise ebenso wie für die Frischkäseravioli mit Spargel, die saftigen Backerl und das Filet vom Kalb bis zu den famosen Palatschinken mit hausgemachter Marillenmarmelade. Dass an feinen Weinen kein Mangel herrscht, versteht sich von selbst, schließlich befinden wir uns hier in der berühmtesten Weinbauregion Österreichs.

STOCKERAU 02

DREIKÖNIGSHOF 👍 Tipp

Der Dreikönigshof wird von der Familie Hopfeld bereits in vierter Generation geführt. Hier fühlt man sich augenblicklich wohl, sobald man bei der Tür hereinkommt. Auf der Speisekarte finden sich mediterrane wie auch heimische Gerichte. Auf regionale Produkte wie die Wagramforelle oder den Prosciutto vom Tullnerfelder Schwein wird besonders großer Wert gelegt.

à la carte: 7,90–29,90 €

Tel.: 02266 627880
2000 Stockerau
Hauptstraße 29–31
www.dreikoenigshof.at
familie@hopfeld.at
Di–Fr 11.30–14.30 und 18–21, Sa 11.30–21, Fei 11.30–14.30 Uhr
❄ variabel

STRASSHOF AN DER NORDBAHN 02

ZÜNDWERK 👍 Tipp
Fine Steaks, Burger & Beer

All jene, die typisch amerikanische Köstlichkeiten zu schätzen wissen, finden im Zündwerk eine ideale Anlaufstelle. Neben Burger und Steaks stehen Rippchen, Nachos, aber auch ein paar vegetarische Alternativen zur Auswahl. Weil eine herbe Begleitung auf der Hand liegt, enthält die dazu gereichte Getränkefibel eine breite Auswahl an Craftbieren. Im Sommer lädt ein gemütlicher Gastgarten zum Sitzenbleiben ein, der dazugehörige Harley-Davidson-Showroom ist ein El Dorado für Zweiradfans.

à la carte: 4,50–69,50 €

Tel.: 02287 4095590
2231 Strasshof an der Nordbahn
Hauptstraße 1 a
www.zuendwerk.at
steaksburgerbeer@zuendwerk.at
Di–Sa 11.30–23, So 8.30–17 Uhr

SULZ IM WIENERWALD 02

STOCKERWIRT 12/20
Koch: Roman Hlousek

Tel.: 02238 82590
2392 Sulz im Wienerwald
Rohrberg 36
www.stockerwirt.com
landgasthaus@stockerwirt.com
Mi–Sa 11.30–21.30,
So, Fei 11.30–20.30 Uhr
❄ variabel

Mitten im Wienerwald liegt dieses empfehlenswerte Restaurant mit stilvollem Ambiente und traditioneller, zeitgemäßer österreichischer Küche. Neben heimischen Klassikern wie Kalbsrahmgulasch oder gerösteter Kalbsleber finden sich auch kreative Gerichte wie etwa ein gegrillter Oktopus mit Avocado-Quinoa-Salat auf der Speisekarte. Ein Traum ist der Gastgarten, der im Sommer Idylle und Genuss vereint, doch auch im Inneren kann man in gepflegtem Rahmen genießen. Für weinaffine Gäste stellt die gut sortierte Weinkarte mit einigen internationalen Raritäten eine besonders lustvolle Lektüre dar.

à la carte: 7,50–29 €

TRAISMAUER M2

NIBELUNGENHOF 15,5/20
Koch: Rainer Melichar

Tel.: 02783 6349
3133 Traismauer
Wiener Straße 23
www.nibelungenhof.at
office@nibelungenhof.at
Di–Sa 12–14 und 18–21,
So 12–18 Uhr

Rainer Melichar und Elisabeth Melichar-Haimeder führen den Nibelungenhof in Traismauer in der fünften Generation. Und es macht ihnen sichtlich Spaß. Das merkt man als Gast sowohl beim aufmerksamen und freundlichen Service als auch bei den Speisen, die allesamt hervorragend schmecken. Daher stört es eigentlich nicht wirklich, dass keine Kreditkarten akzeptiert werden und man die Rechnung nur mit Bargeld begleichen kann. Zudem stimmt das Preis-Leistungs-Verhältnis. Aber genug über die Rahmenbedingungen. Unglaublich fein ist das in der Espressotasse servierte Wachtelei, das mit Aromaöl verfeinert wurde. Oder der Gabelbissen, der hier aus in Apfelsaft gekochten Maroni besteht und, mit Schinken und Trüffel garniert, begeistert. Es darf auch einmal deftiger sein: Etwa bei der Stelze vom Spanferkel – mit krosser Schwarte –, zu der frisch gerissener Kren und Krautsalat serviert werden, oder bei der halben Ente mit Semmelfülle und Rotkraut. Wer danach noch Platz hat, greift etwa zu Schokolademousse mit Kokosnusseis.

à la carte: 7–26 €

**Raiffeisen
Meine Bank**

Jetzt downloaden!

Einfach, sicher, schnell:
Die neue Mein ELBA-App.

Das persönlichste Banking Österreichs wird jetzt mit der neuen Mein ELBA-App* noch einfacher, sicherer und schneller. Mit dem neuen Sicherheitsstandard pushTAN sowie Fingerprint oder Face ID können Sie Ihre Bankgeschäfte ab sofort noch schneller und unkomplizierter erledigen. raiffeisen.at/mein-elba-app

TULLN

TULLN N2

SODOMA 15/20
Zur Sonne
Köchin: Gerti Sodoma

Tel.: 02272 64616
3430 Tulln
Bahnhofstraße 48
Di–Sa 11–15 und 18–22.30 Uhr

WEINKARTE JAHRES 2020

In dem wunderschönen und mit viel Liebe gepflegten Lokal, das wie ein Museum österreichischer Wirtshauskultur wirkt, genießt der Gast, so er sich rechtzeitig um einen Platz bemüht hat (wochentags zu Mittag geht oft spontan etwas), eine noble Hausfrauenküche, die ein wenig wirkt, als wäre sie aus der Zeit gefallen: Ja, so hat man in der guten alten Zeit gegessen, zumindest in einer idealisiert-sentimentalen Erinnerung. Gerti Sodomas Knödel, vor allem die Grammelknödel, sind unverändert köstlich. Das gebratene Martinigansl im Herbst ist ein Höhepunkt der Saison ebenso wie die elegante Bärlauchsuppe im Frühjahr. Innereien (Hirn mit Ei), Braten, Desserts – hier schmeckt uns alles. Legendär ist nach wie vor die Weinauswahl und -beratung. Gut, dass man mit dem Zug von Wien quasi vors Haus kommt.

UNTERRETZBACH M1

POLLAK'S RETZBACHERHOF 12/20
Koch: Harald Pollak

Tel.: 02942 20171
2074 Unterretzbach
Bahnstraße 1
www.retzbacherhof.at
pollak@retzbacherhof.at
Do–Sa 11.30–14 und 17.30–21,
So 11.30–15 Uhr

Wie erfreulich, dass diese Form einer gehobenen ländlichen Gastronomie mit verlässlich guter Küche auch im nördlichen Weinviertel funktioniert. Die bodenständigen Gerichte, die Harald Pollak zubereitet sind durch die Bank gut, manche sogar sehr gut. Solide und brav waren die Wiener Schnitzel (sowohl vom Kalb als auch vom Schwein), die Filets von der Lachsforelle, die etwas zu durchgebratene Entenbrust und das Eierschwammerltatar. Ausgezeichnet gelangen die gerösteten Schweinsnieren mit Stampferdäpfel, die Belugalinsen mit Semmelknödel sowie die faschierten Chili-Laibchen auf Radieschen-Salat – eine einfache und zugleich großartige Kombination.

à la carte: 11–29 €

Bewertungen NEU

11 bis 12,5 Punkte von 20 Punkten: 1 Haube
13 bis 14,5 Punkte von 20 Punkten: 2 Hauben
15 bis 16,5 Punkte von 20 Punkten: 3 Hauben
17 bis 18,5 Punkte von 20 Punkten: 4 Hauben
19 bis 19,5 Punkte von 20 Punkten: 5 Hauben

Bei der Zusammenstellung dieses Führers ließen wir größtmögliche Sorgfalt walten, trotzdem können Daten falsch oder überholt sein. Eine Haftung können wir auf keinen Fall übernehmen.

WEIKERSDORF AM STEINFELDE

WAIDHOFEN AN DER THAYA   M1

FOGGY MIX   11/20
Koch: Bernhard Zimmerl

Irish Pub, Lounges, Billardraum, Café und ein sehr modern eingerichtetes Restaurant – das alles ist der beliebte Foggy Mix. Werden im vorderen Bereich Pizza und Burger serviert, versucht man im Restaurant eine moderne, geschmackvolle Küche zu bieten. Als Vorspeise erfreuten uns eine klare Hühnersuppe mit Leberknödel sowie gebackene Bärlauchtascherl. Sehr gut auch der gebratene Kabeljau und die Hühnerbrust mit Einkornrisotto, Spargel und Rhabarberchutney. Den stimmigen Abschluss versüßte uns ein Schokoladkuchen mit Heidelbeersorbet und Zitronenmelisse.

Tel.: 0720 62 00 72 22
3830 Waidhofen an der Thaya
Heidenreichsteinerstraße 28
www.foggy-mix.at
zimmerl@foggy-mix.at
Mi–Mo 11.30–14 und
18–21.45 Uhr
✻ Di

NIEDERÖSTERREICH

WALPERSDORF   M2

BLAUENSTEIN   👍 Tipp
im Schloss Walpersdorf

So richtig idyllisch ist es hier im Blauenstein an der schönen blauen Donau. Küchenchef Florian Mistelbauer kredenzt österreichische Klassiker in tadelloser Qualität genauso wie internationale Gerichte auf verlässlich hohem Niveau. Er liebt Produkte aus der Region, die er aber auch gekonnt in Form von asiatischen Rezepten auf den Teller bringt. Auch die breite Auswahl an Weinen ist lobend zu erwähnen.

à la carte: 4,50–26 €

Tel.: 0699 19 30 78 83
3131 Walpersdorf
Schlossstraße 2
www.schlosskueche-walpersdorf.at
restaurant@blauenstein.at
Mi–Sa 11.30–14 und 17.30–21,
So 11.30–16 Uhr

WEIKERSDORF AM STEINFELDE   N3

JEITLER IM STEINFELDHOF   14/20

Der Gastgarten des Jeitler ist ein lauschiges Aussteigerplätzchen inklusive kulinarischem Verwöhnprogramm. Die Hochzeitssuppe war kräftig und machte richtig Spaß. Das Beef Tatar war so weit entfernt von nullachtfünfzehn, dass wir einen Gruß in die Küche zurückschicken wollten. Am Freitag ist Steak-Tag und da sticht vor allem der Variantenreichtum der Beilagen ins Auge. Das Filetfleisch selbst war ganz gut, aber nicht mehr. Das begleitende Pastinakenpüree stellte hingegen ein grandioses Geschmackserlebnis dar. Auch die Rotweinschalotten waren richtig gut abgeschmeckt. Und die Marillenpalatschinken waren vorbildlich heiß und voller Geschmack. Danke.

Tel.: 0664 352 41 67
2722 Weikersdorf am
Steinfelde
Hauptstraße 31
www.einfachjeitler.at
gerald.jeitler@gmail.com
Mo 17–21, Fr 11–21,
Sa 11.30–21, So 11.30–16 Uhr

WEINS HOFAMT PRIEL

WEINS HOFAMT PRIEL   L2

GASTHAUS HINTERLEITHNER ⓝ   14,5/20
Koch: Hans Jörg Hinterleithner

Ja, so geht moderne Gastronomie auf dem Lande. Kreativität, Tradition und beste Produkte werden hier gekonnt miteinander kombiniert – und das alles von einem aufmerksamen Service präsentiert. Zu den Speisen: Die mit Limettensalz roh marinierte Bachforelle schmeckte genauso hervorragend wie die Rahmsuppe vom Marchfelder Spargel. Gleiches können wir über die geschmorten Schweinsbackerl mit Topfenserviettenknödel, glaciertem Wurzelgemüse oder über das gebratene Filet vom Seesaibling mit Gnocchi und Spinat berichten. Da wir an einem Sonntag einkehrten, hatten wir auch das Vergnügen, einen exzellenten Schweinsbraten mit Erdäpfelknödel und warmem Krautsalat serviert zu bekommen. Zum endgültigen Genuss wurde unser Besuch durch die Nachspeise: Flaumige Topfenknödel mit hausgemachtem Topfeneis beendeten ein tolles Essen zu einem vernünftigen Preis-Leistungs-Verhältnis.

à la carte: 3,80–30 €

Tel.: 07414 7203
3681 Weins Hofamt Priel
Weinser Straße 95
www.hinterleithner.at
office@hinterleithner.at
Mi–Sa 11.30–14 und 17.30–20.30, So 11.30–14 Uhr
✻ variabel

WEINZIERL AM RIEDERBERG   N2

BÖHM   13/20
Landgasthaus
Koch: Michael Böhm

Michael Böhm und seine Frau Maria führen seit 2008 das Zepter im Landgasthaus in Weinzierl. Und sie führen ihren Böhm mit Charme, persönlicher Note und souveräner Leistung. Wie es sich auf dem Land gehört, finden sich auf der Speisekarte selbstverständlich Frittaten- beziehungsweise Leberknödelsuppe, Wiener Schnitzel vom Kalbsrücken mit Erdäpfel-Vogerlsalat oder ein Zwiebelrostbraten mit Bratkartoffeln und Senfgurke. Doch man entdeckt auch eine mit Gänseleber gefüllte Fasanenbrust oder ein Kalbsrückensteak mit Erdäpfel-Lauch-Ravioli und Kräuterseitlingen. Wir ließen aber alle erwähnten Gerichte links liegen und erfreuten uns an karamellisierten Ziegenbällchen auf Kürbischutney und Feige sowie an einem knusprig gebratenen Zander mit Rote-Rüben-Gnocchi und einem etwas zu milden Kren-Rahm-Schaum. Das zarte Rehragout überzeugte durch die gut gewürzte Sauce und die dazu servierten flaumigen Semmelknödel. Mit Sherry karamellisierte Maroni mit Orangen-Gin-Sorbet oder doch lieber Opa Böhms Topfenstrudel? Wir ließen uns schließlich doch zu keinem der beiden Desserts verführen, sondern schlugen dafür beim flüssigen Schokoladekuchen mit Basilikumsorbet zu.

à la carte: 4,20–35 €

Tel.: 02271 2240
3004 Weinzierl am Riederberg
Dorfstraße 4
www.landgasthaus-boehm.at
info@landgasthaus-boehm.at
Mo, Do–Sa 11–14 und 18–1,
So 11–14 und 18–20 Uhr

WEISSENKIRCHEN IN DER WACHAU   L2

DONAUWIRT   12/20
Hotel-Restaurant
Köchin: Maria Rosenberger

Mittags hat der Donauwirt nicht geöffnet. Man wundert sich, denn die zahlreichen Ausflügler, die der Wachau bei schönem Wetter einen Besuch abstatten, wollen verköstigt werden. Gut, dann müssen sie sich auch nicht über die überhöhten Weinpreise ärgern. Aber sie können sich auch nicht über eine gute Küche freuen. Diese bietet unter anderem eine Zanderpraline mit Kapern, panierten Spargel mit Marillensenf,

Tel.: 02715 2247
0676 408 82 33
3610 Weißenkirchen in der Wachau
Wachaustraße 47
www.donauwirt.at
info@donauwirt.at

WEISSENKIRCHEN IN DER WACHAU

Alt-Wiener Backfleisch mit Erdäpfelsalat oder Butterschnitzel vom Maibock mit Eierschwammerlrisotto. Und wer noch Lust auf etwa Süßes hat, der wird mit Topfenlasagne mit Marillensauce befriedigt. Nächtigungsmöglichkeit im Haus.

Mo, Do–So 18–21Uhr
❄ Nov. 2019–Ende März 2020, variabel

HEINZLE 11/20

Dem Ruf als beliebtes Ausflugsziel ist es zuzuschreiben, dass in den Restaurants der Wachau bei warmen Temperaturen viel los ist. Dann kann es auch auf der direkt an der Donau liegenden Terrasse zu längeren Wartezeiten kommen, doch das Warten lohnt sich zumeist. Der Fisch (aus Fluss, See und Meer) spielt auf der Speisekarte die Hauptrolle und kommt teilweise klassisch mit Erdäpfeln und Salat, dann wieder etwas moderner mit Buttermandeln oder geräuchertem Mais daher. Ordentlich auch die Fleischgerichte, stets köstlich sind die Desserts. Die Weinkarte liefert einige Schätze aus der Wachau und bietet eine schöne glasweise Auswahl.

à la carte: 15,20–26,80 €

Tel.: 02715 2231
3610 Weißenkirchen in der Wachau 280
www.heinzle.at
restaurant@heinzle.at
Mi–Sa 11.30–20.30 und So 11.30–18 Uhr
❄ Mitte Dez. 2019–Mitte Feb. 2020

JAMEK 13/20
Koch: Alexander Gross

AMBIENTE AWARD 2008
Ob in den gemütlichen Governmenträumen oder im ansprechenden Gastgarten, der Jamek besitzt seit eh und je das stilvolle Ambiente einer entspannten Genussoase. Die charmant-freundlichen Damen im Service bringen das Körberl mit Aufstrichen, Muskateller als Aperitif und nach und nach die ausgesuchten Gerichte wie „Vitello Forello" oder hausgemachte Sulz, Erbsensuppe mit Kaninchenpraline – alles köstlich. Auch das cremige Spargelrisotto und das gebratene Seeforellenfilet mit Lavendelcouscous gefielen uns sehr. Allerfeinste flaumige Marillenpalatschinken beendeten wieder einen höchst erfreulichen Besuch.

à la carte: 3,90–32 €

Tel.: 02715 2235
3610 Weißenkirchen in der Wachau
Joching 45
www.weingut-jamek.at
info@weingut-jamek.at
Di–Do, Sa 11.30–16, Fr 11.30–23 Uhr

KIRCHENWIRT WEISSENKIRCHEN 11/20
Koch: Jürgen Bicker

Der Gastgarten des im Zentrum gelegenen Traditionswirtes bietet einen beschaulichen Ausblick auf die rundum liegenden Weingärten und die träge vorbeifließende

Tel.: 02715 2332
3610 Weißenkirchen in der Wachau
Kremserstraße 17

NIEDERÖSTERREICH

WIENER NEUSTADT

Donau, was an diesem Sommertag perfekt anmutet, obgleich auch die historischen Räume mit ihrem besonderen Flair und den einladend dekorierten Tischen anzulocken wissen. Die Wirtshausküche samt modernen Akzenten konnte mit dem Ambiente durchaus mithalten, auch wenn die Klassiker besser gelangen als Ausflüge zu Shrimps und Garnelen. Das Personal zeigte sich flink und höflich, während die Weinkarte die Gegend bestens repräsentierte.

www.kirchenwirt-wachau.at
hotel@kirchenwirt-wachau.at
täglich 11–20.30 Uhr
variabel, Winter 2020

à la carte: 11–35 €

PRANDTAUERHOF GUTSHOFRESTAURANT 14,5/20
im Weingut Holzapfel
Köchin: Karin Irk

Tel.: 02715 2310
3610 Weißenkirchen in der Wachau
Prandtauerplatz 36
www.holzapfel.at
weingut@holzapfel.at
Di–Fr 10–16, Sa 10–20,
So 10–14 Uhr
variabel

Das Weingut Holzapfel steht unter anderem für exzellente Grüne Veltliner und Rieslinge. Im Gutshofrestaurant wird auch richtig gut gekocht. Der hausgemachte Leberkäse war leider nicht mehr erhältlich, dafür erfreuten uns zum Glas Sekt frisch gepresste Waldviertler Erdäpfel mit Forellenkaviar, geflämmter Ziegenkäse auf Blattsalaten beziehungsweise eine gut gewürzte Bärlauchschaumsuppe mit Frischkäsenockerl. Erfreulich, dass von vielen Speisen auch kleinere Portionen angeboten werden. Daher konnten wir – neben dem Spargel mit Beinschinken und Sauce hollandaise – auch das gebratene Saiblingsfilet mit Rhabarberspinat und Kresseknödel sowie das zarte, in Rotwein geschmorte Kalbsschulterscherzl mit Verjuspolenta und gebackenem Chicorée genießen. Auf eine gebrannte Marille als Abschluss verzichteten wir, nicht widerstehen konnten wir hingegen der flaumigen Mohntorte und den Topfennockerln mit Marillenröster. Eine Reservierung ist hier unbedingt zu empfehlen, und das nicht nur am Wochenende.

à la carte: 16,50–26 €

WIENER NEUSTADT N3

ALTES BACKHAUS 12/20
Koch: Bernhard Gruber

Tel.: 02622 81089
2700 Wiener Neustadt
Bahngasse 1
www.altes-backhaus.at
restaurant@altes-backhaus.at
Di–Sa 11.30–14 und
17.30–22.30 Uhr

Ein schönes, altehrwürdiges Gewölbe mit gemütlicher Einrichtung bildet den kulinarischen Rahmen für eine gelungene regionale Entdeckungsreise. Das Bio-Tauern-Lamm mit hausgemachten Bärlauchgnocchi macht einfach Spaß. Ebenso wie die Lachsforelle von Gut Dornau mit Jakobsmuschel und Scampo. Positiv zu erwähnen auch die Weinkompetenz – ist es doch Sommelier und Geschäftspartner Franz Schmutzer persönlich, der die Gäste berät.

à la carte: 16,90–35,90 €

WINZENDORF

PUCHEGGER-WIRT 12,5/20

Koch: Christoph Puchegger

Wenn es still wird am Tisch, weil jeder gerade lächelnd über seinen ersten Bissen der Vorspeise sinniert, muss es wirklich gut sein. Und beim Puchegger ist es fast immer besonders gut. Der knusprig-lauwarme Kalbskopf mit eingelegten Rüben verdiente Sonderapplaus, das Räucherforellentatar mit Zitronencreme und Schnittlauchpesto ebenso. Sagenhaft zart und doch resch angebraten zweierlei Lamm, dazu sündig gute Grammelkroketten. An den Spitzpaprikas dazu ließe sich noch feilen. Das Schweinswiener war salzig, der Erdäpfel-Gurken-Salat perfekt kellerkühl. Die Desserts überfordern durch ihre Größe.

à la carte: 3,50–29 €

Tel.: 02638 22224
2722 Winzendorf
Bahnhofplatz 86
www.puchegger.at
info@puchegger.at
Mi–Sa 11.30–14 und 17–21,
So 11.30–14 Uhr
❆ 2 Wochen im Jän.,
3 Wochen im Juli 2020

SCHMUTZER 13/20

Köchin: Ute Schmutzer

Wie ein Ausflug auf die Hohe Wand, so lohnt auch ein Einkehren beim Schmutzer. Und sei es nur, um das Veltlinerangebot durchzukosten. Die Weinkarte ist eine wahre Schatzkarte. Auch die Küche bietet eine wohltuende Vielfalt. Die Rindsuppe ist wunderbar kräftig, die Spargelsuppe wirkt hingegen uninspiriert. Aber dann: der Maibock, zartrosa und unaufdringlich gewürzt, das Wiener Schnitzel fein paniert. Das gekochte Schneebergland-Jungrind ist von bester Qualität, Schnittlauchsauce und Apfelkren sind exzellent. Die Powidltascherl in Erdbeersauce sind eine mutige Idee, doch sie geht auf.

à la carte: 8,80–29,50 €

Tel.: 02638 22237
2722 Winzendorf
Hauptstraße 12
www.gasthaus-schmutzer.at
gasthaus-schmutzer@aon.at
Mi–Fr 11.30–14 und 18–21.30,
Sa 11.30–21.30,
So 11.30–20.30 Uhr
❆ 17. Feb.–17. März 2020

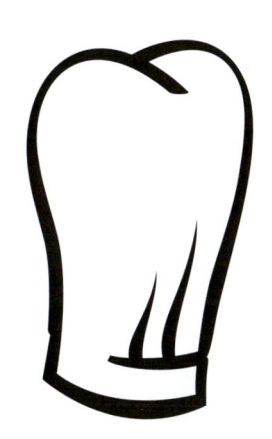

Gault&Millau

Besuchen Sie uns auf Facebook unter
www.facebook.com/Gault.Millau.Oesterreich

WOLFPASSING

WOLFPASSING   N2

GASTHAUS FIGL ⓝ   11,5/20
Koch: Patrick Friedrich

Tel.: 02242 70155

3424 Wolfpassing
Wienerstraße 1

www.gasthaus-figl.at
willkommen@gasthaus-figl.at

Mo, Di, Fr und Sa 11.30–14 und 18–22, So und Fei 11.30–20 Uhr
✱ variabel

Patrick Friedrich ist ein gebürtiger Schweizer mit österreichischen Wurzeln. Der leidenschaftliche Koch verwöhnt die Gäste in den holzgetäfelten Stuben mit Köstlichkeiten wie Frühlingskräutersalat mit gebratenen Austernpilzen oder geräuchertem Wels auf Kohlrabisalat mit Hollerblütenessig. Sonntags gibt es den obligatorischen Schweinsbraten mit Semmelknödel, als leichtere Alternativen bieten sich das gedämpfte Saiblingsfilet mit Safranschaum und Topfennockerl oder die gebratene Hendlbrust auf Erbsencreme an. Zum Abschluss empfehlen sich die Marillenpalatschinke, das Dirndlmus mit Mandelkuchen und ein starker Espresso.

à la carte: 4,50–25 €

WÖSENDORF   L2

HOFMEISTEREI HIRTZBERGER   16/20
Koch: Erwin Windhaber

Tel.: 02715 22931
0650 287 63 25

3610 Wösendorf 74

www.hofmeisterei.at
restaurant@hofmeisterei.at

Mo, Sa 11.30–14 und 18–21, Do, Fr 18–21, So 11.30–21 Uhr

Erwin Windhaber scheint, obzwar schon im Kloster Und – damals unter der Ägide Toni Mörwalds – oder mit seinem jetzigen Partner Hartmuth Rameder beim Nigl in Senftenberg groß aufkochend, nun endgültig angekommen. In dem Prachtbau an der Donau entwickelt er seine verfeinerte Wirtshausküche beständig weiter. Wir erfreuten uns an unheimlich geschmacksintensivem Oktopusragout mit Chorizo, weißer Polenta und Zucchini sowie dem Sommergericht schlechthin: rosa Kalbstafelspitz mit gegrillter Wassermelone, Couscous und Wachauer Chili. Erbsen, Morcheln und Zitronenöl bereiteten dem lauwarmen Saibling einen perfekten Rahmen. Für den Strauß aus Schönberg am Kamp erledigten Salatherzen, Mandelcreme und Powidl diese Aufgabe kongenial. Das Dessert blieb uns lange in Erinnerung: Der Gugelhupf-Klassiker Baba au rhum mit Bauernjoghurt und eingelegten Brombeeren war schlicht ein Traum. Die Weinkarte – mit Schwerpunkt auf den Tropfen des Hausherrn – präsentiert sich jahrgangstief und weltoffen, der Service komplettiert den rundum positiven Eindruck.

à la carte: 4,90–29,50 €

ZISTERSDORF

ZAUSSENBERG AM WAGRAM M2

JOSEFS HIMMELREICH ⓝ 14,5/20
Koch: Josef Kellner

Tel.: 02278 28241
3701 Zaussenberg am Wagram
Ortsstraße 4
www.gutehrlichessen.at
info@gutehrlichessen.at
Mi-Do 18–24, Fr-Sa 11.30–14 und 18–24 Uhr
variabel

Der Winzer Josef Fritz erfüllte sich mit Josefs Himmelreich einen Herzenswunsch. Der Name ist aus seiner besten Riede und dem Vornamen des Kochs komponiert. Josef Kellner war im Mesnerhaus im Lungau Souschef und beweist hier auf kleiner Bühne, was für ein großer Koch in ihm steckt. Täglich gibt es bloß ein Menü, dessen Länge man als Gast variieren kann. Gut gelang der gebeizte Saibling mit Radieschen und Rettich, sehr fein dann der Spargel mit brauner Butter und Schwarzbrotcreme. Wirklich grandios das Hauptgericht: Lammbauch, sous vide gegart und knusprig in der Pfanne vollendet. Dazu ganz feine Spätzle und ein dichter Jus. Solide das Dessert: gestockter Rahm in einer Hülle von weißer Schokolade mit Rhabarber. Der Service wird von Kellners Lebensgefährtin Jasmin charmant und herzerfrischend bestritten. Die Weinkarte beschränkt sich auf die Kollektion des Hausherrn, die mit ein paar Roten aus dem Burgenland ergänzt wird.

ZEISELMAUER N2

ZUM LUSTIGEN BAUERN 12/20
Koch: Norbert C. Payr

Tel.: 02242 70424
3424 Zeiselmauer
Kirchenplatz 1
www.zumlustigenbauern.at
zum.lustigen.bauern@aon.at
Mi, Do 12–14 und 17.30–21, Fr-So 12–21 Uhr
variabel

Diese Gaststube hat Seltenheitswert. Der knarrende Dielenboden, die Holzvertäfelungen, eine Schank wie anno dazumal und viele stimmige Dekorstücke an Wänden und auf Kommoden – all dies sorgt für eine einzigartige Atmosphäre. Ihre Besitzer haben spürbar viel Liebe in dieses Schmuckstück investiert. Die Küche ist traditionell und fleischbetont, getragen vom Slow-Food-Gedanken und von regionalen Produkten – zu Grammelknödeln, Rindfleischgerichten und Gebackenem kommen saisonal wechselnde Speisen. Ein Klassiker ist auch der Kaiserschmarren, diesmal leider von Karamell ertränkt. Aufmerksam und charmant die Chefin des Hauses, die auch bei der Weinauswahl kenntnisreich berät.

à la carte: 12–32 €

ZISTERSDORF O1

ZUM GRÜNEN BAUM 11,5/20
Koch: Georg Kruder

Tel.: 02532 81555
2225 Zistersdorf
Landstraße 1
www.gasthauszumgruenenbaum.at
gasthaus.zumgruenenbaum@utanet.at
Mo, Di, Fr 11–14 und 18–20.30, Sa, So 11–14 Uhr
variabel

Dieses Gasthaus ist ein grundsolider Repräsentant der etwas besseren, gehobenen Gasthausküche Niederösterreichs. Beim Dreierlei von der Blunze mit Kraut stach die panierte Variante hervor, die beiden anderen konnten nicht wirklich überzeugen. Die pikant paprizierte Fischsuppe mit Fischeinlage blieb blass, umso besser schmeckte der Schweinsbraten. Ganz vorzüglich war das Ragout vom Feldhasen, dunkel und dicht, intensiv der Geschmack. Die Eierlikör-Lasagne schmeckte deutlich besser als erwartet, hier zeigte der Koch ein tolles Händchen. Schönes Angebot an Weinen von einigen wenigen Winzern.

à la carte: 8,50–29 €

Die besten Weine Österreichs: der Gault&Millau-Weinguide.

NIEDER-ÖSTERREICH

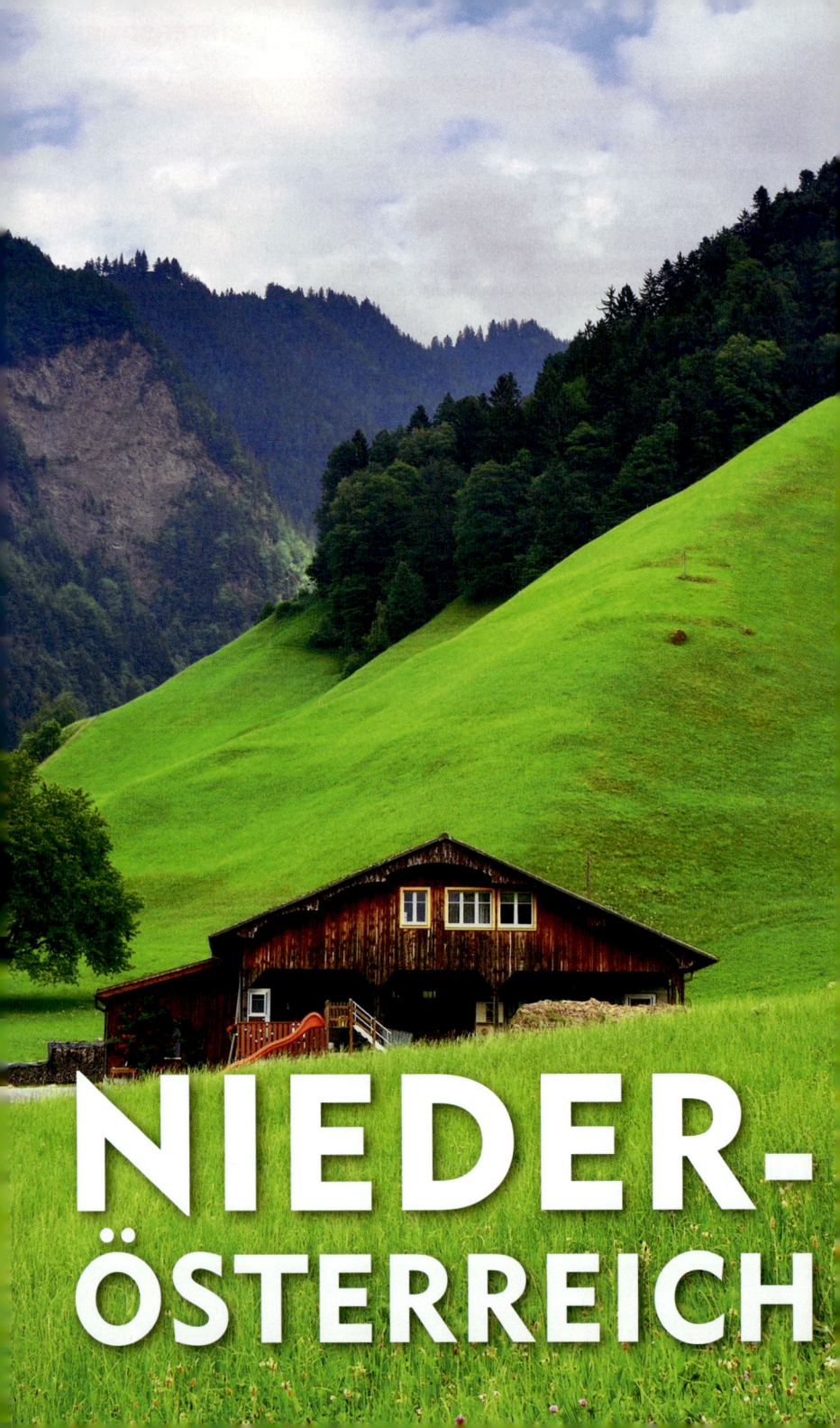

DIE BESTEN ALMHÜTTEN IM
SOMMER

WETTERKOGLERHAUS — Seite 252
Aspangberg/St. Peter

YBBSTALERHÜTTE — Seite 252
Göstling an der Ybbs

LILIENFELDER HÜTTE — Seite 252
Lilienfeld

SCHUTZHAUS VORDERÖTSCHER — Seite 252
Mitterbach

TERZERHAUS — Seite 253
Mitterbach

ENZIANHÜTTE — Seite 253
Muggendorf

HABSBURGHAUS — Seite 253
Naßwald

HUBERTUSHAUS — Seite 253
Oberhöflein

NATURFREUNDEHAUS KNOFELEBEN — Seite 254
Reichenau an der Rax

NEUE SEEHÜTTE — Seite 254
Reichenau an der Rax

OTTOHAUS — Seite 255
Reichenau an der Rax

PROCHENBERGHÜTTE — Seite 255
Ybbsitz

LANDKARTE

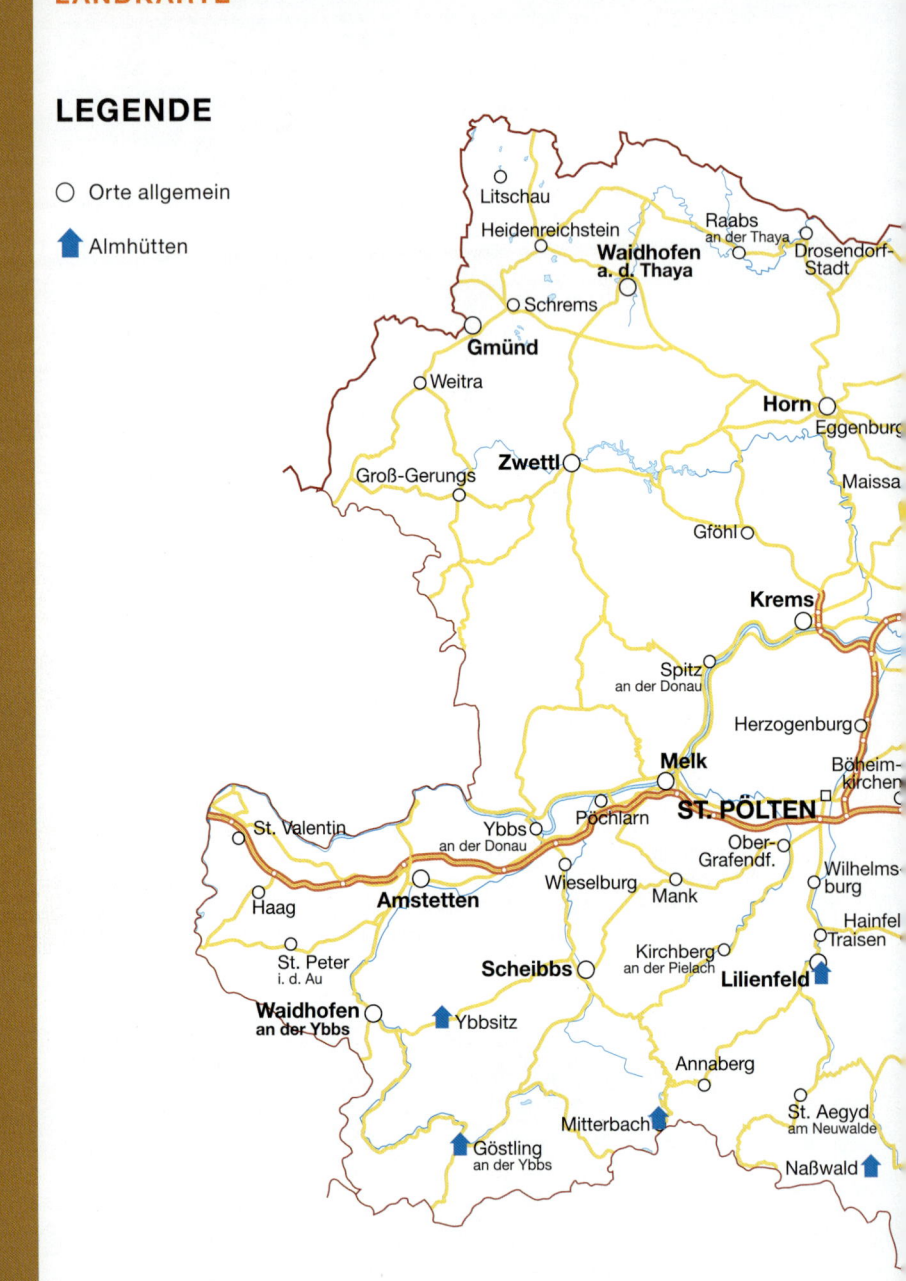

LEGENDE

○ Orte allgemein

⬆ Almhütten

LANDKARTE

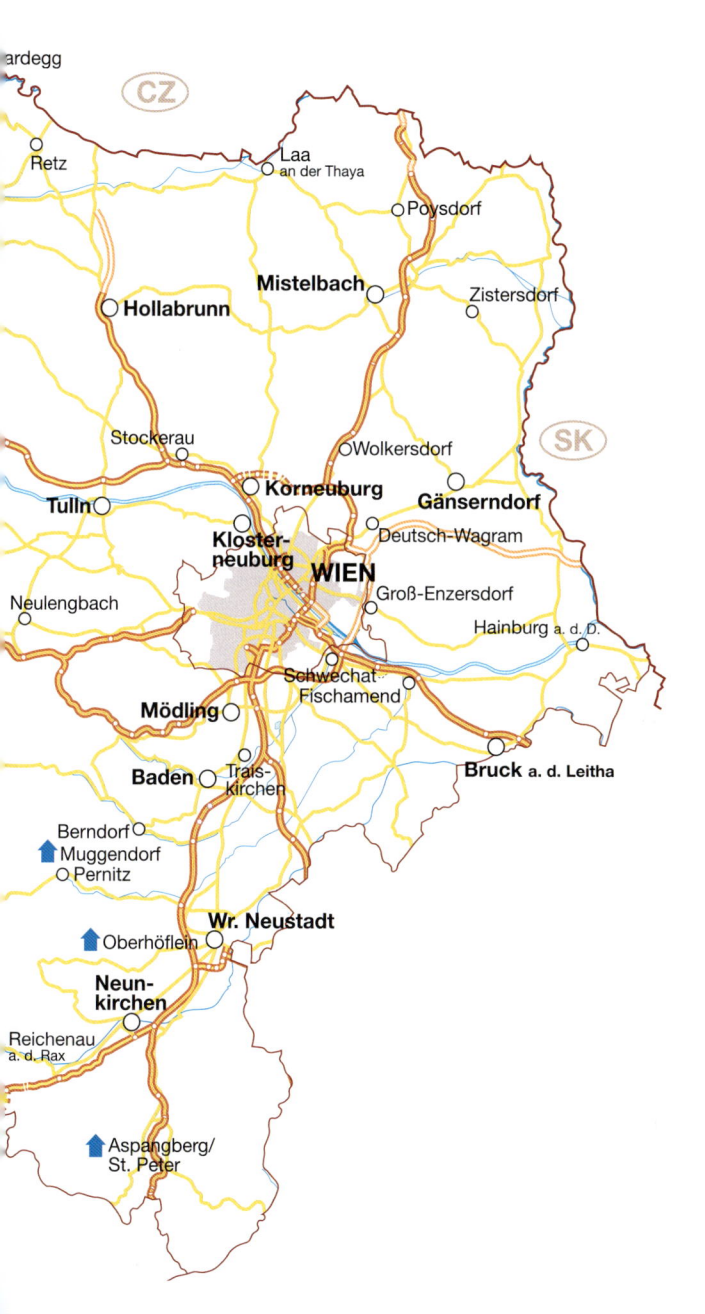

ALMHÜTTEN NIEDERÖSTERREICH SOMMER

ASPANGBERG/ST. PETER

ASPANGBERG/ST. PETER M3

WETTERKOGLERHAUS

Die Tour hinauf auf 1743 Meter macht sich durchaus bezahlt. Nicht nur eine tolle Aussicht wartet als Belohnung, wer von Schwaig zu Schwaig wandert – so werden die bewirtschafteten Almen am Wechsel genannt –, wird von Wirtin Veronika Marx auch kulinarisch verwöhnt. Frische regionale Zutaten werden zu bodenständigen Gerichten verarbeitet, Faschierter Braten, aber auch vegetarische, gluten- und laktosefreie Speisen stehen zur Auswahl. Die Hütte ist mit dem PKW über die Hochwechsel-Mautstraße von Mönichwald oder Waldbach aus erreichbar. Der kürzeste Weg aber führt vom Biotop am Mariensee, vorbei an der Marienseer Schwaig zum Hochwechsel. Eine Anfahrt mit dem Auto nach Mariensee ist ratsam, ansonsten wählt man die Sesselbahn-Bergstation Mönichkirchen.

Tel.: 03336 4224
0680 225 75 55

2870 Aspangberg/St. Peter
Neustift am Alpenwalde 34

www.alpenverein.at/wetterkoglerhaus
v.marx.wetterkoglerhaus@gmail.com

Mi–Mo 8–21 Uhr

GÖSTLING AN DER YBBS K3

YBBSTALERHÜTTE

Auf 1343 Metern sorgt Inge Wurzer in der ehemaligen Jagdhütte gemeinsam mit ihrer Familie für das Wohl der Hüttengäste. Das kulinarische Angebot bietet ofenfrischen Holzofenbraten mit Semmelknödel, Linsen mit Speck, Eiernockerl oder flaumigen Kaiserschmarren. Für nötige Abhilfe bei Durst ist ebenso gesorgt. Adelsberger Apfel- und Birnenmost sowie regionale Biere sind bereitgestellt. Die in der Küche verwendeten Produkte stammen größtenteils aus der Region. Sollte man sich nach Rast und Ruhe sehnen, bietet die oberhalb von Lunz am See gelegene Hütte auch die Möglichkeit zum Nächtigen und ist ein idealer Stützpunkt für zwei hochalpine Wanderrouten: die Drei-Seen-Tour und den Alpinweg Hochkar-Dürrenstein.

Tel.: 0664 17044 44
0664 988 68 01

3345 Göstling an der Ybbs
Ybbssteinbach 42

www.ybbstalerhuette.at
yth@aon.at

täglich 7–22 Uhr
❄ bis Ende April 2020, Mai 2020 variabel

LILIENFELD M2

LILIENFELDER HÜTTE

Die Lilienfelder Hütte bietet auf Voranmeldung kuschelige Nächtigungslager (25 Schlafplätze) und bodenständige Küche mit Spezialitäten von den umliegenden Bauernhöfen. Im Sommer wie auch im Winter ist die dreistündige Tour über die Hinteralm und den Muckenkogel zu empfehlen, die sowohl mit Wanderschuhen, Schneeschuhen als auch mit Tourenskiern Spaß bereitet. Auch Mountainbiker sind auf der auf 956 Meter Seehöhe gelegenen Hütte keine selten gesehenen Gäste.

Tel.: 02762 53567

3180 Lilienfeld
Gschwendt 1

lilienfelderhuette@gmx.at

MITTERBACH M3

SCHUTZHAUS VORDERÖTSCHER

Das am Ende der Ötschergräben gelegene Schutzhaus wurde 2014 renoviert und ist bei Sportlern, Stadtflüchtlingen und Naturliebhabern seit über 200 Jahren sehr beliebt. Besonders während der Hirschbrunftzeit im Herbst lohnt es sich, hier vorbeizuschauen, bei viel Glück huscht das Wild direkt an der Hütte vorbei. Kulinarisch wird man mit regionalen Köstlichkeiten verwöhnt, für eine preiswerte Nächtigungsmöglichkeit ist bei rechtzeitiger Voranmeldung ebenso gesorgt.

Tel.: 02728 21100

3224 Mitterbach
Ötscherstraße 22

www.vorderoetscher.info
info@naturpark-oetscher.at

täglich 9–16 und 18–21 Uhr

OBERHÖFLEIN

TERZERHAUS

Das erst 2014 erbaute Terzerhaus auf 1626 Metern ist barrierefrei (Lift) erreichbar und besticht mit seinem besonderen Ausblick: Von der Panoramaterrasse, installiert wie ein Skywalk, und dem Panoramagastraum sieht man vom Erlaufsee bis zum Schneeberg, ins Gesäuse und bis Mariazell. Für Kinder schafft der Spielplatz Freude, Abenteuerlustige kommen auf der Mountaincarts- und Monsterroller-Strecke auf ihre Kosten. Zu essen gibt es, wie man es sich erwartet, bodenständige Hausmannskost, ausgesuchte Weine schaffen passende Begleitung. Da es sich um eine noch recht neue Anlaufstelle am Gipfel der Gemeindealpe handelt, sind die beiden Komfortlager mit Dusche und WC ausgestattet. Insgesamt finden 32 Gäste einen Nächtigungsplatz.

Tel.: 0699 12043852
3224 Mitterbach
Gemeindealpe 4
www.terzerhaus.at
office@terzerhaus.at
täglich 10–16 Uhr

MUGGENDORF — M3

ENZIANHÜTTE
am Kieneck

Die Enzianhütte am Kieneck liegt auf 1107 Metern und kann über verschiedenste Wege erreicht werden. Durch das Ramsental und den Viehgraben bei Thal/Muggendorf ist die Hütte auch für Familien mit Kindern gut erreichbar. Andere Zustiege sind der Enzian-, der Maresch- oder der vom Viehgraben abzweigende Matrassteig. Auch der Staff- und der Kieneckgraben sind reizvolle Wege. Auf der sonnigen Terrasse nimmt man die nötige Stärkung ein: Neben klassischem Hüttenessen wie Schweinsbraten und Co finden sich auch vegetarische und vegane Köstlichkeiten auf der Karte. Die Zutaten der Gerichte stammen teilweise aus dem hütteneigenen Garten, auch Frühstücksliebhaber kommen auf ihre Kosten. Bei Sonnenaufgang ist das Panorama besonders schön, für eine Übernachtung stehen 29 Betten zur Verfügung.

Tel.: 0676 7829081
2763 Muggendorf
Thal 31
www.kieneck.at
enzianhuette@kieneck.at
Mo 10–15, Di–Sa 8–20,
So 8–18 Uhr

NASSWALD — M3

HABSBURGHAUS

Das Habsburghaus ist ab Mitte Mai geöffnet und bietet einen eindrucksvollen Rundblick über Schneealpe, Ötscher und Hochschwab. Den Gipfel des Grieskogels auf 1785 Meter Seehöhe erreicht man sowohl über familienfreundliche Wanderwege als auch über anspruchsvollere Klettersteige. In der 1899 erbauten Hütte, rund 2,7 Kilometer nördlich der Heukuppe (2007 Meter), des höchsten Gipfels der Rax, und westlich der Scheibwaldhöhe, der dritthöchsten Erhebung auf dem Raxplateau, wird bodenständige Küche mit lokalen Spezialitäten angeboten. 36 Zimmerbetten und 65 Betten im Matratzenlager sorgen für ein sicheres Quartier. Spezielle Seminarangebot auf Anfrage runden das Angebot ab.

Tel.: 02665 219
0650 7258593
2661 Naßwald
Graben 97
www.alpenverein.at/
habsburghaus
habsburghaus@
gebirgsverein.at
✿ bis Mitte Mai 2020

OBERHÖFLEIN — M3

HUBERTUSHAUS

Gestaltet man einen Familienausflug, ist man wahrscheinlich mit der zweistündigen Route, ausgehend vom Gasthaus Zur Kleinen Kanzelam, am besten beraten. Etwas anspruchsvoller ist der Weg vom Bahnhof Unterhöflein, der letzte Teil über den Springlessteig muss geklettert werden (Schwierigkeit A). Wirklich spannend und nur für geübte Kletterer ratsam ist der Aufstieg zum Hubertushaus über den Gebirgsvereinssteig mit überhängender Passage (Schwierigkeit D). Für welche Variante man sich auch entscheidet, oben, auf 946 Meter Seehöhe angekommen, erwartet einen bei Schönwettter ein weitreichender Blick bis zum Neusiedler See. Die hausgemachten Kaspressknödel und Spinatnockerl sorgen für adäquate Belohnung, man sollte sie sich nicht entgehen lassen.

Tel.: 0699 10008170
2732 Oberhöflein
Auf der Wand 8
www.hubertushaus.
gebirgsverein.at
andrea.steinschauer@gmx.at

REICHENAU AN DER RAX

REICHENAU AN DER RAX   N3

NATURFREUNDEHAUS KNOFELEBEN

Die Gaststube auf 1250 Metern öffnet über eine großzügige Panoramaverglasung den Ausblick in die umgebende Natur. Im Sommer und bei warmen Temperaturen genießt man Natur und Idylle draußen auf der Terrasse. Das kulinarische Angebot wechselt hier je nach Saison: Erdbeeren aus Wiesen, Spargel aus dem Marchfeld, Eierschwammerl aus Raxen, Heidelbeeren und frische Steinpilze aus dem Wald sind dafür geeignete Hauptakteure. Ist man mit dem Auto unterwegs, empfiehlt es sich, es am Parkplatz in Schneedörfl oder bei der Kirche in Reichenau abzustellen und von dort aus den etwa zweistündigen Aufstieg mit 720 Höhenmetern auf sich zu nehmen. Passende Nächtigungsmöglichkeiten sind gegeben.

Tel.: 0664 445 09 32
2651 Reichenau an der Rax
Knofeleben 1
www.knofeleben.at
office@knofeleben.at
Di–Sa 10–19, So 10–17 Uhr

NEUE SEEHÜTTE

Die mit dem Österreichischen Umweltzeichen ausgezeichnete Neue Seehütte ist auf dem blau markierten Kammweg über den Jakobskogel und Preinerwandkreuz innerhalb einer zweistündigen Wanderung gut erreichbar. Auf 1643 Metern liegt sie am Fuße des Trinksteinsattels, westlich der Preinerwand. Klettersteigfreunde erklimmen die Hütte am besten über einen der zahlreichen Klettersteige an der Preinerwand. Danach genießt man in einer gemütlichen Stube regionale Spezialitäten – klassische Hausmannskost sowie hausgemachte Mehlspeisen schmücken hier die Speisekarte. Eine umweltfreundliche Fotovoltaikanlage liefert die nötige Energie und sichert diese erholsame Raststätte.

Tel.: 0676 748 87 18
2651 Reichenau an der Rax
Kleinau 32
www.seehuette.at
info@seehütte.at
Mo–Fr 10–17, Sa, So 9–18 Uhr

www.gaultmillau.at – Tipps, Trends, Rankings und alle Restaurantkritiken

YBBSITZ

OTTOHAUS

Das nach Erzherzog Otto von Österreich benannte Ottohaus findet man auf auf dem Raxplateau auf 1644 Meter Seehöhe. Von dort aus kann man neben gemütlichen Spaziergängen auch anspruchsvolle Klettertouren starten. Sollte man sich aber nicht nach aktiver Bewegung sehnen, bietet die Rax-Seilbahn eine komfortable Alternativlösung. Von der Bergstation beim Raxalm Berggasthof ist es nur mehr ein halbstündiger Fußmarsch, der zur Schutzhütte führt. Danach kann man sich bei kräftiger Hausmannskost stärken, der Holzfällerbraten sollte unbedingt probiert werden. Von der Sonnenterrasse hat man bei idealen Bedingungen die Möglichkeit, bis ins Tal zu blicken.

Tel.: 02666 52402
2651 Reichenau an der Rax
Kleinau 27
ottohaus@raxalpe.com

YBBSITZ L3

PROCHENBERGHÜTTE

Die Prochenberghütte steht auf dem Gipfel des Prochenbergs in den Ybbstaler Alpen und ist die älteste Hütte des Alpenvereins in Niederösterreich. Bewirtschaftet wird sie von Mai bis Oktober von ehrenamtlichen Hüttenwirten und ihren Helfern. Von Ybbsitz aus ist die Hütte sowohl zu Fuß als auch mit dem Mountainbike über die Haselsteinwand in etwa einer bis eineinhalb Stunden erreichbar. Länger und anspruchsvoller ist die fünfstündige Tour über den Spitzkogel (1150 Meter), Maria Seesal und den Scheidgraben. Nächtigungsmöglichkeiten sind für 20 Personen vorhanden.

3341 Ybbsitz
Prochenberg 29
Mai–Okt. 2020
❄ bis Ende April, Nov.–Dez. 2020

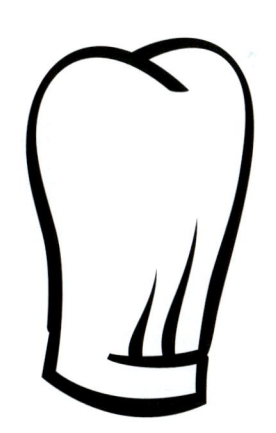

ALMHÜTTEN NIEDERÖSTERREICH SOMMER

Gault&Millau

Gault&Millau 2020 – alle Ergebnisse ab sofort auch unter www.gaultmillau.at erhältlich

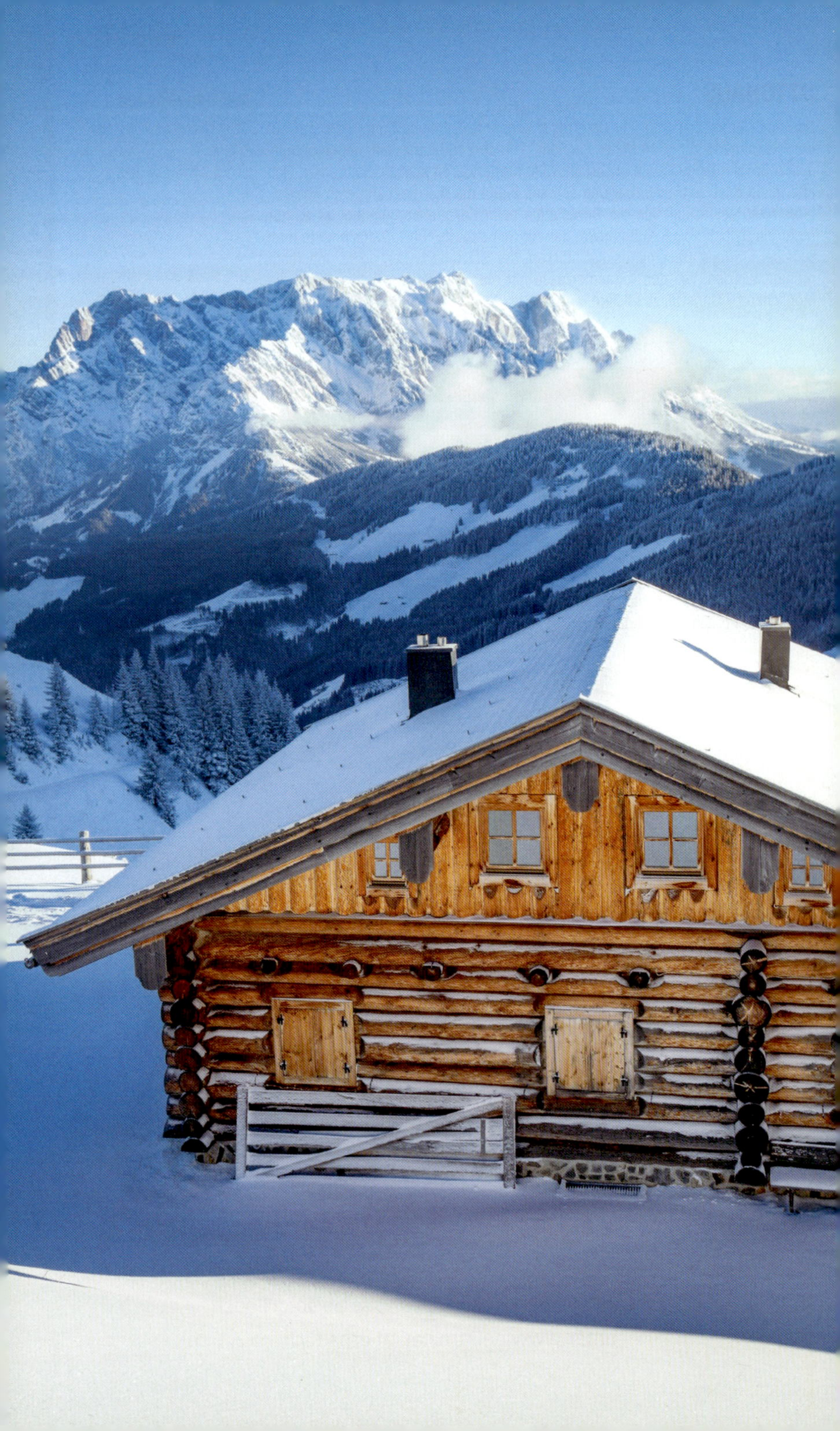

DIE BESTEN ALMHÜTTEN IM
WINTER

KAMMERSTEINERHÜTTE — Seite 261
Perchtoldsdorf

ANNA-ALM — Seite 260
Annaberg

ÖTK SCHUTZHAUS HOCHKAR — Seite 260
Göstling an der Ybbs

TRAISNERHÜTTE — Seite 260
Lilienfeld

S'BALZPLATZERL — Seite 261
Mitterbach

EDELWEISSHÜTTE — Seite 261
Puchberg am Schneeberg

JOSEF-FRANZ-HÜTTE — Seite 262
Rabenstein an der Pielach

LIECHTENSTEINHAUS — Seite 262
Semmering

EIBL-TEICHHÜTTE — Seite 262
Türnitz

JULIUS-SEITNER-HÜTTE — Seite 262
Türnitz

LANDKARTE

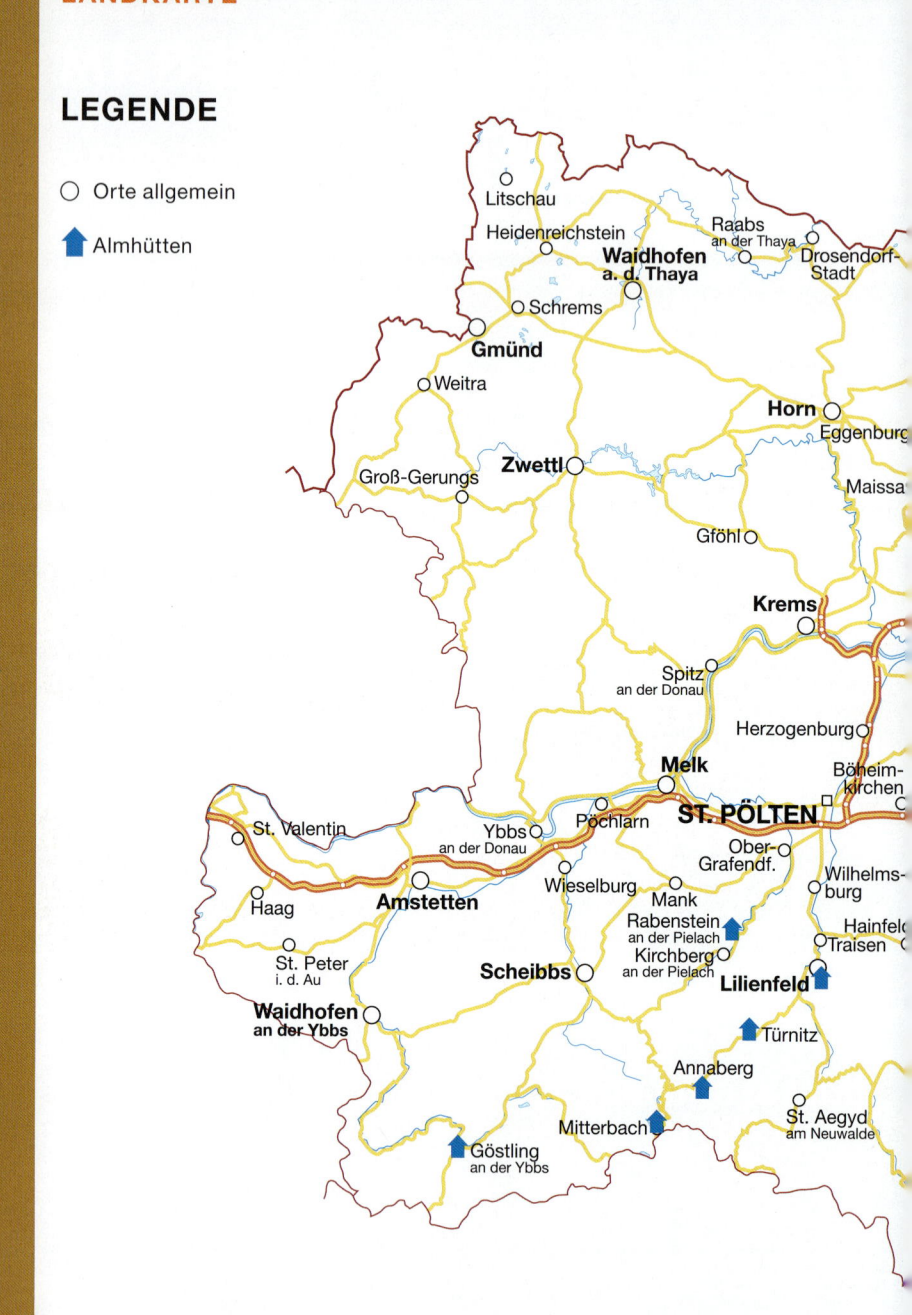

LEGENDE

○ Orte allgemein

⬆ Almhütten

258 G&M Raiffeisen

LANDKARTE

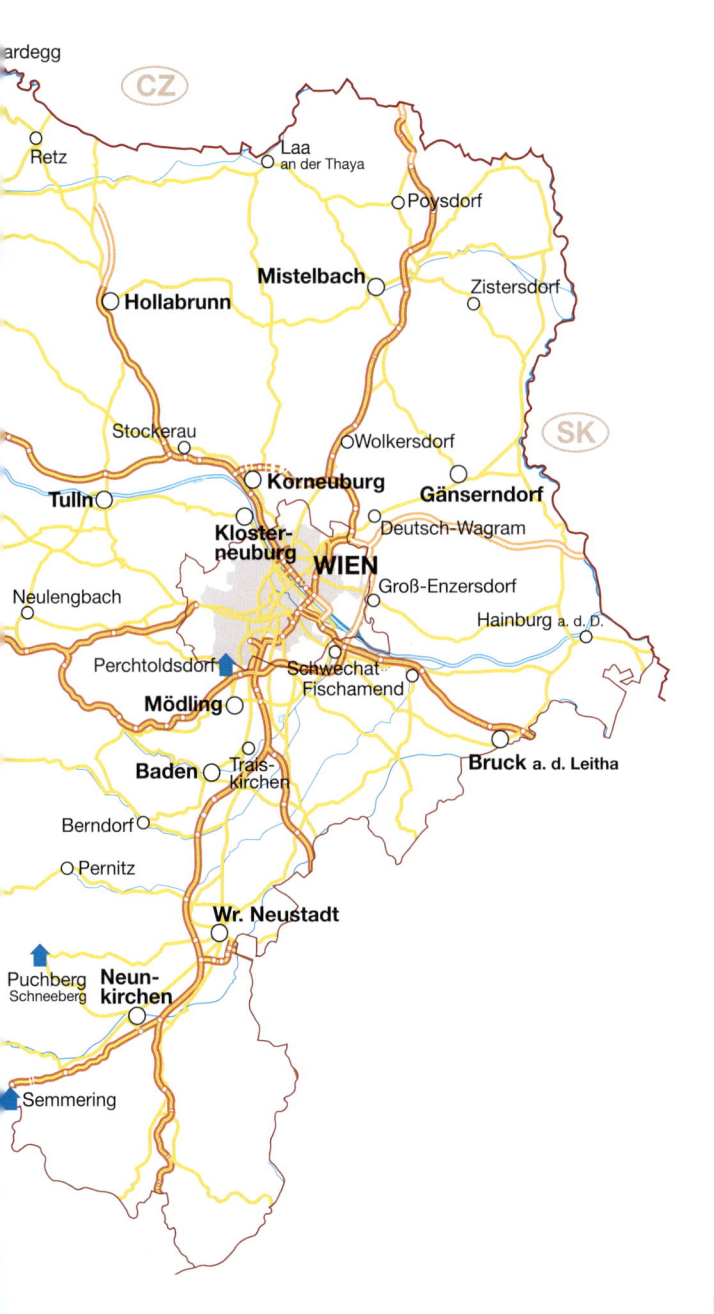

ALMHÜTTEN NIEDERÖSTERREICH WINTER

ANNABERG

ANNABERG — L3

ANNA-ALM
am Hennesteck

Am Hennesteck auf 1300 Meter Höhe garantiert die Anna-Alm Bergerlebnisse und Hausmannskost. Leicht und kinderfreundlich ist die Tour über die Gösing Wastl Route, alternativ erreicht man die Alm über den vierstündigen Herzlerweg oder, um das zu toppen, den anspruchsvolleren Pilgerweg Via Sacra, für den neun Stunden Gehzeit eingeplant werden sollten. Egal für welche Route man sich am Ende entscheidet, die nötige Entschädigung findet man in der Gaststube mit frischer Hausmannskost sowie hausgemachten Mehlspeisen. Dazu passt das Angebot an regionalen Säften, der Elektrolythaushalt kann bei herbem Bier aufgefüllt werden. Das Panoramastüberl garantiert an klaren Tagen einen imposanten Blick ins Ötscherland.

Tel.: 02728 8477
3222 Annaberg
Annarotte 126
www.annabergerlifte.at
office@annabergerlifte.at
täglich 11–15 Uhr

GÖSTLING AN DER YBBS — K3

ÖTK SCHUTZHAUS HOCHKAR

Das Schutzhaus des ÖTK liegt direkt bei der Talstation der Hochkar-Viererselbahn und ist ein idealer Ausgangspunkt für verschiedenste Wanderungen. Schön auch der Spaziergang zum Bergsee, für Jung und Alt bietet eine Führung durch die Hochkarhöhle ein abwechslungsreiches Freizeitprogramm. Für alle Abenteurer empfiehlt es sich, das Schutzhaus über den Heli-Kraft-Klettersteig oder den Bergmandl-Familienklettersteig zu erklimmen. In der gemütlichen Gaststube und auf der sonnigen Terrasse werden von der Pächterfamilie Esletzbichler ganzjährig Hausmannskost und Wildspezialitäten serviert. Nächtigen kann man im Matratzenlager, das insgesamt 32 Schlafplätze bietet. Ein Abenteuerspielplatz schafft für Kinder ein kleines Paradies.

Tel.: 07484 7203
3345 Göstling an der Ybbs
Lassing 37
www.schutzhaus-hochkar.at
hochkarhaus@oetk.at
❋ Mai 2020

LILIENFELD — M2

TRAISNERHÜTTE

Die Traisnerhütte auf der Hinteralm liegt inmitten der „grünen Lunge" Niederösterreichs: Drei Viertel der Region sind mit Wald bedeckt. Noch dazu ist sie auf 1313 Metern die höchstgelegene Hütte am Muckenkogel. Nur eine Autostunde von Wien entfernt, bietet sie sich für eine Tagestour quasi an. Wer aber dennoch dort übernachten möchte, muss das Quartier vorher reservieren. Im März findet nahe der Hütte ein besonderes Ereignis statt: ein Nostalgieskirennen, das an den Lilienfelder Skipionier Mathias Zdarsky erinnert. Die Teilnehmer müssen mit Holzskiern ohne Stahlkanten, mit Lilienfelder Stahlsohlenbindung und Einstock adjustiert sein. Im Sommer erreicht man die Hütte über den Mathias-Zdarsky-Erfinderweg (1 Stunde Wegzeit). Etwas länger ist man auf dem Panoramaweg (2,5 Stunden) unterwegs. Über romantische Waldwege, vorbei an vielen Naturphänomenen, führt der Wasserfallweg.

Tel.: 02762 53571
3180 Lilienfeld
Hinteralm 1
www.traisnerhuette.at
office@traisnerhuette.at

Die besten Weine Österreichs:

PUCHBERG AM SCHNEEBERG

MITTERBACH — M3

S'BALZPLATZERL

Für Wanderer und Tourengeher bietet das Balzplatzerl mit Blunzen-Erdäpfel-Strudel und flaumigen Germknödeln eine wahre Hüttengaudi auf 1300 Metern. So gut wie alle Produkte, die Hüttenwirt Martin Krcal offeriert, stammen von heimischen Bauern, die Brote vom einzigen Mariazeller Bäcker und die Säfte vom Bioobstbauern. Im Winter ist die Hütte zu Fuß mit Tourenskiern oder bequem über Sessellift zu erreichen. Für Wanderer führen zwei leichte Wege von Mitterbach und vom Erlaufsee zur Hütte. All jenen, die sich nach etwas Anspruchsvollem sehnen, bietet die Route durch die Ötschergräben die gewünschte Herausforderung. Die Mountaincarts- und Monsterroller-Strecke garantiert hingegen eine rasante Abfahrt.

Tel.: 0664 327 34 03
3224 Mitterbach
Gemeindealpe 8
www.sbalzplatzerl.at
office@sbalzplatzerl.at

PERCHTOLDSDORF — 02

KAMMERSTEINERHÜTTE

Würzige Kaspressknödelsuppe, Schweinsbraten mit Sauerkraut und Semmelknödel, Linsen mit Geselchtem oder hausgemachter Schokoladekuchen – Stefanie Sänger und ihr Team bieten auf der Kammersteinerhütte bodenständige Hausmannskost und spenden ihren Besuchern damit die nötige Energie für deren sportliche Tätigkeiten. Vom Marktplatz in Perchtoldsdorf erreicht man die Hütte in 1,5 Stunden, von der Gießhübler Heide sind es nur 45 Minuten. Das viele Holz an den Wänden und der Kachelofen animieren dazu, näher zusammenzurücken und versprechen gemütliches Ambiente auch an kalten Tagen.

Tel.: 02238 77392
2380 Perchtoldsdorf
Hinterer Föhrenberg
www.kammersteinerhuette.at
info@kammersteinerhuette.at
Mi–Sa 10–18, So 10—17.30 Uhr

PUCHBERG AM SCHNEEBERG — 03

EDELWEISSHÜTTE

Auf der Nordseite des Schneebergs gelegen, bietet die Edelweißhütte ein ganz besonderes Panorama mit Blick bis zum Neusiedler See. Mit der Schneeberg-Sesselbahn auf den Fadensattel ist sie zudem bequem zu erreichen. Von Losenheim aus dauert der Aufstieg zu Fuß eine Stunde, länger und anspruchsvoller ist die Tour über den Schneeberg und den Verbindungskamm Klosterwappen, den höchsten Punkt Niederösterreichs. Oben angekommen erwartet einen bodenständige Hüttenkost, Übernachtungsmöglichkeiten sind vorhanden. Details für alle geschichtlich interessierten Wanderer: Die Hütte wurde 1934 von Theresia Gschaider unter dem Namen „Bergheimat Resi-Tant" errichtet. Kurz vor Kriegsende 1945 wurde die Hütte durch Kriegseinwirkungen erheblich beschädigt, in den Folgejahren renoviert und erweitert.

Tel.: 02636 3616
2734 Puchberg am Schneeberg
Losenheimerstraße 111
www.edelweisshuette.at
edelweisshuette@schneeberg.tv

Jetzt im Gault&Millau-Weinguide.

RABENSTEIN AN DER PIELACH

RABENSTEIN AN DER PIELACH — M2

JOSEF-FRANZ-HÜTTE

Die Hütte am Geisbühel im niederösterreichischen Voralpengebiet ist ganzjährig bei Familien, Wanderern und Mountainbikern beliebt. Besonderen Charme versprüht sie aber in den Wintermonaten, wenn der Schnee in der Sonne glitzert. Eine schöne Wanderung führt von Steinschal über den Geißbühel mit 849 Metern hinauf zur Hütte. Die Zufahrt mit dem PKW ist zum Teil möglich, hier empfiehlt es sich, die Route über den Güterweg Röhrenbach zu nehmen. Von dort aus wartet ein noch 30-minütiger Fußmarsch. Oben angekommen folgt dann auch die entsprechende Belohnung: Speck-, Käse- und Schmalzbrot, heiße Gulaschsuppe und ofenfrische Mehlspeisen stehen zur Auswahl. Für 14 Personen bietet das Matratzenlager auch eine passende Nächtigungsmöglichkeit.

Tel.: 02723 2149
0676 84 90 90 71
3203 Rabenstein an der Pielach
Röhrenbach 19
www.rabenstein.naturfreunde.at
naturfreunde.rabenstein@utanet.at

SEMMERING — M3

LIECHTENSTEINHAUS

Das Liechtensteinhaus liegt am Gipfel des Zauberbergs Semmering, direkt neben der Bergstation der Kabinenbahn und bietet vor allem im Winter mit Schauküche und offenem Kamin eine reizvolle Anlaufstelle. Spaßig das Nachtrodeln (Rodelverleih an der Talstation) und das Nachtskilaufen. Für nötige Stärkung nach getaner Arbeit ist gesorgt: Mit etwa 200 Sitzplätzen im Selbstbedienungsbereich, 100 Plätzen im Panoramarestaurant, der Schirmbar „Paraplü" und der großen Sonnenterrasse zählt das Liechtensteinhaus zu den bekanntesten und größten Bergrestaurants in Niederösterreich. Wanderer brauchen von hier aus etwa eine Stunde zum Sonnwendstein und 30 Minuten bis zur Enzianhütte.

Tel.: 02664 8038
2680 Semmering
Hirschenkogel 222
www.liechtensteinhaus.at
liechtensteinhaus@semmering.com

TÜRNITZ — M3

EIBL-TEICHHÜTTE

In der Eibl-Teichhütte werden hungrige Wanderer und Naturfreunde mit Produkten aus dem eigenen Biobauernhof oder aus der umliegenden Region verwöhnt. Säfte aus Apfel und Holunder werden eigens produziert, hausgemachten Most und Schnäpse gibt es in zahlreichen Varianten. Das Bauernbrot kommt ofenfrisch aus dem eigenen Backofen, dazu passen das vom Hof stammende Geselchte und der würzige Speck famos. Zwei große Schlafräume und die beiden Vierbettzimmer bieten eine geeignete Ruhestätte.

Tel.: 0676 476 82 46
3184 Türnitz
Mariazellerstraße 59a
www.troestl.info
teichhuette@gmx.at

JULIUS-SEITNER-HÜTTE

Die Julius-Seitner Hütte – auch bekannt als Eisensteinhütte – ist im Winter ein beliebtes Ziel von Tourengehern und Schneeschuhwanderern. Skifahrern wird eine Abfahrt zum Orthbauern empfohlen. Nicht nur der Ausblick punktet hier, auch die Küche mit ihren regionalen Hüttenspezialitäten ist einen Besuch wert. Empfehlenswert ist auch ein Abstecher zur etwa drei Kilometer südöstlich des Gipfels gelegenen Paulinenhöhle, einem tektonisch geschaffenen Kluftsystem. Wer sich bei seiner Tour verausgabt hat, kann auf der Hütte übernachten – bis zu 28 Personen finden hier Platz.

Tel.: 0664 910 77 35
3184 Türnitz
Schwarzenbachstraße 15
www.alpenverein.at/juliusseitnerhuette/
juliusseitnerhuette@gebirgsverein.at

Bei der Zusammenstellung dieses Führers ließen wir größtmögliche Sorgfalt walten, trotzdem können Daten falsch oder überholt sein. Eine Haftung können wir auf keinen Fall übernehmen.

**Raiffeisen
Meine Bank**

**Gastfreundschaft ist
Teil unserer Kultur.**

Österreich hat viel zu bieten: von idyllischen Landschaften über das kulturelle Angebot bis hin zu kulinarischen Köstlichkeiten. All das macht unser Land zu einem beliebten Ziel für Gäste aus nah und fern. Deshalb fördern wir den heimischen Tourismus und stärken so die Wirtschaft in der Region. **raiffeisen.at**

Impressum: Medieninhaber: Raiffeisenlandesbank Niederösterreich-Wien AG, F-W-Raiffeisen-Platz 1, 1020 Wien.

OBER-ÖSTERREICH

DIE BESTEN

17,5/20	♨♨♨	**BOOTSHAUS** Traunkirchen	Seite 289
17,5/20	♨♨♨	**MÜHLTALHOF** Neufelden	Seite 282
17,5/20	♨♨♨	**TANGLBERG** Vorchdorf	Seite 292
16,5/20	♨♨	**HOLZPOLDL** Lichtenberg	Seite 274
16,5/20	♨♨	**ROSSBARTH** Linz an der Donau	Seite 278
16/20	♨♨	**LUKAS RESTAURANT** Schärding	Seite 285

LANDKARTE

LEGENDE

- ○ Orte allgemein
- 🟢 Orte mit 👨‍🍳
- 🟡 Orte mit 👨‍🍳👨‍🍳
- 🟠 Orte mit 👨‍🍳👨‍🍳👨‍🍳
- 🔵 Orte mit 👨‍🍳👨‍🍳👨‍🍳👨‍🍳
- 🔴 Orte mit 👨‍🍳👨‍🍳👨‍🍳👨‍🍳👨‍🍳

D

Aigen im Mühlkreis
Lembach i. Mühlkreis
Engelhartszell
Schärding
Peuerbach
Obernberg am Inn
Braunau a. Inn
Geinberg
Gurten
Kirchheim im Innkreis
Ried i. Innkr.
Grieskirchen
Haag a. Hausruck
Gaspoltshofen
Bachmanning
Mauerkirchen
Mattighofen
Ampflwang i. Hausruckwald
Schwanenstadt
Vöcklabruck
Vorchdorf
Seewalchen
Attersee
Schörfling
Gmunden
Nußdorf
Mondsee
Traunkirchen
Ebensee
St. Wolfgang im Salzkammergut
Bad Ischl
Bad Goisern
Hallstatt

LANDKARTE

OBERÖSTERREICH

AFIESL

AFIESL

J1

CULINARIAT BY BERGERGUT
im Genießerhotel Bergergut
Koch: Thomas Hofer

pop 13,5/20

Tel.: 07216 4451
4170 Afiesl
Oberafiesl 7

www.romantik.at
bergergut@romantik.at

Mo–Sa 18–22, So 11.30–14.30 und 18–22 Uhr

JRE

Segafredo

Wo die Liebe den Tisch deckt, schmeckt das Essen am besten. Ganz im Sinne dieses französischen Sprichworts steht die Zweisamkeit im Bergergut an erster Stelle – selbstverständlich auch bei Tisch. Die Schmetterlinge im Bauch können einen aber kleinere Schwächen der Küche zwar verzeihen, nicht aber vergessen lassen. Besonders, dass dieses Jahr mit Gewürzen und Aromen zu sparsam umgegangen wurde, blieb uns in Erinnerung. Dem Saibling mit Petersilwurzeln und Verjus, nach einem Glas Sekt und Mühlviertler Happen – unter anderem Erdäpfelkas und Speck –, fehlte zwar noch nichts, doch schon bei der Schaumsuppe vom Bärlauch mit Hechtkaviar wurde zu geizig gewürzt. Kritik auf hohen Niveau, selbstverständlich, aber auch das gebratene Wildhenderl mit Kürbis und Champignons hätte mehr Wagemut vertragen. Und auch das hausgemachte Vanilleeis, das uns zu gebackenen Apfelradln serviert wurde, wäre durch ein kräftigeres Vanillearoma verführerischer gewesen. Ein besonderes Lob möchten wir aber der gesamten Servicemannschaft aussprechen. Ein derart aufmerksames Team findet man in unserem Land nicht oft.

www.gaultmillau.at – Tipps, Trends, Rankings und alle Restaurantkritiken

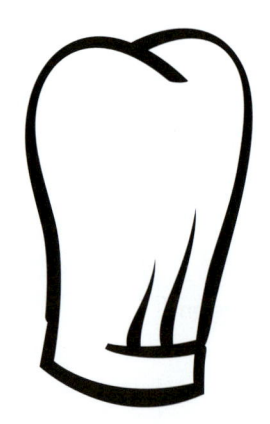

Gault&Millau

NEU! Die besten Almhütten in Tirol und Niederösterreich, alle Infos unter www.gaultmillau.at

BAD GOISERN

BACHMANNING I2

WEINWIRT 12,5/20
Köchin: Elisabeth Haberfellner

Tel.: 07735 7131
4672 Bachmanning
Grünbachstraße 20
www.weinwirt.at
restaurant@weinwirt.at
Do, Fr 18–21.30, Sa 11.30–13.30 und 18–21.30, So 11.30–13.30 und 18–20.30 Uhr
✱ variabel

Der Weinwirt blickt auf eine lange Tradition zurück. Schon vor 400 Jahren soll sich hier eine Weinschenke befunden haben, bis in die 1980er war er ein beliebtes Ausflugsgasthaus. Elisabeth Haberfellner kochte den Familienbetrieb im Anschluss zum Hauben-Wirtshaus. Inzwischen ist in Bachmanning etwas die Zeit stehengeblieben, was jedoch keineswegs abschätzig verstanden werden soll. Im Gegenteil: Der Weinwirt ist ein Ort zum Wohlfühlen und steht für traditionelle österreichische Küche, die mit viel Sorgfalt und Routine gekocht wird. Erfahren und angenehm auch der Service durch den Hausherrn.

à la carte: 20,50–29,50 €

BAD GOISERN I3

STEEGWIRT 12,5/20
Köche: Fritz & Tamino Grampelhuber

Tel.: 06135 8302
0664 170 78 27
4822 Bad Goisern
Au 12
www.steegwirt.at
office@steegwirt.at
täglich 11.30–21 Uhr
✱ im Winter Ruhetage variabel

WIRTSHAUS DES JAHRES 2019

Die neue Karfreitagsregelung mag in der heimischen Politik für Unruhe sorgen, nicht jedoch beim Steegwirt. Dort wird eine ganze Seite der Speisekarte zur Erklärung verwendet, warum das Lokal an diesem Tag geschlossen bleibt. Das ist würdig und recht, denn sonst hat man ohnehin fast durchgehend geöffnet und serviert bewährte Klassiker wie das diesmal besonders feine Hirschcarpaccio, den Gamsschinken, die als „Hundefutter für Gourmets" angepriesenen, äußerst intensiven Paprikakutteln mit Hahnenkamm oder die zarte Lammleber. Nur bei den Bärlauchtagliatelle mit Flusskrebsen hätten wir uns – auch in der Fastenzeit – mehr Krebse gewünscht.

à la carte: 10–25 €

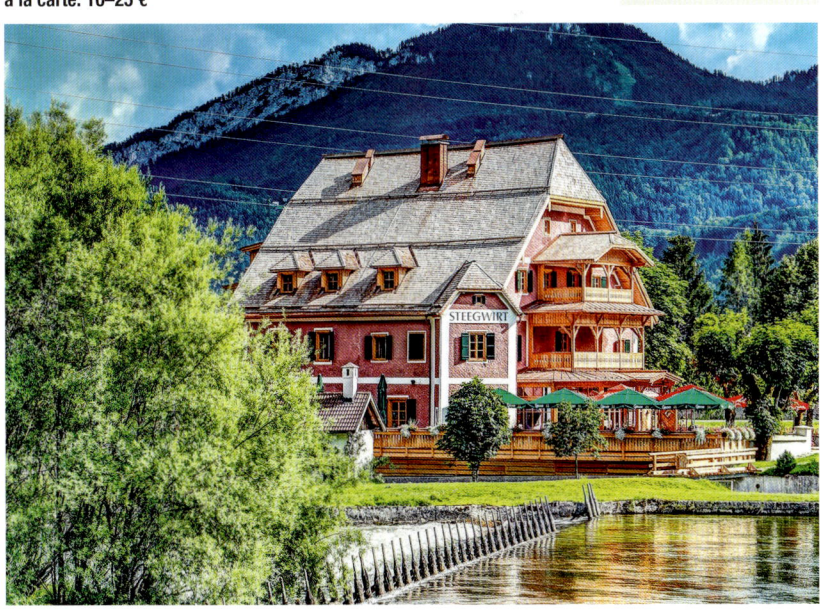

BAD ISCHL

LANDHOTEL AGATHAWIRT

👍 **Tipp**

Tel.: 06135 8341

4822 Bad Goisern
St. Agatha 10

www.agathawirt.at
office@agathawirt.at

Mi–Fr 17–22, Sa, So 11–22 Uhr
✷ bis 24. Dez. 2019,
20. März–10. Mai 2020

Im Salzkammergut steht im Agathawirt die österreichische Kochkunst im Vordergrund. In der gemütlichen Stube und dem herrlichen Gastgarten kann man sich mit allerlei heimischen und saisonalen Gerichten verwöhnen lassen, wobei auf eine moderne Interpretation geachtet wird. Es gibt eine gute Auswahl an vegetarischen Speisen und der Fisch kommt direkt aus dem nahe gelegenen Hallstätter See.

à la carte: 10,50–25 €

BAD ISCHL

I3

ZUR NOCKEN TONI
Landgasthaus

11/20

Koch: Ernst Siegesleitner

Tel.: 06132 23327
      0699 12 76 26 62

4820 Bad Ischl
Köhlerweg 1

www.nockentoni.at
info@nockentoni.at

Di–Sa 11.30–14 und 18–21 Uhr
✷ variabel

Der Name des am Rand einer Wohnsiedlung gelegenen Restaurants erinnert an seine lange Geschichte, doch die Holzknechtnocken, die der Kaiser hier einst verspeist hat, sind mittlerweile von der Karte verschwunden. Aus dem sehr umfangreichen Angebot wählten wir eine luftige, geschmacklich unauffällige Spargelmousse mit Lachs und eine tadellose Rindsuppe. Als mächtig erwiesen sich die Hauptspeisen – Tafelspitz mit allem, was dazugehört, sowie Saiblingsfilet auf Erdäpfelpüree, Wurzelgemüse und Kren. Wir verließen Bad Ischl nicht unzufrieden, ein wenig sollte man das Verhältnis von Quantität zu Qualität jedoch optimieren.

à la carte: 11,80–39,80 €

Bei der Zusammenstellung dieses Führers ließen wir größtmögliche Sorgfalt walten, trotzdem können Daten falsch oder überholt sein. Eine Haftung können wir auf keinen Fall übernehmen.

EGGELSBERG G2

GÖSSNITZER 👍 Tipp

Der Begriff der „Handkraftküche" wird im Gössnitzer im malerischen Innviertel gerne verwendet. In ländlicher Atmosphäre werden originelle, handgemachte Speisen von Bernhard Gössnitzer mit viel Liebe zubereitet. Die Karte ist klein, aber fein und wird, ganz im Einklang mit den Jahreszeiten, saisonal angepasst.

à la carte: 6–22 €

Tel.: 07748 2346
0664 377 27 04
5142 Eggelsberg
Salzburger Straße 15
www.amphicles.net
laurum@gmx.at
Do–Mo 11–14 und 17–21 Uhr

OBERÖSTERREICH

GARSTEN J2

GORFER NATUR GOURMET ⓝ 12,5/20

Koch: Reinhard Gorfer

Man sollte unbedingt rechtzeitig reservieren, wenn man in diesem lauschigen Vierkanter speisen möchte. Denn das gute Preis-Leistungs-Verhältnis führt dazu, dass das Haus zumeist bis zum letzten Platz gefüllt ist und – auch das muss man sich eingestehen – oft an seine Kapazitätsgrenzen gelangt. Also planen Sie zur Sicherheit längere Wartezeiten ein, wenn Sie sich zu Mittag über ein glasiges Forellenfilet mit Goldrübencarpaccio, Erdäpfelkas oder Tomatenbutter mit Schwarzbrot freuen möchten.

à la carte: 8–25 €

Tel.: 0664 3253962
4451 Garsten
Herrenweidestraße 20
www.gorfernaturgourmet.at
ngg@naturgourmet.at
Mo 11.30–13.30, Fr 18–21,
Sa 11.30–14.30 und 18–21,
So 11.30–14.30 Uhr
❄ variabel

GASPOLTSHOFEN I2

GASTHOF KLINGER 12/20

Köchin: Eva Sterrer

Hermi und Wolfgang Klinger stehen dafür, in ihrem Restaurant sowohl klassische Wirtshausküche als auch moderne Kreationen auf hohem Niveau zu präsentieren. Hier wird einem knusprigen Backhendl ebenso viel Sorgfalt zuteil wie einem feinen Rehrücken und das Ergebnis dieser Philosophie ist wunderbar. Eine umfangreiche und gut sortierte Weinkarte passen in das durchwegs positive Bild.

Tel.: 07735 6913
4673 Gaspoltshofen
Jeding 1
www.gasthof-klinger.at
office@gasthof-klinger.at
Mi–Sa 11.30–13.30 und
18–21.30, So 11.30–13.30 Uhr
❄ Fei

GEINBERG H2

AQARIUM pop 14/20

Koch: Peter Reithmayr

Vielleicht tanzt man in Geinberg auf zu vielen Hochzeiten? Steaks, Einzelgerichte, dazu ein Überraschungsmenü – das geht bei größerem Gästeansturm leider nicht immer gut. Ja, die Grüße aus der Küche – gepopptes Schweinsohr, fermentierter Rettich mit Mangochutney – und die Burratamousse mit schwarzen Oliven sowie die Bouillabaise von Edelfischen entsprachen noch den letztjährigen Erlebnissen. Doch schon bei der Lachsforelle mit Koriander – die zu lange der Hitze ausgesetzt worden war – und dem nicht sauber geputzten Kalbsbries mit Trüffel kamen erste Zweifel auf. Unsere Befürchtung bestätigte sich schließlich die ziemlich bissfeste Ente, zu der Pastinakenchips serviert wurden. Besser waren Küchenchef Peter Reithmayr und

Tel.: 07723 8500-2585
4943 Geinberg
Thermenstraße 13
www.geinberg5.com
office@geinberg5.com
täglich 18–22 Uhr

GRIESKIRCHEN

seine Crew bei den Nachspeisen drauf: Das Basilikum-Champagner-Sorbet sowie die gekühlte Kombination von Nougat und Buttermilch machten richtig Spaß. Sehr fein auch die interessante Konfektauswahl. In Erinnerung blieb das besondere Geschmackserlebnis von Kaviar und Schokolade.

à la carte: 14–45 €

GRIESKIRCHEN   I2

WALDSCHÄNKE   14,5/20
Köche: Elisabeth und Clemens Grabmer

Seit vielen Jahren verwöhnen Elisabeth und Heinz Grabmer, der immer den richtigen Wein zur Hand hat, in der Waldschänke ihre Gäste. Seit ein paar Jahren werkt in der Küche an der Seite der Mutter auch Sohn Clemens und komplettiert damit den Familienbetrieb. Man meint, seine Handschrift an einer neuen Einfachheit und Nähe zum Produkt ablesen zu können, die sich beispielsweise am Gruß aus der Küche zeigte – ein Karfiol aus dem Ofen mit Butterbröseln oder am Abschiedsgruß, einem süßen Fladenbrot, das mit hausgemachten Marmeladen serviert wurde. Das macht Spaß. Das Menü brachte derweil sehr gediegene Qualität ohne große Ausreißer. Ein kleiner war die dunkle Sesampaste zu der gebeizten Lachsforelle mit Spargel, die das gewisse Etwas ausmachte. Saibling wie auch Kalbstafelspitz waren makellos und unauffällig gut. Experimente muss man hier keine befürchten. Das Interieur wurde zuletzt stimmig modernisiert. Wer das Glück hat, bei Schönwetter einen Tisch im Freien zu ergattern, darf sich freuen, denn auf der Wiese hinterm Haus isst es sich noch stimmungsvoller.

Tel.: 07248 62308

4710 Grieskirchen
Kickendorf 15

www.waldschaenke.at
waldschaenke@utanet.at

Di und So 11.30–14, Mi–Sa 11.30–14 und 18–22 Uhr
variabel

GROSSRAMING   K3

RAU
Köche: Klemens Schraml & Christopher Koller   15,5/20

Großraming ist eine Reise wert. Und ohne Reise wird es auch nicht gehen, denn das Restaurant von Klemens Schraml ist in einem abgelegenen Eck irgendwo im Nirgendwo namens Ennstal beheimatet. Hier betrieben sein Großvater und später die Eltern ein Wirtshaus. Er selbst hat mit Mitte 20 in Zermatt einen Stern erkocht und dann den Heimweg angetreten, um das Lokal nach seinen Vorstellungen umzugestalten.

Tel.: 0664 1246986

4463 Großraming
Pechgraben 23

www.im-rau.com
office@im-rau.com

KIRCHHEIM IM INNKREIS

Zusammen mit Kompagnon Christopher Koller bietet er „nature-based cuisine" an – mit starkem Fokus auf regionalen und saisonalen Produkten, die am besten hinter dem Haus wachsen. Angeboten werden einige wenige „Casual Dining"-Gerichte sowie Bar Food. Im Mittelpunkt steht aber das „Fine Dining"-Menü. Es startete mit Zanderceviche im Weinblatt mit Verjus und Hummuscreme, ein aromenstarker und doch fein abgestimmter Teller. Wunderbar das Kalbsbries im Tempurateig auf einem kräuterreichen Tsatsiki. Als Hauptgang kam ein zehn Wochen im Talgmantel gereiftes Beef, das fast roh serviert wurde und doch perfekt war. Sehr lässig und erfrischend gelang die Nachspeise aus Erdbeeren, Burrata und weißem Spargel. Alles ungemein aufgeräumt, konzentriert, selbstbewusst und vor allem lustvoll.

OBERÖSTERREICH

GURTEN — H2

GASTHOF BAUBÖCK — 12,5/20

Koch: Dominik Bauböck

Im Gegensatz zum vorjährigen Besuch waren unsere Gerichte diesmal gekonnt gewürzt. Wir kamen während der Fischwochen und freuten uns über perfekt gebratene Jakobsmuscheln mit interessantem Kohlrabiwasser. Ebenfalls sehr fein das Filet von der Bernsteinmakrele mit Karotte. Der Höhepunkt kam zum Schluss: Zitronencreme, Mürbteig und Baiser in dekonstruierter Form – ein wunderbares Spiel mit Texturen und Abstufungen von säuerlich und süß.

à la carte: 8,90–38 €

Tel.: 07757 6202
4942 Gurten
Hofmark 8/10
www.bauboeck.info
office@bauboeck.info
Mi–So 11.30–14 und 17.30–21 Uhr

GUTAU — K2

LANDGASTHAUS ZUM EDI — 👍 Tipp

Traditionell, aber mit Pfiff – so lautet das Motto von Koch Edi Priemetshofer. Bodenständige österreichische Gerichte werden in seinem Landgasthaus neu und zeitgemäß interpretiert. Es wird mit Farben und Texturen gespielt, der kulinarische Saisonkalender berücksichtigt und Wert auf regionale Produkte wie Mühlviertler Alm-OX und Aisttalforelle gelegt.

à la carte: 3–25 €

Tel.: 07946 6302
4293 Gutau
St. Oswalder Straße 3
www.zum-edi.eu
zum-edi@aon.at
Mi–Sa 11.30–14 und 17.30–21,
So 11–19 Uhr
✱ 1 Woche im Feb. 2020,
2 Wochen Ende August 2020

Segafredo

KIRCHHEIM IM INNKREIS — H2

WIRT Z'KRAXENBERG — 12/20

Koch: Florian Schlöglmann

Mit viel Gespür bereitet Florian Schlöglmann klassisch österreichische Küche zu, die er stets um ein paar kreative Spezialitäten erweitert. Die Speisekarte wird monatlich verändert und den regionalen sowie saisonalen Verfügbarkeiten angepasst. Heimische Lieferanten versorgen den Familienbetrieb mit Wild für herbstliche Spezialitäten, Spargel für die ersten frühlingshaften Speisen und Fleisch, aus dem bodenständige Gerichte geschaffen werden. Das (auch vegetarisch mögliche) Wirtshausmenü bietet einen Querschnitt durch die Karte. Die Weinkarte punktet mit bekannten österreichischen und einer kleinen Auswahl internationaler Weine.

à la carte: 9–19 €

Tel.: 07755 6494
4932 Kirchheim im Innkreis
Kraxenberg 13
www.wirtzkraxenberg.at
info@wirtzkraxenberg.at
Mi–Sa 11.30–14 und 18–21,
So 11.30–14 Uhr

KRONSTORF

KRONSTORF K2

GASTHOF RAHOFER 12,5/20
Koch: Rudolf Rahofer

Das urige Gastzimmer, der Innenhof und die Arkadengänge des mehr als 500 Jahre alten Gasthofs hinterlassen einen ersten, charmanten Eindruck. Rudolf Rahofer führt dieses Gasthaus seit mehr als 38 Jahren, seine Küche begeistert mit ihrer Einfachheit und Ursprünglichkeit und schafft es dadurch, bekannte Aromen unaufdringlich, dafür aber souverän zu kombinieren. Hausgemachte Entenleberpastete, pochierter Karpfen mit Wurzelgemüse und eine cremige Mousse au chocolat mit Karamellbananen sorgen für begeisterte Gaumen. Viele liebevolle Details sowohl beim Ambiente als auch auf dem Teller spiegeln die große Leidenschaft der Betreiber wider.

Tel.: 07225 8303
0650 851 88 55

4484 Kronstorf
Hauptstraße 56

www.rahofer.at
eva.rahofer@gmail.com

Mi–Sa 11.30–14 und 18–21.30,
So 11.30–16 Uhr

à la carte: 11,50–28 €

LICHTENBERG J2

HOLZPOLDL 16,5/20
Koch: Manuel Grabner

Manuel Grabner ist offenbar endgültig angekommen. Hier in Lichtenberg, rund zehn Kilometer oberhalb der Landeshauptstadt, bietet er seinen Gästen, von denen viele Stammkunden geworden sind, eine lockere und hochwertige Wirtshausküche. Grabner kocht brillant, fast befreit und ohne Druck auf. In seinem zweiten Jahr im Holzpoldl weiß er sehr genau, was er ist und vor allem was Gäste wollen. Das Brot wird jetzt selbst gebacken, jedes Detail wirkt ausgefeilt und stimmig. Zu Beginn gab es eine intensive Wildconsommé, die gebackenen Kalbsbriesröschen mit Erdäpfel-Mayonnaise-Salat danach waren perfekt. So einfach sich das Gericht anhören mag, es war absolut stimmig, weil unprätentiös und auf das Wesentliche reduziert zubereitet. Fantastisch die Agnolotti mit Fonduta – die wahrscheinlich ein Signature Dish werden. Suchtpotenzial hatte das Rieslingbeuscherl mit gebratenem Knödel. Besser geht es kaum. Wer abends kommt, sollte unbedingt das Genussmenü wählen, für mittags hält Grabner noch einige Klassiker wie Kesselgulasch oder Spinatknödel bereit. Die gästefreundlich kalkulierte Weinkarte wartet mit einigen Entdeckungen auf. Die Herren im Service machen ihre Sache gut. Das Ambiente ist wohltuend zurückhaltend.

Tel.: 07239 6225
0676 384 57 07

4040 Lichtenberg
Am Holzpoldlgut 2

www.holzpoldl.at
office@holzpoldl.at

Mi 18–21, Do–So 11.30–14
und 18–21 Uhr
variabel

à la carte: 4,50–37,90 €

LINZ AN DER DONAU

BY PRESLMAYER 11,5/20

Koch: Bernhard Preslmayer

Tel.: 0732 91 89 89
4020 Linz an der Donau
Pfarrgasse 18
www.bypreslmayer.com
restaurant@bypreslmayer.com
Di–Sa 11.30–14.30 und 17.30–21.30 Uhr

Dass sich im überschaubaren Linz mittlerweile einiges Modernes tut, wird bereits beim Flanieren durch die Altstadt ersichtlich. Bernhard Preslmayer setzte in seinem gleichnamigen Restaurant mit kreativer Küche bereits vor einiger Zeit kulinarisch die ersten Schritte in diese Richtung. Der Innenraum des Lokals übt sich in lockerer Atmosphäre, der Schanigarten punktet mit seiner urbanen und dennoch ruhigen Lage. Beim Verarbeiten der Grundprodukte wird großer Wert auf Regionalität und das Nose-to-tail-Prinzip gelegt. Blunzntarte mit Coleslaw und Lammleber mit Roten Rüben belegen das und begeistern mit alpin-mediterranen Aromen. Den Abschluss setzt eine Variation aus Petersilie, Kiwi und Nüssen und beweist, dass herbe Kräuterküche beim Dessert durchaus nicht verkehrt ist.

CUISINO 11,5/20

das Restaurant im Casino Linz
Koch: Andreas Zika

Tel.: 0732 654 48 71 76 02
4020 Linz an der Donau
Rainerstraße 2–4
www.casinos.at
cuisino.linz@casinos.at
Di–Sa 17.30–23 Uhr

Abwechslung ist, so sagt zumindest ein Sprichwort, die Würze des Lebens. Im Cuisino scheint man auf diese Weisheit jedoch weniger Wert zu legen. Jahr ein, Jahr aus gibt es die gleichen Gerichte. Das Beef Tatar mit Eierschwammerln war brav und gut, ebenso die Bachkressesuppe mit Garnele und das Branzinofilet. Dazu tranken wir eine Flasche zu kalt temperierten Riesling, den wir uns selbst nachschenken mussten. Fast erscheint es, als ob hier nur Dienst nach Vorschrift gemacht wird.

à la carte: 5,90–29,90 €

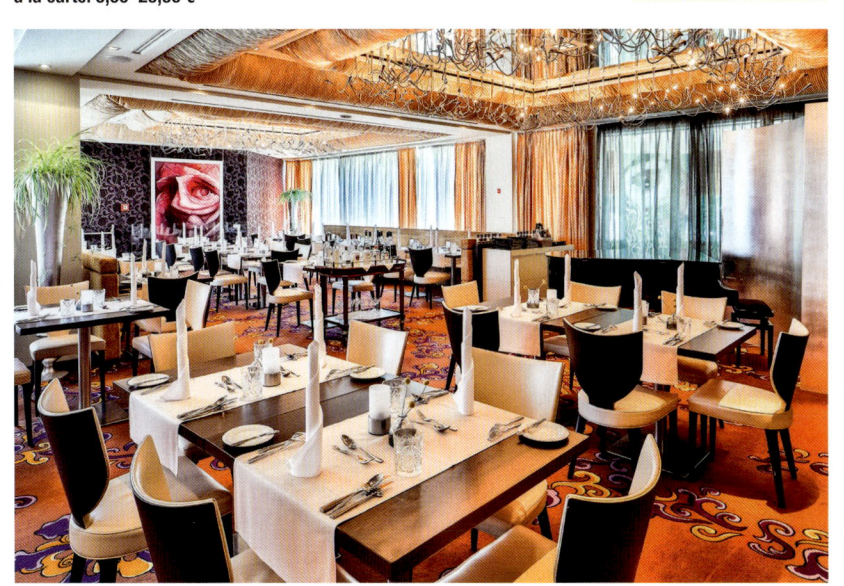

Alle Ergebnisse auch auf unserer Website:
www.gaultmillau.at

LINZ AN DER DONAU

ESSIG'S   15/20

Koch: Kevin Lindner

Tel.: 0732 770193
4020 Linz an der Donau
Niederreithstraße 35 b
www.essigs.at
info@essigs.at
Di–Fr 11–18.45 Uhr
1.–5. Jän., Karwoche und
3 Wochen im August 2020

Im Eingangsbereich befindet sich ein Delikatessenladen mit Hausgemachtem, im ersten Stock die Kochschule. Der schönste Platz aber ist draußen, auf der sehr ansprechend gestalteten Terrasse. Ungewöhnlich: Das Restaurant ist ab 11 Uhr durchgehend geöffnet, die letzte Bestellzeit um 18.45 Uhr. Einmal mehr konnten wir uns überzeugen, dass der Name Essig für Qualität ohne Schnickschnack steht. Sommerlich leicht gerieten die ersten beiden Gänge – gebeizte Lachsforelle mit Rhabarber und Fenchel, gefolgt von einer köstlichen Erbsenkaltschale. Nichts zu bemängeln gab es auch an der Beiriedschnitte als Hauptgang, wobei es neben Karotten nicht noch schwere Brie-Kasnocken als Beigabe gebraucht hätte. Als kleines Dessert ließen wir uns dann zu einem Sgroppino nach Art des Hauses überreden. Das Zitronensorbet wurde anstatt mit Prosecco und einem Schuss Wodka als Abwandlung mit Edelbrand von der Roten Williamsbirne serviert. Beschwingt traten wir den Heimweg zum Bahnhof an, der zum Glück bergab führt.

à la carte: 11–39 €

GÖTTFRIED   14,5/20

Koch: Christian Göttfried

Tel.: 0732 997023
4020 Linz an der Donau
Hofgasse 5
www.goettfried.at
office@goettfried.at
Di–Sa 11.30–13.30 und
17.30–21.30 Uhr
variabel

Früher verwöhnten die Göttfrieds ihre Gäste in Alkoven, Ende 2015 übersiedelten sie in die Linzer Altstadt. Erfreulicherweise hat sich weder an der Qualität der Gerichte aus Christians Küche noch am sympathischen Service und Weinexpertise von Simone Göttfried etwas verändert und auch das Ambiente ist sehr gemütlich. Die Küche teilt sich in zwei Kategorien auf: österreichische Klassiker und kreativere Kreationen. Auch Letztere kommen stets sehr stimmig zu Tisch: großartig die Vorspeise aus Kalbskopf, Oktopus, Wachtelei und Erbsen. Auch die leichtere Variante aus Wildkulturssaibling, Grapefruit und Treviso gelang hervorragend. Bei den Hauptspeisen fragt man sich kurz, ob sie nicht etwas zu einfach erscheinen. Doch mit jedem Bissen von der Rindsroulade mit Kartoffelpüree wird die Frage der Optik unwichtiger, weil das einfach nur fantastisch schmeckt und glücklich macht. Portweinfeigen mit Rotweineis prolongieren diesen Zustand. So gestimmt verlässt man die Göttfrieds mit einem Lächeln auf den Lippen.

à la carte: 17–32 €

Bewertungen NEU

11 bis 12,5 Punkte von 20 Punkten: 1 Haube

13 bis 14,5 Punkte von 20 Punkten: 2 Hauben

15 bis 16,5 Punkte von 20 Punkten: 3 Hauben

17 bis 18,5 Punkte von 20 Punkten: 4 Hauben

19 bis 19,5 Punkte von 20 Punkten: 5 Hauben

---

www.gaultmillau.at – Tipps, Trends, Rankings und alle Restaurantkritiken

LINZ AN DER DONAU

KLIEMSTEIN VINO VITIS
im Salzamt

14,5/20

Tel.: 0732 997079
4020 Linz an der Donau
Obere Donaulände 15
www.kliemstein-linz.at
reservierung@vino-vitis.at

Di–Do 17.30–23,
Fr, Sa 15–23 Uhr

Michael A. Müller ist ein Verführer zum Genuss. Der Patron des Kliemstein, das sich in der einstigen kaiserlichen Salzkammer an der Donaulände findet, kann zu jedem Teller, den er an den Tisch bringt, eine kleine Geschichte erzählen. Er wirkt dabei keineswegs aufdringlich – im Gegenteil, seine Leidenschaft steckt an. Das Kliemstein ist zum einen Wein- und Tapasbar (mit Weinen von der Iberischen Halbinsel), zum anderen ein unaufgeregt großartiges Restaurant. Der Gast gibt der Küche freie Hand und wählt, ob er vier, fünf oder sieben Gänge haben möchte. Bei unserem Besuch stach etwa „Gesalzener Urfisch" heraus – Stör, der nur ganz kurz auf einem heißen Stein am Tisch gegart wurde. Mehr brauchte es gar nicht. Das „Reh im Portweinrausch" hatte es lustig (selbst gebrautes Bier mischte bei dem Gericht ebenfalls mit), leider erwischten wir nicht die besten Stücke. Die Zitronentarte mit Erdbeeren und Holunder machte dafür richtig Spaß. In puncto Wein ist auch bei etwas älteren Jahrgängen die Kalkulation sehr gastfreundlich.

OBERÖSTERREICH

MUTO

14,5/20

Tel.: 0732 770377
0699 110 89 063
4020 Linz an der Donau
Altstadt 7
www.mutolinz.at
restaurant@mutolinz.at

Mi–Sa 18–21 Uhr

Koch: Werner Traxler

In der Linzer Altstadt wird im Muto kreativ gekocht. Schließlich möchten Werner Traxler in der Küche und Serviceleiter Michael Steininger im Gastraum den Gästen eine andere Perspektive von Essen ermöglichen. Um das zu erreichen, setzen beide – wo möglich – auf Lebensmittel aus dem nahen Mühlviertel. Brot und Butter, ein erfrischendes Glas Cava zu Beginn gehören hier ebenso dazu wie ein kleiner Gruß aus der Küche. Das Menü beginnt etwa mit Lachsforelle und eingelegtem Rhabarber höchst erfreulich und überrascht mit einer Blunze von der Wollsau mit Radieschen, Bachkresse und schwarzem Knoblauch. Dann begeistert Lamm mit Bärlauch, Salztoffee und Sellerie, das die Konkurrenz von geschmortem Waxenberger Yak mit Mönchsziegenbart, einer Wegerichsorte, nicht zu scheuen braucht. Geräucherter Frischkäse mit Yacon (einer mit Topinambur verwandten Pflanze) und eine süße Interpretation der Mühlviertler Rahmsuppe überraschen am Ende der Speisenfolge positiv. Die Weinkarte bietet einige Überraschungen aus Spanien oder Südfrankreich, orientiert sich preislich aber eher nach oben. Erfreulich: Es wird auch ein eigenes Menü für Vegetarier angeboten.

à la carte: 9–26 €

LINZ AN DER DONAU

ROSSBARTH 16,5/20 🍷🍷🍷
Köche: Sebastian Rossbach & Marco Barth

Tel.: 0677 62 23 93 14
4020 Linz an der Donau
Klammstraße 7
www.rossbarth.at
speisen@rossbarth.at
Mo–Fr 11.30–14 und 18–23.30 Uhr

Es geht ja doch! Mit der passenden Mischung aus coolem Ambiente und richtig gutem Essen gelang es Sebastian Rossbach und Marco Barth, aus den kulinarisch eher zurückhaltenden Linzern richtige Gourmets zu machen, die jetzt auch unter der Woche bereit sind, sich auf ein mehrgängiges Menü einzulassen. Während das Köche-Duo in der Küche richtig Vollgas gibt, schupft die Sommelière Tanja Brunbauer mit einer Extraportion Charme den Gastraum. Man darf auch ihren Empfehlungen für die glasweise Weinbegleitung blind vertrauen und dabei den eigenen Horizont mit ein paar unbekannten Etiketten erweitern. Bei einem derart schlau durchkomponierten Menü sollte man unbedingt die Vollversion in sechs Gängen wählen und nicht von der Möglichkeit Gebrauch machen, das Ganze auf fünf oder gar nur vier Gerichte zu verkürzen. Schon das selbst gebackene Brot mit Butter, Lardo und ein paar knackigen Gemüsebissen eröffnete den Abend geschmackvoll. Die sauer eingelegten Tomaten mit Haselnüssen und Dill waren als eigenständige Komposition ein erfrischender Auftakt. Vor einer derart zarten Lammzunge (mit Paprika und Minze) müssen auch Esser, die nicht unbedingt auf Innereien stehen, keine Angst haben. Das zarte Reinankenfilet aus dem Attersee verbarg sich unter knackigem Salat und für die grandiose Entenbrustschnitte lassen wir gerne jedes noch so gute Steak links liegen. Wie viel kompositorisches Geschick die beiden jungen Köche haben, zeigte sich beim Heidelbeerdessert, bei dem ganz bewusst auch ein paar unreife und fermentierte Heidelbeeren eingestreut wurden, um für die gewünschte Säurekomponente zu sorgen. Mittags wird ein täglich wechselndes Drei-Gang-Menü ohne Wahlmöglichkeit angeboten. Auch gut. Aber die große kulinarische Aufführung findet abends in sechs Akten statt.

URBANIDES 12,5/20 🍷
Koch: Andreas Mühlberger

Tel.: 0732 71 11 10
0660 103 06 00
4040 Linz an der Donau
Rudolfstraße 11
www.urbanides.at
restaurant.urbanides@gmail.com
Mo–Sa 18–23.45 Uhr
✱ variabel

Küchenchef Andreas Mühlberger ist auf einem guten Weg. Das kalt servierte Tullner Edelschwein mit Räucherforellencreme ließ schon erahnen, was uns erwarten würde: eine stimmige Küche, die viel Wert auf die Ausgangsprodukte legt. Es folgten eine Karfiolcreme mit Spinat und Ei und hausgemachte Spaghetti, mit einer großzügigen Portion Trüffeln verfeinert. Auch die rosa gebratene Entenbrust – begleitet von einer Orangen-Butter-Sauce und Kerbelpolenta – schmeckte hervorragend. Einzig der geeiste Kaiserschmarren mit Zwetschkenröster konnte geschmacklich nicht ganz mit den pikanten Gerichten mithalten. Das Weinangebot ist umfangreich, nur die Website ist leider nicht wirklich aktuell.

à la carte: 8–36 €

VERDI 15,5/20 🍷🍷🍷
Koch: Erich Lukas

Tel.: 0732 73 30 05
4020 Linz an der Donau
Pachmayrstraße 137
www.verdi.at
lukas@verdi.at
nur abends geöffnet

Das über Linz gelegene Restaurant von Eigentümer und Küchenchef Erich Lukas ist eine Institution. Und immer noch verlässlich ausgebucht. So etwas gelingt nur mit gleichbleibend hoher Qualität. Wir durften uns heuer wieder davon überzeugen, dass alles, was die Küche verlässt, handwerklich perfekt und fein gearbeitet ist. Das beginnt beim erstklassigen, natürlich selbst gebackenen Roggenbrot und den Grüßen aus der Küche, darunter eine „falsche" Tomate, die sich als raffinierte, hocharomatische Flüssigkeit unter Geleehülle entpuppte. Sehr gelungen das herrlich fruchtig-säuerliche Tatar vom Yellowfin Tuna mit Mango. Je weiter wir uns Richtung Hauptspeise bewegten, umso mehr blieb das Gebotene geschmacklich auf der sicheren Seite. Natürlich erwies sich das sous vide garte „24 Stunden Kalb" als ebenso wunderbares Gericht wie die Ente. Wie bereits im Vorjahr festgehalten, hätte uns ein wenig mehr kreativer Wagemut auch nicht gestört. Sei es darum: Wir verließen das Restaurant einmal mehr sehr zufrieden.

Die besten Weine Österreichs: der Gault&Millau-Weinguide.

LINZ AN DER DONAU

VERDI-EINKEHR 13/20
Koch: Erich Lukas

Die Einkehr ist jener Teil des Restaurants von Erich Lukas, in dem der etwas bodenständigeren Küche gefrönt wird. Auf der Karte finden sich deftige Herrlichkeiten wie Grammelknödel oder Leberschädel – alles in höchster Qualität sehr gediegen umgesetzt. Es gibt aber auch kleine Fusionsausflüge in die weite Welt hinein. Das Thunfischtatar mit Mango und Kren ist schon ein Verdi-Klassiker. Die mit Ripperln gefüllten Tortelloni hätten ebenfalls das Zeug dazu, wobei sie durchaus noch ein bisschen mehr Fleisch vertragen würden. Der Verführung durch die Desserts sollte man nachgeben.

Tel.: 0732 733005
4020 Linz an der Donau
Pachmayrstraße 137
www.verdi.at
lukas@verdi.at

DAS ANTON 👍 Tipp

Das stimmige Ambiente des Restaurants über dem Linzer Musiktheater lockt auch nach der Eröffnung 2013 zahlreiche Gäste an. Diese erfreuen sich gerne an der unkomplizierten österreichischen Küche, die hier geboten wird. Empfehlenswert ist auch der günstige Mittagstisch.

à la carte: 6–35 €

Tel.: 0732 761 19 50
4020 Linz an der Donau
Am Volksgarten 1
www.dasanton.at
info@dasanton.at
Di–Sa 11–14 und 17–22,
So 10–15 Uhr

DAS SCHLOSS – HERBERSTEINS BRASSERIE 👍 Tipp

Jeden Freitag wird es in dieser Brasserie beim Candlelight Dinner romantisch. Aber auch an jedem anderen Wochentag ist der Ausblick über die Stadt genauso schön, die heimischen und französisch inspirierten Gerichte genauso köstlich. Der freundliche Service und die modern-gemütliche Atmosphäre tragen zu einem gelungenen Erlebnis bei.

Tel.: 0732 30 23 15
4020 Linz an der Donau
Schlossberg 1 a
www.schlossbrasserie.at
office@schlossbrasserie.at

DIE DONAUWIRTINNEN 👍 Tipp

So geht das „Gendern" in der Linzer Gastronomie: Auch Männer können charmante Donauwirtinnen sein – ganz ohne Binnen-I. Das beweisen die vier Freunde und Betreiber dieses Lokals nahe der Donau. Ein junges, innovatives Wirtshaus, das nicht nur durch legeres und gemütliches Ambiente überzeugt, sondern auch mit seinen zeitgemäßen Gerichten der Mühlviertler Küche. Der Fokus liegt auf regionalen Lebensmitteln, die mit Know-how und Leidenschaft verarbeitet werden. Die knusprigen, hausgemachten Flammkuchen sollte man unbedingt probieren.

à la carte: 10–24 €

Tel.: 0732 737706
4040 Linz an der Donau
Webergasse 2
www.diedonauwirtinnen.at
office@diedonauwirtinnen.at
Mi–Sa 12–14 und 18–21,
So 12–14 Uhr

HERBERSTEIN 👍 Tipp

Einen Abend mit allen Sinnen erleben – das möchte das Herberstein seinen Gästen bieten. Zum einen in der Sushibar, in der auch Kochkurse angeboten werden, zum anderen im Restaurant, das sich exotischen Gerichten und ethnischer Vielfalt verschrieben hat. Auf die Bar und den zwölf Meter langen Tresen ist man zu Recht besonders stolz.

Tel.: 0732 786161
       0664 180 59 13
4020 Linz an der Donau
Altstadt 10
www.herberstein-linz.at
office@herberstein-linz.at

JOHANN'S 👍 Tipp
im Prielmayerhof

Die Liste klingender Restaurantnamen, in denen Küchenchef Johann Aspalter zuvor am Werk war, ist lang. Mit dem Johann's in der Linzer Innenstadt hat er sich nun sein eigenes Lokal aufgebaut, in dem er mit viel Leidenschaft seine Gäste bewirtet. Gern gesehene heimische und mediterrane Klassiker stehen auf der Karte.

à la carte: 5–25 €

Tel.: 0732 774 13 10
4020 Linz an der Donau
Weißenwolffstraße 33
www.johanns-restaurant.at
reservierung@johanns-restaurant.at
Mo–Fr 11.30–14 und 18–21.30 Uhr

MAUTHAUSEN

RAUNER Ⓝ 👍 Tipp

Tel.: 0732 91 84 84
4020 Linz an der Donau
Kraußstraße 16
www.rauner.restaurant
hallo@rauner.restaurant
Mo–Fr 11.15–21.15 Uhr
✝ Fei, 24. Dez. 2019–7. Jän. 2020

Rauner, Rote Rüben auf Mühlviertlerisch, galten vor einigen Jahren noch als Arme-Leute-Essen. Mittlerweile haben sie sich aber als nicht mehr verzichtbares Gemüse der Landesküche etabliert. Symbolisch für die Mühlviertler Wurzeln der Betreiber wird die Rübe in diesem Lokal auf vielerlei Weise in Szene gesetzt. Man hantiert mit Leidenschaft – hohe Produktqualität steht dabei stets im Vordergrund. Zu Mittag begeistert das Baukastenmenü mit Suppe, Salat und Dessert, abends lässt man sich beim Vier-Gang-Menü mit saisonalen Köstlichkeiten verwöhnen. Spezialität ist das Rauner-Cordon-bleu mit Ziegenkäse, auch das Pulled Pork sollte man unbedingt kosten. Helles, stilvolles Ambiente und nordisches Interieur schaffen eine freundliche Atmosphäre.

à la carte: 8,90–31 €

TERRA MIA Ⓝ 👍 Tipp

Tel.: 0732 77 39 12
4020 Linz an der Donau
Herrenstraße 23
www.ristoranteterramia-italianrestaurant.business.site
Di–So 11–14 und 17–23 Uhr

Für „echtes" italienisches Lebensgefühl und Amore sorgt hier seit der Neuübernahme im Februar nicht nur das neapolitanische Küchenteam, sondern vor allem auch die qualitativ hochwertigen Produkte, die verarbeitet werden. Auf dem täglichen Programm stehen dabei frischer Fisch, Meeresfrüchte gibt es wortwörtlich in Hülle und Fülle und die angebotene Pasta wird natürlich selbst gemacht. Dazu reicht man passende Weine, die einen Streifzug durch Italiens Weinberge ermöglichen. Mamma mia, ist das gut.

MAUTHAUSEN K2

WEINDLHOF 13,5/20

Koch: Christian Siebenhofer

Tel.: 07238 2641
4310 Mauthausen
Kirchenweg 12
www.weindlhof.at
office@weindlhof.at

Auf den ersten Blick erscheint der Weindlhof wie ein ganz normales Wirtshaus. Aber schon beim Blick in die Karte offenbart sich die Leidenschaft, mit der Christian Siebenhofers Küche Tradition mit Kreativität verbindet und dabei Regionalität hochhält. Man kann hier sogar ein sechsgängiges Menü genießen. Positiv fällt auch auf, dass sich Siebenhofer ohne Scheu würzen traut, was seinen Gerichten einen gewissen Kick gibt. Der Matjes von der Reinanke mit Roter Rübe als säuerlichem Gegenpol gelang bestens. Ein Beispiel für pfiffige Wirtshausküche: der gebackene Waller auf Fleckerlspeis, wobei dem Kraut Kartoffelchips beigemengt wurden. Zum Schluss gab es einen herrlichen Mohnstrudel mit erfrischend bitter-saurem Sanddornsorbet.

MONDSEE H3

IRIS PORSCHE HOTEL & RESTAURANT 14,5/20

Köche: Stefan Friedl & Philipp Dobler

Tel.: 06232 2237
5310 Mondsee
Marktplatz 1
www.irisporsche.at
reservierung@irisporsche.at
Mi–Sa 18–22 Uhr
✝ Feb. 2020

Das Restaurant im Hotel von Iris Porsche liegt im Herzen von Mondsee, nur einen kurzen Spaziergang vom See entfernt. Wer auf der Terrasse Platz nimmt, kann von einigen Tischen auf das türkisblaue Wasser blicken. Philipp Dobler kocht mit seinem kongenialen Kollegen Stefan Friedl und bietet eine übersichtliche Speisekarte plus ein Angebot an Steaks und Fondue (auf Vorbestellung). Wir erlebten das Duo heuer weniger ambitioniert als im Vorjahr. Die Vorspeise aus Buttermilch, Radieschen und Erbse geriet als große Moussekugel aus Buttermilch (und wahrscheinlich viel Obers) eher geschmacksneutral. Auch die hausgemachten Tagliatelle mit Bärlauch waren keine große Offenbarung. Besser hingegen die Vorspeise mit dem Namen „Kalb" – mit Stangensellerie und Morchel.

MONDSEE

OBERÖSTERREICH

Hier kam ein zartes, sous vide gegartes Fleischstück, das mit dem gemüsigen Beiwerk bildschön angerichtet war. Auch die Jungzwiebelsuppe mit Spanferkel war geschmacklich gut, aber leider nur lauwarm. Das Wort lauwarm passt auch zum Service, dem es an Engagement fehlte.

à la carte: 6,90–38,90 €

MANINSEO
im Hotel Seehof

11/20

Tel.: 06232 5031
5310 Mondsee
Auhof 1, Loibichl
www.maninseo.at
hotel@seehof-mondsee.com
täglich 12–14 und 18.30–21 Uhr
bis 20. Mai 2020

Ruhige Plätze abseits der Massen sind am Mondsee rar gesät. Zum Glück gibt es in einer Bucht am Nordufer das Hotel Seehof samt Restaurant. Von der wunderbaren Terrasse eröffnet sich ein schöner Ausblick in den gepflegten Garten und auf den See. Diesen gleich vor der Türe, ist es nur logisch, dass fangfrischer Fisch aus dem Mondsee neben Klassikern der österreichischen Küche mit internationalen Einflüssen ihren Weg auf die Speisekarte gefunden haben. Ein Großteil der Produkte stammt direkt aus dem Salzkammergut, das Weinangebot ist so erlesen wie umfangreich.

à la carte: 20–39 €

SEEHOTEL RESTAURANT LACKNER
Koch: Martin Lackner

12/20

Tel.: 06232 2359
5310 Mondsee
Mondseestraße 1
www.seehotel-lackner.at
office@seehotel-lackner.at
Mo, Di, Do–So 15–20.30 Uhr

Das Restaurant Lackner am Mondsee rühmt sich, eine verlässliche Genießeradresse zu sein. Nicht nur dessen wunderschöne Lage und idyllischer Blick, sondern eine beständige Küchenlinie und stetige Qualität rechtfertigen diesen Ruf. Küchenchef Martin Lackner gelingt es, für sein Menü und die À-la-carte-Gerichte die Zutaten der Region mit viel Gespür und feinen Komponenten zu einem stimmigen Ganzen zusammenzufügen. Fangfrische Reinanken und zartes Lamm aus dem Mondseeland bieten dafür die optimale Basis.

à la carte: 18–35 €

NEUFELDEN

J2

MÜHLTALHOF
Genießerhotel
Koch: Philip Rachinger

17,5/20

Tel.: 07282 6258
4120 Neufelden
Unternberg 6
www.muehltalhof.at
reception@muehltalhof.at
Mi–Fr 18–21, Sa 12–14 und 18–21, So 12–14 Uhr
variabel, 2 Wochen im März, 1 Woche im Nov. 2020

JRE

Philip Rachinger kocht jetzt schon länger in der Form seines Lebens. Es scheint ein Dauerzustand zu sein. Nach der räumlichen Trennung von seinem Vater Helmut ist Rachinger Junior nun aber wirklich ganz bei sich. Das hat Folgen: Es ist derzeit gar nicht so einfach, in Österreich auf diesem Niveau entspannter, aufregender und unterhaltsamer bekocht zu werden als hier. Rachingers Gags haben Geschmack und Tiefgang. Vor allem aber sind sie immer auch kulinarisch sinnvoll. Sein „Jellyfish" sieht tatsächlich wie eine Méduse aus, unter der giftgrünen Haut aus gelierter Bachkresse steckt ein kribbelnd angemachtes Saiblingstatar. Eine weitere hervorragende Vorspeise heißt „Junges Gemüse" und besteht aus knackigem Kohlrabi, der in Molke gegart und dann mit dem entsprechenden Frischkäse und Fichtenwipferln aufgetragen wird. Rachingers Küche ist auf eine sinnvolle, weil nicht aufgesetzte Weise saisonal-regional, er holt aus dem Wald und aus dem Bach, was dort halt gerade so herumsteht und -schwimmt und findet stets eine passende Form dafür. Bestes Beispiel – das Reh zum Hauptgang, das er in zwei Gängen serviert: einmal „alt", in Form von gesurtem Schinken, der mit Brennnesselspinat, frischen Morcheln und Dotter ordentlich Muskeln bekommt; es folgt der neue, der Maibock: zartes Filet im Ribiselblatt, dazu Rehherz und Ribiselsaft – süß, sauer, wild. Rachinger spricht aber auch exotisch, wie ein Gang mit Mönchsbart beweist, den er zum weißen Spargel mit Butterbröseln und Flusskrebsen serviert und zeigt, dass er die Welt auch schon von da draußen gesehen hat. Am Ende ist das aber nebensächlich, am Ende gibt es Ribiselcrumble mit Gierschgranité, und man ist im Himmel.

à la carte: 16–36 €

www.gaultmillau.at – Tipps, Trends, Rankings und alle Restaurantkritiken

NUSSDORF AM ATTERSEE I3

1ER BEISL IM LEXENHOF 14/20
Koch: Hans Lugstein

Das Haus am Attersee erfreut mit dem Ambiente einer gepflegten Gaststube samt schönem, altem Kachelofen. Das ist aber nur ein Grund dafür, warum das 1er Beisl viele Stammgäste hat. Die Küche, die Heimisches und Mediterranes verbindet, macht ebenfalls Freude. Man kann hier voller Vorfreude Frittatensuppe, Schnitzel und Topfenknödel bestellen – und wird es nicht bereuen. Im Gegenteil: alles so, wie es sich gehört. Bei unserem Besuch wurde aber auch sautiertes Kalbsbries angeboten, auf dessen Zubereitung sich der Koch ebenfalls versteht. Es wurde mit Pasta serviert und war butterweich. Ansprechende Weinkarte.

à la carte: 12–35 €

Tel.: 07666 80000
0676 477 19 32
4865 Nußdorf am Attersee
Am Anger 4
www.lexenhof.at
einserbeisl@lexenhof.at
Mo, Do 17–22, Fr–So 12–14 und 18–22 Uhr
✱ 15. Jän.–Ende Feb. 2020

AICHINGER 14/20
Das Bräu
Koch: Julian Schwamberger

Der Aichinger in Nußdorf ist ein Glücksfall für die Atterseeregion. Ein feines Boutiquehotel, geschmackvoll gestaltete Gaststuben, wohltuend unprätentiöser Service und eine mehr als verlässliche Küchenleistung sind die Konstanten. Julian Schwamberger (ehemals Schloss Fuschl) und sein Team bieten ein sympathisches Angebot aus Klassikern und saisonal wechselnden Gerichten. Herrlich das knusprig gebackene Kalbshirn mit Erdäpfel-Gurken-Salat sowie der fein säuerliche Coq au Vin mit Speck und Zwieberln. Ein süßes Stück Frankreich zum Abschluss: die Crème brûlée mit Tonkabohne. Die Weinkarte ist umfangreich, allerdings bei den Preisen etwas zu hoch angesiedelt.

à la carte: 14,80–37,50 €

Tel.: 07666 8007
4865 Nußdorf am Attersee
Am Anger 1
www.hotel-aichinger.at
office@hotel-aichinger.at
täglich 12–14 und 18–21.30 Uhr
✱ variabel

ST. FLORIAN K2

NEPOMUK 15/20
Koch: Thomas Huber

In einem unscheinbaren Bistro in St. Florian setzt der junge Koch Thomas Huber seit ein paar Jahren seine Version einer modernen Haubenküche um. Die ist lässig und unverkopft – einmal asiatisch angehaucht, dann wieder ein Kurztrip ans Mittelmeer, aber auch in der heimischen Küchentradition verwurzelt. Wenn man zum Einstieg Kohlrabicannelloni, gefüllt mit Wakame-Alge und mit gebratener Hendlhaut obendrauf serviert bekommt, ist man gleich neugierig. Ein wunderbarer Snack auch gebackene Rehleber mit Erdäpfel-Vogerlsalat. Die Fischsuppe nach italienischer Art hätte etwas kräftiger ausfallen können, die sehr reichliche Einlage von Saibling bis Jakobsmuschel entschädigte jedoch dafür. Überhaupt sind die Portionsgrößen hier gastfreundlich dimensioniert, besonders bei den Hauptgängen. Glücklicherweise fallen diese geschmacklich nicht hinter die Vorspeisen zurück. Angenehm leicht Waller im Apfel-Safran-Fond mit knackigem Wurzelgemüse, mollig das Kalbslebergeschnetzelte, auch hier kam durch Weintraube Frucht ins Spiel. Nett der Service, bei den Desserts ist noch ein wenig Luft nach oben.

à la carte: 10–35 €

Tel.: 07224 21937
4490 St. Florian
Marktplatz 15
www.nepomuk4490.at
restaurant-nepomuk@gmx.at
Di–Sa 11–14 und 18–22,
So 11–15 und 17–20 Uhr
✱ variabel

Bewertungen NEU

11 bis 12,5 Punkte: 1 Haube
13 bis 14,5 Punkte: 2 Hauben
15 bis 16,5 Punkte: 3 Hauben
17 bis 18,5 Punkte: 4 Hauben
19 bis 19,5 Punkte: 5 Hauben

OBERÖSTERREICH

ST. JOHANN AM WIMBERG

ST. JOHANN AM WIMBERG J2

KEPLINGERWIRT 15/20
Köche: Andrea Lunson-Keplinger mit Dominik Keil

Auch dieses Jahr konnte uns der Keplingerwirt wieder überzeugen. Dieser Familienbetrieb funktioniert einfach wie am Schnürchen. Vom Empfang bis zum Ende agierte zum Beispiel die Servicemannschaft trotz großen Andrangs freundlich, stressfrei und aufmerksam. Und auch die Küche – unter der Leitung von Andrea Lunson – arbeitete schnell und präzise. Der aus der Steiermark stammende Muskatellersekt als Aperitif verkürzte uns mit dem Gedeck, bestehend aus selbst gebackenem Brot, Kräutertopfen, Erdäpfelkas und Haselnussbutter, die Wartezeit auf den ersten Gang, ein Carpaccio vom Saibling mit seinem Kaviar im Erdäpfelröstibett mit dezenter Wasabicreme. Der Leberschädel – frisch aus dem Rohr – mit Petersilerdäpfeln, Bratensaft und lauwarmem Krautsalat überzeugte uns ebenso wie das Kalbs-Rahm-Beuschel samt Serviettenknödel. Das geschmorte Kalbswangerl mit feinen Wurzelgemüsen, Polentaknödeln und Krenschaum wurde von einem Glas Blaufränkisch aus dem Burgenland begleitet und schmeckte genauso wie die nachfolgenden Topfenknödel mit Bröseln und Zwetschkenröster. Zum Abschluss gab es dann noch einen Espresso und eine Rechnung, die der Leistung mehr als angemessen war.

à la carte: 12–35 €

Tel.: 07217 7105
0676 6527782
4172 St. Johann am Wimberg 14
www.keplingerwirt.at
info@keplingerwirt.at
Di–So 11.30–14 und 18–21 Uhr
❦ variabel

ST. WOLFGANG I3

KAISERTERRASSE 15/20
Koch: Hermann Poll

Im Weissen Rössl am Wolfgangsee kann man nicht nur von der alten Zeit und Peter Alexander träumen, sondern auch gut essen. Das gilt besonders für die nur abends geöffnete Kaiserterrasse. In diesem Teil des Restaurants werden drei Menüs angeboten, die allesamt sehr gediegen wirken, ohne verstaubt zu sein. Wir probierten confierte Wolfgangsee-Reinanke, gebackenes Kalbsbries mit getrüffeltem Erdäpfelpüree und rosa gebratenen Lammrücken. Alles tadellos. Auch sehr gut: Crème brûlée vom Schafkäse mit Erdbeeren. Gute Weinauswahl und Service alter Schule verstehen sich hier von selbst.

à la carte: 15–33 €

Tel.: 06138 230666
5360 St. Wolfgang Markt 74
www.weissesroessl.at
restaurant@weissesroessl.at
täglich 18.30–21 Uhr

SCHÄRDING

LANDHAUS ZU APPESBACH ⓝ   👍 Tipp

Tel.: 06138 2209
5360 St. Wolfgang
Au 18
www.appesbach.com
office@appesbach.com
täglich 12–14 und 18–22 Uhr

Gut essen, ja, das kann man im Landhaus Appesbach, auch wenn man nicht als Hausgast übernachtet. Es locken Gerichte wie Schnecken in Kräuterbutter, T-Bone vom Waldviertler Biolamm, gegrilltes Rib Eye mit handgeschnittenen Fries mit Trüffeln und Sauce béarnaise, gebackener Cheesecake mit Vanillecreme und Beeren sowie Schokolademousse. Das Ambiente ist großartig, der Service aufmerksam.

SCHÄRDING   H2

LUKAS RESTAURANT   16/20 🍴🍴🍴

Koch: Lukas Kienbauer

Tel.: 0664 341 3285
4780 Schärding
Unterer Stadtplatz 7
www.lukas-restaurant.at
lukas@lukas-restaurant.at
Di–Sa 18–22 Uhr

JRE

Muss es Champagner zum Aperitif sein? Nicht unbedingt, aber wer im Restaurant Lukas auf Luxus nicht verzichten möchte, der kommt auch in diesem Segment auf seine Kosten. Hier kommen anspruchsvolle Genießer jedenfalls nicht zu kurz. Etwa wenn die Forelle, die vorher auf einem 90 Grad heißen Salzstein langsam gegart wurde, mit Dillöl, Forellenkaviar und knuspriger Fischhaut serviert wird. Oder wenn die „Dehydrierte Karotte" mit Kamillengranité zeigt, dass experimentelle Küche keineswegs Unsinn ist. Der junge Küchenchef und sein Team meistern auch andere Herausforderungen – Zander mit Champignon-Beurre-blanc und gepickelten Fichtenwipfeln – mit Bravour, müssen jedoch aufpassen, dass sie sich beim Anrichten nicht verzetteln und der Schönheit uneingeschränkten Vorrang geben. Dann nämlich, wenn das an der Karkasse gebratene Bresse-Huhn mit Trüffel und Dim-Sum hervorragend schmeckt, es bezüglich Serviertemperatur aber schon grenzwertig auf den Tisch gelangt. Nichts zu beanstanden gab es beim Eis vom Ziegenkäse mit schwarzen Nüssen und Birnenschaum oder bei der vielfältigen Konfektauswahl, die in nostalgischer Weise in einem ausgedienten Nähkästchen gereicht wurde. Tolles Weinangebot.

> Bei der Zusammenstellung dieses Führers ließen wir größtmögliche Sorgfalt walten, trotzdem können Daten falsch oder überholt sein. Eine Haftung können wir auf keinen Fall übernehmen.

SCHLIERBACH

SCHLIERBACH J3

SCHERLEITEN 12,5/20
Köchin: Christine Ott

Tel.: 07582 52191
0664 224 81 31
4553 Schlierbach
Scherleitenstraße 27
www.scherleiten.at
restaurant@scherleiten.at
Mi–Sa 17–23 Uhr

Ins Restaurant von Christine und Michael Ott findet man nicht zufällig. Doch ihre herzliche Gastfreundschaft und die Qualität der Speisen lohnt die Anreise. Das geräucherte Saiblingsfilet, die Frühlingszwiebelsuppe mit Krusteln vom Schlierbacher Käse oder das Biostundenei mit Blattspinat und Trüffel zeigten handwerkliche Perfektion. Vorzüglich gelang auch das Filet vom Skrei auf geschmorten Radieschen, zu dem ein kräftiger Grüner Veltliner ideal harmonierte. Bei den Filetspitzen Stroganoff hatten sich allerdings zu starke Röstaromen eingeschlichen. Vor dem Nachhauseweg stärkten wir uns noch mit einem Käseteller und Nüssen, zu dem es ein Stamperl Nusslikör gab. Die Weinkarte ist interessant, die Wartezeiten zwischen den Gerichten mitunter etwas zu lange.

SCHÖRFLING I3

LANGOSTINOS 11/20

Tel.: 07662 29050
4861 Schörfling
Bahnhofstraße 4
www.langostinos.at
office@langostinos.at
Fr–Di 11–14.30 und 18–22 Uhr
✳ variabel

Der Name des Restaurants ist Programm. Hier hat man sich auf aus dem Wasser – bevorzugt natürlich aus dem nur wenige Meter entfernten Attersee – kommende Köstlichkeiten spezialisiert. Als Vorspeise empfiehlt sich die Fischsuppe mit reichlich Einlage, beim Hauptgang ist es fast ein Muss, zum aktuellen Tagesfang zu greifen. Für all jene, die etwas Abwechslung in der Menügestaltung brauchen, gibt es auch eine kleine Auswahl an Fleischgerichten und saisonalen Spezialitäten. Dank der Lage am Yachthafen stellt sich auf der Gartenterrasse schnell das Gefühl ein, auf Sommerfrische zu sein.

nachrichten.at/geschenkabo

Freude schenken
Mit einem Abonnement der OÖNachrichten!

Ein Geschenkabo der OÖNachrichten bringt Ihren Liebsten oder Freunden, was kein anderes Geschenk kann: Es ist stilvoll, überrascht jeden Tag aufs Neue mit Spannung und Entspannung, mit Wissen, Unterhaltung, Lesespaß, Rätseln, Comics und Geschichten.

2 Monate OÖNachrichten Print & Digital zum Sonderpreis um nur einmalig € 23,50 statt € 67,60

Lies was G'scheits!

Gleich bestellen und Freude schenken!
Internet: nachrichten.at/geschenkabo
Telefon: 0732/7805-560

STEYR

STEYR   J2

FRANZ FERDINAND   pop 12/20

Köchin: Maria Reitner

Tel.: 07252 90412
0650 525 00 34

4400 Steyr
Gleinker Gasse 1

www.franzferdinand.at
office@franzferdinand.at

Di–Do 17.30–21.30, Fr, Sa 11.30–14.30 und 17.30–21.30 Uhr
✽ variabel

Im Herzen der Altstadt, im Steyrdorf wird die Alpe-Adria-Küche gelebt. Friulanische Spezialitäten mischen sich mit frischen österreichischen Produkten aus der Region. Da auch auf die Saisonen Rücksicht genommen wird, wechselt die Speisekarte regelmäßig. Die hausgemachte Pasta ist jedoch immer eine Versuchung wert. Das Ambiente einer italienischen Trattoria weckt Urlaubsgefühle. Und wenn man auch noch einen Blick in die Weinkarte mit einer guten Auswahl an österreichischen und italienischen Flaschen wirft, weiß man, dass sich der Besuch im Franz Ferdinand wieder einmal gelohnt hat.

à la carte: 4,80–28 €

Bewertungen NEU

11 bis 12,5 Punkte von 20 Punkten: 1 Haube

13 bis 14,5 Punkte von 20 Punkten: 2 Hauben

15 bis 16,5 Punkte von 20 Punkten: 3 Hauben

17 bis 18,5 Punkte von 20 Punkten: 4 Hauben

19 bis 19,5 Punkte von 20 Punkten: 5 Hauben

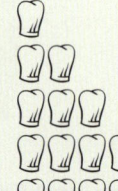

TRAUNKIRCHEN

RAHOFER

Koch: Maximilian Rahofer

12/20

Tel.: 07252 54606
0660 3205952

4400 Steyr
Stadtplatz 9

www.restaurant-rahofer.at
cafe@restaurant-rahofer.at

Di–Sa 11.30–13.45 und
18.30–21.30 Uhr
❄ 1 Woche im Jän.,
17.–30. August 2020

Während Vater und Sohn das Zepter in der Küche schwingen, hantiert Mutter Rahofer im Service. Es herrscht eine familiäre Atmosphäre – der Gastraum mit seinen Ziegelwänden und der herrliche Gastgarten verströmen südländisches Flair. Seit mehr als 30 Jahren begeistern die Rahofers mit ihrer mediterranen Küche. Knuspriges Pizzabrot, klassisch und gelungen die Melanzani alla parmigiana. Fisch und Meeresfrüchte dürfen in der Landesküche natürlich nicht fehlen und haben das große Glück, dass sie bei Vater und Sohn bestens aufgehoben sind. Sehr gute Weine mit Schwerpunkt Österreich und Italien.

à la carte: 9,50–31,50 €

OBERÖSTERREICH

TRAUNKIRCHEN   J3

BOOTSHAUS

Koch: Lukas Nagl

17,5/20

Tel.: 07617 2216

4801 Traunkirchen
Klosterplatz 4

www.dastraunsee.at
traunsee@traunseehotels.at

Mo, Do, Fr 18–21.30,
Sa, So, Fei 12–14 und 18–21 Uhr
❄ variabel

JRE

Das Bootshaus darf als eines der schönsten Seerestaurants Österreichs bezeichnet werden, dank der neuen Bestuhlung ist es heuer noch ein wenig schöner und bequemer. Lukas Nagl haben der 17. Punkt und die dritte Haube offenbar gutgetan. Er kocht noch freier, mutiger, selbstbewusster. Butterzarte Flusskrebse gart er auf dem Holzkohlengrill, kombiniert sie mit Gurkenspaghetti und einer Sauce aus saurer Milch und Liebstöckel. Ein so individueller wie auf der Höhe der Zeit befindlicher Teller. Vorher gab es Saibling, gegart im Saft von unreifem Rhabarber, serviert mit knackigen Radieschen. Das Filet von der Aalrutte mit Kräuteröl und einem Saft aus Krustentieren ist große Küche, nichts anderes. Hecht und seine Leber, großartig, 20-jähriger Aal aus dem See mit Granatapfelkernen, nicht weniger gut. Das Lamm aus Rutzenmoos ist bereits ein Bootshaus-Klassiker, weil hier die ideale Balance aus „Fett" und Zartheit gefunden wird. Ein Dessert aus

TRAUNKIRCHEN

Apfel und Veilchen weist das Küchenteam als große Könner der Patisserie aus. Die Weinkarte wird von Jahr zu Jahr spannender, gleichwohl wird sie locker und ohne Zelebrieren präsentiert. Statt Champagner gibt es Crémant – man ist eines der besten Restaurants des Landes, spielt aber nicht Luxustempel. Auch das macht uns das Bootshaus so unheimlich sympathisch.

à la carte: 18–36 €

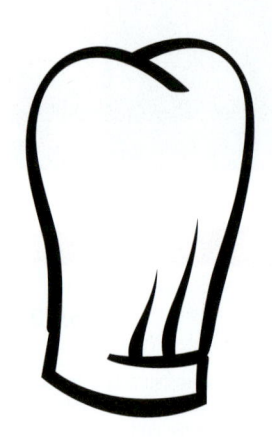

Gault&Millau

Gault&Millau 2020 – alle Ergebnisse ab sofort auch unter www.gaultmillau.at erhältlich

UNTERACH AM ATTERSEE

WIRTSHAUS POSTSTUBE 1327
im Symposion Hotel Post
Koch: Lukas Lepsic

11/20

Tel.: 07617 2307
4801 Traunkirchen
Ortsplatz 5
www.hotel-post-traunkirchen.at
post@traunseehotels.at
täglich 12–21.30 Uhr

Bei unserem Besuch konkurrierten ausgezeichnete Gerichte wie die Sauerkrautsuppe mit Blunzentascherl und Haselnüssen, die Spinatknödel mit Bergkäse oder der gebackene Schweinskopf mit Erdäpfelsalat mit einer zu stark angebratenen Reinanke oder einem sehr durchschnittlichen Wiener Schnitzel. Vielleicht sollte man sich eine Reduzierung des Speisenangebotes überlegen. Dann könnte man die Schwankungen der Küchenleistungen besser in den Griff bekommen. An den aufmerksamen Service und die abschließende Lebkuchenmousse mit Birnenkompott erinnern wir uns gerne.

à la carte: 6,50–19,90 €

OBERÖSTERREICH

UNTERACH AM ATTERSEE | 13

DIE RÖHRE

👍 **Tipp**

Tel.: 0664 1339864
4866 Unterach am Attersee
Eichenweg 1
www.dieroehre.com
mail@dieroehre.com
Mo, Do, Fr 15–22, Sa 9–22, So 9–19.30 Uhr
❄ Mitte Jän.–Mitte März 2020

Bei der Röhre handelt es sich um ein Lokal der anderen Art. Hier vermischt sich Tradition mit angesagten Trends, Bodenständiges harmoniert mit internationalen Einflüssen. Frühstücksliebhaber kommen mit einer breiten Auswahl auf ihre Kosten und auch feinste Kaffeespezialitäten, zeitgemäße Speisen und eine umfangreiche Weinkarte locken zur Einkehr. Als gemütliche Raststation zwischen dem Attersee und dem Mondsee besticht das Lokal auch durch seine einzigartige Architektur.

à la carte: 10–30 €

Besuchen Sie Gault Millau auf facebook.

VORCHDORF

VORCHDORF — I2

SCHLOSS HOCHHAUS — 12,5/20

Koch: Josef Meiseleder

Tel.: 07614 21110
4655 Vorchdorf
Schlossplatz 1
www.schloss-hochhaus.at
gasthaus@schloss-hochhaus.at
Di–Sa 11.30–14 und 17.30–21, So 11.30–14 Uhr

Das malerische Vorchdorfer Renaissanceschloss beherbergt dieses urige Gasthaus mit antikem Interieur, Kachelofen und einem freundlichen Gastgarten. Gemütlichkeit und heimelige Atmosphäre sind somit garantiert, dazu kommt eine solide moderne Wirtshausküche, die hier mit viel Leidenschaft zelebriert wird. Die fein säuerliche Tafelspitzsulz mit Madeiragelee erquickt ebenso wie das Kalbsgulasch mit Wachtelei und flaumigem Serviettenknödel. Ein süßer Abschluss drängt sich auf, das Kürbis-Krokant-Parfait und der gestockte Vanillerahm klingen einfach viel zu verlockend. Durch die nahe Lage zur Autobahn bietet sich das Hochhaus als gediegene „Raststätte" quasi an. Ein Besuch der eindrucksvollen Galerie im ersten Stock des Hauses lohnt sich übrigens auch.

à la carte: 3,80–24,90 €

TANGLBERG — 17,5/20

Koch: Rainer Stranzinger

AMBIENTE AWARD 2011

Tel.: 07614 8397
4655 Vorchdorf
Pettenbacher Straße 3–5
www.tanglberg.at
office@tanglberg.at
nur abends geöffnet

Der Galerist Erich Spitzbart hat das ehemalige Bürgerspital von Vorchdorf in ein weithin gerühmtes Lokal verwandelt. Ganz selbstverständlich ist auch Kunst mit im Spiel, in der Galerie im ersten Stock, die Gästen jederzeit offen steht, wie auch im Restaurant selbst. Man fühlt sich vom Eintreten an wohl, was nicht zuletzt am ausnehmend herzlichen Service liegt. Und dann ist da natürlich Rainer Stranzinger, der seit mehr als zehn Jahren auf gleichbleibend hohem Niveau arbeitet. Sein Stil ist französisch geprägt, er verwendet aber auch gern regionale Zutaten und schließt Asien ebenfalls nicht aus. Ein schöner Beginn war geschmorter Chicorée, mit dem die Küche grüßte. Das Eigentliche begann mit einer wunderbaren Komposition aus Foie gras, Mirabellengelee, Naturkakao, fermentierter Chioggia-Rübe und einem unfassbar guten French Toast. Es folgte ein gelungener Teller aus Salzrhabarber, Jakobsmuschel mit Beluga-Malossol-Kaviar und weißem Spargel, begleitet von einer feinen Mandelvichyssoise. Ebenso stimmig: Bärlauchglace mit grünem Spargel, gebackenem Stundenei und Knoblauchpulver. Als „Pot-au-feu" kam ein Höhepunkt auf den Tisch, der Meer und Innereien zusammenbrachte: Miesmuscheln aus der Bretagne und Kalbskutteln mit Estragon und Champagner. Seine Könnerschaft im Umgang mit Meerestieren bewies Stranzinger beim bretonischen Hummer, dem er durch die Beigabe von gelbem Curry und Bananenmilch noch einen tollen Dreh gab. Wir waren glücklich. Das Dessert aus Zwetschke, Sauerrahm, weißer Schokolade und Camparischaum diente dann nur mehr der Abrundung. Die Weinkarte lässt kaum etwas zu wünschen übrig, die glasweise Weinbegleitung, der wir uns anvertrauten, allerdings auch nicht.

VORDERSTODER — J3

BERGPFEFFER — 11,5/20

Koch: Andreas Eder

Tel.: 07564 20059
4574 Vorderstoder 150
www.bergpfeffer.at
wirt@bergpfeffer.at
Do–Mo 11–14 und 17.30–21 Uhr
je 2 Wochen im Juli und Nov. 2020

Das große Lokal im Stodertal ist bei Einheimischen wie Ausflüglern beliebt. Auf der Karte stehen vom Schnitzel bis zum geschmorten Schulterscherzl viele Wirtshausklassiker. Das angebotene Menü verlockt durch seinen günstigen Preis. Die Schaumsuppe von der Pastinake mit Erbsenpüree und Räucherfischen überzeugte geschmacklich, ratlos stimmte hingegen der Hauptgang: Da kam die Entenbrust neben Erdäpfelnudeln und wässrigem Blattspinat (als „asiatisch" angepriesen, jedoch praktisch ungewürzt) zu liegen. Bei den Grießknödeln war die Welt wieder in Ordnung.

à la carte: 3,60–35 €

WELS

FORTINO ⓝ 14,5/20

Koch: Christoph Parzer

Tel.: 07242 21 18 89
0664 423 17 47

4600 Wels
Europastraße 45

www.fortino.at
info@fortino.at

Einige Jahre lang führte die Familie Grabmer neben ihrer Waldschänke in Grieskirchen auch das Restaurant Fortino im Welser Gewerbegebiet. Nach kurzer Pause konnte mit dem jungen Koch Christoph Parzer, der zuvor in der Klosterstube in Traunkirchen ein hochwertiges Steakkonzept verfolgt hatte, ein Nachfolger für das beste Restaurant von Wels gefunden werden. Erstklassiges vom Rind serviert er auch im Fortino. Das Angebot drumherum ist breit: Es reicht vom Mittagstisch über Snacks – bei den frittierten Calamari und Ährenfischen liegt Wels am Meer – bis zum abendlichen Fine-Dining-Menü. Dass Parzer weit mehr kann als Steaks und darüber hinaus jede Menge andere Ideen hat, bewies er gleich bei den Küchengrüßen. Vor allem die ebenso deftige wie feine Blunzencreme gefiel uns. Eine Spur zu intensiv geriet die Suppe von Traun-Krebsen. Auch der Steinbutt war leider etwas überwürzt. Großartig dagegen der rosa gebratene Rehrücken in pfeffriger Hülle, der von Kirschen, Brennnesseln, Mohn und einem Topfen-Grieß-Knödel begleitet wurde. Sehr solides Handwerk das Dessert „Wald" aus Erdbeeren, Holunderblüten, Fichtenwipfeln und Bergamotte. Fazit: Das neue Fortino ist schon fast so gut wie das alte. Wenn noch an ein, zwei Schrauben gedreht wird, ist nach oben alles offen.

LÖWENKELLER 👍 Tipp

Tel.: 07242 79785
0699 11 14 41 43

4600 Wels
Hafergasse 1

www.loewenkeller.at
cu@loewenkeller.at

Di–Fr 11.30–13.30 und 18–22,
Sa 18–22 Uhr
24. Dez. 2019–7. Jän. 2020

Auch wenn der Name es anders vermuten lässt, sitzt man im Löwenkeller nicht in einem dunklen Kellergewölbe, sondern in einem hellen, ebenerdigen Lokal mit stylischer Atmosphäre. Preiswerte Mittagsmenüs stehen hier ebenso zur Auswahl wie ein Zehn-Gang-Menü am Abend. Die Karte beinhaltet internationale, moderne Gerichte.

à la carte: 6–32 €

OBERMAIRS WIRTSHAUS 👍 Tipp

Tel.: 07242 45689

4600 Wels
Wimpassinger Straße 100

www.gasthaus-obermair.at
office@gasthaus-obermair.at

Mi–Sa 11.30–14 und 17–21.30,
So 11–15 Uhr

Bereits seit 1870 besteht das Gasthaus der Familie Obermaier und wird nunmehr in der vierten Generation geführt. Traditionelle Hausmannskost wird in gemütlichem Ambiente serviert. Dabei werden neben Produkten aus der Region vor allem jene aus der eigenen Landwirtschaft mit Stolz verarbeitet. Eine besondere Spezialität ist der selbst gemachte Most.

à la carte: 7–25 €

Weinguide

Die besten Weine Österreichs im NEUEN Design.

SALZ-
BURG

DIE BESTEN

19/20	♛♛♛♛	**OBAUER** Werfen	Seite 336
18,5/20	♛♛♛	**DÖLLERER** Golling	Seite 305
18,5/20	♛♛♛	**IKARUS** Salzburg	Seite 327
18/20	♛♛♛	**SENNS.RESTAURANT** Salzburg	Seite 330
17/20	♛♛♛	**GLASS GARDEN** Salzburg	Seite 324
17/20	♛♛♛	**MESNERHAUS** Mauterndorf	Seite 316
17/20	♛♛♛	**SONNHOF** St. Veit im Pongau	Seite 334

LANDKARTE

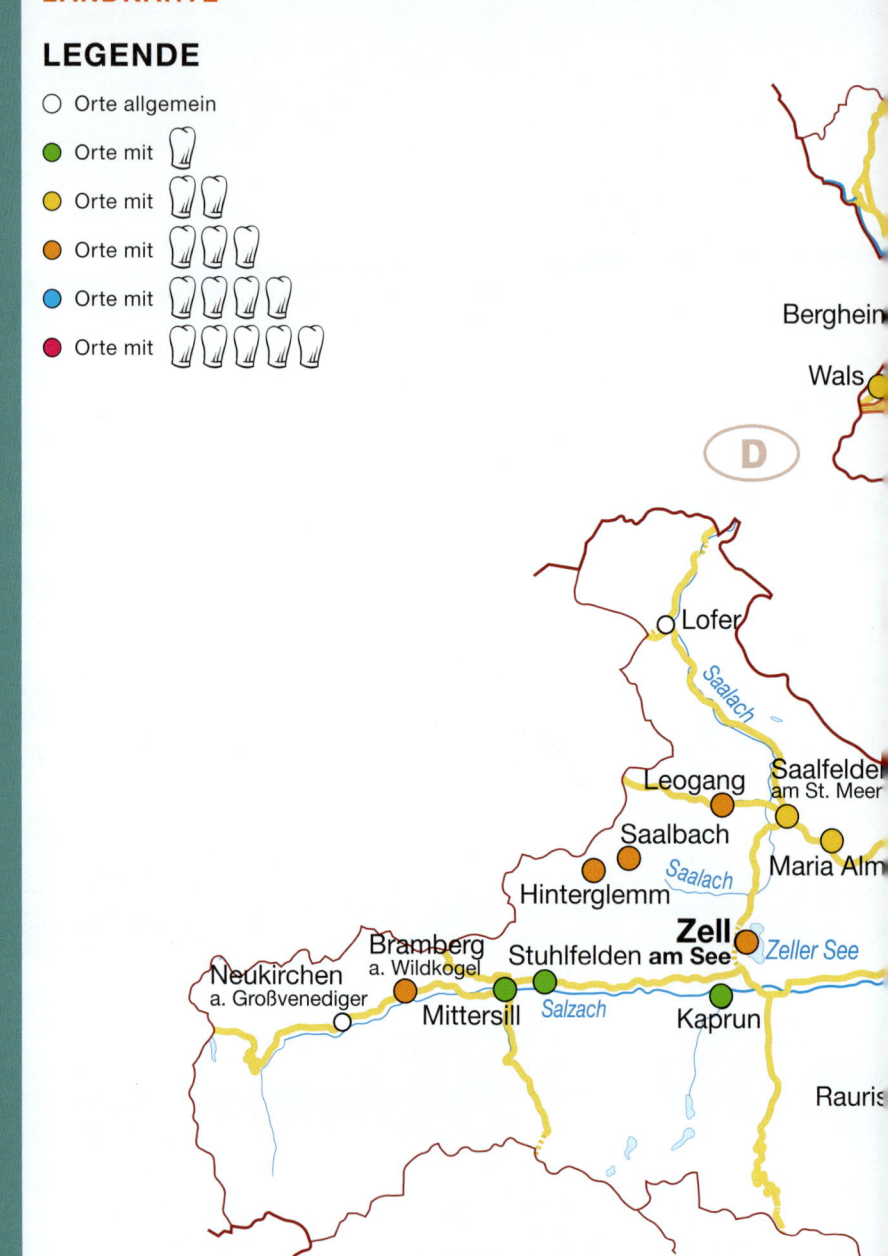

LEGENDE

- ○ Orte allgemein
- 🟢 Orte mit 🎩
- 🟡 Orte mit 🎩🎩
- 🟠 Orte mit 🎩🎩🎩
- 🔵 Orte mit 🎩🎩🎩🎩
- 🔴 Orte mit 🎩🎩🎩🎩🎩

Bergheim

Wals

D

Lofer

Saalach

Leogang

Saalfelden am St. Meer

Saalbach

Hinterglemm

Saalach

Maria Alm

Bramberg a. Wildkogel

Stuhlfelden

Zell am See

Zeller See

Neukirchen a. Großvenediger

Mittersill

Salzach

Kaprun

Rauris

LANDKARTE

SALZBURG

ALTENMARKT

ALTENMARKT   J4

MARKTERWIRT   👍 Tipp

Tel.: 06452 5420
0664 106 1678

5541 Altenmarkt
Marktplatz 2

www.markterwirt.at
info@markterwirt.at

Im Markterwirt hat man die Qual der Wahl, wo man essen möchte. Da gäbe es etwa die traditionelle urige Gaststube, die hauseigene Bar Alpenbierwirt mit Gastgarten und im Winter sogar noch das Gwölbl's Steak & Pizza House. Man kann sich hier allerdings nie falsch entscheiden, denn das Ambiente ist überall stimmungsvoll und die Atmosphäre familiär. Tadellose österreichische Klassiker und eine breite Auswahl bester Biere sorgen stets für unbeschwerten Genuss.

à la carte: 4–39,50 €

ANIF   H3

FRIESACHER   12/20

Koch: Bernhard Hauser

Tel.: 06246 8977

5081 Anif
Hellbrunner Straße 17

www.friesacher.com
office@friesacher.com

täglich 11.30–22.15 Uhr

Segafredo

Der Friesacher befindet sich bereits in sechster Generation in der Hand der gleichnamigen Familie und ist seit Jahren ein gutes Beispiel für erstklassige Traditionsküche in Verbindung mit heimeliger Gastlichkeit. Die Stuben sind sehr gepflegt, der Gastgarten stellt im Sommer eine richtige Idylle dar. Der Schwerpunkt liegt auf österreichischen Speisen, die mit zeitgemäßen Elementen kombiniert werden. Ganz klassisch zeigte sich noch die lauwarme Kalbszunge mit Gemüsevinaigrette. Die folgenden Medaillons vom Hirschkalb mit Balsamicokraut und Hollergnocchi bewiesen aber durchaus einen Hauch an kulinarischem Esprit. Das Kraut war sämig und geschmackvoll, die Gnocchi mit Holunder eine wunderbar passende Begleitung. Die Desserts dann wieder traditionell: Gegen einen gut gemachten Kaiserschmarren ist aber auch wirklich nichts einzuwenden.

à la carte: 10–30 €

ANIF

SCHLOSSWIRT ZU ANIF 11/20

Koch: Walter Seelos

In diesem historischen Gasthof mit der urigen Stube bietet die Speisekarte das Beste aus der Region – unprätentiös und klassisch. Auf unnötigen Schnickschnack auf dem Teller wird bewusst verzichtet. Backhendl und Schnitzel kommen mit perfekt knuspriger Panier daher, die Anifer Festtagssuppe ist als Vorspeise sowieso ein Muss. Abwechslung bieten die Themenwochen, die sich mit Lamm-, Wild-, Spargel- oder Ganslschwerpunkt an die jeweilige Saison anpassen.

Tel.: 06246 72175
5081 Anif
Salzachtalbundesstraße 7
www.schlosswirt-anif.at
info@schlosswirt-anif.at
Di–Sa 11.30–14 und 18–21 Uhr
2 Wochen im Jän. 2020

HOTEL UND RESTAURANT HUBERTUSHOF Tipp

Die Küche des Hubertushofs ist abwechslungsreich und begeistert mit heimischen Köstlichkeiten zu jedem Anlass. Während der Schwerpunkt auf regionaltypischen Gerichten liegt, ist der Hang zu mediterranen Aromen und anspruchsvoller Zubereitung unverkennbar. Neben traditionellen Klassikern finden sich auch kreative Gerichte auf der Karte. Die Preise sind zwar im höheren Segment angesiedelt, decken sich aber mit der gebotenen Qualität. Das Ambiente ist sehr gemütlich und gepflegt, an Sommertagen genießt man die schöne Terrasse mit Naturkulisse.

à la carte: 4,50–30,90 €

Tel.: 06246 8970
5081 Anif
Alpenstraße 110
www.hubertushof-anif.at
hotel@hubertushof-anif.at
Mo–Sa 11.45–13.45 und 18–21.30, So, Fei 11.45–14.15 und 18–21.15 Uhr
1 Woche im Feb. und 3 Wochen im Juli 2020

Bewertungen NEU

11 bis 12,5 Punkte: 1 Haube
13 bis 14,5 Punkte: 2 Hauben
15 bis 16,5 Punkte: 3 Hauben
17 bis 18,5 Punkte: 4 Hauben
19 bis 19,5 Punkte: 5 Hauben

ANNABERG

ANNABERG   H3

WINTERSTELLGUT   15,5/20

Auf einem sonnigen Hochplateau mit herrlichem Bergpanorama liegt das Winterstellgut von Red-Bull-Chef Dietrich Mateschitz. Wo früher einmal Lastpferde überwinterten, können die Gäste heute in den gemütlichen Stuben oder auf der geräumigen Terrasse ganztägig die bodenständigen Gerichte der hervorragenden Küche genießen. Nach Begrüßung mit einem feinen Happen Erbsen-Bärlauch-Quiche waren wir vom gebackenen Kalbskopf mit Rahmgurken und Knoblauchmayonnaise begeistert. Erstklassig war das gebratene zarte Saiblingsfilet aus der eigenen Fischerei mit vorzüglichem Kräuterrisotto, Erbsen und Ofentomaten. Bestes vom Wild, Schwein, Geflügel und Lamm rundet das tadellose Angebot mit sehr guter Qualität ab. Etwas Besonderes ist das deftige Dreierlei von der Blunzen auf Rahmsauerkraut und Erdäpfel-Senf-Schaum. Ein besonderer Genuss zum Abschluss waren die luftigen Topfenknödel mit Butterbröseln und marinierten Erdbeeren. Die Weinkarte ist mit vielen Raritäten klug zusammengestellt. Gute Stimmung verbreitet auch der freundliche und kompetente Service.

Tel.: 06463 60078
5524 Annaberg
Braunötzhof 4
www.winterstellgut.at
willkommen@winterstellgut.at
Mi–So, Fei

BAD GASTEIN   H4

WINDISCHGRÄTZHÖHE ᴺ   11/20
Koch: Florian V. Speckle

Hoch über Bad Gastein liegt dieser Almgasthof mit großem, rustikal eingerichtetem Raum. Die Atmosphäre ist locker, die Qualität der Gerichte ordentlich. Die kleine Karte bietet Rustikales und Originelles wie Bergsteiger-Polenta oder Blutwurst mit Zwiebelpanade, gratiniertes Schweinskotelett in Bratensauce, Huhn im Topf oder Forelle in Folie gegart und mit Kräutern serviert. Beilagen wie Frühkartoffeln, buntes Röstgemüse, Kartoffel-Sellerie-Stampf, Speckkraut oder cremige Polenta können beliebig kombiniert werden. Als Dessert zu empfehlen: Milk Bars' Panna cotta mit Cornflakes.

à la carte: 10–35 €

Tel.: 0660 149 30 98
5640 Bad Gastein
Schachenweg 2
www.windischgraetzhoehe.com
almgasthof@windischgraetzhoehe.com
So–Mo 12–23 Uhr
variabel

BAD HOFGASTEIN

H4

BERTAHOF
11,5/20

Tel.: 06432 7608
5630 Bad Hofgastein
Vorderschneeberg 15
www.bertahof.at
landgasthof@bertahof.at
Mo–Di, Do 17.30–21, Fr–So
11.30–13.30 und 17.30–21 Uhr
✱ variabel

In der gemütlichen Stube oder auf der Terrasse genießen die zahlreichen Gäste seit vielen Jahren die verlässlich gute Küche. Das Gedeck mit feinem Spargel- und Schmalzaufstrich kann wahlweise bestellt werden. Die stimmig zusammengestellte Karte bietet gebratene Forelle, Hendlbrust und dry-aged Biobeef mit T-Bone-, Rib-Eye- und Porterhaus-Steaks. Sehr gut auch die Ochsenschwanzbouillon mit Grießnockerl. Rosa und knusprig das Zweierlei von der Bauernente mit Rhabarber, karamellisierter Zwiebelsauce und Erdäpfel-Wildkräuter-Roulade. Köstlich die abschließende Schokolademousse. Gute Aperitif- und Weinauswahl.

à la carte: 18–32 €

BAD VIGAUN

H3

KELLERBAUER
14/20

Koch: Alexander Rettenbacher

Tel.: 06245 83474
5424 Bad Vigaun
Kellerbauerweg 41
www.kellerbauer.at
info@kellerbauer.at
Do 17–21.30, Fr 12–21.30 Uhr
✱ variabel

Unweit der Bundesstraße und doch friedlich und abseits vom Trubel liegt der gemütliche Kellerbauer und verspricht kreative Küche. Wir wählten das fünfgängige Menü, das vielversprechend mit einem geräucherten Wachtelbrüstchen, begleitet von einer Terrine von Wachtelsulz, Gänseleber und mariniertem Kohlrabi startete. Wunderbar ging es weiter mit der so leichten wie geschmackvollen weißen Spargelsuppe mit Bärlauchöl und knuspriger Tempuragarnele. Die geflämmte Jakobsmuschel mit Frühlingskräuterpüree, Meeresspargel und Flusskrebsschaum punktete vor allem durch die sautierten Calamari und die hohe Produktqualität, die die durchaus hohen Preise zumindest zum Teil erklärt. Das zarte und perfekt gebratene Rindsfilet mit Spargel und Sauce hollandaise war tadellos. Die Mousse von der Ruby-Schokolade mit Rhabarber, Bananensorbet und Waldmeister-Marshmallow war witzig und gut. Die Weinkarte zeigt spannende Ansätze, ist aber noch ausbaufähig. Der Service war flott, kompetent und überaus freundlich.

à la carte: 6–33 €

LANGWIES
11/20

Koch: Christoph Braun

Tel.: 06245 89 56
5424 Bad Vigaun
Langwies 22
www.langwies.at
hotel@langwies.at
Mo, Mi–Fr 17–22,
Sa, So und Fei 11.30–22 Uhr

Abseits des Trubels der Stadt ist das Langwies ein wunderbarer Zufluchtsort für Kurgäste, Einheimische und Ausflügler. Ein idyllischer Ort, an dem man sich rundum wohlfühlen kann. Die Küche bemüht sich, den unterschiedlichen Ansprüchen der Gäste gerecht zu werden. Für wenig Entschlussfreudige empfehlen wir das drei- oder viergängige Genussmenü mit saisonalen Highlights. Das À-la-carte-Angebot ist mehr als umfangreich. Herrlich das Ochsencarpaccio, Steaks aus der eigenen Landwirtschaft und die hervorragenden Salzburger Nockerln sind dank sorgfältiger Zubereitung ein wahrer Genuss. Erfreulich sind auch die übersichtliche Weinkarte und die Bierauswahl.

à la carte: 11–32 €

MEIN WUNDERBARER *Kochsalon*
www.martinahohenlohe.com

BERGHEIM BEI SALZBURG

BERGHEIM BEI SALZBURG — H3

GENUSSDORF GMACHL   12/20
Hotel & Spa
Köche: Gottfried Gölz & Andreas Krebs

Tel.: 0662 4521 24-0
5101 Bergheim bei Salzburg
Dorfstraße 35
www.gmachl.at
info@gmachl.at
täglich 11.45–13.45 und 18–21.30 Uhr
※ März und Weihnachten 2020

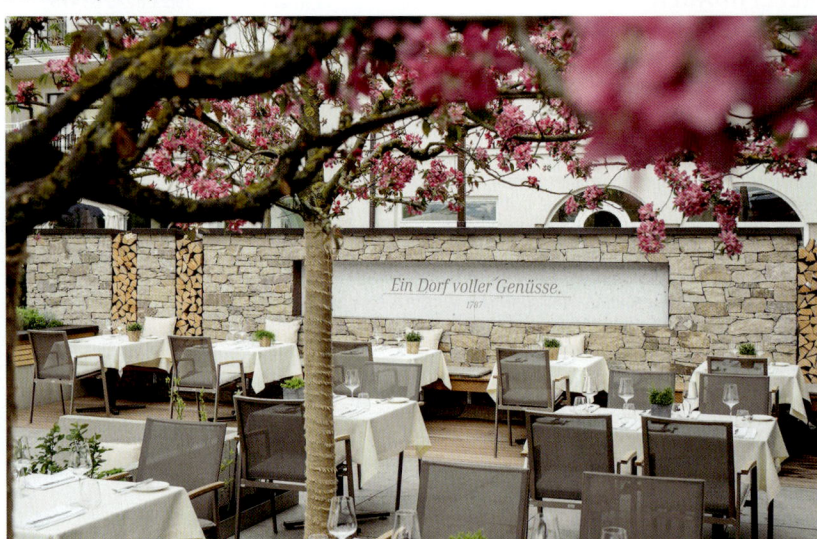

Beim Besuch des bereits in siebter Generation geführten Familienbetriebs ist die Leidenschaft zum Beruf unverkennbar. Wir hatten Glück, ein Plätzchen im gepflegten Gastgarten zu ergattern. Schon beim Stöbern in der Speisekarte fällt das Leitmotiv der Küche ins Auge: traditionelle Gerichte mit viel Raffinement und mediterranen Einflüssen zeitgemäß adaptiert. Die sautierten Eierschwammerl mit Burrata und Basilikumeis waren nicht nur eine erfrischende Kombination, die Verarbeitung von qualitativ hochwertigen Produkten machte sich hier definitiv bezahlt. Dass das Küchenteam auch mit klassischen Speisen umgehen kann, zeigte der mürbe Zwiebelrostbraten, der von cremigem Erdäpfelstampf begleitet wurde. Weil gerade Saison war, kamen wir nicht daran vorbei: Die Marillenknödel mit Minz-Panna-cotta waren köstlich. Die etwas längere Wartezeit zahlte sich aus.

à la carte: 6,60–24,90 €

BRAMBERG AM WILDKOGEL — F4

WEYERHOF ⓝ   15,5/20
Köche: Andreas Stotter & Franz Meilinger

Tel.: 06566 7238
5733 Bramberg am Wildkogel
Weyer 9
www.weyerhof.at
info@weyerhof.at

Der historische Weyerhof hat von Jugendherberge auf hochklassige Traditionsküche und neuerdings auch Fine-Dining-Carte-blanche umgesattelt. Am Herd: Juniorchef Franz Meilinger, der noch im alten Steirereck kochte, und Andreas Stotter, vormals Heinz Reitbauers Souschef im Stadtpark, der hier das Einlegen, Fermentieren und Trocknen zelebriert. Die Gäste speisen in mehreren alten Stuben und wählen von der Klassikerkarte oder der Tageskarte. Oder aber entscheiden sich gegen Voranmeldung für die Carte blanche, die wir genossen haben. Amuses wie ein gefülltes Säckchen aus Rotkraut-„Leder" oder ein Happen aus Sauerkrautbaiser mit Grammelschmalz machen die Ambitionen deutlich. Hirschtatar wird mit kühl sauer-saftig aufploppenden Preiselbeeren sowie knusprigen getrockneten Heidelbeeren, Zirbenöl und Steinpilzen kombiniert. Geschmorte Rindsrippe kommt mit mehrerlei Pastinaken, Tannenwipfeln und schwarzem Knoblauch. Aufzustocken wäre der Weinkeller – die Auswahl gibt sich derzeit noch zu konturlos für eine so naturnahe und zeitgeistige Küche.

ELIXHAUSEN   H3

ROMANTIK HOTEL GMACHL ELIXHAUSEN   12/20

Koch: Christian Kastenmeier

Tel.: 0662 480212
5161 Elixhausen
Dorfstraße 14
www.gmachl.com
romantikhotel@gmachl.com
täglich 11.30–21 Uhr

Segafredo

Im ältesten Familienbetrieb Österreichs ist die Zeit nicht stillgestanden. Der barocke Stil der Stuben zeugt noch von früher, im gesamten Betrieb spielt allerdings die Verknüpfung von Tradition und Moderne eine große Rolle. Dies zieht sich auch durch die Speisekarte. Küchenchef Christian Kastenmeier setzt bodenständige Kreativküche mit regionalem Schwerpunkt um. Wer Lust auf eine etwas andere Vorspeise hat, wählt die marinierte Gelbschwanzmakrele mit asiatischem Salat. Auch der knusprige Schweinsbauch hält, was er verspricht. Bei den Desserts kann man nichts falsch machen, der Kaiserschmarren gerät hier stets besonders flaumig. Gutes Weinangebot, das allerdings nicht sehr gästefreundlich kalkuliert ist.

à la carte: 6–56 €

EUGENDORF BEI SALZBURG   H3

HOTEL-RESTAURANT AM HOCHFUCHS   👍 Tipp

Tel.: 06225 8289
5301 Eugendorf bei Salzburg
Bergweg 2
www.hochfuchs.at
office@hochfuchs.at
Mi–Do 15–21, Fr–So 11.30–14 und 19–21 Uhr
variabel

Der Küchenchef Michael Oberreiter serviert im Restaurant am Hochfuchs traditionelle Küche mit modernen und mediterranen Einflüssen. Neben Wirtshausklassikern gibt es ein Fischmenü, beim Hauptgang wird der Ochse in verschiedenen Gerichten „nose to tail" angeboten und auch für den kleinen Hunger oder die Jause zwischendurch findet man hier etwas Passendes.

à la carte: 12–30 €

FILZMOOS

FILZMOOS   I4

DAS MAIER   16/20

Köchin: Johanna Maier

JOHANNA MAIER, KÖCHIN DES JAHRES 1996

Johanna Maier kocht immer noch sehr gut. Doch während hier früher ein kulinarisches Hochamt zelebriert wurde, herrschen heute etwas bodenständigere Verhältnisse vor. Der Bachsaibling mit Melone war auf den Punkt getroffen, die Kombination aus Garnele, Jakobsmuschel, Fenchelfond und gebackener Zucchiniblüte ein gelungenes Geschmackserlebnis. Routiniert zubereitet kam der rosa gebratenen Rehrücken zu Tisch, dazu gab es einige Eierschwammerl und ein paar Herzkirschen. Alles ausgezeichnet, aber ohne jenen außergewöhnlichen Drive, der die sympathische Köchin vor über zwanzig Jahren zu unsere Köchin des Jahres werden ließ. Bei den Desserts überzeugten die Waldbeeren mehr als die zu süße Kuppel aus Schokolade, Heumilch und Cassis. Ein Ort für avantgardistische Weinbegleitungen war dieses Restaurant noch nie, aber ein bisschen bunter und breiter dürfte das Angebot unserer Meinung nach schon sein, denn das würde sich die Küche von Johanna Maier nach wie vor verdienen.

Tel.: 06453 8204
5532 Filzmoos
Am Dorfplatz 1
www.dasmaier.at
hotel@dasmaier.at

FLACHAU   H4

HOAGASCHT   Tipp

Das Hoagascht bietet seinen Gästen eine kulinarische Symbiose von Pongauer Wirtshausküche und asiatischen Aromen. Immer auf der Suche nach neuen Kreationen, sorgt das ambitionierte Küchenteam für reichlich Abwechslung und wahre Gaumenfreuden. Dass es sich bei Kimchisuppe mit Fleischstrudel um eine gewagte Komposition handelt, steht außer Frage, geschmacklich kommt man jedoch voll auf seine Kosten. Der umfunktionierte Kuhstall sorgt für Geborgenheit und gemütliches Ambiente.

Tel.: 06457 32490
5542 Flachau
Flachauer Straße 14
www.hoagascht.at
hoagascht@sbg.at

FUSCHL AM SEE   H3

BRUNNWIRT   15,5/20

Koch: Johannes Brandstätter

Der Brunnwirt ist ein echtes Family Business: Johannes Brandstätter hat in der Küche das Sagen, die Damen an seiner Seite (Frau und Tochter) schupfen liebevoll und sympathisch den Service. Das Restaurant, an der Wolfgangsee Bundesstraße und direkt am Fuschlsee gelegen, ist mit seinem herrlichen Gastgarten mit Seeblick seit vielen Jahren ein Klassiker in der Region. Die Küchenlinie ist traditionell, das Team versteht es, aus hochwertigen Produkten und mit handwerklicher Perfektion das Beste herauszuholen. Dabei ist man allerdings kaum der Region verhaftet, sondern macht oft Ausflüge ans Meer (Oktopus, Jakobsmuscheln oder schottischer Lachs). Wir kosteten eine wärmende, wohlige und trotzdem leichte Karotten-Kokos-Suppe, die mit subtiler Schärfe punktete. Recht üppig kamen die mit Sellerie und Ei gefüllten Ravioli auf Zwiebelconfit daher. Tadellos war der Wildfang-Steinbutt auf ganz feinen Linsen und würzigem Speck. Die Weinkarte ist stimmig und listet neben den bewährten heimischen Größen auch ein paar spannende Sidesteps.

à la carte: 13–28 €

Tel.: 06226 8236
5330 Fuschl am See
Wolfgangseestraße 11
www.brunnwirt.at
office@brunnwirt.at
Di–Sa 18–20.30 Uhr

Bei der Zusammenstellung dieses Führers ließen wir größtmögliche Sorgfalt walten, trotzdem können Daten falsch oder überholt sein. Eine Haftung können wir auf keinen Fall übernehmen.

GOLLING

GOLDEGG AM SEE   H4

HECHT!   15/20
im Hotel Der Seehof
Koch: René Leitgeb

Tel.: 06415 81370
5622 Goldegg am See
Hofmark 8
www.derseehof.at
office@derseehof.at
täglich 12–14 und
18.30–21.30 Uhr
bis 27. Nov. 2019

HOTEL DES JAHRES 2017

Hier wird Überzeugung gelebt. Die Zutaten stammen aus Betrieben in einem Umkreis von 120 Kilometern. Jedes Tier wird komplett verarbeitet, der Schwerpunkt, nicht nur mit „Edelteilen" zu kochen, ergibt sich somit von selbst. Hotelier Sepp Schellhorn nennt das übrigens recht treffend „enkeltauglich". Er schafft Arbeitsplätze für Flüchtlinge und unterstützt zeitgenössische Künstler, die sein jahrhundertealtes Gebäude lebendig erhalten. René Leitgeb ist ein Küchenchef, der diese sympathische Linie kulinarisch konsequent umsetzt. Seine Gerichte haben Bodenhaftung und Kraft. Die fein säuerliche Schottsuppe (mit dem Pinzgauer Magermilchkäse Schotten) hatte Frühlingszwiebeln als Kontrast. Der gebratene Saibling lag in einem exzellenten Safransud. Zart der Rücken eines Goldegger Biokalbs. Und wer Kalbsniere im Fettrand auf der Karte findet und nicht bestellt, ist selbst schuld. Wunderbar reintönig der Mohnguglhupf, exotisch ein Eis mit Buchweizenaroma. Die Weinkarte bietet viele Natural- und Orange wines.

à la carte: 11–32 €

GOLLING   H3

DÖLLERER   18,5/20
Genießerrestaurant
Koch: Andreas Döllerer

Tel.: 06244 42200
5440 Golling
Markt 56
www.doellerer.at
office@doellerer.at
Di–Fr 18–21.30, Sa 12–21.30 Uhr

ANDREAS DÖLLERER, KOCH DES JAHRES 2010
CHRISTL DÖLLERER, SERVICE AWARD 2014
LEBENSWERK FÜR HERRN HERMANN DÖLLERER

„Göllüberquerung" und „Oberjoch" – zwei Wanderungen im Tennengebirge unweit von Golling – sind die Namensgeber der Menüs aus Andreas Döllerers Cuisine Alpine. Eigentlich sollte es dem Gast beim Gedanken an die Besteigung der Gipfel die Schweißperlen auf die Stirn treiben. Er darf sich aber wohlig zurücklehnen und bereits mit den Amuse bouches, alle auf Steine gebettet, jene spannenden Dinge genießen, die ihm sonst im Laufe der Wanderung am Wegrand begegnen. Nach dieser ersten Stärkung startet mit der Vorspeise der (sinnbildliche) Anstieg: ein marinierter Bluntau-Saibling samt der feinen Säure der Fingerlimette, in einem dichten Krebsdashi schwimmend. Zum Niederknien. Die nächste Station und ein herrlich erdiges Vergnügen: mürbe Short Rib vom Holzkohlengrill mit Selleriewurzel und Kren. Und weil die Wanderung schon ein wenig dauert, wird zwischendurch eine köstliche Jause mit Rohmilchbutter, Hirschschinken und einem kleinen Brotlaib aus Waldstaudenmehl ausgepackt. Bereit zur nächsten Etappe: grüner und weißer Spargel mit Ochsenmarkscheibe und Kaviar von Walter Grüll aus dem nahen Grödig. Danach geflämmte Bachforelle im Rotkrautsaft mit Bergwacholder. So geht es mühelos bergauf. Als Wegzehrung zwischendurch ein zartes Milchkalbsbries mit noch feinerer Erdäpfelmousseline und hauchdünn geschnittenem Räucheraal – was für eine Kombination! Am Gipfel wartet die langsam gegarte Brust vom Tauernlamm mit säuerlichen und knusprigen Wiesenchampignons. Bevor es (leider) wieder ins Tal geht, gibt es süße Alpenmilch und Latschenkiefer. Mit ausreichend Trinkwasser wird der Gast während der Wanderung selbstverständlich versorgt. Doch ohne die kongeniale Weinbegleitung von Master-Sommelier Alexander Koblinger wäre die Göllüberquerung nur die halbe Freude. Ein Bravo für die stimmigen Eindrücke aus der Gollinger Bergwelt, umgesetzt in Döllerers eigener, sensibler Art.

à la carte: 26–69 €

GRÖDIG

DÖLLERERS WIRTSHAUS
Genießerhotel

14,5/20

Tel.: 06244 4220
5440 Golling
Markt 56
www.doellerer.at
office@doellerer.at

Was unterscheidet ein Toprestaurant von seinem volkstümlichen Ableger? Beim Döllerer beginnt es mit dem Namen. Die Nummer zwei heißt Wirtshaus und ist unter Gewölben auch so gestaltet, mit Holzbänken, ungedeckten Holztischen und gemalten Szenen an den Wänden, die an die Tradition des Betriebes seit 1909 erinnern. Das Essen kommt aus derselben Küche, aber die Linie ist doch ganz anders. Deftiges wie Blunze in knusprigem Brot eingebacken ist rustikal und genial zugleich. Noch kräftiger dann der Pinzgauer Schotten (eine regionale Käsespezialität) über wunderbar lockere Nockerl gerieben. Die Kalbsleber zart im dichten Saft, die Lammschulter mürbe geschmort, wieder in wohlschmeckender Sauce. Das ist traditionelles Essen in Vollendung. Der flaumige Knödel bekam Nougat als Kern, richtig gut ein Bratapfeleis zur gebrannten Vanillecreme. Ein bisschen Kreativität darf schließlich auch im Wirtshaus sein. Der Service ist flott und freundlich und der unglaublich toll bestückte Weinkeller steht einem auch als Wirtshausgast offen.

GASTHAUS ADLER
Koch: Rupert Eibl

pop **11/20**

Tel.: 06244 4795
0664 543 13 90
5440 Golling
Markt 58
www.adler-golling.com
restaurant@adler-golling.com

Gut, dass man im Adler in Golling wieder gut essen kann. Die lauwarme Jakobsmuschel mit Hummus, die Karotten-Ingwer-Suppe mit Scampi, der Kabeljau mit Safransauce, die Nudeln mit Wildfleisch oder die Steinpilztaschen mit Nussbutter gelangen diese Saison schon ausgezeichnet. Etwas Aufholbedarf gibt es noch beim leider nicht knusprigen Schweinsbrustwürfel mit lauwarmem Radi und überraschenderweise auch beim lieblos zubereiteten Wiener Schnitzel. Die Weinkarte ist recht interessant, das Angebot an Desserts eher nicht.

à la carte: 5–35 €

GRÖDIG · G3

GRÜLL BISTRO

👍 **Tipp**

Tel.: 06246 75492
5082 Grödig
Neue-Heimat-Straße 13
www.gruell-salzburg.at

Wen es nach frischem Fisch gelüstet, der ist im Grüll Bistro goldrichtig. Das an den Familienbetrieb mit Fischzucht angeschlossene kleine Bistro mit täglich wechselnden Gerichten ist schon lange kein Geheimtipp mehr. Aber nicht nur Fisch, Austern und Kaviar sind hier von bester Qualität, sondern auch die Auswahl der Weine überzeugt.

GROSSARL · H4

GROSSARLER HOF
Jagastub'n

👍 **Tipp**

Tel.: 06414 8384
5611 Großarl
Unterbergstraße 76
www.grossarlerhof.at
info@grossarlerhof.at
täglich 12–13.30 und 18.30–20.30 Uhr
✱ bis 29. Nov. 2019

Im À-la-carte-Restaurant des Großarler Hofs findet die Salzburger Genusskultur einen perfekten Rahmen und offeriert eine zeitgemäße Umsetzung traditioneller Speisen. Der hauseigene Weinkeller bietet eine hervorragende Auswahl an edlen Weinen, mit denen das Essen gleich noch einmal so gut schmeckt. Das Ambiente in der Stube ist nostalgisch, rustikale Stühle, ein Kachelofen und Jagdtrophäen an den Wänden schaffen Behaglichkeit und schrauben den Gemütlichkeitsfaktor hoch hinauf.

à la carte: 4,90–32 €

HALLEIN

HALLEIN — H3

TORO TORO
Köchin: Gisela Reitsamer

13/20

Tel.: 06245 84223
0664 5308219

5400 Hallein
Schloss-Altendorff-Straße 2

www.toro-toro.at
info@toro-toro.at

Di–Sa 18–1 Uhr
variabel

Fackeln erleuchten den Weg zum früheren Pferdestall eines erzbischöflichen Jagdschlosses. Spanische Kellner begrüßen aufs Herzlichste, die Gewölbe sind bunt dekoriert. Vor allem Paare gehen gerne ins Toro Toro, wohl um einen romantischen Spanienurlaub aufzuwärmen. Die Karte animiert mit hohen Preisen bei Einzelgerichten dazu, ein acht- oder zwölfgängiges Menü zu wählen. Die Küche ist spanisch, österreichisch angepasst. Laut Eigenwerbung soll der Fisch ganz frisch sein, was man nicht immer glauben mag. Erfreulich breit die Weinkarte. Ein Gute-Laune-Lokal mit abwechslungsreicher Küche.

à la carte: 22–30 €

Bewertungen NEU

11 bis 12,5 Punkte von 20 Punkten: 1 Haube

13 bis 14,5 Punkte von 20 Punkten: 2 Hauben

15 bis 16,5 Punkte von 20 Punkten: 3 Hauben

17 bis 18,5 Punkte von 20 Punkten: 4 Hauben

19 bis 19,5 Punkte von 20 Punkten: 5 Hauben

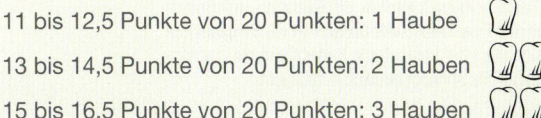

HALLEIN-TAXACH

DIE GENUSSKRÄMEREI HALLEIN 👍 Tipp

In der neuen Location der Genusskrämerei gelingt es, modernen Esprit und altes Ambiente zu vereinen. Für die kulinarischen Anreize sorgen Mutter und Sohn Priewasser, die von früh bis spät, beim Frühstück, Mittag- oder Abendessen für das kulinarische Verwöhnprogramm sorgen. Die kreative Küchenlinie begleiten ausgesuchte Weine und Spirituosen, ein im Restaurant ansässiger Feinkostladen bietet Köstlichkeiten zum Mit-nach-Hause-Nehmen.

Tel.: 0664 7503 22 36
5400 Hallein
Gollinger-Tor-Gasse 1
www.genusskraemerei.at
office@genusskraemerei.at
Di–Fr 9–22, Sa 9–14 Uhr

© Die Genusskrämerei

HALLEIN-TAXACH H3

HOHLWEGWIRT 11,5/20

Köche: Ernst & Biljana Kronreif

Er ist Wirt aus Leidenschaft und Überzeugung. Mit viel Engagement führt Ernst Kronreif den Hohlwegwirt, der mehr zu bieten hat, als man sich von einem einfachen Landgasthaus gemeinhin erwarten darf. Da wären die selbst gemachten Pasteten und Terrinen, eine Spezialität des Hauses. Die Hirschrückenpastete mit Preiselbeermarmelade war wirklich fein abgeschmeckt. Sehr gut zusammengestellt ist auch die restliche Speisekarte, die eine Auswahl traditioneller Gerichte mit gelegentlichen Ausflügen in den mediterranen Raum bereithält. Intensiv die Rindsuppe mit Butternockerl, herrlich frisch die Fische und Flusskrebse. Als Dessert ist der Eisgugelhupf fast ein Muss. Erwähnenswert sind auch der kompetente Service und die umfangreiche Weinauswahl, die über das übliche Angebot deutlich hinausgeht.

à la carte: 9,50–29,50 €

Tel.: 06245 824 150
5400 Hallein-Taxach
Salzburger Straße 84
www.hohlwegwirt.at
gasthof@hohlwegwirt.at
Di–Sa 12–14.30 und 18.30–22,
So 12–14 Uhr
✲ Mo, Di mittags

Bei der Zusammenstellung dieses Führers ließen wir größtmögliche Sorgfalt walten, trotzdem können Daten falsch oder überholt sein. Eine Haftung können wir auf keinen Fall übernehmen.

HENNDORF AM WALLERSEE

HALLWANG/SALZBURG
H3

PFEFFERSCHIFF ZU SÖLLHEIM
16,5/20

Koch: Jürgen Vigne

Tel.: 0662 661242
5300 Hallwang/Salzburg
Söllheim 3
www.pfefferschiff.at
restaurant@pfefferschiff.at
Di–Fr 18–21.30, Sa 12–14 und 18–21.30 Uhr

Ein wenig außerhalb von Salzburg, in einem unter Denkmalschutz stehenden alten Mesnerhaus findet sich das Restaurant Pfefferschiff von Iris und Jürgen Vigne. Im Inneren prasselt auf den Gast zunächst eine Vielzahl an Eindrücken ein – eine Vitrine mit Uhren im Entree etwa oder Musikberieselung mit Oldies in schrägen Easy-Listening-Versionen. Als passionierter Esser blendet man diese Nebengeräusche aus, schließlich ist man wegen der viel gerühmten Küche des Patrons gekommen. Manches ist international inspiriert, er konzentriert sich aber überwiegend auf die Verarbeitung regionaler Produkte. Wie toll ihm das gelingt, zeigten schon die Küchengrüße, etwa in Gestalt und Geschmack einer sündhaft guten Lammpraline. Auf der Karte stehen drei Menüs, eines davon vegetarisch, wir kosteten uns quer durch. Die Gänseleber kombinierte Vigne mit der Süße der Kirsche und dem leicht bitteren Geschmack von Kaffee – ziemlich wuchtig und großartig. Noch mehr Rums machte der Gang aus Oktopus und Chorizorisotto. Umso leichter und dezenter, dafür sehr stimmig die Erbsenkaltschale mit Buttermilch und Minze, die als vegetarischer Zwischengang gereicht wurde. Beim fleischlosen Menü gefiel uns auch der Hauptgang gut, eine frühlingshaft-leichte Tarte, gefüllt mit Tomaten und Burrata – einfach, ja, aber halt perfekt gemacht und somit ein Gedicht. Sehr gediegen der Maibock mit Pastinake und Mispel aus dem Menü „Pfefferschiff". Die Mispel stand auch im Mittelpunkt des Desserts, bei dem weiters Shiso-Kraut, Salzburger Sake und Reismaische zum Einsatz kamen. Hört sich etwas konfus an, wurde von der Küche aber zu einem sehr harmonischen Abschluss kombiniert. Auch die Weinauswahl kann sich sehen lassen.

à la carte: 28–49 €

HENNDORF AM WALLERSEE
H3

WEYRINGER WALLERSEE
16,5/20

Koch: Emanuel Weyringer

Tel.: 06214 61872
0664 1526218
5302 Henndorf am Wallersee
Fenning 7A
www.weyringer-wallersee.at
office@weyringer-wallersee.at
Mi–So 12–13.30 und 18–21.30 Uhr
variabel; Juli und August nur Di Ruhetag

Emanuel Weyringer gehört zu den spannendsten Köchen in Salzburg. Seine Menüs kommen immer facettenreich und vor allem kosmopolitisch daher. Und das, ohne protzigen Edelprodukten verhaftet zu sein. Das ist sicher zu einem Großteil seinem Lebenslauf geschuldet. Weyringer werkte unter anderem im Ristorante Don Alfonso nahe Amalfi, bei Troisgros in Roanne oder im Grand Hyatt in Hongkong, bevor er sich in seinem Heimatort am Wallersee selbstständig machte. Heute ist er vor allem ein wacher Geist, der stets offen ist für neue Einflüsse und ein einfühlsamer Komponist seiner Gerichte. Die Speisekarte bietet drei Menüs und eine kleine Auswahl an À-la-carte-Gerichten. Perfekt gleich der Beginn: die zart geräucherte Kalbsleber mit der erdigen, feinen Würze des dazu gereichten samtigen Borschtsch. Oder zarter Spargel mit hausgemachtem japanischen Käse, begleitet von einer kleinen Spur Olivenerde als Würzkomponente. Es folgten Blunzentascherl, die in einer frühlingshaft-leichten Bärlauchsuppe schwammen, die dem Gericht eine herzhafte Bodenständigkeit verlieh. Dann wieder eine Anleihe an Asien: eine mit Ibérico-Schwein gefüllte Dampfnudel, die in fruchtig-frischem Hibiskus-Dashi schwamm. Mit der Hauptspeise, einem Rücken vom Kaninchen mit San-Marzano-Tomaten und ganz kleinen Gnocchettini, wehte ein Hauch Italien am Tisch. Superleicht war das Dessert: ein Erdbeerpudding mit Mandelkuchen und Mascarpone. Was uns jedes Jahr von Neuem begeistert, ist der fröhliche Service von Susi Weyringer und ihre kleine, feine Weinkarte: ein Mix aus Klassischem und interessanten Vertretern aus der Naturweinszene.

à la carte: 9–34 €

HINTERGLEMM

HINTERGLEMM — G4

ARTE VINUM
im Hotel Alpine Palace

15/20

Tel.: 06541 6346
5754 Hinterglemm
Reiterkogelweg 169
www.alpine-palace.com
info@wolf-hotels.at

Im Wintergarten des Hotels Alpine Palace werden À-la-carte- und Hotelgäste vom aufmerksamen Service bestens betreut. Das für alle gleiche Fünf-Gang-Menü startete mit ofenfrischem Brot und Liptauer sowie einem erfrischenden Salatteller. Der Cocktail von Eismeershrimps im Wan-Tan-Körbchen mit Häuptelsalat, Ananastexturen und Curry-Ingwer-Creme schmeckte sehr gut. Fein cremig die Pinzgauer Erdäpfelsuppe mit Schwammerlgröstl und Bauernbrotcroûtons. Gut zubereitet das gegrillte Rückenstück vom Pinzgauer Wels auf Bohnenragout, roter Zwiebel, Erdäpfelcroûtons und Bauernspeck. Alternativ gab es auch Wiener Schnitzel vom Milchkalbsrücken mit kleinem Gemüse, jungen Petersilerdäpfeln, frittiertem Petersil und Preiselbeeren, ungewöhnlich im kleinen Herstellerglas serviert. Köstlich das Dessert aus Bauernjoghurt mit Haferflocken und Marille. Zum Abschluss wurde ein gut sortierter Käseteller serviert. Sehr freundlicher Service. Umfangreiche Weinkarte.

HOF BEI SALZBURG — H3

SCHLOSS RESTAURANT
Schloss Fuschl Resort & Spa
Koch: Johannes Fuchs

15,5/20

Tel.: 06229 2253-0
5322 Hof bei Salzburg
Schloss-Straße 19
www.schlossfuschlsalzburg.com
info@schlossfuschl.at

HOTEL DES JAHRES 2011
Ein Schlosshotel, das von seiner Geschichte lebt: erbaut vom Erzbischof fürs Jagdvergnügen, Kulisse von „Sisi"-Filmen, Logis für höchste Staatsbesuche. Seine Gäste lockt der Luxusbetrieb mit traumhafter Lage über dem Fuschlsee und auch das Restaurant ist so gebaut, dass jeder Tisch einen Blick aufs sommerlich karibikblaue Wasser hat. Wie kocht man an so einem Ort? Auch österreichisch: milder Kürbis, vom Kernöl rau aufgeweckt, samt frischem Schafkäse vom Nachbarsee. Natürlich

KAPRUN

SALZBURG

gibt es eine Lachsforelle aus hauseigener Zucht, bei 66 Grad in Olivenöl perfekt glasig gegart. Aber die Liebe der Küche gilt insbesondere Frankreich. Bretonischer Hummer parfümiert eine Suppe, französische Entenbrust, rosa gebraten, im Trüffelduft, bretonische Karotte als Zentrum süßen Geflirres. Alles aufwändig gestaltet, jeder Teller ein Gemälde. Und ein Gedicht, denn die Zutaten sind erstklassig, jede noch so kleine Zutat trägt zum stimmigen Gesamtbild bei. Die Weinkarte umfasst angeblich tausend Flaschen, auch glasweise ist die Auswahl breit. Wer sich die Preise leisten mag, bekommt ein Menü auf der Höhe der Zeit an geschichtsträchtigem Ort.

KAPRUN G4

HILBERGER'S BEISL   11/20
Koch: Christopher Hilberger

Tel.: 06547 72461
5710 Kaprun
Wilhelm-Fazokas-Straße 12
www.hilberger.at
hilberger@hilberger.at
Mi–Mo 12–22 Uhr

Wie der Steirer Hilberger in seinem Beisl beweist, harmonieren steirische Geschmäcker bestens mit denen des Salzburger Landes. Bodenständige Gerichte dominieren zwar die Karte, zusammen mit internationalen Aromen werden diese aber zeitgemäß adaptiert und saisonal angepasst. Die Portionen sind sehr großzügig dimensioniert. Der gebeizte Alpenlachs erfreute uns nicht weniger als das solide zubereitete Bœuf Stroganoff. Wie eine Ode an das grüne Bundesland aber dann das folgende Kürbiskernparfait, das mit gerösteten Kürbiskernen und Himbeerspiegel das Highlight des Abends lieferte. Durch die heimeligen Weinlauben fühlt man sich im Gastgarten wohl, auch im Innenraum herrscht durch das viele Holz eine urige Atmosphäre. Die Weinkarte ist gut bestückt. Erfreulicherweise wechselt das Angebot an offenen Weinen laufend.

à la carte: 10–35 €

Gault&Millau
2020

Die neuesten Ergebnisse aus der Haubenwelt:
800 Restaurants, neu getestet und bewertet.

Plus: Die besten Weine, Wirtshäuser, Hotels und Almhütten.
Neu in dieser Ausgabe: Golfclubs, Cafés und Bars.

Zwei Bücher, ein Preis: € 39,- für Ihren Wegweiser in die Welt des guten Geschmacks
www.gaultmillau.at

Bleiben Sie up to date mit unseren täglichen Nachrichten
auf **Facebook** und **Instagram**.

KRISPL

KRISPL
H3

SAGWIRT   11,5/20
Koch: Gerald Pichler

Tel.: 06240 209
0664 544 26 63

5425 Krispl
Gaißau 58

www.sagwirt.at
office@sagwirt.at

Mi–Sa 11.30–21,
So, Fei 11.30–20.30 Uhr
✝ 24. Dez. 2019

Außerordentliche Qualität ist immer ein Anziehungspunkt für Feinschmecker. Das gilt in der Stadt genauso wie auf dem Land. Ohne Ortskenntnisse könnte man den Ort Krispl beinahe übersehen. Doch die Suche lohnt sich. Hier kommt traditionelle Wirtshausküche auf den Teller, so, wie sie sein soll. Die Karte ist stimmig zusammengestellt, von aromatischer Rindsuppe über klassisches Wiener Schnitzel bis hin zu flaumigem Kaiserschmarren. Etwas raffiniertere Teller hält die Gourmetkarte bereit. Die kleine, aber kundige Weinauswahl und ein gutes Preis-Leistungs-Verhältnis tragen dazu bei, dass der Sagwirt stets gut besucht ist.

à la carte: 9–30 €

LEOGANG
G4

ECHT. GUT ESSEN.   15/20
im Hotel Forsthofgut
Koch: Michael Helfrich

Tel.: 06583 8561

5771 Leogang
Hütten 2

www.forsthofgut.at
info@forsthofgut.at

Di–Sa 18.30–23 Uhr

Im Naturhotel Forsthofgut steht für die À-la-carte-Gäste ein eigener, modern gestylter Raum für maximal zehn Personen mit einem Frontcooking-Bereich zur Verfügung. Mit einem neungängigen Fine-Dining-Menü oder dem fünfgängigen „Überraschungsmenü" erleben Feinschmecker einen umfassenden Querschnitt der hervorragenden kreativen Küche. Fingerfood mit Spargel und Brokkoli sowie gebackenem Eidotter waren feine Grüße aus der Küche. Das Feuerwerk an außergewöhnlichen Speisen startete mit Risotto und geräuchertem Aal mit in Weißwein eingelegten Rosinen und Cashewnüssen – bemerkenswert. Dann kam ein Heilbutt mit eingelegtem Rettich und Radieschen zu Tisch – wunderbar! Von höchster Qualität auch die zarte Schulter vom Milchkalb mit Krauser Glucke und im Jus getränkten Nudeln. Die Kreativität setzte sich fort bei der marinierten Ananas mit salzigem Karamell, Macadamianüssen und hausgemachtem Vanilleeis. Cremige Ganache mit Popcorn, Erdnuss und weißem Schokoladeeis war ein schmelzender Genuss. Sehr stimmige Weinbegleitung, freundlicher und kompetenter Service.

LEOGANG

ESS:ENZ ⓝ
im PURADIES Hotel & Chalets
Koch: Stefan Krieghofer

13/20

Tel.: 06583 8275
5771 Leogang
Rain 9
www.puradies.com
info@puradies.com
Mi–So 18–23 Uhr

In der aparten Embachalm bietet das Restaurant ESS:ENZ eine außergewöhnliche Gourmet-Erfahrung mit Frontcooking. Nach der Begrüßung mit feinem Lardo, Rosmarinbutter, Grammelschmalz und Lachsterrine mit Kaviar hat man die Wahl, sich das Kreativmenü in drei, fünf oder sieben Gängen zu gönnen. Wir starteten mit einem Zweierlei vom Saibling, serviert als stimmige Essenz und Mousse. Sehr gut die Karottenconsommé ebenso wie die „Felchen im Grünen" mit Brokkolivariationen. Gut zubereitet war das Embachhof-Kalb vom hauseigenen Biohof, das mit Brust und Backerl überzeugte. Das Dessert „Apfel trifft Schokolade" mit köstlichen Schokolade- und Eisvariationen war ebenfalls ein Hit. Zusätzlich gibt es monatlich wechselnde Schwerpunkte – von Sushi bis zum „Grillzauber". Die Weinkarte entspricht dem hohen Niveau des Hauses.

à la carte: 18–42 €

FORSTHOFALM
Restaurant KUKKA
Koch: Thomas Hilpold

12/20

Tel.: 06583 8545
5771 Leogang
Hütten 37
www.forsthofalm.com
info@forsthofalm.com
täglich 7.30–21 Uhr

Das Holzhotel, auf 1050 Meter Seehöhe gelegen, ist nicht nur eine geeignete Anlaufstelle für Naturbewusste und Skifahrer. Mit elegantem Ambiente punktet auch das modern eingerichtete Restaurant, in dem man abwechslungsreich und auf solidem Niveau essen kann. Die farb- und geschmacksintensive Küche steht dabei im Vordergrund, das Bild eines Regenbogens dient als Leitmotiv, die Umsetzung gelingt. Das frische, mit Almkräutern bedeckte Steak vom Holzkohlengrill erreicht uns auf den Punkt gebraten, die dazu servierten Grilltomaten und das hausgemachte Brot sorgen für farblichen Input und Zufriedenheit. Erwähnenswert auch die Alternativen für Veganer und Fischliebhaber, die in der Schauküche zubereitet werden. Hochwertige Bioprodukte spiegeln sich im guten Geschmack wider. Ein stimmiges Ende setzt der flaumige Kaiserschmarren, von einer Staubzuckerhaube bedeckt. Das breite Angebot an Natural Wines ist lobenswert.

LEOGANG

KIRCHENWIRT 14,5/20
Gourmetwirtshaus & Historisches Hotel
Koch: Matthias Moser

Tel.: 06583 8216
5771 Leogang
Dorf 3
www.k1326.com
info@k1326.com
Do–Mo 11.30–13.30 und 17.30–21 Uhr
✢ Nov. 2019, April 2020, variabel

JRE

Segafredo

Der Kirchenwirt in Leogang benennt sein Restaurant stolz mit einer Ziffer: K1326. In diesem Jahr nämlich ward das Haus erstmals urkundlich erwähnt und ist damit Salzburgs ältestes Dorfwirtshaus. Und das Mittelalter kann der Gast tatsächlich spüren: Marmorboden, Holzvertäfelung, Tramdecken – und wer über die ausgetretenen Holzstufen in den Weinkeller geht, kann die meterdicken Mauern bewundern, gefertigt aus Bachsteinen. Diese Besinnung aufs Alter prägt auch die Küchenlinie: Das „Back to the roots"-Menü bietet eine vegetarische Alternative. Lauch vermählt sich mit Gurke, bunter Wintersalat folgt, gut mariniert, dann eine prächtige Linsensuppe mit Ziegenfrischkäse. Eine Goldforelle sah sich ungewöhnlich süß von Topinamburcreme begleitet, ein Bratapfel schloss schön winterlich. Nur beim Wein weitet sich der Blick auf die ganze Welt, Patron Hans-Jörg Unterrainer kam einst als Snowboard-Profi weit herum. Sein Keller birgt Raritäten, die es auch glasweise gibt.

à la carte: 14–32 €

RIEDERALM ᴺ 13,5/20
Genießerhotel
Koch: Andreas Herbst

Tel.: 06583 7342
5771 Leogang
Rain 100
riederalm.com
info@riederalm.com
Mo–So 11.30–13.30 und 18–20.15 Uhr
✢ bis Anfang Dez. 2019

In bester Lage, direkt bei der Asitzbahn betreibt die Familie Herbst die Riederalm mit einem stimmigen Konzept. Der junge, talentierte Küchenchef Andreas Herbst, ausgebildet unter anderem bei Mario Lohninger in Frankfurt, bietet nicht nur den Gästen des Hauses, sondern seit Kurzem auch jenen von draußen seine feine, kreative Heimatküche. Ein Auszug aus dem Menü: zur Vorspeise eine cremige Leoganger Kartoffel vom Ziefergut mit Gartenkräutern, danach süchtig machendes Lammklein auf Milchkrapfenbrot mit Topinambur. Schlicht perfekt war die rosa Brust und die confierte Keule von der Bauernente mit Honigweinlack samt kleinen Knöderln und Kerbelknolle. Wunderbar zum Schluss der gereifte Camembert, veredelt von Schnapsbrenner Sigi Herzog. Der junge Service ist flink und sympathisch. Eine gute Weinauswahl und ein neu gestaltetes Ambiente machen das Erlebnis rund. Gratulation zum Einstand!

MATTSEE

MARIA ALM   H4

ALMHOF   13,5/20
Kaiserstub'n

Tel.: 06584 8414
0664 3816099

5761 Maria Alm
Hinterthal,
Kreidenbachweg 5

www.almhof.co.at
office@almhof.co.at

Auf der geräumigen Terrasse genießen die Gäste die verlässlich gute Küche das Hauses. Nach der Begrüßung mit delikater Steinpilzbutter, Kräuteraufstrich und zarten Kalbfleischstücken wurde uns Hochkönig-Gamssuppe mit Leberknödel und Schnittlauch serviert. Der rosa gebratene Lammrücken auf Ratatouillegemüse und Rosmarinkartoffeln mit Thymianjus schmeckte ausgezeichnet. Auch Vegetarier wären vom feinen, in Kürbispanade gebackenen Picandou (Ziegenkäse) mit Rucola, Mango und hausgemachter Tomaten-Rosmarin-Marmelade sehr angetan. Die Somlauer Nocken waren etwas zu fest, das Amarena-Kirscheis sehr gut. Interessante Auswahl an Bioweinen.

MARIAPFARR   I4

DIE STUB'N   14,5/20

Tel.: 0664 546 46 90

5571 Mariapfarr
Pichl 12

www.stubn.at
office@stubn.at

Di–Sa 18–21 Uhr
✤ Frühjahr und Herbst 2020

Michael und Stefanie Bogensperger verstehen es, ihre Gäste sehr persönlich zu bewirten. In ihrem kleinen Restaurant wird man mit Handschlag begrüßt beziehungsweise verabschiedet und es bleibt auch während des Services Zeit, das eine oder andere freundliche Wort zu wechseln. Die Weinkarte hält für jeden Geschmack etwas bereit und auch die Spirituosenauswahl überrascht mit exotischen Raritäten (Tequila), die es zusätzlich zu heimischen Fruchtbränden gibt. Die Schilderung des Speiseangebots kann nur eine Momentaufnahme wiedergeben, denn in der Stub'n gibt es keine Speisekarte. Gekocht wird, was der Markt hergibt. Das kann ein einmal geräucherter Wildlachs mit Grammeln oder eine feine Topinamburschaumsuppe mit Maroni sein. Vielleicht brät die Küche saftige Lammkotelettes oder sie verwandelt den Wildfang-Zander zusammen mit Belugalinsen zu einem exzellenten Fischgang. Und bevor man die kleinen Naschereien aus der Patisserie zu einem kleinen Schwarzen genießt, gilt es noch die angebotenen Käse zu verkosten.

MATTSEE   H3

IGLHAUSER SCHLOSSBRÄU   11/20
Köchin: Anna Iglhauser

Tel.: 06217 5205

5163 Mattsee
Schlossbergweg 1

www.schlosshotel-igl.at
schlosshotel@iglhauser.at

Mo–Sa 11.30–14 und 18–21 Uhr
✤ 22.–26. Dez. 2019

Dieses Plätzchen direkt am Mattsee ist einfach herrlich. Wie schön für uns, dass das prächtige Anwesen nicht bloß ein Hotel, sondern auch ein Restaurant für Tagesgäste beherbergt. Bei schönem Wetter sollte man unbedingt im gepflegten Gastgarten mit Aussicht auf den See Platz nehmen. Es ist aber auch in der alten Stube sehr gemütlich. Auf den ersten Blick fallen die äußerst fair kalkulierten Preise, besonders für die Menüs, auf. Chefin Anna Iglhauser bereitet aus heimischen Produkten der näheren Umgebung oder des eigenen Betriebs schmackhafte Gerichte zu, über die man sich freut. In ungezwungener Atmosphäre genossen wir frischen Fisch aus dem See und eine passende Weinauswahl.

à la carte: 5–34 €

LUST.REICH   pop 11,5/20
im Kuschelhotel Seewirt
Koch: Helmut Blüthl

Tel.: 06217 5271

5163 Mattsee
Seestraße 4

www.seewirt-mattsee.at
lustreich@seewirt-mattsee.at

Im Hotel kuschelt man um die Wette, und weil die Liebe bekanntlich durch den Magen geht, lädt das modern eingerichtete Restaurant zu kleinen Genussreisen für zwei ein. Der Wintergarten gewährt freundliches Ambiente, besonderen Charme ver-

MAUTERNDORF

sprüht aber die romantische Sonnenterrasse, die direkten Seeblick gewährt. Elegant und ausbalanciert der zu Beginn gereichte gebeizte Saibling mit grünem Spargel in feinem Kren-Buttermilch-Sud. Als Hauptgang entschieden wir uns für die Klassik und wählten das in Butterschmalz gebackene Schnitzel. Die Panade war knusprig, die Erdäpfel in reichlich Butter geschwenkt. Danach war die Lust auf Süßes groß: Der cremige Grießflammeri mit pochierten Äpfeln und hausgemachtem Vanilleeis sowie einer Prise Zimt stillte dieses Verlangen.

täglich 12–14 und 18–21 Uhr
✽ 15.–25. Dez. 2019,
5.–24. Jän. 2020

à la carte: 5–29 €

MAUTERNDORF |4

MESNERHAUS   17/20
Koch: Josef Steffner-Wallner

Tel.: 06472 7595
0664 1225551

5570 Mauterndorf
Mauterndorf 56

www.mesnerhaus.at
info@mesnerhaus.at

Mi–So 11.30–13.30 und
18–21.30 Uhr
✽ variabel

JRE

Die Mauterndorfer dürfen sich glücklich schätzen – nur ein paar Minuten abseits des Verkehrswahnsinns der A10 findet man sich in einem geradezu magischen kleinen Ort wieder, der noch dazu mit einem wahren Tempel lukullischen Genusses aufwarten kann. Zu Recht ist das Menü als „Große Verführung" tituliert, auch wenn man uns nicht lange bitten musste – wir waren der Familie Steffner schon nach dem ersten Gang verfallen. Die leichte Bitterkeit des Podersdorfer Spargels harmonierte kongenial mit der Süße einer Schwarzbrotcreme, das edle Gemüse gab sich so einmal erfrischend anders. Es folgte eine Verbeugung vor der hohen Kunst der Fermentation: Regenbogenforelle auf Matjesart, kombiniert mit Rettich und edelsaurer Milch, großartig! Nose bzw. Beak to tail ist auch in Salzburg en vogue: Die Wachtelbrust à point getroffen, das geschmorte Haxerl wunderbar zart, der Jus unglaublich dicht und dazu … Wachtelgrammeln?! Wir genossen und staunten. Ähnlich verspielt präsentierte sich das „Lungauer Reh": Wildfleisch in allen erdenklichen Zubereitungsformen durchdekliniert, sogar getrocknet. Dass dem Rehrücken gefühlt ein wenig mehr Zeit zum Abhängen gutgetan hätte, ist da Jammern auf sehr hohem Niveau. Das gilt auch für das Dessert. Da hatten wir den Eindruck, dass die letzten Raketen dieses Feuerwerks nicht so recht zünden wollten, selbst wenn man bei Variationen von der Zotter-Schokolade einwenden könnte, dass das Grundprodukt für sich schon genial genug ist. Wenig überraschend sei abschließend erwähnt, dass die Weinauswahl im Mesnerhaus dem hohen Niveau des sonstigen Gebotenen entspricht. Wer mit dem Auto wieder zurück auf die Autobahn muss, darf sich ruhig auf die Saftbegleitung einlassen. Sie ist ebenfalls wunderbar.

à la carte: 19–45 €

NEUMARKT AM WALLERSEE

MITTERSILL G4

SCHLOSS MITTERSILL ⓝ   12/20
Koch: Geri Voithofer

Tel.: 06562 20200
5730 Mittersill
Thalbach 1
www.schloss-mittersill.com
office@schloss-mittersill.at
täglich 12–13.45 und 18–20.30 Uhr
❋ je 2 Wochen im Frühjahr und Nov. 2020

Im edlen Ambiente der Schlossräumlichkeiten wird auch mittags ein Degustationsmenü angeboten. Sehr gut das Gedeck (Aufstrich und hausgemachtes Roggenbrot) sowie das Carpaccio vom Pinzgauer Rind mit asiatischen Gewürzen, Chilimayonnaise und Portulak. Weiter ging es mit einer feinen Bouillabaisse von heimischen Edelfischen. Erfrischend der Zwischengang, Sauerampfersorbet mit süßem Popcorn. Gekonnt zubereitet das Zweierlei vom Pinzgauer Kalb mit getrüffeltem Selleriepüree und wildem Brokkoli. Ein köstlicher Abschluss: Mamas Apfelnocken mit Sauerrahm und Fichte. Freundlicher und kompetenter Service. Die Weinkarte ist klassisch gehalten und recht umfangreich. Österreich dominiert, doch beim Rotwein sind auch Italien und Frankreich gut vertreten.

à la carte: 6–36 €

NEUMARKT AM WALLERSEE H3

WINKLER   13/20
Fischrestaurant
Koch: Wilfried Oberreiter

Tel.: 06216 5270
5202 Neumarkt am Wallersee
Uferstraße 33
www.winkler.at
info@seehotel.at
Do–Di 12–14 und 18–21 Uhr
❋ Mitte–Ende Okt. 2020

Anna Netrebko hat den „Schneckenwinkler" am Wallersee einst als eines ihrer Lieblingsrestaurants geoutet. Womit die Operndiva nicht die einzig Prominente ist: An diesem versteckten Ort, in Ufernähe des Wallersees, herrscht im Sommer eine ziemliche Dichte an Festspielkünstlern. Was für den Normalgast zwei Schlüssel zulässt: Das Restaurant wird nicht wirklich billig sein, aber es wird wohl Gutes geben. Der Service ist kundig und geschickt: Flotter als hier wird nirgends der Zander filetiert. Die Schnecken versinken wohlig in Knoblauchbutter. Die süß-bittere Krebsensuppe wirkt leicht, das Backhendl ist klassisch-saftig und den gebratenen Saibling wünscht man sich überall so gut gelungen. Und die Palatschinken, laut Eigenwerbung „die wahrscheinlich besten der Welt"? Hauchdünn und nahe der Perfektion. Das Weinangebot ist bunt und umfasst besonders viele feine weiße Flaschen. Das Haus gilt zu Recht als verlässliche Adresse für Liebhaber von Fisch und Schnecke.

à la carte: 6–30 €

OBERTAUERN

FRITZ&FRIEDRICH ⓝ

14,5/20

Tel.: 06456 73540
5562 Obertauern
Rosenweg 1
www.fritzundfriedrich.com
genuss@fritzundfriedrich.com
Mi–Mo 18.30–22 Uhr
❄ Mitte April–Ende Nov. 2020

Das im vergangenen Winter eröffnete und geschmackvoll eingerichtete Restaurant widmet sich den Aromen Asiens, kreuzt diese mit alpinen Rezepten und hat damit auf Anhieb Erfolg. Das ist nicht nur bei Touristen gefragt, sondern auch bei Genießern aus der Umgebung. Der Küchenchef jongliert souverän mit Geschmäckern und Rezepten. Witzig der Cross-over-Gang Kärntner Kasnudel, umwickelt mit Wagyu, in einer würzigen Sauce mit Lachskaviar. Foie gras kommt mit einer Sauce aus Kirschen in einem Ring aus Kichererbsenpüree. Ein Extralob verdienen die Sushis, die man in Österreichs Bergwelt selten auf diesem Niveau bekommt, sowie die Fischgerichte im Allgemeinen.

à la carte: 18–38 €

M3
im Hotel Barbara

👍 **Tipp**

Tel.: 06456 7275
0676 4754154
5562 Obertauern
Sonnhofweg 1
www.hotel-barbara.at
info@hotel-barbara.at
Mi–Di 11–20 Uhr
❄ Ende April–Ende Nov. 2020

Mit seiner herrlichen Lage direkt an der Skipiste ist das M3 absolut ideal für einen kurzen Abstecher an einem langen Skitag. Aber auch in der schneefreien Zeit kann man es sich in der Pasteria bei allerhand heimischen und internationalen Speisen sowie hausgemachten Pastagerichten gut gehen lassen. Auch Themenabende mit Fondue-, Raclette- oder Gourmetdinner werden hier angeboten.

à la carte: 4,50–65 €

PANORAMA

👍 **Tipp**

Tel.: 06456 7432
0664 3858936
5562 Obertauern
Brettsteinstraße 1
www.restaurant-obertauern.at
info@panorama.at
täglich ab 18.15 Uhr
❄ Anfang Mai–Mitte Nov. 2020

Im Panorama werden Halbpensions- und À-la-carte-Gäste gleichermaßen kulinarisch verwöhnt. Die Karte beinhaltet das Beste aus der Region, wie zum Beispiel einen Rücken vom Tauernlamm. Aber auch internationale Genüsse wie Spareribs und Pasta mit Riesengarnelen findet man hier. Täglich wechselnde Gourmetmenüs sorgen zusätzlich für kulinarische Highlights.

à la carte: 8,50–42,50 €

RAURIS · H4

GUSTO IM WÖRTHERHOF — 12/20

Die regionale Bioküche des „Gusto" wird seit vielen Jahren von Einheimischen und auswärtigen Gästen sehr geschätzt. Nach charmanter Begrüßung mit Olivenöl und Kräutersalz sowie Knödelcarpaccio starteten wir das „Chefmenü" mit feinem gebackenen Bioei mit Biokalbsbries und Eierschwammerln. Alternativ ein Carpaccio und grillter Oktopus mit Melone und Orangen. Sehr schmackhaft und delikat das Beste vom Rauriser Reh und Hirschkalb mit Preiselbeersaft, Biogemüse und Pastinakencreme. Köstlich das abschließende süße Zweierlei mit Bauerntopfenmousse und Callebaut-Schokolademousse. Gute Wein- und Bierauswahl. Familiärer Service.

à la carte: 12,50–34,50 €

Tel.: 06544 6404
0664 302 23 98
5661 Rauris
Wörth, Dorfstraße 22
www.restaurant-gusto.at
gusto@rauris.net
Mo–Sa ab 18, So ab 12 Uhr
✿ variabel

SAALBACH · G4

DAS KLEINE RESTAURANT — 16/20
im Gartenhotel Theresia
Koch: Marvin Trentmann

Wer das hervorragende Sieben-Gänge-Menü genießen möchte, muss sich einen Tag vor dem Besuch anmelden. Im biozertifizierten Hotel Theresia werden die À-la-carte-Gäste ansprechend mit feinen Wasabi-, Curry- und Kürbisaufstrichen sowie Entenessenz und Spitzkraut-Maki begrüßt. Feines Maiseis mit Safranlinsen und Lavendel-Rapsöl-Gelee sind auch für die Augen ein Genuss. Bestens gelungen war auch der blaue Hummer mit Sojarisotto, Macadamianussschaum und Krustentiergelee. Der sous vide gegarte Petersfisch mit Rollgerste, Kakaobohnenschaum und Creme aus roher Taubenleber war ebenfalls erstklassig. Sehr erfrischend der Zwischengang mit Kekseis, Butterkeks-Flakes, Kokosnussgel und Rumgelee. Beste Qualität und Zubereitung wies das Wagyu-Beef mit Jus, Butterrübenkraut, Chorizo-Kirsch-Tapenade und Karfiolcouscous auf. Das beeindruckende Geschmackserlebnis wurde mit Birnenröllchen, Champagnerespuma, Schmorschalotten-Eis und confierter Kumquat eindrucksvoll fortgesetzt. Exzellenter Abschluss: Passionsfrucht als Creme, Sorbet und Espuma sowie köstliches Konfekt. Sehr gute Weinauswahl, zuvorkommender und kompetenter Service.

Tel.: 06541 74140
5753 Saalbach
Glemmtaler Landesstraße 208
www.hotel-theresia.com
info@hotel-theresia.co.at
Mi–Sa 18.30–22.30 Uhr,
nur im Sommer geöffnet

SALZBURG

SAALFELDEN

KENDLER
Wellness-Hotel

11/20

Tel.: 06541 6225

5753 Saalbach
Oberdorf 39

www.kendler.at
post@kendler.at

❦ April–Nov. 2020

In der modernen Herzlstube mit dem markanten Kristallvorhang genießen die À-la-carte-Gäste die angebotenen Klassiker in Form von Drei-, Fünf- oder Sieben-Gang-Menüs. Nach der Begrüßung mit Schinken schmeckte die Bärlauchcremesuppe mit Croûtons sehr gut, war uns aber die Spur zu wenig cremig. Erfrischend der Spargel mit herzhaften Kartoffeln. Tadellos die rosa gebratene Barbarie-Entenbrust auf feinem Weinkraut und Pommes Williams. Die Desserts mit Karottenkuchen und Feinem vom Biohonig oder Zitronentarte konnten unsere Erwartungen leider nicht ganz erfüllen, sie waren etwas zu trocken. Gut bestückte Weinkarte, freundlicher Service.

SAALFELDEN   G4

VÖLLEREI
Koch: Lukas Ziesel

13/20

Tel.: 06582 70703
      0660 7293887

5760 Saalfelden
Bahnhofstraße 6

www.voellerei.at
ziesel@voellerei.at

Di–Sa 14–2 Uhr

Im Hotel Hindenburg versuchen Lukas Ziesel und Harald Salzmann eine Gastronomie nach ihren eigenen Vorstellungen umzusetzen – modern, regional, unkompliziert und mit viel Liebe zum Detail. Das trifft den Nerv der Zeit und hat auch uns sehr gut gefallen. Das „Völlerei-Menü" nahm uns mit auf eine regionale Kulinarik-Reise, die mit Schinken, Speck und Brot aus der örtlichen Bäckerei nach Rezept des Küchenchefs startete. Es folgten Zanderbäckchen, Kalbskopf, Gehacktes vom Pinzgauer Rind und geröstete weiße Schokolade. In der nicht übermäßig umfangreichen Weinkarte liegt der Schwerpunkt auf österreichischen Weinen, die in hochwertigen Gläsern serviert werden. Der lockere Umgang mit den Gästen ist charmant und stimmig. Sehr empfehlenswert ist auch die benachbarte Cocktailbar, wo Harald Salzmann seine Signature Drinks mixt.

à la carte: 6,50–44,50 €

SALZBURG   H3

AUERHAHN
Koch: Gerhard Pongratz

12/20

Tel.: 0662 451052

5020 Salzburg
Bahnhofstraße 15

www.auerhahn-salzburg.at
hotel@auerhahn-salzburg.at

❦ Jän., Juni 2020

Unweit des Hauptbahnhofs offeriert Gerhard Pongratz seinen Gästen neben österreichischen Klassikern eine feine Auswahl an mediterranen Fischgerichten. Dazu hat man die Möglichkeit, eines der zwei Menüs zu wählen, die sich an den Jahreszeiten orientieren. Weil wir an einem warmen Frühlingstag kamen, freuten wir uns über das „leichte Fischmenü". Der marinierte Thunfisch auf Avocadosalsa mit Jakobsmuscheln, Garnelen und hausgebeiztem Lachs sorgte für einen soliden Einstieg, das folgende Filet vom gebratenen Wolfsbarsch bewies Frische und Qualität. Während es dem begleitenden Tomatenschaum an Würze fehlte, war das Risotto cremig und bissfest. Den Abschluss machten flaumige Topfenknödel. Das Angebot an offenen Weinen ist lobenswert, der Gastgarten mit den Kastanien besonders charmant.

à la carte: 6,90–28 €

BANGKOK

11,5/20

Tel.: 0662 873688

5020 Salzburg
Bayerhamerstraße 33

www.restaurant-bangkok.at
bangkok@yaoyao.at

Di–So 11.30–14.30 und
17.30–23 Uhr

Das Bangkok mit seiner fernöstlichen Küche zählt mittlerweile zu den Klassikern in Salzburg. Über das Ambiente lässt sich streiten, ungemütlich gestaltet ist der kleine Gastraum aber keinesfalls. Vom ersten Eindruck sollte man sich also nicht beirren lassen, die Qualität und Frische der Produkte befindet sich hier nämlich seit Jahren auf konstant hohem Niveau. Die Zitronengrassuppe mit Garnelen verspricht exotischen Geschmack – mit dem dazugehörigen Schärfegrad. Als deutlich milder erweisen sich Thunfisch im Sesammantel sowie gedämpfter Fisch im Bananenblatt. Keine großen Überraschungen erwarten einen beim Dessert, schmecken tun die süßen Klebreisbällchen aber allemal.

SALZBURG

BRANDSTÄTTER

13,5/20

Koch: Karl Poller

Im Brandstätter kann man nicht viel falsch machen. Hier setzt man auf Kontinuität, die jedoch absolut reizvoll sein kann. Wirklich fein die ausgelösten Flusskrebse mit Dill und Avocado auf Häuptelsalat, spannend der Salat von Roten Rüben mit Sardellen sowie eingelegten Schalotten, verführerisch das Süßkartoffelcurry mit gebratenem Oktopus. Und auch die ausgelöste Wachtel auf grünem Spargel und würzigen Linsen ließ uns aufhorchen. Die Sorbets – Zitrone, grüner Apfel und Mango – gelangen nur durchschnittlich. Wirklich enttäuschend war eigentlich nur die Präsentation beim Käse. Der sonst sehr aufmerksame Service stellte die Käseauswahl ohne Erklärung auf den Tisch. War das jetzt Schaf oder doch Ziege? Käse verdient genau wie der Wein eine gewisse Kultur. Und wenn wir schon beim Wein sind: Für Salzburg ist das Preisniveau absolut attraktiv.

à la carte: 5,90–35 €

Tel.: 0662 434535
5020 Salzburg
Münchner Bundesstraße 69
www.hotel-brandstaetter.com
info@hotel-brandstaetter.com
Mo–Sa 11.30–14 und
18–21.30 Uhr
✝ 23.–27. Dez. 2019

BRUNNAUER

16/20

Koch: Richard Brunnauer

AMBIENTE AWARD 2009

Richard Brunnauer wird gern als „old school" bezeichnet, was ein bisschen abwertend klingt. Richtig daran ist, dass er seinem Stil seit Jahren treu bleibt, keinen kulinarischen Flickflack vorführt, sondern sehr genau, durchaus reduziert kocht. Seit er die Ceconi-Villa etwas außerhalb der Altstadt bespielt, hat sich sein Purismus eher noch verstärkt. Wobei der Ort zu ihm passt: ruhige Eleganz des Restaurants, ein betuchtes Publikum, das schrillen Tönen abhold ist. Man kann internationale Gerichte genießen wie eine wunderbar festfleischige Garnele mit Selleriepüree samt mariniertem Thunfisch mit Avocadosalat oder eine gut abgeschmeckte Zitronengras-Lauch-Suppe samt Jakobsmuschel. Oder Klassisches wie ein gebackenes Ziegenkitz, saftig und aromatisch, samt Erdäpfel-Gurken-Salat oder die perfekte Bauernente mit Rotkraut und Knödel. Da spricht nur das Produkt und wir hören gerne zu. Wer das Sauerampfereis löffelt, meint inmitten einer Blumenwiese zu liegen. Der aufmerksame Service tanzt dazu. Die Weinkarte enthält neben großen Namen auch vieles von unbekannteren Gütern. Konservativ? Nur im Einklang mit dem Zeitgeist.

à la carte: 8–41 €

Tel.: 0662 251010
5020 Salzburg
Fürstenallee 5
www.restaurant-brunnauer.at
office@restaurant-brunnauer.at
Mo–Fr 11.30–14.00 und
17.30–22 Uhr

SALZBURG

DIDILICIOUS

pop 12/20

Tel.: 0662 265657
5020 Salzburg
Europastraße 1
www.didimaier.com
office@didimaier.com

Koch: Didi Maier

Zwischen Shoppingwahn und Kaufrausch platziert sich das Didilicious an einem doch eher ungewöhnlichen Ort für gehobene Gastronomie. Dass gute Qualität und anspruchsvolle Küche mit fairer Preiskalkulation in einem eher nüchternen Umfeld funktionieren können, beweist das Maier-Team im legeren Schauküche-Lokal. Das Ambiente ist sympathisch, die hellen Holzelemente schaffen eine freundliche Atmosphäre. Aus der gebotenen Melange aus Italien, Asien und Georgien wählen wir den frischen Misosalat mit Quinoa, in Tempurateig gebackene Lotuswurzel und Edamame. Hausgemachte Nudeln sind nie verkehrt, daher sind wir um die hausgemachte Pasta mit Salsiccia nicht herumgekommen. Die Pasta al dente, die italienische Bratwurst so, wie man sie aus dem Süden kennt. Gesundheitsbewusst dann der Abschluss mit einem frisch gepressten Feel-Well-Drink. Eine adrette Präsentation von junger Küche – eine Shopping-Auszeit wird daher angeraten.

Bewertungen NEU

11 bis 12,5 Punkte von 20 Punkten: 1 Haube

13 bis 14,5 Punkte von 20 Punkten: 2 Hauben

15 bis 16,5 Punkte von 20 Punkten: 3 Hauben

17 bis 18,5 Punkte von 20 Punkten: 4 Hauben

19 bis 19,5 Punkte von 20 Punkten: 5 Hauben

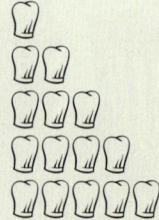

SALZBURG

ESSZIMMER 16,5/20 🎩🎩

Gehen Andreas Kaiblinger die Ideen aus? Ein Verdacht, den die vorjährige Kritik an dieser Stelle aufkommen ließ. Ein geschmacksneutrales Amuse gueule scheint das heuer gleich zu bestätigen, aber zum Glück geht es nicht in dieser Tonart weiter. Gänseleber in verschiedenen Texturen mit Spargel und Melisse ist keine zwingende, aber eine durchaus funktionierende Kombination. Gleiches gilt für den schottischen Lachs mit Wassermelone und Zucchini sowie die Minipaprika auf passiertem Brie. Der geflämmte Zander mit Karotte, Lauch und Liebstöckel punktet mit einem langen, rauchigen Abgang, aber richtig super wird es dann bei den Hauptgängen. Die Taube mit Blutwurstpizza und Brokkolipulver ist geschmacklich und handwerklich gleichermaßen perfekt und wird noch vom Kaninchenrücken mit Mürbteig und Paprika übertroffen, der, mit einer Zitronentarte kombiniert, einen echten Überraschungskick bietet. Zur Dramaturgie des Menüs passt, dass die Desserts – Cola-Rum-Limette und mit Mango und Pistazien gefüllte orientalische Schokoladeblätter – besonderes Lob verdienen. Da ist Herrn Kaiblinger doch wieder viel Gutes eingefallen.

Tel.: 0662 870899
5020 Salzburg
Müllner Hauptstraße 33
www.esszimmer.com
office@esszimmer.com

GASTHOF GOLDGASSE 11,5/20 🎩
Koch: Philippe Sommersperger

In der gemütlichen Gaststube finden die Gäste eine gute regionale Speisenauswahl mit ein paar kreativen Ideen in verlässlich hoher Qualität. Die Sellerie-Apfel-Suppe mit Erbsenkresse und Apfelchips war ein überraschend feiner Einstieg. Auch das Beef Tatar vom Simmentaler Weiderind mit Trüffelfrites und Nussbuttermayonnaise schmeckte ausgezeichnet. Stets empfehlenswert ist die Spezialität des Hauses, ein ausgelöstes Almtaler Backhendl mit Kartoffelsalat, Knusperpetersilie, Preiselbeeren und Sauce tartare, im Kupferpfandl auf Wiesenheu serviert. Die gebackenen barocken Rhabarberknödel mit Vanillesauce und Sauerrahmeis klangen spannender als sie dann waren. Zu pappig der Knödel, zu verhalten der Rhabarbergeschmack.

à la carte: 9–29 €

Tel.: 0662 848200
5020 Salzburg
Goldgasse 10
www.gasthofgoldgasse.at
info@gasthofgoldgasse.at
täglich 12–22 Uhr

Gault&Millau

Besuchen Sie uns auf Facebook unter
www.facebook.com/Gault.Millau.Oesterreich 👍

SALZBURG

GLASS GARDEN
im Hotel Schloss Mönchstein

Koch: Markus Mayr

17/20

Tel.: **0662 848 55 50**
5020 Salzburg
Mönchsberg-Park 26
www.monchstein.at
salzburg@monchstein.at
täglich 12–13.30 und 18–21.30 Uhr
✣ Nov. 2019, Feb. 2020

Unglaublich, dass die Kulinarik mit diesem wirklich eindrucksvollen Ambiente mehr als mithalten kann. Schon die Anfahrt hinauf auf den Mönchsberg ist spektakulär, der Ausblick aus dem verglasten Kubus des Restaurants setzt noch einmal eins drauf. Echte Genießer blicken jedoch nur zwischen den Gängen über den eigenen Tellerrand hinaus – zu schön und wohlschmeckend ist all das, was einem hier auf elegantem Porzellan serviert wird. Nach diversen Küchengrüßen starteten wir mit einem exzellenten rohen Cobia-Filet mit Avocadoschaum und Radieschen. Auf die bestmögliche rustikale Art ging es mit einem knusprigen Duroc-Schweinsbauch und luftig-leichtem Kartoffelkuchen weiter. Schade, dass man im Maghreb, der Heimat der aromatischen Gewürzpaste Harissa, diese wohl nur selten in Verbindung mit Schweinsbauch bekommt – die Kombination schmeckt jedenfalls himmlisch, über alle Konfessionsgrenzen hinweg. Auf den Punkt gegart wusste auch der Stör zu überzeugen, da hätte es gar keinen Gupf Kaviar gebraucht. Geschmeckt hat er trotzdem. Einziger (kleiner) Kritikpunkt ist vielleicht, dass bei jedem Gang – auch beim köstlichen Lamm – die wunderbare Sauce in stets gleicher Manier aus einer Eprouvette hinzugegossen wird. In der steten Wiederholung wirkt das irgendwie affig. Bei den Desserts zeigte sich die Küche von ihrer besten Seite: Apfeltarte mit Stangensellerie klingt zwar bemüht kreativ, schmeckt aber wunderbar. Das glasweise Weinangebot war absolut stimmig, die Weinkarte selbst ist zwar sehr „old school", aber dennoch reizvoll. Der Service agierte auf dem gleichen Niveau wie die Küche – rundum exzellent. Wer es weniger kleinteilig liebt, wird hier auch mit ausgezeichneten Steaks verwöhnt. Wer von Fleisch jedoch prinzipiell die Finger lässt, darf sich über ein feines veganes Menü freuen.

à la carte: 10–54 €

Die besten Weine Österreichs: der Gault&Millau-Weinguide.

SALZBURG

GOLDENER HIRSCH 13/20 🦷🦷
Koch: Martin Bednarik

Mit der aufwändigen Renovierung des Hotels Goldener Hirsch scheint auch in der Küche neuer Schwung eingekehrt zu sein. Das Degustationsmenü überraschte etwa mit rohem Waller mit Bachkresse, Perlzwiebeln und Eierschwammerln und überzeugte uns dann mit einer leicht säuerlichen Brotsuppe mit Romana-Salat als Einlage. In unserem Fall folgte ein sous vide gegartes Spanferkel mit fermentierter Käferbohnencreme und Liebstöckl. Das Menü wurde höchst erfreulich mit einer Erdbeerpraline mit Apfel-Balsam-Kern abgeschlossen. Der Service agiert aufmerksam, unterscheidet aber offensichtlich zwischen prominenten und gewöhnlichen Gästen.

à la carte: 20–50 €

Tel.: 0662 80840
5020 Salzburg
Getreidegasse 37
www.goldenerhirsch.com
goldener.hirsch@luxurycollection.com
täglich 12–14.30 und 18.30–22 Uhr

HUBER'S IM FISCHERWIRT 15,5/20 🦷🦷🦷
Koch: Harald Huber

Es ist kein Wunder, dass der Fischerwirt – bespielt von Andrea und Harald Huber mit ihrem jungen Team – im Laufe der vergangenen Jahre zum Fixpunkt in der Salzburger Gourmetszene geworden ist. Die Gaststuben sind behaglich und kitschbefreit im Landhausstil eingerichtet. Im Sommer hält man es im schönen Gastgarten gut aus. Der Service unter Leitung der Chefin ist herzerfrischend, die Küche dazu ein kongeniales Pendant. Die Speisekarte spiegelt einen gelungenen Mix aus Klassikern und kreativen Gerichten wider. Doch egal welche stilistische Ausrichtung man bevorzugt – hier wird alles handwerklich auf höchstem Niveau zubereitet. Hervorragend war für uns unter anderem das Kalbsrahmbeuscherl mit seiner perfekten, fein säuerlichen, sämigen Konsistenz samt flaumigem Knöderl. Nicht versäumen sollte man auch das Beste vom Milchkalb – wir mochten besonders das zarte und gleichzeitig saftige Bries. Herrlich auch die Eigelbravioli

Tel.: 0662 424059
0664 88 51 41 13
5020 Salzburg
Peter-Pfenninger-Straße 8
www.fischerwirt-liefering.at
restaurant@fischerwirt-liefering.at
Do–Mo 11.30–22 Uhr

SALZBURG

mit Bärlauchschaum. Köstlich zum Abschluss der geschmolzene Camembert, verbunden mit der erdigen Würze der Périgord-Trüffel. Stimmig ist die Weinkarte, zusammengestellt vom talentierten Daniel Schiller. Der Fischerwirt ist das perfekte Rundum-Wohlfühl-Gasthaus.

à la carte: 6,90–55 €

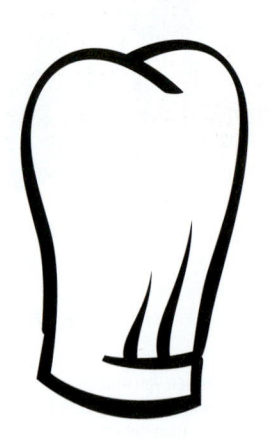

Gault&Millau

Gault&Millau 2020 – alle Ergebnisse ab sofort auch unter www.gaultmillau.at erhältlich

SALZBURG

IKARUS
Red Bull Hangar-7
Koch: Martin Klein

18,5/20

Tel.: 0662 2197-0
5020 Salzburg
Wilhelm-Spazier-Straße 7a
www.hangar-7.com
office@hangar-7.com
Mo–Do 19–22, Fr–So 12–14 und 19–22 Uhr

AMBIENTE AWARD 2006, SERVICE AWARD 2011

Seit der Eröffnung 2003 präsentiert sich jeden Monat ein anderer Gastkoch im Salzburger Hangar-7. Wir besuchten das Restaurant im Mai, als Olivier Nasti vom Le Chambard an der Elsässer Weinstraße seine Küche vorstellte. Ein verlockendes Angebot, das wir jedoch ausschlugen, um das zweite angebotene Menü unter die Lupe zu nehmen: das „Ikarus Menü" von Martin Klein, seit 2014 Chef der edlen Adresse am Salzburger Flughafen. Nach Brot und einer reichhaltigen Butterauswahl folgten amüsante Amuse gueules, darunter ein Sauerkraut-Macaron und flüssiger Flammkuchen. Famos der erste Gang: Langostino, Karotte und Sanddorn hinterließen am Gaumen eine wunderbare Mischung aus angenehmer Säure und leichter Süße, die uns lange in Erinnerung blieb. Dass im Ikarus gern mit edlen Teilen gearbeitet wird, zeigte „Fleur de Wagyu" – Carpaccio und Tatar vom Wagyu-Filet. Hier war der Fleischgeschmack der Star, in Nebenrollen traten Eierschwammerl und Sauerampfer auf. Ein sehr harmonisches, konzentriertes Gericht bildeten Rochenflügel mit Eigelb und Erbsen. Sautiertes Kalbsbries wurde mit Umeboshi-Pflaumen serviert, wobei die Säure der durch Einlegen salzig-sauer schmeckenden japanischen Frucht dezent blieb. Für den Hauptgang wurde ein großer Wagen an den Tisch geschoben. Darin verborgen: ein perfekt gebratenes Côte de bœuf. So präsentiert man ein ordentliches Stück Fleisch! Das Dessert brachte einen gelungenen, aber nur mäßig inspirierten Mix aus süß (Exotic-Sorbet), leicht süß (Karamell) und salzig (Erdnuss). Die glasweisen Weinempfehlungen zum Menü erwiesen sich als ausgezeichnet. Überhaupt sei die tolle Leistung des jungen und sehr gut eingespielten Serviceteams hervorgehoben.

IMLAUER SKY – BAR & RESTAURANT
IMLAUER Hotel Pitter Salzburg
Koch: Dominik Münch

11/20

Tel.: 0662 889786 66
5020 Salzburg
Rainerstraße 6
www.imlauer.com
skyrestaurant@imlauer.com
täglich 11.30–14 und 17–23 Uhr

Ein Blick über die Dächer gilt in der gehobenen Gastronomie Salzburgs nicht mehr als Alleinstellungsmerkmal. Um gegen die wachsende Konkurrenz mit ebenso guter Dachterrassenaussicht zu reüssieren, könnte man mit spannender Küche punkten. Beim Imlauer gelingt das nur bedingt. Lachsforelle mit Sauerrahmterrine und ein zu flüssiges Risotto mit Spinat und Pecorino machen den Auftakt, auf die tadellose

SALZBURG

Kürbiscremesuppe mit Ingwer und Kokosmilch folgen leicht matschige Trüffelnudeln mit gebratenen Garnelen. Routinierte 80er-Jahre-Küche dann beim Rindsfiletsteak mit Hummerschwanz und dem Zanderfilet mit Portweinsauce. Die Crêpes Suzette sind so gesehen ein stimmiger, aber nicht mehr als solider Abschluss. Den schöneren Ausblick hat man übrigens im Barbereich.

à la carte: 7–33,50 €

M32   pop 12,5/20

Tel.: 0662 84 10 00
5020 Salzburg
Mönchsberg 32
www.m32.at
info@m32.at
Di–So 9–22 Uhr
während der Festspiele
kein Ruhetag

Koch: Toni Fritzenwallner

Außen der gerühmte Blick vom Mönchsberg hinab auf das „Rom des Nordens" mit seiner barocken Pracht. Am besten ist das natürlich von der Terrasse zu genießen. Innen die berühmte Hundertschaft der Hirschgeweihe, die hoffentlich gut befestigt eine eigentümliche Deckendekoration bilden. Das M32 ist ein spektakulärer Ort. So braucht es nicht zu verwundern, dass an schönen Tagen Hunderte Gäste herkommen. Dennoch bietet das Restaurant seit vielen Jahren Qualität – wenn auch zu Preisen, die sozusagen ein Eintrittsgeld enthalten. So weitläufig wie das Publikum ist auch die Speisekarte. Zart der Pulpo mit bitter-fruchtigem Paprika, mokkadicht die Krebsensuppe, wenn auch etwas schwer. Die Sauce zur Maishendlbrust mit parfümierten Morcheln, der geschmorte Kitzhaxen erfreute sich an Spargel und intensivem Saft. Ein Zitrusfrüchteragout kontrastierte mit einer Mousse aus weißer Schokolade. Zum eleganten Essen in eleganter Umgebung passt auch das internationale Weinangebot. Allerdings wäre ein gewisses Basis-Weinwissen beim Service wünschenswert.

à la carte: 8,50–40 €

PAN E VIN   13/20

Tel.: 0662 84 46 66
5020 Salzburg
Gstättengasse 1
www.panevin.at
info@panevin.at
Mo–Sa 12–14 und 18–23 Uhr
variabel

Nur wenige Meter von der Getreidegasse und Pferdeschwemme entfernt befindest sich das Restaurant Pan e Vin. Das Vitello tonnato als Gruß aus der Küche überzeugte auf Anhieb und auch die frischen Gillardeau-Austern auf Eis, begleitet von Pumpernickel mit Schnittlauch und Butter, waren fein. „Meerig" blieb es auch bei den guten Spaghettini mit Vongole. Leider etwas bieder geriet das gebackene Kalbsbries mit Erdäpfelpüree. Dass es zur verführerischen Mohnmousse wunderbare Portweinzwetschken gab, erleichtert den thematischen Schwenk zum Wein – schließlich stehen Speis und Trank beziehungsweise Brot und Wein im Lokalnamen gleichberechtigt nebeneinander. Die Weinkarte bietet unzählige Schätze aus Italien, aber auch Österreich ist (mit Schwerpunkt Wachau) prominent vertreten.

à la carte: 6,80–38 €

SALZBURG

PARADOXON

POP 16/20

Koch: Martin Kilga

Tel.: 0664 1616191
5020 Salzburg
Zugallistraße 7
www.restaurant-paradoxon.com
restaurant.paradoxon@gmx.at
Di–Fr 18–21.30, Sa 10–14 und 18–21.30 Uhr
variabel

Das Brot im Paradoxon kommt zwar weiterhin nicht aus der ursprünglich im Haus geplanten Bäckerei, aber es ist noch immer besonders gut und kann sogar durch den ganzen Abend begleiten. Denn Martin Kilgas Gerichte werden stets von besonders guten Saucen assistiert, bei denen das saubere Aufputzen der Teller immer lohnt. Der gebeizte Loup de mer mit Jalapeñocreme, Spargel und Rettich ist schon olfaktorisch ein Vergnügen, und erst recht geschmacklich. Ebenso die Forelle mit Karfiolcouscous, bei der Artischockencreme und Haselnüsse als Begleiter dem Gericht einen Extrakick verleihen. Sehr stimmig auch die Kombination Calamaretti mit Prosciuttobröseln, etwas weniger spannend Baba Ghanoush mit Roter Rübe und aromatisch dominanten Kumquats. Pures Vergnügen bietet dann die Entenbrust mit Saubohnen, Apfel, Pak Choi, Morcheln und Pho – einer vietnamesischen Suppe. Da werden scheinbare Gegensätze spielerisch unter einen Hut gebracht, deftig und fein, asiatisch und bodenständig. Eine Küche, die sich in keine Schublade pressen lässt. Und zum Glück ist für die Suppe noch ein bisschen vom Brot da!

à la carte: 12–32 €

PROSECCO

12,5/20

Koch: Thomas Laritz

Tel.: 0662 834017
5020 Salzburg
Nonntaler Hauptstraße 55
prosecco.hk@hotmail.com
Mo–Fr 11.30–14 und 18–22, Sa 18–22 Uhr

La dolce vita nennt sich das italienische Lebensgefühl, das Heidi Kronberger mit ihrem kleinen Ristorante auch ins Salzburger Nonntal gebracht hat. Das wissen die zahlreichen Stammgäste zu schätzen. Ob im eleganten Gastraum oder im kleinen Garten – es ist gemütlich, familiär und es dauert nie lange, bis sich Italo-Stimmung pur einstellt. Spätestens wenn der Kellner die Kreidetafel mit den Spezialitäten des Tages an den Tisch bringt, legt sich ein zufriedenes Lächeln auf unsere Lippen. Immer wieder ein Genuss sind die Calamari. Auch das Ossobuco ist stets ein Gedicht. Und wenn die pikante Fischsuppe auf der Karte steht, sollte man ebenfalls zugreifen. Italienische oder österreichische Weine begleiten die Gerichte zur vollsten Zufriedenheit. So sieht grenzüberschreitende Lebenslust im Nonntal aus.

SALZBURG

RIEDENBURG 12,5/20

Tel.: 0662 830815
5020 Salzburg
Neutorstraße 31
www.riedenburg.at
reservierung@riedenburg.at
Di–Sa 12–14 und 18–22 Uhr

Als verlässliche Adresse für Genießer und Gastlichkeit ist das Riedenburg zu einer nicht mehr wegzudenkenden Institution Salzburgs mutiert. Während man im Sommer im Garten eine kleine Grünoase vorfindet, versprüht die holzgetäfelte Gaststube ganzjährig Charme. Dem Küchenteam gelingt es, traditionelle Aromen mit mediterranen Zutaten harmonisch zu kombinieren. Neben Klassikern findet man auch diverse Fischgerichte auf der Karte, die sich stets an den Jahreszeiten orientieren. Für einen ansprechenden Einstieg sorgt etwa ein Tomaten-Avocado-Tatar mit gebackenem Schafkäse. Deftig, aber dennoch wirklich köstlich sind stets die Blunzentascherl auf Chili-Rahm-Kraut. Auch die Steaks, in der warmen Jahreszeit gerne mit sautierten Eierschwammerln kombiniert, sind immer tadellos und auf den Punkt gebraten. Die finalen Salzburger Nockerln sind ein Gedicht, aber auch der Marillenstrudel sorgt für zufriedene Gesichter. Bei der umfangreichen Weinkarte lässt man sich am besten von der Chefin höchstpersönlich beraten.

à la carte: 5,90–36,50 €

SACHER – ZIRBELZIMMER 11/20
Koch: Michael Gahleitner

Tel.: 0662 889 77 23 81
5020 Salzburg
Schwarzstraße 5–7
www.sacher.com
salzburg@sacher.com
täglich 18–21.45 Uhr

Das Sacher gilt als erstes Hotel der Stadt, das hebt den Anspruch an das Gourmetlokal. Es ist in der historischen Zirbelstube (seit 1866 unverändert erhalten) durchaus attraktiv platziert. Die Höhen und Tiefen der Jahrhunderte erlebten wir wie im Zeitraffer an einem Abend: Das begann mit dem Gedeck, drei Brotscheiben und einem versalzenen Kräutertopfen. Die Maronisuppe erinnerte nur in Anklängen an Maroni, der Salat „Rübe und Beete" (sic!) litt unter erheblicher Säure, zum eigentlich guten Wachtelfleisch entgleiste die Gänseleberesauce allzu sehr ins Süße. Sogar ein Klassiker wie das Wiener Schnitzel kam diesmal sehr trocken daher. Und auch die Patisserie (sehr zitruslastige Topfenpalatschinken) haben wir hier schon souveräner erlebt. Der Service ist elegant und freundlich wie eh und je.

à la carte: 20–80 €

SCHLOSS AIGEN 14/20
Koch: Kurt Berger

Tel.: 0662 621284
0664 408 15 15
5026 Salzburg/Aigen
Schwarzenbergpromenade 37
www.schloss-aigen.at
office@schloss-aigen.at
Do, Fr 11.30–14 und
17.30–21.30,
Sa, So, Fei 11.30–21.30 Uhr

Wachgeküsst von einem echten Kaiserenkel blüht der Gasthof Schloss Aigen nun im dritten Jahrzehnt. Mögen die Pächter gewechselt haben, die Köche gekommen und gegangen sein, eines bleibt: Hier zelebriert man gesottenes Rindfleisch in k. u. k. Tradition. Passt ja auch zum Ort. Ein edler Biedermeierbau mit knarrenden Holzböden und Holzbänken als Treffpunkt der guten Gesellschaft im vornehmen Aigen. Franz Joseph schaut gerahmt auf dampfende Kupferkessel, die flink serviert werden: Hüferschwanzl und Schulterscherzl, feinfaserig, ohne trocken zu sein, samt knackiger Rösti, rahmigem Spinat und Apfelkren – ohne Fehl und Tadel, jeder Hofrat hätte seine Freude. Daneben gibt es – und das ist durchaus spannend – siedefleischfreie Gerichte. Eine feinherbe Erbsensuppe mit lustig platzendem Forellenkaviar, hocharomatisches Entenragout als Ravioilifüllung mit wunderbarem Sellerieschaum, Mille-feuille aus dichtester schwarzer und weißer Schokolade samt Sorbet, das machte Spaß. Die Weinauswahl ist breit, die Preise passen zur noblen Umgebung.

SENNS.RESTAURANT pop 18/20
Köche: Andreas Senn und Christian Geisler

Tel.: 0664 454 02 32
5020 Salzburg
Söllheimerstraße 16,
Objekt 6, im Gusswerk
www.senns.restaurant
info@senns.restaurant
Di–Fr 12–14 und 18.30–21.30,
Sa 18.30–21.30 Uhr

Obwohl Getreidegasse oder Mirabellplatz nicht gerade um die Ecke liegen, pilgern zahlungskräftige Gäste gerne in die Söllheimerstraße, um nach einem Glas Champagner den Gaumen zu verwöhnen und die Kreditkarte zum Glühen zu bringen. Die Grüße aus der Küche – etwa der mit fernöstlich gewürztem Schweinefleisch gefüllte Burger – lassen keinen Zweifel aufkommen, dass man hier Wert auf jedes Detail legt. Mit Manitoba-Weizen – einer besonders glutenreichen Getreidesorte – bereitet Senn das knusprige Brötchen zu, das die Wartezeit auf den Huchen mit Miso verkürzt – Fisch in seiner besten Form! Dann kam mit der Entenleber mit dem japanischen Fischsud-Dashi ein weiteres Highlight des Menüs, das nur noch vom gleich darauf folgenden Höhepunkt unseres Abendessens getoppt wurde: Ein leicht geräuchertes Garimori Ibérico Secreto – einen grobfasrigen, fächerförmigen Muskel mit sehr starker, geschmacksfördernder Marmorierung – kombinierte der Küchenchef mit Fenchel, Oliven, Trauben und reizte damit alle geschmacklichen Möglichkeiten aus. Ein bisschen zu vorsichtig ging Andreas Senn dann leider beim rosa gebratenen Kalbsrücken mit Pflaumen ans Werk – zweifellos sehr gut, aber eben ein bisschen langweilig. Gerne denken wir jedoch an die Schlutzkrapfen mit Bergkäse, Kartoffel sowie Spinat zurück, denen wir den Vorzug vor der süßen Kombination von Kürbis, Yuzu und Walnuss gaben. Statt gewöhnlichen Konfekts gab es als Verabschiedung noch süße Mensch-ärgere-Dich-nicht-Figuren samt Schokoladewürfel. Großartig auch die Weinkarte mit internationalem Schwerpunkt.

22. Dez. 2019–7. Jän. 2020; während der Festspiele kein Ruhetag

à la carte: 19–54 €

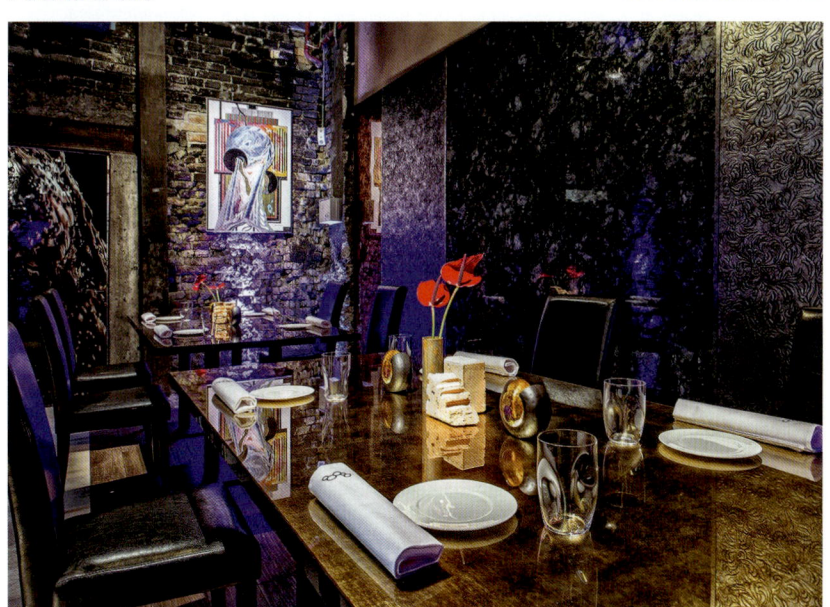

ST. PETER STIFTSKULINARIUM   12,5/20
Koch: Manfred Besenböck

Tel.: 0662 841 26 80
5020 Salzburg
St.-Peter-Bezirk 1/4
www.stpeter.at
reservierung@stpeter.at
täglich 12–14.30 und 17.30–21.30 Uhr

Das Stiftskulinarium im Herzen der Salzburger Altstadt ist wohl die perfekte Anlaufstelle für hungrige Besucher der Mozartstadt, die aus Nah und Fern hierherkommen. Die Küche bietet entsprechend eine hochwertige Auswahl, bei der es sich heuer allerdings hie und da spießte. Wir kosteten den Salat „St. Peter" mit eingelegtem Herbstgemüse und waren ob des markanten Säurekicks leicht irritiert. Die mollige Flachgauer Krautsuppe mit Grammelknödel sorgte wieder für Entspannung. Stark von Püree dominiert war das Allerlei vom Sellerie mit Ziegenkäse, das schon fast als Schonkost durchging. Sehr gut hingegen die Butterschnitzerl vom Lamm. Alles hat hier seinen Preis, der aufgrund der Lage und des gepflegten Ambientes berechtigt sein mag. Bei der Weinkalkulation wird allerdings weit übers Ziel hinausgeschossen.

à la carte: 6,90–39,90 €

SALZBURG

STRASSERWIRT 13/20

Koch: Gregor Gleisner

Tel.: 0662 826391
5020 Salzburg
Leopoldskronstraße 39
www.zumstrasserwirt.at
office@zumstrasserwirt.at

Das Gericht „Vorspeisenkreation vom Fisch" gehört sicherlich zu den Höhepunkten heimischer Speisekartenprosa. Es entpuppt sich als Räucherforelle mit Zwiebeln und Karotten. Die sehr gute knusprig gebratene Maishendlbrust mit Risotto und Gemüse firmiert unter „Regionales Schmankerl, interessant interpretiert", wobei die „interessante Interpretation" aus einer Frischkäsefüllung besteht. Dass das gebackene Kalbsbries als „Delikatesse für echte Feinschmecker" angekündigt wird, ist würdig und recht. Weniger würdig angesichts der guten Küchenleistung ist die Weinkarte, auf der sich kein vor 2017 gekelterter Weißwein findet.

STRATMANN pop 14/20

Tel.: 0676 640 55 64
5020 Salzburg
Siezenheimer Straße 39 B
www.panzerhalle.at
office@panzerhalle.at

Salzburgs einzige Markthalle heißt Panzerhalle, weil das Bundesheer vor acht Jahren hier noch die Panzer reparierte. Heute drängen sich im Stadtteil Maxglan die Essensstände, von vegan und vegetarisch bis fleischlastig, umgeben von Bäcker, Metzger und Teegeschäft. Zu Mittag herrscht hier stets Hochbetrieb. Es gibt auch ein Abendrestaurant mit einem sehr urbanen Ambiente: unverputzte Ziegelwände, Glasfront, Stahlboden und eine zentrale, gut einsehbare Küche, umgeben von Weinregalen. Die Karte wirkt auf den ersten Blick konventionell. Doch der roh marinierte Thunfisch war bestens abgeschmeckt und die Kürbiskernsuppe brachte den rauen Ton der gebrannten Kerne reizvoll zur Geltung. Das Wolfsbarschfilet hatte gebratene Romanaherzen und Karfiolcreme als Begleitung und der rosa gebliebene Rostbraten war wunderbar röstig. Raffiniert die Desserts aus der eigenen Patisserie: kleine Kunstwerke, durchzogen von Apfel- oder Erdbeeraroma. Die Weinauswahl wirkt gut sortiert und schießt mit der steigenden Qualität auch preislich in die Höhe. Der Service ist flott und freundlich. Ein hübsches Stück Großstadt in Salzburg.

YAOYAO 11/20

Koch: Yaoyao Hu

Tel.: 0662 25 74 47
5020 Salzburg
Europastraße 1
www.yaoyao.at
restaurant@yaoyao.at
Mo–Sa 11.30–22 Uhr
Fei

Der gebürtige Chinese Yaoyao Hu lebt nun schon länger in Österreich und verbindet in seinem Restaurant gekonnt die Küchen beider Kulturen. Aus heimischen Produkten, gepaart mit asiatischen Gewürzen, entstehen klassische südostasiatische Speisen und ein bisschen mehr. Wer sich auf eine spannende kulinarische Reise begeben möchte oder sich einfach nicht entscheiden kann, schlägt bei den Tapas zu. Der Kimchisalat ist ein Muss, wir waren mutig und probierten auch geschmorte Schweinsohren und Entzungen. Die handgezogenen Nudeln werden spektakulär vor den Augen der Gäste zubereitet. Vielseitig gestaltet sich auch das Getränkeangebot, von Tees über Biosäfte bis zu passenden Weinen.

ZUM BUBERLGUT 12,5/20

Tel.: 0662 82 68 66
5020 Salzburg
Gneiser Straße 31
www.buberlgut.at
salzburg@buberlgut.at
Mi–Mo 12–14.30 und 18–22.30 Uhr

In der gemütlichen Wohnzimmerstube wird den Gästen als Begrüßung ein köstlicher, hauchdünn geschnittener Prosciutto serviert. Die zweigängigen Mittagsmenüs sind wie die anderen Gerichte von bemerkenswert hoher Qualität. Sehr gut schmeckte uns die leichte rote Linsensuppe mit würziger Chorizo, gerösteten Mandelblättern und Gartenkresse. Bestens zubereitet das zarte Duett vom Maibock (Ragout und gebratener Rücken) mit zweierlei Heidelbeeren und Süßkartoffel-Birnen-Gratin. Köstlich die gratinierte Limetten-Mascarpone-Creme mit frischen Kirschen und Bourbon-Vanille-Eis. Gute Stimmung und Weinauswahl.

SEVEN SENSES pop Tipp

Tel.: 0662 87 72 77
5020 Salzburg
Giselakai 3-5
www.7-senses.at
info@7-senses.at
Mo–Do 7–12 und 17–24,
Fr, Sa 7–24, So 7–17 Uhr

Ein stylisches Restaurant, dazu eine angesagte Rooftop Bar, eine gemütliche Lounge und der Blick über Salzburg. Die ehemalige Steinterrasse war immer schon beliebt, und auch wenn viele Gäste einander nur auf einen Drink treffen, kann sich auch das Angebot an angesagten internationalen Speisen sehen lassen. Ob in der Frühstücks-, Tages- oder Abendkarte, hier wird jeder fündig.

SYMPHONIE
im Radisson Blu Hotel Altstadt

👍 **Tipp**

Tel.: 0662 8485710
5020 Salzburg
Rudolfskai 28/Judengasse 15
www.radissonblu.com/hotel-salzburg
info.altstadt@radissonblu.com
täglich 18–22 Uhr

Einen herrlichen Ausblick auf die Salzach genießt man aus dem Wintergarten des Restaurants Symphonie. Die Lage ist einmalig, das Ambiente klassisch, gediegen und die Karte entführt einen in die Genusswelt österreichischer sowie internationaler Gaumenfreuden. Die obligatorischen Salzburger Nockerln werden hier mit größter Sorgfalt zubereitet.

à la carte: 6,50–31,50 €

ST. GILGEN   H3

BATZENHÄUSL
Landgasthof – Restaurant
Koch: Christof Ehart

13,5/20

Tel.: 06227 2356
5340 St. Gilgen
Schmalnau 1
www.batzenhaeusl.com
info@batzenhaeusl.com
Mo, Di, Fr, Sa 15–21.30,
So 11.30–21.30 Uhr

Ein Bild von einem Landgasthof, mit Blick auf Schloss Hüttenstein und Krottensee, einst Mautstation zwischen Salzburg und Habsburgisch-Österreich. Hier musste jeder Pilger einen Batzen zahlen. Innen hielt sich die Beschaulichkeit des 19. Jahrhunderts mit Kachelofen und Wandpaneelen, draußen sitzt man unter Sonnenschirmen. Christof Ehart legt eine moderne Karte auf – mit viel Fisch und einer breiten Auswahl an vegetarischen Speisen. Fein und mild das Tatar von der Lachsforelle, kontrastiert von Bärlauchcreme. Die Topinambursuppe war mit Sommertrüffel parfümiert, sehr gut passte das kleine Laibchen vom Hirschkalb dazu. Die Backerl vom Ibérico-Schwein waren zart geschmort, sehr dicht der Saft, milde die Linsen. Rindsrouladen gibt es hier noch, klassisch mit Erdäpfelpüree. Buttrig die Apfeltarte, gekühlt wird besten Sauerrahmeis weit und breit. Die Weinkarte prunkt mit 450 Positionen, zu Österreich finden sich Frankreich und Italien in erstaunlicher Breite, die Kalkulation erscheint angemessen.

à la carte: 20–30 €

HAUS AM HANG
Panorama-Restaurant & Terrasse
Koch: Lucas Bocsa

14/20

Tel.: 0664 443 5701
5340 St. Gilgen
Mondsee-Bundesstraße 10
www.haus-am-hang.at
office@haus-am-hang.at

Nach langen Umbauarbeiten ist das Haus am Hang jetzt wieder offen. Hier trifft man sich vor allem, um Lucas Bocsas klassische, italienisch inspirierte Küche zu genießen. Auf der Speisekarte findet man von Spaghetti vongole über Vitello tonnato und Branzino viele Klassiker aus der Küche Italiens. Wir kosteten eine kalte Erdäpfelsuppe mit schwarzer Trüffel (und leider ordentlich viel Trüffelöl) samt üppig buttrigem Käsetoast sowie „Schweinereien" bestehend aus einer karamellisierten, gebratenen Blunze, Salsiccia und würzigen Ripperln mit Champagnerkraut. Sehr gut! Das Risotto mit Eierschwammerln war etwas zu mächtig. Ja – Obers macht ein Risotto noch molliger, aber im Übermaß eingesetzt verfälscht man den ursprünglichen Reiz dieses norditalienischen Klassikers. Die Weinkarte listet viele berühmte Etiketten.

à la carte: 18–49 €

INNOVATION COOKING ᴺ
Koch: Stefan Fischer

15/20

Tel.: 06227 7040
0664 266 17 10
5340 St. Gilgen
Ischlerstraße 16
www.innovation-cooking.at
info@innovation-cooking.at
Do–Di 12–17 und 18–22 Uhr
✤ Mai–Okt. 2020

Innovation Cooking. Unter diesem etwas schwammigen Begriff möchte Küchenchef Stefan Fischer in St. Gilgen durchstarten. Stimmiger als der irritierende Name sind die zum Aperitif gereichten La-Ratte-Kartoffeln mit grobem Salz und mit Algenstaub verfeinerter Butter. Auch die Kohlrabischeibchen, mit Mojito-Aroma serviert, die mit Stücken vom Frauennerfling – einer Karpfenart – gefüllt sind, wissen zu gefallen. Dann die Vorspeisen: Tatar vom Simmentaler Rindsfilet mit geflämmter Honigmelone oder die auf dem Salzstein gegarte Reinanke. Wenn dann noch eine mit Raucharoma parfümierte Garnele aus der Bretagne folgt, die mit Hopfensprossen, Topinambur und Hagebuttenhollandaise serviert wird, weiß man, der Küchenchef hat wirklich etwas drauf. Als Zwischengang erfrischte uns ein Fichtensorbet, dann kam der zarte Maibock mit Madeirasauce und Andenstachelbeeren. Zum Darüberstreuen noch ein Aberseer Schafkäse im Einklang mit Valrhona-Schokolade, Roter Rübe und rosa Pfeffer. Herr Fischer kann kochen, so viel ist gewiss.

ST. JOHANN IM PONGAU

ST. JOHANN IM PONGAU   H4

REINBACHSTUBE ⓝ   11/20
Koch: Alfred Rohrmoser

Tel.: 06412 6023
5600 St. Johann im Pongau
Bundesstraße 9
www.reinbachstube.at
info@reinbachstube.at
Mo–Mi, Fr, Sa 11.30–14 und 17.30–21, So 11.30–14 Uhr

Direkt an der Bundesstraße liegt die gemütliche Reinbachstube mit Terrasse. Der Familienbetrieb bietet preislich günstige À-la-carte-Gerichte und verschiedene Mittagsmenüs von sehr guter Qualität an. Der Gruß aus der Küche, feine Rindfleischstreifen, und die hausgemachte Frittatensuppe mit Gemüse und Rindfleisch schmeckten uns bestens. Hier wird eine gutbürgerliche regionale Küche geboten, die unter anderem Gerichte wie Hendlkeule und Limettenreis, Zwiebelrostbraten, Wiener Schnitzel, Cordon bleu vom Schwein, Kalb, Truthahn oder vegetarische Nudeln umfasst. Der Service ist freundlich und kompetent.

à la carte: 4–35 €

ST. VEIT IM PONGAU   H4

SONNHOF   17/20
Genießer- und Verwöhnhotel
Koch: Vitus Winkler

Tel.: 06415 4323
      0664 88624005
5621 St. Veit im Pongau
Kirchweg 2
www.verwoehnhotel.at
sonnhof@verwoehnhotel.at
Do–Mo 18–21 Uhr
❄ Nov. 2019, April 2020

JRE

Segafredo

Vitus Winkler gehört zu jener raren Spezies von Köchen, die es verstehen, auch die wilden Aromen der Alpen auf dem Teller zu bändigen. Auf den umliegenden Bergen findet Winkler die Kräuter und Wildpflanzen. Die benachbarten Bauern liefern seltenes Gemüse, in Topf und Pfanne kommen nur Tiere aus der Gegend. Winkler arbeitet gerne mit verschiedenen Küchentechniken – er mariniert, fermentiert und kombiniert. Dem Gast bleibt die Wahl, wie viele Gänge er aus dem Überraschungsmenü nehmen möchte. Der Auftritt des Chefs mit Bunsenbrenner, wenn er Heu entflammt, um eine Käsepraline zu räuchern, ist eindrucksvoll. Sein Klassiker, das „Golden Eye", wird eine Stunde gegart und goldbestäubt. Liegt es daran, dass es so ungewohnt intensiv schmeckt? Ein Saibling liegt mariniert im „Winterbach" aus Gurkenmiso, Asche parfümiert und färbt „Kiesel" aus papierdünnem Teig, gefüllt mit Tomatenschaum. Als „schwarzes Schaf" liegt sepiadunkler Raviolo auf Blunze, mildes Topinamburmus bei knusprigem Sellerie – perfekt. Rindsfilet wird von intensiven Pilzen gekrönt, Mohn würzt einen Germknödel. Das passt alles und ist das Ergebnis jahrelanger Tüftelei. Die exzellent gestalteten Teller sind nicht nur Show, sondern bersten geradezu vor Geschmack. Der Wein kommt vor allem aus der Alpe-Adria-Region. Ausreißer in Richtung Bordeaux und an die Mosel sind erlaubt. Winklers sehr moderne und zugleich heimatverbundene Art zu kochen überzeugt.

STUHLFELDEN   G4

SCHWAIGERLEHEN – BERNGARTEN ⓝ   11/20

Tel.: 06562 5118
5724 Stuhlfelden
Weyerstraße 8
www.schwaigerlehen.at
anfrage@schwaigerlehen.at

Segafredo

Im urigen Ambiente der Rauchkuchl können die Gäste die Zubereitung des hervorragenden viergängigen Menüs am großen Herd mit eigenen Augen mitverfolgen. Für dieses exklusive Erlebnis ist allerdings eine Voranmeldung notwendig. Salate, Gemüse und Kräuter kommen aus dem eigenen Garten – oder direkt von der Alm. Originell im Moos werden Steinpilzbutter und Grammelschmalz sowie pochiertes Bauernei gefüllt mit Cremespinat präsentiert. Sehr gut ist das Gulasch vom heimischen Mufflon, ausgesprochen köstlich die Kaspressknödel in dichter Rindsuppe. Ebenfalls zu gefallen wusste das „Edle vom Wild". Es kam stimmig begleitet mit Serviettenknödel und Röstgemüse zu Tisch. Überzeugend auch das süße Finale: unglaublich flaumige Nougat-Topfen-Knödel. Neben der guten Weinauswahl waren wir vom selbst gemachten Vermouth und diversen Säften sehr angetan.

WALS BEI SALZBURG

TAXENBACH H4

TAXENBACHERHOF 👍 Tipp

Tel.: 06543 5215
5660 Taxenbach
Raiffeisenstraße 6
www.taxenbacherhof.at
info@taxenbacherhof.at
Mo, Mi–So 12–21 Uhr
Nov. 2019, April 2020

Einen gelungenen Mix aus Tradition und Innovation schafft der Küchenchef im schönen Taxenbach, am Rande des Nationalparks Hohe Tauern. Er entstaubt in Vergessenheit geratene Gerichte wie Kutteln und geschmortes Rindsherz, serviert einwandfreies Ragout vom Tauernhirsch und auch das Safranrisotto mit Forelle, Jakobsmuschel und Garnele lässt keine Wünsche offen.

à la carte: 8–30 €

THALGAU H3

PLATZHIRSCH 14/20

Koch: Christoph Reinhartshuber

Tel.: 0664 222 53 79
5303 Thalgau
Marktplatz 4
www.platzhirsch-thalgau.at
office@platzhirsch-thalgau.at
Mi–So 18–24 Uhr

Bei unserer Reservierung erfuhren wir, dass seit heuer „nur" noch ein Überraschungsmenü in vier oder sieben Gängen gekocht werde. Eine richtige Entscheidung, wie sich herausstellte. So kann sich Christoph Reinhartshuber abseits einer fixen Speisekarte noch besser auf seine klare Küchenlinie konzentrieren. Die wird bestimmt von hochwertigen Produkten, die zu saisonal stimmigen Gerichten veredelt werden. Wir kosteten eine Burrata mit Marille und Rucola, dann eine herrlich intensive Kresseschaumsuppe mit gebackenem Wachtelei und Thalgauer Reh, perfekt rosa gebraten, mit zweierlei Karfiol und Grießknödel sowie Eierschwammerln. Als Dessert kam ein luftiger Topfenschmarren mit Cassis. Herzerfrischend sympathisch ist der Service von Stefanie Reinhartshuber.

WAGRAIN H4

ALMMONTE 👍 Tipp

Tel.: 06413 7286
0664 122 05 03
5602 Wagrain
Widmoosweg 3
www.almmonte.com
info@almmonte.com
täglich 11–24 Uhr
Nov. 2019, Mai 2020

Nicht nur das grandiose Alpenpanorama sorgt hier für Momente der Glückseligkeit, auch das Essen ist verlockend. Bioprodukte aus der Region werden im Almmonte zu traditionellen und internationalen Speisen auf hohem Niveau verarbeitet. Egal ob Wagyu-Burger, Garnelencurry oder Zwiebelrostbraten, die Qualität überzeugt und das gemütliche Ambiente lädt ebenfalls zum Bleiben ein.

WALS BEI SALZBURG H3

CUISINO RESTAURANT KLESSHEIM 13/20
im Schloss Kleßheim
Koch: Jonas Posselt

Tel.: 0662 854 455 18 500
5071 Wals bei Salzburg
Schloss Kleßheim
www.casinos.at
cuisino.salzburg@casinos.at
Mi–So 17–23 Uhr

Ein Diner im barocken Schloss Kleßheim, das vom großen Baumeister Fischer von Erlach entworfen wurde, hat schon etwas. Klar, dass das Casino mit diesem Angebot die Gäste danach ein Stockwerk höher locken will, wo im glitzernden Saal das Glücksspiel wohnt. Um die Verlockung zu steigern, wird das Menü im eleganten Restaurant Cuisino günstiger angeboten als in Salzburg sonst üblich. Wobei diese Speisenfolgen sich als eher konventionell erweisen und sich in der Karte attraktivere Gerichte finden. Das Thunfischtatar offenbarte die Affinität des Kochs zu asiatischer Würzung. Nicht in der hocharomatischen Entenconsommé, sondern bei der roh marinierten Gelbflossenmakrele mit rosa Grapefruit oder beim knusprigen Schweinsbauch mit Fenchel

WERFEN

und Ananas, alles sehr gut abgeschmeckt. Kürbis und Schokolade verbanden sich sehr gelungen. Die Qualität ist tatsächlich einem Essen im Schloss angemessen. Und dann zum Roulette? Man kann, aber muss nicht. Falls einem dort das Glück hold ist, lagert im Restaurant feinster Champagner auf Eis.

à la carte: 12–37 €

SAALACHSTUBN ᴺ 11/20

Das hier war einmal eine Jausenstation, Wanderer kehrten genauso gerne ein wie Radfahrer. Dann übernahm die junge Generation, weil der Sohn erfreulicherweise den schönen Beruf des Kochs erlernte. Nun steht im Ortsteil Käferheim ein modernes Wirtshaus mit hellen Stuben, das noch immer eine Jausenkarte bietet, aber eben auch ein ambitionierteres Angebot macht. Die Rindsuppen sind herzhaft, der Schweinsbraten schmeckt tadellos. Manchmal findet man auch ungewöhnliche Kombinationen wie Gans mit frischen Feigen. Bei den Weinen widmet man sich jetzt verstärkt dem Bio-Thema. Wir sind gespannt, wie sich dieser Familienbetrieb in den nächsten Jahren noch weiter entwickeln wird.

à la carte: 9–30 €

Tel.: 0664 17 79 1 77
5071 Wals bei Salzburg
Käferheimstraße 152
www.saalachstubn.at
saalachstubn@hotmail.com
Mi–Sa 17–22, So 10–15 und 17–22 Uhr
🍴 27. Mai–4. Juni 2020

WERFEN H3

OBAUER 19/20
Restaurant & Hotel
Köche: Karl und Rudi Obauer

KARL UND RUDI OBAUER, KÖCHE DES JAHRZEHNTS
MELANIE PÖTTINGER, PÂTISSIÈRE DES JAHRES 2019

Die Obauers sind und bleiben die Obauers. Punkt. Während andernorts die Suche nach dem Küchenstil einmal in diese, einmal in die andere Richtung geht, bleiben die Brüder Karl und Rudi ihrer Linie treu. Und das seit mehreren Dekaden und in einer großen Selbstverständlichkeit. Für sie zählen beste Produkte und ehrliches Handwerk. Selbstbewusst und schlicht perfekt ist das, was aus der Küche kommt. Subtil in der Würzung, balanciert in der Kombination der einzelnen Zutaten und natürlich stets in der französischen Tradition verhaftet. Das Frankophile hat den Betrieb schon immer geprägt. Die Basis ist aber doch erd- und heimatverbunden. Wichtiger Kern des Erfolges neben der Konstanz: Man ist immer am Puls der Zeit. Verstärkt wird das Familienteam seit Kurzem durch Berthold Obauer, Rudis Sohn, der nach

Tel.: 06468 5212
5450 Werfen
Markt 46
www.obauer.com
ok@obauer.com
Mi–So 12–14, 18.30–21 Uhr
🍴 variabel

ZELL AM SEE

SALZBURG

Aufenthalten im Ausland das Serviceteam durch seine wohltuend unprätentiöse Art bereichert. Herr über den Weinkeller ist Roman Aigner, kein Unbekannter in der Sommelierszene. Nun ein paar Eindrücke der Teller: Als erfrischende Sommervorspeise kam ein gebeiztes Kalbsfilet mit fermentiertem Zucchino, Gänseleber samt Gartenrauke-Joghurt, alles unter einem feinen Orangengeleeblatt versteckt. Unvergleichlich dann die ganz feinwürzigen Paprikakutteln mit Saurüssel und Feuerbrot. Die Kräuternote des Gerichtes steuerte ein Liebstöckelauszug bei. Ideal glasig und in einer hauchzarten Aromatik der gedämpfte Alpenlachs auf Wachsbohnen und Pfirsich – ein Treffen von Frucht, Gemüse und Fisch der eleganten Art. Fantastisch als Hauptgang: das Werfner Lamm. Eine ordentlich große Portion, aber jeder Bestandteil – vom Lammwürstl über den kurz gebratenen Rücken und, natürlich nicht zu vergessen, die zarte gebratene Lammniere – war hervorragend zubereitet. Dazu im Glas serviert Aubergine in drei Arten mit Petersilienpaste. Mehr braucht es nicht. Dass hier die Käseauswahl alle Stückerl spielt, ist selbstredend – natürlich sind die Plateaus reich bestückt mit dem Besten aus Frankreich. Daneben reicht die Käse-Sommelière auch einiges an heimischen Köstlichkeiten von umliegenden Bauern und natürlich die unglaublich guten hausgemachten Chutneys. Ein mehr als würdiger Abschluss dann die „Sommer Eisbombe" mit viel Frucht und Schmelz, der richtigen Dosis an Süße und einem zarten Crunch aus hauchdünner Schokolade. Gut, dass die Obauers bleiben, wie sie sind.

à la carte: 19–59 €

Tel.: 06468 5212
5450 Werfen
Markt 46
www.obauer.com
ok@obauer.com
Mi–So 12–14, 18.30–21 Uhr
❄ variabel

© Armin Walcher

ZELL AM SEE G4

ERLHOF 15/20
Restaurant und Landhotel
Koch: Josef Brüggler

Tel.: 06542 56637
0664 1434100
5700 Zell am See
Thumersbach, Erlhofweg 11
www.erlhof.at
erlhof@aon.at
Do–Di 12–14 und 18–21 Uhr
❄ Nov. 2020

In der gemütlichen Atmosphäre der Stuben oder auf der schönen Terrasse mit herrlichem Blick auf den Zeller See und das Kitzsteinhorn genießen die Gäste die regionale Küche und die gut zusammengestellten Feinschmeckermenüs. Nach der Begrüßung mit feiner Quiche Lorraine auf Tomatensauce folgen ausgezeichnete Surbratlsulz und Gänseleber auf Selleriecreme. Sehr harmonisch und auch optisch ein Genuss der warm geräucherte Eismeersaibling auf Wasabicreme und erfrischendem kleinen Salat. Angenehm wärmend das Champagnersamtsüppchen mit

ZELL AM SEE

Hummerstrudel. Das im Speckmantel gebratene Zanderfilet mit Belugalinsen in Pommery-Senf-Sauce schmeckt hervorragend. Erstklassig auch Medaillons vom Hirschrücken in Honig-Thymian-Sauce. Kreativ das Dreierlei vom Eisparfait im Scholadespitz oder die Dukatenbuchteln mit Zwetschkenröster und weißem Kaffeeeis. Sehr aufmerksamer Service. Die Weinkarte entspricht dem hohen Standard des Hauses.

à la carte: 8–38 €

FLO'S RESTAURANT Ⓝ
im Landhotel Martha

Koch: Florian Zillner

11/20

Tel.: 06542 72123
5700 Zell am See
Schmittenstraße 79
www.landhotel-martha.at
info@landhotel-martha.at
Mo–Sa 18–22 Uhr

In der geschmackvoll eingerichteten Stube werden wir am Beginn des Überraschungsmenüs (wahlweise drei-, vier- oder fünfgängig) mit feinem, selbst gebackenem Brot begrüßt. Die Kreativität der Küche beweisen ein Kohlrabiblatt mit gepökelter Zunge und Ziegenkäse und die Steinpilzravioli mit gefrittetem Kohl und geriebenem Schotten. Bestens in Qualität und Zubereitung ein geschmortes Schulterscherzl mit Pastinaken, ebenso die Seezunge mit zweierlei Paprikapüree und Babymango. Köstlich der Abschluss mit einem herrlichen Topfen-Schwarzbeer-Törtchen. Umsichtiger Service, gute Weinauswahl.

à la carte: 5–40 €

ZELL AM SEE

MAYER'S RESTAURANT
auf Schloss Prielau

16,5/20

Tel.: 06542 729110
5700 Zell am See
Hofmannsthalstraße 10
www.mayers-restaurant.at
info@schloss-prielau.at
Mi–So 19–24 Uhr

Koch: Andreas Mayer

Zell am See liegt auch am Meer – zumindest wenn man die Augen schließt und sich dem großen Menü von Andreas Mayer hingibt. Ein Stück Saibling oder dessen Kaviar darf es zwar auch sein, doch in der klassischen Menüfolge dominieren Fische, Muscheln und Meeresfrüchte aus den Weiten des Atlantiks. Und dieser rauscht sogar beim Langostinogang mit Auster aus den dazu gereichten Kopfhörern. Ein Gag, zweifellos, doch wieso nicht? Dass Heston Blumenthal diesen Trick zur Steigerung der Wahrnehmung schon vor Jahren verwendet hat, macht ihn nicht weniger originell. Es ist jener hohe Grad an Detailverliebtheit, der sich durchs gesamte Menü zieht und einige Gänge zu einem richtigen Erlebnis macht. Es sind immer nur ein oder maximal zwei Bissen einer Komponente vorhanden, schon kommt die nächste Etappe. So hantelt man sich zum Beispiel in einem einzigen der acht Gänge des großen Menüs von einem Bissen Hasenrücken zur gefüllten Topfenknödelminiatur, dann weiter zum geschmorten Haxerl bis hin zur Gänseleber mit Marille. Monothematisch geht es eigentlich nur beim Beef-Tee zu, der nicht wie gewohnt am Anfang des Menüs, sondern an dessen Ende steht. Aufgegossen wird mit viel Dampf und Rauch bei Tisch, doch das Schauspiel macht auch kulinarisch Sinn. Bei Schwein (Mangalitza mit Senfeis), Huhn (Pinzgauer Hendl mit Eierschwammerln) oder Kalb (Zunge, Beuscherl, Filet) greift Mayer auf bewährte regionale Produzenten zurück. Stark sind auch die Saucen. Das einzige kleine Problem, das sich bei unserem Besuch zeigte, waren die Temperaturen einzelner Komponenten, vor allem bei den in separatem Geschirr gereichten Beilagen. Die Weinkarte ist recht konservativ gehalten, der Service kompetent und sehr zuvorkommend.

à la carte: 22–54 €

SALZBURGER HOF (STUBE)
Genießer-, Golf- & Wellnesshotel

15/20

Tel.: 06542 765
5700 Zell am See
Auerspergstraße 11
www.salzburgerhof.at
5sterne@salzburgerhof.at
Mo–Sa 12–14 und 18.30–21 Uhr

Koch: Stefan Reiter

LEBENSWERK FÜR FRAU GISELA HOLLEIS, HOTEL DES JAHRES 2012

Auf externe Gäste ist man – zumindest zu Mittag – nicht wirklich eingestellt. Trotz telefonischer Reservierung verlief der Besuch, sagen wir einmal, holprig. Dass sich die gereichte Karte dann als „Abendkarte" entpuppte und wir uns mit einer abgespeckten Mittagsversion begnügen mussten, haben wir erst vor Ort erfahren. Für all das kann die Küche natürlich nichts. Sie zeigte sich schon zu Mittag – auch nur für einen einzigen Tisch – in Topform. Das galt für die geräucherte Entenbrust mit Quinoasalat und Linsen genauso wie für das gebratene Saiblingsfilet mit Avocadoagnolotti. Ausgezeichnet

ZELL AM SEE

auch die gebratene Milchkalbskrone mit gegrillten Kräuterseitligen. Zu guter Letzt wurden wir noch mit einem außergewöhnlichen Dessert – ein überbackener Topaz-Apfel mit Spekulatius und Quitte – verwöhnt. Nach dem holprigen Beginn zeigte sich der Service von seiner besten Seite, das Weinangebot ist umfangreich.

à la carte: 9–35 €

SEENSUCHT (N)
im Seehotel Bellevue
Koch: Michael Schnell

11,5/20

Tel.: 06542 21828

5700 Zell am See
Seeuferstraße 41

www.restaurant-am-see.at
info@seehotel-bellevue.at
Di–Sa 11.30–13.30 und 18–22 Uhr
variabel

Das Ambiente ist gediegen, der Blick auf See und Kitzsteinhorn hinreißend. Die Küche schlägt eine alpin-mediterrane Richtung ein, die reizvoll ist. Das beginnt beim Amuse bouche, bestehend aus Salzburger Rahmbrie mit Trüffel, eingelegter roter Zwiebel und fruchtiger Senfsauce. Kreativ und sehr gut die handgemachten Rote-Rüben-Knödel mit Haselnuss-Butter-Bröseln, Taleggioschaum und Balsamicoperlen. Ein feiner Genuss ist auch das optisch aufwendig arrangierte, nur leicht angebratene weiße Wallerfilet mit geschmortem Ochsenschlepp, Urkarotte und Krenrisotto. Zu guter Letzt dann noch ein köstliches Minidessert im Glas: Maronimousse mit Mohneis.

à la carte: 12,90–70,60 €

ZELL AM SEE

ZUM HIRSCHEN 13/20
Koch: René Fichtner

Seit vielen Jahren schätzen einheimische und internationale Gourmets mittags und abends die hervorragende Küche des Hirschen. In gediegener und familiärer Atmosphäre starteten wir beim „Österreich"-Menü mit feiner Essenz vom heimischen Hirsch mit Preiselbeerschöberln. Die im Ganzen gebratene Reinanke mit erfrischendem Kürbiskraut schmeckte uns ebenfalls sehr gut. Aus der gut zusammengestellten Karte wählten wir einen ausgezeichneten Tafelspitz vom Pinzgauer Rind mit Röstkartoffeln und Cremespinat. Flaumig und nicht zu süß die Topfennockerl im Zimt-Brioche-Mantel. Sehr freundlicher Service.

à la carte: 10–30 €

Tel.: 06542 774
5700 Zell am See
Dreifaltigkeitsgasse 1
www.zum-hirschen.at
hotel@zum-hirschen.at
✱ Okt.–Mitte Dez.

DER SONNBERG Ⓝ 👍 Tipp

Mit traumhaftem Blick auf den See und die umliegenden Berge speist man im Sonnberg. Die Küche verfolgt das Motto „Tradition trifft auf Moderne" und hat sich den Produkten aus der Region verschrieben. Heimische Klassiker, aber auch Innovationen wie in Enzian karamellisiertes Lammfilet finden hier ihren Weg auf den Teller.

à la carte: 11,80–36,50 €

Tel.: 06542 72184
0664 9152241
5700 Zell am See
Sonnbergstraße 57
www.der-sonnberg.at
rezeption@zell57.at
✱ 4.–19. Nov. 2019

SALZBURG

Die besten Weine Österreichs im NEUEN Design.
Gault&Millau Österreich 2020 Weinguide

STEIER-
MARK

DIE BESTEN

18,5/20	♟♟♟	**SAZIANI STUB'N** Straden	Seite 385
18/20	♟♟♟	**GESCHWISTER RAUCH** Bad Gleichenberg	Seite 347
16,5/20	♟♟	**DER LUIS** Anger	Seite 346
16,5/20	♟♟	**DIDI DORNER IM MAGNOLIA** Graz	Seite 361
16,5/20	♟♟	**DIE WEINBANK RESTAURANT** Ehrenhausen	Seite 352
16,5/20	♟♟	**ESSENZZ** Stainz	Seite 384
16,5/20	♟♟	**GENIESSERHOTEL KRAINER** Langenwang	Seite 372
16,5/20	♟♟	**LIEPERT'S KULINARIUM** Leutschach	Seite 374
16,5/20	♟♟	**RESTAURANT STEIRERSCHLÖSSL** Zeltweg	Seite 388
16,5/20	♟♟	**T.O.M R – PFARRHOF SANKT ANDRÄ** Sankt Andrä im Sausal	Seite 378

LANDKARTE

LEGENDE

- ○ Orte allgemein
- 🟢 Orte mit 🍴
- 🟡 Orte mit 🍴🍴
- 🟠 Orte mit 🍴🍴🍴
- 🔵 Orte mit 🍴🍴🍴🍴
- 🔴 Orte mit 🍴🍴🍴🍴🍴

Altaussee
Grundlsee
Bad Aussee
Bad Mitterndorf
Trautenfels
Liezen
Admont
Rottenmann
Eisenerz
Enns
Trieben
Gröbming
Kamm(ern)
Schladming
Rohrmoos-Schladming
Seckau
Fohnsdorf
Knittelfeld
Zeltweg
Judenburg
Murau
Mariahof
St. Lambrecht
Mur
Stadl a. d. Mur
Turrach

LANDKARTE

STEIERMARK

AICH-ASSACH   J4

ZUM GRAFENWIRT   👍 Tipp

Tel.: 03686 4307
0664 224 41 37
8966 Aich-Assach
Vorstadt 1
www.grafenwirt.at
info@grafenwirt.at
Di 17–21, Mi–So 11.30–14
und 17–21 Uhr
✱ variabel, Nov. 2019

Im traditionellen, rustikalen Ambiente des Landgasthofes fühlt man sich schon zu Hause, sobald man einen Fuß zur Türe hineinsetzt. Auf der Karte finden sich allerlei Spezialitäten aus der Region, von der Haussulz bis zum Ennstal-Lamm. Aber auch für Abwechslung ist mit Steirer Maki und allerlei saisonalen Events wie Grillabenden in der Sommerzeit gesorgt.

à la carte: 11–31 €

ALTAUSSEE   I3

WIRTSCHAFT 2.0[N]   12/20

Koch: Christian Wölkart

Tel.: 0664 826 82 35
8992 Altaussee
Fischerndorf 191
christianwolkart@gmail.com
Mi–So 8–15 und 18–24 Uhr
✱ 1 Woche im Jän. 2020,
je 2 Wochen im März
und Sept. 2020

In einem hinreißend möblierten Häuschen befindet sich dieses kleine Restaurant – ein neuer Lichtblick in Altaussee. Der Malerfürst Friedensreich Hundertwasser hat einst hier residiert. Klein, aber interessant ist auch die Speisekarte, die täglich wechselt und bei unserem Besuch sechs Positionen umfasste. Das Tomaten-Frischkäse-Ildefonso in kalter Basilikumsuppe war eine sommerlich leichte Köstlichkeit. Perfekt kam auch der Kalbsrollbraten mit Erdäpfelgratin, knackigem Röstgemüse und Rotweinreduktion. Eine luftige Erdbeercremeschnitte mit fantastischem Marillensorbet sorgte für den krönenden Abschluss.

à la carte: 5,40–33 €

ANGER   M4

DER LUIS   16,5/20
im Posthotel Thaller
Koch: Luis Thaller

Tel.: 03175 2206
8184 Anger
Hauptplatz 3
www.restaurant-derluis.at
derluis@posthotel-thaller.at
Di, Fr 18–22, Sa 12–14 und
18–22 Uhr

Regional weltmännisch könnte man die Küche nennen, die Luis Thaller in der Gourmetecke seines Hotelrestaurantbetriebs pflegt. Wer bei ihm isst, wird nicht nur mit etlichen exzellenten Kostproben aus der Küche verwöhnt, sondern auch mit sorgfältig durchkomponierten, leichten Menüs, die sogar dem abgeklärteren Gast noch Überraschungen bereiten. Zur Begrüßung stimmte zuerst knackiger Brokkoli mit Frischkäse und Schnittlauchblüten, dann frischer Spargel mit Eidotter und Gölles-XA-Essig auf das Menü ein. Das hatte mit gebeiztem Bio-Marmorata-Saibling auf Dickmilch und Dickmilcheis, Rüben, Verjus und Traubenkernöl sowie mit geräuchertem poêlierten Huchen mit Spargel, Frischkäse-Kohlrabi-Cannelloni und eingelegten Radieschen einen grandiosen Auftakt. Die ungestopfte Gänseleber servierte Thaller geschmort und roh, mit Butter-Muscovado-Sauce, Butterbrioche und Vogelmiere. Fantastisch zart der in der ersten Hauptgangrunde aufgetragene Maibock mit Polenta und Spargel, wuchtig-intensiv dann das Rehragout mit Semmelknödel, Pilzen und Speck. Danach sorgte ein Erdbeer-Rhabarber-Dessert mit Maiwipferlblätterteig, Bayerischer Creme und Sauerrahmeis für Entspannung, ein zweites Dessert aus Zotter-Schokolade, Tonkabohnen, Salz-Karamell-Eis und weißer Schokolade mit Oliven für den köstlichen Abschluss. Hervorzuheben ist neben dem kompetenten Service die exzellente, weit über das Gewohnte hinausgehende Weinbetreuung.

BAD GLEICHENBERG

STEIERMARK

BAD AUSSEE   13

ERZHERZOG JOHANN   12,5/20

Mehr als nur ein Hauch von Tradition umweht das 600 Jahre alte Haus am Kurhausplatz. Da freut es umso mehr, dass im Restaurant des ehrwürdigen Hotels nicht nur den alten Zeiten gehuldigt wird. Zwei viergängige Menüs tragen zwar unvermeidlicherweise die Namen von Anna Plochl und ihrem Erzherzog, unter diesem Etikett aber gibt man sich durchaus zeitgenössisch. Man serviert zu zart gebeizten Stücken vom hellrosa Alpenlachs löffelweise Lachskaviar und Tupfer von frischem Limettenjoghurt. Die Seenlandschaft des Salzkammerguts ist auf der Karte durchgehend gut abgebildet: Filet von der Reinanke mit Safranpüree und Mangold, Waller mit Paradeis-Basilikum-Risotto und geräuchertem Blattspinat. Gegen Vorbestellung wird der lokal gefischte Saibling auch in der Salzkruste zubereitet. Ebenso das Fleischangebot kann sich sehen lassen. Zart und rosa kam der gebratene Rücken vom Hirschkalb mit frischen Pilzen und Polenta zu Tisch. Unter den Desserts vom Topfensoufflé bis zur Schoko-Kirsch-Variation stach das Himbeer-Joghurt-Törtchen mit frischen Beeren und molligem Mascarponeeis hervor. Originelle Weinbegleitung mit heimischen Spitzenweinen.

Tel.: 03622 525070
8990 Bad Aussee
Kurhausplatz 62
www.erzherzogjohann.at
info@erzherzogjohann.at
täglich 12–14 und 18.30–21 Uhr

BAD GLEICHENBERG   05

DELIKATERIE   11,5/20

Koch: Wolfgang Meichenitsch

Eine interessant gestaltete Weinkarte zu fairen Preisen sowie mit regionalem Schwerpunkt und ein aufmerksames Servierpersonal sprechen für einen Besuch der Delikaterie in Bad Gleichenberg. Auch das Essen kann man empfehlen: Der Genussteller besteht aus regionalen Spezialitäten wie Schinken und Käse und schmeckt. Die Lammkrone wird mit Ratatouille sowie Fisolen und Artischocken serviert und der ausgezeichnete gebratene Hecht kommt mit Linsen und Karottenpüree auf den Tisch. Bei den Desserts darf der Klassiker flüssiger Schokoladekuchen nicht fehlen, der durch Beerenragout und Joghurt-Marillen-Eis ergänzt wird.

à la carte: 3,50–27,90 €

Tel.: 03159 44606
8344 Bad Gleichenberg
Kaiser-Franz-Josef-Straße 5/2
www.delikaterie.at
office@delikaterie.at
Mo, Di, Fr 11.30–14.30 und
18–21, Sa, So 11.30–21 Uhr

GESCHWISTER RAUCH   18/20
vulgo Steira Wirt
Koch: Richard Rauch

RICHARD RAUCH, KOCH DES JAHRES 2015

Richard Rauchs Küche hat zwei wichtige Merkmale: Die Kombinationen sind ebenso überraschend wie stimmig. Und der Koch schafft es dabei, die Aromen so perfekt zu steuern, dass keines allein ist störend heraussticht. Dazu muss man die einzelnen Speisen genauer beschreiben. So waren die jungen Erbsen mit Zitrone, Kresse und Erdnusscreme ein himmlisches Gericht, das die Geschmacksnerven auf leisen Sohlen eroberte. Eine Zwiebeltartelette mit Saibling und Käseschaum gefiel uns ebenfalls sehr. Die Blätterteigkrapfen mit faschiertem Lamm, Curry und geräucherten Sauerrahmtupfen detto. Eine kalte Frühlingskräutersuppe mit Bärlauchöl und gerösteten Haferchips war von berauschender Frische. Die geflämmte Forelle mit mariniertem Kürbis, Bergamotte und Hagebuttensauce war eine Klasse für sich. Der perfekt gegrillte Wels auf Erbsen-Kokos-Sauce mit wildem Brokkoli und Fenchel sucht seinesgleichen. Dünn gehobelte Chayote mit Störkaviar, Erdnüssen, Quittensauce und frischem Kerbel entzückte; das tropische Gemüse baut eine Gleichenberger Bäuerin erfolgreich an. Ein rosa gebratener Lammschlögel kam mit erdigen Mangoldwurzeln und dichtem Kardamomjus. Als Dessert beglückte uns ein Yoghurtsorbet mit Himbeer-Paprika-Eis und Polentacrumble. Dass wir dann noch den Abschiedsgruß aus der Küche, gebackene Topfenmäuse mit Kirschengelee, fröhlich verdrückten, spricht für sich. Die mit über 300 Positionen klug bestückte Weinkarte kommt ohne die

Tel.: 03159 4106
8343 Bad Gleichenberg
Trautmannsdorf 6
www.geschwister-rauch.at
office@geschwister-rauch.at
Do–Mo 12–14 und 18–21 Uhr
✱ variabel

BAD WALTERSDORF

französischen Superstars mit ihren absurd hohen Preisen aus. Man kann hier natürlich auch einfacher und in kürzerer Menüfolge genießen. Die steirische Wirtshausküche ist genauso köstlich wie die Steaks aus dem Green Egg. Aber zumindest einmal muss man sich als Genießer die Rauch-Küche in voller Länge gönnen.

à la carte: 7,50–34 €

©Kirchgasser Photograpy

LOUNGE 81 Ⓝ 11/20
Köchin: Christina Luger

Viel spektakulärere Panoramen bietet die an Aussichtsplätzen nicht gerade arme Südoststeiermark nicht. Viel coolere Restaurantkultur auch nicht. Bildhauer Thomas Rauch betreibt seine Lounge 81 quasi im Nebenjob an nur zweieinhalb Tagen pro Woche und schupft dabei aus seiner Schauküche leichte, regionale und konsequent saisonale Köstlichkeiten, die nicht nur dank ihrer feinen Qualität Freude machen, sondern auch unglaublich hübsch anzusehen sind.

à la carte: 3–30 €

Tel.: 0664 384 89 78
8344 Bad Gleichenberg
Steinbach 81 a
www.lounge81.at
lounge81@thomasrauch.at
Mo, Sa 16–22, So 9–22 Uhr
❀ Jän. und Juli 2020

BAD WALTERSDORF N4

SAFENHOF 13,5/20
Koch: Roman Mießl

Straßenseitig sieht der Safenhof wie viele rustikale Wirtshäuser aus, auch die Inneneinrichtung lässt Gediegenes vermuten. Es gibt dann aber noch einen unvermutet romantischen Garten am Ufer des Safenbachs und auch in der Küche wird mit bemerkenswerter Ambition agiert. Nach dem Gruß aus der Küche, einem Stück kalten Zander mit Oliven und Barbecuesauce, wählten wird hausgebeizten Seesaibling, exzellent gewürzt und mit Holundergelee und geschmorten Marillen so überraschend wie überzeugend fruchtig kontrastiert. Eine Fischsuppe mit Lachs, Garnelen und Gemüse überzeugte mit zart asiatischen Aromen, fein abgeschmeckt auch die Burrata auf mildem Pesto und orangen, grünen und blauroten Paradeisersorten. Perfekt die „Surf & Turf"-Kombination von Kalb und Garnele mit Erdäpfeln und mediterranem

Tel.: 03333 2239
0664 973 50 68
8271 Bad Waltersdorf
Hauptstraße 78
www.safenhof.at
info@safenhof.at
Mi–Sa 12–14 und 18–22,
So 12–16 Uhr
❀ variabel

Gemüse, nur der Portweinjus dazu schmeckte eine Spur zu bitter. Sehr deftig, aber köstlich die reich gefüllten Spanferkelravioli mit Tomaten-Kapern-Butter und Rucola. Wer sich nach solcher Üppigkeit den herrlich nussigen, warmen Nougat-Kürbis-Kuchen mit Karamelleis nicht mehr zutraut, ist mit hausgemachten Sorbets, etwa von Holunderblüte, Apfel, Passionsfrucht und Rhabarber, bestens beraten. Die Weinkarte ist erwartungsgemäß vor allem steirisch bestückt – mit interessanten Ausreißern aus Patronne Christa Wimbergers Weinviertler Heimat.

à la carte: 13,50–35 €

BIRKFELD M4

FISCHRESTAURANT KULMER 11/20

Koch: Franz Kulmer

Tel.: 03174 4463
8190 Birkfeld
Haslau 63
www.kulmer-fisch.at
kulmer@kulmer-fisch.at
Mi–Sa 11–19, So 11–18 Uhr
❄ Nov. 2019

Wie der Name bereits verrät, dreht sich bei Kulmer alles um den Fisch. Da man ausschließlich Produkte der angeschlossenen Fischzucht und Räucherei verarbeitet, sind Frische und hochwertige Qualität stets garantiert. Neben Sashimi und Sulz wählt man unter den gängigen Zubereitungsarten (gebraten, gebacken oder blau), auf Vorbestellung gibt es Huchen im Ganzen. Sollte ein erklärter Fleisch-Aficionado mit von der Partie sein, kann diesem mit Rindsuppe und Schweinsschnitzel geholfen werden. Bei Zitronensorbet und hausgemachten Strudeln trifft man dann einander beim Dessert wieder. Als passende Begleitung empfehlen sich die Weine der benachbarten Winzer.

à la carte: 4,90–22 €

Bewertungen NEU

11 bis 12,5 Punkte: 1 Haube
13 bis 14,5 Punkte: 2 Hauben
15 bis 16,5 Punkte: 3 Hauben
17 bis 18,5 Punkte: 4 Hauben
19 bis 19,5 Punkte: 5 Hauben

BREITENFELD AN DER RITTSCHEIN

GALLBRUNNER — 11,5/20

Köchin: Elisabeth Rennhofer

Wunderbar urig und gemütlich geht es in diesem Traditionswirtshaus zur Sache. In der bäuerlichen Gaststube mit dunkler Holzvertäfelung und Kachelofen werden die Gäste vom äußerst zuvorkommenden Personal nach allen Regeln der Gastfreundschaft rundum versorgt. Wenn dann auch noch regionstypische Gerichte wie knuspriger Schweinsbraten aus dem gesetzten Tischherd, auf den man besonders stolz ist, oder Nudeltascherl serviert werden, dann ist die Welt in Ordnung. Dazu trinkt man ein Glas des hauseigenen Biers oder eine gute Flasche steirischen Weins.

Tel.: 03174 4410
8190 Birkfeld
Waisenegg 78
www.gallbrunner.at
office@gallbrunner.at

BREITENFELD AN DER RITTSCHEIN — M4

BREITENFELDERHOF ZUR RIEGERSBURG — 👍 Tipp

Im Landhotel Breitenfelderhof heißt Familie Zalud ihre Gäste stets herzlich willkommen. Die Küche spiegelt diese Wohlfühlatmosphäre wider. Bodenständige Schnitzelvarianten wie etwa das mit Bergbaron, Rohschinken und Thymian gefüllte „Wirtenschnitzel" ergänzen die steirischen Spezialitäten wie Backhendlsalat und Rindsrouladen.

à la carte: 6,90–19,90 €

Tel.: 0664 252 04 70
8313 Breitenfeld an der Rittschein 20
www.breitenfelderhof.com
office@breitenfelderhof.com
Mi–Sa 11–20, So 11–15 Uhr
✻ variabel

BRUCK AN DER LAFNITZ — N4

LANG ZUR FESTENBURG — 👍 Tipp

Der Gasthof Lang blickt auf eine beachtliche Geschichte zurück, firmierte er doch bereits seit 1850 als Gastronomiebetrieb. Im Laufe der Zeit wurde er immer wieder erneuert, sodass er heute ein gemütlicher, gastlicher Ort mit steirischem Charme ist. Das Menü gewährt einen Streifzug durch die Region, Produkte umliegender Bauern und Produzenten stehen dabei im Vordergrund. Steirischer Ziegenfrischkäse, cremige Bergkäsesuppe und das mit Almkräutern panierte Lammschnitzel bescheren außergewöhnliche Genussmomente.

à la carte: 5,90–38 €

Tel.: 03331 2555
0664 282 87 06
8251 Bruck an der Lafnitz
Karnerviertel 75
www.hausfestenburg.at
office@hausfestenburg.at
Do–So 11.30–21 Uhr

BRUCK AN DER MUR — L4

JOHANNS — 15,5/20

Die Essensmanufaktur
Koch: Mike Johann

Ständig tüftelt Mike Johann an neuen Ideen, stellt allerhand Versuche mit regionalen Zutaten an, experimentiert kreativ im eigenen Garten und scheut sich nicht, alles vom Tier zu verwerten. Das macht einen Besuch in dem Restaurant mit den vier Tischen unheimlich spannend. In der Küche nebenan arbeitet er mit seiner Frau Emilia und fördert eine Überraschung nach der anderen zutage. Weißer Speck und Ziegenkäse betten sich auf fruchtig-scharfe Paradeiser – besser kann man den Geschmack nicht herausarbeiten. Erdäpfelbrösel krönen eine Krenmousse, die gut mit dem zurückhaltend dosierten Bachkresseöl harmoniert. Subtil gerät die Gams mit Ginaromen in einer milden Teeessenz, ausbalanciert die geräucherte und gesurte Ente mit allerlei Details von der Mandarine, Zweigeltcreme und Würz-

Tel.: 0664 241 31 29
8600 Bruck an der Mur
Hugo-von-Montfort-Gasse 2
www.johanns.at
info@johanns.at
Mo–Fr 11.30–14 und 18–22 Uhr
✻ variabel

DEUTSCHLANDSBERG

kraut. Ein süßes Miteinander von Maracuja, Schokolade und Himbeere verwöhnt auch Anspruchsvolle. Am Ende bleibt immer ein Wow. Mit der Weinauswahl beweist der Gastgeber Feinsinn. Neu ist, dass man sich nach dem Essen in eine Schlafsuite des Hauses zurückziehen kann und nicht mehr ins Auto oder den Zug steigen muss.

DEUTSCHLANDSBERG   L5

BURG DEUTSCHLANDSBERG   11/20
Koch: Stefan Pollithy

Tel.: 03462 5656
8530 Deutschlandsberg
Burgplatz 1
www.burg-deutschlandsberg.at
info@burg-deutschlandsberg.at
Di–Sa 17.30–21.30 Uhr
27. Jän.–9. März 2020

Eine imposante Felsenburg, ein prächtiger Ausblick ins Weinland und ein ambitioniertes Restaurant im Burghotel Deutschlandsberg. Eine viel versprechende Kombination, die leider nicht ganz hält, was sie verspricht. Ein ausgeschlagenes Sektglas trübt den ersten Eindruck im Rittersaal. Das Überraschungsmenü startet mit einer suboptimalen Kombination aus Oliven und Gansleber-Crème-brûlée. Die optisch verspielten Vorspeisen bleiben geschmacklich hinter ihrem Erscheinungsbild zurück. Die Spargelsuppe mit Fischravioli ist passabel, ebenso das Kalbssteak. Preislich scheint man einen Aufschlag für das prachtvolle Ambiente der Burg zu verbuchen.

à la carte: 10–35 €

KAMINSTUB'N   11/20

Tel.: 03462 4737
8530 Deutschlandsberg
Kresbach 80
www.kaminstubn.at
kaminstubn@aon.at

Aus fünf alten Bauernhäusern erbaut sorgt der steirische Weingasthof für uriges Ambiente und versprüht mit seiner rustikalen Holzstube jede Menge Gemütlichkeit. Im Sommer begeistert der schöne Gastgarten, der mit dem Seerosenteich und vielen liebevollen Details eine besondere Idylle schafft. Geboten werden herzhafte Köstlichkeiten der österreichischen Küche, die mit handwerklichem Geschick und mediterranen Einflüssen zeitgemäß adaptiert werden. Die Region wird dabei nicht aus dem Auge verloren, Kernöl, steirische Äpfel und Co glänzen hier als Hauptdarsteller. Dass zu einem Weingasthof in der Steiermark auch ein adäquates Angebot an offenen und Flaschenweinen gehört, liegt auf der Hand.

EDELSTAUDEN

EDELSTAUDEN — M4

FINK 👍 Tipp
Berggasthof

Tel.: 03134 2314
8081 Edelstauden 19
www.berggasthof-fink.at
info@berggasthof-fink.at

Die Speisekarte zeigt sich überraschend kreativ. So finden sich neben steirischen Klassikern auch einige Gerichte mit asiatischen Einflüssen. Vater und Sohn stehen gemeinsam in der Küche und arbeiten am liebsten mit Produkten aus der Region, auch wenn daraus nicht immer Gerichte mit regionalen Rezepten entstehen müssen. Zu Mittag lockt das Lokal die Einheimischen mit günstigen Menüs, saisonale Schwerpunkte wie etwa die beliebten Wildbretwochen machen den Berggasthof über die Region hinaus für Feinschmecker attraktiv.

EHRENHAUSEN — M5

DIE WEINBANK RESTAURANT 16,5/20
Koch: Gerhard Fuchs

Tel.: 03453 22291
8461 Ehrenhausen
Hauptstraße 44
www.dieweinbank.at
prostmahlzeit@dieweinbank.at
Mi 19–21, Do–So 12–13.30 und 19–21 Uhr (im Okt. auch montags geöffnet)
🍴 24. Feb.–17. März,
27. Juli–11. August 2020

GERHARD FUCHS, KOCH DES JAHRES 2004

Man darf den Namen dieses Restaurants ruhig beim Wort nehmen. Der Wein ist hier die sichere Bank, auf die die wunderbare Küche des Gerhard Fuchs von Haus aus setzen kann. Der Koch versteht die nicht weniger wunderbare Weinbegleitung durch Sommelier Christian Zach nicht als bloßes Beiwerk, sondern als gleichberechtigtes kulinarisches Statement. Essen und Trinken haben hier nicht nur die gleiche Wertigkeit, sie werden auch mit der gleichen Lust am Geschmack zelebriert. Daraus entstehen großartige Paarungen. Zu Beginn etwa der Gänseleberstrudel mit Rhabarbersenf zu einem Pinot Noir Rosé oder der Kaisergranat mit einem herrlich intensiven Karkassensüppchen zum Sauvignon Blanc Grüne Libelle – beide Weine von Andreas Tscheppe. Ein Jura-Chardonnay von Ganevat ergänzt perfekt die eingelegte Lachsforelle mit Zitronentascherl, Speck und Kalbskopf. Und der Hausklassiker, Dotteraviolo mit Spinat, Parmesanemulsion und Trüffel, wird überhaupt von einem speziell dafür gekelterten „Wein zum Dotteraviolo" vom Weingut Werlitsch veredelt. Natürlich funktioniert diese Küche auch für Wein-Ignoranten – das Huchenfilet mit Mohnnudeln und Zwiebelessenz ist per se ebenso fantastisch wie das Bries mit Kalbshirnagnolotti, Morcheln und Gänseleberjus. Aber wer nicht zumindest probiert, wie das in Kombination mit einem '09er Zieregg Sauvignon Blanc vom Tement und einem Meursault 13 von Coche-Dury schmeckt, der versäumt etwas. So gesehen ist der Abschluss von hohem Symbolwert: Sommelier Zach darf selbst kochen und die Crêpe Suzette am Tisch flambieren.

DIE WEINBANK WIRTSHAUS POP 14,5/20
Koch: Gerhard Fuchs

Tel.: 03453 22291
8461 Ehrenhausen
Hauptstraße 44
www.dieweinbank.at
prostmahlzeit@dieweinbank.at
Mi–So 11.30–21 Uhr
🍴 24. Feb.–17. März,
27. Juli–11. Aug. 2020

Eine „Botschaft des guten Weins" hat sich Manfred Tement mit seinen beiden Pächtern Christian Zach und Gerhard Fuchs hier mitten in Ehrenhausen an einer der Einflugschneisen der Südsteirischen Weinstraße errichtet. Aber hier geht es nicht nur um eine Weinkarte voll von kaum zu ergatternden Gewächsen, Geheimtipps und Tement-Klassikern wie -Raritäten, sondern auch um beispielhafte, moderne Wirtshausküche: Die Einmachsuppe vom Kapaun mit weißen Trüffeln und der Klassiker des Hauses, Dotteraviolo – mit Parmesanemulsion, Spinat und Jus von der schwarzen Trüffel – stellten das als Starter ebenso eindrucksvoll unter Beweis wie das Filet vom Waller mit Rollgerstl, abgeschmalzenen Roten Rüben, Kren und Safransauce oder die Ofenleber mit Suchtfaktor – ein faschierter Braten von der Kalbsleber mit Bratapfel, Sauerrahmsterz und Pilzen. Die abschließenden Kletzennudeln mit Sauerrahmeis und Bröselbutter blieben dann ebenso positiv in Erinnerung wie der aufmerksame Service samt zielsicheren Weinempfehlungen.

à la carte: 7–39 €

EHRENHAUSEN

LOISIUM
Wine & Spa Resort Südsteiermark

pop 11,5/20

Tel.: 03453 28800
8461 Ehrenhausen
Am Schlossberg 1a
www.loisium.com
hotel.steiermark@loisium.com
täglich 18–21.30 Uhr

Prachtvolles Ambiente und besondere Atmosphäre sind im Restaurant Weinkuchl mit seiner großen Panoramaterrasse wirklich keine Mangelware. Auch im Inneren muss man auf den Ausblick auf die steirischen Weinberge nicht verzichten, wofür eine breite Glasfront sorgt. Alles ist hier sehr durchdacht, alles ist modern und stilvoll eingerichtet. Auch die Küche zeigt sich von ihrer modernen und kreativen Seite, ohne dabei die Region aus den Augen zu verlieren. Der Bauernsalat mit Geselchtem und Käferbohnen wird adrett präsentiert, das gebratene Maishuhn mit Chorizo und Kräuterrisotto ist schon nicht mehr ganz so regional, verspricht aber eine spannende Kombination. Eine ambitionierte steirische Küche, die mit internationalen Einflüssen verbunden wird. Dass das Weinangebot hier keine Wünsche offenlässt, liegt auf der Hand.

MAGNOTHEK & WIRTSHAUS AM ZIEREGG
pop 12/20

Koch: Patrick Girnus

Tel.: 03453 22122
8461 Ehrenhausen
Zieregg 3
www.magnothek.at
wirtshaus@magnothek.at
Do–Mo 12–21 Uhr

Bei diesem berauschenden Blick über die steirische Hügellandschaft kann es einem schon kurz den Atem verschlagen. Sobald man sich wieder gefasst hat, ist es an der Zeit, sich der Speisekarte zu widmen. Klassisch regionale Wirtshausküche verfeinert Küchenchef Patrick Girnus mit modernen Einflüssen, wobei die Fischgerichte besonders köstlich gelingen. Da die Magnothek indirekt zum Weingut Tement gehört, ist klar, dass auch die Weinkarte alle Stücke spielt. Und zwar — wie der Name des Wirtshauses bereits anklingen lässt – in Großflaschen. Das Pächterpaar Claudia und Rainer Wetzelhütter kümmert sich so zuvorkommend um die Gäste, dass man hier immer wieder gerne einkehrt.

WIRTSHAUS WOLFGANG MAITZ
14/20

Koch: Stefan Prenninger

Tel.: 03453 2153
8461 Ehrenhausen
Ratsch 45
www.maitz.co.at
wirtshaus@maitz.co.at
Di–Sa 13–21 Uhr
variabel

Der Genuss stellt sich schon ein, bevor die Speisekarte auf den Tisch kommt. Von der Terrasse aus öffnet sich ein traumhafter Blick auf die Weinberge. Zum Aperitif unter dem Nussbaum schmeckt uns ein hausgemachter Wermut Rosé. Dass man auf regionale Lieferanten setzt und die Produkte kreativ einzusetzen weiß, zeigt sich schon beim „steirischen Thunfisch", gebeizten Duroc-Schwein gepaart mit Linsen und Paprikacreme. Ein geniales Gericht, das einen Dauerplatz in der Karte verdient. Sanft gegarter heimischer Fisch kommt in einer aromatischen Krebsensuppe zur Geltung. Auf Kinderteller wird verzichtet, stattdessen portioniert man fast alle Gerichte aus der Karte auch kindgerecht. Manchmal bringt das Alter jedoch auch Vorteile mit sich, etwa bei einer ausgewachsenen Portion vom geschmorten Kohlrabi mit sehr feinem Püree, Shisoblättern und Erdnüssen oder beim klassischen Backhendl mit goldbraun gebratenen Erdäpfeln. Zur süßen Draufgabe schmeckte uns die Schokolade-Nuss-Torte besonders gut. Man darf sich auf eine schöne Weinauswahl freuen, nicht nur was die ausgezeichneten hauseigenen Weine von Wolfgang Maitz betrifft. Wer länger bleiben will, nächtigt im angegliederten Weingartenhotel.

à la carte: 4–29,50 €

Besuchen Sie Gault Millau auf facebook.

EIBISWALD

EIBISWALD M5

HASEWEND BY DOMAINES KILGER 👍 Tipp

Dieses Gasthaus ist sehr speziell. Es vereint Restaurant, Feinkostladen, Hotel und Kino unter einem Dach. Beste Fleischqualität, klassischer Schilcher und steirisches Kernöl sind die Aushängeschilder des Hasewend. Hier ist es gemütlich, egal ob man im Stüberl, Wintergarten oder Innenhof Platz nimmt. Zur Auswahl stehen altösterreichische Speisen und steirische Klassiker.

à la carte: 2,50–46 €

Tel.: 03466 42216
8552 Eibiswald
Kirchplatz 39
www.hasewend.at
hasewend@domaines-kilger.com
Mi–Sa 11.30–14 und 17–21,
So 11.30–16 Uhr

FELDBACH M4

SCHLOSSWIRT KORNBERG 11/20

Koch: Klaus Klöckl

Ein romantisches Ambiente ist mit den imposanten Innenräumen und der gepflegten Terrasse im Schlosswirt Kornberg garantiert. Schön, dass auch das kulinarische Angebot passt. Die Speisekarte bietet regionale Köstlichkeiten, die mit Geschick an die jeweilige Saison angepasst sind. Die Produkte werden vorzugsweise von Biobauern aus der Umgebung bezogen, was für Frische und Qualität spricht. Wer es lieber rustikaler mag, sollte sich das Ritteressen nicht entgehen lassen. Für Romantiker bietet das Candle-Light-Dinner einen geeigneten Rahmen.

à la carte: 16–38,50 €

Tel.: 03152 2057
8330 Feldbach
Dörfl 2
www.schlosswirt.com
info@schlosswirt.com
Do, So 10–18, Fr, Sa 10–22 Uhr
✲ Jän.–Feb. 2020

www.gaultmillau.at – Tipps, Trends, Rankings und alle Restaurantkritiken

FISCHBACH

FORSTHAUS
Koch: Christian Übeleis

14,5/20

Tel.: 03170 201
8654 Fischbach 2
www.forsthaus.co.at
office@forsthaus.co.at

Das rustikal eingerichtete Traditionswirtshaus im lauschigen Luftkurort ist seit Jahren als gehobene Restaurantadresse bekannt. Nach alter Gasthaustradition geht es hier gleich zügig, sprich ohne Gedeck oder Grüßen aus der Küche zur Sache. Sehr zwiebelig-würzig und doch verführerisch köstlich schmeckte das Beef Tatar mit Kartoffelpuffer und kandiertem Eidotter. Wunderbar aromatisch und mollig kam die Spargelcremesuppe mit hauchfein geschnittenen Champignons, weißen Wolkenpilzen und pochiertem Ei zu Tisch. Dass Küchenchef Christian Übeleis auf Äußerlichkeiten geringen Wert legen dürfte, zeigte sich am unansehnlichen, aber fantastischen Olivenpüree, das zum krossen und dabei super saftigen Saiblingsfilet gereicht wurde. Dass er nebst Originalität auch das Traditionshandwerk exzellent beherrscht, bewies Übeleis mit perfekt gegartem Maibock auf intensivem Safterl, flaumigem Knödel und feinwürzigem Blaukraut. Gasthausklassiker wie die Palatschinken mit Marillenmarmelade wird man selten so hauchzart serviert bekommen wie hier. Beim Dessert von Kokos und Ananas überraschten zu fruchtiger Mousse und Sorbet nebst Marshmallowstücken üppige Tupfer von erstaunlich harmonischem Kaffeeschaum. Solide Weinauswahl, aber auch ein sehr gutes Angebot an regional zubereiteten Fruchtsäften.

FLADNITZ AN DER TEICHALM

PIERER
Almwellness-Hotel
HOTEL DES JAHRES 2020

Tipp

Tel.: 03179 7172
8163 Fladnitz an der Teichalm 77
www.almurlaub.at
hotel.pierer@almurlaub.at
täglich 11.30–18 Uhr
variabel

Seit 1893 heißt die Familie Pierer ihre Gäste in ihrem Betrieb auf der Teichalm willkommen. Im Panoramarestaurant diniert man mit Blick auf die pittoreske Almenlandschaft und auch in der Stube fühlt man sich rundum wohl. Auf der Karte stehen heimische Gerichte aus regionalem Fisch und Fleisch. Das Weinangebot ist ebenfalls regional dominiert und sehr zufriedenstellend.

à la carte: 9,20–26,50 €

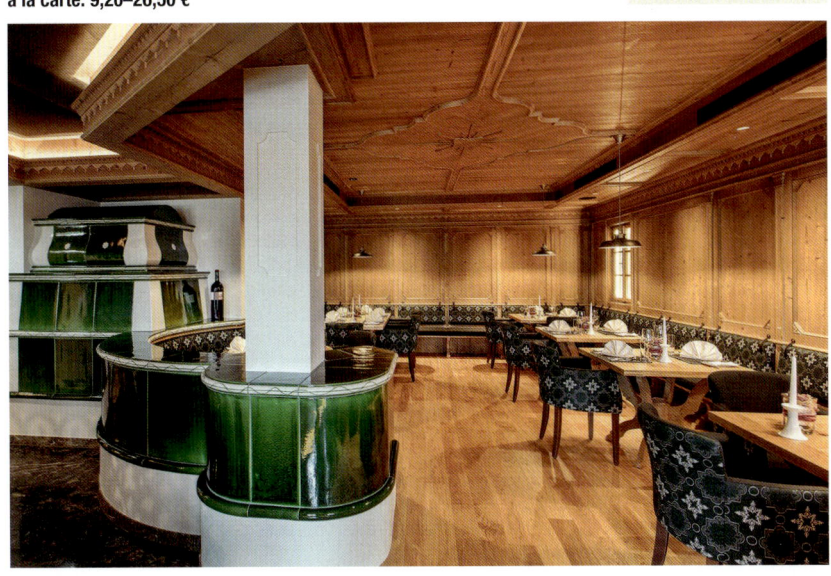

FOHNSDORF

FOHNSDORF　　　　　　　　　　　　　　　　　　　　K4

SCHLOSS GABELHOFEN　　　　　　15/20

Koch: Klaus Kobal

Tel.: 03573 5555
8753 Fohnsdorf
Schlossgasse 54
www.gabelhofen.at
gabelhofen@
projekt-spielberg.com
täglich 12–14 und 18–22 Uhr

Erstmals erwähnt wurde das Schloss Gabelhofen im Jahre 1443. Nach einigen Besitzerwechseln in den vergangenen Jahrhunderten beherbergt es heute ein Luxushotel und ein Restaurant, in dem man ausgezeichnet essen kann. Küchenchef Klaus Kobal versteht es, verschiedene Aromen gekonnt miteinander zu verbinden und dabei Kreativität und Tradition gleichermaßen zu berücksichtigen. So muss es ja nicht unbedingt das ausgezeichnete steirische Backhenderl mit Gewürzgurken sein, das den Hunger stillt. Als Alternative bieten sich etwa der Gabelbissen vom Grundlsee-Saibling mit jungen Erbsen, weißen Bohnen, schwarzem Rettich und Bachkresse oder die Puntarelle (eine Chicorée-Variante) mit süß-sauren Buchenpilzen an. Das als Hauptgericht gewählte geschmorte Ziegenkitz wurde mit roh mariniertem Spargel sowie Polenta serviert und überzeugte ebenso. Als Nachspeise gab es dann noch Clafoutis (ein Zwischending zwischen Kuchen und Auflauf) mit Mangomus und Orient-Spice-Sorbet. Besonders angenehm: Von vielen Gerichten kann man eine Probierportion bestellten, was die Möglichkeit bietet, sich auch als allein speisender Gast einen breiten kulinarischen Überblick zu verschaffen.

à la carte: 15–38 €

FROHNLEITEN　　　　　　　　　　　　　　　　　　　　M4

LANDHAUS ROIS ⓝ　　　　　　　13/20

Koch: Reinhard Rois

Tel.: 03126 8217
0664 211 60 03
8130 Frohnleiten
Gschwendt 7
www.landhausrois.at
rois@aon.at
Mi–Sa 11–21.30, So 11–18 Uhr
Karwoche 2020, 2 Wochen
Ende Juli 2020

Reinhard Rois' exzellente Klassiker hatten wir mehrfach genossen, diesmal hielten wir uns an etwas kreativere, wiewohl regionale Gerichte. Entzückt haben uns dabei die Schaumsuppe vom Arzberger Stollenkäse und die aufgeschlagene Steinpilzsuppe mit schwarzer Nuss. Sehr gut auch der Zander mit Erbsenpüree und Vulcanospeck. In die Kategorie himmlisch ordnen wir „Rehkitz (rosa) trifft Steinbock" (geschmort) ein. „Crêpe & Brûlée" kam als vierteilige Genusslandschaft auf den Tisch. Die Weinpreise sind extrem fair. Allesamt ein Grund, den Weg in dieses unscheinbare Nebental bei Frohnleiten zu suchen.

à la carte: 6–35 €

GAMLITZ　　　　　　　　　　　　　　　　　　　　　M5

JAGLHOF　　　　　　　　　　　14,5/20
by Domaines Kilger

Koch: Tomaz Ferk

Tel.: 03454 6675
8462 Gamlitz
Sernau 25
www.jaglhof.at
jaglhof@domaines-kilger.com
Mo–Fr 18–21, Sa 12–22,
So 12–16 Uhr

Es ist schon ein besonder Platz hier in Sernau, unweit der Südsteirischen Weinstraße, wo uns ein Überraschungsmenü, kongenial begleitet von einer Weinkarte, die glasweise die hauseigenen Tropfen der Domaines Kilger (Reiterer aus der Steiermark, Schiefer vom Eisenberg) und flaschenweise eine Fülle von auch reiferen Jahrgängen von bekannten Winzern bietet, erwartet. Die Küchenleistung hat auch nach dem Wechsel von Markus Meichenitsch (jetzt Schlossberg in Graz) zu Tomaz Ferk nicht nachgelassen. Vielversprechend begrüßt wurden wir mit einem Kraut-Wan-Tan mit Kimchicreme und einem Gänseleberreis auf Amarant. Beides ein Versprechen für das Folgende, das mit Spargel und gefüllten Morcheln im Pilzsud oder perfekt gebratener Lachsforelle mit eingelegtem Rettich und Salzzitronenschaum mehr als gehalten wurde. Auch der Hauptgang in zwei Teilen – einerseits Kalbskopf paniert und geschmorte Kalbszunge (zu hart) in stark reduziertem Kalbsfond (perfekt), andererseits Kalbsfilet mit knackigem Spargel, nichtssagendem Trüffel und sehr guter Sauce hollandaise – sowie Kalbsbackerl mit Püree überzeugten großteils, wie auch die in Gewürzen eingelegten Roten Rüben auf Crème brûlée. Die Überraschung ist jedenfalls gelungen, wozu auch eine gut gelaunte Servicetruppe beitrug.

à la carte: 12–34 €

GRALLA

SATTLERHOF 15,5/20 ♨♨
Genießerhotel & Weingut
Koch: Hannes Sattler

Tel.: 03453 44540
8462 Gamlitz
Sernau 2a
www.sattlerhof.at
restaurant@sattlerhof.at
Di, Do–Sa 18–21 Uhr
✝ Dez. 2019–März 2020

Schon länger werden die zwei Brüder Hannes und Willi Sattler in ihrem jeweiligen Reich (Küche und Keller) von der jungen Generation begleitet. Markus Sattler werkt mit Vater Hannes in der Küche und bringt sich mit neuen Ideen ein. Zum hausgemachten Wermut in der Lounge weckt ein mild-süßliches Rote-Rüben-Macaron die Vorfreude. Nussiger Topinambur gefällt uns als Hauptdarsteller mit Topfen, Forellenkaviar und Molke, umrahmt von einer Wildkräuter-Gel-Nudel. Zum Wels harmonieren Rotweinbutter und das sämige Karottenpüree. Die Lämmer aus eigener Zucht futtern sich durch die Gräser in den eigenen Bioweingärten und das schmeckt man auch. Bei dem zarten Fleisch gerät das Messer fast zur Dekoration. Zum Finale schmeckt süß-schmelzende weiße Schokolade mit Erdbeeren. Der Service ist bis zum Schluss kompetent und umsichtig. Begleitet werden die Gerichte von ausgezeichneten Weinen aus dem Haus.

à la carte: 15–35 €

GASTHAUS TSCHEPPE 👍 Tipp

Tel.: 03453 20003
8462 Gamlitz
Sulztal an der Weinstraße 18
www.gasthaus-tscheppe.at
info@gasthaus-tscheppe.at

Nach der Neuübernahme im März ist das endgültige Konzept dieses Gasthauses zwar noch nicht ganz klar, die saisonale und regionale Linie soll allerdings weitergeführt werden. Am traumhaften Ausblick hat sich nichts geändert und das legendäre Backhendl wird es wohl auch weiterhin geben.

GLEINSTÄTTEN L5

ZUR HUBE 13,5/20 ♨

Tel.: 0664 221 12 42
8443 Gleinstätten
Sausal 51
www.zurhube.at
restaurant@zurhube.at
Fr, Sa (Reservierung erbeten)

Das Winzerhaus von Theresia Peez-Petz ist ein charmant renoviertes Kleinod inmitten üppigen Grüns. In kleinen Stuben sind die Tische einladend gedeckt, und wenn das Wetter stimmt, speist man unter Sonnenschirmen im Freien. Nur an zwei Tagen pro Woche hat man das Vergnügen, in Gleinstätten adriatisch-istrisch zu essen. Dafür hält die Küche an diesen Tagen durchgehend geöffnet. Was aufgetischt wird, bleibt offen, Speisekarte gibt es keine – schließlich befindet man sich hier fast in einem privaten Rahmen. So lässt man sich allzu gern einen Meeresfrüchtesalat mit ein paar Tropfen erstklassigen Olivenöls oder ein Vitello tonnato schmecken, das fabelhaft ausbalanciert und mit Kapern getoppt ist. Nicht unerwähnt soll das selbst gemachte Brot mit gesalzenen Grammeln und der milden Süße von Walnüssen bleiben. Lust auf Wein – ein paar wenige gibt es offen – macht der nächste Teller mit Sardellen, Olivenpaté und Forellenkaviar. Trocken gerät das Fleisch vom Ibérico-Schwein – mit Kümmel, Knoblauch, einem Hauch Zitrone und ergänzt um eine milde Ricotta-Kräuter-Teigtasche, ansonsten eine schöne Kombination. Von der Nachspeise wird das cremige Maracujaeis mit Fragolino in Erinnerung bleiben. Das Tiramisu hatte hingegen ein zu langes Kaffeebad genommen.

GRALLA M5

MURNOCKERL 11/20 ♨
Koch: Thomas Koch

Tel.: 03452 73303
0664 127 54 00
8431 Gralla
Obere Murstraße 21
www.murnockerl-gourmet.at
restaurant@
murnockerl-gourmet.at
Mi–Fr 17–22, Sa 10.30–22,
So, Fei 10.30–16.30 Uhr

Der kommunikationsfreudige Wirt empfängt uns mit einem Korb Pilzen – die ersten der Saison – an der Tür überschwänglich wie Stammgäste und geleitet uns ins gediegene Innere. Der Frühsommerabend war für die schöne, unweit der Mur – am gleichnamigen Radwanderweg – gelegene Terrasse leider noch zu kühl. Das Allerlei vom Pilz war dann der Höhepunkt eines Abends, der uns mit guter Wirtshausküche mit Anflügen von Moderne und Kreativität erfreute. Die Weinkarte widmet sich auch unbekannteren Winzern der Region, scheint aber in Sachen Entdeckungen nicht auf dem letzten Stand.

à la carte: 9,90–56,90 €

STEIERMARK

GRAZ

GRAZ
L4

AIOLA UPSTAIRS
pop 12/20

Koch: Peter Hiebbaum

Tel.: 0316 81 87 97
8010 Graz
Schlossberg 2
www.aiola.at
upstairs@aiola.at
täglich 9–24 Uhr

Atemberaubend ist der Blick über die steirische Landeshauptstadt. Der Blick auf das Servierte hat uns gefallen, jedoch ließ dessen Stimmigkeit zu wünschen übrig. So war zwar das Thunfisch-Tataki mustergültig, die dazu servierten Avocadonockerl jedoch geschmacksarm und irgendwie unpassend. Die Currycremesuppe barst fast vor Aromen. Die trockene Kalbskrone mit zwei halbierten Spargeln konnte auch durch die gute Morchelsauce nicht gerettet werden. Gut hingegen die Bärlauchravioli. Der steirische Mohr im Hemd überraschte durch den Einsatz des „steirischen Goldes". Ein Lob dem freundlichen Personal.

ARTIS Ⓝ
12,5/20

Koch: Philipp Dyczek

Tel.: 0316 824 154
8010 Graz
Schmiedgasse 18–20
restaurant-artis.com
info@restaurant-artis.com
Di–Sa 13–21.30 Uhr

Aus La Perla wurde Artis, aus der italienischen eine Cross-over-Küche. Die Transformation ist mit dem neuen Küchenchef Philipp Dyczek, der im Vorjahr bereits im Laufke auf Hauben-Niveau kochte, durchaus gelungen. Im beigen Ambiente mit bequemen Ledersesseln kann man entweder à la carte (Lachstatar Teriyaki, Bouillabaisse, Ravioli, Wiener Schnitzel) essen oder sich auf das Überraschungsmenü mit drei, fünf oder sieben Gängen einlassen. Optisch haben uns die im Steinbeet arrangierten Amuse-gueule-Variationen gefallen, geschmacklich sind uns die Jakobsmuscheln mit Speckgrammeln besonders in Erinnerung geblieben.

à la carte: 12–90 €

Die besten Weine Österreichs: der Gault&Millau-Weinguide.

CAFÉ SACHER-GRAZ

11,5/20 🍷

Koch: Mario Ebster

Tel.: 0316 80050
8010 Graz
Herrengasse 6
www.sacher.com
graz@sacher.com
Mo–Sa 8.30–21 Uhr

Die Tradition des Sacher mit seiner Kaffeehauskultur ist inzwischen ja nicht mehr auf den Raum Wien beschränkt. Assoziiert man das Café Sacher natürlich mit der schokoladigen Seite, gehört der imperiale Rahmen mit rotem Samt und Kronleuchtern ebenso dazu. Neben Einspänner und Co schöpft die Speisekarte aus dem Sortiment der traditionellen Landesküche. Alt-Wiener Suppentopf und krosses Backhenderl mit hausgemachtem Erdäpfelsalat und viel Kernöl schmecken tadellos. Um der steirischen Region gerecht zu werden, serviert man den Sacher Burger mit Kernöltatar. Der süße Abschluss liegt auf der Hand: Bei vollem Magen empfiehlt sich der kleine Original Sacher Würfel.

à la carte: 9–32 €

CAYLEND

pop 14/20 🍷🍷

Koch: Giacomo Corbatto

Tel.: 0316 71 15 15
8020 Graz
Stigergasse 1
www.caylend.at
caylend@gmx.at
Mi–Fr 16–21.30,
Sa, So 12–21.30 Uhr
✻ Fei, variabel, Mai 2020

Eine in mehrfacher Hinsicht bunte Bereicherung der Grazer Kulinarik stellt seit einigen Jahren das Caylend dar – beginnend mit einem Wortspiel aus der Lage am Lendkai und den Cayman Islands, wo sich die österreichischen Wirtsleute einst kennenlernten. Farbenfroh das Interieur, aber auch die Speisen und die Tischdekoration und selbst bei Schlechtwetter strahlen die Gastgeber ein bisschen karibische Sonne aus. Die Küchenphilosophie ist eine zwanglose, unterhaltsame Mischung von karibischen, internationalen und steirischen Rezepturen und macht wirklich Spaß. Schon Ceviche mixto mit Lachs, Thunfisch und Oktopus wusste zu unterhalten, knusprig und für eine Vorspeise recht üppig gerieten die gebackenen Cakes aus Lachs und Thunfisch mit Spargelsalat. Die in hausgemachter Currymischung geschmorte Lammstelze war an Zartheit und feinem Geschmack kaum zu übertreffen. Auch der sous vide gegarte Königslachs schmeckte alles andere als langweilig, was natürlich auch an den spannenden Beilagen lag. Wer noch Platz hat, sollte sich auch ein Dessert wie zum Beispiel ein hausgemachtes Mangosorbet oder die köstliche Variation von der teils geeisten Schokolade gönnen.

à la carte: 10–38 €

GRAZ

CUISINO
Das Restaurant im Casino Graz
Koch: Siegfried Dick

14,5/20

Tel.: 0316 832 57 85 05
8010 Graz
Landhausgasse 10

graz.casinos.at
cuisino.graz@casinos.at
Mo–Do, So 17.30–22,
Fr, Sa 17.30–24 Uhr

Wer hier essen will, sollte einen Ausweis dabeihaben. Da der Weg durch die Glücksspielzone führt, werden Alter und Identität beim Eingang geprüft. Das Restaurant selbst ist Marke Klein-Las-Vegas. Buntglas, verspiegelte Scheiben, üppige Luster, das muss man mögen. Aber Siegfried Dicks Küche lohnt den Weg hierher allemal. Als Küchengruß schickte er uns ein knuspriges Waffelstanitzel mit beherzt gewürztem Beef Tatar. Dass er auch fleischlos auf höchstem Niveau agiert, bewies der Rote-Rüben-Schaum mit Kren, Frischkäseraviolo und kleinen Rote-Rüben-Splittern. Die Feldhasenconsommé mit Herbsttrompeten und Filethappen fiel die Spur zu mild aus. Das Reh im Schlafrock erwies sich als hinreißende Kombination: ein Filet in Lardo und Omelette, begleitet von Pommes Anna, Kohlsprossen, Haselnüssen und Sanddornbeeren. Auch das Stubenkücken mit Haferwurzel und Erbsen war grandios, zart gegart mit einem Blatt knuspriger Hühnerhaut. Die Weinauswahl reicht von einem Polz-Welschriesling um wohlfeile 25 Euro bis zu einem mit 179 Euro auch nicht überteuerten Barbaresco von Angelo Gaja. Auch Halbflaschen werden angeboten.

à la carte: 5,50–39 €

DER SPEISESAAL
im Grand Hotel Wiesler
Koch: Ales Rascan

11,5/20

Tel.: 0316 70 66 83
8020 Graz
Grieskai 4–8

www.hotelwiesler.com
office@speisesaal.com
täglich 6.30–1 Uhr

Aus den Boxen knistern Vinylklänge, in der Küche zischen saftige Steaks auf dem Holzkohlegrill und die moderne Einrichtung verströmt urbanes Flair. Der Speisesaal im Grand Hotel Wiesler bietet mehr als ein übliches Hotelrestaurant und ist genau deshalb bei Gästen wie Einheimischen beliebt. Vielleicht auch, weil das Hauptaugenmerk nicht auf klassisch steirische Küche, sondern bewusst auf internationale Speisen gerichtet wird. Abwechslungsreich das Beef Tatar zum selbst Anmachen, der gegrillte Oktopus gelingt butterzart und zu hausgemachten kroatischen Nudeln wählt man aus unterschiedlichen Saucen.

GRAZ

DER STEIRER   11,5/20

Koch: Helmut Neuhold

Eine absolute Empfehlung ist hier das Backhendl, eh klar. Aber das Restaurant hat den Freunden der traditionellen steirischen Küche noch viel mehr zu bieten. Hat man einmal eine der klassischen Suppen probiert, muss man sich zwischen saftigem Gulasch, zartem Rindsfilet, Schnitzel und allerlei weiteren Köstlichkeiten entscheiden. Für den kleinen Hunger bieten sich die saisonal wechselnden steirischen Tapas an. Die Qual der Wahl hat man auch beim Wein. Zwölf offene Weine stehen zur Verfügung, man kann sich aber auch eine Flasche aus der umfangreichen Vinothek nebenan bringen lassen.

à la carte: 4,20–27,50 €

Tel.: 0316 703654
8010 Graz
Belgiergasse 1
www.der-steirer.at
office@der-steirer.at
täglich 11–24 Uhr

DIDI DORNER IM MAGNOLIA   pop   16,5/20

Koch: Didi Dorner

Kurz gesagt: Bei Didi Dorner feiert man Festspiele des puren Geschmacks. Der Meister hält wenig von Modeerscheinungen und geht seinen eigenen Weg. Es zählt die Freude am Gaumen, die mit unorthodoxen, aber umso trefflicheren Weinempfehlungen noch deutlich gesteigert wird. Großzügig grüßte die Küche mit Tramezzino vom Alpenlachs, natürlich von nicht immer genialen geeisten Ei mit Trüffel und Forellenkaviar und einem cremig-erfrischenden Gazpacho. Das Tatar von Eierschwammerln mit Sauerrahm erzählte von der Morgenstimmung im steirischen Bergwald und harmonierte perfekt mit Schmortomaten und – frech, aber wirkungsvoll – Radieschen! Bei den Campanelle mit Erbsen, Spinat, Zitrusfrüchten und Garnelen hätten wir fast den Teller mitgegessen, so gut waren sie. Der Chef servierte und erläuterte die Speisen persönlich – wenn er mit dem Saucenhäferl aus der offenen Küche zu den Gästen schreitet, wird es fast feierlich. So geschehen beim geräucherten Kabeljau auf Radicchio mit Artischocken, per se schon toll, aber dann kam der Apfel-Spargel-Jus! Es folgten zarte Milchkalbsfilets mit Krenzwiebeln, gerösteten Erdäpfeln und – wieder das himmlische Häferl –, diesmal mit Kernölsauce. Die Portionsgrößen passen auf wundersame Weise für große als auch für kleinere Esser, sofern man sich nicht am ständig nachgereichten frischen Brot satt gegessen hat. So freuten wir uns am Schluss noch über die marinierten Erdbeeren mit Basilikumeis als Pré-Dessert, bevor der Abend von einer Panna cotta mit sinnlichen Rumkirschen und gefrorenem Kakao gekrönt wurde.

Tel.: 0316 823835
      0699 13018818
8010 Graz
Jakob-Redtenbacher-Gasse 24
www.dididorner.at
restaurant@dididorner.at

DIE AMSEL   12,5/20

Koch: Andreas Sczcypiorski

Im an der Grenze zum Shabby Chic möblierten Kultrestaurant kann man an der Theke die reiche Auswahl an Cocktails und Spirituosen genießen. Aber auch gut essen. Wir wurden mit Ricotta und Räucherfisch gefüllten Strudelsack recht glücklich. Der Ausseer Saibling auf Trüffelpolenta war sehr gut, das Kalbsfilet mit Muskatkürbiskruste und Safranreis grandios. Die mit 17 Positionen sehr übersichtliche Karte beschließt ein Café Gourmand, den zwei köstliche Soufflés und ein Walnusseis begleiten. Einmal im Monat kocht Andreas Sczcypiorski ein Zwölf-Gang-Menü. Nicht nur dann ist eine Reservierung empfohlen.

à la carte: 3,50–25 €

Tel.: 0316 689910
8010 Graz
Körösistraße 10
www.dieamsel.at
hallo@dieamsel.at
Di–Sa 16.30–22.30 Uhr
22. Dez. 2019–8. Jän. 2020, Osterwoche und 2 Wochen im Sept. 2020

ECKSTEIN   pop   12/20

Koch: Michael Hebenstreit

Das Eckstein ist eine Grazer Institution – bei Wetterglück sitzt man in einem der schönsten Grazer Gastgärten, etwas enger, aber sehr gemütlich ist es im Gewölbe. Mit der Rückkehr von Albert Kriwetz ist erwartungsgemäß die Weinberatung noch liebevoller und die Bedienung noch charmanter geworden, doch die Küche hatte diesmal leichte Qualitätsschwankungen. Einen fulminanten Auftakt konnte der kalt geräucherte Seesaibling setzen, die Bärlauchcremesuppe mit Flusskrebs geriet etwas zu dezent, vom Bärlauch war nicht viel zu schmecken. Der Steinbutt auf Fregola Sarda und

Tel.: 0316 828701
      0676 4186029
8010 Graz
Mehlplatz 3
www.eckstein.co.at
info@eckstein.co.at
täglich 11.30–23 Uhr

STEIERMARK

GRAZ

Safran geriet tadellos, die Krönung des Tages war eindeutig die saftige und zarte Rindsroulade. Bitte mehr von solchen österreichischen Klassikern! Ein Ausrutscher passierte beim Dessert, als statt des angepriesenen Mille-feuilles eine seltsam säuerliche Biskuitschnitte serviert wurde. Hingegen gefiel uns das altbewährte Dreierlei von der Schokolademousse wie immer.

à la carte: 12–45 €

EL GAUCHO
im Landhaus

pop 13/20

Tel.: 0316 830083
8010 Graz
Landhausgasse 1
www.elgaucho.at
landhaus@elgaucho.at
Mo–Fr 17–24, Sa, So 11.30–24 Uhr

Das Stammpublikum liebt das im prächtigen Renaissancebau des Landhauses integrierte El Gaucho natürlich wegen seiner Steaks. Uns reizte es herauszufinden, ob die Küche auch außerhalb der Welt des Fleisches reüssiert. Gleich vorweg: Sie tut es! Die feine Krabbenbisque überzeugt eingefleischte Rindsuppen-Fetischisten, auch ein gutes Carpaccio kommt gegen die monatlich variierte Jakobsmuschel (diesmal: mit Oktopus) kaum an. Wer Fleisch versteht, hat offensichtlich auch das nötige Feingefühl, ein Forellenfilet exakt auf den Punkt zu braten. Jetzt sollten wir fairerweise aber doch zum Steak kommen: Ausgezeichnete Varianten der besten Rinderstücke bekommt man öfter, hier sind die Nebensächlichkeiten wie Saucen, Beilagen und Pfeffersorten besonders liebevoll gestaltet. Die Dessertkarte bietet zwar keine allzu große Auswahl, aber die erfrischende Crème brûlée überzeugte uns ebenso wie ein köstliches Schokoladetörtchen mit eingelegten Kirschen. Abschließend gebührt auch der umfassenden Weinkarte und dem auch im größten Trubel stets freundlichen Personal Lob.

EL PESCADOR
im Rathaus

pop 11/20

Tel.: 0316 829030
8010 Graz
Landhausgasse 6
www.elpescador.at
fisch@elpescador.at
Mo–Sa 11.30–22 Uhr

Die Gastronomiefamilie Grossauer, die ihre El-Gaucho-Steak-Restaurants mittlerweile über Graz nach Wien und München exportiert, versucht sich in Graz auch mit einer eigenen Fischlinie. An der Rückseite des Rathauses bietet El Pescador eine mediterrane Fischküche. Dem gebratenen Branzino am Nachbartisch sah man eine gewisse Trockenheit an, so entschieden wir uns für Sashimi vom Branzino und Oktopus mit Tomatensauce und Polentaschnitte. Dieser korrespondierte mit der offenbar in italienischen Souvenirläden erworbenen Wanddekoration. Wer die Philosophie der Betreiber kennt, darf auf eine weitere Steigerung der Qualität hoffen.

à la carte: 15–30 €

GRAZ

STEIERMARK

GENIESSEREI AM MARKT ⓝ   12,5/20 🍴
Koch: Walter Triebl

Christof Widakovich, Trendscout und kulinarisches Mastermind des Grossauer-Clans (El Gaucho etc.), hat sich für seinen jüngsten Streich eine ehemalige Bierhütte vorgenommen. Sie steht am Kaiser-Josef-Platz, dem prächtigsten Bauernmarkt des Landes, und man rühmt sich damit, fast alle Produkte saisonal vor Ort einzukaufen. Koch Walter Triebl, der in etlichen hoch angesehenen Küchen zugange war, macht herrliche Gerichte daraus: etwa einen köstlichen Spargelstrudel mit blanchiertem Spinat, einen Barsch in feiner Krebsensauce mit Gnocchi. Abends gibt es manchmal (Informationen über die Website) ein zehngängiges Dinner, das bei unserem Besuch keinen Wunsch offenließ.

à la carte: 9–19 €

Tel.: 0664 921 10 05
8010 Graz
Kaiser-Josef-Platz 27/29, Marktstand 23/25
www.geniessereiammarkt.at
genuss@geniessereiammarkt.at
Mo–Mi 11.30–14.30, Do–Sa 11.30–14.30 und 18–20.30 Uhr
✻ Fei

GERÜCHTEKÜCHE   14/20 🍴🍴
Koch: Michael Wankerl

Den Auftakt könnte man auch irreführend nennen: Es gibt aufgeschlagene Kernölbutter mit dunkelstem Bauernbrot zum Gedeck, während man auf der Kreidetafel das Tagesangebot studiert. „Enjoy your fucking dinner", steht dort geschrieben. Gemüse spielt hier die Hauptrolle, tierisches Eiweiß ist eher das Bonusprogramm. Und: Abends werden nur Überraschungsmenüs zubereitet. Zur verblüffend fleischigen geschmorten Roten Rübe, steakdick geschnitten und herrlich würzig-säuerlich, wird Hafermilchschaum und sehr salziger Algenkaviar serviert, für den Crunch sorgen schwarze Quinoachips. Auch der in Kernöl geschmorte Romanasalat überrascht mit interessanter Textur und wird mit knuspriger Hühnerhaut, eingelegten Dillblüten und Misomayonnaise serviert. Wankerl fermentiert gern, das gibt seinem Selleriepüree zum gegrillten Zeller mit würzig-klebrigem Schweinsbauch Pfiff. Nicht ganz so souverän gelingt das Spiel mit Aromen und Texturen beim Dessert: Das säuerliche Waldmeistereis und der eher puddinghafte Schokoladekuchen wollen mit dem extraherben und extrem reschen Rhabarber nicht so recht harmonieren. Zu den interessanteren Grazer Gastroerlebnissen zählt die Gerüchteküche allemal, wozu auch das große Angebot an biodynamischen Weinen beiträgt.

Tel.: 0664 88 31 84 44
8010 Graz
Gartengasse 28
www.geruechtekueche.org
info@geruechtekueche.org
Mo–Fr 11.30–14.30 und 18–21.30 Uhr
✻ Fei, 24. Dez. 2019–6. Jän. 2020, 3 Wochen im August 2020

KEHLBERGHOF   13,5/20 🍴🍴
Koch: Vinzenz Gruber

Es gibt sie noch, die Fine-Dining-Restaurants, in denen neben dem obligaten Vielgang-Gourmetmenü auch eine schöne Auswahl an Gerichten à la carte geboten wird. Fine Dining gilt für den am südwestlichen Stadtrand von Graz gelegenen Kehlberghof vor allem angesichts der hohen Qualität der Küche unter Vinzenz Gruber, das Ambiente entspricht eher gehobenem Landhausstil. Die geschickte Mischung klassischer Speisen mit gemäßigt-kreativem Touch kommt gut an. Leider geraten bei vollem Haus Küche und Service mitunter etwas ins Trudeln. Doch Maître und Sommelier Gerald Aigner macht mit Einsatz und Charme vieles wieder wett. Und spätestens nach hauchdünn geschnittenen Kalbskutteln mit Kohlfleckerln oder der feinwürzigen Ingwer-Karotten-Suppe mit Garnelen-Wan-Tan und Jakobsmuscheln ist alles wieder im grünen Bereich. Nach gerolltem Kaninchenrücken mit eingelegten Eierschwammerln (köstlich!) lohnt sich jedenfalls zum Abschluss noch die knusprige Blätterteig-Apfeltarte mit einem Hauch von Calvadosschaum und dezentem Walnusseis.

à la carte: 6,90–39,50 €

Tel.: 0316 28 41 25
0664 73 00 77 73
8054 Graz/Straßgang
Kehlbergstraße 83
www.kehlberghof.at
restaurant@kehlberghof.at
Di–Sa 11.30–14 und 18–21 Uhr
✻ 2 Wochen zu Weihnachten 2019, Karwoche 2020, 9. Aug.–2. Sept. 2020

LAUFKE   11,5/20 🍴
Koch: Josef Rath

Wer immer in Graz studiert hat, wird irgendwann im stilvoll getäfelten Laufke und dessen stimmigen Hinterhof-Gastgarten gelandet sein. Der Laufke war auch so etwas wie eine lebensrettende Institution an Sonntagen, hier gab es auch am Wochenende bis spätabends die besten Lebensmittel im Bezirk. Der Kaufraum wandelte sich nun in eine

Tel.: 0660 416 72 37
8010 Graz
Elisabethstraße 6
www.laufke.net
restaurant@laufke.net
Di–Sa 18–22 Uhr

GRAZ

Bar. Kulinarisch bewegte sich der Laufke mit gutbürgerlicher Küche stets auf sicherem Terrain, seit Längerem sogar darüber. Auf Schnickschnack und unnötiges Dekor, wie sich das in den vergangenen Jahren eingeschlichen hat, könnten wir jedoch verzichten. Hier stand immer der Geschmack im Vordergrund und so sollte es auch bleiben.

MEMORI Ⓝ   13,5/20

Tel.: 0316 25 28 99
8054 Graz
Kärntner Straße 501
memori-restaurant.com
office@memori-restaurant.com
Mo–Do 17–23, Fr 17–24,
Sa 12–24, So 12–21 Uhr

Es wurde ja auch Zeit. Endlich kann man in Graz wieder in gepflegtem Ambiente qualitativ hochwertig japanisch essen. Die eiskalte Kalbssulz mit Glasnudeln als Amuse bouche stellte noch keine Offenbarung dar, wies aber den grundsätzlichen Weg: Asiaküche mit regionalen Einsprengseln – das entspricht auch der Besetzung in der offenen Schauküche. Zur Sache ging es dann aber mit dem hierzulande Bekanntesten der japanischen Küche: Sushi und Sashimi. Kein Wunder, dass die meisten Gäste deretwegen kommen. Was da in vielfältigen Varianten mit feinsten Zutaten (vom zarten Gelbflossenthunfisch bis zum schottischen Lachs) auf teilweise gewaltigen Platten aufgefahren wird, kann sich sehen und schmecken lassen, einschließlich mit passendem glasweisen Sake. Bei den Hauptgerichten gab es kleine Durchhänger (Lachs war aus, stattdessen durchschnittlicher Saibling bzw. eine riesige Reisbowl mit ein paar zugegeben sehr feinen Rindsfiletspitzen), dafür köstliche Up-to-date-Desserts (Rhabarber-Sesam-Parfait mit Erdbeershot, Crème brûlée deconstructed mit Erdnusseis).

MISS CHO   13,5/20
Koch: Daniel Marg

Tel.: 0316 83 02 76
8010 Graz
Schmiedgasse 9
www.misscho.at
misscho@aiola.at
Di–Sa 17–22 Uhr

Eine bunte Reise durch die Küchen Asiens kann reizvoll sein. Schon die Schale Tee, die zur Begrüßung gereicht wird, zeigt von höflicher Gastfreundschaft. Sehr gut war die (kalte) Japanische Thunfischpizza mit eingelegtem Rettich, nur bedingt an Japan erinnerten die Meeräsche mit Apfel und Wasabi und das würzige Tan Tan – ein gebratenes Gemisch aus Rind- und Schweinefleisch – das man sich etwas umständlich in Salatblätter rollt. Weniger reizvoll war das langweilige Beef Szechuan. Sushi und Sashimi werden hier stets sehr sorgfältig zubereitet. Und auch die Desserts gelingen gut. Das Kokoseis mit in Rum marinierter Ananas ist eine tolle Kombination, wenngleich acht Euro für drei kleine Bissen doch ein recht stolzer Preis sind. Generell entspricht das Preisniveau jedoch der Qualität – auch beim Wein. Dass man das Rauchen auch im straßenseitigen Gastgarten untersagt, lässt sich weder mit Rücksichtnahme auf andere Gäste noch mit dem Mitarbeiterschutz argumentieren. Den abschließenden Espresso trinkt der Genussraucher also im Stehen ein paar Meter von der imaginären Lokalgrenze entfernt.

à la carte: 4–22 €

NULLNEUN   14/20
Koch: Robert Ferstl

Tel.: 0517 20 10 90
8041 Graz/Liebenau
Liebenauer Tangente 4
www.nullneun.at
restaurant@nullneun.at
Mi–Fr 11.30–14.30 und 18–21.30 Uhr

Als Gruß aus der Küche gibt es Nudelsalat mit gebratener Garnele und feinen asiatischen Aromen. So eindeutig fällt die Zuordnung im weiteren Menüverlauf nicht, denn im Nullneun wird auf Höhe eines Zeitgeists gekocht, der die Fusion regionaler und internationaler Geschmäcker verlangt: Zum Tafelspitzsülzchen mit Kernöl wird – überraschend schlüssig – zart angebratener Thunfisch mit lebhafter Apfelcreme serviert. Ein „Schokomenü" verquickt ein wunderbar frisches Entree vom gebrannten Saibling mit Buchweizen und gebratenem Brokkoli nicht nur mit Fruchtaromen, sondern auch mit Schoko-Puffreis-Stückchen; zur fruchtig-herben Tomatencremesuppe mit Pesto gibt es einen Tupfer 75-prozentige Schokolade aus Guatemala. Beides lässt sich mit etwas gutem Willen in der Kategorie „originell" einordnen. Schlüssiger wird die Schokoladebeigabe bei exzellentem Kalbsfilet mit leichtem Erbsenpüree, Mango, Avocado und schön bitter kontrastierender Kakaosauce. Die Lammkrone mit Spargelrisotto ist perfekt gegart, die Karamellcreme zu Erdbeermousse und -parfait herrlich üppig. Bloß das Lavendelaroma im Marilleneis – serviert auf warmem Biskuit mit weißer Schokocreme und sautierten Früchten – ist deutlich überengagiert eingesetzt. Insgesamt aber steht das minimalistisch-elegante Lokal an der Stadtausfahrt von Graz für einen wohltuenden leichtfüßigen Umgang mit ausgesuchten Zutaten und klarer Aromatik. Ansehnliche Weinkarte, freundliches und engagiertes Personal.

à la carte: 11,90–36,50 €

RESTAURANT SCHLOSSBERG

pop 12,5/20

Koch: Markus Meichenitsch

Tel.: 0316 840000
8010 Graz
Am Schlossberg 7
www.schlossberggraz.at
office@schlossberggraz.at
Mo–Do 17–22, Fr, Sa 11–22,
So 11–17 Uhr
❄ Feb. 2020

Küchendirektor: C. Widakovich. Kulinarischer Koordinator: D. Grobnik. Küchenchef: M. Meichenitsch. Verderben (zu) viele (Koch-)Häuptlinge den Brei? Nun, eigentlich gelingt es ganz gut, zumal die unterschiedlichsten Gästeerwartungen am Grazer Touristen-Hotspot Schlossberg zu erfüllen sind. Meichenitsch darf zwar nicht so kreativ wie an seiner letzten Wirkungsstätte (Jaglhof, Gamlitz) sein, doch ein auf der Zunge zergehendes Störfilet (roh mariniert und geflämmt) mit ein wenig ordinärem Fischjus oder der feine Seesaibling mit Topinamburpüree beweisen, dass hier nicht nur die Aussicht sehr erfreulich ist. Der Szechuan-Curryjus zum superzarten, sanft gegarten Schweinsfilet hätte vielleicht etwas zurückhaltender ausfallen können, dafür begeisterten zum Abschluss Birne+Orange (Gewürzbirne und subtiles Orangenblüteneis) ebenso wie der „verkehrte Apfelstrudel" mit Vanilleschaum und Rumrosinen. Das ausbaufähige glasweise Weinangebot variiert, flaschenweise bekommt man so manche steirische Trouvaille geboten.

à la carte: 10–32 €

GRAZ

STARCKE HAUS
14,5/20

Koch: Milivoj Novak

Tel.: 0316 834300
8010 Graz
Schlossberg 4
www.starcke.at
office@starcke.at
variabel

Wie ein Schwalbennest klebt das Häuschen an der Südwestseite des Schloßbergs. Drinnen bietet es nur 26 Sitze. Draußen, auf den herrlichen Terrassen zwischen Weinstöcken, Feigen, Paulownien und mit Traumblick auf Graz finden erheblich mehr Gäste Platz. Tagsüber herrscht Cafébetrieb, abends regiert Fine Dining mit einem Überraschungsmenü zu vier oder sechs Gängen. Patron Milivoj Novak hält sich an regionale Produkte wie Erbse, Saibling, Kalb, Kernöl, Paradeiser, Zucchini etc. und fertigt damit delikate Gerichte. Die Weinauswahl ist ausreichend, die Preise ziemlich stolz. Wahrscheinlich beinhalten sie einen Zuschlag für die Aussicht.

STREETS
11,5/20

Famous Food and Drinks
Köchin: Alexandra Irajiani

Tel.: 0316 573357
8020 Graz
Waagner-Biro-Straße 109
www.streets-graz.at
eat@streets-graz.at
Mo–Do 11–24, Fr 11–1, Sa 9–1,
So 9–22, Fei 11–22 Uhr

Internationales und urbanes Lebensgefühl zeigt sich im Streets auch in Form von kulinarischer Vielfalt. Die Einrichtung orientiert sich ebenfalls an diesem Credo und schafft mit einer Mixtur aus verschiedenen Designs wie Industrie und Fernost ein reizvolles Gesamtkonzept. Die Speisekarte lädt zu einer Reise rund um den Globus ein – von der Grießnockerlsuppe über die scharfe Tom Yam mit Garnelen aus Thailand bis zum aus Frankreich bekannten, dünn plattierten Paillard vom Kalb reicht der kulinarische Reigen.

à la carte: 5–23 €

DIE GOLDENE BANANE
👍 **Tipp**

Tel.: 0316 232606
8010 Graz
Brockmanngasse 89
www.diegoldenebanane.at
die@goldenebanane.at
Mo–Sa und Fei 11.30–15 und
17–22 Uhr

Die Goldene Banane empfängt einen mit riesigem Gorilla-Motiv und – wie könnte es anders sein – mit einem Bananenblatt an der Wand. Das unkonventionelle, junge Ambiente spiegelt sich auch in der Speisekarte wider. Tex-Mex ist das Motto. Es gibt unterschiedliche Tacovarianten, Fleisch und Fisch, aber auch vegetarische Alternativen. Die Gerichte sind preiswert und die Qualität wunderbar.

à la carte: 5–23 €

STAINZERBAUER

GROSS-ST. FLORIAN

👍 **Tipp**

Tel.: 0316 821106
8010 Graz
Bürgergasse 4
www.stainzerbauer.at
gasthaus@stainzerbauer.at
täglich 11.30–23 Uhr

Mitten im Herzen der steirischen Landeshauptstadt liegt das traditionsreiche Gasthaus Stainzerbauer. Heimische Küche und ausgewählte Spezialitäten aus der Region werden auf ansprechendem Niveau in sehr gemütlichem Ambiente kredenzt. Ob in der liebevoll gestalteten Stube oder dem idyllischen Gastgarten, hier kann man Abstand vom Trubel des Alltags gewinnen.

à la carte: 14–36 €

GROSS-ST. FLORIAN

M5

EDLER'S LANDHAUS OSWALD

14,5/20

Tel.: 03464 2270
8522 Groß-St. Florian
Unterbergla 15
www.landhaus-oswald.at
office@landhaus-oswald.at
Mi–Sa 11–22, So 11–16 Uhr
✱ variabel

Köchin: Nina Edler

Im Landhaus Oswald ist eine behutsame Übergabe an die junge Generation gelungen. Wolfgang Edler hat das Küchenzepter an Tochter Nina übergeben. Partner Georg Reisinger zeichnet unter anderem für die Weinkarte verantwortlich. So ist jetzt eine Vielzahl namhafter steirischer Weingüter gebührend vertreten. Den Gastraum hat man modern adaptiert. Mit einer geschmacklich herausragenden Spargelcremesuppe gelingt auch der Einstieg mustergültig. Das gut gewürzte Beef Tatar umgeben allerlei Salate, Spiegelei und Zwiebel. Die Hautseite des Zanderfilets trägt knusprige Panier. Verhalten klingt eine Nuance Bergamotte nach, mit der man die Butter zum Herausbacken versehen hat. Kartoffelchips, Ofengemüse und Kräutergnocchi begleiten das zarte Rindsfilet. Nur der weiße „Mohr im Hemd" ist nicht so flaumig wie erhofft und wirkt ein wenig verloren neben dem Rhabarbersorbet. Trübsinn kommt deshalb dennoch nicht auf, denn der Service ist sehr zuvorkommend und versorgt Unentschlossene kurzerhand mit einer Kostprobe der Zitronentarte. Auf der Rechnung findet sie sich nicht, dafür ist kostenlose „Herzlichkeit XXL" verzeichnet.

à la carte: 10,50–32 €

Bei der Zusammenstellung dieses Führers ließen wir größtmögliche Sorgfalt walten, trotzdem können Daten falsch oder überholt sein. Eine Haftung können wir auf keinen Fall übernehmen.

GRUNDLSEE

GRUNDLSEE

SEEPLATZ'L
im Seehotel Grundlsee
Koch: Max Sampl

15/20

Tel.: 03622 86044
8993 Grundlsee
Mosern 22
www.seehotelgrundlsee.at
seeyou@seehotelgrundlsee.at
Mo–So, Fei 12–21 Uhr
2.–25. Nov. 2020

Ja, es gibt auch Kalbsrahmbeuschel oder Rücken vom dry-aged Atterox. Aber in einer Region glasklarer Alpenseen in einem herrlichen Hotelrestaurant ganz am Ufer sollte man sich doch eher dem Fisch widmen. Die Consommé von Süßwasserfischen mit Safran, Petersilie und Haselnuss sowie die fantastische Cremesuppe von der bayerischen Garnele mit Karfiol, Entenleber und Räucheraal bestärkten uns in dieser Entscheidung. Mit ihnen kam auch die Ahnung, dass der Kochwechsel – dem letzten „Gault&Millau Aufsteiger des Jahres", Matthias Schütz (jetzt Griggeler Stuba in Oberlech), folgte der junge Salzburger Max Sampl – geglückt ist. Wildfang-Reinanke und Weinbergschnecken (Gugumuck) mit Lardo, Granny-Smith-Apfel und Mairübe, aber auch die Seeforelle mit Flusskrebsen, Sellerie und Quitte bestätigten diesen Eindruck. Erdbeeren mit Sauerklee, Honig und Pekannuss sorgten für das würdige Finale. Die Weinkarte ist umfänglich und klug gestaltet. Vorbildlich ist auch die Liste der Lieferanten mit ihren 25 Positionen. Fazit: Das Seeplatz'l fügt sich auch weiterhin grandios in die makellose Riege von Dietrich Mateschitz' gastronomischen Unternehmen ein.

à la carte: 10–35 €

WASSERMANN
im MONDI-HOLIDAY Seeblickhotel Grundlsee
Koch: Stefan Haas

14/20

Tel.: 03622 8477-263
8993 Grundlsee
Archkogl 31
www.seeblickhotel-grundlsee.at
restaurant@seeblickhotel-grundlsee.at
Di–Sa 18–21 Uhr
23. Nov.–19. Dez. 2019

Stefan Haas ist ganz offensichtlich ein leidenschaftlicher Koch. Manche Gerichte gelingen ihm und seinem Team genial, andere Kreationen würden noch etwas Feinschliff benötigen. Zunächst zu den genialen Kreationen: In diese Kategorie fällt der glacierte Kaisergranat mit gepökelter Kalbszunge, mariniertem Spargel und Trüffelvinaigrette, der nach den zahlreichen Grüßen aus der Küche serviert wurde. Ebenfalls an der Grenze zur Virtuosität die Terrine von der Gans mit Rhabarber und

HARTBERG

Hanf. Warum ging es nicht in dieser Tonart weiter? Vielleicht weil man hier einfach zu viel will? Unter dem Titel „Couple Goals" kombinierte Haas Saibling und Forelle. Was schon in den 1980ern als Zopf von Lachs und Seezuge nur in den seltensten Fällen gelang, ist auch im 21. Jahrhundert keine optimale Lösung. Der Lammrücken mit Paprikakompott und etwas zu butterlastigem Erdäpfelpüree und Schwarzkiefersud war okay, aber weit weg von den genialen ersten Gängen. Erfreulicherweise startete die Küche im Finale noch einmal durch: Der Ennstaler Steirerkas mit Bauernhof-Schnittlauch-Eis war formidabel. Erwähnen möchten wir noch den aufmerksamen Service, der den Anspruch dieses Restaurants unterstreicht.

FISCHERHÜTTE AM TOPLITZSEE

👍 **Tipp**

Tel.: 03622 8296

8993 Grundlsee
Gößl 172

www.toplitzsee.at
info@toplitzsee.at

Do–Di 11–20 Uhr
❄ 4. Nov.–20. Dez. 2019

Bei einer Fahrt ins steirische Salzkammergut sollte ein Besuch des geheimnisvollen Toplitzsees nicht fehlen. In der urigen Fischerhütte sind Fischspezialitäten aus heimischen Gewässern natürlich die Hauptakteure. Es gibt auch eine kleine Jausenkarte und hausgemachte Mehlspeisen. Idyllisch und mitten in der Natur ist Entspannung garantiert, das passende Tröpfchen bietet der für das Lokal eigens abgefüllte „Fischwein".

à la carte: 9,20–24 €

HARTBERG
N4

PUSSWALD
11,5/20

Koch: Hannes Pusswald

Tel.: 03332 62584

8230 Hartberg
Grazer Straße 18

www.restaurant-pusswald.at
info@restaurant-pusswald.at

Di–Sa 11.30–14 und 18–22 Uhr
❄ je 1 Woche im Jän. und April 2020, 2 Wochen im August 2020

Der Pusswald ist eine jener Adressen, die man auch jenseits des Restaurantbesuchs gerne aufsucht, etwa um sich von Elisabeth Pusswald ein Glas Wein empfehlen zu lassen. Im Restaurant mischen sich Hotelgäste unter das heimische Publikum, um sich Hannes Pusswalds Küche mit Fokus auf Land und Meer zu widmen. Hie und da könnten die Gerichte eine Prise Raffinement vertragen. Die Meeresfrüchtesuppe „Tai" lässt jene asiatischen Aromen, die für Pepp sorgen

HAUS

hätten sollen, leider fast zur Gänze vermissen. Oktopus und Spargel liegen pur, ohne geschmackliche Verbindung nebeneinander. Rib Eye und Wolfsbarsch aber gelingen besonders gut und zum Abschluss schmeckt uns ein flüssiger Schokoladekuchen.

à la carte: 12–36 €

HAUS   I4

HÖFLEHNERS HOAMATSTUB'N
im Natur- und Wellnesshotel Höflehner

👍 **Tipp**

Tel.: 03686 2548
8967 Haus
Gumpenberg 2
www.hoeflehner.com
info@hoeflehner.com
Do–So 18.30–20.30 Uhr
❄ variabel

Martin Dicker kocht in der Hoamatstub'n in Haus im Ennstal sehr regional und gleichzeitig kreativ. Heimische Produkte, die mit internationalem Touch zu modernen Gerichten verarbeitet werden, sorgen für ein Geschmackserlebnis mit Kick und Charme. Die Auswahl an erlesenen Weinen lässt das Herz höher schlagen und der Blick auf die umliegenden Berge ist bei Schönwetter famos.

KAPFENSTEIN

ILZ   M4

HABERL & FINK'S   14,5/20
Gasthaus & Delikatessen
Koch: Hans Peter Fink

Tel.: 03385 260
8262 Ilz
Walkersdorf 23
www.finks-haberl.at
office@finks-haberl.at
Di 18–21, Mi, Do 11.30–14 und 18–21, Fr, Sa 11.30–15 und 18–21 Uhr
✱ variabel

Hinter der Glaswand beim Entree wird man gleich von einer gut sortierten Weinvitrine empfangen. Das große, mit unterschiedlichen Stilelementen unterteilte Gasthaus gefällt uns durch eine gewisse Gediegenheit. Als Gruß der Küche kam ein roher Fisch mit marinierten Radieschen und Sesamöl – eine interessante Kombination. Auch die Frühlingsrollen sind nach wie vor als asiatischer Sidestep zu empfehlen. Die Rindfleischgerichte sind ob ihrer Qualität rundum geschätzt und benötigen keine zusätzliche Qualifizierung, also fällt die Wahl diesmal auf einen Saibling mit weißer Polenta und sauren Zwetschken. Der confierte Salmonide der jungen steirischen Fischerei „Michi's Fische" unterstreicht ein perfektes Zusammenspiel zwischen Küche und hervorragender Produktqualität. Als konventioneller Gegenpart entspricht das Wiener Schnitzel den hohen Erwartungen in jeder Hinsicht. Schön, dass das exquisite Weinangebot auch glasweise konsumiert werden kann.

à la carte: 11–36 €

KAMMERN   K4

SPARY   13,5/20
Koch: Klaus Lobnik

Tel.: 0664 106 28 78
8773 Kammern
Liesing 21
www.spary.at
gasthaus.spary@gmx.at
Mo, Di, Do–Sa 11–14 und 18–21.30, So 11–18 Uhr
✱ variabel

Seit Jahren ist der Spary eine verlässliche Adresse für authentische Küche und erstklassige Produktqualität. So nahmen wir voller Vorfreude unter blühenden Kastanien im kleinen Vorgarten vor dem Gasthaus Platz. Der Chef macht persönlich die Runde und lässt bei Sonderwünschen gern mit sich handeln. Schon das Gedeck verrät die Gesinnung: Neben herzhaftem Verhackertem und hauchdünn aufgeschnittenem Speck finden sich ein federleichter Topfenaufstrich und ein fruchtiges Chutney auf der Schieferplatte – aufgetischt wird angenehm viel und vielfältig. Eine Gewürzapfelspalte und ein zitrusfrisches Apfelmusnockerl begleiten das hervorragende Gänseleberparfait zur Vorspeise. Verfeinert wurde mit Port und Cognac, dazu – ganz klassisch – Brioche. Fein und nicht zu üppig gelingt die Spargel-Rahm-Suppe. Liebevoll rund um den Teller arrangiert werden die Beigaben zu Tafelspitz und Erdäpfelrösti – passierter Cremespinat, Rindsuppe in der Minisauciere und Apfelkren. Wunderbar gebraten kommt der Eismeersaibling auf den Tisch, dazu grüner Spargel und Petersilkartoffeln. Einen wohlklingenden Schlussakkord setzt die Nachspeisenvariation vom flaumigen Topfenknödel bis zur hauchdünnen Marillenpalatschinke.

à la carte: 7,80–29,90 €

KAPFENSTEIN   N5

SCHLOSS KAPFENSTEIN   👍 Tipp

Tel.: 03157 300300
8353 Kapfenstein 1
www.winkler-hermaden.at
hotel@schloss-kapfenstein.at

Tagsüber bekocht Martin Winkler-Hermaden seine Gäste mit bodenständigen steirischen Gerichten, abends liegt der Fokus dann noch mehr auf Saisonalem und vegetarischen Kreationen. Wer Lust auf Wirtshausklassiker wie Backhendl oder Rostbraten hat, kommt am besten am Wochenende. Was als süßer Abschluss nie fehlen darf, sind die legendären Kürbiskernknödel.

www.gaultmillau.at – Tipps, Trends, Rankings und alle Restaurantkritiken

STEIERMARK

KITZECK IM SAUSAL

KITZECK IM SAUSAL L5

DAS KAPPEL 11/20
WinzerWellnessHotel
Koch: Dietmar Kappel

Am höchstgelegenen Ort der Sausaler Weinstraße liegt diese Perle eines Weinhotels. Von der Terrasse eröffnet sich ein einmaliger Blick über die Weinhänge, doch nicht nur deshalb sollte man hier länger bleiben. Immer wieder schmeckt uns das Tatar vom Bioseesaibling und auch bei den Hauptspeisen wird besonderes Augenmerk auf regionale Produkte gelegt, die mit viel Liebe zu verfeinerten, traditionellen Gerichten verarbeitet werden. Als Dessert hat ein Vanilleeis mit Kürbiskernöl immer noch Platz gefunden, auch wenn als Alternative die Topfennockerl oder der Schokoauflauf verführerisch klingen.

à la carte: 12–42 €

Tel.: 03456 2347
8442 Kitzeck im Sausal
Steinriegel 25
www.daskappel.at
info@daskappel.at
Do–Fr 18–21, Sa 12–14 und 18–21, So 12–15 Uhr
🗙 10.–26. Dez. 2019, 8. Jän.–16. März 2020

STEIRERLAND 👍 Tipp

Im sanft hügeligen Sausal gelegen, eignet sich dieser idyllische Ort nicht nur für Hochzeiten. Die Karte dieses wunderbaren Landgasthofs bietet steirische Schmankerl wie das Sausaler Hühnerbrüstl oder das „Steirische Misthäuferl". Das ist Sterz mit Hühnergeschnetzeltem und Schwammerlsauce. Auch Vegetarier und Veganer werden auf der Karte fündig.

à la carte: 15–55 €

Tel.: 03456 232828
0664 4248466
8442 Kitzeck im Sausal 10
www.steirerland.co.at
office@steirerland.co.at
Mi–Sa 11.30–21, So 11.30–15 Uhr

LANGENWANG M3

GENIESSERHOTEL KRAINER 16,5/20
Köche: Astrid und Andreas Krainer

Vorne im Café sitzen die Einheimischen und erfreuen sich an ambitionierten Wirtshausgerichten. Im Restaurant wird hingegen richtig groß aufgekocht. Zur Auswahl stehen die Menüs „Land & Wirt" sowie „Wald & Heimat", die man beliebig miteinander kombinieren und in unterschiedlicher Länge bestellen kann. Während das Ambiente unaufgeregt in gepflegtem Landhausstil gehalten ist, zeigt sich die Tischkultur auf höchstem Niveau. Das geschmackvolle Porzellan wird von Astrid Krainer, die gemeinsam mit ihrem Mann Andreas die Küche leitet, selbst gestaltet. Auch was auf den Tellern angerichtet wird, darf sich sehen lassen. Der Saibling-Matjes mit Ribiselschalotten und Radieschen ist optisch wie auch geschmacklich überzeugend und auch die Reinanke in Buttermilch gefiel uns sehr. Man versteht sich hier auch auf die Zubereitung von Fleisch. Ein Gedicht das sämige Beuscherl (aus der Wirtshauskarte), butterzart und aromatisch das Weizer Berglamm (rosa gebratener Rücken und Geschmortes) und wirklich großartig das Beste vom Rehbock. Die ordentlichen Desserts, die umfangreiche und fair kalkulierte Weinkarte sowie der herzliche Service durch die Seniorchefin haben den erfreulichen Gesamteindruck abgerundet.

à la carte: 12–31 €

Tel.: 03854 2022
8665 Langenwang
Grazer Straße 12
www.hotel-krainer.com
restaurant@hotel-krainer.com
Di–Sa 11.30–13.30 und 18.30–20.30 Uhr
🗙 variabel

JRE

Die besten Weine Österreichs:

LEIBNITZ

M5

ALTE POST SÜDSTEIERMARK — 12,5/20

Koch: Stefan Nauschnegg

Seit Jahren ist die Alte Post eine der ersten Wirtshausadressen in Leibnitz. Auch Junior Stefan Nauschnegg setzt auf Kalbsbackerl oder Zwiebelrostbraten, tischt sie aber in einer modern gestalteten Stube auf. Durchwirkt ist die Speisekarte von vegetarischen und asiatischen Gerichten, etwa Hühner-Thai-Wok als Alternative zum knusprigen Backhendl. Spezialitätenwochen werden mit viel Aufwand begangen. So wird im Februar ein riesiges Sortiment an Meeresfischen an den Tisch geradelt. Die Weinkarte ist fein, regional und international bestückt. Bleiben noch die hausgemachten Eissorten zu erwähnen.

Tel.: 03452 82373
8430 Leibnitz
Sparkassenplatz 7
www.zur-alten-post.at
office@zur-alten-post.at
Mo–Sa 11–21.30 Uhr
Fei, Jän. 2020

KOGEL3 — 13/20

Sein Navigationsgerät sollte man mit Kaindorf, Kogelbergstraße 62 füttern, um den kurvenreichen Weg zum Kogel3 zu finden. Doch selbst dann ist es nicht garantiert, dass das auf Anhieb gelingt. Das moderne Haus bietet nicht nur einen einmaligen Blick auf die steirische Hügellandschaft, es verwöhnt Genießer auch mit einer exzellenten Küche. Beatrix Drennig und ihr Team begrüßten uns zunächst mit einem Glas Sekt. So ist man gleich in der richtigen Stimmung, um in Ruhe die Karte zu studieren. Die Mousse von der Räucherforelle überraschte mit ihrer Leichtigkeit, dazu ein knuspriges Stück Schwarzbrot. Einfach herrlich, herrlich einfach. Der Ziegenkäse mit Tomaten-Speck-Chutney überzeugte durch seine Präsentation und die Brust und Keule vom Huhn mit Trüffeltagliolini kam wie erhofft saftig auf den Tisch. Auf das gewaltige Tomahawk vom Schwein (600 Gramm) hatten wir weniger Lust, dafür ließen wir uns das knusprige Steirerhendl inklusive gebackener Leber schmecken. Dazu gab es – wie es sich in der Steiermark fast zwangsläufig gehört – einen mit reichlich Kernöl zubereiteten Blattsalat. Sehr gut auch das finale Tiramisu, großartig das Weinangebot.

à la carte: 12,90–39,90 €

Tel.: 03452 74935
8430 Leibnitz
Kogelbergstraße 62
www.kogel3.com
beatrix@kogel3.at
Mi 16–22, Do–Sa 12–22,
So 10–16 Uhr

STARIBACHER — 12/20

Koch: Christian Pfanner

In der Südsteiermark kehrt man immer wieder gerne beim Staribacher ein, denn man weiß, dass dort stets verlässlich gute gehobene Küche ohne großartige Experimente geboten wird. Die Gerichte orientieren sich stark an der Region. Dazu zählt natürlich auch das Backhendl, das in diesen Breiten quasi unter Denkmalschutz steht. Überhaupt sind hier vor allem die mit Hingabe zubereiteten Fleischgerichte empfehlenswert. Bei einem Besuch lohnt es sich, einen Tisch auf der herrlichen Terrasse zu reservieren und sich zum Abschluss die feine Cremeschnitte zu gönnen.

Tel.: 03452 82550
8430 Leibnitz
Grottenhof 5
www.staribacher.at
restaurant@staribacher.at
Mo–Sa 12–14 und 18–21,
So 12–15 Uhr

RANNINGER AM GROTTENHOF — Tipp

Nach vielen Stationen im In- und Ausland hat sich Küchenchef Thomas Ranninger mit dem Grottenhof ein eigenes Reich geschaffen. Mit seiner modernen Küche am Puls der Zeit verbindet er internationales Flair mit Saisonalität und regionalen Produkten. Ob Asia Wok, Tagliatelle mit Garnelen oder Schweinsfilet im Speckmantel, hier wird jeder Gusto fündig. Auch die Weinkarte bietet einige interessante Flaschen.

à la carte: 6,50–29,80 €

Tel.: 03452 73221
8430 Leibnitz
Grottenhof 1
www.grottenhof.ranninger.at
grottenhof@ranninger.at
Mi–So 10–22 Uhr

Jetzt im Gault&Millau-Weinguide.

LEOBEN

LEOBEN   L4

PORT361   14,5/20 🍴🍴
Koch: Peter Brandner

Klar, unverfälscht und echt. Diese Küchenlinie setzt Küchenchef Peter Brandner mit seinem Team am Stadtrand von Leoben konsequent um und überrascht seine Gäste ausschließlich abends mit einem Menü, das mündlich vorgestellt wird. Dass man den Empfehlungen getrost folgen kann, bewies – nach Grammelschmalz und frischem Brot – die gebackene Falafel auf Spargelsalat und Hummus. Die vegetarische Vorspeise war gut gewürzt, der Salat knackig – es muss nicht immer Fleisch sein. Weiter ging es mit einem auf den Punkt getroffenen Zander, dazu gab es al dente gekochte Teigwaren und zur Abrundung wurde noch selbst gemachtes Chiliöl gebracht, das für einen inspirierenden Schärfekick sorgte. Das Filet vom Hirsch als Hauptgang wurde exakt gebraten, das als Beilage gereichte Gemüse hatte wie erhofft noch knackigen Biss. Und dass man auch in kleineren Gastronomiebetrieben beim Dessert Einfallsreichtum beweisen kann, wurde mit der gefrorenen Zitrone mit Piña-Colada-Schaum eindrucksvoll unter Beweis gestellt. Einzig die Weinkarte verdient eine Überarbeitung, diese hält – zumindest zu günstigen Preisen – kaum Interessantes bereit.

Tel.: 0664 142 99 30
8700 Leoben
Kärntnerstraße 361
www.port361.at
info@port361.at
Di–Sa 18–22 Uhr
✻ variabel

LEUTSCHACH   M5

KREUZWIRT   12/20 🍴
im Gut Pössnitzberg
Koch: Daniel Rauter

Manchmal darf es auch einfach eine bodenständige und schnörkellose Küche sein. Das Wiener Schnitzel im Kreuzwirt zählt zu den besten der Gegend, der geeiste Kürbiskernölschmarren zeigt die Verbundenheit mit der Region, aus der der Großteil der hochwertigen Produkte stammt, die mit viel Liebe fürs Detail auf den Teller kommen. Gekocht wird gelungen steirisch, frische Zutaten kommen auch aus dem hauseigenen Kräuter- und Gemüsegarten. Das Restaurant samt angeschlossenem Hotel gehört zum Weingut Polz, dementsprechend verlockend ist auch die Weinkarte gestaltet.

à la carte: 4,50–28,90 €

Tel.: 03454 205
8463 Leutschach
Pössnitz 168
www.poessnitzberg.at
gut@poessnitzberg.at
Mo–Fr 17–21.30, Sa 12–21.30, So 12–20 Uhr
✻ Feb. 2020

LIEPERT'S KULINARIUM   16,5/20 🍴🍴🍴
Koch: Manuel Liepert

Ein holzgetäfelter Raum, gedämpftes Licht: In der geschickt modernisierten Wirtsstube eines alten Gasthauses hat Manuel Liepert eines der interessantesten Restaurants der Südsteiermark etabliert. Aus der Küche grüßt er mit einem knusprigen Speckchip mit Rotkraut und Popcorn; oder mit hauchzarter Hühnerlebermousse und Roter Rübe auf knusprigem Haselnussboden; oder mit perfekt gegartem Brokkoli in Tempura, Räucherforelle, Chilicreme und Dill. Exzellent danach die gebeizte Lachsforelle mit jungen Erbsen, Salzzitrone, lieblicher Kohlrabicreme, Verjus und bunten Blüten, ein delikates Lammbries mit kräftiger Trüffelmousse, feinem Wurzelgemüse, Hühnervelouté und Brioche mit Trüffelbutter. Dass Liepert bei der Ausformung deutlicher Aromatik keine Kompromisse eingeht, zeigte sich beim Zwischengang, einem radikal sauren Zitronen-Apfel-Sorbet mit Zitronenespuma, ebenso wie beim sehr salzigen Beiried. Sensationell die dazu servierte, in Kalbsnierenfett geschmorte Karotte mit gepufftem Amaranth, Grammeln, Möhrenpüree und seidigem Jus. Den perfekten Abschluss bildete ein fruchtiges Himbeersorbet mit Fruchtleder, Baiser, Holundergelee und mollig süßem, gebackenem Topfen – ehe die Küche sich dann auch noch zu entzückenden Abschiedsgrüßen aufschwang: ein kleines Pfirsich-Eis-Stanitzel mit Schokolade, ein Zuckercookie, Erdbeergeleewürfel. Neben der Weinbegleitung gibt es auch eine alkoholfreie Getränkebegleitung für die vier- bis siebengängigen Menüs. Sehr freundlicher und extrem kompetenter Service.

à la carte: 9,50–28 €

Tel.: 0664 141 81 16
8463 Leutschach
Arnfelserstraße 2
www.lieperts.at
office@lieperts.at
Di–Sa 12–14 und 18–21 Uhr
✻ variabel

NEUBERG AN DER MÜRZ

STEIERMARK

MARIAHOF J4

KNAPPENWIRT 11,5/20
Koch: Michael Lohr

Tel.: 03584 2542
0664 146 11 26

8812 Mariahof
Hoferdorf 113

www.knappenwirt.at
info@knappenwirt.at

Mi 11.30–14 und 17–20,
Do–Sa 11.30–14 und 17.30–20,
So 11–14 Uhr
variabel, Nov. 2020

Beim Knappenwirt in Mariahof handelt es sich um eine verlässliche Adresse für steirische Hausmannskost. Traditionelles wird hier mit Feingefühl zeitgemäß interpretiert, bei den Zutaten schöpft man aus der Fülle des Bundeslands, die jeweilige Jahreszeit wird dabei nicht außer Acht gelassen. Die Spargelvariation mit Mousse, frischer Sulz und Cremesuppe schmeckt, die Lachsforelle mit Kartoffel-Sellerie-Püree ist solide zubereitet. Süßes darf nicht fehlen, die Kürbiskernroulade mit Beerenragout und Pistazieneis gefällt. Das Ambiente ist sehr gemütlich, der Garten idyllisch und heimelig. Für die passende Begleitung sorgen Schätze aus dem hauseigenen Weinkeller.

à la carte: 6–25 €

NEUBERG AN DER MÜRZ M3

GASTHOF SCHÄFFER 13/20
Koch: Thomas Schäffer

Tel.: 03857 8332

8692 Neuberg an der Mürz
Hauptstraße 9

www.gasthofschäffer.at
genuss@gasthofschaeffer.at

Do–Mo 11.30–21 Uhr
variabel

Dass der Holzer jetzt nach der neuen Wirtsfamilie Schäffer heißt, hat sich noch nicht überall herumgesprochen. Aber auch die Schäffers sind drauf und dran, aus ihrem Nachnamen eine Marke zu machen, die Bestand hat. Sie bieten eine alpin-rustikale Küche vom Feinsten, die deftige Köstlichkeiten wie etwa eine Kaspressknödelsuppe umfasst. In einer dichten Rindsuppe mit Gemüsewürfeln lag ein Traumknödel: innen flaumig, außen knusprig. Mit einem Wildhasenrücken in Gewürzkruste, mit Mohnschupfnudeln, Schmorsellerie und gemischten Pilzen fuhren wir fort. Der etwas bissfeste Hase harmonierte mit den Beilagen bestens, in Summe eine sehr gelungene Komposition. Geradezu himmlisch war das Dessert: Der Rahmpudding mit Schwarzbeerröster, Vanilleeis und Salzerde hat Suchtpotenzial.

à la carte: 12–27 €

PÖLLAUBERG

PÖLLAUBERG · M4

RETTER BIO RESTAURANT · 11,5/20

Tel.: 03335 2690
8225 Pöllauberg 88
www.retter.at
hotel@retter.at

Mitten im Naturpark Pöllauer Tal liegt das gepflegte Seminarhotel mit Biorestaurant und wunderschöner Weitblickterrasse. Die Gerichte bieten einen gelungenen Überblick über die Region, ganz im Vordergrund steht dabei aber die biozertifizierte Slow-Food-Küche. Täglich frisch gebackenes Brot und die enge Zusammenarbeit mit umliegenden Produzenten versprechen nicht nur beste Qualität, sondern feinen Geschmack, womit eine unaufdringliche Landküche mit gesundheitsbewusster Interpretation garantiert wird. Der Schweinsbraten aus dem Holzofen schmeckt besonders gut, auf Vorbestellung kommt man in den Genuss von geschmortem Biohendl im Römertopf mit Kletzenreis. Allergiker können sich hier glücklich schätzen, für individuelle Alternativen ist gesorgt.

PREMSTÄTTEN · L4

RESTAURANT KUPFERDACHL · 14,5/20

Koch: Daniel Edelsbrunner

Tel.: 03136 523670
8141 Premstätten
Hauptstraße 15
www.kupferdachl.at
restaurant@kupferdachl.at
Mi–Sa 11.30–14 und 17.30–21.30, So, Fei 11.30–15.30 Uhr
✱ 2–3 Wochen im Feb. und August 2020

Die Güte einer Küche offenbart sich auch dann, wenn die Sonntagsausflügler nach einem Wiener Schnitzel verlangen. Das Kupferdachl kann aber auch ganz anders: Exzellente Kompositionen im Rahmen eines mehrgängigen Menüs am Abend. Während der Gastgarten Gemütlichkeit ausstrahlt, offenbart die Gaststube mit Retro-Look und belanglosen Drucken an den Wänden weniger Geschmack. Wir blicken lieber auf die Teller vor uns: Die Rindsuppe mit drei Einlagen ließ keinen Wunsch offen. So mollig und dicht muss eine Tafelspitzsuppe schmecken. Perfekt auch das anschließende butterzarte Kalbswiener. Höhepunkt des Sonntagstisches: der Fisch des Tages. Ein saftig und perfekt gebrutzelter Stör auf Risoni, Liebstöckel und jahreszeitgemäßen Radieschen.

à la carte: 15–32 €

PUCH BEI WEIZ · M4

MEISSL · 👍 Tipp

Tel.: 03177 2205
8182 Puch bei Weiz 21
www.wirtmeissl.at
gh@wirtmeissl.com
Mo, Do–Sa 11–14 und 17–20, So 11–17 Uhr
✱ 7. Jän.–7. Feb. 2020

Das gemütliche Wirtshaus blickt stolz auf eine 130-jährige Tradition zurück. Auch heute wissen die Wirte, wie sie mit einer traditionellen und anspruchsvollen Küche ihre Gäste begeistern können. Neben empfehlenswerten Wildgerichten widmet man sich hier dem Apfel in all seinen Facetten. Es entstehen abwechslungsreiche Speisen, die man idyllisch unter Kastanienbäumen im Gastgarten verzehren kann. Gemütlichkeit und stilvolles Ambiente werden bei Familie Meißl seit jeher großgeschrieben.

à la carte: 5–30 €

Bewertungen NEU

- 11 bis 12,5 Punkte: 1 Haube
- 13 bis 14,5 Punkte: 2 Hauben
- 15 bis 16,5 Punkte: 3 Hauben
- 17 bis 18,5 Punkte: 4 Hauben
- 19 bis 19,5 Punkte: 5 Hauben

ROHRMOOS-SCHLADMING

RATTEN　　　　　　　　　　　　　　　　　　　　　　　　　　　M3

ZUR KLAUSE　　　　　　　　　　　　　　　　　11/20
Köchin: Monika Fasching-Posch

Ratten ist nicht der Nabel der Welt. Auch nicht kulinarisch. Daher ist man schon glücklich, wenn zumindest ein Gasthof weit und breit gute Küche bietet. Manche Speisen sind besser, andere gelingen nur durchschnittlich. Zur zweiten Kategorie gehörte das zu kalt servierte Carpaccio von Jakobsmuschel und Saibling mit Zitronenöl wie auch der biedere Eiskaffee. Mehr Freude bereitete uns die rosa gebratene Entenbrust mit Rotkraut sowie die zarte Rehkeule. Die Weine erscheinen uns etwas zu teuer. Wer dennoch zu tief ins Glas blickt, kann zumindest komfortabel im Haus nächtigen.

à la carte: 11,50–26 €

Tel.: 03173 2448
0664 503 59 20
8673 Ratten
Filzmoos 32
www.gasthof-zurklause.at
ratten@zurklause.at
Do–Di 11.30-14 und 18–21 Uhr

REIN　　　　　　　　　　　　　　　　　　　　　　　　　　　　M4

ZUR LINDE　　　　　　　　　　　　　　　　　11,5/20
Koch: Peter Falb

Man muss nicht unbedingt das 1129 gegründete, weltweit älteste Zisterzienserkloster Stift Rein besuchen, um im Anschluss zur Nachbesprechung beim nahen Gasthof „Zur Linde" einzukehren. Der Lindenwirt lohnt auch für einen Extrabesuch. Im schmucken, kleinen Gastgarten, aber auch in der gemütlichen Stube kredenzt das sympathische Wirtsleutepaar bodenständige, mit Liebe und besten regionalen bzw. lokalen Zutaten kreierte Gerichte. Tadellos das Entrecôte mit Steinpilzrisotto, Marktgemüse und Rotweinschalotten, fein die Lachsschnitte mit Weißweinrisotto. Eine empfehlenswerte Adresse für den Wochenendausflug.

Tel.: 03124 51069
8103 Rein
Hörgas 1
www.zurlinde-stiftrein.at
gasthof@zurlinde-stiftrein.at
Do–Sa 11–21, So 11–17 Uhr

RIEGERSBURG　　　　　　　　　　　　　　　　　　　　　　　　O4

WIPP'LS HOFBERGSTUBN　　　　　　　　　👍 Tipp

Einen traumhaften Ort haben Stefan und Viktoria Wippel für ihre Hofbergstubn gefunden. Der Blick von der Terrasse des Restaurants auf die Riegersburg ist nämlich mehr als malerisch. Aber nicht nur der Ausblick sorgt für Glücksmomente. Auch die stets freundliche Bedienung, das gemütliche Ambiente und die Speisekarte sind bemerkenswert. Auf saisonale Gerichte wird hier genauso viel Wert gelegt wie auf die Herkunft der Produkte.

à la carte: 7,50–30 €

Tel.: 03153 20060
8333 Riegersburg
Hofberg 67
www.hofbergstubn.at
office@hofbergstubn.at
Mo, Do–Sa 11.30-22,
So 11.30–21 Uhr
✱ 2 Wochen im Feb. 2020

ROHRMOOS-SCHLADMING　　　　　　　　　　　　　　　　　J4

ARX RESTAURANT　　　　　　　　　　　　　11/20
Koch: Andreas Klammer

Bilder, die an Stanley Kubricks „Shining" erinnern, schmücken das Innere des Restaurants Arx. Es ist sicher nicht jedermanns Sache, einen romantischen Abend in einem derartigen Ambiente zu verbringen. Egal, die Küche arbeitet ordentlich, besonders Kreatives sollte man sich jedoch nicht erwarten. Im Duell gewann der Ziegenkäse mit mariniertem Gemüse gegen das Beef Tatar, bei den Hauptspeisen hatte der Saibling mit Fenchelsalat gegenüber dem eher langweilig schmeckenden Perlhuhn in Erdnuss-Rosmarin-Panade die Nase vorn. Das Rhabarbergratin mit Erdbeereis schaute nett aus, schmeckte jedoch eher nichtssagend.

à la carte: 7–39 €

Tel.: 03687 61493
0664 936 05 07
8973 Rohrmoos-Schladming
Rohrmoosstraße 91
www.das-arx.at
office@das-arx.at
täglich 17.30–21 Uhr
✱ Nov. 2019, April–Mai 2020

SANKT ANDRÄ IM SAUSAL

SANKT ANDRÄ IM SAUSAL — L5

T.O.M R – PFARRHOF SANKT ANDRÄ pop 16,5/20

Koch: Thomas Riederer

Tel.: 0660 400 87 34
8444 Sankt Andrä im Sausal 1
www.tomr.at
pfarrhof@tomr.at
Mi–Fr 18.30–23, Sa 12–14.30
und 18.30–23, So 11–14.30 Uhr
✱ Jän. und 2 Wochen im Juli 2020

AMBIENTE AWARD 2015

Es ist ein Gesamtkunstwerk. Wer mit der Abendsonne im Rücken auf das grandios renovierte Ensemble, einen ehemaligen Pfarrhof mit Stallungen und dahinter die Kirche, zugeht, nimmt die ersten Amuse gueules bereits mit den Augen ein. Das setzt sich im extrem geschmackvollen Interieur des Hauses fort und wandert dann vom Teller auf den Gaumen. Die Küchengrüße sind köstlich, rote Polenta mit Saibling, geräucherte Kartoffelsuppe und köstliche Pralinen von gebackenem Verhackert (!) sind darunter. Ebenso Knusperreis, Paprika und Mango. Vier herrliche Schmalzvariationen erinnern beim Brotgang daran, dass Tom Riederer Bioschweine selbst verarbeitet. Er und seine Frau Katharina sind als sorgsame und kommunikative Gastgeber ständig von Tisch zu Tisch unterwegs. Dem Signatur Ei vom Sulmtaler Huhn folgen ein hauchzarter Kabeljau und ein butterweicher Schweinsbraten mit Spargel und Wiesenkräutern. Ein paar himmlische, in Mohn gewälzte Grießknödel gibt es zum Abschluss. Riederers Küche ist schnörkellos und macht richtig froh. Nebst der sehr breit und klug bestückten Weinkarte sollte man sich vom Hausherren die aktuellsten Kreszenzen aus Istrien, seiner zweiten Wahlheimat, empfehlen lassen. Sitzt man dann auch noch auf der nach Westen ausgerichteten Terrasse, ist das Glück perfekt.

ST. KATHREIN AM OFFENEGG — N4

EDERS WIRTSHAUS 15/20
„DER WILDE EDER"

Koch: Stefan Eder

Tel.: 03179 82350
0664 43 23 94 7
8171 St. Kathrein am Offenegg
Dorf 3
www.der-wilde-eder.at
info@der-wilde-eder.at
Mi–Sa 12–14 und 18–20,
So 12–16 Uhr
✱ 20.–24. Dez. 2019

JRE

EVELINE WILD, PATISSIÈRE DES JAHRES 2018

Schon die Anfahrt ins wunderschön auf einem Berg gelegene Sankt Kathrein ist ein wahrer Augenschmaus und weckt Erwartungen, die von Stefan Eder, kongenial unterstützt von Eveline Wild – Patissière des Jahres 2018 und hochgelobte Backbuchautorin –, auch erfüllt wurden. Die Weinkarte und die so junge wie kundige Sommelière seien positiv erwähnt, bevor wir ein Loblied auf die Küche des modernen, aber auch sehr gemütlichen Hauses anstimmen: Abseits der Steakkarte und der rundum beliebten Klassiker lebt die Küche ihre Kreativität mit einem vier- bzw. siebengängigen Menü aus. Dabei erfreute sie uns mit dem exemplarischen Sommergericht „Kräutermousse mit Gurke, Erdbeere, Stollenkäse und eingelegter Zwiebel" oder einer liebevoll abgeschmeckten Bärlauchschaumsuppe mit Räucherforelle. Beim perfekt gebratenen Beiried mit Frühlingsgemüse, Erdäpfelschaum und Morchelsauce gab es doch ein lohnenswerter Ausflug ins Reich der Steaks, um dann mit der Paradepaarung Mango und Schokolade im Wechselspiel mit Tonkabohne anzukommen. Nächstes Mal bleiben wir länger und übernachten in einem der stilvollen Zimmer.

à la carte: 10,50–27 €

Der Gault&Millau-Weinguide

Ab heuer im NEUEN Design.

ST. LAMBRECHT — J4

STIFTSSTÜBERL 15,5/20
im Naturparkhotel Lambrechterhof
Koch: Erich Pucher

Tel.: 03585 27555
8813 St. Lambrecht
Hauptstraße 38–40
www.lambrechterhof.at
hotel@lambrechterhof.at
Mi–Sa 18–21 Uhr

Die Speisekarte schreibt Erich Pucher in geschwungener Handschrift selbst und verleiht dem Abend damit von Anfang an eine persönliche Note. Obwohl er für weitere kulinarische Bereiche des Naturparkhotels verantwortlich zeichnet, merkt man ihm die Freude am Stiftsstüberl an. Hier kann der Weitgereiste seine Leidenschaft fürs Kochen so richtig ausleben. Das zeigt sich schon beim Gruß aus der Küche, einer Vielfalt aus Hirschschinken, Zucchini, Sardelle und Mozzarella – zauberhaft serviert wie alles, was noch folgen sollte. Eine fein komponierte Spargelterrine begleitet das geräucherte Forellentatar. Die Krebssuppe wetteifert mit der Liebstöckelsuppe um unsere Gunst. Wir lieben beide! Immer wieder zeigt sich der Küchenchef in dem zurückhaltend möblierten Stüberl und serviert unter anderem ein glasig gebratenes Zanderfilet auf Linsen oder Rücken und Schulter vom Lamm auf Kohlrabisauce. Beides hervorragend. Am Ende folgt noch ein Blumengruß in Form einer Waldmeisterblüte zur Kokos-Panna-cotta. Wohlüberlegt auch die Weinbegleitung, der Schwerpunkt liegt hierbei auf der Südsteiermark.

ST. NIKOLAI IM SAUSAL — N5

HARKAMP 12/20
Koch: Heinz Harkamp

Tel.: 03185 2280
8505 St. Nikolai im Sausal
Flamberg 46
www.weingartenhotel.at
office@weingartenhotel.at
Mo–Do 18–21, Fr–So 12–21 Uhr

Ob im idyllischen Weingarten, auf den steilen Hängen des Flamberges oder in den gemütlichen Gasträumen, besonderes Ambiente ist im Weingartenhotel Harkamp mit seinem gleichnamigen Wirtshaus garantiert. Die gebotene Romantik und die kredenzten Gerichte ergänzen einander perfekt. Neben Klassikern der österreichischen Küche bietet die kleine Speisekarte auch Modernes und sorgt dabei für eine zeitgemäße Umsetzung. Das Backhenderl ist knusprig und saftig, der dazu servierte Erdäpfelsalat mit Kernöl sämig und tadellos. Naschkatzen sollten auf jeden Fall nicht auf das Schokoladesoufflé mit flüssigem Kern verzichten, Liebhaber von Natural Wines werden im Harkamp ebenfalls nicht enttäuscht.

à la carte: 7–28 €

ST. RADEGUND BEI GRAZ — M4

WIR:ZHAUS 11,5/20
Koch: Dominik Haas

Tel.: 03132 4044440
0664 8886 9908
8061 St. Radegund bei Graz
Willersdorferstraße 7
www.wirzhaus.at
willkommen@wirzhaus.at
Do, So 11–20, Fr, Sa 11–21 Uhr

Das Wir:zhaus ist ein gutes Beispiel für eine zeitgemäße Landküche, die hier mit Bravour umgesetzt wird. Die Gerichte sind allesamt sorgsam zubereitet, auf dem vertrauten steirischen Geschmack ruht man sich dabei nicht aus. Die Klachelsuppe mit Heidensterz und der Lungauer Schafbraten – auch bekannt als Schöpsernes – gefallen uns sehr. Ambitioniert zeigt man sich bei den Desserts, der Rote-Rüben-Brownie mit Sauerrahmeis und Apfel trifft voll den Zeitgeist. Bemerkenswert ist das breite Weinsortiment, das glasweise einen guten Einblick in die umliegende Region bietet. Die historische Gaststube mit Holzverkleidung ist sehr gemütlich, das Ambiente ungezwungen und leger.

à la carte: 5,20–26 €

ST. SEBASTIAN BEI MARIAZELL

ST. SEBASTIAN BEI MARIAZELL — L3

LURGBAUER — 15/20

Koch: Max Leodolter

Bei der Abreise sollte nicht vergessen werden, eine hausgemachte Salami mitzunehmen – als Abschluss der kulinarischen Pilgerreise zum Lurgbauer ins Mariazellerland. Die ehemalige Jausenstation empfiehlt sich heute als anheimelndes (ohne jeglichen Alpinkitsch), architektonisch elegantes kleines Restaurant mit großartigem Ausblick in die Wald- und Gebirgslandschaft mit außergewöhnlichen Übernachtungsangeboten. Die Leodolters halten sich mit kulinarischem Geschwurbel angenehm zurück. Der oft wortreich angepriesene Gruß der Küche kommt als „kleine Kostprobe" daher: einige Scheiben der köstlichen Salami mit selbst gebackenem Brot, das reicht. Auf das Simple folgt das Artifizielle: Unter der kleinen Glashaube ruht eine wunderbare geschmackliche Fusion: ein langsam pochiertes Ei mit Wasabi, Speckcrumbles auf Zucchinipuffer. Dann aber muss jenes Objekt auf den Teller, dessentwegen es die Pilgerfahrt zum Lurgbauer besonders lohnt: das am Hof aufgewachsene Angus-Rind. Ob als Tafelspitz mit Apfelkren oder als Braten in allerlei Variationen: butterweich, geschmacklich top, geht nicht besser.

à la carte: 10–50 €

Tel.: 03882 3718
8630 St. Sebastian bei Mariazell
Lurg 1
www.lurgbauer.at
lurgbauer@mariazell.at
Mi–Sa 12–14 und 18–24,
So 18–24 Uhr
✱ variabel

JRE

ST. STEFAN OB STAINZ — M5

WASSERMANN-WIRT — 11,5/20

Bio-Alm
Köchin: Lydia Wassermann

Auf 900 Metern Seehöhe gelegen, befindet sich das Almgasthaus etwas versteckt in idyllischer Lage. Eine weitere Anreise macht sich also durchaus bezahlt und, Navi sei Dank, sollte auch kein großes Hindernis darstellen. Die traditionelle Stube mit ihren Holzsitzbänken schafft Geborgenheit, die Liebe und Leidenschaft der Betreiber offenbart sich durch viele kleine Details. Die verarbeiteten Produkte stammen aus der eigenen Landwirtschaft oder werden von regionalen Erzeugern bezogen. Das Wild kommt aus dem eigenen Wildgehege und verspricht dadurch nicht nur Frische auf dem Teller, sondern beste Fleischqualität. Wildgerichte sollten daher unbedingt probiert werden. Für alle nicht so Wilden bietet die Speisekarte mit bodenständigen Gerichten sicher eine passende Alternative. Ein rundum sympathischer Familienbetrieb.

à la carte: 12–35 €

Tel.: 03143 8113
0676 9198091
8511 St. Stefan ob Stainz
Sommereben 8
www.bioalm.com
gasthof@wassermann-wirt.at
Mo, Di, Fr 11–15 und 18–20,
Sa 11–20, So 11–17 Uhr
✱ Mi, Do

ST. VEIT AM VOGAU — M5

THALLER — 16/20

Koch: Norbert Thaller

Seit 1882 steht dieses Musterbeispiel für einen prachtvollen Landgasthof gegenüber der wuchtigen, spätbarocken Kirche. Tagsüber wird auf hohem Niveau rustikal gekocht, vom Blunzengröstl bis zur Rindsroulade. Alles sehr gut. Abends läuft Norbert Thaller mit seinen Fine-Dining-Menüs zu Hochform auf. Allein die Küchengrüße sind ein bunter Wirbel akzentuierter Geschmäcker: Hummus mit Parasol, Lachsforelle im Reiscracker, marinierter Kürbis, Räucherforellenpalatschinke auf Butterschaum. Die eingelegten Marchfeld-Artischocken mit Altsteirer Ei und Topinamburchips sowie die Erdäpfelgnocchi mit Saiblingsstreifen und weißer Trüffel weisen Thaller als begnadeten Aromen-Kompositeur aus. Der Wels aus eigener Zucht, mit Karfiolhobel und -püree und Amalfi-Zitrone war von geradezu himmlischer Qualität. Das abschließende Apfeleis mit Sanddorn und hauchdünnen Kürbiscrackern passte zum Gesamteindruck. Die opulente Weinkarte hat einen südsteirischen Schwerpunkt samt einer Menge Natural Wines, ist aber auch mit klug gewählten Positionen aus Frankreich, Italien und Slowenien besetzt.

à la carte: 12–34 €

Tel.: 03453 2508
8423 St. Veit am Vogau
Am Kirchplatz 4
www.gasthaus-thaller.at
restaurant@gasthaus-thaller.at
Mo, Do–Sa 12–14.30 und
18.30–20.30, So 12–16.30 Uhr
✱ variabel

SCHLADMING

JOHANN – DAS STEIRISCHE RESTAURANT 14,5/20

Koch: Lukas Cirjak

Im Zentrum der Skimetropole Schladming, gleich am Beginn der Fußgängerzone liegt das Hotel Post, in dessen Erdgeschoß sich das Restaurant „Johann" befindet. Viele Dinge können im Johann mit dem Schlagwort „Liebe zum Detail" beschrieben werden. Sei es das einfallsreiche Aperitifangebot, die eigens abgefüllte „Post Cuvée", das hausgemachte Steinpilzsalz oder die Regionalität der Produkte. Einfallsreich auch die Dekoration, die zum Motto des Lokals passt – Steirisches modern interpretiert. Auch die Speisen werden dieser Positionierung gerecht. So kommt es, dass die hausgemachten Grammelknödel einem hellgrün vom bunten Teller entgegenleuchten. Das charmante Personal im Dirndl serviert die Speisen mit einer Portion Herzlichkeit. Nicht zu überhören die Kommentare wie „lovely", „gorgeous" oder „delicious" der internationalen Gäste, die sich die von der Sommelière empfohlenen nationalen Tropfen schmecken lassen. Es sind diese zahlreichen kleinen Details, die das Johann zur Topadresse in Schladming machen.

Tel.: 03687 22571
8970 Schladming
Hauptplatz 10
www.posthotel-schladming.at/johann
info@posthotel-schladming.at
täglich 11.30–14 und 17.30–21.30 Uhr
❄ Ende April–Mitte Mai 2020

SCHWANBERG

STEGWEBER 12,5/20

Freitag Abend ist's – beste Gasthauszeit – und doch haben sich in den idyllisch gelegenen Gasthof nur wenige Einheimische auf ein Bier verirrt. Unverständlich bleibt es spätestens nach den beiden geschmacksintensiven und doch leichten Schaumsuppen von Eierschwammerln bzw. vom Kren. Hier ist ein Meister am Werk, der auch auf Produktqualität hohen Wert legt, wie die Steinpilztascherl oder der zarte Rostbraten eindrucksvoll unter Beweis stellen. Die Mohnnudeln mit Vanilleeis lassen ebenso keine Wünsche offen, ganz im Gegensatz zum glasweisen Weinangebot oder der (noch immer) nicht vorhandenen Weinkarte.

Tel.: 03467 8395
8541 Schwanberg
Aichegg 44
www.stegweber.at
postmaster@stegweber.at

SECKAU

SECKAU — L4

HOFWIRT — 11,5/20
Koch: Oliver Chance

In diesem denkmalgeschützten Barockbau wird in einer gemütlichen Gaststube oder auf der Sonnenterrasse eine gutbürgerliche Küche, die modern interpretiert wird, geboten. Die Murtaler Krensuppe mit Röstbrot wärmt, das Gulasch vom Authaler Jungrind beziehungsweise das Hirschragout werden mit flaumigem Serviettenknödel serviert. Wer kein Wiener Schnitzel oder geschmortes Rindsbackerl möchte, kann sich an einer Seeforelle „Müllerin Art" aus der Seckauer Fischzucht mit Petersilerdäpfeln und Zitronen-Junglauch-Butter halten. Ab zwei Personen gibt es auf Vorbestellung auch eine im Ganzen gebratene Bauernente mit Apfelrotkraut, Erdäpfelknödel sowie glacierten Maroni oder eine „Aufgsetzte Henn" auf Erdäpfeln. Bei den Nachspeisen könnte man sich etwas mehr einfallen lassen als Vanilleparfait mit Kernöl oder Bananensplit. Der Verdauungsschnaps wird von den Mönchen der Abtei Seckau gebrannt.

à la carte: 8,60–18,50 €

Tel.: 03514 54290
8732 Seckau 3
www.hotel-hofwirt.at
hofwirt@projekt-spielberg.com
Di–Sa 11.30–22, So 11.30–19 Uhr
variabel

SPIELFELD — N5

OLIVER KOCHT — 13/20
Koch: Oliver Kerngast

Um zwei Seiten des Lokals zieht sich ein idyllischer Grüngürtel. Lose verteilte Tische, Sonnenschirme, Loungemöbel – alles deutet darauf hin, dass man hier eine gemütliche Zeit verbringen kann. Mit viel Liebe gehen Oliver Kerngast und seine Partnerin Carina zu Werke. Oliver kocht ganztägig warm. Es scheint sich auch unter Campern herumgesprochen zu haben, dass es sich lohnt, hier einen Zwischenstopp einzulegen – hinter dem Haus dehnen sich Stellflächen aus. Ein Blick in die Karte macht neugierig. Das Geheimnis des „Roten Teppichs" will gelüftet werden. Dahinter verbirgt sich ein hervorragendes Carpaccio, begleitet von knusprigem Weißbrot mit würzigem Tomatenkompott. In dem Duktus geht es weiter mit Filet und Bauch vom Vulkanlandschwein. Beides wohlgeraten und auf eine Kartoffelmousse gebettet. Unglaublich zart ist die gebratene Hühnerleber mit Polenta. Alles in allem sind die Portionen großzügig bemessen, die Preise erfreulicherweise nicht. Das gilt auch für die Weine aus der Südsteiermark – vieles auch glasweise. Als geglückter Abschluss kam ein flaumiger Topfenknödel mit allerlei Kirschkomponenten und selbst gemachtem Eis auf den Tisch. Fein!

Tel.: 03453 21001
0664 4160993
8471 Spielfeld
Unterschwarza 1
www.oliver-kocht.at
servus@oliver-kocht.at
28. Okt.–19. Nov. 2019,
Jän.–Feb. 2020

STAINZ — L5

DIE MÜHLE — 15/20
Koch: Johann Schmuck

Inmitten von Stainz liegt „Die Mühle – ein SchmuckStück" am Stainzbach unweit des Hauptplatzes. Präsentiert werden nur vielgängige Überraschungsmenüs, deren Logik sich uns nicht ganz erschließt. Das kleinste zählt sechs Gänge (ohne Desserts), das größte sagenhafte 15. Besonders erwähnenswert blieben die Sauerrahmsuppe mit Stangensellerie und der Karfiol mit geräucherter Mayonnaise und Essigstaub als Grüße aus der Küche. Es folgten Kompositionen wie Trüffeltortellini mit leicht frittierter Rucola und Asmontekäse sowie ein 63°C-Ei mit Kartoffelrisotto und Bärlauchschaum in Erinnerung. Schade war es um das zu durch gebratene Schweinsfilet, das mit Brennnessel-Pak-Choi, Selleriecreme und

Tel.: 0664 2382860
8510 Stainz
Rathausplatz 2
www.muehle-stainz.at
die-muehle@outlook.com
Di–Sa 17–21.45 Uhr
variabel

STAINZ

STEIERMARK

Schwammerln sehr gelungen hätte sein können. Die Qualität wusste durchwegs zu begeistern, auch wenn die schwankenden Portionsgrößen und die allesamt ins Süße kippenden Fischgänge für leichte Irritation sorgten. Omnipräsent war der Service, erwähnenswert die liebevoll zusammengestellte Weinkarte. Schauen wir einmal, wohin die Reise geht.

Gault&Millau 2020

Die neuesten Ergebnisse aus der Haubenwelt:
800 Restaurants, neu getestet und bewertet.

Plus: Die besten Weine, Wirtshäuser, Hotels und Almhütten.
Neu in dieser Ausgabe: Golfclubs, Cafés und Bars.

Zwei Bücher, ein Preis: € 39,- für Ihren Wegweiser in die Welt des guten Geschmacks
www.gaultmillau.at

Bleiben Sie up to date mit unseren täglichen Nachrichten
auf **Facebook** und **Instagram**.

STAINZ

ESSENZZ
16,5/20

Hotel Restaurant Stainzerhof
Köche: Alexander Posch und Bernhard Klinger

Tel.: 03463 22122
8510 Stainz
Grazer Straße 2
www.stainzerhof.at
welcome@stainzerhof.at
Mi–Sa 18–22 Uhr
22. Dez. 2019–6. Jän.2020

Der Name scheint Programm zu sein. Die Essenzen, mit denen Küchenchef Alexander Posch vielen seiner Gerichte den gewissen Extra-Kick verleiht, sind in der Tat bemerkenswert – egal ob die jeweilige Essenz kalt als Sauce oder warm als konzentrierte Suppe zum Einsatz kommt. Schon beim zum Auftakt servierten Kalbsbries mit Hirn und Brot mit Dashi zeigt sich der Reiz, der von unterschiedlichen Texturen und Temperaturen ausgehen kann. Das Gleiche gilt für den Gang „Alte Milchkuh" – einer modernen Interpretation der klassischen Rindsuppe – nur doppelt so intensiv. Frische, knackige Erbsen sorgen dabei für einen willkommenen Kontrast. Verspielt, aber ebenfalls sehr gut der Ceviche-Gang mit steirischer Garnele. Stimmig die Morcheln auf einem sehr feinen Erdäpfelsalat. Über einen braven Huchen und ein tadelloses Freilandhuhn ging es zu den Desserts – zuerst Marille mit Kernöl, danach Schokolade mit Estragon. Der Service agierte sehr freundlich, aufmerksam und professionell, einzig das Tragen von schwarzen Handschuhen halten wir für übertrieben und irgendwie unpassend. Absolut passend war hingegen die Weinbegleitung, der Sommelier auf unseren Wunsch hin sehr naturnahe gestaltete. Sympathischerweise wurden die acht verschiedenen Weine, die uns durch das große Sommermenü begleiteten, auf der ausgedruckten Menükarte handschriftlich angemerkt. Das Ambiente des Restaurants, das sich im Hotel Stainzerhof befindet, ist sehr modern gehalten. Fast noch schöner sitzt man im Sommer im gepflegten Gastgarten hinter dem Haus. Glas- und Tischkultur entsprechen den hohen Ansprüchen, mit denen man hier seine Gäste verwöhnt.

Bei der Zusammenstellung dieses Führers ließen wir größtmögliche Sorgfalt walten, trotzdem können Daten falsch oder überholt sein. Eine Haftung können wir auf keinen Fall übernehmen.

STRADEN

RAUCH-HOF 14/20
Köchin: Karin Rauch

Der Rauch-Hof ist drinnen gemütlich, draußen sitzt man unter Magnolien, Kastanien und wildem Wein. Es gibt einen Forellen- und einen Badeteich und gut wohnen lässt es sich hier auch. Hausherrin Karin Rauch kocht wunderbar. Ein gebackenes Reisbällchen mit Schafkäse, Paradeis und Basilikum auf Parmesansauce und auch knackfrischer Spargel (aus eigenem Anbau) mit Ei, Verjusvinaigrette und Lardo waren erste Belege dafür. Beim Zweierlei vom Kalb, Bries und Filet, mit Schinkencrêpes und Spargel entzückte die Orangenhollandaise. Ebenso die Erdbeer-Panna-cotta. Fazit: eine Topadresse mit bodenständiger und zugleich fantasievoller Küche.

à la carte: 10–25 €

Tel.: 03463 2882
8510 Stainz
Wald 21
www.rauch-hof.at
office@rauch-hof.at
Mi 18–21.30, Do–Sa 12–14.30 und 18–21.30, So 12–14.30 und 18–20.30 Uhr
❄ Ende Dez. 2019–Mitte März 2020

STRADEN M5

SAZIANI STUB'N 18,5/20
Koch: Harald Irka

MAXIMILIAN BERGER, PATISSIER DES JAHRES 2020

Es gibt Kochkünstler, deren Stil sich erst im Zuge einer großen Speisenfolge Schritt für Schritt herauskristallisiert. Bei Harald Irka geht das schneller. Sein Menü beginnt mit acht Amuse gueules. Diese sind allesamt Miniaturgerichte, bestehend aus zwei bis vier Geschmackselementen: Zucchini, Hendlleber, Pfirsich und Thymian, Forellenhaut, Salzzitrone und Sauerklee oder Forellenrogen mit Maiwipfel. Allesamt begeistern sie mit Kreativität und geschmacklicher Vielfalt. Nach diesem Anfangsfeuerwerk geht es so richtig los. Der Spargel mit Ziegenmilch und Pinienwipfeln bekommt einen unvergleichlichen Extrakick durch Kakaopulver, die Forelle harmoniert bestens mit Grünspargel und Magnolie und bei den jungen Erbsen mit Saubohnen, Akazie, Sonnenblumenkernen und schwarzen Ribiseln wird jeder einzelnen Komponente ihr Eigengeschmack gelassen, was zu beglückenden Kombinationen führt. Die Kalbszunge mit Buttermilch und Quinoa ist in einem Brennnesselblatt eingewickelt, das sie geschmacklich nicht überdeckt, sondern auf ein Podest hebt. Mönchsbart im Selchfond wird eher puristisch serviert – da wären vielleicht Schnecken eine spannende Ergänzung gewesen. Die anschließende Taube mit Roter Rübe, Zwetschke, Holunder und Löwenzahn vereint dafür Ideen für drei Taubengerichte zu einem genialen Ganzen. Nierndl und Schulter vom Ziegenkitz sowie die das Prinzip „je süßer, desto besser" eindrucksvoll widerlegenden Desserts beschließen einen kulinarisch einzigartigen Abend. So sieht eine große Küche auf Höhe der Zeit aus. In dieser Form ist sie allerdings nur von März bis Dezember zugänglich. In der kalten Jahreszeit wird man von Irka im G'wölb mit etwas geringerem Aufwand bekocht.

à la carte: 18–32 €

Tel.: 03473 8651
8345 Straden
Sazianiweg 42
www.neumeister.cc
saziani@neumeister.cc
März–Dez. Di–Fr 18–20, Sa 12–13.15 und 18–20 Uhr

SAZIANI-G'WÖLB ⓝ 16/20
Koch: Harald Irka

Ein Meeresfisch-Fokus ist für ein Restaurant inmitten der südsteirischen Weinberge, dessen Kochbuch mit „Terroir" betitelt ist, nicht unbedingt naheliegend. Doch wenn ein Grazer Fischhändler im Spiel ist, der mehrmals wöchentlich den Triestiner Fischmarkt aufsucht und auf dem Heimweg einen Abstecher nach Straden macht, wird die Sache klarer. Klar und aufgeräumt sind denn auch die Gerichte, die Harald Irka in seinem Zweitrestaurant, das im Winter anstatt der luxuriösen Stub'n geöffnet hat. Auf der Karte steht ausschließlich Meeresgetier. Sardinenfilets bedeckt Harald Irka mit warmem Basilikumöl und Zitruszesten. Großartig: Messermuscheln im Escabeche-Stil. Rote Garnelen von fantastischer Qualität werden von rotem Chicorée und Avocado begleitet, Krustentiermayonnaise sorgt für Molligkeit. Wie schön, dass die Stradener Weinberge jetzt am Meer liegen – zumindest während der kalten Jahreszeit.

Tel.: 03473 8651
8345 Straden
Sazianiweg 42
www.neumeister.cc
saziani@neumeister.cc
Nov. 2019–April 2020

STEIERMARK

THÖRL

THÖRL L3

HUBINGER
Landgasthof

👍 **Tipp**

Tel.: 03861 8114
0664 1009915
8622 Thörl, Etmißl 25
www.hubinger.com
office@hubinger.com
Mi–Sa 11.30–14 und 17.30–21,
So, Fei 11.30–16 Uhr
✱ variabel

Etmißl ist ein idyllisches Örtchen in einem Seitental, das von Thörl abzweigt. Der dort ansässige Landgasthof Hubinger genießt einen weit über die Ortsgrenzen hinaus gehenden Ruf als empfehlenswertes Ausflugslokal. Man wird äußerst herzlich willkommen geheißen, doch die Küche lässt – vor allem bei vollem Haus – die Souveränität mitunter vermissen. Man spürt das Bemühen und das Potenzial für mehr ist zweifellos vorhanden.

à la carte: 9,50–30 €

TRAUTENFELS K3

KRENN
12,5/20

Tel.: 03682 22274
8951 Trautenfels
Pürgg 11
www.gasthauskrenn-puergg.at
info@gasthauskrenn-puergg.at
Mi 16–22, Do–Sa 11–22,
So 11–21 Uhr
✱ variabel

Zu den großen Fragen der Menschheit gehört: Was macht ein gutes Wirtshaus aus? Eine mögliche Antwort lautet: Ein Oberkellner auf deiner Seite, der dir beim Bestellen des Schweinsfilets zuraunt: „Eh gut, aber der Zwiebelrostbraten ist heute besser." Und recht hatte er! Nach dem feinen gebeizten Ausseer Saibling mit Kräuter-Rahm-Dill und den soliden Kräutergnocchi mit Schafkäse, Rucola und zwei verloren wirkenden Schmortomaten ist der geschmorte Zwiebelrostbraten mit Braterdäpfeln schon auf Grund seiner unübertrefflichen Zartheit der echte Höhepunkt, mit dem kein Schwein hätte mithalten können. Wir danken für die sympathische Beratung.

TURNAU L3

WIRTSHAUS STEIRERECK
Koch: Jürgen Schneider

14,5/20

Tel.: 03863 2000
8625 Turnau
Pogusch 21
www.steirereck.at
pogusch@steirereck.at

Das Gesamtkunstwerk umfasst nicht nur die bekannt gute Küche, sondern auch tolle Übernachtungsmöglichkeiten. Kein Wunder, dass vor allem an schönen Wochenenden das Haus gestürmt wird. Leider schafft es der Service dann oft nicht, die Gäste drinnen und draußen zufriedenstellend zu betreuen. Schade, denn dadurch haben uns die neuerdings in Anlehnung an das Wiener Stammhaus wunderbaren Gemüsekreationen (aber auch feines Lamm mit hinreißendem Pfeffergebäck, knusprig-resche Backhendl oder köstlicher Waller) nicht ganz so viel Freude bereitet. Großartig auch, wie hier die Artischocken, Fenchel, Birne und Endivien zum gedämpften Bachsaibling in derart geschmackstypischen und gleichzeitig mild-gefälligen Zustand gebracht werden. Deutlich schwächer zeigten sich bei unserem Besuch leider die Desserts: Schokolademousse und -knöderl sowie ein Milchrahmstrudel waren passabel, aber nicht wirklich delikat. Eigentlich großartig das Weinangebot, doch auf eine Beratung mussten wir angesichts der Hektik im Service leider verzichten.

à la carte: 10–30 €

Do–Sa 10–22, So 10–21 Uhr
variabel

TURRACH I4

PHILIPP – DAS RESTAURANT 14/20
im Genießer-Schlosshotel Seewirt
Koch: Philipp Prodinger

Tel.: 04275 8234
8864 Turrach
Turracher Höhe 33
www.schlosshotel-seewirt.com
info@schlosshotel-seewirt.com

Do–So 11–21 Uhr
bis 5. Dez. 2019,
Weihnachten 2019,
Mai–Juni 2020

In einem Stüberl mit drei Tischen lebt Philipp Prodinger seine kreative Ader aus. Gleich bei der Reservierung erkundigt man sich nach der Anzahl der gewünschten Gänge, denn Speisekarte gibt es keine, der Küchenchef möchte seine Gäste überraschen. Und das ist wörtlich zu nehmen. Zwischen vier Gängen wird kräftig aus der Küche gegrüßt, sodass man am Ende bei sieben liegt und einen Digestif nicht verwehren wird. Gegrüßt wird zu Beginn mit „Ham and Eggs", Wachtelei und Hirschschinken, bevor Sommelier Marco Schweiger bei Tisch ein klassisches Beef Tatar aus 14 Zutaten zubereitet. In der Zwischenzeit lohnt ein Blick in die gut sortierte Weinkarte mit Schwerpunkt Österreich. Das Saiblingsfilet aus Schwiegervaters Fischzucht mit Bergkräutersuppe steht stellvertretend für die weiteren Gerichte – alle Zutaten sind von hervorragender Qualität, der Juniorchef versteht sich auf das harmonische Zusammenspiel der Aromen. Nur bei Zwiebelpüree und Sauce zu den geschmorten Rindsbacken und dem wunderbar zarten Hirschrücken wird zu übermütig mit dem Salz verfahren. Ein frittierter „Marillenstrudel" beendet schließlich den gelungenen Überraschungsabend.

WEISSKIRCHEN IN DER STEIERMARK

ZUM BERGMANN   12,5/20
Koch: Georg Meier

WIRTSHAUS DES JAHRES 2017

„Wo sich die Turracher Straße auf der steirischen Seite den Berg hinaufschlängelt, dort lege eine Paus ein und kehre ein!" Kein Sprichwort, sondern eine persönliche Aufforderung, die Küche von Georg Meier in seinem charmanten Gasthaus nicht links liegen zu lassen. So wartet hier etwa eine cremig-zart gebratene Gänseleber mit einem den Gaumen betörenden süß-säuerlichen Madeira-Portwein-Gelee auf den hungrigen Gast. Auch die auf den Punkt gebratene Berglammkrone mit herrlichen Röstkartoffeln dient nicht nur der Stärkung, sondern auch dem Geschmackssinn. Hier wird nicht nur der Wirtshausküche mit Anspruch, sondern auch dem hohen Weingenuss mit freundlichem Servicebewusstsein gefrönt.

à la carte: 6,50–31,50 €

Tel.: 03533 275
0676 5538325
8864 Turrach 3
gasthofzumbergmann@aon.at
Di–Sa 11.30–14 und 17–21,
So 11.30–14 und 17–20 Uhr
✶ Nov. 2019, Mai–Juni 2020

WEISSKIRCHEN IN DER STEIERMARK   K4

K&K WIRTSHAUS WEISSKIRCHEN   👍 Tipp

Ehrwürdige Mauern, ein wunderschöner Gastgarten und steirische Gastlichkeit lassen das Wirtshaus in Weißkirchen zu einem richtigen Wohlfühlort werden. Auf dem Menüplan stehen neben steirischer Hausmannskost auch einige mediterrane Alternativen, die zeitgemäß interpretiert werden. Die Weinkarte bietet eine große Auswahl an Kreszenzen umliegender Winzer und schafft somit eine stimmige Begleitung.

à la carte: 4,90–38 €

Tel.: 03577 82255
8741 Weißkirchen in der Steiermark
Judenburger Straße 13
www.kuk-wirtshaus.at
info@kuk-wirtshaus.at
Mi–Fr 10–14 und 17.30–24,
Sa 10–24, So 10–20 Uhr
✶ je 2 Wochen im März und Okt. 2020

ZELTWEG   K4

RESTAURANT STEIRERSCHLÖSSL   16,5/20
Koch: Martin Steinkellner

Zur betont leger angelegten Gastronomiekultur der Gegenwart setzt das Restaurant in der historischen Villa einen willkommenen Kontrapunkt. Hier pflegt man Eleganz in hohen Räumen, klassische Tischkultur, makellosen Service. Und doch wird unter schimmernden Lustern eine sehr zeitgemäße Küche serviert, wie schon die zahlreichen Grüße aus der Küche demonstrieren: ein zarter Hippenpolster mit Yuzucreme, eine zarte Bisonschnitte mit leichter Mayonnaise, eine knusprig-süße Makrone mit Kirschparadeis stimmen auf das Menü ein. Das beginnt bravourös mit in Zitronenöl gebratenen Flusskrebsen, Krustentierchips, frischen und eingelegten Radieschen und Erbsenschaum sowie mit exzellent gebeiztem Lachs und Lachskaviar mit mildem Lardo und frischem und eingelegtem Spargel auf Spargelsud – beides mit klar definierten Aromen, sehr frisch und mit schöner Säure. Ausgesprochen zart ist das in der Räucherglocke servierte geschmorte Kalb mit fermentiertem Knoblauch, knackig geröstetem Karfiol, Süßkartoffelchips und leichtem Jus, konsequent kräftige Aromen konkurrieren bei den würzigen, herrlich bissfesten Pilzravioli, die mit leicht angerösteten Haselnüssen, Walnüssen und Pistazien auf den Tisch kommen. Gediegen der warme gedeckte Apfelkuchen mit Vanilleeis, exzellent fruchtig die Sorbets von Kirsche, Zitrone und Melone, perfekt die Valrhona-Schokolademousse mit süß-knusprigen Olivenstückchen und eingelegtem Rhabarber. Man wird vom aufmerksamen Personal mit vielen kleinen Extras verwöhnt und mit interessanten Weinempfehlungen von einer Getränkekarte versorgt, die mit kleinen und großen Gewächsen nicht nur der Steiermark bestens bestückt ist.

à la carte: 5,20–34,90 €

Tel.: 03577 22601
0664 8534398
8740 Zeltweg
Hauptstraße 100
www.hotel-steirerschloessl.at
steirerschloessl@projekt-spielberg.com
Mo–Sa 12–22, So 18–22 Uhr

ZELTWEG

SCHLOSS-TAVERNE IM SCHLOSS FARRACH 16/20

Koch: Alexander Stöhr

Tel.: 03577 25257
0660 15 85 5 03

8740 Zeltweg
Schlossweg 13

www.schlossfarrach.at
restaurant@schlossfarrach.at

Di 18–21, Mi–Sa 12–14 und 18–21, So 12–16 Uhr
✼ variabel

Kräuter und allerlei Gemüse aus dem eigenen Biogarten sind Alexander Stöhrs Steckenpferd. Um die Küche in den Wintermonaten abwechslungsreicher zu gestalten, werden sie in allen erdenklichen Variationen haltbar gemacht. So versteht sich eingelegtes Würzkraut prächtig mit cremiger Burrata und rotem Paprika. Was sich schon beim ersten Gang ankündigt, zieht sich durch die gesamte Menüfolge. Nie geraten die Gerichte zu eindimensional, vielmehr beeindrucken sie durch die Harmonie der sorgsam ausgewählten Zutaten. Eine leicht gesalzene Jakobsmuschel spielt mit der subtilen Süße eines Kokoscappuccino. Ei, Trüffel und Spargel fügen sich zu einer geschmackvollen Einheit. Auch Taube und Gänseleber bilden ein perfektes Duett. Ein Filet vom steirischen Branzino (ja, das gibt es dank einer Zucht in der Oststeiermark) gefällt uns sehr gut zum Rote-Rüben-Risotto. Zum Topfen-Zitrus-Soufflé wird statt des angekündigten Safrans Färberdistel verwendet – der einzige Wermutstropfen an diesem Abend. Die junge Generation versieht den Service exzellent und versteht sich auch auf die Weinberatung. Und das Ambiente des Schlosses bringt nicht nur Hochzeitsgäste zum Tagträumen.

à la carte: 4,50–39 €

Bewertungen NEU

11 bis 12,5 Punkte von 20 Punkten: 1 Haube
13 bis 14,5 Punkte von 20 Punkten: 2 Hauben
15 bis 16,5 Punkte von 20 Punkten: 3 Hauben
17 bis 18,5 Punkte von 20 Punkten: 4 Hauben
19 bis 19,5 Punkte von 20 Punkten: 5 Hauben

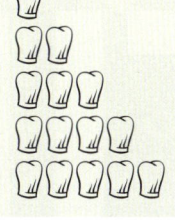

TIROL

DIE BESTEN

19/20	♛♛♛♛	**SIMON TAXACHER** Kirchberg in Tirol	Seite 423
18,5/20	♛♛♛♛	**STÜVA** Ischgl	Seite 418
18/20	♛♛♛♛	**ALEXANDER** Fügenberg	Seite 404
18/20	♛♛♛♛	**PAZNAUNERSTUBE** Ischgl	Seite 415
18/20	♛♛♛♛	**SCHLOSSHERRNSTUBE** Ischgl	Seite 416
18/20	♛♛♛♛	**TANNENHOF** St. Anton am Arlberg	Seite 442
17/20	♛♛♛♛	**HUBERTUS STUBE** Neustift im Stubaital	Seite 434
17/20	♛♛♛♛	**INTERALPEN-CHEF´S TABLE** Telfs-Buchen/Seefeld	Seite 453
17/20	♛♛♛♛	**KUPFERSTUBE** Kitzbühel	Seite 425
17/20	♛♛♛♛	**STIAR** Ischgl	Seite 417
17/20	♛♛♛♛	**TANNHEIMER STUBE** Tannheim	Seite 452

LANDKARTE

LEGENDE

○ Orte allgemein
● Orte mit 🎩
● Orte mit 🎩🎩
● Orte mit 🎩🎩🎩
● Orte mit 🎩🎩🎩🎩
● Orte mit 🎩🎩🎩🎩🎩

LANDKARTE

TIROL

ACHENKIRCH

ACHENKIRCH E3

GRÜNDLER'S GOURMETSTÜBERL 16/20
im Kulinarik- & Genießerhotel Alpin

Köche: Armin und Alexander Gründler

Tel.: 05246 6800
6215 Achenkirch 35
www.kulinarikhotel-alpin.at
hotel@kulinarikhotel-alpin.at
Do–Mo 12–14 und 18–21 Uhr
Ende Nov.–13. Dez. 2019

JRE
Segafredo

In der Speisekarte ist gleich auf der ersten Seite ganz oben zu lesen, worum es Armin und Alexander Gründler, Vater und Sohn, in ihrem Gourmetstüberl geht. Beherzte und traditionelle Karwendelküche, Lebensmittel mit nachvollziehbarer Herkunft und am besten von Bauern, Züchtern und Fischern, die längst zu Freunden geworden sind. Es gibt zwei Menüs, ein „Heimatmenü" und eine „Genussreise", aus denen vier und sechs Gänge gewählt werden können. Erfreulicherweise kann man auch zwischen den Menüs wechseln, was aufgrund diverser Highlights durchaus zu empfehlen ist. Einer der ersten Teller ist zum Beispiel die Elsässer Gänseleber. Das Gericht kommt mit einem Stück vom geräucherten Chiemsee-Aal und Himbeere. Oder der Einstiegs-Fischgang im anderen Menü: Alpinforelle. Mit Karotte, Walnuss und einer – sensationell guten – bayerischen Garnele. Beim Hauptgang fällt die Wahl nicht leicht. Sowohl das Simmentaler Rind (mit Trüffelpraline, Topinambur und Madeiraessenz) als auch das Kalbl von der Bogstlhof-Bäuerin (mit Ofensellerie, Erdäpfelblattln und Pilzmarmelade) sind Gänge, die keine Wünsche offenlassen.

à la carte: 13–42 €

GASTSTUBE 14,5/20
im Posthotel Achenkirch

Koch: Fabian Leinich

Tel.: 05246 6522
6215 Achenkirch 382
www.posthotel.at
info@posthotel.at
Mi–So 18–20.30 Uhr

Das Posthotel Achenkirch beherbergt nicht nur ein feines Restaurant. In der Gaststube kommt man in den Genuss einer feinen Speisekarte mit regionalen und saisonalen Gerichten. Die künstlerische Ader ist schon bei der Präsentation von Brot und Öl in unterschiedlichen Variationen bemerkbar und beeindruckend. Weiter geht es mit Seesaibling mit Grissini und Gänseblümchen, wobei gepickelter Rhabarber für erquickliche Säure und Farbe sorgt – nicht nur für die Augen ein Schmaus. Die Wiesenkräutercremesuppe mit Wachtelei ist wunderbar intensiv und wie die vorhergehenden Gänge ein Gemälde für sich, allein einen Hauch zu gehaltvoll. Auch die rosa Milchkalbsleber ist gelungen und mit Brennnesseln, Süßkartoffel und Minirüben solide komponiert. Als Zwischengang ist das prickelnde Sorbet mit Zitronenmelisse und Himbeere einer lobenden Erwähnung wert. Mutig, das Waldmeisterparfait mit karamellisiertem Spargel zu kombinieren, wobei begleitende exzellente Waldbeeren dem Spargel fast die Show stehlen. Zuvorkommender Service ist eine Selbstverständlichkeit, die Weinkarte reichhaltig.

à la carte: 7–35 €

GESUNDHEITSRESTAURANT TENZO
im Posthotel Achenkirch

15/20

Tel.: 05246 6522
6215 Achenkirch 382
www.posthotel.at
info@posthotel.at
Di–Sa 18–20.30 Uhr

Koch: Maurice Mehling

Die Grüße aus der Küche sind durchdachte und mit Liebe zum Detail angerichtete Gänge. Überhaupt der zweite: gegrillte Jakobsmuscheln auf perfekt cremigem Risotto, dazu Pastinakenschaum mit Himbeeren. Herrlich. Dann der Saibling. Confiert und mit gepickeltem Rhabarber und Gänseblümchenblüten serviert. Der Nierenzapfen (48 Stunden geschmort) lässt keine Fragen offen, und wenn man sich beim Wein nicht zwischen einem reifen Spanier (einem Ausnahmewein übrigens) und einem namhaften Burgenländer entscheiden kann, schlägt der Sommelier einfach vor, zwei kleine Gläser von beiden zu nehmen. Chapeau! So geht das.

à la carte: 8–21 €

AMLACH/LIENZ

GRÜNDLER'S GENIESSERWIRTSHAUS 👍 Tipp
im Kulinarik- & Genießerhotel Alpin

Während im Gourmetstüberl überaus kreative und aufwendige Kreationen serviert werden, kommen im Genießerwirtshaus bodenständige Gerichte auf den Tisch. Aber auch diese sind absolut reizvoll und stets geschmackvoll. Produkte der Karwendelregion wie Wild und Fisch werden mit viel Können zu traditionellen Tiroler Gerichten verarbeitet.

à la carte: 13–32 €

Tel.: 05246 6800
6215 Achenkirch
Achenkirch Nr. 35
www.kulinarikhotel-alpin.at
hotel@kulinarikhotel-alpin.at
Do–Di 11.30–14 und 17.30–21 Uhr
✱ Ende Nov.–13. Dez. 2019

Segafredo

AMLACH/LIENZ   G5

GENIESSER-PARKHOTEL TRISTACHERSEE 12/20

Das wenige Kilometer von Lienz entfernte und idyllisch gelegene Parkhotel ist fast schon eine Institution. Die Begrüßung ist herzlich, das Ambiente im Wintergarten mit Blick auf den See bezaubernd. Der See inspiriert uns auch zu einer Menüwahl rund um das Thema Fisch. Fjordlachs, eine Fischsuppe mit geräucherter Forelle und ein Zanderfilet wurden aufgetischt. Solide gekocht, allerdings etwas deftig und mit kleinen handwerklichen Schnitzern. Besonderes Lob verdienen der von der engagierten Juniorchefin angeführte aufmerksame Service und der kenntnisreiche Sommelier. Die Weinkarte ist umfangreich und gut sortiert mit Schwerpunkt Österreich.

à la carte: 14–35 €

Tel.: 04852 67666
9908 Amlach/Lienz
Tristachersee 1
www.parkhotel-tristachersee.at
parkhotel@tristachersee.at
täglich 12–13.30 und
18.30–21.30 Uhr

ANRAS   G5

PFLEGER 14,5/20
Koch: Thomas Mascher

Das Landhotel Pfleger wird als Familienbetrieb geführt, Sohn Thomas Mascher hat die Küche über. Dass er die im Griff hat, ist zwar keine Neuigkeit mehr, jetzt hat er aber den Turbo gezündet. Ob bei den Getränken oder beim Essen, überall zeigte sich eine beeindruckende Liebe fürs Detail, gepaart mit einer gesunden Portion Kreativität. So fand sich ein saftiges Stück Wels fein umgarnt von Orangengrieß und dünn geschnittenen Erbsenschoten – nicht nur optisch eine Pracht. Dass sich Süßkartoffelschaumsuppe und Tomatenmarmelade gut vertragen, war auch eine überraschende Erkenntnis, der befürchtete Zuckerschock blieb aus. Ganz im Gegenteil, ein leichtes Säurespiel der Paradeiser holte versteckte Nuancen aus den orangen Knollen. Nicht alltäglich war auch der Hauptgang, kurz Gebratenes vom Muffelwild, kombiniert mit einer Dattelsauce. Warum ist das niemandem früher eingefallen? Auch die Crème brûlée zum Abschluss kam nicht ohne Upgrade aus: klassische Vanille wurde von Apfel- und Zimtnoten ergänzt, dazu eine süße Sauce hollandaise.

Tel.: 04846 6244
9912 Anras
Dorf 15
www.hotel-pfleger.at
info@hotel-pfleger.at
Do–Mo 12–14 und 18–21 Uhr
✱ 30. März–8. Mai,
24. Okt.–19. Dez. 2020

Der Gault&Millau-Weinguide
Ab heuer im NEUEN Design.

Gault Millau Österreich 2020
Wein • Sekt • Bier
Schnaps • Fruchtsaft
Likör • Honig • Speck

AURACH BEI KITZBÜHEL

AURACH BEI KITZBÜHEL   G4

GEBRÜDER WINKLER IM AUWIRT   pop 15/20

Koch: Christian Winkler

Tel.: 05356 64512
6371 Aurach bei Kitzbühel
Pass-Thurn-Straße 13
www.auwirt-gebrueder-winkler.at
servus@auwirt-gebrueder-winkler.at

Do–Mo 11.30–21,
Sa–So 9–21 Uhr
April und September 2020

Im Auwirt in Aurach bei den Gebrüdern Winkler passt einfach alles. Modernes Ambiente, exzellente Küche, überaus freundlicher Service mit besten Weinkenntnissen. Eine großzügige Terrasse grenzt an die Ache, ein weitläufiger Gastraum in modernem Design mit warmtönigem Licht und Blick auf die Jochberger Ache und die Bergwelt. Die ursprüngliche gemütliche Stube wurde belassen. Es werden klare Gerichte aus erstklassigen Zutaten bildschön und appetitlich angerichtet. Ob man am Sonntag ein feines Frühstück à la carte, ein Mittagsgericht oder am Abend ein exzellentes Menü genießen will, es ist immer ein kulinarisches Erlebnis. Wir begannen mit einer roh marinierten Lachsforelle mit Ingwer, Senf, Waldblütenhonig, Roten Rüben und Basilikum – delikat. Das Risotto mit dem ersten bayrischen Spargel, geschmolzenen Honigtomaten und Parmesan aus Mariastein war cremig, der Reis perfekt kernig, der Geschmack hervorragend. Ein lauwarm marinierter Kalbskopf wurde mit Linsen, eingelegten Eierschwammerln und Périgord-Trüffel serviert. Ausgezeichnet auch der rosa gebratene Rücken vom Atterochsen in der Kräuterkruste mit Spargel und kräftig grünem Erbsenpüree. Die Powidltascherl mit Mandelmilcheis ein Gedicht.

HALLERWIRT   11/20

Köchin: Beatris Moser

Tel.: 05356 64502
6371 Aurach bei Kitzbühel
Oberaurach 4
www.hallerwirt.at
willkommen@hallerwirt.at

Mi–So 11.30–21.30 Uhr
variabel

Ohne Rücksicht auf modische Trends sorgt der Familienbetrieb mit seiner bodenständigen Wirtshausküche und Tiroler Spezialitäten für Traditionsbewusstsein und guten Geschmack. Im Vordergrund steht die einfache, natürliche Küche, das verarbeitete Rindfleisch stammt aus der eigenen Landwirtschaft. Frische und Qualität bewies auch das Carpaccio vom Jungstier, das von Vogerlsalat und geriebenem Asmonte-Käse begleitet wurde. Die Rindsuppe mit Grießnockerl ist so, wie man sie sich wünscht. Ebenso die Forelle Müllerin Art: Sie wird glasig und punktgenau gebraten. Weil es einfach zu gut ist, darf das gekochte Rindfleisch nicht fehlen. Das Fleisch ist immer butterzart, die dazu servierten Röstkartoffeln schön kross gebraten. Umgeben von Wiesen und Kitzbühler Alpen garantiert dieses alte und prächtige Holzblockhaus ungezwungene Atmosphäre und bodenständigen Genuss.

à la carte: 14–38 €

BERWANG

BERWANG
D4

SINGER'S TIROLER STUBE
👍 Tipp

Tel.: 05674 8181
6622 Berwang
Berwang 52
www.hotelsinger.at
office@hotelsinger.at
Do–Di 19–22 Uhr
❄ 22. März–21. Mai und 11. Okt.–18. Dez. 2020

Heimische Produkte direkt aus der Region werden in Singer's Tiroler Stube gekonnt in Szene gesetzt. Ob Alpenlachs, Morchelcremesüppchen oder Außerferner Rehrücken, im À-la-carte-Restaurant des gleichnamigen Hotels wird auf saisonale Vielfalt geachtet. Die Weinkarte ist ebenfalls reichlich mit österreichischen Weinen bestückt. Das Ambiente versprüht Tiroler Charme.

à la carte: 25–35 €

BRIXEN IM THALE
F4

THALHOF
13/20

Koch: Klaus Wallner

Tel.: 05334 8468
0664 991 59 60
6364 Brixen im Thale
Schwimmbadweg 8
www.thalhof.at
kulinarium@thalhof.at
Mi–Mo 17–22 Uhr
❄ Nov. 2019, Juni 2020

Im Sommer lässt es sich im Gastgarten romantisch dinieren, ansonsten findet man in den gemütlichen, elegant gedeckten Stuben herzliche Gastfreundschaft und wird von Küchenchef Klaus Wallner mit besten regionalen Zutaten hervorragend bekocht. Nach ofenfrischem Gebäck mit hausgemachten Aufstrichen kommt ein Wiener Tafelspitzsülzchen mit Vogerl-Rucola-Salat und Kernöldressing. Alles fein geschnitten, perfekt gewürzt und dekorativ serviert. Auch die Frühlingsrolle, gefüllt mit Spargel und Gemüse, mit Salatbouquet und süßsaurer Sauce schmeckt ausgezeichnet. Ebenfalls sehr fein das Duett vom Lachs und Skrei mit Petersilkartoffeln. Danach kommt ein Kalbsschnitzel, das mit Bärlauchfrischkäse und knusprigem Bauern-Karreespeck gefüllt ist, dazu hausgemachte Tagliatelle. Die Dessertkarte klingt zuerst einmal unspektakulär: Crème brûlée, Coupe Dänemark, Eiskaffee gerührt oder Heiße Liebe. Aber wenn dieses hausgemachte Vanille-Rahm-Eis auf der Zunge zergeht, dazu heiße Himbeeren, ist man begeistert. Sehr gute Auswahl an österreichischen und internationalen Weinen, auch glasweise.

à la carte: 5,50–31,50 €

BRIXLEGG

BRIXLEGG   E4

HERRNHAUS   11/20

Koch: Christian Moigg

Im historischen Ambiente des Herrenhauses, das schon der Tiroler Freiheitsheld Andreas Hofer schätzte, setzt man auf eine abwechslungsreiche Speisenauswahl. So finden sich im Angebot die Klassiker der österreichischen Wirtshausküche – Backhenderl, Wiener Schnitzel, Beuschel oder gerührter Eiskaffee – ebenso wie ein ausgezeichnetes Sushi vom Thunfisch mit Soja-Ei, lauwarmer Oktopus mit Paprikacreme oder Bärlauch-Mozzarella-Knödel. Dass das Servicepersonal die Gäste – wie in Tirol mitunter üblich – duzt, trägt zur entspannten Atmosphäre genauso bei wie das abwechslungsreiche Weinangebot.

à la carte: 12,90–33,90 €

Tel.: 05337 62223
6230 Brixlegg
Herrnhausplatz 1
www.herrnhaus.at
kontakt@herrnhaus.at
So–Di 11.30–14 und 17–21,
Mi–Fr 17–21 Uhr

TIROL

Bewertungen NEU

11 bis 12,5 Punkte von 20 Punkten: 1 Haube
13 bis 14,5 Punkte von 20 Punkten: 2 Hauben
15 bis 16,5 Punkte von 20 Punkten: 3 Hauben
17 bis 18,5 Punkte von 20 Punkten: 4 Hauben
19 bis 19,5 Punkte von 20 Punkten: 5 Hauben

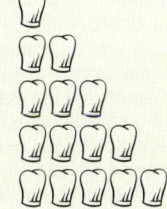

EBBS

SIGWART'S TIROLER WEINSTUBEN 16/20

Köchin: Traudi Sigwart

Tel.: 05337 63390
6230 Brixlegg
Marktstraße 40
www.tiroler-weinstuben.at
tiroler-weinstuben@aon.at
Do–So 11.30–22 Uhr

Traudi und Anton Sigwart haben die ehemalige „Graue Katze" zu dem gemacht, was sie heute ist: ein kulinarischer Leuchtturm im Tiroler Unterland! Sigwart's Tiroler Weinstuben ist ein einzigartiges Wirtshaus. In Sachen Regionalität ist Traudi Sigwart pragmatisch – gleichzeitig aber kompromisslos qualitätsorientiert. Huchen (samt Kaviar) liefert ein kleiner Züchter in Amerang. Das liegt zwar im Nachbarland, aber keine 90 Kilometer vom Gasthof entfernt. Erstklassige Qualität ist wichtiger als Staatsgrenzen. Sieht man sich die monatlich wechselnden Menüs in den Tiroler Weinstuben an, merkt man gleich, worauf es hier ankommt. Im Herbst gibt es weiße Alba-Trüffel aus dem Piemont, die Maître Anton (Traudis Mann und guter Geist im Service) gekonnt und elegant über die Plins mit Murmeltierfülle hobelt. Die Gans danach wird in zwei höchst beeindruckenden Gängen serviert, und schließlich zeigt das Dessert, ein sensationeller Nusskuchen (Savarin) mit einer nicht weniger sensationellen Creme von Traminertrauben (Zabaione), wie sehr Traudi Sigwart auch beim süßen Thema in der französischen Küche verwurzelt ist.

à la carte: 20–52 €

EBBS F3

DER UNTERWIRT 14/20

Koch: Christian Ranacher

Tel.: 05373 42288
6341 Ebbs
Wildbichler Straße 38
www.unterwirt.at
info@unterwirt.at
So–Mo 12–14 und 18–21,
Mi 18–21 Uhr
❉ Nov.–Anfang Dez. 2019

Die Wurzeln des Unterwirts in Ebbs reichen bis in das 15. Jahrhundert zurück. Laut eigenen Angaben auf der Website hat man den gastronomischen Sünden der 1980er abgeschworen, ja, diese Selbsteinschätzung können wir nur bestätigen. Heute – wie schon in den vergangenen Jahren – wird auf modernem Niveau gekocht – das schätzen Feinschmecker aus nah und fern. Zunächst eine Cremesuppe vom Vogerlsalat mit Schokoladeravioli und Mangochutney sowie ein gut gewürztes Tatar vom Zander, zu dem sich ein kleiner Speckknödel gesellte. Dann folgten ein Schwarzfederhuhn in zwei Gängen – einmal als Ragout mit Schwarzwurzeln, einmal mit Haselnüssen knusprig gemacht – und ein zarter Rehrücken mit Erdäpfelkroketten und Steinpilzen. Dazu gab es einen Rosé aus Südtirol und frisches Quellwasser. Die süßen Gelüste befriedigte eine Schokolademousse mit Bananensorbet. Spezielle Angebote für Gourmets bieten die Möglichkeit, Nächtigungen mit Feinschmeckermenüs zu kombinieren. Leider ist dies – zumindest laut aufliegendem Prospekt – nicht für eine einzelne Übernachtung möglich. Vielleicht lässt sich das ändern?

à la carte: 18–35 €

ELLMAU F3

DER BÄR 13/20
Genießerhotel

Koch: Josef Seebacher

Tel.: 05358 2395
6352 Ellmau
Kirchbichl 9
www.hotelbaer.com
info@hotelbaer.com
Fr–So 19–21 Uhr
bis 20. Dez. 2019

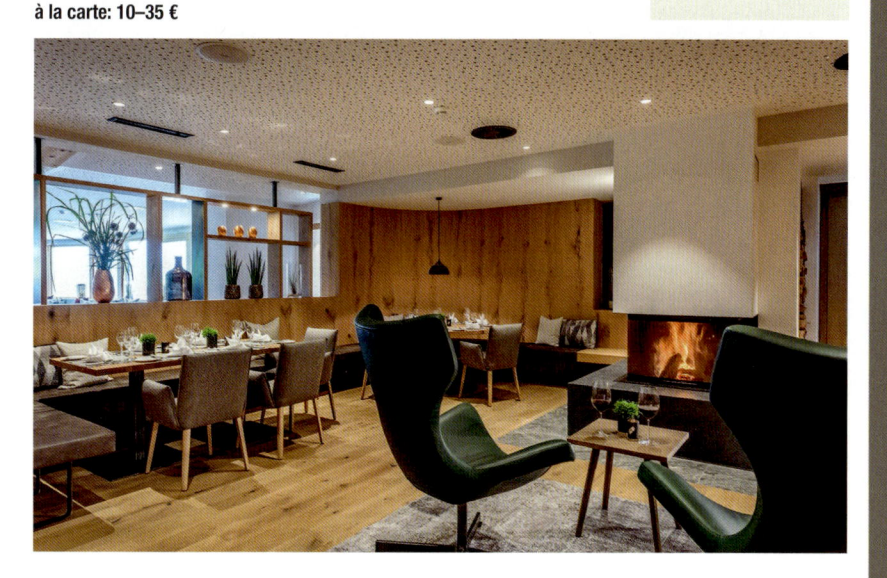

Kulinarische Vielfalt wird hier großgeschrieben. Neben der Halbpension-Karte für Hausgäste stehen noch die traditionelle Bauernstube, das Kronenstüberl für Fondue-Abende, das neue Gartenrestaurant sowie das Gourmet-Restaurant Kaminstube zur Auswahl. Auf die Kaminstube ist Küchenchef Josef Seebacher natürlich besonders stolz. Hier wird auch mit internationalen Spezialitäten – insbesondere mit Meeresbewohnern – gekocht. Aber auch traditionelle heimische Gerichte – von Tafelspitz bis zur Entenbrust mit Blaukraut – gelingen hier stets verlässlich gut. Für die perfekte Weinbegleitung garantiert Sommelier Robert Lechner, der erfreulicherweise darauf achtet, dass auch die Weißweine ihrem Genusshöhepunkt entgegenreifen dürfen, bevor er sie seinen Gästen offeriert.

à la carte: 10–35 €

KAISERHOF 14,5/20

Koch: Günter Lampert

Tel.: 05358 2022
6352 Ellmau
Harmstätt 8
www.kaiserhof-ellmau.at
info@kaiserhof-ellmau.at
Mi–Sa 17.30–21 Uhr
bis Mitte Dez. 2019,
April–Mitte Mai 2020

Gut zu würzen ist eine Kunst, die nicht immer perfekt gelingt. So gut uns manche Kreationen von Küchenchef Günter Lampert auch heuer wieder geschmeckt haben, beim Würzen hat er bei unserem diesjährigen Besuch kein wirklich glückliches Händchen bewiesen. Das knusprige Perlhuhn mit Kaffeebutter als Vorspeisenkreation fiel einfach zu süß aus. Alles perfekt dann beim ausgezeichneten Scampo mit Kokos, Mango und Chinakohl sowie dem rosa gebratenen Filet vom Tiroler Biokalb im Kerbelmantel. Zu sparsam wurde hingegen der Hummercappuccino gewürzt, der

ERL

vor dem ausgezeichneten Ananas-Passionsfrucht-Sorbet serviert wurde. Die Kombination aus Valrhona-Schokolade, Salzkaramell und Erdnuss war eigentlich sehr fein, nur der eingelegte Ingwer passte nicht dazu. Bemüht kreativ geht eben manchmal nach hinten los. Tadellos hingegen der Frischkäse-Haselnuss-Knödel mit Zwetschkenconfit. Wie gewohnt aufmerksam und freundlich war der Service.

ERL F3

BLAUE QUELLE 13,5/20

Tel.: 05373 8128
6343 Erl
Mühlgraben 52
www.blauequelle.at
info@blauequelle.at
Mi–Sa 11.45–13.45 und 18–21.30, So 11.45–13.45 und 17.30–20.45 Uhr

In den gemütlichen Stuben kann man Klassiker der Tiroler Wirtshausküche, aber auch spannende Kompositionen mit internationalem Flair genießen. So zum Beispiel die japanisch roh marinierten Scheiben vom Biolachs mit Koriander und eingelegtem Ingwer. Trotzdem sollte man sich der angebotenen Tiroler Wirtshausküche nicht entziehen, etwa wenn es ofenfrischen Schweinsbraten mit Krusteln, Semmelknödel, Sauerkraut und Natursauce gibt. Genauso gut das Blutwurstgröstl oder die Schlutzkrapfen mit Spinatfülle, brauner Butter und Parmesan. Auch das Saftgulasch vom Jungrind, das saftig und geschmacksintensiv daherkommt und mit Eierspätzle serviert wird, schmeckte. Den Abschluss bildete ein wunderbarer Schokoladekuchen. Im Weinbuch findet man Raritäten österreichischer Spitzenwinzer sowie eine Auswahl internationaler Weine. Der Service ist sehr freundlich und aufmerksam.

DRESCH 11/20

Koch: Karl Anker

Tel.: 05373 8129
6343 Erl
Oberweidau 2
www.dresch.at
anker@dresch.at
Mo, Di und Fr–So 11.30–14 und 18–21 Uhr
variabel

Mit unaufdringlicher Herzlichkeit begrüßt, startet man den angenehmen Abend in diesem familiär geführten Betrieb. Schon zu Beginn freuen wir uns über die gute Auswahl an alkoholischen sowie alkoholfreien Aperitifs. Solide, bodenständige Gerichte dominieren die Speisekarte. Da Küchenchef Karl Anker regionale Produkte aus der Genussregion „Untere Schranne" bezieht, kann man sich der Güte der Zutaten sicher sein. So enttäuschen weder die Kalbstafelspitzsulz mit Kernöl noch der wirklich zarte Zwiebelrostbraten. Eine absolute Empfehlung gilt der gegrillten Kalbsleber mit Bratkartoffeln. Der Service agiert aufmerksam, das Getränkeangebot ist ansprechend.

à la carte: 12–30 €

FISS C4

BEEF CLUB [N]   14/20
im Schlosshotel Fiss
Koch: Mathias Seidel

Im Schlosshotel Fiss mit seinen 400 Gästebetten hat die Investitionslust ein neues Restaurant hervorgebracht: den Beef Club. Der Name ist Thema, obwohl auch Vegetarier auf ihre Kosten kommen sollen. Das neue Feinschmeckerdomizil wurde von der Juniorchefin selbst entworfen. Das Design des Lokals begeistert, ebenso die Qualität der Fleischgerichte, die in einer einsehbaren, verglasten Küche zubereitet werden. Der neue Küchendirektor Mathias Seidel hat zuvor schon in anderen Haubenlokalen eine gute Hand bei der Konzeption des Speisenangebots bewiesen. Das klappt hier wieder.

à la carte: 7,50–96 €

Tel.: 05476 6397
6533 Fiss
Laurschweg 28
www.schlosshotel-fiss.com
info@schlosshotel-fiss.com
Mi–Mo 18–21 Uhr

BRUDERHERZSTUBE [N]   11,5/20
im Hotel Das Marent
Koch: Christian Marent

In Fiss bewegt sich etwas. Die Bruderherzstube im Hotel „Das Marent" ist ein Neuzugang. Ein vielversprechender noch dazu. Diese Stube hat Potenzial. Abgesehen davon, dass Ambiente und Ausblick ziemlich eindrucksvoll sind, bietet die Küche eine beachtliche Performance. Die Sommerkarte liest sich zwar ein wenig rustikal und bodenständig, im Winter geht kulinarisch aber die Post ab. Einen kleinen Ausblick, in welche Richtung das gehen kann, zeigt die geräucherte Kalbslebermousse. Der Sommelier kann nicht nur auf eine gute Auswahl zurückgreifen, er weiß auch, wovon er spricht. So stellen wir uns guten Service vor: kompetent, persönlich und herzlich.

à la carte: 10,90–34 €

Tel.: 05476 20320
6533 Fiss
Oberer Spelsweg 6
www.dasmarent.at
info@dasmarent.at
Mi–Mo 18.30–21 Uhr
Sommer 2020

www.gaultmillau.at – Tipps, Trends, Rankings und alle Restaurantkritiken

FÜGENBERG

FÜGENBERG E4

ALEXANDER 18/20
Koch: Alexander Fankhauser

ALEXANDER FANKHAUSER, KOCH DES JAHRES 2005

Das Zillertal ist aus vielerlei Gründen eine Reise wert, nicht zuletzt der Kulinarik wegen, wie ein Besuch im Restaurant Alexander in Hochfügen wieder eindrucksvoll unter Beweis stellt. Eine holzgetäfelte Stube ist heimeliger Rahmen für wundervolle Genussmomente auf hohem Niveau. Was in der Folge aufgetragen wird, sind Gerichte, die der Tradition und dem guten Geschmack verpflichtet sind, eine Küche, die heimische Produkte und das Beste aus der Welt zu einem fulminanten Crossover verschränkt. Calamari arrabbiati mit Roggenblattl und Blutwurst sind ein köstlicher Auftakt. Der confierte Saibling vom Fischzüchter Anton Steixner, kombiniert mit einem gebackenen Kalbskopf, überraschend und geschmacklich on top. Ebenso köstlich die folgenden Fischgänge: Balik-Lachs mit Malossol-Kaviar, der auf den Punkt gegarte Kaisergranat mit dezent abgeschmecktem Bärlauchschaum und ein herrlicher Steinbutt mit Périgord-Trüffel. Allen Gerichten gemein ist die herausragende Qualität der Grundprodukte. Die Périgord-Trüffel ist auch bestimmende Zutat der Kalbspiccata, deren knusprige Panade durch die Spargelcreme leider etwas aufgeweicht wurde. Der panierte Spargel mit geschmorter Kalbswange auf Spargelragout hingegen lässt wiederum das Genießerherz höher schlagen. Das Gleiche gilt für die Desserts, die in zwei Gängen serviert werden und sich – passend zur Jahreszeit – dem Thema Erdbeeren widmen. Einfach nur grandios die Erdbeerknödel mit Rhabarbersorbet. Die gut strukturierte Weinkarte ist breit gefächert, mit Schwerpunkt Österreich und mehr als fair kalkuliert. Der Service ist liebenswürdig und kompetent, die persönliche Begrüßung und Verabschiedung durch Herrn und Frau Frankhauser sind eine aufmerksame Geste, die wir zu schätzen wissen.

Tel.: 05280 225
6264 Fügenberg
Hochfügen 34

www.lamark.at
info@lamark.at

Do–So 18.30–20.30 Uhr
✿ Mai–Nov. 2020

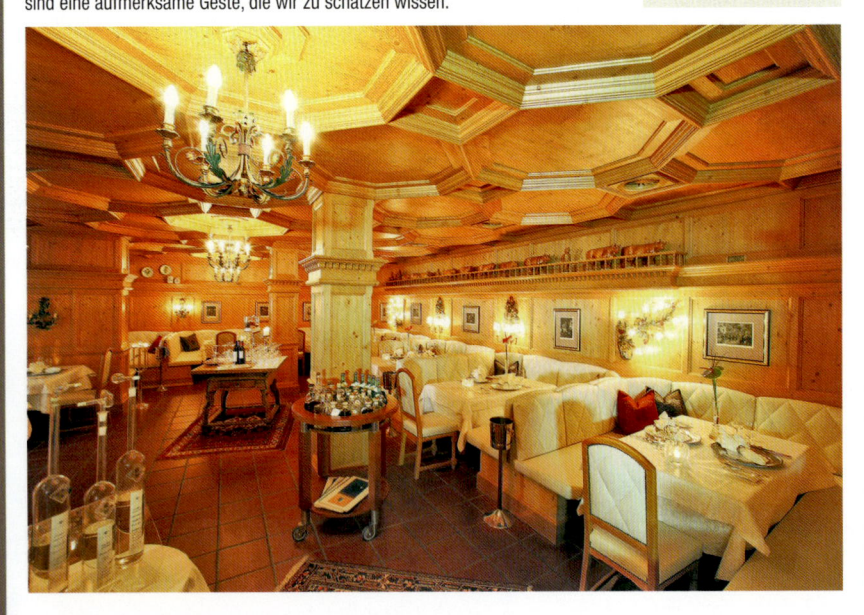

Bei der Zusammenstellung dieses Führers ließen wir größtmögliche Sorgfalt walten, trotzdem können Daten falsch oder überholt sein. Eine Haftung können wir auf keinen Fall übernehmen.

GRÄN

GERLOS E4

MAÑANA'S 12,5/20
im Hotel Kristall

Koch: Andreas Klammer

Wieso das Genießer-Restaurant im Hotel Kristall Mañana's heißt, bleibt für uns ein Enigma. Der Name ist spanisch, die Küchenlinie zeigt sich jedoch so, wie es in den Alpen besonders beliebt ist, österreichisch-italienisch inspiriert. Auch auf der Weinkarte dominieren Österreich und Italien, ein paar Etiketten aus Rioja und Ribera del Duero sorgen in Anklängen für iberische Genusskultur, die sich auch beim mediterranen Antipasti-Teller mit Pata negra (also Jamón Ibérico) zumindest punktuell zeigt. Was soll's. Die Pasta (Tagliatelle) ist stets gut, der Fisch (Lachs) frisch und perfekt glasig zubereitet. So gehört es sich. Wenn die Ware frisch ist, braucht man Fisch nicht in der Pfanne ein zweites Mal umzubringen – sprich zu Tode braten. Auch das Rindfleisch (von oberösterreichischen Jungrindern) wird hier kenntnisreich zubereitet. Roh als geklopftes Carpaccio oder als Beef Tatar, gegrillt in Form von saftigen Steaks. Auf Wunsch wird dazu übrigens ein rauchig-aromatischer Whiskyjus gereicht. Zum Abschluss schmeckte uns das sehr gut zubereitete klassische Tiramisu. Der Service ist flott und freundlich. Wir sagen: Muchas gracias!

à la carte: 12–39 €

Tel.: 05284 5248
0664 397 22 92
6281 Gerlos
Gerlos 124
www.mananas.at
info@hotel-kristall.com
Do–Mo 18–21.30 Uhr
✻ April–Mitte Juli 2020

GOING F3

BIO-HOTEL STANGLWIRT 11/20

Koch: Thomas Ritzer

Der Stanglwirt ist ein Traditionsbetrieb, der nie stehen bleibt. Permanente Weiterentwicklung ist der Motor der Familie Hauser und so ist auf dem Gelände ständig irgendwo eine Baustelle, wo etwas noch besser, noch größer, noch schöner gemacht wird. Darauf liegt der Fokus des Familienbetriebs, was man auch im À-la-carte-Restaurant merkt. Hier wäre etwas mehr Konzentration auf Qualität angebracht, vor allem angesichts des hohen Preisniveaus. So war der Blattsalat mit Eierschwammerln zwar von guter Produktqualität, aber kaum mariniert, der Kaspressknödel in der kräftigen Rindsuppe war von einer zähen Konsistenz und mit zu mildem Käse gemacht, die Eierschwammerl in der Rahmsauce wunderbar klein und knackig, aber in einer faden Sauce. Die Topfenserviettenknödel dazu wiederum perfekt flaumig und außen knusprig. Das Risotto mit Waldpilzen war sehr gut und kernig. Fazit: Etwas mehr Sorgfalt in der Küche würde das Restaurant dem an sich hohen Niveau des Hauses anpassen.

à la carte: 5–48 €

Tel.: 05358 2000
6353 Going
Kaiserweg 1
www.stanglwirt.com
daheim@stanglwirt.com
täglich 11–22 Uhr

GRÄN C3

SONNENHOF'S GOURMETSTUBE 16/20
im Hotel Sonnenhof

Köche: Patrick Müller & Daniel Walch

Urlaubsgäste im Hotel Sonnenhof haben es gut. Täglich können sie aus mehreren stimmigen Fünf-Gang-Menüs wählen. Die meisten Urlauber entscheiden sich dennoch dazu, zumindest ein Mal während ihres Aufenthalts an einem Abend in der Gourmetstube bei einem Acht-Gang-Menü herauszufinden, wie viel zusätzliche Kreativität in Küchenchef Patrick Müller und seinem langjährigen „Sous" Daniel Walch steckt. Erfreulicherweise sind hier – bei rechtzeitiger Reservierung – auch externe Gäste willkommen. Wer spontan vorbeikommt, wird in der Andreas-Hofer-Stube im Wirtshaus zwar auch großartig bekocht, die Gerichte fallen aber etwas weniger aufwendig aus als in der Gourmetstube. Köstlichkeiten wie frische Austern, bretonisches Hummersüppchen, saftige Steaks oder verlockende Innereiengerichte wie eine geröstete Lammleber bekommt man hier jedoch

Tel.: 0 56 75 6375
6673 Grän
Füssner-Jöchle-Straße 5
www.sonnenhof-tirol.com
post@sonnenhof-tirol.com
Do–So 18.30–22.30 Uhr,
Reservierung erforderlich
✻ bis 13. Dez. 2019

JRE

GRÄN

auch. Und das Weinangebot ist genauso verlockend – mit Schwerpunkt Österreich und Frankreich. Vor allem kompositorisch darf der Sohn des Hauses beim Gourmet-Menü „Berge und Meer" seine Kreativität ausleben. Kräuter (Heublumensuppe!), Beeren und Pilze dominieren im Sommer in aller Frische, nicht minder gut schmecken sie in kundig konservierter Form auch im Winter. Das Wechselspiel zwischen bestem Meeresgetier (Wolfsbarsch und Hummer bevorzugt aus der Bretagne) und alpinen Spezialitäten machen den Reiz dieser außergewöhnlichen Küche aus. Dass dazu spannende, immer jedoch perfekt passende Weine glasweise gereicht werden, erhöht noch den Genuss.

à la carte: 20–50 €

HOTEL BERGBLICK

👍 **Tipp**

Tel.: 05675 63960
6673 Grän
Am Lumberg 20
www.hotelbergblick.at
info@hotelbergblick.at
❀ bis 13. Dez. 2019

Hier ist der Name Programm. Ein wahrlich traumhaftes Bergpanorama eröffnet sich dem Gast, der in die Stube oder auf die Terrasse tritt. Die Küche des Hauses überzeugt ebenso. Für zwischendurch ist die Jausenkarte bestens geeignet und abends wartet ein umfangreiches À-la-carte-Angebot. Die Produkte stammen überwiegend aus der Umgebung.

à la carte: 6,50–45 €

HIPPACH/SCHWENDAU   E4

SIEGHARD   13/20

Koch: Markus Bichler

Wo fangen wir an? Vielleicht mit einer kleinen Conclusio, die das Folgende in einen nachvollziehbaren Rahmen setzt. Es war im Grunde eine kleine Enttäuschung, die sich vom Gedeck weg, Gang für Gang, durchgezogen hat. Der Gruß aus der Küche, ein Stück vom Kaninchenrücken im Speckmantel, war gut gemeint, das Kaninchen aber leider viel zu stark durchgebraten. Die Champignon-Trüffel-Tascherl mit Weißweinschaum waren zwar geschmacklich passabel, dafür aber von wässriger Konsistenz und wenig schmeichelhafter Weichheit. Den Garnelen ging es ähnlich wie dem Kaninchen zwei Gänge zuvor. Der Spargel dazu war zwar frisch und knackig, konnte aber das Gericht nicht mehr wirklich retten. Der Hauptgang, das „Bauernhendl" mit Parmesan, Polenta und Paprikagemüse, war gut, aber nicht mehr. Der folgende Zander als zweiter Hauptgang war richtig gut gelungen. Zart glasig, die Haut knusprig. Hätte das Zeug zum großen Gericht, ist aber leider in brauner Butter ertrunken. Versöhnlich dann das Dessert. Gefüllte Zitronencrêpes, Himbeer-Rhabarber-Ragout und Limoncello-Zitronen-Eis. Sehr erfrischend. Gute Weinauswahl.

à la carte: 9–36,50 €

Tel.: 05282 3309
0676 9121575

6283 Hippach/Schwendau
Johann-Sponring-Straße 83
www.sieghard.at
info@sieghard.at

Di-Sa 18–21.30, So 12–13.30
und 18–21.30 Uhr
❄ Mitte April–Mitte Mai 2020

HÖFEN   C4

SENNERLAND   11/20

Koch: Martin Soyer

Recht unscheinbar sieht dieses Restaurant im Lechtal von außen aus. Was sich hinter den Türen verbirgt, würde man nicht unbedingt erwarten. Die gesamte Familie arbeitet hier mit und bringt Persönlichkeit in den gemütlichen Gasthof. Küchenchef Martin Soyer zaubert mit Leidenschaft und viel Können handwerklich überzeugende Gerichte auf die Teller. Kreativ die Variation von der Karotte. Kasspatzln und Schlutzkrapfen darf man in diesem Teil Österreichs genauso wenig auslassen wie den Kaiserschmarren. Vor allem, wenn sie so gelungen sind wie hier. Insgesamt ist das Speisenangebot breit angelegt, sodass jeder das Passende findet. Die Preise sind angesichts der hohen Qualität der Produkte absolut fair.

à la carte: 13–28 €

Tel.: 05672 72400
0664 88 23 46 81

6604 Höfen
Hauptstraße 26
www.sennerland.at
info@sennerland.at

Di–So, Fei 11.30–20.45 Uhr
❄ bis Mitte Dez. 2019,
Mitte Juni–Anfang Juli 2020

INNERVILLGRATEN

INNERVILLGRATEN F5

DER GANNERHOF 15/20
Koch: Josef Mühlmann

Tel.: 04843 5240
0650 20 37 00 8

9932 Innervillgraten
Gassee 93

www.gannerhof.at
gannerhof@gannerhof.at

Mi–So 18.30–20.30 Uhr

Das Entree weckt die Vorfreude auf das, was einen im Inneren dieses ehemaligen Bauernhofs erwartet. Die Begrüßung ist herzlich und der zugewiesene Tisch in der alten, heimeligen Stube perfekt. Das Gedeck besteht aus selbst gemachtem Brot, Bauernbutter, Liptauer und mariniertem Hirschfleisch – und schlägt mit stolzen acht Euro zu Buche. Erfreulich wiederum: Frisches Quellwasser wird unaufgefordert und kostenfrei serviert. Auf das Amuse gueule – einen Espresso vom Champignon – folgt eine feine Entenleberpraline umhüllt von Rote-Rüben-Pulver, dazu eingelegte Walnuss, Portweinzwetschke und ein Rosinenzopf – optisch wie geschmacklich überzeugend und der beste Gang des Abends. Die Holzkohlenravioli mit Lauchfüllung und Taleggio nach einem Rezept von Markus Holzer aus Toblach sind tadellos, genauso der Hauptgang, ein rosa gebratener Hirschrücken in der Brotkruste mit Topinamburpüree. Köstlich die Nachspeise, ein Scheiterhaufen mit Baiserhaube und Vanillesauce. Der Weinkeller ist gut bestückt, nur die angepriesenen Raritäten sind nicht wirklich welche – trotz stolzer Preise. Das Angebot an À-la-carte-Gerichten ist relativ knapp bemessen.

à la carte: 11–32 €

INNSBRUCK D4

CAFÉ SACHER INNSBRUCK 11,5/20
Koch: Alexander Klapps

Tel.: 0512 56 56 26

6020 Innsbruck
Rennweg 1 (kaiserl. Hofburg)

innsbruck@sacher.com

In bester Lage, unweit des Goldenen Dachls befindet sich das Sacher. Das Interieur aus rotem Samt, Kronleuchtern und barocken Sesseln sorgt für einen imperialen, nicht alltäglichen Rahmen. Wie zu erwarten ist die Speisekarte traditionell gestaltet, die Gerichte selbst befinden sich auf solidem Niveau. Der Tafelspitz, mit Cremespinat, Erdäpfelschmarren, Apfelkren und Schnittlauchsauce serviert, ist butterweich, das Saftgulasch mit Semmelknödel erfreut mit ausbalancierter Würze. Dass die weltbekannte Sachertorte Pflicht ist, steht außer Frage, die geeiste Mokka-Melange ist aber durchaus eine empfehlenswerte Alternative.

Bewertungen NEU

11 bis 12,5 Punkte von 20 Punkten: 1 Haube

13 bis 14,5 Punkte von 20 Punkten: 2 Hauben

15 bis 16,5 Punkte von 20 Punkten: 3 Hauben

17 bis 18,5 Punkte von 20 Punkten: 4 Hauben

19 bis 19,5 Punkte von 20 Punkten: 5 Hauben

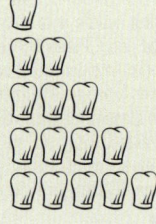

INNSBRUCK

DAS SCHINDLER
Café Bar Restaurant
Koch: Thomas Knittl

pop 11/20

Tel.: 0512 566969

6020 Innsbruck
Maria-Theresien-Straße 31
www.dasschindler.at
office@dasschindler.at
Mo–Sa 8–22 Uhr

Man sitzt gemütlich im Schindler und – mit etwas Glück – sogar auf Augenhöhe mit der Annasäule mitten auf der schönen Innsbrucker Maria-Theresien-Straße. Man isst auch gut im Schindler. Auf den Teller kommt, was die Jahreszeit hergibt und von heimischen Bauern geliefert wird. Und man trinkt auch gut: Österreichische Winzer dominieren die Weinkarte, bemerkenswert ist das umfangreiche Angebot an 0,375-Liter-Bouteillen. Der Service war freundlich, aber doch etwas oberflächlich. Kurzum, ein schicker Platz für einen netten Lunch zwischendurch oder einen ungezwungenen Abend mit Freunden.

à la carte: 9–39 €

DIE WILDERIN

pop 11,5/20

Tel.: 0512 562728
0664 8838 7585

Köche: Alexander Reis & Christoph Zingerle

6020 Innsbruck
Seilergasse 5
www.diewilderin.at
info@diewilderin.at
Di–Sa 17–22.30, So 17–21.30 Uhr

Man kann die Art, wie Claudia Kogler, die „Wilderin", also die Chefin, über Essen denkt, durchaus wild nennen. Das beschreibt die Küchenlinie nämlich treffend auf gleich mehreren Ebenen. Zum einen, weil überdurchschnittlich oft Wild auf der Karte steht. Verantwortlich dafür ist ein haus- und hofeigener Jäger, der die Wilderin mit Wild versorgt. Was nicht aus dem Revier kommt, liefern Züchter und Bauern, die mit Claudia Kogler und ihrem Team lange Freund- und Partnerschaften hegen. Grauvieh vom Werner, Schafe und Lämmer von Andrea und ihrem nahen Mallnhof. Zubereitet werden die Tiere großartig, mitunter auch unkonventionell.

à la carte: 6,50–25 €

IL CONVENTO

12/20

Tel.: 0512 581354
0664 88 65 52 66

Koch: Domenico Lancellotti

6020 Innsbruck
Burggraben 29
www.ilconvento.at
benvenuto@ilconvento.at
Mo–Sa 11–24 Uhr

Manchmal braucht es gar keine großartigen Experimente, um dem puren Geschmack Italiens Ausdruck zu verleihen. Frische Produkte und eine stilsichere Zubereitung wie im Convento reichen aus, um den Gast schon mit dem ersten Bissen mitten im Zentrum Innsbrucks nach Bella Italia zu versetzen. Auf der Karte finden sich fast alle italienischen Klassiker. Die Pasta ist schön al dente und mit dem Tagesfang kann man nichts falsch machen. Auch bei den Desserts hält man sich an Traditionen. Ein Tiramisu zum Abschluss hat noch niemandem geschadet. Dann noch ein Espresso zur fairen Rechnung und man ist glücklich.

à la carte: 12,90–32 €

INNSBRUCK

LICHTBLICK

pop 12,5/20

Koch: Michael Gstrein-Hackl

Mitten im Zentrum, im geschäftigen Komplex der Rathausgalerien gelegen, thront der Lichtblick auf dessen Dach. Bei Schönwetter ist der Ausblick von da oben ebenso gewaltig wie bei Nacht. Das Ambiente ist edel und schlicht, der Raum dunkel und elegant. Die Küche steht dem in nichts nach. Die Linie könnte man als mediterran-elegant bezeichnen. Ein italophiler Einschlag und eine gewisse Leidenschaft für exotische Zutaten sind jedenfalls nicht zu übersehen. Am Abend gibt es drei Menüs zur Auswahl, die Qualität der Gerichte ist durchgehend erfreulich. Spaß macht übrigens auch die gute Weinauswahl.

Tel.: 0512 56 65 50
6020 Innsbruck
Maria-Theresien-Straße 18/7
www.restaurant-lichtblick.at
office@restaurant-lichtblick.at
Mo–Sa 12–14 und 18.30–22 Uhr

ONIRIQ

14,5/20

Koch: Christoph Bickel

In der Innsbrucker Innenstadt befindet sich, etwas versteckt, ein kulinarisches Kleinod. Der Empfang ist herzlich, das Interieur schnörkellos und schlicht. Umso aufwendiger, was in der Folge auf den Teller kommt. Ein siebengängiges Menü, vegetarisch oder mit einem Fleisch- und Fischgang. Jedes Gericht ist ein Gedicht – kreativ und vielfältig im Geschmack. Beeindruckend, welchen Facettenreichtum Christoph Bickel Karfiol und Sellerie, Gurken und Rüben abgewinnen kann. Das Weinangebot ist klein, aber fein, der empfohlene Orange Wine aus Teneriffa ein schöner Essensbegleiter. Kleines Restaurant ganz groß.

Tel.: 0650 451 0624
6020 Innsbruck
Maria-Theresien-Straße 49
www.oniriq.at
restaurant@oniriq.at
Mo–Sa 18–24 Uhr

SCHÖNECK

14/20

Wirtshaus

Das Schöneck ist so etwas wie eine Legende in Tirol. Lange galt es als kulinarischer Fels in der Brandung, in dem Alfred Miller am Herd stand und an dem sämtliche Moden und kurzfristige Trends abzuprallen schienen. Dafür gebührt Alfred Miller Respekt und Anerkennung. Aber leider scheint diese Zeit vorüber zu sein. Der Geist, der durch die alten Stuben weht, wirkt verblichen. Konkret festmachen kann man das am Service, der zwar freundlich, aber eigentlich nicht wirklich präsent ist. Am angeschlagenen Geschirr und am lieblosen Gedeck. Die Gerichte sind gut, wenngleich etwas üppig portioniert. Die Jakobsmuscheln mit Bärlauchrisotto und Tomatenbutter etwa. Die Muscheln perfekt gebraten, das Risotto würzig und sündhaft cremig. Nur dass die Portion so groß ist, dass wir danach das Lamm eigentlich gar nicht gebraucht hätten. Auch dieser Teller ist wuchtig. Andererseits aber auch wieder unglaublich gut. Wir verlassen das Schöneck mit prall gefüllten Bäuchen und dem Gefühl, dass es gut war, aber eben nicht mehr so groß wie einst.

Tel.: 0512 27 27 28
6020 Innsbruck
Weiherburggasse 6
www.wirtshaus-schoeneck.com
info@wirtshaus-schoeneck.at
Mi–Sa 11.30–15 und 18.30–22 Uhr

SENSEI

pop 11,5/20

Koch: Dil Ghamal

Das Sensei in der Maria-Theresien-Straße ist seit Jahren einer der wenigen sicheren Häfen für Liebhaber hochwertigen Sushis. Qualitative Ausreißer nach unten sind möglich, aber selten. Vom Ambiente her ist am Sensei wenig auszusetzen. Das Interieur im ersten Stock ist gediegen und nobel. Sehr dunkel und auf das Wesentliche reduziert. Deutlich hektischer geht es im Gastgarten in der Fußgängerzone zu. Hier kann es schon einmal zu Irritationen und Verwechslungen im Service kommen. Aber auch da zeigt sich, dass das Sensei ein Garant für einen entspannten Lunch oder Abend mit asiatisch inspirierter Fusionsküche ist.

Tel.: 0512 56 27 30
0676 683 25 56
6020 Innsbruck
Maria-Theresien-Straße 11
www.senseisushibar.at
office@senseisushibar.at
Mo–So 12–14 und 18–22 Uhr

à la carte: 12–36 €

Die besten Weine Österreichs:

INNSBRUCK

SITZWOHL IN DER GILMSCHULE 12,5/20
Restaurant-Bar

Köchin: Irmgard Sitzwohl

Das Sitzwohl liegt schräg gegenüber dem Café Central, und damit ist auch schon das Wesentliche in Bezug auf den Ort gesagt. Eine zentralere Lage ist in Innsbruck kaum zu finden. Das kulinarische Angebot ist modern, mediterran inspiriert und von der saisonalen Verfügbarkeit der Grundprodukte geprägt. Vor allem ist es aber abwechslungsreich. Frische und Qualität der verwendeten Lebensmittel sind auffallend hoch. Die Gerichte sind kreativ und handwerklich einwandfrei. Durchdachtes und solides Weinangebot, dem vielleicht noch die eine oder andere Position aus Südtirol guttun würde.

à la carte: 12–33 €

Tel.: 0512 56 28 88
6020 Innsbruck
Im Stadtforum
(ehemalige Gilmschule)
www.restaurantsitzwohl.at
info@restaurantsitzwohl.at
Mo–Fr 11.30–14 und 18–22 Uhr

DIE MÜHLE Tipp

Das Restaurant ist im klassisch eleganten Landhausstil eingerichtet und verströmt eine gemütliche Atmosphäre. Die Karte verbindet internationale mit heimischen Einflüssen und beinhaltet Vier- bis Acht-Gang-Menüs, die einem klaren Duktus folgen. Dazu gibt es eine fachkundige Weinempfehlung. Für die kleinen Gäste ist der Kinderspielplatz ideal.

à la carte: 16–38 €

Tel.: 0512 57 01 63
6020 Innsbruck
Gewerbepark Gärberbach 2
www.die-muehle.at
info@die-muehle.at
Di–Sa 10.30–24, So 10.30–16 Uhr
variabel

KOSTBAR Tipp

Mediterran oder doch lieber klassisch österreichisch? In der Kostbar hat man jeden Tag aufs Neue die Wahl, denn das Menü wechselt täglich. So kommt immer frisch Gekochtes auf den Tisch – oder in die To-go-Box, denn alle Speisen gibt es auch zum Mitnehmen und die Preise sind durchaus fair.

Tel.: 0664 350 35 00
6020 Innsbruck
Sparkassenplatz 3
www.kostbar.co.at
office@kostbar.co.at
Mo–Fr 9–18 Uhr

TIROL

Jetzt im Gault&Millau-Weinguide.

ISCHGL

ISCHGL B4

ALPENHAUS Ⓝ 11,5/20

Tel.: 05444 606106
6561 Ischgl
Pardatsch-Idalpe 7
www.ischgl.com
restaurant@silvretta.at
Mo–So 11.30–15.45 Uhr
❄ Mai–Ende Nov. 2020

Die Trophäen an der Bar, an denen der Gast in seinen Skischuhen vorbeistapft, sind ganz ordentlich: geleerte Magnums mit berühmten Etiketten. In der Lounge im ersten Stock hat man dann auch anderes im Sinn als Erbsensuppe mit Würstel. Der Gast nimmt auf breiten Lederfauteuils Platz. Die gebratene Seezunge schmeckt ganz ordentlich, dazu gebratenes Gemüse. Zum Steak gibt es Schwarze Trüffel und Gänseleber. Kaviar haben sie selbstverständlich auch. Was hier aber vor allem beeindruckt, sind das gewaltige Panorama und der Service, den man auf dieser Höhe in Österreichs Skigebieten nicht oft genießen darf.

à la carte: 7,50–55 €

Gault&Millau

Gault&Millau 2020 – alle Ergebnisse ab sofort auch unter www.gaultmillau.at erhältlich

ISCHGL

FLIANA GOURMET
Koch: Andreas Spitzer

15,5/20

Tel.: 05444 55430
6561 Ischgl
Fimbabahnweg 8
www.fliana.com
hotel@fliana.com
Do–Di 19–21 Uhr
❄ Anfang Mai–Mitte Nov. 2020

Der Spitzenkoch Andreas Spitzer scheint sich immer noch weiterzuentwickeln. Die Gerichte werden präziser, was aus der Küche geschickt wird, ist solides Handwerk auf hohem Niveau. Das Ambiente ist ohnehin eine Klasse für sich. Entspannt, Wohlfühlfaktor ohne Ende, unaufdringlicher und doch hochprofessioneller Service. Bereits bei den Grüßen aus der Küche wird klar, in welche Richtung der Abend gehen wird. Die Gebirgsforelle ist im Selleriesud eingelegt, die Rindsroulade kommt im Speck- und Rote-Rüben-Mantel daher und ein kleines Spießchen entpuppt sich als Tafelspitz(erl) mit Rollgerste. Die Gänseleberterrine ist ganz klassisch interpretiert und enorm gut gelungen. Serviert wird sie mit Trüffelbrioche, auf dem Teller Aromen von Haselnuss und Kirsche in unterschiedlichen Texturen. Der Hauptgang, Kalbsfilet mit Kürbiscreme, ist eine üppige Portion, das Fleisch butterweich und auf den Punkt gebraten. Die Sauce dazu intensiv und trotzdem fein ziseliert. Richtig gut. Beim Dessert unbedingt die „Heidelbeere" (mit Heumilch und Honig) probieren. Die Weinauswahl ist auf Ischgl-Niveau – also fantastisch.

à la carte: 12–38 €

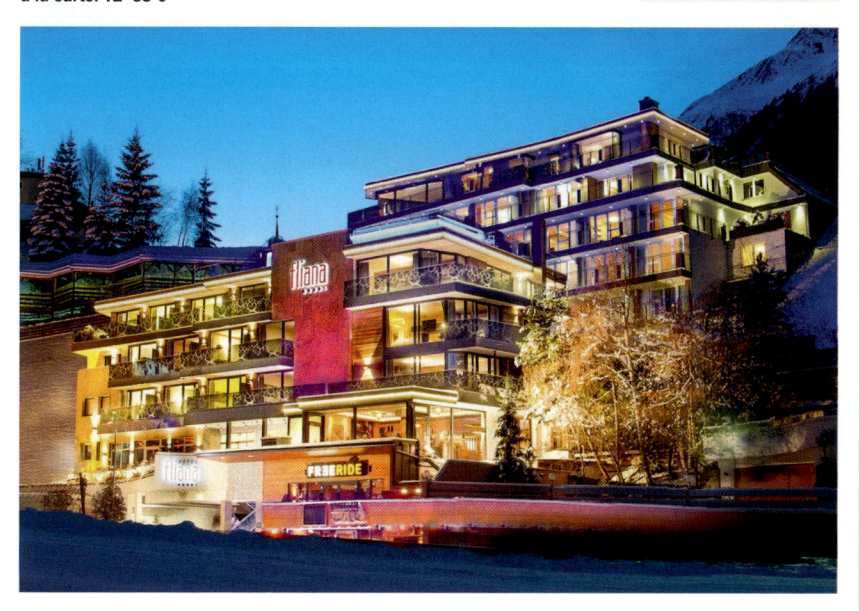

TIROL

ISCHGL

HEIMATBÜHNE
im Hotel Trofana Royal
Koch: Martin Sieberer

15/20

Tel.: 05444 600
6561 Ischgl
Dorfstraße 95
www.trofana.at
office@trofana.at
täglich 12–14 und 19–21 Uhr

Großartig, was Martin Sieberer da im Zweitrestaurant des Trofana macht. Zuallererst einmal: Man kann hier auch mittags kulinarisch glücklich werden, ein Service, der den Gästen in nahezu allen Feinschmeckeradressen Ischgls verwehrt wird. Martin Sieberer, der sein Team perfekt im Griff hat, bietet hier Klassisches und Heimatverbundenes und outet sich dabei als Fan von optischen Gags und Spielereien. Doch der Geschmack, der passt immer. Ob bei den wie Gyoza gebratenen Schlutzkrapfen mit Bergkäse, die in einem kleinen Werkzeugkistchen serviert werden, dazu grüner Salat mit Schnittlauch und ein köstliches Glas kühler Milch – die Alm lässt grüßen. Der Hausklassiker, Paznauner Schaf! in der Senfkruste mit einer kaum zu übertreffenden Sauce aus Paprika und ein wenig zäh geratenen Gnocchi, ist immer eine Freude. Schließlich die Heidelbeerdatschi mit Heidelbeereis, besser nicht vorstellbar. Die Weinkarte des Hauses, eher auf der traditionellen Seite, erfreut durch ihren Tiefgang.

à la carte: 10–35 €

LUCY WANG
Koch: Raphael Herzog

pop **12,5/20**

Tel.: 05444 20007
6561 Ischgl
Dorfstraße 68
www.lucywang.at
info@lucywang.at
täglich 16–23 Uhr
Mai–Ende Nov. 2020

Wenn man das Lucy Wang einmal kennt, möchte man es nicht mehr missen. Dass es sich hierbei um eine Art Marke handelt, ist unbestreitbar, wenn die Qualität der Produkte aber derart stimmig ist, kommt das einem Gütesiegel gleich. Kross und herrlich die Langostinos im Filoteig, das Thunfischtatar mit Algensalat und Kräuter-Aioli gefällt mit seinem ausgetüftelten Säurespiel. Die Frische des Fisches kommt vor allem bei den Sushivariationen zur Geltung. Klassisch die California Roll mit Königskrabbe, Gurke und Avocado, Lachsliebhaber kommen bei den Salmon-Lovers-Rollen auf ihre Kosten. Akkurat und kreativ umgesetzt ist auch der Hauptgang: Der Seewolf mit geschmortem Pak Choi und Wasabischaum ist auf den Punkt gebraten. Das stilvolle und moderne Ambiente passt zur Küchenlinie, die etwas höheren Preise nimmt man bei solch solider Leistung gern in Kauf.

à la carte: 6–98 €

PAZNAUNERSTUBE

Koch: Martin Sieberer

18/20

Tel.: 05444 600
6561 Ischgl
Dorfstraße 95
www.trofana.at
office@trofana.at
Mo–Sa 19–21 Uhr

MARTIN SIEBERER, KOCH DES JAHRES 2000
SERVICE AWARD 2006

Ein kleiner Raunzer vorweg, dann kann man auch schon wieder zum Schwärmen übergehen. Der Paznaunerstube würde ein Quäntchen Dynamik ganz gut zu Gesicht stehen. Die Dramaturgie des großen Menüs ist seit Jahren weitgehend unverändert. Das ist zwar insofern kein Problem, als die Gerichte durch die Bank außergewöhnlich und erprobt sind. Zumindest bei den Grüßen aus der Küche dürfte es dennoch ein bisschen Abwechslung geben. Und wenn man den einstudierten Text über den Highländer und den Quell, der zum reißenden Bach wird, zum x-ten Mal hört, nickt man nur aus Höflichkeit scheinbar interessiert. Aber keine Angst, das Menü ist so gut wie eh und je, und zwar Gang für Gang. Es beginnt mit einem Klassiker: Biogansleber „kalt und warm". Zwei einander ergänzende Texturen, dazu herrliches Brioche. Ein wunderbarer Einstieg. Der Kaisergranat kommt mit Maracuja und Avocado und damit überraschend frisch und von der Säure her sehr harmonisch und ausgewogen. Mitten drin im Menü lässt Martin Sieberer zuerst geräucherte Steinpilzravioli mit Pilzen und Périgord-Trüffel servieren. Das Gericht hat es in sich und ist einfach gut. Sündhaft gut. Als Hauptgang kommt die Taube auf den Tisch. Brust, Filet und Herz, mit Pastinake, Rhabarber und Zwetschkenknödel. Ein würdiger Höhepunkt im Menü. Die beiden Edelteile sind zart und auf den Punkt gebraten, das Herz eine (kleine) Offenbarung. So macht Taube richtig Spaß. Ach ja, davor, quasi statt des einfachen Sorbets, gab es eine effektvolle Überraschung. Eine „Erfrischung von Austern, Perlen und Champagner" ist ein hocharomatischer und in Nebelschwaden servierter Zwischengang, der für kühle Erfrischung und Meeresbrise gleichermaßen sorgt. Die Weinkarte ist großartig, so wie seit Jahren gewohnt.

à la carte: 18–52 €

Bei der Zusammenstellung dieses Führers ließen wir größtmögliche Sorgfalt walten, trotzdem können Daten falsch oder überholt sein. Eine Haftung können wir auf keinen Fall übernehmen.

ISCHGL

SCHLOSSHERRNSTUBE
im Schlosshotel Ischgl

Koch: Gustav Jantscher

18/20

Tel.: 05444 5633
6561 Ischgl
Dorfstraße 85
www.schlosshotel-ischgl.com
office@schlosshotel-ischgl.com
Di–Sa 19–21.30 Uhr
Anfang Mai–Ende Nov. 2020

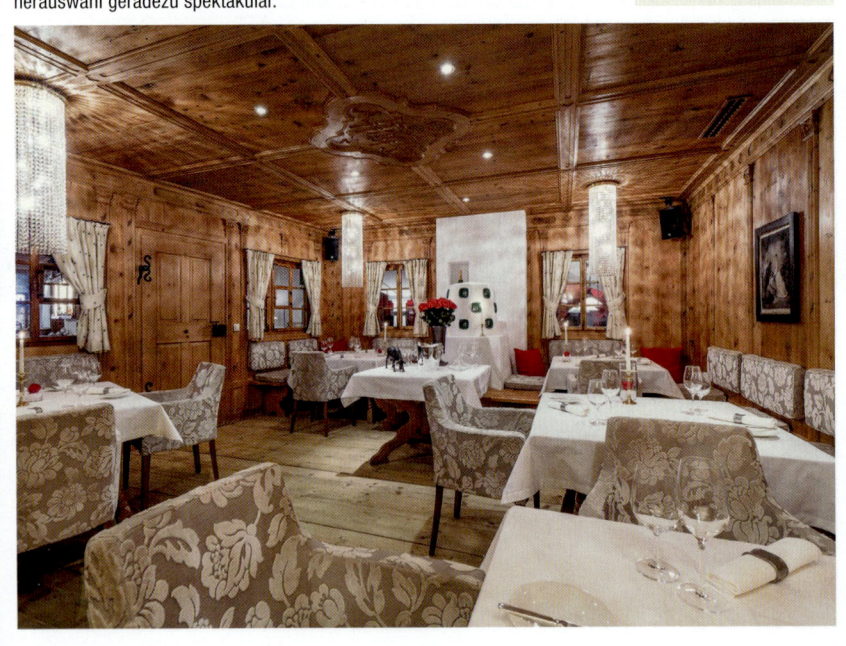

Wenn ein Schlosshotel Romantica mit einem Aufwand von geschätzt zwölf Millionen Euro zu einem Schlosshotel Ischgl fünf Sterne Superior umgebaut wird, dann soll auch die Küche um nichts zurückstehen. Für die traditionelle, in schmuckem Holz ausgestaltete Schlossherrnstube mit fünf Tischen zeichnet der schon viele Jahre sehr erfolgreiche Küchenchef Gustav Jantscher verantwortlich. Zwischen Champagnerhütten, Après-Ski-Flair und Hotellobby-Charme ist Jantschers Stube eine ruhige Oase für verwöhnte Gaumen. Jantscher ist Küchenmeister und Farmer zugleich: Er züchtet seine eigenen Tauben, Wachteln, Hühner, Hasen, Schnecken usw. Die meisterlich zubereitete Bluttaube – Brust, Schenkel und Innereien – ist dann auch eines seiner Vorzeigegerichte, sprich ein Signature Dish mit dem Namen „Taube GJ". Auch die vom Service empfohlene Makrele mit Oktopus und Kaviar war geradezu wunderbar. Ein zweites Mal Kaviar gab es zur Blutwurst mit Krenschaum. Und mit der Kombination Entenleber, Ei, Spinat und Trüffel macht man auch nie einen Fehler. Gustav Jantschers Kreation von hervorragend gegartem, butterweichem Herz mit Abalone und Karfiol war ein großes Rufzeichen seines Könnens. Auf eine Hirschzunge musste man an diesem Abend leider verzichten, dafür reichte der aufmerksame Service Gamsleber mit Rösti – auch nicht schlecht. Zum Abschluss gab es Jantschers augenzwinkernde Version eines „Coupe Dänemark". Der aus der Steiermark stammende, in Vorarlberg wohnhafte und in Tirol arbeitende Küchenchef kocht in der Form seines Lebens. Die Weinkarte ist sehr gut bestückt, die Champagnerauswahl geradezu spektakulär.

Die besten Weine Österreichs:

STIAR

Sport- und Genusshotel Silvretta
Koch: Gunther Döberl

POP 17/20

Tel.: 05444 5223
6561 Ischgl
Dorfstraße 74
www.stiar.at
info@sporthotel-silvretta.at
Mi–So 19–21 Uhr

Das Stiar ist eine kleine Stube, die zum Sporthotel Silvretta gehört. Wobei „Stube" den Kern der Sache nicht einmal ansatzweise trifft. Da ist nichts Rustikal-Volkstümliches zu sehen. Vielmehr ein modern eingerichtetes Restaurant mit durchdachter Lichtdramaturgie und hohem Wohlfühlfaktor. Obwohl das Restaurant mitten im Ischgler Jubel-Trubel-Bereich liegt, kann man sofort nach Eintreten einen Gang hinunterschalten und entschleunigen. Und dafür alleine ist dem Betrieb schon zu danken. Richtig sehen lassen kann sich auch das Menü, das auch einige spannende Überraschungen birgt. Den Start machen bodenständige Amuse gueules. Eine filigrane Interpretation vom Kaspressknödel, eine „Fleischpalatschinke" vom Bauernhuhn. Ein vielversprechender Start. Dann, nach einer wunderbaren, hocharomatischen geselchten Suppe und Aal mit Ente, kommt die Marend. Die erste Überraschung, denn in so gediegenem Ambiente ist eine Tiroler Speckjause das Letzte, was man erwartet. Aber sie wird nicht ohne Grund serviert. Es ist eine komprimierte Leistungsschau der hauseigenen Landwirtschaft. Almbutter, Käse (fast der Erstversuch), großartiger Speck, sehr gutes Brot. Als Getränkeempfehlung Zillertaler Schwarzbier – ein Volltreffer. Dann drei Fischgänge: bayerische Garnele, Alpenlachs und Stör. Alles auf dem Punkt und grandios gut. Auch die Präsentation ist mustergültig. Mit dem nächsten Gang schießt Gunther Döberl aber den Vogel ab: Murmeltier! Üppig geschmorter Braten, versteckt unter der „Erde", also schwarzer Polenta. Auf der Erde Pilze und eingelegte Vogelbeeren. Die Desserts sind großartig und die Weinauswahl überrascht mit reifen Jahrgängen und echten Raritäten.

ISCHGL

TIROL

Jetzt im Gault&Millau-Weinguide.

ISCHGL

STÜVA
im Genießerhotel Yscla
Koch: Benjamin Parth

pop 18,5/20

Tel.: 05444 5275
6561 Ischgl
Dorfstraße 73
www.yscla.at
info@yscla.at
Di–So 19–20.30 Uhr
Ende August–Ende Nov. 2020

BENJAMIN PARTH, KOCH DES JAHRES 2019

Benjamin Parth macht nicht viele Worte, aber dass er sich zu den Besten unter den heimischen Küchenchefs zählt, daran lässt er keinen Zweifel. Selbstbewusst legt unser „Koch des Jahres 2019" Saison für Saison, Jahr für Jahr eine neue Kollektion vor, gleich einem Juwelier an der Pariser Place Vendôme, wobei es das quirlige Ischgl mit Paris an Eleganz leider nicht ganz aufnehmen kann. Parth arbeitet dabei nur mit den besten und teuersten Edelsteinen, will heißen Edelprodukten. Auf die Dogmen regionaler Küche pfeift er. Ja, den Saibling, perfekt gebraten als Miniportion, mit Enziansauce, gibt es immer noch. Doch viel spannender ist, was wir im vergangenen Winter hier noch genossen haben. Etwa ein zartes Jakobsmuschelcarpaccio mit gewissenhaftest geschnittenem Thunfischtatar, das mit kleinen Croûtons zusätzliches Volumen und Biss erhielt. Das Minilöffelchen Kaviar obendrauf war fein, aber kompositorisch nicht zwingend notwendig. Wirklich grandios dann die mit Maghreb-Aromen angereicherte Sauce zum Kaisergranat oder die mit Trüffel und Gänseleber gefüllten Schweinsfüße. Der Käse kommt von Maître Antony, wen wundert es eigentlich? Zum Dessert Schokolade und Baba mit Rum und Passionsfrucht, Götterspeisen. Der Weinservice ist bei Sarah Parth in besten Händen, für die grandiose Befüllung des Kellers ist seit vielen Jahren Vater Alfons Parth verantwortlich.

à la carte: 24–39 €

Bewertungen NEU

11 bis 12,5 Punkte: 1 Haube
13 bis 14,5 Punkte: 2 Hauben
15 bis 16,5 Punkte: 3 Hauben
17 bis 18,5 Punkte: 4 Hauben
19 bis 19,5 Punkte: 5 Hauben

JOCHBERG

WEINSTUBE
im Schlosshotel Ischgl
Koch: René Schettulat

12/20

Tel.: 05444 5633
6561 Ischgl
Dorfstraße 85
www.schlosshotel-ischgl.com
office@schlosshotel-ischgl.com
täglich 12–23 Uhr
❄ Anfang Mai–Ende Nov. 2020

Die Stube direkt neben dem beleuchteten Weinkeller bietet ein gemütliches Ambiente und verbindet den Charme einer Vinothek mit gehobener Tiroler Küche. Während die Speisekarte zum einen klassische Pizzavariationen offeriert, sorgen die Kreationen mit Lachs, Stör und weißer Trüffel für exklusive Abwechslung. Für einen bodenständigen Einstieg sorgt die Gerstlsuppe, alle, die sich nach asiatischen Aromen sehnen, sind mit Sashimi vom Lachs und Thunfisch bestens beraten. Bei den Hauptspeisen dominiert dann wieder Tradition. Das knusprige Backhendl mit Erdäpfel-Vogerlsalat erfreut genauso wie der fleischlose Gang mit gebratener Artischocke, Blattspinat und eingelegtem Kürbis. Isst man zu zweit, können wir zum Chateaubriand mit Speckfisolen und Rosmarinkartoffeln raten. Flaumig und gut auch der Kaiserschmarren, der mit Zimteis und Zwetschkenröster serviert wird.

JOCHBERG
F4

JODLBÜHEL
Koch: Tomas Hejkrlik

11/20

Tel.: 05355 5270
6373 Jochberg
Kitzbüheler Straße 43
www.jodlbuehel.at
info@jodlbuehel.at
Mo–Sa 16–21, So 12–15 und 16–21 Uhr
❄ bis Anfang Dez. 2019, Anfang April–Mitte Mai 2020

Bodenständige Wirtshausküche und Tiroler Köstlichkeiten sorgen zwar für keine großen Überraschungen, dafür konzentriert man sich hier bei der Zubereitung auf das Wesentliche. Die geräucherte Entenbrust mit Himbeer-Preiselbeer-Dressing und die kräftige Rindsuppe mit Frittaten sind immer eine Empfehlung. Der Zwiebelrostbraten mit krossen Röstkartoffeln ist herrlich, die flaumigen Spinatknödel halten, was alpine Küche verspricht, und lassen nicht nur Tiroler Herzen höherschlagen. Klassisch ist das Repertoire bei den Desserts: Gegen eine dünne und gut zubereitete Marillenpalatschinke ist nie etwas einzuwenden. Wenn möglich, sollte man in der historischen Stube Platz nehmen, die verströmt besonders viel Charme.

à la carte: 14,50–32,90 €

KALS AM GROSSGLOCKNER

WIRTSHAUS BÄRENBICHL 11/20
Koch: Toni Aufschnaiter

Tel.: 05355 5347
6373 Jochberg
Bärenbichlweg 35
www.baerenbichl.at
michaela.aufschnaiter@aon.at
Mi–Mo 12–14 und 18–21 Uhr

Gründe gibt es viele, diesem urigen Tiroler Wirtshaus einen Besuch abzustatten. Einerseits ist es natürlich der wunderbare Bergblick, der einen einfach jedes Mal erneut staunen lässt. Gleichauf liegt jedoch die ehrliche Hausmannskost, die die Familie Aufschnaiter ihren Gästen im Bärenbichl auftischt. Von Schlutzkrapferln über Kasspatzln bis hin zu flaumigen Spinatknödeln und im Pfandl servierten Blutwurstscheiben bleibt hier kein Tiroler Genusstraum unerfüllt. Als Dessert darf man sich die zu Recht hochgelobten Himbeer- und Moosbeernocken nicht entgehen lassen. Und danach ein selbst gebrannter Schnaps.

à la carte: 13,80–32,50 €

ALTE WACHT 👍 Tipp

Tel.: 05355 5222
6373 Jochberg
Pass-Thurn-Straße 14
www.alte-wacht.at
gasthof@alte-wacht.at
Mi–So 11–21 Uhr
✻ bis Anfang Dez. 2019

Mit typischer Tiroler Gastfreundschaft empfängt die Familie Zwertetschka die Besucher ihres urigen Gasthauses. Im Sommer sitzt man mit Blick auf das Tal auf der Terrasse, im Winter macht man es sich in der vertäfelten Stube gemütlich und erfreut sich an herzhaften Tiroler Gerichten aus heimischen Produkten. Besonders gut sind hier die fangfrischen Forellen aus dem hauseigenen Bach.

STEINBERG 👍 Tipp
im Kempinski Hotel Das Tirol

Tel.: 05355 50100
6373 Jochberg
Kitzbüheler Straße 48
www.kempinski.com/tirol
info.tirol@kempinski.com
Mo–So 12–16 und 18.30—22 Uhr
✻ variabel

Das Restaurant Steinberg befindet sich im ersten Stock des Hotels Kempinski und bietet einen wunderbaren Ausblick auf die Kitzbüheler Alpen. Die Gestaltung des Innenraums ist modern, die Sonnenterrasse wird im Sommer mit Grillabenden besonders intensiv genutzt. Die Speisekarte bietet Tiroler Küche mit mediterranen Einflüssen, jeden Abend kreiert Küchenchefin Veronika Späth ein neues Menü.

à la carte: 12–36 €

KALS AM GROSSGLOCKNER G4

GRADONNA 11,5/20
Mountain Resort Châlets & Hotel
Koch: Michael Karl

Tel.: 04876 82000
9981 Kals am Großglockner
Gradonna 1
www.gradonna.at
info@gradonna.at
täglich 11.30–14 und 18–20.30 Uhr
✻ April–Mai 2020

Wenn man sich dem Gradonna Mountain Resort nähert, kommt einem sofort ein Wort in den Sinn: imposant. Imposant ist die Lage am Fuße des Großglockners, imposant das Design des naturnahen Alpin-Hotels, das sich mit viel Holz in die Landschaft einfügt. In der Küche waltet Chefkoch Michael Karl gekonnt seines Amtes und lässt Osttiroler Spezialitäten mit mediterranen sowie asiatischen Einflüssen verschmelzen. Ein einwandfrei glasig gebratener Lachs trug dazu bei, dass uns der Besuch mit Blick auf die Bergwelt besonders erfreute. Die Weinkarte lässt keine Wünsche offen und hält auch einige internationale Tropfen bereit.

à la carte: 7–32 €

Bei der Zusammenstellung dieses Führers ließen wir größtmögliche Sorgfalt walten, trotzdem können Daten falsch oder überholt sein. Eine Haftung können wir auf keinen Fall übernehmen.

KIRCHBERG IN TIROL

BISTRO-RESTAURANT ROSENGARTEN pop 14/20
Köche: Simon Taxacher & Martin Kinast

Das gemütliche Bistro-Restaurant Rosengarten steht für die lockere, legere Seite von Simon Taxacher. Küchenchef Martin Kinast verschreibt sich konsequent ein hohes Maß an Bodenständigkeit. Er setzt auf die authentische österreichische Küche und interpretiert sie modern. Wer möchte, kann auch mit Gillardeau-Austern und Imperial-Kaviar in den Abend starten. Zu Beginn wird hausgemachtes Brot, dazu feinster Tiroler Schinkenspeck und Grammelschmalz gereicht. Delikat ist die gebeizte Gebirgsforelle mit Sauerrahm und grünem Rettich. Leicht und geschmackvoll der confierte Kohlrabi mit Heumilchjoghurt und Pekanuss, eine vegetarische Variante. Das geschmorte Gustostück vom Zwergzebu war von ausgezeichneter Qualität und wurde mit confiertem Sellerie und knuspriger Quinoa serviert. Bei der rosa Milchlammschulter mit Süßkartoffel, grünen Bohnen und gebratenem Sellerie passierte ein unerwarteter Fauxpas. Das Selleriegemüse war angebrannt und wurde – als hätte man das verstecken wollen – mit der hellen Seite nach oben drapiert. Der Karottenkuchen mit Joghurteis war dann ein gelungener Abschluss auf gewohnt hohem Niveau. Ein exzellentes Weinangebot zu vergleichsweise fairen Preisen macht auch glasweise Freude. Sehr aufmerksamer Service.

à la carte: 7–35 €

Tel.: 05357 4201
0664 3138133
6365 Kirchberg in Tirol
Aschauerstraße 46
www.rosengarten-taxacher.com
welcome@rosengarten-taxacher.com
Mo–So 12–14 und 18–21.30 Uhr
❆ bis Anfang Dez. 2019,
Anfang April–Mitte Mai 2020

DIE SPORTALM 15/20
Koch: Bernhard Hochkogler

Nach gelungenem Umbau und Neueröffnung des Gourmethotels Sportalm in Kirchberg nehmen wir in der gemütlichen Stube Platz. Schon zu Beginn begeistern uns die Amuse gueules, so zum Beispiel eine Rotgarnele mit Wasabisorbet, Blutorange, Rettich und einem fein abgeschmeckten Dressing. Hervorragend geht es weiter. Kurz angebratener Thunfisch, gewälzt in Sesam, Gurken-Wasabi-Sorbet, Rote Rübe und Safran-Chili-Mayonnaise, bildschön angerichtet, geschmacklich traumhaft.

Tel.: 05357 2778
6365 Kirchberg in Tirol
Brandseitweg 26
www.hotel-sportalm.at
info@hotel-sportalm.at
Mi–So 18.30–21 Uhr
❆ bis Mitte Dez. 2019

KIRCHBERG IN TIROL

Dann kleine Spinatknöderl in Nussbutter und Parmesan. Ein Filet vom Seesaibling auf glacierten braunen Gemüselinsen und Gewürzvelouté. Rosa gebratenes Nüsschen vom Milchlamm, angerichtet mit zweierlei Bohnen, geschmortem Paprika, Dijonsenf, Oliven und reduziertem Lammjus, besser kann man es nicht machen. Dazu hervorragende Weine, auch glasweise, vom Chef des Hauses perfekt offeriert. Zum Dessert dann marinierte Weichseln, Nougat, Blütenhonig und Cashewkerneis – was für ein schöner Abschluss!

à la carte: 41–68 €

Gault&Millau

NEU! Die besten Almhütten in Tirol und Niederösterreich, alle Infos unter www.gaultmillau.at

KIRCHBERG IN TIROL

SIMON TAXACHER

19/20 ♛♛♛♛

Koch: Simon Taxacher

Ein Abend bei Simon Taxacher ist ein Fest für alle Sinne. Vom Glas Champagner bis zu den Petits fours folgt der Abend einer Choreografie, bei der jedes Detail wichtig ist. An dieser Stelle seien Sommelier Patrick Somweber und sein Team genannt. Sie meistern diese Choreografie mit Bravour und sorgen für einen reibungslosen Ablauf. Die Weinauswahl, auf die sie dabei zurückgreifen können, ist gewaltig. Jetzt zum Menü selbst. Es beginnt noch vor den Amuse gueules. Man hat die Wahl zwischen Imperialkaviar und feinsten Gillardeau-Austern. Dann kommen die Grüße aus der Küche. Sie kommen in zwei Wellen. „Texturen" nennt Taxacher sie. Beim ersten Schub, den „Texturen I" sind ein sensationeller geräucherter Aal, Entenzunge, Taschenkrebstatar und eine unglaublich konzentrierte Tomatenessenz, die in einer Miniaturamphore serviert wird. Ein großartiger Start. Aber auch die „Texturen II" können sich sehen lassen. Was dann kommt, sind vier Gänge, bei denen Fisch bzw. ein Carabinero die tragenden Rollen spielen, und ein Gang besser ist als der andere. Tiroler Gebirgsforelle gebeizt und wunderschön in Szene gesetzt. Dann die Foie gras. Umwickelt von hauchdünnen Scheiben Otoro, dem fettigen und sündhaft guten Bauchfleisch vom Gelbflossen-Thun. Die Carabineros werden von Lardo, Dashi-Algen und gelben Rosinen begleitet und dann kommt der Hammer schlechthin: Bacalhau, also Kabeljau. Der Stockfisch wird arrangiert mit Artischocken (grandios), einer herrlichen Béarnaise, getrockneter Haut und Imperial-Kaviar. Dabei spielen Estragon und Estragonöl noch eine tragende Rolle. Dieser Gang ist absolut herausragend und Somwebers ungefragt dazu servierter Wein, Marof Breg, ein kräftiger Chardonnay aus Slowenien, spielt eine absolut stimmige Begleitmusik. Als Fleischgänge kommen die (geschmorten) Backen vom Ibérico-Schwein mit schwarzem Knoblauch und ein ausgesprochen guter Rehrücken mit Hibiskusblüte und Kerbel. Der Käsewagen ist ohnehin legendär und braucht nicht weiter beschrieben zu werden. Dazu serviert wird – fast en passant – der Presskndödel in der Brennsupp'n. Ein herrliches Kleinod, das den Käseteller links überholt. Richtig gut dann auch die beiden Desserts. Das erste ein Sorbet vom Granny Smith, umhüllt von molligem (auch, weil mit Kamille aromatisiertem) Vollmilcheis und grünem Rhabarber, das zweite ein Erdbeerdessert mit Fenchel und frischem Olivenöl. Ein spannender Abschluss mit zauberhafter Bitternote.

à la carte: 45–65 €

Tel.: 05357 4201

6365 Kirchberg in Tirol
Aschauer Straße 46

www.rosengarten-taxacher.com
welcome@rosengarten-taxacher.com

Mo, Do–Sa 19–20.30 Uhr
❄ bis Anfang Dez. 2019,
Anfang April–Mitte Mai 2020

KITZBÜHEL

KITZBÜHEL F4

BERGDIELE STAMPERL KITZBÜHEL 13/20
Koch: Mario Peschel

Tel.: 05356 67403
0699 13 75 69 77

6370 Kitzbühel
Franz-Reischl-Straße 7

www.bergdiele-stamperl.at
info@bergdiele-stamperl.at

Do–Di 17.30–22 Uhr
variabel

Die oberösterreichische Gastronomenfamilie Staybl zog es vor einigen Jahren in die Gamsstadt, nach einem Umzug scheint sie nun im Stamperl nahe dem Eingang zur Innenstadt gut gelandet zu sein. Geschickt manövrieren die Staybls durch die Herausforderungen eines extremen Saisonbetriebs. Im Klartext: Im Winter ist die Hölle los, im Sommer muss man kreativ sein. Was ihnen gemeinsam mit dem Küchenteam gut gelingt: Im Winter verwandelt sich der Gastgarten zur Après-Ski-Champagnerzone, man bietet die größte Ginauswahl Kitzbühels an der Bar ab 22 Uhr mit DJs und die Küche versucht den Spagat zwischen Ausgefallenerem und solider Hausmannskost. Was gut gelingt: ein hervorragender Kalbsleberaufstrich mit Trüffel zum Brot, kurz angebratenes Thunfischsashimi mit Mango, Couscous und Hummus – zwar viel los auf dem Teller, aber erstklassige Fischqualität. Bissfeste, zarte Tagliatelle mit Trüffelschaum und millimeterdick gehobelter Sommertrüffel aus dem Piemont. Ein köstlicher Luxus. Das Tataki vom Milchkalb mit Kohlrabi und vorhersehbaren Aromen: Sesam, Wasabi, Miso, eingelegter Ingwer. Etwas Säure hätte das Ganze noch gehoben. Aber gut ausgeführt, das Milchkalb war butterzart. Zum gegrillten Saiblingsfilet gab es wilden Brokkoli, kleine Eierschwammerl, Erdnüsse und Püree, das zu muskatlastig war. Kurzum: Das Potenzial ist da, aber da geht noch mehr.

à la carte: 15–49 €

CHIZZO 11/20

Tel.: 05356 64500

6370 Kitzbühel
Josef-Herold-Straße 2

www.chizzo.at
service@chizzo.at

Das Chizzo ist ein Lokal mit Geschichte und befindet sich in einem der ältesten Häuser der Stadt. Das Ambiente ist umwerfend, elegant und gemütlich, der Service aufmerksam, die Weine hervorragend. Wir begannen mit katalanischem Hummersalat, knackigem Sommergemüse und Melone. Sehr schade, dass der feine Hummergeschmack dabei von der rohen Zwiebel dominiert wurde. Das knusprig gebratene Spanferkel mit Spitzkraut und Sauce hatte dafür zu wenig Geschmack. Das feine Stubenküken aus dem Ofen wurde mit gratinierten Kartoffeln und Sommersalat serviert. Gut geschmeckt hat uns dann der Alt-Wiener Apfelstrudel mit Vanillefondue und weißem Kaffeeeis. Fazit: Leider kann die Küche (noch) nicht ganz mit dem prachtvollen Ambiente mithalten.

KITZBÜHEL

CUISINO RESTAURANT KITZBÜHEL 12/20
im Casino Kitzbühel

Koch: Walter Hiedl

Tel.: 05356 62300500
05356 62300 15600

6370 Kitzbühel
Hinterstadt 24

www.casinos.at
info@cuisino-kitzbuehel.at

täglich 17.30–22.30 Uhr
variabel

Im Cuisino Restaurant Kitzbühel fühlt man sich wohl. Der Service ist aufmerksam und die Küche arbeitet solide. So überzeugen der gebackene Spargel mit Eis vom grünen Spargel oder die hausgebeizte Lachsforelle mit Avocado sowie Brunnenkresse. Wenn vorhanden, sollte man den rosa gebratenen Gamsrücken oder den fangfrischen Steinbutt mit Gemüse probieren. Bei den Desserts verführen Schokoladeknödel mit Popcorneis und Banane zum süßen Genuss. Das Speisenangebot wird durch eine eigene Steakkarte ergänzt. Darauf finden sich Rib-Eye-Steaks aus Australien beziehungsweise Filetsteaks aus Uruguay und Argentinien.

à la carte: 12–40 €

KUPFERSTUBE 17/20
im Tennerhof Gourmet & Spa de Charme Hotel

Koch: Stefan Lenz

Tel.: 05356 63181

6370 Kitzbühel
Griesenauweg 26

www.tennerhof.com
office@tennerhof.com

Mi–So 19–21 Uhr
bis Mitte Dez. 2019,
Mitte März–Mitte Mai 2020

SERVICE AWARD 2009

Die Küche von Stefan Lenz ist einfach zu beschreiben. Zum einen eine sichere Hand für hochwertige Produkte, die über jeden Zweifel erhaben sind. Zum anderen meisterliches Handwerk beim Umsetzen kreativer Ideen. Und da ist dann noch der Schalk, der dem Koch immer wieder im Nacken sitzt und für gelungene Überraschungen sorgt. Den Start macht ein Gang mit den Tiroler Alpengarnelen aus Hall. Die Alpengarnele hat im Tennerhof bereits einige Varianten hinter sich. Im aktuellen Menü kommt sie mit Tomatenkernen und Buschbasilikum und eröffnet den Reigen. Danach ein bemerkenswert guter Gang mit Sellerie, der mit Périgord-Trüffel und fein gehackter Haselnuss serviert wird, angerichtet wie eine Rosenblüte und nicht nur ausgesprochen schön, sondern auch unglaublich gut. Zwei Gänge später wieder ein heimischer Fischgang. Kössener Forelle mit Eierschwammerln und Kräutern vom Garten. Ein paar Monate zuvor gab es die Kössener Forelle mit kleinen getrockneten Nordseekrabben und im Krustentierfond. Und auch das war eine grandiose Interpretation. Einer der nächsten Gänge heißt „Kopf und Zunge vom Milchkalb mit Senfsaat". Dieses Gericht ist so mollig, so harmonisch und so lange anhaltend, dass man versucht ist, die Zeit – oder zumindest das Menü – anzuhalten. Als Hauptgang

KITZBÜHEL

wird eine neue, absolut überzeugende Variante der bereits bekannten Challans-Ente mit fermentiertem Pfeffer und Wachauer Marille serviert. Danach gibt es Käse von einem der besten Schafkäsebauern des Landes, der Familie Nuart aus Kärnten. Die Weinbegleitung ist klar und selbstbewusst, die Auswahl der Weine umfangreich.

à la carte: 22–251 €

LOIS STERN

14/20

Koch: Lois Stern

Tel.: 05356 74882
6370 Kitzbühel
Josef-Pirchl-Straße 3
www.loisstern.com
office@loisstern.com
Di–Sa 18–24 Uhr
❄ Nov. 2019, Mitte Juni–Anfang Juli 2020

Es hat etwas gedauert, bis wir begriffen, dass „Lois Stern" kein Künstlername oder Wortspiel ist. Nein, Lois und Maria Stern sind die Wirtsleute des Restaurants nur ein paar Schritte von der Kitzbüheler Fußgängerzone entfernt, das es seit mittlerweile 25 Jahren vermag, kulinarische Weltoffenheit mit Niveau zu demonstrieren. So gibt es zum Beispiel Ceviche von weißem Heilbutt mit grüner Papaya und kleinen Datterini-Paradeisern sowie einer betörenden Menge an frischen Kräutern und einem nachdrücklichen Chili-Limetten-Dressing. Ebenso ein Stern-Klassiker: Wok mit knackigen Gemüseminiaturen und Wildgarnelen – an sich schon sehr gut, aber mit Maß und Ziel eingesetzten Aromaten wie Zitronengras, Knoblauch und Chili mehr als das. Das Tagesgericht führte geografisch in eine andere Ecke der Welt: ein saftiges Stück gebratener Heilbutt mit einem Hummus-Süßkartoffel-Püree und sautiertem Grünkohl (kennt man bei uns kaum, in England und den USA nennt man das „Kale"). Die Sorbets am Ende sollte man nicht auslassen (vor allem Passionsfrucht, Mango und Himbeere), ebenso wenig den Phili-Cheesecake mit Zitrone und frischen Himbeeren, wenn er zufällig auf der Karte steht. Der Service ist flink und patent, die Getränkeauswahl bietet mehr als das Übliche zu vernünftigen Preisen. Kein Wunder also, dass man spontan eher keinen Tisch bekommt.

à la carte: 12,50–38 €

www.gaultmillau.at – Tipps, Trends, Rankings und alle Restaurantkritiken

KITZBÜHEL

NEUWIRT ⁿ
im Hotel Schwarzer Adler
Koch: Jürgen Kleinhappl

14/20

Tel.: 05356 691158
6370 Kitzbühel
Florianigasse 15
www.restaurant-neuwirt.at
info@restaurant-neuwirt.at
Do–Mo 11–22 Uhr

Jürgen Kleinhappl (zuvor: GH Steuerberg) ist der neue Küchenchef im Neuwirt mitten in Kitzbühel. Er legt großen Wert auf Regionalität, Saisonales und vor allem Produkte aus nachhaltiger Produktion. Wir beginnen mit einem „Tatar Neuwirt", Rind und Thunfisch mit Avocadocreme und Senfmayonnaise. Das Rind ist sehr fein gewürzt, beim Thunfisch fehlt leider ein wenig der aromatische Pepp. Sehr delikat und gar nicht so rustikal, wie es klingt, kommt „Jürgens" Fischsuppe mit Knoblauchbrot daher. Ein echter Hit dann das gebackene Landhendl im Bioberghau mit Kartoffel-Kraut-Häuptelsalat, steirischem Kürbiskernöl und Apfelmostessig. Am gelben Gemüsecurry mit gebratenen Riesengarnelen und Basmatireis gibt es außer dem etwas zu bissfest gegarten Gemüse auch nichts auszusetzen, es bietet eine reizvolle Schärfe, die jedoch gut abgefedert auch für mitteleuropäische Gaumen verträglich ist. Das Dessert, ein flaumiger, lauwarmer Schokobrownie auf marinierten Erdbeeren und Sorbet, ist ein schöner Abschluss. Ausgezeichnete Weinkarte.

WIRTSHAUS ZUM REHKITZ
Koch: Lukas Muntigl

11/20

Tel.: 05356 66122
6370 Kitzbühel
Am Rehbühel 30
www.rehkitz.at
office@rehkitz.at

Was passt besser zu Kitzbüheler Alpen und Bergluft als traditionelle Tiroler Wirtshausküche? Küchenchef Lukas Muntigl weiß mit heimischen Spezialitäten zu verwöhnen und verarbeitet hochwertige Produkte, die sich stets an jahreszeitlichen Gegebenheiten orientieren. Eine kräftige Rindsuppe mit Grießnockerl sorgt für einen soliden Einstieg. Das folgende Eierschwammerlgulasch mit flaumigem Semmelknödel unterstreicht, warum Tirol für seine Knödel berühmt ist. Auch das Kalbsrahmgulasch mit Butterspätzle ist immer eine gute Wahl. Beim Dessert empfiehlt es sich dann wieder auf Knödel umzusatteln. Neben Kaiserschmarren und Hollermandl warten köstliche Marillenknödel, die in nicht zu wenig Butterbröseln geschwenkt werden. Die drei Stuben sind gemütlich und urig. Im Sommer genießt man die Natur und sitzt auf der schönen Terrasse.

KITZBÜHEL

ZUR TENNE

12/20

Tel.: 05356 644440
6370 Kitzbühel
Vorderstadt 8–10
www.hotelzurtenne.com
info@hotelzurtenne.com
Mo–Sa 11–23, So 11–23 Uhr

Das elegante Hotel im Zentrum der Altstadt bietet ein ebensolches Restaurant, in dem man sich auf Anhieb wohlfühlt. Irgendwie macht es immer wieder Spaß, wenn man in historischen Räumlichkeiten gediegen speisen kann. Und auch das Getränkeangebot ist beeindruckend, wenngleich das Preisniveau der noblen Adresse entspricht. Zu Mittag gibt es traditionelle österreichische Gerichte, abends kann man dann aus der Gourmet-Karte wählen, wo zusätzlich noch einige Meeresfisch-Spezialitäten (Seezunge, Steinbutt, Scholle) und Fleischgerichte (Filet vom Almochsen, Ibérico-Steak) angeboten werden. Leider schien die Küche bei unserem Besuch – vielleicht wegen des großen Andrangs – etwas überfordert. Gut gelang die Zitronengrassuppe mit Garneleneinlage, etwas lieblos und übergart kam der Steinbutt mit Miesmuschel-Nage zu Tisch. Sehr gut dann wieder das Dessert. Auf den Kaiserschmarren mit Zwetschkenröster ist hier eben immer Verlass.

HAGSTEIN

👍 **Tipp**

Tel.: 05356 65216
6370 Kitzbühel
Hagsteinweg 25
www.gasthof-hagstein.at
info@gasthof-hagstein.at
täglich 11–21 Uhr
✱ variabel

Seit fünf Generationen betreibt die Familie Zehentner den urigen Berggasthof, der überall nur „Die Hagstein" genannt wird, und hat damit eine Kitzbüheler Wirtshauslegende geschaffen. Idyllisch am Kitzbüheler Horn gelegen, ist sie ideal zu erreichen und bietet bodenständige Küche in konstant hervorragender Qualität. Die riesige Terrasse bietet einen wunderbaren Ausblick.

à la carte: 7–22 €

HOTEL ZUR TENNE

HOTEL ZUR TENNE

Im Herzen der Altstadt Kitzbühels gelegen, lädt das Hotel Zur Tenne zum Genießen, Feiern und Verweilen ein. Massive Holztische, Hand geschnitzte Wand- und Deckenvertäfelungen, dekoriert mit wertvollen Geweihen erzeugen ein einzigartiges, gemütliches Ambiente. Nehmen Sie Platz in der gemütlichen Kamin- und Jagastube oder im Licht durchfluteten Wintergarten und genießen Sie einen edlen Tropfen.

Die Küche der Tenne verzaubert mit regionalen Schmankerln und internationalen Speisen selbst anspruchsvollste Gourmets. Wir sind der Meinung: Ein wirklich erstklassiges Hotel sollte auch das kulinarische Leben seiner Stadt bereichern. Reservierung erbeten unter: +43 53 56.6 44 44-606

Hotel Zur Tenne
Vorderstadt 8-10
A-6370 Kitzbühel/Tirol

Fon +43 5356.6 44 44 - 0
Fax +43 5356.64 80 - 356

www.hotelzurtenne.com
info@hotelzurtenne.com

KUFSTEIN　　　　　　　　　　　　　　　　　　　　　F3

ALPENROSE　　　　　　　　　　　　　　14/20

Koch: Markus Heimann

Das Stadthotel und Restaurant Alpenrose ist modern und gemütlich ausgestattet. Küchenchef Markus Heimann begeistert mit einer eleganten Küche, die trotzdem bodenständig und nahe der Natur und den Menschen ist. Saisonal und regional ergibt sich da von selbst, ja mehr noch: Er bezieht viele Produkte direkt vom eigenen Familienbetrieb, dem Lindhof in Thiersee. Zu Beginn kamen Aufstriche mit selbst gebackenem Brot. Dann eine cremige Topinamburschaumsuppe, leicht und gut. Ebenso köstlich die Bouillabaisse von Süßwasserfischen. Im kräftigen Safransud fanden sich Flusskrebse, heimische Fische und fein gefüllte Ravioli. Das Zweierlei vom Biorind, ein Filet im Kräutermantel und geschmortes Wangerl, wurde mit frischem Gemüse und Petersilpüree sehr dekorativ präsentiert und war ausgezeichnet. Das Dessert von der Mandarine war ein Biskuittörtchen mit Mandarinencreme sowie fruchtigem Sorbet, leicht und erfrischend. Sommelier Christian Prack berät bei der Auswahl passender Weine aus dem gut sortierten Weinkeller. Es gibt überwiegend österreichische, aber auch ein paar verlockende internationale Weine. Der Service ist kompetent und ausgesprochen freundlich.

à la carte: 5,50–40 €

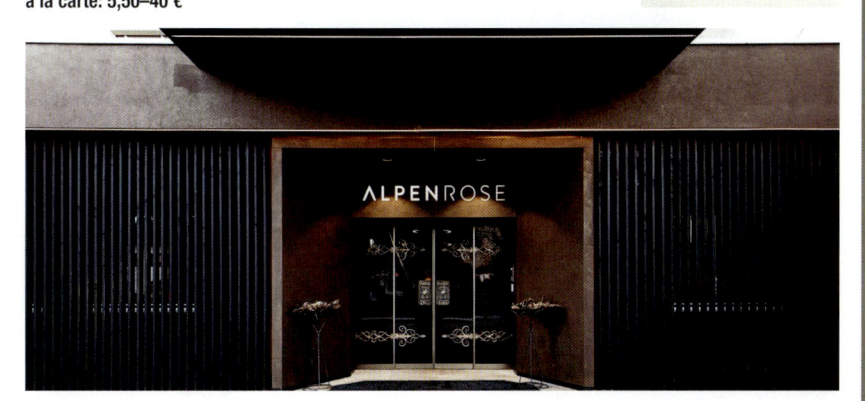

Tel.: 05372 62122
0664 916 56 60

6330 Kufstein
Weißachstraße 47

www.alpenrose-kufstein.at
hotel@alpenrose-kufstein.at

Di–Fr, So 12–14 und 18–21.30,
Sa 18–21.30 Uhr

KUNDL　　　　　　　　　　　　　　　　　　　　　　F3

GASTHAUS KUNDLER KLAMM　　　　12/20

Koch: Reinhard Klingler

Die schmale Schotterstraße, die zum Gasthaus Kundler Klamm führt, müsste man unter Denkmalschutz stellen. Denn wo kann man heute noch über eine Holzbrücke und entlang vorstehender Felswände fahren? Nach einem Glas Weißwein durften wir zunächst eine Kichererbsencreme mit gebackenem Ei und gegrilltem Gemüse verkosten. Exzellent. Und auch die Alternative – eine feurige Linsen-Kokos-Suppe mit geräuchertem Tofu – zeigte, es muss nicht immer Fleisch sein. Es darf aber. Das zarte Beiried sowie der gut gewürzte Burger waren perfekt zubereitet. Die Beilagen – Speckfisolen und Erdäpfelgratin – schmeckten, einzig der Pfeffersauce fehlte etwas der sprichwörtliche Pep. Überzeugen konnte auch die gegrillte Maishenderlbrust mit Sauce béarnaise, zu der wir uns eine Flasche Zweigelt öffnen ließen. Abschließend gab es noch einen Schokoladespitz mit Ananassorbet. Unter Umständen kann es zu längeren Wartezeiten kommen. Gut zu wissen: Hier wird nur Bargeld akzeptiert.

à la carte: 10–40 €

Tel.: 05338 20620
0650 526 29 69

6250 Kundl
Kundler Klamm 49

www.kundlerklamm.at
gasthaus@kundlerklamm.at

Di–Do, So 10–18, Fr, Sa 10–19 Uhr
3 Wochen ab 23. Dez. 2019

LANS

LANS D4

WILDER MANN 13,5/20

Koch: Michael Streng

Tel.: 0512 379696
0512 377387

6072 Lans
Römerstraße 12
www.wildermann-lans.at
info@wildermann-lans.at
täglich 11.30–14 und
17.30–21.30 Uhr
✱ variabel

Wer wissen möchte, wie gehobene Tiroler Gastlichkeit in Perfektion aussieht, der geht am besten zum Wilden Mann nach Lans. In den behaglichen, holzgetäfelten Stuben des jahrhundertealten Landgasthofs werden – abgesehen von ein paar Umwegen wie Garnelen oder Thunfischtatar – österreichische Klassiker und Tiroler Spezialitäten aufgetischt. Hier wird richtig gutes Essen in konstanter Qualität geboten. Die Preise sind stattlich, ebenso die Portionen. Vorbildlich das Quellwasser auf dem Tisch und der schöne Brotkorb. Die Weinkarte ist übersichtlich, das Serviceteam geschult und herzlich. Perfekte Tiroler Gastfreundschaft eben.

à la carte: 15–40 €

Bewertungen NEU

11 bis 12,5 Punkte von 20 Punkten: 1 Haube

13 bis 14,5 Punkte von 20 Punkten: 2 Hauben

15 bis 16,5 Punkte von 20 Punkten: 3 Hauben

17 bis 18,5 Punkte von 20 Punkten: 4 Hauben

19 bis 19,5 Punkte von 20 Punkten: 5 Hauben

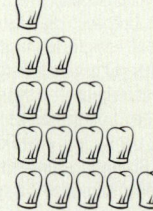

LAVANT
G5

VINCENA
im Dolomitengolf Suites
Koch: Christian Seiler

14,5/20

Tel.: 04852 61122-580
0676 7846923

9906 Lavant
Am Golfplatz 2
www.vincena.at
info@dolomitengolf-suites.com
täglich 18.30–21 Uhr
bis 16. April 2020

Dass Osttirol nur rustikale Berghütten zu bieten hätte, ist ein Vorurteil, das nicht zuletzt vom Vincena mit müheloser Leichtigkeit und urbanem Chic widerlegt wird. Dem Trend zur Regionalität scheint man sich hier zu widersetzen, so nahe am Schnittpunkt zwischen mediterraner und alpiner Gemütsverfassung. So begleiten den zart-saftigen Kaninchenrücken eine gebratene Melone und Prosciutto crudo, die Brust vom Schwarzfederhuhn ruhte auf im Frühling ungewohntem, aber samtweichem Püree vom Butternusskürbis. Das à point getroffene Steinbeißerfilet vertrug sich ausgezeichnet mit deftigen Saubohnen und cremigem Paprika, der zudem mit angenehm-dezenter Schärfe punktete, ohne dem Fisch die Show zu stehlen. Was der ausgesprochen freundliche und engagierte Service schließlich etwas prosaisch als Schokoladenmousse mit Roten Rüben ankündigte, war nicht nur optisch, sondern auch sonst ein kleines Kunstwerk, erdige und süße Nuancen hielten sich gekonnt die Waage.

à la carte: 5,50–36 €

LERMOOS
C4

180°
im PURE Resort Lermoos
Koch: Theo Hofherr

11/20

Tel.: 05673 20930

6631 Lermoos
Silbergasse 1
www.pure-lermoos.com
180grad@pure-lermoos.com
Di–So 12–21 Uhr

Egal zu welcher Jahres- oder Uhrzeit, der Ausblick von einer der großen Fensterfronten auf das bizarre Bergmassiv, das recht einsam in der Landschaft zu stehen scheint, ist atemberaubend. Zudem sorgen die großen Fenster für lichtdurchflutete Räume, die Einrichtung für wohlige Wärme und modernen Pep. Das Speisenangebot ist vielfältig und reicht von Klassikern der österreichischen Wirtshausküche über Tiroler Köstlichkeiten hin zu fantasievollen Desserts. Überhaupt scheint „das Süße" eine bedeutende Rolle im 180° zu spielen. Das Konfekt (das man auch für zu Hause einkaufen kann) ist umwerfend.

à la carte: 8,90–35 €

LIENZ

GENIESSERHOTEL POST LERMOOS
Alpine Luxury, Gourmet & Spa

14,5/20

Koch: Thomas Strasser

Tel.: 05673 22810
0664 2564998

6631 Lermoos
Kirchplatz 6

www.post-lermoos.at
welcome@post-lermoos.at
Mi–So 12–14 und 18.30–21.30 Uhr

Nicht-Hausgäste verirren sich zwar selten in das Genießerhotel, tun sie es jedoch, dann werden sie zu Mittag etwa mit einem zarten Zwiebelrostbraten mit Braterdäpfeln, Garnelen auf asiatischem Gemüse beziehungsweise gebackenen Apfelradeln mit Vanillesauce und Zimtparfait verwöhnt. Abends kann man sich dann von Hirschbutterschnitzel, Schwarzbrotcreme und Vogelbeeren, Röstzwiebelessenz mit Limettenblättern, mit Morcheln gefüllter Perlhuhnbrust oder Seeteufelfilet mit rotem Mangold und Krustentiersauce begeistern lassen. Die Sorbets (Zitrone und Ribisel) lassen auch keine Wünsche offen. Dies gilt auch für den aufmerksamen Service oder die interessant zusammengestellte Weinkarte, die auch preislich eine angenehme Überraschung ist.

à la carte: 9–43 €

LIENZ
G5

MOARHOFSTÜBERL
im Hotel Moarhof

👍 **Tipp**

Tel.: 04852 67567
0676 8420 2810

9900 Lienz
Moarfeldweg 18

www.hotel-moarhof.at
info@hotel-moarhof.at
Do–Di 18–21 Uhr
❄ April 2020

Das Moarhofstüberl ist ein kleines, feines À-la-carte-Restaurant im Hotel Moarhof. Hier speist man, was der Alpen-Adria-Raum zu bieten hat – von Muschelrisotto bis zum Tomahawk-Steak für zwei Personen und Osttiroler Schlipfkrapfen. Das Ambiente ist traditionell klassisch, das Stüberl gemütlich und die große Sonnenterrasse lädt bei Schönwetter zum Verweilen ein.

à la carte: 18–36 €

🍇 **Die besten Weine Österreichs:**

MATREI IN OSTTIROL　　　　　　　　　　　　　　　　　　　　　　　　G4

RAUTERSTUBE　　　　　　　　　　　　　　　　　　14/20
im Hotel Rauter
Koch: Michael Rainer

Tel.: 04875 6611
9971 Matrei in Osttirol
Rauterplatz 3
www.rauterstube.at
info@hotel-rauter.at
bis 20. Dez. 2019

In der gemütlichen Rauterstube gleicht das „Lieblings-Menü" des Küchenchefs einem Streifzug durch die Alpen bis hin ans Meer. Nach dem Gruß aus der Küche mit Aufstrichen und feinem Rohschinken kam das Beste von der Gänseleber, in ausgezeichneter Qualität kalt und warm serviert, mit Brioche und Ribiselconfit auf den Tisch. Die Consommé von der Tomate mit Isel-Forelle und Rübengemüse schmeckte sehr gut. Höchste Qualität beim Rücken vom Osttiroler Kalb mit Jakobsmuschel vom Grill und Zitronengrasjus. Köstlich die Topfen-Marillen-Knödel. Flinker und kompetenter Service, gute Auswahl auch an offenen Weinen.

à la carte: 6–36 €

SALUTI　　　　　　　　　　　　　　　　　　　　　15/20
Koch: Ernst Moser

Tel.: 04875 6726
0664 43 31 61 39
9971 Matrei in Osttirol
Griesstraße 10
www.saluti-matrei.com
pizzeriasaluti@aon.at
Mo, Mi–Sa 17.30–22, So 12–14 und 17.30–22 Uhr
3 Wochen im Juni 2020

Hinter der Fassade der örtlichen Tennishalle verbirgt sich ein kulinarisches Kleinod. Die Speisekarte bietet eine große Auswahl an Pizza- und Pastagerichten und mehrgängigen Überraschungsmenüs. Wir starten mit einer Gänseleberterrine mit Dattelmarmelade und Vogelbeere. Es folgt eine fulminante Gelbschwanzmakrele mit Ingwer, Yuzuperlen, Melone und Wasabicreme. Die alpine Misosuppe mit eingelegter Teigtasche – gefüllt mit geräuchertem Saibling – ist ein Suppentraum. Mit dem darauf folgenden Tintenfischbeuschel schwenken wir kurz ins italienische Fach. Gut und spannend geht es weiter mit einem glacierten Schweinsbauch in Sojasauce und einem hervorragenden Filet vom Almochsen, zubereitet in einer Zirbensauce. Beim Dessert überzeugte uns das Fichtenwipfeleis. Die umfangreiche und fair kalkulierte Weinkarte bietet neben Österreich auch ein paar große internationale Namen.

à la carte: 9,50–29 €

MAURACH AM ACHENSEE　　　　　　　　　　　　　　　　　　　　　E4

MICHL STUB'N　　　　　　　　　　　　　　　　　　12/20
im Hotel Vier Jahreszeiten
Koch: Richard Bracklow

Tel.: 05243 5375
6212 Maurach am Achensee
Eggweg 2–3
www.4jahreszeiten.at
hotel@4jahreszeiten.at
Do–Di 11–14 und 18–22 Uhr
bis 20. Dez. 2019

Die Michl Stub'n ist das Gourmetlokal des Hotels Vier Jahreszeiten in Maurach am Achensee. Küchenchef Richard Bracklow bringt seit Jahren eine konstante Leistung und informiert persönlich über das Menü. Das Duett von Lachs und Avocado war sehr dekorativ angerichtet. Überzeugend die Wachtelbrust mit Kartoffel-Trüffel-Espuma, Kräuterseitlingen und hausgemachten, flaumigen Spinatgnocchi. Die Seezunge wurde auf cremigem Zitronenrisotto und halb getrockneten Tomaten serviert. Die Variation vom Tiroler Kitz, einmal im Brotteig, ein kleines Kitzschnitzel auf Kartoffelsalat und geschmort mit köstlicher Sauce, ausgezeichnet. Als Abschluss ein warmer Brownie, begleitet von frischen Erdbeeren und Vanilleeis, sehr gut. Aufmerksamer Service.

à la carte: 4,50–27,50 €

Jetzt im Gault&Millau-Weinguide.

MAYRHOFEN

MAYRHOFEN   E4

HUBER'S BOUTIQUEHOTEL   12,5/20
Koch: Klemens Huber

Glücklich darüber, einen Sitzplatz unter den Obstbäumen ergattert zu haben, genießen wir die Idylle und alpine Natur. Die Speisekarte stellt uns mit den zwei Menüs „Lust" und „Liebe" vor die Wahl und bietet die Option, zwischen drei und sieben Gängen zu wählen. Bei uns darf es dieses Mal ein bisschen Liebe sein, Beef Tatar mit Senfmayonnaise und Wachtelei sorgten für einen ansprechenden Einstieg. Erfreulich auch die hausgemachten Ravioli mit Trüffel, Eigelb und Kartoffelschaum, welche sich durch akkurates Handwerk auszeichneten. Lieblingsgericht des Abends war die zeitgemäße Interpretation des Rehragouts, das mit seinen Beilagen punktete und sämig weich zubereitet war. Germknödel, Mohn und Rote Rübe sorgten für stimmige Begleitung. Voller Liebe und Leidenschaft dann auch das finale Dessert, das auf Frischkäse basierend eine Variation von Blutorange, Sanddorn und Butterkeks lieferte.

Tel.: 05285 62569
6290 Mayrhofen
Dornaustraße 612
www.hbhotel.at
info@hbhotel.at
täglich 18.30–20 Uhr
bis 12. Dez. 2019,
Mitte April–Ende Mai 2020

NEUSTIFT IM STUBAITAL   D4

HUBERTUS STUBE   17/20
Koch: Boris Meyer

Es ist erstaunlich, wie das Team der Hubertusstube, das ohnehin seit einer gefühlten Ewigkeit auf eindrucksvollem Niveau kocht, immer wieder eins draufsetzen und überraschen kann. Zuerst wird herausragender Mangalitzaspeck serviert, den ein Bauer im Nachbarort macht. Das große „Hubertusmenü" hat sieben Gänge (Pré-Dessert und Amuse gueules nicht eingerechnet) und man ist gut beraten, „das Große" zu nehmen. Den Auftakt macht ein spannender Teller mit Jakobsmuscheln (gebraten und roh mariniert) und Schweinsohr (als Terrine verarbeitet). Ein gewagter, aber gelungener Auftakt. Mit Hummer (geflämmt) und Kwell-Saibling (confiert) kommen noch zwei großartige Fischgänge,

Tel.: 05226 266 6503
6167 Neustift im Stubaital
Scheibe 44
www.hotel-jagdhof.at
mail@hotel-jagdhof.at

bevor ein perfekt gebratenes Bries die Fleischgänge einläutet. Höhepunkt des Menüs ist das grandiose gebratene Reh mit Eierschwammerln und Baumkuchen. Extrem gastfreundlich ist der Weinservice: hochgradig flexibel bei Sonderwünschen, dazu außergewöhnliche Empfehlungen. Können sich Chef und Sommelier nicht auf einen Wein einigen, werden einfach beide serviert. Thermenregion und Mallorca. Beide außergewöhnlich gut.

SCHAUFELSPITZ
Koch: David Kostner

pop 15/20

Tel.: 05226 8141308
6167 Neustift im Stubaital
Mutterberg 2

www.schaufelspitz.
stubaier-gletscher.com
reservierung.eisgrat@
stubaier-gletscher.com

täglich 9–16 Uhr
Anfang Mai–Mitte Okt. 2020

Küchenchef David Kostner hat sich nach Stationen in der Schweiz und England mit dem Schaufelspitz ein Restaurant als kulinarische Wirkungsstätte ausgesucht, das auf fast 3.000 Höhenmetern mit der beeindruckenden Kulisse der Tiroler Bergwelt konkurrieren muss. Der gebürtige Innsbrucker meistert diese Herausforderung mit Bravour. Die Frischkäsecannelloni mit gebeiztem Gemüse waren optisch und geschmacklich ein Hochgenuss, die Ochsenschwanzkroketten mit Sellerievelouté ebenso. In der gleichen hohen Liga spielten das Huchenfilet mit Kartoffelstampf, Artischocke, Distelöl und fermentiertem Krautjus beziehungsweise die rosa gebratene Entenbrust mit fein geschnittener Kerbelknolle, Hagenbuttenmarmelade und Schwarzkohl. Zum Dessert bestellten wir noch einen Apfelstrudel mit Zimteis – ebenfalls sehr gelungen. Wer guten Wein zum Essen trinken möchte, muss leider etwas tiefer in die Tasche greifen. Vorbildlich, dass verschiedene Kaffeemischungen angeboten werden.

à la carte: 15–25 €

NUSSDORF-DEBANT G5

BERGGASTHOF FASCHINGALM Ⓝ 👍 Tipp

Traditionelle Gerichte, Regionalität und Frische sind das Credo im Berggasthof Faschingalm. Verfeinert mit einem Hauch Modernität erhält man hier feine Schmankerl in solider Qualität. Die Lage inmitten der Lienzer Dolomiten ist mehr als idyllisch, und wer gerne wandert, mit dem Mountainbike den Berg bezwingt oder einfach nur auf der Terrasse sitzen möchte, ist hier bestens aufgehoben.

à la carte: 6–35 €

Tel.: 04852 65638
0664 3459388

9990 Nußdorf-Debant
Faschingalm 1

www.faschingalm.at
info@faschingalm.at

Di, So 11.30–14.30,
Mi–Sa 11.30–14.30 und
17.30–21.30 Uhr
✗ bis 3. Dez. 2019

OBERGURGL

GOURMETSTUBE HOCHFIRST Ⓝ
im Alpen-Wellness Resort HOCHFIRST
Koch: Hans Zusser

15,5/20

Tel.: 05256 63250
6456 Obergurgl
Gurglerstraße 123
www.hochfirst.com
info@hochfirst.com
Mo–Fr 18.30–21.30 Uhr
❄ Mitte April–Mitte Nov. 2020

Die Gourmetstube im Hochfirst ist vom Rest abgetrennt. Das Ambiente ist äußerst stilvoll, der Service hochprofessionell. Das ist wahrscheinlich in anderen Gastronomiebereichen des Hotels genauso. Nur hier ist es auffallend. Das Degustationsmenü ist absolut außergewöhnlich und jedem wärmstens ans Herz zu legen. Der erste Gang – Gänseleber und Kaninchen – kommt leicht und frühlingshaft (mit Spargel, Zwergorangen und Apfel), der Wolfsbarsch in einer sagenhaft üppig-guten Fischessenz, der Hauptgang (Wagyu und Miéral) überzeugt vollends und die Patisserie schickt Desserts mit einem Augenzwinkern aus der Küche. Der Weinkeller ist gut bestückt, in der Vinothek Santé kann man sich den dort gehüteten Schätzen in aller Ruhe widmen.

EDELWEISS & GURGL
Koch: Alfred Renn

11/20

Tel.: 05256 6223
6456 Obergurgl
Ramolweg 5
www.edelweiss-gurgl.com
info@edelweiss-gurgl.com
täglich 18–21 Uhr

Auf 1930 Meter Seehöhe verwöhnt Küchenchef Alfred Renn seine Gäste mit regionalen Produkten und Grauvieh-Spezialitäten aus der eigenen Landwirtschaft. Im Vordergrund steht die alpine Küche, die mit einigen modernen Elementen zeitgemäß adaptiert wird. Fast nicht mehr wegzudenken aus jeglichen Speisekarten ist das Beef Tatar. Wenn es aber derart würzig und frisch zubereitet ist wie hier, sehnt man sich nach keinen großartigen Alternativen. Während der Saison ist man mit den Wildgerichten stets gut beraten. Auf Vorbestellung ist auch ein Fondue-Abend möglich. Für den finalen Abschluss sorgen Klassiker: Hausgemachter Kaiserschmarren mit Zwetschkenröster und Schokoladefondue werden dem süßen Hunger gerecht. Die Anreise hoch hinauf macht sich also bezahlt.

à la carte: 7–38 €

PERTISAU

PERTISAU E3

WILDERER GOURMETSTUBE 14,5/20
im Hotel Karwendel

Köchinnen: Stefanie Rieser & Bettina Klausner

Das Karwendel verspricht „Wellness-Zuhause am Achensee". In der gemütlichen Wilderer Gourmetstube kann man erleben, wie diese Philosophie im Restaurant umgesetzt wird. Nach der herzlichen Begrüßung durch den Hausherrn und persönlicher Vorstellung des Serviceteams kommt eine imposante Aufstrich- und Amuse-gueules-Parade zu Tisch, die Zurückhaltung verlangt. Highlight in der Menüabfolge ist eine Dillschaumsuppe mit geräuchertem Aal, Gurke und Tomate auf einem Blätterteig-Ast. Auch die Wachtelbrust mit wildem Brokkoli ist sehr gut – die Konsistenz perfekt, der Trüffelschaum eine harmonische Ergänzung. Dazwischen wunderbar, aber sättigend, ein Eis am Stiel aus Heumilch und schließlich als Hauptspeise ein dry-aged Kalbsfilet mit dichtem Kalbsjus. Ein Grana Padano (warum nicht eine regionale Käsespezialität?) und ein Nougatparfait mit Himbeersorbet beschließen den genussvollen Abend. Der Weinkeller ist gut bestückt.

à la carte: 9,80–38 €

Tel.: 05243 5284
6213 Pertisau
Karwendelstraße 1
www.karwendel-achensee.com
info@karwendel-achensee.com
Mi–Sa 18.30–22 Uhr
24.–27. Nov. 2019

Bewertungen NEU

11 bis 12,5 Punkte von 20 Punkten: 1 Haube
13 bis 14,5 Punkte von 20 Punkten: 2 Hauben
15 bis 16,5 Punkte von 20 Punkten: 3 Hauben
17 bis 18,5 Punkte von 20 Punkten: 4 Hauben
19 bis 19,5 Punkte von 20 Punkten: 5 Hauben

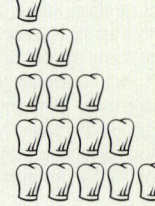

ST. ANTON AM ARLBERG

REITH BEI KITZBÜHEL — F3

S'PFANDL — 11/20
Koch: Thomas Hagleitner

Tel.: 05356 62271
0676 3265235

6370 Reith bei Kitzbühel
Kitzbüheler Straße 69

www.pfandl.co.at
info@pfandl.co.at

Di–So 17–21.30 Uhr
❄ Juni und Nov. 2020

Die Kitzbüheler Gastronomie bietet viel Bewegung – manche hauen schon nach kurzer Zeit den Hut drauf, andere verstehen es seit vielen Jahren, Einheimische wie „Zuagraste" gleichermaßen zufriedenzustellen. Das Pfandl in Reith gehört in die zweite Kategorie – man betritt den gepflegten Garten und findet auch im Sommer fast jeden Tisch besetzt vor. Die Küche hat ihre Leistung seit dem vergangenen Jahr deutlich verbessert, Potenzial war ja ohnehin offensichtlich. Wir starteten mit Schafkäse in der Folie samt Knoblauch und Kräutern, dazu luftiges Käsegebäck – gute Vorspeise, obwohl handfestes Brot besser dazu schmeckt als die bröseligen Stangen. Das Hirschcarpaccio ist mürbe und von feinem Geschmack, dazu Salat und Eierschwammerl. Einziger Kritikpunkt: zu viel Dressing. Makellos der Saibling, von Topqualität und butterzart in der Folie gegart, mit reichlich Dille im Bauch. Ein Highlight waren die feinen hausgemachten Tagliatelle mit leichter Trüffelsauce, am Ende mit einer feinen weinigen Note, intensiv duftend, die Nudeln mit perfektem Biss.

à la carte: 6,50–35,90 €

REITH BEI SEEFELD — D4

ZOMM Ⓝ — 13/20
im Meilerhof
Koch: Waal Sterneberg

Tel.: 05212 3225

6103 Reith bei Seefeld
Meilerweg 67

www.meilerhof.at
info@meilerhof.at

Fr–Di 12–16.30 und 18–23 Uhr

Eine in die Jahre gekommene, ehemalige Gastwirtschaft mit herrlichem Panoramablick über das Oberinntal wurde von drei jungen Gastronomen zu neuem Leben erweckt. Die Speisekarte verrät deren Küchenphilosophie: Aus besten Grundprodukten, frisch in der nahen Umgebung geerntet, werden Gerichte ohne viel Schnickschnack gekocht. Klassiker zumeist, gut zubereitet wie Kalbsfaschiertes, Beuscherl oder Tafelspitz. Es gibt aber auch Kreatives wie Alpensashimi vom Saibling mit Holunder und Sauermilch – man ahnt, wohin die Reise gehen könnte. Weinangebot und Ambiente im Lokalinneren sind noch ausbaufähig, der Service jedoch schon jetzt sehr freundlich und kompetent.

à la carte: 10–40 €

ST. ANTON AM ARLBERG — B4

ALPIN GOURMET STUBE — 15/20
im Hotel Gletscherblick
Koch: Paul Markovics

Tel.: 05446 3285
0664 4596195

6580 St. Anton am Arlberg
St. Jakober Dorfstraße 35

www.hotel-gletscherblick.at
info@hotel-gletscherblick.at

täglich 19–21 Uhr
❄ Sept.–Nov. 2020

Dieses gastfreundliche Haus mit seiner Alpin-Gourmet-Stube ist zu einem Treffpunkt für Genießer geworden. Das moderne Wohlfühlambiente, der sehr freundliche, aufmerksame Service und Küchenchef Paul Markovics in Hochform sind beste Vorzeichen für einen gelungenen Abend. Schon das Amuse bouche überraschte als eigenes Gericht zu Beginn sowohl Auge als auch Gaumen. Einem Gemälde gleich, fast zu schade zum Essen, die Lachsforelle aus Meiningen – unvergleichlich gut. Köstlich und dekorativ auf den Teller gezaubert Mousse & Tatar von der Räucherforelle, genial die im Glas servierte Schaumsuppe vom Bergkäse. Als feines Zwischengericht erfreute ein pochiertes Freilandei mit jungem Spinat, Schinkensud, Topinambur, schwarzer Trüffel und Kräutern. Sowohl

ST. ANTON AM ARLBERG

das confierte und gegrillte Milchkalb wie auch der Potaufeu von White-Tiger-Garnelen und jungen Erbsen überzeugten mit Geschmack und Aussehen. Die Schwarzwälder Kirsche als Mousse, Eis und Creme und „Schwarzer Sesam" als Creme-Eis, Yuzugel, Zitruskreis, Jasminblütenfond und Zitronenverbene waren ein großartiger Abschluss mit wunderbarer Harmonie.

à la carte: 7–35 €

ALTE STUBE
im Hotel Schwarzer Adler

Koch: Stephan Dialer

13,5/20

Tel: 05446 2244
6580 St. Anton am Arlberg
Dorfstraße 35
www.schwarzeradler.com
hotel@schwarzeradler.com
Mo–So 18.30–21 Uhr
Mitte April–Ende Juni 2020,
Mitte Sept.–Nov. 2020

Der Schwarze Adler ist eines der ältesten Häuser im Ort. Seine Geschichte (und die der Familie Tschol) geht zurück bis ins 17. Jahrhundert. Insofern ist „Alte Stube" ein durchaus berechtigter Name. Die Gerichte sind allesamt handwerklich ohne Tadel, vor allem die Vorspeisen tragen eine erkennbare Handschrift. Unbedingt sollte man die gebeizte Forelle mit Roten Rüben probieren. Oder den Hirsch. Erwähnenswert ist auch die Weinkarte. Sie ist zwar nicht so üppig wie anderswo im Ort, aber äußerst gastfreundlich kalkuliert. Die guten Österreicher ebenso wie ein paar große Gewächse aus Frankreich.

à la carte: 15–40 €

ST. ANTON AM ARLBERG — TIROL

HOSPIZ GOURMET RESTAURANT   16/20
im arlberg1800 RESORT
Koch: Steffen Sonnenwald

Tel.: 05446 2611
6580 St. Anton am Arlberg
St. Christoph 1
www.arlberg1800resort.at
info@arlberg1800resort.at
Mi–Sa 19–21.30 Uhr
Ende April–Anfang Juni 2020

Die Jagdzimmerstube Hospiz hat schon etwas Erhaben-Mächtiges. Da wirkt das flotte Auftreten des Service richtig erfrischend. Und die Empfehlungen von Natascha Quester sind punktgenau und von sicherer Hand. Als Gruß aus der Küche kommt ein sehr animierender geräucherter Tomatenzigarillo. Danach durchgehend herausragende Produktqualität, feine Verarbeitung und spannende Weinbegleitungen. Der Zuger Saibling wird mit fermentiertem Lauch angerichtet, der Langostino mit Himbeeren und persischem Kaviar und das Kalbsbries mit Zunge, Kerbel und Périgord-Trüffel. Richtig großartig wird es aber, wenn das Wagyu-Rind serviert wird. Mit würziger roter Zwiebelmousse, weichen Senfkörnern und einer geschmorten Haferwurzel. Dazu schenkt Quester reifen (richtig reifen) Château Marbuzet aus St. Éstephe ein. Die Kombination ist unübertrefflich. Abgesehen davon kommt das Steak auf den Punkt und exakt nach Wunsch gebraten. Großes Kino sind dann noch die Desserts. Hier scheint die Patisserie Spaß an der Arbeit zu haben. Das gilt für die süße Buchweizenmilch ebenso wie für das Konfekt als Petits fours danach.

à la carte: 9–49 €

RAFFL'S STUBN   POP 15/20
im Raffl's St. Antoner Hof
Koch: Patrick Sagmeister

Tel.: 05446 2910
6580 St. Anton am Arlberg
Arlbergstraße 69
www.antonerhof.at
hotel@antonerhof.at
täglich 19–22 Uhr
April–Dez. 2020

Eines im Voraus: Für Interieur und Behaglichkeit wird dieser Betrieb nicht ausgezeichnet – für seine Küchenleistung sehr wohl. Es kommt genau ein Gruß aus der Küche. Eine wärmende und hochgradig aromatische Tomatenessenz mit einer getrockneten Kirschtomate. Semisecchi würden die Italiener sagen, wenn sie so einen saftig-üppigen Umamihappen am Gaumen hätten. Brot und Butter nur auf Wunsch. Wir finden das ausgesprochen erfrischend. Als Vorspeise gibt es Ceviche von der Forelle und Flusskrebsen mit Chashewkernen und Salatherz. Gut mariniert, leicht mild für Ceviche – aber ein guter Start. Danach Lachssashimi mit Gurke, Passionsfrucht, Feige, Dattel und Ziegenkäse. Eine westliche Interpretation von Sashimi, aber gut abgestimmt, extrem frisch und sehr ästhetisch angerichtet. Das Filet vom Almochsen kommt wahlweise in drei Größen und auf den Punkt

ST. ANTON AM ARLBERG

nach Kundenwunsch gebraten. Istrische Trüffel, Kartoffelpüree und blanchierter Spinat. Crêpe Suzette wird am Tisch flambiert und überzeugt vollends. Der Weinkeller ist exemplarisch, dank Coravin werden rare Weine auch glasweise serviert.

à la carte: 34–58 €

SONNBICHL STUBE 11/20
im Hotel Das Sonnenbichl
Köchin: Laura Wiedemann

Tel.: 05446 2243
0676 740 82 00

6580 St. Anton am Arlberg
St. Jakober Dorfstraße 11

www.dassonnbichl.at
hotel@dassonnbichl.at

Mi–Mo 18.30–20.30 Uhr
23. April–15. Juli 2020

Die Sonnbichl Stube ist das À-la-carte-Restaurant des gleichnamigen Hotels am Arlberg. Der Betrieb ist im Winter, aber auch im Sommer geöffnet. Keine Selbstverständlichkeit am Arlberg. Sozusagen ganzjährig ein sicherer Hafen für Genießer, der solides Kochhandwerk und ansprechende Präsentation bietet. Die Karte orientiert sich daran, was die Saison gerade bietet. In unserem Fall waren es ausgesprochen gute Spargelgerichte. Dienstags gibt es Fondue, die Desserts sind mustergültig. Die Stube ist holzvertäfelt, urig und lässt sich auch für private Feierlichkeiten buchen.

à la carte: 7,90–28 €

TANNENHOF 18/20
Koch: James William Baron
HOTEL DES JAHRES 2018

Tel.: 05446 30311
0664 356 36 01

6580 St. Anton am Arlberg
Nassereinerstraße 98

www.hoteltannenhof.net
info@hoteltannenhof.net

Mo–So 12–14.30 und 18.30–22 Uhr
im Sommer Mo und Di,
27. April–19. Juni 2020

Das gastronomische und touristische Konzept des Tannenhofs ist bis ins letzte Detail auf Luxus getrimmt. Die Suiten? Sind eigentlich High-End-Apartments, die alle Stückerl spielen. Der Mobilitätsservice? Man hat die Wahl zwischen Heli und Maserati. Was dazu führen kann, dass James Baron schon einmal eine Luxuslimousine „missbraucht", um nach Lustenau zu fahren und Gemüse von Simon Vetter abzuholen. Wenn schon, denn schon. Auch die Weinauswahl macht nicht irgendjemand. Die Liste trägt die Handschrift von Paula Bosch, die von Beginn an ein Auge auf die Weinkarte hatte. Das Degustationsmenü selbst wird – wie das Team von James Baron – von Jahr zu Jahr besser. Einer der Grüße aus der Küche, der mittlere vermutlich, ist frittierter Kalbskopf mit Kimchi (fermentierter Chinakohl von Simon Vetters Acker). Der Gruß ist so intensiv und herzhaft, dass er nachhaltig erinnerlich bleibt. Für lange Zeit. Danach spielt Baron mit überraschenden Kombinationen und Texturen. Wobei – eines zieht sich durch wie ein langer, roter Faden: Es sind die Aromen der Berge, die Baron herauszustreichen versucht. Er drückt dabei der viel zitierten alpinen Küche seinen eigenen Stempel auf, und es ist ein klarer, präziser und filigraner Stempel. Er inszeniert scheinbar einfache Zutaten und schafft spielerisch die Balance zwischen Tradition und Avantgarde. Huhn kombiniert er mit Sellerie und Paprika, Fisch (einmal Stör, einmal Forelle, einmal Saibling) mit Kürbis und/oder Kürbiskern. Bei der Kalbshaxe lässt er sich vom Wissen und Tun auf den alten Tiroler Höfen inspirieren und serviert sie mit Kraut und Portulak.

à la carte: 12,50–44 €

VERWALLSTUBE   15/20
am Galzig

Tel.: 05446 2352510
6580 St. Anton am Arlberg
Kandaharweg 9
www.verwallstube.at
verwallstube@abbag.com
täglich 11.30–15 Uhr
April–Nov. 2020

Koch: Matthias Weinhuber

Inmitten der herrlichen Arlberger Winterlandschaft gelegen, lädt die Verwallstube zu einem Einkehrschwung der besonderen Art: Spitzengastronomie und Landschaftskino. Das Essen erweist sich als vorzüglich, der Service als zuvorkommend und aufmerksam. Man ist geneigt, Verweilstube zu sagen. Hervorragend der Einstieg mit einer raffinierten Verbindung aus Stanzer Zwetschke und Gänseleber, gefolgt von Ravioli mit Bergkäsefüllung. Originell die Brotkultur – man reicht Ducca zu Arlberg Spitz. Der Seesaibling gerät die Spur zu durch, eine perfekt gegarte Zuger Bachforelle, begleitet von wunderbar geschmortem Paprikagemüse und einem halben, in Tempurateig gebackenen Salatherz, lässt keine Wünsche mehr offen. Meisterlich auch die Nachspeise, ein Bratapfel der besonderen Art mit Marzipan und Lebkuchen. Die Weinkarte entspricht dem gehobenen Standard der nahen Schweizer Gipfelgastronomie. Alles in allem ein wunderbar kulinarisches Erlebnis in traumhafter Kulisse.

à la carte: 12,50–43,80 €

ST. CHRISTOPH AM ARLBERG   B4

HOSPIZ-ALM   15/20

Tel.: 05446 3625
6580 St. Christoph
am Arlberg
St. Christoph 18
www.hospizalm.at
service@hospizalm.at
täglich ab 10 Uhr
Mai–Nov. 2020

Koch: Stefan Griessler

Die Hospiz-Alm ist ein Unikat, das nur schwer mit einem anderen Restaurant vergleichbar ist. Mit einer anderen Alm aber genauso wenig. Tagsüber ist die Hospizalm eine Skihütte (und wird als solche in unserem Hüttenguide auch entsprechend gewürdigt). Ab 16.00 Uhr wird die Alm dann „umgebaut". Die Zahl der Plätze reduziert sich von ein paar Hundert auf einige wenige Tische. Und was dann auf die Teller kommt, wird von Jahr zu Jahr besser. Die Hummerbisque kommt mit einem stattlichen Krustentier-Teigtascherl mit Fenchel und Basilikum daher, die marinierte Poverade (das sind junge Artischocken) dagegen mit umwerfendem Aioli und Salzzitrone und auch der Wagyuknödel mit Speck und Kaviar ist ein Gedicht. Auf Hummer verstehen sie

ST. JAKOB IN DEFEREGGEN

sich überhaupt, in der Hospizalm-Küche. Alternativ, also im anderen Menü, wird das Krustentier mariniert und, von Avocado, Yuzu und Sesam begleitet, serviert. Bei Erscheinen dieses Guides wird – so der Plan eingehalten wird – der Fine-Dining-Bereich innerhalb der Alm ausgebaut und der Fokus noch stärker auf das noble Dinner gesetzt. Die Vorzeichen dafür verheißen Gutes. Der legendäre Weinkeller tut das Seine dazu.

à la carte: 16–155 €

ST. JAKOB IN DEFEREGGEN   F5

JAKOBISTUB'N   12/20
im Hotel Jesacherhof
Koch: Thomas Patterer

Tel.: 04873 5333

9963 St. Jakob in Defereggen
Außerrotte 37

www.jesacherhof.at
info@jesacherhof.at

täglich 12–13.45, 19–21 Uhr
✱ bis Mitte Dez. 2019, Mitte April–Mitte Juni 2020

Für einen Hotelbetrieb ist der Speisesaal des Jesacherhofs durchaus gemütlich eingerichtet, der Service agiert souverän und freundlich. Bei unserem Besuch war zwar „nur" das Buffet verfügbar, so perfekt abgeschmeckt wie hier muss man ein Vitello tonnato aber erst einmal hinkriegen. Fleischtiger freuten sich über Lammkrone, Entenbrust, Roastbeef und mehr, alles auf den Punkt getroffen, auch bei den Beilagen gab es nichts zu meckern. Schwarzwälder Kirsch im Glas zum Abschluss war nicht schlecht, aber an diesem Abend doch ein, wenn auch der einzige merkbare Hinweis, dass man hier für eine größere Gästeschar kalkulieren muss.

à la carte: 5,20–31,90 €

ST. JAKOB IN HAUS   G3

ESSKULTUR   13,5/20
Made by Unterlechner, im Genießerhotel Unterlechner
Köchin: Yvonne Pobel

Tel.: 05354 88291
0664 225 52 91

6392 St. Jakob In Haus
Reith 23

www.esskultur.unterlechner.com
anfrage@unterlechner.com

Do–Sa 18–21.30 Uhr
✱ bis Dez. 2019,
Ende Okt.–Anfang Dez. 2020

Es ist ein kleines Hotel in einem kleinen Ort im Pillerseetal. Kochkunst und Gastlichkeit werden dafür umso größer geschrieben. Das Team, sowohl der Service als auch die Küche von Yvonne Pobel, werkt hochmotiviert und professionell. Pobel arbeitet kompromisslos mit besten Zutaten von der Tiroler Garnele bis hin zum Atterochsen. Es gibt eine Auswahl eleganter Gerichte mit deutlichem Bezug zur Region, und mit etwas Glück schiebt Christian Unterlechner, der Juniorchef, den Wagen auf die Terrasse und fabriziert Crêpes Suzette der Extraklasse. Auf seine Weinempfehlungen kann man sich ohnedies verlassen.

ST. JOHANN IN TIROL G3

POST ⓝ 11,5/20 🍷
im Hotel Wirtshaus Post
Koch: Benjamin Leitner

Tel.: 05352 63643-0
6380 St. Johann in Tirol
Speckbacherstraße 1
www.dashotelpost.at
office@dashotelpost.at
täglich 11.30–14 und 17.30–21 Uhr

Das Wirtshaus zur Post befindet sich in der Fußgängerzone von St. Johann. Ein schöner Gastraum, gemütlich-rustikal, sehr netter Service. Auf der Karte findet man klassisch österreichische Gerichte, aber auch Surf & Turf, Curry-Rindswurst mit Scampi. Zu Beginn probierten wir ein zart geräuchertes Schwendter Forellenfilet „Gin Tonic" mit Gurke und Dill, es war sehr schön dekoriert. Beste Fleischqualität dann beim Rückensteak vom Brunnhofkalb mit Rosmarinerdäpfeln, glaciertem Gemüse, Kräuterbutter und Pfeffersauce. Auch die Palatschinke mit hausgemachter Marillenmarmelade zum Schluss schmeckte gut. Umfangreiches Weinangebot mit Schwerpunkt Österreich, ein gutes Dutzend Weine gibt es auch glasweise.

à la carte: 6–36 €

SAUTENS C4

DORFSTÜBERL 11,5/20 🍷
im Resort Alt-Ötztal
Köchin: Petronella Auer

Tel.: 05252 6542
0664 4415315
6432 Sautens
Dorfstraße 69
www.alt-oetztal.at
resort@alt-oetztal.at
Mi–So 16–23 Uhr
❄ bis Anfang Dez. 2019, variabel

Wenn es das Dorfstüberl in Sautens nicht gäbe, müsste man es glatt erfinden. Hohes Niveau hat hier die vorwiegend regionale Speisekarte sowie die genuine Freundlichkeit und sorgfältige Weinauswahl. Viel Augenmerk liegt auf Frische und Herkunft der Ausgangsprodukte, geboten werden Klassiker der Wirtshausküche, wobei die Chefin stets für Überraschungen gut ist. Wie etwa bei der Fischsuppe, die großen Spaß macht: frisch, klar, mit exzellenten Miesmuscheln, Garnelen, Tomaten und Dill. Das Filet ist erstklassig, die Foie gras mit glaciertem Apfel, Zuckerschoten und Wildkräutern bleibt im Gedächtnis.

à la carte: 8,50–42 €

www.gaultmillau.at – Tipps, Trends, Rankings und alle Restaurantkritiken

SCHEFFAU AM WILDEN KAISER G3

LEITENHOF Ⓝ
im Chalet Hotel am Leitenhof

Köchin: Margarete Hautz

👍 **Tipp**

Tel.: 05358 7337-0
0664 287 33 77

6351 Scheffau
am Wilden Kaiser
Leiten 33

www.hotel-leitenhof.at
info@hotel-leitenhof.at

Do–So 17.30–22 Uhr
❋ Nov. 2019, April 2020

Wunderschön, gleich unterhalb des wilden Kaisers in den Kitzbüheler Alpen, glänzt der Leitenhof mit einem eigenen Konzept. Neben Zimmern und Suiten können auch eigene Chalets gemietet werden – die Kundschaft hat das Gefühl, mitten in einem kleinen Bergdorf zu residieren. Darüber hinaus bemüht man sich in der Küche um gourmetaffine Kundschaft, serviert u. a. hausgemachte Trüffelnudeln, Tuna Tataki und typische Tiroler Süßspeisen. Kurzum, ein sympathischer Traditionsbetrieb, der einen Ausflug nach Scheffau durchaus lohnend macht.

à la carte: 6,50–48 €

SCHWOICH F3

BIEROL
Taproom & Restaurant

Koch: Thomas Moser

12/20

Tel.: 0660 549 00 45

6334 Schwoich
Sonnendorf 27

www.taproom.at
caroline@bierol.at

Do, Fr 17.30–22,
Sa, So 11.30–14 und
17.30–22 Uhr

Früher hieß das Bierol Stöfflbräu und das Bier war noch recht normal. Die Familie betreibt noch eine Brauerei, einen Gasthof und eine Alm. Die Brauerei namens Bierol ist der jüngste Betrieb. Sowohl was das eigene Alter als auch das der Gäste betrifft. Die Gerichte sind teilweise so schräg, dass man schon weit fahren müsste, um ähnlich ausgefallene Teller zu bekommen. Schweinsbauch mit Tiroler Kola, Störkaviar zur Kalbszunge, ein sensationelles Beuscherl und als Dessert ein neapolitanisch inspirierter Baba au rhum. Die ganze Karte oszilliert zwischen Bodenständigkeit und verspielter Kreativität. Großartige Biere. Gute Empfehlungen.

à la carte: 7–36 €

SEEFELD

D4

ASTORIA RESORT SEEFELD

12/20

Tel.: 05212 22720
6100 Seefeld
Geigenbühelstraße 185
www.astoria-seefeld.com
hotel@astoria-seefeld.com
täglich 19–21 Uhr

Koch: Andreas Rank

Die Astoria-Küche überzeugt auch heuer wieder. Die Gerichte sind modern und kreativ, leicht und bekömmlich. Keine schweren Beilagen, stattdessen fermentierte Aubergine und Rotkarotte. Und wie köstlich. Regionalität zieht sich wie ein roter Faden durch das Menü – vom Leutascher Saibling über die (herrliche) Schaumsuppe von heimischen Flusskrebsen bis hin zum wunderbar zarten (doch leider etwas zu durchgegarten) Lamm von Hans Moser aus Telfs. Die Atmosphäre im neu gestalteten, etwas überladenen Restaurant ist alpin-behaglich, der Service vorbildlich. Weinkarte und Glaskultur sind ausbaufähig.

Bewertungen NEU

11 bis 12,5 Punkte von 20 Punkten: 1 Haube

13 bis 14,5 Punkte von 20 Punkten: 2 Hauben

15 bis 16,5 Punkte von 20 Punkten: 3 Hauben

17 bis 18,5 Punkte von 20 Punkten: 4 Hauben

19 bis 19,5 Punkte von 20 Punkten: 5 Hauben

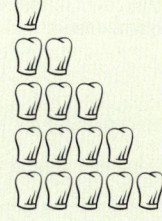

SEEFELD

LE TREIZE ⓝ

16/20 🎩🎩

Tel.: 05212 2383
6100 Seefeld
Bahnhofstraße 124
letreize.at
info@letreize.at
Di–Sa 12–22 Uhr
✱ variabel

im Casino Seefeld
Koch: Armin Leitgeb

Le Treize – die Dreizehn – spielt mit seinem Namen zwar auf seine Nähe zum Casino Seefeld an, ist jedoch auch für Nicht-Spieler frei zugänglich. Konzeptionell ist es eine Mischung aus Bistro und Restaurant mit einer zum Gastraum teils offenen Küche. Küchenchef Armin Leitgeb gehört zu den Besten des Landes und hatte im Ausland unter anderem in München (Tantris) und im Elsass (Auberge d'Ill) gearbeitet, bevor er als Küchenchef in Singapur für Furore gesorgt hat. Zurück in Österreich kocht er mittags einfachere Gerichte wie Flammkuchen, Pasta sowie Fisch- und Fleischgerichte. Man kann sich aber auch an einer Foie gras à la Haeberlin erfreuen. Am Abend wird ein zusätzlich fünfgängiges Menü geboten, bei dem es Delikatessen wie confierte Stabmuscheln, am Tisch geräucherten Aal (mit Schweinsbratencroûtons!) und Schneckenragout unter der Blätterteighaube gibt. Gelernt ist eben gelernt. Nicht minder fein ist der Hauptgang, ein Zweierlei vom Zackenschaf mit Melanzani und Kräutercouscous. Und wenn ein Koch wie Leitgeb zum Dessert Pfirsich Melba offeriert, darf man sich auch diesem 1970er-Jahre-Klassiker ruhigen Gewissens anvertrauen.

à la carte: 7–39 €

STRANDPERLE ⓝ

👍 **Tipp**

Tel.: 05212 90997
6100 Seefeld
Innsbrucker Straße 500
www.restaurant-seefeld.at
info@strandperle.at

Der Küchenchef entführt seine Gäste im Restaurant Strandperle auf eine kulinarische Weltreise. Ob saisonale Highlights wie Fisch- und Muschelabende und sommerliches BBQ am See oder alljährlich gern gesehene Klassiker, man ist hier stets bemüht, den Gästen eine angenehme Zeit zu bereiten. Und diese wissen das zu schätzen, wie der hohe Anteil an Stammgästen belegt.

Bewertungen NEU

15 bis 16,5 Punkte: 3 Hauben	🎩🎩🎩
11 bis 12,5 Punkte: 1 Haube 🎩	17 bis 18,5 Punkte: 4 Hauben 🎩🎩🎩🎩
13 bis 14,5 Punkte: 2 Hauben 🎩🎩	19 bis 19,5 Punkte: 5 Hauben 🎩🎩🎩🎩🎩

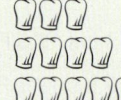

SÖLDEN

SERFAUS
C4

JENNYS SCHLÖSSL — 15,5/20
Koch: Matthias Frei

Bei der Vorspeise solle man nicht lange herumfackeln und einfach beide nehmen. Die „Tiroler Vorspeise" ist eine Wurzelgemüsevariation, die als Gericht ihresgleichen sucht. Karotte (in verschiedenen Varianten und Konsistenzen), Sellerie (als Eis) und Pastinaken. Der zweite erste Gang ist eine Ötztaler Lachsforelle im Bierteig gebacken. Mit Gurke, Erdbeere, Minze und Schafskäse. Großartig. Bei den Suppen sticht die mit Brennnesseln und wildem Hanf heraus. Bei den Hauptgängen wird die Wahl schwierig. Einerseits gibt es Flanksteak (holzkohlengegart) mit Kartoffelraritäten und wildem Brokkoli oder eine wunderbar glasig gebratene Regenbogenforelle vom Lader Urgsee, die man – auch – wegen der Nudeln nehmen sollte, die aus der rekultivierten Getreidesorte Fisser Imperialgerste gemacht werden. Dass dazu das Bier aus Fisser Gerste empfohlen wird, ist schlüssig und gut. Auch das Weinangebot ist exzellent. Hausherr Peter Tschappeler ist Diplomsommelier und berät gerne persönlich.

Tel.: 05476 6654
6534 Serfaus
Plojenweg 9
www.schloessl.com
info@schloessl.com
Do, Fr, So 18.30–20.30 Uhr
bis 15. Jän. 2020

à la carte: 16–48 €

SÖLDEN
D4

ICE Q — 13/20
Bergstation Gaislachkoglbahn
Koch: Patrick Schnedl

AMBIENTE DES JAHRES 2019

Ist man nicht im Besitz eines Skipasses, schlägt der Besuch im Ice Q mit stolzen 38 Euro pro Person für die Berg- und Talfahrt zu Buche. Dafür gibt es nicht nur einen atemberaubenden Ausblick auf die umliegende Bergwelt, den man hier auf über 3000 Höhenmetern genießen kann, sondern auch einen aufmerksamen Service, der etwa den trockenen Martini direkt vor unseren Augen zubereitete und auch beim Weinservice sehr aufmerksam agierte. Die Variation von heimischen Fischen mit Kartoffelrösti und Saiblingskaviar sowie der geräucherte Aal mit mariniertem Gemüse und Feigen waren als Vorspeisen ein Genuss. Die Hauptgerichte überzeugten ebenso. Das Maishuhn – mit Bohnen und Trüffelschaum – war gut knusprig gebraten und das Rindsfilet mit Pata Negra sowie Kartoffel-Kräuter-Püree kam wie geordert blutig auf den Tisch. Und mit dem Karottenkuchen mit Topfenmousse zeigte die Patisserie, dass man auch abseits von Schokolade köstliche Desserts zubereiten kann.

Tel.: 0664 960 93 68
6450 Sölden
Dorfstraße 115
www.iceq.at
iceq@central-soelden.at
Mo–So 9–16 Uhr (Juni–Ende Sept., Nov.–Ende April)

à la carte: 28–39 €

STEEG/LECHTAL

ÖTZTALER STUBE 15/20
Das Central – Alpine . Luxury . Life
Koch: Michael Kofler

Tel.: 05254 2260-0
6450 Sölden
Auweg 3
www.central-soelden.com
info@central-soelden.at
Mi–So 19–21 Uhr

Einer der ersten Sätze im Menü lautet: „Alpiner Genuss in unserem Gourmetrestaurant Ötztaler Stube ist ein langsames Genießen." Stimmt. Vorhaben sollte man danach nichts. Die Abende sind ausgiebig. Und unvergesslich. Das Gedeck wird bereits mit den ersten Grüßen aus der Küche serviert. Angeboten wird selbst gebackenes Brot aus Mehl vom Biobäcker, die Speckcreme liegt adrett in der Tube dabei. Dass viele der Gänge mit Pfiff und einem Schmunzeln angerichtet werden, zieht sich durch und sorgt für genussvollen Unterhaltungswert. Ziemlich am Beginn des „Heimatmenüs" (es gibt drei thematisch klar umrissene Degustationsmenüs) steht der Huchen aus Längenfeld. Abgesehen davon, dass der ohnehin edle Fisch von grandioser Qualität ist, ist er auch so zart und glasig gegart, dass es eine Freude ist. Gerste und Holunderblüte dazu? Ein Blickfang. Sensorisch steht der Huchen über allem. Weiter hinten im „Heimatmenü" dann das fulminante Ötztaler Berglamm. Mit Schüttelbrot, Mangold und Topinambur. Dass das Central über einen wohlsortierten Weinkeller verfügt, ist ohnehin kein Geheimnis.

à la carte: 17–39 €

ZIRBENSTUBE 14/20
im Hotel Enzian

Tel.: 05254 2252
6450 Sölden
Hochsöldenstraße 7
www.hotel-soelden-enzian.com
info@hotel-enzian.at

In Österreich muss man auch oberhalb von 2000 Metern nicht auf kulinarische Highlights verzichten. Während man im Hotel Enzian dank seiner Lage direkt an der Piste auf der gemütlichen Sonnenterrasse tagsüber vor allem Skifahrer verwöhnt, die einen Einkehrschwung machen, wird abends in der Zirbenstube richtig fein aufgekocht. Den Aromen der Alpen wird dabei genauso gehuldigt (Essenz vom Rotwild mit Grapparosinen und Rehnockerl) wie asiatischen Geschmäckern (Ananas-Chili-Schaumsuppe mit Frühlingsrolle von der Räucherforelle). Exzellent ist die Fleischqualität, wie sich beim dry-aged Beiried mit Ochsenschwanzrillettes, Erbsencreme und Morcheln sowie der Ötztaler Lammkrone mit Paprikapolenta und schwarzem Walnussjus zeigt. Dass Safran gut zu Vanille passt, schmeckt man beim abschließenden Eisdessert mit Kernöl. Verführerisch gut auch die Tarte Tatin mit Rumzwetschken und Mandeln. Vom breiten und tiefen Weinangebot kann man sich in der Weinlounge überzeugen, die natürlich auch den Gästen der Zirbenstube zu Verfügung steht.

STEEG/LECHTAL B4

ZIRBENSTUBE „POSTAMT" 15/20
im Hotel Post Steeg
Koch: Julian Stork

Tel.: 05633 5307
0664 111 15 80
6655 Steeg/Lechtal
Nr. 17
www.poststeeg.at
hotel@poststeeg.at
Di–So 12–14 und 18–22 Uhr
❄ bis 21. Dez. 2019

Kulinarisch gesehen ist die Familie Obwegeser Vorreiter und Vorbild im Lechtal. Der Region wäre zu wünschen, fänden sich ein paar weitere Betriebe, die sich vom Restaurant Postamt inspirieren ließen. Das Menü umfasst entweder fünf oder sieben Gänge plus zwei stattliche Grüße aus der Küche. Beim ersten Gang zeigt sich gleich die Marschrichtung. In Zitronenvinaigrette marinierte Lachsforelle, Avocado in verschiedenen Texturen und ein erfrischend säuerliches Holunderblüten-Gel. Die Krustentierveloute kommt mit einer kleinen Garnele und einem – wieder sehr erfrischenden – Veltlinerschäumchen. Die Veloute selbst hocharomatisch und tadellos. Der Zander überrascht dann. Ein perfekt gebratenes Filetstück, garniert mit kandierter Zitrusschale, Eierschwammerln und einem dunklen Jus, der problemlos auch bei geschmorten Fleischgerichten eine gute Figur machen würde. Was heißt würde? Macht er auch. Einen Gang später bei den Wildschweinpralinen. Ein üppiger und köstlicher Gang. Für den Service ist eine motivierte junge Sommelière mit gutem Gespür für den richtigen Wein zuständig. Bitte weiter so!

à la carte: 25–42 €

STRASSEN G5

STRASSERWIRT 13/20
Herrenansitz zu Tirol

Koch: Werner Gander

Es ist immer eine gute Wahl, sich mit dem mehrgängigen Überraschungsmenü von Küchenchef Werner Gander und seiner zeitgemäßen Umsetzung der Osttiroler Küche verwöhnen zu lassen. Nicht weniger gut ist man aber mit den À-la-carte-Gerichten bedient, die sich an saisonalen Gegebenheiten orientieren und mit regionalen Produkten zu feinen Speisen verarbeitet werden. Das dünn geschnittene Roastbeef erfreut durch hohe Qualität, die dazu gereichten Eierschwammerl sind knackig und frisch. Weil wir uns in Osttirol befinden, wollen wir die hausgemachten Schlipfkrapfen nicht missen, die mit brauner Butter und Topfen-Spinat-Fülle serviert werden. Das saubere Handwerk lässt Rückschlüsse auf die Leidenschaft des Küchenchefs zu, was unseren Gusto auf etwas Süßes erhöht. Wir werden nicht enttäuscht: Das Walnussparfait mit Nektarinen und Ribiselespuma ist tadellos und wir sind zufrieden.

à la carte: 9–26 €

Tel.: 04846 6354
0664 968 91 52

9918 Strassen
Dorfstraße 28

www.strasserwirt.com
hotel@strasserwirt.com

täglich 12–14 und 18.30–21 Uhr
variabel, bis 12. Dez. 2019

www.gaultmillau.at
Tipps, Trends, Rankings und alle Restaurantkritiken

STUMM IM ZILLERTAL

STUMM IM ZILLERTAL E4

LANDGASTHOF LINDE 11,5/20

WIRTSHAUS DES JAHRES 2020

Die Linde in Stumm ist so etwas wie ein Fels in der kulinarischen Brandung des Zillertals. Diesem Bild entspricht auch das scheinbar meterdicke Gemäuer des stattlichen Hauses. Steht man vor dem hölzernen Tor, glaubt man, das Wirtshaus hält jedem Trend und jedem Hype stand. Ein Blick auf die Karte bestätigt das auch: eindrucksvolle Klassiker der (gehobenen) Tiroler Wirtshausküche, eigener Garten, eigene Schlachtung und Rezepte mit Tradition und Geschichte. Die Gerichte sind bodenständig und jeder Teller, der aus der Küche kommt, beweist, dass hier Leute am Werk sind, die ihr Handwerk verstehen.

à la carte: 14,80–33 €

Tel.: 05283 2277
6275 Stumm im Zillertal
Dorf 2
www.landgasthof-linde.at
info@landgasthof-linde.at
Mi–So 11.30–13.30 und 18–21 Uhr
bis 4. Dez. 2019,
22. Juni–7. Juli 2020

TANNHEIM C3

TANNHEIMER STUBE 17/20

Hohenfels – das Genießerhotel

Köche: Markus Pichler & Christoph Krabichler

Küchenchef Markus Pichler und sein Souschef Christoph Krabichler schafften es auch heuer wieder, uns zu begeistern. Gut, viele Tische gibt es nicht, die sie mit ihrer Gourmetküche versorgen dürfen. Doch egal, was serviert wird – alles ist tadellos, manches sogar genial. Der Zuger Saibling mit Rhabarber-Vogelmiere und das Kalbsbries mit Zwiebel, Spinat und rohen Scheiben von Braunkappen fielen eindeutig in die zweite Kategorie: Deutliche Aromen, ohne den Eigengeschmack der Hauptzutat zu verschleiern – so schmeckt große Küche. Etwas bieder fiel hingegen der Wolfsbarsch mit fermentiertem Knoblauch und Salzzitrone aus – hier hätte man auch etwas mehr Kreativität an den Tag legen können. Verneigen mussten wir uns hingegen wieder beim Zweierlei vom Rehbock: Ein rosa gebratenes Filet und ein geschmacksintensives Beuschel waren wieder hervorragend. Ziegenjoghurt mit Waldmeister und ein Erdbeershot zum süßen Finale beendeten ein formidables Essen. Die Weinkarte hält interessante Tropfen auch aus Tirol bereit, die man verkosten sollte. Es muss ja nicht immer die Steiermark sein, gute Sauvignon Blancs gedeihen auch nördlich des Brenners.

à la carte: 20–45 €

Tel.: 05675 6286
0676 376 42 09
6675 Tannheim
Kreuzgasse 8
www.hohenfels.at
info@hohenfels.at
Do–Mo 18–22 Uhr
bis 18. Dez. 2019

TELFS-BUCHEN/SEEFELD

INTERALPEN-CHEF'S TABLE
im Interalpen-Hotel Tyrol
Koch: Mario Döring

17/20

Tel.: 0 5080930
6410 Telfs-Buchen/Seefeld
Dr.-Hans-Liebherr-Alpenstr. 1
www.interalpen.com
reservation@interalpen.com
Mo–Sa 19–23 Uhr

Vielfältige Einflüsse prägen die Küche von Mario Döring, die er meisterlich mit seiner unmittelbaren Umgebung im Naturschutzgebiet unter der mächtigen Hohen Munde verwebt: einerseits Kräuter, Pilze und Flechten aus der Natur, aber auch hochwertige Alpengarnelen, die roh mit einem Allerlei vom Karfiol und selbst angesetztem Kombucha den kulinarischen Auftakt machten. Überhaupt sind die Kreationen auch dieses Jahr wieder in geschmacklicher Hinsicht und der Präsentation von überzeugender Stimmigkeit. Sehr gekonnt setzt die Sommelière Theresa Lichtmannegger vinophile Akzente, die einen Bogen von klassisch bis experimentell spannen. Ein Highlight jagte das nächste. Schon die Jakobsmuscheln mit brauner Butter, Apfelchutney und Holunderblüten samt Holunderkapern waren ein Gedicht – wunderbar kombiniert mit einem Sauvignon Blanc aus Eppan. Auch ein aufwendig zubereitetes Filet vom Wollschwein mit Gurke und zarten Chilinoten, umkränzt von einer mollig-samtenen Sauce, begeisterte uns. Zum fernöstlichen Hamachi mit zarten Champignons passte der empfohlene Junmai-Sake perfekt. Zum zart schmelzenden Wagyu-Beef, neben zartem Bohnenpüree und Varianten von Melanzani, passte hervorragend der junge Rote von den Côtes Catalanes. Zum Abschluss gab es eine hauchzarte „Zauberkugel", meisterlich vom Patissier mit Sauerrahmeis, Sauerampfer und Rhabarber gefüllt – und da wurden wir überrascht von einem Rhabarbernektar, der durch seine fruchtig-herbe Note das Geschmackserlebnis noch einmal pushte.

TRINS

INTERALPEN-HOTEL TYROL
À-la-carte-Restaurant

14,5/20

Tel.: 0043 508 09-30

6410 Telfs-Buchen/Seefeld
Dr.-Hans-Liebherr-Alpenstr. 1
www.interalpen.com
reservation@interalpen.com
Mo–So 12–14 und 19–22 Uhr

Koch: Mario Döring

Der Wagen schlängelt sich durch den Wald den Berg hinauf, um dann diskret in der Drive-in-Tiefgarage de luxe zu verschwinden. Noch luxuriöser, exklusiver dann der Blick in die umliegende Bergwelt. Schade, dass man uns hineinbittet in das rustikal-elegante Restaurant im „Tiroler Stil". Keine Ablenkung mehr durch die Natur, Konzentration auf das Kulinarische – auch gut. Wir wählen das Halbpensions-Menü und bekommen viel geboten. Bodenständiges paart sich mit Internationalem, Mediterranes mit Heimischem. Herausragend die Süßkartoffelschaumsuppe mit Limettenraviolo – Sommer im Mund – oder der Blattsalat mit Garnelen und Kräutern aus dem eigenen Garten. Der gegarte Saibling vielleicht eine Spur moosig im Geschmack und das Schmorbackerl mit Spitzpaprika, fermentierten Radieschen, Mango und Rettich etwas rätselhaft in der Kombination. Schönes Finale – die Zitronentarte mit Pistazieneis und Erdbeeren. Die Weinkarte bietet vieles aus Österreich und Interessantes aus dem Ausland, ist kundig zusammengestellt und fair kalkuliert. Der Service agiert höflich und ist stets zur Stelle.

à la carte: 17–49 €

TRINS

D4

PUMAFALLE

11,5/20

Tel.: 05275 53 23
0677 629 29 20

6152 Trins
Trins 250
www.pumafalle.at
gasthaus@pumafalle.at
Mi–So 10–18 Uhr

Köchin: Sandra Uhlig

Die Pumafalle in Trins ist ein kulinarisches Ausflugsziel für einen kurzen Spaziergang. Sie liegt aber auch nah genug an der Brennerautobahn, sodass sich ein kurzer Zwischenstopp im Gschnitztal auf der Durchreise jederzeit ausgeht. Und es ist einer, der sich stets lohnt. Die Küche ist tirolerisch, aber durchaus elegant und fein. Die Stube ist urig, aber nicht kitschig. Überall stehen reizvolle Weinflaschen herum, es gibt das Bier von der Fisser Gerste, die Kasspatzln werden in der gusseisernen Pfanne serviert. Irgendwo steht noch ein altes Wählscheibentelefon. Bei Schönwetter sitzt man draußen und genießt. Ein sicherer Hafen also. Seit Langem.

TRINS

WIENERHOF

👍 **Tipp**

Tel.: 05275 5205
6152 Trins 13
www.wienerhof.at
info@wienerhof.at
Mo–Di 7–10, Mi 7–14,
Do–So 7–22 Uhr

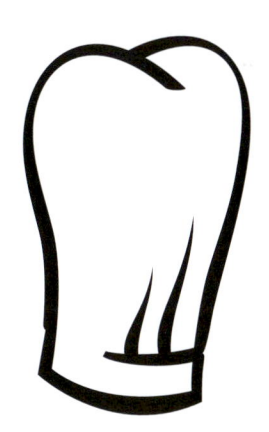

TIROL

Im Herzen des Gschnitztales ist man im Familienbetrieb Wienerhof mit Tiroler Herzblut und viel Leidenschaft am Werk. Kulinarische Köstlichkeiten aus frischen, heimischen Produkten werden in der schönen Bauernstube bodenständig und doch mit viel Sorgfalt aufgetischt. Der Gewölbekeller hält allerhand für Weinliebhaber bereit.

Gault&Millau

Besuchen Sie uns auf Facebook unter
www.facebook.com/Gault.Millau.Oesterreich 👍

TUX
E4

GENIESSER STUBE
im Hotel Alpenhof

Koch: Maximilian Stock

12/20

Tel.: 05287 8550
6293 Tux
Hintertux 750
www.alpenhof.at
info@alpenhof.at
Di–Sa 18.45–20.45 Uhr
✱ 3. Mai–27. Juni 2020

Die Fahrt hinauf nach Tux lohnt sich im Sommer wie auch im Winter. Und das nicht nur für passionierte Skifahrer und Wanderer, sondern auch für Feinschmecker. In der Genießer Stube im Hotel Alpenhof ließen wir uns auf ein kreatives „Gourmet"-Menü von hervorragender Qualität ein. Der Schwerpunkt der Küche liegt auf regionalen Produkten. Kalb und Rind kommen aus eigener Landwirtschaft, Gebäck von der Dorfbäckerei Stock, Obst und Gemüse von Bauern aus dem Inntal. So schafft es Küchenchef Maximilian Stock, mit saisonalen und bodenständigen Gerichten die Landschaft schmeckbar zu machen – und das auf Topniveau.

LANERSBACHER HOF
Brugger's Genießerhotel

Koch: Anton Fercher

13,5/20

Tel.: 05287 87256
6293 Tux
Tux-Lanersbach 388
www.lanersbacherhof.at
info@lanersbacherhof.at
Di–Mi, Fr–So 18.30–20.30 Uhr
✱ Mitte April–Ende Juni 2020

Guter Geschmack ist grenzenlos. Wieso sollte sich ein Küchenchef daher auf eine bestimmte Regionalküche beschränken, wenn ihm theoretisch die ganze Welt offensteht? Zumeist scheitern allzu breit angelegte Konzepte an den nicht verfügbaren Zutaten oder den mangelnden Kenntnissen des Kochs. Doch beim „Genießermenü" im Lanersbacher Hof fügen sich verschiedene Richtungen ganz harmonisch zu einem geglückten Ganzen zusammen. Zu Beginn gibt es ein zartes Oktopuscarpaccio mit weißem Tomatenmus, das an Italien erinnert, dann ein Ochsenschwanztörtchen mit getrüffeltem Püree, das frankophile Anklänge birgt, und schließlich eine aromatische Latschencreme mit Tiroler Speck – also Österreich pur. Bei der Karotten-Curry-Suppe gelingt der Ausflug nach Fernost, beim Lammragout vom Tuxer Steinschaf mit Couscous in den Maghreb. Und bei Marias Marillenpalatschinken ist man dann wieder glücklich zu Hause gelandet. Apropos zu Hause: Die Weinkarte gleicht einem Lexikon der heimischen Weinkultur und überzeugt mit unterschiedlichen Flaschenformaten und einer bemerkenswerten Jahrgangstiefe.

à la carte: 9–36 €

UDERNS E4

DIE GENUSSWERKSTATT pop 11/20

Koch: Wilhelm Tillian

Mitten in den Zillertaler Alpen empfängt das moderne und freundliche Restaurant des Golfclubs Zillertal nicht nur Gäste mit entsprechendem Handicap. Kulinarisch bekommt man von Küchenchef Wilhelm Tilian und seinem Team einiges geboten: Neben einem täglich wechselnden Genussmenü stehen ausgewählte Klassiker wie Wiener Schnitzel, das altbewährte Club Sandwich sowie Speisen aus aller Welt zur Auswahl. Die leicht scharfe Tom Kha Gai – eine Suppe aus Thailand – mit viel Kokosmilch und Garnelen sorgt für einen gelungenen Einstieg, der mürbe Zwiebelrostbraten mit Kipflern und Speckbohnen war nicht weniger überzeugend. Auch bei den Desserts vermischt sich Tradition mit Internationalem: Mohr im Hemd und Schokobrownie werden kreativ umgesetzt.

à la carte: 15–36 €

Tel.: 05288 63 00 05 08
6271 Uderns
Golfstraße 1
www.die-genuss-werkstatt.at
office@die-genuss-werkstatt.at
täglich 11.30–21 Uhr
❄ bis Mitte März 2020

WATTENS E4

DANIELS KRISTALLWELTEN ⓝ 11/20

London? Hamburg? München? Mitnichten! Wattens. Im urban-modernen Interieur des Daniels bruncht, luncht, diniert man très chic. Das Publikum ist international, ebenso die Gerichte auf der Karte, alles von guter Qualität – auch das Weinangebot, insbesondere rund um das argentinische Weingut von Langes Swarovski. Nicht zu vergessen die hauseigene Patisserie. Der Service freundlich und außergewöhnlich flott. Alles sympathisch, ein wenig austauschbar vielleicht – aber halt! Der Blick auf die monumentale Kristallwolke über dem Spiegelwasser und die umliegenden Berge ist tatsächlich unique.

Tel.: 05224 51080
6112 Wattens
Kristallweltenstraße 1
www.kristallwelten.swarovski.com
reservations.kristallwelten@swarovski.com
täglich 8.30–21.30 Uhr

GASTHOF ZUM SCHWAN ⓝ 12/20

Günter Eberl bietet in dem Gasthof mitten in Wattens eine solide Wirtshauskultur auf beachtlich hohem Niveau. Tiroler Küche, kurze Wege (für die Zutaten), ursprünglicher Geschmack und eine Leichtigkeit, die der Tiroler Küche guttut, aber keinesfalls selbstverständlich ist. Vor allem im Sommer ist der schattige Garten mit dem Pavillon und den mächtigen Kastanienbäumen eine echte Oase. Spannende Weinauswahl – auch glasweise.

Tel.: 05224 52121
6112 Wattens
Swarovskistraße 2
www.gasthof-schwan.at
gasthofschwan@aon.at

ZELL AM ZILLER

GRANDER-RESTAURANT   13/20
Koch: Thomas Grander

Tel.: 05224 52626
6112 Wattens
Dr.-Felix-Bunzl-Straße 6
www.grander-restaurant.at
info@grander-restaurant.at
Mo–Fr 11.30–13.30 und
18–21.30, Sa 18–21.30 Uhr

Das Grander-Restaurant liegt mitten in Wattens und verfügt über eine großzügige Terrasse. Modernes Ambiente, internationale Küche auf konstant hohem Niveau. Man lädt tagsüber zum Gourmet-Businesslunch sowie abends zu Feinschmeckermenüs. Als Gruß aus der Küche kamen diverse Aufstriche mit hausgemachtem Brot, danach ein gebackenes Polentaknöderl auf Salat. Die Erbsen-Minz-Schaumsuppe mit Jakobsmuschel zu Beginn war leicht und sehr geschmackvoll. Das gebratene Zanderfilet auf Karfiolcreme und Haselnuss mit wildem Karfiol und Pomelo sehr dekorativ angerichtet. Topqualität und perfekt gebraten das australische Rindsfilet mit cremiger Polenta und Natursauce. Es wurde begleitet von Brokkoli, grünem Spargel, Karotten und Bohnen. Die kräftigen grünen und orangen Farben sahen appetitlich aus, das Gemüse war auf den Punkt gegart. Das Dessert, ein zart schmelzendes Tiramisutörtchen mit Weichselsorbet und frischen Beerenfrüchten, war ein gelungener Abschluss. Die Weinkarte bietet eine gute Auswahl an österreichischen und internationalen Weinen, der Service ist sehr aufmerksam.

à la carte: 9–32 €

ZELL AM ZILLER   E4

HELENI   12,5/20
in Das Posthotel
Köche: Marcus Duchardt & Mario Herrmann

Tel.: 05282 2236
6280 Zell am Ziller
Rohrerstraße 4
www.heleni.at
info@zillerseasons.at
täglich 18.30–21.30 Uhr

Küchenchef Marcus Duchardt sorgt mit seinem Kollegen Mario Herrmann für kreative Gaumenfreuden in ausgesprochen guter Qualität. Regionale biologische Zutaten werden dabei zeitgemäß in Szene gesetzt und stehen in Form von zwei Menüs zur Auswahl. Neben der Klassikvariante „Fein und Leicht" (frischer Esprit und Einfallsreichtum kommen dabei nicht zu kurz) gibt es eine vegetarische Alternative, die ebenfalls spannende Kombinationen bietet. Parmesan gibt es kalt und warm, dazu werden hausgemachte Ravioli mit Eierschwammerln und Blutampfer serviert. Präzise und durchdacht auch der „Pusteblume"-Gang, der einer Ode an Melanzani gerecht wird. Das finale Dessert mit Joghurt, Zitrusfrüchten und Brownie sorgt für ein passendes Nachspiel und rundet unseren fleischlosen Besuch adäquat ab. Mühen werden hier keine gescheut, köstliches, hausgebackenes Brot gehört natürlich auch dazu.

à la carte: 10–55 €

ZÖBLEN IM TANNHEIMERTAL

ZELLBERG   E4

SCHULHAUS ⓝ   12,5/20

Koch: Stefan Geisler

Tel.: 05282 3376
6277 Zellberg
Zellberg 162
www.schulhaus.tirol
info@schulhaus.tirol
Mi–Sa 17–22, So 12–22 Uhr
✸ bis Mitte Dez. 2019,
14. April–1. Mai 2020

Ein Gewinn im Zillertal, gar keine Frage. Das Schulhaus liegt oberhalb von Zell auf beachtlicher Höhe, sodass der Ausblick auf der Terrasse unglaublich eindrucksvoll ist. Viel eindrucksvoller sind aber die Gerichte, die Stefan Geisler aus der Küche schickt. Es ist leichte und doch unverkennbar alpine Kost, mit Leidenschaft und Kreativität angerichtet. Herrliche Fregola Sarda (sardische Kugelpasta) für den Start, ein Rieslingbeuschel zum Träumen und ein 99er-Riesling vom Zöbinger Heiligenstein glasweise dazu. Überhaupt kann die Weinkarte als mustergültig gelten, wie auch der Service.

à la carte: 14–34 €

ZÖBLEN IM TANNHEIMERTAL   C3

GASTHAUS MORENT   14,5/20

Köchinnen: Lisa & Tini Morent

Tel.: 05675 20033
0664 214 22 84
6677 Zöblen
im Tannheimertal
Nr. 14
www.morent.at
feinschmecker@morent.at
täglich 18.30–21 Uhr
✸ variabel

Ein Gasthaus wie aus dem Bilderbuch. Diese Beschreibung bezieht sich nicht nur aufs Ambiente. Es sind vor allem die Gastgeber Timi und Ralf Morent, die zeigen, dass man auch im 21. Jahrhundert alte Traditionen in zeitgemäßer Form pflegen kann. Der Patron sammelt Schwammerl, geht fischen, jagt für sein Lebtag gerne und verarbeitet das Erlegte als gelernter Metzger auch gleich selbst. Und wenn man Glück hat, ist ihm ein paar Tage vor dem Besuch eine Gams vor die Flinte gelaufen. Eine derart köstliche Rarität sollte man sich nicht entgehen lassen. Doch was wären alle diese Schätze aus der Natur, wenn es nicht jemanden gäbe, der daraus auch köstliche Gerichte zubereiten kann? Dafür ist Timi Morent verantwortlich und sie gibt sich nicht damit zufrieden, einfache, bodenständige Gerichte zu kochen. Alles, was die Küche verlässt, hat das gewisse Extra, das aus einem guten Gericht ein sehr gutes macht. So regional, ja sogar lokal die meisten Produkte sind, bei den Rezepten beschränkt sich Timi Morent nicht darauf, was in traditionellen Tiroler Kochbüchern niedergeschrieben ist. Auch orientalische Gewürze wie Ras el-Hanout sind ihr ans Herz gewachsen. Fehlt nur noch der passende Wein, womit wir wieder bei Ralf Morent wären. Seinen Empfehlungen kann man blind vertrauen, auch wenn sie mitunter außergewöhnlich sind. Wie schon eingangs gesagt: Wir lieben dieses Bilderbuch-Gasthaus!

Bewertungen NEU

11 bis 12,5 Punkte von 20 Punkten: 1 Haube

13 bis 14,5 Punkte von 20 Punkten: 2 Hauben

15 bis 16,5 Punkte von 20 Punkten: 3 Hauben

17 bis 18,5 Punkte von 20 Punkten: 4 Hauben

19 bis 19,5 Punkte von 20 Punkten: 5 Hauben

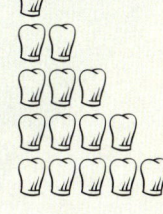

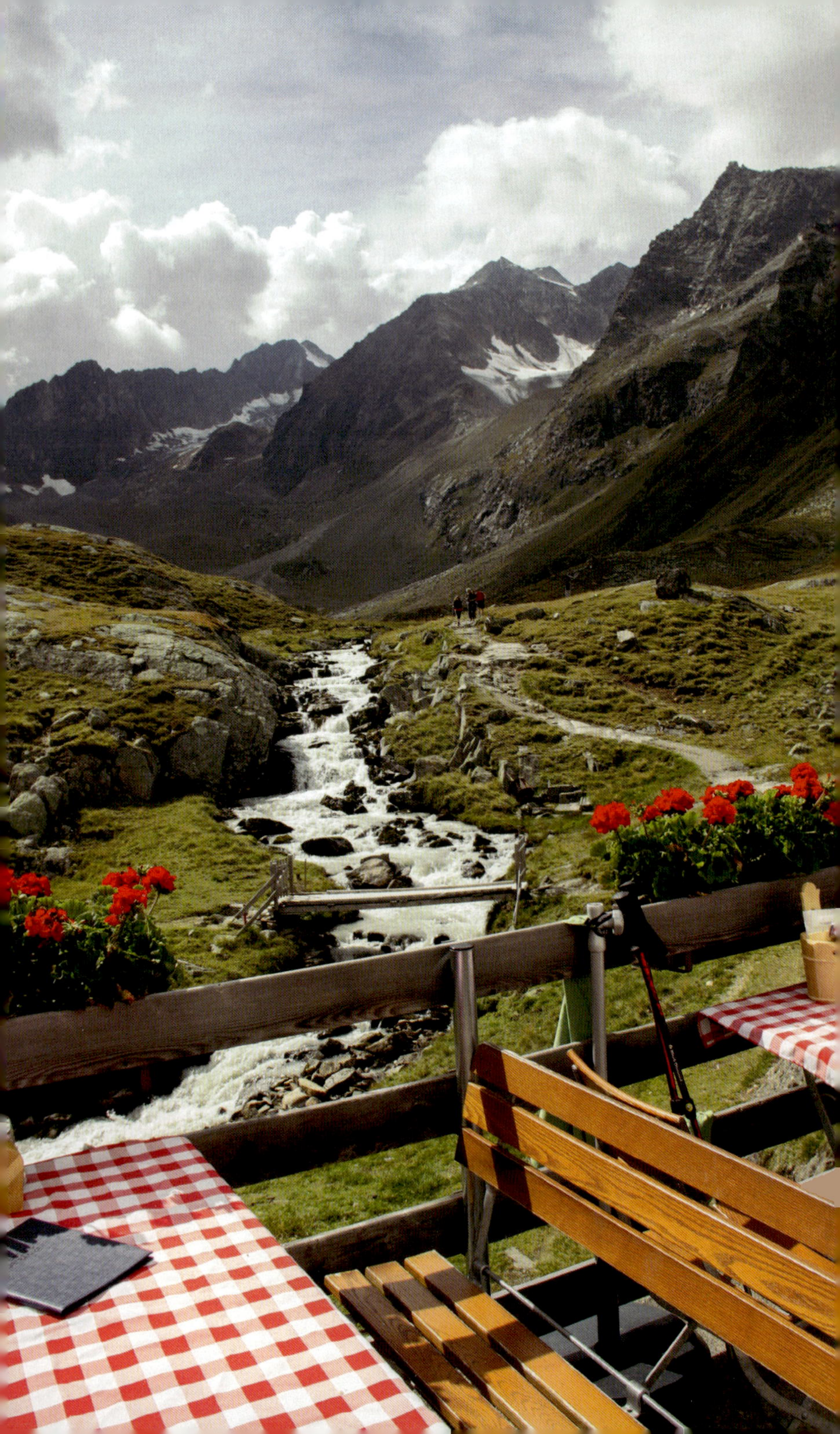

Gault&Millau

HÜTTENGUIDE TIROL

Die besten Almhütten Tirols – verkostet, bewertet und kommentiert.

2020

www.gaultmillau.at

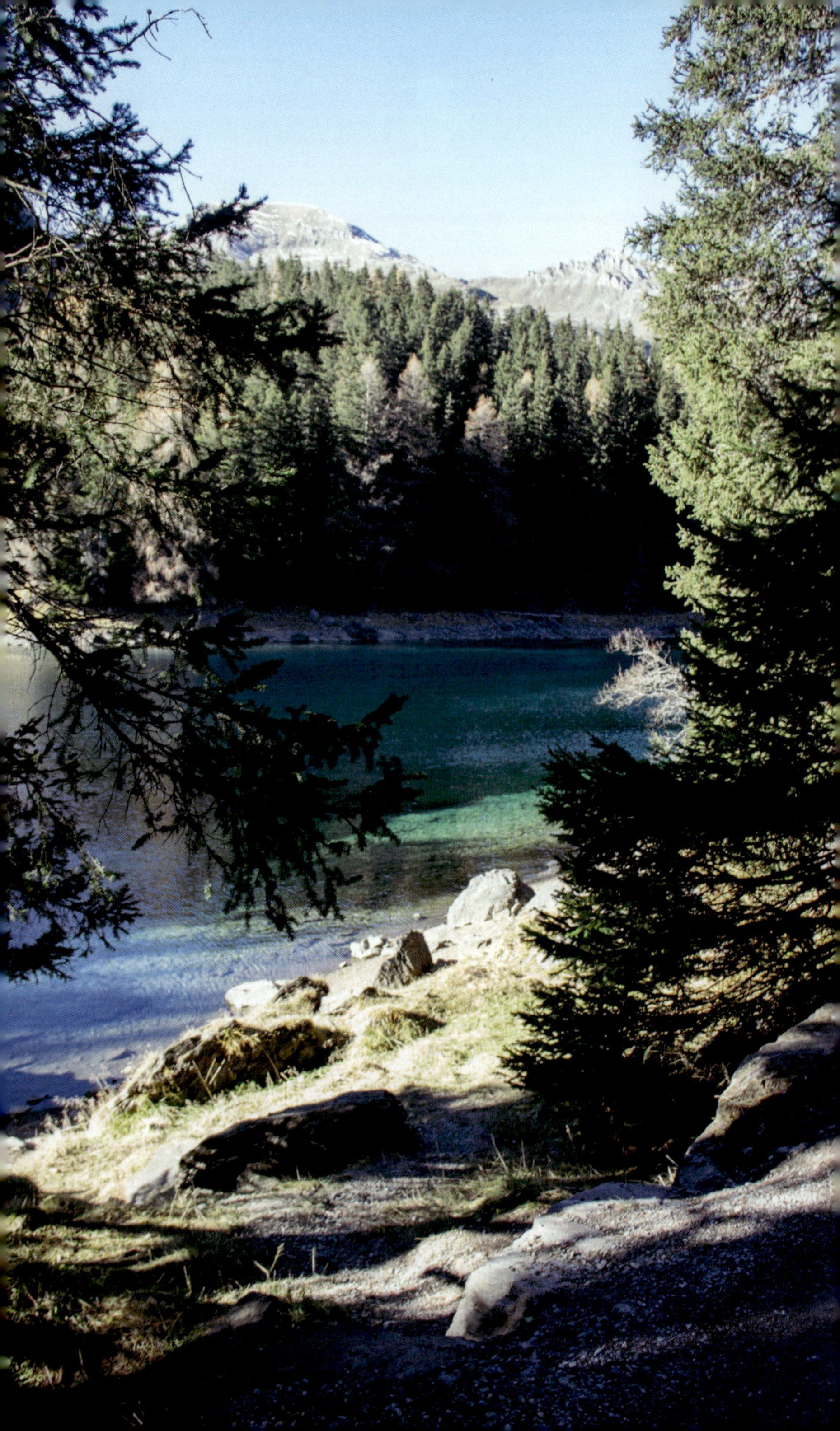

EINLEITUNG & RANKINGS

VORWORT

In den Bergen unterwegs zu sein, ist eine der schönsten Formen des Genießens. Vor allem, seit einen zwischen Gipfeln und Tälern neben einem atemberaubenden Panorama, kristallklarer Bergluft und einzigartiger Natur auch kulinarische Hochgenüsse erwarten.

Darum haben wir uns auch dieses Jahr wieder in die Tiroler Berge begeben, um die besten und schönsten Ski-, Alm- und Wanderhütten zu besuchen und zu testen. Und siehe da: Wir stießen auf noch mehr Betriebe, die unbedingt Eingang in dieses Buch finden mussten.

Denn auch am Gipfel sind die Ansprüche an die Küche gestiegen – und das nicht nur bei den Gästen, sondern viel mehr noch bei den Hüttenwirten selbst, die großen Wert darauf legen, dass lediglich qualitativ hochwertige Speisen ihre Küche verlassen.

Auf nahezu jeder Hütte wird mit regionalen und nachhaltigen Produkten gekocht, eine Entwicklung, die uns ein wenig mit Stolz erfüllt und die wir mit dem dritten Gault&Millau Hüttenguide unbedingt fördern wollen.

Oft sind es die kleinen, die versteckten Häuser, bei denen nur wenige Gerichte zur Auswahl stehen, die unsere besondere Beachtung verdienen. Es ist bemerkenswert, was gerade diese Betriebe mit den ihnen zur Verfügung stehenden Mitteln für Feinschmecker auf die Beine stellen. Dabei reden wir natürlich nicht bloß von Speckbrot und Würstelsuppe, die abgesehen davon ebenfalls ihre Berechtigung am Berg haben. Das kulinarische Angebot geht mittlerweile weit über die durchschnittliche Almkost hinaus und führt dazu, dass sich einige Hütten auf Augenhöhe mit gut situierten Restaurants im Tal befinden.

Wenn wir uns nach einem anstrengenden Aufstieg einmal doch mit bodenständigen und zünftigen Gerichten belohnen wollen, stehen Kaiserschmarren und Käsespätzle natürlich trotzdem immer bereit. Von der hohen Qualität dieser scheinbar einfachen Speisen durften wir uns auch dieses Jahr wieder überzeugen und können uns gar nicht festlegen, wo es denn nun am besten geschmeckt hat. Wahrscheinlich ist es die Kombination aus frischer Bergluft, gemütlichem Hüttenambiente und der fantastischen Entwicklung der Tiroler Küche zu verdanken, dass wir uns im Hochland noch wohler fühlen als je zuvor.

In diesem Sinne wünschen wir viel Vergnügen bei der Lektüre und dem Erkunden der wunderschönen Alpenlandschaft.

Martina & Karl Hohenlohe
Herausgeber Gault&Millau

LANDKARTE

LEGENDE

○ Orte allgemein

🔼 Almhütten

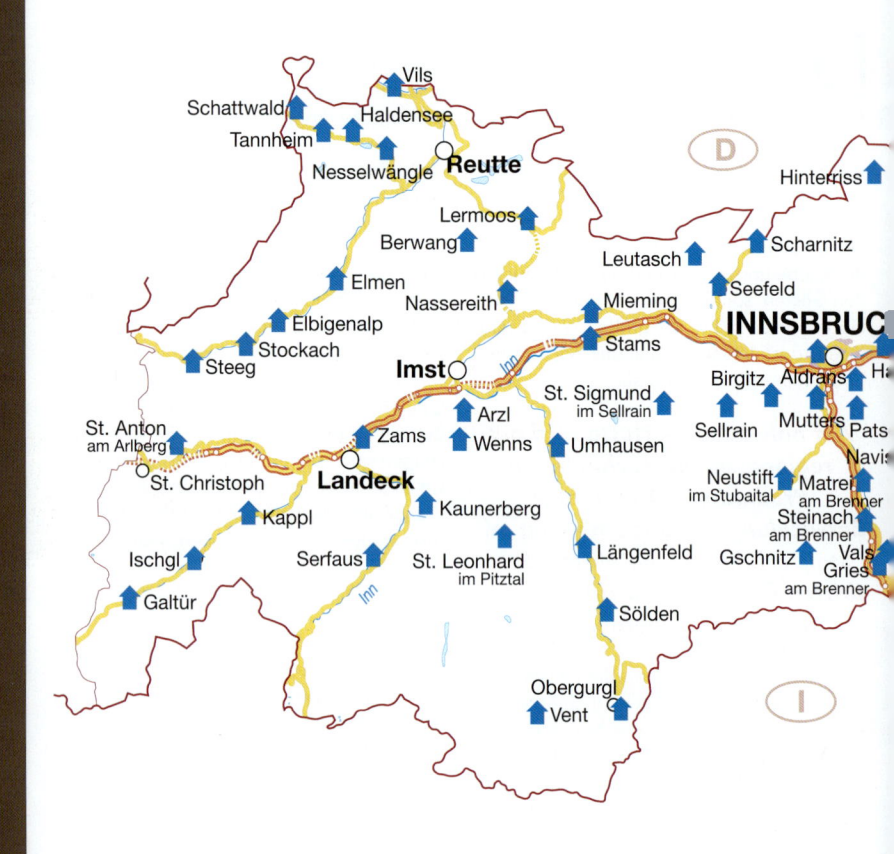

LANDKARTE

ALMHÜTTEN TIROL

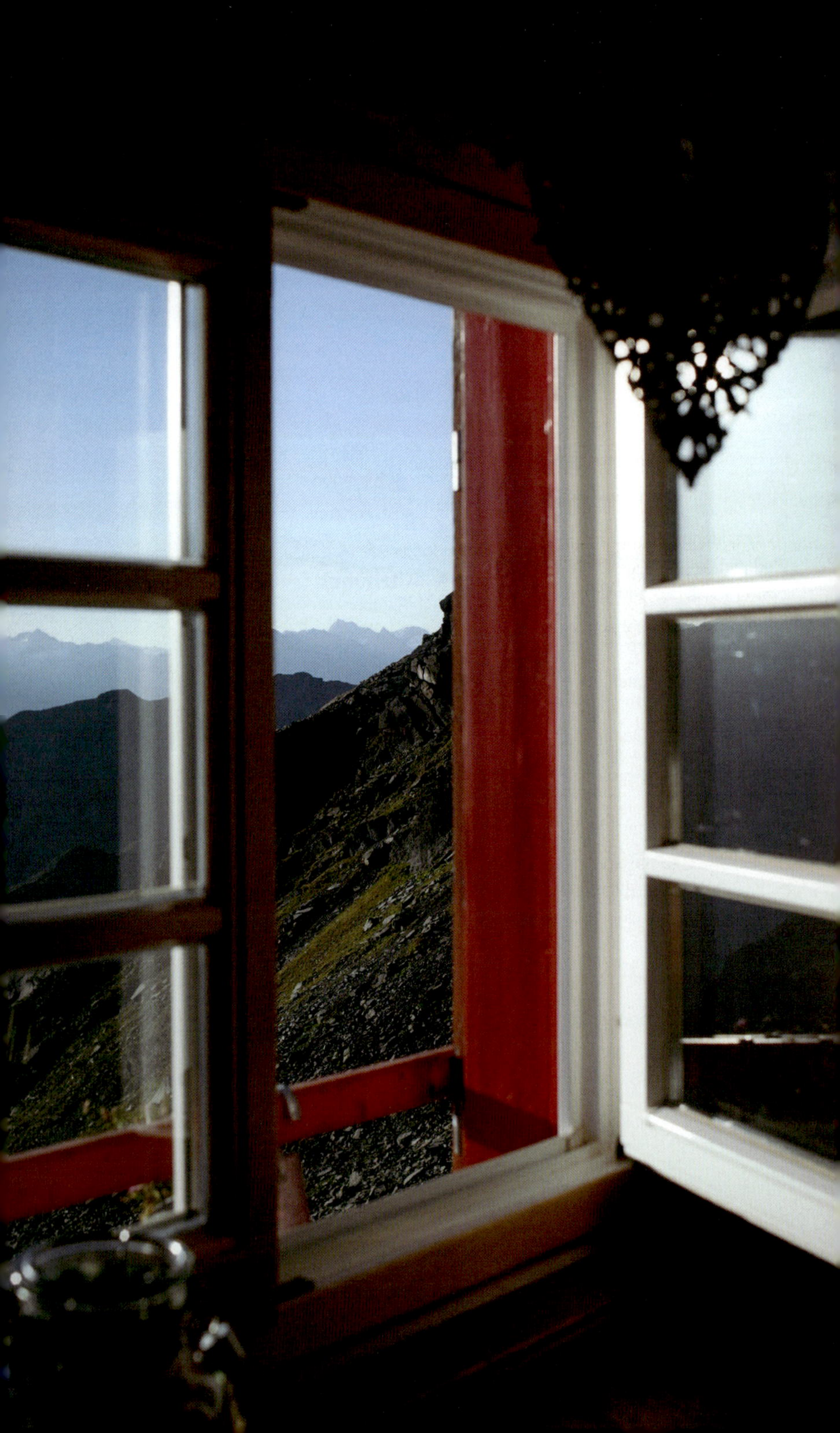

DIE BESTEN ALMHÜTTEN FÜR
GOURMETS

HEIDELBERGER HÜTTE   Seite 510
Ischgl

TAUBENSEEHÜTTE   Seite 501
Kössen

WILDALPGATTERL   Seite 496
Fieberbrunn

WEDELHÜTTE   Seite 524
Kaltenbach/Zillertal

BODENALM   Seite 517
Prägraten

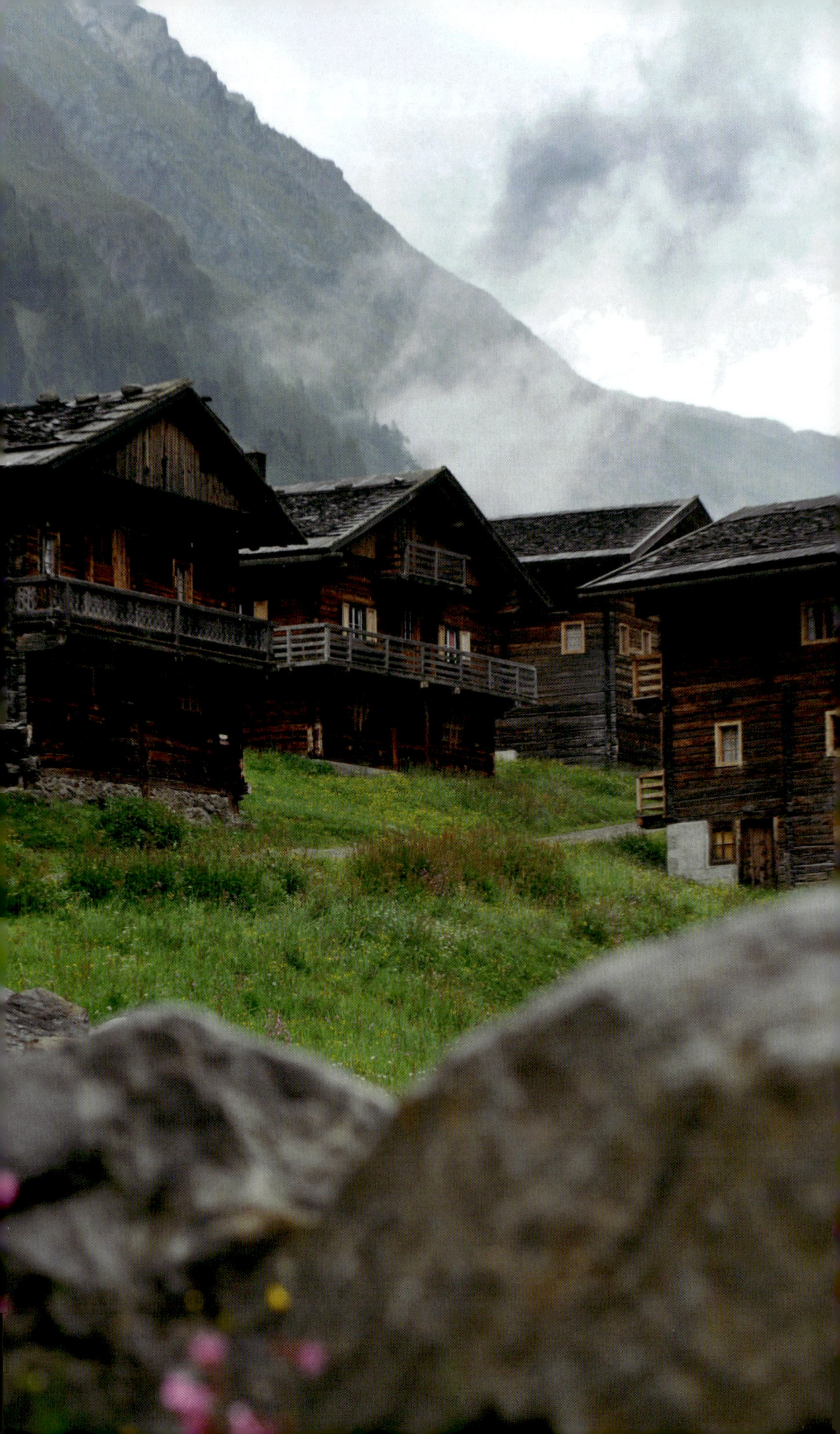

DIE BESTEN ALMHÜTTEN FÜR
DIE FAMILIE

ALPELE — Seite 522
Tannheim

WIMMERTALALM — Seite 523
Gerlos

MUTTERER ALM — Seite 490
Mutters

SEEALM HÖG — Seite 514
Serfaus

KAMMERKÖRALM — Seite 502
Waidring

DIE FAMILIE

DIE BESTEN ALMHÜTTEN IM
SOMMER

OLPERER HÜTTE   Seite 524
Ginzling

WEIDENER HÜTTE   Seite 531
Weerberg

WURZBERGALM   Seite 478
Längenfeld

ZÖHRERALM   Seite 522
Achenkirch

JUIFENALM   Seite 495
Sellrain

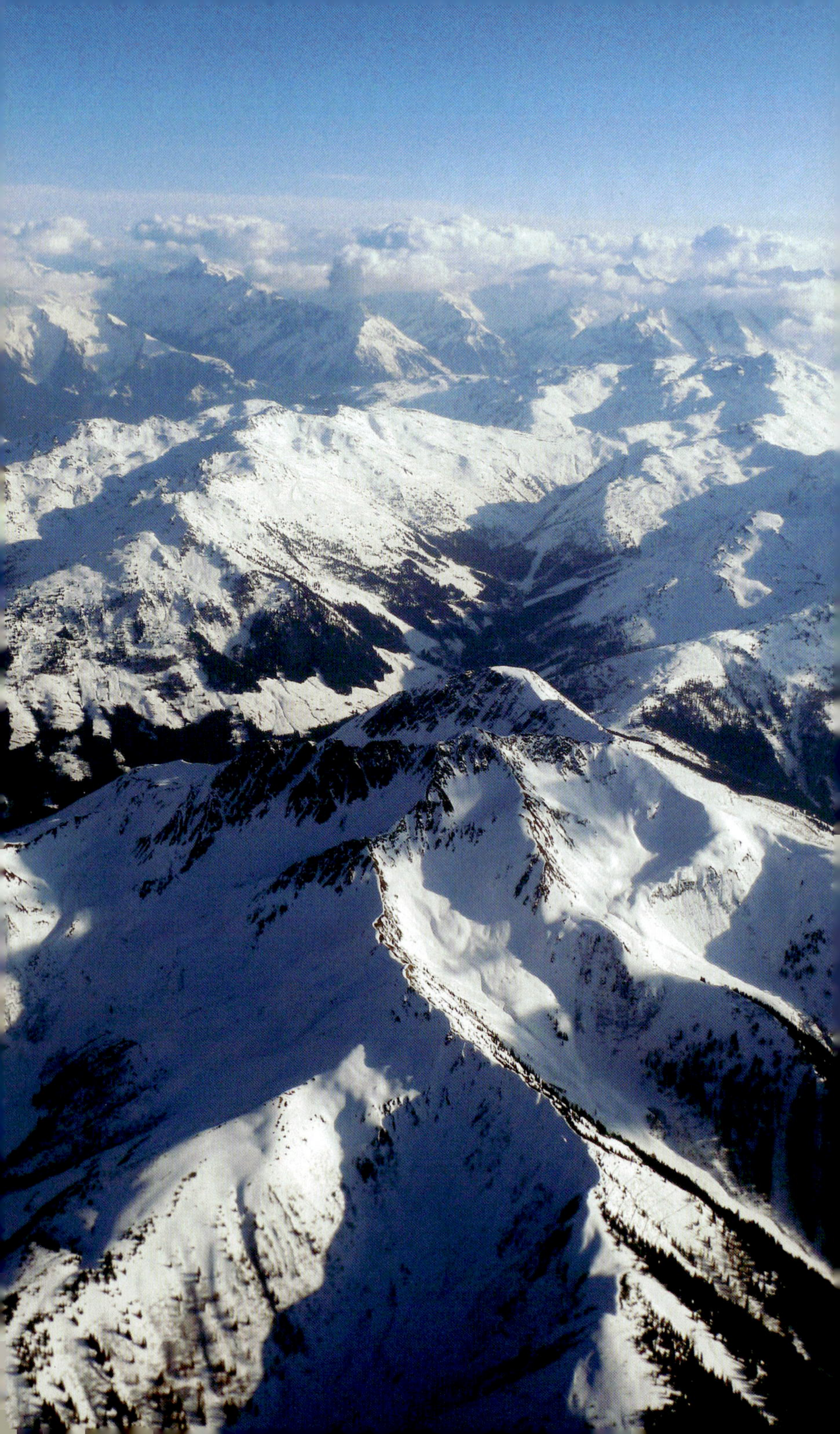

DIE BESTEN ALMHÜTTEN IM
WINTER

ZIRBENALM   Seite 479
Obergurgl

ULMER HÜTTE   Seite 513
St. Anton am Arlberg

KÖLNER HAUS   Seite 513
Serfaus

8ER ALM   Seite 522
Fügen

BASSGEIGER ALM   Seite 501
St. Johann in Tirol

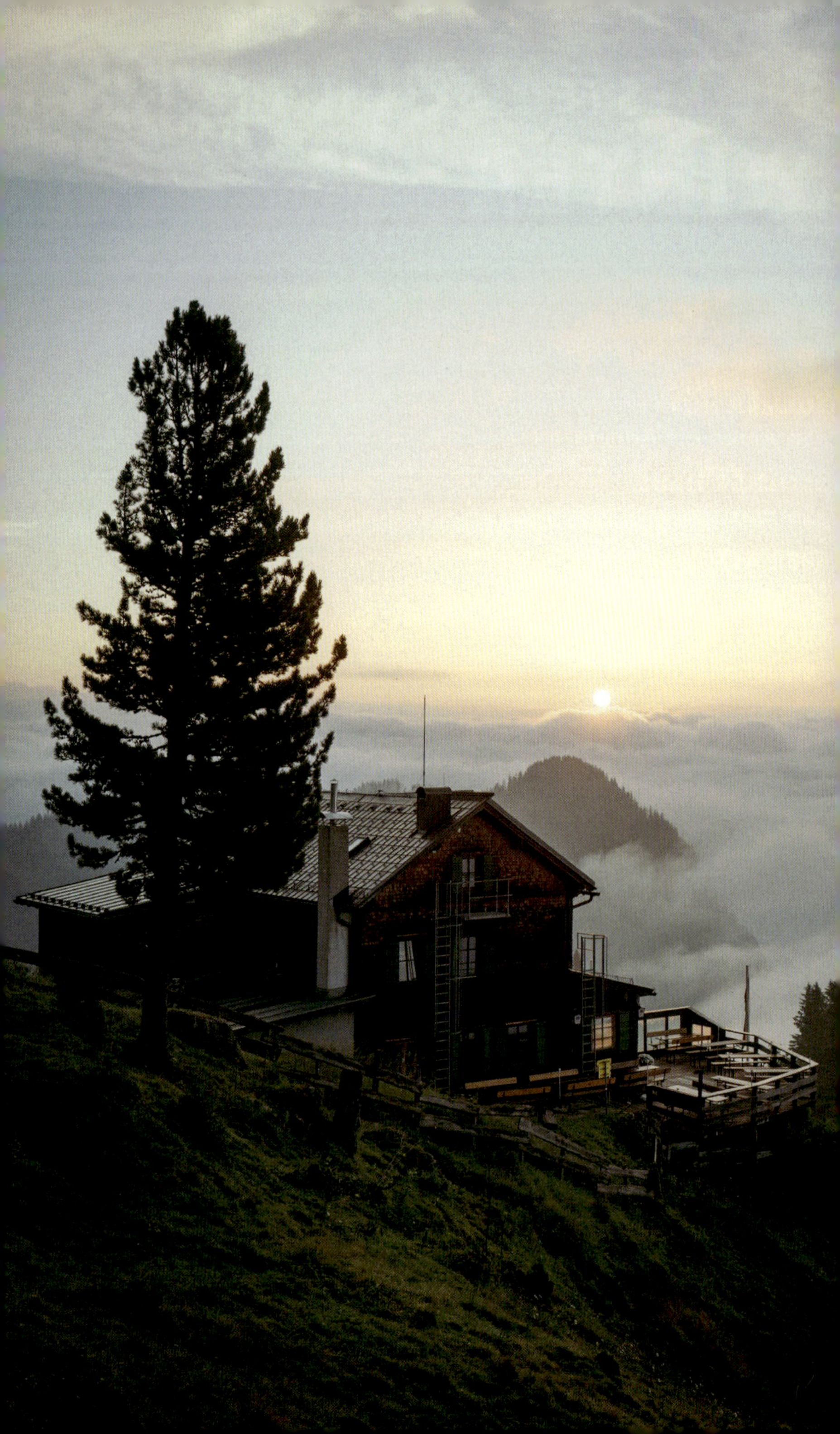

DIE BESTEN ALMHÜTTEN MIT
EIGENEN PRODUKTEN

FALBESONER OCHSENALM — Seite 491
Neustift im Stubaital

AUFFANGALM — Seite 490
Neustift im Stubaital

BURGERALM — Seite 505
Rettenschöss

AUSSERMELANG ALM — Seite 486
Hall in Tirol

GAMPE THAYA — Seite 480
Sölden

Höhenluft macht hungrig

Auf dem Gipfel schmeckt jedes Gericht gleich noch einmal so gut. Wie die Preiselbeeren zum Kaiserschmarrn, so gehören Wandern und Kulinarik zusammen.

Der Blick schweift, der Kopf ist frei und der Alltag weit weg. Egal ob mit dem Lift oder zu Fuß, Höhenluft macht hungrig. Neben Klassikern wie Käsespätzle und Tiroler Gröstl setzen einige Bergrestaurants auf Haute-Cuisine und eine erlesene Getränkeauswahl. Starkoch Alexander Fankhauser empfiehlt Gourmets in Bergschuhen unter anderem die Wedelhütte in Kaltenbach oder die Angerer Alm in St. Johann in Tirol.

Neben dem Naturerlebnis schätzen Familien auch das lockere Ambiente auf dem Berg. Auf der kinderfreundlichen Mutterer Alm warten üppige Portionen, ein Spielplatz und ein Wasserpark. Ein Familien-Highlight im

*Kulinarische Wanderungen
in Tirol*

Tiroler Unterland ist das Berggasthaus Kammerkör. Es befindet sich direkt neben dem Triassic Park in Waidring. Falls der Nachwuchs mal keine Lust auf Knödel & Co hat, findet er auf der Seealm Hög in Serfaus auch internationale Speisen auf der Karte.

Über regionale, selbstgemachte Produkte wiederum freuen sich Wanderer auf der Burgeralm im Kaiserwinkel. Die Heumilch der ringsum weidenden Kühe wird dort direkt zu Biokäse verarbeitet. Auch die Außermelang-Alm im Wattener Tal setzt auf bodenständige Kost aus regionalen Produkten - und das schmeckt ausgezeichnet. Ein weiterer Tipp ist die Gampe Thaya im Ötztal: Almkäse aus Eigenproduktion ist hier nur eines von vielen kulinarischen Highlights.

Egal ob Feinschmecker, Familien oder Freunde von Selbstgemachtem: Auf den Tiroler Bergen finden sie jede Menge Gastlichkeit, Genuss und Kulinarik auf hohem Niveau. *www.tirol.at/wandern*

Tirol / Herz der Alpen

IMST

ARZL IM PITZTAL IMST

KIELEBERGALM

Die Kielebergalm liegt zwischen dem Pitztal und der Piller Höhe. Vom Piller Parkplatz Klausboden aus geht man etwa anderthalb Stunden, der Weg ist durchwegs ambitioniert. Aber es zahlt sich aus. Das Panorama ist üppig: Venetberg, über die Lechtaler Alpen hin zum Hohen Riffler, einem bizarren Dreitausender. Als Spezialität des Hauses gilt die Hauswurst mit Sauerkraut. Die Auswahl ist eher auf kalte Gerichte beschränkt. Würste und Speck werden selbst gemacht. Auf der Alm leben zwei Kühe, ein paar Kälber und etliche Schafe.

Tel.: 05412 6530
0660 346 22 25
6471 Arzl im Pitztal

LÄNGENFELD IMST

STABELEALM

Die Stabelealm darf nicht verwechselt werden. Weder mit der Stabele Schirmbar in Sölden noch mit der Almwirtschaft Stabelalm im Lechtal. Sie ist eine kleine Alm, die Stabelealm bei Längenfeld. Noch vor einem Jahr weideten nur eine Handvoll Rinder (zwei Kühe, ein Kalb und ein Stier) auf den Weiden rund um die Stabelealm. Mittlerweile sind es ein paar Kälber mehr. Aber auch wenn die Alm klein ist, das Essen ist umso herzhafter. Es wird solide Almkost geboten. Die Kasspatzln sind üppig und mit gutem Käse gemacht. Die Jausen deftig und großzügig.

Tel.: 05253 6312
0664 500 43 75
6444 Längenfeld
www.gstreinshof.com
info@gstreinshof.com
täglich 10–18 Uhr
bis Ende Mai 2020

VORDERE SULZTALALM

Die Vordere Sulztalalm ist alleine deshalb hier zu erwähnen, weil sie eine der größten bewirtschafteten Almen des Landes ist. Die Zahl der Tiere, die hier sömmern, ist beeindruckend. Ein paar Hundert werden es schon sein. Größtenteils Schafe, aber auch Kühe und Ziegen. Die Verpflegung entspricht dem, was auf Tiroler Almen üblich ist, und hat durchwegs gute Qualität. Käsespätzle mit Röstzwiebeln (sehr gut), eine herzhafte Marende mit allerlei Produkten aus der Nachbarschaft und – eine ganz besondere Empfehlung – die Sulztalnudeln (eine Art alpine Carbonara mit Speck, Zwiebel und frischen Kräutern).

Tel.: 05253 5634
0664 174 60 91
6444 Längenfeld
Astlehn 232

WURZBERGALM

Die Wurzbergalm in Längenfeld kennt man auch unter dem Namen Waldesruh. Nomen est omen würde man sagen. Oder anders formuliert: Die Alm hat ihren Hofnamen nicht ohne Grund. Man erreicht sie über Köfels, einen Ortsteil von Umhausen. Der Anstieg ist kurz, kaum eine Dreiviertelstunde, und nur auf kurzen Strecken steil. Auf den Almflächen weiden Kühe und ein paar Ziegen. Entsprechend auch das Angebot an Stärkungen: selbst gemachtes Joghurt, Heidelbeeromelette, Speck, der am Berg reifen darf, Ramonas Apfelstrudel, sensationelle Kasspatzln und ein herzhafter Jausenteller.

Tel.: 0664 985 83 07
6444 Längenfeld
Unterried 69
www.wurzbergalm-oetztal.at
erich.holzknecht@aon.at

Weinguide
Die besten Weine Österreichs im NEUEN Design.

IMST

MIEMING | IMST

COBURGER HÜTTE

Berühmt ist vor allem ein ganz bestimmter Ausblick, der von der Hütte aus auf den Seebensee. Wenn es windstill ist und sich die Zugspitze im streichelweichen und spiegelglatten Wasser des Sees spiegelt. Dieses Motiv hat es schon auf die eine oder andere Titelseite gebracht. Die Hütte selbst liegt auf einem Sattel über dem Seebensee und in der Nähe des – ebenso zauberhaften – Drachensees. Für den Aufstieg wird man aber nicht nur mit atemberaubender Natur belohnt: Speck- und Brettljausen, Tiroler Gröstl, (wunderbares) Rindsgulasch mit Knödel und Salat oder Schweinsbraten. Alles frisch zubereitet.

Tel.: 0664 325 47 14
6414 Mieming
www.coburgerhuette.at
office@coburgerhuette.at

NASSEREITH | IMST

NASSEREITHER ALM

Nassereith ist jedem Fernpassfahrer ein Begriff. Von Österreich kommend, in Richtung Deutschland unterwegs, ist Nassereith der Ort, bis zu dem man einigermaßen schnell vorankommt. Ab dann stockt der Verkehr. Dabei ist der Ort durchaus malerisch und einen Abstecher wert. Auch (aber nicht nur) wegen der Nassereither Alm. Sie liegt in unmittelbarer Nähe, am Fuß des Wannigs, und überrascht mit vielfältiger Almkost. Vor allem den Graukas sollte man probieren oder eine der deftigen Brotzeiten. Die Wanderung auf die Alm lohnt allemal. Wegen des Panoramas, der Seen und der Herzlichkeit.

Tel.: 0660 656 74 67
6465 Nassereith
www.nassereither-alm.at

OBERGURGL | IMST

RAMOLHAUS
Hotel Edelweiss & Gurgl

Das Ramolhaus liegt auf 3006 Meter Seehöhe und ist eine Schutzhütte des DAV. Die Schutzhütte liegt nahe dem Gurgler Ferner in den Ötztaler Alpen. Die reine Höhe ist schon eine klare Ansage. Vermutlich ist es das höchstgelegene Schutzhaus in diesem Guide. Das Ramolhaus wurde im Jahr 1881 errichtet. Inzwischen mehrmals erweitert und renoviert, bietet es heute eine zeitgemäße Ausstattung, aber immer noch mit urigem Ambiente. Und weil man hier gutes Essen zu schätzen weiß und Wert auf hohe Qualität legt, haben sich die Gastgeber der kulinarischen Aktion „So schmecken die Berge" angeschlossen.

Tel.: 05256 6223
6456 Obergurgl
Ramolweg 5
www.edelweiss-gurgl.com
info@edelweiss-gurgl.com
täglich 7–22 Uhr
bis 28. Juni 2020

ZIRBENALM

Die Zirbenalm ist eine Skihütte in Obergurgl. Entsprechend ist sie wunderbar mit dem Lift, auf Skiern oder im Sommer über eine kleine Wanderung erreichbar. Sonst hat die Zirbenalm wenig mit einer klassischen Alm gemeinsam. Vielmehr ist es ein Berggasthof, allerdings einer, der sich sehen lassen kann. Auf der Speisekarte ist viel von „Oma's Rezepten", von regionalen Zutaten und lokalen Bauern zu lesen. Die Gerichte hören sich jedenfalls vielversprechend an: alpiner Burger, gesottene Hauswurst, Hirtentoast und Mohnnudeln. Ach ja, hin und wieder finden Hüttenabende statt. Almfeeling und Schmankerl.

Tel.: 05256 6332
6456 Obergurgl
Gaisbergweg 25
www.zirbenalm.at
feiern@zirbenalm.at
Mi–Mo 9–17, Do 9–17 und 18.30–23 Uhr

IMST

ST. LEONHARD IM PITZTAL
IMST

HANAUER HÜTTE

Die Hanauer Hütte ist ein Schutzhaus. So etwas wie eine Kommando- und Koordinationszentrale für ausgiebige Berg- und Klettertouren in den Lechtaler Alpen. Reichs- und Dremelspitze liegen in Reichweite, wer die Dremelspitze nicht erklimmen will, kann sie galant umrunden. Auch das eine unvergessliche Wanderung. Als Verpflegung gibt es Speck- und Kaspressknödel. Normalerweise auch einen ausgesprochen guten Kaiserschmarren. Nur in der vergangenen Saison war alles ein wenig auf Sparflamme. Die Natur und die Dürre des Sommers haben Spuren hinterlassen. Und die Hüttenwirte haben das Beste daraus gemacht.

Tel.: 0664 266 91 49

6481 St. Leonhard im Pitztal
Piösmes 208

www.hanauer-huette.de
hanauer.huette@aon.at

SÖLDEN
IMST

ALMWIRTSCHAFT GAMPE THAYA

Oberländer Äpfel, Oberinntaler Erdäpfel, steirisches Kernöl, Tiroler Grauvieh, Nordtiroler Gemüse. Auf der Almwirtschaft Gampe Thaya wird Kulinarik und Herkunft großgeschrieben. Das ist nicht weiter verwunderlich. Gilt das Ötztal (und damit auch Sölden) doch als Keimzelle und Hochburg der alpinen Kulinarik. Für Gäste bedeutet das, dass nur Produkte mit kristallklarer Herkunft in den Pfannen und später auf den Tellern landen. In der Regel sind das Produkte aus der Region. Unbedingt anschauen: die Käserei, unbedingt ausprobieren: den Almbrunch und keinesfalls verpassen: einen Abend mit Jakob Prantl.

Tel.: 0664 240 02 46

6450 Sölden
Gampe Alm 1/Postfach 12

www.gampethaya.at
info@gampethaya.at

täglich 9.15–18 Uhr
Mai–Mitte Juni 2020, variabel

GAISLACHALM

Über Bodenegg, im vorderen Venter Tal gelegen, ist die Gaislachalm ein traditionsreicher Berggasthof. Genau genommen ist er sogar der älteste in Sölden. Zum Betrieb gehören Almfläche, Fischteich, Jagdgründe und ein paar Tiere, die ums Haus ziehen. Damit ist auch schon klar umrissen, woher die Lebensmittel größtenteils kommen, die hier auf dem Teller landen. Die Küche ist traditionell und bodenständig, die Portionen sind üppig, und wer dann immer noch „kann", bekommt auch Nachschlag. Es gibt Braten, Fondue (Fleisch und Käse), herrliches Wildbret und Almprodukte aus eigener Herstellung.

Tel.: 05254 29 14
0664 53 05 97 1

6450 Sölden
Gaislach 18

www.gaislachalm.com
info@gaislachalm.com

SAHNESTÜBERL

Mittlerweile wissen wir ja Bescheid. Das Sahnestüberl hat eigentlich einen ganz anderen Namen. Den man übrigens auch in der Adresse finden kann. Der richtige Name (Zwieselsteintaje) benennt eine Mähwirtschaft, bei der Heu erzeugt wird. Sahnestüberl ist eine Hommage an den angrenzenden Tourismus. In die Pfannen (und auf die Teller) kommt immer noch großartiger Kaiserschmarren. Der ist mittlerweile so beliebt und begehrt, dass es bei schönem Wetter zu Wartezeiten über die ohnehin schon satten (aber gerechtfertigten) 20 Minuten kommen kann. Aber das Warten lohnt. Glauben Sie uns.

Tel.: 0680 203 69 48

6450 Sölden
Zwieselsteintaje 6

Herrliche Almen mit dem Mountainbike entdecken.

#LOVETIROL

Schmirn, Kasern

IMST

STAMS — IMST

STAMSER ALM

Der Anstieg beginnt im Ortskern von Stams und führt vorbei an einer kleinen Kapelle zunächst entlang einer Straße zum Weiler Hauland. Nach den letzten Häusern geht es auf einem Forstweg weiter bergauf. An der Wegverzweigung hält man sich rechts und folgt dem Weg, der nun in mehreren Kehren durch den Wald aufwärts führt. Abzweigungen lässt man unberücksichtigt. Bei einem Jagdhäuschen quert man den Stamser Bach und folgt der Fahrstraße durch den Pillwald weiter, bis der Weg schließlich direkt zur Stamser Alm führt. Oben gibt es dann deftige Jausen und (gute) Tiroler Almkost.

Tel.: 0664 126 17 77
6422 Stams
Stamser Alm 1

UMHAUSEN — IMST

HINTERE FUNDUSALM

Die Fundusalm liegt – wenig überraschend – im Fundustal, einem kleinen Seitental des Ötztals. Wichtig beim Namen ist allerdings, dass er vollständig ist. Die Hintere Fundusalm liegt auf 1964 Metern und ist von Umhausen oder Köfels aus in einer mehrstündigen Wanderung zu erreichen. Etwas weiter unterhalb, auf circa 1600 Metern, liegt die Vordere Fundusalm. Schön zwar, aber nicht bewirtschaftet. Die Alm bietet traditionelle heimische Almkost und Klassiker der Ötztaler Küche. Neben den entsprechenden Brettljausen werden auch die Almprodukte verkauft: Käse, Butter, Buttermilch und Frischmilch.

Tel.: 05255 5858
6441 Umhausen
Tumpen 238

JAUSENSTATION BICHL

„Seit Jahren ist die Jausenstation vom Bichl ein fixer Rastplatz für alle, die von Hütte zu Hütte wandern. Hier werden typische Ötztaler Spezialitäten und traditionelle Tiroler Schmankerl serviert. 'A zünftige Brettljausen' mit selbst gebackenem Brot, Speck und Käse stärkt für die nächste Etappe." So steht es auf der Website. Offenbar ein Betrieb, dem das kulinarische Wohlbefinden seiner Gäste ein großes Anliegen ist. Wir haben uns das genauer angesehen und waren tief beeindruckt: vom Quellsaibling, vom Ötztaler Berglamm, aber auch vom Moosbeeromelette. Hier herrschen Handwerk und Leidenschaft.

Tel.: 05255 5532
      0664 210 89 72
6441 Umhausen
Niederthai 3
www.bichl.riml.com
bichl@riml.com

Do–Di 11–18 Uhr
bis Mitte Dez. 2019,
Ostern–Anfang Juni 2020

VENT — IMST

BERGGASTHAUS ROFENHOF

Die Rofenhöfe im Ötztal haben eine lange Geschichte, die bis ins 13. Jahrhundert zurückreicht. Sie liegen auf etwa 2000 Meter Höhe bei Vent und so versteckt, dass sie lange als Zufluchtsort galten, Bergfrieden und Steuerfreiheit genossen. Im Sommer werden die Almwiesen von italienischen Schafhirten beweidet. Heute wird im Berggasthaus Tiroler Hausmannskost geboten. Speckknödel- und Graukassuppe, Rofner Spätzle, Bauernkrapfen und Bauernschmaus. Gleich neben der Sonnenterrasse ist auch ein kleiner Kinderspielplatz mit Schaukel, Rutsche und Sandkiste. Interessant auch die Sammlung alter Geräte.

Tel.: 05254 8103
6458 Vent
Rofenstraße 3
www.rofenhof.at
info@rofenhof.at

www.gaultmillau.at – Tipps, Trends, Rankings und alle Restaurantkritiken

INNSBRUCK

ALMHÜTTEN TIROL

WENNS — IMST

MUTTEKOPFHÜTTE

Die Muttekopfhütte ist eine Alpenvereinshütte der Sektion Imst-Oberland. Die Hütte ist zu Fuß über die Forststraße zur Obermarkter Alm/Latschenhütte vom Imster Ortsteil Rastbühel aus (an der Hahntennjoch-Passstraße) zu Fuß erreichbar. Der Weg ist allerdings für Privatautos (zum Glück) gesperrt. Patrick Zangerl ist offenbar nicht nur Chef und Hüttenallrounder, er ist auch ein veritabler Kulinariker. Genuss wird großgeschrieben, er sucht die Weine aus und bei den Gerichten zieht sich eine sichtbare Handschrift durch. Großartig: die vegane Panzanella à la Mutte und die „Wiener Schnitzel hoch 2".

Tel.: 05414 86456
0664 1236928
6473 Wenns
Oberdorf 240
www.muttekopf.at
info@muttekopf.at

INNSBRUCK — INNSBRUCK

ARZLER ALM

Früher hieß die Arzler Alm „Alpe Buch & Gruben". Das ist aber schon ziemlich lange her. 1940 erwarb die Stadt Innsbruck die Alm, seit 2001 wird sie an die Familie Anzengruber verpachtet. Schaut man auf die Website der Alm, wird sofort klar, was den Pächtern wichtig ist. Unter „Köstlichkeiten" erfährt man, dass die Arzler Alm eine „Genussalm" ist, Herkunft wird großgeschrieben und gekocht wird nach Großmutters Rezepten. Die Karte liest sich jedenfalls vielversprechend. Knödel-Tris und Gerstensuppe, Schweinsbraten und für danach hausgemachte Blechkuchen und Torten. 300 Rinder sömmern hier.

Tel.: 0664 6553395
6020 Innsbruck
Rosnerweg 113
www.arzleralm.at
info@arzleralm.at

INNS'BRUCK

unlimited
ENJOYING
...UND VIELE CHANCEN, DEN GENUSS ZU FINDEN

INNSBRUCK LAND

HÖTTINGER ALM

Tel.: 0676 305 62 28
6020 Innsbruck
Roßfallweg 30
www.hoettingeralm.at
hoettinger@gmx.at

Früher war die Höttinger Alm ein gemeinsames Projekt der Höttinger Viehbauern. Das war 1441. In diesem Jahr wurde die Höttinger Alm erstmals urkundlich erwähnt. In der Zwischenzeit ist viel Wasser den Inn hinabgeflossen. Mittlerweile ist die Alm ein beliebtes Ziel aktiver Innsbrucker. Das kulinarische Angebot: Speck- und Kaspressknödelsuppe, herrlicher Schweinsbraten mit Kraut. Außerdem gibt es Graukas von der Möslalm. Sauer mariniert und unglaublich gut. Für danach, also als Dessert bietet die Höttinger Alm dann Schokolade-, Blech-, Mohn- oder Hanfkuchen. Allesamt von überzeugender Qualität.

UMBRÜGGLER ALM

Tel.: 0664 324 45 43
6020 Innsbruck
Umbrüggleralmweg 36
www.umbrueggleralm.at

Die Umbrüggler Alm bietet modernes Ambiente. Sie liegt auf 1123 Meter Seehöhe an der Nordkette und ist einfach zu erreichen. Die Umbrüggler Alm besticht durch ihr avantgardistisches Design, das trotzdem Gemütlichkeit ausstrahlt. Helle, moderne Holzausstattung, offener Kamin. Gäste genießen hier nicht rustikale Almhüttenkost, sondern schön angerichtete Tiroler Küche in moderner Aufmachung. Gute Weine und ausgezeichneter Kaffee gehören ebenso zum Angebot. Wer Rustikalität sucht, ist vermutlich anderswo besser aufgehoben. Hier erlebt man eine moderne Interpretation der Almgastronomie.

ALDRANS — INNSBRUCK LAND

ALDRANSER ALM

Tel.: 0664 151 66 75
6071 Aldrans
Aldranser Almweg 1
www.aldranseralm.at
aldranseralm@gmail.com
Fr–Mi 9–20.30 Uhr
bis Mitte Mai 2020

In Sistrans betreiben Irmgard und Karl Wiener die Aldranser Alm. Und Kulinarik steht bei den Wieners hoch im Kurs. Das Almfrühstück ist sensationell, aber nicht nur das. Die Kaspressknödel sind mustergültig, der Schweinsbraten nicht minder und außerdem gibt es Tiroler Gröstl, das sich sehen lassen kann. Auch die Herkunft der Lebensmittel scheint den Almwirtsleuten ein Anliegen zu sein. Penibel wird aufgelistet, wo Fleisch, Wurst und Speck herkommen (nämlich von einer nahen Landmetzgerei), woher die Eier (vom benachbarten Pircherhof) und der Schnaps. Weil ohne den gar nix geht.

BIRGITZ — INNSBRUCK LAND

BIRGITZER ALM

Tel.: 0664 597 00 26
6092 Birgitz
www.birgitzer-alm.at

Der Ausblick von der Birgitzer Alm ist traumhaft. Er geht einerseits ins Inntal, andererseits ins gegenüberliegende Karwendelgebirge. Im Sommer ist die Birgitzer Alm ein beliebtes Ziel für Wanderer und Mountainbiker, im Winter stehen die Rodeln vor der Hütte, die Rodler sitzen drinnen und stärken sich für die Abfahrt. Das Angebot zur Stärkung bietet eine stattliche Knödelvielfalt vom Kaspressknödel (der auch in der Suppe serviert wird) über Speckknödel hin zu herrlich flaumigen Spinatknödeln mit frischem Salat und Käse. Aber auch die Desserts, vor allem der Apfelstrudel, können sich sehen lassen.

Besuchen Sie Gault Millau auf facebook.

© Tirol Werbung: Aichner Bernhard

INNSBRUCK LAND

GRIES AM BRENNER — INNSBRUCK LAND

SATTELBERGALM

Die „Wipptaler Genussspechte" sind ein Zusammenschluss von Betrieben, Bauern und Anbietern, die auf regionale und unverfälscht hohe Qualität setzen. Die Sattelbergalm hat sich diesen Genussspechten angeschlossen, und das merkt man. Die Schmankerl tragen immer einen Hauch Tradition und manchmal auch einen Touch Internationalität in sich. Trotz allem sind die Gerichte sehr bodenständig und unverfälscht. Im Herbst bietet die Sattelbergalm – wohl auch aufgrund der Nähe zu Südtirol – ein großartiges Törggelen an. Mit allem, was dazugehört: Gerstlsuppe, Geselchtes, Kastanien und noch mehr.

Tel.: 05274 87717
0664 2108273
6156 Gries am Brenner
Neder 311
www.sattelbergalm.at
info@sattelbergalm.at
So–Mo 11–18, Di–Sa 11–20 Uhr

GSCHNITZ — INNSBRUCK LAND

BREMER HÜTTE

Die Bremer Hütte ist eine Schutzhütte, keine Alm. Das ist ein Unterschied, der einen Unterschied macht. Sie liegt im hinteren Gschnitztal auf etwa 2400 Metern. Einmal oben angekommen, bietet sich eine Reihe von Möglichkeiten. Kleine und große Klettertouren, Schwimmen im (saukalten) Lauterersee, Wanderungen zu den benachbarten Hütten (Nürnberger oder Innsbrucker Hütte). Oder einfach nur Abhängen. Die Stube ist neu, das Essen gut. Es gibt die klassische Bergsteigerkost von der Gulaschsuppe über Hirtenmakkaroni hin zu Schlutzkrapfen und Kaiserschmarren. Und natürlich eine deftige Tiroler Marend.

Tel.: 0664 2728071
6150 Gschnitz
Gschnitz 41

HALL IN TIROL — INNSBRUCK LAND

AUSSERMELANG ALM

Zwei Dinge prägen die Außermelang Alm in der Wattener Lizum: der Wattentaler Almkäse und das Fleisch vom Tiroler Almschwein. Während man sich den Käse der kleinen Sennerei nach dem Aufstieg in den Rucksack packen kann (und auch sollte), wird das Fleisch der Almschweine über die Metzgerei Hörtnagl vermarktet. Der Käse ist im Übrigen großes Käsekino. Holzbefeuert wird der Kessel erwärmt, auf Tontafeln stehen die wichtigsten Informationen zum Käse mit Kreide geschrieben. Wo so handwerklich und gut gekäst wird, kann auch die Jause nur großartig sein. Ist sie auch. Vor allem die Almbutter.

6060 Hall in Tirol
Wattener Tal
www.hall-wattens.at
info@hall-wattens.at

LEUTASCH — INNSBRUCK LAND

GAISTALALM

Zwischen Wetterstein und Mieminger Kette gelegen, bietet die Gaistalalm einen wunderbaren Blick aufs Karwendelgebirge. Sie ist DIE Alm in der Leutasch, bestens erreichbar durch einen entspannten Spaziergang oder eine kurze Biketour. Da der Weg zur Alm recht flach ist, ist die Gaistalalm auch ein beliebtes Ausflugsziel für Familien mit kleinen Kindern. Versorgt wird die Alm mit den klassischen Almprodukten, die auf ihrem Hochleger, der Rotmoosalm, erzeugt werden. Besonders empfehlenswert: die sauer marinierte Haussulz und das Wiener Schnitzel. Immerhin wollen ja auch die spielenden Kinder etwas.

Tel.: 05214 5190
6105 Leutasch
Gasse 180
www.gaistalalm.at

INNSBRUCK LAND

HÄMMERMOOSALM

Die Hämmermoosalm liegt auf behaglichen 1400 Metern in der Leutasch und bezeichnet sich selbst als „Rodelalm". Das stimmt natürlich nur zur Hälfte, weil die Alm auch im Sommer ein attraktives Ziel für Wanderer und Spaziergänger ist. Da in der Hämmermoosalm gleich vier Stuben untergebracht sind, eignet sich das Haus auch für Events und Partys aller Art. Kulinarisch dominieren Hausmannskost und Wirtshausküche. Die Wiener Schnitzel sind nicht nur ausgesprochen gut, es sind auch richtige Wascheln. Die Kuchen und Desserts sind hausgemacht und ebenso köstlich wie die eindrucksvolle Suppenvielfalt.

Tel.: 676 33 37000
6105 Leutasch
Klamm 3
www.haemmermoosalm.at
sonja@haemmermoosalm.at
täglich 10–17 Uhr
❄ April und Nov. 2020

RAUTHHÜTTE

Die Rauthhütte in Leutasch liegt auf 1600 Metern und bietet Wanderern ein Panorama, das richtig Eindruck macht. Zugspitze, Wettersteingebirge, Karwendel und Inntal. Dann die Zillertaler Alpen und die Kalkkögel. Die Alm selbst liegt am Fuß der Hohen Munde im Leutaschtal, des Bergs, der durch das dramatische Stück von Felix Mitterer bekannt wurde. Auch kulinarisch wird einiges geboten. Wildschweinbratl (mit Serviettenknödel und Rotkraut), Bärlauchknödel und dann die süßen Verführungen! Der Marillen-Mandel-Scheiterhaufen mit Baiserhaube ist ein Unikat, das man nicht immer bekommt.

Tel.: 0664 281 56 11
6105 Leutasch
Nr. 7
www.rauthhuette.at
info@rauthhuette.at
Mo, So 8.30–19,
Di–Sa 8.30–22 Uhr
❄ Mitte Okt.–Mitte Dez. 2019 und Anfang April–Ende Mai 2020

ROTMOOSALM

Die Rotmoosalm hat eine bewegte (und bewegende) Geschichte. Auf den Weideflächen des Gaistals, wo die Alm liegt, wurde schon seit ewigen Zeiten Almwirtschaft betrieben. Damals (im Mittelalter) gehörte das Tal zur Grafschaft Werdenfels (also zu Deutschland). Heute verläuft die österreichisch-deutsche Grenze entlang des Wettersteinkamms. 1953 errichteten die Leutascher Bauern die Alm, die 2009 durch eine Lawine zerstört wurde. Seit 2011 ist sie wieder aufgebaut und bietet Wanderern Schutz und Kost: Brettljause (bewährt und gut), Graukäse und Almbutter (einfach, aber großartig).

Tel.: 0664 422 61 49
6105 Leutasch
Rotmoosalm 1

MATREI AM BRENNER — INNSBRUCK LAND

MATREIER OCHSENALM

Die Matreier Ochsenalm ist ein kleines Juwel am Fuß der Serles, nicht weit vom Kloster Maria Waldrast entfernt. Schöpfungsweg und Quellenweg sind zwei der Wanderpfade, die an der Ochsenalm vorbeiführen. Kalbenjoch, Peil- und Kesselspitze können von ihr aus erwandert werden. In Maria Waldrast, dem Kloster, haben Wanderer sogar die Möglichkeit, von der Heilquelle zu trinken. Auf der Matreier Ochsenalm selbst gibt es kalte und warme Tiroler Almkost. Traditionelle Kiachl mit Sauerkraut stechen dabei heraus. Bewirtschaftet ist die Matreier Ochsenalm von Mai bis Oktober.

Tel.: 05273 60139
0650 6160649
6143 Matrei am Brenner
Mühlbachl
www.matreierochsenalm.ibk.me
matreier-ochsenalm@gmx.at

ALMHÜTTEN TIROL

MEIN WUNDERBARER Kochsalon
www.martinahohenlohe.com

Respekt vor Mensch, Natur & Tier

Sowohl am Berg als auch auf den Almen gibt es gewisse Spielregeln, die für ein ungetrübtes Erlebnis und ein gutes Miteinander sorgen. Werden diese beachtet, hilft das der Natur, der Landwirtschaft und nicht zuletzt den Erholungssuchenden selbst.

In einer Welt voller Technik und Terminen zieht es immer mehr Menschen in die Berge. Höhenluft als Mittel gegen Stress, Alm- und Berghütten als Ort der Ruhe und Erholung. Aber egal, ob auf die Alm oder den Gipfel – beim Alpinsport ist ein verantwortungsvolles Verhalten wichtig. Das dient nicht nur der eigenen Sicherheit, sondern soll auch helfen, die Natur in unseren Bergen zu schützen und zu erhalten.

Der Österreichische Alpenverein hat deshalb „allgemeine Wanderempfehlungen" abgegeben, um den Sport in den Bergen sicherer zu machen. Das fängt etwa damit an, die Belastungsgrenzen des eigenen Körpers zu respektieren. Auch eine sorgfältige Planung der Tour sowie die vollständige und passende Ausrüstung sollten selbstverständlich sein. Wanderer, die auf markierten Wegen bleiben, schützen sich selbst und die Natur – und die verdient besonderen Respekt. Das bedeutet: keine Abfälle zurücklassen, Lärm vermeiden, Pflanzen unberührt lassen und vor allem Wild- und Weidetiere nicht beunruhigen.

Gerade letzteres sollte auch aus Respekt der Landwirtschaft gegenüber passieren. Österreichs Bäuerinnen und Bauern leisten einen wesentlichen Beitrag zur Erhaltung unserer Almwirtschaft. Dazu gehört das Weidevieh und hier ist bei Begegnungen eine gewisse Vorsicht geboten. Deshalb hat das Bundesministerium für Nachhaltigkeit und Tourismus zehn Verhaltensregeln für den richtigen Umgang mit Weidevieh veröffentlicht (siehe Infokasten). „Begegnen Sie den hier arbeitenden Menschen, der Natur und den Tieren mit Respekt" lautet Regel 10 zusammenfassend. Gegenseitiger Respekt führt zu Verständnis, Rücksichtnahme und letztendlich zu einem angenehmen Miteinander auf unseren Almen.

10 Verhaltensregeln für den Umgang mit Weidevieh

1. *Kontakt zum Weidevieh vermeiden, Tiere nicht füttern, sicheren Abstand halten!*
2. *Ruhig verhalten, Weidevieh nicht erschrecken!*
3. *Mutterkühe beschützen ihre Kälber. Begegnung von Mutterkühen und Hunden vermeiden!*
4. *Hunde immer unter Kontrolle halten und an der kurzen Leine führen. Ist ein Angriff durch ein Weidetier abzusehen: Sofort ableinen!*
5. *Wanderwege auf Almen und Weiden nicht verlassen!*
6. *Wenn Weidevieh den Weg versperrt, mit möglichst großem Abstand umgehen!*
7. *Bei Herannahen von Weidevieh: Ruhig bleiben, nicht den Rücken zukehren, den Tieren ausweichen!*
8. *Schon bei ersten Anzeichen von Unruhe der Tiere Weidefläche zügig verlassen!*
9. *Zäune sind zu beachten! Falls es ein Tor gibt, dieses nutzen, danach wieder gut schließen und Weide zügig queren!*
10. *Begegnen Sie den hier arbeitenden Menschen, der Natur und den Tieren mit Respekt!*

INNSBRUCK LAND

MUTTERS
INNSBRUCK LAND

MUTTERER ALM

Wie viele Betriebe hier im Hüttenguide ist auch die Mutterer Alm keine Hütte. Und auch keine Alm. Nicht einmal ein einzelnes Gebäude. Vielmehr ist sie ein Ganzjahreserholungsgebiet nahe der Hauptstadt. Ein Familienskigebiet und im Sommer wunderbar wanderbar. Es gibt also auf der Mutterer Alm eine Reihe von Gastronomiebetrieben für jeden Geschmack. Der Betrieb, der die Mutterer Alm auch im Namen trägt, ist das Mutterer Alm Bergrestaurant direkt neben der Bergstation der Muttereralmbahn. Zu essen gibt es die klassische Tiroler Almkost von der Pressknödelsuppe bis hin zu Germknödel und Graukas.

Tel.: 0512 54 83 30
6162 Mutters
Nockhofweg 40
www.muttereralm.at
office@muttereralm.at

NAVIS
INNSBRUCK LAND

NAVISER STÖCKLALM

Die Naviser Stöcklalm steht auf einem Hügel im Navistal oberhalb der Naviser Hütte am Nordhang des Kreuzjöchls. Die Alm ist seit 200 Jahren bewirtschaftet. Die Sennhütte neben der Alm wurde in einem geschichtsträchtigen Jahr gebaut: 1776. Auf den Weideflächen zwischen 1800 und 2300 Metern stapfen eine kleine Milchkuhherde und einige Haflinger durch die Landschaft. Gäste werden mit Almbutter und Käse und einem sensationellen Semmelschmarren versorgt. Auf die Frage nach der Spezialität des Hauses hört man: „Tirolerhochgebirgsbauernspeckknödelrindfleischkraftsuppe". Einfach bestellen.

Tel.: 0664 890 76 46
6145 Navis
Oberweg 123

PEER ALM

Die Peer Alm ist ein beliebtes Ziel im Winter. Einerseits wegen der Rodelbahn, andererseits, weil Skitourengeher einen großartigen Blick aufs hinterste Navistal haben. Im Sommer gestaltet sich der Anstieg zur Alm mäßig schwierig. Er dauert etwa eine Dreiviertelstunde und startet beim Parkplatz am Straßenende hinter dem Lattererhof. Die Alm ist bewirtschaftet, der Viehbestand umfasst etwa 40 Rinder. Teilweise Milchkühe, teils Galtvieh. Der selbst gekäste Käse ist außergewöhnlich gut. Aber auch die Suppen können sich sehen lassen. Als Bezugsquelle dienen die befreundeten Höfe der Nachbarschaft.

Tel.: 05278 6282
6145 Navis
Klammerweg 174
www.peeralm.info
maria@peeralm.info

NEUSTIFT IM STUBAITAL
INNSBRUCK LAND

AUFFANGALM

Die Auffangalm ist ein wunderbares Wanderziel. Sie liegt auf 1600 Metern, umgeben von den Gipfeln der Stubaier Alpen im Oberbergtal. Erreichbar ist sie über eine spannende Wanderung von etwa einer Stunde. Auch kulinarisch ist die Alm hochinteressant. Immer wieder gibt es kräuterkundliche Veranstaltungen, bei denen im Kräutergarten gesammelt und später gekocht wird. Brot wird auf der Auffangalm selbst gebacken, und die Küche heißt „Schlemme". „Regional" ist hier nicht nur ein Marketingwort. Das Fleisch kommt aus der eigenen Landwirtschaft, die Kräuter dafür aus dem Garten. Sehr zu empfehlen.

Tel.: 0664 522 98 89
6167 Neustift im Stubaital
Bichl
www.auffangalm.at
auffangalm@gmx.at

Herrliche Almen mit dem Mountainbike entdecken.

INNSBRUCK LAND

AUTENALM

Sie gilt als älteste Alm im Stubaital. Seit über 350 Jahren trotzt sie Wetter, Wind und Schnee. Heute wird sie von Familie Stern bewirtschaftet und gehört zur Gruppe der Stubaier Genussbetriebe. Erreichbar ist sie von Milders oder Neustift aus in etwa zwei Stunden, von der Bergstation der Elferlifte in einer halben. Die Karte bietet auch Wild. Vor allem der Hirschbraten ist sehr zu empfehlen. Aber auch Tafelspitz und Wurzelspeck sind nicht zu verachten. Die Schnäpse sind ebenso ausgezeichnet wie die hausgemachten Kuchen und Strudel. Die Wahl zwischen Dessert und Schnaps ist keine einfache.

Tel.: 0664 26 02 68 1
6167 Neustift im Stubaital
Auten
www.autenalm.at
info@autenalm.at

FALBESONER OCHSENALM

Kein „Foodie" hat das Recht, sich so zu nennen, wenn er nicht zumindest ein Mal die Wanderung zur Falbesoner Ochsenalm gemacht hat. Der Aufstieg ist keine Ausrede. Er dauert anderthalb Stunden, die Alm liegt auf halbem Weg zwischen dem Hüttenparkplatz in Neustift und der neuen Regensburger Hütte. Die Alm ist Mariedl Schmids Reich. Sie serviert, was das Genießerherz begehrt: almgekästen Graukas, selbst gebackenes Brot, Speck (den besten, den man auf einer Alm bekommen kann) und den (weit über das Stubaital hinaus bekannten) Stubaier Käsestriezel. Die Alm gehört zu den Stubaier Genussbetrieben.

Tel.: 0676 741 42 68
6167 Neustift im Stubaital
Falbeson

HERZEBNER ALMWIRT

Die kleine Almwirtschaft liegt mitten im Stubaital bzw. in einem seiner wunderschönen Seitentäler, dem Pinnistal. Bei klarem Wetter sieht man bis zu den Kalkböden, den „Dolomiten Nordtirols". Die Alm liegt auf circa 1300 Metern und bietet sich als Ausgangs- und Ausrastort geradezu an. Kulinarisch ist alles bestens beim Alten und damit alles bestens. Obwohl die Stuben und die Alm urig und rustikal wirken, herrscht gepflegte Glas- und Tafelkultur. Das „Bierbratl aus'm Rohr" ist immer noch herausragend, die Marillenknödel außergewöhnlich. Frühaufstehern wird ein sensationelles Bergfrühstück geboten.

Tel.: 05226 30801
0670 604 58 89
6167 Neustift im Stubaital
Pinnistal 273
www.herzebner-almwirt.com
info@herzebner-almwirt.com
Di–So 11–23 Uhr

INNSBRUCKER HÜTTE

Die Innsbrucker Hütte befindet sich auf 2369 Metern und ist Ausgangspunkt für zahlreiche Bergtouren und Wanderungen. Der Habicht mit 3277 Metern zählt als beherrschendes Massiv am Elferkamm zu den eindrucksvollsten Aussichtsbergen der Stubaier Alpen. Das kulinarische Angebot ist umfangreich und vielfältig. Immer noch eine Empfehlung ist der legendäre „Hurra, die Gams"-Burger (für englischsprachige Gäste „Hooray, the Gams"). Aber auch die fein garnierte Habichtspeckplatte ist ein Heuler. Und nein, hier wird kein Raubvogel zu Speck verarbeitet. Empfehlenswert ist auch der Fleischkas (Leberkäse).

Tel.: 05276 295
6167 Neustift im Stubaital
Schulweg 12
www.innsbrucker-huette.at
office@innsbrucker-huette.at

PATSCH

INNSBRUCK LAND

PATSCHERALM

Die Patscheralm liegt an der Westflanke des Patscherkofels, des schicksals- und geschichtsträchtigen Hausbergs der Innsbrucker. Der Ausblick von der Terrasse richtet sich Richtung Wipptal. Die Alm ist urig und geht auf den Beginn des vergangenen Jahrhunderts zurück. Schöne Schindeln und ein herzliches „Griaß di" über der Tür. Es gibt eine Jausenkarte, am besten nimmt man gleich die „Große Holzhackerjause". Oder das „Gemischte Saure", weil der Graukas einfach großartig ist. Knödel gibt es ohne Ende, man kriegt sie entweder mit Kraut, Suppe oder Salat.

Tel.: 0664 405 30 26
6082 Patsch
Patscherkofel 9

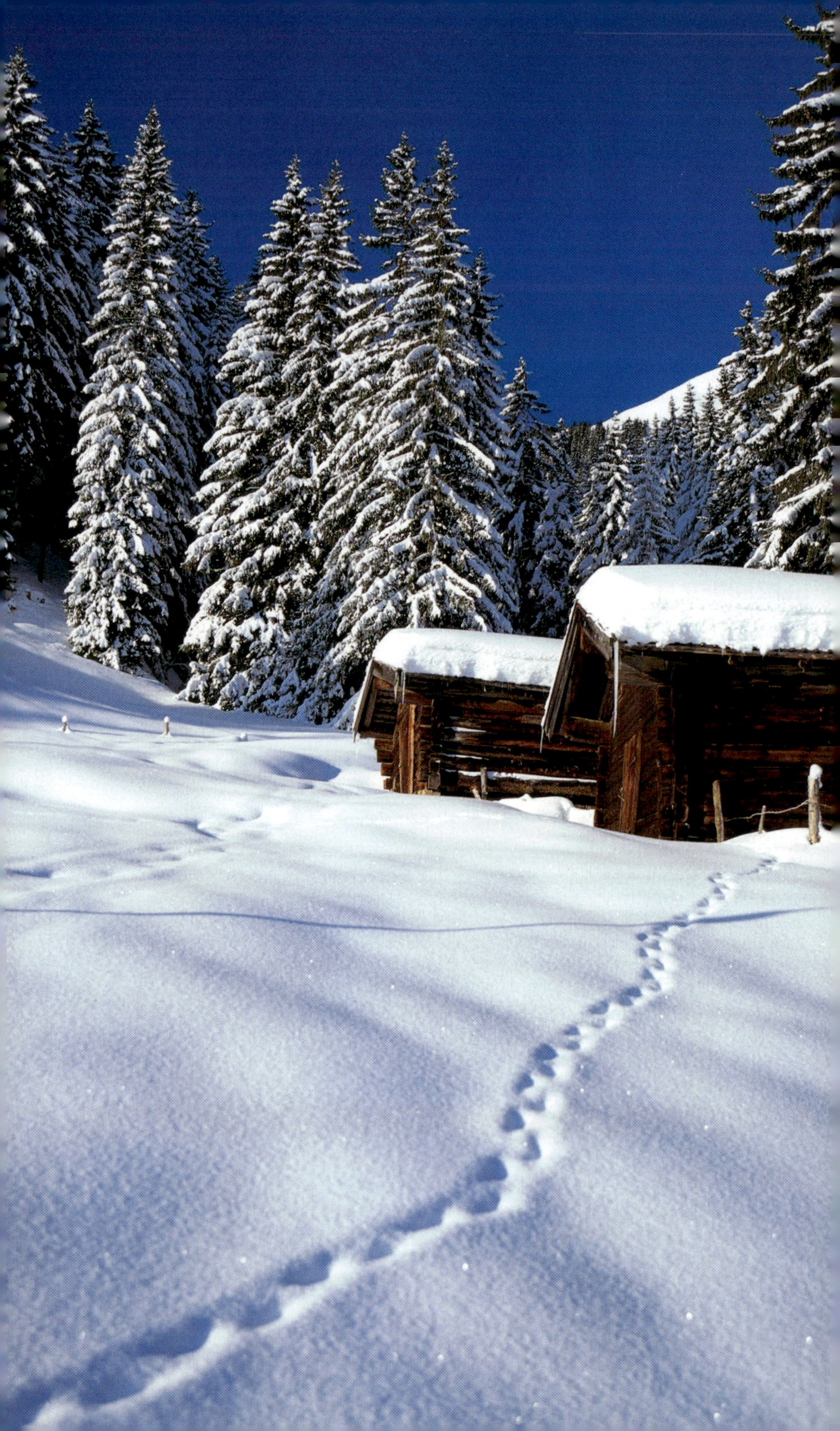

INNSBRUCK LAND

ST. SIGMUND IM SELLRAIN
INNSBRUCK LAND

GLEIRSCHALM

Tel.: 05236 208
0664 3254697

6184 St. Sigmund im Sellrain
St. Sigmund 17

Auf den umfangreichen Weideflächen der Alm grasen eine Menge Tiere: 800 Schafe, 150 Stück Galtvieh, ein paar Milchkühe, Pferde und 40 Ziegen. Die Gleirschalm ist ein Biobetrieb, die Jausenstation ist klein und die Sonnenterrasse hat Platz für nur knapp 50 Personen. Zu essen gibt es die klassischen Almprodukte in herausragender Qualität: frische Milch, Almbutter, Buttermilch, Graukäse. Wenn es warme Gerichte sein sollen, sollte man nach den Kasknödeln oder den Kasspatzln fragen. Es ist solide Hausmannskost, die auf der Gleirschalm angeboten wird, und es ist für jeden etwas dabei.

SCHARNITZ
INNSBRUCK LAND

HALLERANGER ALM

Tel.: 0664 1055955

6108 Scharnitz
Feldweg 521
www.halleranger-alm.at
schallhart@halleranger-alm.at

Die Halleranger Alm bei Scharnitz atmet Geschichte wie kaum eine andere Alm im Land. Die Alm selbst hat eine über 400-jährige Historie, die Familie Schallhart, die seit Generationen die Alm bewirtschaftet, eine knapp 200-jährige. Außerdem hat die Alm eine weitere Attraktion: Die Quelle der Isar, immerhin der viertlängste Fluss Europas, liegt ganz nahe der Alm. Serviert werden Gerichte vom Rind, wobei das Rindfleisch aus der eigenen Zucht kommt, Wildbret von Jagden und Revieren in der unmittelbaren Nachbarschaft. Es ist eine grundsolide Almhüttenkost, die sich Wanderer hier erwarten können.

SCHARNITZER ALM

Tel.: 0664 5234567

6108 Scharnitz
Hinterautalstraße 112

Die Scharnitzer Alm liegt im Karwendel und ist eine urige, kleine Alm mit rustikalem Charme. Sie liegt direkt neben der Isar und bietet daher einen guten Blick in die Isarschlucht. Ganz in der Nähe liegt auch die eindrucksvolle Gleirschklamm. Geöffnet ist die Hütte allerdings erst ab Mittag. Davor ist Roland Neuner, der Hüttenwirt, mit seinem E-Bike zu seinen Kühen unterwegs. Den Kaiserschmarren gibt es wahlweise mit Preiselbeeren oder Apfelmus, die Jausenbrettl sind – nicht ohne Grund – beliebt und legendär, das Schmalzbrot mit Zwiebel ein echter Heuler. Es gibt auch hausgemachten Kräutersaft.

SEEFELD
INNSBRUCK LAND

PFEISHÜTTE

Tel.: 0664 9148434

6100 Seefeld
Karwendelweg 845
www.pfeishuette.at
info@pfeishuette.at

Es ist eine der schönsten Höhenwanderungen im Großraum Innsbruck und Alpenpark Karwendel, die zur Pfeishütte führt. Eindrucksvolle Blicke ins Inntal, zur Stadt, ins Wipp- und ins Stubaital. Dann noch ins Karwendelgebirge zum höchsten Berg der Innsbrucker Stadtgemeinde – der Praxmarerkarspitze. Der Goetheweg ist breit und gut begehbar. Eine perfekte Tagestour, aber auch mit einer Hüttenübernachtung in der Pfeishütte ein Erlebnis. Die Hütte gehört zur Gruppe „So schmecken die Berge", was bedeutet, dass Kulinarik ein hoher Wert ist. Und das sieht man den „Bayerischen Schmankerln & Tiroler Spezialitäten" an.

---

www.gaultmillau.at – Tipps, Trends, Rankings und alle Restaurantkritiken

alpbachtal.at

alpbachtal seenland

Genussreiches Alpbachtal

Eingebettet in die schroffen Berge des Rofangebirges und den grünen Grasbergen der Kitzbüheler Alpen liegt die Region Alpbachtal Seenland mitten im Herzen Tirols. Regionale Spezialitäten wie der Alpbachtaler Heumilchkäse, die Brandenberger Prügeltorte oder das Alpbacher Bier sollten Sie nicht verpassen.

Tirol pur Hüttenjause:

Genießen Sie die besten Produkte aus der Region bei urigen Jausenstationen und Berggasthöfen.
www.alpbachtal.at/huettenjause

INFORMATION
Alpbachtal Seenland Tourismus
Tel. +43 5337 21200, info@alpbachtal.at

KITZBÜHEL

SELLRAIN
INNSBRUCK LAND

JUIFENALM

Die Juifenalm ist in der Nähe von Innsbruck und bietet ein traumhaftes Panorama. Zu essen gibt es Regionales (inklusive regionaler Zutaten). Es ist eine herzhafte und solide Almkost, die hier geboten wird: Kaspressknödel, Wiener Schnitzel und im Sommer, sofern sie wachsen, die Brennnesseln, der grandiose Brennnessel-Topfen-Strudel. Im Sommer weiden Kühe auf der Juifenalm, sodass immer ein gutes Angebot frischer Almprodukte verfügbar ist: frische Milch von eigenen Rindern, dazu Almbutter, Graukäse (der sich sehen lassen kann) und auch Mozzarella. Nicht gerade üblich, aber unglaublich gut.

Tel.: 0664 542 20 90
6181 Sellrain
Juifen 1
www.juifenalm.at

STEINACH AM BRENNER
INNSBRUCK LAND

BERGERALM

Die Bergeralm-Hütte im Wipptal ist nur dann gut, wenn man auch wirklich die Bergeralm-Hütte erwischt hat. Das Verwirrungspotenzial ist hoch, die Verwechslungsgefahr groß, weil das ganze Gebiet Bergeralm heißt. Sie liegt etwas unterhalb der Mittelstation und ist leicht zu erkennen, weil sie nicht wirklich groß ist. Und weil ihre dunkle Stube schon sehr einzigartig ist. Skifahrern ist sie ein beliebter Hort für den letzten (Einkehr-)Schwung, daneben bietet Fritz Peer, der Wirt, aber auch traditionelle Tiroler Hausmanns- und Hüttenkost. Natürlich auch mit respektablen Schnäpsen und Destillaten.

Tel.: 05272 6333
6150 Steinach am Brenner
Hübenweg 25
www.bergeralm.net
mail@bergeralm.net

VALS
INNSBRUCK LAND

GERAER HÜTTE

Es gibt drei Möglichkeiten, die Hütte zu erreichen. Entweder über das Wipptal (was der kürzeste Anstieg ist), über das Schmirntal (etwas länger) oder über Hintertux im Zillertal (noch etwas länger). Egal von welcher Seite Sie kommen, es zahlt sich in jedem Fall aus. Was hier – auf immerhin 2324 Metern kulinarisch geboten wird, ist eine ziemliche Leistung: Die „Spaghetti bolognese" sind hier Bandnudeln mit Wildragout (großartig). Fürs Gulasch muss ein Valser Grauviehochs herhalten und beim Knödeltris (Rauner, Spinat und Graukas) sticht der Graukaspressknödel heraus. Gekocht wird alles frisch.

Tel.: 0676 961 03 03
6154 Vals
Vals 24b/1
www.geraerhuette.at
info@geraerhuette.at

BRIXEN IM THALE
KITZBÜHEL

FRANKALM

Evi Hirzingers Frankalm ist eine urige Hütte im Ski- und Wandergebiet Wilder Kaiser. 40 Leute können jeweils drinnen und draußen Platz nehmen. Für Skifahrer ist sie ein beliebter Hort fürs innere Aufwärmen. Im Sommer ein Treffpunkt für Wanderer und Biker. Der Anstieg über die Forststraße ist ein gemütlicher Spaziergang. „Wir haben kein WLAN, wir haben Schnaps", steht vor der Hütte zu lesen und zeugt vom Geist, der hier weht. Die Gerichte, die angeboten werden, sind rustikal und bodenständig. Flaumiger Kaiserschmarren, Gemüsesuppe (auf Wunsch mit Würstel). Außerdem das „Craft Beer der Woche".

Tel.: 0660 347 87 78
6364 Brixen im Thale
evi.hirzinger@gmx.at

KITZBÜHEL

ERPFENDORF · KITZBÜHEL

HUBERALM

Die Huberalm ist eine traditionelle Almhütte, die als Familienbetrieb bewirtschaftet wird. Neben der Verpflegung der Gäste werden auch die hauseigenen Tiere rundum versorgt. Wenn es die Zeit erlaubt, genießen die Besucher auf der Huberalm Volksmusik und Weisen, dargebracht von den Huberalm Dirndl'n (Mutter und Tochter) mit ihren Trompeten. Die Kuchen sind alle selbst gemacht, Apfelstrudel und Kaiserschmarren gibt es nicht. Eine gute Entscheidung, um sich von anderen Betrieben zu unterscheiden. Herrliche Salate und Brettljausen, dazu freundlicher und entspannt-sympathischer Service.

Tel.: 0664 557 52 89
6383 Erpfendorf
Huberalm 20

FIEBERBRUNN · KITZBÜHEL

WILDALPGATTERL

Das Wildalpgatterl ist deutlich mehr als eine Alm oder eine Hütte. Es ist eher ein alpiner Gasthof mit ambitionierter Küche. Daher ist es wenig verwunderlich, dass das Wildalpgatterl mittlerweile ein beliebter Treffpunkt und Ort kulinarischer Genüsse ist. Immerhin ist man auch Mitglied bei der Initiative „KochArt". Es gibt die Klassiker in schöner Ausführung und guter Qualität: Tiroler Festtagssuppe (mit Rindfleisch), Kaspressknödel (gebraten) oder (ebenfalls gebratene) St. Johanner Würstel. Tees von Ronnefeldt, diverse Kaffeevariationen und Huber Bier. Regionalität wird hier ernst genommen.

Tel.: 05354 52655
6391 Fieberbrunn
Almen 57
www.wildalpgatterl.at
office@wildalpgatterl.at

WILDSEELODERHAUS

Das Wildseeloderhaus ist eine Schutzhütte des Österreichischen Alpenvereins. Erreichbar über eine Wanderung vom Lärchfilzkogel, liegt das Wildseeloderhaus in herrlicher Bergidylle in unmittelbarer Nähe eines kleinen Gebirgssees. Nicht nur das Ambiente, auch die Verpflegung überzeugt. Es gibt St. Johanner Würstel, die regionale Version der Sacherwürstel im Tiroler Unterland, sauren Graukäse und sogar der Germknödel, normalerweise ein Convenience-No-Go auf allen Almen, ist sehr gut und anstatt mit Powidl mit Heidelbeeren gefüllt. Für das Konzept spricht auch, dass es kein SB-Restaurant ist.

Tel.: 0664 340 07 17
6391 Fieberbrunn
Almen 52
www.wildseeloderhaus.at
info@wildseeloderhaus.at
täglich 6–22 Uhr
❄ bis Ende April 2020

JOCHBERG · KITZBÜHEL

BÄRENBADALM

Achtung: Es gibt sie auch noch anderswo. Die Jochberger Bärenbadalm darf nicht mit jener im Karwendel verwechselt werden. In der Regel passiert das aber auch nicht. Die Jochberger Bärenbadalm ist klassisch und modern gleichermaßen. Viel Holz, viel Glas und ein atemberaubender Blick über die Hohen Tauern. Rein kulinarisch ist die Alm ein Gewinn sondergleichen. Eine Absage an geschmacklose Massenverpflegung, dafür Steaks (eine unbedingte und vorbehaltlose Empfehlung) von den eigenen Black-Angus-Rindern. Sensationelle Teeauswahl, Bier und Bärentatzen aus Kitzbühel, das Wild aus eigener Jagd.

Tel.: 0664 310 46 00
6373 Jochberg
Bärenbadkogel-Gipfel/
Skigebiet Kitzbühel
www.baerenbadalm.at
info@baerenbadalm.at

Die besten Weine Österreichs:

KITZBÜHEL

BRUGGER-ALM

Gäste beschreiben die Brugger-Alm gern in Superlativen. „Beste Alm in den Kitzbüheler Alpen" oder „Gemütlichste Hütte im Skigebiet". Wir sind sicher, dass das (auch) an der leidenschaftlichen Herz- und Gastlichkeit der Wirtsleute liegt. Nina Mühlberger-Seisl wird auf der Website als „Kulinarikerin" beschrieben. Das trifft es eigentlich schon ganz gut. Freitags wird frisches Brot gebacken und der Tag zum „Tag der Tiroler Hausmannskost" gemacht: Kiachl, Plattln, Krapfen und noch viel mehr. Apfelradl zum Beispiel. Mit einer Kugel Vanilleeis serviert, ist das ein himmlisches Vergnügen.

Tel.: 05355 5088
0664 534 90 56
6373 Jochberg
Gauxweg 4
www.bruggeralm.at
bruggeralm@a1.net
täglich 9–18 Uhr
❄ April und Mai 2020

PANORAMA-ALM

Die Panorama-Alm ist einer dieser Betriebe, bei denen man genauer hinschauen muss. Beziehungsweise sich nicht von den ersten Eindrücken zu einem vorschnellen Urteil verleiten lassen sollte. Im Winter ist die Panorama-Alm mit ihrer „Gitti-Bar" vor allem lautes Remmidemmi. Aber nicht nur. Der zweite Blick überrascht. Ja, es gibt ein SB-Restaurant, um die vielen Gäste zufriedenzustellen. Trotzdem wird mit frischen Zutaten gearbeitet. Und mit Produkten von einer nahen Biolandwirtschaft. Langsamer geht es im Restaurant zu. Auch hier spürt man die Leidenschaft, mit der alle am Werken sind.

Tel.: 0664 330 64 09
6373 Jochberg
Jochberg 1592/3
panoramaalm.net
info@panoramaalm.net

KELCHSAU — KITZBÜHEL

TIEFENTALALM

Wir hatten an dieser Stelle das Wortspiel schon einmal. Es muss aber sein. Eine Tiefentalalm gibt es in Kitz und Pitz. Also in Kitzbühel und im Pitztal. Hier geht es um die Kitzbüheler Tiefentalalm. Die Alm kann von Kelchsau aus mit dem Auto angefahren werden, allerdings ist die gut zehn Kilometer lange Strecke von der Mautstation zur Alm auch bei Mountainbikern sehr beliebt. Die Hütte hat eine lange Geschichte und in der urigen Stube kann man eine offene Feuerstelle bestaunen, auf der früher gekocht wurde. Heute gibt es Tiroler Wirtshauskost, herzhafte Marenden aus regionalen Produkten.

Tel.: 0664 501 0589
6361 Kelchsau
Langer Grund 82
hannes.roeck@gmx.at

KIRCHBERG IN TIROL — KITZBÜHEL

MAIERL

Die Klassiker der Tiroler Küche stehen genauso auf der Maierl-Speisekarte wie spannende Kreationen à la Rehcarpaccio oder Surf and Turf vom Hirschkalb mit Keniabohnen und Erdäpfelgratin, bei denen ganz neue und doch so vertraute Aromen kombiniert werden. Mit dem Küchenteam hat die Maierl-Alm eine Topbesetzung, um Gästen selbst die wildesten kulinarischen Fantasien zu erfüllen. In der Karte liest sich das so: Alpen-Tapas, Beef Tatar, Tiroler Burger, Ofenkartoffeln und Kasspatzln mit Bergkäse. Also eigentlich alles recht bodenständig und rustikal. Aber so etwas von gut. Und grandiose Weine!

Tel.: 05357 21090
6365 Kirchberg in Tirol
Krinberg 14
www.maierl.at
info@maierl.at
täglich 8–21 Uhr

Jetzt im Gault&Millau-Weinguide.

ALMHÜTTEN TIROL

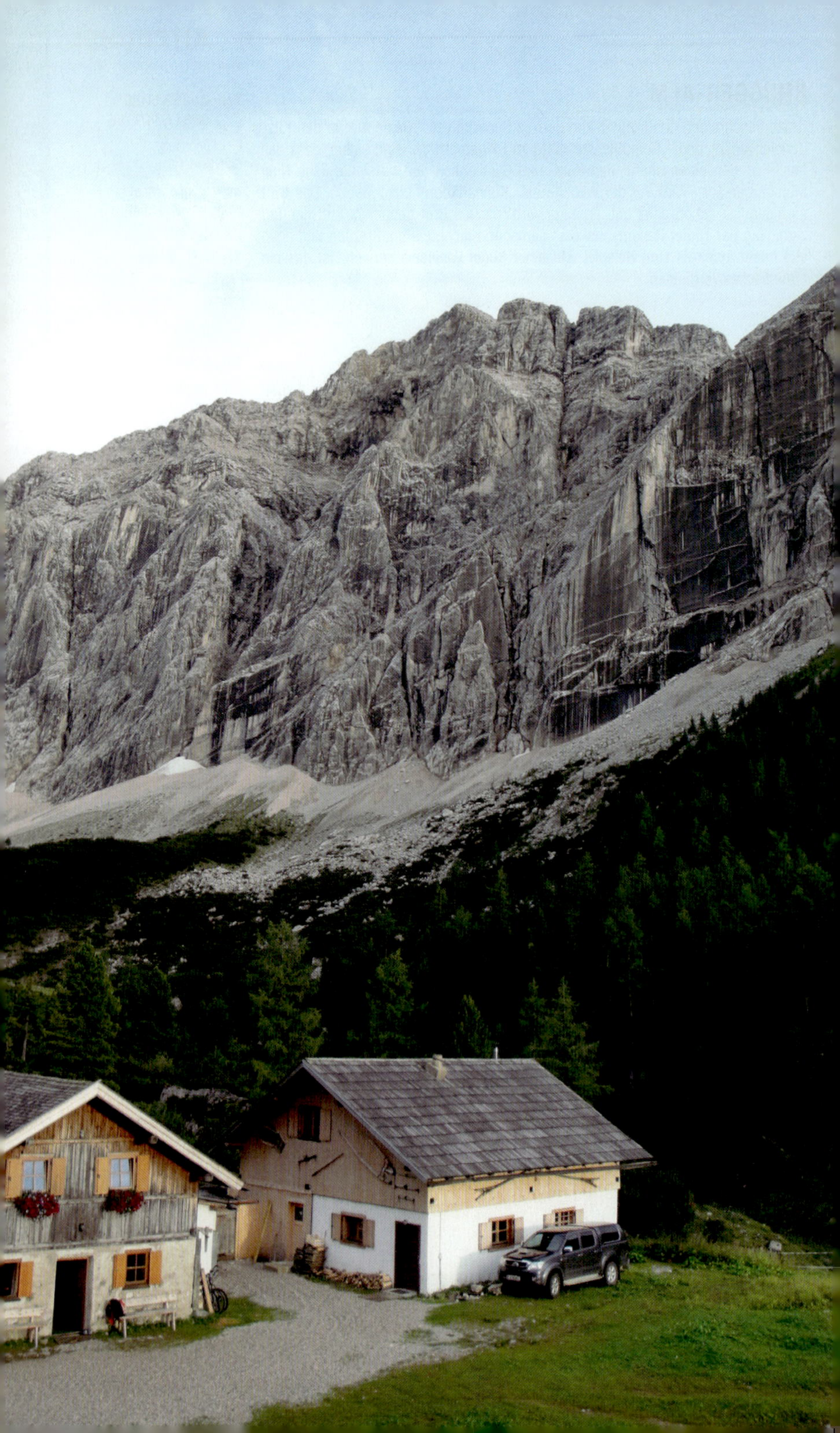

KITZBÜHEL

KIRCHDORF IN TIROL
KITZBÜHEL

BACHERALM

Vom Ortsteil Gastein in Kirchdorf geht man – je nach Kondition – zwischen eineinhalb und zwei Stunden zur Bacheralm. Sie liegt etwa auf halbem Weg zum Schatterberg und ist ein kleines Juwel in den Kitzbüheler Alpen. Gisi Widauer, die Sennerin, ist auch eine leidenschaftliche Gastgeberin. Sie muss nur Bescheid wissen. Eine Alm mit geregelten Öffnungszeiten ist die Bacheralm nicht. Dafür halten sie die 20 Stück Galtvieh viel zu sehr auf Trab. An der Tür steht, wie man satt wird: „Bei Hunger oder Durst bitte läuten – die Sennerin." Was sie dann aus ihrer kleinen Küche zaubert, ist großartig.

Tel.: 05352 6901
6382 Kirchdorf in Tirol
Schwendter Straße 73

KITZBÜHEL
KITZBÜHEL

BERGGASTHOF SONNBÜHEL

Diese durchaus legendäre Hahnenkamm-Hütte hat mehr zu bieten. Zum Beispiel eine Weinkarte, die sich sehen lassen kann, und einen Schweinsbraten, der ausgezeichnet gelungen ist. Am Ende der Saison wirkt das Personal ein wenig ausgelaugt, aber das tut dem ordentlichen Eindruck, den das Sonnbühel vermittelt, keinen Abbruch. Ungeduldige sollten in der Hauptsaison ein wenig Wartezeit einplanen, aber es lohnt sich auszuharren. Alles in allem eine erfreuliche und etwas andere Form einer Berghütte in den Kitzbüheler Alpen.

Tel.: 05356 62776
6370 Kitzbühel
Hahnenkamm 11
www.sonnbuehel.at
info@sonnbuehel.at

BERGHAUS TIROL

Nicht ohne Grund zählt das Berghaus Tirol zu den beliebtesten Hütten auf dem Kitzbüheler Hahnenkamm. Das hat zum einen mit der gleichbleibend hohen Qualität der angebotenen Speisen zu tun, aber auch mit der sympathischen Art, mit der Kurt Pertl, den alle als Kurt kennen, den Betrieb leitet. Wenn die Sonne scheint, scharen sich die Skifahrer zusammen und drängen auf die Terrasse des Berghauses Tirol. Da braucht es Übersicht, Fingerspitzengefühl und Ruhe, um die sonnenhungrigen und hungrigen Sportler zufriedenzustellen. Die angebotenen Hüttenklassiker sind von ausgezeichneter Qualität, die frischen Salate und wunderbaren Kärntner Kasnudeln (das Geburtsland des Chefs) sind besonders zu empfehlen. Kein Gast sollte die Hütte aber verlassen, ohne eine Cremeschnitte verzehrt zu haben, die es locker mit der Kreation einer Nobelkonditorei in der Großstadt aufnehmen kann.

Tel.: 05356 62470
6370 Kitzbühel
Hahnenkamm
www.berghaustirol.at
schiheil-berghaus@gmx.at

HOCHKITZBÜHEL BEI TOMSCHY

Dass Christoph Tomschy mit Gastronomiekonzepten umgehen kann, weiß man, und auch hier, gleich beim Bergausgang der Hahnenkammbahn, kommt nahezu jeder Gast auf seine Rechnung. Die Radler und Bergsteiger, die nur eine Kleinigkeit essen wollen, wie die Restaurantbesucher aus der Stadt, die oben genauso gut essen wollen wie unten. Hier punktet man mit kompetentem, wieselflinkem Personal und umfangreicher Speisekarte. Die Eierschwammerl in Rahmsauce kann man nicht besser machen, die Semmelknödel auch nicht. Für Vegetarier gibt es Erdäpfel mit geröstetem, knackigem Gemüse, Eierschwammerln und frischen Kräutern. An einzelnen Wochentagen gibt es Spezialmenüs, besonders beliebt ist der Samstag („Streif the night"), die Rückfahrt ist an diesem Abend bis 23 Uhr möglich.

Tel.: 05356 62094-0
6370 Kitzbühel
Am Hahnenkamm 1
www.beitomschy.at
hochkitz@beiTomschy.at

So–Do 9–16.30, Fr 9–23,
Sa 9–18.30 Uhr

Herrliche Almen mit dem Mountainbike entdecken.

ALMHÜTTEN TIROL

KITZBÜHEL

HORNKÖPFLHÜTTE

Hier hat sich der Chef des Hauses, das Winter und Sommer geöffnet hat, selbst verwirklicht. Innen und außen ist die Hornköpfelhütte ausgesprochen gemütlich, kulinarisch ist man auf dem letzten Stand, das Angebot an alkoholischen Getränken liegt weit über dem Durchschnitt. Wer auf Kulinarik Wert legt und vielleicht auch einmal ausgelassen feiern will, kommt an der Hornköpfelhütte kaum vorbei. Der Hausherr ist der ideale Hüttenwirt und greift fallweise auch einmal zur Ziehharmonika.

Tel.: 05356 63641
6370 Kitzbühel
Ried am Horn 8
www.hornkoepfl.com
hornkoepfl@kitz.net

MELKALM

Was war zuerst da, Kitzbühel oder die Melkalm? Hier werkt man bereits in vierter Generation, ehrliche Tiroler Küche ohne Schnickschnack, wunderbare Kasspatzln, perfektes Schnitzel und selbst gemachte Nachspeisen, die sich sehen lassen können. Wer Champagnerflöten und Trüffeln sucht, ist hier weniger gut aufgehoben. Dafür gibt es urige Gemütlichkeit und den vielleicht besten Kaiserschmarren der Region.

Tel.: 05356 62119
0664 1821975
6370 Kitzbühel
Hahnenkamm 32
www.gasthof-melkalm.at
melkalm32@gmail.com
täglich 9.30–17 Uhr
Ende April–Anfang Juli,
Ende Okt.–Ende Nov. 2020

SEIDLALM

Für jeden Sportfan ist die Seidlalm ein Begriff, aber hier kommen auch gourmetaffine Skifahrer auf ihre Kosten. Drei junge Damen führen den Betrieb und haben neue Wege eingeschlagen. Oberstes Gebot: Regionalität. Die Partner der Seidlalm kommen also durchwegs aus der Gegend. Schnaps, Käse und die Frühstücksbutter sind beispielsweise vom Schörgererhof in Oberndorf, die Milch wird – frischer geht's nicht – von den eigenen Jersey-Rindern "geliefert" und der hochprämierte Schnapsbrenner Manfred Höck aus Schwoich schickt seine kristallklaren Edeldestillate. Es wird dringend empfohlen, auf der Karte nach „Traditionelles" zu suchen. Ganz besonders gelungen sind die Schlutzkrapfen, der hervorragende Moosbeerschmarren und Kitzbüheler Krapfen mit Kartoffel-Käse-Füllung und Sauerkraut. Auch was den Weinkeller der Seidlalm anbelangt – da kann man dank Verena Thaler ins Schwärmen kommen. Große Weine zu gar nicht so großen Preisen, was will man mehr.

Tel.: 05356 64235
0664 5307356
6370 Kitzbühel
Ried Ecking 24
www.seidlalm-kitzbuehel.at
info@seidlalm.at
täglich 9–17 Uhr
variabel

KÖSSEN

KITZBÜHEL

NARINGALM

Das Wesentliche zuerst. Zur Begrüßung bekommt der Wanderer ein Stamperl Schnaps. Aufs Haus natürlich. Die Naringalm ist eine Jausenhütte am Kaiserwinkl an der Südflanke der Wetterfahne. Die Naringalm ist zur Weidezeit im Sommer ohne Ruhetag geöffnet. Allerdings nur bei Sonnenschein. Bei schlechtem Wetter kann es sein, dass die Alm geschlossen ist. Vorher anrufen ist daher ratsam. Angeboten werden kräftige Almbrotzeiten und natürlich alle üblichen Getränke. Aber eigentlich sollte man des Panoramas wegen auf die Alm marschieren. Der Anstieg ist eher einfach.

Tel.: 0664 360 2911
6345 Kössen
Moserbergweg 53
www.naring-alm.at
leo@wegererhof.at
variabel
Mai–Okt. 2020

SCHWARZENBACHALM

Von der Schwarzenbachalm hat man einen phänomenalen Blick auf den Zahmen Kaiser und den Unterberg. Die Alm liegt auf 1000 Meter Seehöhe und ist ohne große Anstrengung erreichbar. Die Wanderung vom Parkplatz Walchsee-Ostufer über die Lippenalm dauert circa eine Stunde. Oben angekommen, genießt man das genannte

Tel.: 0664 587 58 65
6344 Kössen
www.schwarzenbach-alm.at
alois.daxauer@aon.at

KITZBÜHEL

Panorama und eine Reihe Tiroler Schmankerl. Vor allem das hausgebackene Brot, das zu den diversen Jausen und Marenden serviert wird, ist großartig. Herausragend sind aber auch die selbst gemachten Schnäpse und Liköre. Vor allem der Heidelbeerlikör überzeugt durch seine Frische.

TAUBENSEEHÜTTE

Die Taubenseehütte ist so etwas wie ein nördlicher Grenzposten an der Grenze Tirols zu Bayern. Das Panorama auf der Taubenseehütte reicht von den Berchtesgadener Bergen über die Loferer Steinberge, die Hohen Tauern hin zu den Zillertaler Alpen. Also ziemlich umfassend. Der Taubensee gilt als das (blaue) „Auge Bayerns" und liegt nur ein paar Gehminuten von der Hütte entfernt. Die Küche ist herzhaft und solide: bestens die Bouillabaisse von heimischen Fischen (wir schaffen es einfach nicht, Fischsuppe zu sagen) und die Desserts. Die sind umwerfend. Vor allem die Moosbeernocken.

Tel.: 0664 1246925
6345 Kössen
Mühlbergweg 54
www.taubensee.at
info@taubensee.at

OBERNDORF IN TIROL — KITZBÜHEL

STANGLALM

Sie gehört zu den „Almen am Kitzbüheler Horn". Die Stanglalm hat die Nummer 6. Sie ist mehr Wirtshaus als Alm. Die süßen Rohrnudeln sind ein absolutes Highlight. Wenn die gerade aufgegessen sind, dann eben das Almerer-Schnitzel. Eine herzhafte „Cuisine alpine"-Variante des Cordon bleu. Zwei Schnitzel, Topfen und Speck dazwischen, paniert, in der Pfanne herausgebacken. Wer es noch deftiger will, bestellt einfach den Presssack, die hausgemachte Sulz. Oder den Eierlikör-Gugelhupf. Hungrig kommt keiner wieder runter. Nüchtern aber auch nicht.

Tel.: 05352 64725
6372 Oberndorf in Tirol
Almen 6
www.stanglalm.at
info@stanglalm.at

ST. JOHANN IN TIROL — KITZBÜHEL

ANGERER ALM

Die Angerer Alm ist ein Unikat. Unverfälschte Hüttenromantik und rustikale Stube einerseits, gehobene Tafelkultur und außergewöhnlich bestückter Weinkeller andererseits. Im Winter bestens von der Piste aus erreichbar, im Sommer mit dem Bike. Auto geht zwar auch, ist aber nicht so kommod wie alles andere. Und es ist immer etwas los, in der Angerer Alm. Winzerdinner (no na), Filmdinner oder AlmBiertag. Mittags gibt es Klassiker der Tiroler Küche und Hausmannskost, abends wird etwas größer aufgekocht. Karte gibt es keine, auf den Tisch kommt, was Gerald Weiss, der Küchenchef, auf dem Herd so zaubert.

Tel.: 05352 62746
6380 St. Johann in Tirol
Berglehen 53
www.angereralm.at
info@angereralm.at
Mo, Do–So 11–15.45 und 18–22 Uhr
✱ 13. Okt.–8. Dez. 2019

BASSGEIGER ALM

Die Bassgeiger Alm ist eine der Almen am Kitzbüheler Horn, auf 1050 Metern. Anni und Sepp Schipflinger haben die alte Alm (immerhin hat die Hütte schon 700 Jahre auf dem Buckel) gepachtet und bieten – neben dem wunderschönen Blick auf den Wilden Kaiser und seine Umgebung – auch alpine Kulinarik vom Feinsten. Sonntags gibt es Braten. Meist Schweinsbraten. Dann noch Tiroler Gröstl (ausgezeichnet), Kasspatzn (Käsespätzle) und natürlich einen (ausgesprochen guten) Kaiserschmarren. Im Winter ist durchgehend offen, im Sommer ist montags Ruhetag. Besonderer Tipp: das Bergfrühstück (gegen Voranmeldung).

Tel.: 05352 62117
6380 St. Johann in Tirol
Almen am Kitzbüheler Horn 1
www.bassgeigeralm-schipflinger.at
mail@bassgeigeralm-schipflinger.at

KITZBÜHEL

GRANDER SCHUPF

Die Grander Schupf in St. Johann in Tirol ist weit mehr als eine Alm. Eher alpine Erlebnisgastronomie. Allerdings wunderschön und entspannt zu erwandern und mit Chillfaktor, sobald man angekommen ist. Dafür sorgen die riesige Terrasse, die wohligen Stuben und die Lounge im Außenbereich. Auf der aktuellen Karte findet jeder etwas für seinen Geschmack. Vom Schupfburger (ein bisschen Eigenwerbung darf ja wohl sein) über Kaspressknödel mit Krautsalat hin zum Germknödel mit Heidelbeer(!!)fülle. Abends wird es dann feiner und umfangreicher. Da kann es dann auch Filetsteak oder Rindscarpaccio sein.

Tel.: 05352 63925
6380 St. Johann in Tirol
Winkl Schattseite 6 a
www.granderschupf.at
info@granderschupf.at
Mo–Di 9–16, Mi–So 9–21 Uhr
variabel, April–Mitte Mai 2020

WAIDRING — KITZBÜHEL

KAMMERKÖRALM

Mussten Skifahrer im vergangenen Jahr noch auf den „Container Blau" ausweichen, ist der Umbau jetzt abgeschlossen und das neue Gebäude eröffnet. Entstanden ist ein großzügiges Selbstbedienungsrestaurant mit Bar und ausgiebigem Panoramablick in die Tiroler Bergwelt und ein erweitertes Restaurant Alpenblick mit Bedienung im Obergeschoß. Während das Panoramarestaurant Kammerkör ein großzügig angelegtes Selbstbedienungsrestaurant mit internationalen und schnellen Gerichten ist, wird im Alpenblick im ersten Stock serviert.

Tel.: 05353 6316
6384 Waidring
Schredergasse 9
www.kammerkoeralm.at
info@kammerkoeralm.at

ALPBACH — KUFSTEIN

BÖGLALM

Im Winter gilt sie als urige Skihütte mit Musik, Jagatee und Hüttengaudi, im Sommer als einfach zu erreichendes Ausflugsziel mit fantastischer Aussicht. Und als Hort tiefgründiger Gespräche in jenen Tagen, in denen die geistige Elite zu Gast beim Forum Alpbach ist. Die Böglalm-Wirte entschuldigen sich im Voraus dafür, dass es eventuell etwas länger dauert, weil frisch gekocht wird. Das ist nicht notwendig. Das ist großartig. Es gibt Tiroler Gröstl, herrliche Knödel (freitags besonders viele davon), Grillhendl und Schnitzel aus der Pfanne. Frühaufstehern sei das Almfrühstück ans Herz gelegt.

Tel.: 0664 9161743
6236 Alpbach, Nr. 589
www.böglalm.at
hatty@alpbach-alm.at
täglich 9–18 Uhr
variabel, bis Mitte Dez., Ostern–Mitte Mai 2020

FARMKEHRALM

An dieser Stelle bietet die Farmkehralm eine gute Gelegenheit, das Projekt „Tirol pur® Hüttenjause" vorzustellen, denn da sind Johann Hausberger und sein Team dabei. Dafür muss das Brot entweder aus dem eigenen Backofen oder vom Bäcker im nächsten Dorf sein. Der Käse ist ein Alpbachtaler Heumilchkäse von der Käserei Reith. Speck und Schnaps müssen ebenfalls von Metzgern und Brennern aus der Region sein. Wer mehr möchte, genießt einfach ein köstliches Schnitzel oder andere Gerichte aus dem Fundus der Tiroler Wirtshauskultur. Die Alm liegt übrigens am Ende des Alpbachtals im Greiter Graben.

Tel.: 0680 3209085
6236 Alpbach

ZOTTAHOF

Wir haben uns entschieden, den Zottahof wegen seines Kaiserschmarrens in diese Auswahl aufzunehmen, und die Entscheidung war eine ganz leichte. Die urige Jausenstation Zottahof oberhalb von Alpbach ist weit über das Alpbachtal hinaus für ihren einzigartigen Kaiserschmarren bekannt. Das Rezept wird seit Generationen unter Verschluss gehalten. Er wird jedenfalls nicht wie üblich in Stücken, sondern als flaumig-köstliches „Riesenomelette" serviert. Dazu werden Preiselbeeren gereicht. Eine weitere Besonderheit des Hauses ist die Löffelmilch. Auch dieses Rezept ist top secret. Auf jeden Fall sind Rum und Rotwein im Spiel.

Tel.: 0650 2727023
6236 Alpbach, Nr. 115
jausenstation.zottahof@hotmail.com

KUFSTEIN

BRANDENBERG
KUFSTEIN

JAUSENSTATION TIEFENBACHKLAMM

Tel.: 05331 20086

6234 Brandenberg
Brandenberg 42

Die Jausenstation Tiefenbachklamm ist entweder nach einer Wanderung durch die gleichnamige Klamm (sehr zu empfehlen) oder auch direkt mit dem Auto erreichbar. Die ruhige Sonnenterrasse, die gemütlichen Stuben inklusive Bar und der Spielplatz für Kinder sorgen für gute Stimmung bei den Kindern und entspannte Atmosphäre bei den Erwachsenen. Die Riesenschnitzel aus der Pfanne sowie die Köstlichkeiten aus dem Reigen der Tiroler Hausmannskost stärken Jung und Alt. Besonders zu empfehlen sind die Kasnocken. Aber Achtung: Alles (die Portionen) ist hier eine Spur größer als erwartet.

KAISERHAUS

Tel.: 05331 5271

6234 Brandenberg
Aschau 81

www.kaiserhaus.eu
info@kaiserhaus.eu

Dort, wo sich sonst das Spanferkel über dem Feuer dreht, dreht sich in Brandenberg eine süße Rarität. Die „Tiroler Prügeltorte" hat ihre Heimat in Brandenberg. Dort wird sie seit Generationen von den Bauern als Festgebäck zu Hochzeiten oder Taufen über offenem Feuer gebacken. Im Kaiserhaus, am Eingang zur Kaiserklamm, kann man den Wirtsleuten beim Drehen und „Prügeln" zuschauen. Wer sich allerdings davor schon stärken will, wählt die fangfrischen Forellen aus der Ache oder nimmt Gerichte vom Wild aus den Brandenberger Wäldern. Unbedingt den „Wilderer Teller" und/oder das geräucherte Hirschfilet probieren.

BRIXLEGG
KUFSTEIN

HECHAHOF

6230 Brixlegg

Der Hecherhof (Hecha wurde erst im Lauf der Zeit daraus) ist ein uraltes Bauernhaus in Brixlegg. Unter anderem bekannt aus Film und Fernsehen, gibt sich hier auch der eine oder andere Prominente die Ehre. „Hecha's Speck" ist mittlerweile ebenfalls eine kleine Berühmtheit. Handwerklich hergestellter Selchspeck, geräuchert in der originalen (also etwa 400 Jahre alten) Räucherkammer, dann selchgelagert. Auch Sarah Wiener hat den Kirchmairs schon über die Schulter geschaut. Klar, dass auf so einer Jausenstation auch der Schnaps nicht zu kurz kommen darf. Selbstgebranntes von Enzian bis Zirbe.

HOLZALM

Tel.: 0676 4206103

6230 Brixlegg
Zimmermoos 43

brixlegg@alpbachtal.at

Der urige Berggasthof Holzalm befindet sich direkt im Wandergebiet des Alpbachtales und ist damit ein idealer Ausgangspunkt für Wanderer und ein guter Platz für Naturgenießer. Ein kurzer und spritziger Anstieg auf den Gratlspitz, den Hausberg der Alpbacher, belohnt durch einen grandiosen Rundblick bis hin zum Großglockner, zum Großvenediger, in die Zillertaler Alpen, in die Stubaier Alpen, ins Karwendel, zum Rofanstock und zum Wilden Kaiser. Die weitere Belohnung: eine großartige Speckjause (der Betrieb ist Mitglied der Initiative „Tirol pur Hüttenjause"). Außerdem solide Tiroler Hausmannskost.

Herrliche Almen mit dem Mountainbike entdecken.

KUFSTEIN

EBBS — KUFSTEIN

ASCHINGER ALM

Die Aschinger Alm in Ebbs ist nicht nur eine Alm. Eigentlich ein Gasthof. Aber einer, der, am Fuß des Zahmen Kaisers liegend, eine Alm dabeihat. Also Almgasthof. Familie Ritzer empfängt hier Wanderer und Biker auf einer Höhe von etwa 1000 Metern. Drei Stuben, holzvertäfelt, eine große Terrasse mit schönem Ausblick. Platz für etwa 140 Personen, die Küche bodenständig alpin. Also Wild (Hase, Gams und Reh), Ochs und jede Menge Käse von der eigenen Almsennerei. Tilsiter, Emmentaler, Bergkäse und natürlich Almbutter und Frischkäse von den eigenen Kühen. Aus silofreier Heumilch klarerweise.

Tel.: 05373 43108
6341 Ebbs
Oberbuchberg 34a
www.aschingeralm.at
info@aschingeralm.at

KUFSTEIN — KUFSTEIN

PFANDLHOF

Der Pfandlhof liegt inmitten des Naturschutzgebietes Kaisertal bei Kufstein. Er ist zu Fuß vom Kaiseraufstieg in Eichelwang über einen breiten Wanderweg in circa 45 Minuten zu jeder Jahreszeit bequem erreichbar. Schon während des Aufstieges wird man mit herrlichen Eindrücken wie etwa dem Blick auf die Festung Kufstein mit Innberngen sowie die gigantischen Gipfel des Wilden-Kaiser-Massivs belohnt. Die Stube ist rustikal, die Küche solide und bodenständig. Tiroler Hausmannskost, regionale Zutaten und Wildspezialitäten aus eigener Jagd. Zum Schluss noch ein hausgebrannter Obstler und alles ist gut.

Tel.: 05372 62118
6330 Kufstein
Kaisertal 7
www.pfandlhof.at
info@pfandlhof.at

Wo idyllische Natur einzigartige Kulinarik beherbergt

Alpine Leckerbissen für Genießer

Mit Kumpels oder der besten Freundin, als Geschenk oder für besondere Anlässe.
Bei „Frühstück am Berg" ist jeder Bissen ein Genuss.

Das perfekte Geschenk für jeden Anlass
erhältlich in den Infobüros des TVB Kufsteinerland oder online
www.fruehstueckamberg.at
www.kufstein.com

TVB Kufsteinerland
A-6330 Kufstein, Unterer Stadtplatz 11–13, +43 (0) 5372 / 62207, info@kufstein.com
www.kufstein.com

Kufsteinerland — verbindet

KUFSTEIN

REITH IM ALPBACHTAL
KUFSTEIN

ALMSTÜBERL GSCHWENDT

Das Almstüberl Geschwendt befindet sich in Reith im Alpbachtal und bietet zwei schöne Ausblicke. Ins Alpbachtal auf der einen, ins Inntal auf der anderen Seite. Das Almstüberl ist ein beliebtes Ziel bei Wanderungen im Alpbachtal, kann aber auch mit dem Auto erreicht werden. Im Winter steht das Stüberl Skifahrern zur Verfügung, die sich nach einer Abfahrt vom Reither Kogel einen Einkehrschwung gönnen wollen. Die Küche ist klassisch, hervorzuheben sind der Flammkuchen mit Speck und Zwiebeln, die Gulaschsuppe, der köstliche Apfelstrudel und der Kaiserschmarren. Und die Brettljause natürlich.

6235 Reith im Alpbachtal

ALPENGASTHOF PINZGERHOF

Der Pinzgerhof liegt hoch über Reith und bietet zuallererst einen sensationellen Blick übers Tal. Besonders beliebt für entspannte Wanderungen und Wanderurlaube. Auch die kulinarischen Erlebnisse sind der Familie Kammerlander wichtig. Im Haus werden respektable Brände gebrannt, das Bierangebot ist regional, ebenso Fleisch und Käse. Hier kann der Pinzgerhof auch aus dem Vollen schöpfen, bietet das Alpbachtal doch eine Fülle großartiger Rohstoffe und Lebensmittel. Viele Produkte kommen sogar aus der eigenen Landwirtschaft oder dem eigenen Kräutergarten.

Tel.: 05337 621740
6235 Reith im Alpbachtal
Brunnerberg 12
www.pinzgerhof.at
urlaub@pinzgerhof.at

RETTENSCHÖSS
KUFSTEIN

BURGERALM

Nur ein paar Meter nördlich der Burgeralm verläuft die Grenze zu Deutschland. Die Alm ist über eine familienfreundliche Wanderung von etwa anderthalb Stunden gut zu erreichen. Auch für Mountainbiker ist die Alm interessant. Neu ist die Ladestation für Elektroräder. Zur Stärkung gibt es bäuerliche Schmankerl, vor allem Speck und Wurst aus eigener Produktion. Und Käse. Bergkäse, Tilsiter, Frisch- und Kümmelkäse. Die Alm und der Hof werden von Martha und Anton Fahringer biologisch bewirtschaftet. Und nachdem es eine Schaukäserei ist, kann man dem Senn auch beim Käsen über die Schulter schauen.

Tel.: 05373 61809
0699 13130509
6347 Rettenschöss
Nr. 61
www.burgeralm.at
anton.fahringer@utanet.at
Sa-Do 8-19 Uhr

WILDBICHL ALM

Die Wildbichl Alm liegt zwischen Kufstein und Aschau (ja, genau, DAS Winkler-Aschau). Der Blick aufs Unterland bzw. aufs untere Inntal ist umwerfend. Während der Weidezeit im Sommer gibt es frische Rohmilch, und wer möchte, kann sich sein Glas auch selbst melken. Das Menü (die Speisekarte) auf der Alm ist vielversprechend. Bratwürste werden selbst gemacht (ein untrügliches Indiz dafür, dass hier leidenschaftliche Handwerker in der Küche stehen), es gibt Saure Wurst und herzhafte Platten. Für hernach lockt ein Eierlikörkuchen. Und weil Bayern gar so nah ist, gibt es auch Russ und Russenmass.

Tel.: 0664 73660879
6342 Rettenschöss
Ritzgraben
www.wildbichlalm.at
bis Mai 2020
Mi-So 9-18 Uhr

Alle Ergebnisse auch auf unserer Website:
www.gaultmillau.at

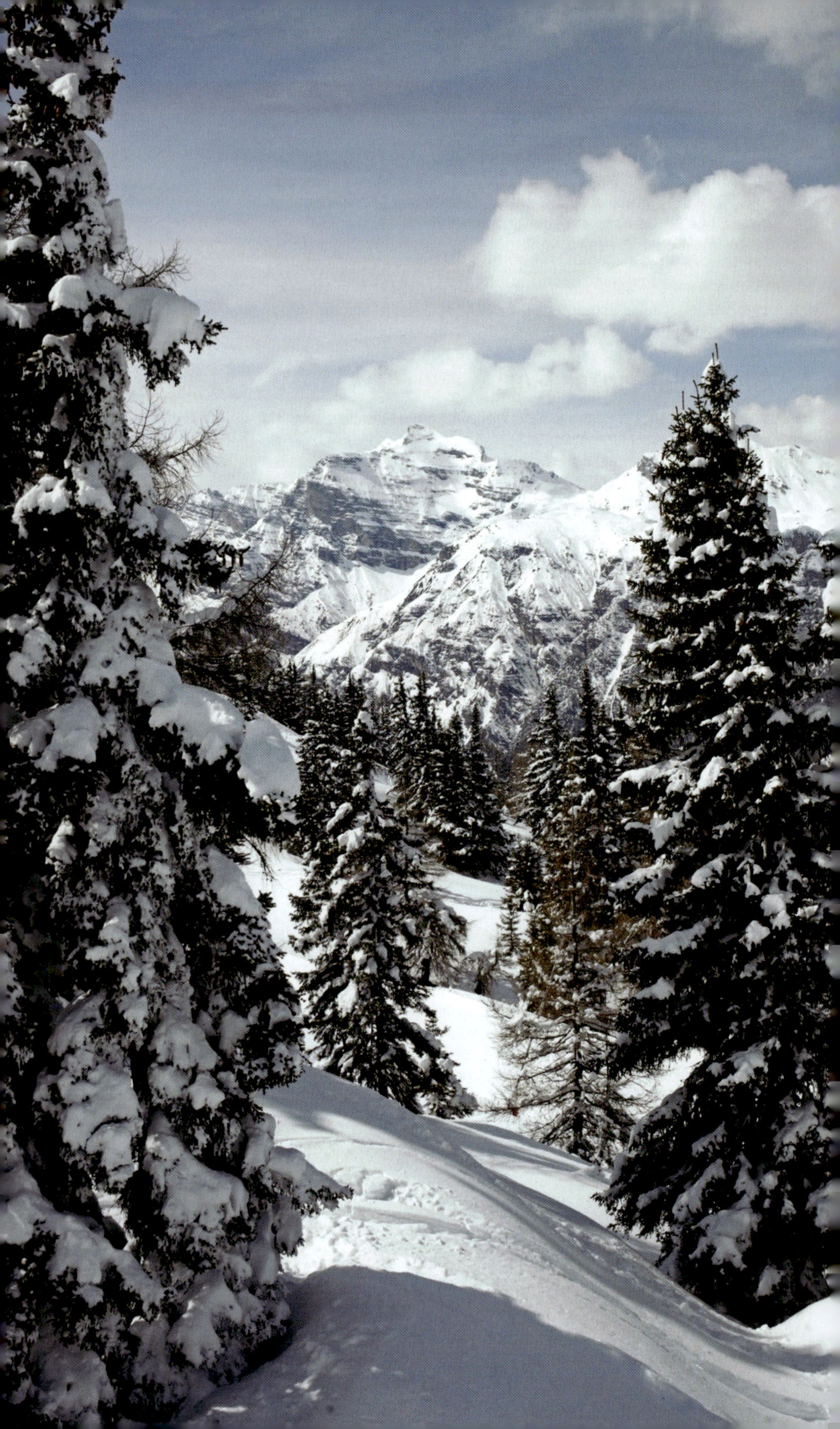

KUFSTEIN

SCHWOICH
KUFSTEIN

STÖFFLHÜTTE AUF DER WALLERALM

Schwoich. Das ist Stöffl-Land. Unten im Ort ist das ehemalige Stöfflbräu, jetzt Bierol (und hier bei den Restaurants beschrieben). Die Stöfflhütte ist weiter oben. Nicht ganz so weit oben wie andere Almen, aber immerhin. Die Alm als Weidegebiet heißt Walleralm. Damit ist auch der Knopf im Hirn gelöst. Man geht auf die Stöfflhütte, die auf der Walleralm steht. So ist das. Auf der Hütte selbst geht es urig zu. Kühe weiden, es wird gesennt und gekäst. Also gibt es Käse, Milch und Butter. Auch selbst gebackenes Brot. Und es gibt Schnaps. Edelbrände, wie sie in dieser Qualität gerne genannt werden.

Tel.: 0664 524 94 41
6334 Schwoich
Hinterstein 84
www.walleralm.at
info@walleralm.at

SÖLL
KUFSTEIN

ALPENGASTHOF HOCHSÖLL

Zwei sehr unterschiedliche Attraktionen kennzeichnen den Alpengasthof Hochsöll im Brixental. Im Winter liegt der Gasthof im Skigebiet Wilder Kaiser-Brixental und im Sommer mitten im beliebten Hexenwasser, einer Erlebniswelt für alle Sinne. Herz des Alpengasthofs ist eine traumhaft schöne Terrasse, auf der man alle möglichen Köstlichkeiten genießen kann. Sonntag ist Bratentag, reichliche Knödelvielfalt gibt es immer am Dienstag. Daneben nicht nur den klassischen Kaiser-, sondern auch einen unglaublich guten Apfelschmarren – sofern die Äpfel gerade Saison haben und verfügbar sind.

Tel.: 05333 52 60 45 00
6306 Söll
Salvenberg 26
www.alpengasthof-hochsoell.at
alpengasthofhochsoell@skiwelt.at
Do–Di 9–17 Uhr

AUALM

Die Aualm in Söll am Wilden Kaiser ist (im Winter) eine klassische Einkehrschwungalm mit rustikalem Flair und ebensolchem Speisenangebot. Die Gerichte, die angeboten werden, kommen größtenteils aus der eigenen Landwirtschaft, manchmal sind Sachen dabei, die selbst eingefleischte Tiroler schon lange nicht mehr auf dem Teller hatten. Wildschönauer Brodakrapfen zum Beispiel. Das sind handtellergroße Teigtaschen, gefüllt mit Graukas. Sie werden mit frischer Buttermilch genossen. Die Karte ist umfangreich, die Gäste kommen aus dem Nachbarland, also gibt es auch Wiener Schnitzel oder Currywurst. Gute Schnapsauswahl.

Tel.: 0664 410 33 00
6306 Söll
Bromberg 29
www.aualm.at
johanna@horngacher.at
Do–Di 8–16 Uhr

THIERSEE
KUFSTEIN

BERGGASTHOF ACKERNALM

Die Ackernalm in Thiersee bzw. der Berggasthof Ackernalm ist sowohl mit Rad und Auto als auch zu Fuß gut erreichbar. Die Wanderung dauert – von Kufstein aus – etwa zwei Stunden. PKWs können über die Mautstraße zufahren. Auf der Ackernalm sömmern über 300 Kühe, gekäst werden Emmentaler, Bergkäse und Almbutter. Auf der Speisekarte steht klassische heimische Hausmanns- und Hüttenkost vom Gulasch bis zum Wiener Schnitzel. Wenn es allerdings nicht unbedingt die „warme Küche" sein muss, sollte man zum Käse und einem Glas Almmilch greifen. Vielleicht noch ein Stück vom hausgemachten Kuchen dazu.

Tel.: 0664 415 05 80
6335 Thiersee
Almen 48
www.ackernalm.at
ackernalm@thiersee.at

Herrliche Almen mit dem Mountainbike entdecken.

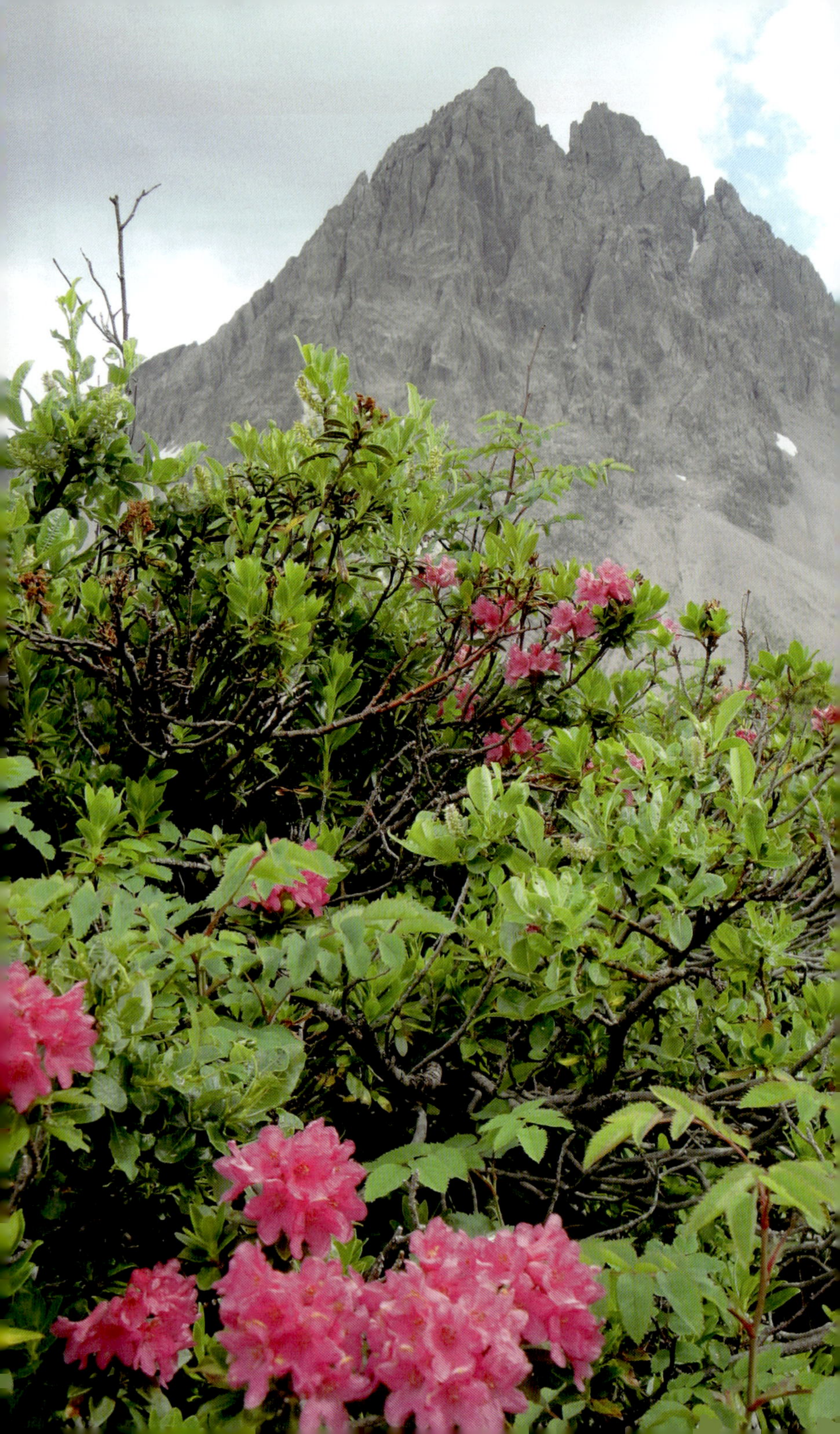

KALA ALM

LANDECK

Die Kala Alm in Thiersee ist bekannt für ihren Schweinsbraten aus dem Holzofen. Jeden Tag wird so ein Braten ins Rohr geschoben. Bei dem stets wechselnden Angebot an Tagesgerichten auf der traditionellen Speisekarte im Restaurant findet sich jeder Wanderer sowie Familien mit Kindern schnell nach Herzenslust zurecht. Ein Auszug aus der Karte gefällig? Kaspress- oder Speckknödel, Kaiserschmarren, Germknödel, Kasspatzln, knusprige Ripperl und Tiroler Gröstl. Das Bier kommt übrigens aus der kleinen Brauerei Schönram. Das ist zwar schon Bayern, gilt aber wegen der Nähe immer noch als regional!

Tel.: 05376 5055
0664 394 42 84
6335 Thiersee
Schneeberg 50a
www.kala-alm.at
info@kala-alm.at
Mi–Sa 9–20, So 9–18 Uhr
✳ bis Dez. 2019, variabel

WILDSCHÖNAU/AUFFACH — KUFSTEIN

ALPENGASTHOF SCHÖNANGERALM

Die Schönangeralm, genauer gesagt der Alpengasthof Schönangeralm, ist ein beliebtes Ziel in der Wildschönau. An den Hängen der Kitzbüheler Alpen gelegen, ist die Schönangeralm idealer Ausgangspunkt für Wanderungen und Erkundungen aller Art. Erreicht werden kann die Alm natürlich zu Fuß, mit dem Mountainbike, der „Bummelbahn" und der Pferdekutsche. Auf der Alm wird auch gekäst. Die Schaukäserei bietet Einblicke ins Älplerleben und die Herstellung traditioneller Käsesorten. Gastronomisch ist Vielfalt angesagt. Vom Schweinsbraten über Wiener Schnitzel bis hin zu süßen Verführungen.

Tel.: 05339 8944
0664 326 76 16
6313 Wildschönau/Auffach
Schönanger 205
www.schoenangeralm.at
info@schoenangeralm.at
Mo–So 11–18.30 Uhr
✳ DI in der Wintersaison

WILDSCHÖNAU/OBERAU — KUFSTEIN

NORDERBERGALM ⓝ

Die Norderbergalm in der Wildschönau sieht sich gern als „Genusshütte" – und hat aus unserer Sicht auch alles Recht dazu. Die Website listet die Spezialitäten auf. Wir haben einige davon probiert und waren schwer begeistert: „Unsere Spezialitäten auf der Norderbergalm sind Zwiebelrostbraten, Schlutzkrapfen, Hüttennudeln, Almgrillteller, Kasspatzln, Ofenkartoffel mit Speck, Kaspressknödelsuppe, Speckknödelsuppe, Fürstenschmarrn." Außer dem Almgrillteller (da sträubt sich immer etwas) haben wir alles probiert. Solides Handwerk, schöne Teller, herzhaft gewürzt und liebevoll serviert. Gut so.

Tel.: 0699 11 11 88 76
6311 Wildschönau /Oberau
Zauberwinkel, Oberau 452
www.norderbergalm.at
norderbergalm@aon.at
täglich 9–17 Uhr
✳ variabel

GALTÜR — LANDECK

JAMTALHÜTTE

Zugegeben, die Gegend legt einiges vor. Sowohl was das Ambiente betrifft (die Jamtalhütte ist idealer Startpunkt für die Besteigung spannender Dreitausender) als auch die Kulinarik. (Im nahen Ischgl ist diesbezüglich die Hölle los und die Hütte ist auch Teil des kulinarischen Jakobswegs.) Dementsprechend sieht auch die Verpflegung aus. Abends steht sie einem gut situierten Restaurant in nichts nach. Der Kochstil ist modern, die Gerichte sind präzise angerichtet und aus der Küche kommen nur Teller, die handwerkliches Können bestätigen. Es ist ein Haus mit Seele, und das spürt man.

Tel.: 05443 8408
6563 Galtür
Haus Winkl 27 b
www.jamtalhuette.at
info@jamtalhuette.at

www.gaultmillau.at – Tipps, Trends, Rankings und alle Restaurantkritiken

LANDECK

ISCHGL
LANDECK

FRIEDRICHSHAFENER HÜTTE

Die Friedrichshafener Hütte ist ein wunderschönes Schutzhaus auf der Tiroler Seite der Verwallgruppe. Sie liegt auf etwa 2100 Metern auf der Muttenalpe und ist von Ischgl/Galtür aus gut zu erreichen. Der Blick von oben schwankt zwischen den Verwallgipfeln und der Silvrettagruppe mit ihren imposanten Dreitausendern. Die Speisekarte liest sich spannend und so sind auch die Gerichte, die in der kleinen Küche zubereitet werden. Die Marendplatte Verwall besteht aus regionalen Spezialitäten, das „Pulled Pork nach Walliser Art" ist herzhaft und köstlich. Und dann noch die hofeigene Kalbsbratwurst!

Tel: 0676 790 80 56
6562 Ischgl
Wirl 2 a
hotel.birkhahn@aon.at

HEIDELBERGER HÜTTE

Auch heuer war die Heidelberger Hütte wieder Teil des „kulinarischen Jakobsweges". Diesmal hat sie ihn sogar eröffnet. Mit dabei bei der großen Eröffnung waren Stars wie Paul Ivic, Jean-Georges Klein und der Hüttenpate Tristan Brandt. Aber auch abseits dieses Events hat man in der Heidelberger Hütte – auch kulinarisch gesehen – einen sicheren Hafen. Unbedingt probieren sollte man den Paznauner Almkäse mit Grantenmarmelade (Preiselbeeeren) und die Schlutzkrapfen mit Steinpilzen. Die Granten sind später auch beim Kaiserschmarren im Pfandl dabei. Verdient hat man sich das ohnehin. Auch großartige Weine.

Tel: 0664 425 30 70
6561 Ischgl
Postfach 60
www.heidelbergerhuette.at
info@heidelberger-huette.at
täglich 11–16.30 Uhr
bis 25. Dez. 2019,
Mai–Mitte Juni 2020

SOMMER
KULINARISCHER JAKOBSWEG
von Juli - September 2020
www.kulinarischerjakobsweg.paznaun-ischgl.com

LANDECK

KAPPL
LANDECK

NEUE DIAS ALPE – ALMSTÜBERL

Die Neue Dias Alpe – Almstüberl lässt sich bei einer circa einstündigen Wanderung von der Bergstation Dias erwandern. Auf knapp 2000 Metern erwartet den Wanderer oder Skifahrer ein herrliches Bergpanorama mit Blick ins Seßladtal, zur Niederelbehütte und zur Fatlarspitze. Im Süden reicht der Blick auf die Samnaungruppe bis hin zur Blauen Silvretta. Oberhalb der Neuen Dias Alpe liegt der sogenannte Hausberg mit 2200 Metern. Dieser kann gemütlich in circa 40 Minuten erklommen werden. Zum kulinarischen Genuss erhält man auf der Neuen Dias Alpe Milch, Butter sowie würzigen Käse. Und natürlich noch viel mehr.

Tel.: 0650 2621518
6555 Kappl
Dorf 452

KAUNERBERG
LANDECK

GOGLES ALM

Die Gogles Alm am Kaunerberg liegt auf 1700 Metern und bietet ein großartiges Panorama. Auf ihrer Homepage schreiben die Gogles Almer: „In Form von traditioneller Tiroler-Küche bieten wir mit Gerichten wie Kaiserschmarren, Käsespätzle, Apfelstrudel, Kuchen, Almjoghurt usw. Gerichte für jeden Geschmack." Das ist zwar einerseits der Grund, dass die Alm als Genusshütte geführt wird, ist andererseits aber schwer untertrieben. Die Almprodukte sind absolut außergewöhnlich, der Almkäse gehört zu den besten des Landes, und wer so leidenschaftlich käst, kocht auch sensationell gut. Und genau so ist es.

Tel.: 0660 5499084
6527 Kaunerberg
Falpaus 138
www.gogles-alm.at
info@gogles-alm.at

ST. ANTON AM ARLBERG
LANDECK

DARMSTÄDTER HÜTTE

Jeder Skifahrer, der am Arlberg unterwegs ist, kennt sie. Jeder Wanderer sowieso. Die Darmstädterhütte ist eine Schutzhütte in der Verwallgruppe, die seit über 120 Jahren von der südhessischen Alpenvereinssektion betrieben wird. Gepachtet und bewirtschaftet wird die Hütte (mittlerweile in der dritten Generation) von der Familie Weiskopf aus Pians. Die Hütte liegt auf über 2300 Metern und ist ein beliebtes, aber anspruchsvolles Wanderziel. Entsprechend stärkend und kräftig ist auch das Speiseangebot. Herrliche hausgemachte Knödelvielfalt, knusprige Schweinsbraten und Kuchen ohne Ende.

Tel.: 05442 67525
0699 15446314
6580 St. Anton am Arlberg
www.darmstaedterhuette.at
darmstaedter.huette@gmx.net
täglich 7–8 und 11–19 Uhr
bis Mitte Juni 2020

HOSPIZ ALM

Die Hospiz Alm. Leicht macht sie es uns nicht. Drüben, bei den Restaurants, haben wir die Hospiz Alm sehr hoch bewertet. Vor allem wegen der aktuellen Fine-Dining-Offensive und der legendären Weinauswahl. Eine Alm ist sie aber nur durch ihren Namen. Eine Schutzhütte aber auch nicht. Sie ist einfach – die Hospiz Alm eben. Tagsüber aber eine trendige Skihütte (weswegen wir uns entschieden haben, sie hier aufzunehmen). Kulinarisches Erlebnis ist jedenfalls garantiert. Almkost auf hohem Niveau, und was Karl-Heinz Pale, der Maître und Sommelier, aus dem Keller zaubert, ist ohnehin längst legendär.

Tel.: 05446 3625
6580 St. Anton am Arlberg
St. Christoph 18
www.arlberg1800resort.at
info@arlberg1800resort.at

Bei der Zusammenstellung dieses Führers ließen wir größtmögliche Sorgfalt walten, trotzdem können Daten falsch oder überholt sein. Eine Haftung können wir auf keinen Fall übernehmen.

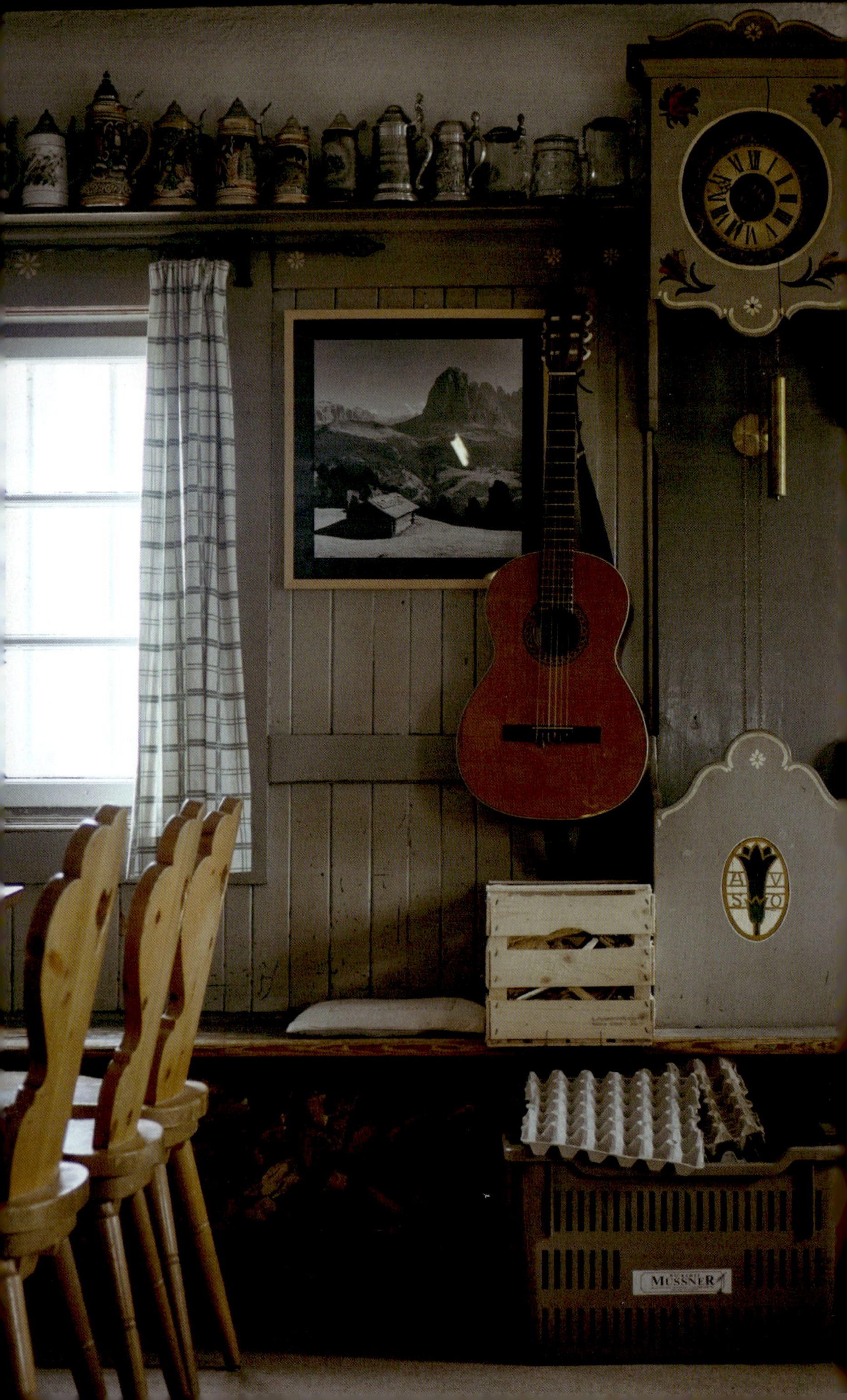
MUSSNER

LANDECK

SENNHÜTTE

Die Sennhütte ist ein Arlberger Unikat. Sie heißt nicht Sennhütte, weil hier gesennt wird. Sie heißt so, weil die Betreiber Senn heißen. Was die allerdings etwas außerhalb von St. Anton geschaffen haben, kann sich schon sehen lassen. Erlebnisgastronomie vom Feinsten. Kindergerecht, genau genommen so kindergerecht, dass die Erwachsenen beruhigt auf der Terrasse sitzen können, während die Kleinen auf gut gesicherten Spielplätzen, Kräuterlehrpfaden und Ähnlichem wandeln. Die Speisekarte ist umfangreich, der Weinkeller nicht weniger. Es ist ein Erlebnis für viele Sinne, das die Senns bieten.

Tel.: 05446 2048
6580 St. Anton am Arlberg
Dengertstraße 503
www.sennsationell.at
sennhuette@sennsationell.at
Mo–So 10–17 Uhr
Mai–Juni, Okt.–Nov. 2020

ULMER HÜTTE

Die Ulmer Hütte ist eine Alpenvereinshütte der Sektion Ulm. Sie liegt auf 2288 Meter Seehöhe, umgeben von den weltbekannten Wintersportorten am Arlberg. Die Alpenvereinshütte wurde 1903 erbaut, laufend erweitert und bietet heute den Komfort eines Berggasthofes. Sie liegt inmitten des Skigebietes am Arlberg direkt an der Piste und ist somit auch im Winter bestens erreichbar. Im Sommer ist sie Stützpunkt des Lechtaler Höhenweges. Die langjährigen Hüttenwirte Karin und Heimo Turin sind mit ihrem Team bekannt für ihre Gastfreundschaft und die professionelle Bewirtung der Gäste.

Tel.: 05446 30200
6580 St. Anton am Arlberg
Postfach 105
www.ulmerhuette.at
info@ulmerhuette.at
täglich 11–16 Uhr
variabel

SERFAUS — LANDECK

KÖLNER HAUS

Im Kölner Haus, einer Alpenvereinshütte in Serfaus, wird vieles von dem großgeschrieben, was verantwortungsvollen Genießern am Herzen liegt: Slow Food, seltene Sorten, biologische Landwirtschaft, Vielfalt und regionale Herkunft. Und handwerkliche Kochkunst sowieso. Das gilt auch für die Namen der Gerichte. Fleischkas heißt hier Fleischkas. Und eben nicht Leberkäse. Die Nudeln sind hausgemacht und vom Fisser Goggala, es gibt Schlutzkrapfen und Almbörger (kein Tippfehler). Fondue (Fleisch und Käse) auf Vorbestellung, ebenso dry-aged T-Bone-Steaks und Ripperl. Eines besser als das andere.

Tel.: 05476 6214
6534 Serfaus
Komperdell 116
www.koelner-haus.at
info@koelner-haus.at
täglich 8–20 Uhr
Ende April–Mitte Juni,
Ende Okt.–Anfang Dez. 2020

ALMHÜTTEN TIROL

LANDECK

SEEALM HÖG

Große Fensterfronten ermöglichen einen wundervollen Blick auf See und Berge. Es ist zwar eine klassische Mittelstation, die Karte, also die Speisekarte, ist aber alles andere als klassisch. Vielmehr überrascht das Angebot mit Gerichten, die man dort zuerst einmal nicht erwartet. Der Surf-&-Turf-Salat mit Roastbeef und Garnelen ist großartig, der Apfelstrudel ist ein Flashback in die Kindheit, als ihn die Großmutter noch mit Mürbteig gemacht hat. Großartig, dass traditionelle Rezepte noch gepflegt werden. Und ganz offensichtlich hat hier auch jemand ein Händchen fürs ästhetische Anrichten.

Tel.: 05476 6203-650

6534 Serfaus
Dorfbahnstraße 75
seealm@skiserfaus.at

ZAMS — LANDECK

ZAMMER ALM

Die Zammer Alm gehört gastronomisch zu den Betrieben der Venet-Bergbahnen. Der Einkehrschwung hat daher Tradition – ob Sommer oder Winter, die urige Tiroler Almhütte lädt zu willkommener Erholung und kulinarischem Genuss. Die Stuben sowie die Sonnenterrasse sind gemütlich, oft auch gesellig. Für Kinder steht ein großzügig angelegter Abenteuerspielplatz zur Verfügung. Die hausgemachten Mehlspeisen sind gut und der Kaiserschmarren ist ein Hit unter den Kindern. Abgesehen davon gibt es jede Menge regionale Gerichte und die klassischen Bretteln und Jausenteller mit Speck, Käse und Schinken.

Tel.: 05442 61111
0676 846 90 95 02

6511 Zams
Hauptstraße 38
www.venet.at
info@venet.at

täglich 9–16 Uhr
bis 13. Dez. 2019,
Mitte Sept.–Mitte Dez. 2020

AUSSERVILLGRATEN — LIENZ

VOLKZEINER HÜTTE

Sie liegt versteckt im Winkeltal bei Außervillgraten in Osttirol. Das heißt, inmitten weitläufiger Schafweiden. Dass sich so eine Lage auf das Speiseangebot auswirkt, ist klar. Es gibt Lammhaxen und Lammbraten ohne Ende und darüber hinaus auch diverse andere Teile vom Lamm. Am Herd steht der Hüttenwirt selbst. Neben Lamm ist die Volkzeiner Hütte auch für vielfältige Wildgerichte bekannt, wobei das Wild ausschließlich von befreundeten Jägern aus benachbarten Revieren kommt. Zu den absoluten Highlights gehört die Polenta mit Rehragout. Es kommen aber auch Vegetarier zu ihrem Recht und Genuss.

Tel.: 04843 20031
0664 988 88 00

9931 Außervillgraten
im Winkeltal
www.volkzeinerhütte.at
tonianton@a1.net

KALS AM GROSSGLOCKNER — LIENZ

ADLER LOUNGE

Was die Adler Lounge in Kals bietet, ist ehrlicher Luxus in schwindelnder Höhe. Es ist keine Alm, und das will sie auch nicht sein. Jedenfalls keine Almwirtschaft mit Käse und Vieheinheiten. Eher ein Refugium mit Zimmern, die modern und elegant ausgestattet sind. Mit alpinem Flair versteht sich. Die Kulinarik? Sehr gut. Ja, es gibt Kaiserschmarren. Und auch andere Klassiker der alpinen Hüttenkulinarik. Es gibt aber auch handwerklich richtig gut gemachte Gerichte mit mediterranem Einschlag. Und es gibt eine gut sortierte Weinkarte mit ausgewählten Weinen und Schaumweinen. Champagner inklusive.

Tel.: 04876 8233250
0650 522 51 80

9981 Kals am Großglockner
Haus Nr. 81
www.adlerlounge.at
info@adlerlounge.at

Die besten Weine Österreichs:

LIENZ

KARLSBADER HÜTTE

Stück für Stück ausgebaut und renoviert ist die Karlsbader Hütte ein Geheimtipp und bietet viele bergsportliche Möglichkeiten. Die Lienzer Dolomiten mit ihren Zacken und Spitzen gehören den Kletterern. Was nicht heißt, dass man nicht auch als Wanderer hier voll auf seine Kosten kommt. Die Strudel und Kuchen werden übrigens frisch gebacken, und zwar tagtäglich. Man kann entweder ein dreigängiges Menü nehmen oder sich im À-la-carte-Menü umsehen. Was sich wirklich auszahlt, denn da finden sich kleine Schätze. Der „Laserzsalat" etwa. (Der heißt so, weil der kleine See daneben auch so heißt.)

Tel.: 0664 975 99 98

9981 Kals am Großglockner
Großdorf 61

www.karlsbaderhuette.at
karlsbaderhuette@aon.at

täglich 10.30–20 Uhr
❄ bis Mitte Juni 2020

KARTITSCH — LIENZ

OBSTANSERSEE HÜTTE

Ein Blick von der (oder auf die) Obstansersee Hütte bleibt in Erinnerung. Die Hütte liegt auf circa 2300 Metern am Karnischen Höhenweg. Der Blick ist, wie gesagt, spektakulär und reicht von den Sextener Dolomiten bis zum Großglockner. Hüttenwirt Heinz Bodner steht selbst am Herd. Es gibt die klassische Tiroler Almkost in herausragender Qualität: Röstkartoffeln mit Spiegelei, Speck- und Käseomelettes und auch zum Trinken allerhand. Auch frische Rohmilch kann man auf der Obstansersee Hütte haben. Vorausgesetzt, der Senn und die Kuh finden einander.

Tel.: 04848 5422
0664 161 87 23

9941 Kartitsch
www.fam-bodner.at
bhp@tirolspeed.com

MATREI IN OSTTIROL — LIENZ

WODENALM

Zur Wodenalm in Osttirol geht es vom Ortsteil Matrei/Zedlach aus weg. Das ist der Eingang ins Virgental. Man folgt dem Wodenweg, der vom Ortskern Zedlach hinauf durch einen alten Lärchenwald zum Hintereggkogel führt. Kost und Aussicht tun das Ihre, um sich auf der Wodenalm wohlzufühlen. Das Angebot ist traditionell und solide, es gibt unterschiedliche Käsesorten, Speck, Joghurt und vor allem guten Graukäse. Unbedingt probieren sollte man den hofeigenen Ziegenkäse mit frischem Brot, das im Holzofen gebacken wird. Man bekommt auch alles zusammen schön arrangiert auf einer „Wodenalmjause".

Tel.: 04874 5313
0699 12 16 58 58

9971 Matrei in Osttirol
Zedlach 12

www.zedlach.at
mortnerhof@zedlach.at

❄ bis 31. Mai 2020

ZUNIGALM

Die Zunigalm liegt 1855 Meter über dem Meeresspiegel und bietet einen fantastischen Ausblick bis hin zum Großglockner und die Venedigergruppe. Der Aufstieg ist ambitioniert und dauert etwas über zwei Stunden. Wer will (und kann), kann entweder weiter auf den Großen Zunig (knapp 2800 Meter) wandern oder sich in der Hütte mit Klassikern der alpinen Kost und diversen Schnäpsen verwöhnen lassen. Buttermilch, Joghurt, Milch und Käse kommen von der eigenen Landwirtschaft. Selbst gemacht ist auch die Hauswurst, und wer Moosbeernocken kennt, bekommt hier welche, die er nicht vergessen wird.

Tel.: 04875 6240
0664 90 59 0 63

9971 Matrei in Osttirol
Waier 2

www.virgental.at/zunigalm
zunigalm@tele2.at

Jetzt im Gault&Millau-Weinguide.

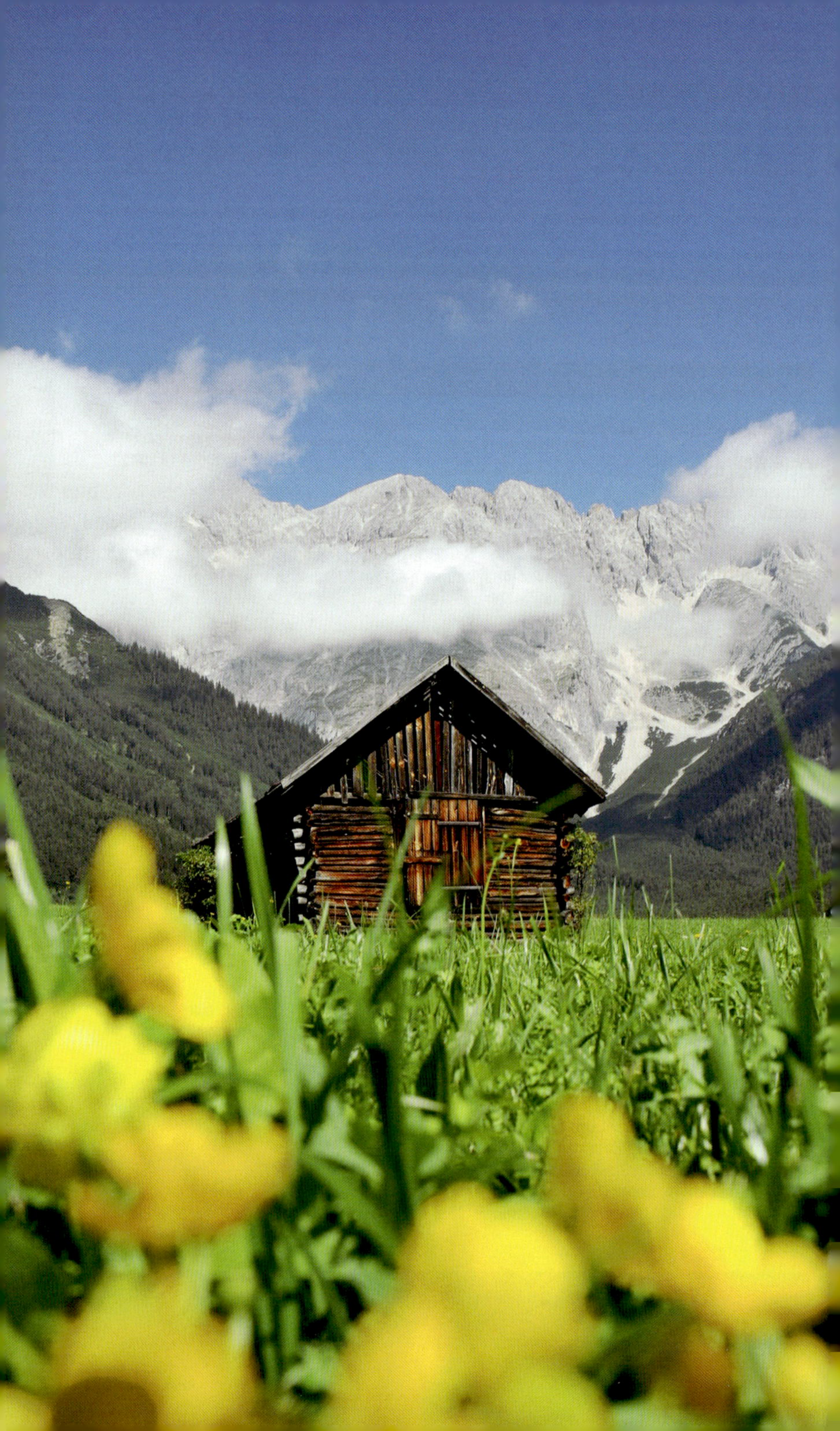

REUTTE

PRÄGRATEN — LIENZ

BODENALM

Es gibt zwei Dinge, auf die man achten sollte, wenn man gute Käsespätzle machen will. Erstens: den Käse. Es sollte eine erprobte Mischung aus jungem (und demnach noch wenig intensivem) Bergkäse und einem gereiften (also schon recht kraftvollen) Alpkäse sein. Und dann braucht es noch viel Zeit für das Rösten der Zwiebel. Sehr viel Zeit. Die Kasspatzln auf der Bodenalm sind mustergültig. Aber auch der Rest ist richtig gut. Also die Almjausen, der Kaiserschmarren, die zauberhaften Eisbecher. Ach ja, man muss nach Prägarten ins Virgental, will man das alles genießen. Es zahlt sich jedenfalls aus.

Tel.: 04877 5339
0664 915 40 94
9974 Prägraten
Wallhorn
info@bodenalm.at

ISLITZER ALM

Die Hohen Tauern sind der größte Nationalpark des Landes und darüber hinaus. Über drei Bundesländer erstreckt sich der Park und ist damit das größte Schutzgebiet Mitteleuropas. In Osttirol befindet er sich südlich der Hohen Tauern. Zu ihm gehören das Defereggental, das Isel-, Virgen- und das Kalsertal. Kulinarisch verwöhnt die Islitzer Alm ihre Gäste mit Köstlichkeiten und Schmankerln aus der Region sowie mit bodenständiger Tiroler Wirtshausküche. Fleisch kommt klarerweise aus der eigenen Landwirtschaft, Gams und Steinbock aus der eigenen Jagd. Unbedingt die Osttiroler Schlipfkrapfen probieren.

Tel.: 04877 5285
0664 9759790
9974 Prägraten
Hinterbichl 14
www.islitzeralm.at
office@islitzeralm.at
Mo–So 11–19 Uhr

BERWANG — REUTTE

EHENBICHLER ALM

Die Ehenbichler Alm liegt auf 1694 Metern in der Liegfeistengruppe in den nordöstlichen Lechtaler Alpen. Im Jahre 2011 wurde die Alm komplett renoviert und ist nun auf einem modernen und zeitgemäßen Stand. Das Gebiet rund um die Ehenbichler Alm zählt zu den ruhigeren und idyllischen Plätzen in den Lechtaler Alpen. Das kulinarische Angebot geht weit über die durchschnittliche Almkost hinaus. Sind genug Leute im Spiel, unbedingt den Ehenbichler Hüttengartopf oder die (ganze) Sau vom Hackstock probieren. Oder einfach den Kaiserschmarren. Der ist nämlich eine Zierde seiner Art. Frühstück ist top!

Tel.: 0676 351 16 81
6622 Berwang
www.ehenbichler-alm.com
ehenbichleralm@gmail.com

ELBIGENALP — REUTTE

GIBLER ALM

Die Gibler Alm ist in etwa einer halben Stunde auf Connys Adlerweg oder entlang des gemütlich hinaufziehenden Almen-Weges sehr leicht zu erreichen. Da der Fahrweg nie steil wird, ist die familienfreundliche Alm auch sehr gut mit Kinderwagen erreichbar und daher ein äußerst beliebtes Ziel für Familien. Wirtin Conny und ihr Team sorgen für eine gemütliche Einkehr und servieren köstliche Gerichte auf der großen Sonnenterrasse oder in den gemütlichen Stuben. Das Angebot erstreckt sich von typischen Tiroler Gerichten bis zu hausgemachten Waffeln sowie Topfenstrudel mit Vanillesauce.

Tel.: 05634 6124
0664 75029682
6652 Elbigenalp
Untergiblen 28 b

www.gaultmillau.at – Tipps, Trends, Rankings und alle Restaurantkritiken

ALMHÜTTEN TIROL

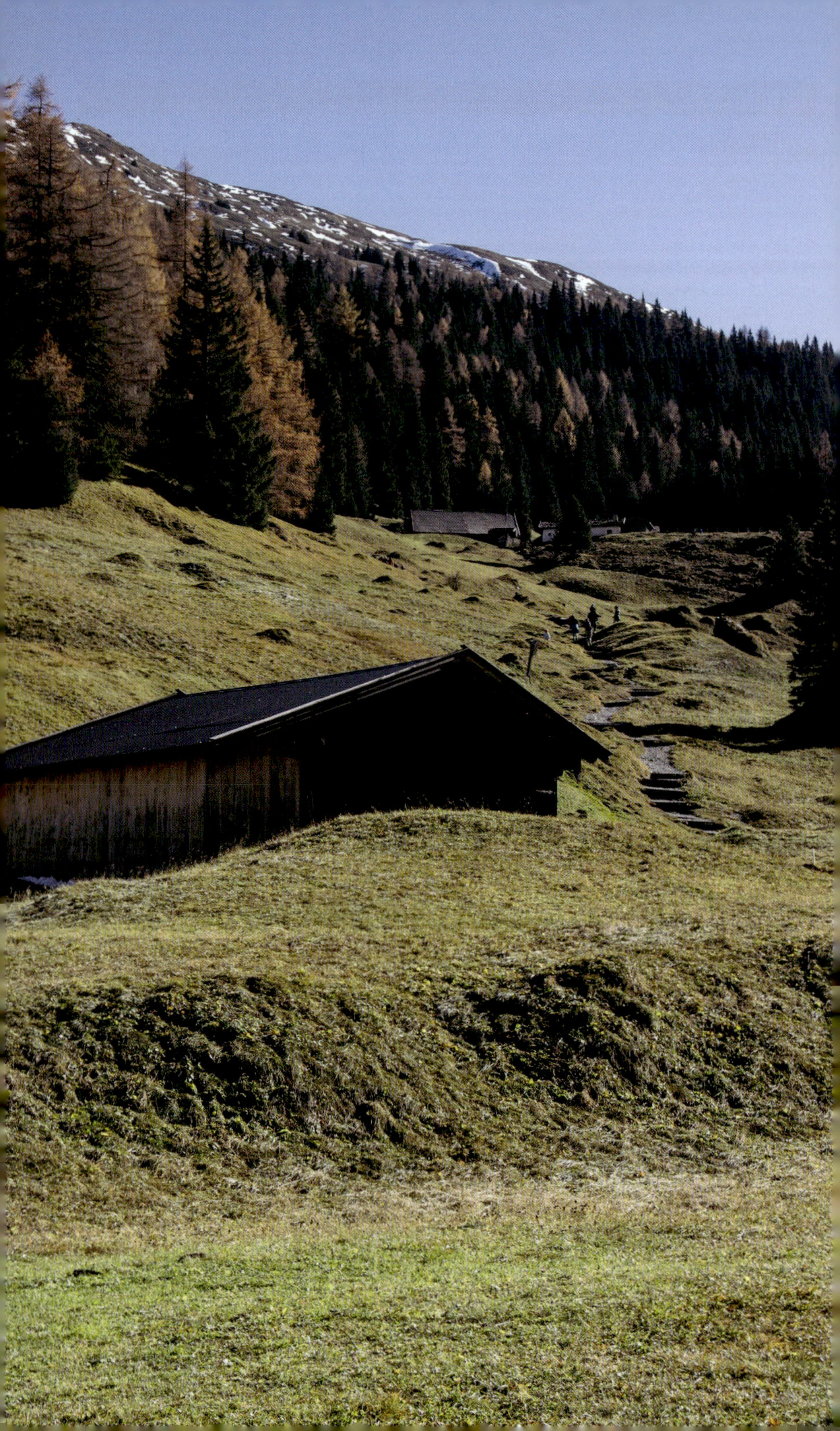

REUTTE

ELMEN
REUTTE

STABLALM

Die Stablalm nennt sich selbst den „Balkon des Lechtals" und das zu Recht. Auf einer Lichtung hoch über Elmen und dem Lechtal gelegen, bietet die Stablalm einen herrlichen Ausblick auf den wilden Lech und seine umgebenden Berge. Der Anstieg über den Güterweg ist nicht schwierig, die Wanderung ein Erlebnis. Schlafen kann man oben nicht, dafür gibt es ein herrliches Almfrühstück mit viel Selbstgemachtem und Eiern vom Biohof. Man muss nur früh genug auf den Beinen sein. Aber das lohnt sich aus mehreren Gründen. Die Küche bietet regional inspirierte Gerichte vom Speckknödel bis zum Kaiserschmarren.

Tel.: 0676 6105308

6644 Elmen
Elmen 153

www.stablalm.at
ernstginther@stablalm.at

HALDENSEE IM TANNHEIMERTAL
REUTTE

EDENBACHALM

Die Edenbachalm der Gastgeberfamilie Schmid liegt in den Tannheimer Bergen mit direktem und eindrucksvollem Blick auf den Haldensee, wo auch die Wanderung zur Alm startet. Bewirtschaftet wird die auf ungefähr 1400 Metern liegende Alm von Mai bis Oktober. Typisch sind die Almprodukte (allen voran die Buttermilch) aus eigener Herstellung. Das Kasspatzlessen, für das jeden Mittwoch die Pfannen auf den Herd gestellt werden, ist legendär und weit übers Tannheimertal hinaus bekannt. Genauso gut sind aber auch die hausgemachten Mehlspeisen und Kuchen, sodass die Entscheidung nicht leicht fällt.

Tel.: 05675 6460
0664 9143577

6673 Haldensee im Tannheimertal
Haldensee/Obersdorf 3

www.schmid-tirol.com
info@schmid-tirol.com

LERMOOS
REUTTE

LERMOOSER ALM/TUFTLALM

Über dem Lermooser Becken gelegen, ist die Lermooser Alm, oder eben Tuftalm, wie sie unter Einheimischen genannt wird, ein beliebtes Ziel für Bergsportler. Der Weg ist durchgehend steil und die Tour anspruchsvoll. Der Ausblick ist dann aber ein echter Augenschmaus. Von der Zugspitze über die Mieminger Kette hin zum Grubigstein. Direkt neben der Alm steht eine kleine, dem heiligen Leonhard gewidmete Kapelle. Auf der Tuftalm weidet eine kleine Kuhherde, Mitte September findet der prächtige Almabtrieb statt. Unbedingt probieren: Almmilch und Buttermilch, Graukäse und den Kaiserschmarren.

Tel.: 0676 5568202

6631 Lermoos
Tuftlalpe 439

s.mairoser@gmail.com

täglich 11.30–18 Uhr
❄ Nov. 2019–Ende April 2020

NESSELWÄNGLE
REUTTE

KRINNENALPE

1964 entschloss sich die Liftgesellschaft Nesselwängle, einen Lift bis unterhalb der „Kölle" zu bauen. Fast zeitgleich wurde damals von der Gemeinde Nesselwängle eine kleine Ski- und Wanderhütte geplant. Die Krinnenalpenkarte, die Speisekarte meinen wir, liest sich spannend und ist durchaus umfangreich und vielfältig. Tannheimer Spatzn (mit Spinat), Rösti (mit Bergkäse, und nicht dem schlechtesten), saure Sulz und bester Tannheimer Bergkäse der Käserei Biedermann. Außerdem Lumpen- und Schweizer Wurstsalat. Es könnte karger zugehen, auf so einer Höhe. Zum Glück ist es dem Wirt ein Anliegen.

Tel.: 05675 8189

6672 Nesselwängle
Nr. 91

ww.krinnenalpe-tirol.at
krinnenalpe@gmx.at

ALMHÜTTEN TIROL

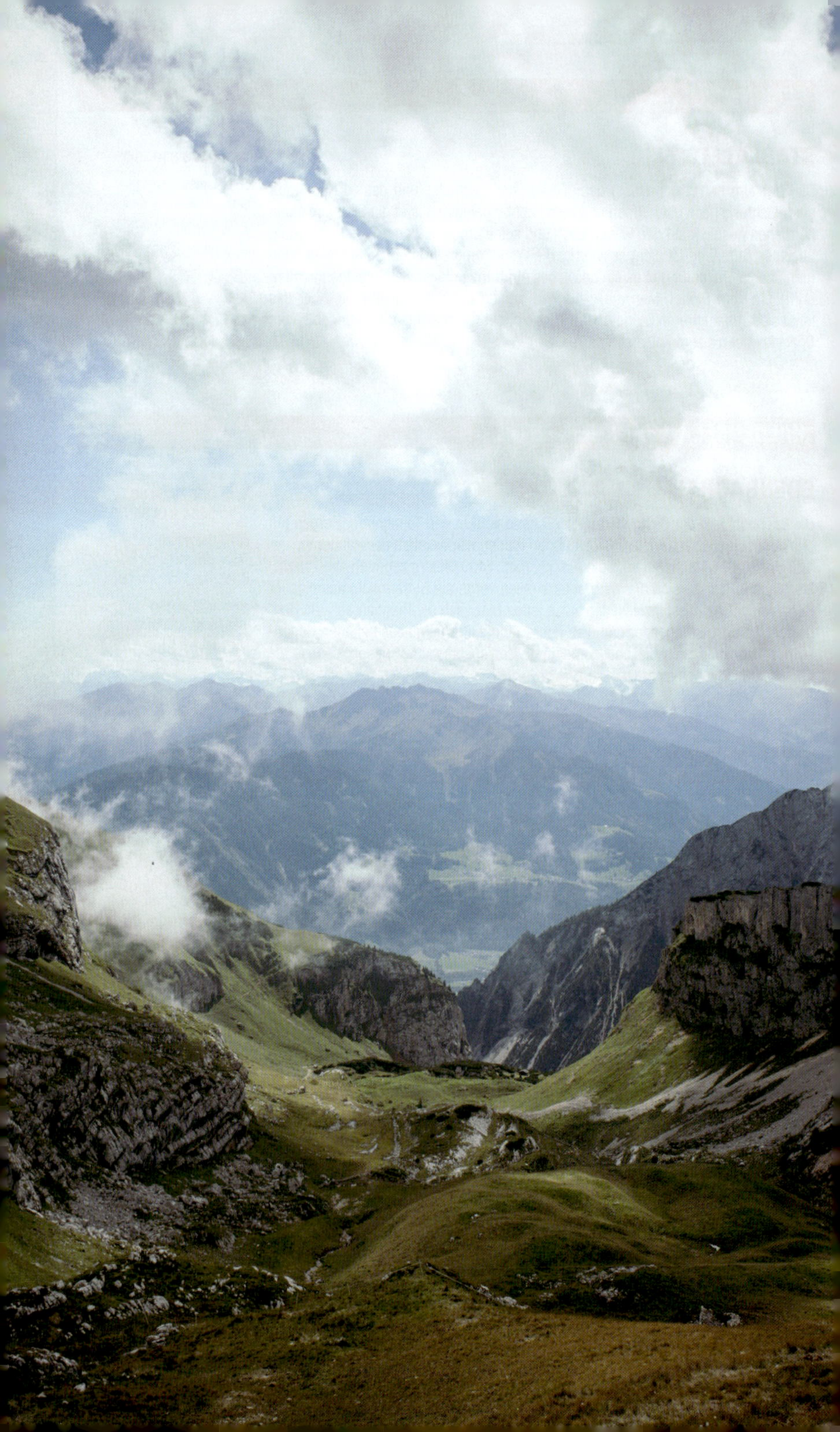

REUTTE

SCHNEETALALM

Slow Foodies haben mit der Schneetalalm ihre Freude. Die Alm fungiert nämlich nicht nur als Jausenstation. Sie ist so etwas wie eine Kommandozentrale für die Rettung bedrohter Tierrassen. Gut, das ist vielleicht etwas dick aufgetragen, aber zur Alm gehören auch Walliser Schwarzhalsziegen, Pfauenziegen, gemsfarbige Gebirgsziegen, Tauernschecken und Herr Wasserfuhr – der stolze (und manchmal recht herrische) Sulmtalerhahn –, Highland Cattles und viele mehr. Auch für den Bauch ist gesorgt: Knödel ohne Ende, Hauswürste, Schmarren (oft mit Moosbeeren, wenn sie grade reif sind). Ein Segen, dieser Ort.

Tel.: 0676 960 44 15
6672 Nesselwängle
www.schneetalalm.at
info@schneetalalm.at
❄ bis Ende Mai 2020

SCHATTWALD — REUTTE

MITTLERE STUIBENALM

Die Mittlere Stuibenalm ist eine Sennalpe und wird im Sommer bewirtschaftet. Sie liegt in einem Talkessel, den der Stuibenbach geschaffen hat. Im Süden wird das Tal durch den Ponten (2045 Meter) und den Bschießer (1999 Meter), im Westen durch den Iseler (1876 Meter) und das Wannenjoch begrenzt. Auf der anderen Talseite befindet sich der Wannenjoch-Sessellift. Versorgt wird man auf der Alm mit den Klassikern der Tiroler Bergkost: Naturjoghurt, eine gute Auswahl selbst gemachter Kuchen, Speck und Almprodukte. Auf den Weiden rund um die Alm grasen Milchkühe, Galtvieh, Schafe und ein paar Ziegen.

Tel.: 05675 51 27
0676 382 51 97
6677 Schattwald
Steig 8

STEEG/LECHTAL — REUTTE

BOCKBACHER ALMWIRTSCHAFT

Sie heißt Bockbacher Almwirtschaft, weil sie eigentlich ein Dorf ist. Ein Almdorf in Bockbach, das im Tiroler Teil des Lechtals liegt. Genau gesagt zwischen Steeg und Warth. Ausgangspunkt der Wanderung ist Steeg. Das kleine Almdorf ist schnell erreicht. Entweder man labt sich in der Bockbacher Almwirtschaft selbst oder geht weiter zur (nahen) Jausenstation zur Gams Vroni. Das Angebot ist ähnlich und orientiert sich an den Klassikern der Hüttenkost. Speck und Speckknödel, eine sensationelle Wurst und klarerweise wird das Brot genauso selbst gebacken wie die herrlichen Kuchen und Strudel.

Tel.: 0676 349 42 35
6655 Steeg/Lechtal
hauser.melitta@gmx.at

STOCKACH/LECHTAL — REUTTE

SULZLALM

Die Sulzlalm liegt bei Stockach auf 1466 Metern. Sie ist ein beliebtes Ausflugsziel besonders für Familien, da der Weg dorthin mit seinen 4,5 Kilometern Länge und einer geschätzten Gehzeit von circa 1,5 Stunden nicht allzu lange und anspruchsvoll ist. Bewirtschaftet wird sie von Familie Hägele, Neueinsteigern, die mit der Almwirtschaft erst im vergangenen Jahr begonnen und einen ziemlich fulminanten Start hingelegt haben. Der Kaiserschmarren ist großartig (auch, weil die Hennen mit auf die Alm kommen und somit täglich frische Eier dafür zur Verfügung stehen). Weiter so.

Tel.: 0676 424 79 50
6653 Stockach /Lechtal
Hauptstraße
www.sulzlalm.at
info@sulzlalm.at

ALMHÜTTEN TIROL

REUTTE

TANNHEIM — REUTTE

ÄLPELE

Genau genommen ist das Älpele in Innergschwend im Tannheimertal ein kleines Juwel. Es gehört zum Gästehaus Zoller bzw. wird von dessen Wirtsleuten bewirtschaftet. Das Älpele ist eine Almwirtschaft auf etwa 1500 Meter Seehöhe und in einer Stunde vom Zoller aus zu erreichen. Oben angekommen, können sich Wanderer mit deftigen Brotzeiten, klassischen Suppen, hausgemachten Kuchen und einem wunderbaren Kaiserschmarren stärken. Gleich neben der Alm ist ein Kinderspielplatz, sodass die Wanderung zum Älpele perfekt für einen Familienausflug geeignet ist. Nicht grundlos ist das Älpele längst legendär.

Tel.: 05675 6366
0676 780 48 88

6675 Tannheim
Innergschwend 4

www.gaestehaus-zoller.at
info@gaestehaus-zoller.at

VILS — REUTTE

VILSER ALM

Sie liegt weit im Westen, im Vilser Alptal zwischen dem Hundsarschjoch und dem Brentenjoch. Von Vils (immer noch eine grandiose kleine Brauerei!) geht man etwa anderthalb Stunden und ohne große Anstrengung. Absolut kindertauglich wie auch die Alm selbst. Jede Menge Spielzeug steht den Kleinen zur Verfügung. Im Oktober werden die Almschweine geschlachtet und verkocht. Dann gibt es neben großartigem Schweinsbraten auch eine „Schlachtschüssel" mit allerlei Nose-to-tail-Spezialitäten. Sonst gibt es Käsespätzle, Speckknödel und – nicht nur für Kinder – den sensationellen Kaiserschmarren.

Tel.: 0720 20 51 81

6682 Vils
Vilser Alpe 68

www.vilseralm.at
vilseralm@gmail.com

ACHENKIRCH — SCHWAZ

ZÖHRERALM

Die Zöhreralm bietet „nur" kalte Platten, Jausenteller und zünftige Brotzeiten. Das „Nur" unter Anführungszeichen, weil diese Gerichte große Klasse haben. Die Produkte dafür kommen aus der eigenen Landwirtschaft. Betrieben wird die Alm vom Posthotel in Achenkirch. Die Alm liegt auf 1335 Metern, eine einstündige Wanderung vom Posthotel entfernt und ist Ziel und Ausgangspunkt gleichermaßen. Der Blick von der Terrasse reicht weit ins Karwendelgebirge. Wer höher hinauf will, erreicht von der Alm aus den Hochunnütz und eine Handvoll anderer spannender Wanderziele rund um Achenkirch.

Tel.: 05246 2138
0066 4540 18 67

6215 Achenkirch
Nr. 382

www.posthotel.at
joh_gruber@aon.at

FÜGEN — SCHWAZ

8ER ALM

Zillertal, Hochfügen. Die 8er Alm gehört zum Skizirkus des Tals, und zwar bis in den frühen Frühling hinein. Sprich, die Hütte ist von Ende November bis Ende April geöffnet und bietet Wintersportlern eine kurze Rast und zwei Restaurants auf zwei Ebenen. Während ebenerdig die Klassiker der alpinen Skihüttenkost von Berner Würstel bis zum Kaiserschmarren angeboten werden, gibt es im oberen Stockwerk ein Grill-Restaurant. Die Gerichte sind in Ordnung, aber man muss zur Verteidigung sagen, dass für die Masse auf der Terrasse ganz ordentliche Qualität aus der Küche geschickt wird. Ausblick großartig.

Tel.: 05280 203
0664 468 54 45

6263 Fügen
Sennereistraße 1

www.hochfuegenski.com
8eralm@hochfuegenski.com

Sa–Do 8–16.30, Fr 8–16.30 und
17–21.30 Uhr
Mai–Mitte Nov. 2020

FÜGENBERG
SCHWAZ

GARTALM-HOCHLEGER

Man kann sich der Gartalm von zwei Seiten nähern, entweder über Hochfügen von der Schellenbergalm an der Straße nach Hochfügen oder über den Pillberg. Was im Zweifel die bessere Wahl ist, weil der Weg vom Pillberg über das Kellerjoch der schönere ist. Die Alm beherbergt heute ein Almmuseum, in dem Werkzeuge des täglichen Almlebens gezeigt werden. Das Speisenangebot ist bodenständig und orientiert sich an der Klassik der alpinen Hüttenkost. Besonders gut sieht das Tiroler Gröstl aus und auch der Kaiserschmarren kann sich sehen lassen. Außerdem kommen auch Mehlspeistiger auf ihre Kosten.

Tel.: 05288 62494
0676 3225599

6264 Fügenberg
Geolstraße 50

www.hubertus-zillertal.com
info@hubertus-zillertal.com
Mo–So 10–17 Uhr

GERLOS
SCHWAZ

LACKENALM

Die Lackenalm liegt in der Nähe von Gerlos im mittleren Schönachtal, zwischen Hanger und Arbiskogel. Der Weg beginnt beim Oberwirt am Ufer des Gerlosbachs. Am Beginn ist der Weg etwas steiler, insgesamt ist die Wanderung aber wenig anspruchsvoll. Die Alm, das sind die südlich gelegenen Stallungen. Die Jausenstation ist dagegen ein moderneres Gebäude. Als Verpflegung gibt es die klassische Tiroler Almkost, also Gröstl, Knödel (aller Art), Speckbrote und natürlich die almeigenen Produkte samt Speck. Unbedingt das Lackenalmbrettl oder den sauren Graukas bestellen. Und danach einen Schnaps.

Tel.: 0664 4050204

6281 Gerlos
Nr. 244

johann.pendl@live.at

WIMMERTALALM

Die Wimmertalalm liegt, wie der Name vermuten lässt, im mittleren Wimmertal, einem kleinen Seitental des Gerlostals. Die Alm befindet sich am Fuß der Kirchspitze und an einem kleinen Bächlein. Der Aufstieg ist für Kinder und Oma/Opa tauglich, der „Anstieg" dauert kaum eine Stunde und wird mit köstlichen Almspeisen belohnt. Vor allem das Wiener Schnitzel und der Kaiserschmarren sind gut und – nicht ohne Grund – äußerst beliebt. Allerdings gibt es auch Klares und Geistiges. Und selbst Angesetztes. Obstler und Meisterwurz sind ebenso gut wie der Blaubeer- oder der Holunderlikör.

Tel.: 05244 61808
0664 9154274

6281 Gerlos
Gerlos 19

GINZLING
SCHWAZ

KLAUSENALM

Die Klausenalm lädt Spaziergänger, Einheimische, Bergsteiger und Kletterer gleichermaßen zum gemütlichen Aufenthalt ein. In urigem Ambiente bieten die Wirtsleute ihren Gästen regionale Köstlichkeiten vom kühlen Bier bis zur Stärkung nach einer Hüttenwanderung oder einem Gipfelsieg über einen der umliegenden Dreitausender. Die Alm liegt im Zemmtal auf 1300 Metern und ist in dritter Generation im Besitz der Familie Geisler. Geboten werden Zillertaler Spezialitäten wie Graukassuppe, Knödelvielfalt und Almschmarren. Auch die Getränke kommen vorwiegend aus der Region, sprich dem Zillertal.

Tel.: 05286 5252
0664 5414717

6295 Ginzling
Ginzling 276

www.klausenalm.at
info@klausenalm.at

Bei der Zusammenstellung dieses Führers ließen wir größtmögliche Sorgfalt walten, trotzdem können Daten falsch oder überholt sein. Eine Haftung können wir auf keinen Fall übernehmen.

SCHWAZ

OLPERER HÜTTE

Die Olperer Hütte im Zillertal wirbt mit dem Spruch „2389 Meter über dem Alltag". Genau so ist es. Sie ist eine Alpenvereinshütte der Sektion Neumarkt in der Oberpfalz und liegt – einen prächtigen Blick gewährend – am Riepenkar zwischen Olperer und Schlegeisspeicher. Bei den Gerichten stehen Qualität und Herkunft im Vordergrund. Die „Original Zillertaler Pressknödelsuppe" (mit zwei Knödeln!) ist eine Zierde ihrer Art. Oder die Graukasnockerl, das Tiroler Gröstl oder die Ofenkartoffel. Großartig, alle miteinander. Wer sich mit Geistigem stärken will, fragt am besten nach der (großartigen) Meisterwurz.

Tel.: 0664 417 65 66

6295 Ginzling
Dornauberg 110

www.olpererhuette.de
info@olpererhuette.de

HINTERRISS   SCHWAZ

ALMDORF ENG

Die Eng-Alm ist eigentlich ein Dorf. Ein Alm-Dorf und heißt auch so. Almdorf Eng. Die Alm liegt am einzigartigen Ahornboden auf 1200 Meter Seehöhe und bietet Tagesausflüglern, Schulklassen, Wanderurlaubern und anderen ein perfektes Ziel. Außerdem ist die Eng-Alm ein beliebter Ausgangspunkt für Wanderungen ins Karwendelgebirge. Die Alm verfügt über eine eigene Schaukäserei, der Eng-Käse findet sich mittlerweile auf den Karten nobler Wirte und Restaurants im ganzen Land. Auf der Eng-Alm selbst lässt sich natürlich ebenfalls köstlich speisen. Dafür sorgt das Restaurant Rasthütte.

Tel.: 0524 5226
0676 84 11 85 20

6215 Hinterriss
Eng Alm 11

www.engalm.at
info@engalm.at

KALTENBACH/ZILLERTAL   SCHWAZ

WEDELHÜTTE
im Ski-/Wandergebiet Hochzillertal

Alpiner Lifestyle, geradlinige moderne Architektur, Zillertaler Bergluft und ein Küchenteam, das mit Energie und Leidenschaft am Werk ist. Der Cocktail für den Erfolg der Wedelhütte ist eigentlich recht einfach. Oder auch nicht. Hier wird nichts dem Zufall überlassen. Es gibt eine Reihe von Stuben (Wimbachstube, Kaminrestaurant, Zirbenstube und Gourmetlounge). Die Linie ist klar und präzise. Hohe Küche mit Bodenhaftung. Etwa der Zillertaler Suppentopf. Herrlich konzentriert. Oder der Wedelburger. Fleisch vom Feinsten, zartrosa gebraten und auf Wunsch mit Jalapeños angerichtet.

Tel.: 0676 88 63 25 70

6272 Kaltenbach/Zillertal

www.wedelhuette.at
reservierung@wedelhuette.at

täglich 8–16 Uhr
Mai–Juni, Okt.–Nov. 2020

MAURACH AM ACHENSEE   SCHWAZ

DALFAZ ALM

Kein Auto. Nur zu Fuß ist die Dalfaz Alm am Achensee zu erreichen. Dafür wird man allerdings mit einer gehörigen Portion Gastlichkeit und köstlichen Schmankerln belohnt. Und mit einem eindrucksvollen Panorama inklusive Karwendelblick. Im Sommer kümmert sich die Familie Moser (die Oma hält derweil die Stellung am Hof im Tal) um eine stattliche Herde Milchkühe und Jungvieh, Schafe und ein paar Hasen und Schweine. Sensationell ist der frisch gemachte Kaiserschmarren. Längst weit über die Grenzen des Karwendels hinaus bekannt. Aber auch die pikanten Jausen auf der Alm sind eine Empfehlung wert.

Tel.: 0664 915 98 07

6212 Maurach am Achensee
Steinbergergasse 8

www.dalfazalm.at
renate@dalfazalm.at

MACH DIESEN WINTER ZUM WINTER DEINES LEBENS.

Den ganzen Winter lang:

- 7 Übernachtungen in einer Privatpension mit DU/WC incl. Frühstück
- 6 Tage Zillertaler Superskipass für 535 km Pisten
- 2 Stunden Eintritt in die Erlebnistherme Zillertal

ab € 532,00
pro Person und Aufenthalt

www.best-of-zillertal.at

1 FÜGEN-KALTENBACH
DIE ERSTE FERIENREGION IM ZILLERTAL

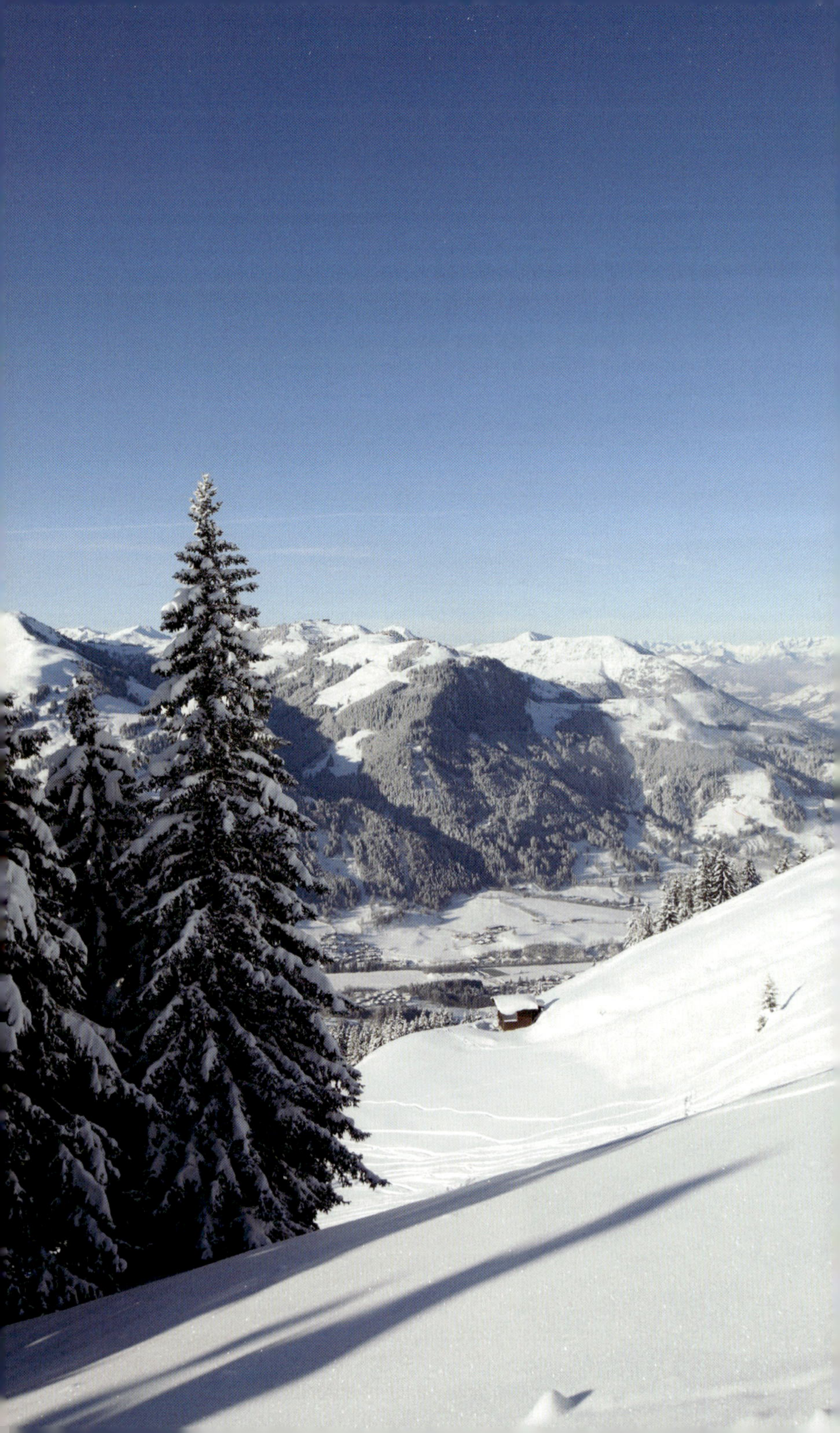

SCHWAZ

ERFURTER HÜTTE

Die Erfurter Hütte des Alpenvereins ist ein Fels in der Brandung des Rofangebirges. Sie gilt als wichtiger Stützpunkt am Mauritzköpfl und bietet einen berauschenden Blick auf den Achensee. Das kulinarische Angebot ist überdurchschnittlich vielfältig und reicht vom klassischen Bergsteigergericht (nur für Alpinisten) bis zum Cordon bleu und „Oma's Suppentopf". Besonders zu empfehlen ist die Tiroler Speckjause. Feinster Tiroler Schinkenspeck und würziges Brot. Bier kommt aus der nahen Zillertaler Brauerei. Auch das Tyroler Imperial aus der seltenen Fisser Imperialgerste steht auf der Karte.

Tel.: 0664 51 46 83 33
6212 Maurach am Achensee
Maurach 153
www.erfurterhuette.at
info@erfuerterhuette.at

MAYRHOFEN — SCHWAZ

ZIMMEREBEN

Zimmereben steht im Zillertal für Klettersteigspaß. Aber auch kulinarisch hat der Ort einiges zu bieten. Das Cordon bleu – eigentlich ein gastronomischer Zombie auf heimischen Karten – kann man mit Graukas bestellen und bekommt so eine moderne Interpretation mit Bodenhaftung. Eine gute Idee. Man kann aber auch aus dem tiefen Fundus der alpinen Almkost wählen: Suppen aller Art, Kaspressknödel, Hüttentoast und Bauernomelette. Die Eiskarte liest sich wie die in der Kindheit: Bananensplit und Coup Dänemark. Zu mieten ist Zimmereben aber auch für Events und Feiern, von der Hochzeit bis zum Seminar.

Tel.: 0664 380 62 03
6290 Mayrhofen
Zimmereben 646
www.zimmereben.at
info@zimmereben.at

PERTISAU — SCHWAZ

FALZTURNALM

Die Falzturnalm heißt eigentlich Alpengasthaus Falzturn, manchmal auch gemischt Alpengasthaus Falzturnalm. Die Information dient nur der Klarheit, tut aber nichts zu Sache. Der Gasthof liegt in Pertisau, also mit Blick auf das Karwendelgebirge. Die Speisekarte ist umfangreich und orientiert sich an der (erweiterten) klassischen Hüttenkost. Es gibt Gerichte vom Wild, wie das Falzturner Hirschgulasch, das Falzturner Tris (die alpine Dreifaltigkeit Kasnocken, Schlutzkrapfen und Spinatknödel) und einen wunderbar sauer marinierten Graukas. Auch „sauer" gibt es ein Tris: Graukas, Sulz und Wurst.

Tel.: 0664 34 20 2 36
6213 Pertisau
Falzturnstaße 16
www.falzturn.at
info@falzturn.at

FEILALM

Die Alm mit „eingebautem" Panoramablick. Egal, wo man auf der Terrasse sitzt, der Ausblick ist umwerfend, und zwar 360°. Die Feilalm zählt zu den aussichtsreichsten Häusern im Land, und das ist durchaus wortwörtlich gemeint. Sie liegt auf 1372 Metern und ist ein lohnendes Ziel für Wanderer und Biker. Wer es hinaufgeschafft hat, wird mit köstlichen Schmankerln belohnt. Pressknödelsuppe vom Feinsten, ein herrlicher Kaiserschmarren oder eine nicht minder wunderbare Brettljause. Das Angebot ist klassisch, die Qualität ausgezeichnet. Nach erfrischender Rast geht es wieder runter ins Tal.

Tel.: 0676 615 89 19
6213 Pertisau
Nr. 23 d
www.feilalm.at
info@feilalm.at

ALMHÜTTEN TIROL

Herrliche Almen mit dem Mountainbike entdecken.

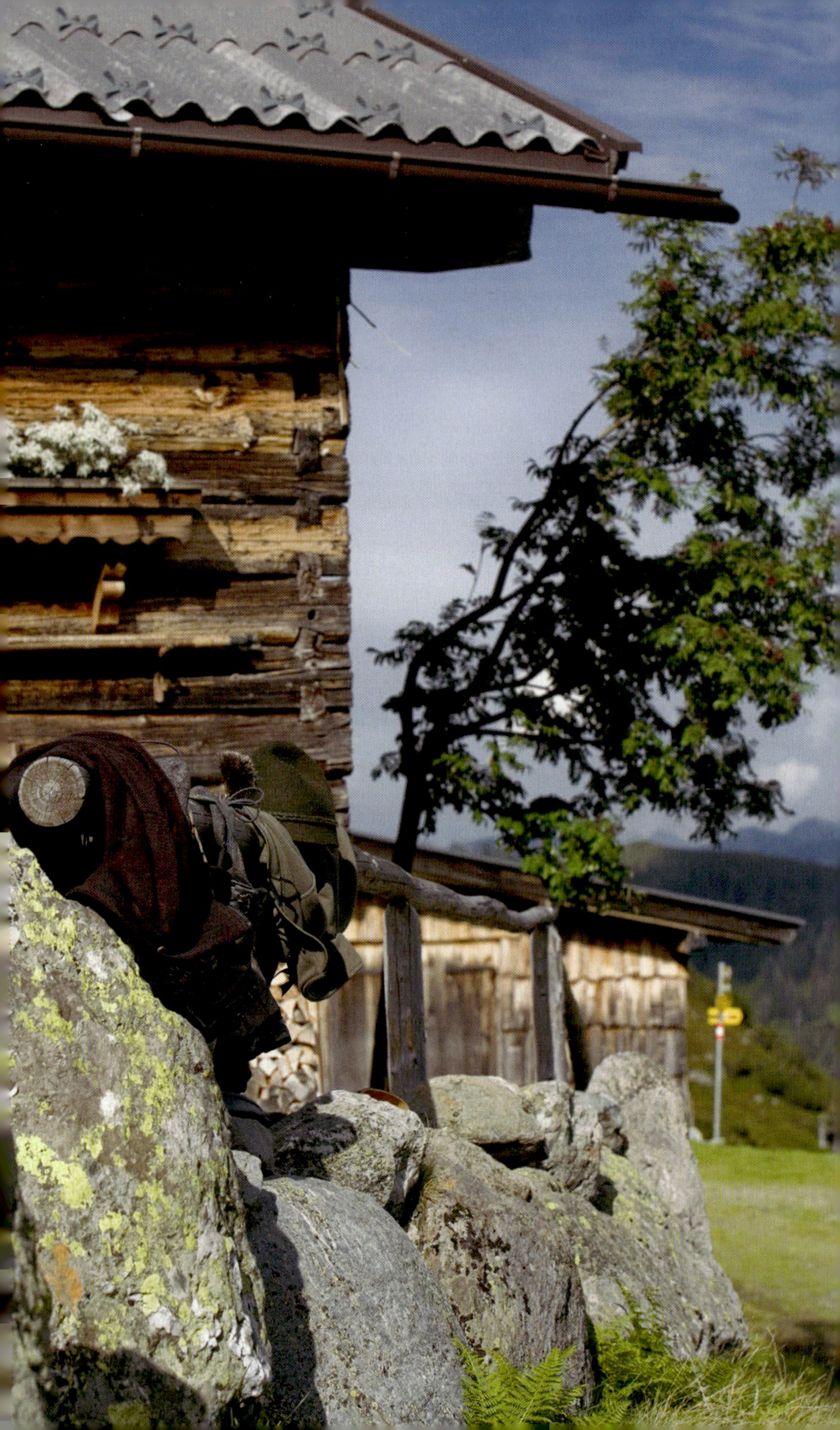

SCHWAZ

PILL — SCHWAZ

ALPENGASTHOF LOAS

Der Pillberg ist der Hausberg der Schwazer. (Fast) am Ende der Straße ist eine Abzweigung, um den Alpengasthof Loas zu erreichen. Mit Auto oder Rad. Spaziergänger nehmen lieber den nächsten Einstieg und gehen den Hoferweg entlang, durch den Wald. Der Weg ist Teil des „Weges der Sinne", an dem sinnlich erfahrbare Kunstwerke in der Natur aufgestellt sind. In der Loas angekommen, stärkt man sich am besten mit dem legendären Loas-Schnitzel vom offenen Feuer. Für danach (oder auch anstatt) gibt es Strudel, Linzer, Sacher- und andere Torten und Kuchen. Großartiger Ausblick von der Terrasse.

Tel.: 05242 62568
6136 Pill
Loasweg 9
www.loas.at
loas@gmx.net
Di–Sa 11–20, So 11–18 Uhr
✱ variabel

CAFÉ RODEL TONI

Der Rodel Toni ist neu am Pillberg. Relativ neu. Benannt ist das trendige Café nach einem Pionier. Toni Unterlechner, der Urgroßvater des jetzigen Betreibers, hat Grafenast vor 112 Jahren gegründet. Er hat die Aste (eine kleine Hütte) vom Grafen Enzenberg gekauft und zur Rodelhütte umgebaut. Jetzt kommt er in Form des Rodel Tonis wieder zu Ehren. Im Winter gibt es neben Kaffee und Kuchen diverse Themenbuffets – Toast Party, Fleischkas-Bar und (bodenständiges) Rodel-Toni-Buffet und (individuelles) Gusto-Menü, im Sommer kann der ganze Laden samt Catering gemietet werden. Frischer Wind am Pillberg.

Tel.: 05242 21012
6136 Pill
c/o Kellerjochbahn Station „Grafenast", Pillbergstraße 211
www.rodeltoni.at
rodeltoni@grafenast.at

RAMSAU — SCHWAZ

KRISTALLHÜTTE

Die Kristallhütte ist vieles. Sie ist aber weder Alm noch Hütte. Das macht aber nichts. Aus der alpinen Gastronomie ist sie nicht wegzudenken, also hat sie auch hier ihren Platz. Die Kristallhütte ist eine Location mit Erlebnisfaktor. Luxuriöser Lifestyle, professionelle Gastlichkeit. Und die Kulinarik? Nicht nur stylish präsentiert, sondern auch handwerklich ohne Tadel. Solide, hochkarätige Küche, regional und saisonal. Unterschiedliches Angebot mittags und abends. Mittags etwas bodenständiger, abends eine Spur feiner und darüber hinaus ein eindrucksvolles Weinangebot.

Tel.: 0676 88632400
6284 Ramsau
Ramsau 425
www.kristallhuette.at
info@kristallhuette.at
täglich 8–17 Uhr
✱ bis 1. Dez. 2019

SCHWAZ — SCHWAZ

HECHERHAUS

Keine Schutzhütte, keine Alm. Jedenfalls nicht im Sinn einer Almwirtschaft. Das Hecherhaus ist – das Hecherhaus eben. Eine trendige und bei Einheimischen äußerst beliebte „Alpine Lodge". Jedenfalls schreibt das Haus das über sich selbst und trifft damit genau, was es ist. Ein Einkehrlokal auf der Bergstation (für Skifahrer), ein Ort des Ausrastens und Krafttankens (für Tourengeher), eine Stube der Geselligkeit (für Hockenbleiber). Hin und wieder spielen sogar Lifebands am Berg. Kulinarisch dominieren Alm- und Hausmannskost. Hin und wieder dalmatinische Pekas, immer wieder herrliche Kuchen.

Tel.: 05242 66070
6130 Schwaz
Schlingelberg 11
www.hecherhaus.at
info@hecherhaus.at

Die besten Weine Österreichs: der Gault&Millau-Weinguide.

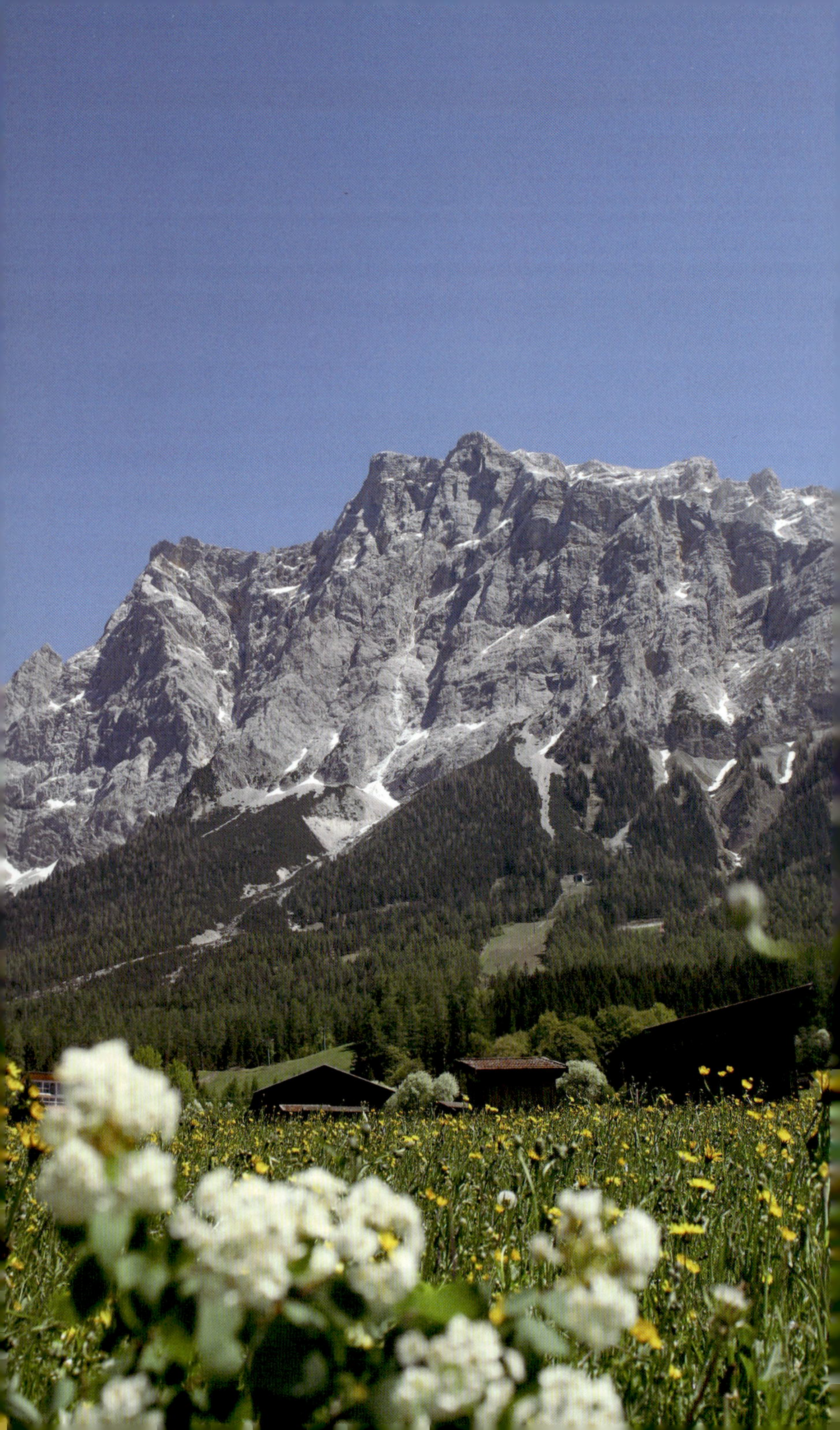

SCHWAZ

TERFENS
SCHWAZ

GANALM

Fährt man mit dem Zug von Schwaz weiter Richtung Innsbruck, kommt nach ein paar Kilometern der Bahnhof Terfens/Weer. Weer liegt südlich des Inns, Terfens nördlich. Und noch weiter nördlich (von Terfens) liegt der Umlberg. Zwischen Umlberg und Vomperberg liegt das Vomperloch. Bekannt, weil sich hier Deserteure versteckten und Felix Mitterer ein Stück darüber schrieb. Hier liegt die Ganalm. Eine urige, kleine Alm mit einer alten Kapelle und kühlendem Ahorn. Rustikale Kost versorgt den Wanderer: Kiachl mit Sauerkraut, Pressknödel, ein atemberaubend guter Kaiserschmarren. Ein Besuch zahlt sich aus.

Tel.: 0650 8437 99 94
6123 Terfens
Umlberg
Mai–Ende Okt. 2020

TUX
SCHWAZ

BERGFRIEDALM

Die Bergfriedalm in Tux im Zillertal heißt zwar Alm, ist aber ein Gasthaus. Ein sehr almiges Gasthaus, aber ein Gasthaus. Es liegt auch im Tal, in Tux-Lanersbach, dem Hauptort des Tuxertals. Hat man diese Tatsache akzeptiert, steht dem rustikal-alpinen Remmidemmi-Genuss nichts im Weg. Zwischen „Schilehrersalat", „6y Schlutzkrapfen" und „Alm-Chicken-Nuggets mit Bergfritten" sind nämlich durchaus ernsthafte Gerichte zu finden. Beef Tatar vom Tuxer Rind zum Beispiel. Die (viel zu selten zu bekommende) Zillertaler Ofenleber oder die Tiroler Kalbsleber. Alles Gerichte mit Geschichte und gut gemacht.

Tel.: 0 52 87 87 23 9 33
6293 Tux
Lanersbach 475
www.bergfriedalm.at
info@bergfried.at
täglich 15–1 Uhr

WEERBERG
SCHWAZ

WEIDENER HÜTTE

„Never change a winning text". Sollte man meinen. Wäre nicht doch einiges anders. Die Verantwortung auf der Weidener Hütte haben 2019 Martha und Gerhard Baumgartner übernommen. Die beiden sind seit Juli am Werk, also haarscharf nach Redaktionsschluss. Was sie schreiben, klingt aber vielversprechend. Da ist die Rede von „einer kulinarischen Reise von den Alpen bis hin zum Himalaya". Von „Tiroler Hausmannskost und Südtiroler Spezialitäten". Und von „nepalesischen Speisen an ausgewählten Wochenenden". Wir wünschen der Familie das Allerbeste, sind gespannt und freuen uns auf den nächsten Besuch.

Tel.: 0 52 24 22 5 25
0664 88 10 99 40
6133 Weerberg
Nafingalm 10
www.weidener-huette.at
info@weidener-huette.at

ZELL AM ZILLER
SCHWAZ

KREUZWIESENALM

Die Kreuzwiesenalm bezeichnet sich selbst als Schmankerlhütte im Zillertal. Das hat uns natürlich neugierig gemacht, deshalb haben wir die Hütte am Gerlosberg etwas genauer unter die Lupe genommen. Das hat sich ausgezahlt. Die Kreuzwiesenalm hat nämlich nicht nur herausragende Gerichte im Angebot, sie liegt auch noch wunderschön und an einem der sonnigsten Flecken des Zillertals. Die frische Milch (die nicht nur als Almmilch zum Trinken angeboten wird, sondern auch wichtige Zutat für die heiße Schokolade und die Vanillesauce ist) kommt von den eigenen Kühen am Erbhof Hundsbichl.

Tel.: 0664 234 26 46
6280 Zell am Ziller
Gerlosberg 17c
www.kreuzwiesenalm.at
info@kreuzwiesenalm.at
täglich 8–17 Uhr

VOR-
ARLBERG

DIE BESTEN

18/20	♟♟♟	**GRIGGELER STUBA** Lech am Arlberg	Seite 548
18/20	♟♟♟	**SCHUALHUS CHEFS TABLE** Lech am Arlberg	Seite 553
17,5/20	♟♟♟	**AURELIO'S** Lech am Arlberg	Seite 546
17,5/20	♟♟♟	**KILIAN STUBA** Hirschegg/Kleinwalsertal	Seite 542
16,5/20	♟♟	**ALMHOF SCHNEIDER RESTAURANT** Lech am Arlberg	Seite 546
16/20	♟♟	**MANGOLD** Lochau	Seite 556

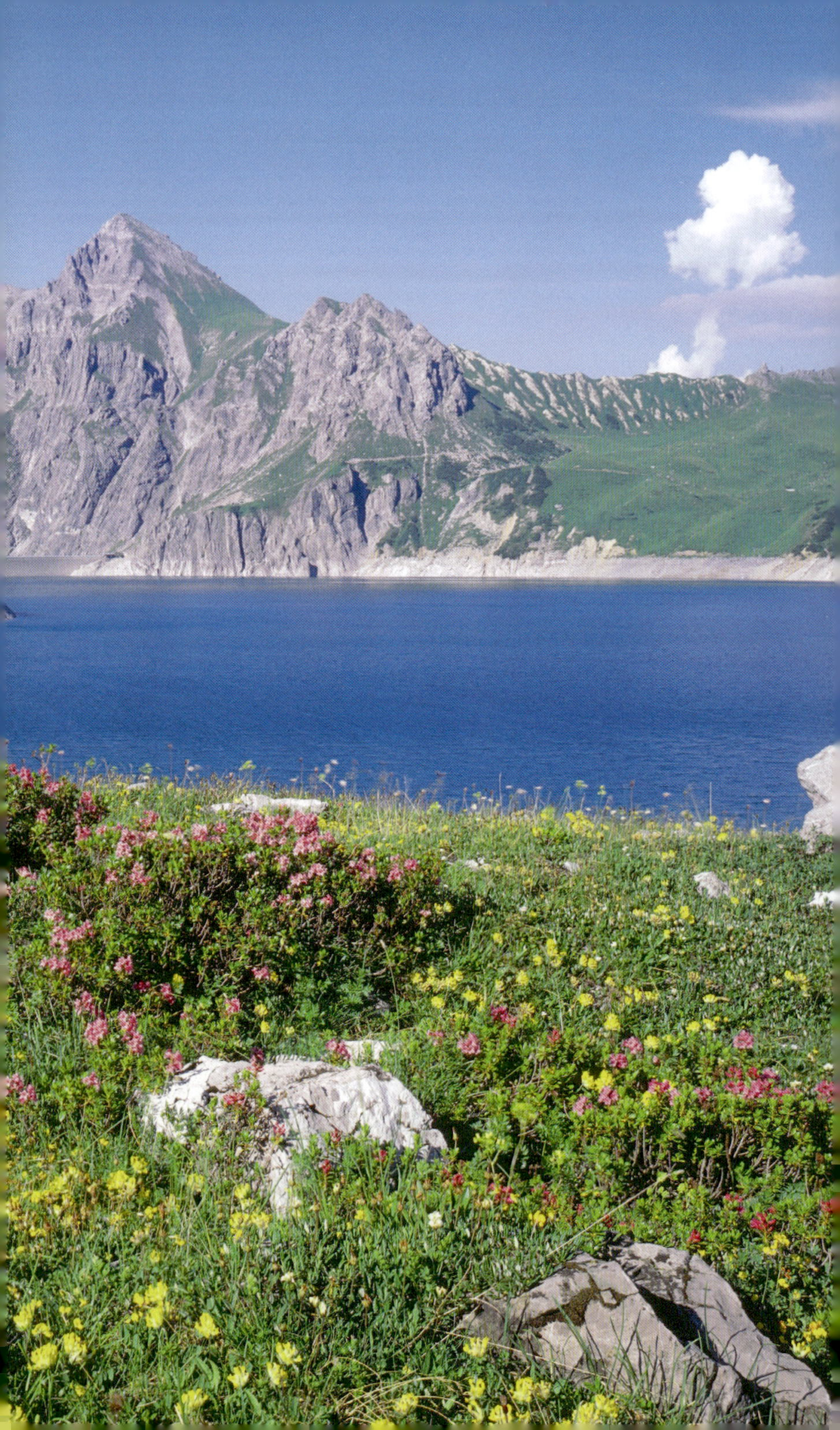

LANDKARTE

VORARLBERG

LEGENDE

- ○ Orte allgemein
- 🟢 Orte mit 👨‍🍳
- 🟡 Orte mit 👨‍🍳👨‍🍳
- 🟠 Orte mit 👨‍🍳👨‍🍳👨‍🍳
- 🔵 Orte mit 👨‍🍳👨‍🍳👨‍🍳👨‍🍳
- 🔴 Orte mit 👨‍🍳👨‍🍳👨‍🍳👨‍🍳👨‍🍳

Bodensee · Hörbranz · Lochau · Eichenberg · **BREGENZ** · Hard · Lauterach · Wolfurt · Krumbach · Langenegg · Hittisau · Lustenau · Lingenau · Schwarzenberg · **Dornbirn** · Hohenems · Bezau · Bizau · Götzis · Riezlern · Hirschegg · Au · Mittelberg · Sulz · Rankweil · **Feldkirch** · Lech · **Bludenz** · Zürs · Stuben · Arlbergpass · Brand · Vandans · Schruns · Tschagguns · Gargellen · Gaschurn · Partenen · Silvretta-Stausee

D · FL · CH

Raiffeisen G&M 535

AU IM BREGENZERWALD

AU IM BREGENZERWALD
B4

KRONE IN AU — 14/20
Das Bregenzerwaldhotel
Koch: Matthias Huber

Tel.: 05515 2201-0
6883 Au im Bregenzerwald
Jaghausen 4
www.krone-au.at
office@krone-au.at
Mi, Do 18–20.30, Fr, Sa 12–13 und 18–20.30 Uhr
✽ 26. April–21. Mai 2020

Wo soll man mit dem Schwärmen beginnen, wenn man an die Küche der Krone in Au denkt? Am besten einfach am Anfang: Zwei zarte Schnitten vom gebeizten Lachs wurden uns mit einem Orangen-Karotten-Sorbet und knackigen Karottenstreifen serviert, eine minimalistische Meisterleistung. Der Anglerfisch, außen kross, innen leicht glasig, wurde mit Safranespuma angerichtet, die kleinen Navetten bildeten einen bitteren Kontrapunkt. Und das Dessert? Yuzusorbet, Baiserhäppchen, dazu zweierlei Cremen und Gels mit weißer Schokolade und Zitronennote. An Eleganz und Frische ist diese Küche kaum zu überbieten.

BIZAU
A4

BIOHOTEL SCHWANEN — 15/20
Koch: Michael Webendorfer

Tel.: 05514 2133
6874 Bizau
Kirchdorf 77
www.biohotel-schwanen.com
emanuel@biohotel-schwanen.com
Do–Mo 11.30–13.30 und 17.30–20.30 Uhr
✽ bis 18. Dez. 2019

JRE

Nicht im hintersten, aber doch in einem der hinteren Winkel des Bregenzerwaldes ist ein zu Recht stolzer Schwan zu Hause. Wenn man in der alten Gaststube einen Platz bekommt, spürt man die Geschichte des Hauses mit allen Sinnen. In fünfter Generation wird das Haus nun geführt – und beeindruckt sowohl mit Ambiente als auch mit einer Küche, die sich an Hildegard von Bingen orientiert. Nichts Verwaschenes landet auf den Tellern, die einzelnen Zutaten sind als solche klar erkennbar und – viel wichtiger – schmeckbar. Spannend ist das Karottendreierlei, ein Spiel mit verschiedenen Konsistenzen und einer geschmacklichen Palette von sauer bis süß. Das Kalbscarpaccio überzeugt durch die ausgezeichnete Fleischqualität, da braucht es eigentlich nichts weiter dazu. Außen knusprig, innen zart wurde das Beef Wellington serviert. Ein Klassiker, der es nicht verdient hat, von den Speisekarten dieser Welt zu verschwinden. Schön, dass der Schwanen diesem Gericht – kombiniert mit Pak Choi – zu neuem Glanz verhilft. Abschließend noch ein Wort zur Weinkarte: grandios!

à la carte: 5,70–35 €

BRAND
A4

ALPENSTEAKHAUS ᴺ — 11/20
Koch: Martin Wieland

Tel.: 0664 915 48 77
6708 Brand
Mühledörfle 75
info@alpensteakhaus.at
Di–So 18–21.30 Uhr

Ein Alpensteakhaus ohne Fleischgerichte aus den Alpen – vom Hirschsteak aus Tirol einmal abgesehen – ist eigentlich ein No-go. Die hohe Qualität des bei Einheimischen und Touristen gleichermaßen beliebten Restaurants lädt dann doch zur Einkehr ein. Auch wenn das Restaurant keinen Familiennamen trägt, handelt es sich doch um einen Familienbetrieb im besten Sinn. In der Küche sorgen Vater und Tochter für eine verlässliche Küchenqualität, frei von Banalitäten. Die Mutter kümmert sich um den reibungslos funktionierenden Service. Statt Steaks von glücklichen Kühen gibt es solche aus Rubina (Spanien), South Dakota und Argentinien. Die schmecken alle sehr gut, doch etwas mehr „Alpen" wären bei diesem Namen wünschenswert.

à la carte: 5,50–65 €

www.gaultmillau.at – Tipps, Trends, Rankings und alle Restaurantkritiken

BREGENZ

RESTAURANT HOCHSITZ
im Hotel Walliserhof

Köche: Erhard Schober & Andreas Resch

11,5/20

Tel.: 05559 241
6708 Brand
Gufer 43
www.walliserhof.at
office@walliserhof.at
18–21 Uhr

Im schicken Hotel Walliserhof wird im Restaurant Hochsitz auch eine ambitionierte Gourmetküche geboten, die zudem großen Wert auf nachhaltig produzierte Lebensmittel aus der Region legt. Das Wild stammt aus der eigenen Jagd, der Fisch aus den umliegenden Seen und beim Fleisch vertraut man auf benachbarte Lieferanten, die artgerechte Tierhaltung garantieren. Traditionelles wird hier neu interpretiert. So zeigen sowohl die À-la-carte-Gerichte als auch das „Chef's-Table-Degustationsmenü", wie man Bodenständiges mit Kreativität gekonnt verbindet. Für die passende Begleitung sorgt der gut bestückte Weinkeller, das Ambiente ist gemütlich. Und wenn im Winter das Kaminfeuer lodert, wird es rundum behaglich.

à la carte: 5,10–38,20 €

VORARLBERG

BREGENZ **A3**

FALSTAFF
Cuisino Restaurant Bregenz

Koch: Gernot Bischofberger

14,5/20

Tel.: 05574 4512712500
6900 Bregenz
Platz der Wiener
Symphoniker 3
www.falstaffbregenz.at
restaurant.bregenz@casinos.at
Mo–Do, So 18–23,
Fr, Sa 18–24 Uhr
24. Dez. 2019

Das einladend-noble Galerie-Restaurant vermittelt eine gediegen-angenehme Atmosphäre, und auch Speise- und Weinkarte versprechen einen genussvollen Aufenthalt. Der kompetente, freundliche Service empfiehlt noch Tagesgerichte und die dazu harmonierenden Weine. Als Vorspeise schmeckte einmal mehr eine klassische Foie gras, abgerundet mit Macadamianüssen, Quitte und Shisosorbet. Delikat der gebeizte und geflämmte Fjord-Lachs mit Gurke und Austerncreme. Hohen Genuss vermittelte schließlich auch der wunderbar gebratene weiße Waller auf Paprikagulasch mit Muscheln wie auch der Steinbutt vom Grill mit knackigen Karfiolröschen und Rosinen-Kapern-Sauce. Bildschön auf dem Teller und rosa gebraten war der Rücken vom Salzwiesen-Lamm, hätte aber etwas mehr Würze vertragen,

BREGENZ

butterweich und sehr überzeugend schmeckte das Kalbsfilet mit Garnele, Karfiolpüree und Gemüse. Optisch ansprechend, aber schwer war das Haselnusstörtchen mit Crème-brûlée-Kern, Kokos, Vanilleeis und Cranberrys. Bei dieser Qualität ist das Casino auch für Nichtspieler eine reizvolle Adresse.

à la carte: 6–40 €

PETRUS Ⓝ

12,5/20

Koch: Martin Mocik

Im Petrus wird mit Leidenschaft frisch nach belgisch-französischer Tradition gekocht – mitten im Herzen von Bregenz. In entspannt-eleganter Atmosphäre fühlt man sich an den weiß gedeckten, kleinen Tischen sehr wohl. Der freundliche Service empfiehlt zusätzlich einige Tagesgerichte, während das vollmundige „Leffe-Blonde" zum Auftakt schmeckt. Eine vorzügliche Focaccia fait maison zu Beginn, gefolgt von einer ausgezeichneten Bouillabaisse „Petrus" bereiteten erste, typische Gerichte. Köstliche „Moules vin blanc" überzeugten uns ebenso wie die empfohlene und tadellos gelungene Lammhaxe mit Bärlauch-Spargel-Risotto. Einmalig gut das „Soufflé au chocolat" mit weichem Kern, Karamell, Datteln und Beeren sowie eine klassische Erdbeertarte zum Abschluss. Aus der kleinen Weinauswahl schmeckte uns ein fruchtig-frischer Sauvignon Blanc aus Saint-Satur sehr gut.

à la carte: 10–45 €

Tel.: 0664 436 94 57
6900 Bregenz
Anton-Schneider-Straße 11
www.petrus-bregenz.at
reservierung@petrus-bregenz.at
Di–Do 9–24, Fr, Sa 9–1 Uhr

PIER 69

12/20

Koch: Alexander Egger

Direkt am Hafen von Bregenz liegt dieses neue, der heutigen Zeit angepasste In-Lokal. Hier setzt man auf eine Genussphilosophie mit regionalen und internationalen Gerichten, auf die Jahreszeit abgestimmt. Uns schmeckte die köstliche Bärlauchsuppe und der frische Spargel mit Ricottaravioli zu Beginn. Die Bodensee-Weine waren tolle Begleiter. Leicht, saftig und geschmackvoll die soufflierte Maishendlbrust, perfekt exekutiert und kombiniert das Zanderfilet mit frischen Morcheln. Erfrischend und tadellos die Sorbets, schon klassisch, weil besonders gut der Affogato zum leichten Abschluss.

à la carte: 5–40 €

Tel.: 05574 43202
6900 Bregenz
See-Straße 4
www.pier69.at
office@pier69.at
Mo–Fr 10–17.30 und 18–22,
Sa, So 8–17.30 und 18–22 Uhr

BREGENZ

STADTGASTHAUS
im Hotel Weisses Kreuz

11,5/20

Tel.: 05574 4988
6900 Bregenz
Römerstraße 5
www.stadtgasthaus.at
stadtgasthaus@kinz.at

Das Stadtgasthaus in Bregenz liegt zwar nicht im unmittelbaren Stadtkern, dem Zentrum ist man aber doch sehr nahe. Die Küche zeigt sich stets ambitioniert und zuverlässig. So gelingt es, eine geschmackvolle Brücke zwischen Moderne und Tradition zu schlagen. Feine Gänseleber mit Feigen und Brioche gelang ebenso wie der zarte Kabeljau mit Rote-Rüben-Tagliatelle. Für einen süßen Abschluss sorgten eine hausgemachte Mokkacreme und die Schokoladeschnitte mit Himbeer-Chili-Sorbet. Köstlich sind sie beide.

CHEN'S DINING BAR

👍 Tipp

Tel.: 05574 528 08 11
0664 8408118
6900 Bregenz
Seestraße 6
www.chens-bregenz.at
office@asiagourmet.at

In der gediegenen Bar am Ufer des Bodensees findet man klassische Spezialitäten und kreative Kreationen aus allen Teilen Asiens. Sushi, Wokgerichte, Thaisuppen und viele weitere Köstlichkeiten werden hier gezaubert und verwöhnen den Gaumen mit einem Hauch von Exotik. Die Menüs bieten einen schönen Überblick über verschiedene Landesküchen. Bei den Getränken hat man sowohl beim Tee (Bambustee!) als auch bei den Weinen die Qual der Wahl.

à la carte: 3,50–39 €

Mo, Mi–Do, So 11.30–14 und 17.30–23, Di 17.30–23,
Fr 11.30–14 und 17.30–23.30,
Sa 17.30–23.30 Uhr

VORARLBERG

www.gaultmillau.at
Tipps, Trends, Rankings und alle Restaurantkritiken

DORNBIRN

DORNBIRN A3

DER VERWALTER 13/20
Koch: Gerald Leninger

Tel.: 05572 23379
0664 131 29 80

6850 Dornbirn
Schlossgasse 1

www.zumverwalter.at
restaurant@zumverwalter.at

Di–Fr 11.30–13.30 und 18–21.30, Sa 18–21.30 Uhr
✱ 2 Wochen im Jän., 18. August–6. Sept. 2020

Die Verwalter-Karte schindet Eindruck: Von Tapas über Oktopus bis zur Fischsuppe lässt sich dort so einiges Unvermutetes finden. Der Gazpacho schmeckte erfrischend, das Verhältnis von süß und sauer ist perfekt abgestimmt, dazu noch ein Hauch von Schärfe. Ebenfalls harmonisch die Burrata mit geschmortem Ochsenherz und Jamón Ibérico. Die Hauptgänge fallen dann jedoch leider deutlich ab: Von Zitrone ist beim Zitronenhuhn nichts zu finden, insgesamt ein recht flaches Gericht ohne geschmackliche Tiefe. Ähnlich der Oktopus, der zwar butterweich ist, aber entschieden mehr Würze vertragen hätte.

à la carte: 18–34 €

EICHENBERG A3

MEHDAFU 12/20
im Hotel Schönblick
Koch: Karlheinz Hehle

Tel.: 05574 45965
0676 939 49 99

6911 Eichenberg
Dorf 6

www.schoenblick.at
hotel.schoenblick@schoenblick.at

Mi–So 17–24 Uhr
✱ bis 10. Dez. 2019, 7. Jän.–1. März 2020

Ganz im Sinne von „Darf's ein bisschen mehr sein" steht das Restaurant im Hotel Schönblick: mehr Genuss, mehr regionale Produkte, mehr Gastfreundschaft und natürlich etwas mehr von der fantastischen Aussicht über den Bodensee. Am besten fährt man mit dem „Ländle-" oder dem Überraschungsmenü und hofft auf fangfrische Fische, die als Bouillabaisse, Terrine oder mit Weißweinsauce daherkommen. Immer ein Gedicht ist der rosa gebratene Lammrücken, stets eine Bank die Gerichte vom Mangalitza-Schwein aus dem eigenen Gehege. Von der Weinkarte wählt man aus einer schönen Kollektion österreichischer Weine, die mit internationalen Standards ergänzt wird.

à la carte: 20–37 €

FELDKIRCH   A4

GUTWINSKI   12,5/20

Nicht ohne Grund ist das Gutwinski bei den Einheimischen so beliebt. Im Sommer begeistert der große Gastgarten, das elegante Ambiente der Innenräumen ist aber nicht weniger einladend. Zu Mittag gibt es ein preiswertes Menü, wer à la carte essen will, muss deutlich mehr bezahlen. Generell ist das Preisniveau aufgrund der hohen Produktqualität gerechtfertigt. Traditionelle Speisen findet man hier neben modernen Kreationen. Region und Saison spielen dabei stets eine große Rolle. Gerichte wie marinierter Kalbskopf mit Kartoffelschaum oder eine Crème brûlée mit Lavendeleis unterstreichen den Anspruch der Küche.

à la carte: 19,80–35 €

Tel.: 05522 72175
6800 Feldkirch
Rosengasse 4–6
www.gutwinski.cc
hotel@gutwinski.cc
Di–Sa 10–14 und 18–22 Uhr
Fei

RAUCH   pop 13/20
Koch: Andreas Zeindlinger

Im Herzen des historischen Kerns von Feldkirch bietet das Rauch ein vielfältiges kulinarisches Angebot. Tonangebend sind dabei italienische Einflüsse. Auf der etwas unübersichtlichen Karte findet man zahlreiche Pastagerichte, aber auch Klassiker der österreichischen Küche sind vertreten. Orientalisches Angehauchtes wie etwa Falafel (mit Curry und feiner Schärfe gewürzt) zu einem Potaufeu vom Gemüse mit Eierschwammerln sorgen für exotische Kontrapunkte. Erfreulicherweise gelingen auch solche nicht alltäglichen Kombinationen. Stets Freude bereitet auch das Schnitzel vom Kalb: außen knusprig, innen zart – ein Schnitzel wie aus dem Lehrbuch.

à la carte: 8–33 €

Tel.: 05522 76355
6800 Feldkirch
Marktgasse 12–14
www.rauchgastronomie.at
info@rauchgastronomie.at
Mo, Mi, Do, Fr, So 10–1,
Di 10–18, Sa 9–1 Uhr

GARGELLEN   A4

MONTAFONER STUBE   13/20
im Hotel Madrisa
Koch: Zdenek Cepera

Montafoner Stuben gibt es im ganzen Tal einige – jene im Hotel Madrisa hat ihrer Gemütlichkeit wegen einen besonderen Stellenwert. Der freundliche Oberkellner berät ausführlich und serviert zu Beginn einen köstlichen Gruß aus der Küche von Zdenek Cepera. Das Carpaccio von der Roten Rübe gehört schon zu den Klassikern der Karte, delikat auch die Schaumsuppe vom weißen Spargel. Auf den Punkt zubereitet der wunderbare Ramschwager Saibling, nicht ganz so toll war das leider etwas zu lange gebratene Rindssteak „Café de Paris". Auf gewohnt hohem Niveau dann wieder das knusprige Wiener Schnitzel, sehr fest der Cheesecake, erfrischend das Sorbet von der Weichsel.

Tel.: 05557 6331
0664 460 76 36
6787 Gargellen 39
www.madrisahotel.com
gast@madrisahotel.com

Bewertungen NEU

11 bis 12,5 Punkte von 20 Punkten: 1 Haube
13 bis 14,5 Punkte von 20 Punkten: 2 Hauben
15 bis 16,5 Punkte von 20 Punkten: 3 Hauben
17 bis 18,5 Punkte von 20 Punkten: 4 Hauben
19 bis 19,5 Punkte von 20 Punkten: 5 Hauben

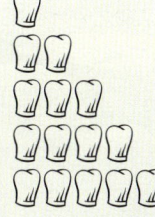

HIRSCHEGG/KLEINWALSERTAL

HIRSCHEGG/KLEINWALSERTAL B4

KILIAN STUBA pop 17,5/20

Köche: Sascha Kemmerer & Hans-Jörg Fink

Tel.: 05517 608541
6992 Hirschegg/Kleinwalsertal
Oberseitestraße 6
www.travelcharme.com
ifen@travelcharme.com
Di–Sa 18.30–21 Uhr
❅ 3. Nov. 2019–25. Jän. 2020

Unter den neuen Eigentümern wurde auch die Gastronomie noch weiter aufgewertet. Neben dem Theo's als Restaurant für die Hausgäste entstand noch das neue Carnozet mit bodenständigen Gerichten. Die zuvor etwas kühle Kilian Stuba wurde kleiner und intimer und zeigt sich jetzt elegant-rustikal. Auch die Küche hat sich neu aufgestellt. Die neue Linie zeigt sich schon beim Amuse bouche: eine hauchzart gebeizte Lachsforelle in einem Gedicht aus weißer Tomatenbutter mit süßen Erbsen und Morchelstücken – ein paar Tropfen Limettensaft verleihen subtile Säure. Eine köstlich ausgewogene Balance von Süße und Säure, cremiger Konsistenz und fruchtiger Textur bieten die knackfrische sautierte Riesencrevette zwischen Spargelspitzen, Kalamansimayonnaise, Imperialkaviar und Butterbröseln sowie der in Lorbeerbutter confierte Seesaibling in einer Räucherfischnage auf Beurre-blanc-Basis mit mildem, selbst angesetztem Zirbenessig sowie Radieschen, Gurke und Perlsago. Auch der bretonische St. Pierre wusste in bester Konsistenz mit jungem Kohlrabi, Zuckererbsen und Eigelbcreme in einer Périgord-Trüffel-Nage zu überzeugen. Bei solchen Glanzleistungen darf sich Kemmerer zwischendurch erlauben, dass die elsässische Entenmastleber auf lauwarmem Kalbskopf im Morchelsud etwas eindimensional ausfällt und säuerliches Rhabarbergel dazu keine so spannenden Akzente setzen kann wie das Gel von eingeweckten Essigkirschen zum Wild. Toll auch das mit Tandoori sous vide garte Suprême vom „Wälder Hennele" samt grünem Paprikarelish und einer Limonenblatt-Koriander-Glace. Dazu bringt ein separat servierter Kaisergranat in einer Kichererbsenemulsion eine willkommene feine Süße ins Spiel. Mit großer Finesse würzen auch Aromenbutter und Morchelsauce den Kalbsrücken in Luma-Reife oder iberische Pancetta und gebundene Bärlauchbouillon das im Schweinsnetz gegarte Lamm. Lustvolle Kombinationen auch beim Dessert: junge Karotten, Erdbeeren und Waldmeister harmonieren famos. Gleiches gilt für Tomatensorbet, Maracuja, Kokos und Koriander. Lustvoll schmeckte die mit Topfen gefüllte und am Tisch mit Cointreau flambierte Crêpe. Mit seinen stilsicheren Kombinationen ist der Allgäuer Kemmerer nicht nur der Größte im kleinen Walsertal, sondern auch würdiger Nachfolger seines Mentors und Ausbilders Ortwin Adam, der das legendäre Ifen-Hotel in den 1970er-Jahren kulinarisch hinaufführte. Souverän auch Roland Gunst, der seine Doppelrolle als Maître und Sommelier perfekt beherrscht.

à la carte: 25–52 €

HITTISAU

HITTISAU B3

KRONE 14,5/20

Koch: Michael Garcia-Lopez

AMBIENTE AWARD 2012

Wer Glück hat, ergattert einen Platz auf der Terrasse der Krone und blickt erhaben über den Dorfplatz. Wer zu spät dran ist, wird mit dem stilsicheren Ambiente der alten Holzstuben getröstet. Genießen kann man da wie dort. Die Karte bietet österreichische Küche mit kulinarischen Grüßen aus dem Ausland von Italien bis in den Orient. Der Couscoussalat ist weniger Salat als reines Couscous. Das dazu servierte Kaninchen aber ist perfekt gegart, die gewünschte Süße bringt eine Schmortomatensauce – ein gelungener Einstieg. Der unumstrittene Star des Abends ist jedoch das Fleischlaibchen vom Lamm. Geschmack und Textur zaubern nicht nur Freunden der Hausmannskost ein zufriedenes Lächeln ins Gesicht. Dieses Laibchen hätte sich eigentlich einen Soloauftritt verdient. So kommt ihm die Rolle zu, das perfekt rosa gebratene „Nüssle" vom Lamm zu begleiten und ihm ein wenig die Show zu stehlen. Begleitet wird beides von butterzarten und aromatischen Kohlrabisticks und Erdäpfelrösti. Auf den Punkt gegart auch der feine Bodenseehecht, dessen leicht erdige Note durch Kapern und Zitrone erfrischend aufgehellt wird. Diese Krone hat sich wahrlich eine Krone verdient.

à la carte: 11–32 €

Tel.: 05513 6201
6952 Hittisau
Am Platz 185
www.krone-hittisau.at
gasthof@krone-hittisau.at
Fr–Di 11.30–13.45 und 18.00–20.45 Uhr
✵ 20. April–7. Mai, 5.–16. Juli, 2. Nov.–10. Dez. 2020

WÄLDERSTUBE 1840 14,5/20

im Genießer & Romantik Hotel Das Schiff

Koch: Benjamin Wolter

Im Romantikhotel Schiff wird ein doppeltes Restaurantkonzept gefahren. Der Wälderstube 1840 kommt dabei der Part des Fine-Dining-Gourmetrestaurants mit einem nicht streng auf Regionalität beschränkten Produktangebot zu. Die über hundert Jahre alte Gaststube ist eine Augenweide. Zu Beginn gleich eine gelungene Kombination von Stubenkücken und Carabinero. Bei der Auswahl von Wildentenbrust oder Rindsschulter mit Morcheln fiel die Wahl auf gleich beide Gerichte. Den Hauptgang bildete ein vielfach unterschätzter Adlerfisch mit Puntarelle und Rhabarberdashi. Sehr gut arrangiert. Als Abschluss gefiel uns die Kombination von Nougat-Topfen-Knödel mit Basilikumsorbet. Ein bisschen Abwechslung darf es eben auch im regionsbewussten Bregenzerwald durchaus geben.

Tel.: 05513 62200
6952 Hittisau
Heideggen 311
www.schiff-hittisau.com
info@schiff-hittisau.com
Di–Sa 18–21 Uhr
✵ 15. März–9. April 2020

ERNELE 👍 Tipp

im Genießer & Romantik Hotel „Das Schiff"

Dass in und um den Bregenzerwald erlesene Lebensmittel zu finden sind, wird in diesem „Bauernladen", der im Romantikhotel „Das Schiff" beheimatet ist, unter Beweis gestellt. Beste Produkte regionaler Erzeuger werden im Ernele aber auch zu frischen, saisonalen Speisen veredelt. Das moderne Holzdesign und die offene Küche laden zum längeren Bleiben ein. Im Sommer lockt ein gemütlicher Gastgarten.

à la carte: 18–31,50 €

Tel.: 05513 62200
0664 8349105
6952 Hittisau
Heideggen 311
www.schiff-hittisau.com
info@schiff-hittisau.com
Mi–Sa 12–19.30 Uhr
✵ 15. März–9. April, 1. Nov.–3. Dez 2020

KRUMBACH

KRUMBACH A3

ADLER 14,5/20
Gasthof

Koch: Jürgen Hirschbühl

Küchenchef und Patron Jürgen Hirschbühl läuft immer mehr zur Höchstform auf. Nach einigen eindrücklichen und angenehmen Aufenthalten in diesem klassischen Bregenzerwälder Wirtshaus war das letzte Menü das Meisterstück dieses hochtalentierten Chefs. Einige andere Adressen „im Wald", wie das Tal Bregenzerwald unter Einheimischen genannt wird, mögen bekannter sein. Aber der Adler zählt in dieser Form zu den besten. Chefkoch Jürgen und Gastgeberin Marlies Hirschbühl züchten Dexter Rinder, Duroc-Schweine und Lamm (Merino). Von der vollwertigen Fütterung bis hin zur zeitgemäßen, schonenden Schlachtung der Tiere wird auf jedes Qualitätsdetail geachtet. Die hohe Fleischqualität ist daher kein Zufall. Verwertet werden die Tiere „from nose to tail" – das ist Ehrensache. Die meisterlich gegarten Streifen von Lammbauch gibt es hierzulande nirgendwo besser. Ein derartiges Lammaroma – ausgeprägt und doch elegant – kosten zu dürfen, ist ein seltenes Privileg. Und auch die ehemals glücklichen Schweine lösen beim Adler-Gast Glücksgefühle aus. Im Gastgarten findet ein Räucherofen für Süßwasserfische aus den umliegenden Fließgewässern und aus dem Bodensee Verwendung. Der fürsorgliche Service von Patronin Marlies Hirschbühl lässt keine Wünsche offen. Hierher kommt man sehr gerne wieder.

à la carte: 17–32 €

Tel.: 05513 8156
0664 5346306
6942 Krumbach
Dorf 5
www.adler-krumbach.at
mail@adler-krumbach.at
Mo, Di, Fr 17.30–21, Sa, So 11.30–14 und 17.30–21 Uhr

SCHULHUS 15/20

Köchin: Gabriela Strahammer

Das Schulhus in Krumbach hat eine Strahlkraft, die weit über den Bregenzerwald hinausgeht. Gabi (am Herd) und Herbert (im Service) Strahammer sorgen seit einer gefühlten Ewigkeit für gelungene Abende. Die Karte orientiert sich stark an dem, was Zeit und Ort gerade zu bieten haben. Die Teller sind liebevoll angerichtet und ausgewogen komponiert. Selbst nach vier oder fünf Gängen (plus Gruß) hat man noch ein beschwingtes Gefühl von Leichtigkeit. Unter den Vorspeisen befand sich ein „Sülze vom Rindstafelspitz mit Linsensalat", das uns schlichtweg begeistert hat. Aber auch Fleischloses wie die Ravioli mit Schotten-Brennnessel-Füllung und grüner Pfeffersauce gelingt wunderbar. Überzeugend auch die Kartoffelgnocchi mit Ofentomaten und Salbei. Und wenn von Herrn Strahammer als „Angebot des Tages" ein Emmerrisotto mit Eierschwammerln und Heidelbeermus angeboten wird, sollte man keine Sekunde zögern zuzusagen. Das passende Glas Wein folgt sogleich!

à la carte: 18–33 €

Tel.: 05513 8389
6942 Krumbach
Glatzegg 58
www.schulhus.at
schulhus@aon.at
Mi–So 11.30–14 und 18–22 Uhr
✱ variabel

LANGENEGG A3

KRONE 13/20

Koch: Manfred Nussbaumer

Eines ist gewiss: Gäbe es eine Auszeichnung für das schönste Anrichten, die Krone in Langenegg wäre ein Anwärter auf diesen Preis: ein Gänseblümchen hier, ein Kleeblütenregen da – einfach schön. Freude machen die Gerichte aber nicht nur ihrer Optik wegen. Als Gruß aus der Küche wird eine Auster serviert – welch Überraschung! Auch das Schweinssülzchen mit Zwiebelvinaigrette macht Freude, genauso wie das Rindscarpaccio mit – ja, Bergkäse. Die geschmorten Kalbsbäckchen sind ein Gedicht – wie auch der gebratene Rindsrücken, auch wenn dieser Teller mit Bries und Speck etwas fleischlastig geraten ist.

à la carte: 18–35 €

Tel.: 05513 6178
0664 5410481
6941 Langenegg
Gfäll 107
www.krone-langenegg.at
info@krone-langenegg.at
Mi–Sa 17–21 Uhr

LAUTERACH

LAUTERACH A3

GUTH 15,5/20

Koch: Thomas Scheucher

Tel.: 05574 72470
6923 Lauterach
Wälderstraße 10
www.restaurantguth.at
tisch@restaurantguth.at
Mo–Fr 12–14 und 18–21 Uhr
23. Dez. 2019–6. Jän. 2020,
3 Wochen Ende August 2020

Einen der schönsten Gastgärten im Rheintal kann das Restaurant Guth sein Eigen nennen. Auch die modern eingerichteten Innenräume des Restaurants laden zum längeren Sitzenbleiben ein. Die Küche ohnedies. Drei Mitglieder der Familie Scheucher werken seit vielen Jahren am Herd. Das garantiert in diesem Fall höchste Qualität und Kontinuität. Klassiker des Hauses sind unter anderem die gekonnt marinierte Sulz und die legendären Weißweinkutteln. Sie werden souverän ohne jegliches Beiwerk, lediglich mit Parmesan überbacken, serviert. Zu begeistern wussten dieses Mal auch die Kaninchenleber und die Niere vom Kaninchen im eigenen Fettmantel mit Blattsalaten. Als Fischgang servierte der sehr kompetente und freundliche Service Bodensee-Felchen mit perfektem Risotto. Wegen der Kalbsleber und der Lammhaxe reisen viele Gäste eigens aus der benachbarten Schweiz an. Für Käse aus dem Bregenzerwald und die süßen Verführungen zum Schluss sollte unbedingt Platz übrig bleiben. Die Weinkarte ist überdurchschnittlich gut bestückt. Guth ist für Genießer aus der Dreiländerecke Schweiz-Deutschland-Österreich seit Jahren eine Bank, wenn es um eine nicht alltägliche Kreativküche geht, die niemals die Bodenhaftung verliert.

à la carte: 7–39 €

JOHANN[N] 12/20

Koch: Martin Wehle

Tel.: 05574 70722
0664 227 98 90
6923 Lauterach
Bundesstraße 85
www.gasthaus-johann.at
info@gasthaus-johann.at
Mo–Sa 11.30–14 und
17.30–21.30, So 11.30–14 und
17.30–21 Uhr

Ende 2018 hat das Vorarlberger Unterland mit dem „Johann" eine außergewöhnlich gute Wirtshaus-Bereicherung erhalten. Mitten im Gemeindezentrum finden in den modern und großzügig mit Holz ausgestatteten Governräumen 80 Gäste Platz. Die ausgezeichnete Wirtshausküche überzeugt auf der ganzen Linie. Feinschmecker können nach dem Essen auch in einem der neuen Gästezimmer übernachten. Die Gastgeber Rafaela und Alexander Berger sorgen für einen aufmerksamen Service und mit Martin Wehle konnte ein Küchenchef gefunden werden, der bereits Praxis im Weltklasse-Restaurant Vila Joya in Portugal sammeln konnte.

à la carte: 12,50–25 €

LECH AM ARLBERG

LECH AM ARLBERG B4

ALMHOF SCHNEIDER RESTAURANT 16,5/20
Koch: Marco Rabensteiner

JOSEF NEULINGER, SOMMELIER DES JAHRES 2018

Eines der elitärsten Hotels am Arlberg leistet sich neben der „Wunderkammer" mit traditioneller, ausgezeichneter österreichischer Küche ein zweites À-la-carte-Kaminzimmer-Restaurant für Gäste mit internationalen Ansprüchen. Ähnlich edel wie das Holzinterieur ist auch das Speisenangebot. Die Weinbegleitung erfolgt, dies gleich im Voraus, durch einen der besten Sommeliers in Österreich, Josef Neulinger (Gault&Millau Sommelier des Jahres 2018). Der Weinkeller gehört zum Besten, was es in der Alpenrepublik gibt. Zum Start gab es die ersten Morcheln der Saison im Rindsmarksud. Eines der besten Morchelgericht ever! Wieso ist da noch niemand vorher darauf gekommen? Die Gänseleber mit Rhabarber und die Stabmuscheln mit Lardo sorgten für die nächsten Hochgefühle. So ungewöhnlich, so stimmig, so überzeugend. Hervorragend auch der Stör mit Blutwurst und das meisterlich zubereitete Rindsherz mit Flanksteak. Puristisch angerichtet, wie es in einem Haus dieser Klasse sein soll. Die Taube war punktgenau gegart. Auf Nachfrage wird eine Auswahl an Käsespezialitäten von Maître Bernard Antony aufgetischt. Zum Abschluss reichte das sehr umsichtige und freundliche Servicepersonal eine Interpretation des „Germ-Powidl-Mohn"-Dessertklassikers. Alles zusammen: große Klasse!

Tel.: 05583 3500
6764 Lech am Arlberg
Tannberg 59
www.almhof.at
info@almhof.at
✱ bis Mitte Dez. 2019

ALMHOF SCHNEIDER WUNDERKAMMER pop 13/20
Koch: Marco Rabensteiner

Die Wunderkammer ist eines der beiden Abendrestaurants des Almhofs Schneider und wird ambientemäßig ihrem Namen mehr als gerecht. Die Wände und die Decke ergeben ein Kunstwerk, das aus 114 Tafeln besteht. Auf jede Tafel hat der Vorarlberger eat-art-Künstler Paul Renner eine psychoaktive, halluzinogene Pflanze gemalt und damit eine einzigartige Stimmung geschaffen. Der Küchenstil orientiert sich an der Idee der Trattoria. Serviert werden heimische Wirtshausklassiker. Die Qualität der Gerichte spiegelt solides Handwerk wider und der Wohlfühlfaktor in der Wunderkammer ist hoch. Gute Weinkarte.

à la carte: 12–38 €

Tel.: 05583 3500
6764 Lech am Arlberg
Tannberg 59
www.almhof.at
info@almhof.at
täglich 12–16 und 19–22 Uhr
✱ Anfang April—Mitte Dez. 2020

AURELIO'S 17,5/20
Gourmetrestaurant
Koch: Christian Rescher

Das Gourmet-Restaurant dieses exklusiven Hotels lockt auch viele externe Gäste ins Haus. Sie wollen vor allem die „Natural Art Cuisine" von Christian Rescher und Markus Niederwanger in Form eines Gourmet-Menüs genießen. Die beiden Köche haben einen eigenständigen Weg gefunden, aus hochwertigen Produkten aus der Region moderne Gerichte zu komponieren, von denen einige schon zu echten Klassikern geworden sind. Der Ötztaler Bauernsalat zählt dazu genauso, wie das Dessert „Wald & Wiese", bei denen Steinpilze in Kombination mit Schokolade glänzen. Der Reiz derartiger Gerichte liegt auch darin, dass sie stets mit höchster Präzision umgesetzt werden, sodass die Balance am Teller nie verloren geht. Ein Paradebeispiel dafür war auch das Gericht „Pfirsich & Gänseleber". Auf den ersten Blick hat man einen gut gekühlten, vollreifen Pfirsich vor sich. Der erste Bissen schmeckt auch so – nur viel intensiver. Und statt eines harten Kerns findet man eine Gänseleberpraline. Das Nachbauen eines perfekten Pfirsichs macht zwar viel Arbeit, doch so bringt man auch erfahrene Genießer zum Staunen. Die Lachsforelle aus dem Zuger Fischteich erscheint da vergleichsweise simpel, überzeugt in Kombination mit Hollunder und Gurke jedoch mit Frische. Während sich die Hausgäste am Nachbartisch über perfekt gegarte Steaks freuen, kommt man im Gourmet-Menü ohne große Fleischstücke aus. Schließlich kann ja auch ein Huhn mit „Herkunftsgarantie" (es stammt vom

Tel.: 05583 2214
6764 Lech am Arlberg
Tannberg 130
www.aureliolech.com
office@aureliolech.com
täglich 18.30–21 Uhr
✱ bis 9. Dez. 2019

LECH AM ARLBERG

Flötzerhof in Wolfurt) überzeugen, wenngleich das Gericht aufgrund der Kombination mit vollreifen Marillen etwas zu süß geriet. Dafür, dass der Weinkeller zahlreiche Schätze bietet, geriet die Weinbegleitung bei unserem Besuch leider zu eindimensional. Hier hätten wir uns etwas mehr Mut und Kreativität gewünscht.

FUX
Restaurant & Bar
Koch: Reinhard Daucher

pop 14/20

Tel.: 05583 2992
6764 Lech am Arlberg
Omesberg 587
www.fux-mi.net
fux@fux-mi.net
täglich 18–22 Uhr
Sommersaison 2020

Das Fux ist in Lech die erste Adresse für Liebhaber der asiatischen Küche. Etwas Vergleichbares gibt es in Lech nicht. Fast konkurrenzlos ist auch der Weinkeller: Die Auswahl ist gigantisch – egal ob glasweise oder bei Klein- oder Großflaschen. Doch auch die Speisekarte bietet einiges an Abwechslung. Es treffen sich dort Wagyu- und Black-Angus-Rind mit Yellowfin Tuna und Maishühnerbrust Tikka Masala. Getreu dem Fusionsgedanken fusioniert der Zuger Alpenlachs vom nur wenige Kilometer entfernten Fischteich unter dem Begriff der „Lech roll" mit Ketakaviar in der Makirolle. Der dafür fällige Preis erscheint jedoch selbst für Lecher Verhältnisse etwas dick aufgetragen. Dass die Tische so eng beieinander stehen, müsste nicht sein.

à la carte: 12,50–118 €

JOHANNESSTÜBLI
Goldener Berg

13,5/20

Tel.: 05583 22050
6764 Lech am Arlberg
Oberlech 117
www.goldenerberg.at
happy@goldenerberg.at
täglich 12–17 und 19–22 Uhr

Was wie die kulinarische Quadratur des Kreises klingt, wird hier versprochen: mit dem Genuss eines Feinschmeckermenüs abnehmen! Mit den angebotenen Glyx-Gerichten soll das angeblich gelingen. Im traditionell eingerichteten Johannesstübli, mittlerweile ein architektonisches Relikt im konsequent modernisierten Haus, geraten Empfang und Gedeck/Amuse bouche sehr gut: ein köstlicher Glyx-Shot, bestehend aus herbem Kakao mit afrikanischen Kräutern. In diesem Sinne erfreuten uns auch die gebratene Blutwurst mit Mascarpone und Lardo sowie der feine Skrei auf Spinat mit einem üppig-knusprigen Kartoffelspitz. Aus dem „Glyx-Wohlfühlmenü" konnte allerdings nicht jeder Gang derart begeistern: Die Bananen zum geräucherten Wälder-Ziegenkäse in Rosmarinfond war wenig harmonierend. Das Gleiche galt für die Weichseln zum zart-mürben Kalbsfilet und köstlichen gebackenen Kalbsbries. Das Eis von der Wälder Schokolade („Sig", eine Art Karamell von der Molke) mag sich im Ländle der Wertschätzung erfreuen, ein kulinarisches Highlight ist es nicht. Dem tollen Weinangebot mit einer Vielzahl an beeindruckenden Großflaschen steht ein qualitativ bescheidenes glasweises Angebot gegenüber.

LECH AM ARLBERG

GRIGGELER STUBA
im Burg Vital Resort, Oberlech
Köche: Matthias Schütz und Dominic Baumann

18/20

Tel.: 05583 3140
6764 Lech am Arlberg
Oberlech 568
www.burgvitalresort.com
office@burgvitalresort.com
Mo–So 19–21.30 Uhr
Mo im Sommer, Sa im Winter

JRE

SERVICE AWARD 2010, WEINKARTE DES JAHRES 2020

Ein Wechsel in der Küchenleitung ist in der Topgastronomie immer ein heikles Thema. Wenn der scheidende Koch zuvor auch noch jahrzehntelang mit einer eigenen Linie für Furore gesorgt hat, wie das bei Thorsten Probost (Gault&Millau Koch des Jahres 2008) der Fall war, schauen wir besonders genau. Doch wir dürfen Entwarnung geben. Zum einen ging der lange geplante Wechsel in geordneten Bahnen über die Bühne und Probost stand und steht seinen Nachfolgern nach wie vor beratend zur Seite (vor allem was den Einkauf und seine Kräuterkompetenz betrifft). Zum anderen wurde mit Dominic Baumann und Matthias Schütz, der voriges Jahr im steirischen Seeplatz'l unser „Aufsteiger des Jahres" war, ein Duo engagiert, das wirklich gut kochen kann. Das Konzept der Griggeler Stuba mit seiner Betonung alpiner Kräuter wurde fortgeführt und sogar noch ausgebaut. Zu jedem Gang wird das korrespondierende Kraut bei Tisch eingestellt und kurz erklärt. Um den Serviceablauf weiter zu verbessern, wird man jetzt an der Heubar empfangen, wo es den Aperitif und die ersten Amuse gueules (geeiste Paradeiser mit Zitronenverbene, Kaviar mit Eidotter) gibt, bevor man zu Tisch gebeten wird. Dort ging es furios weiter: roh marinierter Lecher Saibling gefolgt von Aubergine mit Brokkoli, Bodensee-Waller mit Safranzwiebel, Krebse mit Kohlrabi und Erbse. Alles stimmig, alles spannend, alles präzise auf den Punkt gegart. Auch die Fleischgerichte haben uns begeistert. Die geschmorte Ziegenschulter mit schwarzen Nüssen war das wahrscheinlich beste Ziegengericht des Jahres und stahl dem extrem feinen, darauf folgenden Kalbskotelette ein wenig die Show. Sehr gut auch die Desserts (Rhabarber mit Himbeere, Büffelmilch-Erdbeere). Die Weinkarte sucht in Österreich ihresgleichen. So findet Sommelier Michael Bauer auch bei der glasweisen Weinbegleitung stets korrespondierende Weine von außergewöhnlicher Qualität.

Die besten Weine Österreichs:

LECH AM ARLBERG

JÄGERSTUBE 15,5/20
im Hotel Post Lech
Koch: David Wagger

Tel.: 05583 2206
6764 Lech am Arlberg
Dorf 11
www.postlech.com
info@postlech.com
Mo, Mi, Fr–So 18.30–21 Uhr
bis 29. Nov. 2019

Gewiss, man könnte im Fünf-Sterne-Relais & Château-Hotel Gasthof Post in Lech auch im neuen Panoramarestaurant klassische österreichische Gerichte essen, doch Küchenchef David Wagger kann mehr – und das beweist er mit den beiden großen Menüs, die in der altehrwürdigen, rustikalen Jägerstube serviert werden. Manches bedarf vielleicht noch des letzten Schliffs – der sellerielastige Waldorfsalat im Stanitzel auf Sauerrahmsuppe als Amuse bouche überfordert mehr, als er uns auf die kommenden Genüsse einstimmt. Die da wären: Tomatenschaumsuppe mit getrockneten Tomaten, leicht angebratener Jakobsmuschel und Frischkäseraviolo – kaum zu toppen. Oder der zartfleischige Kaisergranat mit mildem wilden Brokkoli. Gäbe es doch häufiger einen Zander in der hier wie selbstverständlich erscheinenden höchsten Qualität. Die Bavette (= Flanksteak) kommt mit verschiedenen Maistexturen auf den Tisch und nach den wunderhübsch angerichteten Desserts – so harmonisch kann Manjari-Schokolade mit Litschi und Himbeeren schmecken – sorgen Mistelespuma, weiße Schokolade mit Wasabi und ein Hauch von einem Bienenstich mit Goldstaub für den kongenialen Abschluss. Chapeau – die Post ist nach Jahren wieder am Weg zur kulinarischen Lecher Spitze.

KRISTIANIA RESTAURANT 14/20
im Hotel Kristiania Lech

Tel.: 05583 25610
6764 Lech am Arlberg
Omesberg 331
www.kristiania.at
info@kristiania.at
täglich 10–22 Uhr
Ende April–Anfang Dez. 2020

Traditionelle österreichische Gerichte mit zeitgenössischer Lounge-Musik. So steht es auf der Website des Kristiania. Das ist – sagen wir es so – dezentes Understatement, denn was in diesem Restaurant geboten wird, erwartet man sich bei dieser Ankündigung nicht. Das Ambiente wirkt modern und sorgt für einen hohen Wohlfühlfaktor, die Musik entpuppt sich als angenehmer Soul. Ja, es sind Klassiker der Wirtshausküche, aber allesamt handwerklich ohne Fehl und Tadel. Hochwertige Zutaten, Präzision und Leidenschaft in der Küche und dazu eine sichere Hand bei den Weinempfehlungen. Dank eines großartigen Service fühlt man sich hier rundum wohl.

Jetzt im Gault&Millau-Weinguide.

LECH AM ARLBERG

KRONE-STUBEN
im Romantik Hotel „Die Krone von Lech"

15/20

Tel.: 05583 2551
6764 Lech am Arlberg
Dorf 13
www.kronelech.at
email@kronelech.at

Wir lieben die traditionellen Hotels in Lech, zu denen natürlich auch die Krone zählt. Hier werden nicht nur gediegene Gastfreundschaft und Komfort geboten, sondern es wird auch großer Wert auf eine gute Küche gelegt. Nach einem kleinen Zwischentief beim letztjährigen Besuch scheint die Küche wieder zu gewohnter Form gefunden zu haben. Sowohl die traditionellen österreichischen Gerichte wie Wiener Schnitzel und Kaiserschmarren konnten uns begeistern, auch Steinbutt & Riesengarnele mit Ginmelone und Zitronenverbene gelangen diesmal hervorragend. Und wenn die Miéral-Taube auf der Karte steht, raten wir: unbedingt zugreifen, das zart rote Fleisch auf Topinambur- und Maispüree wird nur noch durch hinreißende Blutwurstcrumbles getoppt. Einzig die wässrige Cremesuppe von der Jakobsmuschel konnte uns nicht wirklich begeistern. Selbstredend wird aus einem der besten Keller am Arlberg der passende Wein dazu angeboten: Dafür garantieren die lebende Sommelier-Legende Willi Hirsch und der Patron Johannes Pfefferkorn.

LA FENICE
im Hotel Arlberg
Koch: Patrick Tober

11,5/20

Tel.: 05583 21340
6764 Lech am Arlberg
Tannberg 187
www.arlberghotel.at
lafenice@arlberghotel.at
Mi–So 19–22 Uhr
April–Dez. 2020

Das „La Fenice" präsentiert sich als nobles Restaurant mit mediterraner Küche und hohem Anspruch. Leider konnten weder die Gerichte noch der Service bei unserem Besuch wirklich überzeugen. Die Antipasti sind gut, aber nicht herausragend. Das Filetto di manzo crudo marinato (gebeiztes Rindsfilet mit Himbeere und Schwarzwurzel) wirkt belanglos. Das Beef Tatar macht zwar als Ankündigung Lust (Wagyu, Périgord-Trüffel und Belper Knolle), enttäuscht letztlich in der Ausführung. Mit wenig Finesse und Raffinement kommt dann auch der Langostino alla griglia. Ein Pastagericht mit hausgemachten Tagliolini, die eigentlich sehr gut wären, aber in einer viel zu deftig-fetten Sauce serviert werden. Die Erbsen schmecken alles andere als frisch und die Langustinoschwänze waren zu lange sulla brace, sodass sie einfach zu trocken gerieten und damit kein Vergnügen sind. Gut dann wieder die Sorbets (Zitrone) mit Wodka. Manchmal kann der Service eine mittelmäßige Aufführung retten, doch das war diesmal leider nicht der Fall. So wie so mancher Tourist in Venedig, der Heimat des namengebenden Opernhauses, der herablassend behandelt wird, fühlten wir uns an diesem Abend.

à la carte: 14–180 €

LECH AM ARLBERG

LECHTALER STUBE 15/20

im Burg-Hotel Oberlech
Koch: Sebastian Daeche

Tel.: 05583 2291
6764 Lech am Arlberg
Oberlech 266
www.burghotel-lech.com
info@burghotel-lech.com
Mo–So 18.30–21 Uhr
bis 28. Nov. 2019

Die Lechtaler Stube ist eines der wenigen Restaurants am Arlberg, das auch im Sommer geöffnet hat. Und gerade da – im alpinen Bergsommer – erweist sich der Betrieb als echter Geheimtipp. Die Karte liest sich zwar auf den ersten Blick wie eine klassische Wirtshauskarte, bei genauerem Hinsehen sind aber echte Schätze zu entdecken. Bei den Suppen stechen gleich zwei verschiedene heraus: eine Essenz von Waldpilzen (mit Hirsch, Ravioli und Zucchiniperlen) und eine Schaumsuppe von Kräutern aus Elisabeths Garten mit gebeiztem Saibling. Klingt einfach, ist tatsächlich aber eine einzigartige und absolut verführerische Angelegenheit. Das Biorind für den Tafelspitz und andere Gerichte kommt übrigens von der Ju-hu-Ranch, dem familieneigenen Biobetrieb in Salzburg. Ziemlich einzigartig ist auch der Hirschburger in der Rosmarinciabatta mit Chilisauce und Pommes frites aus Süßkartoffeln. Klingt deftig, ist aber hochgradig delikat. Über den Wein muss nicht viel gesagt werden, der Keller im Burghotel ist legendär und die Empfehlungen zeigen eine sichere Hand.

MURMELI 14,5/20

Tel.: 05583 2467
6764 Lech am Arlberg
Oberlech 297
www.murmeli.at
hotel@murmeli.at

Zufällig kommt man nicht ins Murmeli. Man käme in so einem Fall auch nicht rein. Also reservieren. Der Platz auf der Terrasse ist beschränkt, der Ausblick atemberaubend. Die Karte bietet deutlich mehr, als man erwartet, und damit sind sowohl Auswahl als auch die Qualität der Gerichte gemeint. Wer spät genug in der Saison ins Murmeli kommt, wird mit feinen Spargelklassikern verwöhnt. In unserem Fall eine sämige, aber nicht zu üppige Spargelcremesuppe mit knackigen (grünen) Spargelspitzen. So geht Spargel! Es wäre – natürlich – nicht Oberlech, gäbe es nicht auch gebratene Gänseleber, Lachstatar und Oktopus. Bei den Hauptgängen scheinen neben Schnitzel und Tafelspitz auch ein Bœuf Stroganoff vom Wagyu-Filet mit Rösti unverzichtbar. Die Rösti sind jedenfalls legendär und finden sich bei (fast) allen Hauptgerichten als Beilage, das Stroganoff ist eine Wohltat, und das liegt nicht, oder zumindest nicht nur, an der exklusiven Rinderrasse. Desserts allesamt gut, nur nach einer Portion Stroganoff sehr schwer zu bewältigen. Einfach an die Sorbets halten. Die sind auch großartig.

PFEFFERMÜHLE 11/20

Pfefferkorn's Hotel
Koch: Maximilian Sampl

Tel.: 05583 25250
6764 Lech am Arlberg 138
www.pfefferkorns.net
info@pfefferkorns.net
Di–So 18.30–21.30 Uhr

Das im hinteren Bereich neben der Rezeption gelegene Restaurant Pfeffermühle für Pensions- und externe Gäste strahlt mit viel hellem Holz und eleganten Sitzbänken behagliche Gemütlichkeit aus. Und auch das Essen konnte uns wieder weitgehend überzeugen – allerdings mit Anlaufschwierigkeiten. Der Vorspeisenmix, bestehend aus Kalb, kleinen, geschmacksarmen Calamari und Thai-Spargel, wirkte lieblos und wenig durchdacht. Dafür geriet die Artischockensuppe mit Bärlauchknöderln herrlich mollig und fein. Einer der Höhepunkte des Gourmetmenüs war dann ein scheinbar simpler Gang: Acquerello-Reis mit Maitaki-Pilzen und Kürbiskernen – so geht Risotto! Ein klassisches Rehfilet mit Pastinakenpüree schmeckte ebenso unaufregend-brav wie die Desserts, Passionsfrucht-Pistazien beziehungsweise Valrhona-Schokolade-Schnitte mit köstlichem Weichselsorbet. Fein, dass das Angebot an glasweisem Wein deutlich verbessert wurde.

à la carte: 16–86 €

PICEA 14,5/20

im Burg Vital Resort
Koch: Manuel Hofmarcher

Tel.: 05583 3140
6764 Lech am Arlberg
Oberlech 568
www.burgvitalresort.com
office@burgvitalresort.com
täglich 12–14.30 und
18.30–21.30 Uhr

Dieses einzigartige Kulinarikkonzept verfolgt den Anspruch, dass Feriengäste des Hotels ihre so genannten Halbpensionsmenüs in Haubenqualität genießen können. Hierfür werden seitens der Gastgeberfamilie Lucian keine Kosten und Mühen gescheut. Auch externe Gäste fühlen sich hier herzlich willkommen. Die Restaurantausstattung passt zum modernen, alpinen Chic. Der neue Küchenchef Manuel Hofmarcher setzt das hohe Niveau der vergangenen Jahre souverän fort. Ausgezeichnete Salatkreationen und eine vortreffliche

LECH AM ARLBERG

Kaspressknödelsuppe bildeten einen sehr angenehmen Start. Ein Signature Dish sind die hausgemachten Nudeln, die im Käseleib zubereitet werden. Die Fleischgerichte sind nicht nur dank ihrer Herkunft von der Ju-hu-Ranch der Familie Lucian und dem Hansel-Hof wahre Gaumenkitzler. Der Kaiserschmarren des Hauses gehört mit zu den besten in der Region. Unübertrefflich ist die Weinauswahl, die der weithin bekannte Keller offeriert.

RUD-ALPE

Koch: Werner Mantler

12/20

Tel.: 05583 41825
0664 9225350

6764 Lech am Arlberg
Tannberg 185

www.rud-alpe.at
rud-alpe@skiarlberg.at

Mo, Mi, Fr, Sa 9–19, Di, Do 9–24, So ab 19 Uhr
❄ Nov. 2019, Mai–Juni 2020

In Lech herrscht nicht nur „drunten" im Tal ein hohes gastronomisches Niveau. Auch auf den Hütten wird den Gästen einiges geboten. Die in dieser Hinsicht legendäre Rud-Alpe ist darum ein Fixpunkt für alle Urlauber, denn die Qualität von Klassikern der österreichischen Wirtshausküche ist dort verlässlich hoch. Von Kalbsbeuschel über Blunzengröstl bis zum Wiener Schnitzel ist einfach jedes Gericht vorzüglich. Auf österreichische Spezialitäten wird auch bei den Desserts gesetzt. Der luftige Kaiserschmarren hat noch jeden begeistert. Die wohlbestückte Weinkarte ist durch bekannte Namen geprägt.

à la carte: 10–32 €

LECH AM ARLBERG

SCHUALHUS CHEFS TABLE
pop 18/20
im Genießerhotel Alpen Sport Resort Rote Wand
Koch: Max Natmessnig
AMBIENTE AWARD 2017

Tel.: 05583 34350
6764 Lech am Arlberg
Zug 5
www.rotewand.com
gasthof@rotewand.com
Di–Sa 19.30–23.30 Uhr
Mai, Juni, Nov. 2020

Das Alpen Sport Spa Resort Rote Wand besteht mittlerweile aus einem Ensemble von sechs Häusern. Dass das vor wenigen Jahren in der ehemaligen Schule errichtete Schualhus mit dazugehört, ist ein Glücksfall für Lech. Die Strahlkraft der Chef's-Table-Alpinküche reicht weit über den Arlberg hinaus. Dafür verantwortlich zeichnet mit Küchenchef Max Natmessnig einer der talentiertesten Köche im gesamten Alpenraum. Das ist auf Grund seiner Vita nicht weiter verwunderlich (Steirereck, Oud Sluis, NoMad, Brooklyn Fare). Dem jungen Österreicher wird von Patron Joschi Walch im schmucken Walserhaus ein U-förmiger Chef's Table als Bühne zu Verfügung gestellt, der maximal 18 Personen Platz bietet. Der Beginn des kulinarischen Theaters findet für alle Gäste zur gleichen Zeit statt. 16 bis 18 kleine Gänge werden aufgetischt. Vor „der besten Ente im Westen Österreichs" wurden ein grandioses Tartelette vom Tiroler Wagyu mit Gänselebercreme und eine Saiblingsbouillon mit Rettich serviert. Ebenso souverän waren das Kartoffelsoufflé mit Forellenkaviar, das Hirschtascherl vom selbst erlegten Hirsch mit gebranntem Lauchöl und das knusprig gebratene Kalbsbries, das innen noch eine samtig-weiche Konsistenz hatte. Bei den Desserts konnte sich die Küchencrew nochmals steigern. Bei der Weinauswahl in drei Ausführungen ist für jeden Geschmack – und jedes Budget – etwas dabei.

SCHUALHUS JAUSESTUBA
14,5/20
Koch: Max Natmessnig

Tel.: 05583 34350
6764 Lech am Arlberg
Zug 5
www.rotewand.com
gasthof@rotewand.com
Mo–So 11–16.30 und 19–21 Uhr
Mai, Juni, Nov. 2020

Im Schualhus in Lech-Zug am Arlberg sind das Vier-Hauben-Spitzenrestaurant Chef´s Table und die verniedlicht benannte Jausestuba untergebracht. Seit Sommer 2018 ist Chef's Table Küchenchef Max Natmessnig auch für das Gasthaus im unteren Stock des edel-rustikal, im ursprünglichen Vorarlberger Walser-Stil errichteten Hauses verantwortlich. Das schmeckt der oftmals internationale Lech-Gast mit jedem Bissen. Das „Einfache" in Perfektion zubereiten, so lautet die „einfache" Devise. Hausmannskost wird hier zur Delikatesse. Neben einer mehr als nur sehr ordentlichen Standardkarte lassen auch die Tagesempfehlungen an der Schiefertafel fast keine Wünsche offen. Das Weiderind-Carpaccio mit gezupften Salaten und geröstetem Roggenbrot war ein Gedicht. Ebenso zu überzeugen vermochte der längs aufgeschnittene und mit Schnecken überbackene Markknochen. Aber auch Vegetarier kommen mit herzhaft zubereiteten Teigtaschen und anderen Köstlichkeiten voll auf ihre Kosten. Das vom Koch selbst erlegte Wild wird als perfekt abgeschmecktes Ragout mit „Knöpfle" (Vorarlberger Ausdruck für Spätzle) serviert. Der Teller mit einem wie aus dem Lehrbuch gebackenen Wiener Schnitzel auf glänzendem Kartoffel-Radieschen-Salat könnte gut auch ein Magazin-Cover schmücken. Als krönenden Abschluss servierte der sehr freundliche und aufmerksame Service einen Buttermilchschmarren mit Marillenröster und Heueis. Ob der sehr großen Nachfrage jetzt auch abends geöffnet.

à la carte: 9,50–23 €

Die besten Weine Österreichs im NEUEN Design.

LECH AM ARLBERG

SEVERIN*S – THE ALPINE RETREAT ⓝ pop 15/20

Koch: Kevin Szalai

Tel.: 05583 339070
6764 Lech am Arlberg
Stubenbach 273
www.severins-lech.at
info@severins-lech.at
Mo–Sa 18.30–22.30 Uhr
Mai–Ende Nov. 2020

Bei einer Bausumme von 20 Millionen Euro für ein paar wenige Luxus-Suiten im Chalet-Mantel wollte der Bauherr auch bei der Einrichtung des Restaurants nichts dem schlechten Geschmack überlassen. Auch nicht in der Küche. Diese werkt unter neuer Leitung auf einem erfreulich hohen Niveau. Die Speisenauswahl ist nicht nur regional, sondern auch international ausgerichtet, was bei der Klientel des Hauses sehr gut ankommt. Nicht nur die präzise Präsentation der Speisen erhebt den Anspruch auf Spitzenküche-Liga. Nach einem der aufwendigsten Gedecke bzw. Amuse-Abfolgen in Lech war der Menüeinstieg mit Foie gras, Paranuss, Karamell und Brioche mehr als gelungen. Das etablierte Wagyu Beef wird in diesem Haus durch das Original aus Japan – Kobe – ersetzt und zu einem vorzüglichen Tatar-Gericht mit Kaviar transformiert. Aus dem Meer durfte es an diesem Abend ein Heilbutt mit Buttermilch, La Ratte, Purple Haze und Maracujaaromen sein. Die Internationalität der Produktauswahl ist hier beabsichtigt. Ein formidabel gegartes Rehfilet kam mit Pilzen und einem Hauch Zirbe zu Tisch. Die Käseauswahl ist prächtig und die Tarte von Amalfi-Zitrone und Valrhona-Schokolade ein würdiger Abschluss eines mehr als angenehmen Dinners. Das Weinangebot enthält auch viele Positionen aus Übersee bzw. aus Kalifornien.

à la carte: 15–49 €

WALSERSTUBE-JÄGERSTUBE ⓝ 13/20
im Hotel Jagdhaus Monzabon

Koch: Michael Broger

Tel.: 05583 21 04
6764 Lech am Arlberg
Tannberg 228
www.monzabon.at
hotel.monzabon@lech.at
Mo–Mi, Fr, Sa 18.30–20.30 Uhr

Die Walserstube-Jägerstube im Hotel Monzabon ist ein Neueinsteiger – zumindest, was das Fine Dining betrifft. Das Hotel liegt mitten im Ortskern von Lech und es ist, so viel ist sicher, ein Gewinn in der kulinarischen Landschaft des Arlbergs. Die Küchenlinie ist zwar eindrucksvoll auf Geschmack fokussiert, gleichzeitig reizt man bei der Präsentation die komplette Spannweite von klassisch-traditionell (der geflämmte Zuger Saibling als Hauptgang wird unter der Cloche serviert) bis modern (die Amuse gueules am Anfang kommen im Stickstoffnebel) aus. Vielversprechend (und gut) ist auch alles, was die Patissière Ivana Majcen auf die Teller zaubert.

à la carte: 16–135 €

LECH AM ARLBERG

ZUR KANNE
im Hotel & Chalet Montana
Koch: Philip Roeder

11,5/20

Tel.: 05583 2460
6764 Lech am Arlberg
Oberlech 279
www.montanaoberlech.at
hotel@montanaoberlech.at
täglich 12–14.30 und 19–22 Uhr
❅ Mai–Dez. 2020

Beständigkeit ist zweifellos ein hohes Gut. Vor allem, wenn die Qualität passt. Dennoch wäre ein wenig Abwechslung bei der jahrein, jahraus nahezu unveränderten kleinen Speisekarte auch nicht verkehrt. So wurden es – nach einer gelungenen gratinierten Auster als Amuse bouche – wiederum die zweifellos feine Variation von der Straßburger Gänseleber, die klassische Hummersuppe mit Cognacschaum und Croûtons sowie der gewohnt kräftige Hirsch mit Eblystrudel. Ausweichen kann man auf das Halbpensionsmenü, was sich vor allem am Donnerstag – da gibt es ein Gala-Dîner – allenfalls lohnt. Neben einer hervorragenden Seezunge winzigen Ausmaßes mit Olivenpanade und Karfiolcreme fielen da allerdings die als Zwischengericht in Durchschnittsqualität servierten Gnocchi mit Tintenfisch negativ auf. Der Service konnte mit der gehobenen Atmosphäre und ebensolchen Preisen bei unserem Besuch leider nicht mithalten.

à la carte: 25–45 €

BERGKRISTALL ⓝ   👍 **Tipp**

Tel.: 05583 2678
6764 Lech am Arlberg
Oberlech 382
www.bergkristall-lech.at
bergkristall@wrann.at
Mo–So 12–14.30 und 18.30–21 Uhr
❅ Nebensaison Mittwoch Ruhetag

Genießen auf höchstem Niveau verspricht das Restaurant Bergkristall. Von der Örtlichkeit stimmt das ohnedies, befindet man sich doch auf der Sonnenterrasse von Oberlech. Mittags buhlen die Gäste um die schönsten Plätze auf dem Panoramadeck. Zu den Spezialitäten der Küche gehören Fisch, Krustentiere und Steaks von Alpentieren – das Surf 'n' Turf des Arlbergs. Aber auch Fans der Pasta- und traditionellen österreichischen Küche kommen hier auf ihre Kosten. Das Haus ist zudem bekannt für seine Fonduevariationen. Sehr fein auch das Weinangebot.

à la carte: 8,90–69,90 €

DIE STUBE   👍 **Tipp**
im Hotel Arlberg

Tel.: 05583 21340
6764 Lech am Arlberg
Tannberg 187
www.arlberghotel.at
info@arlberghotel.at
täglich 12–14 und 19–23 Uhr
❅ variabel

Gemütlich und urig ist sie, die Stube im Hotel Arlberg. In diesem heimeligen Ambiente schmeckt eine traditionelle Küche wohl am besten. Zu Mittag gibt es regionale Schmankerl, am Abend auch Fondue und Raclette. Dass Fondue nicht gleich Fondue ist, zeigen die raffinierten Variationen, die hier zur Auswahl stehen. Von Biokäsefondue über Fondue Royal mit Wagyu-Rind bis hin zu Dessertfondues mit Schokolade oder Vanillesauce reicht das breite Angebot.

à la carte: 12–144 €

SCHLEGELKOPF   👍 **Tipp**
Bergstation Schlegelkopfbahn

Tel.: 05583 30884
6764 Lech am Arlberg
www.schlegelkopf.at
restaurant@schlegelkopf.at

Auf 1800 Höhenmetern bietet dieses stilvolle Restaurant mit drei Sonnenterrassen nicht nur ein traumhaftes Panorama, sondern garantiert auch kulinarische Höhenflüge. Die Küchenlinie bietet auch Internationales. Japanisches wie Sashimi oder Algen-Miso-Suppe wird mit friesischem Krabbenbrot und Sylter Austern ergänzt. Dazu kommen Steaks sowie regionale Spezialitäten. Weitere Trümpfe sind regelmäßige DJ-Acts. Der Champagner schmeckt in der lässigen Champagner-Lounge besonders gut. Ein direkter Zugang von der Liftstation sorgt dafür, dass dieser Lecher Hotspot nicht nur Skifahrern offen steht.

Bei der Zusammenstellung dieses Führers ließen wir größtmögliche Sorgfalt walten, trotzdem können Daten falsch oder überholt sein. Eine Haftung können wir auf keinen Fall übernehmen.

VORARLBERG

LINGENAU

LINGENAU A3

WÄLDERHOF 12/20
Koch: Bernhard Muxel

Der Wälderhof war einst eine Pilgerstätte für Gastronomen wie auch für Architekten. Die Gaststätte war eine der ersten, die den neuen Bregenzerwälder Stil in die Gaststube brachten. Heute wird immer noch gepilgert, allerdings der bodenständigen Küche wegen. Wo findet man heute noch Rindszunge auf der Karte? Die dünn aufgeschnittenen Scheiben werden von einer Brot-Miso-Creme begleitet, doch selbst ohne diese halbexotische Zugabe zergeht diese Zunge – nun ja – eben auf der Zunge. In Großmutters Küche zurückversetzt wird man auch bei der gebratenen Leber in Zwiebelsauce, besser geht es einfach nicht. Es sind aber nicht nur Innereiengerichte, die überzeugen – im Wälderhof schmeckt uns eigentlich alles.

à la carte: 16–38 €

Tel.: 05513 62440
0664 161 49 95
6951 Lingenau
Steig 161
www.waelderhof.com
info@waelderhof.com
Mi–So 17.30–20.30 Uhr
bis 12. Dez. 2019

LOCHAU A3

MANGOLD 16/20
Koch: Michael Schwarzenbacher

Hat man sich einmal an den dunkel gestylten, puristischen Stil des Restaurants gewöhnt, fühlt man sich richtig wohl. Und das Wohlbefinden wird noch weiter gesteigert, sobald es kulinarisch losgeht. Der aufmerksame Service brachte uns aus den „Impressionen der Jahreszeit" eine roh marinierte Yakonwurzel mit Ziegenjoghurt als nicht alltägliche Vorspeise. Danach folgten pikant-delikate Tagliatelle mit Sugo vom Wälder Wagyu-Rind und hausgemachter fermentierter Chilisauce. Butterweich, zart, wie man sie besser nicht machen kann, mit frischen Kräutern und Butterreis serviert – die beispiellos gute geröstete Kalbsleber. Geschmackvoll und bestens abgestimmt auch das gegrillte Kalbskotelett mit Salbei und Frühlingsgemüserisotto. Meisterhaft für Auge und Gaumen auf den Teller gebracht, beeindruckte auch das Schokoladedessert mit Ananas und Passionsfrucht. Und auch der Affogato im Glas gelingt hier sehr gut.

à la carte: 7–39 €

Tel.: 05574 42431
6911 Lochau
Pfänderstraße 3
www.restaurant-mangold.at
office@restaurant-mangold.at
Mi–So 12–14 und 18–22 Uhr
27. Jän.–13. Feb. 2020

JRE

LUSTENAU A4

FREIGEIST 11/20

„Reinkommen, hinsetzen, aufatmen, genießen!" So wird man auf der saisonal-regional zusammengestellten Speisekarte begrüßt. Die bunt zusammengewürfelte Einrichtung ist gemütlich und speziell. Man fühlt sich einfach wohl und genießt die stets attraktiv arrangierten, köstlichen Gerichte von Bernd Moosmann. Ob ein perfekt gewürztes Tatar, Jakobsmuscheln und Garnelen, Zweierlei von der Biohenne, genialer grüner und weißer Spargel oder die als Tagesempfehlung servierte Kalbs- und Lammleber – alles Gerichte, die man irgendwie gerne hat. Der gerührte Eiskaffee mit Eierlikör zum Abschluss verdient ein Extralob.

Tel.: 0664 75 03 73 55
6890 Lustenau
Raiffeisenstraße 4
office@zumfreigeist.at

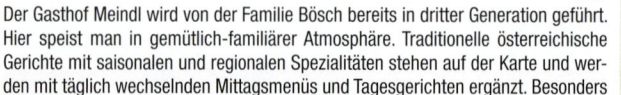

MEINDL 👍 Tipp

Der Gasthof Meindl wird von der Familie Bösch bereits in dritter Generation geführt. Hier speist man in gemütlich-familiärer Atmosphäre. Traditionelle österreichische Gerichte mit saisonalen und regionalen Spezialitäten stehen auf der Karte und werden mit täglich wechselnden Mittagsmenüs und Tagesgerichten ergänzt. Besonders fein sind die hausgemachten, sortenreinen Fruchtbrände.

à la carte: 9,90–26,50 €

Tel.: 05577 82586
6890 Lustenau
Hofsteiggstraße 15
www.gasthof-meindl.at
office@gasthof-meindl.at
Mi–Sa 16–24, So 11–22 Uhr

MITTELBERG/KLEINWALSERTAL B4

HALLER'S GENIESSERHOTEL 15/20
Koch: Andreas Stadler

Tel.: 05517 5551
0664 109 75 30

6993 Mittelberg/
Kleinwalsertal
Von-Klenze-Weg 5
www.hallers.at
info@hallers.at
Do–Sa 18.30–20.30 Uhr

Zwischen den Hausgästen, aber in einer ruhigen Ecke des großen Hotelrestaurants platziert, genossen wir als externe À-la-carte-Gäste die Grüße aus der Küche: Bergschinken und Pastrami sowie ein Rehtascherl mit Pesto und Preiselbeeren in würzigem Jus waren ein gelungener Auftakt. Und löffelten danach voller Lust ein Pilztascherl aus der intensiven, umamistarken Pilzessenz mit Misomayonnaise. Nicht minder köstlich die Black-Tiger-Garnelen mit Fenchelgemüse aus einem fruchtig-grünen Gazpacho, der Gurke, grüne Tomate, Paprika, Koriander und Olivenöl harmonisch vereinte. Von sorgfältiger Zubereitung zeugte auch der Tafelspitz „2.0", bei dem sich zarte Rindfleischwürfel in der Teighülle auf einem Spinatsockel mit Apfelgel und Kren verbargen. Der mürbe Rücken vom Walser Kalb samt jungem Kohlrabi, roten Ribiseln und Kartoffelbällchen sowie der appetitliche Topfen-Marillen-Strudel mit Tonkabohneneis setzten die erfreuliche Tour des guten Geschmacks fort. Wünschen wir dem Haller's und seinem Ruf als Genießerhotel, dass mit dem Anfang 2019 gekommenen Küchenchef Andreas Stadler personelle Stabilität in die Küche eingezogen ist. Der exzellente Weinkenner Hermann Haller und die für den freundlichen Service verantwortliche Patronne liefern ihm souveränen Flankenschutz.

à la carte: 8–35 €

RANKWEIL A4

GASTHOF MOHREN 11/20
Herburgers Mohren
Köche: Pascal Lang & Mathias Enzenhofer

Tel.: 05522 44275

6830 Rankweil
Stiegstraße 17
www.mohren.at
office@mohren.at
Di–Fr 11.30–14 und 18–21.45,
Sa 18–21.45, So 11.30–14 Uhr

Jahrelang wurde im Gasthof Mohren klassische Tradition hochgehalten. Irgendwann war es aber an der Zeit, die Moderne einkehren zu lassen. Die urigen Stuben und der Mohrenschopf bestehen natürlich weiter, der Restaurantbereich hingegen wurde edel und modern gestaltet. Ähnlich verhält es sich mit der Speisekarte, auf der sich kreative Gerichte ebenso finden wie Altbekanntes und heiß Geliebtes. Die wunderbare Kalbsleber mit knusprigen Rösti darf man langjährigen Stammgästen schließlich nicht vorenthalten.

à la carte: 18–36 €

RANKWEIL

HÖRNLINGEN ⓝ

Koch: Dominic Mayer

13/20

Tel.: 05522 25348
6830 Rankweil
Bahnhofstraße 25
www.hoernlingen.at
frustfrei@hoernlingen.at
Mo, Do–Sa 17–22 Uhr,
So 11.30–18 Uhr

Das Wirtshaus stammt aus der Jugendstil-Epoche. Es wurde vor Jahren aufwendig renoviert und ist heute ein kulinarisches Schmuckkästchen in der Rheintaler Gastronomie. Seit Herbst 2018 ist Gerhard-Fuchs-Schüler Dominic Mayer der neue Patron und Küchenchef dieser Vorzeigeadresse in Sachen nachhaltiger Gastronomie. Das bescherte ihm nach nur wenigen Monaten einen Hauptpreis bei „Vorarlberger Tourismus Innovationen 2019". Das Gastwirtshaus bietet keine reguläre Speisekarte an, dafür ein populäres Sharing-Konzept, bei dem sich die Gäste an einem Tisch die eingestellten Speisen teilen.

© www.alexanderess.at

Bewertungen NEU

11 bis 12,5 Punkte von 20 Punkten: 1 Haube

13 bis 14,5 Punkte von 20 Punkten: 2 Hauben

15 bis 16,5 Punkte von 20 Punkten: 3 Hauben

17 bis 18,5 Punkte von 20 Punkten: 4 Hauben

19 bis 19,5 Punkte von 20 Punkten: 5 Hauben

RIEZLERN/KLEINWALSERTAL

TAFELSPITZ 12/20

Koch: Christoph Martes

Tel.: 05522 36780
6830 Rankweil
Bahnhofstraße 13
www.tafelspitz-lokal.at
info@tafelspitz-lokal.at

Man würde nicht davon ausgehen, dass sich in einem Einkaufszentrum ein Restaurant befindet, in dem man tatsächlich gut essen kann. Doch Christoph Martes Tafelspitz beweist, dass dies sehr wohl möglich ist. Er legt den Schwerpunkt auf österreichische Klassiker in leichter Form. Gekocht wird von Montag bis Mittwoch tagsüber, donnerstags und freitags auch am Abend. Die Speisekarte ist schlauerweise klein gehalten, so sind alle Gerichte stets von hoher Qualität. Signature Dish ist natürlich der Tafelspitz mit klassischen Beilagen. Ein Hit ist auch die geröstete Kalbsleber. Das Weinangebot könnte allerdings etwas ambitionierter sein.

RIEZLERN/KLEINWALSERTAL B4

CUISINO 11,5/20

das Restaurant im Casino Kleinwalsertal
Köchin: Radinka Marjanovic

Tel.: 05517 5023-502
6991 Riezlern/Kleinwalsertal
Walserstraße 31
www.casinos.at
cuisino.kleinwalsertal@casinos.at
Di–So 17–24 Uhr
※ 24. Dez. 2019

Im hintersten Viertel von Vorarlberg und nur über Deutschland erreichbar, versteckt sich das Cuisino Restaurant im Kleinwalsertal. Um uns vor dem Roulette noch zu stärken und ausreichend Nervenkostüm anzulegen, beschlossen wir, unseren Besuch im Restaurant zu starten. Wir entschieden uns zum Auftakt für eine Kraftsuppe. Man sagt ja, eine Rindsuppe wirkt Wunder. In der Tat fühlten wir uns nach der würzigen Hochzeitssuppe mit Flädle und Grießnockerl bereit für die zweite Runde. Das Pfeffersteak nach brasilianischer Art erreichte uns auf den Punkt gebraten, erfreulich auch die begleitenden Süßkartoffeln. Mit der Option zu schwäbischer Pasta, auch Spätzle genannt, konnten wir uns jedoch nicht besonders anfreunden – trotz der prinzipiell sympathischen Nachbarschaftspflege. Solide dann die dünne Bananen-Schoko-Palatschinke. Der Service agierte freundlich, so konnte der Spaß am Spiel gut gelaunt beginnen.

RIEZLERN/KLEINWALSERTAL

HUMBACHSTUBE 15/20
im Alpenhof Jäger
Köche: Martin und Florian Jäger

Tel.: 05517 5234
6991 Riezlern/Kleinwalsertal
Unterwestegg 17
www.alpenhof-jaeger.at
info@alpenhof-jaeger.at
Do–Mo 18–21 Uhr
15. April–21. Mai,
28. Juni–26. Juli,
8. Nov.–20. Dez. 2020

Ein Familienbetrieb wie aus dem Bilderbuch: Martin Jäger steht mit Sohn Florian in der Küche, Schwiegertochter Heidi verantwortet liebevoll den Service und Ehefrau Inge kümmert sich um die Finanzen. Der Senior pflegt seit jeher klassische Fleischgerichte, der Junior arbeitet vorzugsweise mit Fisch und würzt gern asiatisch. Das alles passt wunderbar zusammen und schmeckt noch einmal so gut in der alten Stube. Gewiss, der Name Jäger steht auch für Reh, Gams und Hirsch. Er bürgt aber auch bei einem Meeresfrüchteteller mit Jakobsmuschel, Garnelen (mit Ananasragout und als Wan Tan auf Guacamole) und Krustentiersüppchen für Qualität. Nach dieser gelungenen Kreativ-Kombination ging es dann ganz klassisch mit gebratenem Kalbsbries mit geschmolzenem Kalbskopf in Balsamicosauce weiter. Bei den köstlichen, mit Ricotta gefüllten Ravioli hätten wir gern auf das Trüffelöl in der Trüffelsauce verzichtet. Bei dem rosa gebratenen Rehnüsschen mit Spätzle, Rahmkohl und Eierschwammerln in glänzendem Jus möchten wir hingegen nichts missen. Superb das Grieß-Obers-Eis mit fruchtigem Ragout. Tolle Weinkarte mit zahlreichen glasweisen Empfehlungen.

à la carte: 26–42 €

WALSERSTUBA 14/20
Koch: Jeremias Riezler

Tel.: 05517 53460
6991 Riezlern/Kleinwalsertal
Eggstraße 2
www.walserstuba.at
info@walserstuba.at
Mi–So 18.30–20.30 Uhr
bis 20. Dez. 2019,
13. April–19. Mai 2020

JRE

Jeremias Riezler versteht sich als kulinarischer Pfleger der Walser Kulturlandschaft, arbeitet (fast) ausschließlich mit heimischen Produkten, holt gerne traditionelle Rezepte hervor und schreibt seine Speisekarte in der Walser Sprache mit deutschen Untertiteln: Lotschege Chnöpfle (Bettlersuppe), Düürdreids (Tatar), chalta Brååta vom Gämsch (kalter Braten von der Gams) ... Wer es rundum authentisch haben möchte, sollte sich rechtzeitig einen Tisch in den urig dekorierten Stübchen (Jäger, Enzian) sichern, die jedem Heimatmuseum zur Ehre gereichen würden. Dort schmeckt dann auch nach dem Küchengruß per Buchweizenrisotto das gewürfelte Zwergle (warmer Kuhmilch-Halbhartkäse) im Salat mit Birnen-Apfel-Balsam, zu dem noch Scheiben vom süßen Birnenbrot gereicht werden. Das gebratene Forellenfilet liegt auf einem Bärlauch-Gersten-Risotto mit Spargelgemüse und Weißweinsauce, das rosa gebratene Rehfilet kommt mit kräftigen Röstaromen, cremiger Bramata-Polenta aus grobem Maisgrieß und zuckrigen Gebirgsblütenhonig-Waben zu Tisch. Softeis vom Bergbasilikum aus dem großen, hauseigenen Kräutergarten mit Sanddornküchlein und Erdbeeren im eigenen Sirup schließen ein Menü ab, das längst nicht mehr so deftig ausfällt wie in früheren Zeiten. Der überaus nette Service unter Bettina Riezler reicht zwischendurch noch fermentierten Karottensaft mit Ingwer und eine Kugel Eis aus dem „Bobba-Waga" (Puppenwagen). Die Weinkarte ist ein Lexikon der österreichischen Weinkultur, alkoholfreie Genießer freuen sich über die hausgemachten Kräuterlimonaden.

à la carte: 25–35 €

MEIN WUNDERBARER *Kochsalon*
www.martinahohenlohe.com

SCHRUNS

LÖWEN STUBE
im Löwen Hotel Montafon

Koch: Thomas Carvalho de Sousa

15/20

Tel: 05556 7141
0664 88 97 78 02

6780 Schruns
Silvrettastraße 8
www.loewen-hotel.com
info@loewen-hotel.com
Mi–So 18.30–20.30 Uhr
24. Nov.–5. Dez. 2019,
12. April–21. Mai 2020

Küche und Service haben den Anschluss an vergangene Zeiten wiedergefunden, wenngleich man den Charme und die Gemütlichkeit der früheren Montafoner Stube noch etwas vermisst. Vom Küchenchef Thomas Carvalho de Sousa mehrmals gegrüßt, wählt man aus den Menüs „Erde", „Wasser" und „Wind" seine Gerichte und lässt sich die dazu harmonierenden Begleiter empfehlen. Nudelteigtascherl mit knusprigem Salbei und Belper Knolle sowie appetitliche Pilzknödel mit Zwiebelgewächsen oder Bachkrebse mit Kohlrabi und Sauerrahm verwöhnten Auge und Gaumen. Bemerkenswert auch die Kraftsuppe vom Schwarzfederhuhn, eine Gaumenfreude das Sorbet von der Baumnuss zwischendurch. Fein, butterweich und unvergleichlich gut dann das Kalbsfilet mit wildem Brokkoli und geschmortem Wurzelgemüse, der als „Räuber vom Bodensee" bezeichnete Seehecht mit Chicorée, Dilltortellini und Bouillabaissefond war ein köstliches, überzeugendes Fischgericht. Die in Pistazien gehüllte weiße Schokolade, ein von verschiedenen dunklen Komponenten begleitetes originelles Dessert sowie der Käse vom Buffet „Der Nase nach" bildeten einen gelungenen Abschluss.

VITALQUELLE MONTAFON

Koch: Damir Srsa

11/20

Tel: 05556 77049

6780 Schruns
Außerlitzstraße 80
www.vitalquelle.at
hotel@vitalquelle.at

Die Vitalquelle Montafon schafft es, Genuss und Erholung miteinander perfekt in Einklang zu bringen. Bereits der einzigartige Ausblick auf die Berge, den man von der Terrasse oder dem eleganten Wintergarten aus genießen kann, erlaubt es, zu entschleunigen und den Alltag für eine Weile zu vergessen. Auch im Restaurantraum fühlt man sich rundum wohl. Der helle, rustikale Landhausstil schafft ein heimeliges Ambiente. Gastronomisch zeigt man sich von der traditionellen Seite, wobei kreative internationale Einflüsse durchaus eine Rolle spielen dürfen. Küchenchef Damir Srsa sorgt mit frischen, ehrlichen Gerichten für Genuss.

SCHWARZENBERG

SCHWARZENBERG A4

ADLER 14/20
Koch: Felix Messner

Der Adler ist eines der besonders eindrucksvollen Traditionsgasthäuser im Herzen des Bregenzerwaldes. Man verlässt sich jedoch nicht auf die Wirkung des Ambientes, sondern bietet auch eine verlässlich hohe Küchenleistung. Die Gurkenkaltschale mit Dill und Knusperbuchweizen hatte das Zeug für einen Sommerhit. Wunderbar abgestimmt und nur mit besten Zutaten zubereitet war auch der Wassermelonen-Ziegenkäse-Salat mit Kernöl. Klingt ungewöhnlich, machte uns aber restlos glücklich. Glück hat auch, wer das Biokleeschwein mit Pak Choi und Quinoa bestellt. Der eingelegte Ingwer und die Sojanote der Sauce machen diesen Schweinsbauch zum Genuss. Überzeugen konnten uns auch die Bärlauchravioli mit Zitronenkick.

à la carte: 5–33 €

Tel.: 05512 2966
6867 Schwarzenberg
Hof 15
www.adler-schwarzenberg.at
office@adler-schwarzenberg.at
Di–Fr 11.30–14 und 18–21,
Sa 11.30–21, So 11.30–20 Uhr

ALTE MÜHLE 12,5/20
Ob im sommerlichen Blumengarten oder im gemütlich eingerichteten Restaurant – hier genießt man in gediegen-romantischer Stimmung die traditionellen Gerichte von Marietta Wild. Mit köstlicher Bärlauchbutter, heimischem Rohschinken und hausgemachtem Brot wurden wir begrüßt. Mit knackig-erfrischendem Frühlingssalat mit Kräuter-Sauerrahm-Mousse und Apfel-Mango-Salat mit Curry und hausgebeiztem Lachs zur Vorspeise ging es weiter. Der Zwiebelrostbraten als Tagesempfehlung verdient besonderes Lob, die feinen Bäckchen vom Duroc-Schwein fanden sich hingegen etwas lieblos auf dem Teller arrangiert. Doch dann kam das hinreißend gute Marillensorbet zum süßen Abschluss und alles war wieder gut.

Tel.: 05512 3780
6867 Schwarzenberg
Dorn 138
www.alte-muehle.cc
office@alte-muehle.cc

HIRSCHEN 14/20
Koch: Jonathan Burger

Seit über einem Jahr steht der Traditionsgasthof Hirschen in Schwarzenberg, der sich jetzt auch „1. Kulturhotel in Vorarlberg" nennt, unter neuer Patronanz – Juniorchef Peter Fetz hat übernommen – und unter neuer Küchenleitung. Der alte Wälderhaus-Speisesaal wurde vorbildlich renoviert und mit einer schmucken Lounge-Bar ergänzt. Schöner geht es fast nicht. Leider ist die Mittagskarte allzu kurz geraten. Dafür glänzt die Abendkarte mit einem sehr durchdachten Regional- und Nose-to-tail-Konzept. Zu einer Spezialität des Haus entwickelte sich die Vorarlberger Ente mit dem Kopf à part. Potenzial ist da, wir sind gespannt, wohin die Reise noch geht.

à la carte: 7–38 €

Tel.: 05512 29440
6867 Schwarzenberg
Hof 14
www.hirschenschwarzenberg.at
info@hirschenschwarzenberg.at
Mo, Fr–So 12–14 und 18–21,
Do 18–21 Uhr
❄ je 2 Wochen im April und Nov. 2020

Bewertungen NEU

11 bis 12,5 Punkte von 20 Punkten: 1 Haube

13 bis 14,5 Punkte von 20 Punkten: 2 Hauben

15 bis 16,5 Punkte von 20 Punkten: 3 Hauben

17 bis 18,5 Punkte von 20 Punkten: 4 Hauben

19 bis 19,5 Punkte von 20 Punkten: 5 Hauben

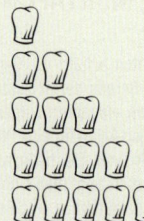

SILBERTAL IM MONTAFON   B4

PANORAMAGASTHOF KRISTBERG   👍 Tipp

Beim Kristberg im Silbertal handelt es sich um einen richtigen Kraft- und Energieort. Dabei wird die naturnahe Atmosphäre im Panoramagasthof mit gesundem, bewusstem Genuss verbunden. Gekocht wird hier mit frischem Gebirgsquellwasser, die Verarbeitung von natürlichen Grundprodukten steht im Vordergrund. Weil man im Ländle is(s)t, sollte man unbedingt den sauren Käs im Speckmantel probieren, Montafoner Käsespätzle dürfen auf der Speisekarte natürlich auch nicht fehlen. Das Ambiente ist ungezwungen und leger und schafft es, Geist mit kulinarischen Glücksmomenten zu vereinen.

à la carte: 12–21 €

Tel.: 05556 72290
0664 207 96 70

6782 Silbertal im Montafon
Kristbergstraße 47

www.kristberg.at
info@kristberg.at

täglich 7–19.30 Uhr
❄ 14. April–15. Mai,
2. Nov.–17. Dez. 2020

STUBEN/ARLBERG   B4

FUXBAU   15/20

Restaurant & Bar
Koch: Tobias Schöpf

Wenn sich draußen der Schnee meterhoch türmt und die Temperaturen frösteln lassen, ist man sehr froh, dass es ein Lokal wie den Fuxbau in Stuben gibt: heimelig, nicht zu groß, das Interieur ein Spiel aus hell und dunkel. Die Welt ist also doch kein feindseliger Ort. Verspielt ist auch die Speisekarte. Dort findet man den „alten Flussbewohner" (Flusskrebse) genauso wie den „Prinz des Gebirges" (Gams). Letzterer wurde nicht zu Unrecht schon in schriftlicher Form geadelt, das Zweierlei von der Gams schmilzt auf der Zunge, Kerbel und Vogelbeere sorgen für ein Duett aus Süße und Frische zu den erdigen Wildtönen. So steigt man gern ins Gebirge. Bei so viel Wohlgeschmack ist man vom Umgang mit dem Federvieh in der Fux-Küche dann doch enttäuscht. Sollte das – nomen est omen – doch eigentlich eine Spezialität des Hauses sein. Das Huhn aber, gefüllt mit etwas lind geratenem Kürbispüree, kann leider nicht wirklich überzeugen. Sehr gut ist wieder der „Bienenstock", eine geschmackliche Expedition ins Reich der Honigsammler. Wachs, Propolis, Honig und Pollen finden sich als Sorbet, Mousse und Waffel auf dem Dessertteller.

Tel.: 05582 30 18 84 00

6762 Stuben/Arlberg
Dorfstraße 22

www.restaurant-fuxbau.at
servus@restaurant-fuxbau.at

täglich 11.30–14 und 18.30–21 Uhr
❄ Nov. 2019, Mai–Juni 2020

SULZ

SULZ — A4

ALTES GERICHT — 14,5/20
Romantik-Restaurant
Koch: Helmut Benner

AMBIENTE AWARD 2020

In diesem Schmuckstück von Restaurant mit seinen verschiedenen romantischen Räumlichkeiten wird einem seit vielen Jahren durch Helmut Benner eine geschmackvolle, vielseitige und immer auf die Saison abgestimmte Küche geboten. Der charmant-freundliche Service empfiehlt Spezialitäten des Tages und sogleich auch die harmonierenden Weine dazu. Der Gast wählt und freut sich. Ein Bild von einem Teller aus der asiatischen Hemisphäre sind Sushi und Sashimi. Ausgezeichnet ist auch der lauwarme Oktopussalat. Als ultimativ faszinierendes Fischgericht erreichten uns die Bodensee-Zandermedaillons in der Kartoffelkruste. Stimmig und von runder Harmonie geprägt das Nüsschen vom Mattigtaler-Lamm mit Chorizo-Paprika-Schaum, Bärlauch-Blattspinat, Frühlingslauch, confiertem Ei und Polentaroulade. Auch die Desserts haben uns wirklich überzeugt. Schokoladeliebhaber werden mit „Improvisation mit Schokolade" glücklich, aber noch einen Tick toller fanden wir die ofenfrische Apfeltarte mit Marzipan, Calvados und Apfelstrudel-Rahm-Eis.

à la carte: 25–38 €

Tel.: 05522 43111
6832 Sulz
Taverneweg 1
www.altesgericht.at
info@altesgericht.at
Mo, Di, Fr, Sa 11.30–13.30 und 17.30–22, Do 17.30–24,
So 11.30–13.30 und 17.30–20 Uhr
variabel

TSCHAGGUNS — A4

GENIESSERHOTEL MONTAFONER HOF — 12/20

Im Montafoner Hof diniert man als À-la-carte-Gast gemeinsam mit den Hotelgästen. Das wäre an sich nicht weiter erwähnenswert, würde der Service an Abenden, an denen viel los ist, nicht einigermaßen überfordert wirken. So kommt es leider zu längeren Wartezeiten und dem einen oder anderen Schnitzer im Service. Herausragend ist nur der Gruß aus der Küche. Eine Miniatur, bestehend aus einer Suppe und sous vide gegarten Kalbfleischschnitten mit eingelegten Eierschwammerln. Der erste Gang heißt „Butter zu den Fischen" und entpuppt sich als gebeizter Saibling mit viel Gurke, Buttermilchtalern, Senfkörnern und Saiblingskaviar. Wenn man nur den Saibling, die Senfkörner und den Kaviar auf dem Löffel hat, ist das auch richtig gut. Sobald aber die Gurken und der Rest im Spiel sind, wird es ein unübersichtlicher Durcheinander an Aromen, Geschmäckern und Texturen. Der Hauptgang, „Das scheue Reh", hat einen originellen Titel, der jedoch einen unausgewogenen Teller bezeichnet. Es sind zu viele Heidelbeeren im Spiel und auch zu viel Rumsauce. Die Urkarotte sorgt zwar für etwas Frische, doch davon ist nicht viel auf dem Teller.

Tel.: 05556 71 00-0
6774 Tschagguns
Kreuzgasse 9
www.montafonerhof.com
info@montafonerhof.com

ZÜRS AM ARLBERG — B4

DIE ENTE VON ZÜRS — 13/20
im Hotel Albona Nova in Zürs am Arlberg
Koch: Franz Hintermaier

Eine telefonische Reservierungsbestätigung in diesem seit Jahren ausgezeichneten Restaurant zu ergattern, kann eine Herausforderung darstellen. Das liegt wohl am sehr reduzierten Sitzplatzangebot des Gourmetrestaurants, das direkt an den Halbpensions-Restaurantraum angrenzt. Das Menü versprach ein genussvolles Erlebnis – zumindest optisch. Die Gerichte waren zwar durchwegs aufwendig angerichtet, doch hielt der Geschmack nicht ganz, was das Auge versprochen hatte. Das sehr aufwendig arrangierte Gedeck mit Variationen von Butter und Schinken, inklusive

Tel.: 05583 2341
6763 Zürs am Arlberg 217
www.albonanova.at
office@albonanova.at
Mi–Mo 19–21.30 Uhr
6. April–22. Dez. 2020

ZÜRS AM ARLBERG

Rohschinken, Schinkenbutter und sogar Spänen von schwarzer Trüffel, ließ uns zu Beginn des Abends auf ein ausgezeichnetes Dinner hoffen. Die Tartelette mit nicht wirklich ansprechenden Fischperlen überzeugte uns nicht, ebenso wenig die Interpretation eines English Pie, die einen viel zu hohen Teiganteil aufwies. Angenehm war das Tatar mit Pilzen und Eidotter à part. Der Geflügelgang versprach optisch viel mehr, als er dann geschmacklich halten konnte. Dafür erfuhren wir zwischendurch, mit welch hohem Aufwand sich der Küchenchef persönlich bei der Herstellung der Tischaccessoires bzw. des Geschirrs einbringt. Ein gleich hohes Engagement hätten wir uns bei den Gerichten gewünscht. So war beispielsweise der Fischgang langweilig gewürzt. Dafür stimmte uns das gelungene Sorbet als Dessert versöhnlich. Die offensichtliche Fokussierung auf Hausgäste mag verständlich sein, aber Freude bereitet sie uns als externe Gäste nicht.

HIRLANDA 13/20

An der imposanten, runden Bar in der Mitte des Restaurants stoßen „normale Gäste" auf solche mit Promi-Faktor. Doch im großen Gastraum sind alle gleich und frönen ihrer Lust am kulinarischen Genuss. Die ganze Seezunge mit Pommes frites geht als „fish 'n' chips" durch – das ist Understatement. Auch die Hirlanda-Bouillabaisse und der Haus-Burger vom Wagyu-Rind fallen in diese Kategorie. Und wenn man dabei zusehen kann, wie ein tolles Fleischstück über dem Holzkohlengrill seiner finalen Bestimmung entgegengart, schmeckt es gleich noch einmal so gut. Die Miesmuscheln sind nicht weniger legendär als die „Café de Paris"-Kräuterbutter des Hauses. Der Weinkeller vermag auch anspruchsvolle Trinker zu begeistern.

à la carte: 7,80–48 €

Tel.: 05583 2262
6763 Zürs am Arlberg
Zürs 80
www.hirlanda.at
hotel@hirlanda.at
täglich 11.30–22 Uhr
bis Anfang Dez. 2019,
Ende April–Nov. 2020

VORARLBERG

Gault&Millau
2020

Die neuesten Ergebnisse aus der Haubenwelt:
800 Restaurants, neu getestet und bewertet.

Plus: Die besten Weine, Wirtshäuser, Hotels und Almhütten.
Neu in dieser Ausgabe: Golfclubs, Cafés und Bars.

Zwei Bücher, ein Preis: € 39,- für Ihren Wegweiser in die Welt des guten Geschmacks
www.gaultmillau.at

Bleiben Sie up to date mit unseren täglichen Nachrichten
auf Facebook und Instagram.

HOTELS

DIE BESTEN HOTELS IN ÖSTERREICH

AKTIV	Seite 570
AM WASSER	Seite 582
CITY	Seite 598
DESIGN	Seite 608
FAMILIE	Seite 620
GEHEIMTIPPS	Seite 632
GOLF	Seite 640
MIT HALBPENSION	Seite 650
HUNDEFREUNDLICH	Seite 656
LUXUS	Seite 664
NATUR	Seite 676
ROMANTIK	Seite 684
SEMINAR	Seite 692
WELLNESS	Seite 704

Bei der Zusammenstellung dieses Führers ließen wir größtmögliche Sorgfalt walten, trotzdem können Daten falsch oder überholt sein. Eine Haftung können wir auf keinen Fall übernehmen.

LANDKARTE

LEGENDE

○ Orte allgemein

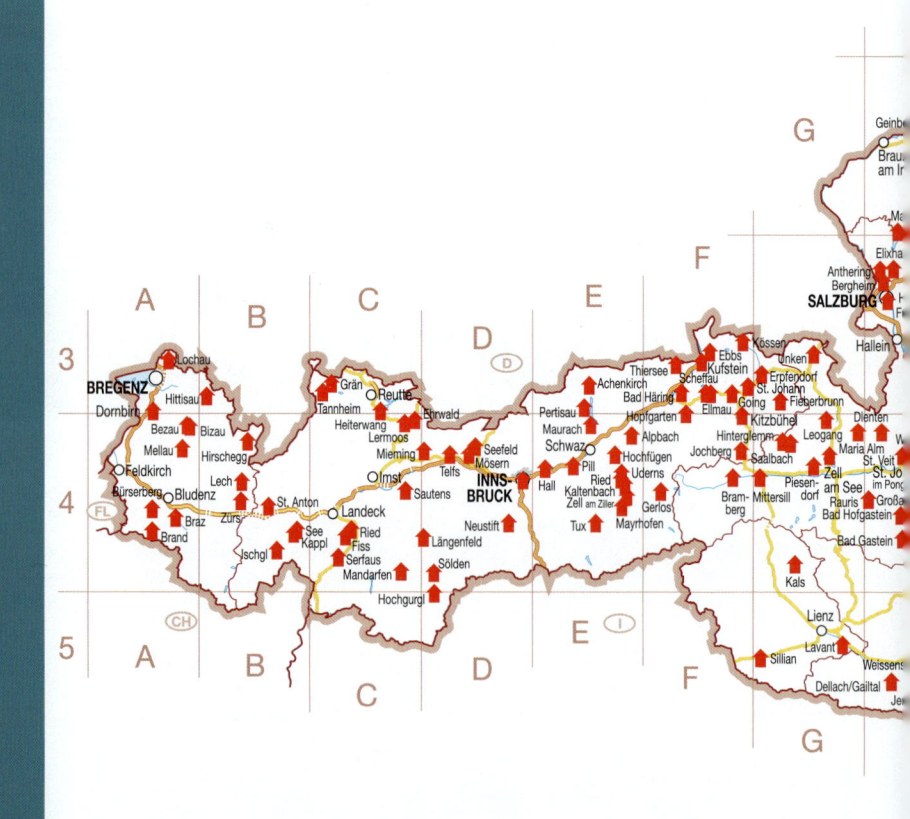

⬆ Hotels

LANDKARTE

HOTELS

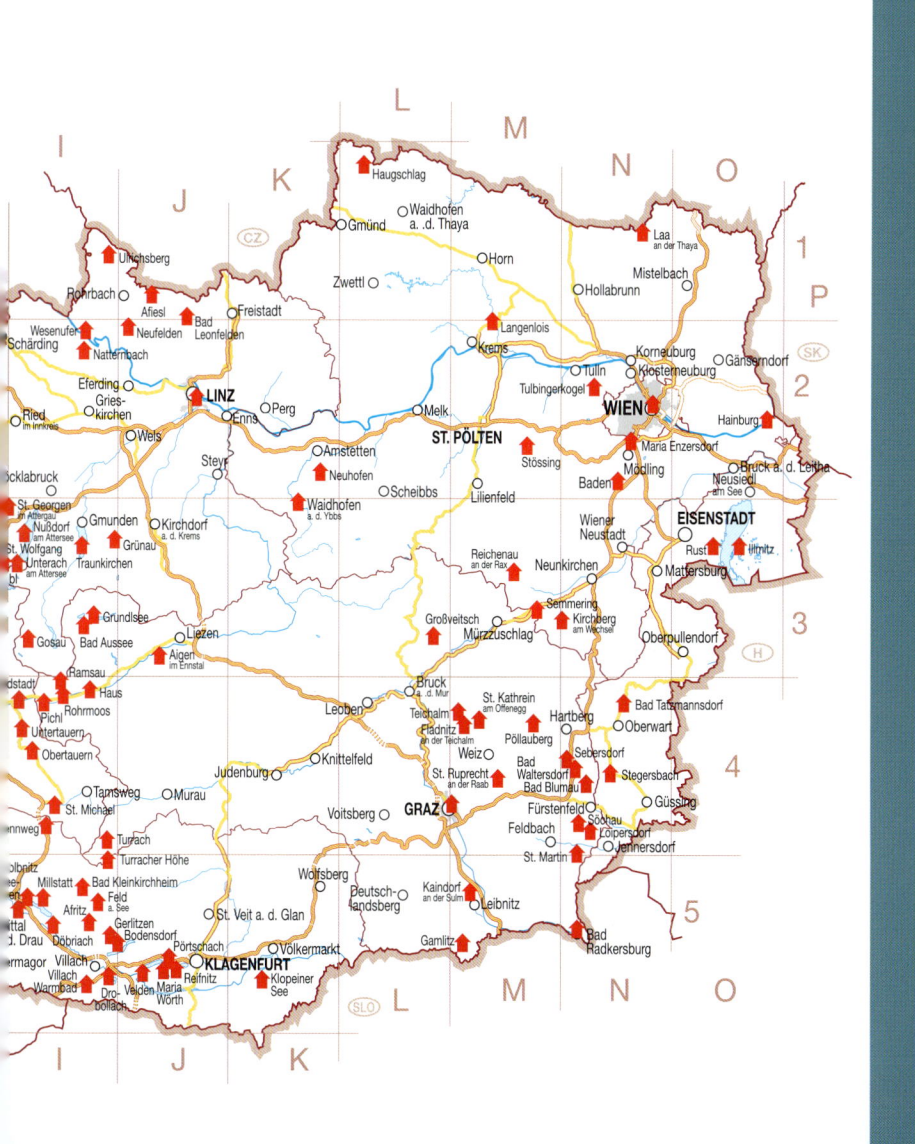

AKTIV

DIE BESTEN

Die besten Aktivhotels, die gemeinsam mit ihrer Lage eine große Vielfalt an sportlichen Aktivitäten und abwechslungsreichen Programmpunkten mit Bewegung bieten.

ALPINHOTEL PACHEINER
Gerlitzen

ALPINRESORT SCHILLERKOPF
Bürserberg

BICHLHOF
Kitzbühel

BURGHOTEL LECH
Lech am Arlberg

DAS GOLDBERG
Bad Hofgastein

DAS KRONTHALER
Achenkirch

DER WILDE EDER
St. Kathrein am Offenegg

DIE BERGE
Sölden

DOLOMITEN RESIDENZ SPORTHOTEL SILLIAN
Sillian

EDER HOCHKÖNIG
Maria Alm

GENIESSERHOTEL DIE FORELLE
Weissensee

GENIESSERHOTEL SONNHOF
St. Veit im Pongau

HOTEL ALPENHOF
Tux

HOTEL BERGHOF
Ramsau am Dachstein

HOTEL TANNENHOF
St. Johann im Pongau

HOTEL YSCLA
Ischgl

LORÜNSER
Zürs am Arlberg

NIDUM CASUAL LUXURY HOTEL
Mösern bei Seefeld

SONNHOF EUROPEAN AYURVEDA
Thiersee

SPORTHOTEL ST. ANTON
St. Anton am Arlberg

SPORTRESIDENZ ZILLERTAL
Uderns

SPORTRESORT HOHE SALVE
Hopfgarten im Brixental

THE ALPINE PALACE
Hinterglemm

VALAVIER AKTIVRESORT
Brand

WILDSPITZE
Mandarfen im Pitztal

ACHENKIRCH

ACHENKIRCH — TIROL E3

DAS KRONTHALER

Alleine am Waldrand liegt Das Kronthaler in wildromantischer Lage. Die Gegend rund um Rofan- und Karwendelgebirge eignet sich zum Bergsteigen, Klettern und Skifahren, zum Segeln, Stand-up-Paddeln, Golfspielen und für Wanderungen – unter anderem im Wald gleich hinter dem Hotel. Im Vier-Sterne-Plus-Haus geht es mit Yoga und Faszientraining aktiv weiter. In der Nature.Spa.Boxx ist alles drinnen, was man im Wellnesshimmel braucht: Indoor- und Outdoorpool, Saunen, Naturkosmetik. Bei Tisch werden Gerichte mit heimischen Zutaten sowie selbst gemachtes Brot gereicht. In der Bar spielen Musiker Piano und Saxophon.

Tel.: 05246 6389
6215 Achenkirch
Am Waldweg 105 a
www.daskronthaler.com
welcome@daskronthaler.com

BAD HOFGASTEIN — SALZBURG H4

DAS GOLDBERG

Allein auf einem Hochplateau thront Das Goldberg in Bad Hofgastein. Durch die Schlossalmbahn ist es an das Skigebiet Schlossalm-Angertal-Stubnerkogel und die Gasteiner Skischaukel angebunden. Dazu liegt es mitten im Wandergebiet des Nationalparks Hohe Tauern. Der Gold.Stollen im Spa besteht aus 400 Tonnen Naturstein und Baumstämmen, seine 42 Grad sind heilsam für die Atemwege. Zum Entspannen haben Vera und Georg Seer in ihrem Vier-Sterne-Plus-Haus außerdem Saunen, Pool, Naturbadeteich und ein Genuss.Reich mit eigenem Fischteich, Brotmanufaktur, Rösterei und regionalen Produkten.

Tel.: 06432 6444
5630 Bad Hofgastein
Haltestellenweg 23
www.dasgoldberg.at
info@dasgoldberg.at

BRAND — VORARLBERG A4

VALAVIER AKTIVRESORT

Das Valavier Aktivresort der Hoteliersfamilie Meyer liegt im „schönsten Talschluss der Welt", so die Gastgeber, und wird von der Rätikon-Gebirgsgruppe umrahmt. Im Paradiesgarten ihres Vier-Sterne-Superior-Hotels haben sie einen Pool errichtet, es gibt auch ein eigenes Becken plus Wasserrutsche für die Kinder sowie Schwitzkästen und Yoga-Retreats. Andere Aktiv-Varianten im Brandnertal sind Klettern, Nordic Walken, Tennis, Reiten, Skifahren und Golf. Kulinarisch wird eine naturnahe Küche mit Kräutergarten und Konditorei geboten.

Tel.: 05559 217
6708 Brand
Mühledörfle 25
www.valavier.at
servus@valavier.at

BÜRSERBERG — VORARLBERG A4

ALPINRESORT SCHILLERKOPF

Marcel und Roche Bosek führen das Alpinresort Schillerkopf im Brandnertal, in der Nähe von Bludenz. Im Winter liegt es in einem Ski- und Langlaufparadies und bietet im Sommer schöne Wander- und Bikerrouten, Klettergärten beim türkisfarbenen Lünersee und der Bürser Schlucht, Tennisplätze und 18-Loch-Golfplätze. Das Vier-Sterne-Superior-Haus ist klimaneutral mit Hackschnitzelheizung und Photovoltaikanlage, es gibt einen Naturbadeteich, Indoorpool, Saunawelt. Das MundArt-Restaurant serviert regionale Küche, in der Bar-Lounge spielt am Wochenende ein Pianist.

Tel.: 05552 63104
6707 Bürserberg
Tschengla 1
www.schillerkopf.at
info@schillerkopf.at

Die besten Weine Österreichs:

GERLITZEN
KÄRNTEN I5

ALPINHOTEL PACHEINER

Das Pacheiner auf dem Gipfelplateau der Gerlitzen ist der Hotel-Himmel in Kärnten. Es liegt auf 1900 Metern, höher geht es fast nicht mehr. „Bei uns hört man gar nichts", sagt Gastgeber Franz Pacheiner, „für manche ist das eine Herausforderung." Und eine Chance. Zum Ausklinken beim Wandern, Biken, im Waldhochseilgarten oder beim Ski in-Ski out. Zum Entspannen im Infinitypool in Poleposition zu den Julischen und Karnischen Alpen oder in der hauseigenen Sternwarte mit Blick ins Sonnensystem. Und zum Genießen der Alpe-Adria-Küche mit Produkten von heimischen Biobauern.

Tel.: 04248 2888
9520 Gerlitzen
Pölling 20
www.pacheiner.at
info@pacheiner.at

HINTERGLEMM
SALZBURG G4

THE ALPINE PALACE

Im Winter Skifahren, Rodeln oder Schneeschuhwandern, im Sommer Biken, Wandern, Tennisspielen. Das macht vor allem dann Spaß, wenn man als Homebase den Alpine Palace zur Verfügung hat. Das Fünf-Sterne-Plus-Hotel der Familie Wolf – sie gründete die erste Skischule in Hinterglemm – hat ein Body- und Soul-Center und ein Outdoorspa mit Solefreibad und Troadkasten-Sauna. Außerdem gibt es ausgezeichnete Restaurants. Das Arte Vinum trägt drei Hauben, in der Rauchkuchl zeigt der Küchenchef am offenen Kamin, was er kann. Im Skimuseum speist man neben originalen Alpinsportantiquitäten und trinkt Granderwasser oder Wein.

Tel.: 06541 6346
5754 Hinterglemm
Reiterkogelweg 169
www.hotel-alpine-palace.com
info@wolf-hotels.at

HOPFGARTEN IM BRIXENTAL
TIROL F3

SPORTRESORT HOHE SALVE

„Um in Balance zu sein, musst du in Bewegung bleiben", sagt Toni Innauer. Der Ex-Skisprungprofi ist einer der Experten im Sportresort Hohe Salve in Hopfgarten. Unter dem Vier-Sterne-Dach im Brixental können sich alle Altersgruppen unter sportwissenschaftlicher Aufsicht beim Schwimmen, Frischluftlauf, Wandern, Yoga oder Biken auspowern und danach mit gutem Gewissen ruhen. Auf Wunsch gibt es ein individuelles Bewegungskonzept oder eine Impedanzanalyse zur Ermittlung der Fett- und Muskelmasse. Und weil auch Ernährung viel bewegen kann, kommen für die Sportler Speisen mit optimaler Nährwertzusammensetzung auf den Tisch.

Tel.: 05335 2420
6361 Hopfgarten im Brixental
Meierhofgasse 26
www.hohesalve.at
welcome@hohesalve.at

ISCHGL
TIROL B4

HOTEL YSCLA
Genießerhotel

Ischgl, im südwestlichsten Winkel Tirols, ist die Heimat des Hotels Yscla von Familie Parth. Das Vier-Sterne-Haus liegt in der Fußgängerzone bei der Silvrettaseilbahn im Herzen des Ortes. Ischgl ist ein Paradies für Skifahrer, Biker, Wanderer. In den Relaxmodus kommt man in den Saunen und bei dem Waldgeräuschen im Aquaviva der Vitaltherme. Ebenfalls im Haus befindet sich mit dem Stüva eines der besten Restaurants des Landes, wo mit Juniorchef Benny Parth unser Koch des Jahres 2019 für kulinarische Höhenflüge garantiert. Zusätzlich gibt es im Yscla noch Weinkeller, Bistro und American Bar.

Tel.: 05444 5275
6561 Ischgl
Dorfstraße 73
www.yscla.at
info@yscla.at

Jetzt im Gault&Millau-Weinguide.

KITZBÜHEL

KITZBÜHEL — TIROL F4

BICHLHOF
Sport- und Wellnesshotel

Vor der Tür des Bichlhofs liegen die Bichlalm und die Kitzbüheler Alpen. Für die Gäste des Vier-Sterne-Superior-Hotels der Familie Hopfner heißt das: Aktivprogramm à la Skifahren und Wandern, Biken, Reiten, Golfen, Tennis. Der Skilift ist gleich beim Hotel, der 18-Loch-Platz Eichenheim mit den hoteleigenen E-Cars zu erreichen, zwei Sandtennisplätze sind beim Haus. Es gibt eine Harmonie Oase mit Innen- und Außenpool, Altholzsauna, Kräuterdampfbad und einen riesigen Gemüse- und Kräutergarten. Das Wasser kommt aus der Bergquelle, der Käse von der eigenen Alm. Die Naturzimmer sind ganz neu.

Tel.: 05356 64022
6370 Kitzbühel
Bichlnweg 153
www.bichlhof.at
office@bichlhof.at

LECH AM ARLBERG — VORARLBERG B4

BURGHOTEL LECH

Das Vier-Sterne-Plus-Hotel Burg auf 1650 Metern ist in Sachen Nachhaltigkeit Vorreiter in der Region. Familie Lucian installierte die erste Biomasse-Verbrennungsanlage und initiierte ein Tunnelsystem, das alle Betriebe in Oberlech unterirdisch verbindet. Die Gegend rund um den autofreien Ort ist ein Paradies für Mountainbiker, Kletterer und Wanderer, zum Golf- und Tennisspielen und Skifahren. Aus der Hauben-Gourmetküche kommen regionale Feinheiten und Weine aus der ganzen Welt. Dazu haben die Lucians eine der begehrtesten Terrassen in Westösterreich, die allen offen steht. Die Pools und Saunen sind Hotelgästen vorbehalten.

Tel.: 05583 2291
6764 Lech am Arlberg
Oberlech 266
www.burghotel-lech.com
info@burghotel-lech.com

MANDARFEN IM PITZTAL — TIROL C4

WILDSPITZE

Hinter vielen Hotels steht eine engagierte Familie. Im Wildspitze im Tiroler Mandarfen sind das die Strobl-Melmers: Vater, Mutter, drei Töchter engagieren sich hier für ihre Gäste. Ihr Vier-Sterne-Superior-Haus liegt an der Straße zum Pitztaler Gletscher mit Eins-a-Ausblick auf die Berge. Im Gletscherpark ist der höchste mit einer Seilbahn erschlossene Punkt Österreichs, bei Führungen taucht man in die Welt des ewigen Eises ein. Im Pitztal kann man Ski fahren, wandern, biken oder einfach nur querfeldein laufen. Danach im Pool und in der Zirbensauna des Gletscherspas entspannen und die regionalen Köstlichkeiten genießen. Plus: Eichhörnchen Kinderclub.

Tel.: 05413 86207
6481 Mandarfen im Pitztal
Mandarfen 46
www.hotel-wildspitze.com
info@verwoehnhotels.at

MARIA ALM — SALZBURG H4

EDER HOCHKÖNIG

Seit über 50 Jahren führen die Schwaigers das Hotel Eder in Maria Alm. Zu ihrer „Eder Collection" gehören außerdem das Hotel Sepp, die tom Almhütte und die Eder Apartments. Ihr Vier-Sterne-Haus am Dorfplatz ist ein feines Plätzchen, um zum Traillaufen und Wandern, Biken, Golfen oder Skifahren auf den Hochkönig zu starten. Wer die entsprechende Ausrüstung nicht hat, kann sich bestes Material ausborgen. Nach der Anstrengung empfiehlt sich Entspannung bei einer Kräutermassage, in der Biosauna, im Heublumenbad oder im Pool. Danach gibt es Almer Kasnocken von der Seniorchefin.

Tel.: 06584 7738
5761 Maria Alm
Am Dorfplatz 5
www.hoteleder.com
info@hoteleder.com

RAMSAU AM DACHSTEIN

MÖSERN BEI SEEFELD — TIROL D4

NIDUM CASUAL LUXURY HOTEL

Golf, Bike, Hike, Ski, Langlauf und Fitness sind die Aktivpfeiler des Nidum Casual Luxury Hotels am Seefelder Plateau. Der Möserer See, einer der wärmsten Seen Tirols, ist 15 Gehminuten entfernt, die Brunschkopf-Rundwanderung auch in der Nähe. Zum 18-Loch-Golfplatz Seefeld-Wildmoos sind es ein paar Kilometer. Das Nidum hat einen Infinitypool, der bei jedem Wetter geöffnet ist, einen beheizten Whirlpool und mehrere Saunen. Eine davon schwebt auf einem Fels und ist nur über eine Hängebrücke zu erreichen. Moderne, geräumige Zimmer mit Holz und Apéroterrasse. Drei Restaurants bieten kulinarische Abwechslung.

Tel.: 05212 203000
6100 Mösern bei Seefeld
Am Wiesenhang 1
www.nidum-hotel.com
info@nidum-hotel.com

RAMSAU AM DACHSTEIN — STEIERMARK J4

HOTEL BERGHOF

Im Sommer sind Caro und Hias Wieser gerne mit dem Mountainbike unterwegs. Im Winter besuchen sie mit ihren Tourenskiern die Almen und Hütten der Region. Wenn sie nicht mit Gästen en route sind, sorgen sie als Gastgeber im Hotel Berghof für gute Laune. Ihr Vier-Sterne-Haus liegt auf einer Hochebene und ist ein guter Ausgangspunkt zum Spazierengehen, Bergwandern und Klettern. Ramsau am Dachstein ist die Wiege der Klettersteige, da gibt es die Super-Ferrata mit 1200 Metern und einen eigenen für Kinder, aber auch Pilger- und Themenwege, Hängebrücken und eine Treppe ins Nichts. Die Wurzeln der Wiesers liegen in der Biolandwirtschaft. Rund um den Berghof haben sie ihre eigenen Felder und Wiesen. Die beiden lieben gutes Essen und servieren in ihrer Berghofküche Produkte vom dazugehörigen Bauernhof. Hunde sind ihnen willkommen, die dürfen zwar nicht in Hallenbad und Sauna, dafür in den Naturteich.

Tel.: 03687 818480
8972 Ramsau am Dachstein
Ramsau 192
www.hotel-berghof.at
office@hotel-berghof.at

HOTELS AKTIV

Bei Genießern zu Gast

★★★★
Hotel Berghof
www.hotel-berghof.at

ST. JOHANN IM PONGAU

ST. ANTON AM ARLBERG — TIROL B4

SPORTHOTEL ST. ANTON

Wenn man Arlberg hört, denkt man an Winter und Skifahren. Das ist aber nur die Spitze des Arl-Eisbergs, er ist auch ein Paradies für Wanderer, zum Klettern und Mountainbiken, Raften, Canyoning, Golfen. Und das Sporthotel St. Anton mitten im Ortszentrum eine gute Ausgangsbasis dafür. Nach der Bewegung lässt man sich auf der Massageliege durchkneten und entspannt in Sauna und Hallenbad. Danach holt man sich Inspirationen in der Kunstgalerie Artbox und das Abendessen in einem der drei Restaurants oder im Steakhouse. Hier ist auch autofreier Urlaub möglich.

Tel.: 05446 3111
6580 St. Anton am Arlberg
Dorfstraße 48
www.sporthotel-st-anton.at
office@sporthotel-st-anton.at

ST. JOHANN IM PONGAU — SALZBURG H4

HOTEL TANNENHOF

Karin und Franz Viehhauser bieten Urlaub in einem Salzburger Alpendorf auf 800 Metern. In ihrem Vier-Sterne-Superior-Hotel Tannenhof in St. Johann im Pongau haben sie einen eigenen Dorfplatz, aber nicht im üblichen Sinn – er liegt im Untergeschoß des Hauses. Im Winter gibt es dort jeden Tag, im Sommer immer freitags Livemusik, dazu dient er als kulinarische Ausweichstation. Abwechslung hat man bei den Viehhausers auch beim Sporteln: Skifahren, Tennis und Golf, Wandern, Mountainbiken, Plantschen im Hallenbad. Außerdem: Sauna, Bioessen, Spieleparadies „Kleines Tannenbäumchen".

Tel.: 06412 52310
5600 St. Johann im Pongau
Alpendorf 3
www.hotel-tannenhof.at
info@hotel-tannenhof.at

ST. KATHREIN AM OFFENEGG — STEIERMARK N4

DER WILDE EDER

Sie Konditorweltmeisterin, er Drei-Hauben-Koch. Zusammen sind Eveline Wild und Stefan Eder Gastgeber in Der Wilde Eder in der Steiermark. Das Vier-Sterne-Hotel liegt im Naturpark Almenland und ist das größte zusammenhängende Almweidegebiet Mitteleuropas. Der geschützte Landschaftsraum ist ein Wander-, Biker- und Golfer-Dorado, ein Paradies für Orchideen, Alpenböcke, Schwarzstörche, Steinböcke. Zu der regioglobalen Kulinarik von Stefan aus Almo-Steak und Wildkräutern kredenzt Eveline handgeschöpfte Schokoladeträume. Plus: Kräutergarten, Almhütte, Wildkräuter-Spa.

Tel.: 03179 32350
8171 St. Kathrein am Offenegg
Dorf 3
www.der-wilde-eder.at
info@der-wilde-eder.at

ST. VEIT IM PONGAU — SALZBURG H4

GENIESSERHOTEL SONNHOF

Zuerst Skitour, Klettersteig oder Wanderung, Golfplatz oder Reitstall, danach Sich-verwöhnen-Lassen von Vitus und Eva-Maria Winkler im Sonnhof. Ihr Genießerhotel in St. Veit im Pongau steht ganz im Zeichen des Genusses. Im Vier-Hauben-Restaurant Vitus Cooking erzählt der Hausherr mit seinen essbaren Kunstwerken Geschichten von Waldspaziergängen und Wintermärchen. Auch für Allergiker und Veganer gibt es verführerische Angebote. Private Feiern können am Chef's Table stattfinden. Er gibt Kochkurse und setzt auf Sonntagsbrunch mit regionalen Produkten und hausgemachten Marmeladen. Plus: Alpenpool, Biokräutersauna, Wanderbus.

Tel.: 06415 4323
5621 St. Veit im Pongau
Kirchweg 2
www.verwoehnhotel.at
sonnhof@verwoehnhotel.at

www.gaultmillau.at – Tipps, Trends, Rankings und alle Restaurantkritiken

MEIN WUNDERBARER

Kochsalon

VON MARTINA HOHENLOHE

WWW.MARTINAHOHENLOHE.COM

SILLIAN

SILLIAN TIROL F5

DOLOMITEN RESIDENZ SPORTHOTEL SILLIAN

Das Dolomiten Residenz Sporthotel Sillian liegt in einem der sonnenreichsten Orte des Landes. Vom Vier-Sterne-Plus-Hotel der Familie Schultz zwischen Großglockner und Dolomiten startet man auf die Langlaufloipe, gleich hinter dem Hotel ist der Drauradweg. In der Umgebung sind leichte Rundwanderwege und fordernde Bergtouren, Klettersteige, Golf- und Tennisplätze. Für den Nachwuchs gibt es den Häppi Päpi Kinderclub, Babybecken, Kinderhallenbad plus Riesenrutsche und Kinderbetreuung bis zu zwölf Stunden am Tag. Zum Haus gehören ein Außenpool und ein Naturbadeteich, Schwitzstuben und Weintraubenkosmetik von Vinoble. Dazu neue Studios mit getrennten Schlafzimmern und Suiten mit einem privaten Spa. Und regionale Vollkost, Weine und Edelbrände.

Tel.: 04842 60110
9920 Sillian 49 d
www.sporthotel-sillian.at
info@sporthotel-sillian.at

SÖLDEN TIROL D4

DIE BERGE

Karoline und Christian Pult lieben die Berge. Ihr Hotel in Sölden heißt deshalb auch so: die berge. Die beiden sind leidenschaftliche Skifahrer, Mountainbiker, Tourengeher und Wanderer und bieten den Gästen in ihrer Ötztaler Vier-Sterne-Homebase das, was man nach Wildwasserraften, Kajakfahren oder einem Tag im nahegelegenen Outdoorpark Area 47 braucht. Ein Sky Spa mit Infinitypool, Aromadampfbad, Finn- und Biosauna, eine Textilsauna für Kids und ein Fitnesscenter. Zum Frühstück selbst gemachte Marmeladen, Imkerhonig und Käse von Tiroler Bauern.

Tel.: 05254 2062
6450 Sölden
Gemeindestraße 2
www.dieberge.at
info@dieberge.at

THIERSEE TIROL F3

SONNHOF EUROPEAN AYURVEDA

Wer die ayurvedische Ganzheitlichkeit erleben, aber nicht weit reisen möchte, ist mit dem Ayurveda Resort Sonnhof in Thiersee gut beraten. Die Familie Mauracher vereint in ihrem Hotel fernöstliche Lebensphilosophien und Tiroler Alpenkultur. Ihr Ziel: durch Bewegung, Meditation und Ernährung sich selbst spüren und das innere Gleichgewicht wiederfinden. Konkret heißt das Spirit-Yoga, Berg- und Kräuterwanderungen, Entspannen in Hallenbad, Kräuter-Lehm-Sauna, Fünf-Elemente-Garten. Kulinarisch wird eine europäische Ayurveda-Küche in allen fünf Geschmacksrichtungen, mit Gemüse und Honig vom eigenen Lindhof und ohne Fleisch geboten.

Tel.: 05376 5502
6335 Thiersee
Hinterthiersee 16
sonnhof-ayurveda.at
info@sonnhof-ayurveda.at

TYPISCH OSTTIROL

OSTTIROL IST: AUTHENTISCH, URSPRÜNGLICH UND ECHT.

ANREISE:

MÜNCHEN
KITZBÜHEL
INNSBRUCK
WIEN, SALZBURG
FELBERTAUERN TUNNEL
MATREI
BRIXEN, VENEDIG
SILLIAN
KALS
LIENZ
KLAGENFURT
DOLOMITEN RESIDENZ ****SUP
SPORTHOTEL SILLIAN

DOLOMITEN RESIDENZ ****SUP
SPORTHOTEL SILLIAN

Eingebettet zwischen den Dolomiten und Großglockner, im Osttiroler Pustertal, liegt das erste Familien-Wellnesshotel Osttirols: Die Dolomiten Residenz ****SUP Sporthotel Sillian. Die 3.000 m² große Vitalresidenz Schloss Heinfels wurde um ein privates Spa ergänzt. Familien profitieren von einem vergrößerten Häppi Päpi Kinderclub und einem neuen Teenie Club für die Generation 12+. Das Haus liegt direkt am Drau-Radweg. Wandertouren starten Sie vom Hotel aus.

www.sporthotel-sillian.at

Tirol

Hochpustertaler Bergbahnen Nfg. GesmbH & Co KG
Sporthotel Sillian, A-9920 Sillian | ATU 44074407

TUX

TUX TIROL E4

HOTEL ALPENHOF

Im Vier-Sterne-Superior-Alpenhof in Hintertux gibt es zu jeder Jahreszeit ein Aktivprogramm. Familie Dengg organisiert Wanderungen zur hauseigenen Schrofenalm und zum Sonnenaufgang oder Skiguiding, dazu kann man walken, klettern, Basketball spielen und sich beim Yoga in der Sporthalle verbiegen. Danach geht es in den Alpengarten. Dort wird gekneippt und den Kindern beim Herumtollen am Spielplatz zugeschaut. Dann im Kristallbad und der Wilderersauna des Vitalis Spas geschwitzt. Am Abend holt man sich im vergrößerten Haubenrestaurant Rindfleisch aus eigener Erzeugung und Zillertaler Bauernbutter und schlemmt mit ruhigem Gewissen. Die Energie im Alpenhof kommt aus einer umweltfreundlichen Solaranlage, dazu gibt es Pelletheizung und E-Tankstelle.

Tel.: 05287 8550
6293 Tux
Hintertux 750
www.alpenhof.at
info@alpenhof.at

UDERNS TIROL E4

SPORTRESIDENZ ZILLERTAL

Die schicke Sportresidenz Zillertal liegt am 18-Loch-Meisterschaftsplatz Uderns. Die Greenfees sind ermäßigt, das E-Auto gratis, bei Schlechtwetter spielt man auf der Indooranlage. Wie im Schwesterhotel Dolomiten Residenz Sporthotel Sillian ist auch hier generell Action angesagt: Bergsteigen, Wandern, Radfahren, Canyoning, Raften. Auf dem Dach ist ein beheizter Pool, im Spa gibt es Sole-Dampfbad, Finn- und Biosauna sowie Yoga-, Pilates- und Wassergymnastikstunden. In der Genusswerkstatt bekommt man Abwechslung geboten – von Sushi bis zum Schinken-Käse-Toast.

Tel.: 05288 63000
6271 Uderns
Golfstraße 1
www.sportresidenz.at
info@sportresidenz.at

NATUR, SPORT, SPA
AUSZEIT FÜR AKTIVE & GENIESSER

www.alpenhof.at

Der Alpenhof ist das einzige 4-Sterne-Superior Hotel in Hintertux und überrascht mit einem traumhaft schönen Wohlfühlambiente, das a Wünsche erfüllt: großzügige Suiten im Tirol Stil, 2.800 m² VITALIS SPA und Alpengarten r XXL-Außen-Whirlpool, Hallenbad, verschiede Saunen und Dampfbäder, ein exklusiver Beaut und Wellnessbereich und eine moderne Fitnes landschaft. Wählen Sie aus einem feinen Angebot an Gesichts- und Körperbehandlung sowie Massagen. Bekannt für die ausgezeich nete Küche werden Sie im Hotel Alpenhof wahre Gaumenfreuden kennenlernen.

Alpenhof ★★★★ Superior
Hotel Alpenhof ★★★★Superior
Familie Klaus & Gabi Dengg
Hintertux 750, A-6293 Tux
Tel: +43 5287 8550, info@alpenhof.at

ZÜRS AM ARLBERG

WEISSENSEE
KÄRNTEN H5

GENIESSERHOTEL DIE FORELLE

Das Genießerhotel die forelle liegt am Kärntner Weissensee. Hausherr Hannes Müller wird in der Früh von einer Ente geweckt, vor Motorbooten braucht sie sich in ihrem Gewässer nicht zu fürchten. Auf der größten Natureisfläche Europas kann man eislaufen, rundherum Schneeschuh wandern oder langlaufen. Im Sommer organisiert Familie Müller Mountainbiketouren und Wanderungen, es gibt Wirbelsäulengymnastik. Auf die Teller im Vier-Sterne-Landgenusshotel kommen naturbelassene Produkte von umliegenden Produzenten und Gänseblümchen aus dem Garten. Plus: eigener Badestrand, Naturholzmöbel.

Tel.: 04713 2356
9762 Weissensee
Techendorf 80
www.forellemueller.at
info@dieforelle.at

ZÜRS AM ARLBERG
VORARLBERG B4

LORÜNSER

1700 Meter über dem Meeresspiegel liegt das Sporthotel Lorünser der Familie Jochum. Fünf Sterne mit zweistöckigem Spa, Pool und Saunen, alpenländischen Zimmern und dem Ersten Österreichischen Sommelier Club zur Förderung der Weinkultur in Gastronomie und Hotellerie. Mit den Skiern fährt man bis zur Hoteltür, schneesicher von Ende November bis Mitte April. Wer lieber langlaufen geht oder Eishockey spielt, rodelt oder mit Schneeschuhen wandert, hat ebenfalls die Möglichkeit dazu. Sehr romantisch ist eine Pferdeschlittenfahrt.

Tel.: 05583 22540
6763 Zürs am Arlberg 112
www.loruenser.at
hotel@loruenser.at

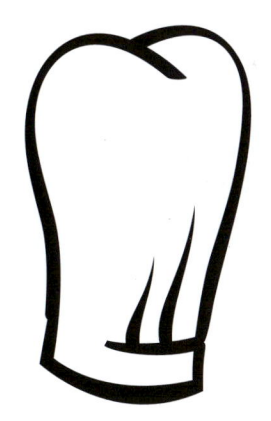

HOTELS AKTIV

Gault&Millau

Besuchen Sie uns auf Facebook unter
www.facebook.com/Gault.Millau.Oesterreich

AM WASSER

DIE BESTEN

Die besten Hotels am Wasser, die neben Entspannung, Ruhe und Ausblick auch zahlreiche Freizeitaktivitäten bieten.

CORTISEN AM SEE
St. Wolfgang

GENIESSER-SCHLOSSHOTEL SEEWIRT
Großveitsch

GRAND HOTEL ZELL AM SEE
Zell am See

HILTON VIENNA DANUBE WATERFRONT
Wien

HOTEL AICHINGER
Nußdorf am Attersee

HOTEL FISCHER AM SEE
Heiterwang

HOTEL KARNERHOF
Villach-Drobollach am Faaker See

HOTEL LINDE
Maria Wörth

HOTEL SCHLOSS SEEFELS
Pörtschach, Techelsberg am Wörthersee

HOTEL STADLER
Unterach am Attersee

KOLLERS
Seeboden

LANDHAUS ZU APPESBACH
St. Wolfgang

ROMANTIK HOTEL SEEFISCHER
Döbriach

ROMANTIK SEEHOTEL JÄGERWIRT
Turrach

SCHLOSS FUSCHL RESORT & SPA
Hof bei Salzburg

SEEHOTEL BELLEVUE
Zell am See

SEEHOTEL DAS TRAUNSEE
Traunkirchen

SEEHOTEL DR. JILLY
Pörtschach

SEEHOTEL ENZIAN
Weissensee

SEEHOTEL EUROPA
Velden am Wörthersee

SEEHOTEL GRUNDLSEE
Grundlsee

STRANDHOTEL SILLE
Reifnitz

VILLA POSTILLION AM SEE
Millstatt am See

WEISSENSEERHOF
Weissensee

WELLNESSRESORT AMERIKA-HOLZER AM SEE
Klopeiner See

WERZER'S HOTEL RESORT PÖRTSCHACH
Pörtschach

DÖBRIACH

DÖBRIACH   KÄRNTEN I5

ROMANTIK HOTEL SEEFISCHER

Elisabeth und Michael Berndl sind die Seefischer vom Millstätter See. Ihr gleichnamiges Hotel in Döbriach schaut wie eine romantische Sisi-Villa aus und hat sogar einen eigenen Yachthafen – kostenloses Booteinstellen inklusive. Wer kein eigenes Boot besitzt, fährt bei einer Sonnenuntergangsfahrt auf einem Motorboot mit. Auf Pfählen mitten im See steht ihre Finnsauna, dazu gibt es seit Kurzem ein neues Spa-Haus mit Lomi-Lomi-Nui-Massage oder Raindrop-Körperbehandlung. Relaxen kann man auch in der Bio-Granatsauna oder in den neuen Ruheräumen, im Außenpool am Badestrand oder im Hot-Whirlpool. Im Garten der Berndls wachsen 100 Rosenstöcke, aus ihrer Haubenküche kommen regionale Spezialitäten aus dem Alpe-Adria-Raum.

Tel.: 04246 77120
9873 Döbriach
Fischerweg 1
www.seefischer.at
hotel@seefischer.at

GROSSVEITSCH   STEIERMARK L3

GENIESSER-SCHLOSSHOTEL SEEWIRT

Das Schlosshotel Seewirt ist ein Gourmethotel auf über 1700 Metern. Das Haus der Familie Prodinger liegt auf der Turracher Höhe, an der Skipiste, neben dem Turrachsee. Bekannt ist der Seewirt für die Küche des Juniorchefs. Er kocht im Philipp mit Brennnesseltrieben und Kräutern von der Oma und behauptet von sich selbst: „Wahrscheinlich bin ich auch ein wenig ein Freak." Dazu gibt es im Vier-Sterne-Haus Wellness im durchblutungsfördernden Hochmoor des Schlossteiches, im Hallenbad, in der Salzstein-Heusauna oder im Zirben-Schwitzkasten. Aufpassen: im Sauna- und Ruhebereich adults only.

Tel.: 04275 8234
8664 Großveitsch
Turracher Höhe 33
www.schlosshotel-seewirt.com
info@schlosshotel-seewirt.com

Wellness & Genuss am Millstätter See

Das Romantik SPA Hotel Seefischer liegt am Millstätter See in einer unverbauten Bucht mit eigenem Yachthafen. Das SPA Haus mit Indoor Strand, Rosen-Suiten und Seesauna auf Pfählen im See bietet Wohlgefühl, Ruhe und Balance. Küchenchef Christian Gölles und sein Team verwöhnen Gäste kulinarisch im haubengekrönten Lokal des Hotels mit Spezialitäten aus dem Alpe-Adria-Raum. Dabei wird auf erstklassige Qualität der Produkte, Frische und Regionalität Wert gelegt.

Romantik SPA Hotel Seefischer am Millstätter See
Elisabeth und Michael Berndl
Fischerweg 1 • 9873 Döbriach am Millstätter See
Tel.: +43 4246 77120 • Fax: +43 4246 77093
E-Mail: hotel@seefischer.at • www.seefischer.at

Seefischer
Romantik SPA Hotel **** Superior
am Millstätter See

Zur schönsten Zeit am schönsten Ort

HEITERWANG

GRUNDLSEE

STEIERMARK I3

SEEHOTEL GRUNDLSEE

Tel.: 03622 860444

Der Grundlsee ist der größte See der Steiermark und für seine Bewohner fast wie ein Meer. Nur mit Trinkwasserqualität. Am Ufer des warmen Nasses liegt das Seehotel Grundlsee. Gastgeberin Michaela Reiter bietet ihren Haus- und externen Gästen das Restaurant Seeplatzl. Serviert werden steirische Gerichte und fangfrischer Fisch, Kräuter aus der Ausseerland-Salzkammergut-Region und Spezialitäten von heimischen Almrindern. Es gibt eine Seesauna mit Biokräutern oder eine Zirbenholz-Infrarotkabine und regionales Holz in den Zimmern. Lustig ist die Plättenfahrt auf dem Grundlsee: Namaste vom See!

8993 Grundlsee
Mosern 22

www.seehotelgrundlsee.at
seeyou@seehotelgrundlsee.at

HEITERWANG

TIROL C4

HOTEL FISCHER AM SEE

Tel.: 05674 5116

Weniger ist mehr, für wahre Erholung braucht es nicht viel. Am Morgen mit dem Boot über den Heiterwanger See rudern, danach unter dem Lieblingsbaum die Seele baumeln lassen. Durch den Skulpturenpark spazieren und später am Seegrillplatz beim Lagerfeuer sitzen. Das Fischer am See schafft Entspannungsmomente ohne großen Energiebedarf. Auch das Hotel der Familie Bunte in Heiterwang ist energieeffizient gebaut, die Lebensmittel kauft sie bei regionalen Lieferanten. Es gibt eine kleine Bibliothek, Saunen und neue Zimmer: vier Sterne im Hotel und Milliarden am Himmel.

Fischer am See 1
6611 Heiterwang

www.fischeramsee.at
hotel@fischeramsee.at

HOTELS AM WASSER

Gault&Millau

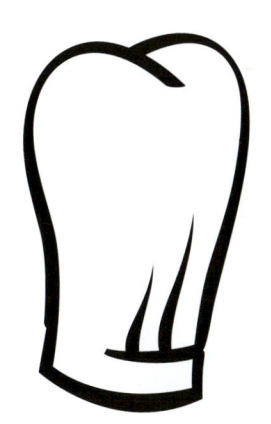

Gault&Millau 2020 – alle Ergebnisse ab sofort auch unter www.gaultmillau.at erhältlich

HOF BEI SALZBURG

HOF BEI SALZBURG   SALZBURG H3

SCHLOSS FUSCHL RESORT & SPA
HOTEL DES JAHRES 2011

Hinter mächtigen Mauern aus dem 15. Jahrhundert, mit einem Traumausblick auf den Fuschlsee liegt das Schloss Fuschl Resort & Spa. An den Wänden des Fünf-Sterne-Hotels in Hof bei Salzburg hängen alte Meister, an der Decke glitzernde Kronleuchter, wie in einem kitschigen Film. Von manchen Zimmern und Suiten schaut man auf den See, in 115 Quadratmeter großen Lake Cottage wohnt man in einem Seehäuschen direkt am Wasser. Man kann schwimmen, nicht nur im See – es gibt auch einen Pool. Außerdem Möglichkeiten zum Wandern, Golfspielen und einer Tour mit dem Oldtimer durch das Salzkammergut, Fliegenfischen, Minigolfspielen oder Kajakfahren. Für die Entspannung danach warten noch ein Dampfbad und ein Whirlpool, Körperpeelings, Paarmassagen, aber auch Fitnesskurse.

Tel.: 06229 22530
5322 Hof bei Salzburg
Schloss-Straße 19
www.marriott.com

KLOPEINER SEE   KÄRNTEN L5

WELLNESSRESORT AMERIKA-HOLZER AM SEE

Das Amerika-Holzer von Familie Sammer in St. Kanzian ist ein Vier-Sterne-Superior-Hotel an einem der wärmsten Badeseen Europas. Eine Strandoase mit langem Privatstrand, Hängematten über dem Wasser, Stand-up-Paddle-Boards und Gratis-Ruderbooten. Da gibt es eine Strandlounge am Pool mit Blick auf die Berge, eine Sauna über dem Wasser und eine Soft-Sauna für die nicht so Hitzigen. Einen Indoorpool, wenn es draußen einmal nicht so fein ist, Gerichte mit Naturprodukten aus der österreichischen und Alpe-Adria-Küche und einen Miniclub ab drei Jahren.

Tel.: 04239 2212
9122 Klopeiner See
Am See 11
www.amerika-holzer.at
hotel@amerika-holzer.at

SCHLOSS FUSCHL
RESORT & SPA
FUSCHLSEE-SALZBURG

THE
LUXURY
COLLECTION

Nestled in Austria's Salzkammergut region, our storybook resort is just 20 minutes from Salzburg away and world-renowned for its spellbinding natural beauty and intoxicating atmosphere.

The Schloss Restaurant delivers an unparalleled culinary experience inspired by traditional Austrian cuisine in a distinctly modern style. Enjoy the restaurant's inviting interior, or relax with a freshly brewed coffee and a slice of cake on the terrace boasting majestic views of the surrounding valley and Lake Fuschl.

FOR RESERVATIONS, PLEASE CALL +43 6229 2253 0
OR VISIT SCHLOSSFUSCHLSALZBURG.COM

SCHLOSS FUSCHL
A LUXURY COLLECTION RESORT AND SPA, FUSCHLSEE-SALZBU
SCHLOSS STRASSE 19, 5322 HOF BEI SALZBURG, AUSTRIA

MILLSTATT AM SEE

MARIA WÖRTH   KÄRNTEN K5

HOTEL LINDE

Vier Sterne und eine Halbinsel. Das Hotel Linde liegt idyllisch in Maria Wörth. Die Familie Trattnig hat einen eigenen Strand und eine Seebar, in der mediterran-asiatische Menüs und Sushivariationen aufgetischt werden. Im Seerestaurant kommen Fisch aus eigener Zucht und österreichische Küche auf den Tisch. Kunst und schöne Dinge liegen der Gastgeberfamilie am Herzen. In ihrem Haus präsentiert sie Werke wechselnder Künstler, im Linde Shop ausgewählte Produkte und Geschenke. Dazu gibt es Sauna und Fitnesscenter und zwei Linde Villas, in denen man Hausbesitzer auf Zeit spielen kann.

Tel.: 04273 2278
9082 Maria Wörth
Lindenplatz 3
www.hotellinde.at
info@h-linde.at

HOTELS AM WASSER

MILLSTATT AM SEE   KÄRNTEN J5

VILLA POSTILLION AM SEE

Wie praktisch, wenn man eine eigene Wetterstation hat, so wie die Villa Postillion am Millstätter See. Diese – und die Tessiner Palmen – bestätigen, dass es rund um das Vier-Sterne-Hotel immer um zwei Grad wärmer ist. Wegen der Lage an einer Sonnenbucht mit Ausrichtung gen Südwesten. So kann man früher schwimmen, mit dem Boot übers Wasser schippern oder am Südufer eine Buchtenwanderung machen. Dazu hat Familie Sichrowsky in Millstatt eine Seesauna und ein Spa in der alten Villa mit Infinitypool oder Kräutersauna, das Kärntner Badehaus ist 70 Meter entfernt. Extra: Zimmer mit XXL-Balkonen.

Tel.: 04766 2552
9872 Millstatt am See
Kaiser-Franz-Josef-Straße 106
www.villa-postillion.at
info@villa-postillion.at

Gault & Millau
2020

Die neuesten Ergebnisse aus der Haubenwelt:
800 Restaurants, neu getestet und bewertet.

Plus: Die besten Weine, Wirtshäuser, Hotels und Almhütten.
Neu in dieser Ausgabe: Golfclubs, Cafés und Bars.

Zwei Bücher, ein Preis: € 39,- für Ihren Wegweiser in die Welt des guten Geschmacks
www.gaultmillau.at

Bleiben Sie up to date mit unseren täglichen Nachrichten
auf **Facebook** und **Instagram**.

NUSSDORF AM ATTERSEE

NUSSDORF AM ATTERSEE
OBERÖSTERREICH I3

HOTEL AICHINGER

Michaela und Andreas Aichinger führen das gleichnamige Boutiquehotel im Salzkammergut. Ihr Genussplätzchen in Nußdorf ist einer der ältesten Gastwirtschaftsbetriebe am Attersee. Im 19. Jahrhundert war es eines der ersten Häuser, das die französische Tradition übernahm, den Gästen eine Speisekarte vorzulegen. Heute serviert das Aichinger Bräu regionale Gerichte auf Basis überlieferter Rezepte und über 400 Weine. Außerdem im Portfolio des Vier-Sterne-Hotels: ein Seestrand, an dem Ruderboot und Kanu, Tretboot und Stand-up-Paddel-Boards ankern. Wenn der See noch zu kalt ist, springt man in den Pool und entspannt im malerischen Poolhaus, in der Sauna und im Dampfbad. Auch schön: schattiger Gastgarten und Attersee Loft.

Tel.: 07666 8007

4865 Nußdorf am Attersee
Am Anger 1
www.hotel-aichinger.at
office@hotel-aichinger.at

PÖRTSCHACH
KÄRNTEN J5

SEEHOTEL DR. JILLY

Ein Sommerfrischehaus am Wörthersee! Vor ein paar Jahren wurde das in Familienbesitz befindliche Gebäude modernisiert. In der Früh bekommt man ein Stressvermeidungs-Zuckerl, von den großen Fenstern schaut man in den Garten, auf die Blumenpromenade und den Badestrand. Der liegt in der Westbucht des Sees, wo die Sonne besonders lang scheint. Das kann man auf der Badebrücke ausnützen oder sich ein schattiges Plätzchen unter den alten Trompetenbäumen suchen. Sollte es einmal regnen, kann man sich in den Saunen und im Dampfbad aufwärmen. Der österreichischen Kaffeehauskultur gewährt man im Vier-Sterne-Superior-Hotel ihre ganze Vielfalt, im Restaurant werden Kärntner Spezialitäten serviert. In der Jilly Beach-Bar gibt es danach Loungemusik und Wassergeplätscher zum Sonnenuntergang: Ferien am Wörthersee, das ganze Jahr lang.

Tel.: 04272 2258

9210 Pörtschach
Alfredweg 5–7
www.jilly.at
seehotel@jilly.at

WERZER'S HOTEL RESORT PÖRTSCHACH

Einen eigenen Badestrand mit flachem Seeufer und beheiztem Seepool, ein Badehaus mit Beach Club und frisch renovierte Zimmer. Das bekommt man im Vier-Sterne-Plus-Hotelresort Werzer's in Pörtschach am Wörthersee. Von der freistehenden Badewanne der 100 Quadratmeter großen Penthouse Suite sieht man direkt auf den größten See Kärntens. Dort ist auch das denkmalgeschützte Badehaus, eine Symbiose aus Wellness- und Kulinarikwelt. Hier kann man auf der Terrasse oder in den Seesaunen relaxen, mit dem Kanu hinauspaddeln und im Haubenrestaurant Kärntner Spezialitäten und Cucina Italiana genießen.

Tel.: 04272 2231

9210 Pörtschach
Werzerpromenade 8
www.resort.werzers.at
resort@werzers.at

PÖRTSCHACH, TECHELSBERG AM WÖRTHERSEE
KÄRNTEN J5

HOTEL SCHLOSS SEEFELS

Übernachten in einem Schloss am Wörthersee? Dieser exklusive Traum nimmt im Seefels in Pörtschach konkrete Formen an. Der Blick über den See ist wunderschön, man kann auch Tennis spielen, Wasserski fahren und, solange kein Schnee liegt, auf den vier 18-Loch-Golfplätzen einlochen. Oder im beheizten Seebad auch im Winter seine Bahnen ziehen. Es gibt ein Felsenspa, ein Hallenbad und mit La Terrasse ein ausgezeichnetes Gourmetrestaurant. Wer mit dem Boot kommt, kann in der Seefels-Marina anlegen. Erlaubt es das Budget, nächtigt man am besten in der neuen Udo-Jürgens-Turmsuite.

Tel.: 04272 2377

9212 Pörtschach,
Techelsberg am Wörthersee
Töschling 1
www.seefels.at
office@seefels.at

Bei der Zusammenstellung dieses Führers ließen wir größtmögliche Sorgfalt walten, trotzdem können Daten falsch oder überholt sein. Eine Haftung können wir auf keinen Fall übernehmen.

GASTLICHKEIT SEIT 1877
DAS BRÄU

HOTEL AICHINGER ****

Boutiquehotel & Restaurant
Am Anger 1
4865 Nußdorf am Attersee
Tel. +43 7666 8007
office@hotel-aichinger.at
www.hotel-aichinger.at

Das Hotel Aichinger ist ein Boutiquehotel mit fast 200-jähriger Geschichte in Nussdorf am Attersee. Stetiger Wandel prägt das Haus – und doch gibt es einen roten Faden, der sich durch die Jahrhunderte zieht: Wir bieten unseren Gästen immer wieder den besonderen Genuss.

Unser mehrfach prämierte Restaurant DAS BRÄU begann 1877 eine Genuss-Geschichte, die bis heute von uns fortgesetzt wird. Im Bräu kochen wir nach einem ganz einfachen Prinzip: Regionale Zutaten, überlieferte Rezepte und ein Schuss Modernität. Ein absolutes Genießer-Highlight ist auch unsere Weinkarte mit mehr als 400 ausgewählten Positionen.

DR. JILLY
SEEHOTEL
SUPERIOR

www.jilly.at

REIFNITZ

REIFNITZ — KÄRNTEN J5

STRANDHOTEL SILLE

Direkt neben der Anlegestelle der Linienschifffahrt Reifnitz liegt das Strandhotel Sille. Familie Botzenhart-Sille kredenzt in ihrem Seerestaurant Kärntner Gerichte oder Fischspezialitäten. Der Kuchen zum Kaffee kommt aus der eigenen Konditorei. Vom Hotel aus gibt es wunderschöne Wanderungen, etwa in das Naturschutzgebiet Spintikteiche oder zum Pyramidenkogel, zur Maria-Wörth-Halbinsel sind es drei Minuten mit dem Auto. Nach dem Ausflug entspannt man in der Sauna im Wellnessbereich, im Fitnessraum oder bei einer Massage.

Tel.: 4273 2237
9081 Reifnitz
Wörthersee-Süduferstraße 108
www.strandhotel-sille.com
reservierung@hotel-sille.com

ST. WOLFGANG — OBERÖSTERREICH I3

CORTISEN AM SEE

Das Cortisen am See ist kein Hotel im typischen Salzkammergut-Look. Es ist eine Mischung aus Kolonialstil und Landhaus, aus Alt und Neu. Ein bisschen fühlt man sich wie in einem englischen Klub, aber mit mediterranen Einflüssen. Bei schönem Wetter kann man sich bei einer Beach-Massage durchkneten lassen oder mit dem neuen Ruderboot über den See schippern. Oder mit der hoteleigenen Harley über die Postalm-Panoramastraße düsen. Alle Zimmer und Suiten wurden vor Kurzem renoviert, die Vielfalt ist bunt: Asian oder African Spirit Suite, White, Blue oder Black Suite, eine private Spa Suite gibt es auch. Im Spa sind Finn- und Biosauna, Aromadampfbad und beheizte Wasserbetten, die Fitnesslounge ist 70 Quadratmeter groß. In der „Blue in the Face"-Lounge wird die Zigarrenkultur gelebt. Für Gäste ab zwölf Jahren.

Tel.: 06138 23760
5360 St. Wolfgang
Pilger Straße 15
www.cortisen.at
hotel@cortisen.at

LANDHAUS ZU APPESBACH

Fast könnte man meinen, im Landhaus zu Appesbach am Wolfgangsee sei die Zeit stehen geblieben. Eine gepflegte Kiesauffahrt, ein englisches Herrenhaus und ein prächtiger Park mit alten Bäumen. Weil sich der Herzog von Windsor nach seiner Abdankung als englischer König nach St. Wolfgang zurückzog, trägt eine der Suiten seinen Namen. Gespeist wird heute bodenständig im Restaurant, in der Bar oder beim Picknicken im Ruderboot. Entspannen kann man in der Wellness-Alm am Leopoldhof, die nur fünf Autominuten vom Hotel entfernt liegt.

Tel.: 06138 22090
5360 St. Wolfgang
Au 18
www.appesbach.com
office@appesbach.com

SEEBODEN — KÄRNTEN I5

KOLLERS

Das Kollers in Seeboden am Millstätter See bietet Beach Living auf Vier-Sterne-Plus-Niveau. Da gibt es ein ganzjährig (umweltfreundlich) beheiztes Seebad mit Sauna-Kubus, Sonnendeck und offenem Kamin. Die MS Kollers Swan, ein ehemaliges Linienschiff mit Mahagoniboden, das vor dem Hotel ankert und ab und zu mit den Gästen auf Entdeckungsreise geht. Eine Affinität zu Booten ist den Gastgebern nicht abzusprechen. Mit dem Oldtimerschiff Poto haben sie ein restauriertes Holzschiff aus 1925 in ihrer Flotte, das ganztägig als Water Villa gemietet werden kann. Ein 200 Quadratmeter großes Beach House mit Garten für bis zu acht Personen gibt es auch noch, auf einer Palmeninsel im See kredenzen sie ein romantisches, siebengängiges Dinner für zwei. Wem das zu viel Wasser ist, der verzieht sich auf die Alm, in die Koller Lodge auf 1750 Metern.

Tel.: 04762 82000
9871 Seeboden
Seepromenade 2–4
www.kollers.at
info@kollers.at

Die besten Weine Österreichs: der Gault&Millau-Weinguide.

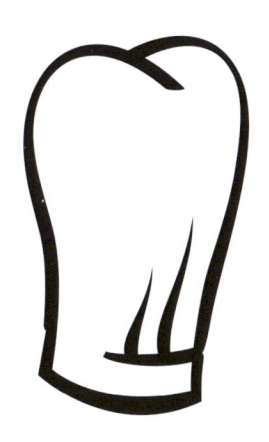

Gault&Millau

Gault&Millau 2020 – alle Ergebnisse ab sofort auch unter www.gaultmillau.at erhältlich

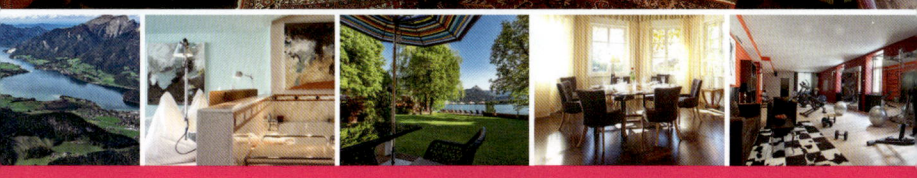

CORTISEN AM SEE

5360 ST. WOLFGANG IM SALZKAMMERGUT | TEL. +43(6138)2376-0 | E-MAIL: HOTEL@CORTISEN.AT
WWW.CORTISEN.AT

TRAUNKIRCHEN

TRAUNKIRCHEN

OBERÖSTERREICH J3

SEEHOTEL DAS TRAUNSEE

Tel.: 07617 2216
4801 Traunkirchen
Klosterplatz 4
www.dastraunsee.at
traunsee@traunseehotels.at

Ein Hotel, das genauso heißt wie der See, an dem es liegt: Das Traunsee. Familie Gröller hat ihr Haus in Traunkirchen mit Zugang zum See gerade umgebaut. Das Vier-Sterne-Superior-Hotel hat eine offene Rezeption bekommen, mit rotem Marmor vom Traunstein und italienischen Tapeten. Es gibt jetzt Sitzfenster und Wandbespannungen aus Samt und eine 95 Quadratmeter große Rooftop Suite. Die hat einen großen Wohn-Schlafbereich, zwei Räume, eine freistehende Badewanne und eine Dachterrasse. Ein weiteres Highlight im Traunsee ist das neue See-Spa. In der Panorama- und Softsauna oder im Marmordampfbad kann man endlich den Salzkammergut-Schnürlregen genießen. Neu sind auch die privaten Suiten im Kloster Refugium, wenige Schritte vom Hotel entfernt. Kulinarisch besticht Das Traunsee im Bootshaus mit seiner grandiosen Küche. Die Wandertipps von den bergaffinen Gastgebern sind das Extrazuckerl.

www.gaultmillau.at – Tipps, Trends, Rankings und alle Restaurantkritiken

SEEHOTEL DAS TRAUNSEE
★★★★S HOTEL · RESTAURANT BOOTSHAUS · SEESIDE

Malerisch in Traunkirchen am Traunsee im Salzkammergut gelegen, ist das von Familie Gröller geführte Hotel eine Oase der Ruhe und Entspannung. Alle Zimmer mit Balkon und Seeblick, neu ist die Panorama-Suite Traunstein. Mehrfach ausgezeichnetes Gourmet-Restaurant Bootshaus.

Gourmet Sonntagszeit

- 1 Übernachtung (von So - Mo) im Zimmer mit Balkon & Seeblick inkl. Feinschmeckerfrühstück
- 1 Flasche Wein am Zimmer bei Anreise
- 6-Gang-Gourmet-Abendmenü im Restaurant Bootshaus
- Benutzung des neuen See-Spas mit u.a. Panorama-Sauna und hauseigenem Badesteg

ab € 169,- pro Person

Weitere Angebote & Online-Gutschein-Shop auf www.dastraunsee.at

Seehotel Das Traunsee mit Restaurant Bootshaus – 4801 Traunkirchen
Tel +43 (0)7617 2216 | traunsee@traunseehotels.at | www.dastraunsee.at

KOLLERs
HOTEL
★★★★s

Es gibt *Plätze* im Leben, die man **SPÜREN** sollte.

Das Leben am See

9871 Seeboden, Kärnten
Telefon: +43 (0)4762 82000   www.kollers.at

TURRACH

TURRACH · STEIERMARK I4

ROMANTIK SEEHOTEL JÄGERWIRT

Urlaub an einem Bergsee, das wäre doch etwas! Das Romantik Seehotel Jägerwirt auf der Turracher Höhe liegt 1763 Meter über dem Meeresspiegel und trotzdem direkt am Wasser, rundherum duftende Zirbenwälder und die Gurktaler Alpen. Zimmer gibt es im Vier-Sterne-Superior-Haus in unterschiedlichen Stilen, ein Turmzimmer ist auch dabei. Der Almbutler serviert das Gipfelfrühstück am Morgen oder das Picknick am Turrachsee und zeigt den Gästen die schönsten Plätze der Umgebung. Außerdem: Kitz Club ab zwei Jahren, Zirbenspa, Heubäder, Saunen, Pools.

Tel.: 04275 8257
8864 Turrach
Jägerwirtsiedlung 63
www.seehotel-jaegerwirt.at
urlaub@seehotel-jaegerwirt.at

UNTERACH AM ATTERSEE · OBERÖSTERREICH I3

HOTEL STADLER

Der Verkehr ist weit weg, hier herrscht beschauliche Ruhe vor. Das Seehotel Stadler in Unterach liegt in exklusiver Alleinlage am Südwestufer des Attersees. Ein weitläufiger Privatstrand, dazu ein Bootshaus mit Elektro- und Ruderboot, ein neuer Wellnessbereich mit Zirbenholz, Finnsauna, Dampfbad – so kann man es sich hier gut gehen lassen. Im Restaurant verwöhnt die Familie Stadler mit frischem Fisch aus dem See, Eierschwammerln aus den umliegenden Wäldern, Wild aus dem eigenen Gehege und Kräutern aus dem Bauerngarten. Die Kinderbetreuung ist übrigens kostenlos.

Tel.: 07665 8346
4866 Unterach am Attersee
Stockwinkel 1/3
www.seegasthof-stadler.at
info@seegasthof-stadler.at

VELDEN AM WÖRTHERSEE · KÄRNTEN J5

SEEHOTEL EUROPA

Die Veldener Bucht am Wörthersee ist die Heimat des Seehotels Europa. Es ist eingebettet in einen großen Park mit alten Bäumen und wird in achter Generation von der Familie Wrann betrieben – ihr Service trägt vier Sterne und ein Plus. Stärkung gibt es auf den Terrassen ihrer Restaurants und beim Sonntagsbrunch, im Hallenbad oder in den Saunen, bei Yoga oder Golf. Wenn es am Wörthersee ruhig wird, wandern die Wranns nach Oberlech am Arlberg, um Gäste in ihrem Hotel Bergkristall zu verwöhnen. Ihr Hotel Post beim Casino Velden ist ganzjährig geöffnet.

Tel.: 04274 2770
9220 Velden am Wörthersee
Wrannpark 1–3
www.seehotel-europa.at
seehotel.europa@wrann.at

VILLACH-DROBOLLACH AM FAAKER SEE · KÄRNTEN I5

HOTEL KARNERHOF
Genießerhotel

Wo Wasser ist, denkt man an Urlaub. Der Karnerhof der Familien Karner und Melcher liegt am südlichsten Alpensee des Landes. 100.000 Quadratmeter bieten viel Platz. Es gibt vier Sandplätze zum Tennisspielen, einen eigenen Kieselbadestrand, ein Bootshaus und zwei Holzstege zum Surfen, Segeln, für Ausflüge mit dem Ruderboot. Man kann in der Seesauna ausspannen oder – wenn das Wetter einmal nicht passt – im Spa mit Indoorpools und Schwitzbädern. À-la-carte-Restaurant und Götzlstube servieren Fisch aus heimischen Gewässern, Rosmarin aus ihrem riesigen Kräutergarten und Gutes aus der Region.

Tel.: 04254 2188
9580 Villach-Drobollach
am Faaker See
Karnerhofweg 10
www.karnerhof.com
hotel@karnerhof.com

www.gaultmillau.at – Tipps, Trends, Rankings und alle Restaurantkritiken

WEISSENSEE

WEISSENSEE

KÄRNTEN H5

SEEHOTEL ENZIAN

Der Weissensee in Kärnten ist ein großes Naturtauchbecken. Weit weg vom Massentourismus und vom Durchzugsverkehr führen im Naturpark Weissensee Christine und Traudl Cieslar das Seehotel Enzian. An ihrem privaten Badestrand ist immer ein sonniges Plätzchen frei, ihr See-Spa schwebt über dem Wasser. Im Bootshaus gibt es ein Kräuterdampfbad, eine finnische Sauna und einen sonnigen Panorama-Ruheraum, Shiatsu, Aroma- und Lomi-Lomi-Massagen. Die Auswahl an unterschiedlichen Hotelzimmern und -suiten ist groß, von den meisten schaut man auf den See. Zusätzlich gibt es im Landhaus Sonneck fünf Ferienwohnungen für bis zu sechs Personen. Das Restaurant serviert regionale Küche und ein fünfgängiges Genießermenü als Abendessen. Auf Wunsch gibt es auch ein Frühstück auf dem Floß oder Flüssiges in der Almbar.

Tel.: 04713 2221
9762 Weissensee
Neusach 32
www.seehotelenzian.at
office@seehotelenzian.at

WEISSENSEERHOF

Der Weissensee in Kärnten ist der höchstgelegene Badesee der Alpen. Am See, in einer wunderschönen Naturarena, ist der Weissenseerhof das erste vegetarische Genusshotel in Österreich. Die Kooperation mit dem Vier-Hauben-Vegetarier Tian trägt dazu bei, dass die Naturküche des Vier-Sterne-Superior-Hotels ebenfalls vorzüglich ist. Das Farm-to-table-Konzept setzt auf biologische, fair erzeugte Produkte aus der Region. Im schwebenden Spa gibt es Schilfsauna und Yoga. Neben den regulären Zimmern gibt es noch Apartments und Bungalows.

Tel.: 04713 2219
9762 Weissensee
Neusach 18
www.weissenseerhof.at
rezeption@weissenseerhof.at

HOTELS AM WASSER

Seehotel Enzian

Und wo lassen Sie Ihre Seele baumeln?

Weissensee

Tel. +43 4713 2221 • seehotelenzian.at

BELLEVUE

SEEHOTEL****s

DELIKATE
VERGNÜGUNGEN

SEIT 1872

Lassen Sie den Dingen ihren Lauf und entspannen Sie im Seehotel Bellevue. Modernste Austattung, alpin-mediterrane Küche und einzigartiger Blick auf den Zeller See und die majestätischen Berge der Region Zell am See-Kaprun.

Seeuferstraße 41 • 5700 Zell am See/Thumersbach
T. +43 6542 21828 • **E.** info@seehotel-bellevue.at

www.seehotel-bellevue.at

ZELL AM SEE

WIEN
WIEN **N2**

HILTON VIENNA DANUBE WATERFRONT

Das Hilton Vienna Danube Waterfront thront am Handelskai im zweiten Wiener Gemeindebezirk. Es ist das einzige Hotel der Bundeshauptstadt direkt an der Donau, in Gehweite zum Prater und dem Stadion, ins Zentrum sind es ein paar U-Bahn-Minuten. Die Zimmer und Suiten, insgesamt 367, sind geräumig und haben ungefähr 40 Quadratmeter, es gibt sie auch barrierefrei. Am Flussufer sind ein Außenpool und das Restaurant Waterfront Kitchen, wo man während der Sommermonate entspannen kann. Tagungsräume hat das Hilton auch, nämlich 13 für bis zu 350 Personen.

Tel.: 01 72777

1020 Wien
Handelskai 269

www.3.hilton.com
info.viennadanube@hilton.com

ZELL AM SEE
SALZBURG **G4**

GRAND HOTEL ZELL AM SEE

Grand Hotel Zell am See: Das sind viereinhalb Sterne, eine wunderschöne Bergkulisse und eine Prise Nostalgie. Es befindet sich auf einer privaten Halbinsel am Zeller See und erinnert mit seinem imperialen Stil an die Kaiserzeit – optisch und namenstechnisch. Da gibt es die Restaurants Kaisersaal und Belvedere mit regionalen Gerichten, auch vegetarisch. Oder die Imperial Café-Bar. Daneben ist die See-Bar, in der man zu Livemusik das Tanzbein schwingen kann. Das Grand Spa im Wellnessflügel mit Saunen, Tepidarium, Sole- und türkischem Dampfbad ist für alle ab 16 Jahren.

Tel.: 06542 7880

5700 Zell am See
Esplanade 4–6

www.grandhotel-zellamsee.at
info@grandhotel-zellamsee.at

SEEHOTEL BELLEVUE

Ein bisschen Belle Époque, ein bisschen Neuzeit-Spirit, vier Sterne mit Extraplus und ein eigener Seezugang. Das sind die Ingredienzen des Seehotels Bellevue am Ufer des Zeller Sees. Die Gastgeber: Andrea und Michael Schnell. Sie ist das erste freundliche Gesicht beim Check-in, er der Küchenchef. Im À-la-carte-Restaurant Seensucht veredelt er alpin-mediterrane Crossover-Küche mit Salzburger Einschlag. Wenn das Wetter schön ist, tischt er zur Loungemusik auf der Terrasse mit Blick auf den See und das Kitzsteinhorn auf. Im Gewölbe des Seehotels in Zell am See-Kaprun befindet sich das Spa mit Saunen, einem Fitnessbereich für Indoorsport, Kraft- und Ausdauertraining, Massagen. Die Schnells haben einen eigenen Beachclub und eine Bootsanlegestelle, von der man ins Ausflugsschiff steigen und ins nächste Strandbad düsen kann. Was noch? Eine geistreiche Bar.

Tel.: 06542 21828

5700 Zell am See
Seeuferstraße 41

www.seehotel-bellevue.at
info@seehotel-bellevue.at

Besuchen Sie Gault&Millau auf facebook.

CITY

DIE BESTEN

Die besten Stadthotels mit hohem Komfort in zentraler und urbaner Lage.

25HOURS HOTEL
Wien

ADLERS HOTEL
Innsbruck

ANDAZ
Wien

GRAND FERDINAND
Wien

GRÄTZL HOTEL MEIDLINGER MARKT
Wien

HOTEL & VILLA AUERSPERG
Salzburg

HOTEL ALTSTADT VIENNA
Wien

HOTEL AM DOMPLATZ
Linz an der Donau

HOTEL DANIEL WIEN
Wien

HOTEL GOLDGASSE
Salzburg

HOTEL KÄRNTNERHOF
Wien

HOTEL KONTOR
Hall in Tirol

HOTEL KRONE 1512
Salzburg

HOTEL SPIESS & SPIESS
Wien

HOTEL STADTHALLE
Wien

LE MÉRIDIEN WIEN
Wien

LENDHOTEL
Graz

MAGDAS HOTEL
Wien

PENTAHOTEL WIEN
Wien

RUBY LISSI
Wien

SO/VIENNA
Wien

STAGE 12 – HOTEL BY PENZ
Innsbruck

VIENNA HOUSE MARTINSPARK DORNBIRN
Dornbirn

WIESLER
Graz

ZEITGEIST VIENNA
Wien

DORNBIRN

DORNBIRN — VORARLBERG A3

VIENNA HOUSE MARTINSPARK DORNBIRN

Das Vienna House Martinspark ist ein architektonisches Meisterwerk aus Schiffsrumpf und Turm, Kunst und Holz mit einem digitalen Concierge, der Tipps zum Essen, zu Offlinekarten und spontanen Lobbykonzerten gibt. Im schwebenden Restaurant Im Ersten serviert der Küchenchef österreichisch-mediterran-arabische Marktvielfalt. Es gibt Reisebetten mit Kinderbettwäsche, Buggys zum Ausborgen und das Maskottchen Joh – für jede Menge Schabernack.

Tel.: 05572 3760
6850 Dornbirn
Mozartstraße 2
www.viennahouse.com
info.martinspark-dornbirn@viennahouse.com

GRAZ — STEIERMARK L4

LENDHOTEL

In der Grünen Gasse in Graz, in der Schaltzentrale des Lendviertels, liegt Helmut Markos Lendhotel. Dem ehemaligen Rennfahrer und heutigen Motorsportchef gehören neben dem Lendhotel auch das Augarten Art- und das Schlossberghotel, alle drei schmückt er mit zeitgenössischen Werken junger Künstler. Zum Frühstück gibt es im Lendhotel Frisches vom angrenzenden Markt, in der Bar serviert man Smørrebrød und Quinoa Bowls. Wer sich der Kalorien wieder entledigen möchte, geht ins Gym im Topfloor, auf der Dachterrasse hat man auch einen Rundumblick auf die Stadt.

Tel.: 0316 717000
8020 Graz
Grüne Gasse 2
www.lendhotel.at
office@lendhotel.at

WIESLER

Florian Weitzers Grand Hotel Wiesler in der Grazer Altstadt liegt irgendwo zwischen Soul und Jugendstil. Im Foyer schweben kunstlackierte Holzlatten, in den aufgemöbelten Zimmern sind handbemalte mexikanische Waschbecken, Schreibmaschinen, Gitarren. Nach dem Motto „Good food for good mood" gibt es im Speisesaal Street Art an den Wänden und einen Holzkohlengrill, Frühstücksklassiker plus À-la-carte-Specials, Livemusik zum Sonntagsbrunch und den ganzen Tag Burger, Steaks, Falafel. Zum Schwitzen geht man in die orientalische Wellnessoase, zum Zurechtstutzen zum „Barbier".

Tel.: 0316 70660
8020 Graz
Grieskai 4–8
www.hotelwiesler.com
info@hotelwiesler.com

HALL IN TIROL — TIROL E4

HOTEL KONTOR

Ursula und Marek Jud-Basny haben in Eigenregie aus einem ehemaligen Handelshaus in der Haller Altstadt das Boutiquehotel Kontor gemacht – acht unterschiedliche Zimmer, das größte 45 Quadratmeter für bis zu vier Personen, mit Fresken, Einlagen aus Ebenholz, Tischlermöbeln aus dem Holz des alten Gebäudes, Steinwänden. Die jungen Gastgeber legen Wert auf Regionales und Selbstgemachtes. Das Frühstück servieren sie im Barocken Saal unter einer Stuckdecke aus dem 18. Jahrhundert.

Tel.: 05223 23801
6060 Hall in Tirol
Unterer Stadtplatz 7a
www.hotel-kontor.at
info@hotel-kontor.at

---

www.gaultmillau.at

Tipps, Trends, Rankings und alle Restaurantkritiken

INNSBRUCK

INNSBRUCK   TIROL D4

ADLERS HOTEL

Das aDLERS Hotel der Familie Ultsch liegt im Innsbrucker Headline Tower und ist wahrscheinlich das höchste Hotel in Tirol. Wer mitten in der Stadt, 200 Meter vom Bahnhof entfernt, Höhenluft schnuppern will, fährt mit dem Aufzug in den dreizehnten Stock und genießt die Aussicht auf den Patscherkofel und die Innsbrucker Dachl. Im Haus sind ein Spa mit Finn-, Biosauna und Dampfbad, 75 Zimmer inklusive einer Präsidentensuite mit 130 Quadratmetern, Ankleideraum und Bar. Zum Frühstück oder Sonntagsbrunch gibt es Müsli, Käsebuffet, Ham and Eggs und manchmal Livemusik.

Tel.: 0512 56 31 00
6020 Innsbruck
Brunnecker Straße 1
www.adlers-innsbruck.com
office@deradler.com

STAGE 12 – HOTEL BY PENZ

Eine Stadt, vier Hotels. Zur Penz Collection in Innsbruck gehören ein Design-, ein Boutique-, ein Businesshotel – und das Stage12. Letzteres liegt hinter einer denkmalgeschützten Fassade in der Fußgängerzone der Innenstadt, gleich hinter dem Goldenen Dachl. Die Fakten: 120 Zimmer, Saunen, Fitnessraum. Zum Frühstück gibt es hausgemachte Aufstriche, Marmeladen, frische Früchte und Eierspeise auch für Nicht-Hotelgäste. Abends serviert der Barchef Ginger Beer, essigfeine Shrubs und Mais mit Rosmarin, Trüffel oder Chili aus der roten Popcornmaschine.

Tel.: 0512 31 23 12
6020 Innsbruck
Maria-Theresien-Straße 12
www.stage12.at
office@stage12.at

Gault&Millau 2020

Die neuesten Ergebnisse aus der Haubenwelt:
800 Restaurants, neu getestet und bewertet.

Plus: Die besten Weine, Wirtshäuser, Hotels und Almhütten.
Neu in dieser Ausgabe: Golfclubs, Cafés und Bars.

Zwei Bücher, ein Preis: € 39,- für Ihren Wegweiser in die Welt des guten Geschmacks
www.gaultmillau.at

Bleiben Sie up to date mit unseren täglichen Nachrichten
auf **Facebook** und **Instagram**.

LINZ AN DER DONAU

LINZ AN DER DONAU
OBERÖSTERREICH J2

HOTEL AM DOMPLATZ

Wer im Hotel am Domplatz in Linz übernachtet, bekommt ein Zimmer zum Schlafen plus Kunst und Genuss. Das Vier-Sterne-Haus liegt neben der größten Kirche Österreichs, dem Mariendom. Der Domplatz wird von Größen der nationalen und internationalen Musik- und Unterhaltungsszene bespielt, vom Hotel hat man einen wunderbaren Ausblick darauf. Nicht nur außerhalb, auch innerhalb des Erwachsenenhauses – für alle ab 16 Jahren – ist die Kunst allgegenwärtig. In der Halle steht eine Designer-Gotteslobbank, es gibt Skulpturen aus unterschiedlichen Kulturen, ausgewählt von einer eigenen Kuratorin. Dazu ein Spa mit Dampfbad und Sauna, eine Dombar, Frühstück mit regionalen und laktosefreien Zutaten, und das wunderbare Paul's mit Steaks von heimischen Bauern und vegetarischen Gerichten liegt direkt gegenüber. Süß: die kleinen Überraschungen in der Holzschatulle im Zimmer.

Tel.: 0732 77 30 00
4020 Linz an der Donau
Stiftergasse 4
www.hotelamdomplatz.at
info@hotelamdomplatz.at

www.gaultmillau.at – Tipps, Trends, Rankings und alle Restaurantkritiken

---

Hotel am Domplatz **** - das Boutiquehotel in Linz

Die beste Wahl für Ihren Aufenthalt in Linz!

Mitten im Herzen von Linz eine Oase der Ruhe – einzigartig, klein, fein, persönlich geführt, charmant und auch das erste Erwachsenenhotel der Region!

hotel am domplatz

Stifterstraße 4 . A-4020 Linz
tel. +43 (0)732 77 30 00
info@hotelamdomplatz.at
www.hotelamdomplatz.at

SALZBURG
SALZBURG H3

HOTEL & VILLA AUERSPERG

Bettina und Mark Wiesinger führen im Salzburger Andräviertel das Auersperg. Sie bieten Zimmer im Hotel und in einer Villa an, mit biologischen Seifen, einem hauseigenen Parkplatz mit E-Ladestation, einem kleinen Spa plus Yoga und einem wunderschönen Garten. Die Zutaten für das Frühstück sind biologisch und größtenteils regional, dazu gibt es vegane, laktose- und glutenfreie Produkte. In der A*Bar servieren sie hausgemachte Suppen, Currys, Kuchen, Drinks und Cocktails. Mit Babysitterservice, Wasserkocher am Zimmer, Fahrradanhänger auch wunderbar für Familien geeignet.

Tel.: 0662 889440
5020 Salzburg
Auerspergstraße 61
www.auersperg.at
info@auersperg.at

HOTEL GOLDGASSE

Das Hotel Goldgasse auf der linken Seite der Salzach hat sich der Kunst verschrieben. Die 16 Zimmer und Suiten des Vier-Sterne-Hauses sind nach Stücken der Salzburger Festspiele benannt, Fotos hinter großen Glaswänden zeigen unter anderem Szenen aus „Jedermann". In den Bädern sind Marmorfußböden, Naturkosmetikprodukte von Susanne Kaufmann, Biokaffeekapseln und Smeg-Kühlschränke mit einer kostenlosen Welcome-Füllung. Im Gasthof Goldgasse gibt es Hausgemachtes zum Frühstück, das stadtbekannte Maishendl im Kupfertopf und Goldgasse-Crêpes mit Schokoladesorbet.

Tel.: 0662 845622
5020 Salzburg
Goldgasse 10
www.hotelgoldgasse.at
info@hotelgoldgasse.at

HOTEL KRONE 1512

Vier Restaurants, vier Hotels: Die Unternehmer Patrick Knittelfelder und Andreas Felleis sind in Salzburg gut aufgestellt. Eines ihrer Häuser ist die Krone 1512 in der Linzer Gasse, zwischen Fußgängerzone und Kapuzinerberg. Obwohl es mitten in der Stadt liegt, hört man in den 23, teilweise ganz neuen Zimmern nichts vom urbanen Lärm. Zum Frühstück gibt es Regionales und Brot von heimischen Bäckern, wenn es schön ist, auch auf der Terrasse. Tee und Kaffee bekommt man ohne Aufpreis 24 Stunden am Tag, die Vespa zum Aus-der-Stadt-Düsen ist kostenpflichtig.

Tel.: 0662 872300
5020 Salzburg
Linzer Gasse 48
www.krone1512.at
hotel@krone1512.at

WIEN
WIEN N2

25HOURS HOTEL

Träume, Illusionen und eine bunte Zirkuswelt erwarten die Gäste des 25hours Hotels beim Museumsquartier. Das ganze Haus ist eine Bühne mit lebendigen Farben, Vintagemöbeln, Flohmarktfundstücken und zauberhaften Tapeten. Für Digital Detoxer gibt es eigene Zimmer mit Polaroidkamera, Röhrenfernseher, Schreibmaschine, Mieträdern mit von Radprofis kuratierten Tourkarten und den Mermaid's Cave mit Fitnesscenter zum Schwitzen. Im 1500 Foodmakers isst man italoamerikanisch, der Gipfel des Spektakels ist aber der stadtbekannte Dachboden: Drinks plus Wahnsinnsausblick auf Wien.

Tel.: 01 521510
1070 Wien
Lerchenfelder Straße 1–3
www.25hours-hotels.com/hotels/wien
wien@25hours-hotels.com

MEIN WUNDERBARER Kochsalon
www.martinahohenlohe.com

AURORA
ROOFTOP · BAR · LOUNGE

Inspiriert von Wien.
Erschaffen von Andaz.

ANDAZ. | VIENNA AM BELVEDERE

andazviennaambelvedere.at

EUGEN21

WIEN

HOTELS CITY

ANDAZ
Vienna am Belvedere

Tel.: 01 20577441234
1100 Wien
Arsenalstraße 10
www.hyatt.com
vienna@andaz.com

Rooftopbar, Wirtshaus, Traumblick über Wien. Das Andaz ist ein neues Lifestyle-Luxushotel beim Hauptbahnhof. Das Fünf-Sterne-Haus nach Plänen des italienischen Stararchitekten Renzo Piano mit raumhoher Verglasung schwebt auf Stelzen über dem Quartier Belvedere. Im Aurora auf der Dachterrasse serviert der Barchef skandinavische Cocktails, das Eugen21 hat klassische und moderne Wirtshausküche mit lokalen Zutaten. Im Cyclist-Bistro bekommt man gesunde Snacks – nachhaltig in Gläsern verpackt auch zum Mitnehmen. Zusätzliches Plus: Fitnesscenter, Spa, Ballsaal.

GRAND FERDINAND

Tel.: 01 91880
1010 Wien
Schubertring 10–12
www.grandferdinand.com
welcome@grandferdinand.com

Das Fünf-Sterne-Hotel Grand Ferdinand am Schubertring knüpft an glorreiche Zeiten an: Lobmeyr-Luster, Silbermanufaktur-Besteck, Wiener Küche. Im Meissl & Schadn gibt es das echte Wiener Schnitzel, Kaisersuppe, Veilcheneis Sisi und für den Hunger zwischendurch das Gulasch&Söhne. In der Grande Suite stehen Rundsofa und Palmen, im Orient-Express-Schlafsaal haben in den Mahagoniholz-Stockbetten unter den Kronleuchtern bis zu acht Personen Platz. Luxuriös ist das Herz des Hauses, die Grand Étage, mit Pool und Traumausblick auf die Hauptstadt.

GRÄTZL HOTEL MEIDLINGER MARKT

Tel.: 01 6812046 1044
1120 Wien
Meidlinger Markt 6–8
www.graetzlhotel.at
hello@urbanauts.at

Wer in Wien ein gewöhnliches Hotelzimmer sucht, wird bei den grätzlhotels nicht fündig. Die individuellen Suiten liegen in leer stehenden Geschäftslokalen in Neubau und beim Belvedere, am Karmeliter- und Meidlinger Markt und geben ehemaligen Schuster- oder Zuckerbäckerläden eine neue Bestimmung. Jedes Grätzl hat sein eigenes Flair und seine „Fellows" – Cafés, Bars, Restaurants, Geschäfte in der unmittelbaren Nachbarschaft. Bei ihnen gibt es Frühstück, Abendessen und Extratipps. Den Schlüssel holt man sich mit einem Code aus einem an der Hausfassade befestigten Safe.

HOTEL ALTSTADT VIENNA

Tel.: 01 5226666
1070 Wien
Kirchengasse 41
www.hotel-altstadt.at
hotel@altstadt.at

Hotel, Museum, Galerie? Das Altstadt Vienna am Wiener Spittelberg ist alles zusammen und noch ein bisschen mehr. Gewachsen über fast drei Jahrzehnte, ist es heute ein Treffpunkt für Kunstliebhaber und Musikfreunde. Es beherbergt eine beachtliche Sammlung zeitgenössischer Kunst, unter anderem Warhol, Niki de Saint Phalle, Attersee. Viele Zimmer im Patrizierhaus sind von namhaften Künstlern und Designern gestaltet, keines schaut aus wie ein anderes. Das Frühstück in einem der gemütlichen Salons, mit Regionalem, Butter aus Omas Porzellantiegel, Wiener Marillenmarmelade, ist eines der besten der Stadt.

HOTEL DANIEL WIEN
HOTEL DES JAHRES 2013

Tel.: 01 901310
1030 Wien
Landstraßer Gürtel 5
www.hoteldaniel.com
hellovienna@hoteldaniel.com

Das Hotel Daniel beim Schloss Belvedere ist Kult. Im Naschgarten wachsen Weintrauben, Kräuter, Tomaten und ein paar wilde Pflänzchen, über die sich die Hausbienen freuen. Die wohnen im siebten Stock neben dem Boot, das über dem Daniel schwebt, und liefern zu selbst gemachter Limonade und Oma-Kuchen den Honig für das Frühstück in der Bakery, einer Mischung aus Café, Bar, Restaurant, Lounge, Shop. Die Zimmer gibt es in fünf Größen, ohne Schnickschnack, aber mit Hängematte. Das kleinste – inklusive Badewanne – ist im Airstream-Wohnwagen. Cool: Vespas und Fahrräder zum Mieten.

Besuchen Sie Gault&Millau auf facebook.

WIEN

HOTEL KÄRNTNERHOF

Der Kärntnerhof zwischen Stephans- und Schwedenplatz ist das kleinste Grandhotel in Wien. Hinter den grauen Gründerzeitmauern bietet der Familienbetrieb 44 Zimmer in den Farben des Wiener Jugendstils, mit italienischen Stoffen und englischen Tapeten. Die größte Suite mit 52 Quadratmetern ist Christiane Hörbiger gewidmet, eine andere Madame Rosa. Sie erinnert an die Nachkriegsjahre, als das Haus ein Bordell für alliierte Soldaten war. Auf dem Frühstücksbuffet liegen regionale, biologische und vegane Produkte. Von der Dachterrasse schaut man auf die barocken Türme der Universitätskirche.

Tel.: 01 5121923
1010 Wien
Grashofgasse 4
www.karntnerhof.com
info@karntnerhof.com

HOTEL SPIESS & SPIESS

In einer ruhigen Wohngegend und doch nur ein paar Schritte von der Einkaufsstraße Landstraßer Hauptstraße und fünf Minuten zum Stephansplatz – voilà das Hotel Spiess & Spiess. Das Vier-Sterne-Haus im dritten Wiener Bezirk ist für Familien geeignet, auf Wunsch kommen Zustellbetten und Töpfchen ins Zimmer. Es passt für Allergiker, die Zentralstaubanlage verursacht keine Fortluft beim Absaugen, es gibt waschbare Polster- und Deckenfüllungen, allergenundurchlässige Schutzbezüge. Zum Frühstück laktosefreie Milch, Regionales, Biologisches, auf Anfrage Glutenfreies. Und: Suiten mit Balkon und Blick in den Garten.

Tel.: 01 7148505
1030 Wien
Hainburger Straße 19
www.spiess-vienna.at
hotel@spiess-vienna.at

HOTEL STADTHALLE

Lavendel und Bienenstöcke auf dem Dach, Photovoltaik- und Solaranlage, Biofrühstück. Das Wiener Boutiquehotel Stadthalle ist das weltweit erste Stadthotel mit Null-Energie-Bilanz. Das bedeutet, dass es gleich viel Energie erzeugt, wie es verbraucht. Gastgeberin Michaela Reitterer ist „im Herzen grün". Ihr Motto lautet: Nachhaltigkeit kostet zwar anfangs mehr, ist aber langfristig günstiger! Die Hausherrin gibt alten Dingen eine zweite Chance, funktioniert Koffer zu Zeitungsständern und Regalen um und macht aus Besteck Kleiderhaken. Vorbildlich sind auch Vertikalgarten, Brauchwasser, Müllreduktion.

Tel.: 01 9824272
1150 Wien
Hackengasse 20
www.hotelstadthalle.at
office@hotelstadthalle.at

LE MÉRIDIEN WIEN

In einem Ringstraßenpalais am Robert-Stolz-Platz liegt das Le Meridien Wien, fünf Sterne mit franko-amerikanischem Touch. Die Lobby betritt man durch eine schimmernde Box, dahinter ist der Frühstücksbereich, die Sala Terrena, mit Regalen im New-York-Stil, von der Decke hängenden Grünpflanzen. Frühstücken kann man auch in der Bar Champagne, mittag- und abendessen im You – dazu gibt es Aperitivo und Livemusik. In den Zimmern und Suiten stehen viktorianische Badewannen, manche haben private Dachterrassen. Weitere Annehmlichkeiten: Innen- und Whirlpool, Fitnessstudio, Sauna.

Tel.: 01 588900
1010 Wien
Robert-Stolz-Platz 1
www.lemeridienvienna.com
info@lemeridien.com

MAGDAS HOTEL

Eines fällt in magdas HOTEL im zweiten Wiener Bezirk sofort auf: Es ist weltoffen, couragiert, anders. Im Social Business Hotel der Caritas arbeiten 20 ehemalige Flüchtlinge und 15 Hotelexperten aus 16 Nationen zusammen und servieren zwischen Wiener Donaukanal und Grünem Prater internationale Spezialitäten zum Frühstück. Die Mitarbeiter sprechen 20 verschiedene Sprachen und haben bewegende Lebensgeschichten. In den Zimmern sind Tische, die früher Einbauschränke waren, Spiegel aus alten Türen, Garderoben aus ausrangierten Kofferablagen und Biokosmetikprodukte. Und im Garten Liegestühle.

Tel.: 01 7200288
1020 Wien
Laufbergergasse 12
www.magdas-hotel.at
info@magdas-hotel.at

WIEN

HOTELS CITY

PENTAHOTEL WIEN

Jung, frech und schick ist das Pentahotel beim Wiener Margaretenplatz: sechs Stockwerke, 117 Zimmer und Italo-Design von Stararchitekt Matteo Thun. Das Markenzeichen des Hauses ist die Pentalounge, die gleichzeitig Lobby, Rezeption, Bar und Café ist. Einchecken kann man beim Barkeeper, dann wird gespielt, gelacht, getanzt und gegessen. Im großen Wohnzimmer stehen ein Billardtisch und die neueste Spielekonsole. Es gibt Steaks, Burger, Cocktails, Rund-um-die-Uhr-Barservice und Musik vom Feinsten. Plus: Fitnessstudio, eigene Parkplätze.

Tel.: 01 54686100
1050 Wien
Margaretenstraße 92
www.pentahotels.com
info.vienna@pentahotels.com

RUBY LISSI

Die Ruby Lissi am Fleischmarkt ist eine von drei Ruby-Hotelschwestern in Wien. Mit ihrem Designkonzept à la Reisekoffer, Wartehallensofas, Haltestangen von Zügen animiert sie zum Reisen. Ein Restaurant braucht die Lissi nicht, gleich im Erdgeschoß ist ein Steakhouse, außerdem ist sie mitten in der Stadt. Den Roomservice erspart sie sich ebenfalls, dafür hat sie eine „Galley" mit kostenlosen Heißgetränken, eine 24-Stunden-Bar mit Piadine und Cocktails und eine Vending Machine für Regenschirm oder Zahnpasta. Plus einen eigenen Radiosender, E-Gitarren zum Ausborgen und Frühstück in Bioqualität.

Tel.: 01 20555180
1010 Wien
Laurenzerberg 2
www.ruby-hotels.com
info@ruby-hotels.com

SO/VIENNA

Früher das Sofitel, heute das So/Vienna. Das Luxushotel in der Wiener Praterstraße ist bunt, lifestylig und offen für die Nachbarschaft. In der Lobby im Erdgeschoß ist die BAR/terre mit Schauküche, Barista-Kaffee, Cocktails und Gastgarten zum Donaukanal. Ganz oben im 18. Stock das Loft Restaurant – der Ausblick auf die Stadt und die Lichtdecke der Medienkünstlerin Pipilotti Rist sind einmalig. Geschmückt ist das Haus mit Themen aus der Wiener Geschichte, die Zimmer sind rundumerneuert. Außerdem: Yoga, Late Night Spa, Jacuzzi, Dampfbad.

Tel.: 01 906160
1020 Wien
Praterstraße 1
www.so-vienna.com
h6599@sofitel.com

ZEITGEIST VIENNA

Das Zeitgeist Vienna ist ein urbanes, buntes, junges Hotel beim Wiener Hauptbahnhof. Am Frühstücksbuffet in der Café-Bar Pergola findet man hauptsächlich regionale und biologische Spezialitäten, darunter selbst gemachte Limonaden. Dazu gibt es einen Gastgarten, einen Chill- und Workout-Bereich und einen WLAN-Hotspot zum Mitnehmen fürs Internet in der ganzen Stadt. Das Auto parkt in der (kostenpflichtigen) Garage, während man mit dem Gratisfahrrad die Umgebung erkundet. Außerdem: Sauna, Fitnessraum, E-Tankstellen, 24-Stunden-Rezeption.

Tel.: 01 90265
1100 Wien
Sonnwendgasse 15
www.zeitgeist-vienna.com
welcome@zeitgeist-vienna.com

Die besten Weine Österreichs im NEUEN Design.

DESIGN

DIE BESTEN

Die besten Designhotels, die innovative Ästhetik, einzigartige Architektur und exklusive Einrichtung vereinen.

ARTHOTEL BLAUE GANS
Salzburg

ARX BOUTIQUEHOTEL
Rohrmoos – Schladming

AUGARTEN ART HOTEL
Graz

BOUTIQUE HOTEL TRÄUMEREI #8
Kufstein

BOUTIQUE HOTEL WACHTELHOF
Maria Alm

DAS MAX
Seefeld

DAS POSTHOTEL
Zell am Ziller

DAS TYROL
Wien

ELISABETHHOTEL
Mayrhofen

HAUS HIRT HOTEL & SPA
Bad Gastein

HOTEL BÜRGERHAUS TIMIMOO
Rust

HOTEL LAMÉE
Wien

HOTEL SCHANI SALON
Wien

HOTEL SEPP
Maria Alm

HOTEL STEIN
Salzburg

LOISIUM LANGENLOIS
Langenlois

MAX BROWN 7TH DISTRICT
Wien

NALA INDIVIDUELLHOTEL
Innsbruck

**SAINT SHERMIN –
BED, BREAKFAST & CHAMPAGNE**
Wien

SCHLOSSBERGHOTEL
Graz

THE GUEST HOUSE
Wien

VAYA FIEBERBRUNN FINE LIVING RESORT
Fieberbrunn

WIESERGUT
Hinterglemm

ZHERO HOTEL
Kappl

BAD GASTEIN

BAD GASTEIN
SALZBURG H4

HAUS HIRT HOTEL & SPA
HOTEL DES JAHRES 2019

Das süße Nichtstun ist bei Evelyn und Ike Ikrath im Haus Hirt in Bad Gastein angesagt: beim Yoga, Reiten oder im Aveda Spa. Ihr stilvoll-rustikales Lifestylehotel im Stile eines Privathauses vereint den Stil der 1930er-Jahre mit dem von morgen: Der Spirit vergangener Zeiten – Thomas Mann oder der Schah von Persien waren hier – ist überall zu spüren. Das Vier-Sterne-Hotel dient als Basislager für Freigeister aus der ganzen Welt, inklusive ihrer Kinder. Sie bekommen kreative österreichische Küche mit regionalen Zutaten, Indoorpool, Sauna, Ayurveda und die Hirt-Familie.

Tel.: 06434 27970
5640 Bad Gastein
Kaiserhofstraße 14
www.haus-hirt.com
info@haus-hirt.com

FIEBERBRUNN
TIROL G4

VAYA FIEBERBRUNN FINE LIVING RESORT

Die Berge aus dem Fieberbrunn-Blickwinkel lernt man im Vaya Fine Living Resort kennen. Im Winter ist der Einstieg in den Skicircus Saalbach Hinterglemm Leogang Fieberbrunn ein paar hundert Meter entfernt. Im Sommer sind die Kitzbüheler Alpen Spielwiese für Aktivitäten. Das Vier-Sterne-Haus ist die Basis für den Rückzug. Es ist aus wunderschön gemasertem Altholz, das auch im Spa und bei den Möbeln in den Zimmern, Suiten und Chalets verwendet wurde. Für die Kleinen gibt es eine eigene Kids-Zone, im À-la-carte-Restaurant Steaks. Anschauen: Familienachterbahn!

Tel.: 05354 20802
6391 Fieberbrunn
Brunnau 30
www.vaya-fieberbrunn.at
info@vaya-fieberbrunn.at

GRAZ
STEIERMARK L4

AUGARTEN ART HOTEL

Dass man im Augarten Art Hotel schöne Dinge liebt, ist nicht zu übersehen. Kunstwerke von Martin Kippenberger oder Maria Lassnig und Designstücke von Ron Arad oder Joe Colombo sind im ganzen Haus verteilt. Entspannungsphasen sind auch wichtig, deshalb gibt es Sauna, Sonnenterrasse, einen 24-Stunden-Pool. Im Idealfall sollte man sich das aber erst erarbeiten, indem man in der Gegenstromanlage schwimmt oder im ganztägig geöffneten Fitnessraum am Crosstrainer schwitzt. Dann verdient man sich den Champagner in der twentyfour seven-Bar wirklich: Good night, Graz!

Tel.: 0316 20800
8010 Graz
Schönaugasse 53
www.augartenhotel.at
office@augartenhotel.at

SCHLOSSBERGHOTEL

„Die Kunst ist zwar nicht das Brot, aber der Wein des Lebens", sagte der deutsche Dichter Jean Paul. Demnach wäre das Schlossberghotel in Graz ein großes Weinmuseum. Mit Werken von Dalí, Rainer oder Wurm und viel Raum für Interpretationen. Jedes Jahr kommen durch die Artists in Residence neue Kreationen dazu. Auch in den Zimmern gibt es etwas zum Schauen, hie und da Antiquitäten. Wunderschön zum Frühstücken ist der grüne, terrassenförmige Dachgarten mit verwinkelten Nischen und Pool. Auch nicht schlecht und rund um die Uhr geöffnet: Sauna, Infrarotkabine, Fitnessraum.

Tel.: 0316 80700
8010 Graz
Kaiser-Franz-Josefs-Kai 30
www.schlossberg-hotel.at
office@schlossberghof.at

Die besten Weine Österreichs:

KUFSTEIN

HINTERGLEMM SALZBURG G4

WIESERGUT

Martina und Sepp Kröll leben im Wiesergut in Hinterglemm ihren durchgestylten Hoteltraum. Sie haben 24 Suiten, sieben davon mit kleinem Garten, freistehender Badewanne, offenem Kamin sowie Beerenbeete und Streuobstwiesen zum Naschen davor. Drei der Gartensuiten haben auch ein Saunahäuschen dabei, für alle anderen gibt es ein Spa mit Schwitzbad – und Yoga. Im Pool zum Drinnen- und Draußen-Schwimmen ist Wasser aus der Hausquelle. Milch und Eier für das Frühstück – auf Etageren serviert – kommen aus der eigenen Landwirtschaft, am Abend genießt man Wildkräuterküche.

Tel.: 06541 6308
5754 Hinterglemm
Wiesern 48
www.wiesergut.com
info@wiesergut.com

INNSBRUCK TIROL D4

NALA INDIVIDUELLHOTEL

Erfrischend jung und grün ist das Nala in Innsbruck. Es liegt im gemütlichen Teil der Stadt, in Wilten, das Vogelgezwitscher wird mitgeliefert: Fenster beim Schlafen offen lassen! Die 57 Zimmer sind so individuell, dass man sie nicht in Kategorien pressen kann. Mit dem Gold-Zimmer überrascht man die beste Freundin, mit der Badewanne neben der Terrasse in der Lodge den Liebsten, das Garden Apartment eignet sich für längere Aufenthalte. Aus der Küche kommen selbst gemachte Marmeladen und Regionales ohne Geschmacksverstärker. Vorbildlich: Heizung und Kühlung durch Grundwasser in Decke und Boden.

Tel.: 0512 584444
6020 Innsbruck
Müllerstraße 15
www.nala-hotel.at
info@nala-hotel.at

KAPPL TIROL B4

ZHERO HOTEL

Am Ortsrand von Kappl, ein paar Autominuten von Ischgl entfernt, liegt das Zhero Hotel: ein Fünf-Sterne-Haus in den Paznauner Bergen mit jeder Menge Komfort. Schon in der Parkgarage wartet der Concierge, ein Shuttle pendelt kostenlos zwischen den Skigebieten. Der 20 Meter lange Pool ist einer der größten in der Region, es gibt Saunen und ein Fitnessstudio. In der Minotti Lounge kann man am offenen Feuer zur Livemusik chillen und die Münze für das Abendessen werfen: Haute Cuisine vom Open-Grill im À-la-carte-Restaurant oder Sushi bei Lucy Wang in Ischgl.

Tel.: 05445 61200
6555 Kappl
Wiese 687
www.zherohotelischgl.com
info@zherohotelgroup.com

KUFSTEIN TIROL F3

BOUTIQUE HOTEL TRÄUMEREI #8

Die Träumerei in Kufstein passt in keine Urlaubs-Schublade. Jedes der 34 Zimmer ist einer Destination gewidmet und mit Souvenirs bestückt: Masken und Kuschelsamt in Venedig, Orientalisches in Marrakesch, Dracula-Reminiszenzen in Transsilvanien. In der Brücke zwischen dem Hotel und dem Weinhaus sind das kleinste Brücken-Restaurant der Welt und das Brückenwhirlpool-Zimmer: ideal für ein romantisches Dinner. Essen kann man auch im traditionellen Auracher Löchl, einer Mischung aus Gasthaus und Steakhouse. Danach gibt es in der Stollen 1930-Bar Gin und Musik aus den 1930er-Jahren.

Tel.: 05372 62138
6330 Kufstein
Römerhofgasse 4
www.auracher-loechl.at
hallo@auracher-loechl.at

Jetzt im Gault&Millau-Weinguide.

FLOATING BOUTIQUE HOTEL GOLDFINGER IBIZA

James-Bond-Feeling vor der Küste Ibizas. Distinguiertes Design und extravaganter Lifestyle. Das schwimmende Luxusdomizil entführt Sie auf die exklusivsten Balearen-Touren.

BOUTIQUE-HOTEL HEIDELBERG SUITES

Noblesse am Neckar. Ein prächtiges Villen-Ensemble. Erleben Sie florentinisches Flair mit einem Hauch Historie in Heidelberg.

BOUTIQUE HOTEL WACHTELHOF

Gehobene Gastlichkeit im Salzburger Land. Natur und Kultur in bester Tradition vereint. Lassen Sie sich im Berg-Chalet auf höchstem Niveau verwöhnen.

HÜTTER BÖNAN
HOTELS

Hütter Bönan Hotels
Neuenheimer Landstraße 12 · D-69120 Heidelberg · T +49 6221 655 650
reservations@huetterboenan.com · www.huetterboenan.com

MAYRHOFEN

LANGENLOIS
NIEDERÖSTERREICH **M1**

LOISIUM LANGENLOIS

Wo sich Winzer und Designer Gute Nacht sagen, liegt das Loisium in Langenlois. Eingerahmt von Weinstöcken, schwebt die Konstruktion von Steven Holl als geometrisches Architekturmeisterwerk über dem Kamptal. In den Zimmern hängen Lampen in Korkform und Bilder von Künstlern, daneben stehen Wittmann-Möbel. Der gestreifte Sichtbeton auf den Gängen symbolisiert die Weingartenzeilen. Dazu gibt es ein Spa mit Naturbadeteich und Weinbehandlungen, Regionales im Haubenrestaurant Vineyard und eine Weinerlebniswelt: Wein, so weit das Auge reicht.

Tel.: 02734 77100
3550 Langenlois
Loisium Allee 2
www.loisium.com
hotel.langenlois@loisium.com

HOTELS DESIGN

MARIA ALM
SALZBURG **H4**

BOUTIQUE HOTEL WACHTELHOF
HOTEL DES JAHRES 2016

Auf der Suche nach einem Designjuwel? Der Wachtelhof im Pinzgau ist so etwas, er liegt auf 1000 Metern, in Maria Alm am Steinernen Meer. Gastgeber ist Familie Hütter, Peter und seine Schwester Christine haben sich in ihrer Kindheit in den Hof verliebt und später ein Chaletotel daraus gemacht. Und was für eines. Mit einem Wellnesshäuschen aus dem 17. Jahrhundert zum Seele- und Körperaufwärmen. In der Finn- oder Kräutersauna mit Blick auf den Wildbach. Im beheizten Pool mit Gegenstromanlage oder im Jacuzzi. Auf dem Laufband im Fitness-Chalet oder bei der privaten Yogastunde. Die Zimmer sind eine österreichisch-italienische Mischung aus Nostalgie und Eleganz mit Kuschelfellen, Loden- und Trachtenstoffen und viel Holz. Zum Frühstück gibt es eine Etagere plus Buffet, zwischendurch einen Snack in der Lounge, abends ein Mehr-Gang-Menü.

Tel.: 06584 23888
5761 Maria Alm
Urslaustraße 7
www.hotelwachtelhof.at
hotel@wachtelhof.net

HOTEL SEPP

In manchen Hotels ist man mit 14 erwachsen, im Hotel Sepp in Maria Alm darf man erst ab 21 Jahren einchecken. Was man im Haus am Hochkönig dann bekommt, ist „exsepptional". Einen Dachboden, in dem auch die Rezeption ist und den man über eine Gondel erreicht. Einen rund um die Uhr geöffneten Infinitypool plus schwebendem Airstream-Wohnwagen zum Saunieren. Hutschen – ja, auch die Großen schaukeln gern –, Schnitzereien und ein Atrium mit einem uralten Olivenbaum. Das Frühstück gibt es als Brunch, Abendessen an der Familientafel. Und: Glashaus-Zimmer mit Bergpanorama.

Tel.: 06584 7738
5761 Maria Alm
Urchen 8
www.edersepp.com
info@edersepp.com

MAYRHOFEN
TIROL **E4**

ELISABETHHOTEL

Man darf es laut sagen: Das Elisabethhotel in Mayrhofen im Zillertal ist nur für Erwachsene. Also Menschen ab 16 Jahren. Bei Familie Moigg in den Zillertaler Bergen soll man richtig entspannen, das geht besser, wenn keine kreischenden Kinder herumlaufen. Die würden vermutlich das Altholz und den Naturstein nicht so schön finden und das regionale Essen nicht so schätzen. Oder die Schnitzereien, die auf keinem echten Tiroler Haus fehlen dürfen. So kann man im Vier-Sterne-Superior-Haus in Ruhe Nude-Sauna und Basaltpool genießen und in den neuen Sissi Suiten träumen.

Tel.: 05285 6767
6290 Mayrhofen
Einfahrt Mitte 432
www.elisabethhotel.com
info@elisabethhotel.com

WOHNEN STATT ÜBERNACHTEN

BLAUEGANS
SALZBURG

www.blauegans.at

SEIT 1350 – SALZBURGS ÄLTESTES GASTHAUS

SALZBURG

ROHRMOOS – SCHLADMING
STEIERMARK I4

ARX BOUTIQUEHOTEL

Wenn zwei Bergfreaks gemeinsame Sache machen, kommt ein Freestyle-Hotel ohne Schnörkel heraus: Willkommen im Arx, bei Familie Veith. Skirennläuferin Anna und Ex-Snowboardprofi Manuel lieben die Natur, schönes Design und gutes Essen. Das moderne Haus in Schladming-Rohrmoos hat geradlinige Zimmer und Suiten mit Tempur-Matratzen und einen Conceptstore. In dem kann man Wintersportequipment ausleihen und nach der Saison tagen und feiern. Die Haubenküche serviert Wald- und Wiesenkräuter, Regionales und Naturwein und setzt auf das Nose-to-tail-Prinzip. Außerdem: Sauna und vier Sterne.

Tel.: 03687 61493
8971 Rohrmoos – Schladming
Rohrmoosstraße 91
www.das-arx.at
office@das-arx.at

RUST
BURGENLAND O3

HOTEL BÜRGERHAUS TIMIMOO

Timimoo, so heißt das kleinste Hotel Österreichs. Es befindet sich in einem Gebäude aus dem 17. Jahrhundert, im burgenländischen Rust. Eine Maisonette, drei Etagen mit jeweils 22 Quadratmetern, exklusive für zwei Personen. Die können sich im Wohn- und Schlafzimmer breitmachen und im Whirlpool im Bad Kerzenromantik genießen. Gefrühstückt wird im 70 Meter entfernten Art Boutique Hotel, hauptsächlich Regionales. Dort gibt es weitere elf Suiten in samt-mattem Chalk-Paint-Gewand, einen paradiesischen Garten und fantasievolle Ergüsse der Gastgeberin Tina Mooslechner.

Tel.: 05686 6162
7071 Rust
Hauptstraße 1
www.timimoo.at
office@timimoo.at

SALZBURG
SALZBURG H3

ARTHOTEL BLAUE GANS

Die Blaue Gans in der Salzburger Getreidegasse ist das älteste Gasthaus der Stadt und eine Institution für guten Geschmack. Alle 35 Zimmer schauen unterschiedlich aus – das ist aufgrund der mittelalterlichen Bausubstanz gar nicht anders möglich. Im ganzen Haus gibt es keinen einzigen rechten Winkel, ebenso wenig wie Design von der Stange, dafür dicke Mauern und Gewölbe. In der durchgängig geöffneten Küche wird von der Nudel bis zur Marmelade alles selbst gemacht, man serviert saisonale österreichische Gerichte. Vor der Kulisse des Mönchsbergs isst man im Schanigarten neben Olivenbäumen und Palmen, ab zehn Personen am großen Familientisch im Weinarchiv. Wem die Teller und Gläser gefallen, der kann sie aus dem hauseigenen Shop auch gleich mit nach Hause nehmen. Schön: City Flats mit Barocktüren und 120 Original-Kunstwerke.

Tel.: 0662 842491
5020 Salzburg
Getreidegasse 41–43
www.blauegans.at
office@blauegans.at

www.gaultmillau.at
Tipps, Trends, Rankings und alle Restaurantkritiken

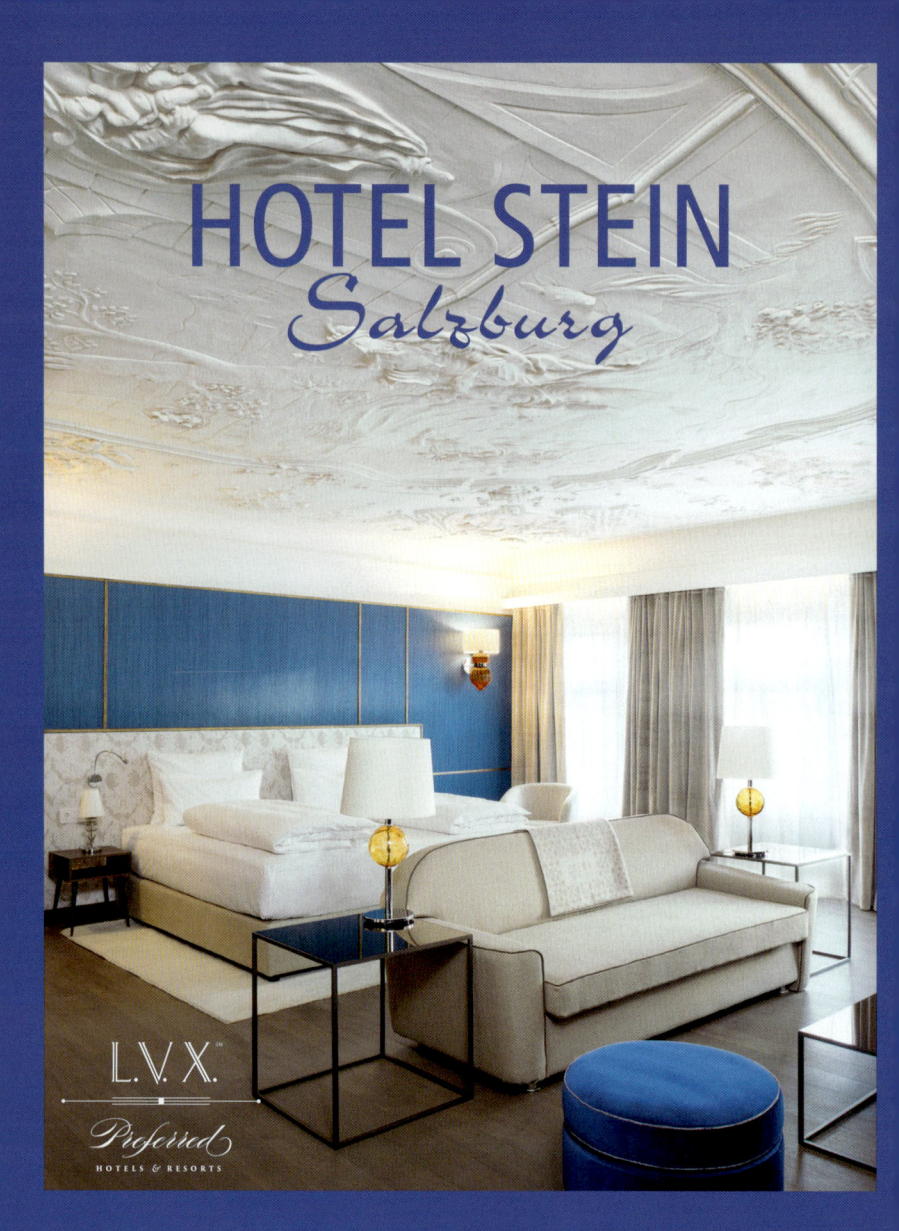

HOTEL STEIN
Salzburg

L.V.X.
Preferred
HOTELS & RESORTS

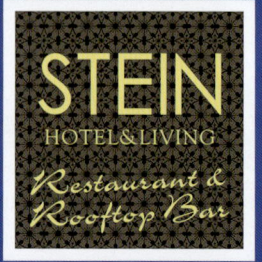

STEIN
HOTEL & LIVING
Restaurant & Rooftop Bar

HOTEL STEIN

Für manche ist Salzburg die italienischste Stadt nördlich der Alpen. Im Hotel Stein in der Altstadt, direkt an der Staatsbrücke ist das offensichtlich. Frei nach dem Motto Salzburg meets Venice hängen im Vier-Sterne-Superior-Haus große Fotografien aus beiden Städten, in Anlehnung an die Lagune Venedigs gibt es an den Wänden und in den Betten blaue Farbkleckse. Venezianisch sind auch die erfrischend bunten Möbel, Stoffe, Leuchten und Glaskunstwerke. Auf der legendären Steinterrasse am Rooftop genießt man im Seven Senses die Gewürzküche mit Kräutern vom Dachgarten, chillige Beats und den 360-Grad-Rundumblick über die Festspielstadt. Dazu gibt es eine Sauna, ein Gym und Naturkosmetik aus der Saint-Charles-Apotheke. Das ist wirklich ein Hotel zum Blaumachen. Auch gut zu wissen: Die Schwesterhäuser Hotel Amadeus und Hotel Goldgasse sind nur ein paar Gehminuten entfernt.

Tel.: 0662 8743460
5020 Salzburg
Giselakai 3–5
www.hotelstein.at
info@hotelstein.at

SEEFELD   TIROL D4

DAS MAX

Überflüssiger Luxus war einmal. Viele neue Hotels konzentrieren sich auf puristisch-lässiges Design, gutes Essen und die Natur. So wie Das Max in Seefeld. Es liegt auf einem alpinen Hochplateau in den Tiroler Bergen, die man wunderbar vom Daybed vor dem Zimmerfenster anstarren kann. Zum Munterwerden serviert Gastronom und Lokalmatador Mario Marcati im Bistro Buffetbrunch und Specials, zwischendurch Flammkuchen und Panini. Dinner gibt es just around the corner, in seinem neuen Restaurant Le Treize. Die Sauna auf dem Dach ist Entspannungsstandard.

Tel.: 05212 2383
6100 Seefeld
Bahnhofplatz 613
www.dasmax.at
info@dasmax.at

WIEN   WIEN N2

DAS TYROL

Um Kunst und Design zu sehen, muss man nicht in ein Museum. Helena Ramsbacher hat Das Tyrol zu einer kleinen Schatzkammer gemacht, in ihrem Vier-Sterne-Haus beim Wiener Museumsquartier glitzert es. Beim Eingang funkeln weiß-goldene Porzellanblätter, die Wittmann-Bank leuchtet in hellem Samtrot, an der Rezeption schimmert der Onyx. Überall sind zeitgenössische Werke von heimischen und internationalen Künstlern. Zum Frühstück gibt es Biokaffee, hausgemachtes Granola und Brot vom Familienbäcker. Plus: privates Spa mit Sauna und Dampfbad.

Tel.: 01 5875415
1060 Wien
Mariahilfer Straße 15
www.das-tyrol.at
reception@das-tyrol.at

HOTEL LAMÉE

Ein bisschen Grandhotel, ein bisschen Hollywood-Glamour der 1930er-Jahre und viel Wiener Charme vereint das Hotel Lamée in Wien. Der Stephansdom ist nur ein paar Schritte entfernt, die Aussicht auf die Altstadt einzigartig. Die Zimmer haben dreifach verglaste Fenster und gepolsterte Türen, honigfarbene Wände, Holzverkleidungen und Marmorbäder. Das Rooftop mit fröhlichem Hawaii-Setting und Cocktails ist einer der spannendsten Open-Air-Hotspots der Stadt. Im Le Burger im Erdgeschoß kommt das Essen mit dem Lift, kosten sollte man den Kichererbsen-Mehlwurm-Burger!

Tel.: 01 5322240
1010 Wien
Rotenturmstraße 15
www.hotellamee.com
reception@hotellamee.com

HOTEL SCHANI SALON

Vom Shopping Trip direkt ins Hotelzimmer. Das Hotel Schani Salon liegt auf der Mariahilfer Straße, in einem Jugendstilhaus: Hier kann man sich in die Salonkultur der Wiener Moderne zurückziehen. Die 24 Zimmer sind dekoriert mit Werken aus der Zeit um die Jahrhundertwende und dem Charme von Freud, Schiele, Klimt. Trotz all der Geschichte sind die Steckdosen für die Gadgets genau dort, wo man sie braucht, außerdem gibt es Fairtrade-Kosmetika. Zum Frühstück Eier von glücklichen Hühnern und Regionales, auch in Bioqualität: Belle Époque in Neubau.

Tel.: 01 5240970
1070 Wien
Mariahilfer Straße 58
www.hotelschani.com/salon-wien
reception-salon@hotelschani.com

THE GUEST HOUSE VIENNA

THE GUEST HOUSE BRASSERIE & BAKERY
TIME FOR DELIGHT

HOME, HONESTY & HERITAGE

Alle, die sich als Stadtbewohner auf Zeit betrachten, finden hier eine ideale Bleibe. Privates Ambiente in exquisiter Qualität kombiniert mit urbanem Trendbewusstsein. In der hauseigenen Brasserie & Bakery trifft man auf einen anregenden Mix aus Stadtbewohnern und Gästen. The Guesthouse Vienna befindet sich hinter der Staatsoper und neben der Albertina. Zentraler lässt sich Wien nicht erleben.

– WWW.THEGUESTHOUSE.AT –

Gault&Millau
2020

Die neuesten Ergebnisse aus der Haubenwelt:
800 Restaurants, neu getestet und bewertet.

Plus: Die besten Weine, Wirtshäuser, Hotels und Almhütten.
Neu in dieser Ausgabe: Golfclubs, Cafés und Bars.

Zwei Bücher, ein Preis: € 39,- für Ihren Wegweiser in die Welt des guten Geschmacks
www.gaultmillau.at

Bleiben Sie up to date mit unseren täglichen Nachrichten
auf **Facebook** und **Instagram**.

ZELL AM ZILLER

MAX BROWN 7TH DISTRICT

Basics, und davon nur das Beste, ist das Motto des Max-Brown-Hotels im siebten Wiener Bezirk. Wenn das Grundlegende immer so schön ist, bitte gerne mehr. Das Haus ist ein Mix aus Vintage-Fundstücken, grünen Kacheln und Pflanzen, aus Metall und glänzendem Samt. Und dem Seven North. Die Säulen des Feinkosthallen ähnlichen Restaurants sind dekoriert mit echten Tomaten und Paprika, der Mastermind dahinter ist der israelische Koch und „König des Karfiols" Eyal Shani, bekannt aus dem Miznon. Zimmerservice braucht das Max Brown nicht, auch kein Kissenmenü, dafür sind die Betten umso besser.

Tel.: 01 3761070
1070 Wien
Schottenfeldgasse 74
www.maxbrownhotels.com
reservations.7d@maxbrownhotels.com

SAINT SHERMIN – BED, BREAKFAST & CHAMPAGNE

Was braucht man mehr zum Urlaubsglück als ein Bett zum Schlafen, Frühstück zum Munterwerden und Champagner zum Genießen. Das gibt es im Saint Shermin im Freihausviertel. Die zwölf Zimmer liegen im ersten Stock eines Wiener Stilhauses und sind jeweils einer historischen Person oder Epoche gewidmet: Sigmund Freud, Maria Theresia, Wiener Fiaker. Um die Gäste in der Früh nicht zu überfordern, werden ein paar Köstlichkeiten zum Tisch serviert, den Rest, wie selbst gemachte Quiche oder frische Früchte, holt man sich vom Buffet. Für das Abendessen gibt es Grätzeltipps auf dem Blog.

Tel.: 01 58661830
1040 Wien
Rilkeplatz 7
www.shermin.at
hotel@shermin.at

THE GUEST HOUSE

Man kann nie genug Zuhause haben, bitte schön: Das Guest House hinter der Wiener Staatsoper ist wie eine Wohnung auf Zeit. Unaufgeregt, man kann den Hund mitnehmen und Freunde einladen. Elegant, die Innenarchitektur des schlanken Acht-Stock-Hotels stammt vom britischen Designer Sir Terence Conran, die Ausblicke auf die Stadt sind einmalig. In den Zimmern sind Klassiker von Haerdtl und Wittmann, Espressomaschinen, Bang & Olufsen-Anlage, Naturkosmetik von Lederhaas. Die Brasserie & Bakery im Erdgeschoß ist für viele ein verlängertes Wohnzimmer und beliebt zum Frühstücken, bei Schönwetter auch im Schanigarten mit Blick auf die Albertina. Bis 23 Uhr gibt es zu den Klängen von Dean Martin Linsenhummus, Egg Benedict, Dinkelpancakes, gegrillten Oktopus, Goldforellenfilet oder Torten aus der hauseigenen Patisserie. Und frisch im Restaurant gebackenes Brot und Gebäck.

Tel.: 01 5121320
1010 Wien
Führichgasse 10
www.theguesthouse.at
office@theguesthouse.at

ZELL AM ZILLER — TIROL E4

DAS POSTHOTEL

Vier Sterne plus einen Extrabonus gibt es bei Familie Binder-Egger im Zillertal. In ihrem Posthotel in Zell findet man viel Holz, teilweise uraltes, an der Fassade, als Täfelung, Möbelstück, Zirbenbett oder im Spa mit Außenpool, Saunen, Fitnessraum. Wie praktisch, dass der Holzlieferant der Ehemann der Gastgeberin Christina ist. Zum heimeligen Ambiente gibt es bunte Farbtupfer und Antiquitäten, im kleinen Garten kuschelige Sitzecken und Nischen. Im Haubenrestaurant Heleni setzen die Binder-Eggers auf regionale Gerichte mit biologischen und nachhaltigen Lebensmitteln.

Tel.: 05282 2236
6280 Zell am Ziller
Rohrerstraße 4
www.dasposthotel.at
info@zillerseasons.at

MEIN WUNDERBARER Kochsalon
www.martinahohenlohe.com

FAMILIE

DIE BESTEN

Die besten Familienhotels, die Spiel, Spaß und Erholung für die gesamte Familie versprechen.

AMIAMO
Zell am See

DAS RIESER
Pertisau

DIE RIEDERALM
Leogang

FAMILIENHOTEL DIE SEITENALM
Radstadt

FAMILIENRESORT ELLMAUHOF
Hinterglemm

GALTENBERG FAMILY & WELLNESS RESORT
Alpbach

HABACHKLAUSE
Bramberg am Wildkogel

HINTERTUXERHOF
Tux

HOTEL BÄR
Serfaus

HOTEL BÖGLERHOF
Alpbach

HOTEL BRENNSEEHOF
Feld am See

HOTEL CRISTALLO
Rennweg

HOTEL OBERFORSTHOF
St. Johann im Pongau

HOTEL SEETAL
Kaltenbach/Zillertal

HOTEL SOMMERHOF
Gosau

HOTEL STEINER
Obertauern

HOTEL UNTERSCHWARZACHHOF
Viehhofen

KINDERHOTEL ALMHOF
Gerlos

KINDERHOTEL BUCHAU
Maurach am Achensee

MOUNTAIN RESORT FEUERBERG
Bodensdorf

PICHLMAYRGUT
Pichl/Ennstal

POST FAMILY RESORT
Unken

PURADIES
Leogang

REITERS FINEST FAMILYHOTEL
Bad Tatzmannsdorf

SONNENBURG
Lech am Arlberg

ÜBERGOSSENE ALM RESORT
Dienten

Feuerberg

MOUNTAIN RESORT · SPIRIT & SPA

Ein Berg voller Möglichkeiten

KÄRNTEN
Gerlitzen Alpe
Ossiacher See

Unendliche Weite und atemberaubendes Panorama. Im Herzen Kärntens, mitten im Wander- und Skigebiet Gerlitzen Alpe, liegt das Mountain Resort Feuerberg auf 1.769 Metern Seehöhe. Ein Familien- und Wellnesshotel mit Chaletdorf. Kärntens Badewelt am Berg auf 4.500 m² mit Almsee, 10 Pools, Wasserrutsche, 11 Saunen und 16 Ruheoasen. Sport- und Kletterhalle Kindererlebnisland und abwechslungsreiches Aktivprogramm. Mehr Feuerberg: **www.feuerberg.at**

BODENSDORF

ALPBACH
TIROL F4

GALTENBERG FAMILY & WELLNESS RESORT

Für die Kleinsten: Galti Kinderclub mit Softplayanlage und Trampolinpark. Für die Größeren: Kuhmelken und Gokartbahn, Ponyranch und E-Trial-Motorrad-Parcours. Und für die Teens: Hochseilgarten, Riesenreifenrutsche, „Voice of Galtenberg" und „Galtenberg Fashion Show". Familie Kostner bietet in ihrem Vier-Sterne-Plus-Hotel Galtenberg im Tiroler Alpbach Familyspaß für alle. Auch für die Eltern. Im 7Heaven Spa haben sie ihre himmlische Ruhe (weil erst ab 16 Jahren), abends speisen die Kids am Kinderbuffet im Club. Kinderbetreuung ab der ersten Lebenswoche.

Tel.: 05336 5610
6236 Alpbach
Alpbach 40
www.galtenberg.at
info@galtenberg.com

HOTEL BÖGLERHOF

Das Tiroler Bergdorf Alpbach ist für zwei Sachen bekannt: schöne Blumen und das gleichnamige Forum, bei dem ein Mal im Jahr aktuelle Zeitfragen diskutiert werden. Der Böglerhof von Familie Duftner ist eine gute Homebase für die ganze Familie. Auf dem Wochenprogramm des Vier-Sterne-S-Hauses: Minigolf- und Tischtennisturniere, Picknick an der Alpbacher Ache, im Sommer ein Almfrühstück auf ihrer Schafalm. Dazu Honigpeelings, Waldbaden, Weinverkostungen und Strudelbacken im Kids Club, ein Spa und eine Kapelle zum Danke-Sagen.

Tel.: 05336 5227
6236 Alpbach
Nr. 166
www.boeglerhof.at
info@boeglerhof.at

BAD TATZMANNSDORF
BURGENLAND N4

REITERS FINEST FAMILYHOTEL

Wie wäre ein Familienurlaub mit Momente-Sammeln? Am Lagerfeuer und beim Hip-Hoppen, im Streichelzoo oder im Wasserspielpark? Im Lipizzanergestüt und am Kasimir Court, wo Kinder und Eltern gemeinsam abschlagen, sowieso. Das Reiters Finest Familyhotel in Bad Tatzmannsdorf liegt direkt neben dem 27-Loch-Golfplatz, im All-inclusive-Programm des Vier-Sterne-Superior-Hotels ist (fast) alles dabei. Tägliche Kinderbetreuung ab dem sechsten Monat, ganztägig pflanzliche Küche, ab 17 Uhr auch der Aperitif für die Großen. Plus: Wasserbüffel, Livemusik, Hundewiese.

Tel.: 03353 8841
7431 Bad Tatzmannsdorf
Am Golfplatz 1–4
www.reiters-reserve.at
info@reiters-reserve.at

BODENSDORF
KÄRNTEN J5

MOUNTAIN RESORT FEUERBERG

Der Feuerberg der Familie Berger liegt in der Poleposition auf der Gerlitzen, mit Blick bis zu den Karnischen Alpen. Das Vier-Sterne-Bergdörfchen hat Chalets, Suiten, Zimmer und eine Freizeitalm. Da kann man Bogen schießen und auf Bäume klettern, im Kinderhaus tanzen und kreativ sein. Es gibt eine große Badewelt mit Naturbadesee, mehreren Wasserflächen und einem Silent Spa plus Infinitypool für alle ab 14 Jahren. Im neuen Badehaus befindet sich der Wellnessbereich, Hallenbad, Skypool und ein Bad für die Kinder mit einer dreigeschoßigen Rutsche. Die Jugend hat im Mountain Resort ein eigenes Loft inklusive Airhockey und Billardtisch, es gibt eine Sport- und Kletterhalle. In den Restaurants bekommt man Gerichte von regionalen Biobauern und Weine aus der neuen Vinothek.

Tel.: 04248 2880
9551 Bodensdorf
Gerlitzenstraße 87
www.feuerberg.at
kontakt@feuerberg.at

Bei der Zusammenstellung dieses Führers ließen wir größtmögliche Sorgfalt walten, trotzdem können Daten falsch oder überholt sein. Eine Haftung können wir auf keinen Fall übernehmen.

BRAMBERG AM WILDKOGEL

BRAMBERG AM WILDKOGEL — SALZBURG F4

HABACHKLAUSE

In Bramberg am Wildkogel liegt das Vier-Sterne-Hotel Habachklause von Familie Maier. Sie hat eine eigene Fleischhauerei, eine zertifizierte Trinkwasserquelle und eine Landwirtschaft, in der die Kinder viel über Tiere lernen. Drei Generationen kümmern sich an sieben Tagen in der Woche um Windelflitzer und ältere Kinder. Diese reiten auf Ponys, rutschen über die Indoor-Softplayanlage und machen ihre eigene Naturkosmetik. Am Wildkogel düsen sie mit dem Mountaincart oder am Rutschenweg den Berg hinunter. Die Großen entspannen im Healing Hand Spa oder in einem der Pools.

Tel.: 06566 73900
5733 Bramberg am Wildkogel
Habach 17
www.habachklause.com
office@habachklause.com

DIENTEN — SALZBURG H4

ÜBERGOSSENE ALM RESORT

In der Übergossenen Alm von Familie Burgschwaiger im Salzburger Land möchte man am liebsten Kind sein. Da kann man ungeniert Staudamm bauen, Flipper spielen und das Steckerlbrot beim Lagerfeuer backen. Aber auch in Ruhe im Schwimmbiotop gleiten. Sollte das zu klein werden, wechselt man in den gerade umgebauten, größeren Almsee und schwingt sich in ein Boot. Die Eltern bleiben vier-Sterne-plus-like unter den Sonnensegeln im Garten oder im Saunadörfl und lassen sich erst beim regionalen Abendmenü wieder blicken. Ab drei Jahren gibt es Kinderbetreuung und eine angeschlossene Skischule.

Tel.: 06461 2300
5652 Dienten
Sonnberg 23
www.uebergossenealm.at
urlaub@uebergossenealm.at

FELD AM SEE — KÄRNTEN I5

HOTEL BRENNSEEHOF

Der Brennseehof der Familie Palle ist nicht nur bei Sportlern sehr beliebt. Auch für den Nachwuchs ist mit einem Smiley-Spielhaus, der Riesenrutsche und mit dem Bobby-Car-Führerschein bestens gesorgt. So kann die Mama in der Birken-Lehmsauna und bei der Klangschalenmassage entspannen, während der Papa bei seiner Radtour durch das Gegendtal schwitzt. Noch mehr Sport? In der Ballspielhalle des Vier-Sterne-Superior-Hotels kann die ganze Familie Basketball, Tennis, Volleyball spielen, dazu gibt es Möglichkeiten zum Rodeln, Eislaufen oder Skifahren, beim Smiley-Windelkurs schon ab drei Jahren. Über einen Bademantelgang ist das Hotel mit der Wasserwelt verbunden. Dort locken beheizte Indoor- und Outdoorpools inklusive eigenem Hallenbad für Kinder und ein riesiges Strandbad mit Natursauna.

Tel.: 04246 2495
9544 Feld am See
Seestraße 19
www.brennseehof.com
hotel@brennseehof.com

GERLOS — TIROL E4

KINDERHOTEL ALMHOF

Die Familie Kammerlander führt im Tiroler Gerlos das All-inclusive-Kinderhotel Almhof. Sie lassen Kinder gemeinsam mit Maskottchen Almi die Natur erleben – am Abenteuerspielplatz mit Wasserspiele-Bach, bei den Pferden und mit Kamerunschaf Lotti. In den Familien-Textilsaunen können sie sich aufheizen und danach in der Wasserwelt abkühlen: Der Wellnessturm mit Rooftop-Whirlpool oder Privat Spa ist den Erwachsenen vorbehalten. Kinderbetreuung gibt es im Vier-Sterne-Superior-Haus ab drei Monaten, als kulinarische Wahlmöglichkeit die „Grüne Haube"-Naturküche.

Tel.: 05284 5323
6281 Gerlos
Gmünd 45
www.kinderhotel-almhof.at
info@kinderhotel-almhof.at

HINTERGLEMM

GOSAU
OBERÖSTERREICH I3

HOTEL SOMMERHOF

Am Fuße des Dachsteins residiert die Familie Wallner in ihrem Sommerhof. Das Vier-Sterne-Hotel feiert gerade seinen 60. Geburtstag. Das Inklusivpaket umfasst Kinderbetreuung ab drei Jahren mit wechselndem Programm, unter anderem Fackelwanderung und Schnitzeljagd. Dazu haben sie Sitzsack-Kino, Boulderwand oder Billard und einen Spielplatz mit Klettergerüst und Slackline: Vom Pool aus haben die Eltern alles gut im Blick. In ihrer Jaga-Lounge gibt es Gutes von heimischen Bauern.

Tel.: 0800 808092
4824 Gosau
Gosauseestraße 34
www.sommerhof.at
office@sommerhof.at

HOTELS FAMILIE

HINTERGLEMM
SALZBURG G4

FAMILIENRESORT ELLMAUHOF

Der Ellmauhof in Hinterglemm ist ein Paradies für Bauernhof- und Pferdefans, mit Haflingern, Ponys und einer eigenen Reitschule. Was die Kinder im großen Stall sehen, können sie im Minibauernhof mit echten Hühnern und Hasen selbst ausprobieren. Dazu gibt es einen alten Traktor zum Spielen und eine Almhütte als Dependance für die Kinderbetreuung. Im Vier-Sterne-Superior-Haus der Familie Schwabl sind außerdem ein Kleinkinderspielplatz und eine neue Softplayanlage, Frei- und Hallenbad, Saunen. Der Zauberclown kommt regelmäßig vorbei und – es gibt Schokomassagen. Babybetreuung ab vier Monaten.

Tel.: 06541 64320
5754 Hinterglemm
Ellmauweg 35
www.ellmauhof.at
info@ellmauhof.at

WILLKOMMEN IN FELD AM SEE

Die ruhige und sonnige Lage mit den umliegenden Sport- und Wellnesseinrichtungen direkt am See wird von sportlichen Familien sehr geschätzt. Wir bieten komfortable, familiengerechte Zimmer und Appartements mit herrlichem Seeblick. Das Hotel ist mit Bademantelgang direkt mit der Wasser-Erlebniswelt "Seewellness" verbunden: 7-facher Wasserspaß, großzügiges Strandbad (7.000m²), 8 verschiedene Saunen, Massage & Beauty. Als Kinderhotel bieten wir 60h Kinderbetreuung pro Woche, Softplay-Kinderspielhaus, Ballsporthalle sowie Spielplätze und Aktivstrand. Zum Abrunden genießen Sie ausgezeichnete Alpen-Adria-Kulinarik inkl. Themenbuffets, Gala Dinner und Unterhaltungsabende.

Hotel Brennseehof
Seestraße 9
9544 Feld am See
Tel. +43 4246 2495
www.brennseehof.com

Alte Post ★★★★
Brennseehof ★★★★s

Höchster Genuss

Feinste Kulinarik, spannende Literatur & alpiner Charme: Die Sonnenburg bietet erholsame und genussreiche Tage inmitten der faszinierenden Bergwelt rund um Lech am Arlberg.

www.sonnenburg.at

Oberlech 55
6764 Lech

Sonnenburg
HOTELS

LECH AM ARLBERG

KALTENBACH/ZILLERTAL — TIROL E4

HOTEL SEETAL

Kaltenbach im Zillertal, bei den Lechners. Ihr Vier-Sterne-Hotel Seetal hat für die ganze Familie etwas. Babyausstattung ab vier Monaten, Kletterturm, Reifenwasserrutsche, Cocktailkurs, Kindervollpension. Zum Plantschen geht es in den Infinitypool und den Naturbadeteich, dort ist auch die Teufelsauna für die Großen. Gemeinsam geschwitzt wird in der Textilsauna, im Kletterpark Zillertal-Kaltenbach ums Eck gibt es kostenlose Familien-Schnupperkurse. Der hoteleigene Bauernhof ist 20 Minuten entfernt: Er liefert frische Produkte für die Küche und Streicheleinheiten mit Zwerghasen und Ponys.

Tel.: 05283 2713
6272 Kaltenbach/Zillertal
Innere Embergstraße 6
www.seetal.at
hotelinfo@seetal.at

LECH AM ARLBERG — VORARLBERG B4

SONNENBURG

Fünf-Sterne-Urlaub am Arlberg gibt es bei Familie Hoch. Ihre Sonnenburg auf 1750 Metern war in den 1960er-Jahren in Oberlech das erste Haus mit Pool, heute gibt es eine Wellnesswelt für die ganze Familie. Mit Panoramabad und Tages-Familiensauna, die sich danach in ein exklusives Schwitzbad für Damen verwandelt, speziellen Massagen für die Großen, Teenies und die Kiddies. In der Oase im Untergeschoß können Gäste ab 14 Jahren unter anderem im Heukraxenbad entspannen und sich in der Nebelgrotte abkühlen, ihre kleinen Geschwister amüsieren sich inzwischen im Miniclub. Alle zusammen freuen sich dann auf den Literatursalon, bei dem regelmäßig Bücher und ihre Autoren vorgestellt werden. 100 Meter vom Stammhaus entfernt ist das Vier-Sterne-S-Landhaus mit noch mehr Ruhe. Plus: Bücherkiste in jedem Zimmer, österreichisch-alpine Küche.

Tel.: 05583 2147
6764 Lech am Arlberg
Oberlech 55
www.sonnenburg.at
welcome@sonnenburg.at

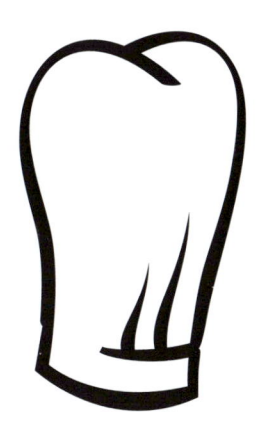

Gault&Millau

Besuchen Sie uns auf Facebook unter
www.facebook.com/Gault.Millau.Oesterreich

LECH AM ARLBERG

LEOGANG
SALZBURG G4

DIE RIEDERALM
Genießerhotel

Tel.: 06583 7342
5771 Leogang
Rain 100
www.riederalm.com
info@riederalm.com

Das Vier-Sterne-Plus-Hotel der Familie Herbst liegt am Einstieg zur Asitzbahn, am Fuße des Skicircus Saalbach Hinterglemm Leogang Fieberbrunn und des Bikeparks Leogang. Da gibt es für die Anfänger einen Kiddie Bikepark und für die Großen eine rasante Downhillstrecke. Beim Haus sind ein Erlebnisspielplatz mit Kinder-Verkehrspark und Minibergwerk, ein Game Room mit Bällebad und die Pinzgauer Wasserfestspiele – da kommen alle auf ihre Urlaubsrechnung. Auch auf der Erlebnisrutsche mit Zeitnehmung, im beheizten Outdoorpool, im Hallenbad oder im Thermal-Heilwasserpool. Entspannen kann man danach in der Panoramasauna oder im Kristall-Relax-Cube des Mountain Spas (Adults only). Und bei den kulinarischen Kreationen mit Fleisch aus der eigenen Landwirtschaft, regionalen Produkten und Tropfen aus dem Weinblick-Keller.

PURADIES

Tel.: 06583 8275
5771 Leogang
Rain 9
www.puradies.com
info@puradies.com

Das Puradies, ein Paradies für Familien? Die Vier-Sterne-Plus-Urlaubswelt der Madreiters liegt auf einem Sonnenplateau in Leogang und schaut aus wie ein kleines Designdorf. Es besteht aus Chalets und Suiten, einem Biobauernhof und einem ökologischen Garten ohne Pestizide und Torf, dafür mit glücklichen Bienen. Die Kinder holen ihre Frühstückseier eigenhändig aus dem Nest und merken im Naturbadeteich, dass es auch ohne Chlor geht. Sie entdecken den Spielraum und, dass selbst angebautes Obst und Biofleisch besser schmecken als das vom Supermarkt. Plus: Badehaus ab 16 Jahren, Gourmetrestaurant, imposante Bar.

---

dieRiederalm *****®
GOOD LIFE RESORT LEOGANG

♥ Über 2.000m² Wellness & SPA mit 2 Pools

♥ Außergewöhnliche Gourmetküche die begeistert

♥ Ehrliche, gelebte Regionalität

♥ Geniale Lage direkt an der Asitzbahn (im Skicircus Saalbach Hinterglemm Leogang Fieberbrunn) sowie am Bikepark Leogang

Genuss AUF HÖCHSTEM NIVEAU

GLEICH IHREN TRAUMURLAUB SICHERN: Good Life Resort die Riederalm ****S | Familie Herbst
Rain 100 | 5771 Leogang | Tel.: +43 6583 7342 | info@riederalm.com | **www.riederalm.com**

PICHL/ENNSTAL

MAURACH AM ACHENSEE
TIROL E4

KINDERHOTEL BUCHAU

Wenn aus der Not eine Tugend wird: Weil die Riesers auf Reisen mit ihren Kindern gute Betreuung und entsprechendes Programm oftmals vermissten, gründeten sie vor vier Jahrzehnten ihr eigenes Haus: das Kinderhotel Buchau in Eben am Achensee. In ihrem Vier-Sterne-Plus-Hotel bieten sie sechs Tage pro Woche Babybetreuung, Kinderprogramm gibt es die ganze Woche. Dazu draußen eine Erlebniswelt mit Hochseilgarten und Reithalle und eine drinnen mit Theaterbühne und Boulderhalle. Es gibt einen Zwergenpool und Saunen, einen Privatstrand am See und ein Hallenbad. Essen und Getränke inklusive.

Tel.: 05243 5210
6212 Maurach am Achensee
Buchauer Straße 3
www.buchau.com
info@buchau.com

HOTELS FAMILIE

OBERTAUERN
SALZBURG I4

HOTEL STEINER

Thomas, Andrea, Maximilian und Jakob heißen die Mitglieder der Familie Steiner. Sie sind die Gastgeber im Hotel Steiner in Obertauern. Ihr Vier-Sterne-Superior-Haus liegt auf 1700 Metern, Kinder werden ab drei Jahren betreut. Damit sich die Kleinen richtig austoben können, ist das Kinderparadies mit Tischfußball, Rutschen und Bobby Car schallgedämpft. Für die Älteren gibt es in der Jugendlounge Kletterwand und Billardtisch, Biosauna, Tepidarium, Massagen und einen Fitnessraum. Das Late Night Spa ist nur für die Erwachsenen, die ganztägige All-inclusive-Küche für alle.

Tel.: 06456 7306
5562 Obertauern
Römerstraße 45
www.hotel-steiner.at
info@hotel-steiner.at

PERTISAU
TIROL E3

DAS RIESER

Urlaub mit der ganzen Familie im Tiroler Pertisau? Aber gerne. Gabi und Ernst Rieser wissen, „kleine Dinge bedeuten das große Familienglück". Das können gemeinsame Radtouren entlang des Achensees oder Familienwanderungen in die Karwendeltäler sein. Aber auch Exklusivspaß mit Gleichaltrigen beim Brotbacken oder im Biobadeteich, Canyoning, Stand-up-Paddeln oder in Bobos Kinderskischule. In ihrem Vier-Sterne-Superior-Hotel Das Rieser gibt es dazu ein Hallen- und ein Freibad, Saunen, Hamam und ein Private Spa. Alpinlofts und Tiroler Küche.

Tel.: 05243 5251
6213 Pertisau
Karwendelstraße 40
www.hotel-rieser.com
info@hotel-rieser.com

PICHL/ENNSTAL
STEIERMARK J4

PICHLMAYRGUT

Schladming, vier Sterne, ein Hoteldorf. Das Pichlmayrgut von Familie Steiner besteht aus mehreren Gebäuden: im Zentrum der Dorfplatz, rundherum die Häuser. Da gibt es viele Möglichkeiten zum Auskundschaften. Naturlehrpfad, Indianertag, Biobauernhof mit Meerschweinchen, Schafen, Ponys. Einen Kinderspielplatz und ein Sportcenter mit Tennishalle und Squashcourts, Kegelbahn, Fußball- und Volleyballfeld. Mom und Dad ziehen sich in den Badesee und ins Spa zurück. Gemeinsamer Treffpunkt ist später das Restaurant mit viel Biologischem und Fleisch aus eigener Erzeugung. Kinderbetreuung ab vier.

Tel.: 06454 7305
8973 Pichl/Ennstal
Pichl 54
www.pichlmayrgut.at
info@pichlmayrgut.at

Bei der Zusammenstellung dieses Führers ließen wir größtmögliche Sorgfalt walten, trotzdem können Daten falsch oder überholt sein. Eine Haftung können wir auf keinen Fall übernehmen.

RADSTADT

RADSTADT SALZBURG I4

FAMILIENHOTEL DIE SEITENALM

Die „Kernfamilie Arnold" besteht aus Hanni und Peter und ihren vier Töchtern. Doch Urlaub auf ihrer Seitenalm oberhalb von Radstadt zu machen, heißt, ein Teil ihrer großen Familie zu werden. Ihr Vier-Sterne-Almparadies liegt auf über 1100 Metern und hat eine Erlebniswelt an der frischen Luft mit Kletterturm, Gokart, Hexenhaus, Bogenschießplatz und Triorutsche im neuen Outdoor-Badeparadies. Wer es ruhiger mag, geht reiten oder zum Teich fischen. Die Arnolds heizen mit erneuerbarer Energie und mögen regionale Produkte. Tägliche Baby- und Kinderbetreuung.

Tel.: 06452 6789
5550 Radstadt
Forstauer Straße 17
www.seitenalm.at
info@seitenalm.at

RENNWEG KÄRNTEN I4

HOTEL CRISTALLO

Das Falkensteiner Hotel Cristallo liegt im Ski- und Wandergebiet Katschberg. Im Falky-Land werden Kinder ab drei Jahren gerne auch mehrsprachig betreut (Deutsch, Italienisch und Englisch). Mit ihren neuen Freunden erleben Minis und Maxis Piratentage und studieren Tänze ein, sie erkunden die Natur und reiten auf Ponys. Oder entdecken den neuen Funcourt und das Klettergerüst. Danach werden im Falky Spa ihre Muskeln durchgeknetet – damit sie gechillt zum Kinderbuffet schlendern und ihren entspannten Eltern, nach deren Wellnessbehandlung im Acquapura Spa, von ihrem Tag erzählen können. Vier Sterne und ein Plus mit Vollpension.

Tel.: 04734 319813
9863 Rennweg
Katschberghöhe 6
www.falkensteiner.com
reservations.cristallo@falkensteiner.com

ST. JOHANN IM PONGAU SALZBURG H4

HOTEL OBERFORSTHOF

„Wir sind neugierig, offen und innovativ", sagt die Gastgeberfamilie Höllwart in ihrem Hotel Oberforsthof, die gerade ihr Pure Alp Spa neu konzipiert hat. Im Kidsspa gibt es für Kinder ab drei Jahren schöne Nägel und Massagen, für Teenies ab elf Kosmetik-Specials, für die Erwachsenen Yoga auf der Alm und Ayurveda-Anwendungen. Für die Kleinsten haben sie eine Babyecke inklusive Betreuung, für die Größeren tägliches Programm: Olympiade, Lagerfeuer, Erlebnisgarten mit Streichelzoo. Zusätzlich: Naturbadeteich und Feng-Shui-Garten.

Tel.: 06412 6171
5600 St. Johann im Pongau
Alpendorf 11
www.oberforsthof.at
hotel@oberforsthof.at

SAALBACH/HINTERGLEMM SALZBURG G4

HOTEL UNTERSCHWARZACHHOF

Der Unterschwarzachhof bei Hinterglemm liegt direkt an der Skipiste und im Wanderparadies. Das Vier-Sterne-Plus-Haus der Hasenauers hat einen Biobauernhof und einen Streichelzoo mit Hasen und Ponys. Um die kann man sich als Patentante oder -onkel während des Urlaubs auch kümmern. Für Kinder (Club ab drei Jahren) gibt es Wellnesstage, Kurse zum Biobuttermachen, Übernachtungen auf der Alm, Lagerfeuer-Wanderungen oder Melkkurse. (Nicht nur) für die Erwachsenen ein Alpen Spa mit Freibad und Eier von freilaufenden Hühnern. Die Zimmer und Suiten sind neu. Plus: Selbstversorgerhütte, Luxuschalet.

Tel.: 06541 6633
5754 Saalbach/Hinterglemm
Schwarzacherweg 40
www.unterschwarzach.at
hotel@unterschwarzach.at

Die besten Weine Österreichs:

ZELL AM SEE

SERFAUS
TIROL C4

HOTEL BÄR

Ein Urlaubsort ohne Fahrzeuge – dafür mit einer Luftkissenschwebebahn? Jawohl! Das gibt es im Tiroler Serfaus. Die Dependance dazu? Das Vier-Sterne-Superior-Hotel Der Bär. Im Spieleparadies sind Babys und Kinder willkommen. Für alle unter sechs Jahren gibt es den Miniclub mit fünfstöckiger Softplayanlage, ab sieben kann man beim Outdoor-Programm mitmachen. Außerdem im Haus von Familie Heymich: Kletter- und Turnhalle, Theater mit Showbühne, Speedrutsche, Freibad und Spa sowie Regionales in den Restaurants.

Tel.: 05476 6228
6534 Serfaus
Herrenanger 9
www.loewebaer.com
info@loewebaer.com

TUX
TIROL E4

HINTERTUXERHOF

Der Hintertuxerhof im Zillertal ist ein Familienhotel, in jeder Hinsicht. Familie Kofler bietet für Kinder ab zwei Jahren jeden Tag Betreuung. Es gibt einen Ganzjahres-Abenteuerbereich mit Seilbahn und Gokart, einen Wasserspielplatz, einen Platz zum Tennis-, Fußball- oder Badmintonspielen und Kurt, den Gletscherwurm-Panoramazug. Mit ihm geht es zur Playarena nach Tux oder zum Streichelzoo. Unter dem Drei-Sterne-Superior-Dach arbeiten drei Generationen am familienperfekten Urlaub der Gäste. Die bekommen außerdem ein Spa mit Dampfbad und Biokräutersauna sowie Essen aus der Region.

Tel.: 05287 8530
6293 Tux
Hintertux 780
www.hintertuxerhof.at
info@hintertuxerhof.at

UNKEN
SALZBURG G3

POST FAMILY RESORT

Herz und Tradition, das ist die Philosophie der Familie Unseld und ihres Post Family Resorts. In ihrem Vier-Sterne-Superior-Haus im salzburgischen Unken gibt es für alle Altersgruppen einen Club. Babys ab dem siebten Lebenstag haben ihren eigenen Baby Club, Kinder bis zehn Jahre besuchen den Streichelzoo und pritscheln am Wasser-Matschplatz. Für Teenies haben die Unselds Poolpartys, Lagerfeuer oder Reiten im Angebot. Und die ganz Großen? Die entspannen bei Yoga, in der Haustherme oder im Naturbadeteich und freuen sich auf das regionale Abendmenü.

Tel.: 06589 4226
5091 Unken
Niederland 28
www.post-familyresort.com
info@post-familyresort.com

ZELL AM SEE
SALZBURG G4

AMIAMO

Das Amiamo in Zell am See ist ein kleines, feines Hotel für Familien, direkt an der Skipiste und der Gondelbahn des Areitexpress. Geformt hat es die Gastgeberin selbst, Dagmar Hörl ist auch Architektin. Nachhaltigkeit ist für ihre Familie nicht nur ein Schlagwort. Sie haben eine Photovoltaikanlage, wer umweltfreundlich mit der Bahn anreist, bekommt einen Grünen Bonus auf den Zimmerpreis. Ihr Vier-Sterne-Inklusivservice umfasst unter anderem drei Pools und ein Spa, mehrsprachige Sieben-Tage-Betreuung plus Programm für Kids und Teenies, Lagerfeuer und umweltfreundliche Spielsachen.

Tel.: 06542 55355
5700 Zell am See
Bundesstraße 20
www.amiamo.at
hotel@amiamo.at

Jetzt im Gault&Millau-Weinguide.

GEHEIM-TIPPS

DIE BESTEN

Die besten Hotels, die sich durch ihre versteckte Lage, ihren besonderen Charme und ihr gewisses Etwas unterscheiden und sich deshalb als Geheimtipp auszeichnen.

ART-LODGE
Afritz

DER WILHELMSHOF
Wien

DRAHTESELBÖCK
Rust

FRITSCH AM BERG
Lochau

HERKULESHOF
Kolbnitz

HOTEL AM BRILLANTENGRUND
Wien

HOTEL BERGWIESENGLÜCK
See/Paznaun

HOTEL GABRIUM
Maria Enzersdorf am Gebirge

HOTEL POST BEZAU
Bezau

HOTEL SCHLOSS LEONSTAIN
Pörtschach

HOTEL SCHLOSS OBERMAYERHOFEN
Sebersdorf

HOTEL VILLA ANTOINETTE
Semmering

JAGLHOF
Gamlitz

KLEINES HOTEL KÄRNTEN
Villach-Drobollach am Faaker See

KLEINSASSERHOF
Spittal an der Drau

LANDHAUS KOLLER
Gosau

MAMA THRESL
Leogang

MÜHLTALHOF
Neufelden

NESSLERHOF
Großarl

SCHREINERS ESSEN & WOHNEN
Wien

VILLA VERDIN
Millstatt am See

WALDHAUS RUDOLFSHÖHE
Bad Gastein

ZUM VERWALTER
Dornbirn

AFRITZ

AFRITZ — KÄRNTEN I5

ART-LODGE

Von der Werbewelt in einen alten Berggasthof in den Kärntner Bergen! Katrin und Dirk Liesenfeld leben in ihrer art-lodge in Verditz am Ossiacher See ihren realen Urlaubstraum. Sie organisieren Kunstveranstaltungen, Lesungen und Kunst-WGs, auf der wanderbaren Kunstalm mit 15.000 Quadratmetern zeigen sie Skulpturen junger Künstler. Die Zimmer im Haupthaus und in der Scheune haben sie ebenso wie die Lobby renoviert. In den „Tiny Houses" wohnt man wie in einer Almhütte. Regional und biologisch ist für die Gastgeber selbstverständlich. Man badet im hauseigenen Biopool.

Tel.: 04247 29970
9542 Afritz
Verditzer Straße 52
www.artlodge.at
hallo@art-lodge.at

BAD GASTEIN — SALZBURG H4

WALDHAUS RUDOLFSHÖHE

Sie wollten raus aus Berlin und rauf auf die Berge. Deshalb packten Stefan Turowski und Jan Breus ihr Leben in einen Möbelwagen und eröffneten in Bad Gastein das Waldhaus Rudolfshöhe. Auf 1200 Metern, mutterseelenallein. Jetzt vermieten sie vier Zimmer, ausgestattet mit ihren persönlichen Lieblingssachen, und kochen für ihre Gäste-Freunde biologisch und saisonal. „Wir lieben Brüche", sagt Turowski und freut sich auf den großen, neuen Tisch für die Gaststube, der „überhaupt nicht in so eine Hütte passt". Nächstes Jahr soll es noch mehr Neues geben.

Tel.: 06434 20446
5640 Bad Gastein
Hardtweg 1
www.rudolfshoehe.at
mail@rudolfshoehe.at

BEZAU — VORARLBERG A4

HOTEL POST BEZAU
by Susanne Kaufmann

„Alles ist miteinander verbunden – unsere Umgebung, unsere mentale Kraft, unsere körperliche Konstitution", sagt Susanne Kaufmann vom Hotel Post Bezau. In ihrem Rückzugsort im Bregenzerwald geht es um Wellness und Natur, Genuss und Kultur sowie um die Gesundheit und das innere Gleichgewicht der Gäste. Ihre Mittel der Wahl: Naturkosmetiklinie, Traditionelle Chinesische Medizin, Entgiften. Dazu bewusste Ernährung mit Bioprodukten aus eigenem Anbau und von umliegenden Bauern. Und heimisches Handwerk und moderne Holzarchitektur ihres Bruders.

Tel.: 05514 22070
6870 Bezau
Brugg 35
www.hotelpostbezau.com
office@hotelpostbezau.com

DORNBIRN — VORARLBERG A3

ZUM VERWALTER

Zum Verwalter ist ein Boutiquehotel in Dornbirn, der größten Stadt Vorarlbergs. Die Zimmer des Fachwerkbaus wurden gerade modernisiert, klimatisiert und mit Holzböden, Leinenvorhängen, Bregenzerwälder Handwerk ausgestattet. Die niedrigen, 2,10 Meter hohen Räume erinnern noch heute an die 350-jährige Geschichte des Hauses im Dreiländereck Österreich – Deutschland – Schweiz. Im Restaurant gibt es unter anderem eine sonnengeschützte Gartenlounge und regionale Frischmarktküche. Im Bistro mit neuem Barbereich schaut man den Köchen bei der Arbeit zu.

Tel.: 05572 23379
6850 Dornbirn
Schlossgasse 1
www.zumverwalter.at
hotel@zumverwalter.at

Bei der Zusammenstellung dieses Führers ließen wir größtmögliche Sorgfalt walten, trotzdem können Daten falsch oder überholt sein. Eine Haftung können wir auf keinen Fall übernehmen.

GOSAU

GAMLITZ
STEIERMARK M5

JAGLHOF

Auf einer wunderschönen Anhöhe in den Weinbergen von Sernau liegt der Jaglhof, seine unübersehbaren Vorzüge: fantastischer Ausblick auf die Südsteiermark und regionale Gourmet-Kulinarik. Die kommt in Form von mit zwei Hauben ausgezeichneten Vier- oder Sechs-Gang-Menüs und mit edlen Tropfen und Raritäten aus dem Weingut Domaines Kilger. Übernachten kann man im Naturparadies in insgesamt neun Zimmern, allesamt mit großem Platzangebot, Badewanne, Dusche, Balkon und einem bunten Frühstücksbuffet mit aktivierender Aussicht auf die Weingärten.

Tel.: 03454 6675
8462 Gamlitz
Sernau 25
www.jaglhof.at
jaglhof@domaines-kilger.com

GOSAU
OBERÖSTERREICH I3

LANDHAUS KOLLER

Sommerfrische am Dachstein gibt es im Landhaus Koller in Gosau. Es ist eingebettet in einen Park und besteht aus einem Landhaus, in dessen Turm unter anderem die neu renovierte Faber Suite ist. Wenige Meter daneben liegt das Gästehaus. Durch seine Abgeschiedenheit ist es noch ungestörter und mit den Junior Suiten ideal für Familien. Gleich vor der Haustür ist der Garten mit einem beheizten Pool. Im Holzhaus gegenüber sind Sauna, Dampfbad und Infrarotkabine untergebracht. Auch wunderbar: Gosau à la carte im Restaurant und Kollers Almhütte auf der 1350 Meter hohen Rinnbergalm für bis zu fünf Personen.

Tel.: 06136 8841
4824 Gosau
Pass-Gschütt-Straße 23
www.hotel-koller.com
office@hotel-koller.com

HOTELS GEHEIMTIPPS

GROSSARL

GROSSARL — SALZBURG H4

NESSLERHOF

Tina und Hermann Neudegger sind Gästeflüsterer und Gastgeber im Nesslerhof im Großarltal. Dieser liegt direkt an der Piste, mitten im Nationalpark Hohe Tauern. In der Küche verwöhnen sie Kalorienzähler und Schlemmermäuler mit Fleisch aus eigener Produktion und nachhaltigen Zutaten von den Bauern aus der Umgebung. Im Spa locken Hallenbad, Infinitypool, Naturschwimmteich, Saunen und Wellnessbehandlungen. Es gibt ein wöchentliches Aktivprogramm und Yoga sowie Zimmer mit viel Holz oder weniger, ganz nach dem Motto: „Vielfalt statt Monokulturen tut nicht nur der Natur gut."

Tel.: 06414 81200
5611 Großarl
Unterbergstraße 50
www.nesslerhof.at
info@nesslerhof.at

KOLBNITZ — KÄRNTEN H5

HERKULESHOF

Der Herkuleshof liegt im Wanderparadies des Kärntner Mölltals. Er ist eingebettet in den Nationalpark Hohe Tauern – zum Großglockner ist es nicht weit. Im Haus auf dem Gipfel des Landschaftsschutzgebietes Danielsberg wird gerne geheiratet. Trauungen finden etwa am Steg des Naturbadeteichs mit Blick auf die spektakuläre Feuerorgel des Mölltaler Holzbildhauers Dietmar Fian statt. Auf der Speisekarte stehen Menüs mit bäuerlichen Produkten von den Nachbarn. Die Zimmer sind mit Holzvertäfelungen ausgestattet und wirken trotz Goldrahmenbildern sehr modern.

Tel.: 04783 2288
9815 Kolbnitz
Preisdorf 18
www.herkuleshof.com
info@herkuleshof.com

LEOGANG — SALZBURG G4

MAMA THRESL

Renate und Hubert Oberlader bringen in Leogang Menschen zusammen, die die Berge lieben und ihren Adrenalinpegel gerne in die Höhe treiben. Den Namen hat Mama Thresl von der Mutter der Gastgeberin, die guten Vibes von der lässigen Einrichtung aus Handwerkskunst und Naturmaterialien und der chilligen Loungemusik. Sie haben eine eigene Indoorkletterwand mit Klettersteig – so hoch wie das Haus –, Mountainbikewege und Skipisten vor der Tür. Eine Dachterrasse mit Panoramasauna, Yoga-Sessions, Livemusik in der Island Bar. Plus: hausgemachte Flammkuchen, Burger, Nachspeisen.

Tel.: 06583 20800
5771 Leogang
Sonnberg 22
www.mama-thresl.com
info@mama-thresl.com

LOCHAU — VORARLBERG A3

FRITSCH AM BERG

Glücklich, gelassen und gesund sein – das ist Motto im MentalSpa Resort Fritsch am Berg im Vorarlberger Lochau. Vom Vier-Sterne-Hotel auf 700 Metern sieht man weit über den Bodensee, das hilft auf dem Weg zur Entspannung ungemein. Überraschende Kindernebengeräusche gibt es hier nicht, alle Gäste müssen mindestens 16 Jahre alt sein. Diese genießen Speisen mit Produkten aus der hauseigenen Landwirtschaft – ohne Geschmacksverstärker –, Hallenbad, Saunen, Hamam. Und lassen sich im Mentalzentrum in der Biofeedback-Lounge zur totalen Gelassenheit coachen.

Tel.: 05574 43029
6911 Lochau
Buchenberg 10
www.fritschamberg.at
rezeption@fritschamberg.at

Die besten Weine Österreichs:

PÖRTSCHACH

MARIA ENZERSDORF AM GEBIRGE — NIEDERÖSTERREICH N2

HOTEL GABRIUM

Ein unter Denkmalschutz stehender Gebäudetrakt wurde renoviert, historische Originale wie Kreuzgang und alter Gewölbesaal konnten erhalten werden. So ist aus einem Missionshaus das Hotel Gabrium in Maria Enzersdorf geworden. Jedes Stockwerk ist einem anderen Teil der Erde gewidmet, bunte Muster, Trommeln, Masken und andere Artefakte nehmen in den 23 Zimmern Bezug auf Südamerika, Afrika, Asien und Europa. Ökologie und Nachhaltigkeit sind den Betreibern wichtig. Das sieht man unter anderem an „upgecycelten" Möbeln, regionalen Produkten und der hauseigenen Photovoltaikanlage. Es gibt eine eigene Kirche und die Einladung zum Picknick im Grünen.

Tel.: 02236 502520
2340 Maria Enzersdorf am Gebirge
Grenzgasse 111
www.gabrium.at
office@gabrium.at

MILLSTATT AM SEE — KÄRNTEN J5

VILLA VERDIN

Die Villa Verdin am Millstätter See ist die ideale Kulisse für einen entspannten 1970er-Jahre-Film: mediterranes Flair mit Vintagemöbeln, Erinnerungsstücke an den Wänden, fröhliche Leichtigkeit. Dazu gibt es von April bis November, zu Weihnachten oder Neujahr selbst gerösteten Kaffee. Erfrischungen kann man in der Strandbar haben, warme Köstlichkeiten werden für Hausgäste abends im Haus serviert. Die Kräuter und das Gemüse stammen aus der eigenen kleinen Landwirtschaft. Eine Sauna ist auch im Haus, es gibt Yoga, zur Massage den Blick auf den See. Und wer Backgammon liebt, findet hier sicher einen Partner zum Spielen.

Tel.: 0699 12181093
9872 Millstatt am See
Seestraße 69
www.villaverdin.at
holiday@villaverdin.at

NEUFELDEN — OBERÖSTERREICH J2

MÜHLTALHOF
Genießerhotel

Während Bruder Helmut Rachinger gegenüber im Fernruf großartig bodenständig kocht und dessen Sohn Philipp im Haus die Gourmetgäste verwöhnt, kümmert sich Johanna Eckl um den Hotelbetrieb. Aus dem traditionellen Gasthaus ist ein spannendes Ensemble mit modernem Kubus geworden. Die 22 Zimmer sind individuell gestaltet und verfügen selbstverständlich über keinen Fernseher. Dafür hängen echte Kunstwerke an den Wänden. Auch in der Lobby und den Gemeinschaftsräumen kommt man aus dem Staunen nicht heraus. So viel tolle zeitgemäße Kunst an diesem abgeschiedenen Ort? Ja klar, denn Johannas Mann Joachim Eckl besitzt eine überaus bemerkenswerte Galerie, die weit über die Landesgrenzen hinaus bekannt ist.

Tel.: 07282 6285
4120 Neufelden
Unternberg 6
www.muehltalhof.at
reception@muehltalhof.at

PÖRTSCHACH — KÄRNTEN J5

HOTEL SCHLOSS LEONSTAIN

Mit seinen idyllischen Innenhöfen und dem Schlossgarten bietet das historische Anwesen den Gästen der 32 Zimmer und Suiten eine prachtvolle Bleibe auf Zeit. Außerdem gibt es einen eigenen Strandclub mit Bistro. Der Leon Beach wurde neu gemacht und vergrößert. Die Köche beziehen ihre Produkte von den Bauern aus der Region, die Fische stammen aus der eigenen Fischzucht.

Tel.: 04272 2816
9210 Pörtschach
Leonstainerstraße 1
www.leonstain.at
info@leonstain.at

Jetzt im Gault&Millau-Weinguide.

RUST

RUST
BURGENLAND 03

DRAHTESELBÖCK

Der Drahtesel ist ein Fahrrad, die Eselböcks sind wegen ihrer Mehr-Hauben-Küche bekannt. Seit Walter und Eveline ihren Taubenkobel an Tochter Barbara und deren Mann Alain Weissgerber übergeben haben, führen sie jetzt diese Bilderbuch-Pension in Rust sowie das romantische Haus im See, das auf der ungarischen Seite des Neusiedler Sees liegt. Die umgebaute Pension aus den 1970er-Jahren liegt am Ortsrand von Rust, direkt an einem Radweg und ist wenige Minuten vom Neusiedler See entfernt. Für die fahrbaren Untersätze gibt es einen eigenen Stall, wer ohne anreist, leiht sich einfach einen aus. Nach der Tour entspannt man im Pool oder im Retrozimmer unter der Fahrradtapete und freut sich auf das Biofrühstück mit Gemüse aus eigenem Anbau.

Tel.: 02685 301
7071 Rust
Dorfmeistergasse 21
www.drahteselboeck.com
pension@drahteselboeck.com

SEBERSDORF
STEIERMARK 04

HOTEL SCHLOSS OBERMAYERHOFEN

Das Hotel Schloss Obermayerhofen in der Nähe von Bad Waltersdorf versteckt sich hinter hohen Tannen und wilden Büschen. Glitzer, Prunk und andere aufgesetzte Dekorationen mag man im Hartbergerland nicht, die alten Möbel und wenigen Goldtupfer, die zwischendurch hervorblitzen, sind echt. Im Frühstückssaal tummeln sich Vögel und Palmen an den Wänden, in den Zimmern liegen Orientteppiche. Ein Schlosspark mit 120.000 Quadratmetern und einem Teich umgibt das Ensemble. Hinter einem schmiedeeisernen Gartentor liegen die Bauernstuben und Gästezimmer des denkmalgeschützten Gaisrieglhofs.

Tel.: 03333 25 03 50
8272 Sebersdorf
Neustift 1
www.obermayerhofen.at
schlosshotel@obermayerhofen.at

SEE/PAZNAUN
TIROL B4

HOTEL BERGWIESENGLÜCK

Die urigen Heustadl, die man im Paznauntal überall sieht, sind Vorbilder für Thomas Schönauers Bergwiesenglück im Tiroler Örtchen See. Zwölf Luxushütten mit jeweils drei Stockwerken, eigenem Spa mit Terrasse, Sauna und Almbad, Ofen und einer voll ausgestatteten Küche. Der Weg zum Infinitypool auf dem Dach des Haupthauses, des Bergwiesenhofs, ist kurz, dort gibt es noch zwei Suiten. Wer seinen Stadl gar nicht verlassen möchte, bekommt das Käsefondue in die Hütte geliefert. Die anderen wählen Regionales und Saisonales in einer der zwei Wirtsstuben im Hof, der ist gleichzeitig auch der Dorftreffpunkt.

Tel.: 05441 20077
6553 See/Paznaun
Neder 400
www.bergwiesenglueck.at
info@bergwiesenglueck.at

SEMMERING
NIEDERÖSTERREICH M3

HOTEL VILLA ANTOINETTE

Die Villa Antoinette am Semmering war an der Schwelle zum 20. Jahrhundert als Sommerfrische beliebt. Von Natur aus bestens situiert, jedoch ein wenig in die Jahre gekommen, gaben Andreas Wessely und Michael Niederer dem Jugendstilhaus seinen einstigen Glanz zurück. Sie polierten die sechs Zimmer auf Fünf-Sterne-Niveau auf und stellten Möbelstücke mit eigener Geschichte hinein. Außerdem installierten sie eine moderne Küche, ein Badehaus mit Pool, Sauna und Dampfbad, einen Salon und einen biologischen Gemüsegarten mit Naschbeerenhang. Auf Wunsch kommt auch ein Privatkoch vorbei.

Tel.: 0699 19 00 70 79
2680 Semmering
Gläserstraße 9
www.villa-antoinette.at
info@villa-antoinette.at

SPITTAL AN DER DRAU
KÄRNTEN H5

KLEINSASSERHOF

Der Kleinsasserhof in Spittal an der Drau war einmal ein Bauernhof. Heute ist es ein Gesamtkunstwerk. Seniorchef Josef Gasser hat in der ganzen Welt Antikes, Kurioses und Rares gesammelt und im Haus und der umliegenden Blumenwiese verteilt. Da sind Hirschköpfe an der Wand und Malereien an der Decke, viele Bilder, ein Buddhakopf. Gemeinsam mit benachbarten Bauern produzieren die Gassers Speck, Gemüse, Holzofenbrot, Marmeladen und servieren dies in ihrem Restaurant. Plus: Blockhüttensauna, Biotop, Esel, Schafe.

Tel.: 04762 2292
9800 Spittal an der Drau
Kleinsass 3a
www.kleinsasserhof.at
buchung@kleinsasserhof.at

VILLACH-DROBOLLACH AM FAAKER SEE
KÄRNTEN I5

KLEINES HOTEL KÄRNTEN

Der Faaker See ist der südlichste See Österreichs und liegt in einer Gletschermulde. Motorboote sind nicht erlaubt, dafür gibt es viele Wasservögel – und das Kleine Hotel Kärnten in Villach-Drobollach. Das Haus der Familie Tschemernjak hat nur 32 Betten, der Park ist mit 12.000 Quadratmetern dafür umso größer. Es gibt eine Seesauna auf Pfählen und einen Badesteg im Schilf, ein hölzernes Kinderhaus mit Kletterspinnen, Ruderboot, Kajak. Und Kulinarisches aus der Küchenwerkstatt mit Zutaten von heimischen Bauern.

Tel.: 04254 2375
9580 Villach-Drobollach
am Faaker See
Egger Seepromenade 8
www.kleineshotel.at
genuss@kleineshotel.at

WIEN
WIEN N2

DER WILHELMSHOF

Kunstsinnig und nachhaltig ist Der Wilhelmshof in der Nähe des Wiener Praters. Von der Garage über das Stiegenhaus bis in die Zimmer ist das Familienhotel von Künstlern inszeniert. Andreas Reimann hat als Weiterentwicklung von Andy Warhol Mixed Media Pop-Art an die Zimmerwände gezaubert, Ty Waltinger große Pigmentbilder gestaltet – im Gastgarten hängt auch eines, es verändert sich mit dem Wetter. Der Strom im Vier-Sterne-Hotel kommt ausschließlich aus erneuerbaren Quellen, es gibt Energiesparlampen und LED sowie bevorzugt regionale und Bioprodukte.

Tel.: 01 2145 52 10
1020 Wien
Kleine Stadtgutgasse 4
www.derwilhelmshof.com
info@derwilhelmshof.com

HOTEL AM BRILLANTENGRUND

Philippinisches Essen, mediterraner Innenhof, zentrale Lage. Das Hotel am Brillantengrund liegt im Herzen des siebten Bezirks, neben der Mariahilfer Straße. In der Küche des Biedermeierhauses steht die Mutter des Gastgebers, Marvin Mangalino, und kocht Vegetarisches und Veganes, Fleisch und Fisch. Über einen mit Palmen gesäumten Innenhof begibt man sich im Retro-Zimmer auf eine Designreise in die 1950- und -70er-Jahre. Die Garage ist Drehscheibe für Kunstveranstaltungen, Bar und Treffpunkt für Kreative aus der ganzen Welt.

Tel.: 01 523 36 62
1070 Wien
Bandgasse 4
www.brillantengrund.com
hotel@brillantengrund.com

SCHREINERS ESSEN & WOHNEN

Mitten in Wien, im siebten Bezirk, liegt die Gastwirtschaft von Angela und Thomas Schreiner. Der Hausherr selbst kocht für seine Gäste, Gemüse, Obst und Käse holt er vom Markt, die Kräuter aus dem eigenen Garten. Dort blühen auch Apfel- und Quittenbäume, Lorbeer- und Rosensträucher, mittendrin sind vier Zimmer und ein Biedermeiersalettl mit Eichenboden und Terrasse. Zum Entspannen gibt es hausgemachtes Frühstück mit Holzofengebäck und Freilandeiern, eine finnische Sauna. Und einen Garagenplatz, nur zwei Gehminuten entfernt.

Tel.: 0664 404 10 07
1070 Wien
Westbahnstraße 42
www.schreiners.cc
wohnen@schreiners.cc

GOLF

DIE BESTEN

Die besten Golfhotels, die speziell auf die Bedürfnisse des Golfers ausgerichtet sind und gepflegte Plätze in direkter Umgebung garantieren.

ALPENRESORT SCHWARZ
Mieming

CESTA GRAND AKTIVHOTEL & SPA
Bad Gastein

DAS MOERISCH
Seeboden

DER BÄR
Ellmau

DER LÄRCHENHOF
Erpfendorf

DOLOMITENGOLF SUITES
Lavant

FRANZ FERDINAND
Jenig

GARTENHOTEL CRYSTAL
Hochfügen im Zillertal

GOLF- & RELAX-HOTEL RÖMERSTEIN
Loipersdorf

GOLF- UND SEEHOTEL ENGSTLER
Velden am Wörthersee

GOLFRESORT HAUGSCHLAG
Haugschlag

GRAND TIROLIA HOTEL KITZBÜHEL
Kitzbühel

HOTEL BALANCE
Pörtschach

HOTEL FORELLE
Millstatt am See

HOTEL GUT WEISSENHOF
Radstadt

HOTEL PETERNHOF
Kössen

HOTEL RASMUSHOF KITZBÜHEL
Kitzbühel

HOTEL SAROTLA
Brand

HOTEL WARMBADERHOF
Villach Warmbad

HOTEL ZUM STERN
Bad Hofgastein

KEMPINSKI HOTEL DAS TIROL JOCHBERG
Jochberg

PANORAMAHOTEL INNTALERHOF
Seefeld

ROMANTIK HOTEL SCHLOSS PICHLARN
Aigen im Ennstal

SPA & VITALRESORT EGGER-WIRT
St. Michael im Lungau

TRAUBE BRAZ ALPEN.SPA. GOLF.HOTEL
Braz bei Bludenz

AIGEN IM ENNSTAL

AIGEN IM ENNSTAL — STEIERMARK J3

ROMANTIK HOTEL SCHLOSS PICHLARN

Das Schloss Pichlarn in Aigen im Ennstal ist ein Fünf-Sterne-Hotel mit tausendjähriger Geschichte. Noch nicht ganz so lange existiert der 18-Loch-Golfplatz. Der Abschlag vor der Kulisse des Grimmings ist vor der Tür, unterwegs kann man im Restaurant 19 oder im Midway House einkehren. Insgesamt gibt es im Schloss vier Restaurants, dazu Café-Bar, Weinlounge und für jene, die ihrem Körper etwas Gutes tun wollen, geführtes Heil- und Basenfasten. Entspannen kann man in den Pools und Saunen des Spas, auch tageweise, und in der über 100 Quadratmeter großen, privaten Spa Suite. Sportliche Naturen können sich auf dem Beachvolleyballplatz und den zwei Tenniscourts aktiv betätigen.

Tel.: 03682 24440
8943 Aigen im Ennstal
Zur Linde 1
www.schlosspichlarn.at
hotel@schlosspichlarn.at

BAD GASTEIN — SALZBURG H4

CESTA GRAND AKTIVHOTEL & SPA

Ein Salzburger Haus mit vier Sternen inklusive Extraplus und den Säulen Wellness, Selfness, Kulinarik, Sport. Zum Aktivprogramm des Cesta Grand Hotels in Bad Gastein gehören Wassergymnastik und Aquajogging, geführte Wanderungen und Golf-Schnupperkurse am Golfplatz Gastein. Dies ist einer der ältesten Clubs des Landes, hat 18 Spielbahnen und ist nur ein kurzes Par vom Hoteleingang entfernt, mit alten Bäumen und malerischen Gebirgsbächen. Dazu gibt es eine Küche mit Slow-Food-Gesinnung und ein Spa mit Hallenbad, Saunen, Kurprogrammen und heilendem Thermalwasser sowie Yoga.

Tel.: 06434 25260
5640 Bad Gastein
Miesbichlstraße 20
www.cesta-grand-hotel.com
office@cesta-grand-hotel.com

Segafredo

BAD HOFGASTEIN — SALZBURG H4

HOTEL ZUM STERN

Im Gasteinertal, im Herzen des Nationalparks Hohe Tauern liegt das Hotel Zum Stern – fünf Autominuten vom 18-Loch-Golfclub Gastein entfernt. Im Umkreis von 50 Kilometern gibt es zehn weitere Anlagen. Entspannen kann man auch im Gasteiner Heilstollen und der Alpentherme Bad Hofgastein in unmittelbarer Nähe. Im Untergeschoß des Vier-Sterne-Superior-Hauses ist ein Spa mit Saunen und Hallenbad untergebracht, dazu gibt es einen weitläufigen Garten. Es werden TCM-Anwendungen und Basenfasten mit Obst und Gemüse geboten, die Küche setzt auf Regionales und Biologisches.

Tel.: 06432 8450
5630 Bad Hofgastein
Weitmoserstraße 33
www.zumstern.com
info@zumstern.com

BRAND — VORARLBERG A4

HOTEL SAROTLA

Im Hotel Sarotla im Brandnertal spielt man auf terrassenartigen Fairways und hohem Niveau Golf. Der 18-Loch-Golfplatz Brand liegt auf 1000 Metern, der Blick geht auf das Bergmassiv der Schesaplana. Abschlag 1 ist gleich unterhalb des Vier-Sterne-Hauses, die schmalen Spielbahnen sind eine Herausforderung. Zum zehnjährigen Jubiläum 2018 hat sich Familie Schedler einige Neuigkeiten gegönnt: Infinitypool und Saunen, Lobby und Zimmer und ein Panoramarestaurant mit heimischen Produkten. Es gibt ein Spa für Erwachsene, eines für Familien, der Naturbadesee Alvierbad ist 100 Meter entfernt.

Tel.: 05559 248
6708 Brand
Mühledörfle 23
www.sarotla.at
hotel@sarotla.at

HAUGSCHLAG

HOTELS GOLF

BRAZ BEI BLUDENZ
VORARLBERG A4

TRAUBE BRAZ ALPEN.SPA.GOLF.HOTEL

Zwischen Bludenz und dem Arlberg liegt das zauberhafte Klostertal, wo eine wundervolle Traube namens Braz beheimatet ist. Das Vier-Sterne-Hotel der Familie Lorünser ist Gründerbetrieb des Golfclubs Bludenz-Braz, dessen 18-Loch-Anlage einen Kilometer entfernt liegt. Ein aktiver Kurs geht über vier bis fünf Stunden, das Gelände steigt etappenweise an. Die Küche der Lorünsers verwöhnt mit regionalen Spezialitäten, dabei orientiert sie sich an den Jahreszeiten. Geschlafen wird im rustikalen Stamm- oder im Landhaus, die Atrium-de-Luxe-Zimmer sind ganz neu. Plus: Atrium-Spa mit Hallenbad und Außenbecken, vier Saunen.

Tel.: 05552 28103
6751 Braz bei Bludenz
Klostertalerstraße 12
www.traubebraz.at
office@traubebraz.at

ELLMAU
TIROL F3

DER BÄR

Dort, wo der „Bergdoktor" seine Film-Praxis hat, in Ellmau am Wilden Kaiser, verwöhnen Ursula und Andreas Windisch ihre Hotelgäste in Der Bär. Zum 27-Loch-Golfplatz Wilder Kaiser sind es 700 Meter, zum 9-Loch-Kaisergolfkurs zwei Kilometer. Wer noch mehr Abwechslung braucht, findet im Großraum Kitzbühel viele weitere Anlagen. Zurück bei den Windischs geht es ins Badehaus und ins Brechelbad, das ist ein mild ansteigendes Kräuterdunstbad. Am Abend genießt man haubengekrönte Küche im Kamin- oder Gartenrestaurant, in Bauernstube oder Kronenstüberl.

Tel.: 05358 2395
6352 Ellmau
Kirchbichl 9
www.hotelbaer.com
info@hotelbaer.com

ERPFENDORF
TIROL G3

DER LÄRCHENHOF

Wenn man vom Lärchenhof in Erpfendorf bei Kitzbühel zum Golfspielen möchte, braucht man nur umzufallen. Der hauseigene Golf- & Countryclub ist vom Fünf-Sterne-Haus drei Minuten mit dem Auto entfernt, dort sind neun Bahnen und ein Short-Game-Park mit 6-Loch-Akademieanlage. Dazu gibt es ein kostenloses E-Auto-Shuttleservice zwischen Hotel, Platz und Clubhaus und persönliche Golfschläger im Fitting Center. Weiters Pools, Solebad, Saunen in der Relaxoase und österreichisches Vollwertessen in der Küche. Die Hundsbichl Alm des Lärchenhofs ist ein beliebtes Wanderziel.

Tel.: 05352 81380
6383 Erpfendorf
Lärchenweg 11
www.laerchenhof-tirol.at
info@laerchenhof-tirol.at

Segafredo

HAUGSCHLAG
NIEDERÖSTERREICH M1

GOLFRESORT HAUGSCHLAG

Das Golfresort Haugschlag bietet grenzenloses Golfvergnügen: 18 Loch am Golfplatz Haugschlag mit natürlichen Teichen, kleinen Wäldern und Waldviertler Wackelsteinen. 18 weitere am Golfcourse Waldviertel und noch einmal 27 im Golfclub Monachus jenseits der Landesgrenze in Tschechien, mit dem Cart in 15 Minuten zu erreichen. Die Fairwaysuiten an der Spielbahn 13 des Course Waldviertel haben ihr eigenes E-Cart, dazu Tiefgarage, Terrasse, Dampfbad. Im Restaurant Schindler gibt es heimische Fische, im Gasthaus Perzy Waldviertler Küche. Außerdem: Sauna und Pool.

Tel.: 02865 84410
3874 Haugschlag 160
www.golfresort.at
info@golfresort.at

Segafredo

HOCHFÜGEN IM ZILLERTAL

HOCHFÜGEN IM ZILLERTAL — TIROL E4

GARTENHOTEL CRYSTAL

Im Vier-Sterne-Plus-Gartenhotel Crystal in Fügen grünt es, Verantwortung zu übernehmen, ist für Familie Wetscher eine Selbstverständlichkeit. Die Energie bezieht man unter anderem aus Sonnenkollektoren, der biologische Schwimmteich wird mit Granderwasser gespeist. Marmeladen und Sirupe macht man aus Früchten des Gartens, das Fleisch kommt aus der eigenen Jagd, sämtliche Lieferanten aus der Umgebung. Green ist es auch am drei Kilometer entfernten 18-Loch-Golfplatz Zillertal-Uderns. Die flache Anlage ist für Einsteiger und Profis geeignet und von einer Park- und Seenlandschaft umgeben.

Tel.: 05288 62425
6263 Hochfügen im Zillertal
Hochfügener Straße 63
www.gartenhotel-crystal.at
info@gartenhotel-crystal.at

JENIG — KÄRNTEN H5

FRANZ FERDINAND
Mountain Resort Nassfeld

Tee-Time im Franz Ferdinand Mountain Resort am Nassfeld. Das Lifestylehotel ist zehn Autominuten von der Anlage Nassfeld Golf entfernt. Das Hotel besteht aus zwei Gebäuden: dem Franz, mit einer 16 Meter hohen Kletterwand, Abenteuerspielplatz und einer mit Bike befahrbaren Lobby, und dem Ferdinand, mit Restaurant und Loungebar. In jedem Zimmer ist ein Stauraum für die Sportausrüstung. Es gibt Kärntner Soulfood, einen Tante-Emma-Laden und sogar eine Discosauna.

Tel.: 04285 71335
9631 Jenig
Tröpolach 152a
www.franz-ferdinand.at
reservation@franz-ferdinand.at

JOCHBERG — TIROL F4

KEMPINSKI HOTEL DAS TIROL JOCHBERG

Zum Golfen nach Kitzbühel? Aber sicher, die Gegend ist ein Golfeldorado. Im prominenten Skiort gibt es vier Plätze mit insgesamt 54 Löchern, 30 weitere sind in einem Umkreis von 100 Kilometern. Dem Fünf-Sterne-Haus am nächsten ist der 18-Loch-Kurs Eichenheim mit steilen Felswänden, dichten Laubwäldern und Bergen im Hintergrund. Gespeist wird im Kempinski im Sra Bua, einer Kulinarikmischung aus Tirol und Asien, Deftig-Mediterranes gibt es im Restaurant Steinberg – wo möglich regional und saisonal. Das riesige Spa hat mehrere Saunen und Pools, die Zimmer Tiroler Charme.

Tel.: 05355 50100
6373 Jochberg
Kitzbühelerstraße 48
www.kempinski.com
info.tirol@kempinski.com

KITZBÜHEL — TIROL F4

GRAND TIROLIA HOTEL KITZBÜHEL

Das Grand Tirolia Hotel in Kitzbühel segelt als erstes österreichisches Mitglied der Curio Collection unter der Flagge von Hilton. Es liegt am 18-Loch-Golfplatz Eichenheim, der mit steilen Felsen, natürlichen Bächen und langen Pars nicht nur für die Sportler ein Erlebnis ist. Im Eforea Spa des Hauses kann man drinnen und draußen schwimmen, es gibt Saunen, einen Fitnessraum. Im Golfbistro bekommt man kleine, heimische Gerichte, im Restaurant Eichenheim junge Tiroler Küche. Und in der zweistöckigen Präsidentensuite im Loft-Stil gibt es eine große Terrasse und einen eigenen Whirlpool.

Tel.: 05356 66615
6370 Kitzbühel
Eichenheim 8–9
www.hilton.com
info@grand-tirolia.com

Bei der Zusammenstellung dieses Führers ließen wir größtmögliche Sorgfalt walten, trotzdem können Daten falsch oder überholt sein. Eine Haftung können wir auf keinen Fall übernehmen.

KÖSSEN

HOTELS GOLF

HOTEL RASMUSHOF KITZBÜHEL

Im Zielgelände der Streif und mit eigenem 9-Loch-Golfplatz: Aktivherz, was willst du mehr? Der Rasmushof in Kitzbühel liegt sowohl für Skifahrer als auch für Golfer in der Poleposition. Seit mehr als 30 Jahren führt die Gastgeberfamilie Reisch ihren Platz am Fuß des Hahnenkamms. Der hat neben einer überdachten Driving Range, einer Chipping und Putting Area auch eine Golf Academy und Lehrer für den Nachwuchs. Dazu gibt es regelmäßig Turniere. Im Juni kann man beim traditionellen Golf Festival Kitzbühel bei der Streif-Attack auf der Hahnenkamm-Skirennstrecke einlochen: mit Haubenniveau-Untermalung. Apropos Essen: Warme Küche gibt es im Rasmushof den ganzen Tag, unter anderem Hausmannskost aus der Region, bei schönem Wetter auf der Sonnenterrasse mit Blick auf die Kitzbüheler Südberge. Ebenfalls fein: Rasirena Spa, Landhaus-Zimmer, geführte Wanderungen.

Tel.: 05356 65 25 20
6370 Kitzbühel
Hermann-Reisch-Weg 15
www.rasmushof.at
office@rasmushof.at

KÖSSEN TIROL F/G3

HOTEL PETERNHOF

Der Peternhof am Fuße des Wilden Kaisers schaut aus wie ein kleines Dorf, die Driving Range der 18-Loch-Golfanlage Reit im Winkl-Kössen ist gleich daneben. Dort spielt man auf 700 Metern grenzüberschreitend in Tirol und Bayern. Die 160 Zimmer des Vier-Sterne-Superior-Hauses verteilen sich auf Stammhaus und Chalets, Romantik- und Kaiserschlössl, bei Letzterem sind die Suiten neu. Alle Gebäude sind durch einen unterirdischen Gang miteinander verbunden, so kommt man auch ins Spa mit orientalischem Bano Real, Hallenbad, Sauna Almdorf. Auch schön: Pools, Vitalgarten und Tiroler Küche.

Tel.: 05375 6285
6345 Kössen
Moserbergweg 60
www.peternhof.com
info@peternhof.com

Rasmushof
Hotel · Kitzbühel
Herzlich · Tirolerisch · Echt

Wo der Mythos „Streif" gelebt wird

GELEBTE GASTFREUNDSCHAFT AM RASMUSHOF –
AN 365 TAGEN IM JAHR.

Kitzbühel

GOLFEN ❦ WANDERN ❦ SKIFAHREN ❦ FEIERN ❦ GENIESSEN
www.rasmushof.at

LAVANT

LAVANT TIROL G5

DOLOMITENGOLF SUITES

Der Golfplatz am Dolomitengolf Resort in Lavant gehört zu den größten in Tirol. 36 Loch mit vier individuell kombinierbaren Bahnen und großen Teichanlagen, angenehm eben. Wegen des milden Adriaklimas kann man auf den Grüns am Fuße der Lienzer Dolomiten schon ab Ende März bis Mitte Oktober spielen. Das Signature Hole liegt vor dem Wintergarten des Hotels. Zum Entspannen danach gibt es im Fünf-Sterne-Haus einen Garten mit Naturteich und Pool, ein Saunahaus und italienische Designersuiten. Die Hauben-Küche des Vincena serviert Produkte aus der Region.

Tel.: 04852 61122500
9906 Lavant
Am Golfplatz 2
www.dolomitengolf-suites.com
info@dolomitengolf-suites.com

LOIPERSDORF STEIERMARK O4

GOLF- & RELAX-HOTEL RÖMERSTEIN

Ingeborg und Werner Schiefer agieren als herzliche Gastgeber im Vier-Sterne-Plus-Hotel Das Römerstein. Es liegt im südsteirischen Vulkanland, in der Nähe des 27-Loch-Golfplatzes Loipersdorf. Der besteht aus drei mal 9-Loch-Kursen, die immer wieder zum Clubhaus zurückführen. Durch die Auen und Altarme der Feistritz kann man hier das Golfen wunderbar mit Wandern verbinden – und danach im Innenpool, in der Sauna oder im Wasserpark entspannen. Das Frühstück der Schiefers ist haus- und handgemacht, regional, saisonal, biologisch, auf Anfrage auch fruktose- und laktosefrei.

Tel.: 03329 46777
8282 Loipersdorf
Henndorf-Therme 18
www.roemerstein.at
hotel@roemerstein.at

MIEMING TIROL D4

ALPENRESORT SCHWARZ

Familie Pirktl und ihre fünf Hotelsterne am Mieminger Sonnenplateau. Der Golfplatz mit 27 Fairways liegt vor der Tür ihres Alpenresorts Schwarz, unterwegs isst man in der Stöttlalm oder im Greenvieh. Im vergangenen Jahr wurde das Stammhaus umgestaltet, alle Zimmer neu gemacht und Sky Suiten gebaut. Das Restaurant hat mehrere Stuben und eine Weinlounge bekommen, auf der Dachterrasse ist ein Infinitypool. Im Me Sense Spa gibt es neun Stunden Yoga pro Woche und neun Pools, darunter eine Wasserwelt für Familien, außerdem einen Bergsee. Dazu einen Bauernhof mit Lamas und regionale Bioküche.

Tel.: 05264 52120
6414 Mieming
Obermieming 141
www.schwarz.at
hotel@schwarz.at

MILLSTATT AM SEE KÄRNTEN J5

HOTEL FORELLE

Familie Aniwanter vom Hotel Forelle hat zwei Leidenschaften: Golfen und Fischen. Die Gastgeber des Vier-Sterne-Hauses haben dazu beigetragen, Golf in der Region zu etablieren. Sie spielen selbst am wenige Kilometer entfernten 18-Loch-Golfplatz Millstätter See und geben gerne Tipps. Tipps gibt es auch für den besten Angelplatz, der See mit ausgezeichneter Wasserqualität ist voller Reinanken. Wer beim Fischen lieber den Aniwanters zuschaut, ist auch herzlich willkommen. Deren Fang kann man dann im Seerestaurant Das Stefanie's verspeisen. Plus: Hallenbad, Saunen, privates Seebad. Es gibt auch Selbstversorger-Apartments.

Tel.: 04766 20500
9872 Millstatt am See
Fischergasse 65
www.hotel-forelle.at
office@hotel-forelle.at

PÖRTSCHACH
KÄRNTEN J5

HOTEL BALANCE

Vier Elemente, ein Hotel: Erde, Luft, Feuer, Wasser und das Balance am Wörthersee. Nach der alpenländischen Elementelehre bringt Familie Grossmann die Gäste ihres Vier-Sterne-Plus-Hauses in Pörtschach ins Gleichgewicht. Ein Weg dorthin ist der Sport: Wandern, Segeln, Wasserskifahren, Radeln. Oder Golfen: Zum 18+9-Loch-Haus- und Hofgolfplatz in Moosburg gibt es einen kostenlosen Shuttleservice, drei weitere Anlagen gibt es rund um den See. Andere Optionen wären das Gourmetrestaurant La Balance mit Fleisch und Gemüse vom eigenen Hof, die Kochschule, die neuen Parkzimmer oder der Balance-Garten.

Tel.: 04272 2479

9210 Pörtschach
Winklernstraße 68
www.balancehotel.at
office@balancehotel.at

RADSTADT
SALZBURG I4

HOTEL GUT WEISSENHOF

Golfen 2.0 kann man im Gut Weissenhof in Radstadt. Das Vier-Sterne-Superior-Hotel liegt auf einer 18-Loch-Turnieranlage, mit der Birdie-Jet-Golfgondel kommt man zum höchsten Punkt des Kurses. Der Ausblick ist „instagramtauglich", der Abschlag von ganz oben hinunter auf die Spielbahn ein Highlight für jedes Golferherz, auch für den Nachwuchs. Wenn die Sonne scheint, empfiehlt sich ein Prosecco auf der Hotelterrasse, bei Schlechtwetter bespielt man in der Indooranlage die schönsten Plätze der Welt. Außerdem: Bioprodukte, eigene Fisch- und Rinderzucht, Pools, Saunen, Kinderbetreuung.

Tel.: 06452 7001

5550 Radstadt
Weissenhof 6
www.weissenhof.at
info@weissenhof.at

ST. MICHAEL IM LUNGAU
SALZBURG I4

SPA & VITALRESORT EGGERWIRT

Beim salzburgischen Eggerwirt hat man schon im vergangenen Jahrhundert gut gegessen, das ist bis heute so geblieben. Familie Moser serviert in St. Michael regionale Küche mit Bioprodukten und Wasser aus der eigenen Bergquelle. Und mannigfaches Golf-Vergnügen. Der Club St. Michael ist zwei Kilometer entfernt, neun weitere sind innerhalb einer Autostunde zu erreichen. Alle mit 18 Schlaglöchern und Gebirgspanorama. Im Garten Spa des Vier-Sterne-Plus-Hauses sind mehrere Pools, ein Bereich für Ladys, einer für Familien und ein solarbeheizter Schwimmteich: der 61. Bergsee im Lungau.

Tel.: 06477 82240

5582 St. Michael im Lungau
Kaltbachstraße 5
www.eggerwirt.at
office@eggerwirt.at

SEEBODEN
KÄRNTEN I5

DAS MOERISCH

Wer am Millstätter See von März bis November golfen möchte, ist bei Sigi und Karo Moerisch in ihrem gleichnamigen Hotel gut aufgehoben. Das Moerisch hat eigene Golfcarts, auf dem See-Golfplatz spielt man zuerst vier Löcher Geländekurs, dann neun Löcher Parkland und weitere fünf Löcher im Gelände. Danach lockert man die Muskeln in den Saunen und Pools des Spas und bei einer indischen Spezialmassage. Neben dem Hotel, mit ausgezeichneter Haubenküche, steht ein Selbstversorger-Ferienhaus, der Vier-Sterne-Plus-Service ist inkludiert.

Tel.: 04762 81372

9871 Seeboden
Tangern 2
www.moerisch.at
info@moerisch.at

SEEFELD

SEEFELD   TIROL D4

PANORAMAHOTEL INNTALERHOF

Buchen, Birken und Lärchen, ein paar Hügel und 18 Golfbahnen bietet der Golfplatz Seefeld-Wildmoos. Die Saison geht von Ende April bis Ende Oktober, das nächstgelegene Hotel ist der Inntalerhof mit vier Sternen. Durch einen direkten Zugang zum Reservierungssystem des Clubs können Tee-times online gebucht werden, das Mitnehmen von Hunden ist auch erlaubt. Aus der Landküche von Familie Heidkamp kommen selbst gemachte Marmeladen sowie Milchprodukte vom eigenen Hof, neu ist das À-la-carte-Restaurant 9ers. Und während sich die Großen im Spa entspannen, backen die Kleinen in Alpis Kinderclub Pizza.

Tel.: 05212 4747
6100 Seefeld
Möserer Dorfstraße 2
www.inntalerhof.at
info@inntalerhof.com

VELDEN AM WÖRTHERSEE   KÄRNTEN J5

GOLF- UND SEEHOTEL ENGSTLER

Direkt an der Uferpromenade des Wörthersees liegt das mit vier Sternen dekorierte Golf- und Seehotel Engstler. Rund um den See, innerhalb weniger als einer halben Autostunde liegen fünf Clubs, zehn Minuten entfernt ist die Golfanlage Velden Köstenberg: auf 790 Metern, mit 18 Loch sowie Greens und Fairways, die kein langes, aber ein genaues Spiel erfordern. Bei Familie Nasarow-Engstler gibt es kostenloses Training mit dem Golf-Pro und eine Indooranlage, ein Spa mit Pools und Saunen und österreichisch-mediterrane Küche plus Gartenterrasse.

Tel.: 04274 26440
9220 Velden am Wörthersee
Am Corso 21
www.engstler.com
info@engstler.com

VILLACH WARMBAD   KÄRNTEN I5

HOTEL WARMBADERHOF

Der Warmbaderhof in Villach ist ein außergewöhnliches Kurhotel. Sein Kleines Restaurant ist ausgezeichnet und beschäftigt eine eigene Konditormeisterin. Die Themenmenüs variieren je nach Jahreszeit. 500 Meter vom Fünf-Sterne-Hotel entfernt liegt der Sportpark Warmbad-Villach mit 6-Loch-Golfübungsanlage und eigener Schule. Nur ein paar Kilometer weiter findet man die 18-Loch-Anlage des Golfclubs Schloss Finkenstein. Der Verein KulturWarmbad organisiert Vernissagen und Workshops im Haus, in der angrenzenden Kärnten Therme kann man rutschen und entspannen. Die Zimmer im Parktrakt sind neu, sehenswert ist das Maibachl.

Tel.: 04242 300110
9504 Villach Warmbad
Kardischenallee 22–24
www.warmbaderhof.com
warmbaderhof@warmbad.at

Der Gault&Millau-Weinguide

Ab heuer im NEUEN Design.

Genuss Pur!

Mit den Ausgaben des Alpe Adria Magazins!
Bestellen Sie jetzt Ihr Gratisexemplar!

Erscheinungstermine:
November 2019
Mai 2020
September 2020
November 2020

Der Alpe Adria Guide erscheint im Juni 2020

GRATISHEFT BESTELLEN:
office@alpe-adria-magazin.at oder
0463/47 858, **Kennwort:** GAULT MILLAU

Österreichs beliebtestes Nahreisemagazin, das Alpe Adria Magazin, erscheint drei Mal jährlich mit den besten Reise- und Kulinarik-Tipps für den Alpe Adria Raum. Zusätzlich erscheint ein Mal im Jahr der handliche Alpe Adria Guide mit den besten Lokalen in Kärnten, Steiermark, Slowenien, Istrien, Friaul und Venetien.

Für nur € 23,- pro Jahr können Sie drei Ausgaben des Alpe Adria Magazins und den Alpe Adria Guide abonnieren. Für einen Aufpreis von nur € 4,- erhalten Sie diese Ausgaben zusätzlich als E-Paper. Natürlich können Sie das Alpe Adria Magazin-Abo um nur € 16,90 nur als E-Paper bestellen.

alpeadria magazin
reisen mit genuss

9020 Klagenfurt am Wörthersee
Eiskellerstraße 3 | +43 (0) 463/47 858
office@alpe-adria-magazin.at
www.alpe-adria-magazin.at

HALB-PENSION

DIE BESTEN

Die besten Hotels mit ausgezeichneter und abwechslungsreicher Halbpensionsküche.

DER BERGHOF
Lech am Arlberg

DER STEIRERHOF
Bad Waltersdorf

EBNER'S WALDHOF AM SEE
Fuschl am See

GASTHOF JAGERSIMMERL
Grünau im Almtal

KESSELSPITZE
Obertauern

...LIEBES ROT-FLÜH
Grän

MIRAMONTE
Bad Gastein

PANORAMA ROYAL
Bad Häring

REITERHOF
Achenkirch

ROGNER BAD BLUMAU
Bad Blumau

SCHALBER
Serfaus

THERESA
Zell am Ziller

THERME LAA – HOTEL & SPA
Laa an der Thaya

TOP HOTEL HOCHGURGL
Hochgurgl

WEYERHOF
Bramberg am Wildkogel

ACHENKIRCH

ACHENKIRCH TIROL E3

REITERHOF

Mit dieser Naturumrahmung hat Familie Reiter im Tiroler Achenkirch einen Jackpot gelandet: ein 50.000 Quadratmeter großer Garten, Karwendelgebirge und Achensee. Und mitten drinnen – ihr Vier-Sterne-Superior-Hotel Reiterhof. Noch ein paar Argumente? Lieferanten aus der Region sorgen für nachhaltige Gerichte und österreichische Küche, auch für Allergiker. Die Vitaldörfl-Saunawelt mit Schwitzstubn, Kräuterdampfl, Panoramapool oder Naturbadeteich für die Entspannung. Medical und Beauty Spa für einen gesunden und schönen Urlaub.

Tel.: 05246 6600
6215 Achenkirch
Achenkirch 380
www.reiterhof.com
info@reiterhof.com

BAD BLUMAU STEIERMARK N4

ROGNER BAD BLUMAU

Goldkuppel und bunte Muster an der Fassade lassen keinen Zweifel aufkommen: Im Rogner Bad Blumau in der Südoststeiermark war Friedensreich Hundertwasser am Werk. Im „Hügelwiesenland" hat der Künstler seinen Traum vom Leben im Einklang mit der Natur verwirklicht. Im Raritätengarten stehen Bäume mit gefährdeten Obstsorten, entlang des Geomantischen Pfades Steine mit besonderer Energie. Kraft kann man auch in der Salzgrotte, im Hamam und den Wasserwelten tanken. Und beim Essen: steirische Tapas, Palatschinken, meist regional und biologisch. Sehenswert: André Hellers Wassergöttin.

Tel.: 03383 51 00 94 49
8283 Bad Blumau
Bad Blumau 100
www.blumau.com
urlaubsschneiderei@rogner.com

BAD GASTEIN SALZBURG H4

MIRAMONTE

Schick, im klassischen Chalet-Stil und mit Alpenpanorama. Das sind nur ein paar Bonuspunkte des Miramonte-Hotels in Bad Gastein. Evelyn und Ike Ikrath versammeln unter dem Dach ihres Architekturjuwels und an den großen Tischen Kreative, Freigeister und Menschen, die Slow-Food-Dinner mit Biozutaten und Gleichgesinnten zelebrieren. Sie bieten ihnen ein Basecamp und Zimmer mit Ausblick in die Gasteiner Berge und ihre Gesellschaft. Und einen lässigen Urlaub zwischen thermalwassergespeistem Spa und Yoga am Wasserfall, Feuerschale und Zirbenbett.

Tel.: 06434 2577 0
5640 Bad Gastein
Reitlpromenade 3
www.hotelmiramonte.com
info@hotelmiramonte.com

BAD HÄRING TIROL F3

PANORAMA ROYAL

In Bad Häring in Tirol steht das Vier-Sterne-Superior-Hotel Panorama Royal – ein Ort, an dem man zur inneren Balance kommen soll. Zertifizierte Kraftplätze öffnen Energietore, durch die man Lebenskraft schöpft und gelassener wird. Die Achtsamkeitsglocke unterstützt dabei, diesen Weg fortzusetzen, im Spirit und Healingcenter trainiert man bewusstes Spüren. Selbstdisziplin hilft bei der Nachhaltigkeit, im Salzwasserbecken, Saunadorf, Panoramagarten und mit Granderwasser kann man schon einmal üben. Angesichts kulinarischer Genüsse à la Bella Italia oder Galadinner fällt Zurückhaltung aber schwer.

Tel.: 05332 77 117
6323 Bad Häring
Panoramastraße 2
www.panorama-royal.at
office@panorama-royal.at

Die besten Weine Österreichs:

GRÄN

HOTELS MIT HALBPENSION

BAD WALTERSDORF — STEIERMARK N4

DER STEIRERHOF

Er liegt am Ortsrand von Bad Waltersdorf und ist umgeben von einem riesigen Naturgarten: Der Steirerhof von Familie Unterweger. In ihrem Garten Spa haben sie Strandkörbe, einen Sinnespfad und eine Yogaplattform. Auf dem Aktivprogramm stehen geführte Radtouren oder Wassergymnastik, der Naturpool gehört den Nacktschwimmern. Damit alle ungestört genießen können, urlauben im Fünf-Sterne-Hotel nur Familien mit Kindern über zwölf Jahren. À-la-carte-Restaurant gibt es keines, dafür Frühaufsteher-Frühstück am Pool und steirisch-mediterrane Kulinarik. Plus: Thermalwasser, neuer Perlwasser-Pool.

Tel.: 08000 31 14 12
8271 Bad Waltersdorf
Wagerberg 125
www.dersteirerhof.at
reservierung@dersteirerhof.at

BRAMBERG AM WILDKOGEL — SALZBURG F4

WEYERHOF

Den Weyerhof gibt es seit fast 900 Jahren, seit über 350 kehren Gäste ein. Zum einen, weil er in der Nähe des Habachtals, des einzigen Smaragdvorkommens in Europa, liegt. Zum anderen, weil Familie Meilinger in ihrem Landhotel in Bramberg am Wildkogel Tradition lebt. Den bäuerlichen Charakter des Hauses und die original Holzböden haben sie erhalten. In der Küche setzt Gastgeber Franz auf „einfache" Gerichte aus dem, was die überlieferten Rezepte der Großmutter und die Region hergeben: Kräuter, Fichtenhonig, Holunderblütensirup, Speck, Wild.

Tel.: 06566 7238
5733 Bramberg am Wildkogel
Weyer 9
www.weyerhof.at
info@weyerhof.at

FUSCHL AM SEE — SALZBURG H3

EBNER'S WALDHOF AM SEE

Direkt am Fuschlsee, das ganze Jahr lang und mit hauseigenem Badestrand urlaubt man im Waldhof in Fuschl. Beim Haus sind ein Golf- und ein Tennisplatz, für Kinder gibt es einen Abenteuerspielplatz mit Tubing-Bahn und einen Stall mit Pferden und Alpakas. Unter dem Vier-Sterne-Plus-Dach der Familie Ebner ist ein Spa mit einer großen Bade- und Saunawelt, Fitnessgalerie, einem Raum für die Sinne und Aqua Yoga. Zur Waldhof Alm sind es 15 Fußminuten, danach schmecken die regionalen Gerichte und die Kräuterküche gleich noch einmal so gut.

Tel.: 06226 8264
5330 Fuschl am See
Seestraße 30
www.ebners-waldhof.at
info@ebners-waldhof.at

GRÄN — TIROL C3

...LIEBES ROT-FLÜH

Aus einem Bauernhof im Tannheimer Tal wurde das Hotel Liebes Rot-Flüh. Der interessante Name kommt vom Kalkgestein in der Felswand oberhalb des Hotels, das bei Sonnenuntergang rot leuchtet. Generell setzt die Gastgeberfamilie Huber in Grän am Haldensee auf Natürlichkeit. Die hauseigene Pflegelinie Orjola besteht aus Orchideen, stimmungsaufhellendem Johanniskraut und beruhigendem Lavendel. In der Spa-Grotte steht ein Hot-Whirlpool, in der Sauna riecht es nach Tannenzapfen. Aus der Küche kommt Alpin-Mediterranes mit Bodenhaftung, die Zimmer sind im Landhausstil.

Tel.: 05675 643180
6673 Grän
Seestraße 26
www.rotflueh.com
traumhotel@rotflueh.com

Jetzt im Gault&Millau-Weinguide.

GRÜNAU IM ALMTAL

GRÜNAU IM ALMTAL — OBERÖSTERREICH I3

GASTHOF JAGERSIMMERL

Ein Haus mit langer Tradition und vier Sternen, das ist der Jagersimmerl in Grünau im Almtal. Gastgeber und Tischlermeister Christian hat viele Möbelstücke selbst gemacht, Hausherrin Andrea legt Wert auf saisonale österreichische Qualität – sie kocht mit Wild aus Eigenjagd und Fischen aus dem eigenen Gewässer. Erholung für den Körper bieten die Bergbaurs im Whirlpool der Wellness-Suite oder in der Sauna, zum Abkühlen geht es in den Bach hinter dem Haus. Der Geist entspannt bei einem Buch aus der Bibliothek im Lesegarten. In der Nähe: Almsee und Konrad-Lorenz-Forschungsstelle.

Tel.: 07616 8505
4645 Grünau im Almtal
Habernau 6
www.jagersimmerl.at
office@jagersimmerl.at

HOCHGURGL — TIROL D5

TOP HOTEL HOCHGURGL

Hochgurgl liegt auf 2100 Metern und ist einer der höchsten Skiorte in den Alpen. Wintersport ist hier von Mitte November bis in den Mai möglich. Die Homebase dazu – das Fünf-Sterne-Superior-Top-Hotel Hochgurgl von Familie Scheiber. Wenn es draußen kalt ist, ist es drinnen umso schöner, im wohligen Außenpool, im Sole-Dampfbad, in der Biosauna. Gegessen wird in Tiroler Stuben oder im Restaurant, auch für Veganer oder glutenintolerante Gäste geeignet, die Süßigkeiten kommen aus der eigenen Patisserie. Außerdem im Ötztal: das höchstgelegene Motorradmuseum der Alpen.

Tel.: 05256 6265
6456 Hochgurgl
Hochgurgler Straße 8
www.tophochgurgl.com
tophotel@hochgurgl.com

LAA AN DER THAYA — NIEDERÖSTERREICH N1

THERME LAA – HOTEL & SPA

Vier Sterne plus Superiorservice bietet die Hotel Therme Laa im Weinviertel. Herzstück ist das hoteleigene Spa. Im Thermalwasserpool zieht man in Ruhe seine Längen und genießt den Joghurt-Creme-Aufguss in der Sauna. Entspannen können alle ab 16 Jahren auch im Silent Spa in der öffentlichen Therme, einem architektonischen Glanzstück aus elliptischen Bauteilen und achteckigem Turm. Neu ist das Bachelorette Spa. Wer Action sucht, wechselt in die Rutschen- und Wasserwelt. Danach lässt man sich im À-la-carte-Restaurant Regionales auf der Zunge zergehen. Davor oder danach lockt ein Besuch in der Vinothek.

Tel.: 02522 84700733
2136 Laa an der Thaya
Thermenplatz 3
www.therme-laa.at
hotel@therme-laa.at

LECH AM ARLBERG — VORARLBERG B4

DER BERGHOF

Früher ließen sich Isabelle und Stefan Burger rund um die Welt von Menschen und Kulturen inspirieren. Heute vereinen sie in Lech am Arlberg ihre Visionen im Vier-Sterne-Plus-Berghof. Dafür haben sie ein Spa mit verschiedenen Saunen inklusive einer 100-Grad-Schwitzstube und eine Boutique mit Handgemachtem und Wohnaccessoires zum Mit-nach-Hause-Nehmen. In ihren Restaurants servieren sie bodenständige, lokale Küche, Desserts aus der eigenen Patisserie und Fondue, aus den Küchenabfällen machen sie elektrischen Strom. Plus: ein Aufzug, der die Gäste vom Hotel mitten ins Ortszentrum bringt.

Tel.: 05583 2635
6764 Lech am Arlberg
Dorf 161
www.derberghof.at
info@derberghof.at

OBERTAUERN
SALZBURG I4

KESSELSPITZE

Das Hotel Kesselspitze im Winterparadies Obertauern trägt seit einem Umbau fünf Sterne. Das Haus der Familie Lürzer liegt an den Seilbahnen und hat jetzt auch eine Präsidentensuite für die großen Ansprüche – 70 Quadratmeter, Whirlpool, Sauna –, fünf neue Zimmer und ein Apartment im Landhausstil. In der hauseigenen Tauerntherme plätschert man in Felswasser und im Hot-Whirlpool unter freiem Himmel, während die Kinder unter Aufsicht basteln und Flipper spielen. Gegessen wird im Jagdstuben-Restaurant: regional, österreichisch, auch mediterran. Ausprobieren: Freudenhaus-Verleihfiliale.

Tel.: 06456 7400
5562 Obertauern
Alpenstraße 1
www.luerzer.at
hotel-kesselspitze@luerzer.at

SERFAUS
TIROL C4

SCHALBER
Genießerhotel Wellness Residenz

Auf einer Sonnenterrasse in Serfaus-Fiss-Ladis empfängt Familie Schalber im gleichnamigen Hotel ihre Gäste. Komfortabel mit fünf Sternen und einem Plus, bodenständig mit Produkten vom eigenen Bauernhof und der eigenen Jagd. Im Weinkeller lagern über 1200 Tröpfchen aus der weiten Welt, im Sommer gibt es einen Hüttenabend auf der Alm. Im Garten ist ein Naturteich mit Sauna und Blick auf die Berge, für alle ab 16 Jahren. Im Wellnessbereich sind auch ein privates Spa und eines for ladies only, Eltern mit Kindern tummeln sich im Familienhallenbad inklusive Sauna.

Tel.: 05476 6770
6534 Serfaus
Dorfbahnstraße 15
www.schalber.com
info@schalber.com

ZELL AM ZILLER
TIROL E4

THERESA
Genießer- & Wellnesshotel

Familientradition und Nachhaltigkeit werden im Theresa in Zell am Ziller großgeschrieben. Von Theresia, der Seele des Hauses, über Stefan, den Küchenchef, bis zu Stephanie, der Jungsommelière, helfen mehrere Generationen im Vier-Sterne-Hotel mit. Die Gourmetküche der Eggers verspricht eine kulinarische Reise mit vorwiegend regionalen und saisonalen Produkten, der Fisch für das alpine Sushi kommt aus heimischen Gewässern. Eine Solaranlage speist das Spa mit Sonnenenergie, die Pools werden über eine Sauerstoff-Ozon-Anlage gereinigt. Außerdem: Biofrühstück, Metabolic-Balance-Programm.

Tel.: 05282 22860
6280 Zell am Ziller
Bahnhofstraße 15
www.theresa.at
info@theresa.at

www.gaultmillau.at
Tipps, Trends, Rankings und alle Restaurantkritiken

HUND

DIE BESTEN

Die besten Hundehotels, die auch für Vierpfoter ein kleines Urlaubsparadies schaffen.

ALMFRIEDEN HOTEL & ROMANTIKCHALET
Ramsau am Dachstein

BERGRESORT SEEFELD
Seefeld

DAS EISENBERG
St. Martin an der Raab

FALKENSTEINER HOTEL & SPA BAD LEONFELDEN
Bad Leonfelden

HOTEL DIE SONNE
Saalbach

HOTEL GRIMMING
Rauris

HOTEL LARIMAR
Stegersbach

HOTEL MAGDALENA
Ried im Zillertal

HOTEL RIEDERHOF
Ried im Oberinntal

HOTEL TEICHWIRT
Teichalm

KAISERLODGE
Scheffau am Wilden Kaiser

ROMANTIK HOTEL IM PARK
Bad Radkersburg

SELFNESS- & GENUSS-HOTEL RITZLERHOF
Sautens

SONJA – ALPINE RESORT
Piesendorf

BAD LEONFELDEN

BAD LEONFELDEN — OBERÖSTERREICH K1

FALKENSTEINER HOTEL & SPA BAD LEONFELDEN

Der Moor- und Kneippkurort Bad Leonfelden liegt im sanft hügeligen Mühlviertel. Das Falkensteiner Resort auch: ein Plätzchen zum Relaxen und für die Zweisamkeit mit dem Hund. Zum Empfang gibt es Leckerlis und Kauknochen, im Zimmer Decke und Handtuch, Fressnapf und Halstuch. In der Mühlensauna und am Barfußpfad des neuen Saunagartens im Acquapura Spa entspannen Herrchen oder Frauchen alleine, ebenso zur Alpe-Adria-Kulinarik im Restaurant. In die Lobby und in die Bar dürfen die Vierbeiner wieder mit, auf Anfrage gibt es für sie auch ein „Gassi-Service".

Tel.: 07213 2068 7911
4190 Bad Leonfelden
Wallseerstraße 10
www.falkensteiner.com/hotel/bad-leonfelden
reservations.badleonfelden@falkensteiner.com

BAD RADKERSBURG — STEIERMARK O5

ROMANTIK HOTEL IM PARK

Mit dem Hund im Gepäck auf in die Steiermark! Das Vier-Sterne-Superior-Hotel im Park in Bad Radkersburg freut sich auf gut trainierte Vierbeiner und ihre Lieben. Im großen Garten gibt es viel Auslauf, aber auch kleine Oasen für den Rückzug. Im Pool ist Wasser aus einer Thermalquelle, an der Poolbar wird Bauernhofeis ohne Konservierungsmittel serviert. In den Thermen- und Wellnessbereich darf der Wuffi aus Hygienegründen zwar nicht, dafür in die Aquila-Bar – zum Cocktailtrinken. Kulinarisch hat die Südoststeiermark so einiges zu bieten: Kürbiskernöl, Käferbohnen und Wein natürlich.

Tel.: 03476 25710
8490 Bad Radkersburg
Kurhausstraße 5
www.hotel-im-park.at
res@kip.or.at

PIESENDORF — SALZBURG G4

SONJA – ALPINE RESORT

Bowie, so heißt der Hotelhund im Sonja Alpine Resort in Piesendorf. Er begrüßt vierbeinige Freunde im Vier-Sterne-Hotel im Salzburger Land. Seine Tierkollegen bekommen zum Einstand ein kleines Präsent, im Zimmer oder Apartment eine eigene Decke, Handtücher, Wasserschüssel und einen Fressnapf. Wenn Frauerl und Herrl im Pool und in den Saunen ihren Kopf auslüften oder sich kulinarisch verwöhnen lassen, dürfen gut erzogene Hunde im Zimmer bleiben. Zum Spazierengehen kommen sie wieder mit, außerhalb der Strandbäder dürfen sie auch ans Zeller Seeufer.

Tel.: 06549 20200
5721 Piesendorf
Talblick 1
www.sonja-alpine.com
info@sonja-alpine.com

RAMSAU AM DACHSTEIN — STEIERMARK J4

ALMFRIEDEN HOTEL & ROMANTIKCHALET

Die Zimmer im Almfrieden in Ramsau am Dachstein sind hundefreundlich, Vierbeiner dürfen alleine bleiben. Dazu gibt es im Vier-Sterne-Hotel viel Neues. Einen Spielraum drinnen, einen vergrößerten Agility-Spielpark mit Zaun draußen. Eine Hundewaschstraße und eine Außensauna, von der man den Liebling durch ein Panoramafenster in seiner Hütte beobachten kann. Seit Kurzem können Hund und Frauchen auch gemeinsam Reiki machen, sie kann ihm Hundekuchen vom Buffet holen. Jeden Tag wird eine Hundespeise frisch gekocht, auf Wunsch auch glutenfrei. Spannend: Hundeeis-Cocktail.

Tel.: 03687 81753
8972 Ramsau am Dachstein
Leiten 47
www.almfrieden.at
info@almfrieden.at

RIED IM OBERINNTAL

RAURIS
SALZBURG H4

HOTEL GRIMMING

Pudelwohl fühlen sich Vierbeiner im Hotel Grimming in Rauris. Nicht nur Pudel, alle Hunde sind bei Familie Langreiter im Nationalpark Hohe Tauern willkommen. Die Gastgeber sind selbst Hundebesitzer, man kann beruhigt mit leichtem Gepäck anreisen – Schlafkissen, Hundebürsten, Pflegeprodukte, Napf stehen bereit. Die Langreiters haben für die Fellnasen eine eingezäunte Hundewiese inklusive Badeteich und Agility-Parcours und eine kulinarische Vollpension: 130 Futtersorten oder Barf. Für die Zwischenauszeit eine Dogs' Lounge sowie Hunde-Workshops à la „Probleme im Alltag" oder „Body Brain Balance".

Tel.: 06544 62680
5661 Rauris
Marktstraße 25
www.hotel-grimming.com
info@dogsfriends.at

HOTELS HUNDEFREUNDLICH

RIED IM OBERINNTAL
TIROL C4

HOTEL RIEDERHOF

Riederhof im Oberinntal. Rex, ein deutscher Schäfer, hat die Schnauze voll von Trockenmüsli, er frisst lieber Barf-Futter. Larry, ein Setter aus Wien, liebt Schmutzwälzen und Pfützenspringen und die Hunde-Verwöhnstation, wo er in der Waschanlage einshamponiert, abgeduscht und gefönt wird. Und Amadeus, ein Border Collie aus Bamberg, springt gerne von der Spielwiese in den Schwimmteich. Das ist ein Hundeleben bei Familie Mangott. Rund um den Vier-Sterne-Hof sind Gassi-Wege, am Zimmer Hundedecke und -schüssel – so werden auch ihre Menschen glücklich. Plus: Hundefrisör und Physiotherapie.

Tel.: 05472 6214
6531 Ried im Oberinntal
Truyen 113
www.hotel-riederhof.at
info@hotel-riederhof.at

Segafredo

Gault&Millau
2020

Die neuesten Ergebnisse aus der Haubenwelt:
800 Restaurants, neu getestet und bewertet.

Plus: Die besten Weine, Wirtshäuser, Hotels und Almhütten.
Neu in dieser Ausgabe: Golfclubs, Cafés und Bars.

Zwei Bücher, ein Preis: € 39,- für Ihren Wegweiser in die Welt des guten Geschmacks
www.gaultmillau.at

Bleiben Sie up to date mit unseren täglichen Nachrichten
auf **Facebook** und **Instagram**.

HOTEL Magdalena

WELLNESS AUF 4 🐾🐾🐾🐾

WELLNESS AUF 🐾 PFOTEN

- Hunde sind im Restaurant erlaubt • Gassiwiese direkt beim Hotel
- Hundeschwimmteich • Neuer Hundespielplatz • Hundedusche im Garten
- Hunde Massagen • Yoga mit Hund • Hundewaschraum mit Badewanne
- Geführte Hundewanderungen • Hundesitting und Gassiservice
- Hundefriseur im Hotel • Hundebetten stehen kostenlos zur Verfügung
- E-Bikes und City-Bikes mit Hundeanhänger • Dogscooter
- Hunde-Laufband • Hunde dürfen alleine im Zimmer bleiben
- Golfen mit Hund nur 1 km entfernt • B.A.R.F. täglich frisch zubereitet
- Verschiedenste Vorträge rund um den Hund • Hundetrainingsstunden
- Schwerpunktwochen (Fotografie Workshop, Yogawochen, Trainingstage)

Familie Riedl-Schösser · Großriedstraße 23 · 6273 Ried im Zillertal
T. +43-(0)5283-2243 · info@magdalena.at · www.magdalena.at

SAUTENS

HOTELS HUNDEFREUNDLICH

RIED IM ZILLERTAL — TIROL E4

HOTEL MAGDALENA

Tel.: 05283 2034
6273 Ried im Zillertal
Grossriedstraße 23
www.magdalena.at
info@magdalena.at

Das Hotel Magdalena in Ried im Zillertal ist eines der Hotels in Tirol, das sich auf Urlaub mit Hunden spezialisiert hat. Für die Zweibeiner gibt es Vier-Sterne-Entspannung mit Saunen und Pools, für den Vierbeiner Wellness auf vier Pfoten. Er kann sich beim Yoga dehnen oder bekommt eine Aromatouch-Massage. Er darf mit an den Außenpool, beim Plantschen zuschauen und sich darauf freuen, dass nachher er im Schwimmteich seine Längen zieht. Direkt vor dem Hotel ist eine Hundegassi-Wiese, die Beutel dazu gibt es mit Taschenlampe im Zimmer. Da sind auch Decken, Napf und Körbchen, wenn der Hund seine Ruhe braucht, darf er alleine bleiben. Wahrscheinlich mag er aber lieber auf den neuen Hundespielplatz und danach unter die Hundedusche. Im Restaurant speist er mit seinen Lieben in einem eigenen Bereich. Plus: Hundefotograf und Zillertaler Naturküche.

SAALBACH — SALZBURG G4

HOTEL DIE SONNE

Tel.: 06541 7202
5753 Saalbach
Altachweg 334
www.hotel-sonne.at
saalbach@hotel-sonne.at

Warum Urlaub in der Sonne? Weil die Gastgeberfamilie Schwabl Tipps für Wanderungen rund um Saalbach-Hinterglemm gibt. Weil sie Hunde liebt und mit Jagdhund Ambros selbst einen hat. Weil in ihrem Vier-Sterne-Superior-Haus der Hund in den Barbereich der Zirbenstube mitdarf. Weil auf Bestellung Fress- und Trinknapf, Robidog-Säckchen und Trockentücher vorhanden sind. Weil sie Bioprodukte zum Abendessen serviert. Und: Weil sie ein Familienspa mit Pools und Infrarotinsel und einem Adults-only-Spa mit Hochsitzsauna und Zirbenspa hat. Anschauen: ihr Jennerwein-Wilderer-Lokal.

ST. MARTIN AN DER RAAB — BURGENLAND N4

DAS EISENBERG

Tel.: 03329 48330
8383 St. Martin an der Raab
Mitterberg 32–34
www.daseisenberg.at
hotel@daseisenberg.at

Das Eisenberg liegt im Dreiländer-Naturpark Raab im Südburgenland: vier Sterne und viel Auslauf im 15 Hektar großen Garten. Für Mensch und Hund. Da gibt es einen Hundespielplatz mit Agility-Elementen und eine Dusche, erfrischen kann er sich auch im kleinen Doggypool oder gemeinsam mit seinen Lieben in der nahegelegenen Raab. Zum Essen in den Speisesaal darf er mit, wenn sie sich zurückziehen wollen, bleibt er allein im Zimmer. Dort hat er Wasser-, Futterschüssel und einen Schlafplatz mit Hundedecke. Plus: Seminare mit dem Dogprofi, Uhudler-Weingarten, Naturspa.

SAUTENS — TIROL C4

SELFNESS-& GENUSS-HOTEL RITZLERHOF

Tel.: 05252 62680
6432 Sautens
Ritzlerhof 1
www.ritzlerhof.at
info@ritzlerhof.at

Der Ritzlerhof im Ötztal ist ein Hotel für Erwachsene ab 16 Jahren. Der beste Freund des Herrls oder des Frauerls kann in die Tiroler Berge aber mit. Er bekommt zur Begrüßung ein Leckerli, eine Hundedecke und einen eigenen Napf, zum Abendessen ins À-la-carte-Restaurant darf er mit. Rund um das Haus sind Hundespazier- und Wanderwege, die Bergbahnen sind für Wuffis kostenlos. Gassi-Service für Ich-Zeiten im Spa gibt es im Vier-Sterne-Plus-Hotel in Sautens auf Anmeldung, Physio-, Wassertherapie oder Wellnessmassagen für den Hund auch.

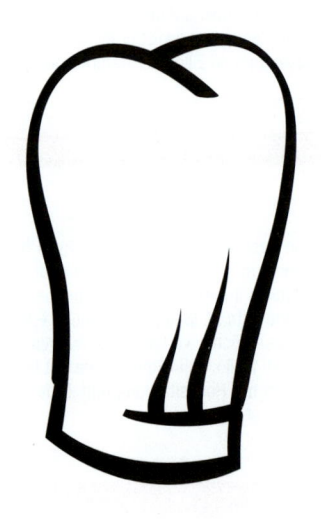

Gault&Millau

Gault&Millau 2020 – alle Ergebnisse ab sofort auch unter www.gaultmillau.at erhältlich

HOTELS HUNDEFREUNDLICH

SCHEFFAU AM WILDEN KAISER — TIROL G3

KAISERLODGE

Urlaub mit Hund in Tirol geplant? Bitte schön: Kaiserlodge in Scheffau am Wilden Kaiser. Die Gartensuite hat einen abgegrenzten Grünbereich, Putztücher und Kotsackerl, Fressnapf und Hundedecke werden zur Verfügung gestellt. Auf der Wiese vor der Lodge kann man Stöckerl werfen und sich danach im Bach abkühlen. Wer Lust hat, geht mit Dog-Walkerin Hedi und ihrem Hund Max Gassi und stärkt die Energie zwischen Tier und Mensch. Witzig ist der Kochtisch, auf dem jeden Tag Kochrezept und regionale Zutaten zum Nachkochen bereitliegen. Außerdem: See, Spa und fünf Sterne.

Tel.: 0 535 84 43 00
6351 Scheffau am Wilden Kaiser
Dorf 11
www.kaiserlodge.at
info@kaiserlodge.at

SEEFELD — TIROL D4

BERGRESORT SEEFELD

Der Rahmen für das Vier-Sterne-Superior-Bergresort Seefeld: Mieminger-, Karwendel- und Wettersteingebirge. Die Hardware: Spielwiese zum Versteckenspielen mit Agility-Parcours und Hundetankstelle. Hundebadeteich und kuscheliger Schlafplatz. In der Tiroler Stube können Herrchen und Hund gemeinsam abendessen, frische Spezialitäten kann man an der Hausbar bestellen. An der Leine dürfen Hunde zum Biotop bei der eingezäunten Liegewiese mitkommen, und wenn ihr Mensch im Spa entspannt, alleine im Zimmer bleiben: Jede Zimmerkategorie ist buchbar.

Tel.: 05212 2191
6100 Seefeld
Münchner Straße 215
www.bergresort.at
bergresort@kaltschmid.info

STEGERSBACH — BURGENLAND O4

HOTEL LARIMAR

Das Vier-Sterne-Superior-Resort Larimar in Stegersbach ist für wohlerzogene Vierbeiner und ihre zweibeinigen Freunde besser gerüstet denn je. Der Hundeschwimmteich wurde eingezäunt, in der Hundezone steht jetzt ein überdachter Holzpavillon zum Plaudern. Am Agility-Parcours kann sich der Hund austoben, mit einer Massage wird er danach wieder fit gemacht. In den ebenerdigen Zimmern hat er Freilauf, während seine Menschen im neuen Infinitypool ihre Längen ziehen und sich am Sandstrand aalen. Außerdem neu: Meerwasserpool, Fuß-Parcours, Kneippstrecke.

Tel.: 03326 55100
7551 Stegersbach
Panoramaweg 2
www.larimarhotel.at
urlaub@larimarhotel.at

TEICHALM — STEIERMARK M4

HOTEL TEICHWIRT

Wer möchte die schönste Zeit des Jahres ohne seinen Liebling verbringen? Eben! Der Vier-Sterne-Teichwirt auf der steirischen Teichalm hat alles, was Frauerl, Herrl und Hunderl brauchen. Gute Luft, das Hotel der Familie Vorauer liegt auf 1200 Metern. Geeignete Wanderrouten im Naturpark Almenland, Weiden mit Mutterkühen werden umgangen. Für die Erfrischung sorgen Mixnitzbach und Teichalmsee, da dürfen alle hinein. Ins Teichspa kann der Vierbeiner nicht, er kann sich mit Hotel-Retriever Henry vergnügen – der freut sich auf tierische Gesellschaft. Hund ins Restaurant: ja.

Tel.: 03179 7169
8163 Teichalm
Teichalm 41
www.teichwirt.at
hotel@teichwirt.at

LUXUS

DIE BESTEN

Die besten Luxushotels mit prunkvollen Räumen und ehrwürdigen Mauern.

A-ROSA KITZBÜHEL
Kitzbühel

ARLBERG1800 RESORT
St. Anton am Arlberg

ASTORIA RESORT
Seefeld

DAS CENTRAL
Sölden

GRAND HOTEL WIEN
Wien

HOTEL BRISTOL
Wien

HOTEL IMPERIAL
Wien

HOTEL PALAIS HANSEN KEMPINSKI VIENNA
Wien

HOTEL PARK HYATT VIENNA
Wien

HOTEL RITZ-CARLTON VIENNA
Wien

HOTEL SACHER WIEN
Wien

HOTEL SCHLOSS MÖNCHSTEIN
Salzburg

HOTEL TANNENHOF
St. Anton am Arlberg

HOTEL ZÜRSERHOF
Zürs am Arlberg

INTERALPEN-HOTEL TYROL
Telfs

PALAIS COBURG HOTEL RESIDENZ
Wien

PALAIS-HOTEL ERZHERZOG JOHANN
Graz

POST LECH
Lech am Arlberg

SCHLOSSHOTEL ISCHGL
Ischgl

SCHLOSSHOTEL VELDEN
Velden am Wörthersee

SEVERIN'S
Lech am Arlberg

GRAZ

GRAZ — STEIERMARK L4

PALAIS-HOTEL ERZHERZOG JOHANN

Neben dem Hauptplatz und dem Schlossberg, vier Sterne, imperiale Einrichtung. Im Palais-Hotel Erzherzog Johann in Graz lebt die Geschichte der Stadt weiter. Im denkmalgeschützten Wintergarten des Erzherzog-Johann-Cafés nimmt man unter glitzernden Kronleuchtern das Frühstück ein. Im Kaiser-Maximilian-Zimmer kann man in einem für den Kaiser angefertigten, an heutige Gardemaße angepassten Bett übernachten. Fixpunkt für Nachtschwärmer ist die Ernst-Fuchs-Bar, in der sich Künstler und Cocktailfreunde treffen.

Tel.: 0316 81 16 16
8010 Graz
Sackstraße 3–5
www.erzherzog-johann.com
reception@erzherzog-johann.com

ISCHGL — TIROL B4

SCHLOSSHOTEL ISCHGL

Fünf Sterne und mehrere Plus bekommt man im Schlosshotel Ischgl in Tirol. Es liegt direkt an der Piste und hat einen Skishop mit Verleih, die eigene Ausrüstung kann man ruhig zu Hause lassen. Nach der Action im Schnee geht es beim Après-Ski in der Champagnerhütte weiter. Wer die ganze Nacht feiern möchte, kann auch in die Schlosslounge oder den Champagnerclub übersiedeln. Lieber Ruhe und Entspannung? Dann ab in die Kräutersauna oder ins Aromadampfbad des Schloss Spas, in den Pool oder auf die Massageliege. Verwöhnt wird man beim Essen. Der Kristallsaal mit Marmor, Holz und Swarovski-Kristallen eignet sich für ein romantisches Zweier-Dinner, in der Weinstube werden unter anderem Gourmetpizzen serviert. In der Schlossherrenstube (vier Hauben) fühlt man sich wie auf einer herausgeputzten Alm – noch exklusiver ist nur noch das Chalet Mathon, das vier Kilometer vom Schloss entfernt ist.

Tel.: 05444 5633
6561 Ischgl
Dorfstraße 85
www.schlosshotel-ischgl.com
office@schlosshotel-ischgl.com

KITZBÜHEL — TIROL F4

A-ROSA KITZBÜHEL

Was gibt es für einen Skifahrer Aufregenderes als die Streif und den Hahnenkamm? Vom A-Rosa Kitzbühel sieht man direkt dort hin. Das Fünf-Sterne-Schlösschen ist aber nicht nur im Winter eine gute Urlaubs-Homebase, sondern auch in der warmen Jahreszeit. Die Tiroler Alpen sind ein Paradies für Wanderer und Mountainbiker, außerdem liegt das Resort mitten an einer 9-Loch-Golfanlage. In den vergangenen Monaten hat sich im Haus einiges getan. Im Spa-Rosa, der Wellnessoase, gibt es unter anderem Himmelbetten beim Innenpool, Panorama-, Kräuter- oder Mineraldampfsauna, eine Kitz Lounge, Außenpool und eine Private Spa Suite. Das Fitnessstudio wurde umgestaltet, sämtliche Teppiche im Haus neu verlegt. Das Restaurant Streif ist etwas intimer geworden, mit teilweise abgegrenzten Sitzbereichen. Für Kinder gibt es den Rosini-Club, die Zimmer sind modern-traditionell.

Tel.: 05356 65 66 08 13
6370 Kitzbühel
Ried Kaps 7
www.a-rosa-resorts.de/a-rosa/resorts-hotels/kitzbuehel.html
kitzbuehel@a-rosa.de

LECH AM ARLBERG — VORARLBERG B4

POST LECH

Von der Poststation zum Fünf-Sterne-Hotel mit Antiquitäten und Jagdtrophäen – doch ein „Gasthof" ist die Post immer geblieben. 1990 wurde Seniorchefin Kristl Moosbrugger als erste Frau zum „Hotelier des Jahres" gewählt, Sohn Florian bekam später die gleiche Auszeichnung. Heute ist die Küche eine Kombination aus Wirtshaus- und Gourmetküche mit feiner Weinkarte, gespeist wird im neuen Panoramarestaurant Postblick, der Jägerstube (drei Hauben) oder auf der Terrasse. Dazu gibt es ein Spa mit Outdoorpool, Sauna und Sole-Dampfbad und rustikal-moderne Zimmer.

Tel.: 05583 22060
6764 Lech am Arlberg
Dorf 11
postlech.com
info@postlech.com

TRAUMHAFT SCHÖN
DIREKT AN DER SKIPISTE
SCHLOSSHOTEL ISCHGL★★★★★SUPERIOR

Eingebettet zwischen den schneebedeckten Gipfeln, inmitten des idyllischen Paznauntals, steht das Schlosshotel Ischgl für alpine Tradition und modernen Luxus. Die behagliche Atmosphäre der 70 Zimmer und Suiten wird von edlen Naturmaterialien, der Liebe zum Detail und modernen Akzenten geprägt. Komfort und Stil verbinden sich so zu einem Wohntraum. Abgerundet wird der Aufenthalt mit vielfältigen Spa- und Wellnessangeboten, kulinarischen Genuss in drei verschiedenen Restaurants, hoteleigenem Ski Shop und einem einzigartigen Entertainment Angebot in drei Locations.

Schlosshotel Ischgl★★★★★Superior | Dorfstraße 85 | A-6561 Ischgl
+43 5444 5633 | office@schlosshotel-ischgl.com | schlosshotel-ischgl.com

Schöne Aussichten.

Ihr Schlosshotel in neuem Glanz.

- Neuer Sauna- und Relaxbereich mit großzügigem Innen- und Außenpool
- Innovativer Fitnessbereich und Kurse
- Genuss im Restaurant Streif
- Eigenes Kino und Kinderclub ROSINIS
- Perfekte Räumlichkeiten für Feste und Tagungen

Weitere Infos
unter www.a-rosa.at oder im Resort unter
+43 (0)5356 65660-0
empfang.kiz@a-rosa.at

aROSA
Kitzbühel

Ried Kaps 7, A-6370 Kitzbühel, Tel:+43 5356 65660, Fax:+43 5356 65660-819, empfang.kiz@a-rosa.at

SALZBURG

SEVERIN'S
The Alpine Retreat

Die über 400 Quadratmeter große, zweistöckige Residence mit Kino und Kamin ist eines der Highlights im Severin's The Alpine Retreat in Lech. Bis zu acht Personen haben Platz, sie bekommen einen Flügel in der Lounge, einen Whirlpool auf der Sonnenterrasse und eine voll ausgestattete Küche. Plus sämtliche Annehmlichkeiten des Vorarlberger Fünf-Sterne-Superior-Hotels – À-la-carte-Essen von lokalen Bioproduzenten, Pool und Wasserfall, Dampfbad und Sauna, Technogym. Plus: neun weitere Suiten von 47 bis 67 Quadratmetern.

Tel.: 05583 339070
6764 Lech am Arlberg
Stubenbach 273
www.severins-lech.at
info@severins-lech.at

SALZBURG   SALZBURG H3

HOTEL SCHLOSS MÖNCHSTEIN

as Schloss Mönchstein in Salzburg hat mehr als 560 Jahre auf den Hotelmauern. Es ist ein architektonischer Hybrid aus Stein, Stahl und Glas mit einer Glaskuppel auf dem Dach. Darunter sind das Hauben-Restaurant The Glass Garden mit einem Wahnsinnsausblick über die Mozartstadt und die Apollo Bar. Im Fünf-Sterne-Plus-Hotel gibt es 24 klassische Zimmer und Suiten und ein Spa mit Pool, eine Kapelle und einen 14.000 Quadratmeter großen Park. Plus einen Aufzug, mit dem man in Rekordzeit vom Schloss mitten in der Stadt ist.

Tel.: 0662 8485550
5020 Salzburg
Mönchsberg Park 26
www.monchstein.at
salzburg@monchstein.at

Gault&Millau

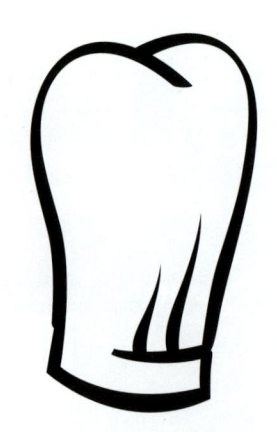

NEU! Die besten Almhütten in Tirol und Niederösterreich,
alle Infos unter www.gaultmillau.at

ST. ANTON AM ARLBERG

ST. ANTON AM ARLBERG

TIROL B4

HOTELS LUXUS

ARLBERG1800 RESORT

Früher war das Arlberg1800 Resort in St. Anton ein Zufluchtsort für bedürftige Menschen und bei Unwetter auch für Wanderer. Heute ist es ein Fünf-Sterne-Hotel mit Chalets und Almresidenzen, direkt an der Piste auf 1800 Metern, geführt von Familie Werner. Von Dezember bis April laden sie zum Skifahren, von Juni bis November kann man ihr Resort exklusiv für Feste und Events buchen und wandern, mountainbiken, genießen. Es gibt unter anderem ein Spa mit Saunen und Hallenbad, eine Konzert- und Kunsthalle, eine Fonduestube und die mit Hauben ausgezeichnete Jagdzimmerstube.

Tel.: 05446 2611
6580 St. Anton am Arlberg
St. Christoph 1
www.arlberg1800resort.at
info@arlberg1800resort.at

Segafredo

HOTEL TANNENHOF
HOTEL DES JAHRES 2018

Der Tannenhof in St. Anton am Arlberg pflegt Exklusivität. Das Fünf-Sterne-Plus-Hotel liegt auf 1350 Meter Seehöhe und hat nur sieben Suiten. Alle mit freistehender Badewanne, offenem Kamin und einem umfangreichen „Kissenmenü". Abgesehen von Anti-Allergie- oder Dinkelpölstern gibt es Kaschmir-Merinowolle- sowie Vitamin-E-getränkte Anti-Aging-Polster oder mit Hobelspänen des bei Vollmond geschlagenen Arvenbaumes gefüllte Arvenpolster. Das Haus hat 24 Mitarbeiter, mehr als drei pro Wohneinheit, und einen Personal Assistant, der für Shuttlefahrten im Arlberggebiet rund um die Uhr bereitsteht. Das Frühstück wird serviert, im Vier-Hauben-Restaurant kocht ein junger Engländer, der die Gäste gerne mit einem Paukenschlag überrascht. Im Spa sind ein Pool mit Gegenstromanlage, Saunen und Aromadampfbad. Helikopterservice gibt es auch.

Tel.: 05446 30311
6580 St. Anton am Arlberg
Nassereinerstraße 98
www.hoteltannenhof.net
info@hoteltannenhof.net

Wo wahrer Luxus zählt...

Das Gourmet Restaurant im Tannenhof bietet unseren Gästen feinste Genüsse in wunderbarem Ambiente.
Preisgekrönte Gerichte aus der Küche von James Baron, beste Weine und der charmante Service sind die Basis für pures Wohlfühlen.

SUPERIOR
★★★★★
HOTEL TANNENHOF
St. Anton am Arlberg

Nassereinerstraße 98 | 6580 – St. Anton am Arlberg | www.hoteltannenhof.net | +43 5446 30311

Gault&Millau 2020

Die neuesten Ergebnisse aus der Haubenwelt:
800 Restaurants, neu getestet und bewertet.

Plus: Die besten Weine, Wirtshäuser, Hotels und Almhütten.
Neu in dieser Ausgabe: Golfclubs, Cafés und Bars.

Zwei Bücher, ein Preis: € 39,- für Ihren Wegweiser
in die Welt des guten Geschmacks
www.gaultmillau.at

Bleiben Sie up to date mit unseren täglichen Nachrichten
auf **Facebook** und **Instagram**.

SEEFELD
TIROL D4

ASTORIA RESORT

Das Astoria Resort auf 1200 Metern ist ein Fünf-Sterne-Superior-Hotel in Seefeld. Die Hausherrin, Elisabeth Gürtler, hat ihren Fokus vom Wiener Sacher in den Westen verlegt und pflegt ihre Erinnerungen: „Ich hab' hier die schönsten Stunden meiner Kindheit verbracht, in einer heilen Welt ohne Hektik." Die möchte sie auch ihren Gästen bieten, die Voraussetzungen dafür sind gut. Ein 20.000-Quadratmeter-Park mit Blick in die Tiroler Unendlichkeit, ausgezeichnete Küche im neu renovierten, sitztechnisch flexibler gestalteten Haubenrestaurant und eine riesige Wellnessoase mit Naturbadesee und Pools, Sole-Jacuzzi, Saunaparadies und textilfreiem Spa Chalet. Aber nicht nur die menschlichen Gäste, auch Hunde sind im Astoria herzlich willkommen. Sie haben in den Alpin-Zimmern ihrer Besitzer eine Wohlfühlecke, hinter dem Haus eine eingezäunte Wiese und bekommen ihr eigenes Handtuch.

Tel.: 05212 22720
6100 Seefeld
Geigenbühelstraße 185
www.astoria-seefeld.com
hotel@astoria-seefeld.com

HOTELS LUXUS

SÖLDEN
TIROL D4

DAS CENTRAL

Das Central ist das einzige Fünf-Sterne-Hotel in Sölden. Seniorchef Hans Falkner erbaute die Ötztaler Gletscherstraße und legte den Grundstein für die touristische Erschließung des Tales. Heute führt Tochter Angelika das Haus in den Tiroler Alpen, mit großem kulinarischen Angebot und spektakulärem Weinangebot. Die urige Ötztaler Stube hat drei Hauben, im Feinspitz werden Frühstück und Galadinner serviert. Außerdem gibt es ein Fonduerestaurant. Im Spa entspannt man in der dreistöckigen Wasserwelt Venezia und in zehn Hitzetempeln. Sehr elegant ist die Präsidentensuite.

Tel.: 05254 22600
6450 Sölden
Auweg 3
www.central-soelden.com
info@central-soelden.at

ASTORIA RESORT SEEFELD

Ausgezeichnet mit Fünf Sternen Superior lädt das Resort zum Genießen ein.

Im neu gestalteten „Der MAX – das Restaurant im ASTORIA" mit angrenzendem Wintergarten wird die Tiroler Stube zeitgeistig neu inszeniert. Für private Feiern und Veranstaltungen bietet der SALON FERDINAND den perfekten Rahmen.

Unser Küchenteam verwöhnt Sie täglich mit Gourmet-Highlights, die nicht nur für den Gaumen sondern auch für das Auge ein Genuss sind. Von Tyrolean Fine Dining bis hin zu leichten Kreationen. Uns ist dabei wichtig, dass die hochwertigen und saisonalen Produkte von unseren regionalen Bauern kommen.

ASTORIA RESORT *****S
Geigenbühelstraße 185 | A-6100 Seefeld in Tirol | Tel.: +43 (0) 5212 22 72-0 | Fax: DW-100 | hotel@astoria-seefeld.com | www.astoria-seefeld.com

INTERALPEN-HOTEL TYROL
★★★★★ s

Hoch. Genuss. Pur.

Bergsommer bedeutet Hochgefühle: Zeit für Erholung und Natur, Zeit für Familie und sich selbst. Zusammen mit kulinarischen Feuerwerken und atemberaubendem Alpenblick die wohl schönste Kombination. Erleben Sie Ihren persönlichen Bergsommer im Interalpen-Hotel Tyrol.

Mehr Informationen auf www.interalpen.com

LEADING HOTELS®

Interalpen-Hotel Tyrol GmbH, FN 45088 g, Dr.-Hans-Liebherr-Alpenstrasse 1, A-6410 Telfs-Buchen/Seefeld,
Tel. +43 (0) 50809-30, reservation@interalpen.com

TELFS
TIROL D4

INTERALPEN-HOTEL TYROL

Das Interalpen-Hotel Tyrol liegt auf einem Hochplateau zwischen Karwendel und Wettersteingebirge, in einer unverbauten Alleinlage in Telfs bei Seefeld. Seine Grundfläche ist mit über 45.000 Quadratmetern größer als sechseinhalb Fußballfelder. Das Spa belegt ein Neuntel davon und ist eines der größten in den Alpen. Mit Tiroler Saunadorf und Panoramapool, Ladies' und Private Spa und Männer-Treatments. In der gesamten Wellnesswelt fließt Granderwasser, im Winter schwimmt man freitag- und samstagabends bei Kerzenschein und Musik. Die Wohnzimmer-Lobby mit Salon Bellevue, Café Wien, Kaminbar und Smoker's Lounge erstreckt sich fast über das ganze Erdgeschoß, es gibt eine Indoor-Golfanlage. Ganz oben auf dem Dach stehen seit Kurzem sieben neue Panoramasuiten. Kulinarisch verwöhnt das Fünf-Sterne-Plus-Hotel mit Kräutern aus dem eigenen Garten und Chef's Table.

Tel.: 050 80930
6410 Telfs
Dr.-Hans-Liebherr-Alpenstr. 1
www.interalpen.com
reservation@interalpen.com

VELDEN AM WÖRTHERSEE
KÄRNTEN J5

SCHLOSSHOTEL VELDEN

Dort, wo früher Filme gedreht wurden, weht heute stolz die Flagge der Falkensteiner-Hotels: im Schlosshotel in Velden. Der historische Teil des Fünf-Sterne-Hotels wurde stilvoll renoviert, die Schlossbar und das Drei-Hauben-Restaurant Schlossstern glänzen mit den Yachten und dem hoteleigenen Motorboot um die Wette. Vor der Hoteltür sind auch ein Beach Club mit Seezugang und ein Pool – nur für den Fall, dass der See zu kalt ist. Drinnen im Acquapura Spa befinden sich ein weiterer Pool, Saunen und private Spa-Suiten sowie ein Medical Spa für die ewige Jugend.

Tel.: 04274 520000
9220 Velden am Wörthersee
Schlosspark 1
www.falkensteiner.com/de/hotel/schloss-hotel-velden
reservations.schlossvelden@falkensteiner.com

WIEN
WIEN N2

GRAND HOTEL WIEN

Das Grand Hotel zwischen Oper und Schwarzenbergplatz feiert 2020 sein 150-jähriges Jubiläum – es war das erste Hotel an der Wiener Ringstraße, das seine Luxustüren aufsperrte. Standesgemäß mit Marmorsäulen, Kristallüstern und eleganten Suiten, fünf Sternen und Rückzugsorten für den totalen Genuss. Im traditionsbewussten Restaurant Le Ciel gipfelt dieser in vier Gourmethauben, im japanischen Unkai in einer. Und das Grand Spa bringt die vollkommene Entspannung. Wenn es warm ist, frühstückt man im Schanigarten, auf dem Dach residiert ein Bienenvolk.

Tel.: 01 515800
1010 Wien
Kärntner Ring 9
www.grandhotelwien.com
info@grandhotelwien.com

HOTEL BRISTOL

Das Hotel Bristol bei der Wiener Staatsoper ist ein Art-déco-Juwel. Die schweren Stoffe und leuchtenden Farben der meisten Suiten des Fünf-Sterne-Hauses unterstreichen das, die Prince of Wales-Suite ist mit 360 Quadratmetern eine der größten des Landes. In der Bristol Suite kann man aber auch modern residieren, in der Bristol Lounge, dem haubengekrönten Ganztagesrestaurant, serviert man dazu konsequenterweise vegane Gerichte. Für Kinder gibt es – ebenso wie für Hunde – eine eigene Speisekarte und, damit ihnen nicht langweilig wird, immer wieder spannende Mitmachaktionen.

Tel.: 01 515160
1010 Wien
Kärntner Ring 1
www.bristolvienna.com
hotel.bristol@luxurycollection.com

HOTEL IMPERIAL

Nirgends übernachtet man kaiserlicher als im Hotel Imperial am Wiener Kärntner Ring. Seinen Einrichtungsstil lieben viele Künstler, Sophia Loren oder Luciano Pavarotti waren einst Gäste im Fünf-Sterne-Haus. Im Café Imperial wird Kaffeehauskultur gelebt, mit der Imperialtorte ein Stück Wien in die Welt geschickt. Das Restaurant Opus hat drei Hauben, der sonntägliche Champagnerbrunch ist wie das All-that-Jazz-Events im 1873 HalleNsalon sehr beliebt. Wer noch nicht genug hat, kommt Samstagnachmittag zum Imperial High Tea oder nimmt sich den Duft des Hauses als Kerze mit nach Hause.

Tel.: 01 501100
1010 Wien
Kärntner Ring 16
www.imperialvienna.com
hotel.imperial@luxurycollection.com

PARK HYATT VIENNA

GENIESSEN SIE
IHRE AUSZEIT VOM ALLTAG IN EINEM DER SCHÖNSTEN LUXUSHOTELS IN WIEN

EIN VOLLENDETES ERLEBNIS IM HERZEN VON WIEN.
FÜR RESERVIERUNGEN BESUCHEN SIE BITTE
PARKHYATTVIENNA.AT

PARK HYATT VIENNA

LUXURY is PERSONAL

ZÜRS AM ARLBERG

HOTEL PALAIS HANSEN KEMPINSKI VIENNA

ner Palais sind beliebt als Hotels. Das Palais Hansen Kempinski Vienna liegt in einem denkmalgeschützten Gebäude am Schottenring, in der Nähe der Börse. Es hat zwei Haupteingänge und die längste Fassade am Ring. Unter dem Fünf-Sterne-Superior-Dach sind das Edvard-Restaurant mit mediterran-alpinen Gerichten, Die Küche Wien mit Sonntagsbrunch, die 26°East Bar und ein Spa mit Hydropool und Saunen. Samstagnachmittags verwandelt sich die Lobby Lounge bei den Kempinski Concertini in eine Bühne für junge Musiker, am Wochenende gibt es außerdem Lobby Frühstück.

Tel.: 01 2361000
1010 Wien
Schottenring 24
www.kempinski.com
info.vienna@kempinski.com

HOTEL PARK HYATT VIENNA

Wo früher die Zentrale der Länderbank war, ist heute ein Hotel mit fünf Sternen, Holz, Marmor und Perlmutt. Das Park Hyatt Vienna liegt im Goldenen (Einkaufs-)Quartier. In der haubengekrönten Brasserie The Bank speist man zwischen den riesigen Säulen der alten Kassenhalle, im Café Am Hof inklusive Schanigarten spürt man den Charme der Wiener Kaffeehauskultur. Im ehemaligen Tresorraum ist das Arany Spa mit einem 15 Meter langen Pool, Saunen, Fitnessstudio, Day Spa. Für die ganz Kleinen gibt es den Very Important Baby-Service, Hunde bekommen ein eigenes Bett.

Tel.: 01 22740 12 34
1010 Wien
Am Hof 2
www.hyatt.com
vienna.park@hyatt.com

HOTEL RITZ-CARLTON VIENNA

Vier denkmalgeschützte Stadtpalais am Schubertring bilden das Ritz-Carlton-Hotel in Wien. Kulinarisch ist das Fünf-Sterne-Hotel sehr gut aufgestellt. Der neueste Coup ist das Pastamara, eine Bar mit Küche, sizilianischem Streetfood und Aperitivo-Stunde. Es gibt Dstrikt, das Hauben-Steakhouse, dessen Zutaten kommen vom Hof direkt auf den Tisch, die D-Bar zum Cocktailtrinken und die Rooftop Bar Atmosphere zum Über-die-Stadt-Schauen. Und sonst? Spa mit Indoorpool und Unterwassermusik, Schanigarten für die warme und Christkindlmarkt für die kalte Jahreszeit.

Tel.: 01 31188
1010 Wien
Schubertring 5–7
www.ritzcarlton.com

HOTEL SACHER WIEN

Das Hotel Sacher neben der Oper ist das einzige Hotel mit fünf Sternen in Wien, das von einer Familie geführt wird. Es hat eine lange Tradition und die wird im Haus zelebriert. Die Bars sind kulinarisch hochdekoriert – sowohl die rote als auch die grüne hat zwei Hauben. Im Sacher Eck kommt das Frühstück auf Etageren und Kaffee aus hauseigener Röstung, seit Kurzem erstrahlt der Salon Sacher frisch in Koralle und Schwarz und entführt ins Frankreich der 1920er-Jahre. Exklusiv sind auch die Behandlungen im Spa – mit Kaviar oder Schokolade – und die Jugendstil-Suiten.

Tel.: 01 514560
1010 Wien
Philharmonikerstraße 4
www.sacher.com
wien@sacher.com

PALAIS COBURG HOTEL RESIDENZ
WEINKARTE DES JAHRES 2019

Eleganz ist gleich Palais Coburg. Hinter den dicken Mauern des Fünf-Sterne-Superior-Hotels auf der Wiener Coburgbastei liegen herrschaftliche Suiten und ein wunderschöner Garten mit Magnolien, Platanen und dem Schanigarten von Clementines Glashaus. Wenn man Glück hat, teilt man sich beim Frühstück den Platz an der Sonne mit zwei Stammgästen des Hauses, einem Wildentenpaar. Im Gourmetrestaurant warten kulinarische Abenteuer mit fünf Hauben, in den sechs Weinkellern zehntausendmal so viele Flaschen aus insgesamt vier Jahrhunderten. Ein Spa gibt es auch – mit Sauna, Dampfbad und Pool.

Tel.: 01 51818130
1010 Wien
Coburgbastei 4
www.palais-coburg.com
reservierung@palais-coburg.com

ZÜRS AM ARLBERG

VORARLBERG B4

HOTEL ZÜRSERHOF

Der Zürserhof ist ein familiengeführtes Fünf-Sterne-Superior-Hotel am Ortsrand von Zürs. In den 1920er-Jahren war es das einzige Haus am Arlberg mit Privatbädern und goldenen Armaturen, auch heute ist Wellness ein großes Thema. Auf fünf Ebenen hat der Zürserhof zwei Spas mit Wasser aus der eigenen Quelle – eines für Familien mit Schwimmbad und das Aureus Spa ab 16 Jahren. Mit Hamam, Lady und Private Spa, mehreren Saunen und Panoramalounge mit Bibliothek. Es gibt einen Kids Club, Action für Jugendliche und ein Käsebuffet mit 200 Spezialitäten aus aller Welt.

Tel.: 05583 25130
6763 Zürs am Arlberg
Zürs 75
www.zuerserhof.at
hotel@zuerserhof.at

NATUR

DIE BESTEN

Die besten Naturhotels, die für ein nachhaltiges und grünes Erlebnis sorgen.

ALMWELLNESS HOTEL PIERER
Fladnitz an der Teichalm

BIOHOTEL GRAFENAST
Pill

BIOHOTEL GRALHOF
Weissensee

BIOHOTEL RAMSAUHOF
Ramsau am Dachstein

BIOHOTEL SCHWANEN
Bizau

CHESA VALISA
Hirschegg/Kleinwalsertal

DER DABERER
Dellach/Gailtal

DIE WASNERIN
Bad Aussee

GRADONNA MOUNTAIN RESORT
Kals am Großglockner

HOLZHOTEL FORSTHOFALM
Leogang

IKUNA NATURRESORT
Natternbach

INNS HOLZ
Ulrichsberg

MOLZBACHHOF
Kirchberg am Wechsel

NATUR- UND WELLNESSHOTEL HÖFLEHNER
Haus

NATURHOTEL EDELWEISS
Wagrain

NATURHOTEL FORSTHOFGUT
Leogang

NATURHOTEL WALDKLAUSE
Längenfeld

BAD AUSSEE

BAD AUSSEE — STEIERMARK I3

DIE WASNERIN

Auszeitln? Kann man bei der Wasnerin in Bad Aussee. Wenn das Wetter schön ist, startet man mit Yoga am Ufer des Altausseer Sees in den Tag – so kann man richtig entspannen. Mit WLAN im Restaurant geht das nicht so gut, in Flüsterzonen schon – die Balkone sind solche. Neu sind Nabel. Das Spa für die Tiefenentspannung und die Tranquillity Spa-Suite. Auch in der Zirbenholzsauna, im beheizten Pool oder auf der FKK-Liegeterrasse funktioniert das Relaxen wunderbar. Familie Barta setzt zudem auf Photovoltaik, verwendet Ökostrom, vermeidet Müll. Den kann man beim Basen-Entgiften auch loswerden.

Tel.: 03622 52108
8990 Bad Aussee
Sommersbergseestraße 19
www.diewasnerin.at
info@diewasnerin.at

Segafredo

BIZAU — VORARLBERG A4

BIOHOTEL SCHWANEN

Im Biohotel Schwanen im Bregenzerwald regiert der Oberschwan: Emanuel Moosbrugger – er hat das Zepter von seinen Eltern übernommen. Sein Restaurant Esszimmer ist aus Weißtanne und mit Eichenparkett. Die Gerichte kommen auf handgefertigten Tellern, die Lebensmittel aus dem neuen Gemüsegarten, zum Beispiel Zucchini und Rucola. Was man über Fruchtfolgen wissen muss, hat sich der Hausherr in einem Crashkurs von Freunden abgeschaut. Die Zimmer riechen fantastisch nach Holz, es gibt Sauna und Sanarium, einen Gastgarten mit Kastanienbäumen und die Wälderstube mit knarrendem Nussparkett.

Tel.: 05514 2133
6874 Bizau
Kirchdorf 77
www.biohotel-schwanen.com
emanuel@biohotel-schwanen.com

Gault&Millau
2020

Die neuesten Ergebnisse aus der Haubenwelt:
800 Restaurants, neu getestet und bewertet.

Plus: Die besten Weine, Wirtshäuser, Hotels und Almhütten.
Neu in dieser Ausgabe: Golfclubs, Cafés und Bars.

Zwei Bücher, ein Preis: € 39,- für Ihren Wegweiser in die Welt des guten Geschmacks
www.gaultmillau.at

Bleiben Sie up to date mit unseren täglichen Nachrichten
auf **Facebook** und **Instagram**.

DELLACH/GAILTAL
KÄRNTEN H5

DER DABERER

Wer im Gailtal an bio denkt, denkt an den Daberer. Die gleichnamige Familie ist Biopionier der ersten Stunde. Beim Genuss gibt es dennoch keine Kompromisse. Hier wird nicht nur mit „Körnern" gekocht, es gibt auch etwas „G'scheites" aus saisonalen und regionalen Produkten. Dazu trinkt man Wasser aus der eigenen Quelle und Weine von benachbarten Biowinzern. Nachhaltigkeit ist in der Daberer-DNA gespeichert: Gereinigt wird mit umweltfreundlichen Putzmitteln, die Wände in den Zimmern sind aus Lehm. Entspannung gibt es bei Yoga, im Waldteich oder in der Waldsauna, bei Basenfasten und Kochworkshops.

Tel.: 04718 590
9635 Dellach/Gailtal
St. Daniel 32
www.biohotel-daberer.at
info@biohotel-daberer.at

FLADNITZ AN DER TEICHALM
STEIERMARK N4

ALMWELLNESS HOTEL PIERER
HOTEL DES JAHRES 2020

Almwellness auf über 1200 Metern gibt es bei Familie Pierer auf der steirischen Teichalm. Das Hotel Pierer ist mit vier Sternen und einem Plus dekoriert, hat zwölf Almgartensuiten frisch bezogen und den 20 Meter langen Infinitypool eingelassen. Auch der zweite Außenwhirlpool im Haus, die Panoramasauna und der Yoga- und Aktivraum sind neu und fertig zum Bespieltwerden. Vieles machen die Pierers selbst – Franz brennt Schnaps, Kräuter und Fische kommen aus dem eigenen Wald bzw. Teich, der Rest wird in der Region gekauft. Witzig: die neue André-Art-Parkgarage mit Almmotiven.

Tel.: 03179 7172
8163 Fladnitz an der Teichalm 77
www.hotel-pierer.at
hotel.pierer@almurlaub.at

HAUS
STEIERMARK I4

NATUR- UND WELLNESSHOTEL HÖFLEHNER

Jubiläum: Das Naturhotel Höflehner in der Schladming-Dachstein-Region ist zehn Jahre alt. Das feiert die Hoteliersfamilie mit dem Umbau ihres Wander- und Skihotels direkt an der Piste. Sie hat aufgestockt und zwölf Naturzimmer geschaffen, den Eingangsbereich neu gemacht und die Gartenstube errichtet. Das Buffet ist größer, auch die Kinder haben jetzt einen eigenen Bereich. Im Spa des Vier-Sterne-Superior-Hauses in Haus im Ennstal gibt es eine textilfreie Zone, Erlebnissauna, Poolbar und Sonnenterrasse – und außerdem? Naturküche, Gumpen Bar, Alpakawanderungen.

Tel.: 03686 2548
8967 Haus
Gumpenberg 2
www.hoeflehner.com
info@hoeflehner.com

HIRSCHEGG/KLEINWALSERTAL
VORARLBERG B4

CHESA VALISA

Das Biorefugium Chesa Valisa von Familie Kessler steht im Kleinwalsertal, oberhalb von Hirschegg, auf 1200 Metern. Schlicht wie die Vorarlberger Holzbauweise ist auch das Vier-Sterne-Hotel, daran hat sich durch die neue Fassade und den Umbau nichts geändert. Neu sind zwei Stuben mit Weißtannenhölzern, Schiefer, Naturleder, die Patisserie und sieben Kühlhäuser: Nose to tail braucht viel Lagerplatz. Einer der wichtigsten Bausteine ist die Kulinarik, biologisch zu 100 Prozent und nachhaltig wie der Quellwasser-Außenpool. Hoch im Kurs: neue Zimmer mit Lehmwänden.

Tel.: 05517 54140
6992 Hirschegg/
Kleinwalsertal
Gerbeweg 18
www.naturhotel.at
info@naturhotel.at

www.gaultmillau.at – Tipps, Trends, Rankings und alle Restaurantkritiken

URLAUB OHNE KOMPROMISSE
GENUSS AUF HÖCHSTEM NIVEAU.

GRADONNA ****SUP MOUNTAIN RESORT

Ursprünglichkeit, Naturgenuss und Luxus müssen sich nicht ausschließen. Im Dorf Kals am Großglockner gehen sie eine wunderbare Symbiose ein. Nationalpark und bäuerlich geprägte Strukturen auf der einen Seite und andererseits Verwöhnprogramm und moderner Lifestyle im autofreien Gradonna Resort. 41 Châlets und das 4 Sterne Superior Hotel sorgen für das ideale Urlaubszuhause. Erleben Sie einzigartige Ferien-tage mit Blick auf die höchsten Berge Österreichs.

www.gradonna.at

ANREISE:

MÜNCHEN
INNSBRUCK
KITZBÜHEL
WIEN, LINZ, SALZBURG
FELBERTAUERN TUNNEL
MATREI
GRADONNA ****
MOUNTAIN RESORT
CHÂLETS & HOTEL
BRIXEN, VENEDIG
SILLIAN
KALS
LIENZ
KLAGENFURT

Tirol

Großglockner Mountain Resort Kals GesmbH & Co KG
Gradonna 1 I A-9981 Kals am Großglockner I ATU 65650066

KIRCHBERG AM WECHSEL

KALS AM GROSSGLOCKNER
TIROL G4

GRADONNA MOUNTAIN RESORT

Tel.: 04876 82000

9981 Kals am Großglockner
Gradonna 1
www.gradonna.at
info@gradonna.at

Herrschaftlich, auf über 1300 Höhenmetern, am Tor zum Nationalpark Hohe Tauern thront das Gradonna Mountain Resort. Familie Schultz bietet ihren Gästen in Kals am Großglockner ein Naturerlebnis mit Vier-Sterne-Superior-Service. Alle Gebäude sind aus Holz, draußen an der Fassade sind Holzschindeln, drinnen Fichten- und Zirbenholz, Leinen, Loden, Kalser Marmor. Rund um das Resort wachsen Wildkräuter, die werden mit heimischen Spezialitäten und mediterranen Einflüssen zur haubengekrönten Osttiroler Fusionsküche und kommen in die hauseigenen Pflegeprodukte. Zum Wellnessbereich gehören ein großer Badeteich, mehrere Hallenbäder, Saunen und Tepidarien, Fitnesscenter und Yogaraum. Für die Kiddies gibt es einen Naturclub, für die Teenies einen Boulder- und Kletterraum. Qual der Wahl: Hotelzimmer oder Chalet!

HOTELS NATUR

KIRCHBERG AM WECHSEL
NIEDERÖSTERREICH O3

MOLZBACHHOF

Tel.: 02641 2203

2880 Kirchberg am Wechsel
Tratten 36
www.molzbachhof.at
office@molzbachhof.at

Die Wiener Alpen, Familie Pichler und ihr Molzbachhof – den gibt es seit über 50 Jahren. Heute sind mit Sohn Peter und Nina die Jungen am Hotelruder. Sie haben vor zwei Jahren ihrem Hof in Kirchberg am Wechsel einen Zubau geschenkt: Das Holzbach ist ihre neue „Forstclass". Es ist zu 100 Prozent aus Mondholz, Wände und Decken, Boden und Möbel sind frei von schädlicher Bauchemie, ohne Nägel, Schrauben und Leim. Das bringt extragute Wärmedämmung und entlastet das Herz. Das geht sowieso auf, sobald man in ihr Paradiesgartl eintritt – Wasserfall, keltischer Baumkreis, Naturbadeteich. Zum Plantschen haben die Pichlers außerdem einen Außenpool, der durch die Abwärme einer Ökostromanlage ganzjährig beheizt wird. Im Garten wachsen seltene Gemüsesorten und Kräuter. Das Motto in der Küche: Cook the Gartl, bezieh die Bauern der Umgebung mit ein und back dein eigenes Brot.

Gaumenkino
2 Nächte im Holzhotel inkl. Genusspension,
1 Gourmetmenü im „Gaumenkitzel", 1 Massage (25 min)
€ 309,- p. P.

HOHE KOCHKUNST, TIEFE ENTSPANNUNG. URLAUB BEI DEN NATURTALENTEN.

★★★★
Molzbach
HOF

www.molzbachhof.at

LÄNGENFELD

LÄNGENFELD — TIROL D4

NATURHOTEL WALDKLAUSE

Wie eine Ökoburg steht die Waldklause in Längenfeld im Ötztaler Wald. Ein Holzhotel, teilweise auf Stelzen, mit fünf Sternen gekrönt. Mit Tiroler Schafwolldämmung und Strom aus CO_2-neutralen Energieträgern. Die Wärme kommt aus einem Biomassekraftwerk, mit einem eigenen Abfallwirtschaftskonzept sind Familie Auer und ihr Naturhotel als Vorbild angetreten. In der Naturküche servieren sie Zutaten von umliegenden Bauernhöfen und Kleinproduzenten. Sie haben eine selbst kreierte Naturhotel-Kosmetikklinie und Zimmer, die nach Feng Shui ausgerichtet sind.

Tel.: 05253 5455
6444 Längenfeld
Unterlängenfeld 190
www.hotel-waldklause.com
viomassl.com
office@waldklause.at

LEOGANG — SALZBURG G4

HOLZHOTEL FORSTHOFALM

Am Leoganger Rooftop, auf 1050 Meter Seehöhe liegt die Forsthofalm der Familie Widauer. Sie ist in Vollholzbauweise errichtet, das spart Energie, ihre Zimmer sind aus Mondholz und riechen nach Zirbe. Im Spa wird man mit selbst gesammelten Kräutern verwöhnt, kann sich beim Yoga und beim täglich wechselnden Fitnessprogramm verbiegen und im Rooftop Pool dahingleiten. Die Haubenküche des Kukka spielt mit biologischen und regionalen Produkten und den Farben des Regenbogens – das ist neu, der Holzkohlengrill schon bewährt. Ausprobieren: das Bett im Walde.

Tel.: 06583 8545
5771 Leogang
Hütten 37
www.forsthofalm.com
booking@forsthofalm.com

NATURHOTEL FORSTHOFGUT

Noch näher an der Natur geht fast nicht. Das Forsthofgut von Christina und Christoph Schmuck in Leogang liegt an den Hängen des Asitz, daneben ist ein Wald, ihr eigener. In ihrem 30.000 Quadratmeter großen Garten ist ein Waldspa mit einem Biobadesee, da dürfen nur die Großen hinein. Der Waldwirbel mit Pools und Saunen ist für alle. In der Küche tischen die Schmucks das Beste aus sieben Alpenländern auf. Ihr Fünf-Sterne-Hoteltraum ist Pommes-frites-freie Zone, es gibt einen verpackungsfreien Genussmarkt, Produkte vom eigenen Hof, ein Fine-Dining-Restaurant mit drei Hauben und die Botanist-Bar.

Tel.: 06583 8561
5771 Leogang
Hütten 2
www.forsthofgut.at
info@forsthofgut.at

NATTERNBACH — OBERÖSTERREICH I2

IKUNA NATURRESORT

Käfer aus dem Bach retten kann man im Ikuna Naturresort im oberösterreichischen Natternbach – und noch viel mehr. Im Naturerlebnispark findet man einen Abenteuerknüller nach dem anderen: Kletterhimmel mit Niederseilgarten und Seilpyramide, Family-Wellenlrutsche, Tret-Gokartbahn. Da sind ein Donau-Sagenweg mit überlebensgroßen Metallskulpturen, ein riesiger Lavendelhang und ein Sonnenblumenfeld als Bienentankstelle. In der Ikuna-Tierherde leben Lamas, Hängebauchschweine oder Schafe. Irgendwann muss man leider schlafen, et voilà: Dafür gibt es zwölf Vier-Sterne-Tipi-Suiten plus Frühstück.

Tel.: 07278 20800
4723 Natternbach
Naturpfad 1
www.ikuna.at
info@ikuna.at

PILL — TIROL E4

BIOHOTEL GRAFENAST

Ein paar gute Gründe für das Naturhotel Grafenast in Pill: Es ist Tirols erstes CO_2-neutrales Hotel, auch An- und Abreise werden mit eingerechnet. Das Haus von Familie Unterlechner ist aus umweltfreundlichem Holz, mit Energie geht sie sparsam um. Die Zimmer sind elektrosmogfrei, verwendet werden nur biologische Produkte, auch bei Waschpulver und Textilien. Im Spa sind eine Sauna in Jurtenbauweise, ein solarbeheizter Außenpool, es gibt einen Heilkräutergarten. Das Credo in der Bionaturküche: vom Garten auf den Teller. Anschauen: Galerie am Berg und den Weitblick über das Inntal.

Tel.: 05242 63209
6136 Pill
Pillbergstraße 205
www.grafenast.at
sehnsucht@grafenast.at

WEISSENSEE

RAMSAU AM DACHSTEIN — STEIERMARK J4

BIOHOTEL RAMSAUHOF

Die Simonlehners sind echte Bioniere. Auf ihrem Ramsauhof am Fuße des Dachsteins geht es um ein rücksichtsvolles Leben im Einklang mit der Natur. Viele Produkte für die Küche kommen von ihrer eigenen Biolandwirtschaft, der Rest soll biologisch, saisonal und regional sein: „Den Unterschied schmeckt man gewaltig!" Dasselbe gilt auch für das Spa mit zwei Saunen, Dampfbad, Hallenbad. Dort verwenden die Gastgeber Heilkräuter wie Arnika und Johanniskraut, die auf dem Ramsauer Hochplateau rund um den Vier-Sterne-Hof wachsen. Favorit: das Heublumenbad mit frischen Blumen.

Tel.: 03687 81965
8972 Ramsau am Dachstein
Ramsau 220
www.ramsauhof.at
ramsauhof@simonlehner-hotels.at

ULRICHSBERG — OBERÖSTERREICH I1

INNS HOLZ

Auf einer beeindruckenden Waldlichtung im Mühlviertel liegt das Naturhotel Inns Holz. Zum Übernachten gibt es in Ulrichsberg zwei Varianten: im Vier-Sterne-Hotel oder in einem von elf Luxushütten im Chaletdorf Böhmerwald – Hotelannehmlichkeiten gibt es für beide. Etwa ein Spa mit Saunen, von einer kann man gleich in den daneben liegenden Badesee springen. Oder einen Indoorpool. In der Holzfällerhütte, dem kleinsten Restaurant im Böhmerwald, gibt es Hutessen, saisonal und regional isst man bei Familie Gruber in allen Restaurants. Gut zu wissen: Ladestation für E-Autos.

Tel.: 07288 70600
4161 Ulrichsberg
Schöneben 10
www.innsholz.at
info@innsholz.at

WAGRAIN — SALZBURG H4

NATURHOTEL EDELWEISS

Dass man vom Wellnessbereich des Naturhotels Edelweiss einen einprägsamen Ausblick in die Wagrainer Bergwelt hat, ist die eine Sache. Dass man im Green Spa des Vier-Sterne-Plus-Hauses mit ruhigem Gewissen in den Saunen entspannt, eine andere. Das Schwimmbiotop von Familie Bergmüller wird von der Sonne beheizt, ihr Schwimmbad haben sie in Passivhausbauweise errichtet. Diese nutzt die Erdwärme und verbraucht nur 25 Prozent der Energie eines vergleichbaren Spas. Man vermeidet Abfall und verwendet umweltverträgliche Produkte. Außerdem serviert man Biofrühstück.

Tel.: 06413 8447
5602 Wagrain
Weberlandl 65
www.mein-edelweiss.at
hotel@mein-edelweiss.at

WEISSENSEE — KÄRNTEN H5

BIOHOTEL GRALHOF

Der Kärntner Weissensee ist bekannt für seinen sanften Tourismus, der Gralhof auch. Aus den Steckdosen kommt Ökostrom. Den Mittwoch hat Familie Knaller-Gral zum vegetarischen Tag erkoren: „Wir möchten den Gästen zeigen, dass es Alternativen zum Fleisch gibt!" Das Fleisch, das sie anbieten, kommt zum Großteil vom eigenen Biohof, ebenso wie der Apfelsaft und die Kräuter. In den Biozimmern sind Lärchenholzmöbel, die Kosmetika sind zu 100 Prozent biologisch. Am Hof gibt es einen Spielplatz, am See ein Saunahaus und Holzruderboote. Und der Naturparkbus Weissensee ist für Hotelgäste gratis.

Tel.: 04713 2213
9762 Weissensee
Neusach 7
www.gralhof.at
info@gralhof.at

Bei der Zusammenstellung dieses Führers ließen wir größtmögliche Sorgfalt walten, trotzdem können Daten falsch oder überholt sein. Eine Haftung können wir auf keinen Fall übernehmen.

ROMANTIK

DIE BESTEN

Die besten Romantikhotels, die den idealen Rahmen bieten, sich in trauter Zweisamkeit verwöhnen zu lassen.

DAS SCHLOSS AN DER EISENSTRASSE
Waidhofen an der Ybbs

GAMS GENIESSER- & KUSCHELHOTEL
Bezau

GENIESSERHOTEL BERGERGUT
Afiesl

HOTEL SCHLOSS MITTERSILL
Mittersill

HOTEL WINZER
St. Georgen im Attergau

LAKE'S – MY LAKE HOTEL & SPA
Pörtschach

MAIERS KUSCHELHOTEL
Loipersdorf

POSTHOTEL ACHENKIRCH
Achenkirch

RELAXRESORT KOTHMÜHLE
Neuhofen an der Ybbs

ROMANTIK HOTEL DAS SCHIFF
Hittisau

ROMANTIK HOTEL GMACHL ELIXHAUSEN
Elixhausen

ROMANTIK HOTEL IM WEISSEN RÖSSL
St. Wolfgang

ROMANTIK HOTEL SPIELMANN
Ehrwald

ROMANTIKHOTEL ZELL AM SEE
Zell am See

SCHLOSS PRIELAU
Zell am See

SCHLOSSHOTEL FISS
Fiss

SEEHOTEL BRANDAUER'S VILLEN
Strobl

SEEWIRT MATTSEE
Mattsee

VERWÖHNHOTEL KRISTALL
Pertisau

ACHENKIRCH

ACHENKIRCH   TIROL E3

POSTHOTEL ACHENKIRCH

Posthotel Achenkirch am Achensee: fünf Sterne für Erwachsene. Zum 100-jährigen Jubiläum gibt es ein neues Stammhaus und das Gesundheitsrestaurant Tenzo, in dem nach TCM gekocht wird. Ein Gewächshaus für selbst gezogene Lebensmittel, die unter anderem in der „Gaststube" (zwei Hauben) landen. In der Penthouse Suite steht eine neue Sauna, im Spa Infrarotschwebeliegen. Es gibt einen Delikatessenmarkt, eine eigene Landwirtschaft, ein Teil des Stromes kommt aus einer Photovoltaikanlage. Außerdem: neue Naturzimmer, Mitmachküche, Reithalle. Erwachsen ist man hier übrigens schon ab 14 Jahren.

Tel.: 0 52 46 65 22
6215 Achenkirch 322
www.posthotel.at
info@posthotel.at

AFIESL   OBERÖSTERREICH J1

GENIESSERHOTEL BERGERGUT

Das Bergergut im oberösterreichischen Afiesl gehört den Paaren, und nur ihnen. Im Romantikhotel der Familie Pürmayer gibt es keine Gruppen, keine Kinder und keinen Lärm. Dafür viel Zweisamkeit und gute Gespräche in der Saunalounge am offenen Kamin oder in der Kuschelnische, beim Plantschen im Außenpool des Paradiesgartens oder im Jacuzzi des Private Spa mit Schokofrüchten und Musik. Überraschungen gibt es hier wie Sand am Meer, zum Beispiel ein Rosenblütenschaumbad oder eine Augenbinde und hausgemachtes Konfekt zum Picknick: Liebe geht bekanntlich durch den Magen. Das weiß auch Küchenchef Thomas Hofer. Er kocht in seinem Genussatelier Culinariat Mühlviertler Gerichte mit alten Sorten und Zutaten von bekannten Produzenten. Tipp: seine Kochworkshops. Von seiner GENUSS Greißlerei nimmt man später das mit nach Hause, was am besten geschmeckt hat. Besonders schön ist die Kuschel Suite mit freistehender Wanne.

Tel.: 07216 4451
4170 Afiesl 7
www.romantik.at
bergergut@romantik.at

Segafredo ZANETTI

BERGERGUT
das GENIESSHOTEL für PAARE

Ein kleines, feines, **höchst indiv** duelles **GOURMET HIDEAWAY für Paare**. Umgeben von den idyllischen Wäldern & Hügeln d **Mühlviertler Hochlands**/OÖ.

Im BERGERGUT dreht sich viele um **Romantik & Wellness ferna vom Mainstream**. Im Mühlviert Hochland um Weitblick, Waldlu und Ursprünglichkeit.

JRE- & Haubenkoch Thomas Hofer sorgt für mehrfachen Hochgenuss. Zelebrieren Sie di genussvollsten Seiten des (Paar-)Seins...

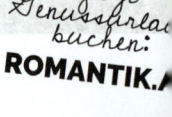

Jetzt Genussurlaub buchen:
ROMANTIK.A

MÜHLVIERTLER HOCHLAND OBERÖSTER

BERGERGUT****s | Pürmayer GmbH | bergergut@romantik.at | +43 7216 4451 | A-4170 Oberafiesl 7

BEZAU

VORARLBERG **A4**

GAMS GENIESSER- & KUSCHELHOTEL

Die Zweisamkeit und all ihre Facetten stehen im Hotel Gams in Bezau im Mittelpunkt. Über den Sommer wurde es rundum erneuert, auch ein Hotel braucht manchmal Ferien. Das Stammhaus wurde vom Keller bis in den vierten Stock geöffnet und ist jetzt ein Ort des Genusses. Da gibt es Kaffee, Pizzen und Süßigkeiten, einen Shop und eine vierstöckige Vinothek. Das Spa hat eine neue Lobby, einen Skypool und eine Erdsauna bekommen, Restaurant, Bar, Lounge und alle Suiten ein Facelifting und eine neue, 65 Quadratmeter große Suite aus Glas, Stahl und Beton, mit viel Samt und Seide.

Tel.: 05514 2220
6870 Bezau
Platz 44
www.hotel-gams.at
info@hotel-gams.at

EHRWALD

TIROL **C4**

ROMANTIK HOTEL SPIELMANN

Bei Familie Spielmann zu urlauben, ist wie Hineinspringen in eine Tirol-Postkarte. Ein kleines Dörfchen, das Wettersteinmassiv mit dem Zugspitzgipfel im Hintergrund, davor grüne Almen. Und mittendrin das gleichnamige Vier-Sterne-Hotel in Ehrwald: Altholz, Loden, Stein – Nachhaltigkeit ist in dieser Umgebung selbstverständlich. Die meisten Produkte kommen von heimischen Bauern und Lieferanten, die Energie für Heiz- und Warmwasseraufbereitung aus Pellets. Neu im Haus sind der Infinity-Felsenpool mit Textilsauna für die ganze Family und das Stadl Spa – Adults only! Plus: Romantik Spa, Garten.

Tel.: 05673 2225
6632 Ehrwald
Wettersteinstraße 24
www.hotel-spielmann.com
info@hotel-spielmann.com

ELIXHAUSEN

SALZBURG **H3**

ROMANTIK HOTEL GMACHL ELIXHAUSEN

Michaela Gmachl weiß, was es bedeutet, Gastgeberin zu sein. Die Chefin des Romantikhotels Gmachl ist im Hotel ihrer Eltern aufgewachsen und führt das Haus in 23. Generation. Es liegt in der ländlichen Idylle von Elixhausen, zehn Autominuten von Salzburg entfernt. Im Hintergrund die Salzkammergut-Bergkulisse, im Vier-Sterne-Superior-Paket ein Spa mit Pools und Private Spa inklusive Partnerbadewanne. Zum Frühstück gibt es Würste aus der hauseigenen Fleischhauerei, selbst gemachte Waffeln und Marmeladen von Obst aus dem Garten. Und abends Haubenküche. Auch wunderbar zum Heiraten.

Tel.: 0662 480 21 20
5161 Elixhausen
Dorfstraße 14
www.gmachl.com
romantikhotel@gmachl.com

FISS

TIROL **C4**

SCHLOSSHOTEL FISS

Es war einmal ein Jagdschloss auf einem sonnigen Plateau in Fiss. In dem wurden große Feste gefeiert, Gäste bewirtet und das schöne Leben genossen. Fast 80 Jahre später tut Familie Domenig genau dasselbe. Mit fünf Sternen für kleine und große Genießer und einem Aufzug, der einen vom Hoteleingang in den ersten Pistenschwung in der Tiroler Skiregion Serfaus-Fiss-Ladis bringt. Nach dem Outdoor-Erlebnis relaxen die einen im Schloss Spa, die anderen lassen sich im Family Spa mit Tutti-Frutti-Aufgüssen verwöhnen. Danach treffen sie einander auf der Riesenreifenrutsche und beim Slow-Food-Abendessen.

Tel.: 05476 6397
6533 Fiss
Laurschweg 28
www.schlosshotel-fiss.com
info@schlosshotel-fiss.com

HITTISAU

HITTISAU
VORARLBERG B3

ROMANTIK HOTEL DAS SCHIFF
Genießerhotel

Tel.: 05513 62200
6952 Hittisau
Heideggen 311
www.schiff-hittisau.com
info@schiff-hittisau.com

Wer reist, weiß, was die Gäste wollen, und schätzt seine Wurzeln. So wie Familie Metzler im Bregenzerwald. Sie führt das Romantikhotel Das Schiff in Hittisau, dem sie gerade eine Erfrischungskur gegönnt hat. Heimische Handwerkskunst verleiht ihrem Vier-Sterne-Haus seinen Charme, Produkte aus dem Gemüse- und Kräutergarten und dem eigenen Käsekeller den Geschmack. Die Küche in der Wälderstube 1840 ist mit zwei Hauben ausgezeichnet, schon Mutter Erna hat sich autodidaktisch in die Feinschmeckerherzen gekocht. Mit Heumilch, Hochlandrind oder Kalbfleisch von umliegenden Zulieferern wird das konsequent weitergeführt. Auch im Ernele, der Metzler'schen Ladenwirtschaft. Da kann man essen, ein Glaserl trinken und, was besonders gut schmeckt, gleich mitnehmen. Zum Genießen gibt es bei den Metzlers auch noch ein Spa mit nachhaltig beheiztem Pool und Bio- oder Gartensauna. Urlaub ist für Anfänger, das Schiff für Fortgeschrittene.

Bei der Zusammenstellung dieses Führers ließen wir größtmögliche Sorgfalt walten, trotzdem können Daten falsch oder überholt sein. Eine Haftung können wir auf keinen Fall übernehmen.

ROMANTIK HOTEL
DAS SCHIFF
★ ★ ★ ★
metzlerisch genießen

Sicherer Hafen für all jene die auf der Suche nach purem Genuss, Stil und Atmosphäre sind. Seit 1840.

Bewegte Geschichte
Raffinierte Gerichte

www.schiff-hittisau.com

Wälder Stube
1840
GOURMETRESTAURANT IM SCHIFF

MATTSEE

HOTELS ROMANTIK

LOIPERSDORF
STEIERMARK 04

MAIERS KUSCHELHOTEL

Familie Maier führt im steirisch-burgenländischen Thermenland drei Hotels. Eines davon ist Maiers Kuschelhotel in Loipersdorf: vier Sterne und ein Extraplus für die romantische Zweisamkeit. Die Zimmer haben eine anregende Kuschelatmosphäre und große Betten, manche eine Pole-Dance-Stange, eine private Sauna und Zugang zum Liebesgarten. Dort kann man sich im Motorboot-Whirlpool oder im Pool vergnügen und in den Hängematten relaxen. Dazu gibt es eine Erlebnissauna mit audiovisuellen Effekten, einen intimen Erotikraum und das Frühstück im Love Pavillon mit Sonnenaufgang.

Tel.: 03382 868660
8282 Loipersdorf
Henndorf, Therme 7
www.maiers.at
reservierung@maiers.at

MATTSEE
SALZBURG H3

SEEWIRT MATTSEE

Mattsee ist zweierlei: ein Ort im Flachgau und ein See. Und der Standort des Seewirts Mattsee. Ein Vier-Sterne-Hotel zum Kuscheln, ohne Kinder, für alle ab 18 Jahren. Da kann man Segeln ausprobieren und ein verträumtes Fotoshooting machen. Romantisch ist es auch am See, auf einem Boot, mit einem Picknickkorb, Prosecco und frischen Früchten im Gepäck. Oder bei einer Fahrt mit dem Ballon über das Salzburger Seenland. Zurück beim Seewirt geht es zuerst ins Himmelreich Spa und dann zu einem Workshop, bei dem man vom Heilmasseur lernt, wie man dem Partner bei einer Massage etwas Gutes tun kann. Wer mag, gibt sein Handy beim Antritt der Auszeit an der Rezeption ab und bestellt im Lustreich bei Hausherrn Helmut Blüthl ein aphrodisierendes Hauben-Dinner. Und für danach ein Romantik-Kisterl mit Straußenfeder, Augenbinde und Schoki.

Tel.: 06217 5271
5163 Mattsee
Seestraße 4
www.seewirt-mattsee.at
kuscheln@seewirt-mattsee.at

Segafredo

Wellnessen & Kuscheln am See

Nur 20 km von Salzburg entfernt befindet sich das kinderfreie Kuschel- & Genießerhotel direkt am Südufer des Mattsess. Genießen Sie an einem der schönsten Plätze im SalzburgerLand einen wunderschönen, genussvollen Romantikurlaub im Kuschelhotel Seewirt Mattsee!

Wellnesspauschale „Wellness am See"
- 3 Urlaubsnächte im romantischen Zimmer Ihrer Wahl
- Verführerische Halbpension mit Frühstück & genussvollem 5-Gang-Abendmenü
- pro Person eine Teilkörpermassage
- Wellnessen im Spa „Himmelreich"

3 Nächte pro Person ab Euro 359,00

seewirt.mattsee
... zum Kuscheln & Genießen

Seewirt Mattsee **** Kuschelhotel & Genießerhotel am See
Helmut Blüthl e.U., Seestraße 4, 5163 Mattsee, SalzburgerLand
kuscheln@seewirt-mattsee.com, Tel: 06217 5271
www.seewirt-mattsee.com

MITTERSILL

MITTERSILL — SALZBURG G4

HOTEL SCHLOSS MITTERSILL

Die Suiten im Schloss Mittersill erinnern mit ihren Namen an berühmte Besucher wie Coco Chanel oder Clark Gable. Der Glanz vergangener Zeiten ist im Vier-Sterne-Superior-Palast bei Kitzbühel auch sonst noch zu spüren: elegante Parkettböden, antike Möbel, Malereien. Andere Flecken wie die „Geheimecken" muss man erst suchen: den Vorraum im ersten Stock mit Ausblick in die Berge, den Hexenkeller, das Glashaus. Nicht zu übersehen ist der Garten, da kann man im Pool plantschen, Yoga oder ein Picknick zu zweit machen.

Tel.: 06562 2020
5730 Mittersill
Thalbach 1
www.schloss-mittersill.com
office@schloss-mittersill.at

NEUHOFEN AN DER YBBS — NIEDERÖSTERREICH L2

RELAXRESORT KOTHMÜHLE

Das Mostviertel mit seinen sanften Hügeln und mächtigen Birnbäumen ist die Heimat des Relaxresorts Kothmühle. Zum Entspannen und Genießen gibt es im Vier-Sterne-Haus der Hoteliersfamilie Scheiblauer in Neuhofen viele Möglichkeiten, zum Beispiel einen riesigen Garten mit einem 30 Meter langen Naturbadeteich, einer Mühlensauna und dem neuen Kneippweg. Den Rosenbogenweg zum Pavillon für ein romantisches Dinner for two oder die Birnenschaukel, die sind auch für zwei geeignet.

Tel.: 07475 5211 27 77
3364 Neuhofen an der Ybbs
Kothmühle 1
www.kothmuehle.at
office@kothmuehle.at

PERTISAU — TIROL E3

VERWÖHNHOTEL KRISTALL

Ein Tiroler Traditionshotel, ein paar Gehminuten zum Achensee und eine Hotelbar zum Tanzen. Adi Rieser bietet das in seinem Kristall Pertisau Vier-Sterne-Superior-Komfort im Naturschutzgebiet Karwendel. Der Wald und das Rofangebirge sind vor der Tür, dahinter gibt es für das Verwöhnprogramm eine Wellnessalm mit acht Saunen, Außen- und Innenpool oder eine private Spa Suite. Und die Zimmer? Die wurden vor Kurzem alle renoviert oder neu gemacht, einige mit Whirlpool oder Kachelofen.

Tel.: 05243 5490
6213 Pertisau
Seebergstraße 10
www.kristall-pertisau.at
info@kristall-pertisau.at

PÖRTSCHACH — KÄRNTEN J5

LAKE'S – MY LAKE HOTEL & SPA

Urlaub im Lake's am Wörthersee. Das ist Dolcefarniente am berühmtesten und größten See Kärntens, in Pörtschach kann man Italien schon fast riechen. Im Beachclub findet man zwar keinen Sand, aber Cabanas, Sommerküche und wunderschöne Sonnenuntergänge. Dazu Sundowners, die bis zur Liege serviert werden, gute Musik und eine Beachbar, in der die Party dann weitergeht. Schwimmen kann man im Lake's nicht nur im See, sondern auch im Pool – drinnen wie draußen. Im Spa gibt es drei Saunen, Naturkosmetik, Yoga und Pilates.

Tel.: 04272 20505
9210 Pörtschach
Augustenstraße 24
www.mylakehotel.com
rezeption@mylakehotel.com

ST. GEORGEN IM ATTERGAU — OBERÖSTERREICH I3

HOTEL WINZER

Ein bisschen Romantik? Aber gerne. Das Hotel Winzer in St. Georgen in der Nähe des Attersees hat jede Menge davon. In den Zimmern und Suiten stehen Whirlpools zum Kuscheln, Wasserbetten zum Schaukeln, Kamine zum Aufheizen. Das Vier-Sterne-Haus hat einen Naturpool und drei Wellnessbereiche. Das Edelstein Spa ab 16 Jahren bietet Hallenbad, Saunen und ein neues Zirbenwohnzimmer. Ins Emotion und Sole Spa mit Floatingpool dürfen alle, auch Familien mit Kindern.

Tel.: 07667 6387
4880 St. Georgen im Attergau
Kogl 66
www.hotel-winzer.at
info@hotel-winzer.at

ZELL AM SEE

ST. WOLFGANG
OBERÖSTERREICH I3

ROMANTIK HOTEL IM WEISSEN RÖSSL

Das Weisse Rössl am Wolfgangsee ist ein Stück österreichischer Geschichte. Diese Tradition führt Familie Peter in ihrem Vier-Sterne-Haus konsequent fort. Heute badet man im See mit Trinkwasserqualität, wenn der zu kalt wird, im ganzjährig beheizten Seebad oder im schwimmenden Whirlpool. Auch hinter der Rössl-Tür kann man glücklich werden. Im Partner-Spa und beim Dinner in der haubengekrönten Kaiserterrasse, beim Weinverkosten im Felsenkeller oder bei Kaffee und hausgemachtem Eierlikör in der Rösslerei.

Tel.: 06138 2306
5360 St. Wolfgang
Markt 74
www.weissesroessl.at
welcome@weissesroessl.at

STROBL
SALZBURG J3

SEEHOTEL BRANDAUER'S VILLEN

Zwischen Salzburg und Bad Ischl liegt ein Vier-Sterne-Hotel am Wolfgangsee: das Seehotel Brandauer's Villen in Strobl. Von hier aus kann man idyllische Spaziergänge und leichte Wanderungen unternehmen oder mit dem Schiff über den See gondeln. Man kann auch Yoga machen, im Garten entspannen und dann ins Wasser springen. Oder zuerst in die Sauna, dann Verbiegen, dann Steg, vielleicht umgekehrt. Eine andere Variante wäre, den ganzen Tag in der neuen Villa zu verbringen, Hausbesitzer zu spielen und nur zum Essen die private Zweisamkeit zu verlassen.

Tel.: 06137 7205
5350 Strobl
Moosgasse 73
www.brandauers.info
hotel@brandauers.info

WAIDHOFEN AN DER YBBS
NIEDERÖSTERREICH L3

DAS SCHLOSS AN DER EISENSTRASSE

Waidhofen an der Ybbs sollte man gesehen haben: Das niederösterreichische Städtchen schaut aus, als wäre es in die Voralpenkulisse gezeichnet. Auf einem Felsen am rechten Ybbsufer thront das Schloss an der Eisenstraße. Ein bisschen Frühbarock, ein moderner Zubau und vier Sterne. Doch die Familie Scheiblauer bietet noch viel mehr: mehrere Saunen, Indoorpool, Sportbecken und Fitnessstudio und einen Beachvolleyballplatz im angrenzenden Parkbad. Beim Candle-Light-Dinner schaut man auf die Altstadt und ihre Türme.

Tel.: 07442 505577
3340 Waidhofen an der Ybbs
Am Schlossplatz 1
www.schlosseisenstrasse.at
office@schlosseisenstrasse.at

ZELL AM SEE
SALZBURG G4

ROMANTIKHOTEL ZELL AM SEE

Auf der Suche nach einer verträumten Vier-Sterne-Dependance im Salzburger Land? Das Romantikhotel Zell am See könnte passen. Im Sommer kann man auf dem Zeller See segeln, im Winter ist die Schmitten zum Skifahren ums Eck. Vor dem Haus steht ein Bussi-Bankerl, dahinter gibt es einen Romantikgarten mit Rosen. Außerdem neue Romantik-Themenzimmer und Kerzenlicht-Dinner mit Musik und Blumenmeer. Im Metzgerwirt serviert Familie Hörl Regionales und Biologisches, Honig von lokalen Imkern und eigene Kräuter.

Tel.: 06542 7252034
5700 Zell am See
Sebastian-Hörl-Straße 11
www.romantik-hotel.at
info@romantik-hotel.at

SCHLOSS PRIELAU

Früher hat im Schloss Prielau Hugo von Hofmannsthal mit seiner Familie gewohnt. Heute gehört das Landhotel in Zell am See einer Automobilfamilie, geführt wird es von Annette und Andreas Mayer – auf kulinarisch hochstehendem Niveau. Die französisch orientierte Gourmetküche in Mayer's Restaurant ist mit drei Hauben dekoriert. Ein Großteil der Zutaten für die Gerichte kommt aus dem Pinzgau und ist bio. Entspannungstechnisch bieten die Mayers ein Badehaus mit Dampfbad und Sauna und einen Privatstrand am Zeller See. Hunde erlaubt.

Tel.: 06542 729110
5700 Zell am See
Hofmannsthalstraße 10
www.schloss-prielau.at
info@schloss-prielau.at

SEMINAR

DIE BESTEN

Die besten Seminarhotels, die sich durch ihre flexibel gestaltbaren Räumlichkeiten und erstklassige Ausstattung auszeichnen.

ARCOTEL KAISERWASSER
Wien

BERGHOTEL TULBINGERKOGEL
Tulbingerkogel

DAS TRIEST
Wien

DER KNAPPENHOF
Reichenau an der Rax

GARTEN-HOTEL OCHENSBERGER
St. Ruprecht an der Raab

HOTEL ALTES KLOSTER
Hainburg an der Donau

HOTEL AMMERHAUSER
Anthering

HOTEL GASTHOF KRONE
Hittisau

HOTEL INNSBRUCK
Innsbruck

HOTEL KITZHOF
Kitzbühel

HOTEL MARIENHOF
Reichenau an der Rax

HOTEL NATIONALPARK
Illmitz

HOTEL WIRTSHAUS POST
St. Johann in Tirol

HOTEL-RESTAURANT STARIBACHER
Kaindorf an der Sulm

MAIERS OSTSTEIRISCHER HOF
Söchau

MAXX HOTEL WIEN
Wien

MELIÁ VIENNA
Wien

REFUGIUM HOCHSTRASS
Stössing

RENAISSANCE WIEN HOTEL
Wien

RETTER SEMINAR HOTEL BIO RESTAURANT
Pöllauberg

SATTLERWIRT
Ebbs

SEMINAR- UND EVENTHOTEL KRAINERHÜTTE
Baden bei Wien

SEMINAR-PARK-HOTEL HIRSCHWANG
Reichenau an der Rax

SPA HOTEL BRÜNDL
Bad Leonfelden

VORTUNA GESUNDHEITSRESORT
Bad Leonfelden

WESENUFER HOTEL & SEMINARKULTUR AN DER DONAU
Wesenufer

ANTHERING

ANTHERING
SALZBURG H3

HOTEL AMMERHAUSER

Vier Sterne für ein Seminar bietet das Hotel Ammerhauser in Anthering bei Salzburg. Die persönliche Betreuung durch die Familie ist inkludiert, zur Grundausstattung jedes der sechs Seminarräume gehören Pinnwände, Flipchart und Beamer, Stifte und Papier. Nach dem Ideen-Spinnen kann man sich auf der 22 Meter langen Carrera-Autobahn matchen oder im Vitalbereich mit Dampfbad und Sauna, Fitnessraum und Solarium entspannen. Dazu hat das Ammerhauser einen Gastgarten, drei Restaurants, 55 Zimmer und Oldtimer-Strecken vor der Hoteltür.

Tel.: 06223 2204
5102 Anthering
Dorfstraße 1
www.ammerhauser.at
info@ammerhauser.at

BAD LEONFELDEN
OBERÖSTERREICH K1

SPA HOTEL BRÜNDL

Ein Seminar in der Nähe von Linz und trotzdem im Grünen – auf ins Mühlviertel, ins Spa Hotel Bründl nach Bad Leonfelden! Der oberösterreichische Ort ist wegen seiner Kneippanwendungen und -kuren beliebt, das Vier-Sterne-Haus unter anderem wegen seines Tagungsangebotes. Es hat einen Konferenzraum mit 186 Quadratmetern für bis zu 150 Personen und fünf flexible Seminarräume, hell und barrierefrei. Extras wie kreative Pausenverpflegung oder individuelle Betreuung sind selbstverständlich. Beim Fördern des Teamgeistes und zum Kopfauslüften unterstützt das Bründl mit Wassertreten im Kneippgarten, Paddeltouren auf der Moldau, Schnapsverkostungen, Waldluftbaden oder Kochworkshops. Plus: bodenständige Küche, Saunen und Hallenbad, 88 Zimmer.

Tel.: 07213 61177
4190 Bad Leonfelden
Badweg 1
www.hotelbruendl.at
info@hotelbruendl.at

MIT STIL ZUM ZIEL...

★★★★SPA HOTEL BRÜNDL - SEMINARE & EVENTS

Das Vier-Sterne-Hotel im Grünen, nur 30 min von Linz, bietet 6 Seminarräume für bis zu 150 Personen sowie 88 Komfortzimmer.

Der Grundsatz: Seminarkomfort gepaart mit kreativer Kulinarik & abwechslungsreichen Rahmenprogrammen im oberösterreichischen Mühlviertel.

★★★★Spa Hotel Bründl
Badweg 1
A-4190 Bad Leonfelde
Tel: +43 (0) 7213-611
info@hotelbruendl.at
www.hotelbruendl.at

HAINBURG AN DER DONAU

VORTUNA GESUNDHEITSRESORT

Tel.: 07213 63630

4190 Bad Leonfelden
Spielau 8a
www.vortuna.at
office@vortuna.at

Aus dem ehemaligen Kurhaus Bad Leonfelden wurde das Vortuna Gesundheitsresort. Das oberösterreichische Haus ist ein Hybrid aus Hotel und Gesundheitszentrum mit hoher medizinischer Kompetenz. Abgesehen vom Diskutieren in einem der vier Schulungsräume oder in einer kombinierten Variante kann man im Rahmen von Seminaren gemeinsam Bier brauen und raften, Moor- und Kneipptherapien machen oder sich im neuen Kur- und Bewegungspark am Rande des Moorwaldes beim Yoga verbiegen und waldbaden. Plus: Hallenbad, Saunen, Kräutergarten. 158 Zimmer.

BADEN BEI WIEN · NIEDERÖSTERREICH N2

SEMINAR- UND EVENTHOTEL KRAINERHÜTTE

Tel.: 02252 44511

2500 Baden bei Wien
Helenental 41
www.krainerhuette.at
frontoffice@krainerhuette.at

Die Krainerhütte in Baden heißt zwar so, ist aber alles andere als eine einfache Unterkunft. Tatsächlich ist sie ein Vier-Sterne-Hotel im idyllischen Helenental und von einem 50.000 Quadratmeter großen Park mit zahlreichen Kraftplätzen umgeben. Da sind ein Balanciergarten, auf dem das Team lernt, gemeinsam Aufgaben zu lösen, und ein Barfußweg am Wasser. Es gibt sogar einen Adlerhorst. Dazu noch Gruppenarbeitsflächen am Bach oder im Pavillon, wo man den Gedanken freien Lauf lassen kann. Indoor hat die Krainerhütte zwölf Seminarräume und bodenständige Küche, die auch laktose- und glutenfrei genießende Gäste überzeugt.

EBBS · TIROL F3

SATTLERWIRT

Tel.: 05373 42203

6341 Ebbs
Oberndorf 89
www.sattlerwirt.at
info@sattlerwirt.at

Der Sattlerwirt bei Kufstein: Tiroler Wirtshaus, Hotel, Tagungslocation. Sein Vier-Sterne-Service umfasst einen teilbaren 145 Quadratmeter großen Seminarraum und einen weiteren, 70 Quadratmeter großen Raum mit kleiner Dachterrasse. Inklusive Grundausstattung und Goodies wie Moderationskoffer, Müsliriegel, Äpfel, Tiroler Küche auf den Tellern, „xunde Kaffeepausen" und ein zubuchbares Rahmenprogramm mit Gehirnjogging oder Kräuterhexenwissen. Zum Entspannen gibt es ein Spa mit Finnsauna und Sole-Dampfbad, Infrarotkabine und Kneippbecken und Zugang zum Garten. Und vier neue barrierefreie Zimmer.

HAINBURG AN DER DONAU · NIEDERÖSTERREICH P2

HOTEL ALTES KLOSTER

Tel.: 02165 64020

2410 Hainburg an der Donau
Fabriksplatz 1a
www.altes-kloster.com
hotel@alteskloster.at

Eine Auszeit vom Geschäftsalltag bietet das Alte Kloster in Hainburg. Im historischen Gebäude aus dem 17. Jahrhundert befinden sich 52 Zimmer und drei Tagungsräume mit jeweils 90 Quadratmetern für bis zu 80 Personen. Unter dem Kreuzgewölbe des Vier-Sterne-Hotels sind außerdem das Silentium mit Dampfbad, Infrarotkabine und Sauna und ein Restaurant mit regionalem Einschlag. Schließlich lautet das sinnenfrohe Motto „gastronomische Kultur, Braukunst und Weinbau gehören zu dem Überlieferungsschatz klösterlicher Lebensfreude".

www.gaultmillau.at – Tipps, Trends, Rankings und alle Restaurantkritiken

HITTISAU

HITTISAU — VORARLBERG B3

HOTEL GASTHOF KRONE

Auf der Suche nach einem Raum für Kreative, Karitative oder andere Künstler und Kaufleute? Gefunden, im Hotel Gasthof Krone im Bregenzerwald. Er ist 70 Quadratmeter groß, hat Platz für bis zu 25 Personen und passt sich mit einer flexiblen Wand allen Tagungseventualitäten an. Dazu offeriert die Kronenfamilie leichte Seminarküche und starken Espresso, einen Spaziergang mit Hausphilosoph Peter Natter, ein Pingpongmatch oder einen Lauf über glühende Kohlen. Es gibt ein neues Schwitzhaus im Garten, der Weinkeller ist auch neu. Und 27 Zimmer mit Holzmöbeln von heimischen Handwerkern.

Tel.: 05513 6201
6952 Hittisau
Am Platz 185
www.krone-hittisau.at
gasthof@krone-hittisau.at

ILLMITZ — BURGENLAND O3

HOTEL NATIONALPARK

Das Hotel Nationalpark in Illmitz hat 45 Zimmer, eine Wein- und Cocktailbar, ein gemütliches Kaminzimmer, einen Billardraum sowie einen Wellnessbereich. Dort befindet sich nicht nur ein Außenpool, sondern auch eine Sauna mit Blick auf die Weingärten. Das Haus im Naturparadies Seewinkel hat sechs Seminarräume, die teilweise miteinander kombiniert werden und dann auf 240 Quadratmetern für mehr als 200 Personen Platz bieten. Neben den regulären Doppelzimmern gibt es noch Junior Suiten und Apartments, die von den Wiener Werkstätten möbliert wurden.

Tel.: 02175 3600
7142 Illmitz
Apetloner Straße 56
www.hotel-nationalpark.com
office@hotel-nationalpark.com

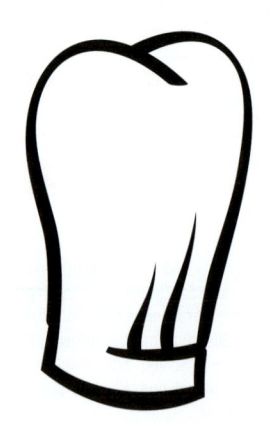

Gault&Millau

Gault&Millau 2020 – alle Ergebnisse ab sofort auch unter www.gaultmillau.at erhältlich

KAINDORF AN DER SULM

INNSBRUCK
TIROL **D4**

HOTEL INNSBRUCK

200 Meter vom Goldenen Dachl entfernt liegt das Hotel Innsbruck: vier Sterne im Zentrum der Stadt. In der Hauptstadt der Alpen kann man bei einem Meeting in kleinem Rahmen tagen, bei einem Seminar, einem Arbeitsfrühstück. Das Haus hat vier Seminarräume von 15 bis 100 Quadratmeter, der kleinste ist für bis zu sieben Personen und auf Wunsch diskret über einen separaten Eingang zugänglich. Pause macht man im Business-Wohnzimmer, für das Team-Workout am Inn liegen Nordic-Walking-Stöcke an der Rezeption bereit. Außerdem mitgeliefert werden persönliche Betreuung, Schreibunterlagen, heimisches Quellwasser und vergünstigte Parktickets in der Altstadtgarage ums Eck. Für alle, die einen Extraschub an Motivation brauchen, gibt es einen Wellnessbereich mit Pool und Saunen. Dachterrasse, Bar mit Klaviermusik und regionales Essen.

Tel.: 0512 598 68 93
6020 Innsbruck
Innrain 3
www.hotelinnsbruck.com
office@hotelinnsbruck.com

KAINDORF AN DER SULM
STEIERMARK **N5**

HOTEL-RESTAURANT STARIBACHER

Das Vier-Sterne-Hotel Staribacher steht in Leibnitz. Das 41-Zimmer-Hotel liegt in den Weinbergen der Südsteiermark. Es hat drei Seminarräume von 35 bis 80 Quadratmeter, darunter eine Business-Suite für Besprechungen mit maximal vier Personen. Es gibt eine Waldlounge für Gruppenaktivitäten im Freien, vier Restauranträume und einen großen Tisch für bis zu zehn Personen: Dort werden saisonale Gourmetmenüs aus der Haubenküche serviert. Dazu Pool, Sauna und Dampfbad, das Vinoble Day Spa ist fünf Fahrminuten entfernt.

Tel.: 03452 82550
8430 Kaindorf an der Sulm
Grottenhof 5
www.staribacher.at
hotel@staribacher.at

Segafredo

SINCE 1974
Das Innsbruck
HOTEL ★★★★

MICE-Location Boutique Convention – Tagen in der Altstadt von Innsbruck.

WHERE MEETING MEETS QUALITY

Innrain 3, 6020 Innsbruck
T. +43 512 598 68-93
www.hotelinnsbruck.com

KITZBÜHEL

KITZBÜHEL TIROL F4

HOTEL KITZHOF

Am Stadtpark, fünf Gehminuten vom Kitzbüheler Zentrum entfernt, liegt das Hotel Kitzhof. Die Streif ist in Sichtweite, der Rahmen für größere Meetings mit 168 Zimmern gegeben. Das Vier-Sterne-Superior-Haus hat fünf Tagungsräume – vier davon führen in den Garten –, die kombinierbaren „Kitzbüheler Alpen" sind für bis zu 250 Personen und haben schalldichte Trennwände. Zusätzlich gibt es vier Besprechungsräume für kleinere Treffen, Grund- und Zusatzausstattung überall vorhanden. Im Kitz Spa sind Indoorpool, Saunen und Granderwasser. Plus: fünf Restaurants, Vinothek.

Tel.: 05356 63 21 10
6370 Kitzbühel
Schwarzseestraße 8–10
www.hotel-kitzhof.com
info@hotel-kitzhof.com

PÖLLAUBERG STEIERMARK M4

RETTER SEMINAR HOTEL BIO RESTAURANT

Grün tagt man bei Familie Retter im oststeirischen Hügelland. Die 20 Seminarräume ihres Vier-Sterne-Hotels am Pöllauberg sind mit CO_2-Fühlern ausgestattet und sichern permanente Frischluftzufuhr, aus den Steckdosen kommt Ökostrom. Die Gärten werden mit Regenwasser bewässert, damit spülen sie auch die Toiletten. Zum Trinken gibt es Quellwasser, aus dem Haubenrestaurant kommen biozertifizierte, regionale Nahrungsmittel, etwa Murbodner Biorind. Es gibt einen Pavillon im Seminargarten sowie Aktiv- und Führungskräfte-Programme mit Seifenkistenrennen, Eisenstangenbiegen oder Scherbenlauf. Im riesigen Obstgarten stehen

Tel.: 03335 2690
8225 Pöllauberg
Pöllauberg 88
www.retter.at
hotel@retter.at

ZEIT FÜR S'ICH
Bewusst sein

GOLDENES FLIPCHART
16x bestes Seminarhotel Österreichs

★ Seminar- und Konferenzbereich auf 2000 m² - 20 klimatisierte Seminar- und Gruppenräume mit Frischluftgarantie, Seminargarten und -terrasse, befahrbare Bühne, Trainerparkdeck
★ kostenfreies High-Speed-Glasfaser-Internet
★ 116 klimatisierte Naturparkzimmer und Suiten
★ Wellnessreich „Bewusst Sein" auf 1200 m² mit beheiztem Outdoor-Pool und Naturschwimmteich, Saunareich, Bio-Kosmetik und Massage
★ Biozertifizierte Haubenküche in gemütlichen Feierstuben und auf der Weitblickterrasse, Banketträume mit Farblichttechnik bis zu 300 Personen
★ 24h TechnoGym-Fitness auf 120 m², Spieleraum mit Billard, Tischtennis
★ 12 ha Bio-Naturflächen mit Disc-Golf-Parcours, Waldlichtung mit Bogenschießplatz und Grillhütte, Lauf- und Wanderwege
★ Retter Events - Ihr Partner für Rahmenprogramme
★ Kochevents und Brotbackkurse im Retter BioGut

★★★★ **RETTER**
SEMINAR · HOTEL · BIO · RESTAURANT

Tel.: 03335-2690; Fax DW 99
A-8225 Pöllauberg 88
hotel@retter.at
www.retter.at

REICHENAU AN DER RAX

Streuobstbäume, dort finden viele Bienen ihren natürlichen Lebensraum. Im Park sind eine Saunalandschaft und ein Naturschwimmteich, dazu gibt es Innen- und Außenpool und 116 Zimmer. Neu ist das BioGut mit Bäckerei, in dem unter anderem Biobrände hergestellt werden.

REICHENAU AN DER RAX — NIEDERÖSTERREICH N3

DER KNAPPENHOF

Am Fuße der Rax liegt das Vier-Sterne-Hotel Knappenhof. Das Sommerfrischeparadies in Reichenau ist nur eine Stunde von Wien entfernt und bietet Teambuilding-Aktivitäten eine spektakuläre Naturkulisse. Mit Erlebnispädagogen geht es hinauf auf den Berg, auf Wunsch kommt ein erfahrener Coach mit, der das Erlebte konzeptionell umsetzt. Der Seminarraum hat Zugang ins Freie und ist mit modernem Gerät ausgestattet. Danach relaxt man in Sauna und Dampfbad. Es werden auch Massagen geboten. Zu den örtlichen Festspielen ist es nicht weit und die Anreise ist dank hauseigenem Shuttleservice unkompliziert. Die Küche agiert ambitioniert und seit Jahren auf Haubenniveau.

Tel.: 02666 53633
2651 Reichenau an der Rax
Kleinau 34
www.knappenhof.at
office@knappenhof.at

HOTEL MARIENHOF

Wo früher Künstler im Garten philosophierten und der „Benimm" nicht ganz so streng ausgelegt wurde, werden auch heute noch Standpunkte diskutiert und Ideen gesponnen. Zum Gedanken-Auslüften stehen neun Seminarräume von 29 bis 112 Quadratmeter zur Verfügung, drei davon können zu einem eigenen Trakt mit Zugang zum schattigen Mariengarten verbunden werden. Auslüften geht auch wunderbar auf einer Wandertour, im Hallenbad oder in einer der Schwitzkabinen des Vier-Sterne-Hotels. Dazu passend setzt die Küche auf hochwertige Gerichte mit regionalen Produkten.

Tel.: 02666 52995
2651 Reichenau an der Rax
Hauptstraße 71–73
www.marienhof.at
hotel@marienhof.at

SEMINAR-PARK-HOTEL HIRSCHWANG

Beim Besuch eines Seminars im Seminar-Park-Hotel Hirschwang gibt es einen drei Hektar großen Park und das Bergpanorama der Rax-Schneeberg-Region kostenlos dazu. Das Vier-Sterne-Haus in Reichenau hat 75 Zimmer und neun Seminarräume, darunter sind ein Besprechungszimmer mit 35 und ein Konferenzsaal mit 250 Quadratmetern. Im Park lockt ein Hochseilgarten, Team-Building-Aktivitäten gibt es auch bei einer Segway-Tour, einer Flußquerung, am Adventure Trail oder einer Wanderung auf dem Raxplateau. Tief entspannen kann man auf vibrierenden Andullationsliegen und in den Saunen. Kulinarisch genossen wird im Raxblick Stüberl oder in der Brasserie.

Tel.: 2666 58110
2651 Reichenau an der Rax
Trautenberg-Straße 1
www.seminarparkhotel.at
office@seminarparkhotel.at

Gault&Millau Österreich 2020 — Weinguide
Die besten Weine Österreichs im NEUEN Design.

WWW.DASHOTELPOST.AT

POST
Hotel & Wirtshaus

KEIN GENUSS IST VORÜBERGEHEND.
DER EINDRUCK, DEN ER HINTERLÄSST, IST BLEIBEND.
Johann Wolfgang von Goethe

Das **4 Sterne Hotel & Wirtshaus Post** steht direkt in der quirligen Fußgängerzone von St. Johann in Tirol. Auf der einen Seite traditionelle Wandmalereien und auf der anderen Seite besticht es durch moderne Architektur. Diese besondere Stimmung lädt in unterschiedlichen Stuben zum geselligen Genießen und Feiern ein.
Mit großer Leidenschaft und Hingabe zaubert das Post-Küchenteam traditionelle Klassiker wie Oma Resi's Erdäpflblattln, aber auch innovative Kreationen oder weitere Klassiker wie die Forelle Müllerin & den Zwiebelrostbraten, dazu kommen saisonale Gerichte mit viel Pfiff.

Die **Postbar** – eine Atmosphäre, die zum Sitzenbleiben verführt und ideal ist für diese Gespräche, diese Abende, die man nie vergisst.

Ebenso gehört zum Hotel Post der liebevoll ausgestattete **Postmarkt**, ein Stück Urlaub für Daheim, die erste Adresse für alle Feinkost-Genießer.

Hotel Wirtshaus Post | Speckbacherstrasse 1 | A-6380 St. Johann in Tirol
E-Mail: office@dashotelpost.at | Web: www.dashotelpost.at

ST. JOHANN IN TIROL
TIROL G3

HOTEL WIRTSHAUS POST

Sigrid und Maximilian Blumschein führen das Hotel Wirtshaus Post in St. Johann in Tirol. Vor dem Bergpanorama der Kitzbüheler Alpen bieten sie Veranstaltungen mit Tiroler Charme und einen Raum mit 166 Quadratmetern. Der kann mit mobilen Trennwänden in zwei Einheiten geteilt werden. Immer dabei: Beamer auf Leinwand, Flipchart oder Mikrofon. In ihrem Vier-Sterne-Hotel haben sie außerdem den Postmarkt, das ist ein Genussladen mit regionalen Produkten vom Brunnhof, Nudeln, Schnäpsen, Küchenutensilien und Geschenken zum Mitnehmen. Der Markt bildet auch den Rahmen für die Lebensmittelrallye mit Blindverkostung. Außerdem auf dem Rahmenprogramm – Escape the Hotel: Dabei hat das Team eine Stunde Zeit, knifflige Rätsel zu lösen und den Seminarraum erfolgreich zu verlassen. Um dann in der Sauna oder im Dampfbad zu relaxen und beim Grillabend den Post-Mule mit Zirbenschnaps zu probieren.

Tel.: 05352 636430
6380 St. Johann in Tirol
Speckbacherstraße 1
www.dashotelpost.at
office@dashotelpost.at

ST. RUPRECHT AN DER RAAB
STEIERMARK M4

GARTEN-HOTEL OCHENSBERGER

Ein riesengroßer Garten, fünf Seminarräume für bis zu 150 Personen, vier Sterne. Das sind die Eckdaten des Hotels Ochensberger im oststeirischen St. Ruprecht an der Raab. Umweltschutz ist im 63-Zimmer-Haus ein wichtiges Thema. Beim Kauf von Produkten für die Ochensberger'sche Kochwerkstatt werden Abfälle vermieden und Regionales bevorzugt. Geputzt wird mit umweltfreundlichen Reinigungsmitteln, es gibt einen Naturschwimmteich. Dazu eine (adults only) Waldsauna und die neue Gärtnerei, die Restaurant, Bar und Conceptstore gleichzeitig ist. Plus: neue Weinbar-Lounge, Erlebnisbuilding, Traktorgaudi.

Tel.: 03178 51320
8181 St. Ruprecht an der Raab
Untere Hauptstraße 181
www.ochensberger.at
gartenhotel@ochensberger.at

SÖCHAU
STEIERMARK O4

MAIERS OSTSTEIRISCHER HOF

Im steirischen Thermenland befindet sich der Oststeirische Hof der Maiers. Er schaut aus wie ein Hoteldorf, im Innenhof stehen Skulpturen von Casanova. Außerdem im Garten: Terrasse, Pool und Rosenpavillon. Es gibt sieben Seminarräume mit Videobeamer, Soundanlage oder Mikrofon – der größte fasst bis zu 180 Personen – und zwei Clubräume für Arbeitsgruppen. Zum Entspannen ein Beduinenzelt, Tepidarium oder Indoorpool und Regionales aus der Küche. Auf der großen Seminarwiese ist viel Platz für das Outdoorprogramm und zum Teambuilden. 60 Zimmer.

Tel.: 03387 22320
8362 Söchau
Söchau 3
www.oststeirischerhof.at
reservierung@oststeirischerhof.at

STÖSSING
NIEDERÖSTERREICH M2

REFUGIUM HOCHSTRASS

Früher war das Refugium Hochstrass ein Kloster, heute ist es ein Rückzugsort für Ruhesuchende. Hier finden aber auch regelmäßig Workshops statt. Der Entschleunigungsprozess startet schon bei der Anreise, wenn man durch die Wälder fährt. Mit großen Fenstern und Weitblick auf den Wienerwald fällt das Denken in einem der sechs gut ausgestatteten Seminarräume leicht. Die Wiesen rund ums Haus eignen sich als Nebenschauplätze für Bewegungseinheiten. Auf dem Rahmenprogramm stehen auch Führungskräfteschulungen mit Noriker-Pferden oder Trommelspielen, regionales Essen, Kräuter- und Gemüsegarten.

Tel.: 02744 20500
3073 Stössing
Hochstrass 7
www.refugium-hochstrass.at
office@refugium-hochstrass.at

TULBINGERKOGEL

TULBINGERKOGEL — NIEDERÖSTERREICH N2

BERGHOTEL TULBINGERKOGEL

Das Berghotel Tulbingerkogel ist gerade so weit weg von Wien, dass es für ein Tagesseminar trotzdem nah genug ist. Damit es dort so lebenswert bleibt, wie es ist, verwendet die Gastgeberfamilie Bläuel bevorzugt erneuerbare Energie, begrenzt den Wasserverbrauch durch wassersparende Armaturen und die Abfallmenge durch den Einkauf von Mehrweggebinden. In der Haubenküche kocht sie mit Gemüse und Kräutern aus dem Hausgarten, Wild und Pilze kommen aus den umliegenden Wäldern, das Fleisch aus heimischer Tierhaltung. Insgesamt 700 Quadratmeter Tagungs- und Seminarfläche stehen im Haus zur Verfügung. Es gibt neun Seminarräume für bis zu 200 Personen und ein neues Spa mit Terrassenpool und Gegenstromanlagen. Dazu Kristalldampfbad, Waldsauna, Fitnessraum, Solarium und 41 Zimmer.

Tel.: 02273 7391
3001 Tulbingerkogel 1
www.tulbingerkogel.at
hotel@tulbingerkogel.at

WESENUFER — OBERÖSTERREICH I2

WESENUFER HOTEL & SEMINARKULTUR AN DER DONAU

In Waldkirchen am Wesen im oberösterreichischen Donautal findet man das Hotel Wesenufer. Es ist das erste Hotel Österreichs, das aktive Sozialarbeit auf hohem Dienstleistungsniveau leistet und Menschen mit psychischer Beeinträchtigung und sozial Benachteiligten in allen Bereichen des Hauses eine Aufgabe gibt. Es liegt am beruhigenden Wasser und hat acht Tagungsräume, fünf davon klimatisiert, mit der üblichen Grundausstattung und Extras auf Anfrage, etwa einer Theaterbühne. Auf dem potenziellen Rahmenprogramm stehen Bogenschießen, Riesenwuzzler oder Zillenfahrt, es gibt 49 Zimmer.

Tel.: 07718 20090
4085 Wesenufer
Wesenufer 1
www.hotel-wesenufer.at
office@hotel-wesenufer.at

MITTEN IM GRÜNEN

★ ★ ★ ★

Das familiengeführte Traditionsunternehmen Berghotel Tulbingerkogel glänzt mit einem renommierten Haubenlokal, welches Gäste mit traditionell österreichischen Spezialitäten, wie auch internationalen Köstlichkeiten verwöhnt. Eingebettet in den idyllischen Biosphärenpark Wienerwald, mit atemberaubendem Fernblick auf die Alpen. Die Weinkarte eine Legende mit über 1400 Positionen. Seminar- und Veranstaltungsbereich für bis zu 250 Personen, 41 Zimmern und Wellnessbereich mit beheiztem Außenpool. Der ideale Ort für jeden besonderen Anlass.

★ ★ ★ ★

Familie Bläuel, Tulbingerkogel 1,
A-3001 Mauerbach bei Wien, Austria
T: +43(0) 2273 7391, F: +43(0) 2273 7391-73
E: hotel@tulbingerkogel.at

www.tulbingerkogel.at

BERGHOTEL ★★★★
tulbinger KOGEL

WIEN

WIEN N2

ARCOTEL KAISERWASSER

Wer das Wasser vor der Hoteltüre hat, ist klar im Vorteil. Ein Blick aus den großen Fenstern des Arcotel Kaiserwasser-Hotels nahe dem Grünerholungsgebiet rund um die Alte Donau beruhigt den Puls. Das Vier-Sterne-Superior-Haus gegenüber der Wiener UNO-City hat 282 Zimmer, darunter fünf Business Apartments für bis zu 16 Personen. Dazu zehn flexible Seminarräume, Flipchart, Beamer, Pinnwand sowieso plus Extras. Und Teambuilding-Events: Streitwagenrennen und Real Life Mario Kart Battle. Außerdem: Dinner in the Dark, Restaurant Uno, Kräutersauna.

Tel.: 01 224240
1220 Wien
Wagramer Straße 8
www.arcotelhotels.com/de/kaiserwasser_hotel_wien
kaiserwasser@arcotelhotels.com

DAS TRIEST

Es war das erste Designhotel in Wien und hat vor Kurzem ein zusätzliches Gebäude mit modularem Konferenzbereich, das Bistro Porto und neue Zimmer bekommen: Das Triest. Meetings und Events kann man jetzt im Freihausviertel in drei Räumen im Erdgeschoß mit Zugang in den Olivenbaumgarten abhalten. Oder in einem der drei neuen Räume im oberen Stockwerk für bis zu 150 Personen – und von der Dachterrasse den Stephansdom begutachten. Später im Haubenrestaurant Collio abendessen und im Porto im Angesicht von Bruschette und Tiramisu italienisches Lebensgefühl aufsaugen. 120 Zimmer, teilweise mit Garten oder Terrasse.

Tel.: 01 589180
1040 Wien
Wiedner Hauptstraße 12
www.dastriest.at
office@dastriest.at

MAXX HOTEL WIEN

Aus dem einzigen Hotel der Falkensteiner-Gruppe in Wien wurde das Maxx by Steigenberger. Fast alles ist so geblieben, wie es vorher war. Im Margaretner Haus zwischen Westbahnhof und Innenstadt gibt es 195 Zimmer und vier helle Tagungsräume, die teilweise zusammengeschlossen werden können und bis zu 160 Personen fassen. Moderne Veranstaltungstechnik und Klimaanlage sind vorhanden. Dazu ein Spa mit Saunen, Fitnessbereich und Sonnenterrasse sowie das Restaurant Danhauser mit Mediterranem und Alt-Wiener Küche und die Lobbybar Nepomuk.

Tel.: 01 36163900
1050 Wien
Margaretengürtel 142
www.maxxhotel.com
reservations.vienna@maxxhotel.com

MELIÁ VIENNA

Der DC Tower in Wien Donaustadt ist das höchste Gebäude in Österreich. Hinter der dunklen Wasserfallfassade liegt 220 Meter über der Stadt das Meliá Vienna. Es beherbergt eine große Auswahl an Veranstaltungsflächen, neun flexible Meetingräume inklusive moderner Technologie und professionellen Personals und 253 Zimmer. The-Level-Zimmer haben einen 24-Stunden-Zimmerservice und Zugang zur The-Level-Lounge im 57. Stock. Dort sind auch das 57 Restaurant und die 57 Lounge mit Livemusik zum Sundowner. Gefrühstückt wird in der Flow Bar im Erdgeschoß.

Tel.: 01 90104
1220 Wien
Donau-City-Straße 7
www.melia.com
melia.vienna@melia.com

RENAISSANCE WIEN HOTEL

Acht Veranstaltungsräume, vier Break out Rooms, Schloss Schönbrunn in Reichweite. Das Renaissance Wien Hotel ist für Meetings aller Art gerüstet. Via mobilem Check-in kann man schon vor dem Aufenthalt einchecken, es gibt transportable Bühnen, Mikrofone, der größte Raum hat 190 Quadratmeter. Zum Auspowern steigt man danach im Fitnesscenter auf eines der Herz-Kreislauf-Geräte und schwitzt in der Sauna. In der Wunderkammer bekommt man österreichisch-französisch-türkische Küche und amerikanisches Frühstück à la Marriott. 305 Zimmer.

Tel.: 01 891020
1150 Wien
Linke Wienzeile/Ullmannstraße 71
www.marriott.com
renaissance.wien@renaissancehotels.com

Bei der Zusammenstellung dieses Führers ließen wir größtmögliche Sorgfalt walten, trotzdem können Daten falsch oder überholt sein. Eine Haftung können wir auf keinen Fall übernehmen.

WELLNESS

DIE BESTEN

Die besten Wellnesshotels, die Wohlfühlen, Gesundheit und Beauty mit feinster Gourmetküche vereinen.

ALPEN-WELLNESS RESORT HOCHFIRST
Hochgurgl

ALPINE WELLNESSHOTEL KARWENDEL
Pertisau

BIO- UND WELLNESSRESORT STANGLWIRT
Going

BURG VITAL RESORT
Lech am Arlberg

DAS RONACHER
Bad Kleinkirchheim

DAS SEEKARHAUS
Obertauern

GENIESSERHOTEL POST LERMOOS
Lermoos

GENUSSDORF GMACHL
Bergheim bei Salzburg

HOTEL & CHALET AURELIO
Lech am Arlberg

HOTEL ALPIN SPA TUXERHOF
Tux

HOTEL CERVOSA
Serfaus

HOTEL HOCHSCHOBER
Turracher Höhe

HOTEL JUNGBRUNN
Tannheim

HOTEL KAISERHOF
Ellmau

HOTEL KLOSTERBRÄU
Seefeld

HOTEL KRALLERHOF
Leogang

HOTEL LÜRZERHOF
Untertauern

HOTEL SALZBURGERHOF
Zell am See

HOTEL TROFANA ROYAL
Ischgl

SONNE LIFESTYLE RESORT BREGENZERWALD
Mellau

SPA RESORT THERME GEINBERG
Geinberg

SPA-HOTEL JAGDHOF
Neustift im Stubaital

TRAVEL CHARME FÜRSTEN-HAUS AM ACHENSEE
Pertisau

TRAVEL CHARME IFEN HOTEL
Hirschegg/Kleinwalsertal

WELLNESS-HOTEL DER ENGEL
Grän

WELLNESSHOTEL ALPIN JUWEL
Hinterglemm

BAD KLEINKIRCHHEIM

BAD KLEINKIRCHHEIM
KÄRNTEN I5

DAS RONACHER
Therme & Spa Resort

Ein Klassiker unter den Wellnesshotels ist das Fünf-Sterne-Superior-Hotel Das Ronacher in Bad Kleinkirchheim. Das Wasser für die Pools kommt aus der eigenen Thermalquelle, zum Floaten im Solepool gibt es Unterwassermusik und einen Wasserfall. Hausherrin Simone Ronacher setzt auf Genuss für Körper, Geist und Seele und bietet in den Kärntner Nockbergen außerdem eine zweistöckige Almhüttensauna, eine Tannenschwitzstube und eine private Licht-, Duft- und Klangsauna. Auch Künstler sind in diesem Haus stets gerne gesehen.

Tel.: 04240 282
9546 Bad Kleinkirchheim
Thermenstraße 3
www.ronacher.com
hotel@ronacher.com

BERGHEIM BEI SALZBURG
SALZBURG H3

GENUSSDORF GMACHL

Bei Familie Gmachl in Bergheim macht man Urlaub in einem Dörfchen, in dem das Genießen oberste Priorität hat. Zum Beispiel beim Franz, er ist Wirt, Fleischhauer und Brauer. Im gleichnamigen Wirtshaus kocht er – nicht nur im Winter – Haubenküche, hauptsächlich mit Produkten aus der Region. Er macht Pfefferonileberkäse und bedient mit naturbelassenem Zwickl die Bierfreunde. Oder im Vitarium Spa, das sich in drei Bereiche aufteilt. Ganz oben ist das Dach-Spa für Gäste ab 16 Jahren, mit Pool, Panoramasauna, Soledampfbad und dem Ausblick auf die Festung Hohensalzburg. Unten, im Garten-Spa sind Innen- und Außenpool für alle, Saunen und ein Naturbadeteich. Für die traute Zweisamkeit gibt es im Vier-Sterne-Superior-Haus noch das private Spa mit eigener Sauna, Whirlpool und Naschereien. Die Suiten haben 20 bis 60 Quadratmeter.

Tel.: 0662 4521240
5101 Bergheim bei Salzburg
Dorfstraße 35
www.gmachl.at
info@gmachl.at

10 GUTE GRÜNDE FÜR IHREN
4*S URLAUB IN GEINBERG:

- 3.000 m² Wasserfläche
- Karibik Lagune mit Salzwasser, Palmen und Sand
- Cocktails im Wasser
- Karibische Saunawelt
- Oriental World mit Hamam
- Massage-, Kosmetik- und Wellnessangebot
- Nutzung des gesamten Resorts am An- und Abreisetag
- 450 m² Fitness Center
- Frühstücksbuffet bis 12.00 Uhr
- Liegengarantie

TBG Thermenzentrum Geinberg BetriebsgmbH
SPA RESORT THERME GEINBERG
Thermenplatz 1, 4943 Geinberg / OÖ
www.therme-geinberg.at

Ein Resort der: **VAMED VITALITY WORLD** — the relaxing way of life

THERME GEINBERG
SPA RESORT

MEINE VILLA,
MEIN WHIRLPOOL, MEIN BUTLER...

Hier an diesem Ort, an dem man von der Welt abgeschieden ist und Momente erlebt, die man ein Leben lang nicht vergessen wird. Ein Ort, der unser Herz und unsere Sinne berührt. Der uns aller erdenklichen Luxus bietet, ohne dass wir auch nur einen Fuß vor die Tür setzen müssen. Ein Ort wo der Alltag draußen bleibt und wo wir spüren: Ja. Das ist das Leben. Willkommen in Geinberg⁵

GEINBERG⁵ PRIVATE SPA VILLAS

GEINBERG⁵ Private SPA Villas
TBG Thermenzentrum Geinberg BetriebsgmbH
4943 Geinberg | office@geinberg5.com | **www.geinberg5.com**

Ein Resort der Vamed Vitality World

GOING

ELLMAU — TIROL F3

HOTEL KAISERHOF

Auf einer Anhöhe, 940 Meter über Ellmau, liegt der Kaiserhof von Bianca und Günter Lampert. Der Ausblick auf das Panorama des Wilden-Kaiser-Massivs ist gewaltig, die Tiroler Luft klar. Die klassischen Zimmer des Fünf-Sterne-Superior-Hotels gibt es in verschiedenen Größen, sie sind auch gut für Familien geeignet. In der Wellnessoase sind ein Hallenbad mit Wasserfall, Saunen, eine Relaxzone nur für Erwachsene und ein Naturbadesee. In der Haubenküche steht der Hausherr höchstpersönlich, er setzt auf regionale und biologische Zutaten.

Tel.: 05358 2022
6352 Ellmau
Harmstätt 8
www.kaiserhof-ellmau.at
info@kaiserhof-ellmau.at

GEINBERG — OBERÖSTERREICH H2

SPA RESORT THERME GEINBERG

Schon einmal daran gedacht, eine private Spa-Suite zu mieten? Für eine Kuschelauszeit oder ein Wochenende mit Freunden und allem Drum und Dran. Dazu ein Butler, der einem die Wünsche schon von den Augen abliest, bevor man sie selbst weiß? Eine eigene Bucht am Naturbadeteich, Innen- und Außenpool, Sauna, freistehende Badewanne und Bringservice zum Liegestuhl? In der Therme Geinberg ist das alles möglich. Die hervorragende Küche im Restaurant Aqarium steht natürlich auch „normalen" Gästen zu Verfügung. Die Suiten und Villen sind zwischen 114 und 300 Quadratmetern groß und haben Platz für zwei bis sechs Personen. Etwas weniger Luxus bietet das Vier-Sterne-Superior-Vitalhotel. Doch beide haben Zugang zur Therme mit Hamam und Salzwasser-Karibik-Lagune, drei Wasserwelten und After-Work-Abtauchen. Grünes Plus: regionale Lieferanten, recycelbare Flaschen, Vermeidung von Plastikmüll.

Tel.: 07723 8501
4943 Geinberg
Thermenplatz 1
www.therme-geinberg.at
reservierung@therme-geinberg.at

GOING — TIROL F3

BIO- UND WELLNESSRESORT STANGLWIRT

Balthasar Hauser hat schon auf Öko-Hotellerie gesetzt, lange bevor viele wussten, wozu bio gut sein soll. Der Stanglwirt bei Kitzbühel hat Vollholzmöbel und Holztramdecken, jeder Schlafplatz ist vor elektromagnetischen Feldern geschützt. Es gibt ein Biomasse-Heizkraftwerk, CO_2-freien Ökostrom aus Tiroler Kleinwasserkraft und eine hauseigene Quelle. Aus der Biolandwirtschaft kommen Milch, Butter und Joghurt, Brot, Käse und Rindfleisch, was nicht selbst hergestellt werden kann, wird in den meisten Fällen aus der Region geholt. Das Spa des Fünf-Sterne-Resorts ist mit einem grünen Dach gedeckt, unter dem die Kleinen in der Kinderwasserwelt plantschen, während sich die Großen im Sole-Pool, Felsenbad oder in der Zirben-Biosauna erholen. Außerdem: eigene Lipizzanerzucht, Kinderbauernhof zum Heuhüpfen, Naturbadesee.

Tel.: 05358 2000
6353 Going
Kaiserweg 1
www.stanglwirt.com
daheim@stanglwirt.com

Besuchen Sie Gault&Millau auf facebook.

Stanglwirt

NATURGENUSS
...daheim beim Stanglwirt

6353 Going am Wilden Kaiser, Tirol, Austria | Tel.: +43/(0)5358/2000 | Fax: DW-31 | daheim@stanglwirt.com
www.stanglwirt.com

GRÄN

TIROL C3

WELLNESS-HOTEL DER ENGEL

Der Engel wohnt in Tirol. Tatsächlich ist es nicht nur einer, sondern insgesamt sind es 200 Hände, die sich gemeinsam mit Familie Mattersberger-Zimmermann im Familienhotel Der Engel im Tannheimer Tal um die Gäste kümmern. Und die haben allerhand zu tun mit dem neuen Indoorpool und der großen Saunalandschaft, dem ganzjährig beheizten Außenpool, Bergsee und Alpengarten. Die Zimmer des Hauses sind sehr unterschiedlich, mit Naturputz, Tiroler Wolle, Kachelofen oder Holzböden. Es gibt sie ab 25 Quadratmetern bis zur Penthouse Suite mit Marmorbädern. Eine Engelsschwinge vom Haupthaus entfernt gibt es noch das Haus Nummer 7 mit sechs individuellen Wohneinheiten.

Tel.: 05675 6423
6673 Grän
Dorfstraße 35
www.engel-tirol.com
post@engel-tirol.com

---

www.gaultmillau.at
Tipps, Trends, Rankings und alle Restaurantkritiken

hochfirst
ALPEN-WELLNESS RESORT

WELCOME TO
YOUR MAGIC WINTER PLACE

Urlaub auf höchstem Niveau
im schneesichersten Wintersportort der Alpen.
Entdecken Sie eine Welt der luxuriösen Urlaubsfreude
direkt an den Skipisten in Obergurgl.

FAMILIE KARL FENDER
A-6456 OBERGURGL · ÖTZTAL · TIROL · TEL. +43/5256/63250 · INFO@HOCHFIRST.COM
WWW.HOCHFIRST.COM

HINTERGLEMM

SALZBURG G4

WELLNESSHOTEL ALPIN JUWEL

Hinter (fast) jedem guten Hotel steht eine tüchtige Familie. Beim Alpin Juwel im Glemmtal sind es die Wolf-Schwabls. Sie bieten in ihrem Vier-Sterne-Superior-Haus Panoramablick auf Hinterglemm und Direkteinstieg ins Skigebiet, Ayurveda-Behandlungen, Yoga, Pools, Zirbensauna und ein privates Spa. In ihrem Essen sind keine Geschmacksverstärker, weißer Zucker oder Industrieweizen drinnen. Die Kräuter kommen aus dem Garten, auch Honig und Eier werden teilweise selbst erzeugt. Es gibt einen Kinder- und Jugendclub, in den Zimmern sind Zirben-, Fichten- und Eichenholz.

Tel.: 06541 7226
5754 Hinterglemm
Haidweg 357
www.alpinjuwel.at
info@alpinjuwel.at

HIRSCHEGG/KLEINWALSERTAL

VORARLBERG B4

TRAVEL CHARME IFEN HOTEL

Das Travel Charme Ifen Hotel im Vorarlberger Kleinwalsertal ist das einzige Fünf-Sterne-Resort in der Gegend. Es liegt an der Skipiste, ganz hinten im Talschluss. Wie alle österreichischen Travel Charme Resorts hat es ein Puria Premium Spa. Mit Traubenkosmetik von Vinoble, Saunen, Sole-Klangraum und Alphaliege für die absolute Entspannung, einem Pool drinnen und einem Whirlpool draußen. In der Kilian Stuba wird Gourmetküche auf Vier-Hauben-Niveau serviert und nach dem Greengusto-Konzept der Fokus verstärkt auf Regionales und Biologisches gelegt.

Tel.: 05517 6086-78
6992 Hirschegg/Kleinwalsertal
Oberseitestraße 6
www.travelcharme.com
ifen@travelcharme.com

HOCHGURGL

TIROL D5

ALPEN-WELLNESS RESORT HOCHFIRST

Das Alpen-Wellness Resort Hochfirst von Daniela und Karl Fender ist ein Fünf-Sterne-Hotel im Ötztal und liegt direkt an der Piste. Auf dem Dach sitzt eine Krone mit Sky-und Penthouse-Suite im Stile eines Chalets. Die Suiten und Zimmer sind modern-elegant gestaltet. Im Alpen Spa ist ein Hallenbad, von dem man hinaus in den Outdoorpool schwimmen kann, eine urige Tiroler Saunahütte, Bio- oder Zirbensauna, Aroma- und Soledampfbad und ein Naturwasserfall. Am Abend gibt es in den Stüberln des Restaurants, darunter die funkelnde Kristallstube, ein Sechs-Gang-Wahlmenü, tagsüber kann man auch auf der Sonnenterrasse oder im Poolrestaurant Seepferdl essen. In der Vinothek Santé finden auf einem Tisch aus altem Fasseichenholz Weinverkostungen und private Dinner statt.

Tel.: 05256 63250
6456 Hochgurgl
Gurglerstraße 123
www.hochfirst.com
info@hochfirst.com

Die besten Weine Österreichs im NEUEN Design.

TROFANA ROYAL

SUPERIOR

GOURMET- & RELAXHOTEL

VERWÖHNZEIT FÜR ALLE SINNE

Im Glanz von 5 Sternen Superior

Das „Trofana Royal" in Ischgl ist der leuchtende Stern unter den First-Class-Hotels der Alpen. Genießen Sie eine Auszeit de Luxe im 2.500 m² großen „Royal Spa".

In den „Royal Pools" schwimmt man entweder in einem großzügigen Indoor-Erlebnispool, einem Outdoor-Solewhirlpool oder einem 20 Meter langen Outdoorpool. Nach einem aktiven Tag in den Bergen wärmt man sich im „Royal Sauna" Refugium schnell wieder auf. Die „Royal Beauty" verwöhnt mit erstklassigen Massagen und entspannenden Beautytreatments von Sisley Paris und Ligne ST Barth. Gönnen Sie Körper & Seele ein bisschen Luxus!

HOTEL TROFANA ROYAL GMBH
Familie von der Thannen · Dorfstraße 95 · A-6561 Ischgl · Tirol · Österreich
T. +43 (0)5444 600 · F. -90 · office@trofana.at · www.trofana-royal.at

ISCHGL

TIROL B4

HOTEL TROFANA ROYAL

Mitten in Ischgl, fünf Sterne Superior, sechs Hauben – vier für die Paznaunerstube, zwei für die Heimatbühne. Das Trofana Royal der Familie von der Thannen ist ein Fixstern im Tiroler Wintersportort. Vor der Hoteltüre liegen das Skigebiet der Silvretta Arena und Bergriesen mit über 3000 Metern, die mit ihrer gut ausgebauten Infrastruktur im Sommer für Mountainbiker, Downhiller, Bergsteiger und Wanderer spannend sind. Nach der Action entspannt man im Außen- und Sole-Whirlpool oder drinnen im Erlebnisbecken. Mehrere Möglichkeiten hat man auch beim Schwitzen: Finn-, Infrarot-, Trockensalz- und Biosauna, Sole- und Kräuterdampfbad. Oder im Fitnesscenter: Personal Trainer, Physiotherapeut und Mentalcoach schauen darauf, dass der Weg zu den sportlichen Zielen der richtige ist. Variationen auch beim Schlafen, es gibt 14 Zimmer-Kategorien.

Tel.: 05444 600
6561 Ischgl
Dorfstraße 95
www.trofana-royal.at
office@trofana.at

Bei der Zusammenstellung dieses Führers ließen wir größtmögliche Sorgfalt walten, trotzdem können Daten falsch oder überholt sein. Eine Haftung können wir auf keinen Fall übernehmen.

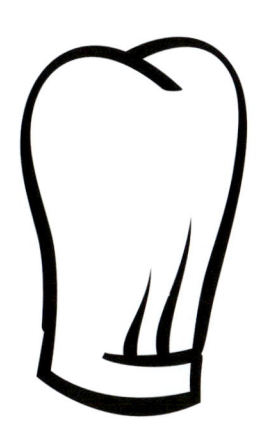

Gault&Millau

Besuchen Sie uns auf Facebook unter
www.facebook.com/Gault.Millau.Oesterreich

BURGvital
RESORT

Burg Vital Resort: Exklusiv, erholsam, aktiv und gesund

Wir bieten Ihnen in unserem 5 Sterne Superior Hotel in Oberlech luxuriöse Zimmer, Suiten und ganzheitliche Lösungen. Gesunde Ernährung, Bewegung, Wellness, Wohlbefinden und einzigartige Erlebnisse verschmelzen zu einem ganz besonderen Urlaub in einem exklusiven Umfeld in Lech am Arlberg.

Die Lage des Hotels auf 1700 m ist einzigartig!

Mehr Informationen auf www.burgvitalresort.com

Burg Vital Hotel GmbH & Co. KG, 6764 Lech am Arlberg, 568 Oberlech, Austria
T: +43(0) 5583 3140, Mail: office@burgvitalresort.com

L'Art de Vivre RESIDENZEN
AMERICAN EXPRESS FINE HOTELS & RESORTS
LVX Preferred HOTELS & RESORTS

LECH AM ARLBERG

LECH AM ARLBERG VORARLBERG B4

BURG VITAL RESORT
HOTEL DES JAHRES 2014

Lech am Arlberg. Im Winter kommt man hierher zum Skifahren, im Sommer zum Wandern, Mountainbiken, Naturgenießen. Und zu Hannelore und Thomas Lucian ins Burg Vital Resort. Ihr Fünf-Sterne-Superior liegt auf einem Logenplatz auf 1700 Metern und besteht aus sieben Chalets, die unterirdisch miteinander verbunden und in denen 30 Suiten, elf Apartments und 28 Zimmer untergebracht sind. Spa und Wellness haben im Vital Resort drei Ebenen. Auf der ersten sind unter anderem Hallenbad und ein beheizter Außenpool, auf der zweiten Saunen, Dampfbad und Lehmhaus, auf der dritten Sole-Floating-Becken und Himalaya-Softsauna. Eine private Spa Suite gibt es auch. Dazu mit der Griggeler Stuba eine mit vier Hauben ausgezeichnete Küche, in der Glutamat und Konservierungsmittel tabu sind und dafür viele Kräuter auf den Teller kommen, eine Indoorgolfanlage und Tischfußball für die Youngsters.

Tel.: 05583 3140
6764 Lech am Arlberg
Oberlech 568

www.burgvitalresort.com
office@burgvitalresort.com

HOTEL & CHALET AURELIO

Wenn man Lech hört, denkt man ans Skifahren. Der Fokus im Aurelio Lech liegt deshalb auf der Wintersaison. Von Anfang Dezember bis Mitte April verwöhnt Axel Pfefferkorn die Gäste mit fünf Sternen und dem entsprechenden Service: im umgebauten, mit vier Hauben prämierten Gourmetrestaurant mit Natural Art Cuisine, im Spa mit Indoorpool, Jacuzzi, Biosauna, Blütenbad oder Day Spa – auch für externe Gäste. Zusätzlich hat das Aurelio drei Wochen im Sommer offen (20. 7. bis 11. 8.) – für Alpaka-Trekking, Canyoning oder Heli-Golfing.

Tel.: 05583 2214
6764 Lech am Arlberg
Tannberg 130

www.aureliolech.com
office@aureliolech.com

HOTELS WELLNESS

Natur. Kunst. Genuss.
Ihr Krallerhof

krallerhof.com

TIROL – ÖSTERREICH.

ALPINE LUXURY HOTEL,
GOURMET & SPA

HOTEL POST
Lermoos · Zugspitze
★★★★S
Superior

www.post-lermoos.at

GENUSSGIPFEL & WELLNESSTRÄUME
EINZIGARTIG UND ERHOLSAM AM FUSSE DER ZUGSPITZE.

Luxuriöse Suiten – Sonnenterrasse mit traumhaftem Panoramablick – haubenprämierte Gourmetküche – Weinkeller mit über 1000 Positionen – Post Alpin SPA auf mehr als 3.000 m² – ganzjährig geöffnet.

HOTEL POST****S & POSTSCHLÖSSL****
Familie Dengg, Kirchplatz 6, 6631 Lermoos, Tirol, Austria
Telefon +43 5673 2281-0, welcome@post-lermoos.at

LEOGANG
SALZBURG G4

HOTEL KRALLERHOF

Der Krallerhof (fünf Sterne) in Leogang ist ein Wellness-Urgestein. Er wird von Familie Altenberger geführt, der Wellnessbereich heißt hier Refugium. Dazu gehören neun Saunen und Dampfbäder, darunter Kräutersauna, Amethystgrotte, Tepidarium, zwei Pools drinnen, zwei draußen, ein Private Spa mit Wanne, Finnsauna, Wasserbett. Damit der ökologische Fußabdruck klein bleibt, werden die Speisereste des Krallerhofs verarbeitet und kommen in eine Biogasanlage, aus gebrauchtem Speiseöl wird Biodiesel. Das Team in der Küche verwendet bevorzugt Bioprodukte aus der Umgebung und Gemüse aus dem Garten, Brot, Marmeladen und Nudeln machen sie selbst – es gibt auch eine eigene Patisserie. Die 124 Zimmer und Suiten erscheinen teilweise wie Kunstwerke und tragen klingende Namen wie Goethe und Schiller, Purpur und Zimt.

Tel.: 06583 8246
5771 Leogang
Rain 6
www.krallerhof.com
office@krallerhof.com

LERMOOS
TIROL C4

GENIESSERHOTEL POST LERMOOS
Alpine Luxury, Gourmet & Spa

Familie Dengg ist Gastgeber im Hotel Post in Tirol. Ihr Hotelensemble in Lermoos besteht aus mehreren Gebäuden, das Postschlössl erinnert mit antiken Gewölben und Wappen auf der Fassade an die geschichtsträchtige Vergangenheit. Die wird von den Schlossherren seit über 30 Jahren mit Begeisterung hochgehalten, dabei setzen sie auf Vier-Sterne-Plus-Service. Sie haben ein Post Alpin Spa mit Panorama-Saunahaus, in dem es nach Zirbe duftet, und ein Solebecken für Erwachsene ab 16 Jahren, einen Pool drinnen, einen draußen, einen Familybereich mit Sauna und Dampfbad und Traubenkosmetik-Treatments von Vinoble. Beim Frühstück auf der Sonnenterrasse geht einem in der Poleposition zur Zugspitze das Herz auf, ebenso bei der haubengekrönten Gourmetküche und der riesigen Auswahl an Weinen. Die Suiten sind kaiserlich-alpin.

Tel.: 05673 228-10
6631 Lermoos
Kirchplatz 6
www.post-lermoos.at
welcome@post-lermoos.at

Bewertungen NEU

11 bis 12,5 Punkte von 20 Punkten: 1 Haube

13 bis 14,5 Punkte von 20 Punkten: 2 Hauben

15 bis 16,5 Punkte von 20 Punkten: 3 Hauben

17 bis 18,5 Punkte von 20 Punkten: 4 Hauben

19 bis 19,5 Punkte von 20 Punkten: 5 Hauben

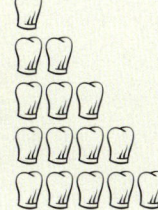

sonne
lifestyle
resort
bregenzerwald

Tradition trifft Moderne

1.500m² Wälder Spa

Adults only Hotel

www.sonnemellau.com | Übermellen 65 | A-6881 Mellau

MELLAU
VORARLBERG A4

SONNE LIFESTYLE RESORT BREGENZERWALD

Ein bisschen Sonne vielleicht, oder besser ganz viel? Natalie und Michael Lässer verteilen in ihrem Sonne Lifestyle Resort im Bregenzerwald jede Menge davon, das hat schon Natalies Großmutter so gehalten. Damit das noch lange so bleibt, ist nachhaltiges Denken und Wirtschaften im Vier-Sterne-Superior-Hotel eine Selbstverständlichkeit. Das beginnt beim Resort, das von heimischen Unternehmen mit Materialien aus der Umgebung gebaut wurde und an das Bioheizwerk Mellau angebunden ist. Das geht im Spa – unter anderem mit Saunahaus, Innen- und Außenpool, Kräuterdampfbad – bei der Behandlung mit regionaler Molke-Kosmetik weiter. Bis in die Küche, für die die meisten Produkte von umliegenden Bauern und die Kräuter aus dem eigenen Sonnengarten kommen. Moderne Zimmer ohne Schnickschnack, für (junge) Erwachsene ab 14 Jahren.

Tel.: 05518 20775
6881 Mellau
Übermellen 65
www.sonnemellau.com
info@sonnemellau.com

NEUSTIFT IM STUBAITAL
TIROL D4

SPA-HOTEL JAGDHOF

Fünf Sterne, Spa-Chalet, alpenländische Zimmer. Das ist der Jagdhof von Armin, Christina, Alban und Saskia Pfurtscheller in Neustift im Stubaital. Seit 1977 führt die Familie das Tiroler Haus mit Blick auf den Stubaier Gletscher Gastgeber sein, hat bei ihnen Tradition. Unter ihrem Spa-Dach sind eine Vitalwelt mit 20 Wellnesserlebnissen, Pools und ein Naturgarten sowie eine private Spa-Suite. Kulinarisch verwöhnen die Pfurtschellers mit Vier-Hauben-Küche in der Hubertus Stube, Fondue-Gondel und „Hutessen" im Stadel.

Tel.: 05226 2666
6167 Neustift im Stubaital
Scheibe 44
www.hotel-jagdhof.at
mail@hotel-jagdhof.at

OBERTAUERN
SALZBURG I4

DAS SEEKARHAUS

Direkt an der Skipiste in Obertauern, auf 1800 Metern, liegt Das Seekarhaus der Familie Krings. Es ist von Mitte November bis Ende April geöffnet, mit einem Schwung ist man bei drei Sesselbahnen, auf der Langlaufloipe oder am Wanderweg. Im Fünf-Sterne-Haus sind das Silberbad mit Kinderschwimmbad, Familiensauna und -dampfbad, zum Yoga kommt Snowboard-Olympiasiegerin Julia Dujmovits ins Haus. Ins Panorama-Saunadorf dürfen nur die Erwachsenen, die Youngsters haben dafür einen E-Trial- und BMX-Park.

Tel.: 06456 20010
5562 Obertauern
Seekarstraße 32
www.seekarhaus.at
info@seekarhaus.at

PERTISAU
TIROL E3

ALPINE WELLNESSHOTEL KARWENDEL

Wer dem Himmel ein Stück näherkommen will, sollte ins Sky Spa des Alpine Wellnesshotels Karwendel nach Pertisau. Zu finden am Achensee in Tirol. Familie Rieser hat den dritten und vierten Stock ihres Vier-Sterne-Superior-Hotels dem Wohlbefinden gewidmet und all jenen, die mindestens 16 Jahre alt sind. Sie schwimmen im Skypool und schauen dabei auf den See, entspannen im Berg-Hot-Whirlpool, in der Sky-Event-Sauna oder der Infrarot-Therme aus Zirbenholz. Für alle anderen gibt es im Haus Hallenbad, Außenpool und Schwitzkästen von 40 bis 90 Grad. Essen könnte man im Karwendel fast jeden Tag woanders: in einer von fünf Stuben, im Panoramarestaurant Lichtspiel oder der Josefistube. In der Wilderer Gourmetstube wird mit zwei Hauben gekrönte alpine Wellnessküche serviert. Seinen Lieblingstyp wählt man aus 21 Zimmerkategorien, darunter Bergzauber Suite oder Relax Nestl.

Tel.: 05243 5284
6213 Pertisau
Karwendelstraße 1
www.karwendel-achensee.at
info@karwendel-achensee.com

SEEFELD

TRAVEL CHARME FÜRSTENHAUS AM ACHENSEE

Das Travel Charme Fürstenhaus in Tirol liegt am größten See des Bundeslandes, dem Achensee. Die Langlaufloipe ist vor der Tür, ein 18-Loch-Golfplatz 500 Meter vom Vier-Sterne-Superior-Haus entfernt. Auch kulinarisch wird man verwöhnt: ein ehrwürdiger Weinkeller, bodenständiger Biergarten und ein modernes Hotelrestaurant sorgen für Abwechslung und Genuss. Im Puria Premium Spa finden sich ein Innenpool, von dem man in den Außenpool schwimmt, eine Panorama- und andere Saunen, eine private Suite und Weinkosmetikprodukte von Vinoble.

Tel.: 05243 5442-678
6213 Pertisau
Seepromenade 26
www.travelcharme.com
fuerstenhaus@
travelcharme.com

SEEFELD — TIROL D4

HOTEL KLOSTERBRÄU

Jemand aus der Gastgeberfamilie Seyrling ist stets zugegen, wenn man als Gast das ehrwürdige Fünf-Sterne-Hotel Klosterbräu betritt, das sich in einem 500 Jahre alten, ehemaligen Kloster befindet. Plaudern, Streicheln – Moritz ist der Familienhund – oder Entfachen des Lebensfeuers, trotz aller noblen Eleganz geht es hier immer gemütlich zu. Im Feel.Unique.Spa misst Laura die Vitalität ihrer Gäste und gibt Tipps zur Steigerung der Lebensfreude. Im Spa gibt es acht Saunen, Yoga, Innen- und Außenpools, Private Spa, Detoxkuren. Kulinarisch setzen die Seyrlings auf Tyrolean Tapas, selbst gebrautes Bier und Weine aus dem Klosterkeller.

Tel.: 05215 2621
6100 Seefeld
Klosterstraße 30
www.klosterbraeu.at
info@klosterbraeu.com

SERFAUS — TIROL C4

HOTEL CERVOSA

Eine Stunde von Innsbruck entfernt, in Serfaus liegt das Hotel Cervosa der Familie Westreicher. „In einem großen Haus ist immer etwas zu tun", sagt der Hausherr, in den vergangenen Jahren hat er laufend Zimmer renoviert und gebaut. Bis zur Wintersaison 2019 erneuert er Hotelhalle und Bar, verpasst dem Hallenbad eine gründliche Veränderung und installiert zur bestehenden Saunalandschaft und dem Außenpool einen Infinitypool und ein Family Spa. Kulinarisch gibt es „nationale und internationale Streifzüge", die Zimmer sind in vier Stilrichtungen gehalten.

Tel.: 05476 6211
6534 Serfaus
Herrenanger 11
www.cervosa.com
info@cervosa.com

Segafredo

TANNHEIM — TIROL C3

HOTEL JUNGBRUNN

Raimund Gutheinz errichtete 1957 den ersten Skilift im Tannheimer Tal. Dazu baute der Visionär dem Tiroler Hochtal zuerst eine Skiwasser-Hütte, dann ein Bettenlager und schließlich das Hotel Jungbrunn in Tannheim. Sohn Markus macht daraus einen Wellnessstempel und setzt gemeinsam mit seiner Frau Ulrike und Sohn Marcel das Trendgespür des Vaters gekonnt fort. In ihrem Spa haben sie eine eigene Quelle mit Felsquellwasser, das sie zum Trinken und für die eigene Körperpflegelinie verwenden. Es gibt eine 3D-Berg- und eine Erdsauna, eine Solegrotte zum Floaten, eine Dampf-Kamillen-Grotte, ein Dampfschlössl und ein Fitnesshaus sowie neben dem Naturteich ein Badebiotop, einen Whirlpool und ein Hallenbad, Ayurveda-Anwendungen oder ein Private Spa. Dazu die drei Restaurants Jungbrunn Kulinarium, Grill und Wirtshaus, eine Cocktailbar, urige Suiten und eine neue, offene Lobby.

Tel.: 05675 6248
6675 Tannheim
Oberhöfen 25
www.jungbrunn.at
hotel@jungbrunn.at

DAS KARWENDEL
Ihr Wellness Zuhause am Achensee

Das Karwendel - Josef Rieser GmbH
Karwendelstrasse 1 - 6213 Pertisau am Achensee
Tel: 0043-5243-5284
info@karwendel-achensee.com
www.karwendel-achensee.com

Auszeit im Jungbrunn

HOTEL JUNGBRUNN
www.jungbrunn.at

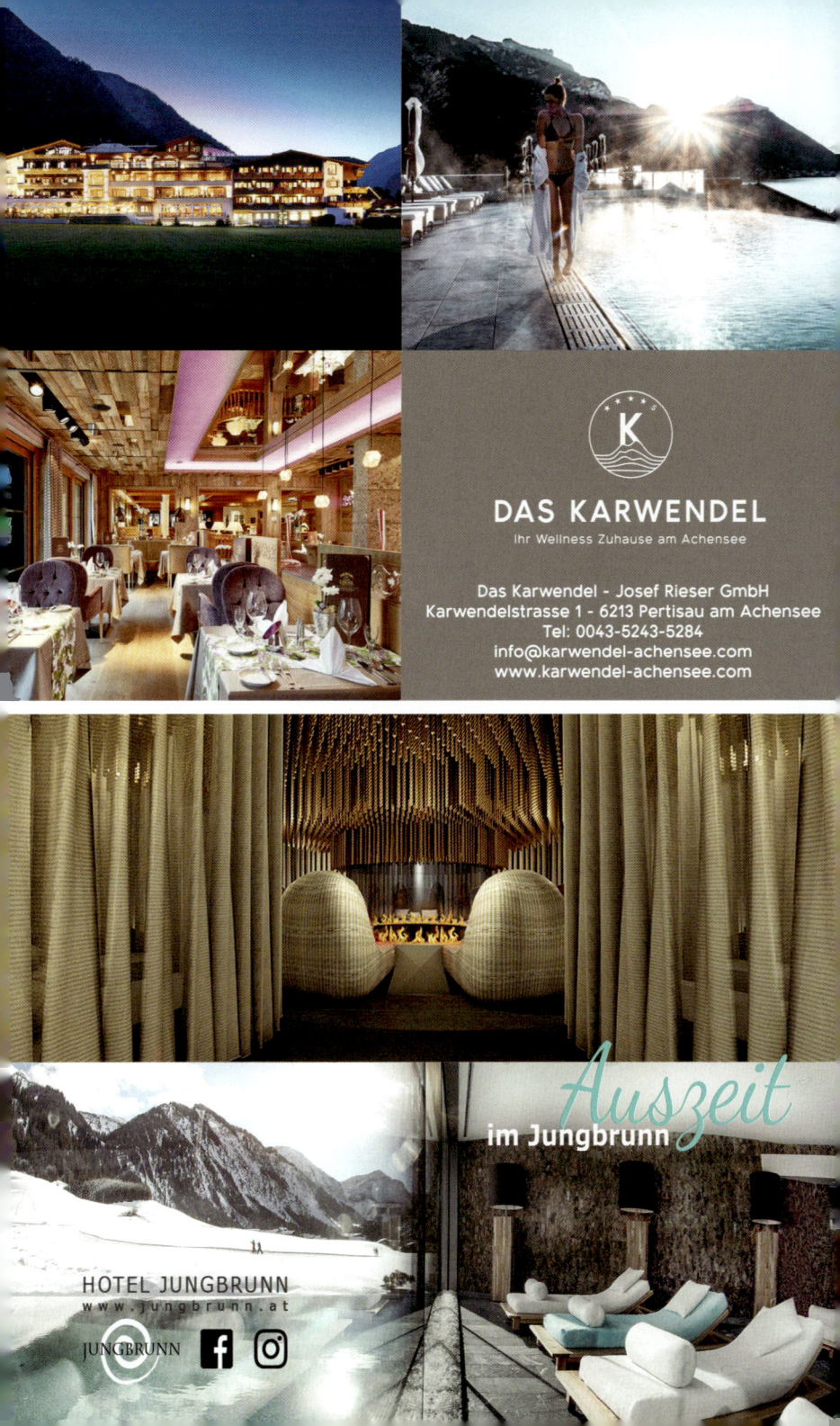

TURRACHER HÖHE

TURRACHER HÖHE　　　　　　　　　　　　　　　　　　　　KÄRNTEN I5

HOTEL HOCHSCHOBER

Einen Chinaturm würde man auf über 1700 Metern normalerweise nicht erwarten. Doch auf der Turrach ist er das Wahrzeichen des Hotels Hochschober von Karin Leeb und Martin Klein und dient für Yogastunden, Ayurveda und chinesische Teezeremonien. Das Seebad des Vier-Sterne-Plus-Hauses ist das ganze Jahr beheizt. Wem das trotzdem zu kalt ist, der verzieht sich ins wohlige Hamam oder sucht sich eine der 70 Behandlungen aus dem Kristall-Spa-Sortiment. Wanderungen durch Lärchen- und Zirbenwälder und kulinarische Feinheiten beleben den Körper, Lesungen im „Wortreich" den Geist.

Tel.: 04275 8213
9565 Turracher Höhe 5
www.hochschober.com
urlaub@hochschober.com

TUX　　　　　　　　　　　　　　　　　　　　　　　　　TIROL E4

HOTEL ALPIN SPA TUXERHOF

Seit vier Generationen ist der Tuxerhof im Zillertal in den Händen der Familie Schneeberger. Die hat in der Lobby ihres Vier-Sterne-Superior-Hotels eine Kaminlounge und in der Wellnessarea ein Himmelreich mit Blick auf die Tuxer Berge – zum Lesen, Schach- und Puzzlespielen. Zum Genießen außerdem eine Backofensauna oder ein Edelsteindampfbad, einen Salzsee, Sunset-Pool und Yogaraum. Dazu Vitalküche und Gourmetmenü und ein Spielreich mit Labyrinth, Tischtennis und Player's Lounge für die Glückskinder. Neu und noch komfortabler gestaltet wurden die Suiten.

Tel.: 05287 8511
6293 Tux
Vorderlanersbach 80
www.tuxerhof.at
info@tuxerhof.at

UNTERTAUERN　　　　　　　　　　　　　　　　　　　　SALZBURG I4

HOTEL LÜRZERHOF

Familie Habersatter und ihr Lürzerhof sind in Untertauern eine Institution. Sie führt das Vier-Sterne-Superior-Hotel seit Generationen, aktuell sind Christina und Harald am Hotelruder. Ihre Lobby schaut aus wie eine Wiese, ihr Trinkwasser kommt aus der Hausquelle. Im Wellness-Garten sind ein Pool, Sauna, Wasserfall und Kräutergarten beheimatet. Dazu gibt es drinnen noch ein Hallenbad und Saunen. Das Fleisch beziehen die Habersatters aus der eigenen Landwirtschaft und auch die Schnäpse werden selbst gebrannt. Von den Bauern aus der Region kaufen sie Gemüse, Milchprodukte, Eier.

Tel.: 06455 251
5561 Untertauern
Dorfstraße 23
www.luerzerhof.at
hotel@luerzerhof.at

Weinguide
Die besten Weine Österreichs im NEUEN Design.

ZELL AM SEE

SALZBURG G4

HOTEL SALZBURGERHOF
Genießerhotel
HOTEL DES JAHRES 2012

Wellness, Genuss, Ski und Golf sind die Leidenschaften der Familie Holleis im Salzburgerhof in Zell am See. Dem Wohlergehen haben sie ein dreistöckiges Schloss mit Arkadenschwimmbad, Hamam, Kräutergrotte und Tepidarium gewidmet. Rundherum ist der Schlössl-Park, mittendrin der Feng-Shui-Garten. „Wellness ohne Garten ist für mich nicht vorstellbar", sagt Gastgeberin Gisela Holleis, denn nur wenn alles fließt, schließt sich der Kreis zwischen Erholung und Entspannung. Deshalb gibt es im Fünf-Sterne-Superior-Haus ein Quellensprudelbad und einen Bioschwimmteich mit Wasserfall, einen kleinen Bach und den Sole Dome zum Floaten. Genießen kann man auch in der Drei-Hauben-Küche bei traditionellen Spezialitäten und Naturküche oder beim Skifahren auf der Schmittenhöhe sowie auf den 36 Grüns des nahe gelegenen Golfclubs Zell am See oder in der Indoorgolfanlage mit 3D-Technik.

Tel.: 06542 7650
5700 Zell am See
Auerspergstraße 11
www.salzburgerhof.at
5sterne@salzburgerhof.at

MEIN WUNDERBARER Kochsalon
www.martinahohenlohe.com

HOTEL SALZBURGERHOF
ZELL AM SEE
www.salzburgerhof.at

GENIESSEN IM HAUBENRESTAURANT ODER IM MÄRCHENGARTEN

RELAXEN IM LEGENDÄREN WELLNESS SCHLÖSSL

GOLF-CLUBS

DIE BESTEN ÖSTERREICHISCHEN GOLFCLUBS

Die besten Golfclubs mit herausragendem Spielkomfort und kulinarischen Höhepunkten.

GOLF & COUNTRY CLUB SCHLOSS PICHLARN
Aigen im Ennstal

REITERS GOLF & COUNTRY CLUB
Bad Tatzmannsdorf

GOLFCLUB SCHLOSS SCHÖNBORN
Göllersdorf

GOLFCLUB KITZBÜHEL-SCHWARZSEE
Kitzbühel

GOLFCLUB MILLSTÄTTER SEE
Millstatt am See

GOLFCLUB AM MONDSEE
Mondsee

GOLFCLUB MONTFORT RANKWEIL
Rankweil

GOLFCLUB LUNGAU-KATSCHBERG
St. Michael im Lungau

GOLFCLUB WIEN-SÜSSENBRUNN
Wien

Bei der Zusammenstellung dieses Führers ließen wir größtmögliche Sorgfalt walten, trotzdem können Daten falsch oder überholt sein. Eine Haftung können wir auf keinen Fall übernehmen.

LANDKARTE

LEGENDE

○ Orte allgemein

● Golfclubs

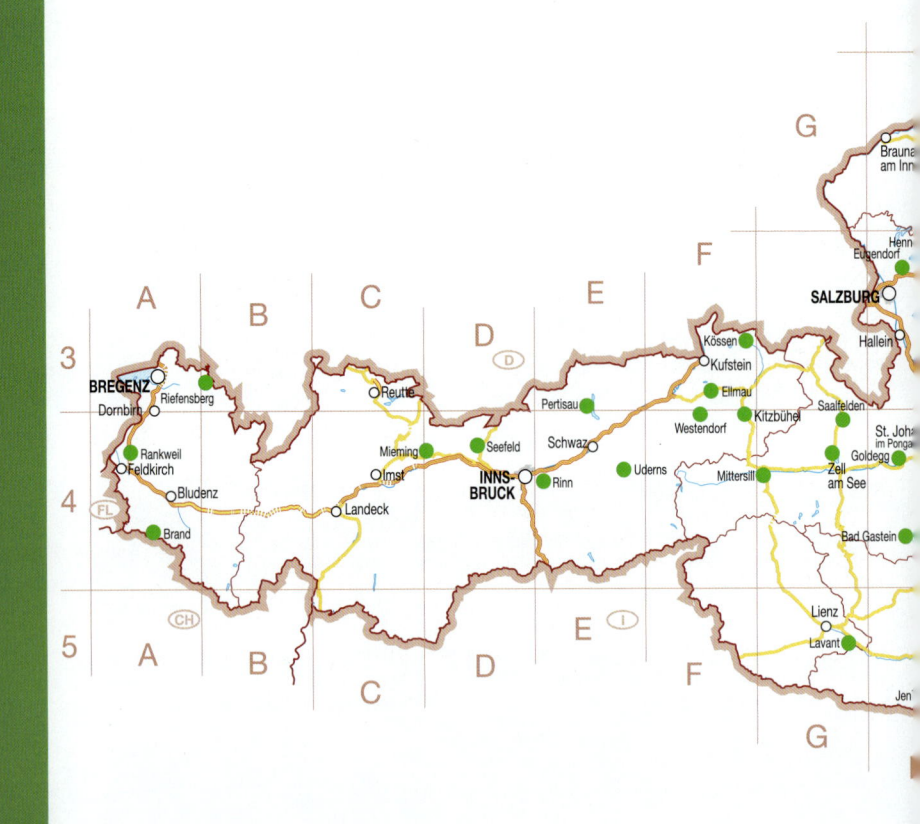

LANDKARTE

GOLFCLUBS

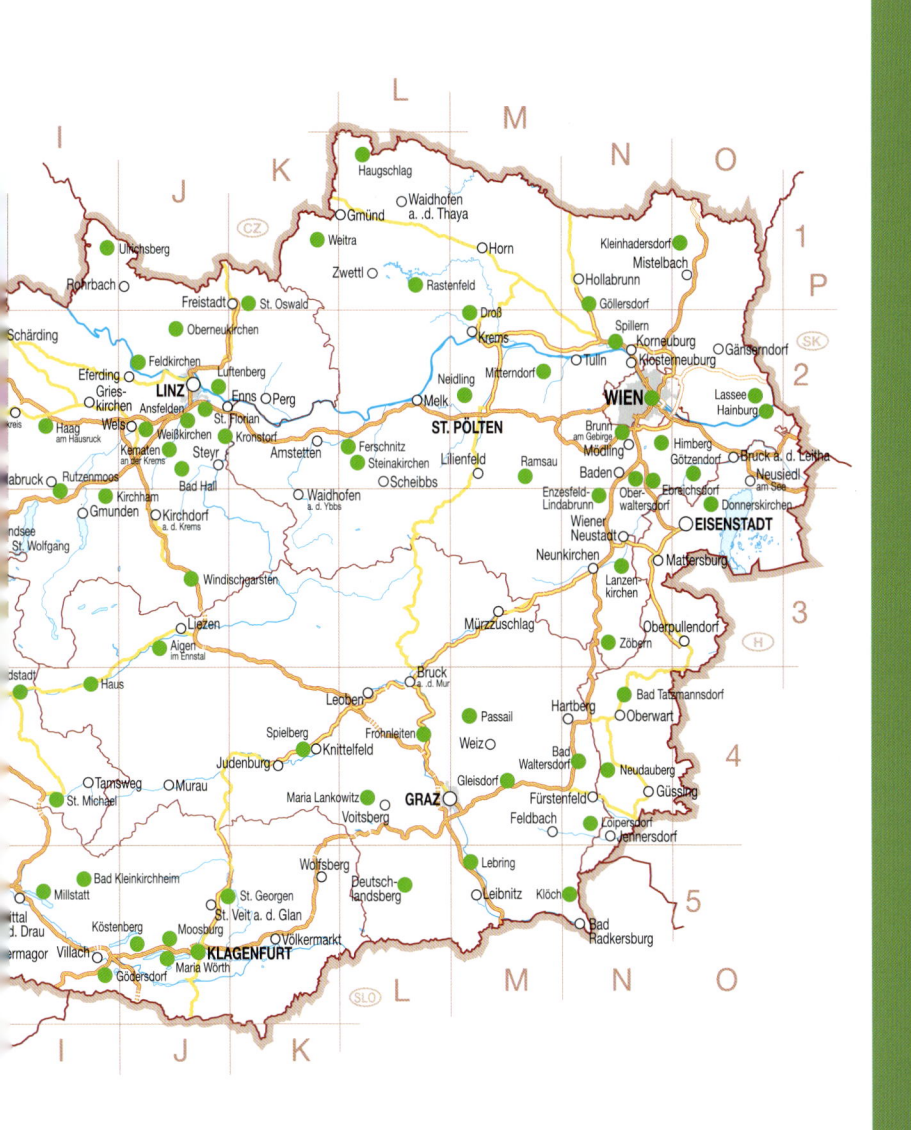

AIGEN IM ENNSTAL

AIGEN IM ENNSTAL — J3

GOLF & COUNTRY CLUB SCHLOSS PICHLARN

Wer hier Golf spielt, der hat die Möglichkeit, im Schloss Pichlarn ein breites kulinarische Spektrum zu erleben. Reine Golfer werden wohl im Restaurant 19 einkehren, kommt der Genießerfaktor dazu, besucht man vielleicht das Restaurant Zirbe. Feinschmecker können dort zwischen steirischen Klassikern mit einem modernen Touch oder einem Gourmetmenü wählen. Österreichische und internationale Weine runden das kulinarische Angebot ab.

Tel.: 03682 24440540
8943 Aigen im Ennstal
Zur Linde 1
www.golfpichlarn.at
golf@schlosspichlarn.at

18-Loch-Anlage

ANSFELDEN — J2

GOLFCLUB STÄRK-ANSFELDEN

Das Restaurant Grünblick im Golfclub Stärk-Ansfelden hat bei Schönwetter täglich schon ab zehn Uhr vormittags geöffnet. Für Feinschmecker besonders reizvoll sind die verschiedenen Themenabende. So erwartet Genießer eine Beefsteak-Night, ein Menü rund um Spargel und Wein, eine Bratl- und Bierspezialitäten-Nacht, ein Deluxe-Menü „Eierschwammerl und Co." oder ein Wild-Galadinner. Nichtgolfer sind natürlich auch willkommen.

Tel.: 07229 78578
4052 Ansfelden
Grabwinkl 11
www.golf-staerk.at
gcstaerk@golf.at

18-Loch-Anlage

BAD GASTEIN — H4

GOLFCLUB GASTEIN

Im Golfstüberl des Golfclubs Gastein gibt es abwechselnd saisonorientierte Tagesgerichte wie beispielsweise gefüllte Paprika, heimische Schwammerl, Backhendl, faschierte Laibchen, Krautfleckerl, Reisfleisch oder frischen Fisch vom Moserhof. Auf der Sonnenterrasse genießt man bei einem Glas Wein oder hausgemachten Mehlspeisen den Blick auf die Golfbahnen, Bad Gastein und das fantastische Bergpanorama.

Tel.: 06434 2775
5640 Bad Gastein
Golfstraße 6
www.golfclub-gastein.com
info@golfclub-gastein.com

18-Loch-Anlage

BAD HALL — J2

GOLFCLUB HERZOG TASSILO

Das Clubhaus des Golfclubs Herzog Tassilo wurde 1992 fertiggestellt. Wer heute nach einer spannenden Golfrunde im Restaurant des Golfclubs einkehrt – auch Nichtgolfer sind gerne willkommen – genießt neben einer kleinen Auswahl an Speisen und verschiedenen Getränken vor allem eines: den wunderschönen Blick von der Terrasse auf die Voralpen. Eine Reservierung ist zu empfehlen.

Tel.: 07258 5480
4540 Bad Hall
Blankenberger Straße 30
www.gcherzogtassilo.at
gcherzogtassilo@golf.at

18-Loch-Anlage

Bewertungen NEU

11 bis 12,5 Punkte: 1 Haube
13 bis 14,5 Punkte: 2 Hauben
15 bis 16,5 Punkte: 3 Hauben
17 bis 18,5 Punkte: 4 Hauben
19 bis 19,5 Punkte: 5 Hauben

simply GoLF

NICHT JEDERMANNS GESCHMACK

Aber vielleicht Ihrer?

1000 Seiten gnadenlos grandiose Golflektüre im Jahr.
18 lesenswerte Spielbahnen pro Ausgabe.

SIMPLY GOLF ABO: 30 EURO | SECHS AUSGABEN
abo@simplygolf.at | www.simplygolf.at/abo

BAD KLEINKIRCHHEIM

BAD KLEINKIRCHHEIM — I5

GOLFCLUB BAD KLEINKIRCHHEIM – KAISERBURG

Das BBQ Adriana lädt Golfer wie Wanderer und Genießer zum Sehen, Schmecken und Relaxen ein. Direkt am Golfplatz Bad Kleinkirchheim gelegen, genießt man etwa geräucherten Lachs mit Apfelkren, gegrillte Hühnerbruststreifen, Spinatknödel mit Gorgonzolasauce oder Zanderfilet mit Gemüse. Steakliebhaber kommen bei Tomahawk und Porterhouse – serviert auf einer heißen Platte aus Gusseisen – auf ihre Kosten.

18-Loch-Anlage

Tel.: 04240 8282800
9546 Bad Kleinkirchheim
Dorfstraße 74
www.badkleinkirchheim.com
golf@ski-thermen.com

BAD TATZMANNSDORF — N4

REITERS GOLF & COUNTRY CLUB

Im Clubrestaurant pura vida des Reiters Golf & Country Clubs sind auch Nichtgolfer willkommen. Die Familie Jandrisits bietet den Gästen ein breites Spektrum an Gerichten, das von Thunfischcarpaccio über Selleriecremesuppe mit Ingwer, Lammćevapčići, Zanderfilet vom Grill bis zum gebackenen Schweinsschnitzel reicht. Zum Abschluss darf beziehungsweise muss es dann noch ein Mohnparfait oder ein Apfelstrudel sein.

27-Loch-Anlage

Tel.: 03353 82820
7431 Bad Tatzmannsdorf
Am Golfplatz 2
www.reitersgolfresort.at
sport@reiters-reserve.at

BAD WALTERSDORF — N4

GOLFCLUB BAD WALTERSDORF

Herzstück der Golfanlage in Bad Waltersdorf ist das Clubhaus mit seinem Golfrestaurant, welches ideal neben Driving Range, Putting Green, Tee 1, Tee 10, Grün 9 und Grün 18 gelegen ist. Restaurantchef Willi Frauwallner verwöhnt seine Gäste mit erlesenen Weinen und kulinarischen Köstlichkeiten. Von der Sonnenterrasse hat man einen herrlichen Blick in die Thermenregion. In regelmäßigen Abständen werden BBQ- und Grillabende veranstaltet.

18-Loch-Anlage

Tel.: 03333 24000
8271 Bad Waltersdorf
Bad Waltersdorf 348
www.golf-badwaltersdorf.at
office@golf-badwaltersdorf.at

BRAND — A4

GOLFCLUB BLUDENZ-BRAZ

Das Restaurant des Golfclubs Bludenz-Braz wird von der Traube Braz geführt und verwöhnt mit regionalen und saisonalen Spezialitäten. Offeriert wird eine Auswahl an gut sortierten Weinen renommierter Winzer. Neben Golfern genießen auch Radfahrer, Wanderer und Spaziergänger die Kulinarik auf der großzügigen Panoramaterrasse mit Blick auf die atemberaubende Berglandschaft und die Golfanlage.

18-Loch-Anlage

Tel.: 05552 33503
6708 Brand
Oberradin 60
www.gc-bludenz-braz.at
gcbraz@golf.at

BRUNN AM GEBIRGE — O2

GOLF & COUNTRY CLUB BRUNN

Das Restaurant E'Stella – mit Blick über den grünen Rasen des Golfclubs Brunn – verfügt über eine großzügige Sonnenterrasse und bietet Clubmitgliedern und externen Restaurantbesuchern ein umfangreiches Frühstücksangebot, eine saisonale Mittagskarte und wechselnde Menüs. Für Veranstaltungen bietet das Restaurantteam individuelle Cateringlösungen – auch mit vegetarischen Alternativen – für bis zu 150 Personen an.

18-Loch-Anlage

Tel.: 02236 33711
2345 Brunn am Gebirge
Rennweg 50
www.gccbrunn.at
club@gccbrunn.at

DEUTSCHLANDSBERG   L5

GOLFCLUB SCHLOSS FRAUENTHAL

Uralte Eichen, exotische Tulpenbäume sowie malerische Teiche prägen das Erscheinungsbild des Golfclubs Frauenthal. Das Golfrestaurant Fore im Clubhaus verwöhnt Gäste mit bodenständiger bis mediterraner Küche und einer breiten Auswahl an Weinen von österreichischen und italienischen Rebsorten. Abseits des Tourismusstroms und eingebettet in eine malerische Landschaft aus Mischwäldern, Weingütern und Kürbisfeldern sollten auch Nichtgolfer hier einmal einkehren.

18-Loch-Anlage

Tel.: 03462 5717
8530 Deutschlandsberg
Ulrichsberg 7
www.gcfrauenthal.at
office@gcfrauenthal.at

DONNERSKIRCHEN   O3

GOLFCLUB NEUSIEDLERSEE – DONNERSKIRCHEN

Der Golfclub Neusiedlersee-Donnerskirchen liegt zwischen den Ausläufern des Leithagebirges und dem Schilfgürtel des Neusiedler Sees und bietet daher eine besondere Spielatmosphäre. Wer zudem noch etwas essen möchte, kommt im dazugehörigen Restaurant mit Spezialitäten aus der Region auf seine Rechnung. Selbstverständlich sind hier auch Nichtgolfer willkommen. Gegen Voranmeldung werden auch gerne Geburtstags- und Firmenfeiern ausgerichtet.

18-Loch-Anlage

Tel.: 02683 8171
7082 Donnerskirchen
Am Golfplatz 1
www.gcdonnerskirchen.at
golf@gcdonnerskirchen.at

DROSS   N2

GOLFCLUB LENGENFELD

Das GASThouse-Team im Golfclub Lengenfeld – der auch für Weinliebhaber ein großes Herz hat – setzt auf regionale und saisonale Köstlichkeiten, die auf der großen Sonnenterrasse mit gemütlichem Lounge-Bereich oder im rustikal-modernen Clubrestaurant serviert werden. Im Veranstaltungssaal finden bis zu 120 Gäste Platz. Während der Golfsaison ist das Restaurant täglich von 8 bis 20 Uhr geöffnet.

36-Loch-Anlage

Tel.: 02719 8710
3552 Dross
Am Golfplatz 11
www.golflengenfeld.at
gclengenfeld@golf.at

EBREICHSDORF   N2

GOLFCLUB SCHLOSS EBREICHSDORF

Im Clubhaus des Golfclubs Schloss Ebreichsdorf bietet Restaurantpächter Gerald Kögl mit seinem Team den Rahmen, um nach einer herausfordernden Runde auf dem 18-Loch-Champions-Course den Tag gemütlich ausklingen zu lassen. Auf die Gäste warten Hausmannskost, saisonale Spezialitäten und feine Gerichte der internationalen Küche. Jeden zweiten Sonntag im Monat wird ein besonderer „Feinschmecker Brunch" geboten.

18-Loch-Anlage

Tel.: 02254 73888
2483 Ebreichsdorf
Schlossallee 1
www.gcebreichsdorf.at
office@gcebreichsdorf.at

Besuchen Sie Gault&Millau auf facebook.

ELLMAU

ELLMAU F3

GOLFCLUB WILDER KAISER

Als Clubhaus des Golfclubs Wilder Kaiser wurde ein ehemaliger Bauernhof adaptiert. Das hier untergebrachte Clubrestaurant lockt mit Terrasse und herrlichem Blick auf den Wilden Kaiser. Genießer haben die Wahl zwischen gebackenem Kalbskopf, Rindsconsommé, Filet vom Tiroler Rind mit Ratatouille, geschmorten Kalbsbackerln mit Polenta, Topfenködeln und Crème brûlée. Die Weinkarte bietet Klassiker der Szene, aber auch weniger bekannte Winzer sind darauf zu finden.

27-Loch-Anlage

Tel.: 05358 4282

6352 Ellmau
Dorf 2
www.wilder-kaiser.com
office@wilder-kaiser.com

ENZESFELD-LINDABRUNN N3

GOLF CLUB ENZESFELD

In Enzesfeld, direkt am gleichnamigen Golfclub gelegen, bietet das Restaurant E'Stella die Möglichkeit, ein feines Frühstück, ein köstliches Mittagessen, ein gutes Glas Wein, ein kühles Bier oder ein Stück Kuchen mit Kaffee am Nachmittag zu genießen. Auf Wunsch werden für Firmen- oder Familienfeierlichkeiten eigene Buffetlösungen erstellt. Auf spezielle Gästewünsche – Stichwort Vegetarier – wird gerne Rücksicht genommen.

18-Loch-Anlage

Tel.: 02256 81272

2551 Enzesfeld-Lindabrunn
Schloßstrasse 38
www.gcenzesfeld.at
golfclub@gcenzesfeld.at

EUGENDORF BEI SALZBURG H3

GOLFCLUB RÖMERGOLF

Der täglich wechselnde Mittagstisch und die klassische Speisekarte bieten im Restaurant des Golfclubs Römergolf regionale Schmankerlküche, aber auch leichte Kost, Deftigeres und Burger sowie Grillspezialitäten. Für Naschkatzen reizvoll: Das Haus ist stolz auf seine hausgemachten Mehlspeisen. Neben Turnier-Abendveranstaltungen richtet das Clubrestaurant La Corona gerne auch Feierlichkeiten aus.

27-Loch-Anlage

Tel.: 06225 28300

5301 Eugendorf bei Salzburg
Kraimoosweg 5a
www.roemergolf.at
office@roemergolf.at

FELDKIRCHEN AN DER DONAU K2

GOLFCLUB DONAU

Was gibt es Schöneres, als die Golfrunde bei einem guten Glas Wein oder einem frisch gezapften Bier ausklingen zu lassen? Nicht viel, zumindest wenn es nach den Betreibern des Restaurants des Golfcubs Donau geht. Zudem bieten sie den Gästen verschiedene Schmankerl an, die bei schönem Wetter auf der Terrasse genossen werden können. Auf Anfrage werden auch kleinere oder größere Veranstaltungen kulinarisch betreut.

27-Loch-Anlage

Tel.: 07233 76760

4101 Feldkirchen an der Donau
Golfplatzstraße 12
www.golfclub-donau.at
gcdonau@golf.at

Die besten Weine Österreichs: der Gault&Millau-Weinguide.

GÖDERSDORF/FAAKER SEE

FERSCHNITZ — L2

GOLFCLUB SWARCO AMSTETTEN-FERSCHNITZ

Das Restaurant im Golfclub SWARCO Amstetten-Ferschnitz setzt auf bodenständige und regionale Gerichte. Zudem gibt es verführerische hausgemachte Mehlspeisen. Wer weniger Hunger hat, der kann auf der Clubterrasse eine kühle Erfrischung, einen Snack oder ein Glas Wein genießen. Auf Vorbestellung werden auch spezielle Themenbuffets angeboten.

18-Loch-Anlage

Tel.: 07473 8293
3325 Ferschnitz
Edla 18
www.golfclub-amstetten.at
office@golfclub-amstetten.at

FROHNLEITEN — M4

MURHOF

Küchenchef Andreas Schabelreiter und sein Team kümmern sich um die Bedürfnisse der Feinschmecker des Golfclubs Murhof. Wert wird auf die Verwendung steirischer Qualitätsprodukte nach Saison gelegt, warme Gerichte werden von 11.30 bis 15 Uhr angeboten. Besonders beliebt sind die Backhendltage. Das Restaurant verfügt über 50 Sitzplätze und mit der Clubterrasse finden 100 Personen Platz.

18-Loch-Anlage

Tel.: 03126 3010
8130 Frohnleiten
Adriach-Rabenstein 53
www.murhof.at
office@murhof.at

GLEISDORF — N4

GOLF CLUB GUT FREIBERG

Aus regionalen Produkten kocht hier das Küchenteam Gerichte, die Golfer und Nichtgolfer genießen können. Das Restaurant 19er setzt auf kostengünstige Mittagsmenüs, die etwa aus Brokkolicremesuppe und Zwiebelrostbraten, Rindsuppe, gebackenen Champignons, Ripperln oder gebackenen Garnelen bestehen. Küche gibt es von 11.30 bis 21 Uhr. Bei schlechtem Wetter oder bei Platzsperre können sich die Öffnungszeiten ändern.

18-Loch-Anlage

Tel.: 03112 62700
8200 Gleisdorf
Freiberg 32
www.gc-gut-freiberg.at
office@gc-gut-freiberg.at

GÖDERSDORF/FAAKER SEE — J5

GOLFCLUB SCHLOSS FINKENSTEIN

Das Restaurant und Café des Golfclubs Schloss Finkenstein ist auch einen Besuch wert, wenn man nicht Golf spielt. Immerhin erwarten die Gäste hausgemachte Mehlspeisen, österreichische Spezialitäten und saisonale Gerichte. Mehrmals im Jahr finden zusätzlich diverseste Themenabende statt. Dann gibt es etwa Spareribs-Schmaus, knusprige Backhendl, frische Garnelen oder Berliner Spezialitäten.

18-Loch-Anlage

Tel.: 04257 29201
9585 Gödersdorf/Faaker See
Schlossrainweg 8
www.golf-finkenstein.at
office@gcfinkenstein.at

---

www.gaultmillau.at
Tipps, Trends, Rankings und alle Restaurantkritiken

GOLDEGG AM SEE

GOLDEGG AM SEE   H4

GOLFCLUB GOLDEGG

Im Clubrestaurant Neunzehn des Golfclubs Goldegg können Feinschmecker eine kulinarische Reise durch Salzburg, Österreich und Asien unternehmen. Hat man die Energiereserven mit regionalen Spezialitäten aufgefüllt, dann kann man ja noch bei einem Glas Weißwein, einem Bier, einem Cocktail oder einem Kaffee auf der Sonnenterrasse sitzen und die Seele baumeln lassen oder die Salzburger Bergwelt genießen.

18-Loch-Anlage

Tel.: 06415 8585
5622 Goldegg am See
Maierhof 19
www.golfclub-goldegg.com
info@golfclub-goldegg.com

GÖLLERSDORF   N2

GOLFCLUB SCHLOSS SCHÖNBORN

In den traditionsreichen und ehrwürdigen Gemäuern des Golfclubs Schloss Schönborn betreibt seit mehr als 22 Jahren Norbert Pavelec sein Restaurant. Er und sein Team setzen auf regionale Produkte und – wenn gewünscht – auf die richtige Weinbegleitung. Das historische Ambiente bietet sich auch für Firmen- und Familienevents an. Im Winter bleibt das Restaurant geschlossen. Ruhetag ist Montag.

27-Loch-Anlage

Tel.: 02267 2863
2013 Göllersdorf
Schönborn4
www.gcschoenborn.com
golfclub@gcschoenborn.com

GOLFCLUB Schloss Schönborn

The Leading Golf Courses

GOLF & BUSINESS
DIE OPTIMALEN FLIGHTPARTNER

» Schenken Sie Ihren Kunden und Mitarbeitern spezielle Aufmerksamkei
» Präsentieren Sie Ihr Unternehmen und platzieren Sie Ihre Werbung.
» Genießen Sie die hohe Qualität eines Leading Golf Courses.

Wir gestalten für Sie eine auf Ihre individuellen Wünsche angepasste Firmenmitgliedschaft. Wir beraten Sie gerne und freuen uns auf Ihre Anfrage: *brauchart@kgschoenborn.com*

Golfclub Schloss Schönborn   A-2013 Schönborn 4   golfclub@gcschoenborn.com
WWW.GCSCHOENBORN.COM

HAUS

GOLFCLUBS

GÖTZENDORF AN DER LEITHA — P3

GOLFCLUB FRÜHLING

Ein ausgiebiges Frühstück im Restaurant des Golfclubs Frühling bietet die ideale Basis für ein erfolgreiches Spiel auf dem grünen Rasen. Zwischendurch oder nach der Golfpartie kann man sich mit einem Pulled Pork Burger, einem Clubsandwich, Zander vom Grill oder einem Wiener Schnitzel genussvoll stärken. Und sollte man gewonnen haben, bietet die Weinkarte mit Champagner oder feinen heimischen Weinen eine breite Auswahl.

36-Loch-Anlage

Tel.: 02234 78878
2434 Götzendorf an der Leitha
Am Golfplatz
www.gcfruehling.at
office@gcfruehling.at

HAAG AM HAUSRUCK — I2

GOLFCLUB MARIA THERESIA HAAG/H.

Das Restaurant Maria Theresia liegt direkt am Golfplatz des Golfclubs Maria Theresia in Haag am Hausruck. Chefkoch Manuel Dolejsi verwöhnt die Gäste mit einem bunten Mix aus Kokossuppe, Zwiebelrostbraten mit Braterdäpfeln, Forellenfilet auf Risotto, Kalbsrahmgulasch, Tirolerknödel auf Rieslingkraut sowie Marillen-Topfen-Auflauf. Die Weinkarte bietet erfreulicherweise nicht nur bekannte Winzer, sondern auch interessante Neuentdeckungen.

18-Loch-Anlage

Tel.: 07732 3944
4680 Haag am Hausruck
Letten 5
www.gcmariatheresia.at
gcmariatheresia@golf.at

HAINBURG AN DER DONAU — P2

GOLF-CLUB HAINBURG

Sabine Haderer bietet Golfspielern wie auch Auswärtigen im Golf-Club Hainburg (Entfernung von Wien etwa 45 Kilometer) die Möglichkeit, sich durch bodenständige Spezialitäten verführen zu lassen. Je nach Witterung genießt man im Restaurant, im Wintergarten oder auf der Terrasse die einmalige Lage am Rande des Nationalparks Donau-Auen.

18-Loch-Anlage

Tel.: 02165 62628
2410 Hainburg an der Donau
Auf der Heide 762
www.golfclub-hainburg.at
info@golfclub-hainburg.at

HAUGSCHLAG — M1

GOLFCLUB HAUGSCHLAG-WALDVIERTEL

Das modern eingerichtete Restaurant Schindler des Golfclubs Haugschlag-Waldviertel setzt bewusst auf saisonale und regionale Gerichte und auf frische Fische aus heimischen Seen. Auch auf der Weinkarte dominiert Rot-Weiß-Rot. Die große Terrasse mit traumhaftem Ausblick und die gut sortierte Bar laden zum längeren Bleiben ein.

36-Loch-Anlage

Tel.: 02865 84410
3874 Haugschlag
Haugschlag 160
www.golfresort.at
info@golfresort.at

HAUS — I4

GOLFCLUB SCHLADMING DACHSTEIN

Kaspressknödelsuppe, Beef Tatar, Spieß von Jakobsmuscheln und Garnele, gebratenes Zanderfilet mit Gemüse, Clubsandwich, Zürcher Geschnetzeltes mit Rösti oder Wiener Schnitzel stillen im Restaurant des Golfclubs Schladming Dachstein den Hunger der Golfer und sorgen dafür, dass man genügend Kraft für ein Spiel auf 750 Höhenmetern hat und die 18-Loch-Anlage mit einem möglichst guten Ergebnis verlässt.

18-Loch-Anlage

Tel.: 03686 2630
8967 Haus
Oberhaus 59
www.schladming-golf.at
gccschladming@golf.at

HENNDORF AM WALLERSEE

HENNDORF AM WALLERSEE — H3

GOLFCLUB GUT ALTENTANN

Seit 2017 kümmern sich Emir Muratović im Service und Mahir Huseinović in der Küche um das kulinarische Wohl von Golfern und Nichtgolfern. Der kulinarische Schwerpunkt des Restaurants im Golfclub Altentann liegt auf der gehobenen gutbürgerlichen Küche. Nach der Golfrunde genießt man ein gutes Glas Wein oder ein gut gezapften Bier am besten auf der Terrasse, mit Blick auf die Berge des Flachgaus.

18-Loch-Anlage

Tel.: 06214 60260
5302 Henndorf am Wallersee
Hof 54
www.gutaltentann.com
office@gutaltentann.com

HIMBERG BEI WIEN — O2

COLONY CLUB GUTENHOF

Thunfischcarpaccio mit Limetten-Pfeffer-Rahm, Spinatravioli mit Salbei, Medaillons vom Reh in Wacholdersauce, Saiblingsfilet auf Basilikum-Blattspinat, Schwarzwälder Kirschtorte oder Joghurt-Limetten-Mousse mit Waldbeeren – ein bunter Mix an feinen Speisen wartet auf die Feinschmecker, die das Restaurant des Colony Cubs Gutenhof aufsuchen. Auf Wunsch werden auch Familienfeiern und Firmenevents gerne betreut.

36-Loch-Anlage

Tel.: 02235 870550
2325 Himberg bei Wien
Gutenhof
www.colonygolf.com
club@colonygolf.com

JENIG — H5

GOLFCLUB NASSFELD GOLF

Die 70 Hektar große Golfanlage Nassfeld Golf ist ins Gailtal eingebettet und von einer imposanten Bergkulisse umgeben. Wer vor oder nach seiner Golfrunde Hunger verspürt, kann diesen im Restaurant des Golfclubs mit größeren oder kleineren Speisen stillen. Die Speisekarte orientiert sich an bodenständigen Kreationen. Wer Geselligkeit liebt, hat auch die Gelegenheit, hier Feiern aller Art abzuhalten.

18-Loch-Anlage

Tel.: 04284 20111
9631 Jenig
Waidegg 66
www.nassfeld.golf
office@nassfeld.golf

KEMATEN AN DER KREMS — J2

GOLF CLUB KREMSTAL

Ein regionales Jungschwein am Spieß, zwischen sieben und zehn Stunden im hauseigenen Saugriller gegart, ist die Spezialität des Restaurants des Golf Clubs Kremstal. Wer nicht in größeren Gruppen unterwegs ist, der kann sich mit gekochtem Rindfleisch mit Erdäpfelschmarren, faschierten Laibchen mit Erdäpfelpüree, Tiroler Gröstl, Chili-Cheese-Burger oder Thai-Hühnercurry mit Jasminreis genussvoll stärken.

18-Loch-Anlage

Tel.: 07228 76440
4531 Kematen an der Krems
Am Golfplatz 1
www.golfresort-kremstal.at
info@golfresort-kremstal.at

KIRCHHAM BEI VORCHDORF — I3

GOLFCLUB TRAUNSEE

Der im Alpenvorland gelegene Golfclub Traunsee-Kirchham wurde 1989 als sechster Golfclub in Oberösterreich gegründet und liegt auf einer Seehöhe von 504 Metern. Wer nach einem schönen Spiel Hunger verspürt, der kann im Clubhaus einkehren und im Restaurant genussvoll speisen. Natürlich kann man dort auch den Sieg entsprechend feiern oder die Niederlage bei einem Glas Wein oder einem kühlen Bier schnell vergessen.

18-Loch-Anlage

Tel.: 07619 2576
4656 Kirchham bei Vorchdorf
Kampesberg 21
www.golfclubtraunsee.com
email@golfclubtraunsee.com

KITZBÜHEL   F4

GOLF EICHENHEIM KITZBÜHEL-AURACH

Im Golf Bistro des Golfclubs Eichenberg steht die einsehbare Küche mit großem Bartresen im Mittelpunkt. Auf der Speisekarte, auf der sich das Beste der österreichischen und der italienischen Küche vereint, findet man beliebte Klassiker sowie einige Südtiroler Gerichte. Nicht nur der tolle Blick auf den Großvenediger, sondern auch der eigens für das Golfbistro gefertigte „Captain Jack – Original American BBQ Smoker" mit seinen vier Metern Länge machten die Terrasse zur Attraktion.

18-Loch-Anlage

Tel.: 05356 66615563
6370 Kitzbühel
Eichenheim 8
www.eichenheim.com
info@eichenheim.com

GOLFCLUB KITZBÜHEL-SCHWARZSEE

Das Clubrestaurant des Golfclubs Kitzbühel-Schwarzsee setzt auf Tiroler Gastlichkeit, gute Küche und grandioses Naturschauspiel. Der kulinarische Schwerpunkt liegt vor allem auf der regionalen Küche. Hochwertige, frische Produkte aus den Kitzbüheler Alpen sind die Basis für Gerichte. Ideal ist das Restaurant auch für Feste und Feiern. Die Öffnungszeiten sind mit jenen des Golfplatzes gekoppelt.

18-Loch-Anlage

Tel.: 05356 6666070
6370 Kitzbühel
Golfweg Schwarzsee 35
www.kitzbuehel.com/
golf-schwarzsee/de
gcschwarzsee@
kitzbuehel.com

KLAGENFURT/WÖLFNITZ   J5

GOLFCLUB KLAGENFURT-SELTENHEIM

Im Restaurant des Golfclubs Klagenfurt-Seltenheim werden im Tagesangebot Speisen, die leicht und schnell zuzubereiten sind, geboten. Dadurch finden Gäste immer saisonale Köstlichkeiten, wie zum Beispiel Spargel, Pilze oder Kürbis. Die Betreiber, Marion Bauer und Otmar Feistritzer, sind auch gerne bei der Auswahl der passenden Weine behilflich. Erlesene Zigarren runden das Genießerangebot ab.

27-Loch-Anlage

Tel.: 0463 40223
9061 Klagenfurt/Wölfnitz
Seltenheimer Straße 137
www.golf-seltenheim.at
office@gcseltenheim.at

KLEINHADERSDORF   O1

GOLFCLUB POYSDORF

Direkt am Golfplatz gelegen, verwöhnt das Restaurant des Hotels Neustifter die Gäste mit saisonalen Weinviertler Spezialitäten. So finden sich auf der Speisekarte Gerichte vom Wild, aber auch Steaks und Burger. Beim Weinsortiment liegt der Schwerpunkt beim Grünen Veltliner. Zum Preis von 15 Euro kann man sich am Frühstücksbuffet (mit Vitalecke und Saftbrunnen) fit für den Tag machen.

18-Loch-Anlage

Tel.: 02552 20272
2170 Kleinhadersdorf
Am Golfplatz 11
www.poysdorf.golf
info@poysdorf.golf

KLÖCH   O5

TRAMINERGOLF KLÖCH

Auf die optimale Flugkurve des Golfballes folgen hier kulinarische Überraschungen für den den Gaumen. Küchenchef Raimund Pammer führt das Zepter und bietet auch einmal Ungewöhnliches. Die Verwendung qualitativ hochwertiger Lebensmittel aus der steirischen Genussregion ist für ihn dabei Grundbedingung. Gegen Voranmeldung wird für Gruppen ab acht Personen auch ein kleiner Ausflug nach Spanien gemacht und Paella gekocht.

27-Loch-Anlage

Tel.: 03475 30033
8493 Klöch
Klöch 192
www.traminergolf.at
info@traminergolf.at

KÖSSEN

KÖSSEN | F/G3

KAISERWINKL GOLF KÖSSEN

Das großzügige, im Landhausstil erbaute Clubhaus ist das Herz des Vereins. Unverwechselbar steht es mitten in der 18-Loch-Golfanlage. Tee 1 und Tee 10 liegen genauso wie Loch 9 und Loch 18 direkt vor der Haustür. Im Clubhaus befindet sich neben dem 2008 neu gestalteten, gemütlichen öffentlichen Golfrestaurant auch das Golfstüberl. Restaurant-Öffnungszeiten: 8.30 bis 17.30 Uhr; im Winter geschlossen.

18-Loch-Anlage

Tel.: 05375 2122
6345 Kössen
Mühlau 1
www.golf-koessen.at
club@golf-koessen.at

KÖSTENBERG | J5

GOLFCLUB VELDEN-KÖSTENBERG

Mario Bachmaier und sein Team verwöhnen die Gäste im Golfrestaurant Köstenberg Bar 72. Neben einem fantastischen Blick auf die Kärntner Karawanken erwarten die Gäste unter anderem regionale sowie internationale Leckerbissen und Themenabende. Weiters kann man bei einer Kärntner Bauernjause Produkte von Betrieben aus der Region genießen. Das Restaurant eignet sich auch für Firmen- und Familienfeiern.

18-Loch-Anlage

Tel.: 04274 7045
9231 Köstenberg
Golfweg 41
www.golfvelden.at
office@golf-velden.co.at

KRONSTORF | K2

GOLFPARK METZENHOF

Das Restaurant des Golfparks Metzenhof bietet ein breites Angebot für den kleineren oder größeren Hunger: So finden sich auf der Speisekarte Frankfurter oder Debreziner im Gulaschsaft, Schweinsbratlbrot, Pappardelle mit Meeresfrüchten, Schweinsfilet mit Pfeffersauce sowie Rindsfiletsteak mit Trüffel-Demiglace. Bananensplit, Heiße Liebe oder Kaiserschmarren mit Zwetschkenröster gibt es zum Abschluss.

18-Loch-Anlage

Tel.: 07225 738910
4484 Kronstorf
Dörfling 2
www.metzenhof.at
info@metzenhof.at

LANZENKIRCHEN | N3

GOLFCLUB FÖHRENWALD WR. NEUSTADT

Gäste speisen hier je nach Witterung auf der geräumigen Sonnenterrasse oder im gemütlichen Wintergarten. Die Schwerpunkte der Küche liegen auf regionalen und saisonalen Spezialitäten sowie auf gediegener Hausmannskost. Catering gibt es auf Anfrage. Bei Bespielbarkeit des Golfplatzes ist das Restaurant täglich ab 9 Uhr geöffnet. Zu erreichen ist der Golfclub Föhrenwald von Wien aus in etwa 45 Minuten.

18-Loch-Anlage

Tel.: 02622 29171
2821 Lanzenkirchen
Am Golfplatz 1
www.gcf.at
office@gcf.at

GOLFCLUB LINSBERG

Wer im Golfclub Linsberg seine Golfrunden absolviert, sollte auch ein Dinner im Asia Resort Linsberg in Betracht ziehen. Das Restaurant setzt auf eine Mischung aus asiatischen und regionalen Einflüssen. Die Weinkarte hat einen regionalen Schwerpunkt, zudem gibt es interessante Cocktails zu fairen Preisen.

18-Loch-Anlage

Tel.: 02622 29171
2821 Lanzenkirchen
Föhrenauerstraße 8/4
www.linsberggolf.at
office@gcf.at

LUFTENBERG

LASSEE — 02

GOLFCLUB SCHÖNFELD

Das Green Golfrestaurant punktet nicht nur mit seiner Terrasse mit Blick über das 18. Grün und den daran anschließenden See. Auch die Küche agiert ambitioniert. So werden neben Gerichten wie gefüllte Forelle und steirischer Backhendelsalat mit Kernöl auch Zwiebelrostbraten oder saisonale Spezialitäten wie Marchfelder Spargel geboten. Die exklusive Chillax Lounge bietet sich für private oder geschäftliche Feste an.

27-Loch-Anlage

Tel.: 02213 2063
2291 Lassee
Am Golfplatz 1
www.gcschoenfeld.at
office@gcschoenfeld.at

LAVANT — G5

GOLFCLUB DOLOMITENGOLF OSTTIROL

Das Restaurant und die Bar im Clubhaus des Dolomitengolf Osttirol sind ganztägig als Bistro geöffnet und sind Anziehungspunkte für die Region, für Golfer ebenso wie für Ausflügler und Schlemmerfreunde. Die regionalen Gerichte, zubereitet mit frischen Produkten der Saison, kann man zu Mittag (11 bis 14 Uhr) genießen. Öffnungszeiten (April bis Oktober): Montag bis Sonntag von 10 bis 18 Uhr.

36-Loch-Anlage

Tel.: 04852 72100
9906 Lavant
Am Golfplatz
www.dolomitengolf.at
info@dolomitengolf.at

LEBRING — M5

GOLF CLUB GUT MURSTÄTTEN

Das Clubhaus im ländlich-rustikalen Stil, mit gemütlichem Clubraum, offenem Kamin, Bar und einer Terrasse mit Blick auf den Golfplatz, bietet alle Annehmlichkeiten, auf die Golfer Wert legen. Das Golfrestaurant bietet Klassiker aus der regionalen und internationalen Küche und ergänzt die Saisonkarte mit wechselnden Gerichten. Regionale und internationale Weine runden das Angebot ab.

27-Loch-Anlage

Tel.: 03182 3555
8403 Lebring
Oedt 14
www.gcmurstaetten.at
gcmurstaetten@golf.at

LOIPERSDORF — O4

THERMENGOLFCLUB FÜRSTENFELD-LOIPERSDORF

Seit März 2019 betreibt hier die Familie Reinhard und Susanne Puchmayer das Golfrestaurant & Café der Thermengolfanlage Loipersdorf, welches unter dem Namen Das Puchis geführt wird. Das Restaurant verwöhnt Golfer und Nichtgolfer mit Spezialitäten der Region. Geöffnet hat Das Puchis sieben Tage in der Woche. Familien- und Betriebsfeiern, Weihnachts-, Hochzeits-, Tauf- und Firmungsfeiern bis zu 80 Personen sind hier ebenfalls möglich.

27-Loch-Anlage

Tel.: 03382 8533
8282 Loipersdorf
Golfplatzstraße 50
www.thermengolf.at
office@thermengolf.at

LUFTENBERG — J2

LINZER GOLFCLUB LUFTENBERG

Der Luftenberger Hof ist das Partnerrestaurant des Linzer Golfclubs Luftenberg. Hier kann man bei Rieslingbeuschel, Tafelspitzbouillon, gebeizter Lachsforelle, Schnitzel nach Wiener Art, Maishendelbrust, glacierter Kalbsleber mit Erdäpfelpüree oder Spezial-Burger schlemmen. Wer danach noch Lust auf Süßes hat, der kann zum Beispiel zwischen Orangen-Thymian-Sorbet, Powidltascherln oder Mohnparfait wählen.

18-Loch-Anlage

Tel.: 07237 3893
4225 Luftenberg
Am Luftenberg 1 a
www.gclinz-luftenberg.at
gclinz-luftenberg@golf.at

MARIA LANKOWITZ

MARIA LANKOWITZ — M4

GOLFCLUB ERZHERZOG JOHANN

Das Golfrestaurant im Golfclub Erzherzog Johann möchte ein offenes Restaurant für alle sein. Pächter Hannes Herold und sein Team bieten den Gästen traditionelle gutbürgerliche österreichische Küche und nationale sowie internationale Spezialitäten. Bei warmen Temperaturen bietet sich die Terrasse als Treffpunkt für gemütliches Beisammensein an. Das Angebot runden süße Versuchungen aus der Vitrine ab.

18-Loch-Anlage

Tel.: 03144 6970
8591 Maria Lankowitz
Puchbacherstraße 109
www.golf-marialankowitz.at
office@golf-marialankowitz.at

MARIA WÖRTH — K5

KÄRNTNER GOLFCLUB DELLACH

Auf die Frische saisonaler, heimischer Produkte wird im Restaurant des Golfclubs Dellach größter Wert gelegt. Auf der Clubterrasse die mit Kräutern der Saison bepflanzt ist, lässt es sich gut entspannen, egal ob mit einem gut gezapften Bier oder einem Eistee. Interessant ist auch das Weinangebot, das Weinliebhabern Highlights aus Österreich bietet oder sie auf eine kleine gedankliche Weltreise mitnimmt.

18-Loch-Anlage

Tel.: 04273 2515
9082 Maria Wörth
Golfstraße 3
www.kgcdellach.at
office@kgcdellach.at

MIEMING — D4

GOLFCLUB MIEMINGER PLATEAU

Die Bar und das Restaurant Greenvieh laden zum Entspannen mit Freunden auf der Sonnenterrasse, zu kulinarischen Erlebnissen oder einem After-Work-Drink ein. Die Lebensgeister der Golfer und Nichtsportler sollen Köstlichkeiten aus der Tiroler Küche in Schwung bringen. Bei den Gourmetspecials und den Themenwochen mit heimischen und internationalen Speisen zeigt das Küchenteam, was es kann.

27-Loch-Anlage

Tel.: 05264 5336
6414 Mieming
Obermieming 141 e
www.golfmieming.at
info@golfmieming.at

MILLSTATT AM SEE — J5

GOLFCLUB MILLSTÄTTER SEE

Das Golf Bistro des Golfclubs Millstätter See lädt Golfer und Nichtgolfer ein, den Tag mit Blick auf den Millstätter See oder im Wintergarten kulinarisch ausklingen zu lassen. Neben herzhaften Speisen aus der heimischen Küche und leichten Gerichten bietet das Küchenteam auch eine tägliche Empfehlung an. Feinschmecker freuen sich zudem über die Weinkarte mit Weinen ausgewählter österreichischer Winzer.

18-Loch-Anlage

Tel.: 04762 82548
9872 Millstatt am See
Am Golfplatz 1
www.golf-millstatt.at
gcmillstatt@golf.at

MITTERNDORF — N2

DIAMOND COUNTRY CLUB

Der Diamond Country Club setzt auch auf gehobene Kulinarik. Wer nicht nur wegen der 18-Loch- oder 9-Loch-Anlage nach Atzenbrugg kommt, darf sich im Clubhouse – dem Golfrestaurant 2014 – über Klassiker der österreichischen Küche freuen. Die Weinkarte setzt auf heimische Kreszenzen. Wenn man einmal zu viel genossen hat, ist dies hier auch kein Problem. Die Diamond Rooms bieten zeitgemäßen Nächtigungskomfort.

36-Loch-Anlage

Tel.: 02275 20075
3452 Mitterndorf
Am Golfplatz 1
www.countryclub.at
office@countryclub.at

NEUDAUBERG

MITTERSILL   G4

GOLFCLUB NATIONALPARK HOHE TAUERN

Florian Mölgg und sein Team begrüßen Gäste im Golfrestaurant The 19th. Großer Wert wird im Golfclub Nationalpark Hohe Tauern auf Qualität und Frische gelegt, deshalb kauft die Leitung die Zutaten für die Gerichte – wenn möglich – ausschließlich in der Region. Das Restaurant ist täglich ab 9 Uhr geöffnet und bietet durchgehend warme Küche. Bei Schlechtwetter eventuell geänderte Öffnungszeiten.

18-Loch-Anlage

Tel.: 06562 5700
5730 Mittersill
Felben 133
www.golfclub-nationalpark-hohetauern.at
info@gc-hohetauern.at

MONDSEE   H3

GOLFCLUB AM MONDSEE

Beliebter Treffpunkt nach den schwierigen letzten Löchern ist das Clubrestaurant des Golfclubs Am Mondsee. Das Clubhaus liegt direkt am kleinen Drachensee. Von der Terrasse des Restaurants hat man einen herrlichen Blick auf den See, große Teile der Golfanlage, auf den Schafberg und die Drachenwand. Die Gäste erwartet ganztägig warme Küche, selbst gemachte Kuchen und fangfrische Mondsee-Fische.

18-Loch-Anlage

Tel.: 06232 38350
5310 Mondsee
St. Lorenz 400
www.golfclubmondsee.at
gcmondsee@golf.at

MOOSBURG   J5

GOLFCLUB PÖRTSCHACH MOOSBURG

Fangfrische Fische, Meeresfrüchte und Krustentiere, in Whisky mariniertes Rindsfilet, warm geräucherter Lachs mit Thunfischtatar, geschmorte Lammhaxe mit Gemüse sowie Porterhouse- beziehungsweise T-Bone-Steak warten auf die Gäste des Magnolia, das im Golfclub Pörtschach Moosburg beheimatet ist. Sonntags ist von April bis Juni sowie von September bis November Brunch-Time (9 bis 16 Uhr).

27-Loch-Anlage

Tel.: 04272 83486
9062 Moosburg
Golfstraße 2
www.golfmoosburg.at
office@golfmoosburg.at

NEIDLING   M2

GOLFCLUB ST. PÖLTEN

Was wäre Golf ohne das berühmte „19. Loch"? Im Fall des Golfclubs St. Pölten ist dies das Restaurant Castello, das den Sportlern ein Frühstück zur Vorbereitung auf eine perfekte Golfrunde, eine saisonale Wochenkarte mit Spezialitäten aus der Region oder Clubbar mit Pool-Billard, Darts und TV bietet. Geöffnet ist das Restaurant Montag bis Sonntag von 9 Uhr bis zum Einbruch der Dunkelheit.

18-Loch-Anlage

Tel.: 02741 7360
3110 Neidling
Goldegg Golf 1
www.noe-golfclub.at
office@noe-golfclub.at

NEUDAUBERG   N4

GOLFCLUB GOLFSCHAUKEL

Das Clubrestaurant Eulenwirt – unter der Leitung von Fredy Benkö – verwöhnt Golfer im Golfclub Golfschaukel mit Carpaccio vom Jungstier, gebratenem Zanderfilet auf Risotto, Tranchen vom Jungschweinsrücken mit Pfeffersauce, Topfenknödeln oder Kaiserschmarren. Zusätzlich gibt es regelmäßig Themenabende. Auch bei Nichtgolfern ist der Eulenwirt sehr beliebt.

45-Loch-Anlage

Tel.: 03326 55000
7574 Neudauberg
Zum Golfzentrum 8
www.golfschaukel.at
info@golfschaukel.at

OBERNEUKIRCHEN

OBERNEUKIRCHEN — J2

GOLFCLUB STERNGARTL

Das Sterngartl Café und Restaurant des Golfclubs Sterngartl verfügt über rund 80 Sitzplätze sowie eine großzügig angelegte Terrasse. Das Speisenangebot setzt sich aus traditionellen, bodenständigen Gerichten, verschiedensten Salatkreationen, italienischen Nudelgerichten, leichten Sommergerichten, Fischspezialitäten und kleinen Imbissen zusammen. Ein Zigarrenangebot rundet das genussvolle Programm ab.

18-Loch-Anlage

Tel.: 07212 21333
4181 Oberneukirchen
Schauerschlag 4
www.golf-sterngartl.at
office@golf-sterngartl.at

OBERWALTERSDORF — O3

FONTANA

Im Restaurant Fontana lässt man sich einiges einfallen, um Gäste zufriedenzustellen. So gibt ein „Vital-Frühstück" Energie für die sportliche Tätigkeit, ein „Business-Lunch" soll mögliche Geschäftsanbahnungen unterstützen und ein „Muttertagsbrunch" die Erfüllung familiärer Pflichten erleichtern. Und wer es rustikal wünscht, der kommt beim „Grillbrunch" mit Koteletts und Würsteln voll auf seine Kosten.

18-Loch-Anlage

Tel.: 02253 6062203
2522 Oberwaltersdorf
Fontana Allee 1
www.fontana.at
office@fontana.at

PASSAIL — M4

GOLF CLUB ALMENLAND

Ida und Hans Tödtling, die das Restaurant des Golf Clubs Almenland führen, bieten den Gästen steirische Spezialitäten aller Art und einen eigenen Weinkeller. Auf Vorbestellung werden Back- beziehungsweise Brathendl zubereitet. Von der Sonnenterrasse hat man übrigens einen wunderbaren Ausblick auf die erste Spielbahn des landschaftlich reizvollen Golfplatzes, der alten Baumbestand und bestehendes Biotop mit einschließt.

18-Loch-Anlage

Tel.: 03179 27799
8162 Passail
Fladnitzer Straße 61
www.almenlandgolf.at
office@almenlandgolf.at

PERTISAU — E3

GOLF-& LANDCLUB ACHENSEE

Der Golfclub Achensee ist „Leading Golf Course" und der älteste Club Tirols, gegründet 1934. Das Clubrestaurant ist sich dieser langen Tradition bewusst und bietet den Gästen erfrischende Cocktails, ein gutes Glas Wein oder Tiroler Gerichte. Hausgemachte Kuchen und Eisspezialitäten gehören ebenso zum kulinarischen Angebot wie vegetarische beziehungsweise glutenfreie Gerichte.

18-Loch-Anlage

Tel.: 05243 5377
6213 Pertisau
Kirchstraße 13
www.golfclub-achensee.at
info@golfclub-achensee.at

RADSTADT — I4

GOLFCLUB RADSTADT

Josef's – das Restaurant im Golfclub Radstadt – verwöhnt Fleischtiger mit Tafelspitz, Pulled Pork, Steaks vom argentinischen Rind oder Burgerspezialitäten. Es bietet aber auch Zanderfilet mit Krautfleckerln, eine vegane Süßkartoffel-Kokos-Suppe oder Tagliatelle mit Kirschtomaten an. Österreichische Spitzenweine, zahlreiche Biersorten und ein Cocktailangebot runden das kulinarische Erlebnis ab.

27-Loch-Anlage

Tel.: 06452 5111
5550 Radstadt
Römerstraße 20
www.radstadtgolf.at
info@radstadtgolf.at

FONTANA ist ein *Lebensstil*

FONTANA

FONTANA ist Golf – ist Entspannung – ist Genuss – ist Unterhaltung – ist Leben.
www.fontana.at

RAMSAU BEI HAINFELD

RAMSAU BEI HAINFELD — M2

GOLFCLUB ADAMSTAL FRANZ WITTMANN

Das Restaurant Golf und Genuss im Adamstal wird von Claus Curn geführt. Der erfahrene Koch verwöhnt die Gäste des Golfclubs Adamstal unter anderem mit roh mariniertem Bachsaibling, Bandnudeln mit Ente, Karpfen in Gewürzkruste, Brennnesselknödeln und einem Überraschungsmenü. Für Golfer reizvoll: Eine Genussrunde beinhaltet die Greenfee inklusive Drei-Gang-Menü zu besonders attraktiven Pauschalpreisen.

27-Loch-Anlage

Tel.: 02764 3500
3172 Ramsau bei Hainfeld
Gaupmannsgraben 21
www.adamstal.at
info@adamstal.at

RANKWEIL — A4

GOLFCLUB MONTFORT RANKWEIL

Mit seinen 140 Sitzplätzen und idealer Verkehrsanbindung inklusive 160 Parkplätzen ist das Clubrestaurant des Golfclubs Montfort bestens geeignet für geschäftliche Veranstaltungen, Firmenevents, größere Geburtstagsfeiern, Hochzeiten sowie Firmen-Weihnachtsfeiern. Von der überdachten Terrasse genießt man einen atemberaubenden und einmaligen Blick über die Vorarlberger und Schweizer Bergwelt.

18-Loch-Anlage

Tel.: 05522 72000
6830 Rankweil
Kirchstraße 70
www.golfclub-montfort.com
info@golfclub-montfort.com

RASTENFELD — M1

DIAMOND CLUB OTTENSTEIN

Die Familie Hettegger punktet im Restaurant des Diamond Clubs Ottenstein mit einem Querschnitt von herzhaften Gerichten, zeitgemäßen Klassikern und bodenständigen Waldviertler Speisen. Von Waldviertler Karpfen mit Erdäpfel-Bärlauch-Püree über gebratenen Lammrücken mit Ratatouille bis Clubsteak Surf & Turf (Beiried mit Garnele) spannt sich die kulinarische Reiseroute.

18-Loch-Anlage

Tel.: 02826 7476
3532 Rastenfeld
Niedergrünbach 60
www.golfclub-ottenstein.at
info@golfclub-ottenstein.at

RIEFENSBERG — B4

GOLF CLUB RIEFENSBERG-SULZBERG

Die Gastronomie im Golf Club Riefensberg-Sulzberg im Bregenzerwald krönt jede Runde mit einer zusammengestellten Auswahl regionaler, nationaler und internationaler Köstlichkeiten aus Küche und Keller. Jeden zweiten Freitag im Monat bieten die Betreiber, Nicole und Oliver Hagspiel, gegen Voranmeldung ein besonderes kulinarisches Highlight: „All you can eat Kässpatzenessen" um 11,11 Euro.

18-Loch-Anlage

Tel.: 05513 84000
6943 Riefensberg
Unterlitten 3a
www.golf-bregenzerwald.com
office@golf-bregenzerwald.com

RINN — E4

GOLFCLUB INNSBRUCK-IGLS

Der Golfclub Innsbruck-Igls verfügt über zwei moderne Clubhäuser, eines in Rinn und eines in Lans. In Rinn können Gäste mit saisonale Gerichten, Hausmannskost und täglich frischen hausgemachten Torten und Kuchen rechnen. Im Clubhaus Lans verwöhnt man Genießer mit regionalen sowie internationalen Speisen und einer umfangreichen Weinkarte. Hier ist man auch für diverse Familienfeiern wie Taufe oder Erstkommunion sowie Weihnachts- und Betriebsfeiern eingerichtet.

27-Loch-Anlage

Tel.: 05223 78177
6074 Rinn
Oberdorf 11
www.golfclub-innsbruck-igls.at
office@golfclub-innsbruck-igls.at

ST. GEORGEN AM LÄNGSEE

RUTZENMOOS — I2

GOLF REGAU ATTERSEE-TRAUNSEE

Andrea und Christian Schwarz bieten den Gästen im Café und Restaurant Albatros im Golf Regau Blunzengröstl mit Kartoffeln, Penne all'arrabiata, steirischen Backhendlsalat, Grammel- und Speckknödel mit Sauerkraut, Rindsgulasch mit Semmelknödel, Wiener Schnitzel, gekochtes Rindfleisch mit Semmelkren, Rib-Eye-Steak mit Speckbohnen, Bratkartoffeln und Cognac-Pfeffer-Sauce oder Marillenpalatschinken an.

18-Loch-Anlage

Tel.: 07672 222020
4845 Rutzenmoos
Eck 3
www.golfregau.at
office@golfregau.at

SAALFELDEN — G4

GOLFCLUB GUT BRANDLHOF

Auch Wanderer und Radfahrer sind im Restaurant des Golfclubs Gut Brandlhof willkommen. Dort können sie eine Pinzgauer Spezialität und ein Highlight der deftigen Art genießen: Als Kreuzung zwischen Fondue und Raclette werden gegen Voranmeldung auf heißen Hüten mitten auf dem Tisch Fleisch und Gemüse gebraten und in Suppe gegart. Bei Schönwetter stehen 100 Plätze auf der großen Sonnenterrasse zur Verfügung.

18-Loch-Anlage

Tel.: 06582 74875
5760 Saalfelden
Hohlwegen 4
www.brandlhof.com
golfclub@brandlhof.com

GOLFCLUB URSLAUTAL

Das Restaurant des Golfplatzes Urslautal ist täglich ab 9 Uhr geöffnet und bietet Golfern und Nichtgolfern eine kleine Speisekarte. Auf dieser finden sich etwa Frittaten- und Knoblauchcremesuppe, Kasnocken mit Salat, Cordon bleu, Ćevapčići, gebratener Saibling mit Kräuterdip oder Eispalatschinken mit Schokoladesauce. Bei rechtzeitiger Reservierung werden auch Veranstaltungen aller Art durchgeführt.

18-Loch-Anlage

Tel.: 06584 2000
5760 Saalfelden
Schinking 81
www.golf-urslautal.at
info@golf-urslautal.at

ST. FLORIAN — K2

GOLFCLUB LINZ ST. FLORIAN

Das Team rund um Gregor Gaugusch und Markus Kainberger legt besonderes Augenmerk auf Qualität und gesunde Ernährung, was sich in der Karte widerspiegelt. Hausmannskost, saisonale Gerichte (Spargel), Fische, mediterrane Küche, Pasta und Pilze. Deftiges (Braten und Knödel) sowie Wildspezialitäten im Herbst ergänzen die Standardkarte des Restaurants im Golfclub Linz St. Florian.

18-Loch-Anlage

Tel.: 07223 82873
4490 St. Florian
Tillysburg 28
www.gclinz.at
office@gclinz.at

ST. GEORGEN AM LÄNGSEE — K5

JACQUES-LEMANS GOLFCLUB ST. VEIT-LÄNGSEE

Das Clublokal des Jacques-Lemans Golfclubs, der auf über 600 Meter Seehöhe angelegt ist, bringt in Zusammenarbeit mit regionalen Produzenten Gerichte in der kulinarischen Tradition des Landes auf den Tisch. Aber auch die mediterrane Küchenlinie des Alpe-Adria-Raumes kommt im Green's nicht zu kurz. Das Restaurant eignet sich bei Voranmeldung auch für private und geschäftliche Feiern aller Art.

18-Loch-Anlage

Tel.: 04213 41 41 30
9313 St. Georgen am Längsee
Unterlatschach 25
www.golfstveit.at
office@golfstveit.at

ST. MICHAEL IM LUNGAU

ST. MICHAEL IM LUNGAU · I4

GOLFCLUB LUNGAU-KATSCHBERG

Ebene Fairways mit natürlichen Hindernissen versprechen Golfvergnügen auf 1050 Metern. Daher gilt der Platz des Golfclubs Lungau-Katschberg als einer der schönsten und anspruchsvollsten des Landes. Mari und Rupert Bogensperger sorgen im Restaurant s'19er und auf der Sonnenterrasse dafür, dass auch der Magen bei einem Turnierbuffet, einer privaten Feier oder bei einem Imbiss auf seine Kosten kommt.

27-Loch-Anlage

Tel.: 06477 7448
5582 St. Michael im Lungau
Feldnergasse 165
www.lungau.at/de/aktiv/sommerurlaub/golfclub-lungau
gclungau@golf.at

ST. OSWALD BEI FREISTADT · K1

GOLFCLUB MÜHLVIERTEL ST. OSWALD-FREISTADT

Eingebettet zwischen sanften Hügeln, alten Baumbeständen, Feldern und Weiden liegen die den natürlichen Landschaftsformen angepassten Fairways und die Greens des Golfclubs Mühlviertel St. Oswald-Freistadt. Wer hier den Tag kulinarisch ausklingen lassen möchte, den erwarten im Restaurant des Golfclubs, das von Hannes Zehethofer betrieben wird, typisch regionale Köstlichkeiten.

18-Loch-Anlage

Tel.: 07945 7938
4271 St. Oswald bei Freistadt
Am Golfplatz 1
www.gcstoswald.at
office@gcstoswald.at

ST. WOLFGANG · I3

SALZKAMMERGUT GOLFCLUB

Wer den Golfclub Salzkammergut besucht, sollte es sich nicht entgehen lassen, auch im Golfrestaurant von Andreas Stadlinger zu speisen. Auf der Sonnenterrasse genießt man bei freiem Blick auf den Abschlag und das Green süße Leckereien aus der Mehlspeisenküche zum Kaffee. Internationale und heimische Spezialitäten erwarten die Feinschmecker ebenfalls. Firmen- und Familienfeiern werden auf Anfrage auch gerne veranstaltet.

18-Loch-Anlage

Tel.: 06132 26340
5360 St. Wolfgang
Wirling 36
www.salzkammergut-golf.at
office@salzkammergut-golf.at

SEEFELD · D4

GOLFCLUB SEEFELD-WILDMOOS

Michaela und Michael Gallo, die Betreiber des Clubrestaurants des Golfclubs Seefeld-Wildmoos, bieten auch Nichtgolfern einen bunten Mix aus regionaler, nationaler und internationaler Küche. Diese genießt man in einem rustikal-gemütlichen Ambiente oder auf der Terrasse mit Blick auf das 10. Tee oder das 18. Green. Für Veranstaltungen – bis 100 Personen – werden individuelle Buffetlösungen erstellt.

18-Loch-Anlage

Tel.: 05212 52402
6100 Seefeld
Wildmoos 11
www.seefeldgolf.com
info@seefeldgolf.com

SPIELBERG BEI KNITTELFELD · L4

GOLFCLUB MURTAL

Das im Jahre 2008 umgebaute Clubhaus des Golfclubs Murtal samt Golf-Café und Restaurant lädt mit seiner großen Fensterfront im klimatisierten, abteilbaren Wintergarten und der großzügig gestalteten Sonnenterrasse zum länger Bleiben ein. Die Küche verwöhnt Gäste mit regionalen und internationalen Speisen sowie hausgemachten Mehlspeisen. Zudem bieten die Räumlichkeiten genügend Platz für Veranstaltungen aller Art.

18-Loch-Anlage

Tel.: 03512 75213
8724 Spielberg bei Knittelfeld
Frauenbachstraße 51
www.gcmurtal.at
gcmurtal@golf.at

ULRICHSBERG

SPILLERN — 02

GOLFCLUB SPILLERN

Das Restaurant Golfclub Spillern setzt auf einen bunten Speisenmix. So finden sich auf der Karte beispielsweise gekochtes Schulterscherzl mit Semmelkren, Rindsbraten mit Semmelknödel und Preiselbeeren, gebratene Riesengarnelen mit Chili oder Pasta aglio e olio con peperoncino. Wer Hausmannskost wünscht, darf sich über überbackene Schinkenfleckerl oder Backhendelsalat mit Kernöl freuen.

18-Loch-Anlage

Tel.: 02266 81 21 10
2104 Spillern
Wiesener Straße 100
www.gcspillern.at
gcspillern@golf.at

STEINAKIRCHEN AM FORST — L2

GOLFCLUB SCHLOSS ERNEGG

Das Restaurant Die Meierei verwöhnt die Gäste des Golfclubs Schloss Ernegg einerseits mit einem kostengünstigen Business-Lunch. Andererseits kann man auch zwischen Waldviertler Lachsforelle, Alt-Wiener Backfleisch, Bœuf Stroganoff oder Filetsteak mit Rosmarinkartoffeln wählen. Eine interessante Bierkarte ergänzt das große Getränkeangebot. An Sonn- und Feiertagen wird zudem ein reichhaltiges Frühstücksbuffet geboten.

18-Loch-Anlage

Tel.: 07488 76770
3261 Steinakirchen am Forst
Ernegg 4
www.gcschlossernegg.at
office@gcschlossernegg.at

UDERNS — E4

GOLFCLUB ZILLERTAL UDERNS

Das Restaurant Genusswerkstatt nahe des Golfclubs Zillertal Uderns setzt auf Kreativität und zeitgemäße Küche. Mittwochs können sich Genießer und natürlich auch die Golfer über Sushi freuen, sonst warten unter anderem ein mehrgängiges Genussmenü, Carpaccio, Tatar oder Lammkeule auf die Sportler und die weniger Sportbegeisterten. Zum Finale bietet die Küche etwa Schokoladekuchen oder Sorbets an.

18-Loch-Anlage

Tel.: 05288 63000
6271 Uderns
Golfstraße 1
www.golf-zillertal.at
info@golf-zillertal.at

ULRICHSBERG — I1

GOLFPARK BÖHMERWALD

Im Restaurant des Golfparks Böhmerwald werden primär Produkte aus der Region verkocht. Einer der Schwerpunkte der Küche ist – passend zu den gespielten Golfbällen – das Thema Knödel. Für alle Bierliebhaber wird als Reminiszenz an die Lage im Dreiländereck Bier aus Österreich, Bayern und Tschechien ausgeschenkt. Spezialitätentage und Themenwochen (rund um den Maibock, Erdbeer- oder Kürbiswochen) gibt es auch.

27-Loch-Anlage

Tel.: 07288 8200
4161 Ulrichsberg
Seitelschlag 50
www.boehmerwaldgolf.at
office@boehmerwaldgolf.at

---

www.gaultmillau.at – Tipps, Trends, Rankings und alle Restaurantkritiken

WEISSKIRCHEN

WEISSKIRCHEN J2

GOLFCLUB WELS

Christoph Brandstätter und Lukas Rumerstorfer haben seit der Saison 2019 die Gastronomie im Golfclub Wels übernommen. Daher können wir noch nicht sagen, in welche Richtung sich das Restaurant entwickeln wird. In verschiedensten Medien war zu lesen, dass sie ihre Kreationen ganztägig den heimischen Golf-Gourmets – gegen Voranmeldung auch Nichtmitgliedern – anbieten möchten. Man darf gespannt sein.

18-Loch-Anlage

Tel.: 07243 56038
4616 Weißkirchen
Golfplatzstraße 2
www.golfclub-wels.at
office@golfclub-wels.at

WEITRA L1

GOLFCLUB WEITRA

Küchenchefin Yvonne Albrecht begeistert im Golfclub Weitra ihre Gäste mit regionalen Produkten. So kann man hier geräucherte Karpfenmousse, Kräuter-Knoblauch-Cremesuppe, Schweinsbraten mit Waldviertler Knödel und warmem Krautsalat, Esterházy-Rindsbraten oder hausgemachte g'schupfte Mohnnudeln mit Obströster genießen. Von Montag bis Freitag werden zudem preisgünstige Mittagsmenüs angeboten.

18-Loch-Anlage

Tel.: 02856 2058
3970 Weitra
Hausschachen 313
www.hausschachen.at
gcweitra@golf.at

WESTENDORF F4

GOLFCLUB KITZBÜHELER ALPEN WESTENDORF

In der neu gestalteten Windau Lounge des Golfclubs Kitzbühler Alpen Westendorf werden nach Angaben der Betreiber vorwiegend Produkte von heimischen Bauern und Gärtnern verwendet. Unter den Gerichten, die man auf der Sonnenterrasse genießt, finden sich unter anderem Beef Tatar vom heimischen Rind, Speckknödelsuppe, Filetsteak mit Speckbohnen, Hasenfilet mit Pilzen oder warmes Schokoladetörtchen.

18-Loch-Anlage

Tel.: 05356 20691
6363 Westendorf
Holzham 120
www.gc-kitzbueheler-alpen.at
office@gc-westendorf.com

WIEN N2

GOLF CLUB WIEN-SÜSSENBRUNN

Das Restaurant Verde des Golf Clubs Wien-Süßenbrunn bietet für den kleinen Hunger Sacherwürstel oder eine Brettljause an. Wer nach mehr Stärkung verlangt, der kann diese mit Vanillerostbraten mit Braterdäpfeln, Tafelspitz mit Apfelkren, Penne all'arrabbiata oder Spaghetti carbonara erreichen. Für die Naschkatzen unter den Sportlern gibt es Schokoladepalatschinken oder Mohnnudeln mit Zwetschkenröster.

18-Loch-Anlage

Tel.: 01 256828250
1220 Wien
Weingartenallee 22
www.gcwien-sb.at/golf/gc-suessenbrunn
golf@gcwien-sb.at

GOLFCLUB WIEN

Golf-Sportlegenden und Major-Sieger wie Jack Nicklaus, Severiano Ballesteros, Bernhard Langer, Ian Woosnam, José María Olazábal und Sir Nick Faldo haben im Golfclub unvergessliche Stunden erlebt. Wer nicht auf deren Niveau spielt, der kann sich im Clubrestaurant von Restaurantchef Andi Lubei mit frisch zubereiteten Speisen verwöhnen lassen oder den Sieg oder die Niederlage mit einem Glas Sekt feiern.

18-Loch-Anlage

Tel.: 01 7289564
1020 Wien
Freudenau 65
www.gcwien.at
gcwien@golf.at

ZÖBERN

WINDISCHGARSTEN — J3

GOLFCLUB WINDISCHGARSTEN PYHRN-PRIEL

Auf die Gäste des Golfclubs Dilly warten eine auf die besonderen Bedürfnisse der Golfspieler abgestimmte kleine, aber feine Speisekarte, erfrischende Getränke sowie eine Weinkarte mit ausgewählten österreichischen Winzern. Eine täglich wechselnde Tageskarte rundet das Angebot ab. Des Weiteren werden Grillpartys, Buffets oder Gourmetmenüs für Firmen- oder Familienfeiern angeboten.

18-Loch-Anlage

Tel.: 07562 206 78 50
4580 Windischgarsten
Edlbach 96
www.dilly.at/de/golfplatz
wellness@dilly.at

ZELL AM SEE — G4

GOLFCLUB ZELL AM SEE-KAPRUN-SAALBACH-HINTERGLEMM

Das Restaurant im Golfclub Zell am See-Kaprun-Saalbach-Hinterglemm bietet Gästen einen wunderschönen Blick von der Panoramaterrasse auf den Golfplatz und die umliegende Bergwelt. Das gastronomische Angebot umfasst kulinarische Spezialitäten aus nationaler und internationaler Küche. Interessante, aber ausbaufähige Weinkarte. Betreiber Anton Höllwart und sein Team stehen für persönliche Wünsche zur Verfügung.

36-Loch-Anlage

Tel.: 06542 561610
5700 Zell am See
Golfstraße 25
www.golf-zellamsee.at
welcome@golf-zellamsee.at

ZÖBERN — N3

GOLF ELDORADO BUCKLIGE WELT

Naturnahes Golfvergnügen mitten in der Buckligen Welt – das bietet der Golfclub Eldorado in Pichl bei Zöbern. Nachdem die Sportler den 18-Loch-Kurs absolviert haben, können sie sich im Clubrestaurant mit gemütlicher Stube und großer Terrasse, wo regionale Speisen mit frischen Zutaten aus der Umgebung kredenzt werden, genussvoll stärken.

18-Loch-Anlage

Tel.: 02642 8451
2871 Zöbern
Golfplatz 1
www.golf1.at
buckligewelt@golf1.at

Bewertungen NEU

11 bis 12,5 Punkte von 20 Punkten: 1 Haube
13 bis 14,5 Punkte von 20 Punkten: 2 Hauben
15 bis 16,5 Punkte von 20 Punkten: 3 Hauben
17 bis 18,5 Punkte von 20 Punkten: 4 Hauben
19 bis 19,5 Punkte von 20 Punkten: 5 Hauben

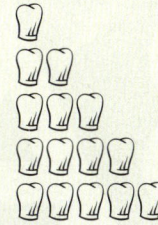

BARS

DIE BESTEN BARS IN ÖSTERREICH

Ob innovativ, klassisch oder punktend mit Aussicht, Ambiente oder Livemusik – hervorragende Drinks lassen sich in unterschiedlichsten Rahmen erleben.

DIE BESTEN BARS IN WIEN
Ambiente
Innovation
Klassisch
Mit Livemusik
Rooftop

DIE BESTEN BARS IN DEN BUNDESLÄNDERN

Bei der Zusammenstellung dieses Führers ließen wir größtmögliche Sorgfalt walten, trotzdem können Daten falsch oder überholt sein. Eine Haftung können wir auf keinen Fall übernehmen.

AMBIENTE

Mit Stil: unsere Top 5 der besten Cocktailbars in Wien

IF DOGS RUN FREE   Seite 764
1060 Wien

PUFF   Seite 768
1060 Wien

ROBERTO AMERICAN BAR   Seite 768
1010 Wien

SPELUNKE   Seite 769
1020 Wien

THE CHAPEL   Seite 769
1150 Wien

INNOVATION

Mit Idee: unsere Top 5 der besten Cocktailbars in Wien

BRUDER Seite 762
1060 Wien

KRYPT. Seite 766
1090 Wien

THE BIRDYARD Seite 769
1080 Wien

THE SIGN Seite 769
1090 Wien

TÜR 7 Seite 769
1080 Wien

KLASSISCH

Mit Klasse: unsere Top 5 der besten Cocktailbars in Wien

BRISTOL BAR — Seite 762
1010 Wien

BLAUE BAR IM HOTEL SACHER — Seite 761
1010 Wien

D-BAR IM HOTEL THE RITZ-CARLTON — Seite 763
1010 Wien

KRUGER'S AMERICAN BAR — Seite 765
1010 Wien

NIGHTFLY'S CLUB — Seite 767
1010 Wien

MIT LIVEMUSIK

Mit Musik: unsere Top 5 der besten Cocktailbars in Wien

26° EAST BAR IM HOTEL PALAIS HANSEN KEMPINSKI WIEN — Seite 760
1010 Wien

EDEN BAR — Seite 764
1010 Wien

FABIOS — Seite 764
1010 Wien

HEUER AM KARLSPLATZ — Seite 764
1040 Wien

INTERMEZZO BAR IM HOTEL INTERCONTINENTAL — Seite 765
1030 Wien

ROOFTOP

Mit Aussicht: unsere Top 5 der besten Cocktailbars in Wien

**ATMOSPHERE ROOFTOP BAR
IM HOTEL THE RITZ-CARLTON**   Seite 760
1010 Wien

**AURORA IM HOTEL ANDAZ VIENNA
AM BELVEDERE**   Seite 761
1100 Wien

DACHBODEN IM 25 HOURS HOTEL   Seite 763
1070 Wien

DAS LOFT BAR & LOUNGE   Seite 763
1020 Wien

LAMÉE ROOFTOP   Seite 766
1010 Wien

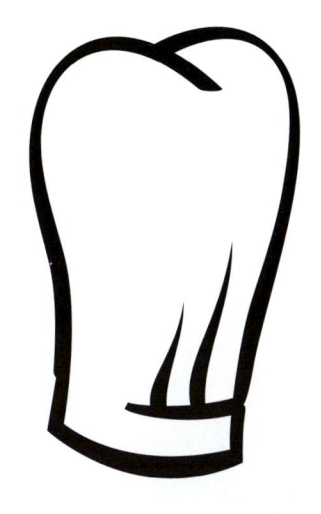

Gault&Millau

Gault&Millau 2020 – alle Ergebnisse ab sofort auch unter www.gaultmillau.at erhältlich

WIEN Bars

26° EAST BAR ⓝ
im Hotel Palais Hansen Kempinski Wien

Der Name der Bar im Palais Hansen Kempinski ist auf eine nette geographische Spielerei zurückzuführen. Die Adresse lautet Schottenring 26 und als Inspiration für die Cocktails dienten Länder des 26. Längengrades. Die innovativen Drinks variieren saisonal und werden laufend ergänzt. Dieses Konzept macht Lust auf mehr.

Tel.: 01 236 10 00 80 88
1010 Wien
Schottenring 26
www.kempinski.com
26east.bar@kempinski.com
Mo–So 17–2 Uhr

57 RESTAURANT & LOUNGE

Mit dem Lift fliegt man förmlich in den 57. Stock des DC Towers, wo man von einer atemberaubenden Aussicht erwartet wird. Die Fenster gehen vom Boden bis zur Decke und erlauben einen schönen Blick auf die Donau. Im höchsten Gebäude der Stadt werden mediterrane Speisen sowie hervorragende Steaks serviert. Die Weinberatung ist kompetent und die Desserts, wie der Schokotraum, runden den gemütlichen Abend ab.

Tel.: 01 901 04 20 80
1220 Wien
Donau-City-Straße 7
www.57melia.com
restaurant57@melia.com
Mo–Fr 12–14.30 und 18–22,
Sa 18–22, So 12–15 Uhr

AGENT OSCAR

Hierbei handelt sich um eine schicke, kleine American Bar. Es erwartet einen ein gelungener Interieurmix aus Alt und Neu, die sanfte Hintergrundmusik mit Swing-, Jazz- und Bluesklängen nimmt einen mit in das Amerika vergangener Tage. Die Auswahl an Cocktails und Drinks ist überbordend und die gemütlich-zwanglose Atmosphäre lädt dazu ein, auch gerne länger zu bleiben.

Tel.: 01 956 59 75
1070 Wien
Zollergasse 5
www.agentoscar.at
agentoscar.wien@gmail.com
Mo–Sa ab 18.30 Uhr

ATMOSPHERE ROOFTOP BAR
im Hotel Ritz-Carlton

Stilvoll und unbeschwert geht es in der Atmosphere Rooftop Bar im achten Stock des Ritz-Carlton Vienna zu. Hier gibt es kreative Sommerdrinks, klassische Cocktails und eine große Auswahl an Gins und Tonics. Kulinarische Kleinigkeiten stehen ebenfalls auf der Karte. Kurzum ein optimaler Ort für einen entspannten Sundowner.

Tel.: 01 311 88
1010 Wien
Schubertring 5–7
www.ritzcarlton.com
So–Do 16–24, Fr, Sa 16–1 Uhr

Bars **WIEN**

AURORA ROOFTOP BAR ⓝ
im Hotel Andaz Vienna am Belvedere

Beinahe schon puristisches, nordisches Design ist in der Aurora Rooftop Bar vorherrschend – passend zum Namen. Auch wenn man in Wien wohl keine Nordlichter über den Himmel tanzen sehen wird, ist der Blick von der großzügigen Dachterrasse auf Wien traumhaft. Die Cocktailkreationen sind ebenfalls skandinavisch inspiriert und der Service lässt nichts zu wünschen übrig.

Tel.: 01 2057744 44 66
1100 Wien
Arsenalstraße 10
www.hyatt.com
Mo–So 14–2 Uhr

BARFLY'S CLUB
im Hotel Fürst Metternich

Die Auswahl an Whisky, Rum und anderen hochprozentigen Raritäten ist hier einfach legendär. Kein Wunder, dass das Barfly's seit seiner Eröffnung 1989 zu den absoluten Hotspots der Wiener Barszene zählt. Bei internationalen Cocktails und der einen oder anderen Zigarre lässt man gerne die Nacht zum Tag werden.

Tel.: 01 586 08 25
1060 Wien
Esterházygasse 33
www.barflys.at
info@barflys.at
Mo–Do 18–2, Fr, Sa 18–4,
So 20–2 Uhr

BEIMIR

Eine gemütliche, stilvolle Bar zum Sitzenbleiben und Wiederkommen hat Matthias Habringer hier in Ottakring mit viel Liebe zum Detail geschaffen. Herrlich unaufgeregt, bei gleichzeitig hoher Qualität kommen die Drinks bei jedermann gut an und so ist die Fangemeinde des Beimir längst über den 16. Bezirk hinausgewachsen.

Tel.: 0650 366 67 00
1160 Wien
Speckbachergasse 47,
Ecke Seeböckgasse
www.beimir.at
office@beimir.at
Di–Do 19–1, Fr, Sa 19–2 Uhr

BLAUE BAR
im Hotel Sacher

Ob schnell noch vor oder nach der Oper, mit ihrer herrlichen Lage ist die Blaue Bar im Hotel Sacher dafür ideal geeignet. Kräftige Blautöne finden sich hier sowohl auf samtbezogenen Möbeln als auch an den Wänden, strahlende Kristallluster sorgen für eine opulente Atmosphäre. Klassisch statt innovativ ist das Motto, aber es muss auch nicht permanent jeder versuchen, das Rad neu zu erfinden.

Tel.: 01 514 56 10 53
1010 Wien
Philharmonikerstraße 4
www.sacher.com
wien@sacher.com

WIEN Bars pop

BONBONNIERE BAR

Bei diesem altgedienten Lokal gehört das altmodische Interieur zum Programm. Filztapeten an den Wänden, viel Samt, viel Rot. Genau das macht aber auch den Charme der Bar aus, in der passend zum nostalgischen Flair mehrmals pro Woche ein Pianist den Abend begleitet. Die Drinks sind preiswert und man kann sich wunderbar in das Wien vergangener Zeiten zurückversetzen.

Tel.: 01 5126886
1010 Wien
Spiegelgasse 15
Mo–Sa 18–2 Uhr

BOTANICAL GARDEN Ⓝ

Urban, jung, künstlerisch – so ist das Ambiente in dieser Bar. Und die Einrichtung ist sogar auch noch bequem, was schließlich durchaus essentiell ist, wenn man vorhat etwas länger zu bleiben. Fazit: Hier findet wirklich jeder seinen Drink, denn die Cocktails sind alles andere als langweilig und werden auf ausgezeichnetem Niveau zubereitet.

Tel.: 0676 442 25 53
1090 Wien
Währinger Straße 6–8/
Eingang Kolingasse 1
www.botanicalgarden.at
hello@botanicalgarden.at
Di–Do 18–2, Fr, Sa 18–3 Uhr

BRISTOL BAR

Im edlen Art-déco-Ambiente der Bristol Bar fühlt man sich wie in eine andere Zeit versetzt. Die Getränkekarte kommt in dieser American Bar natürlich nicht ohne die üblichen Cocktailklassiker und ein breites Angebot an Spirituosen aus, bietet dem experimentierfreudigen Publikum aber auch Neukreationen.

Tel.: 01 515 16 535
1010 Wien
Kärntner Ring 1
www.bristol-lounge.at
restaurant.bristol@
luxurycollection.com

BRUDER Ⓝ

Hier kann es abends schon einmal voll werden. Aber auch wenn sich die Gäste die Klinke in die Hand geben, bringt das Hubert Peter, Lucas Steindorfer und ihr Team nicht aus der Ruhe. Souverän werden die innovativen Cocktails gemixt und für die Hungrigen gibt es auch eine umfangreiche Speisekarte, denn als modernes Bistro versteht man sich hier ebenfalls.

1060 Wien
Windmühlgasse 20
www.bruder.xyz
hallo@bruder.xyz
Mi–Sa ab 17 Uhr

Bars WIEN

COMIDA Y RON ⓝ

Buen gusto und buena vida sind in der mediterranen Cocktailbar garantiert. Eine breite Getränkekarte mit großer Auswahl an exzellenten Spirituosen und Cocktailkreationen schafft Abwechslung und macht Lust zum Durchprobieren. Der Strawberry-Chili-Margarita mit Erdbeer-Chili-Marmelade ist feurig-süß, Rumliebhaber kommen mit über 40 verschiedenen Sorten auf ihre Kosten. Passende kulinarische Begleitung bieten exotische Speisen wie Kreolisches Huhn und das Filetsteak mit Kochbanane oder Maniok, das Zigarrensortiment sorgt für den letzten Hauch Karibik.

Tel.: 01 5124024
1010 Wien
Stubenring 20
www.comida.at
office@comida.at
Mo–Do 11–1, Fr 11–4,
Sa 18–4, So 18–1 Uhr

D-BAR
im Hotel Ritz-Carlton

In den Farben Rot und Schwarz ist die Bar gehalten und der Blick auf die Ringstraße ist niemals langweilig. Der Besuch ist als eine Art Weltreise inszeniert und so bekommt man die Karte in Form eines Reisepasses, der einen zu zwölf internationalen Destinationen mitnimmt. Auch Cocktail-Workshops werden hier regelmäßig angeboten.

Tel.: 01 311 881 50
1010 Wien
Schubertring 5–7
www.ritzcarlton.com
vienna.restaurant@ritzcarlton.com
Mo–So 15–1 Uhr

DAS LOFT
im SO/Vienna

Ganz oben im 18. Stock präsentiert sich die spektakuläre Bar modern, schick und vollverglast, mit Blick über Wien. Große Auswahl an Cocktails und Longdrinks. Bei den Weinen liegt der Schwerpunkt auf Österreich und Frankreich. Für den kleinen Hunger gibt es Snacks wie etwa eine Selektion aus Essiggurken, Bergkäse und Chilisalami oder Süßkartoffel-Pommes-frites.

Tel.: 01 906 16 81 10
1020 Wien
Praterstraße 1
www.dasloftwien.at
dasloft@sofitel.com
täglich 17–2 Uhr

DAS TORBERG

Wer auf der Suche nach etwas Abwechslung bei seinem Lieblingsgetränk Gin ist, ist mit einem Besuch im Torberg gut beraten, sieht sich das Lokal selbst doch als Nummer eins unter den Ginbars in Österreich. Mit einer Auswahl von über 550 verschiedenen Sorten und diversen Tonics wird sie dieser Einschätzung garantiert gerecht. Wer noch mehr Zahlen braucht, um überzeugt zu werden: Im Torberg kann man 42 Jahre lang unterschiedliche Gin Tonics bestellen, ohne dabei auf eine Wiederholung zu stoßen. Die Bar selbst ist dank des vielen dunklen Holzes gemütlich und lädt zum Sitzenbleiben ein.

Tel.: 01 9563479
1080 Wien
Strozzigasse 47
www.dastorberg.at
grinz-ing@gmx.at
Di–Sa 17–3 Uhr
✻ Juli 2020

DER DACHBODEN ⓝ
im 25hours Hotel beim MuseumsQuartier

Wer entspannt mit einem netten Drink und gutem Ausblick über Wien ins Wochenende starten möchte, der ist am Dachboden des 25hours Hotels goldrichtig. Die Atmosphäre ist gemütlich und man braucht sich auch nicht zu sorgen, ob man vielleicht der einzige Gast ist – hier ist immer etwas los. Reservierungen werden keine entgegengenommen, es gilt first come, first serve.

Tel.: 01 521510
1070 Wien
Lerchenfelder Straße 1–3
www.dachbodenwien.at
wien@25hours-hotels.com
Mo–So 15–1 Uhr

DIE PARFÜMERIE ⓝ

In schummrigem Ambiente bekommt man hier an der alten Holzbar ein breites Sortiment an Cocktails, Longdrinks, Shortdrinks und Spirituosen. Die Atmosphäre ist stets entspannt und die Barkeeper verstehen ihr Handwerk. Die Drinks sind neben den obligatorischen Klassikern größtenteils liebevoll selbst kreiert. Auch die Auswahl an angebotenen Weinen und Bieren ist gut.

1070 Wien
Neustiftgasse 84
www.dieparfuemerie.net
Di–Do 20–2, Fr, Sa 20–4 Uhr

WIEN Bars pop

DOSAGE

Prickelnd, aufregend und ein klein wenig morbid sorgt die stilvolle Champagnerbar im Zentrum Wiens für ein schickes Schaumweinparadies. Ein bisschen Dekadenz hat noch keinem geschadet, ein After-Work-Drink in gediegener Atmosphäre ist schließlich einmal etwas anderes. Dazu gönnt man sich am besten ein paar frische Austern mit Pumpernickel, Trüffelsalami ist ebenso immer eine gute Wahl. Das Leben kann doch so einfach sein! Übrigens: Die Dosage ist einer der letzten und entscheidenden Handgriffe bei der Herstellung von Champagner und sorgt für die prägende Note im Geschmack.

Tel.: 0664 1327263
1010 Wien
Fleischmarkt 16
www.dosage.at
allo@dosage.at
Mo-Do 17-1, Fr, Sa 16-1 Uhr
❄ Fei

EDEN BAR

Livemusik und sehr viel Stil – das ist die Kombination, die die Eden Bar über Jahre hinweg so erfolgreich gemacht hat. Auch internationale Stars und Sternchen fühlen sich hier wohl, was bei den edlen Cocktails und Drinks wenig verwundert. Auch der Champagner gehört hier selbstverständlich zum Standardrepertoire.

Tel.: 01 5127450
1010 Wien
Liliengasse 2
www.edenbar.at
office@edenbar.at
Do-Sa 22-4 Uhr

FABIOS ⓝ

Modern, schön und edel kommt die Bar im Fabios daher. Das muss ja auch fast so sein, liegen doch die teuersten und schönsten Geschäfte rund um das Lokal. Tatsächlich bekommt man hier aber auch, was man sich von einer Bar in so exklusiver Lage verspricht. Der Service ist zuvorkommend, die Cocktails sind hervorragend zubereitet und die Barkarte bietet nicht nur Erdnüsse gegen den kleinen Hunger.

1010 Wien
Tuchlauben 4-6
www.fabios.at
fabios@fabios.at
Mo-Sa, Fei 9-1 Uhr

FIRST AMERICAN BAR

In der stilvollen, gemütlichen Cocktailbar im Zentrum Wiens lauscht man heimeligen Jazz- und Bluesklängen und genießt dabei seinen Drink in edler Atmosphäre. Zum Wachwerden wählt man am besten den Signature Drink Piedmont's Coffee mit Frangelico, Baileys und Espresso, wer in alten Urlaubserinnerungen schwelgen möchte, sollte sich dagegen für den Sea Breeze Cooler entscheiden. Egal, wonach man sich gerade sehnt, die breite Getränkekarte und die speziellen Eigenkreationen bieten mit Sicherheit für jeden das Passende. Für geeignetes Barfood ist gesorgt, pikante mediterrane Snacks stehen zur Auswahl.

Tel.: 01 5132207
1010 Wien
Schulerstraße 16
www.firstamericanbar.at
firstamericanbar@chello.at
Mo-Do 17-2, Fr 17-3,
Sa 18-4 Uhr

HAMMOND BAR ⓝ

Eine der besten Bars in Wien liegt im zweiten Bezirk – die Hammond Bar. In schummriger Atmosphäre, unter gläsernen Seifenblasen mixen Sigrid Schot und ihr Team Klassisches, Kreatives und das, wonach einem gerade der Sinn steht. Ein Zentrum der Mixologie, dessen Protagonisten national und international immer wieder für ihr Können ausgezeichnet werden.

Tel.: 01 9689215
1020 Wien
Taborstraße 33
www.hammondbar.at
office@hammondbar.at

HEUER AM KARLSPLATZ

Jung, modern, urban – auch unter der neuen Barchefin Katharina Schwaller bleibt sich das Heuer treu und ist weiterhin beliebter Treffpunkt des Wiener Nachtlebens. Infusionen werden hier mit viel Liebe selbst zubereitet und innovativ mit edlem Hochprozentigem zu guten Cocktails gemischt. Es wird auf Regionalität und Nachhaltigkeit geachtet und das gewohnte Niveau der vergangenen Jahre beibehalten.

Tel.: 01 8900590
1040 Wien
Treitlstraße 2
www.heuer-amkarlsplatz.com
info@heuer-amkarlsplatz.com
Mo-Fr 11-2, Sa, So, Fei 10-2 Uhr

IF DOGS RUN FREE

Der Name legt es nicht unbedingt nahe, aber wer hier eine klassische Bar erwartet, liegt falsch. Direkt futuristisch mutet das Design an und macht das If Dogs Run Free zu einer stets gut besuchten Bar im sechsten Wiener Gemeindebezirk. Die innovativen Cocktailkreationen sind gut und das Preis-Leistungs-Verhältnis stimmt.

Tel.: 01 9132132
1060 Wien
Gumpendorfer Straße 10
www.ifdogsrunfree.com
info@ifdogsrunfree.com
Mo-Do 17-1, Fr, Sa 17-3 Uhr

Bars WIEN

INTERMEZZO BAR
im Hotel InterContinental

Hotelbars werden bekanntermaßen immer ein wenig unterschätzt. Doch die Intermezzo Bar hat sich trotzdem als eine der renommiertesten American Bars in Wien etabliert. Unter einem opulenten Kristallluster mixen erfahrene Barkeeper eine Vielzahl unterschiedlicher Cocktails, Longdrinks und Signature Drinks. Zu den Klängen von Livemusik und einem Gericht aus der umfangreichen Bar-Speisekarte lässt sich ein herrlicher Abend verbringen.

Tel.: 01 711220

1030 Wien
Johannesgasse 28
www.vienna.intercontinental.com
vienna@ihg.com
Mo–So 18–2 Uhr

JOSEF COCKTAIL BAR

Mitten im historischen ersten Bezirk liegt mit der Josef Bar eine der besten Bars des Landes. Elegantes Ambiente, entspannte Stimmung und erstklassige Drinks sind hier durch das Engagement von Philipp M. Ernst und Andrea Hörzer eine perfekte Symbiose eingegangen. Innovative Cocktailkultur wird hier mit viel Leidenschaft gelebt.

Tel.: 01 5322044

1010 Wien
Sterngasse 1
www.josef-bar.at
office@josef-bar.at
Mo–Sa 16–3 Uhr

KLEINOD

Der Name ist hier Programm, denn man hat mit der Bar ein wahres Schmuckstück hinter dem Stephansdom geschaffen. Hier kann man in entspannter Atmosphäre den Alltag hinter sich lassen und, von erstklassigen Drinks begleitet, in das Geschehen der Wiener Nacht eintauchen. Von Klassikern bis hin zu ausgefallenen Eigenkreationen, hier schlägt das Herz von Mixologie-Fans höher.

Tel.: 01 5120325

1010 Wien
Singerstraße 7/48–50
www.kleinod.wien
office@kleinod.wien
Mo–Sa 15.30–4, So 17–2 Uhr

KRUGER'S BAR

In alten Chesterfield-Sesseln, die aus den 20er-Jahren stammen und liebevoll restauriert wurden, sitzt man in Kruger's American Bar in schummriger Atmosphäre und genießt die erfreulich altmodische Barkultur. Die Cocktailkarte umfasst Klassiker sowie eigene Kreationen, zusätzlich ist man sehr stolz auf das umfassende Sortiment an Rum, Whiskey und Brandy.

Tel.: 01 5122455

1010 Wien
Krugerstraße 5
www.krugers.at
office@krugers.at

KRYPT.

Da auch die Homepage der Bar eher rätselhaft gestaltet ist, begibt man sich am besten selbst auf die Suche nach der unterirdischen Bar nahe dem Schottentor. Die dafür aufgewendete Mühe macht sich durchaus bezahlt, denn die trendige Bar mit düsterem Ambiente und hochwertigen Cocktails zählt zu den Geheimtipps in der Szene. Hohe Ziegelwände, eine sieben Meter lange Bar und Ledersessel sorgen für Gemütlichkeit und passende Atmosphäre, die ambitionierten Eigenkreationen der Barkeeper sind die Kernkompetenz des Betriebs. Lässig und qualitativ ausgezeichnet.

1090 Wien
Wasagasse 17

www.krypt.bar
drink@krypt.bar

Di–Do 19–1, Fr, Sa 20–3 Uhr

LAMÉE ROOFTOP ®

Die Rooftop Bar des Hotels Lamée ist bunt und trendig eingerichtet und mit ihrem einmaligen Blick auf Stephansdom und Museumsquartier eine ideale Location für einen lauen Sommerabend. Bei so einem exklusiven Flair bietet sich natürlich Champagner an, aber die Drinks und Cocktails sind ebenfalls gut und auch heimische Spirituosen werden angeboten.

Tel.: 01 5322240

1010 Wien
Lichtensteg 2

www.lameerooftop.com
reception@hotellamee.com

Mo–Mi 12–1, Do, Fr 12–2,
Sa 10–2, So 10–23 Uhr

LAMPERIE ®

Nicht weit vom ersten Projekt der Betreiber ist seit diesem Jahr auch die lässige Bar im Stuwerviertel zu Hause. Mag das Ambiente mit den Ziegelwänden und den wild von der Decke hängenden Lampen etwas puristisch wirken – es ist genau dieser trendige und ungezwungene Charme, der die Lamperie ausmacht. Ein paar Signature Drinks und ein breit gefächertes Getränkeangebot laden zum längeren Sitzenbleiben ein. Fein auch die hausgemachten Fladen.

Tel.: 0650 4629275

1020 Wien
Obermüllnerstraße 17

hallo@lamperie.at

Di–Sa 17–2 Uhr

LOOS-BAR

Von Adolf Loos selbst erschaffen, hat die Loos-Bar von damals noch heute ihren Charme nicht verloren. Heimelig dunkel ist es und meistens sehr voll. Das liegt daran, dass die Cocktails sehr gut sind und die Geschichte der denkmalgeschützten Bar nicht nur Einheimische, sondern auch Touristen fasziniert. Eine absolute Kult-Bar im ersten Bezirk!

Tel.: 01 5123283

1010 Wien
Kärntner Durchgang 10

www.loosbar.at
office@loosbar.at

täglich 14–2 Uhr

Bars WIEN

LUSTER ℕ

Rustikal präsentieren sich die Ziegelwände, gedimmtes Licht sorgt für angenehme Bar-Atmosphäre und die namensgebende Regalkonstruktion hängt von der Decke über der Bar herab. Das kürzlich eröffnete Lokal erfreut seine Gäste mit einer umfangreichen Snackkarte, unter anderem mit Laugen-Hot-Dog und Chop-Cheese-Sandwich. Die Drinks sind gut und teilweise exzellente Eigenkreationen.

Tel.: 01 264 23 64
1060 Wien
Windmühlgasse 32
www.luster.bar
Di–Sa 18–2 Uhr

MIRANDA

Zu einer guten Cocktailbar gehört neben qualitativ hochwertigen Spirituosen auch ein wechselndes und abwechslungsreiches Angebot an Kreationen, die Lust machen, sie durchzuprobieren. Die Miranda Bar verbindet beides und sorgt mit ihren Mischungen wie Mogndratzerl mit Sauerkraut-Tequila und Pump and Nickel mit Pumpernickel-Scotch nicht nur für reichlich Abwechslung, sondern weckt mit diesen die Trinkerneugierde. Das Ambiente mit den warmen Pastelltönen und dem legeren Design ist lässig, der Schanigarten bietet zwar kein Karibikpanorama, im Sommer sitzt man aber trotzdem schön.

Tel.: 01 952 87 94
1060 Wien
Esterházygasse 12
www.mirandabar.com
info@mirandabar.com
Mo–Do 18–2, Fr, Sa 18–3 Uhr

NEEDLE VINYL BAR ℕ

Wie im Wohnzimmer fühlt man sich in der mit viel Liebe zum Detail eingerichteten Bar. Wie der Name es verrät, kommt hier ausgewählte Musik von Schallplatten und sorgt zusätzlich für einen Pluspunkt in Sachen Gemütlichkeit. Die Atmosphäre ist dementsprechend entspannt und lädt zum Philosophieren ein. Gut gemixte Drinks und Cocktails begleiten den Abend und locken bald wiederzukommen.

Tel.: 0660 535 23 25
1010 Wien
Färbergasse 8
www.needlevinylbar.com
contact@needlevinylbar.com
Mo–Sa 11–1, So 14–1 Uhr

NIGHTFLY'S CLUB

Zurücklehnen, entspannen und genießen. Hier im Nightfly's sorgt Gerhard Wanderer dafür, dass der Abend nach diesem Schema ablaufen kann. Das Lokal ist der Inbegriff einer American Bar mit viel Holz und gedämpftem Licht. Große Überraschungen erwarten einen im Halbdunkel nicht, aber dafür ein außergewöhnliches Sortiment an Whiskey und Rum sowie Cocktails von exzellenter Qualität.

1010 Wien
Dorotheergasse 14
www.nightflys.at
booking@nightflys.at
Di–Sa ab 20 Uhr

ÖL ℕ

Gemütlich und entspannt geht es hier zu. Man sitzt im Gastgarten oder im rustikal eingerichteten Lokal, und wenn man möchte, kann man eine Runde am Wuzzler spielen. Das Angebot an Bieren ist groß und gut (man nennt sich auch Brewery & Bar), die Weinkarte wechselt und kleine Snacks gibt es ebenfalls.

Tel.: 0660 163 56 38
1020 Wien
Leopoldsgasse 26
www.oel.bar
hallo@oel.bar
Di–Do 18–1.30, Fr, Sa 18–2 Uhr

OMAR BAR

Nicht nur die größte Absinthauswahl Wiens ist hier zu Hause, auch ein gelungener Stilmix von typischer American Bar und südostasiatischer Atmosphäre prägt die Omar Bar. Möbel aus Bali und Thailand sorgen für ein angenehmes Flair, wodurch sich die Bar von ihren Mitbewerbern unterscheidet. Bei den Cocktailkreationen ist man experimentierfreudig, die Essenzen dafür werden selbst angesetzt und die saisonalen Cocktails auf der Karte widmen sich der jeweiligen Jahreszeit. Auf die Barklassiker braucht man jedoch nicht zu verzichten. Egal ob gewagt oder klassisch, ein Genuss auf hohem Niveau ist garantiert.

Tel.: 0664 210 85 18
1080 Wien
Langegasse 69
www.omar.at
omar@omar.at
Di 18–2 Uhr, auf Anfrage

ONYX BAR

Einen schier gigantischen Ausblick auf den Stephansdom hat man aus der ONYX Bar im sechsten Stock des DO&CO Hotels. Die Cocktails sind originell und gut, kleinere Snacks wie Club Sandwich, Frankfurter oder Frühlingsrollen helfen gegen spontan aufkommende Hungerattacken. Eine Kombination, die die Bar mit angenehmer Lounge-Atmosphäre zu einem absoluten Hotspot in Wien macht.

Tel.: 01 535 39 69
1010 Wien
Stephansplatz 12
www.docohotel.com
hotel@doco.com
Mo–So 11–2 Uhr

WIEN Bars

PLANTER'S CLUB

Eine der unangefochtenen Bar-Institutionen der Hauptstadt. In Sachen Auswahl – seien es Spirituosenraritäten, Cocktailklassiker oder Signature Drinks – kann dem Planter's Club so schnell niemand etwas vormachen. Atmosphärisch fühlt man sich sofort in einen Herrenclub des alten Englands zurückversetzt. Reiches Zigarrenangebot inklusive. Genau das schätzen die Gäste.

Tel.: 01 533 33 93 15
1010 Wien
Zelinkagasse 4
www.plantersclub.com
office@plantersclub.com
Mo–Do 17–2, Fr, Sa 17–3 Uhr

PUFF

Der Name kommt nicht von ungefähr, denn tatsächlich war hier in der Vergangenheit ein Bordell. Heute geht es allerdings wesentlich gesitteter zu, denn der Fokus liegt auf den Cocktails und Drinks, die auf erstaunlich hohem Niveau zubereitet werden. Die Atmosphäre in den stylischen Räumlichkeiten ist gemütlich und diese Kombination macht die Bar zu einem beliebten Treffpunkt der Wiener Nachtszene.

Tel.: 0677 61 98 83 99
1060 Wien
Girardigasse 10
www.puff-bar.at
office@puff-bar.at
Di–Sa 19–3 Uhr

ROBERTO

Dank dunklen Interieurs, imposanter Lampen und legendärer Barkeeper ist diese American Bar im Zentrum Wiens zu einer wahrhaftigen Institution geworden. Kann man Roberto bereits als ein Urgestein in der Barszene bezeichnen, versprechen seine langjährige Erfahrung sowie hochwertige Spirituosen besondere Genussmomente in flüssiger Form. 42 außergewöhnliche Drinks schmücken die Karte, Eigenkreationen sollte man unbedingt kosten. Nicht erschrecken: Qualität und Lage machen sich auch in den Preisen bemerkbar.

Tel.: 01 535 06 47
1010 Wien
Bauernmarkt 11–13
www.robertosbar.com
mail@robertosbar.com
täglich 14–4 Uhr

ROCHUS

Rundum wohlfühlen soll und kann man sich in diesem urbanen Bar-Restaurant, in dem man von früh bis spät nach allen Regeln der Kunst verwöhnt wird. Das Angebot reicht von Frühstück über italienischen Barista-Kaffee bis hin zu feinen Speisen und Cocktails. Für Abwechslung ist immer gesorgt.

Tel.: 01 710 10 60
1030 Wien
Landstraßer Hauptstraße 55–57
www.rochus.at
info@rochus.at

SILVER BAR
im Hotel Das Triest

Um die hier gebotene Qualität zu unterstreichen, wurde Barchef Keita bereits das Silberne Ehrenzeichen der Stadt Wien für die Verdienste um die Cocktailkultur der Stadt verliehen. Die Karte und vor allem die Umsetzung der Drinks bestätigen immer wieder, dass dieses Ehrenzeichen zu Recht vergeben wurde. Klassiker, neue Kreationen und eine feine Auswahl regionaler Spirituosen sind auf der Karte zu finden.

Tel.: 01 589 18 0
1040 Wien
Wiedner Hauptstraße 12
www.dastriest.at
office@dastriest.at
Di–Sa 19–3 Uhr

SKYBAR

Seit der Neugestaltung im vergangenen Jahr gibt es noch mehr Gründe, einer der schönsten Rooftop Bars Wiens einen Besuch abzustatten. Ja, der Ausblick ist immer noch großartig, aber der Blick in die Barkarte ebenso. Klassische Drinks werden durch saisonale Kreationen ergänzt, Barchef Heinz Kaiser berät freundlich bei der Spirituosenauswahl und die kleinen und großen Speisen aus Roman Wurzers Küche runden das Ganze ab.

Tel.: 01 513 17 12 735
1010 Wien
Kärntner Straße 19
www.skybox.at
office@skybox.at
Mo–Fr 10–2, Sa 9.30–2, So 11–2 Uhr

www.gaultmillau.at – Tipps, Trends, Rankings und alle Restaurantkritiken

pop Bars **WIEN**

SPELUNKE

Die Spelunke findet man direkt neben dem Donaukanal. Sie konnte sich mittlerweile als beliebter Szenetreff etablieren. Mit ihren bunten, schrillen Wänden und einer Barkarte mit ausgefallenen Kreationen bietet sie ideale Voraussetzungen für einen gelungenen Abend. Die Speisekarte setzt sich aus zeitgemäßen internationalen Gerichten zusammen, welche in abgeteilten Sitzecken auf bequemen Sofas verzehrt werden können. Am Wochenende sind die Türen des Lokals bereits zum Frühstück geöffnet.

Tel.: 01 212 41 51 99
1020 Wien
Taborstraße 1
www.spelunke.at
ahoi@spelunke.at

TABACCHI

Das Tabacchi ist eine kleine, typisch italienische Kaffeebar, die im fünften Wiener Gemeindebezirk für mediterranes Ambiente sorgt. Um sich auch kulturell anzupassen, genehmigt man sich seinen Espresso am besten direkt an der Bar, als passenden Aperitivo wählt man Spritz oder den Klassiker Gin Tonic. Hier konzentriert man sich ohne viel Schnickschnack auf das Wesentliche, guter Geschmack steht dabei im Vordergrund. Gegen den kleinen Hunger sorgen frische Piadine und eine Auswahl an Tramezzini für Abhilfe.

Tel.: 0680 307 16 75
1050 Wien
Ramperstorffergasse 61
www.bartabacchi.at
info@bartabacchi.at
Mo–Mi 18–2, Do–Sa 18–3 Uhr

THE BIRDYARD ⓝ

Eatery and Bar lautet das Motto der Liu-Brüder, die somit das erfolgreiche Konzept von Mama Liu & Sons beibehalten. Die Gewichtung wird hier – anders als im ersten Betrieb – eher auf die Bar im Untergeschoß gelegt. Die Wände sind bunt und mit Vögeln ausgemalt, was für kreatives Ambiente sorgt, und diese Kreativität wird erfreulicherweise auch bei den Drinks fortgeführt.

Tel.: 01 402 46 24
1080 Wien
Lange Gasse 74/1
www.thebirdyard.at
bar@thebirdyard.at
Di–Sa ab 20 Uhr

THE CHAPEL BAR ⓝ

Um in The Chapel zu kommen, muss man zuerst in das eher unscheinbare Beisl Mozart's, denn dort gibt es hinter einem großen Bilderrahmen versteckt den Eingang zur Bar. Hinter dem Bilderrahmen landet man in einem Beichtstuhl – der Name der Bar beginnt einzuleuchten. Wenn man auch diese Hürde passiert hat, findet man im Inneren schwummrige Kirchenatmosphäre und gute Drinks. Durchaus interessant!

Tel.: 01 892 08 78
1150 Wien
Haidmannsgasse 8
Mi–Do 20–2, Fr, Sa 20–4 Uhr

THE SIGN

Diese Cocktail-Lounge zählt zu den besten Bars in Österreich. Cocktailliebhaber kommen hier nicht nur auf ihre Kosten, sondern haben zusätzlich die Möglichkeit, tiefe Einblicke in die Vielfalt der Getränkewelt zu erlangen. Experimentierfreudig und außergewöhnlich zeigen sich die zahlreichen Eigenkreationen und entzücken gleichzeitig geschmacklich. Die Kreativität kommt dabei nicht zu kurz. Zimt, Avocado oder Trüffel werden geschickt kombiniert, die genutzten Gläser und Gefäße lassen wahre Kunstwerke entstehen. Das Ambiente ist stilvoll, die roten Wände und Ledersofas sorgen für Gemütlichkeit.

Tel.: 0664 964 32 76
1090 Wien
Liechtensteinstraße 104–106
www.thesignlounge.at
office@thesignlounge.at
Mo–Sa 18–2 Uhr

TÜR 7

Die versteckte Boutique-Bar bildet ein wahrhaftes Cocktail-Wohnzimmer. Hinter dem Tresen hantieren wahre Meister, die nicht unbegründet auch über die Landesgrenzen hinweg bekannt sind. Eigenkreationen und freihändige Mixturen versprechen maßgeschneiderte Getränke auf hohem Niveau. Die Getränkekarte mit ihren sieben Drinks kann hier eher als nettes Zubehör betrachtet werden. Damit aber dennoch keine Langeweile aufkommt, wechselt diese alle sieben Wochen. Da man beim Besuch bei Freunden auch nicht einfach dort unangekündigt hineinspaziert, meldet man sich am besten vorher an, sichert sich dadurch einen der raren Plätze und betätigt die Glocke vor dem Eintreten.

Tel.: 0664 546 37 17
1080 Wien
Buchfeldgasse 7
www.tuer7.at
bar@tuer7.at
Mo–Sa 21–4 Uhr

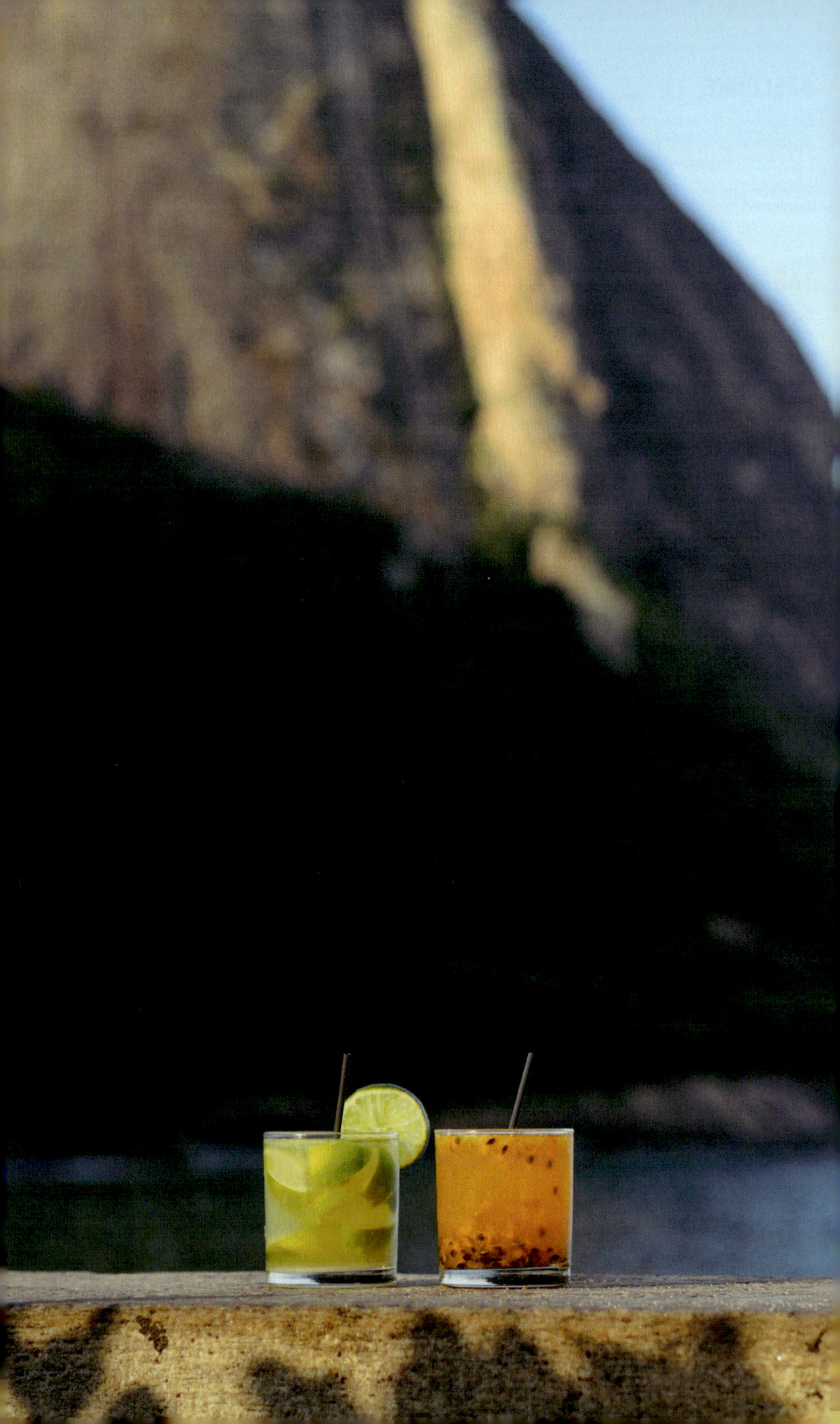

DIE BESTEN BARS IN DEN BUNDESLÄNDERN

Mit Weitblick: unsere Top 10 der besten Cocktailbars in den Bundesländern

DIE NACHTIGALL — Seite 772
7400 Oberwart, Burgenland

LAKESIDE STRANDBAR — Seite 772
9081 Reifnitz, Kärnten

BURGBAR — Seite 772
2380 Perchtoldsdorf, Niederösterreich

EASY BAR — Seite 774
4020 Linz, Oberösterreich

VÖLLEREI — Seite 774
5760 Saalfelden, Salzburg

KATZE KATZE — Seite 775
8010 Graz, Steiermark

BAR 67 IM HOTEL POST ISCHGL — Seite 776
6561 Ischgl, Tirol

ENGLHOF BAR IM HOTEL ENGLHOF — Seite 777
6277 Zellberg, Tirol

STAGE 12 – HOTEL BY PENZ — Seite 776
6020 Innsbruck, Tirol

BERGHOF BAR IM HOTEL BERGHOF — Seite 777
6764 Lech am Arlberg, Vorarlberg

BURGENLAND/KÄRNTEN/NIEDER-/OBERÖSTERREICH — Bars pop

OBERWART — BURGENLAND

DIE NACHTIGALL

Sobald man zur Tür hineinspaziert, ist es sofort klar: Hier hat man ein seltenes Kleinod entdeckt. Roland und Ariane Kuch führen die Bar mit Leidenschaft und verwöhnen ihre Gäste mit klassischen Cocktails und raffinierten Drinks. Auch regionale burgenländische Weine sowie internationale Raritäten gibt es in der Getränkekarte.

Tel.: 0676 691 49 99
7400 Oberwart
Wiener Straße 52
www.die-nachtigall.at
bar@die-nachtigall.at
Di–Do 17–24, Fr, Sa 17–2 Uhr

REIFNITZ — KÄRNTEN

LAKESIDE STRANDBAR

Herrlich am Wörthersee gelegen, ist die Lakeside Strandbar ein trendiger Treffpunkt, zu dem man sogar mit dem Boot kommen kann. Neben einer ansprechenden Auswahl österreichischer und internationaler Weine sowie Cocktails gibt es hier auch kalte und warme Speisen. Ein idealer Ort, um den Abend gemütlich ausklingen zu lassen.

Tel.: 0664 430 09 90
9081 Reifnitz
Süduferstraße 104 c
www.lakesidelounge.at
strandbar@lakesidelounge.at
täglich ab 12 Uhr
bis Mitte Mai 2020

BRUCK AN DER LEITHA — NIEDERÖSTERREICH

TARO

Der Wohlfühlfaktor wird in der gemütlichen American Bar von Gerald Straus großgeschrieben. Man sitzt in einem alten Gewölbe oder outdoor in der „Taroase", hört gute Musik und genießt die Qual der Wahl, wenn es um die Bestellung des nächsten Cocktails geht. Selbige werden im Taro mit viel Leidenschaft und Können zubereitet. Diese Kunst kann man auch in den regelmäßig angebotenen Cocktail-Workshops erlernen.

Tel.: 0650 551 10 74
2460 Bruck an der Leitha
Wiener Gasse 9
www.bar-taro.at
g.straus@telecable.at
Mi–Sa 18–2, So, Fei 17–24 Uhr

PERCHTOLDSDORF — NIEDERÖSTERREICH

BURGBAR

Mit viel Liebe zum Detail und großer Fachkenntnis sorgen die Barkeeper in der Burgbar für unverwechselbare Cocktails, die nicht nur den Gaumen, sondern auch das Auge erfreuen. Eine umfangreiche Barkarte mit über 1000 verschiedenen Getränken bietet für jeden das Passende und regt dazu an, sich quer durchzuprobieren. Die historischen Rundbögen schaffen eine gemütliche Atmosphäre, modernes Interieur sorgt gleichzeitig für stilvolles Ambiente.

Tel.: 0699 19 47 67 34
2380 Perchtoldsdorf
Hochstraße 5
www.burgbar.at
office@burgbar.at
Di–Sa 20–4 Uhr

LINZ AN DER DONAU — OBERÖSTERREICH

BOILER ROOM

Drinks, Popcorn und angesagte DJs sind das Erfolgskonzept von Chefin Claudia Schiemer. Hausgemachte Elixiere, Infusionen, Sirups, Kräuteressenzen und Espumas vereint sie als Zutaten für ihre exzellenten und mit viele Liebe kreierten Signature Cocktails. Die Atmosphäre ist gemütlich, die Auswahl der Drinks groß und die Qualität stets top.

Tel.: 0676 944 20 19
4020 Linz an der Donau
Domgasse 5
www.boiler-room.at
office@boiler-room.at
Mi, Do 18–24, Fr, Sa 19–24 Uhr

G·M Raiffeisen

Gault & Millau
2020

Die neuesten Ergebnisse aus der Haubenwelt:
800 Restaurants, neu getestet und bewertet.

Plus: Die besten Weine, Wirtshäuser, Hotels und Almhütten.
Neu in dieser Ausgabe: Golfclubs, Cafés und Bars.

Zwei Bücher, ein Preis: € 39,- für Ihren Wegweiser in die Welt des guten Geschmacks
www.gaultmillau.at

Bleiben Sie up to date mit unseren täglichen Nachrichten auf **Facebook** und **Instagram**.

SALZBURG Bars pop

EASY BAR

Wer nach einer guten Bar in der Linzer Innenstadt sucht, wird in der Easy Bar fündig. Seit 1986 wird hier nahe des Mariendoms in gemütlicher Atmosphäre bei dem einen oder anderen Drink gefeiert, philosophiert und diskutiert. Die Getränkekarte ist umfangreich und spielt alle sprichwörtlichen Stücke, vom klassischen Americano bis zu hauseigenen Kreationen wie dem Hurricane Hangover.

Tel.: 0732 77 00 90
4020 Linz an der Donau
Baumbachstraße 14
www.cocktailbareasy.at
info@cocktailbareasy.at
Di–Do 18–2, Fr, Sa 18–3 Uhr

SAALFELDEN — SALZBURG

VÖLLEREI Ⓝ
Bar & Restaurant

Völlerei klingt im ersten Moment nach überbordender Maßlosigkeit, aber hier beschreibt es das Konzept zu genießen. Sowohl Koch Lukas Ziesel als auch Harald Salzmann, der Mann hinter der Bar, haben in den besten Häusern rund um den Globus Erfahrungen gesammelt und präsentieren in Saalfelden nun ein äußerst überzeugendes Gesamtkonzept.

Tel.: 06582 70703
5760 Saalfelden
Bahnhofstraße 6
www.voellerei.at
office@voellerei.at

SALZBURG — SALZBURG

MAYDAY BAR
Red Bull Hangar-7

Wer sich in Salzburg auf einen Cocktail treffen möchte, der besucht gerne den zweiten Stock des Hangar-7. Die Bar mit dem Ausblick auf die historischen Flugzeuge genießt einen ausgezeichneten Ruf, was nicht zuletzt an den feinen Gerichten liegt, die mehr als das Alltägliche bieten. Auf der Getränkekarte finden sich Klassiker, Eigenkreationen und zahlreiche Geheimtipps.

Tel.: 0662 2197-0
5020 Salzburg
Wilhelm-Spazier-Straße 7 a
www.hangar-7.com
office@hangar-7.com
So–Do 12–24, Fr, Sa 12–1 Uhr

© Gerald Rihar

pop Bars **STEIERMARK**

THE JIGGER BAR ⓝ

Langeweile wird in The Jigger Bar nie aufkommen, denn alle drei bis vier Monate wechselt hier die Getränkekarte und wird mit neuen, saisonalen Kreationen bestückt. Die modernen Drinks haben klangvolle Namen wie „Far Far Away" oder „Der Unwiderstehliche" und werden mit viel Liebe zubereitet, aber auch für Wein, Bier und alkoholfreie Getränke ist gesorgt.

Tel.: 0660 444 54 94
5020 Salzburg
Schallmooser Hauptstraße 44
info@thejigger.bar
Di–Do 18–24, Fr, Sa 18–2 Uhr

GRAZ   STEIERMARK

KATZE KATZE ⓝ

Die Bar bietet einen stilvollen Rahmen für tiefschürfende Gespräche, geistige Höhenflüge, oberflächliches Geplänkel, gehobenen Flirt, wilden Tanz und rauschende Feste. Kurzum alles, was man sich von einer Bar nur wünschen kann. Die Drinks sind auf hohem Niveau und mit kleinen Snacks kümmert man sich verantwortungsbewusst um seine Gäste. Der perfekte Ort für einen gemütlichen Abend!

Tel.: 0316 83 02 76
8010 Graz
Schmiedgasse 9/
Eingang Landhauskeller
www.katzekatze.at
landhauskeller@aiola.at
Mo–Do 12–2, Fr, Sa 12–5 Uhr

THE CHURCHILL

Sir Winston Churchill himself blickt einem hier gestreng von seinem Porträt entgegen. Die Bar ist äußerst stilvoll, die Auswahl an Cocktails groß und die Gestaltung der Drinks ist kreativ. Die Atmosphäre in der Mischung aus britischem Pub und klassischer American Bar ist angenehm entspannt. Besonders empfehlenswert sind die Ales!

Tel.: 0664 951 06 10
8010 Graz
Heinrichstraße 21
www.thechurchill.at
office@thechurchill.at
Mo–Do 18–2, Fr, Sa 18–4,
So 18–24 Uhr

Die neuesten Ergebnisse aus der Haubenwelt:
800 Restaurants, neu getestet und bewertet.

Plus: Die besten Weine, Wirtshäuser, Hotels und Almhütten.
Neu in dieser Ausgabe: Golfclubs, Cafés und Bars.

Zwei Bücher, ein Preis: € 39,- für Ihren Wegweiser in die Welt des guten Geschmacks
www.gaultmillau.at

Bleiben Sie up to date mit unseren täglichen Nachrichten
auf **Facebook** und **Instagram**.

INNSBRUCK — TIROL

ERLKÖNIG BAR

Hier schlägt das Herz der Mixologie in Innsbruck. Die Kombination aus historischem Gewölbe und modernen Elementen gibt dem Lokal ein elegantes Flair. Guter Service und ausgezeichnete Drinks runden das Gesamtpaket ab. Die Karte enthält einige Must-haves, aber auch viele spannende Varianten dieser Klassiker und eine Menge selbst kreierter Cocktails. Ideal, um Neues auszuprobieren.

Tel.: 0512 20 90 46
6020 Innsbruck
Meraner Straße 6
matthias.eder1@gmail.com
Di–Sa 17–1 Uhr

LIQUID DIARY Ⓝ

Vom kleinen Café untertags verwandelt sich das gemütliche Ecklokal gegen Abend in eine hübsche Bar. Die Cocktails sind klassisch bis kreativ (die Karte wechselt regelmäßig), die Qualität stimmt und die Stimmung ist stets gut. Das Liquid Diary befindet sich in bester Lage und ist somit eine wunderbare Location für einen gemütlichen After-Work-Drink.

Tel.: 0676 528 14 70
6020 Innsbruck
Adolf-Pichler-Platz 2
www.liquiddiary.com
info@liquiddiary.com
Mo–Sa 16–1 Uhr

STAGE 12 Ⓝ

In der Bar des gleichnamigen Hotels steht mit Kostas Karvounis ein Grieche mit großer Leidenschaft für gute Drinks hinter der Bar. „Homemade mit viel Liebe" lautet das Motto zu Cocktails, Shrubs & Co. Das moderne Design und die lockere Atmosphäre laden dazu ein, auch noch ein bisschen länger zu bleiben.

Tel.: 0512 31 23 12
6020 Innsbruck
Maria-Theresien-Straße 12
www.stage12.at/bar/
office@stage12.at
So–Do 11–1, Fr, Sa 11–2 Uhr

ISCHGL — TIROL

BAR 67 Ⓝ
im Hotel Post Ischgl

In der Bar des Hotels Post Ischgl taucht man in die Welt der faszinierenden Mixologie ein. Entspannt kann man es sich beim Kaminfeuer gemütlich machen und die exzellenten Kreationen von Barchef Dominik Brunner und hochwertige Spirituosen genießen. Zusätzlich gibt es viermal pro Woche Livemusik. Wer möchte, kann also auch das Tanzbein schwingen.

Tel.: 05444 5232
6561 Ischgl
Dorfstraße 67
www.post-ischgl.com
hotel@post-ischgl.at

Bars TIROL/VORARLBERG

ZELLBERG — TIROL

ENGLHOF BAR

Die Leidenschaft, mit der Andreas Hotter hinter der Bar seine Drinks kreiert, schmeckt man. Nicht ohne Grund wurde er zum Showbarkeeping-Staatsmeister gekürt. Die Getränke sind kreativ und individuell, die Qualität sucht ihresgleichen. Hier findet man Cocktail- und Spirituosengenuss auf höchstem Niveau.

Tel.: 05282 3134
6277 Zellberg
Zellbergeben 28
www.englhof.at
info@englhof.at
täglich 16–1 Uhr
bis Mitte Dez. 2019,
Mitte April–Ende Mai 2020

LECH AM ARLBERG — VORARLBERG

BERGHOF BAR
im Hotel Berghof

Seit den 50er-Jahren ist die Bar im Berghof the Place-to-be mitten in Lech. Ob man einen Klassiker wählt, die smarten Signature Cocktails testet oder die regionalen Spirituosen verkostet, hier wird man nicht enttäuscht. Die Bar ist ein Treffpunkt für all jene, die den Abend bei einem guten Drink und einer netten Plauderei ausklingen lassen wollen.

Tel.: 05583 2635
6764 Lech am Arlberg
Dorf 161
www.derberghof.at
info@derberghof.at

Der Gault&Millau-Weinguide

Ab heuer im NEUEN Design.

CAFÉS

DIE BESTEN CAFÉS IN ÖSTERREICH

SCHWARZENBERG Seite 785
Wien

ALOISIA'S MEHLSPEISKUCHL & KAFFEESTUB'N Seite 786
Badersdorf, Burgenland

WIENERROITHER Seite 787
Pörtschach, Kärnten

CLEMENTINE CAFÉ-PATISSERIE Seite 788
Baden, Niederösterreich

BRAUN Seite 789
Mondsee, Oberösterreich

CAFÉ SACHER Seite 790
Stadt Salzburg

CAFÉ ELEFANT Seite 792
Leibnitz, Steiermark

CAFÉ CENTRAL Seite 793
Innsbruck, Tirol

SCHALLERT Seite 794
Höchst, Vorarlberg

Bei der Zusammenstellung dieses Führers ließen wir größtmögliche Sorgfalt walten, trotzdem können Daten falsch oder überholt sein. Eine Haftung können wir auf keinen Fall übernehmen.

WIEN Cafés pop

15 SÜSSE MINUTEN

Wie der Name bereits vermuten lässt, gibt es in diesem kleinen Kaffee eine große Auswahl an hausgemachten Mehlspeisen und süßen Köstlichkeiten. Auch Frühstücksfreunde kommen mit den angebotenen Eiergerichten und Extras auf ihre Kosten. Das restliche Speisenangebot ist konventioneller gehalten, geschmacklich sind die Gerichte aber tadellos. Unbedingt probieren sollte man die hausgemachten Pierogi mit gebratenen Zwiebeln und Sauerrahm – gefüllte Teigtaschen, eine polnische Spezialität.

Tel.: 0664 472 90 60
1040 Wien
Favoritenstraße 45
www.15suesseminuten.at
email@15suesseminuten.at
täglich 8–19 Uhr

BALTHASAR KAFFEE BAR

Kaffee ist nicht gleich Kaffee. Dass dahinter eine Philosophie und viel handwerkliches Können stecken, wird bei einem Besuch in der Kaffee Bar Balthasar klar. Qualitativ hochwertige Kaffeebohnen, einzigartige Röstaromen und vielfältige Zubereitungsarten beweisen die fachliche Kompetenz und schaffen Genussmomente. Dazu beglücken kleine, liebevolle Snacks, die sowohl süß als auch salzig erhältlich sind.

Tel.: 0664 381 68 55
1020 Wien
Praterstraße 38
www.balthasar.at
kaffee@balthasar.at
Mo–Fr 7–19, Sa 9–17 Uhr
✲ So, Fei

CAFÉ AM HEUMARKT

Ein Kaffeehaus, das glücklicherweise noch nicht von der Moderne erfasst worden ist und daher einen Rückzugsort mit Alt-Wiener Charme und gemütlicher Atmosphäre darstellt. Neben Kaffee und Mehlspeisen finden sich kalte und warme Gerichte auf der Speisekarte, die die authentische Wiener Küche widerspiegeln. Billardtische, Brettspiele sowie ein breites Zeitungsangebot stehen selbstverständlich zur Verfügung.

Tel.: 01 7126581
1030 Wien
Am Heumarkt 15

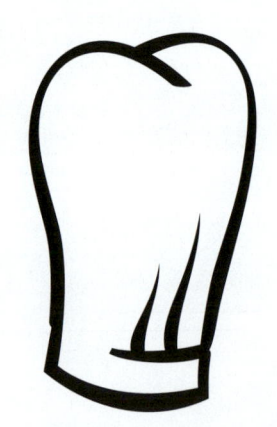

Gault&Millau

NEU! Die besten Almhütten in Tirol und Niederösterreich, alle Infos unter www.gaultmillau.at

CAFÉ AM HOF
im Park Hyatt Vienna

„Ein Leben ohne Süßigkeiten ist möglich, aber sinnlos", lautet das Motto des Chefpatissiers des stilvollen Cafés am Hof im Hotel Park Hyatt. Es ist Wiens erstes Boutique-Kaffeehaus. Der Raum zeichnet sich durch zeitgenössische, schicke Atmosphäre aus und schafft es, Klassik und Tradition gekonnt miteinander zu verbinden. So gibt es neben den klassischen Wiener Kaffeespezialitäten auch ein breites Angebot an modernen Brühmethoden, das hausgemachte Konfekt und die Torten ergänzen ideal. Auch für Frühstück oder Lunch lohnt es sich einzukehren. Die Karte bietet neben Suppen und Salaten auch ein ständig wechselndes Angebot an warmen Speisen.

Tel.: 01 227 40 11 83
1010 Wien
Am Hof 2
www.cafe-amhof.at
cafeamhof.vienna@hyatt.com
täglich 9–19 Uhr

CAFÉ FRANÇAIS

Frankophile und alle, die es werden wollen, kommen im Café auf der Währinger Straße auf ihre Kosten. Den Morgen beginnt man mit einem klassischen Frühstück à la française, zu Mittag wählt man aus den Landesklassikern wie Steak Tartare, Moules-frites oder Quiche Lorraine. Wie nicht anders zu vermuten, ist auch die Wein- und Getränkekarte mit erlesenen Landestropfen versehen. Das Ambiente ist durch die hellen und offenen Räume angenehm, elegant, aber durchaus auch gemütlich, im Sommer bietet die zweite Anlaufstelle im Stadtpark eine ideale Alternative.

Tel.: 01 319 09 03
1090 Wien
Währinger Straße 6–8
www.cafefrancais.at
salut@cafefrancais.at
Mo–Sa 9–24 Uhr

CAFÉ IM KUNSTHISTORISCHEN MUSEUM WIEN

Dass sich Kunst, Kultur und Kulinarik verbinden lassen, beweist das elegante Café im Kunsthistorischen Museum, wo man in der prächtigen Kuppelhalle entspannt seine Melange genießen kann. Bequeme Sofas bieten Behaglichkeit, die hohen Fenster garantieren zudem einen schöner Ausblick. Auch bei Hunger lohnt es sich hier einzukehren: Wiener Schnitzel, Bulgursalat oder saisonale Spezialitäten bieten für jeden etwas Passendes.

Tel.: 01 508 76 10 01
1010 Wien
Maria-Theresien-Platz 1
www.genussimmuseum.at
khm-sales@gourmet.at
Di–So 10–17.30, Do 10–20.30 Uhr

WIEN Cafés pop

CAFÉ OPER WIEN

Wiener Kaffeehauskultur vom Feinsten zelebriert man im Café der Staatsoper, in dem Opernkünstler und Musikliebhaber gleichermaßen einander gerne treffen. Während die einen das große Champagnersortiment schätzen, laben sich andere am liebsten an den köstlichen Mehlspeisen oder warmen Mittagsgerichten aus der traditionellen österreichischen Küche.

Tel.: 01 5133957
1010 Wien
Opernring 2 (in der Staatsoper)
www.cafeoperwien.at
office@cafeoperwien.at
Mo–Sa 8.30–23, So 9.30–23 Uhr

CAFÉ SACHER
im Hotel Sacher Wien

Dass das Hotel Sacher mit seiner gleichnamigen Torte zu Wien gehört, steht außer Frage. Bereits beim Eintreten überkommt einen das Gefühl, in die prunkvolle Vergangenheit hinüberzugleiten. Die Kellnerinnen in ihren charmanten Uniformen wirbeln durch den Raum und umsorgen die Gäste mit Melange, Original Sachertorte und Klassikern der Kaffeehausküche. Aufgrund der großen Beliebtheit bei Touristen und Einheimischen sollten etwaige längere Wartezeiten nicht überraschen.

Tel.: 01 51 45 66 61
1010 Wien
Philharmonikerstraße 4
www.sacher.com
wien@sacher.com

CAFEMIMA

Am schönen Karmelitermarkt versorgt das Cafemima seine Gäste mit frischen orientalischen Speisen sowie täglich wechselndem Menü. Aber auch für ein ausgedehntes Frühstück oder einen schnellen Kaffee lohnt es sich, in dieser Location vorbeizuschauen. Egal ob Schanigarten oder Innenräume, das Ambiente ist ungezwungen, leger und verfügt dank der vielen liebevollen Details über einen hohen Gemütlichkeitsfaktor.

Tel.: 0664 456 12 17
1020 Wien
Karmelitermarkt 21–24
www.cafemima.at
info@cafemima.at
Mo–Do 8.30–22, Sa 8–14 Uhr

Die besten Weine Österreichs:

Cafés **WIEN**

CAFÉS

DOMMAYER

„Wo sollen wir uns treffen?" „Gehen wir ins Dommayer." Für junge und alte Hietzinger ist dieses Vorstadtcafé gleichermaßen ein beliebter Ort, um über Gott und die Welt zu sinnieren, Zeitung zu lesen und sich dabei eine Melange zur köstlichen Oberlaa-Mehlspeise munden zu lassen. Bei wärmeren Temperaturen ist der Gastgarten ein heißer Tipp. Wie es sich für ein gutes Kaffeehaus gehört, gibt es auch kleine pikante Gerichte.

Tel.: 01 877 54 650
1130 Wien
Dommayergasse 1
www.oberlaa-wien.at
dommayer@oberlaa-wien.at

EILES

Mit der Neuübernahme durch Gert und Nana Kunze erlebte das Kultkaffee Eiles in der Josefstadt ein gelungenes Revival. Die Speisekarte setzt auf Klassiker der Wiener Küche und gibt mit unterschiedlichsten Frühstücksvariationen, Wiener Fiakergulasch und Co ihr Bestes. Unbedingt probieren sollte man auch die Haustorte, einen süßen Traum aus Mohn, Preiselbeeren und feiner Schokolade. Man merkt, die Kunzes haben ein Händchen für Gastlichkeit, was Vorfreude auf das neue Projekt am Cobenzl weckt.

Tel.: 01 405 34 10
1080 Wien
Josefstädterstraße 2
www.cafe-eiles.at
office@cafe-eiles.at
Mo–Fr 7–24, Sa, So 8–24 Uhr

GERSTNER K. U. K. HOFZUCKERBÄCKER

AMBIENTE AWARD 2018

Ein Besuch in der Wiener Hofzuckerbäckerei kann die diversesten Verlangen stillen. So hat man die Möglichkeit, im zweiten Stock feine saisonale Gerichte aus einer kleinen Mittagskarte zu wählen, eine Etage darunter lockt die romantische Bar mit Wohnzimmerambiente. Sehr praktisch auch der hauseigene Shop im Erdgeschoß, in dem man süße Kunstwerke und Köstlichkeiten aus der Traditionsmanufaktur auswählen und mit nach Hause nehmen kann. Auch der sonntägliche Brunch bietet eine optimale Gelegenheit, das Stammhaus auf der Kärntner Straße aufzusuchen.

Tel.: 01 526 13 61
1010 Wien
Kärntner Straße 51
www.gerstner-konditorei.at
konditorei@gerstner.at
täglich 11–17.30 Uhr

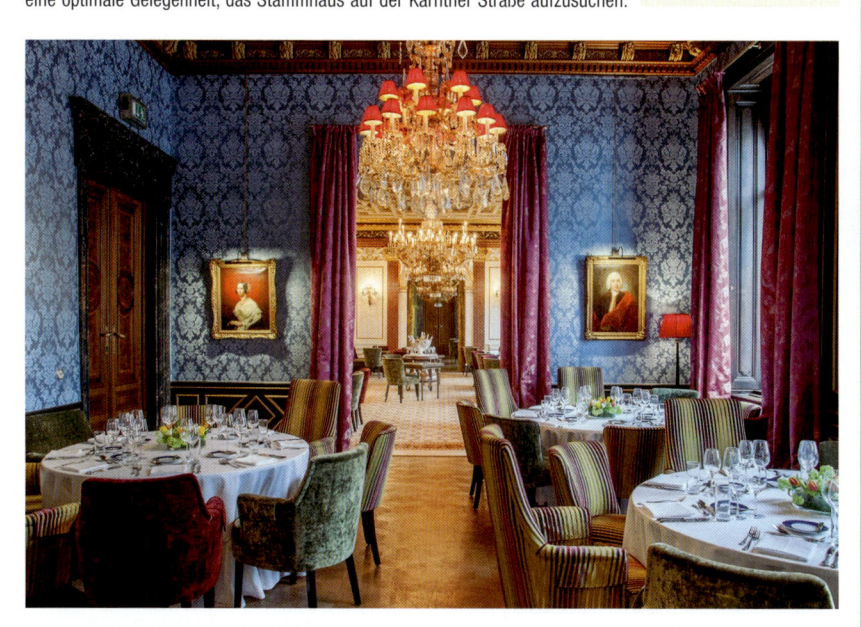

Jetzt im Gault&Millau-Weinguide.

WIEN Cafés POP

HAWELKA

Das Hawelka ist ein Traditionskaffeehaus mit Kultstatus, sein Besuch somit ein Muss. Vor vielen Jahren fungierte es als zweites Wohnzimmer zahlreicher Künstler und Schriftsteller. Auch heute noch ist es mit seinen alten Ledersofas und runden Marmortischen bei Jung und Alt beliebt. Die Melange wird selbstverständlich auf dem Silbertablett serviert, die legendären Buchteln und der Charme des Obers gehören dazu.

Tel.: 01 5128230
1010 Wien
Dorotheergasse 6
www.hawelka.at
office@hawelka.at
Mo–Do 8–24, Fr, Sa 8–1, So, Fei 10–24 Uhr

KAFFEEFABRIK

In der Kaffeefabrik widmet man sich ganz der Thematik des Kaffees. So bietet der beliebte Treffpunkt in der Favoritenstraße nicht nur eine Kaffeebar und eigene Rösterei, auch Kaffeebohnen und unterschiedlichstes Zubereitungsgerät können direkt an Ort und Stelle erworben werden. Dazu gibt es ein kleines Angebot an süßen Köstlichkeiten, auf Kaffeeverweigerer warten feine Teekreationen sowie frische Obstsäfte aus dem Burgenland.

Tel.: 0660 178 90 92
1040 Wien
Favoritenstraße 4–6
www.kaffeefabrik.at
info@kaffeefabrik.at
Mo–Fr 8–18, Sa 11–17 Uhr

KORB

Erbaut in der k. u. k. Monarchie, blickt das Café Korb auf alte Tradition und lange Geschichte zurück. Dass aber Traditionelles auch mit moderner Kunst kombiniert werden kann, beweist Betreiberin Susanne Widl mit geschicktem Händchen und viel Geschmack. Neue architektonische Akzente werden in Altbewährtes integriert und schaffen stimmiges Ganzes. Zwei Dinge sollte man bei seinem Aufenthalt definitiv nicht versäumen: Der hausgemachte Apfelstrudel ist ein Muss, der etwas anderen Toilette sollte man unbedingt einen Besuch abstatten.

Tel.: 01 5337215
1010 Wien
Brandstätte 9
www.cafekorb.at
cafe@cafekorb.at
Mo–Sa 8–24, So, Fei 10–23 Uhr

NABER

Seit über 100 Jahren wird bei Naber der Kaffee geröstet und diese Erfahrung schmeckt man. Wirkt das kleine Café zuerst noch ein wenig unscheinbar, so ist es im Inneren doch angenehm italienisch und klassisch. Es gibt die Möglichkeit, sich durch sämtliche Röstungen durchzukosten oder es sich gemütlich zu machen. Für wahre Kaffeeliebhaber ideal!

Tel.: 01 5330343
1010 Wien
Wipplingerstraße 25
www.naberkaffee.com
office@naberkaffee.com

NELKE

Abseits der Touristenströme beherbergt der vergessene Volkertmarkt die kleine Nelke, die für die Anrainer zu jeder Tageszeit einen beliebten Treffpunkt bildet. Wild zusammengewürfelte Sitzgelegenheiten, alte Tische und bunte Stühle ergeben ein charmantes Ganzes und machen den unkomplizierten Charme diesen Cafés aus. Frühstück serviert man hier den ganzen Tag, die gefüllten Pitas und wechselnden Mittagsgerichte sind eine Empfehlung. Auch kleine Liveacts sorgen immer wieder für Unterhaltung und ein buntes Rahmenprogramm.

Tel.: 01 996 20 67
1020 Wien
Volkertmarkt Stand 38–39
www.nelke.at
office@nelke.at

RITTER

Aus dem Neorokoko erhaltene Stuckdecken, edle Holzvertäfelungen sowie Stilelemente aus den 50er-Jahren verleihen den hohen Räumen des Alt-Wiener Lokals eine elegante Note und einen einzigartigen Charme. Eröffnet wurde das Café bereits im Jahr 1867, heute ist es das letzte noch erhaltene der ehemals zahlreichen Kaffeehäuser auf der Mariahilfer Straße, einer klassischen Einkaufsstraße. Traditionsreich und gemütlich zugleich.

Tel.: 01 5878238
1060 Wien
Mariahilfer Straße 73
www.caferitter.at
office@caferitter.at
Mo–Sa 7.30–22, So 8.30–21 Uhr

Cafés WIEN

SCHWARZENBERG

In einem der ältesten Cafés Wiens genießt man Wiener Kaffeehaustradition in Reinkultur. Dunkle Holzverkleidungen an den Wänden, schwere Vorhänge, eine illustre Auswahl an internationalen Tageszeitungen und Servicepersonal im Smoking. Die Anzahl an Kaffeespezialitäten und Mehlspeisen ist enorm, aber auch das Angebot an pikanten Speisen kann sich sehen lassen.

Tel.: 01 5128998
1010 Wien
Kärntner Ring 17
www.cafe-schwarzenberg.at
office@cafe-schwarzenberg.at
Mo–Fr 7.30–24, Sa, So 8.30–24 Uhr

STADTKIND

Das Stadtkind ist eine Mischung aus Wiener Kaffeehaus und Pariser Bistro mit klassischer, zeitloser Atmosphäre. Frühstücken kann man hier den ganzen Tag über, sollte man am Vortag zu tief ins Glas geschaut haben, bietet das Katerfrühstück mit kleinem Bier und Gulasch ein wirksames Gegenmittel. Auch bei Gusto auf Salat oder herzhafte Speisen wie z. B. den Stadtkind-Burger ist man hier nicht fehl am Platz. Die Barkarte weiß zu überzeugen.

Tel.: 01 9619522
1010 Wien
Universitätsstraße 11
www.stadtkind.at
contact@stadtkind.at

VIOLA [N]

Die süßen Verführungen der Patissière kennt man bereits aus anderen stadtbekannten Restaurants, in welchen Viola Bachmayr-Heyda bisher tätig war. Mit der im Herbst 2018 eröffneten kleinen Patisserie erfüllte sich die junge Konditorin ihren Traum und lockt Gäste mit ihren Neuinterpretationen alter Rezepte und geschmackvollen süßen Eigenkreationen. Und weil nicht jeder stets ein Freund von Süßem ist, steht auch eine kleine Auswahl an pikanten Speisen zur Auswahl. Ungezwungenheit und Detailliebe sorgen für viel Charme und Gemütlichkeit.

Tel.: 0664 7544 2881
1080 Wien
Strozzigasse 42
www.viola.wien
viola@viola.wien
Mo–Fr 7.30–18, Sa 9–18 Uhr
❊ variabel

WORTNER

Das Wortner blickt bereits auf eine mehr als 138-jährige Tradition zurück. Ist man auf der Suche nach einem traditionellen Kaffeehaus, ist man hier also goldrichtig. Der Innenraum ist mit den typischen Marmortischen und Holzsesseln möbliert, die gemütlichen alten Plüschsofas laden zum längeren Sitzenbleiben ein. Serviert werden klassische Kaffeehausgerichte, die mit einem Hauch Moderne versehen sind. Im Sommer sollte man unbedingt im Schanigarten Platz nehmen, zählt er doch zu den schönsten in Wien.

Tel.: 01 9458683
1040 Wien
Wiedner Hauptstraße 55
www.wortner.at
office@wortner.at

BURGENLAND Cafés POP

ZARTL

Im Kaffeehaus Zartl erlebt man die unverfälschte Kaffeehauskultur. Die rot gepolsterten Sitznischen und runden Marmortischen schaffen eine unverwechselbare Atmosphäre, aber auch die Speisekarte mit ihrem Angebot an traditionellen Wiener Mehlspeisen und Gerichten spricht für sich. Schön ist auch das breite Zeitungsangebot. Wenn man Glück hat, kann man auch der sanften Musik des Pianisten lauschen. Einer Reise in die Vergangenheit steht somit nichts im Weg.

Tel.: 01 9438972

1030 Wien
Rasumofskygasse 7

BAD TATZMANNSDORF — BURGENLAND

KAPLAN AM KURPARK
Konditorei

Konditormeister Christian Kaplan hat in den besten Häusern Österreichs gelernt und führt seit 2003 seinen eigenen Betrieb. Seine Torten, Kuchen, Petits fours und andere Mehlspeisen stecken voller Kreativität und Leidenschaft, die man schmecken kann. Der Genuss kommt auch beim Thema Kaffee und Tee nicht zu kurz. Also schmeckt hier auch das Frühstück vorzüglich.

Tel.: 03353 25476

7431 Bad Tatzmannsdorf
Kirchenstraße 8 – am Kurpark
www.kaplanamkurpark.at
info@kaplanamkurpark.at

täglich 8.30–18.30 Uhr

BADERSDORF — BURGENLAND

ALOISIA'S MEHLSPEISKUCHL & KAFFEESTUB'N

Torten und Mehlspeisen, Kekse, Schnitten, Lebkuchen oder burgenländische Spezialitäten – die üppige Vitrine in Aloisia's Mehlspeiskuchl & Kaffeestub'n lässt keine Wünsche offen. Außerdem hat sich die Hausherrin der Tradition der Hochzeitsbäckerei verschrieben. Im Kaffeehaus kann man über 60 verschiedene Mehlspeisen zu sehr gutem Kaffee genießen.

Tel.: 03366 77369

7512 Badersdorf
Untere Dorfstraße 29
www.aloisia.at
office@aloisia.at

Mo–So 8–20 Uhr
✝ 24. Dez. 2019–Mitte/Ende Jän. 2020

POP Cafés KÄRNTEN

GMÜND — KÄRNTEN

NUSSBAUMER

Mitten am Hauptplatz von Gmünd wird der süßen Kunst gefrönt. Rudi Nussbaumer beglückt in seinem Café die Gäste nicht nur mit Kuchen von Meisterhand, auch die Qualität des Trüffelkonfekts in unzähligen Sorten hat sich herumgesprochen. Auf der langen Liste an Spezialitäten stehen auch hausgemachtes Eis und kleine warme und kalte Gerichte.

Tel.: 04732 2145
9853 Gmünd
Hauptplatz 23
cafe-nussbaumer.at
rudi.nussbaumer@aon.at
Mo–Do 7.30–22, Fr, Sa 7.30–24,
So 9–20 Uhr
⚜ 6.–31. Jän. 2020

HERMAGOR — KÄRNTEN

SEMMELROCK

Die flaumigen Schaumschnitten und einzigartige Gailtaler Lebkuchen sind nicht die einzigen Gründe, warum die Konditorei Semmelrock so beliebt ist. Die Größe des Sortiments an hausgemachten Torten und Mehlspeisen ist erstaunlich. Auch das hausgemachte Konfekt und die handgeschöpften Schokoladen sollte man probieren.

Tel.: 04282 2243
9620 Hermagor
Gasserplatz 6
www.konditorei-semmelrock.at
office@konditorei-semmelrock.at
täglich 7–19 Uhr
⚜ Anfang–Mitte Nov. 2020

PÖRTSCHACH — KÄRNTEN

WIENERROITHER

Beim Wienerroither wird das Handwerk noch großgeschrieben. Das Brot kommt aus der eigenen Backstube, in der Konditorei kümmert man sich um Beliebtes wie Sachertorte, Cremeschnitte und Millirahmstrudel. Stets beliebt ist natürlich auch der Kärntner Reindling. Wer einmal etwas anderes als eine Melange bestellen möchte, kann zum Beispiel einen Café naranja oder Caffè cioccolata probieren.

Tel.: 04272 2261
9210 Pörtschach
Hauptstraße 145
www.wienerroither.com
office@wienerroither.com
täglich 7–19 Uhr

SPITTAL AN DER DRAU — KÄRNTEN

KONDITOREI-CONFISERIE LIENBACHER

Ein beliebter Treffpunkt für Naschkatzen und alle, die in heimeliger Retro-Atmosphäre eine Tasse Kaffee genießen wollen. Aus der eigenen Backstube kommen die täglich frisch zubereiteten Mehlspeisen, für Konfekt und Confiseriespezialitäten werden nur ausgesuchte Rohstoffe verwendet.

Tel.: 04762 2525
9800 Spittal an der Drau
Schillerstraße 10
www.konditorei-lienbacher.at
office@konditorei-lienbacher.at
Mo–Sa 8–18, So 9.30–18 Uhr

VILLACH — KÄRNTEN

BERNOLD
Café – Konditorei

Bereits die dritte Generation führt diesen alteingesessenen Familienbetrieb, der sich bei Jung und Alt großer Beliebtheit erfreut. Dies umso mehr, seit das Szenecafé 2019 modernisiert wurde und in neuem Glanz erstrahlt. Neben vielen Klassikern genießt man hier auch an die Jahreszeiten angepasste Mehlspeisen. Das Eis zählt zum besten der ganzen Stadt.

Tel.: 04242 25442
9500 Villach
Nikolaiplatz 2
www.bernold.co.at
cafe@bernold.co.at
Mo–Fr 7–21, Sa 7.30–21,
So 9–21 Uhr

NIEDERÖSTERREICH/OBERÖSTERREICH Cafés

BADEN BEI WIEN
NIEDERÖSTERREICH

CLEMENTINE CAFÉ-PATISSERIE

Im historischen Clementinenhof, direkt am Eingang zum Badener Kurpark, wird man von flaumigen Kuchen und hausgemachtem Bio-Eis verführt. Auch die Badener Rosen-Trüffel-Torte macht es einem schier unmöglich, lediglich auf einen – ebenfalls herrlichen – Kaffee zu gehen. Es empfiehlt sich, die schlanke Linie für einen Moment außer Acht zu lassen, denn diese Verführungen sind es wert.

Tel.: 02252 80720
2500 Baden bei Wien
Kaiser-Franz-Ring 12
www.cafe-clementine.at
office@cafe-clementine.at
Mo, Mi–Sa 8–19.30,
Di, So, Fei 9–19.30 Uhr

MELK
NIEDERÖSTERREICH

MISTLBACHER

Die Café-Konditorei ist bei Ausflüglern, Radfahrern und Einheimischen gleichermaßen beliebt. Und das nicht nur wegen der tollen Lage am Fuße des Barockstiftes. Bereits ab fünf Uhr in der Früh stehen frisches Brot und Gebäck bereit, nachmittags locken wunderbare Mehlspeisen und Eisspezialitäten. Unbedingt probieren sollte man die Haustorte oder die Wachauer Torte.

Tel.: 02752 52350
3390 Melk
Hauptstraße 1
www.mistlbacher.com
office@mistlbacher.com
Mo-Sa 7–18, So, Fei 13–18 Uhr

NEULENGBACH
NIEDERÖSTERREICH

HEISS & SÜSS

Nicht zu Unrecht ist das Heiß & Süß zu einem der beliebtesten Cafés Niederösterreichs avanciert. Denn aus der Backstube kommen süße Träume in Form von Tartelettes, Strudeln, Schnitten und Torten. Hochgelobt werden auch das Frühstück und die freundliche Bedienung. Die Kinderspielecke macht die Konditorei auch zum gefragten Treffpunkt für Mütter.

Tel.: 02772 52346
3040 Neulengbach
Rathausplatz 15
www.heissundsuess.at
konditorei@heissundsuess.at

GASPOLTSHOFEN
OBERÖSTERREICH

MAYER
Café-Conditorei

Seit drei Generationen werden die Rezepturen für Torten, Kuchen und Mehlspeisen weitergegeben und stets verfeinert. Die Schaumrollen und Cremeschnitten zählen zu den besonderen Lieblingen der Gäste, die sich aber auch gerne zum ausgiebigen Frühstück im Mayer treffen.

Tel.: 07735 6840
4673 Gaspoltshofen
Hauptstraße 41
www.conditoreimayer.at
office@conditoreimayer.at
Di–So 8–20 Uhr

GMUNDEN
OBERÖSTERREICH

BAUMGARTNER

Wunderbare Frühstücksvariationen wie das Traunsee-Erlebnisfrühstück locken bereits morgens in dieses Kaffeehaus. Der Ausblick auf den Traunsee – am besten im Sommer von der Terrasse aus – lässt Kuchen und Kaffee gleich noch einmal so gut schmecken. Die Hausspezialitäten gibt es nicht nur zum Genießen an Ort und Stelle, sondern auch zum Mitnehmen und Verschenken.

Tel.: 07612 63057
4810 Gmunden
Esplanade 1
www.konditorei-baumgartner.at
cafe@konditorei-baumgartner.at

Cafés OBERÖSTERREICH

GREIN — OBERÖSTERREICH

SCHÖRGI

Für Konditormeister Helmut Schörgi gibt es nichts Schöneres, als in seiner Backstube zu stehen und süße Kreationen hinaus zu seinen Gästen zu schicken. Seine Leidenschaft zieht nicht nur die Einheimischen sowie Radfahrer und Wanderer, sondern Menschen aus der gesamten Region in sein Café. Neben den vorzüglichen Mehlspeisen ist hier besonders das selbst gemachte Eis ein Hit.

Tel.: 07268 350-0
4360 Grein
Rathausgasse 2
www.schoergi.at
geniessen@schoergi.at
täglich 7–20 Uhr

GRIESKIRCHEN — OBERÖSTERREICH

HASLBERGER

Im Herzen von Grieskirchen liegt dieses Konditorei-Juwel, das sich nicht nur auf die kunstvolle Kreation unterschiedlicher Torten versteht. Im Café Haslberger lädt die üppige Vitrine mit ihren 80 verschiedenen Mehlspeisen dazu ein, mehr als ein Stück zum Kaffee zu genießen. Eis und Konfekt sind ebenfalls von Hand gemacht.

Tel.: 07248 62563
4710 Grieskirchen
Roßmarkt 24
www.haslberger.at
office@haslberger.at

KIRCHDORF AN DER KREMS — OBERÖSTERREICH

BACHHALM
Café Confiserie Konditorei

Die Bekanntheit der Schokoladespezialitäten von Maître Chocolatier Johannes Bachhalm hat es bereits über die Grenzen hinaus geschafft. Seine Kreationen stehen sogar in Feinkosthäusern in Moskau, Tokio und Mailand in den Regalen. Mit viel Leidenschaft und der Tradition verhaftet entstehen in diesem Haus edles Konfekt und Schokolade aus den besten Kakaosorten. Ein süßes Schlaraffenland.

Tel.: 07582 51246-12
4560 Kirchdorf an der Krems
Hauptplatz 1
www.bachhalm.at
office@bachhalm.at
Mo–Sa 8.30–18 Uhr

MONDSEE — OBERÖSTERREICH

BRAUN

Das nach Alt-Wiener Tradition geführte Haus sprüht vor Geschichte. 1560 erstmals urkundlich erwähnt, übernahm die Familie Braun im Jahre 1917 den Betrieb und führt bis heute dieses beliebte Kaffeehaus mit seinen wunderbaren Kaffee- und Kuchenspezialitäten.

Tel.: 06232 24080
5310 Mondsee
Marktplatz 7
www.konditorei-braun.at
info@konditorei-braun.at

WELS — OBERÖSTERREICH

URBANN CAFÉ – CONFISERIE

Im Urbann hat man gleich in drei Salons die Möglichkeit, sich auf eine hausgemachte Mehlspeise, Torte oder ein saftiges Stück Kuchen zu treffen. Ein heller Innenhof, das umfassende Frühstücksangebot sowie guter Kaffee und kleine Schmankerl laden zum Sitzenbleiben ein. In einer zweiten Filiale in der PlusCity werden die süßen Köstlichkeiten ebenfalls angeboten.

Tel.: 07242 46051
4600 Wels
Schmidtgasse 20
www.urbann.cc
office@urbann.cc
Mo–Fr 8.30–18.30, Sa 8–17,
So 9–17 Uhr

SALZBURG Cafés POP

MITTERSILL — SALZBURG

PLETZER

Mit viel Herz und Leidenschaft werden in diesem Familienbetrieb typisch österreichische Mehlspeisen gebacken. Torten, Schnitten und Kuchen kommen ohne Geschmacksverstärker aus und rangieren nicht nur deswegen weit oben auf der Beliebtheitsskala. Das Eis ist hausgemacht und auch das Frühstücksangebot samt aromatischem Kaffee ist ein Hit.

Tel.: 06562 6228
5730 Mittersill
Lebzeltergasse 6
www.konditoreipletzer.at
konditorei.pletzer@sbg.at
Di–So 8–19 Uhr
Frühjahr und Sommer 2020, bis 21 Uhr

SALZBURG — SALZBURG

AFRO CAFÉ ⓝ

Fairtrade-Kaffee, afrikanisch inspirierte Gerichte und traditionelle Muster sorgen im Afro Café für fröhlich-frische Atmosphäre. Die Farben sind knallig, die Wände mit Kunstwerken afrikanischer Stämme geschmückt. Zu Mittag lockt das abwechslungsreiche Menü, die Bowls mit buntem Reis, Gemüse und Tamarindejoghurt sollte man unbedingt probieren. Auch der Straußenburger mit Ananasketchup klingt verlockend. Dass der Kaffee hier besonders schmeckt, liegt auf der Hand, für Naschkatzen ist die Marshmallowschokolade eine gute Wahl.

Tel.: 0662 844888
5020 Salzburg
Bürgerspitalsplatz 5
www.afrocafe.at
cafe.salzburg@afrocoffee.com
Mo–Do 9–23, Fr, Sa 9–24 Uhr
❄ 1 Woche im Jän. 2020

CAFÉ SACHER

Seit jeher steht der Name Sacher für österreichische Kaffeehauskultur par excellence. In edler Atmosphäre mit Sitzbänken aus rotem Samt servieren Kellner im Anzug die weltberühmte Original Sachertorte oder andere traditionelle Mehlspeisen. Auch das Frühstück ist absolut empfehlenswert.

Tel.: 0662 889 77-2384
5020 Salzburg
Schwarzstraße 5–7
www.sacher.com
salzburg@sacher.com
Mo–So 7.30–22.30 Uhr

RAINBERG

In dieser kleinen Konditorei ist einfach alles stimmig. Im gemütlichen Kaffeehausambiente lassen sich eine luftige Kardinalschnitte, ein flaumiger Topfenstrudel und andere meisterhafte Mehlspeisen zu feinem Illy-Kaffee genießen. Morgens lockt die reichhaltige Frühstückskarte, mittags erfreuen täglich wechselnde Menüs.

Tel.: 0662 848846
5020 Salzburg
Neutorstraße 32 c
www.konditorei-rainberg.at
info@konditorei-rainberg.at
Di–Sa 8–18, So 9–18 Uhr

SCHWEIGER DELI ⓝ

Ganztags frühstücken, sich durch das Angebot von knusprigen Flammkuchen schlemmen oder hausgemachte Dessertkreationen genießen – dem Genuss im Schweiger Deli sind keine Grenzen gesetzt. Neben bestem Kaffee, hausgemachten Limonaden und einer großen Auswahl an regionalem Craftbeer gibt es hier noch vieles mehr. Die dort angebotenen Kuchen in kleinen Backförmchen eignen sich ideal fürs Mit-nach-Hause-Nehmen. Bei warmen Temperaturen schleckt man in urbaner Atmosphäre eine Portion Eis.

Tel.: 0662 457918
5020 Salzburg
Itzlinger Hauptstraße 93
www.schweigerdeli.at
juliana@vorderegger.org
Di–So, Fei 9–18.30 Uhr
❄ Jän. und Sept. 2020, variabel

TOMASELLI

Der Duft nach Kaffee und Mehlspeisen empfängt einen, sobald man das traditionsreiche Café Tomaselli betritt. Bereits seit 1700 wird im ältesten Kaffeehaus Österreichs die Tradition der Kuchendamen gepflegt, die mit weißer Schürzen und Mehlspeisentableau von Tisch zu Tisch gehen und zu hausgemachten Torten und Kuchen verführen. Dieser Charme vergangener Zeit vermag zu begeistern.

Tel.: 0662 844488
5020 Salzburg
Alter Markt 9
www.tomaselli.at
office@tomaselli.at
Mo–Sa 7–19, So, Fei 8–19 Uhr
❄ variabel

G+M Raiffeisen

Cafés **SALZBURG/STEIERMARK**

TAMSWEG — SALZBURG

HOCHLEITNER
Café Confiserie Konditorei Bäckerei

Aus überwiegend regionalen Zutaten werden in dem gemütlichen Kaffeehaus schmackhafte Torten, Kuchen und andere Mehlspeisen hergestellt. Besonders beliebt ist das bekannte Hochleitner-Eis aus Lungauer Biomilch. Täglich wechselnde Mittagsgerichte sorgen dafür, dass man auch gerne zum Lunch bleibt. Schöner Garten mit Blick in den Park.

Tel.: 06474 2240
5580 Tamsweg
Kirchengasse 4–6
www.hochleitner.at
hochleitner@sbg.at
Mo–Fr 6–18.30, Sa 6–14 Uhr
✱ variabel

FRAUENTAL AN DER LASSNITZ — STEIERMARK

LEITNER

Das hübsche Haus in Frauental beherbergt eine wunderbare Konditorei, für die so mancher gerne einen kleinen Umweg in Kauf nimmt. Gelobt werden hier nicht bloß die flaumigen Mehlspeisen, die ganz ohne Konservierungsmittel und Geschmacksverstärker auskommen, auch das im Sommer angebotene Eis hat zahlreiche Anhänger.

Tel.: 03462 2733
8523 Frauental an der Lassnitz
Freidorf-Auweg 1
www.konditorei-leitner.at

GRAZ — STEIERMARK

MESZAROS MACARON & DESSERT BOUTIQUE

Mandelmehl, Eiklar und Staubzucker sind die drei Grundzutaten der runden und farbenprächtigen Köstlichkeiten aus Frankreich – Macarons. Das mag sehr simpel klingen, aber hinter der Zubereitung verbergen sich so einige Hindernisse und viel Geschick. Wie gut, dass man dem aus dem Weg gehen kann, erwarten einen in der kleinen Zuckerboutique Meszaros Macaron doch verschiedenste Varianten, die nicht nur tadellos zubereitet wurden, sondern auch beste Qualität versprechen. Daneben finden sich auch andere süße Köstlichkeiten wie Petits fours oder hausgemachte Eclairs. Naschen erlaubt, wenn nicht sogar ein Muss.

Tel.: 0676 670 73 27
8010 Graz
Jungferngasse 2
meszarosgraz@gmail.com
Mo–Sa 10–19, So 11–18 Uhr

STEIERMARK Cafés

LEIBNITZ — STEIERMARK

CAFÉ ELEFANT

Ob Ei im Glas, Buttercroissant oder einfach nur ein Semmerl mit Marmelade, hier im Café Elefant bekommt man, was das Herz begehrt. Und das bei Frühstück, Brunch oder auch zwischendurch. Man findet herzliche Gastfreundschaft, duftenden Kaffee und abends auch ein gutes Glas Wein oder einen prickelnden Winzersekt. Kleine Events zu Kunst und Kultur gibt es hier ebenfalls.

Tel.: 03452 82597
8430 Leibnitz
Hauptplatz 32
www.cafe-elefant.at
info@cafe-elefant.at

LEUTSCHACH — STEIERMARK

DAS KNIELY Ⓝ
by Liepert

Im Kniely erwartet einen klassisch angehauchtes Kaffeehausflair. Es gibt Frühstücksvariationen, die keine Wünsche offenlassen, herrlich duftenden Kaffee und ein regionales Getränkeangebot von Fruchtsäften über Smoothies bis hin zu ausgewählten Weinen. Hier ist man von früh morgens bis spät abends stets gut aufgehoben.

Tel.: 03454 7060600
8463 Leutschach
Arnfelserstraße 10
www.knielyhaus.at
office@lieperts.at
Di–Sa 8–21, So 7–17 Uhr

SECKAU — STEIERMARK

REGNER

Im Hause Regner wird seit 1660 gebacken. Der Fokus liegt seit Jahrhunderten auf Qualität, Regionalität und Handwerk, der diesen Familienbetrieb in vierter Generation so erfolgreich und vor allem so beliebt macht. Die Seckauer Lebkuchenspezialitäten sind das absolute Highlight, die zahlreichen Torten sind ebenso verführerisch.

Tel.: 03514 5207
8732 Seckau 39
www.regner.at
konditorei@regner.at
Mo, Mi–Sa 8–18, So 9.30–12 und 13–18 Uhr

STRASS IN STEIERMARK — STEIERMARK

KOPPITZ
Café-Konditorei

Wer in dieser Kuchenvitrine nicht fündig wird, dem ist nicht mehr zu helfen. In der Konditorei Koppitz scheint die Produktpalette schier endlos zu sein. Einen Klassiker wie die Kardinalschnitte findet man ebenso wie die Steirertorte. Über 20 Eissorten werden ebenfalls selbst gemacht, das Restaurant versorgt seine Gäste mit italienischen Köstlichkeiten.

Tel.: 03453 2623
8472 Straß in Steiermark
Hauptstraße 52
www.konditorei-koppitz.at
office@konditorei-koppitz.at
Mo, Mi und Do 9–21,
Fr, Sa 9–22, So 10–21 Uhr

MEIN WUNDERBARER *Kochsalon*
www.martinahohenlohe.com

INNSBRUCK TIROL

CAFÉ CENTRAL

Klassisch altösterreichisch geht es im Café Central zu – und das schon seit mehr als 130 Jahren. Das Café befindet sich im gleichnamigen Hotel und bringt ein Stück Wiener Kaffeehaustradition nach Innsbruck. Feine Mehlspeisen und duftenden Kaffee gibt es hier ebenso wie warme Gerichte. Auf Langschläfer nimmt man sogar ganz besonders viel Rücksicht, denn Frühstück gibt es bis 20 Uhr.

Tel.: 0512 592065
6020 Innsbruck
Gilmstraße 5
www.central.co.at
office@central.co.at
täglich 6.30–21 Uhr

KATZUNG

Tradition und Moderne stehen im Katzung nicht im Gegensatz zueinander, sondern gehen eine perfekte Symbiose ein. Zeitgemäßes Ambiente trifft auf den Charme eines traditionellen Kaffeehauses. Torten und Kuchen sowie das köstliche Eis sind hausgemacht und das Frühstück kann man den ganzen Tag (und Abend) genießen.

Tel.: 0512 586183
6020 Innsbruck
Herzog-Friedrich-Straße 16
www.cafe-katzung.at
office@cafe-katzung.at

RATTENBERG/INN TIROL

HACKER

Selbst in der kleinsten Stadt Österreichs darf ein traditionelles Kaffeehaus nicht fehlen. Das Hacker ist dank seiner über 40 verschiedenen hausgemachten Torten, der feinen Eisvariationen und des handgeschöpften Konfekts weit über die Gemeindegrenzen beliebt. Die Mozart-Melange, Augustinertorte und frische Macarons zählen zu den Spezialitäten des Hauses.

Tel.: 05337 62322
6240 Rattenberg/Inn
Südtiroler Straße 46
www.cafehacker.at
cafehacker@rattenberg.at
Di–So 8–18 Uhr
Jän. 2020

TIROL/VORARLBERG Cafés

ZELL AM ZILLER — TIROL

GREDLER

Seit 1860 führt die Familie Gredler das gleichnamige Café. Feine Torten, Kuchen sowie Konfekt gibt es hier und besonders das Eis, das nach original italienischer Methode hergestellt wird, ist ein Genuss. Das Lokal liegt direkt an der berühmten Zillerpromenade ideal am Fluss und Fahrradweg und ist somit jederzeit einen kleinen Zwischenstopp wert.

Tel.: 05282 2489
6280 Zell am Ziller
Unterdorf 10
www.cafe-gredler.at
info@cafe-gredler.at
täglich 9–18 Uhr
bis Mitte Dez. 2019

DORNBIRN — VORARLBERG

DANNER

Die wunderbare Konditorei lässt die Herzen der Naschkatzen höher schlagen. In der Vitrine finden sich zahlreiche Kuchen und Tortenklassiker, die eine Entscheidung schwer machen. Der Gastgarten lädt vor allem im Sommer beim Genuss von Eis und Kaffee zum längeren Bleiben ein. Die Speisekarte bietet auch eine kleine Auswahl pikanter Gerichte.

Tel.: 05572 22827
6850 Dornbirn
Hatlerstraße 24
www.cafedanner.at
gerd.danner@cafedanner.at
Mo, Di, Do 9–24, Fr–Sa 9–18, So 9–19 Uhr

STEINHAUSER

Für das urbane Publikum ist das Café Steinhauser genau das Richtige. Direkt am Dornbirner Marktplatz gelegen, lässt es keine Wünsche offen. Ob auf einen gemütlichen Kaffee, ein kleines Mittagessen oder auch abends, um den Tag ausklingen zu lassen, das Steinhauser ist immer einen Besuch wert.

Tel.: 05572 31333
6850 Dornbirn
Marktplatz 9
https://cafe-steinhauser.business.site
Mo–Do 8.30–24, Fr, Sa 8.30–2, So 10–22 Uhr

HÖCHST — VORARLBERG

SCHALLERT

Schon längst ist das Café Schallert kein Geheimtipp mehr. Neben zahlreichen Einheimischen locken die hausgemachten Kuchen und Torten auch viele Schweizer Besucher an, die die angenehme Kaffeehausatmosphäre schätzen. Sobald die Temperaturen wieder steigen, hat das Schallert 20 hauseigene Eissorten im Angebot, von denen eine köstlicher als die andere ist.

Tel.: 05578 75752
6973 Höchst
Hauptstraße 1
www.cafeschallert.at
hallo@cafeschallert.at
Mo, Di, Do–Sa 9–22, So 9–19 Uhr

Weinguide
Gault&Millau 2020 Österreich
Die besten Weine Österreichs im NEUEN Design.

Gault&Millau
2020

Die neuesten Ergebnisse aus der Haubenwelt:
800 Restaurants, neu getestet und bewertet.

Plus: Die besten Weine, Wirtshäuser, Hotels und Almhütten.
Neu in dieser Ausgabe: Golfclubs, Cafés und Bars.

Zwei Bücher, ein Preis: € 39,- für Ihren Wegweiser in die Welt des guten Geschmacks
www.gaultmillau.at

Bleiben Sie up to date mit unseren täglichen Nachrichten auf **Facebook** und **Instagram**.

SÜD- TIROL

DIE BESTEN

19/20	♕♕♕♕♕	**ST. HUBERTUS** St. Kassian in Abtei	Seite 839
18,5/20	♕♕♕♕	**TRENKERSTUBE** Dorf Tirol	Seite 821
17,5/20	♕♕♕♕	**GOURMETSTUBE EINHORN** Mauls	Seite 832
17,5/20	♕♕♕♕	**ZUM LÖWEN** Tisens	Seite 847
17/20	♕♕♕♕	**JASMIN** Klausen	Seite 826
17/20	♕♕♕♕	**RESTAURANT 1908** Ritten	Seite 838
16,5/20	♕♕♕	**ALPENROYAL** Wolkenstein in Gröden	Seite 851
16,5/20	♕♕♕	**DOLCE VITA STUBEN** Naturns	Seite 835
16,5/20	♕♕♕	**KUPPELRAIN** Kastelbell	Seite 826
16,5/20	♕♕♕	**LA STÜA DE MICHIL** Corvara	Seite 820
16,5/20	♕♕♕	**LUISL STUBE** Algund	Seite 810
16,5/20	♕♕♕	**SISSI** Meran	Seite 834
16,5/20	♕♕♕	**TERRA** Sarnthein / Sarntal	Seite 843
16,5/20	♕♕♕	**TILIA** Toblach	Seite 847
16,5/20	♕♕♕	**ZUR ROSE** Eppan	Seite 822

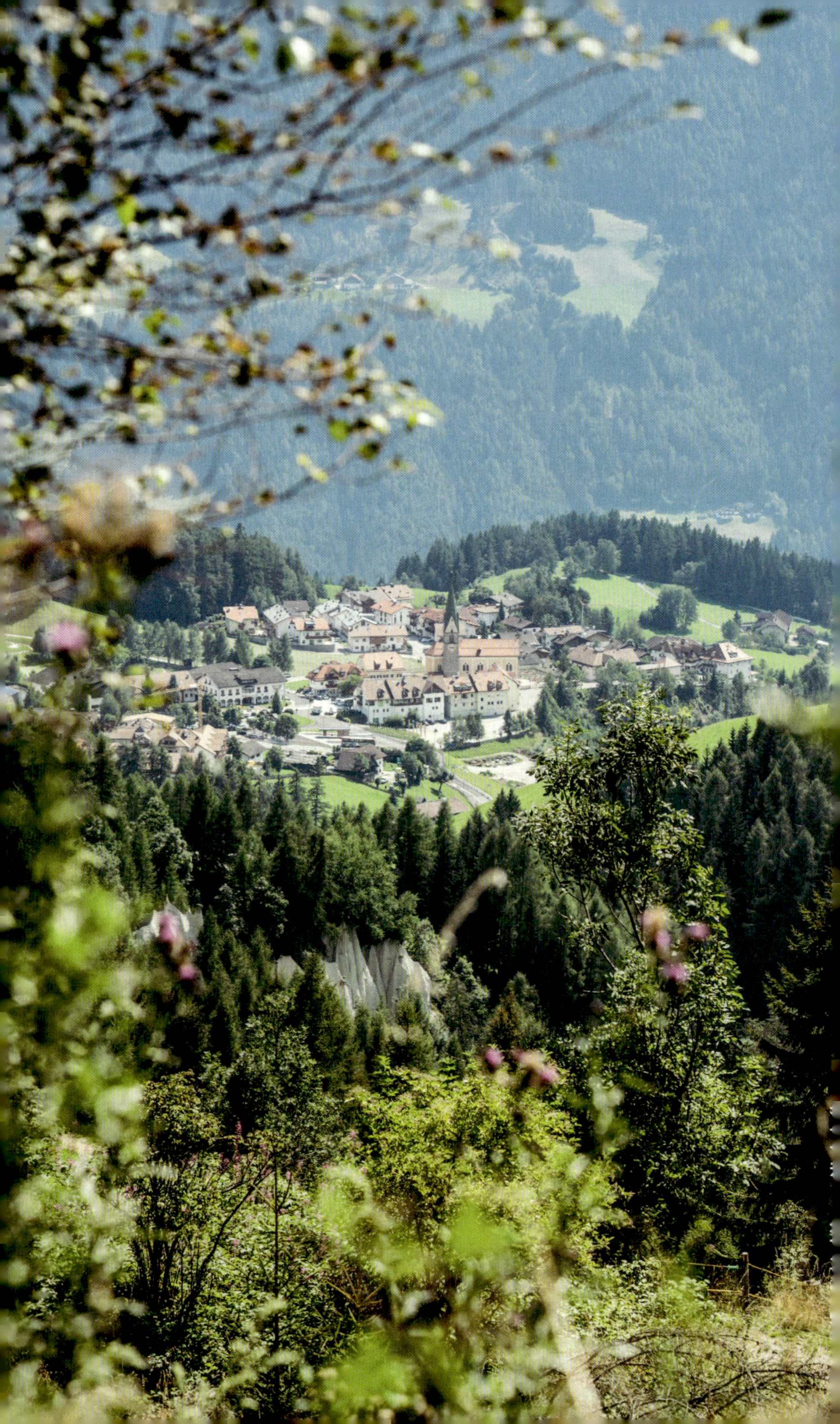

AUSZEICHNUNGEN

SÜDTIROL

NEUE
HAUBENLOKALE

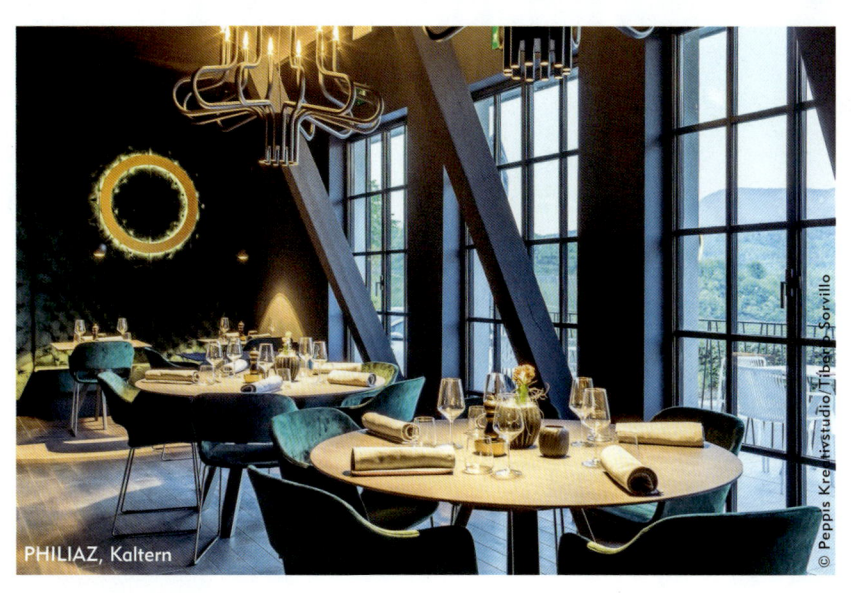

PHILIAZ, Kaltern

© Peppis Kreativstudio/Tibor Sorvillo

MIT 16
VON 20 PUNKTEN (N)

GENIESSERHOTEL
BAD SCHÖRGAU
Sarnthein/Sarntal (BZ)

MIT 15,5
VON 20 PUNKTEN (N)

IN VIAGGIO
Bozen (BZ)

MIT 14
VON 20 PUNKTEN (N)

ANNONA
Steinhaus im Ahrntal (BZ)

MIT 13,5
VON 20 PUNKTEN (N)

SCHLOSSWIRT FORST
Algund (BZ)

MIT 13
VON 20 PUNKTEN (N)

BRAUNWIRT
Sarnthein/Sarntal (BZ)

MIT 12
VON 20 PUNKTEN (N)

ARTIFEX
Brenner (BZ)

MIT 11
VON 20 PUNKTEN (N)

PHILIAZ
Kaltern (BZ)

AUSZEICHNUNGEN

Alle Fotos © Alpenroyal Grand Hotel

SERVICE AWARD 2020
ALPENROYAL

Wenn man, von der Brennerautobahn aus Bozen kommend, nach Wolkenstein fährt, kann es fast passieren, am Alpenroyal vorbeizufahren. Der straßenseitige Haupteingang und die Fassade sind viel unscheinbarer als das Haus dann selbst. Fünf Sterne, wunderschöne Zimmer und Suiten, ein unfassbar attraktiver Spa-Bereich und ein paar Restaurants. Eines davon ist das Alpenroyal

AUSZEICHNUNGEN

Gourmet Restaurant. Es ist der Arbeitsplatz von Vittorio Spinelli, Restaurantleiter, Maître und Sommelier des Restaurants, und irgendwie wiederholt sich da ein Muster. Auf den ersten Blick ist Spinelli nicht sichtbar. Er wirkt im Hintergrund und hat die Fäden in der Hand. Ist das Lokal gut besucht, wirkt er tiefenentspannt und strahlt eine Ruhe aus, die dem Team (und den Gästen) guttut. Ist weniger los, achtet er darauf, dass der Rhythmus der Küche und jener der Gäste einen Einklang finden.

Diesen Balanceakt hat Spinelli zur Kunst erhoben.

Der Service im Alpenroyal beginnt aber nicht erst im Reich von Spinelli. Gäste werden quasi am Hoteleingang begrüßt und zu einem Pré-Dinner-Cocktail oder einem klassischen Apéro zur Bar begleitet. Die Auswahl ist erstaunlich, nicht nur in der Breite, auch die Tiefe ist beachtlich. Restaurants, in denen 30-jährige Amontillados glasweise angeboten werden, sind rar.

Ein, zwei Gläser später, im Restaurant dann, erlebt der Gast, wie professioneller Service aussehen kann, ohne dabei aufdringlich zu sein. Die Gerichte sind komplex, müssen (oder sollten) also erklärt oder zumindest kommentiert werden. Spinelli und seine Mannschaft machen das auf Augenhöhe mit dem Gast. Die Kommentare sind knapp und informativ und die Weinempfehlungen können sich sehen lassen.

Spinelli, einer der versiertesten Sommeliers Italiens, jongliert mit Stilen und Entdeckungen.

Der sizilianische Chardonnay zur galizischen Abalone: unvergesslich. Ebenso sein beherzter Griff in die Schatzkammern des Alpenroyal-Kellers. Löwengang, ein gereifter Cabernet Sauvignon vom Weingut Lageder in Magreid? Kein Problem. Der Oktopus braucht ohnehin etwas Abwechslung. Spinelli ist ein Vollblutgastgeber mit Charme und Witz. Er verdient die Auszeichnung wie kein anderer.

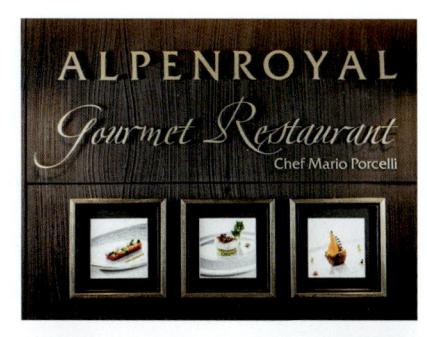

Vittorio Spinelli, Restaurantleiter, Maître und Sommelier des Restaurants Alpenroyal

Alpenroyal Gourmet Restaurant 16,5/20
39048 Wolkenstein in Gröden, Meisulesstraße 43
www.alpenroyal.com

AUSZEICHNUNGEN

Alle Fotos: © Terra – The Magic Place

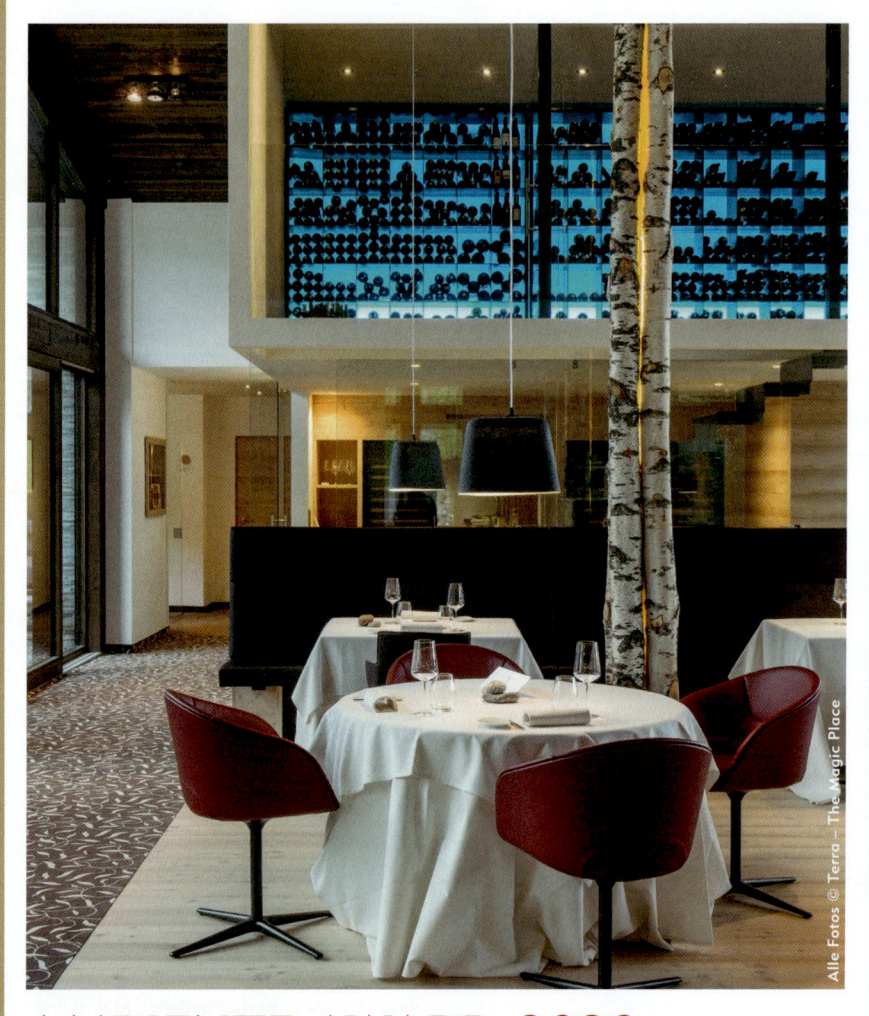

AMBIENTE AWARD 2020
TERRA

Ein magischer Ort. Den Grundstein für das Relais & Châteaux – Terra – The Magic Place, hat Johann Brugger gelegt, der Großvater von Heinrich und Gisela Schneider. Johann Brugger erbte eine kleine einfache Almhütte ganz in der Nähe. Großvater „Tatte", wie er liebevoll genannt wurde, war eine sehr moderne und aufgeschlossene Persönlichkeit. So machte er aus seiner Hütte das beliebte

AUSZEICHNUNGEN

SÜDTIROL

Gasthaus „Alpenrose" mit einer eigenen Kegelbahn. Später wurde in der Nähe der Auener Hof gebaut – in dem Spinatknödel, Tiroler Gröstl und Wild der Umgebung serviert wurden. Heute gehört das Haus nach zahlreichen Umbauarbeiten zu den besten Häusern Südtirols – und das gilt nicht nur für den Hotelbereich.

Mitten in der Natur mit atemberaubender Aussicht auf das UNESCO Weltnaturerbe der Dolomiten, nur eine halbe Stunde von Bozen entfernt, umgeben von uralten Wäldern, die im Sommer Anziehungspunkt für Wanderer sind und im Winter den Skifahrern eine perfekte Kulisse für ihre Abfahrten bietet, besitzt das Terra kein typisches Südtiroler Ambiente mit holzgetäfelten Stuben oder einem Herrgottswinkel. Nein, schon der Empfangsbereich – in dem man das Glas Sekt zum Beginn des Dinners genießt – erinnert vielmehr an die stylish eingerichteten Restaurants von San Francisco, Tokio oder Mailand. Modernes Design bei den Möbeln, ein lichtdurchfluteter Speisesaal, der den Gästen genügend Platz zu Genuss bietet, setzen den Trend eines zeitgemäß eingerichteten Restaurants fort.

Wer will, kann einen Blick in die Schauküche werfen, die den Raum ergänzt – ohne sich dabei jedoch aufzudrängen und den Köchen auch Platz gibt, in aller Ruhe ihrer Profession nachzugehen.

Und auch wenn die Berge, die Landschaft sowie die mit vielen Details gestalteten Räumlichkeiten nicht unwesentlich für den Genuss sind, die Küche spielt auch hier im Terra die Hauptrolle. Ergänzt von einer umfangreichen Weinkarte mit tausenden Posten, werden von Küchenchef und dem diplomierten Wildkräuterfachmann Heinrich Schneider Kräuter, Pilze, Beeren und Wild aus der Region auf Steinen oder Holz platziert, um so die Verbindung zwischen Natur und Kulinarik zu symbolisieren.

Seine Schwester – Gisela Schneider – sorgt mit ihrem Team dafür, dass auch im Service alles am Schnürchen läuft und man zum Ende seines Essens seinen Kräutertee auf nicht alltägliche Art kredenzt bekommt. Ein Platz, der zum Verweilen einlädt und mit so mancher Überraschung den Gast in seinen Bann zieht.

Terra im Hotel Terra – The Magic Place 16,5/20
39058 Sarnthein, Auen 21
www.terra.place

AUSZEICHNUNGEN

HOTEL DES JAHRES 2020
CASTEL

Klein, fein und familiengeführt. Das sind die Eckdaten des Hotels Castel in Südtirol. Das Fünf-Sterne-Haus der Familie Dobitsch erhebt sich wie ein natürlicher Balkon über das Meraner Land.

Evelyn Dobitsch wollte schon immer ein eigenes Hotel. Als vor knapp 20 Jahren jenes, in dem sie mit ihrer Familie viele Jahre Urlaub gemacht hatte, verkauft wurde, erfüllte sie sich ihren Traum. Zusammen mit ihrem Sohn

AUSZEICHNUNGEN

SÜDTIROL

Daniel und Schwiegertochter Maria führt sie das Castel in Dorf Tirol. Besser hätte sie es als Gastgeberin nicht erwischen können. Ihr Schmuckkästchen liegt am Südhang eines Weinberges, zwischen Reben, Apfelbäumen und Palmen sieht man in den Vinschgau und ins Etschtal. Am Eingang zum Naturschutzgebiet des Texelgebirges hat man eine gute Ausgangsbasis für Golfausflüge und Wanderungen in jeder Schwierigkeitsstufe. Und ein Vegetationsspektrum von submediterranen Obstkulturen bis zu hochalpinen Enzianen und Edelweißen.

Weil das Refugium auf unterschiedlichen Ebenen steht, kann man die Aussicht in die Täler und zu den Bergspitzen auch den ganzen Tag lang vom Hotel aus genießen.

Aus jedem der 44 Zimmer und Suiten, beim Frühstücken und Cocktailtrinken auf der Terrasse und beim Sonnenbaden. Zum Plätschern gibt es bei Familie Dobitsch einen beheizten Panoramapool und ein Römisches Hallenbad. Zum Entspannen das Carpe Diem Spa. Im Serailbad entschlackt man mit Heilschlamm aus den Bergen und dem Meer und befreit die Atemwege. Das stimuliert außerdem den Kreislauf, fördert die Durchblutung und regt den Stoffwechsel an. Im Fußsprudeltempel tut man dann noch seinen Grundfesten etwas Gutes und stärkt mit einer Ayurveda-Anwendung Muskel- und Nervengewebe. Wer sich ganz zurückziehen möchte, gönnt sich eine Auszeit in der privaten Hamam-Suite.

Verwöhnen kann man sich auch von Küchenchef Gerhard Wieser lassen. Der passionierte Koch, ein Südtiroler, experimentiert gerne mit Gartechniken, kulinarischen Trends und Zutaten. Letztere kommen oft aus der Region, wenn Wieser die verfügbare Qualität nicht zusagt, auch von außerhalb des Landes. Seine Kreationen serviert er im Gourmet-Restaurant Trenkerstube und im klassischen À-la-carte-Castel-Restaurant. Dazu gibt es Wein aus der Castel Vinothek, am Mittwoch Degustationen mit der Sommelière, am Sonntag Galadinner.

Castel
39019 Dorf Tirol, Keschtngasse 18
www.hotel-castel.com

LANDKARTE

LEGENDE

○ Orte allgemein
🟢 Orte mit 🍴
🟡 Orte mit 🍴🍴
🟠 Orte mit 🍴🍴🍴
🔵 Orte mit 🍴🍴🍴🍴
🟣 Orte mit 🍴🍴🍴🍴🍴
🔺 Hotels

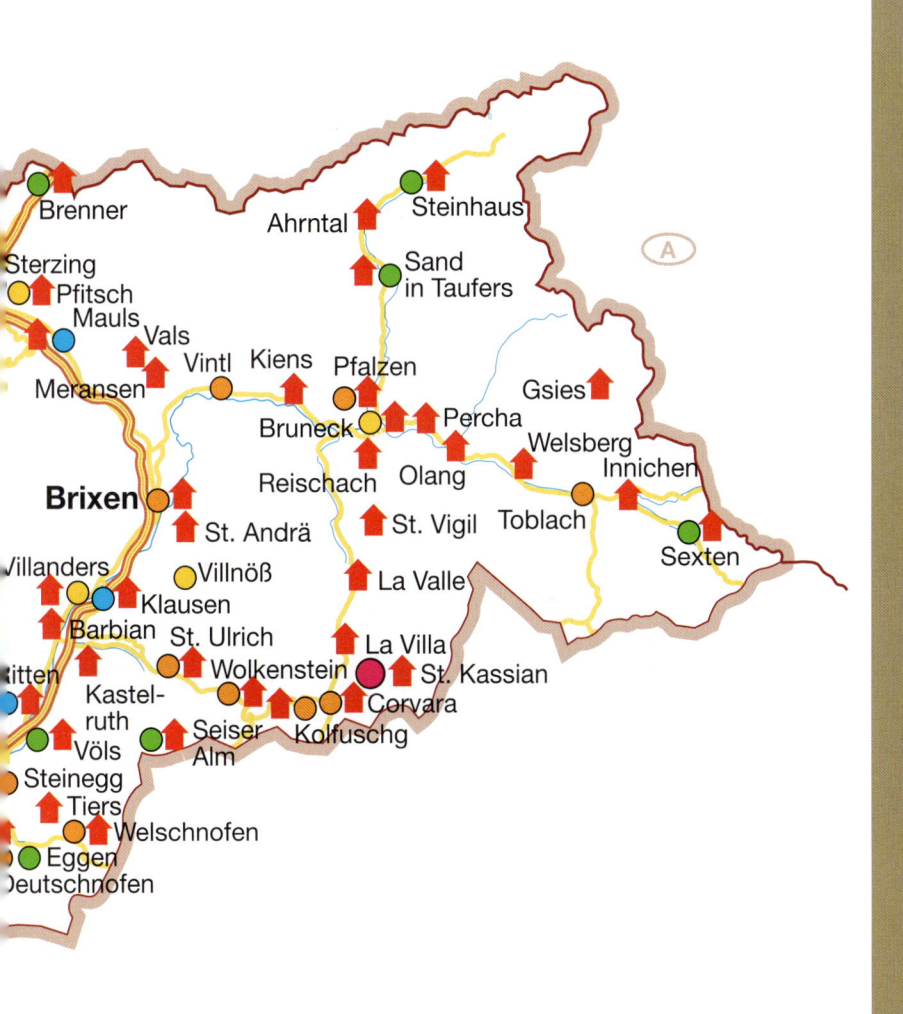

LANDKARTE

SÜDTIROL

Brenner
Sterzing
Pfitsch
Mauls
Vals
Meransen
Vintl
Kiens
Ahrntal
Steinhaus
Sand in Taufers
Pfalzen
Bruneck
Gsies
Percha
Welsberg
Innichen
Brixen
Reischach
Olang
Toblach
St. Andrä
St. Vigil
Sexten
Villanders
Villnöß
La Valle
Klausen
Barbian
St. Ulrich
La Villa
Wolkenstein
St. Kassian
Ritten
Kastelruth
Corvara
Seiser Alm
Kolfuschg
Völs
Steinegg
Tiers
Welschnofen
Eggen
Deutschnofen

Raiffeisen G&M 807

AHRNTAL

AHRNTAL

AUREA VALLIS
im Alpenpalace Luxury Hideaway & Spa Retreat
Koch: Stefan Zelger

In Vorfreude auf ein entspanntes Abendessen in schönem Ambiente waren wir umso enttäuschter, als unsere Abendreservierung auf Grund einer Veranstaltung sehr kurzfristig am gleichen Nachmittag vom Betrieb storniert wurde. Es war uns leider nicht mehr möglich, das Restaurant in der heurigen Saison erneut aufzusuchen. Eine diesjährige Bewertung muss daher ausgesetzt werden. Erwartungsvoll sehen wir dem Besuch im Jahr 2020 entgegen, der hoffentlich zustande kommt.

Tel.: 0039 0474 670230
39030 Ahrntal
Gisse 32
www.alpenpalace.com
info@alpenpalace.com

Bewertungen NEU

11 bis 12,5 Punkte von 20 Punkten: 1 Haube

13 bis 14,5 Punkte von 20 Punkten: 2 Hauben

15 bis 16,5 Punkte von 20 Punkten: 3 Hauben

17 bis 18,5 Punkte von 20 Punkten: 4 Hauben

19 bis 19,5 Punkte von 20 Punkten: 5 Hauben

ALDEIN

KRONE 12,5/20
Köchin: Maria Alberta Franzelin

Wenn ein Gasthaus seit 1577 besteht, dann kocht man in erster Linie der Tradition verpflichtet. Alberta Franzelin drückt der Küche verdient seit vielen Jahren ihren Stempel auf. Was auf den Tisch kommt – egal ob Schlutzkrapfen, Kalbsbries, Weinsuppe oder Leberknödelsuppe –, ist gelungen und zeugt von einer klaren Handschrift. Die feinen Leberknödel schwimmen in einer kräftigen Suppe, der Zander ist leicht angebraten und kurz in Butter geschwenkt, das dazu gereichte Gemüse ohne Fehl und Tadel. Die Topfenknödel auf Zwetschkenkompott sind vortrefflich, ein Klassiker ist die Zirmertorte (Haselnuss-Schokolade-Torte mit Weichseln). Die Weinauswahl zeugt von viel Kenntnis.

à la carte: 11–35 €

Tel.: 0039 0471 886825
39040 Aldein
Dorfplatz 3
www.gasthof-krone.it
info@gasthof-krone.it
Mo 19–21, Di–So 12–14 und 19–21 Uhr

ALGUND

LEITER AM WAAL 11,5/20
Koch: Theodor Bauer

An einem herrlichen Sonnentag sitzt man auf der Terrasse, von der aus man einen wunderbaren Blick auf das Etschtal und die umliegenden Berge hat, natürlich besonders schön. Aber auch die Altmeraner Stube hat ihren ganz eigenen Charme. Traditionelle Gerichte der Südtiroler Küche werden mit einer Prise Kreativität verfeinert und wissen so stets zu begeistern. Wie zum Beispiel die unwiderstehlichen Schlutzkrapfen oder Rindsbäckchen mit perfekt knusprigen Röstkartoffeln. Beim Dessert kommt man an den allseits beliebten Marillenknödeln und Walnusseis mit Ahornsirup einfach nicht vorbei. Das herzliche und engagierte Personal ist auch an stressigen Tagen stets bemüht, jedem Gast Aufmerksamkeit zu schenken.

Tel.: 0039 0473 448716
39022 Algund
Mitterplars 26
www.leiteramwaal.it
info@leiteramwaal.it
12–14 und 18–21 Uhr
✲ Di

ALGUND

LUISL STUBE
im Schlosswirt Forst

Koch: Luis Haller

16,5/20

Tel.: 0039 0473 260350
0039 338 6463791

39022 Algund
Vinschgauer Straße 4
www.schlosswirt-forst.it
info@schlosswirt-forst.it

Do–So 18–21.30 Uhr
7. Jän.–1. April 2020

Das lange stillgelegte Biergasthaus aus dem 14. Jahrhundert wurde prächtig instand gesetzt. Und dank Luis Haller, der zu den besten Südtiroler Köchen gehört, können hier endlich auch die anspruchsvollsten Gäste zufriedengestellt werden. Haller kreiert elegante und leichte Gerichte wie Wildlachs mit Rotkraut, Apfelmiso und Bierreis oder, noch besser und noch leichter, geflämmten Kaisergranat auf Ricotta-Avocado mit Yuzu und Kamillenessenz. Der Küchenstil für die exklusive Kleinstube ist international inspiriert, so erinnert die auf Kirschholz gebratene Wachtel und besonders die Praline von der ungestopften Biogans beispielsweise an Hallers Lehrzeit bei den Haeberlins im Elsass. Aber noch mehr ist der heurige Qualitätssprung auf die Verwendung seltener einheimischer Produkte zurückzuführen, wie das Gemüse- und Salatallerlei aus Berg-Permakultur. Chapeau für den Naturnser Damhirsch mit Zirbennuss (Zirbensamen) und Wolfsbeere im Wacholderrauch. Prädikat: Kultstatus. Sommelier Nicola Spimpolo ist perfekt und generös beim Entkorken großer Etiketten.

à la carte: 32–46 €

OBERLECHNER

Koch: Peter Gamper

13/20

Tel.: 0039 0473 448350

39022 Algund
Vellau 7
www.gasthofoberlechner.com
oberlechner@rolmail.net

Do–Di 11.30–14.30 und
18–21 Uhr
Mitte Jän.–Mitte März 2020,
2 Wochen im Juli 2020

Wer das Etschtal zur Linken und den Vinschgau zur Rechten überblicken und zudem gute Südtiroler Hausmannskost genießen will, dem sei der Oberlechner oberhalb von Vellau empfohlen. Ob eine Cremesuppe vom Löwenzahn, Ravioli mit Ricotta-Kräuter-Fülle oder ein sorgfältig geschmortes Kalbsossobuco mit Reis und gschmackiger Sauce: Alles kommt liebevoll und mit Sorgfalt zubereitet auf den Teller. Im Winter sitzt der Gast in der gemütlichen Stube, im Sommer auf der Terrasse mit fantastischem Rundumblick. Gute Südtiroler Weinkarte mit besonderem Augenmerk auf Weine aus dem Meraner Land.

à la carte: 16–28 €

ALTREI

SCHLOSSWIRT FORST Ⓝ 13,5/20 🦷🦷

Tel.: 0039 0473 26 03 50
0039 338 64 63 791

39022 Algund
Vinschgauer Straße 4

www.schlosswirt-forst.it
info@schlosswirt-forst.it

Mi 18–21.30, Do–Mo 12–14
und 18–21.30 Uhr

Der Schlosswirt überzeugt mit einer klaren Linie, in der nur eines zählt: Qualität. Viel Wert legt Chefkoch Luis Haller auf die Herkunft der Produkte, die Speisekarte listet langjährige Beziehungen zu Lieferanten des Vertrauens. Der Damhirsch aus Naturns wird als Carpaccio mit stimmiger Parmesancreme und Fichtensprossenessig serviert. Der Quellwassersaibling vom Holzkohlengrill aus dem Passeiertal kommt als Filetstück daher, das Grillgemüse ist knackig, die Kartoffelcreme dezent, der kleine Gartensalat erfrischend. Biere dürfen natürlich nicht zu kurz kommen, ist doch die Besitzerfamilie des Schlosswirtes auch Eigentümerin der nahen Brauerei Forst. Der Service ist umsichtig und professionell.

à la carte: 15–25 €

SÜDTIROL

ALTREI

KÜRBISHOF 14/20 🦷🦷

Köchin: Sara Tragni

Tel.: 0039 0471 88 21 40
0039 338 43 78 817

39040 Altrei
Guggal 23

www.kuerbishof.it
info@kuerbishof.it

Mo, Do–So 12–13.45 und
19.15–21, Mi 19.15–21 Uhr
✱ Mitte April–Mitte Mai 2020

Die Familie Varesco betreibt in einer umgebauten Scheune, deren baulichen Wurzeln bis 1772 zurückreichen, seit 2006 ein Restaurant, das auch die etwas umständliche Anreise lohnt. Hartmann Varesco ist für den herzlichen Service verantwortlich, Ehefrau Sara kocht mit Liebe und Leidenschaft. Die Gerichte erfüllten die Erwartungen voll: Hausgeräucherte Gänsebrust mit knackigem, eingelegten Gemüse, Vollkornbandnudeln mit Hirschragout oder die gebrannten Mehlschlutzer, gefüllt mit Graukäse, Lauch und knusprigen Speckstreifen, waren perfekt gelungene Vorspeisen. In gleicher Art ging es mit der dampfgegarten Rolle vom Bachsaibling mit Schwarzwurzeln, der Gänsebrust im Lärchenhonig und den Kürbisknödeln auf Bergkäsesauce sowie Erdmandeln weiter. Altrei ist seit langer Zeit für die Verarbeitung von Lupinien bekannt, im Kürbishof wird davon eine Variation vom „Altreier Kaffee" – bestehend aus Konfekt, Kuchen und Crème brûlée – hergestellt.

à la carte: 7,50–22 €

BOZEN

ARÔME
pop 13/20

Koch: Michael Laimer

In Zusammenarbeit mit innovativen Architekten ist es gelungen, neues Leben in die verstaubte Dachkammer des edlen Laubenhauses zu bringen. Endlich kann man einen großen Teil der pittoresken Altstadt-Dachlandschaft aus gleicher Höhe sehen und sich von Prosecco über gehobenen lokalen Schaumwein bis zu den besten regionalen Weinen erfrischen. Zum gemütlichsten Bozner Antik-Loft passt eine junge Kochbrigade, die die Gäste auf Kurzgebratenes (wir empfehlen die saftigen Rindssteaks), mediterrane Fisch-Gustostückerl oder italienisches Nudelallerlei nie lange warten lässt. Verführerische Confiserie.

à la carte: 10–29 €

Tel.: 0039 0471 313030
0039 335 6179988
39100 Bozen
Lauben 69
www.thaler.bz.it
info@thaler.bz.it
Mo–Sa 12–14.30 und 19–21.45 Uhr

HASELBURG
12,5/20

AMBIENTE AWARD 2018

Die im frühen 13. Jahrhundert erbaute Haselburg thront auf einem Porphyrfelsen über dem Stadtteil Haslach. Die behutsam renovierte Haselburg bietet, was das Bozner Bürgertum kaum kennt: höfisch-ritterlich-nobles Ambiente und volksnahe Preise. Die Burgküche zelebriert einen gelungenen Mix aus Tiroler Klassik und italienischer Moderne: von Schlutzkrapfen bis Gnocchi, von Graukäseteigtaschen bis zu Kaninchentortelli. Selbstverständlich ist das sehr empfehlenswerte Rindstatar in einer Burg, in der früher mit entschiedener Eisenfaust auf den Tisch gehauen wurde, hier immer noch von Hand gehackt.

Tel.: 0039 0471 402130
39100 Bozen
Küepachweg 48
www.haselburg.it
info@haselburg.it

IN VIAGGIO [N]
15,5/20

Koch: Claudio Melis

Ein etwas kühl wirkendes Interieur empfängt die Gäste des nur fünf Tische zählenden Restaurants In Viaggio. Gastgeber und Chefkoch ist der gebürtige Sarde Claudio Melis, der schon seit vielen Jahren in Südtirol lebt und arbeitet. Den Start machte ein Gericht der intelligenten Dissonanzen: Die marmorierte Forelle, einseitig leicht angebraten, thronte auf zweierlei Cremen, einer angenehm scharfen vom Kren nebst einer süßlichen von der Erbse. Den Kontrast in Temperatur (eiskalt) und Aroma (leicht säuerlich) garantierten kleingehackte Himbeeren. Das Duett der flambierten Karotte versus Pak Choi spielte mit Süße und Schärfe, Letztere durch eine Interpretation der nordafrikanischen Gewürzpaste Harissa. Zurück zur Klassik führten die Ravioli mit Kalbshaxenfüllung, sautierten Eierschwammerln und kräftigem Jus der Kalbshaxe. Das Hauptgericht war eine Variation vom Cinturello-Spanferkel: Bauch, Filet, Schulter und frittierter Schweinskopf, dem Prinzip nose to tail folgend. Dass Melis unterschiedliche Aromenreize liebt, wird schlussendlich auch beim Dessert deutlich: Süße beim Schokoladedessert, aber zurückhaltend und kontrastiert von salzigen Elementen.

Tel.: 0039 0471 1684878
39100 Bozen
Via Piave 15
www.inviaggioristorante.com
info@inviaggioristorante.com
Mo, Di, Do Fr und Sa 19–20.30 Uhr
variabel

KOHLERN
11,5/20

Köchin: Paula Schrott

Hoch über der Stadt Bozen verspricht der Gasthof Kohlern ein sagenhaftes Panorama, das sowohl auf der gepflegten Veranda als auch auf der schönen Sommerterrasse genossen werden kann. Der kulinarische Genuss kommt dabei nicht zu kurz, als beständig und verlässlich erweist sich auch heuer das gebotene Speisenprogramm. Klassische Bozener Gerichte dominieren die Karte. Erfrischend und gut der saure Kalbskopf, das Lammkarree mit Bauernpolenta und das Südtiroler Knödeltris sind immer eine perfekte Wahl. Bei den Desserts sollte man sich nicht zu sehr zurückhalten, Ricottasoufflé, Marillenknödel und Sacher-Parfait sind zu verlocken. Die Weinkarte ist gut bestückt und bietet regionale Köstlichkeiten.

à la carte: 8–29 €

Tel.: 0039 0471 329978
39100 Bozen
Kohlern 11
www.kohlern.com
info@kohlern.com
Di–So 12–14 und 19–21.30 Uhr
Anfang Nov.–Mitte Dez. 2019,
Anfang Jän.–April 2020

BOZEN

LAURIN
im Parkhotel Laurin
Koch: Manuel Astuto
SERVICE AWARD 2014

15,5/20

Tel.: 0039 0471 311000
39100 Bozen
Laurinstraße 4
www.laurin.it
restaurant@laurin.it
Mo–Sa 12–14.30 und
19–22.30 Uhr
✱ 5. Jän.–9. Feb. 2020

Das Laurin ist und bleibt erstes Haus am Platz. Entsprechend sind auch die Ansprüche an die Küche, die den Spagat zwischen größeren Gruppen, Hausgästen und À-la-carte-Publikum schaffen muss. Dies gelang in den vergangenen Jahren wechselhaft, der jüngste Besuch war in Bezug auf die Küchenleistung erfrischend souverän und abgeklärt. Die mit Mozzarella und Ricotta gefüllte gebackene Zucchiniblüte mit Zucchinicreme und Safranmayonnaise überzeugte durch eine außerordentlich positive und zurückhaltende Balance, das perfekt gebratene Rindsfilet fand einen genialen Kontrapunkt in der Latschenkieferhaube, knusprigen Polenta und weißen Zwiebel. Ein erfrischendes, weit über das Banale hinausgehendes Dessert präsentierte Chefkoch Manuel Astuto (er ist seit 2010 schon im Betrieb) mit dem Kakaosorbet und der Rhabarber-Himbeer-Trilogie. Vornehm-zurückhaltender Service, intelligentes Weinangebot. Weiter so!

à la carte: 12–28 €

LÖWENGRUBE
Koch: Davide Franco

pop 11,5/20

Tel.: 0039 0471 970032
39100 Bozen
Zollstange 3
www.loewengrube.it
info@loewengrube.it
Mo–Sa 12–14.30 und
19–22.30 Uhr

Auf der Suche nach klassischer Südtiroler Küche darf man nicht sein, wenn man in diesem historischen Lokal mit der ältesten Gaststube Bozens Platz nimmt. Die liebevoll renovierten Räumlichkeiten bewahren das geschichtsträchtige Flair, nur der vordere Bereich wurde im Bistrostil modernisiert. Küchenchef Davide Franco experimentiert bei seinen Gerichten mit unterschiedlichen Aromen und Texturen und bringt verfeinerte, mediterrane Speisen auf den Teller. Für alle, denen Entscheidungen schwerfallen, empfiehlt sich das Degustationsmenü, das einen Querschnitt durch die Karte liefert. Die Vinothek bietet ein Angebot aus über 1000 erlesenen Weinen.

à la carte: 10–28 €

ZUR KAISERKRON
Koch: Claudio Melis

pop 14,5/20

Tel.: 0039 0471 980214
39100 Bozen
Musterplatz 2
www.zurkaiserkron.com
info@zurkaiserkron.com

In der 1759 eröffneten Luxusherberge gab sich lange die Prominenz die Edelklinke in die Hand: Herder, Goethe, Papst Pius IX., Kaiser Franz I., Zar Alexander und andere Illustre stiegen hier ab. Das Pächtertrio Wieser (Robert, erfahrener Chefsommelier), Wieser (seine Schwester Monica, die souverän im Saale den Service dirigiert) und Melis (Claudio, Ehemann Monicas, Chef am Herd) beweist den Boznern täglich, dass in der geschäftstüchtigen Stadt auch ein Feinschmeckerlokal existieren darf, soll, kann, muss. Der Sarde Melis begeistert mit verschlankter tirolerisch-sardischer Fusionsküche: Kein Spitzenkoch in Südtirol kann mit Artischocken besser umgehen! Unsere Cavatelli-Nudeln mit Artischocken, Paradeisern und gesalzenem Ricotta sowie die Lammkeule mit Bauchspeck, Thymian und sautiertem Gemüse erinnern an einen feinen Hirtenschmaus beider Regionen. Auch bei den Desserts bleibt die Linie schlank, die Sorbetvariation ist federleicht. Na ja, die weiche Apfeltorte mit Calvadossauce und Mandeleis drückt dann doch noch ein bisschen mehr auf die Waage, aber egal: Hauptsache gut essen in Bozen.

ARGENTIERI
„Hostaria"

👍 Tipp

Tel.: 0039 0471 981718
39100 Bozen
Silbergasse 14
silverinadiaadorno@gmail.com

Das von der Familie Adorno liebevoll geführte Restaurant befindet sich direkt im historischen Stadtzentrum von Bozen und hat sich ganz der mediterranen Küche verschrieben. Italienische Spezialitäten und Fischgerichte sowie hausgemachte Desserts erfreuen die Gäste.

BOZEN

BAMBOO 👍 Tipp
Sushi Bar & Restaurant

Tel.: 0039 0471 050358
39100 Bozen
Eisackstr. 3
www.alpensushi.it
info@alpensushi.it

Traditionelle japanische Küche und italienische Klassiker in ein und demselben Restaurant? Kann das gut gehen? Im Bamboo lautet die Antwort definitiv: ja. Sushi, Sashimi, Maki, Gemüse und Fisch im Tempurateig sowie die herrlich saftigen Gyoza sind von ebenso guter Qualität wie die mediterranen Pasta- und Risottogerichte. Da die Asiaten nicht gerade für ihre Süßspeisen bekannt sind, dominieren Italo-Nachspeisen das Dessertangebot. Der Service agiert freundlich und flink.

HOPFEN & CO. 👍 Tipp

Tel.: 0039 0471 300788
39100 Bozen
Obstplatz 17
www.boznerbier.it
hopfen@boznerbier.it
täglich 9–24 Uhr

Der über 800 Jahre alte Turm blickte schon auf eine lange Tradition zurück, als er schließlich 1998 als Wirtshaus mit angeschlossener Brauerei neu eröffnet wurde. Der Name ist Programm, denn zum hausgebrauten Bier gibt es deftige Begleiter wie Bierspeckknödeln, Schweinsstelze oder Gulasch.

à la carte: 7–27 €

HUMUS 👍 Tipp

Tel.: 0039 0471 971961
39100 Bozen
Silbergasse 18
www.humus-bistro.com
info@humus-bistro.com

Die Südtiroler Küche kann manchmal ganz schön deftig sein. Darum erfreut es umso mehr, dass es ein nettes Bistro wie das Humus gibt, das Alternativen zu den üblichen Südtiroler Spezialitäten bietet. Die Gerichte sind durch die Bank mediterran oder arabisch angehaucht. Bruschetta, Baba Ghanoush und Couscous sind besonders als leichtes Mittagessen eine gute Wahl. Und: Es ist alles biozertifiziert.

NADAMAS 👍 Tipp

Tel.: 0039 0471 980684
39100 Bozen
Obstplatz 43/44
www.ristorantenadamas.it
nadamas@iol.it
Mo–Sa 9–1 Uhr

Egal ob mittags zum schnellen Businesslunch, abends für ein ausgiebigeres Dinner oder einfach nur für ein Glas Wein – das Nadamas ist Bozens idealer Treffpunkt für jede Tageszeit. In ungezwungener und familiärer Atmosphäre kann man sich dank der umfangreichen Speisekarte, die einen Mix aus mediterranen, exotischen und Südtiroler Gerichten bereithält, kulinarisch in nahe und ferne Länder entführen lassen.

à la carte: 6–24 €

TREE BRASSERIE 👍 Tipp
im Parkhotel Luna Mondschein

Tel.: 0039 0471 1532377
39100 Bozen
Piavestraße 15
www.treebrasserie.it
treebrasserie@esemdemi.it

Freundliches Ambiente in legerer und schlichter Atmosphäre sorgt in der Bozner Brasserie für positive Momente. Die Speisekarte bietet eine Mischung aus Klassikern der französischen Bistroküche und italienischen Köstlichkeiten. Neben Weinbergschnecken und Ratatouille finden sich ofenfrische Focaccia und mediterranes Wolfsbarschfilet. Highlight ist hier das gebotene Konzept: Die einzelnen Gerichte werden wie Tapas miteinander geteilt, das sorgt für gemeinsame Geschmackserlebnisse. Der schöne Garten lädt an warmen Sommertagen zum länger Bleiben ein.

WALTHER'S 👍 Tipp

Tel.: 0039 9471 982548
39100 Bozen
Waltherplatz 6
www.walthers.it
info@walthers.it

Im Herzen der Stadt gelegen, ist dieses Lokal zu jeder Tageszeit einen Besuch wert. Ob auf einen schnellen Kaffee und Apfelstrudel, eine Kleinigkeit zum Essen oder abends auf einen Drink – das Walther's erfüllt alle Wünsche. Besonders empfehlenswert sind die Speckknödelsuppe und die köstlichen Pizzen.

WIRTSHAUS VÖGELE 👍 Tipp

Tel.: 0039 0471 973938
0039 335 6170113
39100 Bozen
Goethestraße 3
www.voegele.it
info@voegele.it
Mo–Sa 11.30–23 Uhr

Mitten in Bozen, neben dem Obstplatz gelegen, ist das Traditionswirtshaus Vögele mittlerweile schon eine richtige Institution. Auch wenn die aktuellen Pächter das Lokal „erst" 1993 übernommen haben, so spürt man doch die Historie in diesen Mauern, die 1277 erbaut wurden. Zu essen gibt es Bodenständiges nach altbewährten Rezepten: Knödel, geschwenkten Kalbskopf, Erdäpfelblattlen und Co.

à la carte: 7,50–24,90 €

BRENNER

ZENZERO 👍 Tipp

Tel.: 0039 0471 30 19 66
39100 Bozen
Museumstraße 15

Im Zenzero fühlt man sich gleichermaßen in Apulien wie in Thailand angekommen, denn die Karte ist ein gewagter Mix aus mediterran und asiatisch. Das kleine Lokal in der Museumstraße ist ein wenig schwierig zu erreichen, aber wenn man es gefunden hat, erwartet einen ein moderner Betrieb im Bistrostil. Im Sommer ist die Terrasse ein lauschiger Ort, um auch ein bisschen länger sitzen zu bleiben.

ZUSHI 👍 Tipp

Tel.: 0039 0471 28 34 40
39100 Bozen
Italienallee 13
www.zushi.eu
bolzano@zushi.eu

Tatsächlich ist das Zushi eine japanische Restaurantkette mit exklusiven, internationalen Standorten, und in Bozen ist damit ein modernes Stück Japan gelandet. Die Auswahl an Sushi, Maki und Co ist groß, es gibt auch warme Gerichte und die Qualität stimmt. Das Ambiente ist stylisch clean. Kurzum ein trendiges Lokal, das sich in der Bozner Szene bereits etabliert hat.

BRENNER

ARTIFEX IM FEUERSTEIN ᴺ 12/20
Nature Family Resort
Köchin: Martina Marcelli

Tel.: 0039 0472 77 01 26
39041 Brenner
Pflersch 185
www.feuerstein.info
info@feuerstein.info
Do–So 19–22 Uhr

Wie ein riesiger Tatzelwurm aus Holz, Beton und Glas wurde das mächtige Wellnesshotel in die urige Landschaft gesetzt. Die erfolgreichen Hoteliers haben sich vornehmlich auf junge Familien spezialisiert, die bunte, jahreszeitlich gut abgestimmte Salatbuffets sowie spannende italienische Nudelvariationen schätzen. Freundlicherweise erspart der flinke Service den bequemeren Essern das Anstehen am Buffet und bringt auch alles an die Tische. Köstlich gebratene Tauben, knusprige Hühner, zartes Lamm sind leider eher knapp portioniert. Famoses globales Schaumweinangebot.

SÜDTIROL

www.gaultmillau.at – Tipps, Trends, Rankings und alle Restaurantkritiken

BRIXEN

APOSTELSTUBE   16/20
im Hotel Elephant
Koch: Mathias Bachmann

Fulminant startete unser Menü, das wir in der Apostelstube genießen durften. Eine Gillardeau-Auster mit Gurke und Fenchel, Forellenkaviar mit Räucherfisch und ein lauwarmer Seesaibling – im Kern noch schön glasig – auf sämiger Selleriecreme begeisterten voll und ganz. Auch die Fagottini, mit confierter Gans gefüllt und von Haselnuss und Radicchio begleitet, waren ein Genuss. Bei der Rotbarbe mit Bouchot-Muscheln schwächelte die Küche dann jedoch leicht: Die dazu servierten Frühlingszwiebeln waren zu forsch angebraten worden und der Fisch selbst war zu wenig gewürzt. Kritik auf hohem Niveau, selbstverständlich, doch wer dann eine Taube derart exzellent zubereiten kann, versteht sein Handwerk: Das Fleisch des Geflügels war blutig, gleichzeitig auch warm und die Sauce aus Mandeln, Zitrone und Rotweinzwiebeln die perfekte Ergänzung. Jetzt hätte es nicht mehr unbedingt das Rindsfilet mit Sherryessigjus sein müssen, das angesichts des davor servierten Ganges nur verlieren konnte. Nicht verzichten sollte man auf die Schokolade-Panna-cotta, die das Menü stimmig beendete. Ein aufmerksamer Service und eine interessante Weinkarte rundeten einen gelungenen Besuch ab.

Tel.: 0039 0472 832750
39042 Brixen
Weißlahnstraße 4
www.hotelelephant.com
info@hotelelephant.com
Fr–Di 19.30–21.30 Uhr
❋ Mitte Feb.–Mitte März 2020

ELEPHANT   14,5/20
im Hotel Elephant
Koch: Mathias Bachmann

SERVICE AWARD 2010

Zwei Restaurants in einem Hotel. Kann das gut gehen? Jein, muss man sagen, wenn man sich den Elephant in Brixen ansieht. Während man in der Apostelstube groß aufkocht, versucht man als Alternative im Restaurant Elephant eine andere Richtung. Und dies gelingt einmal besser, einmal nicht ganz so aufregend. Wir müssen also auch von einem nur durchschnittlich geratenen Ziegenkitz berichten, das etwas zäh auf den Tisch kam. Dazu gab es Kartoffelpüree und Thymianjus. Besser gefiel da das exakt gebratene Lammfilet auf Gemüse oder der als Vorspeise gewählte Wildkräutersalat mit French Dressing. Fleischtiger haben zudem die Wahl zwischen Rindsfilet vom Holzkohlengrill, knusprigem Milchferkelbauch auf Bockbiercreme, Spitzkraut und Liebstöckeljus oder einer geschmorten Kalbswange auf „Polenta di Storo". Vegetarier hingegen greifen zu mit Taleggio gefüllten Schwarzpolenta-Käseknödeln. Apfelstrudel, Sachertorte sowie Kirschparfait bieten sich als Dessert an, in unserem Fall gab es exzellente, mit viel Zucker und Zimt bestreute Apfelküchle.

à la carte: 18–35 €

Tel.: 0039 0472 832750
39042 Brixen
Weißlahnstraße 4
www.hotelelephant.com
info@hotelelephant.com
täglich 12–14 und 19–21.30 Uhr
❋ Mitte Feb.–Mitte März 2020

FINK   11/20
Koch: Florian Fink

Inmitten der Brixener Altstadt sorgt das Fink für eine beständige Küchenlinie. Traditionelle Gerichte aus der Region werden dabei zeitgemäß adaptiert, Südtiroler Köstlichkeiten und hochwertige Produkte regionaler Produzenten mit viel Feingefühl aufeinander abgestimmt und kreativ umgesetzt. Verkehrte Schlutzer reihen sich auf der Karte neben köstlichem Stockfischgröstl ein, das Villnösser Brillenschaf wird von flaumigen Fichtenknödeln begleitet. Dazu reicht man hausgemachtes Brot. Die passende Begleitung zu den Gerichten: beste Tropfen aus dem Eisacktal. In der urigen Stube herrscht gemütliches Ambiente, die hauseigene Konditorei im Erdgeschoss bietet köstliche Mehlspeisen, der Apfelstrudel ist hier eine Spezialität.

à la carte: 8–35 €

Tel.: 0039 0472 834883
39042 Brixen
Kleine Lauben 4
www.restaurant-fink.it
info@restaurant-fink.it
Do–Mo 8.30–14 und 18.30–21, Di 8.30–14 Uhr
❋ variabel

BRIXEN

KÜNSTLERSTÜBELE FINSTERWIRT 11/20
Koch: Hubert Ploner

Im Herzen der Stadt Brixen kehrt man immer wieder gerne in dieses geschichtsträchtige Gasthaus ein, das auf vielfältige Weise einzigartig ist. Der Mix aus Tradition und Moderne spiegelt sich nicht bloß im Ambiente, sondern auch in der Küche wider. An Südtiroler Spezialitäten wie Käse, Speck oder dem wirklich herrlich zarten Passeirer Kitz erfreut man sich ebenso wie an Tagliolini mit Hummer oder Steinbutt. Die herzliche Bewirtung trägt dazu bei, dass man sich rundum wohlfühlt. In der angeschlossenen Vinothek finden sich auch einige Schätze zum Mitnehmen.

à la carte: 14–33 €

Tel.: 0039 0472 835343
39042 Brixen
Domgasse 3
www.finsterwirt.com
info@finsterwirt.com
Di–Sa 11.30–14.30 und 18.30–21.30, So 11.30–14.30 Uhr
₰ variabel

BRIX 0.1 👍 Tipp
foodparc brixen

Mitten im Lidopark findet man mit dem Brix 0.1 ein angesagtes Restaurant, Café und Gastro-Pub. Hier empfängt einen mondänes Ambiente und eine tolle Aussicht auf den Naturteich, auf dem sich Enten und Trauerschwäne tummeln. Entrecôte und dry-aged Steak lassen keine Wünsche offen, es werden feine Südtiroler Weine geboten, und wer in der Gegend übernachtet, kann am nächsten Tag sogar noch zum Brunch vorbeikommen.

à la carte: 15–82 €

Tel.: 0039 0472 268371
39042 Brixen
Fischzuchtweg 17
www.brix01.com
info@brix01.com
Mo–Fr 10–23, Sa und So 9–23 Uhr

SÜDTIROL

Besuchen Sie **Gault&Millau** auf facebook.

BRUNECK

BRUNECK

KAMINSTUBE   13,5/20

Koch: Rudi Leimegger

Es ist angenehm, dass es noch Restaurants in Hotels gibt, in denen das Preis-Leistungs-Verhältnis stimmt. So kann man in der Kaminstube getrost Südtiroler Sekt und reifen Pinot Noir aus dem Trentino genießen, ohne seinen nächsten Urlaub zu gefährden. Chefkoch Rudi Leimegger, seit vielen Jahren im Haus beschäftigt, ließ uns durch den aufmerksamen Service zunächst Thunfischtataki, Steinpilzessenz sowie Fagottini in Rehragout und Preiselbeergelee servieren. Es folgten exakt gebratene Lammkotelettes auf Pont-Neuf-Kartoffeln, die vielleicht eine Spur zu stark gesalzen waren. Das geräucherte Risotto mit Apfel und Bauernspeck behalten wir uns für nächstes Mal auf, diesmal gaben wir dem Passeirer Saiblingsfilet mit Kartoffelgröstl den Vorzug. Bei den Desserts blieben wir standhaft, der verlockenden Käseauswahl konnten wir jedoch nicht widerstehen. Und zum Finale musste es ein kräftiger Espresso und ein kleiner Grappa sein. Gut zu wissen: Auch auf Gäste mit Unverträglichkeiten wird hier Rücksicht genommen. So wird gegen Voranmeldung eine gluten- beziehungsweise laktosefreie Küche angeboten.

à la carte: 15–27 €

Tel.: 0039 0474 548263
0039 348 851 82 64

39031 Bruneck
Reinthalstraße 11
www.hotelpetrus.com
info@hotelpetrus.com
Mo–Sa 19–21 Uhr
19. April–21. Mai 2020

Gault&Millau

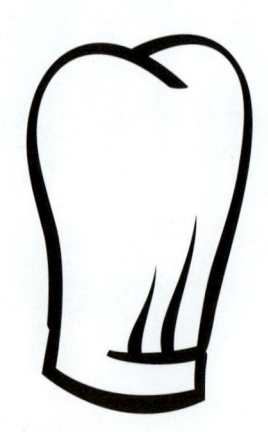

Gault&Millau 2020 – alle Ergebnisse ab sofort auch unter www.gaultmillau.at erhältlich

BURGSTALL

OBERRAUT   13,5/20

Schon längst kein Geheimtipp mehr: das Gasthaus Oberraut im Weiler Amaten oberhalb von Bruneck. Beständig über Jahre bietet der Traditionsbetrieb eine durch und durch auf Qualität ausgerichtete Küche, die auf der Pustertaler Tradition fußt. Ganz egal ob Bäuerliches oder Gutbürgerliches: Die Gerichte wie Gerstensuppe, Pressknödel, Kartoffelblattlan, Rindsgulasch mit Speckknödeln, Bauerngröstl munden hervorragend. Viel Wert gelegt wird auch auf saisonale, aus der nahen Umgebung stammende landwirtschaftliche Produkte. Erwähnenswert ist der wunderbare Ausblick ins Tal hinunter. Freundlicher Service, gutes Weinangebot.

à la carte: 6–35 €

Tel.: 0039 0474 55 99 77
0039 348 229 06 15
39031 Bruneck
Amaten 1
www.oberraut.it
gasthof.oberraut@dnet.it
Fr–Mi 12–14 und 18.30–21 Uhr

SÜDTIROL

BURGSTALL

HIDALGO   POP 12,5/20
Koch: Andrea Santagiuliana

Mit dry-aged Rindfleisch aus allen Ländern sowie einer sagenhaften Weinkarte und einem problemlos bis auf 700 °C arbeitenden Grill wurde Hidalgo in den vergangenen Jahren zu einem der besten Schnellrestaurants. Auch zu einem der beliebtesten, weil Otto Mattivi und seine Crew nie Betriebsferien machen. Neuerdings gibt es vermehrt vegetarische Angebote, von denen wir das Käseduett aus Piemont und Südtirol empfehlen. Oder Brennnesselsuppe und Hopfenspitzenrisotto. Hauptattraktion ist jedoch Fleisch: Bei neuseeländischem Ocean Beef über Kobe bis zum Südtiroler Wagyu schlägt des Fleischtigers Herz höher.

à la carte: 12–40 €

Tel.: 0039 0473 29 22 92
39014 Burgstall
Romstraße 7
www.restaurant-hidalgo.it
info@restaurant-hidalgo.it
täglich 12–14 und 19–22 Uhr

www.gaultmillau.at – Tipps, Trends, Rankings und alle Restaurantkritiken

CORVARA

CORVARA

LA STÜA DE MICHIL   16,5/20
Koch: Nicola Laera
SERVICE AWARD 2011

Tel.: 0039 0471 831000
39033 Corvara
Col-Alt-Straße 105
www.hotel-laperla.it
info@hotel-laperla.it
Mo–Sa 19–21 Uhr

Die Stüa pflegt Kreativität und das mit dem Wunsch, den Gast auf eine Reise von den Alpen bis hin zum Mittelmeer mitzunehmen. Süditalienische und ladinische Wurzeln sollen harmonisch zueinander finden. Hervorragend und exklusiv erwies sich das mit Sauerrahmbutter gebundene Süppchen, in dem Schnecken vom Gran Sasso die Hauptprotagonisten stellten. Das Gericht wurde mit Petersilie abgeschmeckt und mit Forellenkaviar verfeinert, dazu wurden knusprige Schwarzbrotcroûtons gereicht. Schmalzig, mediterran und außerordentlich erwies sich das warme Vorspeisengericht: Spaghetti mit einer klassischen Sauce aus Olivenöl, Knoblauch und Peperoncino, geadelt von einem Ragout der Königskrabbe. Was hier so einfach klingt, war ein wahres Meisterwerk und die beste Pasta der heurigen Testsaison. In den Süden zog es die Stüa-Küche mit dem hervorragenden Lamm aus den Pyrenäen, Hummus mit Kichererbsen aus dem Val d'Orcia, einer leicht gesalzenen Zwiebel und feinem Ziegenjoghurt. Hier zeigt sich, dass, wenn man beste Produkte sachkundig zueinander finden, ganz Großes entstehen kann. Gut, aber nicht außerordentlich waren die verschiedenen Konsistenzen der Zitrusfrüchte mit Mandelgremolata und Kaffee. Bei der Weinauswahl bleibt die Stüa nach wie vor eine der besten Adressen der gesamten Region. Beeindruckend die Quantität, die Qualität und der Drang nach Besonderem und Rarem in puncto Wein.

DEUTSCHNOFEN

SONNALP GOURMETSTUBE   15/20
im Genießerhotel Sonnalp
Koch: Martin Köhl
SERVICE AWARD 2015

Tel.: 0039 0471 615842
39050 Deutschnofen
Obereggen 28
www.sonnalp.com
info@sonnalp.com
Di–Sa 19–21 Uhr
Nov. 2019, Mai 2020

Obereggen ist ein kleiner Ort nahe Bozen. Man fährt dort nicht zufällig durch, aber das Sonnalp und seine Gourmetstube sind es wert, besucht zu werden. Küchenchef Martin Köhl und sein Team bieten ein Degustationsmenü, bei dem man zwischen fünf und sieben Gängen wählen kann. Dabei ist die Entscheidung, worauf man verzichtet, wenn man sich für die kleine Variante entscheidet, nicht einfach. Bereits die ersten Gänge, die als Amuse bouches serviert werden, sind überzeugend. Die Wachtel, die als erster Gang kommt (als gebratene Brust und Keule samt marinierter Mousse von der Gänsestopfleber), bildet den Start ins Menü. Ein guter Start. Dann ein Gedicht von einem Fischgericht: Psairer Huchen. Perfekt gebratenes Filet mit sautierten Eierschwammerln und einem Gersten-Liebstöckel-Fond, der so feingliedrig delikat daherkommt, dass man versucht ist, Nachschlag zu bestellen. Das Biorind, der Hauptgang, ist – olé onglet – ein auf den Punkt gegartes Stück vom Nierenzapfen. Herrlich. Der Hotelier, Herr Weissensteiner, ist für Service und Wein verantwortlich. Spannende Weine, sattelfeste Empfehlungen.

à la carte: 20–27 €

Bewertungen NEU

11 bis 12,5 Punkte: 1 Haube
13 bis 14,5 Punkte: 2 Hauben
15 bis 16,5 Punkte: 3 Hauben
17 bis 18,5 Punkte: 4 Hauben
19 bis 19,5 Punkte: 5 Hauben

DORF TIROL

CULINARIA IM FARMERKREUZ POP 15,5/20

Koch: Manfred Kofler

Tel.: 0039 0473 923508
39019 Dorf Tirol
Haslachstraße 105
www.culinaria-im-farmerkreuz.it
info@culinaria-im-farmerkreuz.it

Aufwendig und größtenteils harmonisch präsentiert sich die Küche von Manfred Kofler im feinen Restaurant Culinaria. Zielstrebig gehen die beiden ihren Qualitätsweg und können so Jahr für Jahr ihre Kompetenz untermauern. Die kulinarische Reise von den Alpen bis zum Meer sieht einerseits Zutaten wie Lachsforelle und sizilianische Rote Garnelen, andererseits Kalb und Trüffel sowie Steinbutt und Safran vor. Das beste Gericht des Tages war der feine Hirschrücken mit Erdmandeln, Petersilienwurzel und Preiselbeeren. Kurzum: eine zeitgeistige Küche mit gelungenen eigenen Akzenten. Kritik? Edelprodukte könnten durchaus umsichtiger eingesetzt werden. Das Ambiente? Einfach nur himmlisch, vor allem der Blick von der Gartenterrasse auf das weite Lichtermeer im Tal. Schlussendlich der Service: Stefan Kofler führt souverän durch den Abend.

TRENKERSTUBE 18,5/20
im Hotel Castel
Koch: Gerhard Wieser

SERVICE AWARD 2007

Tel.: 0039 0473 923693
39019 Dorf Tirol
Keschtngasse 18
www.trenkerstube.com
info@hotel-castel.com
Di–Sa 19–20.30 Uhr
✱ bis 13. April 2020

Gerhard Wieser ist wohl, flankiert von der besten Crew des Landes, der unermüdlichste, kreativste Herdtüftler Südtirols. Stillstand gibt es nie, allein seine Bio-Ei-Variationen im Glas mit Buttermilchgelee, knusprigen Sellerieknollenbröseln sowie Ossietra-Imperial-Kaviar sind Legende. Auf dem Sockel alpiner Tradition und mediterraner Leichtigkeit baut Wieser traumwandlerisch sicher internationale Akzente ein: So entsteht eine Weltklasse-Hauptspeise wie das geräucherte lokale Wagyu-Filet, begleitet von Artischocken, Perlzwiebeln, Kartoffeln. Der Mars kann warten, Planet Wieser ist aufregender. In bester Burgen-Panoramalage, Aug in Aug mit Tirol, dem Stammschloss aller Tiroler, thront das Fünf-Sterne-Hotel, in dem jeder Luxuswunsch von den Augen abgelesen wird. Kein Wunder, hier sind 50 hochmotivierte Kellner, Köche, Sommeliers und andere Mitarbeiter für nur 44 Zimmer und Suiten am Werk. Der neubarocke Speisesaal mag gewöhnungsbedürftig sein, aber Gerhard Wiesers Kochkünste erhalten regelmäßig von allen Restaurantguides Höchstnoten. Im extravaganten Spabereich werden die Gäste verwöhnt wie in Tausendundeiner Nacht. Der Hotelier ist selbst Porsche-Fahrer. Für seine Gäste organisiert er Autofahrten durch Südtirol mit einem exklusiven Oldtimer, Sportwagen oder Cabrio.

à la carte: 21–49 €

EGGEN

EGGEN

ROSENGARTEN 11,5/20

Koch: Arnold Paris

Tel.: 0039 0471 610362
39050 Eggen
Oberbirchabruck 8
www.restaurant-rosengarten.it
arnold.paris@rolmail.net
Mi–Mo 12–14.30 und 18.30–21 Uhr

Verspürt man Lust auf bodenständige Südtiroler Küche, ist man im Rosengarten bestens aufgehoben. Regionale Klassiker wie Knödel oder Schnitzel vom Kalb erfreuen den Gaumen. Küchenchef Arnold Paris weiß aber auch mit mediterranen Aromen bestens umzugehen. Die Bruschette mit saftigen Tomaten, Artischocken und Mozzarella sorgen für einen ansprechenden Einstieg, mit den ständig wechselnden Fischspezialitäten ist man hier ohnedies immer gut beraten. Die Verarbeitung hochwertiger Produkte benachbarter Bauern und Produzenten prägt die Speisekarte, jahreszeitliche Gegebenheiten werden bei der Menüzusammenstellung ebenfalls berücksichtigt. Für passende Begleitung sorgt eine kleine Weinkarte. Wenn das Angebot derart stimmig ist wie hier, sehnt man sich nicht nach Alternativen. Das Ambiente in der Stube ist freundlich und familiär, im Sommer lädt die Terrasse zum Sitzenbleiben ein.

à la carte: 10–60 €

EPPAN

L'ARENA 11,5/20

Koch: Andreas Bachmann

Tel.: 0039 0471 662511
0039 340 356 79 03
39057 Eppan
Lammweg 22
www.weinegg.com
info@weinegg.com
täglich 19–22.30 Uhr

Im malerisch gelegenen Hotel Weinegg kann auch der hotelfremde Gast à la carte speisen. Das Team ist offensichtlich eingespielt und wohltrainiert, die Karte klein und interessant. Weder am Duett vom Hummer mit Estragon und Sellerie-Zitronen-Creme ist etwas auszusetzen noch am Brennnesselrisotto mit Garnele und Kresse. Die Gnocchi mit Salbei, Topinambur, Sesam und Pak Choi erscheinen dann doch etwas blass, das Gleiche gilt für den Zander mit Safrancreme. Das Rindsfilet mit Thymian, Kartoffeln und Paprika ist in Ordnung, doch insgesamt wäre wohl etwas mehr Präzision und Engagement wünschenswert.

à la carte: 11–28 €

ZUR ROSE 16,5/20

Koch: Herbert Hintner

Tel.: 0039 0471 662249
0039 335 805 45 80
39057 Eppan
Josef-Innerhofer-Straße 2
www.zur-rose.com
info@zur-rose.com
12–14 und 19–21.30 Uhr
So, Montagmittag;
24.–26. Dez 2019

AMBIENTE AWARD 2006

Der Doyen der Südtiroler Küche ist zwar in die Jahre gekommen, dies tut seinem Tatendrang aber keinen Abbruch. Er hat das Glück, dass sein Sohn mit ihm in der Küche steht und zunehmend an Verantwortung übernimmt. Hintner verstand als einer der Ersten, dass die Interpretation der Südtiroler Küche mit der Öffnung hin zum mediterranen Raum großes Potenzial hat, aber auch, dass immer mehr Menschen sich vegetarisch ernähren wollen. Dabei ist er nach wie vor eine Richtschnur für viele seiner Kollegen. Das Kalbsbries mit Topinamburpüree und Artischocken war von meisterlichem Raffinement, das cremige Risotto mit dezentem Zitronengeschmack und erlesenem Büffelmozzarella ein Paradebeispiel der italienischen Vorspeisenkunst. Wenn Hintner das Spanferkel auf der Karte hat, sollte man es wählen: Kross gebraten, mit Kohl und Wurzelgemüse ist das Gericht ein Hochgenuss. Eine Reminiszenz an die Region ist der soufflierte Mohn-Kaiserschmarren mit Sauerrahm. Ein Muss! Den Service leitet gewohnt souverän und sicher Margot Hintner, ihr Weinwissen ist groß und deshalb kann man sich bei der Auswahl getrost auf ihre stets zuverlässigen Empfehlungen verlassen.

à la carte: 18–35 €

HAFLING

PILLHOF
👍 **Tipp**

Die Speisekarte ist zwar klein, hat es aber in sich. Mittags und abends können die Gäste zwischen leichten mediterranen Gerichten sowie einigen Südtiroler Spezialitäten wählen. Doch der Pillhof ist nicht bloß Restaurant, sondern auch Weinbar und Vinothek. Dementsprechend groß ist die Weinauswahl und fachkundig der Service. Wenn das Wetter passt, lädt der wunderschöne Gastgarten zum Draußensitzen ein.

à la carte: 9–35 €

Tel.: 0039 0471 633100
0039 349 6105757
39057 Eppan
Bozner Straße 48, Frangart
www.pillhof.it
info@vinothekpillhof.com
Mo–Fr 16–24, Sa 11–16 Uhr
❀ Fei

GIRLAN

RESTAURANT 1524
im Hotel Ansitz Rungghof
Koch: Manuel Ebner

13,5/20

In einem modernen Zubau beherbergt der historische Ansitz Rungghof das Restaurant 1524. Manuel Ebner hat es sich zum Ziel gesetzt, ein Stelldichein für Gourmets zu etablieren. Dies gelingt nur bedingt, das Risotto mit Holunder, Jakobsmuschel und Borretsch ist von gefälliger Art, mehr jedoch nicht. Gleiches gilt auch für das Carpaccio des Bernsteinfischs mit Plankton, wildem Senf, Spargel und Meeresspargel. Das Rind mit Frühlingszwiebeln und Kräuterseitlingen zeigte, dass die Küche ihr Handwerk versteht. Mehr Balance und Konstanz in den Gerichten sind aber notwendig, um das genannte Ziel des Küchenchefs zu verwirklichen. Der Service wirkt etwas spröde und abwesend, das Weinangebot ist passabel.

Tel.: 0039 0471 665854
39057 Girlan
Runggweg 26
www.rungghof.it
info@rungghof.it
Do–Di 12–14 und 19–21.30 Uhr
❀ variabel

GRAUN IM VINSCHGAU

TRAUBE POST
Koch: Daniel Thöny

11/20

Selbst wenn man nur auf der Durchreise ist und nicht im angeschlossenen Hotel übernachtet, ist das Restaurant Traube Post ein lohnender Stopp. Bei schönem Wetter ist die Sonnenterrasse verlockend, aber auch die heimelige Stube schafft mit viel Holz eine besondere Atmosphäre. Der herzliche Service ist immer um das Wohl des Gastes bemüht. Regionalität und Saisonalität sind im Vinschgau wichtige Punkte, wenn es um die Zusammenstellung der Speisekarte geht. Wir freuen uns über die traditionellen Speisen genauso wie über die Fleischgerichte vom Grauner Hochlandrind und die stets köstliche Pasta. Schön gestaltet ist auch die auf Südtirol spezialisierte Weinkarte.

Tel.: 0039 0473 633131
39027 Graun im Vinschgau
Claudia-Augusta-Straße 10
www.traube-post.it
info@traube-post.it
täglich 12–14 und 18.30–20.30 Uhr
❀ Ende Nov.–25. Dez 2019

HAFLING

MIRAMONTI PANORAMA RESTAURANT POP 14,5/20
Koch: Massimo Geromel

HOTEL DES JAHRES 2018

Der Ausblick, den man vom Miramonti genießt, lässt einen die Sorgen des Alltags schnell vergessen: Meran liegt uns zu Füßen und an einem klaren Abend strahlen die Sterne am Firmament um die Wette. Und auch die kulinarische Realität kann sich sehen lassen. Wer sich gegen das Degustationsmenü entscheidet, hat die Qual der Wahl. Bei den Antipasti fiel die Entscheidung auf das Hirschcarpaccio mit

Tel.: 0039 0473 279335
39010 Hafling
St.-Kathrein-Straße 14
www.hotel-miramonti.com
info@hotel-miramonti.com
täglich 19–21.30 Uhr
❀ 23. März–9. April 2020

KALTERN

eingelegten Steinpilzen und Thunfisch mit Soja, Vulkanspargel, Austerncreme und Kaviar vom Saibling. Nach den Primi piatti – Risotto mit getrockneten Pilzen und geräuchertem Aal beziehungsweise Gnocchi mit Artischocken und Garnelen – überzeugte die Hirschwange mit Kakao, Pastinakenpüree, Radicchio aus Treviso samt Holunderbeeren. Um den herrlichen Ausblick noch länger genießen zu können, ließen wir uns bei der Südtiroler Käsevariation mit hausgemachter Cranberrymostarda und Schüttelbrot genügend Zeit. Herrlich zum Abschluss: das Schokoladebiskuit mit kandierter Zitronencreme, Grapefruit mit Vanille, Safran und Grué-de-cacao-Waffeln.

à la carte: 15–30 €

KALTERN

PANHOLZER 11/20
Koch: Christian Rega

Tel.: 0039 0471 662649
39052 Kaltern
St. Josef am See 8
www.panholzer.it
info@panholzer.it
Do–Mo 12–14 und 19–21.30 Uhr
Jän. und Feb. 2020

Dieser 400 Jahre alte Ansitz verfügt über historische Gemäuer und einzigartigen Charme. Die Sonnenterrasse mit ihren Steinmauern gewährt nicht nur den Ausblick zum Kalterer See, sondern bezaubert mit ihrem romantischen Flair. Urlaubsgefühle kommen auf, dazu passt das Angebot an mediterranen Speisen. Küchenchef Christian Rega schöpft aus dem Angebot der Region und schafft es, die typische Südtiroler Küche mit Produkten aus der Mittelmeerregion zu verbinden. Dass ihm dabei die hohe Qualität der Zutaten besonders wichtig ist, beweisen die einzelnen Gänge: Bruschetta mit feinem Büffelmozzarella aus dem Süden Italiens, hausgemachte Macceroni mit Provoloneespuma sowie zartes Steak vom Alpenrind. Als Dessert lockt frische Sauerrahmtarte, die von cremigem Fior-di-latte-Eis begleitet wird. Weinschätze stammen aus der unmittelbaren Region.

à la carte: 11–35 €

www.gaultmillau.at – Tipps, Trends, Rankings und alle Restaurantkritiken

KALTERN

PHILIAZ Ⓝ   11/20

Die Alpin-Disco mit Retro-Charme wurde zur postmodernen Essstation umgebaut. Das kulinarische Konzept bringt, was in den Metropolen längst bekannt ist, nun in das beschauliche Weindorf: Crossover zwischen mediterranen und noch viel mehr asiatischen Kochtöpfen. Wobei sich gelungene, scharfe Überraschungen wie die afghanischen Mantu (Teigtaschen) mit scharf angebratenen Ententeilen chinesischer Prägung abwechseln. Ein freundlicher Service und gute Wein- und Getränkeauswahl helfen über kleine kulinarische Unstimmigkeiten hinweg. Terrasse mit Kultblick auf den See.

à la carte: 8–36 €

Tel.: 0039 338 468 25 90
39052 Kaltern
Weinstraße 9
www.philiaz.com
info@philiaz.com
Mi–Fr 17–1, Sa, So 11–1 Uhr

RITTERHOF   11/20

Koch: Roland Oberhofer

Den Blick auf den Kalterer See, die Weinlagen und umliegenden Berge gerichtet, kann das Leben wohl kaum schöner sein. Die Aussicht von der Terrasse des Ritterhofs hat uns gleich begeistert, also waren wir gespannt, ob das Essen mithalten kann. Rindstatar ist zwar nicht besonders kreativ, macht aber am Tisch zubereitet trotzdem Spaß. Das Fleisch dafür stammt vom heimischen Rind aus Ritten. Die Küche liefert viel Mediterranes, einfache Gerichte wie die Schlutzkrapfen oder das Wiener Schnitzel schmecken ebenfalls immer. Dass auch eine Kellerei angeschlossen ist, ist erfreulich. Das hebt die Bandbreite der glasweisen Auswahl an Weinen.

à la carte: 8–48 €

Tel.: 0039 0471 96 33 30
39052 Kaltern
Weinstraße 1
www.restaurant-ritterhof.it
info@restaurant-ritterhof.it
Di–Sa 11.30–14.30 und 18.30–21.30, So 11.30–14.30 Uhr

SIEGI'S   👍 Tipp

Dass sich die Gäste im entspannten Ambiente absolut wohlfühlen können, ist den Betreibern des Siegi's besonders wichtig. Natürlich kommt auch der kulinarische Genuss nicht zu kurz. Aus der Küche werden kreative Gerichte serviert, die man am besten mit einem Südtiroler Wein begleitet.

à la carte: 10–40 €

Tel.: 0039 0471 66 57 21
0039 335 704 57 37
39052 Kaltern
Oberplanitzing 56
www.siegis.it
info@siegis.it
Mo–Fr 18.30–22 Uhr

SÜDTIROL

KARDAUN

KARDAUN

EGGENTALER 13,5/20

Koch: Armin Schmieder

Tel.: 0039 0471 36 52 94
39053 Kardaun
Eggentalerstraße 47
www.eggentaler.com
info@eggentaler.com
Di–So 12–14 und 18–22 Uhr

Wo früher einer der wichtigsten Umschlagplätze für das beste Fichtenholz war, haben sich nach der Verkehrsberuhigung nur die guten Gasthäuser gehalten. Der Eggentalerhof ist Primus von allen geblieben, weil sich die Besitzer immer etwas Neues einfallen ließen, ohne dabei die Stammklientel zu verprellen. Hauptanziehungspunkt waren seit alters her deftige Fleischgerichte – davon sind die tollen Kuttelgerichte übrig geblieben. Und: Feinschmeckers Herz schlägt hier höher wegen der sagenhaften Grillspezialitäten aus hochwertigstem Rindfleisch. Mehr als großartige Weinkarte.

à la carte: 12–40 €

KASTELBELL

KUPPELRAIN 16,5/20

Koch: Kevin Trafoier

AMBIENTE AWARD 2007

Tel.: 0039 0473 62 41 03
0039 335 23 19 79
39020 Kastelbell
Bahnhofstraße 16
www.kuppelrain.com
info@kuppelrain.com
❦ Ende Jän.–Anfang März 2020, 1 Woche im August 2020

Wenn, so wie hier, die ganze Familie an einem Strang zieht und harmonisch miteinander den Betrieb führt, dann kann man einfach nur den Hut ziehen. Jörg ist der souveräne Patron im Kuppelrain, seine Ehefrau Sonya Egger die charmante Gastgeberin, Tochter Nathalie die feinfühlige Patissière und Sohn Kevin wird immer mehr der Herr in der Küche. Trotz seiner Jugend legt er mittlerweile eine beeindruckende Konstanz an den Tag. Auch die jüngste Tochter Giulia hilft bereits im Service mit. Wie gelingt so ein Miteinander? Dank des Respekts jedes Einzelnen vor der Arbeit des anderen. In dieser stimmigen Zusammenarbeit ist die Liebe der Familie zum Kulturraum Vinschgau nach wie vor ungebrochen. Die Teigtaschen, gefüllt mit Urkarotte aus regionalem Anbau, Fonduta vom Vinschger Almkäse und heimischer Kresse, sind diesbezüglich ein klares Statement. Der Blick geht aber auch deutlich darüber hinaus. Der Kaisergranat wurde von einer vorzüglichen Zitrusnote begleitet und lag auf einer feinen Erbsencreme samt gepufftem Riso venere. Der Hirsch aus Kastelbeller Zucht war gut abgelegen, das Fleisch wunderbar mürbe. Eine gelungene Überraschung: die Kombination mit geeistem Blaukraut. Das Wildfleisch wurde in zweierlei Form serviert: als Rückenstück mit kräftiger Preiselbeersauce und klassisch als Gulasch. Noch ein Wort zur Gastgeberin: Kaum jemand in Südtirol erzählt derart schöne und überzeugende Geschichten rund um den Wein wie Sonya Egger.

KLAUSEN

JASMIN 17/20

Koch: Martin Obermarzoner

Tel.: 0039 0472 84 74 48
39043 Klausen
Griesbruck 4
www.bischofhof.it
info@bischofhof.it
❦ Di, 2 Wochen nach Ostern 2020

Chefkoch und Inhaber Martin Obermarzoner setzt in seinem Restaurant gezielt auf die besten Grundprodukte. Zum Aperitif gibt es etwa Tsarskaya-Austern, die an Frankreichs Westküste in der Nähe von Biarritz gezüchtet werden. Herrlich ist die folgende Variation des exklusiven Balik-Lachses. Beim Tataki vom Blauflossenthunfisch erfährt der Gast, dass der kostbare Fisch mit der Angel im Mittelmeer gefangen wurde. Und während man sich bei der Kombination von rosa gebratener Miéral-Taube, Taubenessenz, Gänseleber, Topinambur und schwarzer Périgord-Trüffel dem Genuss hingibt, fragt man sich, welche Gerichte noch warten. Vielleicht hat man auch das Glück, eine Espuma vom Karfiol mit dunkler Schokolade und Jakobsmuscheln serviert zu bekommen. Beim Fleisch scheint man ebenso keine Kompromisse einzugehen. Das Flanksteak stammt vom in Spanien aufgewachsenen Wagyu-Rind, dementsprechend zart erweist es sich. Die Desserts – Tarte von exotischen Früchten sowie ein mit Schokolade gefüllter Topfenknödel – vereinen gekonnt Süße und Leichtigkeit. Dass in einem Haus dieser Klasse auch der Service mit Aufmerksamkeit und Freundlichkeit punktet, versteht sich von selbst. Das Vergnügen, im Jasmin zu speisen, ist mit Sicherheit keine billige Angelegenheit, jeder hier in den Genuss angelegte Euro ist jedoch gut investiert. Und wer sich den einen oder anderen Wein aus der sehr feinen Auswahl gefunden hat, kann im angeschlossenen, sehr angenehmen Hotel Bischofshof nächtigen.

TURMWIRT 11,5/20

Koch: Daniel Trenkwalder

Tel.: 0039 0472 84 40 01
0039 349 693 89 01
39043 Klausen
Gufidaun 50
www.turmwirt-gufidaun.com
info@turmwirt-gufidaun.com
Do–Mo 10–14.30 und 17.30–23 Uhr
Feb.–März 2020, 1 Woche im Juli 2020

Der Turmwirt in Klausen ist ein geschichtsträchtiger Familienbetrieb, in dem Gastlichkeit großgeschrieben wird. Während die Chefin selbst im Service agiert und für Weinempfehlungen zuständig ist, verzaubert Küchenchef Daniel Trenkwalder seine Gäste mit Südtiroler Klassikern und Eisacktaler Spezialitäten. Das lauwarme Rindfleisch, serviert mit dünn geschnittenen Zwiebeln und molligem Olivenöl, sorgt für einen ansprechenden Einstieg, das hausgebackene Körnerbrot schafft optimale Ergänzung. Südtirol pur dann bei den selbst gemachten Schlutzkrapfen, die nicht nur durch ihr akkurates Handwerk punkten, sondern vor allem auch durch ihren Geschmack. Zum süßen Abschluss darf das Mohntörtchen nicht fehlen, das mit Halbgefrorenem vom Honig serviert wird. In der urigen Stube genießt man das gemütliche Ambiente, im Sommer punktet der gepflegte Garten mit lauschigen Plätzchen.

à la carte: 10–30 €

UNTERWIRT 14,5/20

Koch: Thomas Haselwanter

AMBIENTE AWARD 2014

Tel.: 0039 0472 84 40 00
39043 Klausen
Gufidaun 45
www.unterwirtgufidaun.com
info@unterwirt-gufidaun.com
Di–Sa 19–21 Uhr

Der Unterwirt enttäuscht nie. Konsequent und zielstrebig setzt Thomas Haselwanter auf eine leichte, moderne Interpretation mediterraner Gerichte. Der lauwarme Kalbstafelspitz mit grünen Bohnen, Radieschen, Zwiebel und Senfeis war federleicht und spannend in der Textur. Die mit Parmesanfonduta gefüllten Tortelli auf sautierten Südtiroler Shiitakepilzen und Kräuterseitlingen sowie Trüffelkäse ein Konzentrat stimmiger Aromen. Einfach, doch sensationell das Wolfsbarschfilet im Sackerl mit allerlei Gemüse: gesund, bekömmlich, leicht. Der Abschluss: ein Passionsfruchttörtchen auf weißer Schokolade mit frischer Papaya und Ananas sowie Zitronengraseis. Den Service leitet freundlich und kompetent Hausherrin Cornelia Haselwanter.

à la carte: 12–32 €

KOLFUSCHG

ROMANTIK ARTHOTEL CAPPELLA 15/20

Koch: Martin Lercher

Tel.: 0039 0471 836183
39033 Kolfuschg
Pecei 17
www.hotelcappella.com
info@hotelcappella.com
täglich 12–14 und 19–20.45 Uhr
bis 5. Dez. 2019

Wer in Kolfuschg Urlaub macht, sollte unbedingt im Restaurant des Cappella speisen. Die klare Essenz vom Bergochsen mit Kamille und Bergblüten sowie der gegrillte Felsenoktopus mit Jasmin, knuspriger Focaccia und erfrischendem Ananassorbet zeugen von der Kreativität der Küche. Das gebratene Wolfsbarschfilet wird hier von gebackenen Ricotta-Basilikum-Buchteln, Schmorpeperoni sowie Auberginenkaviar begleitet, und die Short Ribs freuen sich über einen Senfkörner-Apfel-Dip sowie Polentasticks. Aus der umfangreichen Weinkarte gibt es viel Regionales. Und auf ein weiteres Vergnügen sollte man keinesfalls verzichten: Sich einen mit reichlich Whiskey zubereiteten Irish Coffee zu bestellen und den Kellner am Tisch beim Zubereiten zu beobachten.

à la carte: 17–35 €

KURTATSCH

STRIA   13,5/20

Mit beeindruckender Konstanz bietet Familie Costa in der Stria ihre geradlinige Küche an. Obwohl Kolfuschg eine eindeutige touristische Winter- und Sommerdestination ist und in den Zwischenmonaten das Dorf praktisch den Einheimischen gehört, ist die Stria ein Ganzjahresbetrieb und somit in klarer Gegentendenz zu den zahlreichen Hotels mit angeschlossenen Restaurants. Vorzüglich schmeckte das Schaumsüppchen von der Karotte, das einen schönen Kontrast durch den hinzugefügten Ingwer erhielt. Ein Lob gibt es für die Paccheri mit Kaninchenragout, wobei Pilze und Oliven bei diesem Gericht fast überflüssig waren. Den Service führt charmant die Tochter des Hauses.

Tel.: 0039 0471 836620
39033 Kolfuschg
Talstraße 18
stria@rolmail.net

KURTATSCH

SCHWARZ ADLER   12/20

Wer moderne Küche liebt, insbesondere Fleisch und Steaks, wird im Schwarz Adler zufrieden und glücklich vom Tisch aufstehen. Das Rib-Eye-Steak vom US-Beef wird am Holzofengrill zubereitet und ist ein hervorragender, mürber Genuss. Etwas mehr Sorgfalt wäre bei der Zubereitung von Gemüse vom Grill angesagt. Fernöstlich inspiriert waren das Zanderfilet in Tempura mit Wokgemüse, asiatischer Sauce und Kürbischutney, die Karottencremesuppe mit Orangen und Ingwer sowie die Thunfischwürfel mit Sesam. Das Mandeltörtchen mit Honigschaum und Sauerrahmeis bewies handwerkliches Können. Serviert wird in einem angenehmen, modernen Ambiente.

Tel.: 0039 0471 096405
0039 335 6072680
39040 Kurtatsch
Schweiggl-Platz 1
www.schwarzadler.it
info@schwarzadler.it

LAAS

GASTHAUS ZUR KRONE   👍 Tipp

Das kleine Dorf im Vinschgau hat neben seinem schneeweißen Marmor noch mehr zu bieten. Zum Beispiel das herzliche Gasthaus zur Krone, das, sowohl was das Ambiente als auch die Speisekarte betrifft, einen gelungenen Mix aus Tirol und Italien bietet. Beliebt sind die Knödelvariationen des Hauses, von Speck- über Spinatbis hin zu Marillenknödeln. Auch die Spezialitätenwochen tragen dazu bei, dass das Restaurant stets gut besucht ist.

à la carte: 14,90–28 €

Tel.: 0039 0473 626117
39023 Laas
Hauptplatz 10
www.krone-laas.it
enricogeick@googlemail.com

LANA

KIRCHSTEIGER   14,5/20
Koch: Christian Pircher

Küchenchef Christian Pircher überzeugt mit seinen Gerichten, die solides Handwerk und einen Funken Kreativität vereinen. Und auch die Südtiroler Hausmannskost – etwa in Form des Gröstls mit Krautsalat – kommt bei ihm nicht zu kurz. Uns gefielen zudem die Bruschettavariation – Sardellen, Garnelen und Tomaten – und das Thunfischtatar mit grünem Spargel und Wasabicreme. Dass man hier auch auf Vegetarier nicht vergisst, zeigt die Küche mit Puntarelle mit Radicchio beziehungsweise Couscous und Löwenzahn. Wer Fisch liebt, sollte, so noch vorrätig, das Ossobuco vom Seeteufel mit Zitronen-Kräuter-Butter und Kartoffelgnocchi probieren. Schmackhafter kann man diesen Meeresfisch kaum zubereiten. Fleischliebhaber kommen beim

Tel.: 0039 0473 568044
39011 Lana
Propst-Wieser-Weg 5
www.kirchsteiger.com
info@kirchsteiger.com
Fr–Mi 12–14 und 18.30–21.30 Uhr
❄ Mitte Jän.–Mitte März 2020

Lammrücken in Kräuterkruste oder bei der geschmorten Rippe vom heimischen Rind mit Sellerieschaum auf ihre Kosten. Natürlich gibt es auch ein Degustationsmenü (vier oder sechs Gänge) und eine interessante Dessertauswahl. Auf Letztere mussten wir jedoch – wegen der großen Portionen – verzichten.

à la carte: 6–45 €

RESTAURANT 1500
im Vigilius Mountain Resort
Koch: Filippo Zoncato

SERVICE AWARD 2017
AMBIENTE AWARD 2012

15/20

Tel.: 0039 0473 556600
39011 Lana
Pawigl 43, Vigiljoch
www.vigilius.it
info@vigilius.it
täglich 19–21.30 Uhr
variabel, März–April 2020

Einen interessanten Weg geht man im Restaurant 1500 beim Degustationsmenü: So lernt man die geografischen Wurzeln des Küchenteams im Zuge der Speisenfolge kennen. Franceso aus Sizilien stellt sich etwa mit Tintenfisch „Crostino Nero" vor, Tommaso aus der Lombardei präsentiert das Rote-Rüben-Risotto mit Gorgonzola und Yenifer aus der Emilia-Romagna kombiniert Veilchen mit Schokolade. Wer sich nicht auf eine Erkundungstour durch Italiens Provinzen begeben will, der sollte à la carte speisen. Dann kann man bei den Vorspeisen etwa zwischen frischen Jakobsmuscheln mit Karfiol, frittierten Schnecken mit Radicchio oder Kastanienpappardelle wählen. Bei den Hauptgerichten können wir den Griff zur rosa gebratenen Hirschlende mit Schüttelbrotkruste oder zum Seebarsch mit geräuchertem Kartoffelfladen und Steinpilzbrühe empfehlen. Wer auf Süßes verzichten möchte, der sollte sich noch bei einer Biokäseauswahl – zusammengestellt vom Südtiroler Affineur Hansi Baumgartner – stärken. Achtung: Als Nicht-Hausgast muss man die Abfahrtszeiten der Seilbahn ins Tal im Kopf haben. Sonst könnte der bestellte Espresso oder Digestif an der Bar zu einem unfreiwilligen Hotelaufenthalt führen.

à la carte: 13–32 €

LATSCH

STADELE pop 14/20
Restaurant & Weinlounge
Koch: Matthias Wenin

Tel.: 0039 338 270 28 60
39011 Lana
Aichweg 2
www.stadele.eu
info@stadele.eu
Fr–Di 12–14 und 18.30–22.30 Uhr
✻ variabel

Der kleine Stadel hat Flair und bietet nach feinfühliger Umwandlung in ein Restaurant mit Weinlounge Raum für Neues. Den Interpretationen aus der mediterranen, Südtiroler und Fusionsküche verleiht der Chef seine individuelle Handschrift und beweist Können, Engagement und liebevolle Zuwendung. In dieser Haltung gelingen selbstredend so unterschiedliche Gerichte wie eine Wachtelbrust, ein Flanksteak oder ein Thunfisch mit Sesam, und das in bestechender Eleganz. Auch bei den Vorspeisen wie Risotto mit Erbse und Krake oder Spaghetti mit Safran und Venusmuscheln zieht sich der Stil durch.

à la carte: 17–29 €

VIGILIUS STUBE IDA 👍 Tipp
Vigilius Mountain Resort

Tel.: 0039 0473 556600
39011 Lana
Vigiljoch
www.vigilius.it
info@vigilius.it
täglich 12–18 und 19–21 Uhr
✻ März–April 2020, variabel

Im edlen Designhotel Vigilius speist man nicht nur nobel im Restaurant 1500, sondern kann in der Stube Ida auch bodenständige Tiroler Tradition erleben. Das authentische, von viel Holz geprägte Ambiente lädt zum gemütlichen Einkehren ein, während man aus der Speisekarte zwischen für die Region typischen Gerichten wie Schlutzkrapfen oder Bauernmarende wählt. Das abendliche Angebot wechselt täglich und ist ein wenig feiner.

à la carte: 8,50–17 €

LATSCH

PARADISO 15/20
im Hotel Paradies
Koch: Andreas Schwienbacher

Tel.: 0039 0473 622225
39021 Latsch
Quellenweg 12
www.hotelparadies.com
info@hotelparadies.com
Mi–So 19–22 Uhr
✻ 24. Nov. 2019–Mitte April 2020

Der junge Chefkoch im Paradies liebt ausgefallene Ideen: Erfindungsreich zeigte sich das marinierte Saiblingstatar, verfeinert mit Orangen- und Zitronentönen, gekrönt von einer kräftigen Graukäsenote inmitten eines marinierten, intensiven Blaukrautsüppchens. Elegant erwies sich der mit Käse gefüllte Chicorée mit einem dichten Jus samt Morcheln und Buchenpilzen. Spannend die Kombination Milde und Säure, die beim gebratenen Wolfsbarschfilet mit Fenchelsalat und einer Note von Estragon zusammenkamen. Ein Zweierlei vom Wagyu – als Carpaccio und gebratenes Stück Fleisch von erlesenster Qualität – bewies den Hang zu exklusiven Produkten. Der Service ist etwas zu formell und wirkt dadurch mitunter kühl, die Weinkarte lässt keine Wünsche offen.

MALS

GASTHOF „ZUM GOLD'NEN ADLER" 13/20

Tel.: 0039 0473 831139
39024 Mals
Schleis 46
www.zum-goldnen-adler.com
info@zum-goldnen-adler.com

Beim urigen Ambiente haben Architekten, Sanierer und Verschönerer in den vergangenen Jahren gottlob alles im ursprünglichen Zustand belassen. Die Schleiser treffen sich gerne hier auf ihr tägliches Gläschen. Und weil die Wirtsleute Agethle auch einen guten Koch haben, lässt man sich gerne auf Speckknödel in der Rindssuppe ein. Oder auf ein Tatar vom Grauvieh. Wir vergeben hohe Noten für die gebackene Praline aus Burgeiser Almkäse und für die Weidelammkotelettes mit Wildkräutern. Der Hausherr ist ein kluger Sommelier, der auf seiner Karte mit Puni-Whiskey und Fraueler-Weißwein auch dem Vinschgau seine Reverenz erweist.

MARGREID

ALOIS LAGEDER PARADEIS 👍 Tipp

Tel.: 0039 0471 809580

39040 Margreid
St.-Gertraud-Platz 10
www.aloislageder.eu/paradeis
paradeis@aloislageder.eu
Mo–Sa 12–15.30 Uhr

Hier nur zum Essen zu bleiben, wäre fast ein bisschen schade. Am besten kostet man sich zuerst durch das Weinangebot, bevor man sich für eine Flasche entscheidet und anschließend ein gemütliches Plätzchen zum Bleiben und Speisen wählt. Aus der Küche kommen einfache, aber feine Gerichte in bester Bioqualität. Schließlich ist das Restaurant biozertifiziert. Auf regionale und saisonale Schwerpunkte wird Rücksicht genommen.

à la carte: 12–28 €

MARLING

ROMANTIK HOTEL OBERWIRT 13,5/20

Koch: Werner Seidner

Tel.: 0039 0473 222020

39020 Marling
St.-Felix-Weg 2
www.oberwirt.com
info@oberwirt.com
täglich 12–21.30 Uhr
❄ Ende Nov. 2019–Mitte März 2020

Im Oberwirt wird Gastfreundschaft gelebt und die vielen treuen Stammgäste wissen das zu danken. Sie alle vertrauen auch auf einen Küchenchef, der seit 30 Jahren (!) nicht müde wird, stimmige Gerichte zuzubereiten. Die mit Hummer gefüllten Ravioli mit Ofentomaten und feinen Calamaretti lagen sanft auf einer füllligen Buttersauce. Die Perlhuhnbrust fand einen kongenialen Partner in der gebratenen Gänseleber, dazu gab es Selleriepüree und weißen Spargel. Seit vielen Jahren ein Muss für treue Oberwirt-Fans sind die Spaghettini „Oberwirt" mit Parmaschinken, frischen Tomaten, Obers, Knoblauch und Peperoncino. In der Weinkarte finden sich edle Gewächse aus aller Welt, aber auch natürlich jene des eigenen Weingutes.

à la carte: 15–40 €

Bei der Zusammenstellung dieses Führers ließen wir größtmögliche Sorgfalt walten, trotzdem können Daten falsch oder überholt sein. Eine Haftung können wir auf keinen Fall übernehmen.

MAULS

MAULS

GASTHOFSTUBE STAFLER 15/20
im Hotel Stafler

Koch: Peter Girtler

Tel.: 0039 0472 771136
39040 Mauls 10
www.stafler.com
info@stafler.com
Mo, Di, Do–So 12–14 und 19–21 Uhr

Wenn es denn eine Auszeichnung für ein Vorbildgasthaus in Südtirol gäbe, dann wäre der Stafler wohl in der allerengsten Auswahl. Nicht jeden Tag will oder kann man große Küche genießen, wenn aber die Alternative regionale Speisen ohne Kompromisse heißt, dann ist die Gasthofstube Stafler auf jeden Fall einen Umweg wert. Die Eisacktaler Weinsuppe, ein Paradegericht in diesem Durchzugstal Südtirols, war von feinster Konsistenz und Intensität, das Gersten-Graukas-Risotto mit Schüttelbrot und Rosmarincreme ein Zusammentreffen typischer Elemente der Region, die durchaus virtuos zusammengebracht wurden. Freundlichkeit wird bei den Servicekräften in der Gasthofstube großgeschrieben, das Ambiente ist entspannt und angenehm.

à la carte: 6–26 €

GOURMETSTUBE EINHORN 17,5/20
Koch: Peter Girtler

Tel.: 0039 0472 771136
39040 Mauls 10
www.stafler.com
info@stafler.com
Mo, Do, Fr und Sa 19–20.30, So 12–13 und 19–20.30 Uhr

SERVICE AWARD 2019

Das Geheimnis des Geschmacks – Küchenchef Peter Girtler ist nicht mehr weit davon entfernt, dieses Mysterium zu lüften. Das spürt der Genießer, wenn er am Ende des Abends auf ein fulminantes Menü zurückblicken darf. Nach Lammschinken und Speck zum Aperitif geht es zunächst mit einer „Falschen Kartoffel" – einer Konstruktion aus Trüffel und Kartoffelpüree – richtig zur Sache. Die Kombination aus geräuchertem Schwertfisch, Gurke und Avocado, die unter dem Titel „Garten und Me(h)r" auf den Tisch kommt, würde man am liebsten jeden Tag essen, dazu ein Glas Silvaner, und man schwebt fast in den Wolken. Fast? Ja, denn man muss ja noch Spielraum nach oben haben. Den kulinarischen Plafond erreicht Girtler mit Langustenmedaillons im Kräuterfond, in dem sich Shiitakepilze tummeln, und mit einem Klassiker des Hauses – der Variation von der Gänseleber, die durch Passionsfrucht einen Touch von Süße erhält und der das salzige Popcorn eine zusätzliche geschmackliche Nuance verleiht. Beim nächsten Gang setzt die Küche dann auf Acquarello-Risottoreis aus dem Piemont, der mit Schmelzwasser des Montblanc gewässert wird, und verfeinert das exklusive Getreide mit Jakobsmuschel, Schwarzwurzeln und Gin-Tonic-Schaum. Auch der Balanceakt beim Hauptgang gelingt formidabel: zuerst eine kleine Portion Tatar mit Kaviar, dann ein Filet vom Nebraska-Rind in Hanfkruste, das an Zartheit kaum zu überbieten ist. Das Dessert punktet durch Einfallsreichtum: Die Schokoladevariation erhält durch Karotte, Meersalz und Süßholz eine besondere Note. Zum Darüberstreuen noch Apfelstrudel, Sacher- und Schwarzwäldertorte. Da bleibt kein Wunsch mehr offen.

MERAN

CASTEL FRAGSBURG — 16/20
Koch: Egon Heiss
SERVICE AWARD 2012
Die Fragsburg versucht es auf ein Neues. Nach dem Abgang des langjährig erfolgreichen Küchenchefs Alois Haller herrschte zunächst einmal kulinarisch Flaute. Neuen Wind sollen Chefkoch Egon Heiss (vormals Bad Schörgau) und Servicechef Christian Rainer (vormals Hubertusstube) bringen. Die Ambitionen sind sehr hoch angesetzt. Das kulinarische Feuerwerk beginnt mit unterschiedlichen Produktaromen, die köstlich ineinander verschmelzen und wie kleine Kunststücke in Szene gesetzt werden. Beim marinierten Huchen mit Kohlrabi, Apfel und Holunderblüten überzeugt die handwerkliche Akkuratesse, beim rosa gebratenen Maibock mit Schwarzbrot, Sellerie und Rotweinapfel ist es das herausragende Fleisch und der dazu gereichte Fond, die eine schwer nachzuahmende geschmackliche Tiefe beweisen. Himmlisch: die am Tisch von Maître Rainer servierte Käsevariation, welche von Südtirol über Italien bis nach Frankreich reicht. Kurzum: Wunderbar leicht und präzise in den Aromen und Einfällen ist Heiss auch in seiner neuen Wirkstätte am Werk, besessen vom Drang nach höchster Qualität wie eh und je. Wir hoffen, dass dieses professionelle Duo hier noch lange wirken darf. Wenn ja, dann wird das gastfreundliche Kleinod Fragsburg mit Gewissheit auch wieder zu einem Muss für Gourmets.

Tel.: 0039 0473 244071
0039 347 358 74 08
39012 Meran
Fragsburgerstraße 3
www.fragsburg.com
info@fragsburg.com
Di–Sa 19–21 Uhr
❄ Ende Nov. 2019–7. April 2020

KALLMÜNZ — POP 13/20
Koch: David Sanzio
AMBIENTE AWARD 2011
Gut essen gehen ist in Meran – angesichts der vielen Lokale – nicht besonders schwierig. Zu den empfehlenswerten Adressen der Stadt gehört mit Sicherheit auch das Restaurant Kallmünz. Doch man sei gewarnt: Ausflüge in die kulinarischen Gefilde Asiens sollte man hier nicht wagen. Wir denken da an die Frühlingsrolle mit Currysauce, Babyspinat und Chashews, die leider etwas zu deftig geriet. Die anderen Speisen – Oktopussalat mit Tomaten, Junglauch und Taggiasca-Oliven oder die französische Perlhuhnbrust, die mit Zwetschken und Lardo gefüllt war und zu der Kichererbsen und Mangold serviert wurden – waren jedoch wieder auf gewohnt souveränem Niveau. Noch einige Worte zum Service: Schulungen des Personals in Sachen Wein sind sinnvoll, sollten jedoch nicht unbedingt vor den Augen der Gäste erfolgen.

à la carte: 12–35 €

Tel.: 0039 0473 21 29 17
39012 Meran
Sandplatz 12
www.kallmuenz.it
restaurant@kallmuenz.it
Mo–Sa 12–15 und 19–22 Uhr

LALESSANDRA — 11/20
Auch wenn mit Sicherheit der eine oder andere Streit damit entfacht werden kann, ist es eine Tatsache, dass Südtirol nicht weniger zu Italien gehört als Amore und Pasta. In diesem italienischen Ristorante unweit des Meraner Campingplatzes erlebt man Italien pur. Der Wolfsbarsch in Salzkruste stammt vom Wochenmarkt und verspricht beste Qualität, die handgemachten Pastavariationen beweisen akkurates Handwerk und versprühen südlichen Charme. Urgestein und Gastwirt der alten Schule ist und bleibt hier Nilo, der mit viel Charme und in italienischer Sprache auch zur einen oder anderen Tagesempfehlung rät. Der abschließende Espresso darf nicht fehlen, die Begleitung eines Limonensorbets liegt auf der Hand. Authentische Küche ist garantiert, der Weinempfehlung des Hauses sollte man folgen.

Tel.: 0039 0473 236278
0039 331 328 89 67
39012 Meran
Kasernenstraße 7
www.lalessandra.com
ristorantelalessandra@hotmail.it

NALS

SIGMUND 11/20

Zeitgemäß renoviert, verströmt dieses Restaurant im Stadtkern Merans noch immer historisches Flair. Auch die Speisekarte hält sich an das Konzept, Altes mit Neuem zu verbinden. Klassische Südtiroler Gasthausgerichte dürfen hier ebenso wenig fehlen wie verfeinerte Hausmannskost. Der Speck- und Käseteller gehört einfach zu unserem gelungenen Südtiroler Kulinarikerlebnis dazu, herrlich zart das Rindsfilet und immer wieder ein Genuss die gefüllten Zucchiniblüten. Aber auch mediterrane Speisen wie die hausgemachten Ravioli wissen zu überzeugen.

Tel.: 0039 0473 237749
39012 Meran
Freiheitsstraße 2
www.restaurantsigmund.com
sigmund@rolmail.net
Mo, Di, Do, So 12–14.30 und 18–21.30, Fr, Sa 12–14.30 und 18–22 Uhr

SISSI 16,5/20
Koch: Andrea Fenoglio

AMBIENTE AWARD 2009

In allen Details geschliffen präsentierte sich das Sissi in Meran bei unserem jüngsten Besuch. Seit zwei Jahren tüftelt Patron Andrea Fenoglio am neuen Konzept, jetzt steht es. Natürlich bleiben die großen Klassiker der Sissi-Küche auf der Karte, etwa Fenoglios persönliche Interpretation des Vitello tonnato oder die klassischen Ravioli mit Bratensauce oder eben die legendäre, im Rohr zubereitete Milchlammschulter von den Pyrenäen in Pistazienkruste. Daneben gibt es nun neue Gerichte wie das vorzügliche Tataki vom Wildschwein mit Balsamicovinaigrette und hauchdünn geschnittenen Pilzen oder auch ein mürbes Hirschfilet, das auf weichen Schwarzbrotscheiben liegt und von Preiselbeermarmelade und Taggiasca-Oliven aus Ligurien begleitet wird. Die große Neuerung ist aber das siebenteilige Menü, eine Überraschung des Chefs. Die Gerichte sind nicht in der Karte zu finden, jeder einzelne Gang wird auf individuell gestalteten Tellern präsentiert. Das alles wirkt souverän, bestimmt, nichts ist dem Zufall überlassen. Die Variation der Zitrusfrüchte (mit Zitrone und Limette als Hauptdarsteller) im eigenen Süppchen mit Ziegenricotta und Olivenöl bewies, dass die Sissi-Küche auch bei den Desserts Akkuratesse an den Tag legt. Bei der Weinauswahl hebt man sich wohltuend von anderen Kollegen ab und führt das eine oder andere Besondere von weniger bekannten Produzenten.

à la carte: 20–32 €

**Tel.: 0039 0473 231062
0039 335 7786702**
39012 Meran
Galileistraße 44
www.sissi.andreafenoglio.com
sissi@andreafenoglio.com
Di 19–22.30, Mi–So 12.15–14.30 und 19–22.30 Uhr

TRAUTMANNSDORF 13/20
Trauti

Nachtschwärmer kommen hier auf ihre Kosten, denn die Küche ist bis nach Mitternacht in Betrieb. Deshalb nutzen viele das Restaurant zum Sprung in die Diskothek oder zum abendlichen Ausklang nach dem Besuch einer Veranstaltung. Die Stärke des Lokals ist, dass es trotz seiner unkonventionellen Art in puncto Essen auf Qualität setzt. Ob Topinambursüppchen mit Jakobsmuschel, Sashimi von Rotem Thunfisch, gebratener Wolfsbarsch, Tagliolini mit Meeresfrüchten, Kalbsfilet mit Foie gras, Schokoladetörtchen … alles kommt anregend und genussvoll auf den Tisch. Wenn man bedenkt, dass dieses Qualitätsniveau hier schon seit vielen Jahren gehalten wird, kann man eigentlich nur den Hut davor ziehen. Kleine Weinkarte, sehr freundlicher Service.

à la carte: 11–17 €

Tel.: 0039 0473 232818
39012 Meran
St.-Valentin-Straße 17
www.trauti.it
info@trauti.it
Di–Sa 19–1 Uhr
❆ variabel

NALS

APOLLONIA 12/20
Koch: Christoph Geiser

Berggasthäuser gibt es in Südtirol zuhauf, aber nur wenige beschreiten den Weg, die Tradition Südtirols mit neuen Impulsen aufzufrischen. Zu denen gehört eindeutig das Apollonia, das das Schöne und Ästhetische der Innenarchitektur mit Südtiroler Traditionsgerichten zusammenbringt. Und so schmecken Wiener Schnitzel oder Braten doch gleich viel feiner, ebenso die Schlutzkrapfen und Knödel. Hier stimmt die Qualität in jedem Detail. Das Apollonia ist übrigens ein Familienbetrieb, ideal an Wanderwegen gelegen und insbesondere an Wochenenden sehr rege besucht.

à la carte: 6–27 €

Tel.: 0039 0471 678656
39010 Nals
St.-Apollonia-Weg 3, Sirmian
www.restaurant-apollonia.it
info@restaurant-apollonia.it
Di–So 12–14 und 18–21 Uhr
❆ Weihnachten 2019–Mitte März 2020, 1 Woche im Juli 2020

PARTSCHINS/RABLAND

GASTHOF JÄGER
👍 **Tipp**

Tel.: 0039 0471 678605
39010 Nals
St.-Apollonia-Weg 5
www.gasthof-jaeger.com
info@gasthof-jaeger.com

Im Frühling stehen Spargel und Bärlauch auf der Karte, der Sommer ist geprägt von Pilzgerichten und im Herbst geben die Maroni die saisonale Note an. Die Themenwochen im Gasthof Jäger sorgen für wunderbare Abwechslung bei den Gästen, die jedoch auch die liebevoll zubereiteten Klassiker wie Käsenocken oder Speckknödelsuppe zu schätzen wissen. Der traumhafte Rundblick tut ein Übriges, sodass ein Besuch hier zum Erlebnis wird.

NATURNS

DOLCE VITA STUBE
im Preidlhof
Koch: Vlastimil Stava

16,5/20

Tel.: 0039 0473 666251
39025 Naturns
St.-Zeno-Straße 13
www.preidlhof.it
info@preidlhof.it
Mo–Fr 19–21 Uhr
25. Nov.–25. Dez 2019,
7.–30. Jän. 2020

Die Dolce Vita Stube im Preidlhof bietet Gourmets die Chance, mit Produkten aus Südtirol und aus aller Welt eine Reise des Genusses zu erleben. Eine Vielzahl an Grüßen aus der Küche, unter anderem Trüffelbutter und Speck, lassen den ersten Hunger schnell verfliegen. Es folgt Passeirer Saibling, den die Küche mit Hummer und Zitrusfrüchten gekonnt kombiniert. Die Kräutersuppe ist angenehm, wird aber von der klaren Consommé mit Kräutern – wir vermuten, es wurde reichlich mit Kamille gearbeitet – in den Schatten gestellt. Dazu ein rosa gebratenes Kalbsfilet. Es wird also nicht mit edlen Zutaten gespart. Es folgte zarter und auf den Punkt gegarter Hirsch, ein Guavensorbet mit scharfem Tasmanischen-Bergpfeffer-Blatt sowie ein perfekt glasiger Steinbutt mit Safransauce samt italienischem Royal-Kaviar. Bevor es zum Dessert ging, ließen wir uns zu einem Camembert mit Marille und Wipferlhonig überreden, zu dem ein kräftiger Gewürztraminer bestens passte. Eine gute Entscheidung. Danach überzeugte die Patisserie: Sie ließ Kumabo-Schokolade und Himbeeren gegen Passionsfruchtvariationen in den Ring steigen. Wir konnten uns für keinen Gewinner entscheiden. Es war alles einfach und schlicht: Dolce Vita.

à la carte: 25–45 €

PARTSCHINS/RABLAND

HANSWIRT
Koch: Matthias Laimer

11,5/20

Tel.: 0039 0473 967148
39020 Partschins/Rabland
Geroldplatz 3
www.hanswirt.com
info@hanswirt.com
täglich 12–14 und 18–21 Uhr
Nov.–12. Dez. 2019,
5. Jän.–27. März 2020

Man biegt von der Hauptstraße ab und findet sich plötzlich in einem Kleinod wieder. In dem gepflegten Boutiquehotel mit Wellnessoase sind auch externe Gäste im À-la-carte-Restaurant gern gesehen. In der Küche regiert der Sohn des Hauses, Matthias Laimer, und verspricht seinen Gästen eine Mixtur aus Altbekanntem und Ungewöhnlichem. Mit viel Feingefühl und gekonntem Handwerk gelingt es ihm, alpine Südtiroler Zutaten mit mediterranen Einflüssen zu verbinden und stimmige Gerichte zu kredenzen. Passend dazu bietet der Weinkeller edle Tropfen, jene aus den eigenen Weinbergen sollten unbedingt probiert werden. Die urig-elegante Bauernstube hat besonderen Charme.

à la carte: 12–34 €

Besuchen Sie **Gault·Millau** auf facebook.

PFALZEN

SCHÖNECK 16/20

Koch: Karl Baumgartner

SERVICE AWARD 2009

Das Schöneck in Pfalzen zählt zu den Traditionsbetrieben der gehobenen Gastronomie. Und könnten Mauern erzählen, wüssten sie gar manche Anekdote rund um bekannte und weniger bekannte Gäste zu berichten. Das Restaurant mit seinem lebensfrohen Einrichtungsstil ist die Bühne der Brüder Baumgartner, die hier schon seit mehr als 30 Jahren souverän das kulinarische Zepter in Händen halten. Es gibt Gerichte, die einfach zum Schöneck gehören wie etwa die Plin, nach piemontesischer Tradition, aus Boxelemehl (vom Johannisbrotbaum) mit Almkäsefonduta samt Sauté von grünem Spargel. Dank der Verschmelzung verschiedener kulinarischer Traditionen seit vielen Jahren ein Tipp auf der Speisekarte. Ein Paradeteller aus der typischen Südtiroler Küche ist die Leberknödelsuppe, im Schöneck aus Kitzleber hergestellt und in fabelhaft kräftiger Consommé serviert. Das rosa gebratene Entrecôte vom Sprinzen-Rind in der Szechuan-Pfeffersauce mit Kartoffelgratin und knackigem Gemüse bewies aufs Neue, dass Chefkoch Karl Baumgartner die traditionelle Kunst des Kochens aus dem Effeff beherrscht. Zum Abschluss hervorragend: eine Variation von Käse, die man von Käseaffineur Hansi Baumgartner bezieht.

à la carte: 10–36 €

Tel.: 0039 0474 565550
39030 Pfalzen
Schloss-Schöneck-Straße 11
www.schoeneck.it
info@schoeneck.it
Mi–So 12–14 und 19–21.30 Uhr
24. Juni–9. Juli 2020

TANZER 14/20

Koch: Hannes Baumgartner

Mit souveräner Hand führt Hannes Baumgartner die Küche im Tanzer, die er vor Jahren von seinem Vater übernommen hat. Das Credo bleibt regional, aber verfeinert, veredelt und mit Fantasie angereichert. Er scheut auch nicht davor zurück, Alpines und Mediterranes zu kombinieren. Das zeigt sich bei der gebackenen Aubergine mit Artischocken, leichten säuerlichen Noten von Tomatenherzen, mildem Brie und Rosmarin. Das Risotto mit Karotten, Spanferkel und Salsa verde klingt von der Komposition her eher eigenwillig, kam aber schließlich besonders gelungen auf den Tisch. Auf das Wiener Schnitzel mit Preiselbeeren ist im Tanzer stets Verlass. Der Weinkeller ist mit viel Wissen zusammengestellt.

à la carte: 13–29 €

Tel.: 0039 0474 565366
39030 Pfalzen
Issing, Dorfstraße 1
www.tanzer.it
info@tanzer.it
Do–Mo 12–13.30 und 19–20.30 Uhr

PFITSCH

PRETZHOF 14,5/20

Köchin: Ulrike Mair

Im Pretzhof – auf fast 1300 Metern Seehöhe – kann man erleben, wie erdverbundene und gleichzeitig moderne Gastronomie funktioniert. Die Preise sind fair, die Gerichte herzhaft zubereitet und auch der Weingenuss belastet das Budget nicht wirklich. Daher ist das Haus meist gut besucht. Man sollte unbedingt reservieren, um einen Platz in den gemütlichen Bauernstuben zu ergattern. Speck, Grau- und Bergkäse, geräuchertes Spanferkel und Coppa, die traditionelle italienische Spezialität aus dem Schweinsnacken, schmeckten uns zum kräftigen heimischen Sauvignon Blanc. Weiter ging es mit Kaspressködel in intensiver Rindsuppe, Spinatknödeln mit Hirschkalbfülle und Kutteln in Tomatensauce, zu denen kleine Semmelknödel serviert wurden. Auch die Lammschulter mit Rosmarin, gedünstetem Gemüse und Erdäpfelpüree gefiel uns. Wie gerne hätten wir noch ein Glas Rotwein dazu genossen. Leider wurde dem Service mit der Zeit aber der Gästeansturm zu viel. So verzichteten wir – mangels Bestellmöglichkeit – sowohl auf den Lagrein als auch auf eine Nachspeise.

à la carte: 7,50–35 €

Tel.: 0039 0472 764455
39049 Pfitsch
Tulfer 259
www.pretzhof.com
info@pretzhof.com
Mi, Do 12–16, Fr, Sa 12–21,
So 12–18 Uhr
2–3 Wochen im Jän. 2020,
1 Woche Juli 2020

RITTEN

RABLAND

RÖSSL — 12/20

Als verlässliche Adresse und Vertreter Südtiroler Spezialitäten sowie italienischer Klassiker ist das À-la-carte-Restaurant im Hotel Rössl eine geeignete Anlaufstelle. Die große Terrasse mit Weitblick lädt zum Sitzenbleiben ein, Zitronen- und Olivenbäume sorgen für stimmiges Ambiente. Man kann sich mit einem Fünf-Gang-Wahlmenü verwöhnen lassen, es bleibt aber auch die Option einzelner Gänge. Die Rindsuppe schmeckt genauso gut wie die hausgemachten Pressknödel mit Romanasalat, für mediterranen Genuss sorgen frische Burrata und hausgemachte Pasta. Spezialität des Hauses ist und bleibt der Apfelstrudel, die Südtiroler Käsevariationen sind eine pikante Alternative. Während die Weinkarte einen Streifzug durch Italiens Weinberge bietet, erfreut auch die feine Auswahl an Natural Wines.

à la carte: 12–30 €

Tel.: 0039 0473 967143
0039 340 3849365
39020 Rabland
Vinschgaustraße 26
www.roessl.com
info@roessl.com
täglich 11.30–14 und 17.30–21 Uhr

RADEIN

ZIRMERHOF — 11/20
Koch: Stefan Waldthaler

Naturverbunden, in unberührter Lage begeistert der Zirmerhof nicht nur mit seinem prächtigen Ausblick. Genussliebhaber kommen hier auch kulinarisch auf ihre Kosten und werden mit Spezialitäten der Trentiner und Südtiroler Küche verwöhnt. Am eigenen Bauernhof werden Hochlandrinder gezüchtet, sie und andere selbst hergestellte Produkte bilden die ideale Basis für die Küche. Die Pastagerichte mit Ragout sind immer eine ausgezeichnete Wahl, aber auch deftige Speisen wie Schmorbraten und saftiges Gulasch sind zu empfehlen. Die urige, gepflegte Stube ist bezaubernd, für die passende Weinbegleitung sorgt der aus eigener Produktion stammende Gewürztraminer.

à la carte: 19–35 €

Tel.: 0039 0471 887215
39040 Radein
Oberradein 59
www.zirmerhof.com
info@zirmerhof.com
täglich 12.30–14 und 19–21 Uhr
Nov. 2019–8. Mai 2020

RITTEN

BISTRO IM PARKHOTEL HOLZNER — 13/20
Koch: Stephan Zippl

Wer sich zu Mittag am Ritten befindet, der sollte Hunger und Durst im Bistro des Hotels Holzner stillen. Die Küche bietet interessante Gerichte, manche, wie das Tatar vom Rittner Jungbullen mit Brioche, sind der Klassik verpflichtet, andere versprechen mehr Kreativität. Wir denken etwa an die Kresseschaumsuppe mit kandierten Zitronen oder die hausgemachten Latschenspaghettini mit Lammragout, Preiselbeeren und Röstzwiebeln. Zu empfehlen ist auch der rosa gebratene Thunfisch mit Saubohnen, Petersilrösti und Fenchel oder die Forelle aus dem Passeiertal, die mit Emmer und Erdbeergazpacho serviert wird. Wir probieren zudem ein ausgezeichnetes Kräuterrisotto mit Belper Knolle. Zum Abschluss: marinierter Rhabarber mit Topfencreme.

Tel.: 0039 0471 345231
39054 Ritten
Dorf 18, Oberbozen
www.parkhotel-holzner.com
info@parkhotel-holzner.com
Di–So 12–14 Uhr

Bewertungen NEU

- 11 bis 12,5 Punkte: 1 Haube
- 13 bis 14,5 Punkte: 2 Hauben
- 15 bis 16,5 Punkte: 3 Hauben
- 17 bis 18,5 Punkte: 4 Hauben
- 19 bis 19,5 Punkte: 5 Hauben

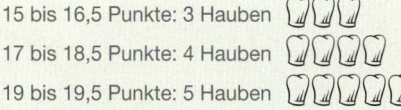

RITTEN

PATSCHEIDERHOF 12/20
Koch: Alois Rottensteiner

Spätestens seit „Kitchen Impossible" ist der Patscheiderhof kein Geheimtipp mehr und zieht aufgrund seiner legendären Knödel zahlreiche Gäste an. Dieser Hype ist nicht grundlos, denn auch bei unserem Besuch war schon beim ersten Bissen klar, dass wir davor noch nie derart flaumige und elegante Knödel serviert bekommen hatten. Fleischgerichte wie die Lammkeule oder die Roulade mit Obers gelingen in ebenso feiner Qualität, die Tageskarte hält auch italienische Klassiker bereit. Von der Terrasse aus hat man einen eindrucksvollen Ausblick ins Tal, sodass es uns noch schwerer fiel, den wundervollen Platz nach einem gelungenen Essen wieder verlassen zu müssen.

à la carte: 7–35 €

Tel.: 0039 0471 36 52 67
0039 347 23 09 27 57
39054 Ritten
Signat 178
www.patscheider-hof.com
patscheiderhof@rolmail.net
Mi–Mo 11–18 Uhr
7. Jän.–8. Feb. 2020, Juli 2020

RESTAURANT 1908 pop 17/20
im Parkhotel Holzner
Koch: Stephan Zippl

AMBIENTE AWARD 2016

Familie Holzner hat einen Winkel des Grandhotels zur kleinen Genussstube „1908" umbauen lassen – zeitgemäß, mit einladender Glasfassade als Kontrapunkt zur historischen Bauweise. Stephan Zippl hat in der Küche deutlich an Profil gewonnen, gestützt auf profundes Kräuterwissen changiert er perfekt wie spannend zwischen wagemutig, erstaunlich sauer oder verblüffend erdig. Sehr gut die Spinatravioli mit Hefegeschmack oder Jakobsmuscheln mit Rindsmark. Hilfreich sind die jeden Gang begleitenden Tischkärtchen, auf denen die, wie in vielen kreativen Küchen üblich, Zutaten, Texturen, Aromenspielereien beschrieben sind. Beispielsweise „Saibling, beurre blanc, Zirm, Brioches, Senfkohl". Wildkräuter, Rinden, Flechten, Hölzer usw. holt sich Zippl selbst aus dem Rittner Wald – die Zirbe gibt dem wachsweichen, saftigen Saibling eine feinaromatische Hintergrundwürze. Der Küchenchef bietet zwei Menüs an, einmal „die besten Produkte vom Ritten – und aus nächster Umgebung" mit drei Gängen sowie „die besten internationalen Produkte und Trends". Durch die Speisenfolgen zieht sich erstaunlich oft eine zartbittere, manchmal sogar aufregend bittere Note. Das wagen nur wenige Südtiroler Spitzenköche, die, wie Zippl, auch für fermentierte Speisen und Produkte empfänglich sind. Der Fenchelsud, in dem ein pochiertes Wachtelei, Milchbruch, Pesto, Fenchelpollen, Dinkel, getrocknetes Eigelb schwimmen, ist ein Gourmet-Abbild des Ritten en miniature. Herrlich! Die Weinkarte punktet vor allem mit lokalen Raritäten und einer breiten Schaumweinoffensive.

Tel.: 0039 0471 34 52 32
39054 Ritten
Dorf 18, Oberbozen
www.restaurant1908.com
info@restaurant1908.com
Di–Sa 19–23 Uhr

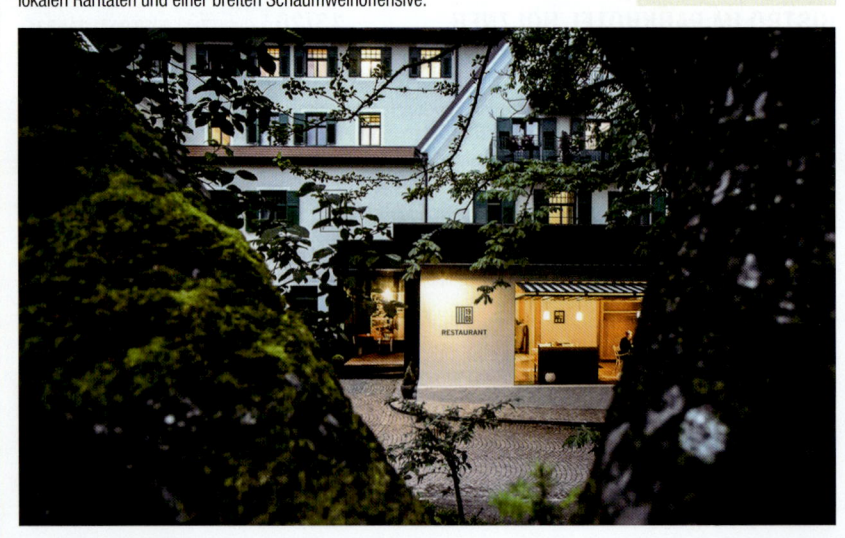

ST. KASSIAN

SIGNATERHOF 11/20
Koch: Günther Lobiser

Dieser Familienbetrieb vereint Südtiroler Gastlichkeit mit traditioneller Küche. Bodenständige Gerichte und alpine Schmankerl stehen dabei im Vordergrund, sorgfältig zubereitet, mit hochqualitativen Produkten mutieren sie zu Genusserlebnissen. Hirschsalami mit eingelegten Eierschwammerln, hausgemachte Schlutzkrapfen und deftiges Gröstl mit Speck-Kraut-Salat beweisen das. Die hausgemachten Desserts sind ein Genuss: Kaiserschmarren mit Preiselbeeren und Crème brûlée sind eine Sünde wert. Im Sommer isst man auf der schönen Veranda, bei kühleren Temperaturen gefällt die reizende Bauernstube mit Originalcharakter. Obwohl die Weinkarte überschaubar ist, finden sich passende Tropfen.

à la carte: 6,50–25 €

Tel.: 0039 0471 365353
0039 338 7741234

39054 Ritten
Signat 166
www.signaterhof.it
info@signaterhof.it
Di–Sa 12–14 und 18.30–20.30,
So 12–14 Uhr
6. Jän.–15. Feb. 2020

SAND IN TAUFERS

DRUMLERHOF 11/20
Köchin: Ruth Innerhofer

Der Drumlerhof verfolgt ganz klare Prinzipien: Nachhaltigkeit, Gemeinwohl und ein Leben im Einklang mit der Natur. Die Produkte entstammen der eigenen Landwirtschaft, Fleisch kommt aus artgerechter Haltung und auf saisonales Speiseangebot wird selbstverständlich ebenfalls Rücksicht genommen. Die Karte bietet eine schöne Abwechslung zwischen Südtiroler Spezialitäten, österreichischen Klassikern, aber auch typisch italienischen Gerichten wie Tortelli und Risotti. Eine besondere Empfehlung ist der Zwiebelrostbraten, der perfekt zart und mürbe daherkommt. Der in vierter Generation geführte Traditionsbetrieb ist aber auch auf glutenfreie Küche spezialisiert.

à la carte: 10–35 €

Tel.: 0039 0474 678068

39032 Sand in Taufers
Rathausstraße 6
www.drumlerhof.com
info@drumlerhof.com
täglich 12–14 und 18.30–21 Uhr
19. April–21. Mai 2020

ZUM TURM Tipp

Das heutige Restaurant hat eine lange, facettenreiche Geschichte. Einst war es eine Hoffärberei, bevor es zu einer Polizeistation und dann zu einer Tischlerwerkstatt wurde. Diesen Hintergrund spürt man auch in dem Ambiente des ehrwürdigen Gebäudes. Es gibt eine eigene Karte für mittags und abends, die Auswahl umfasst mediterrane Klassiker und Pizza.

Tel.: 0039 0474 678143

39032 Sand in Taufers
Bayergasse 12
info@zumturm.org

ST. KASSIAN

ST. HUBERTUS 19/20
im Hotel Rosa Alpina
Koch: Norbert Niederkofler

SERVICE AWARD 2006

Ein Vierteljahrhundert ist Norbert Niederkoflers Wirkungsstätte das St. Hubertus, inmitten der majestätischen, bleichen Berge in St. Kassian. Was als Pizzeria begann, ist heute die Quintessenz Südtiroler Haute Cuisine. Niederkofler folgt einem einfachen Dreierprinzip: Regionalität, no waste und Saisonalität. Und er hat Mut. Wer seiner Kollegen getraut sich beispielsweise, das immerhin 250 Euro teure Menü mit einem Bergkräutersalat zu starten? Norbert Niederkofler tut es mit einem Selbstbewusstsein, das einem sendungsbewussten Statement gleichkommt. Bis zu 30 verschiedene Kräuter und Blumen werden mit einer Holunder-Kombucha verfeinert. Der Aal im St. Hubertus? Auf einem Holzkohlengrill zubereitet, als Spieß auf einem dünnen Ästchen serviert, durch Salbeiblätter verstärkt und mit Honigbeize geadelt, die dem Fisch eine leicht süßliche Note verleiht. Als Kontrapunkt: eine geräucherte Consommé vom Aal. Überhaupt zieht Niederkofler den Holzkohlengrill vielen anderen Gartechniken vor, weil damit die Struktur des Fleisches natürlicher und der Geschmack intensiver bleibt. Und was soll man von der gepökelten Kalbszunge mit Preiselbeeren sagen? Dass dieses Gericht, so wie jedes andere auf der Karte, einfach klingt, aber ausgetüftelt und in der Zubereitungstechnik aufwendig und schlussendlich – und das ist das Wesentliche – voller Spannung ist.

Tel.: 0039 0471 849500

39036 St. Kassian
Str. Micura de Rue 20
www.rosalpina.it
info@rosalpina.it
Mi–Mo 19–22 Uhr
April–Mai, Okt.–Nov. 2020

SÜDTIROL

ST. LORENZEN

Im Menü folgte hierauf ein Schweinskopf, ja, richtig gelesen, der Kopf eines Schweines, dessen Schinken auf einem aus den Sehnen und Nerven des Tieres in der Fritteuse kreierten Chip liegt. Das Hauptgericht war eine in zwei Gängen servierte Krickente. Einmal der noble Teil mit der Entenbrust, zum anderen der arme Teil mit den Flügeln samt kräftigen Bergkräutern. Konservierungsmethoden wie etwa die Fermentation sind bei Niederkofler ein großes Thema, geht es doch darum – gerade auch im Winter –, so gut wie möglich seinem Motto „Cook the Mountain" gerecht zu werden. Die Desserts sind linear mit einem Marshmallow samt Duft von Latschenkiefer und einem Kastanieneis mit Ziegenricotta, kunstvoll mit eiskaltem, am Tisch aufgeschäumtem Stickstoff in Szene gesetzt. Was soll man von der Weinkarte sagen? Mit 100 Seiten lässt sie wirklich keine Wünsche offen und der Sommelier weiß natürlich auch die zu den Gerichten passenden Empfehlungen zu geben.

ST. LORENZEN

SAALERWIRT

👍 **Tipp**

Tel.: 0039 0474 40 31 47
39030 St. Lorenzen
Saalen 4
www.saalerwirt.com
info@saalerwirt.com
Mi–Mo 12–14 und 18–20 Uhr
Nov. 2019, April–Mai 2020

Zu den ältesten Gasthäusern Südtirols zählt er, der Saalerwirt. Bereits die Anreise durch das schöne Pustertal ist ein Erlebnis und die originale Zirbenstube empfängt einen mit gemütlichem Ambiente. Hier widmet man sich mit Leidenschaft der traditionsreichen Landküche und versteht sich auf das Handwerk. Die Pressknödel sind fantastisch und die angebotenen Weine ergänzen die Gerichte wunderbar.

à la carte: 9–25 €

ST. MARTIN IN PASSEIER

LAMM
Mitterwirt

14/20

Tel.: 0039 0473 64 12 40
39010 St. Martin in Passeier
Dorfstr. 36

www.gasthaus-lamm.it
info@gasthaus-lamm.it

Köchin: Hildegard Fontana

Ein Gasthaus wie aus dem Bilderbuch ist das Lamm mitten im Ortszentrum von St. Martin im Passeiertal. Hier wird schon immer auf kompromisslose Qualität gesetzt und lokalen Kreisläufen der Vorzug gegeben. Um dies zu garantieren, bleibt die Karte klein, aber es kommen täglich wechselnde Speisen dazu. Die gebackenen Ziegenkäsepralinen wurden von fein abgeschmeckten Roten Rüben begleitet. Gelungen auch die Tortellini mit Kalbsfüllung auf Topinamburcreme. Ein Hit die Birnen-Panna-cotta auf Schokospiegel mit karamellisierten Walnüssen. Freundlicher, flotter Service, der entsprechende Weine zu empfehlen weiß.

à la carte: 7–24,50 €

ST. ULRICH

QUELLENHOF GOURMETSTUBE 1897 15/20
im Quellenhof Luxury Resort Passeier
Koch: Michael Mayr

Tel.: 0039 0473 645474
39010 St. Martin in Passeier
Passeirerstraße 47
www.quellenhof.it
info@quellenhof.it
Do–Sa 18–24 Uhr

Das Gourmetrestaurant 1897 hat sich in den vier Jahren seines Bestehens prächtig entwickelt. Anfängliche Unsicherheiten sind beigelegt, nun überzeugt die Küche mit wohldosierten und überlegten Kombinationen, man weiß gekonnt mit spannender Säure und Schärfe in den Gerichten zu spielen. Der Passeirer Saibling erhält durch die Schlangengurke in einer säuerlichen Süppchenform und leicht scharfem steirischen Rettich einen Kontrapunkt und wird mit Saiblingskaviar veredelt. Feiner Steinbutt mit süßen Marillen, lauwarmem Oktopus, Fregola (Hartweizenpasta aus Sardinien) und Eierschwammerln ist ein Meisterbeispiel einer gelungenen Kombination. Das Passeirer Lamm mit Essigzwetschke und Karotten-Nuss-Butter war eine gewagte Idee, blieb aber in bester Erinnerung. Eine besondere Erwähnung gilt der Patisserie: Wohltuend zurückhaltende Aromen einerseits, meisterlich aufwendige Kreationen anderseits suchen in Südtirol ihresgleichen. Oberkellner Matteo Lattanzi führt charmant durch den Abend und lässt keine Wünsche offen. Eine rundum gelungene und sympathische Leistung.

ST. ULRICH

GARDENA GRÖDNERHOF 16/20
Anna-Stuben
Koch: Reimund Brunner

Tel.: 0039 0471 796315
39046 St. Ulrich
Vidalongstraße 3
www.annastuben.it
info@gardena.it
Mo–Sa 19–22 Uhr
✱ bis Dez. 2019, April–Mai 2020

FRANZ LAGEDER, SERVICE AWARD 2016

Die Karte spricht eine klare Sprache: Südtirol soll hier in jedem Gericht dominant vertreten sein. Damit bricht man ein wenig mit der bisherigen Linie, die stets ein einzelnes Produkt in den Vordergrund gestellt hat. Wie die neue Linie bei den Gästen ankommt, ist derzeit wohl noch verfrüht zu sagen, schlussendlich sind die präsentierten Teller gleich einer Achterbahnfahrt auf der Suche nach der richtigen Balance, und das mit unterschiedlichem Erfolg. Da blitzt das unbestreitbare Talent und Wissen des Chefkochs Reimund Brunner bei einem Gericht wie Kartoffelgnocchi mit Südtiroler Blauschimmelkäse, gebranntem Kloatzenmehl (aus gedörrten Birnen gemahlen) und Preiselbeermarmelade auf. Dafür ist aber das heimische, kurz gebratene

SARNTAL

dry-aged Rind mit Eierschwammerln ein Gericht der Mittelmäßigkeit und die Variation von der heimischen Schokolade ebenso. Sehr viel spannender erweist sich der bei Niedrigtemperatur zubereitete Saibling auf einem Gurkenbeet mit Gurkengranita. Die gut sortierte Weinkarte wird den Ansprüchen eines Hauses dieser Klasse durchaus gerecht. Der Service macht seine Sache bemüht und kompetent.

à la carte: 26–45 €

SARNTAL

FISCHERWIRT   11/20

Koch: Andreas Premstaller

Tel.: 0039 0471 625523
39058 Sarntal
Durnholz 16
www.fischerwirt.it
info@fischerwirt.it
Di–Sa 11.30–14.30 und 18–21.30, So 11.30–14.30 Uhr

In unmittelbarer Nähe zum Durnholzer See bietet der Fischerwirt idyllisches Ambiente. An warmen Sommertagen ist es schwierig, einen der begehrten Plätze auf der Terrasse zu ergattern, daher schätzen wir uns umso glücklicher, als uns die Servicedame freundlich auf unseren Tisch im Freien verweist. Die Speisekarte von Wirt und Küchenchef Andreas Premstaller offeriert eine Mischung von Südtiroler Köstlichkeiten und mediterranen Aromen. Für einen tadellos würzigen Einstieg sorgt das Tatar vom Almochsen mit Butter und Toast. Handwerklich sorgsam zubereitet die folgenden Kräutergnocchi, die von Hummer und Ofentomaten begleitet werden. Die Kernkompetenz des Hauses ist aber die bodenständige Küche, die durchaus kreativ und verspielt auf dem Teller landet. Um den süßen Abschluss kamen wir nicht herum: Das Tiramisu mit Mangosorbet klang zu verlockend.

à la carte: 8–30 €

SARNTHEIN

BRAUNWIRT   pop 13/20

Koch: Wilson Lemus

Tel.: 0039 0471 620165
39058 Sarnthein
Kirchplatz 3
www.braunwirt.it
info@braunwirt.it
Di–Sa 9.30–14 und 18–22, So 8.30–14.30 Uhr

Der Führungswechsel im Braunwirt ist auf den ersten Blick kaum wahrzunehmen (unverändertes Ambiente, sehr ähnliche Karte), doch ist er in der Qualität der Speisen spürbar. Die Cremesuppe von der Brennnessel mit Espuma und Waffel von Parmesan war geschmacklich anonym, das Kräuterrisotto mit Tintenfisch und Zitrone von den Gewürzen übertüncht und der Zitronengeschmack nicht existent, das Kalbsfilet mit Spargel, Raclette und Thymianjus geriet nicht mehr als ordentlich. Schade, denn das Lokal im Dorfzentrum von Sarnthein hätte alle Voraussetzungen, so wie eben bisher, ein kulinarischer Fixpunkt für das Dorf und seine Gäste zu sein. Mag sein, dass die neue Führung noch auf der Suche nach dem eigenen Konzept ist. Wir werden das im kommenden Jahr weiter beobachten.

GENIESSERHOTEL BAD SCHÖRGAU   16/20

Koch: Mattia Baroni
GREGOR WENTER, SERVICE AWARD 2018

Tel.: 0039 0471 623048
39058 Sarnthein
Putzen 24
www.bad-schoergau.com
info@bad-schoergau.com
Di 18.30–21, Mi–So 12–14 und 18.30–21 Uhr

Gehe zurück auf „Start": Mit dem überraschenden Abgang des Meisterkochs Egon Heiss hat die Schörgau-Familie Wenter ein kulinarisches Reset vollzogen. Unter dem neuen, vom Gardasee stammenden Küchenchef Mattia Baroni, der bereits viele Saisonen in Südtiroler Feinschmeckerküchen als Chef gearbeitet hat, ist ein sicherlich etwas weniger anspruchsvoller, doch sehr glaubwürdiger Neustart gelungen. Von fermentierten Gustostückerln vom Apfel über die Milch, vom Tee bis zu Gemüsesäften crypto das spannende neue Küchen-Credo. Besonders gelungenes Highlight: Teigtaschen im Selleriewurzelfond! Einfach. Überragend. Und das beeindruckende Angebot an Spitzenweinen bleibt ja unverändert bestehen.

à la carte: 12–36 €

SCHNALS

TERRA

pop 16,5/20

im Hotel Terra – The Magic Place
Koch: Heinrich Schneider

AMBIENTE AWARD 2020

Küchenchef Heinrich Schneider liebt es, ungewöhnliche Zutaten zu verarbeiten. So können sich Feinschmecker in seinem Terra auf eine ganz spezielle Reise, die alle Sinne anspricht, begeben. Der Start des Dinners kann etwa so aussehen: Rhabarber-Minz-Praline mit Bronzefenchel, weißer Cracker mit Kornblume und Saiblingskaviar, schwarzer Taco mit Aztekischem Süßkraut, Heidelbeercookie mit Sauerampfer sowie geräucherte Himbeerpraline. Ein Glas Grauburgunder macht dann gute Figur zu Erdbeeren mit Strauchbasilikum, Sauerrahm mit Imperial-Kaviar, Äsche mit Blutampfer und Hirschhornflechte oder zu den flüssigen Gnocchi vom Alpkäse mit Habichtspilz. Bei manchen Zutaten möchte man das Internet zu Rate ziehen, um doch den Saibling mit gebrannter Milch oder das zarte Rindfleisch mit gegrillter Gurke und karamellisierter Hefe ungestört zu genießen und sich nicht zu wundern, dass Veilchengel, Sauerkleegranita und Fichtenöl-Kies derart gut schmecken können. Statt eines starken Espresso gibt es zum Finale noch einen am Tisch zubereiteten Tee aus frischen Kräutern. Und zum Darüberstreuen einen süßen Baumwollstrauß mit Anis, Birkenpraline, Weizengrasganache mit Holunderblütenperlen sowie Sanddornstein.

Tel.: 0039 0471 62 30 55
39058 Sarnthein
Auen 21
www.terra.place
info@terra.place
Di–Sa 19–21 Uhr
Mitte März–Ende April 2020

SCHNALS

OBERRAINDLHOF

13/20

Koch: Günther Veith

Ein typischer Schnalser Bauernhof aus Schieferstein und verwitterten Holzbalken, der im Jahre 1581 erstmals in einer Urkunde genannt wird. Kein Wunder, dass sich die Familie Raffeiner bei Fleisch, Wurst, Käse und anderen Milchprodukten vorwiegend aus dem Tal versorgt. Der Chefkoch weiß besonders mit herzhaften Fleischstücken zu begeistern – im Tal der Schafe und Ziegen empfehlen wir, vornehmlich entsprechende Gerichte aus der Karte auszuwählen. Prädikat unschlagbar urig: die Schnalser Nudeln, die durch eine antike Presse gedrückt und mit Lammragout gereicht werden. Breit gefächerte Weinkarte.

à la carte: 9–30 €

Tel.: 0039 0473 67 91 31
0039 349 545 95 73
39020 Schnals
Raindl 49
www.oberraindlhof.com
info@oberraindlhof.com
Mo–So 12–14 und 18–21 Uhr

SEISER ALM

SEISER ALM

GOSTNER SCHWAIGE 12/20
Koch: Franz Mulser

Was Franz Mulser in seiner kleinen, bescheiden eingerichteten Almküche zuwege bringt, ist erstaunlich. Der Koch, der bei den Obauers und im Tantris in München lernte, legt sein ganzes Herzblut in seine Arbeit. Seine Profession ist zugleich seine große Passion. Geboten werden landestypische Speisen wie die Knödelvariation, ein flaumiger Kaiserschmarren oder die legendäre Heublütensuppe im Brottopf. Das alles sind gute Gründe, den Weg auf diese urige Almhütte auf sich zu nehmen. Und nicht zu vergessen: In 1930 Meter Höhe ist das Panorama der Dolomiten einfach traumhaft.

à la carte: 9,50–28,50 €

Tel.: 0039 0471 706037
0039 347 8368154

39040 Seiser Alm
Saltriastraße 13
www.gostnerschwaige.com
info@gostnerschwaige.com
Mo–So 9–18 und 19–23 Uhr
bis Mitte Dez. 2019,
Mitte April–Mitte Mai 2020

SEXTEN

KREUZBERG 12,5/20
Restaurant Reh:angel
Koch: Armando Shala

An der Grenze zwischen Südtirol und der Region Veneto, am Fuß der mächtigen Drei Zinnen liegt das charmante Hotel Kreuzbergpass, das nicht nur durch seine fantastische Lage punktet, sondern auch durch sein Gourmetrestaurant Reh:angel, das alleine schon eine Reise wert ist. Hier verbindet der Küchenchef Südtiroler Wirtshausküche mit Spezialitäten Italiens und lässt aus den besten Produkten von Bauern aus der Region alpin-mediterrane Naturküche entstehen, die einfach nur Spaß macht. Lobenswert ist auch der Weinkeller mit über 230 Positionen und der flotte, freundliche Service.

à la carte: 11–25 €

Tel.: 0039 0474 710328
0039 349 8961614

39030 Sexten
St.-Josef-Straße 55
www.kreuzbergpass.com
hotel@kreuzbergpass.com
12–14.30 und 19–21 Uhr
7. April–30. Mai 2020

STEINEGG

ASTRA 15,5/20
Koch: Gregor Eschgfaeller

Das unscheinbare Astra im Bergdorf Steinegg könnte, von außen betrachtet, nur einer der vielen Südtiroler Familienbetriebe sein, die nicht wirklich auffallen. Doch dies war den Betreibern nach ihrer Rückkehr von diversen Auslandsaufenthalten schlicht und einfach zu wenig. Deshalb wird hier hohe Gastronomiekultur gelebt, die einer großen Passion verpflichtet ist. Die Reise geht um die Welt und bleibt doch immer wieder lokal, wie mit unglaublich feinen Kohlrabiravioli mit zartem Hirschcarpaccio samt schäumendem Kohlrabisüppchen, und führt in die Ferne mit einem durch schwarzen Knoblauch verfeinerten, bissfesten Risotto mit frischem Yuzugel und mediterraner Roter Garnele. Als vorzüglich ausbalanciert erwiesen sich die Blauschimmelgnocchi mit einer Rote-Rüben-Variation. Alle Gerichte sind von einer leichten, souveränen Machart geprägt. Das kleine Restaurant gleicht einem Wohnzimmer und garantiert ausreichend Privatsphäre. Ungewöhnlich: Über einen Monitor kann der Gast die Köche bei ihrer Arbeit beobachten.

à la carte: 10–30 €

Tel.: 0039 0471 376516

39053 Steinegg
Hauptstraße 26
www.restaurant-astra.com
info@hotel-berghang.com
Do–Sa 20–21.30, So 12–14 Uhr

Die besten Weine Österreichs:

STERZING

STEINHAUS

ANNONA ⓝ
Fine Dining Restaurant am Moserhof

14/20 🥄🥄

Tel.: 0039 0474 65 22 74
0039 348 354 73 29

39030 Steinhaus
Oberdorf 19
www.moserhof-ahrntal.com
info@moserhof-ahrntal.com
Do–So 12–14.30 und 19–22 Uhr
❄ variabel

Koch: Daniel Niederkofler

Das Annona (nach der Göttin der Ernte und Fruchtbarkeit) ist eine weitere glückliche Idee der rührigen Familie Oberhollenzer. Die Hirtenmakkaroni verstecken sich hier in der Fülle eines kleinen Cannellono, die Kräuterseitlinge geben den feinen Zusatz. Das Thema Knödel kommt als gebackene Praline am Holzästchen daher, der Speckknödel versteckt sich gekonnt als Fülle der Praline. Eine Essenz der Pastinake als Gel ist die Draufgabe. Die Äpfel für das Sorbet stammen von teilweise wilden Apfelsorten der Bäume rund um den Hof. Das Rindfleisch war hinsichtlich der Fleischqualität sensationell, veredelt wurde es durch einen kräftigen Morcheljus. Kurzum: ein innovatives Konzept mit 15 Geschmacksproben, die sich auf ein einziges Menü beschränken.

STERZING

ARBOR

11/20 🥄

Tel.: 0039 0472 76 42 41
0039 338 653 95 87

39049 Sterzing
Geizkoflerstraße 15
www.arbor.bz.it
info@arbor.bz.it
Sa–Mo 12–14 und 19–22, Di, Do,
Fr 19–22 Uhr
❄ variabel

Koch: Armin Siller

Wenn ein Tisch frei ist, sollte man unbedingt in der alten Stube Platz nehmen. Diese zählt nämlich zu den ältesten der Stadt und hat einen besonderen Charme. Die verfeinerte regionale Küche, die Küchenchef Armin Siller gekonnt mit Einflüssen aus dem mediterranen Raum paart, schmeckt dort noch einmal besser. Zwar ist die Speisekarte nicht sehr umfangreich, doch Frische und Qualität der Produkte sollen nun einmal im Fokus stehen. Hier finden sich nicht nur frischer Fisch, sondern ab und zu auch regionstypisch Gams und Steinbock auf den Tellern. Und die hausgemachten Grissini zu Beginn jedes Besuchs waren schon immer ein Hit.

Jetzt im Gault&Millau-Weinguide.

TERLAN

KLEINE FLAMME 15,5/20
Koch: Burkhard Bacher

Tel.: 0039 0472 766065
0039 335 5429459

39049 Sterzing
Neustadt 31

www.kleineflamme.com
info@kleineflamme.com

Die Kleine Flamme in einem malerischen Hinterhof Sterzings ist der Startpunkt zu einer Reise in den Fernen Osten, wobei die Füße des kulinarisch Neugierigen solide auf Südtiroler beziehungsweise italienischem Boden verankert bleiben. Und dies läuft nicht auf eine Zerreißprobe hinaus, sondern auf eine bereichernde Geschmackserweiterung dank der Fähigkeiten und Weltgewandtheit Burkhard Bachers. Das Roastbeef mit kraftvoller Gewürzpasta und Bohnen wird begleitet von samtiger Stopfleberterrine und schmeichelndem Muskatnusskaramell – nur ein Beispiel für eine gelungene Komposition voller Spannung und Harmonie. Facettenreich zeigt sich auch die Kastanien-Ingwer-Creme mit Mozzarella-Wan-Tan und Bottarga mit erfrischend salzigen Meeresnoten, getragen von einer erdigen, molligen Grundstimmung. Mediterran mit exotischen Blitzlichtern zeigt sich die weiche Kartoffel mit Oktopus, Auberginen, Kokosnusscreme und Kaffeeöl. Die Crème brûlée mit Amaretto-Thymian-Note und Guave-Ingwer-Eis zeugt von Sorgfalt und Leichthändigkeit. Erwähnenswert die wohlsortierte Weinkarte und kundige Beratung durch Annelies Bacher.

à la carte: 39–56 €

VINZENZ 11/20

Tel.: 0039 0472 760342

39049 Sterzing
Neustadt 4

www.vinzenz.it
info@vinzenz.it

Hinter der blauen Fassade mit den großen Fenstern befindet sich mehr als bloß ein Weinlokal. Als Vinothek hält das Vinzenz zahlreiche edle Tropfen bereit, dass aber auch die Speisekarte einiges hermacht, ist alles andere als selbstverständlich. Die Auswahl an Gerichten ist übersichtlich, diese heben sich jedoch von der üblichen regionalen Küche ab. Südtirol und Südtalien existieren hier symbiotisch nebeneinander, Fisch und Austern könnten kaum frischer sein und auch die Süßspeisen wissen zu überzeugen. Damit bei Stammgästen keine Langeweile aufkommt, wechselt die Karte regelmäßig. Die Freundlichkeit der Gastgeberfamilie trägt dazu bei, das Vinzenz zum Lieblingslokal in Sterzing zu ernennen.

TERLAN

PATAUNER 👍 Tipp

Tel.: 0039 0471 918502

39018 Terlan
Boznerstr. 6

www.restaurant-patauner.net
restaurant.patauner@rolmail.net

Fr–Mi 12–14 und 18.15–21.15 Uhr
2 Wochen im Feb. und
3 Wochen im Juli 2020

Bunt gemischtes Publikum tummelt sich zu jeder Tageszeit in diesem viel besuchten Wirtshaus. Wer hier einkehren möchte, dem sei also eine Reservierung ans Herz gelegt. Urige Einrichtung trägt zur gemütlichen Atmosphäre bei, die Speisekarte hält allerhand Traditionelles sowie Mediterranes bereit. Die Gastgeberfamilie achtet besonders auf die regionale Herkunft der Produkte, so kommt beispielsweise in ganz Südtirol im Frühjahr kein Spargel so frisch auf den Teller wie hier. Der Service agiert vorbildlich und die Weinkarte legt den Fokus auf edle Tropfen aus Südtiroler Kellereien.

à la carte: 6–25 €

Gault&Millau Österreich 2020
Wein · Sekt · Bier
Schnaps · Fruchtsaft
Likör · Honig · Speck

Weinguide

Die besten Weine Österreichs im NEUEN Design.

TISENS

ZUM LÖWEN — 17,5/20
Köchin: Anna Matscher
AMBIENTE AWARD 2008

Vor ein paar Jahren wurde das Restaurant in den urigen Innenhof auf der Südseite, zwischen Gasthof und Stall verlegt. Durch die stilvolle Überdachung des ehemaligen Hinterhofes haben Anna und Luis Matscher mehrere verwinkelte, gemütliche Galerie- hinzugewonnen. Anna, früher als Masseurin tätig, und Luis, ehemals Banker, haben sich als Quereinsteiger einen ungebrochen natürlichen Umgang mit ihren Gästen bewahrt. Fleiß, Zielstrebigkeit, Ausdauer und Humor, das sind die Ingredienzien für das Löwen-Erfolgsrezept der Wirtsleute Matscher. Die Speisekarte bietet selbst dem anspruchsvollsten Gast ein breites Angebot. Zu kosten gibt es Spannendes von Tortelloni mit Büffeltopfen und schwarzer Trüffel bis zum Brennnesselflan mit Fonduta und Almkäse, über Kitz mit weißem Spargel bis zum Seeteufel im Kräuter-Muschel-Fond. Wir genossen eine gelungene Kombination von Spargel plus halbrohen, in hauchdünne Streifen geschnittenen Tintenfisch, die Anna Matscher mit Speckkrokant zur kunstvollen „Carbonara" vereinigte – eine einfallsreiche Neuinterpretation dieses italienischen Vorspeisenklassikers. In der von Männern dominierten Südtiroler Hochküche ist Anna Matscher eine Ausnahmeerscheinung: Ihre Gerichte sind federleicht, wie unser am Knochen gebratenes Ziegenkitz mit Olivenöl und Rosmarin bewies, und ihre Küche ist ein Schmelztiegel, in dem sich mediterrane Heiterkeit mit alpenländischer Tradition verbinden, so wie bei unseren Schüttelbrottortelli mit Kartoffeln, Zwiebeln und Champignons. Luis und seine Tochter Elisabeth gehören zu den besten Sommeliers Südtirols, beim Entkorken rarer Weine kommen sie den Gästewünschen gerne entgegen.

à la carte: 24–36 €

Tel.: 0039 0473 92 09 27
39010 Tisens
Hauptstraße 72
www.zumloewen.it
info@zumloewen.it
Mi–So 12–13.30 und 19–21.30 Uhr
🍴 variabel

TOBLACH

TILIA — 16,5/20
Koch: Chris Oberhammer
AMBIENTE AWARD 2017

Aus einem nüchternen Zweckbau hat Chris Oberhammer mit seinem kleinen, feinen Restaurant Tilia einen Hort der genussvollen Begegnung geschaffen. Man lässt sich in großzügige Polstersessel fallen, die auf einem beigefarbenen Teppich stehen. Großzügige Pflanzenarrangements und Kunstobjekte vermitteln daneben eine behagliche Wohlfühlatmosphäre. Nicht anders verhält es sich bei den Tellern aus der Küche, die entspannte Lektionen souveräner Aromen des Südens darstellen. Oberhammer kocht für Südtirol ungewohnt anders, seine Gerichte könnten auch auf einer Karte der gehobenen Gastronomie in Südfrankreich stehen. Doch er ist stolzer Südtiroler und setzt lokale Produkte dort ein, wo sie nicht nur Alibi sind, sondern seinem hohen Qualitätsanspruch gerecht werden. Die Languste mit weißen Cannellini-Bohnen, Sauerrahm und Rogen vom Saibling besticht in ihrer Vollkommenheit und der dazu gereichte Fond macht das Gericht einfach perfekt. Der präzise gebratene Meerwolf lag sanft auf Biodinkel, roter Zwiebel und gebratenem Speck. Die Marillentarte mit Mascarpone und gerösteten Mandeln war schlicht ausgezeichnet. Wenn man bedenkt, dass Chris Oberhammer dies alles in Eigenregie bewältigt, kann man nur den Hut ziehen. Die sorgfältig und mit Hausverstand zusammengestellte Weinkarte ist auffallend französisch angehaucht.

à la carte: 25–45 €

Tel.: 0039 335 812 7783
39034 Toblach
Dolomitenstraße 31/b
www.tilia.bz
info@tilia.bz
Di 19–21.30, Mi–Sa 12–14 und 19–21.30, So 12–14 Uhr
🍴 2 Wochen im Juni 2020

TRAMIN

TRAMIN

ALTE POST — 13,5/20
Koch: Arno Baldo

AMBIENTE AWARD 2019

Die Alte Post im Dorfzentrum des Weindorfes Tramin ist seit 2017 Wirkstätte der Familie Baldo, bestens bekannt von ihrem langjährigen Engagement in der Rose in Kurtatsch. War die Küche dort gehoben und ambitioniert, kommt sie in der Alten Post mehr im Bistrostil daher. Entsprechend informell ausgestattet ist der sehr kleine Innenraum, teilweise sitzt man auch auf Hochstühlen vor einfachem Gedeck. Sobald es wärmer wird, kann auf die Terrasse ausgewichen werden. Das Tatar von Thunfisch mit Avocadocreme und Rucola war von leichter und feiner, das gegrillte Kalbsrückensteak auf Kartoffelgröstl und weißen Spargelspitzen von bodenständiger Machart. Gut die Weinauswahl, die von Gewächsen der Gegend geprägt ist. Weine können hier auch erworben und nach Haus mitgenommen werden.

à la carte: 8,50–32 €

Tel.: 0039 0471 1885636
39040 Tramin
Rathausplatz 7
www.alte-post-tramin.com
info@baldoarno.com
Mo, Mi–Sa 12–14 und 18.30–21.30, So 12–14 Uhr

TABERNA ROMANI — 13/20
Koch: Armin Pernstich

Das Ambiente ist bezaubernd. Der Ansitz Romani versprüht mediterranes Flair. Es ist wunderbar, inmitten der historischen Gemäuer oder im gepflegten Garten zu sitzen und zu essen. Die Küche gibt sich ambitioniert. Die Bärlauchcremesuppe mit Jakobsmuschel war sehr angenehm, der gebratene Wolfsbarsch lag sanft auf einem fülligen Karottenpüree und wurde von Artischocken begleitet. Das Fichtenwipfelparfait mit Walnusseis und Krokant, ein außergewöhnliches Dessert im Spirit der Region. Bei der Weinauswahl bleibt man gerne in der Gegend, besonders das Unterland um Tramin wird hochgehalten.

à la carte: 13–32 €

Tel.: 0039 0471 860010
39040 Tramin
Andreas-Hofer-Straße 23
www.ansitzromani.com
info@ansitzromani.com
Di–Sa 12–14 und 18.30–21.30 Uhr
bis 2. Dez. 2019

TSCHERMS

MIIL — pop 15/20

Othmar Raich hat es geschafft, den schwierigen Spagat zwischen schnellem Mittagstisch und lukullischem, ausgedehntem Abendmenü zu finden. Seine Devise bleibt dabei aber stets konsequent der Qualität verpflichtet. Sein Gefühl für mediterrane Aromen, bestimmt, aber leicht und bekömmlich zusammengebracht, ist einzigartig. Der gebratene Steinbutt mit Fregola Sarda, Miesmuscheln, Tomaten und Kichererbsen ist eine Reminiszenz an das Mittelmeer, die mit Ochsenschwanz gefüllten Tortelli in Safranfond mit geschmorten Karotten ebenso, bereichert durch Traditionen einer klassischen Küche. Der schöne, weitläufige Garten lässt Urlaubsstimmung aufkommen, das Interieur der Miil ist mit Sinn für das Schöne eingerichtet. Interessante Weinkarte, die neben lokalen Gewächsen glasweise auch deutsche oder französische Tropfen offeriert.

Tel.: 0039 0473 563733
39010 Tscherms
Gampenstraße 1
www.miil.it
info@miil.it
Di–Sa 12–14 und 19–21.30 Uhr

Bewertungen NEU

- 11 bis 12,5 Punkte: 1 Haube
- 13 bis 14,5 Punkte: 2 Hauben
- 15 bis 16,5 Punkte: 3 Hauben
- 17 bis 18,5 Punkte: 4 Hauben
- 19 bis 19,5 Punkte: 5 Hauben

VILLANDERS

ANSITZ ZUM STEINBOCK
Koch: Tomek Kinder

14,5/20

Tel.: 0039 0472 843111
39040 Villanders
F.-v.-Defregger-Gasse 14
www.zumsteinbock.com
info@zumsteinbock.com
Di–So 12–14 und 19–21 Uhr
6. Jän.–13. Feb., 21.–28. Juni, 8.–18. Nov. 2020

Aus dem mächtigen ehemaligen Gerichtssitz ist im 18. Jahrhundert die „Stainbock Wirtstavern" entstanden, die urkundliche Erstnennung des Hauses als Gasthaus geht auf das Jahr 1750 zurück. Chefkoch Tomek Kinder bietet mit seiner engagierten Küchencrew ein internationales Gaumen-Happening mit Tauben, Hummer, Gänsestopfleber-Crème-brûlée. Angereichert mit obligaten Tiroler und italienischen Akzenten wie den optisch eher unspektakulären, geschmacklich jedoch fantastischen, von Spinat dominierten Schlutzkrapfen. Oder den Lammtortelli. Service und Weinberatung sind leider nicht immer auf gleichem Niveau.

à la carte: 12–42 €

VILLNÖSS

PITZOCK
Koch: Oskar Messner

14,5/20

Tel.: 0039 0472 840127
0039 347 191 16 04
39040 Villnöss
Pizack 30
www.pitzock.com
info@pitzock.com
Mo, Di, Fr, Sa 12–14 und 18–21,
Do 18–21, So 12–14 Uhr
24. Dez. 2019, je 2 Wochen im Jän. und Juni 2020

Oskar Messner, der die Küche im Pitzock leitet, sind zwei Dinge wichtig: woher die Produkte stammen und wie er überlieferte Rezepte neu interpretieren kann. So wird das Beuschel vom Villnösser Brillenschaf mit Kartoffelschaum aufgewertet und die Kartoffelteigpralinen dazu mit Brokkoli und Ziegenfrischkäse gefüllt. Blauschimmelkäse findet sich in den Ravioli mit Muskatkürbis wieder und der 24 Stunden gegarte Schweinsbauch wird von einer Märzenbiersauce samt Selleriecreme begleitet. Die Erdäpfelblattler mit Bauernsauerkraut und Lammschinkenwürfeln sättigen ebenso wie die Spaghetti all'amatriciana. Wer letzteres Gericht auswählt, tut auch etwas Gutes, kommen doch zwei Euro des Preises einer wohltätigen Organisation zugute. 2019 war es der Förderverein „Momo", der schwerkranke Kinder unterstützt. Als Hauptgang können wir die geschmorte Lammstelze mit Kräuterrisotto empfehlen, dazu bietet sich ein Gewürztraminer aus dem Eisacktal an. Und wer dann noch Platz für ein Dessert hat, kann zwischen Zwetschkenknödel mit Zimteis oder Sorbet von der Erdbeertraube, die man auch Isabella nennt, wählen.

à la carte: 8–30 €

VINTL

LA PASSION 15,5/20
Koch: Wolfgang Kerschbaumer

Tel.: 0039 0472 868595
39030 Vintl
St.-Nikolaus-Weg 5b
www.lapassion.it
info@lapassion.it
Di–So 12–14 und 19–21.30 Uhr
variabel

La Passion ist ein Unikum in der Südtiroler Gastronomieszene. Man sitzt de facto in der kleinen Südtiroler Stube eines Einfamilienhauses, aber mit dem Luxus, von einem Meister seines Faches bewirtet zu werden. Was Wolfgang Kerschbaumer alleine in der wenige Quadratmeter großen Küche zaubert, ist erstaunlich. Da kommen dann so einfach klingende, aber höchst stimmige Gerichte wie der selbst gebeizte Lachs aus Alaska mit einer dezent scharfen Wasabi-Crème-fraîche auf kleinen Salaten und mit dem besonderen Pfiff von Mini-Erdbeeren und Mangostücken auf den Tisch. Als souverän erwiesen sich auch die hauchdünnen Tagliolini mit Gemüse und Büffelmozzarella. Die Kategorie Desserts kommt mit Klassikern wie warmes Schokocremetörtchen auf Früchten oder Crème brûlée mit Ingwer daher. Charmant und mit einer gewinnenden Offenheit serviert Ehefrau Helene die Gerichte ihres Mannes und weiß auch sehr gute begleitende Weine zu empfehlen.

à la carte: 11–28 €

VÖLS AM SCHLERN

TURM pop 12,5/20

Tel.: 0039 0471 725014
39050 Völs am Schlern
Kirchplatz 9
www.hotelturm.it
info@hotelturm.it
Mo–So 12–14 und 19–21 Uhr

Der Turm zelebriert eine internationale Küchenlinie. Daher gibt es die Menüs „Südtirol", „Kreativ" sowie „Klassisch". Das erste Gericht der Speisenfolge „Kreativ" war eine feine Spargelcremesuppe mit einer von einem Speckstreifen ummantelten Jakobsmuschel. Die folgenden Linguine mit Moscardini wurden von einem ziemlich scharf-salzigen Olivenkrautpesto begleitet. Das Kalbsfilet war perfekt gebraten und mit einer interessanten gratinierten Mandelhaube verfeinert, die Speckummantelung war eigentlich unnütz, die Begleitung mit Topinambur aber umso passender. Enttäuschend war das Dessert, ein Erdbeertörtchen, viel zu kalt und ohne Geschmack.

WELSCHNOFEN

JOHANNESSTUBE 16/20
Koch: Theodor Falser

Tel.: 0039 0471 613131
39056 Welschnofen
Gummerer Straße 3
www.hotel-engel.com
booking@hotel-engel.com

Theodor Falser ist endgültig im Feinschmecker-Olymp angekommen – kontinuierlich hat er während seiner sechs Jahre als Chef und Kreativkopf das Netzwerk von Jungbauern ausgebaut, die sich der Bewirtschaftung von Urkorn, seltenen alpinen Tierrassen und alten Gemüsesorten verschrieben haben. Falser und die Hoteliers Kohler arbeiten eng mit dem Welschnofner Eisath-Hof zusammen. Dort werden 178 Gemüsesorten für das Hotel Engel angebaut, davon legt die Falser-Brigade über 40 Sorten für die kalten Monate ein, so wie das früher traditionell gemacht wurde. Aus diesem fantastisch-archaischen Warenkorb zaubert Falser das konkurrenzlos beste Südtiroler Brot, pochierte Renken, belegt mit Saiblingskaviar und Wildspinat, Lammherzen, Schnecken im Teigmantel. Und auch eine Pala-Birnen-Trilogie als süßer Abschluss, bestehend aus Eis, Birnenmehl-Tarte, Kletzen, stimmt mehr als zufrieden. Kongenialer Partner im Saal ist der Sommelier und Junior des Hauses, Johannes Kohler, der auf Nachfrage gerne das ohnehin gute Angebot an glasweise ausgeschenkten Weinen um einen Sonderwunsch ergänzt.

Die besten Weine Österreichs:

WOLKENSTEIN IN GRÖDEN

ALPENROYAL
Gourmet Restaurant
Koch: Mario Porcelli

16,5/20

Tel.: 0039 0471 795555
39048 Wolkenstein in Gröden
Meisulesstraße 43
www.alpenroyal.com
info@alpenroyal.com
Mo–Sa 12.30–14 und 19.30–21 Uhr
bis 5. Dez. 2019

SERVICE AWARD 2020

Im Alpenroyal befinden sich – in klassischer Manier – eine Handvoll guter Restaurants. Herausragend ist dabei die Gourmetstube. Das Degustationsmenü von Mario Porcelli steckt voller Überraschungen. Die kleineren Gerichte am Beginn werden unter gläsernen Cloches serviert, der Gang mit dem marinierten Stör aus Calvisano mit Sharonfrucht, Radicchio tardivo, Zitronengras und Baikal-Kaviar wird kräftig und effektvoll mit Heu geräuchert. Das Ibérico-Ferkel (mit sündhaft guter, weich geschmorter Schwarte) kommt, wo man es nicht vermutet, als zweiter Gang und macht an dieser Stelle eine ausgesprochen gute Figur. Die galizische Abalone ist zwar nicht Teil des Menüs, kann (und sollte) aber dazubestellt werden. Sie wird begleitet von Codium, einer sehr intensiven Alge, und einem butterweichen und trotzdem knusprig gebratenen Fangarm vom Oktopus. Erwähnenswert ist übrigens auch die Performance der Patisserie. Was da an filigranen und köstlichen Kunstwerken aus der Küche geschickt wird, ist nichts weniger als atemberaubend. Umfangreiche Weinauswahl, perfekter Service, gediegenes Ambiente. Ein Gewinn.

CHALET GÉRARD
The Mountain Lodge
Köchin: Helga Mussner

pop 11/20

Tel.: 0039 0471 795274
39048 Wolkenstein in Gröden
Plan de Gralba 37
www.chalet-gerard.com
info@chalet-gerard.com
täglich 12–14.30 und 19–21 Uhr
bis 4. Dez. 2019
16. April–1. Juni 2020

AMBIENTE AWARD 2013

In der Regel wird man nicht oft unweit des Grödner Jochs unterwegs sein, dabei lohnt sich dieser Ausflug nicht alleine aufgrund der atemberaubenden Kulisse der Dolomitentürme. Diese hat man auch von der herrlichen Sonnenterrasse des Chalet Gérard wunderbar im Blick und im besten Fall befindet sich Südtirol in diesem Augenblick auch auf dem Teller. Köchin Helga Mussner bereitet raffinierte traditionelle Speisen der Region zu. Die Qualität der köstlichen Schlutzkrapfen oder von Klassikern wie Polenta oder Käsenocken ist stets verlässlich. Der Service agiert flink und zuvorkommend.

à la carte: 8–29 €

NIVES
Koch: Alessio Baldini

11/20

Tel.: 0039 0471 773329
39048 Wolkenstein in Gröden
Nives Platz 4
www.restaurant-nives.com
info@hotel-nives.com
Mo–So 12–14 und 18–22 Uhr
April–Mai 2020

Im modernen À-la-carte-Restaurant des familiengeführten Boutiquehotels sind auch externe Gäste willkommen und werden sowohl mittags als auch abends auf hohem Niveau verpflegt. Die Speisekarte offeriert eine Mischung aus Südtiroler Spezialitäten und mediterranen Köstlichkeiten. Zum Einstieg folgen wir dieser Melange und wählen Carpaccio vom heimischen Hirsch mit Himbeeren und Balsamico. Die deftige Alternative, Südtiroler Antipasti mit Bauernspeck und Kaminwurze, weiß ebenfalls zu überzeugen. Hausgemachte Schlutzkrapfen erfreuen durch akkurates Handwerk, das Risotto mit Steinpilzen und Schwarzensteiner Käse ist bissfest und tadellos. Der hauseigene Weinkeller bietet passende Begleitung, im Fokus stehen dabei edle Tropfen regionaler Winzer. Die original erhaltene Bauernstube ist ein charmantes Ambiente, die übrige moderne Einrichtung orientiert sich am Zeitgeist.

à la carte: 10–35 €

Jetzt im Gault&Millau-Weinguide.

HOTELS

DIE BESTEN HOTELS IN SÜDTIROL

MIRABELL DOLOMITEN WELLNESS RESIDENZ
Olang

FEUERSTEIN
Brenner

SPACES
St. Vigil in Enneberg

DRUMLERHOF
Sand in Taufers

CHALET GÉRARD
Wolkenstein in Gröden

ALPENROYAL GRAND HOTEL
Wolkenstein in Gröden

CASTEL FRAGSBURG
Meran

PARKHOTEL SOLE PARADISO
Innichen

ERIKA
Dorf Tirol

BERGHOFERIN
Aldein

Bei der Zusammenstellung dieses Führers ließen wir größtmögliche Sorgfalt walten, trotzdem können Daten falsch oder überholt sein. Eine Haftung können wir auf keinen Fall übernehmen.

AHRNTAL

AHRNTAL

ALPENPALACE LUXURY HIDEAWAY & SPA RETREAT

Es überrascht ein wenig, im hintersten Ahrntal auf ein dermaßen großzügiges Deluxe-Hotel wie das Alpenpalace zu treffen. Das Hause im Stile eines Grandhotels überzeugt durch Individualität und Grandezza. So gibt es beispielsweise Zimmer mit Dampfduschen oder Saunen, Whirlwannen oder eigenem Private-Spa. Das allgemeine Spa breitet sich auf großzügigen 3000 Quadratmetern aus und lässt keinen Wunsch der Gäste offen. Das Ahrntal ist hervorragender Ausgangspunkt für sportliche Aktivitäten.

Tel.: 0039 0474 670230
39030 Ahrntal
Gisse 32
www.alpenpalace.com
info@alpenpalace.com

ALDEIN

KRONE

Individualisten, Wanderer und Bücherwürmer verschlägt es oft in dieses historische und herrschaftliche Ambiente auf dem verschlafenen Dorfplatz in Aldein. Auf der Veranda und in der holzvertäfelten Stuben wird man kulinarisch verwöhnt, in den hellen und schicken „Wohnräumen" fühlt man sich nicht nur nach einer Bergtour wie zu Hause. Holz, Stein und Wasser machen die heimelige Badestube zum perfekten Ort zum Relaxen.

Tel.: 0039 0471 886825
39040 Aldein
Dorfplatz 3
www.gasthof-krone.it
info@gasthof-krone.it

ALDEIN/RADEIN

BERGHOFERIN

Aus viel Begeisterung und Leidenschaft entstand hier ein dynamisches Kleinod am Berg mit 14 Suiten. Gäste genießen hier urbanes Flair in der Natur und können entspannt die Seele baumeln lassen. Der traumhafte Ausblick, der Frühstücksraum, der zum Sitzenbleiben einlädt, und die herrlichen Sonnenliegen am Pool, an dem die Zeit stehen geblieben zu sein scheint, runden das herrliche Ambiente ab. Entspannung findet man in der Bibliothek, im Saunahaus am Teich oder bei einer Massage.

Tel.: 0039 0471 887150
39040 Aldein/Radein
Oberradein 54
www.berghoferin.it
contact@berghoferin.it

ALGUND

LADURNER Ⓝ

Abseits vom Lärm und der Hektik der Stadt ist das Drei-Sterne-Haus ein Ort der Erholung zwischen saftigen Wiesen und dichtem Wald. Modern alpin sind die Drei- und Vierbettzimmer, die sehr großzügig geschnitten sind. Ohne übertriebenen Luxus, ohne Schnickschnack, dafür mit viel Zirbenholz zeitgemäß ausgestattet. Grünblick inklusive. Neu hinzugekommen sind die 80-Quadratmeter-Dachterrasse und der Panorama-Speisesaal.

Tel.: 0039 0473 448439
39022 Algund
Vellau 41
www.restaurant-ladurner.com
info@restaurant-ladurner.com

BARBIAN

BRIOL

Abseits von Autos, Verkehrslärm und TV-Stress: Die Pension im Bauhausstil – auf über 1300 Meter Seehöhe – steht für Nostalgie und unberührte Landschaft. Bei dem historischen und trotzdem zeitlosen Ambiente stören auch nicht die knarrenden Fußböden, die Dusche am Gang oder die Waschschüsseln statt fließendem Wasser. Das von einer Bergquelle gespeiste, ovale Freischwimmbad und die Waldsauna sind herrlich entspannend, speziell nach einer wunderbaren Wanderung.

Tel.: 0039 0471 65 01 25
0039 348 3634210
39040 Barbian
Briol 1
www.briol-ferienwohnungen.it
info@briol.it

BOZEN

FOUR POINTS BY SHERATON BOZEN

Unweit des Kongresszentrums und der Altstadt Bozens kommen Urlauber wie auch Geschäftsreisende voll auf ihre Kosten. Bei den Zimmern kann man nach den modern-stylischen fragen oder den Tiroler Chaletstil buchen. Geräumig und mit Top-WLAN ausgestattet sind sie alle. Im siebenten Stock wartet der siebente Himmel – der Wellnessbereich mit Innenpool, Sauna, türkischem Bad und Fitnesscenter, Dolomitenblick inklusive. 14 Tagungsräume für bis zu 800 Personen.

Tel.: 0039 0471 195 00 00
39100 Bozen
Bruno-Buozzi-Straße 35
www.fourpointsbolzano.com
info@fourpointsbolzano.it

GREIF

Das kunstsinnige Designhotel befindet sich in einem historischen Gebäude, das mehr als 500 Jahre zählt. Die Atmosphäre ist sehr persönlich, Kunst begleitet die Gäste durch alle 33 Zimmer. Die Einrichtung ist schlicht und modern, gleichzeitig aber exklusiv und zum Wohlfühlen. Im angrenzenden Garten des Schwesterhotels Laurin kann man den Pool mitbenützen. Gäste schwärmen vom Frühstück auf der Terrasse und herrlichen Abenden in der Rooftop Lounge Bar.

Tel.: 0039 0471 318 00 00
39100 Bozen
Raingasse 28
www.greif.it
info@greif.it

HANNY

Ein Stadthotel, umgeben von Weinreben, Promenaden und meist blauem Himmel: Das Drei-Sterne-Haus ist bei Wanderern, Motorrad- und Radfahrern sehr beliebt. Auch in die Altstadt ist es nicht weit. Die barrierefreien Zimmer sind sehr geräumig und entzückend eingerichtet, oft hat noch ein drittes Bett Platz. Unvergleichlich sind der Ausblick vom Balkon und die herrliche Ruhe.

Tel.: 0039 0471 973 498
39100 Bozen
St. Peter 4
www.hotelhanny.it
info@hotelhanny.it

KOHLERN

Das charmante Herrenhaus am Berg ist seit über 120 Jahren ein etablierter Familienbetrieb. In dem alpinen Jugendstilbau wurde immer schon die Sommerfrische zelebriert, trotz der Anreise via Seilbahn. In den Spitzgiebeln des Hauses sind die zwei stilvoll renovierten Giebelzimmer untergebracht. Holzböden, Antikes, Balkon und WLAN befinden sich auch in den anderen Superiorzimmern. Vergebens sucht man dort jedoch nach Telefon und Fernseher. Ein Traum ist der Infinity- und Whirlpool. Daneben befinden sich Sauna, Dampfbad und Panorama-Ruheraum.

Tel.: 0039 0471 329 978
39100 Bozen
Kohlern 11
www.kohlern.com
info@kohlern.com

PARKHOTEL LAURIN

Das Laurin ist mehr als nur ein schickes Stadthotel, es ist das erste Haus am Platz, ein wahres Grandhotel. Grandezza ohne Strenge, und das spürt man in jedem Winkel: original Jugendstilambiente, Möbel in den Zimmern aus der hauseigenen Tischlerei, alte Fresken in der legendären Bar und Kunstwerke im ganzen Haus. Helle, freundliche Zimmer in unterschiedlichen Größen mit Wifi, Klimaanlage, Blick in den englischen Garten (mit Mammutbäumen und Pool). Perfekt für Urlaub und Meetings.

Tel.: 0039 0471 311 000
39100 Bozen
Laurinstraße 4
www.laurin.it
info@laurin.it

Der Gault&Millau-Weinguide

Ab heuer im NEUEN Design.

SO SCHAUT FAMILIEN-URLAUB MIT FÜNF STERNEN BEI UNS AUS.

Ästheten und Bergliebhaber zieht es in den naturvebundensten Kraftort für Familien in den Alpen. Die zeitgenössische Architektur, die Kinderbetreuung mit Mehrwert (angelehnt an Maria Montessori), das Mountain SPA mit 4 Pools und Wasserrutschen sowie eine kreative Alpenküche laden in das Südtiroler Pflerschtal ein.

FEUERSTEIN
NATURE FAMILY RESORT

★★★★★

Pflersch 185, I-39041 Brenner (BZ), Südtirol, T +39 0472 770 126, info@feuerstein.info, www.feuerstein.info

BRENNER

FEUERSTEIN ⓝ

Perfekter Familienurlaub in den Bergen. Das Fünf-Sterne-Hotel vereint Luxus und Natur mit Design und entspannter Atmosphäre. Die Familienzimmer, Suiten und Chalets entsprechen höchsten Qualitätsstandards. Im Mountain Spa, mit Babypool, Actionpool sowie Didacticpool und Familiensauna, relaxen alle von Klein bis Groß in eleganter Umgebung. Während die Eltern in der Fitness-Lounge oder Yogaloft verweilen, gibt es wunderbare Betreuung für die Kids. Top: Weinverkostung oder Räuchermeditation.

Tel.: 0039 0472 77 01 26
39041 Brenner
Pflersch 185
www.feuerstein.info
info@feuerstein.info

BRIXEN

DOMINIK
Alpine City Wellness

Im romantischen Stadtteil von Brixen, direkt an den bekannten Rapp-Gärten und unweit der Altstadt steht dieses Alpine City Wellness Hotel. Romantische Mansardenzimmer, klar-elegante Studios bis hin zu De-luxe-Zimmern im Tiroler Stil stehen Gästen zur Auswahl. Den Grünblick haben alle inklusive, oft auch eine südseitige Loggia. Der Wellnessbereich bietet ein Hallenbad, Whirlpool und Saunalandschaft. Im Garten warten ein Outdoor-Whirlpool und eine Liegewiese auf Erholungsuchende.

Tel.: 0039 0472 83 01 44
39042 Brixen
Unterdrittelgasse 13
www.hoteldominik.com
info@hoteldominik.com

ELEPHANT
HOTEL DES JAHRES 2019

Einst rastete der Elefant Soliman, ein Geschenk des portugiesischen Königs Johann III. an seinen Neffen, Erzherzog Maximilian von Österreich, auf seiner Reise nach Wien im heutigen Hotel Elephant. Über 450 Jahre später schätzen Urlauber die stilvoll eingerichteten 44 Zimmer im historischen Hauptshaus oder in der Villa Marzari, die sich im Park befindet. Zudem nimmt der Elephant in Sachen Elektromobilität eine Vorreiterrolle ein und war eines der ersten Hotels in Südtirol, in dem Hotel- und Restaurantgäste ihr Elektrofahrzeug schnell und unkompliziert während ihres Aufenthalts laden konnten.

Tel.: 0039 0472 83 27 50
39042 Brixen
Weißlahnstraße 4
www.hotelelephant.com
info@hotelelephant.com

GOLDENER ADLER

Das fünf Jahrhunderte alte Gebäude mitten in der Altstadt an der Eisackpromenade war einst das erste Hotel der Stadt Brixen. Weit weg von altmodisch präsentiert sich das Haus heute: Die 30 Zimmer und Suiten entsprechen dem momentanen Zeitgeist, sind charmant und stilvoll eingerichtet. Im gotischen Lichthof wird gefrühstückt, entspannen kann man in der heimeligen Saunaoase mit Sauna und Dampfbad oder auf der Dachterrasse.

Tel.: 0039 0472 20 06 21
39042 Brixen
Adlerbrückengasse 9
www.goldener-adler.com
info@goldener-adler.com

BRUNECK

OBERRAUT

Umgeben von Fichten und saftigen Wiesen nächtigt man weit abseits von Straßenlärm und Stress. Geräumig, leicht und natürlich sind die Zimmer eingerichtet. Viel helles Holz sorgt für den ländlichen Look. Besonders begeistert sind die Gäste von der traumhaften Aussicht auf die Pustertaler Berge. Die hofeigenen Produkte (Gemüse, Getreide und Rind) garantieren kulinarische Höhenflüge.

Tel.: 0039 0474 55 99 77
39031 Bruneck
Amaten 1
www.oberraut.it
info@oberraut.it

PETRUS

Den Pool des Hotels Petrus sollte man erlebt haben: 25 Meter ist er lang und liegt zur Hälfte im Außenbereich, zur Hälfte im Inneren. Wer nicht nur schwimmen möchte, der kann in der „Fiori"-Schwitzstube – unterstützt von Kräutern und Rosenblättern – schweißtreibende Erholung genießen oder im Sole-Dampfbad etwas für die Atemwege tun. Und in den Zimmern warten – je nach Kategorie – Infrarotkabinen oder eine Outdoor-Whirlwanne.

Tel.: 0039 0474 54 82 63
39031 Bruneck
Reinthalstraße 11
www.hotelpetrus.com
info@hotelpetrus.com

BRUNECK/REISCHACH

BRUNECK/REISCHACH

SCHÖNBLICK

Direkt am Fuße des Kronplatzes lädt die wundervolle Landschaft der Dolomiten zum Skifahren, Wandern, Biken und Erholen ein. Ein Traum sind die modernen und traditionellen Zimmer im familiengeführten Vier-Sterne-Hotel. Herrlich entspannend ist der Wellnessbereich mit Saunen und Pool samt Wasserfall. Im Sommer kann man an geführten Wanderungen teilnehmen, sich Fährräder ausleihen, im Winter bringt der hauseigene Shuttle die Gäste direkt zum Skilift.

Tel.: 0039 0474 01 01 99
39031 Bruneck/Reischach
Reiperting 1a
www.schoenblick.it
hotel@schoenblick.it

CORVARA

LA PERLA

Poesie und Gastlichkeit sind neben dem Faible für altes Holz aus geretteten, historischen Bauernstuben die persönliche Note des Vier-Sterne-Hauses. Die rustikalelegante Zimmer im Tiroler Stil sind sehr gemütlich eingerichtet, mit Holzboden, viele haben Balkon, alle einen herrlichen Bergblick. Der Weinkeller ist sensationell. Im Spa warten Edelsteinbehandlungen, Massagen, Pool und Whirlpool. Eigene Après-Ski-Disco. Zur Skipiste sind es nur 50 Meter.

Tel.: 0039 0471 83 10 00
39033 Corvara
Str. Col Alt, 105
www.hotel-laperla.it
info@hotel-laperla.it

SASSONGHER

In den vergangenen 70 Jahren verwandelte sich unter der Familie Pescosta die einfache Herberge zu einem Fünf-Sterne-Luxushotel, in dem sich ladinische Tradition und Südtiroler Kultur charmant verbinden. Die eleganten Zimmer und Suiten sind rustikal eingerichtet, mit viel Holz, schweren Stoffen und ländlichen Möbeln. Sehr exklusiv ist auch der Sky Spa mit luxuriösem Outdoor-Whirlpool, edlen Ruheräumen und großer Fensterfront mit Bergblick. Shuttleservice zur Piste und zum Bergeinstieg. Brandneu ist der mietbare E-Jaguar. Heli-Landeplatz.

Tel.: 0039 0471 83 60 85
39033 Corvara
Sassongher 45
www.sassongher.it
info@sassongher.it

DEUTSCHNOFEN

GENIESSERHOTEL SONNALP

Nur 20 Minuten von Bozen entfernt liegt das Vier-Sterne-Hotel inmitten der herrlichen Südtiroler Naturkulisse. Perfekter Ausgangspunkt für Wanderungen, geführte (E-)Biketouren oder Skiabenteuer. Die Zimmer sind im gemütlich-eleganten Landhausstil eingerichtet, die neuen Suiten sind schlicht, modern-rustikal interpretiert. Die große Liegewiese, der Pool und das Hallenbad sowie Spa sorgen für perfekte Entspannung. Regelmäßige Kräuter-, Blumen- und Bergwanderungen.

Tel.: 0039 0471 61 58 42
39050 Deutschnofen
Obereggen 28
www.sonnalp.com
info@sonnalp.com

DORF TIROL

CASTEL

HOTEL DES JAHRES 2020

In bester Burgen-Panoramalage, gegenüber dem Schloss Tirol, dem Stammschloss aller Tiroler, thront das Fünf-Sterne-Hotel, in dem jeder Luxuswunsch von den Augen abgelesen wird. Kein Wunder, hier sind 50 hochmotivierte Kellner, Köche, Sommeliers und andere Mitarbeiter für nur 44 Zimmer und Suiten am Werk. Der neubarocke Speisesaal mag gewöhnungsbedürftig sein, aber Gerhard Wiesers Kochkünste erhalten regelmäßig von allen Restaurantguides Höchstnoten. Im extravaganten Spabereich werden die Gäste verwöhnt wie in Tausendundeiner Nacht. Der Hotelier ist selbst Porsche-Fahrer. Für seine Gäste organisiert er Autofahrten durch Südtirol mit einem exklusiven Oldtimer, Sportwagen oder Cabrio.

Tel.: 0039 0473 92 36 93
39019 Dorf Tirol
Keschtngasse 18
www.hotel-castel.com
info@hotel-castel.com

Genuss-
erlebnisse der
Spitzenklasse

Im Castel, in traumhafter Lage inmitten der einzigartigen Natur Südtirols, genießen unsere Gäste die persönliche Atmosphäre und den erstklassigen Service eines familiengeführten Hauses. Sowohl im Gourmetrestaurant Trenkerstube als auch à la carte im Hotelrestaurant vereint Küchenchef Gerhard Wieser, stolzer Inhaber von 3 Hauben und 18 Punkten, alpine und mediterrane Einflüsse zu höchsten kulinarischen Genüssen.

Hotel Castel | Familie Dobitsch
Keschtngasse 18 | I-39019 Tirol bei Meran
Tel. +39 0473 92 36 93 | info@hotel-castel.com

Castel

Das Hotel in Südtirol
ERHOLEN · GENIESSEN · ERLEBEN

EPPAN

ERIKA

Aus der kleinen Pension aus den 1960er-Jahren entwickelte sich über drei Generation ein familiäres Fünf-Sterne-Luxus-Hotel. Trotz imposanter Hanglage ist das Haus eingebettet in einen mediterranen Garten mit uralten Olivenbäumen und Palmen. Gäste nächtigen in puristischen, modernen, natürlichen Zimmern und Suiten, gespickt mit liebevollen Details. Beeindruckend ist auch das große Wellnessangebot mit dem neuen Spa Lumina. Neuer Kids Club und Programm für die Kleinsten sowie Teens.

Tel.: 0039 0473 9261 11
39019 Dorf Tirol
Hauptstraße 39
www.erika.it
info@erika.it

VINEA Ⓝ

Hoch über Meran, in Dorf Tirol, wartet dieses entzückende Hideaway für Erwachsene (mit großen Kindern). Zwischen Weinreben und Apfelbäumen genießen Gäste die Vorteile eines Apartments und eines Hotels. In den 50-Quadratmeter-Suiten beeindrucken die liebevolle, moderne Einrichtung mit viel Nuss- und Eichenholz sowie Naturstein, die feine Kochnische, das geräumige Badezimmer und die Panoramaterrasse. Der große, stylische Sole-Infinitypool, Sauna, Liegewiese und Yoga auf der Dachterrasse sind herrlich entspannend.

Tel.: 0039 0473 5380 13
39019 Dorf Tirol
Segenbühelweg 16
www.hotel-vinea.com
info@hotel-vinea.com

EPPAN

GARTENHOTEL MOSER AM SEE

Entspannter Luxus für Familien und Wellnesssuchende: Direkt am Großen Montiggler See kann man herrlich aktiv sein und entspannen. Gäste nächtigen in stilvollen Zimmern mit Balkon und Blick auf die hauseigenen Obst- und Weingärten oder Richtung See. Der Kindergarten oder der Teenie-Club bieten die perfekte Unterhaltung für die Kids, während die Eltern im Spa oder in der Saunawelt relaxen. Das weitläufige Areal sucht seinesgleichen. Toptagungsräume.

Tel.: 0039 0471 66 20 95
39057 Eppan
Montiggler See 104
www.gartenhotelmoser.com
info@gartenhotelmoser.com

HOTEL WEINEGG

Ein ganzheitliches Urlaubsvergnügen bietet dieses Fünf-Sterne-Luxushotel. Inmitten der sanften Weinlandschaft und mit Blick auf die Bergkulisse Südtirols können Gäste in der hauseigenen Wellnesswelt ihre Batterien aufladen: mit Indoor-Outdoor-Infinity-Pool, Saunen, Behandlungen, sonniger Liegewiese und weißen Schirmen. Die Suiten spielen alle Verwöhnstückerl und sind gemütlich-modern eingerichtet. Highlight: die Pool-Suiten, mit eigenem Pool-Zugang von der Terrasse aus.

Tel.: 0039 0471 66 25 11
39057 Eppan
Lammweg 22
www.weinegg.com
info@weinegg.com

STROBLHOF

Abschalten, ausruhen, entspannen für Freigeister. Der Sinn für Natürlichkeit zieht sich durch das ganze historische Weinhotel mit wunderschönen Arkaden. Naturbelassene Holzböden und natürliche Materialien sorgen für elegante, gemütliche Atmosphäre in den hellen Zimmern. Neben dem Biobadeteich stehen im Garten alte Kastanienbäume. Für Kinder gibt es viel Platz (Kinderspielplatz und Spielraum). Badespaß gibt es auch im Hallenbad, der elegante Wellnessbereich bietet schon optisch Relaxen pur.

Tel.: 0039 0471 66 22 50
0039 333 61 29 303
39057 Eppan
Pigenoerweg 25
www.stroblhof.it
hotel@stroblhof.it

MEIN WUNDERBARER Kochsalon
www.martinahohenlohe.com

GRAUN IM VINSCHGAU

SÜDTIROL HOTELS

GIRLAN

ANSITZ RUNGGHOF

Der historische Ansitz aus 1524 ist das perfekte Hideaway für Individualisten. Zwischen Weinreben und Obstbäumen gelegen, wurden in dem antiken Haus vor Kurzem die Suiten renoviert und bieten jetzt im Haupthaus wie auch in der Residence daneben himmlisches Wohnvergnügen. Ebenso herrlich sind die Sauna im alten Gewölbe, die lauschigen Plätzchen im gepflegten Garten und der Pool mit Whirlpool-Bank.

Tel.: 0039 0471 66 58 54
39050 Girlan
Runggweg 26
www.rungghof.it
info@rungghof.it

GRAUN IM VINSCHGAU

TRAUBE POST
Aktiv und Wellnesshotel

Im entzückenden Dorf Graun, direkt am Reschensee, liegt auf 1500 Meter Seehöhe das Vier-Sterne-Hotel Traube Post und ist daher für Skifahrer, Wanderer, Biker und Segler interessant. Die geräumigen Suiten des Hauses sind rustikal-modern oder bodenständig eingerichtet, ihre Terrassen bieten See- oder Bergblick. Neue Kraft tanken Gäste in der Kräutersauna, der Vinschgauer Petschelsauna oder in den Heukraxenöfen. Auch das Hallenbad mit Wasserfall und der Infinity Whirlpool mit Blick auf den See sind ein Traum.

Tel.: 0039 0473 63 31 31
39027 Graun im Vinschgau
Claudia Augusta Straße 10
www.traube-post.it
info@traube-post.it

Gartenhotel
Moser
Ramus
Life & Wellness-Resort

Gartenhotel Moser ****ˢ am See

Montiggler See 104 | 39057 Eppan an der Weinstraße | Südtirol
T + 39 0471 66 20 95 | info@gartenhotelmoser.com

GSIES

GSIES

LA CASIES ⓝ

Urlaub im Einklang mit der Natur: Hoteliersfamilie Steger ist Nachhaltigkeit wichtig, aber auch Ästhetik. Altholz (von alten Bauernhäusern), Stein und Schurwolle geben den modernen Zimmern eine wunderbare Atmosphäre. Der Panoramapool ist mit Granderwasser gefüllt, große Glasfronten geben die Aussicht auf Wiese und Dolomiten frei. In der Kräutersauna oder im Dampfbad genießt man die wohlige Wärme.

Tel.: 0039 0474 978441
39030 Gsies
Kirchweg 1
www.lacasies.com
info@lacasies.com

GSIES ST. MAGDALENA

HOTEL QUELLE
Nature Spa Resort

Eine malerische Landschaft und majestätische Berge umgeben das luxuriöse Wellnesshotel. Gemütlich klein oder großzügig sind die Zimmer und Suiten, die alle individuell im Landhausstil eingerichtet sind. Nur fünf Gehminuten entfernt liegen die sieben Luxus-Spa-Chalets mit Pool, Sauna und Garage. 48 Attraktionen bietet die Wellnesswelt auf 3500 Quadratmetern. Highlights sind Sportpool, Solegrotte, Almsee-Whirlpool, urige Berghütte, Wasserradsauna u. v. m. Neu im Programm: geführte Sonnenuntergangswanderung.

Tel.: 0039 0474 948111
39030 Gsies St. Magdalena
Magdalenastraße 4
www.hotel-quelle.com
info@hotel-quelle.com

HAFLING

AVELINA ⓝ

Auf dem sonnigen Logenplatz hoch über dem Etschtal hat sich allerhand getan! Familie Alber hat mit viel Liebe ihr Vier-Sterne-Haus weiter modernisiert. Der Indoor- und Outdoor-Infinitypool, Whirlpool im Freien, Ruheraum mit Schwebeliegen oder der neue Fitnessraum geben der Wellnesswelt ein frisches Gesicht. Herrlich ist auch die Gartenanlage mit Panoramablick. Abends kuschelt man gerne in den gemütlichen Zimmern oder den großzügigen modern-ländlichen Suiten.

Tel.: 0039 0473 279484
39010 Hafling
Hinterdorferweg 14
www.hotel-avelina.com
info@hotel-avelina.com

JOSEF MOUNTAIN RESORT ⓝ

Da kommt Urlaubsfreude auf! Skispaß, Wanderfreuden, Bikevergnügen und Entspannung in herrlichster Natur auf 1500 Meter Seehöhe erwarten die Gäste im Josef Mountain Resort. Tiefes Weinrot oder Grautöne, viel helles Holz und natürliche Materialien geben in den stylischen Suiten den Ton an. Vom Balkon aus genießt man grüne Landschaft. Im Forest Spa hat man den Panoramablick in den Wald direkt vom Pool oder der Sauna aus. Für Kinder wird im Kids- und Teen-Club bestens gesorgt.

Tel.: 0039 0473 279590
39010 Hafling
Falzeben 225
www.josef.bz
info@josef.bz

Weinguide

Gault&Millau Österreich 2020
Wein · Sekt · Bier
Schnaps · Fruchtsaft
Likör · Honig · Speck

Die besten Weine Österreichs im NEUEN Design.

EIN AUGENSCHMAUS.

UND KOCHEN KÖNNEN WIR MINDESTENS EBENSO GUT.

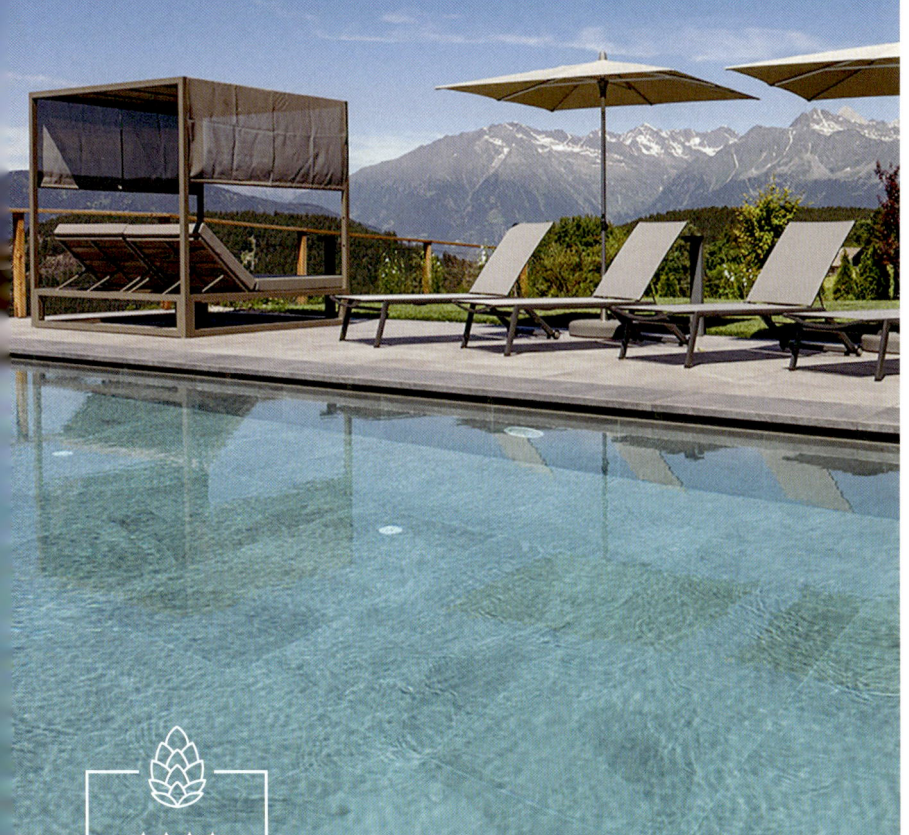

AVELINA

WWW.HOTEL-AVELINA.COM

INNICHEN

MIRAMONTI BOUTIQUE HOTEL
HOTEL DES JAHRES 2018

In der Nachbarschaft des Haflingergestüts Sulfner, der romantischen Kirche von St. Kathrein und am Rand eines 30 Hektar großen Waldstücks bietet das Boutique-hotel Miramonti 43 Zimmer in 20 Kategorien und fünf Stilrichtungen. Höhepunkt eines Aufenthaltes ist mit Sicherheit der 16 Meter lange Sole-Infinitypool, der, schwebend über dem Meraner Talkessel, spezielles Badevergnügen bietet. Das Luxusangebot runden unter anderem Dogsitting, Waldsauna und Weintouren im schwarzen Land Rover ab. Für Cineasten interessant: Jeden Sonntag wird im Tea Room ein „James Bond"-Film auf Leinwand gezeigt.

Tel.: 0039 0473 279335
39010 Hafling
St.-Kathrein-Straße 14
www.hotel-miramonti.com
info@hotel-miramonti.com

SAN LUIS Ⓝ

Privatsphäre wird hier großgeschrieben. Die gemütlichen, modernen Chalets und die luxuriösen Baumhäuser liegen auf einer sonnigen Lichtung zwischen Fichten und Lärchen. Die unberührte Natur prägt auch den schlicht-edlen Einrichtungsstil mit rauem Altholz, Glas, Lehm und Leinen in den Unterkünften. Ein großes Schwimm-becken, ein Sprudelbad im See, Saunen, Massagen und dick gepolsterte Liegen sind ein Garant für wohlige Entspannung.

Tel.: 0039 0473 279570
39010 Hafling
Vöranerstraße 5
www.sanluis-hotel.com
info@sanluis-hotel.com

INNICHEN

PARKHOTEL SOLE PARADISO

Wiener Becken oder Hochpustertal? Auf den ersten Blick glaubt man im kaiser-lichen Wien zu sein, auf den zweiten Blick verliebt man sich in dieses Parkhotel am Waldesrand. Die Zeit scheint stehen geblieben zu sein, aber verstaubt ist hier nichts. Die Vintagezimmer sind individuell eingerichtet – vom romantischen Jugendstil bis zur Tiroler Moderne. Wildromantisch ist der herrliche Garten mit Liegewiese. Hallenbad, Biosauna, Infrarotkabine und Dampfbad sind das Alternativ-programm zur herrlichen Natur.

Tel.: 0039 0474 913120
0039 327 1830469
39038 Innichen
Haunoldweg 8
www.sole-paradiso.com
info@soleparadiso.com

JENESIEN

BELVEDERE Ⓝ

Dieses Wellnesshotel steht auf einem Kraftplatz oberhalb von Bozen. Für sein Design ausgezeichnet, wohnen Gäste hier in sehr stylischem und dennoch gemütli-chem Ambiente. Neue Suiten wurden in den Hang gebaut, dafür sind sie großzügig geschnitten, puristisch modern und mit einer sensationellen Balkonaussicht. Im Infinitypool, Whirlpool, der Panoramasauna, in den schicken Ruheräumen oder bei einem Waldspaziergang kann man herrlich die Seele baumeln lassen.

Tel.: 0039 0471 354127
39050 Jenesien
Pichl 15
www.belvedere-hotel.it
info@belvedere-hotel.it

Alle Ergebnisse auch auf unserer Website:
www.gaultmillau.at

Parkhotel Sole Paradiso

★★★★

www.sole-paradiso.com • info@soleparadiso.com

Via Sesto / Sextnerstrasse 13 • 39038 San Candido • Innichen (BZ)
📞 +39 0474 913120   💬 +39 327 1830469

Genuss mit Klarsicht

Das Hotel mit dem unglaublichen Blick auf die südtiroler Dolomiten und dem fantastischen Gaschmack auf dem Teller.

www.belvedere-hotel.it

BELVEDERE

JENESIEN

TSCHÖGGLBERGERHOF Ⓝ

Paradiesisch ist es auf dem Hochplateau oberhalb von Bozen dank der europaweit größten Lärchenwiese. Traditionell geht es in diesem Hotel zu. Die ländlichen Zimmer mit viel Holz sind sehr gemütlich eingerichtet. Vom Balkon aus genießen Gäste einen Bilderbuchblick auf die Dolomiten. Im Wellnessbereich ist die Whirlpoolgrotte im Zentrum des Geschehens. Ein Kneipprundgang, Saunen und Massagen runden das Angebot ab. Seit Kurzem lernt man dort auch das „Waldbaden", das die Sinneswahrnehmung und die Gesundheit stärkt.

Tel.: 0039 0471 354119
39050 Jenesien
Freigasse 8
www.tschoegglbergerhof.com
hotel@tschoegglbergerhof.it

Hoch auf dem Berg und trotzdem nur 8 km von Bozen entfernt, liegt der Tschögglbergerhof direkt am Waldrand – Auge um Auge mit den Dolomiten.

Es ist die Jahreszeit, die unsere Speisekarte schreibt und ihr dadurch eine riesige geschmackliche Bandbreite schenkt. Die geschmacklichen Voraussetzungen jeder Zutat werden von Chefkoch Oswald Putzer präzise weitergeführt und sind daher differenziert im Geschmack und leicht wahrnehmbar. Genießen Sie ganzheitliche und saisonale Küche, während unsere Sommeliers Sie in gemeinsamen Verkostungen, Speisen-Wein-Anpassungen u.ä. durch die Südtiroler Weinwelt begleiten.

Neu 2019: Sky Pools und Wald Spa

Tschögglbergerhof
Via Freigasse 8
I-39050 Jenesien

tschoegglbergerhof.com
Tel. +39 0471 354 119

Der Gault&Millau-Weinguide

Ab heuer im NEUEN Design.

KASTELBELL/TSCHARS

SÜDTIROL

KASTELBELL

KUPPELRAIN

AMBIENTE AWARD 2007

Das Herz des Kuppelrain ist und bleibt das gute Essen und die Gastfreundschaft der Gastgeberfamilie Trafoier. Wer sich aber nebst diesem Vergnügen gern auch eine Übernachtung im Kuppelrain gönnt, der darf sich auf individuelle Zimmer mit Kunstgemälden und Vinschgauer Materialien sowie in der Früh auf ein herzhaftes, vielfach mit eigenen Produkten zusammengestelltes Frühstück freuen. Von besonderem Charme ist das Zusammensein mit der Gastgeberfamilie Trafoier, die für ungekünstelte Professionalität steht.

Tel.: 0039 0473 62 41 03
0039 335 23 19 79

39020 Kastelbell
Bahnhofstraße 16
www.kuppelrain.com
info@kuppelrain.com

KASTELBELL/TSCHARS

SAND Ⓝ

Dieses Vier-Sterne-Superior-Hotel im Vinschgau begeistert Wanderer wie Biker. Die Südtiroler Tradition vermischt sich hier gekonnt mit klarem Design. So können Gäste zwischen Classic-Zimmern mit Zirbenholz oder solchen in gemütlich puristischem Stil wählen. Nach einer Schwitzkur in der finnischen Biosauna oder Infrarotkabine kann man in den Pool oder Naturbadeteich springen. An Aquafitness oder Meditation kann man jederzeit teilnehmen.

Tel.: 0039 0473 62 41 30

39020 Kastelbell/Tschars
Mühlweg Nr. 2
www.hotel-sand.com
info@hotel-sand.com

SAND
★ ★ ★ ★ S

Ein gutes **GEFÜHL**

in einem ansprechenden Ambiente mit kulinarischem Genuss, Weinleben und Aktivitäten – ein gelungener Kontrast aus traditioneller und neuer Architektur.

Hotel Sand, Fam. Bernhart
Kastelbell-Tschars, Südtirol
www.hotel-sand.com

KASTELRUTH

KASTELRUTH

LAMM Ⓝ

Entspannter Luxus vereint mit alpinem Lifestyle – so präsentiert sich das kürzlich rundum renovierte Vier-Sterne-Hotel. Sanfte Farben, klare und weiche Linien sowie edle Böden aus Eichenholz machen die Zimmer und Suiten zu wahren Wohlfühlorten. Faszinierend ist die Heustadloptik des stylischen Rooftop Pools mit Blick auf die Ortskirche und die Bergwelt. Biosauna, Dampfbad und Erlebnisduschen. Fitnessraum und Beauty Spa ergänzen die Wellnessoase. Meetingraum.

Tel.: 0039 0471 706343
39040 Kastelruth
Krausenplatz 3
www.lamm-hotel.it
info@lamm-hotel.it

SCHGAGULER Ⓝ

Die einfache, aber eigensinnige Architektur fällt im malerischen Ortskern gleich auf. Ästhetisch geht es auch nach der Renovierung im Inneren weiter: lichtdurchflutete Zimmer in zeitlosem, puristischem Design, die trotzdem heimelig und freundlich wirken. Ein Hit sind die freistehenden Badewannen im Raum. Das Schwimmbecken mit Gegenstromanlage oder die warmen Sprudelliegen sind neben Kelo-Sauna, Dampfbad, Eisraum und Massagen die Wellnesshighlights.

Tel.: 0039 0471 712100
39040 Kastelruth
Dolomitenstraße 2
www.schgaguler.com
info@schgaguler.com

KIENS

KRONBLICK Ⓝ

Hier in Kiens, im Hotel Kronblick, hat sich einiges getan. Die Suiten sind rundum erneuert worden: Neben dem klaren und heimeligen Design sind sie gepflegt und liebevoll eingerichtet. Zudem sind sie mit Infrarotsauna, finnischer Sauna oder Doppel-Regenduschen ausgestattet. Ein Traum ist der neue Naturbadeteich, aber auch die Innenpools und Whirlpools sind sehr empfehlenswert. Zehn Saunen, Massagen und Beautyanwendungen sind die beste Relax-Ergänzung. Fahrradverleih im Haus.

Tel.: 0039 0474 565679
39030 Kiens
Im Linda 15
www.kronblick.com
info@kronblick.com

KLAUSEN

BISCHOFHOF

Der Bischofhof ist der ideale Ausgangspunkt, um die Schönheiten der Dolomiten oder des Eisacktales zu erkunden. Wer einen Teil seines Urlaubs lieber im Haus verbringen möchte, der sollte in der Wellness-Oase entspannen. In der warmen Jahreszeit kann man im Garten ein Glas Wein mit Blick auf das Benediktinerkloster Säben genießen oder im Pool Abkühlung suchen. Frühstück mit Räucherlachs, Eiergerichten und Prosecco (wechselndes Angebot).

Tel.: 0039 0472 847448
39043 Klausen
Griesbruck 4
www.bischofhof.it
info@bischofhof.it

UNTERWIRT

Der Unterwirt in Gufidaun ist mit seinen lediglich sieben Zimmern wahrlich ein sehr kleiner Betrieb, selbst für Südtiroler Größenordnungen. Die hervorragende Küche ist sicherlich der Hauptgrund dafür, hier Halt zu machen und die Seele in diesem Bergdörfchen einige Tage baumeln zu lassen. Das sehr familiär geführte Haus überzeugt durch gemütliche Zimmer, eine einladende Ruhewiese und einen erfrischenden Pool. Gufidaun kann als Startpunkt für erlebnisreiche Wanderungen gewählt werden.

Tel.: 0039 0472 844000
39043 Klausen
Gufidaun 45
www.unterwirtgufidaun.com
info@unterwirt-gufidaun.com

Die besten Weine Österreichs:

LA VILLA IN BADIA

KOLFUSCHG

KOLFUSCHGERHOF

Das gehobene Hotel feierte sein 50-jähriges Jubiläum. Heute wie damals liegt das Vier-Sterne-Haus in einer atemberaubenden Landschaft und ist für Skifahrer wie Wanderer der perfekte Ort. Luxuriöse Bergromantik erwartet die Gäste, so sind die Zimmer mit viel Holz gemütlich eingerichtet, meist mit Balkon. Hallenbad, Whirlpool, Fichtensauna und das Spa sorgen für die perfekte Regeneration. Für die kleinen Gäste gibt es auch viel Platz für Aktivitäten. Eigenes Fischrevier an der Gader.

Tel.: 0039 0471 836188
0039 338 9734662
39033 Kolfuschg
Rönnstraße 7
www.kolfuschgerhof.com
info@kolfuschgerhof.com

ROMANTIK ARTHOTEL CAPPELLA

Wertvolle Gemälde in der Art Gallery Renée und den Fluren des Hotels, eine Kunstbühne vor dem Haus und Schaukästen mit Handwerkskunst aus aller Welt machen das Arthotel Cappella zu einem kleinen Museum. Aber auch sonst hat das Haus einiges zu bieten: Ein Hallenschwimmbad, ein beheiztes Außenbecken, Dampfbad oder finnische Sauna stehen zum Relaxen bereit, 47 Zimmer und Suiten versprechen erholsame Urlaubstage.

Tel.: 0039 0471 836183
39033 Kolfuschg
Pecei 17
www.hotelcappella.com
info@hotelcappella.com

LA VALLE

PIDER [N]

Umgeben von den mächtigen Dolomiten urlaubt man hier abseits von Verkehr und Lärm. Bodenständig wohnt man im ladinischen oder Tiroler Stil. Gemütlich sind alle Zimmer und Suiten, meist mit Balkon und immer mit starkem WLAN. Neben der finnischen Außensauna und der Biosauna mit Heu und Bergblüten geht es im Dampfbad und in der Infrarotkabine nicht so heiß her. Die Liegewiese lädt zum Sonnenbaden ein. Ideal für natur- und sportbegeisterte Gäste.

Tel.: 0039 0471 843129
39030 La Valle
Via, S. Senese, 22
www.pider.info
reception@pider.info

LA VILLA IN BADIA

CRISTALLO [N]

Die majestätischen Gipfel der Dolomiten leuchten abends herüber, wenn man in diesem Vier-Sterne-Superior-Hotel auf dem Balkon steht. Natur und Ursprünglichkeit werden auch im Inneren gelebt. Die stylischen Zimmer sind mit natürlichen Materialien eingerichtet. Neu ist der Wellnessbereich „adults only" neben dem allgemeinen Pool und der Badeinsel für Kinder. Geführte Wanderungen beziehungsweise Skirunden, Skishuttle, Yogalektionen und E-Auto-Ladestationen sind zusätzliche Highlights.

Tel.: 0039 0471 847594
39036 La Villa in Badia
Via Verda 3
www.hotelcristallo-altabadia.it
info@hotelcristallo-altabadia.it

DIANA [N]

Das stilvolle Drei-Sterne-Superior-Hotel in Alta Badia ist nur wenige Meter vom Skigebiet entfernt. Tradition wird hier großgeschrieben: Man findet alte Stuben mit geschnitztem Holzdekor und den klassischen Südtiroler Stil in den gemütlichen Zimmern. Im Wellnessbereich bieten Dampfbad, Kräuter- und finnische Sauna herrliche Entspannung. Im Sommer gibt es geführte Wanderungen und Radtouren, im Winter einen gratis Ski-Shuttle.

Tel.: 0039 0471 847029
39036 La Villa/Alta Badia
Colz 17
www.hoteldiana.info
info@hoteldiana.info

Jetzt im Gault&Millau-Weinguide.

LANA

LANA

ALPIANA RESORT

Das stylische Resort wurde hauptsächlich aus lokalen natürlichen Materialien gebaut. Die Natur hat hier auch im Inneren Platz, dank viel Glas, Holz und Stein. Energie kommt aus nachhaltigen Ressourcen. Ein schickes Hideaway sind die eleganten Zimmer und Suiten. Herrlich ist auch der Poolgarten mit Palmen und Kuschelecken. Der beeindruckende Spa erstreckt sich über drei Etagen und lässt keine Wünsche offen. Geführte Wanderungen, Fahrradverleih im Haus und die E-Auto-Ladestation sind zusätzliche Boni.

Tel.: 0039 0473 568033
39011 Lana
Propst-Wieser-Weg 30
www.alpiana.com
info@alpiana.com

KIRCHSTEIGER

Im Hotel Kirchsteiger setzt man nicht nur auf Feinschmecker. Auch Erholungsuchende kommen auf ihre Kosten. So erwarten die Gäste in der hauseigenen Wellnessoase eine finnische Sauna, eine Biokräutersauna, eine Dampfsauna oder ein Whirlpool. Die Zimmer sowie die Penthouse-Suite sind mit Lärchen-, Eichen- und Nussholz gestaltet und versprechen so einen heimeligen Aufenthalt. Spezielle Pakete – etwa im Liebesmonat Mai – runden das Angebot ab.

Tel.: 0039 0473 568044
39011 Lana
Propst-Wieser-Weg 5
www.kirchsteiger.com
info@kirchsteiger.com

VIGILIUS MOUNTAIN RESORT

In knappen sieben Minuten bringt die Seilbahn Hotelgäste vom Talboden bis zu Bergstation, von der es nur wenige Meter bis zum Vigilius Mountain Resort sind. Das Luxushotel vereint mit seinen Zimmern und Suiten die Südtiroler Bergwelt mit Komfort, Tradition und Moderne. Die bis zu 80 °C warme finnische Sauna, das Dampfbad und der Indoorpool mit Panoramaverglasung bieten Erholung und Entspannung auf 1500 Höhenmetern.

Tel.: 0039 0473 556600
39011 Lana
Pawigl 43
wwwvigilius.it
info@vigilius.it

LATSCH

HOTEL PARADIES

Das luxuriöse Fünf-Sterne-Hotel ist ideal für Familien, die kein klassisches Familienhotel wollen, aber auch für Aktivurlauber und Wellnesssuchende. Richtig gut abschalten können Gäste in den stilvollen, eleganten Zimmern mit Boxspringbetten und hochwertigen Materialien. Top sind die neuen Panorama Suiten mit eigener Terrasse. Der große Garten beherbergt auch das Silent Spa mit Saunen und Solepool. Kostenloser Verleih von Rädern aller Art. Kids Club!

Tel.: 0039 0473 622225
39021 Latsch
Quellenweg 12
www.hotelparadies.com
info@hotelparadies.com

MALS

GARBERHOF Ⓝ

Ein wunderbarer Ort, an dem Zeit keine Rolle spielt. Die idealen Zutaten für den perfekten Urlaub: umgeben von zauberhaften Obsthainen, unaufdringlicher Luxus, genügend Rückzug und Freiraum. Stilvoll wohnen die Gäste in Zimmern, die zeitgenössisch eingerichtet sind. Die neuen Chalets brillieren in alpinem, modernem Stil. Neue Kräfte sammelt man in der 2200 Quadratmeter großen Wellnesswelt bestehend aus Sauna- und Wasserwelt, Hamam, Mii:amo Spa und Fitnessstudio.

Tel.: 0039 0473 831399
39024 Mals
Staatsstraße 25
www.garberhof.com
info@garberhof.com

Bei der Zusammenstellung dieses Führers ließen wir größtmögliche Sorgfalt walten, trotzdem können Daten falsch oder überholt sein. Eine Haftung können wir auf keinen Fall übernehmen.

das Paradies

Wo der Genuss zuhause ist

Stilvolles Interieur und elegante Wohlfühlzimmer, exzellenter Service und familiäre Herzlichkeit, exklusiver Wellnessgenuss und erlesene Gourmetkreationen machen das Paradies zu einem Rückzugsort der Superlative. Garantiert!

Hotel Paradies
Fam. Pirhofer

Latsch • Vinschgau
Südtirol • Italien
Tel.: +39 0473 622225
info@hotelparadies.com
www.hotelparadies.com

G
GARBERHOF
★ ★ ★ ★ S

EIN GENUSS FÜRS AUGE, EIN FEUERWERK FÜR DEN GAUMEN.

Hotel Garberhof
Tel. +39 0473 831 399
info@garberhof.com

Restaurant Pobitzer
Mals · Südtirol · Italien
www.garberhof.com

tt-consulting

MARLING

MARLING

LA MAIENA MERAN RESORT
Genießerhotel

Viel Platz zum Entspannen gibt es in diesem Fünf-Sterne-Wellnessresort. Die Zimmer und Suiten sind sehr geräumig, die Ausstattung aus hochwertigen Materialien ist modern-stilvoll. Ganzheitliche Entspannung erfahren Gäste im Sensa Spa auf 2500 Quadratmetern mit allem, was guttut. Der Infinitypool mit 26 Metern ist der sommerliche Mittelpunkt. Familien schätzen auch die Balloon Lounge für Badespaß. Zwei Sandtennisplätze und hauseigene Bikes laden zu Action ein. Tolle Kinderaktivitäten.

Tel.: 0039 0473 447000
39020 Marling
Nörderstraße 15
www.lamaiena.it
info@lamaiena.it

ROMANTIK HOTEL OBERWIRT

Das ursprüngliche Dorfgasthaus ist heute ein romantisches Vier-Sterne-Hotel. Das historische Haus ist 500 Jahre alt, das macht die Übernachtungen in den ländlich-eleganten Zimmern zu einem besonderen Erlebnis. Viel Nuss- und Zirbenholz, geradliniges Design, blütenweiße Bettwäsche und ein Balkon schaffen ein gutes Raumgefühl. Das Amadea Spa bietet mit Außenpool, Garten, Salzwasser-Hallenbad, sechs Saunen bestes Relaxvergnügen. Wer will, nimmt an Aqua- oder Rückengymnastik teil. Ein Shuttle bringt Gäste auch zum Bahnhof.

Tel.: 0039 0473 222020
39020 Marling
St.-Felix-Weg 2
www.oberwirt.com
info@oberwirt.com

---

la maiena meran resort

the top of meran

32°C outdoor pool
ganzjährig beheizt

golfen – wandern – biken – tennis – wellness – genießen – viele hits für kids

www.lamaiena.it
la maiena meran resort · familie waldner · nörderstraße 15
39020 marling/meran, italien · tel. +39 0473 447000 · info@lamaiena

Belvita
GENIESSER HOTELS & RESTAURANTS
südtirol

MERAN

SÜDTIROL HOTELS

MAULS

ROMANTIK HOTEL STAFLER
HOTEL DES JAHRES 2017

In der 700-jährigen Geschichte des Hauses kehrten schon Gäste wie Goethe in diesen historischen Mauern ein. Heute ist das Stafler ein Ort des Genusses und des Dolcefarniente. Die geräumigen Zimmer und Suiten sind alle individuell eingerichtet, mit ländlichem und historischem Flair. Besonders idyllisch ist der eigene Garten. Der lichtdurchflutete Wellnessbereich Romantica bietet einen Pool mit Bergquellwasser, Sauna und Dampfbad sowie wohltuende Massagen. E-Bike zum Ausborgen.

Tel.: 0039 0472 77 11 36
39040 Mauls 10
www.stafler.com
info@stafler.com

MERAN

ADRIA

Die imposante Jugendstilvilla ist bei Individualisten und Nostalgikern sehr beliebt. Es war das erste Hotel Merans und liegt unweit des Stadtzentrums mitten im Grünen. Vergangenes Jahr wurden die Zimmer behutsam aufgefrischt und präsentieren sich jetzt in charmanten Farben und entspannter Eleganz. Der stilvolle Badepavillon mit elegantem Innenpool, Saunen und Outdoor-Whirlpool bietet höchstes Wellnesserlebnis. Das Medical Spa hat sich auf Gesundheitsurlaub mit ärztlicher Betreuung spezialisiert.

Tel.: 0039 0473 23 66 10
39012 Meran
Hermann-Gilm-Weg 2
www.hotel-adria.com
info@hotel-adria.com

Gourmetstube Einhorn

KULINARIK MIT WELTNIVEAU!

Peter Girtler

BIS 07.11.2020 | 1,2,3 ÜBERNACHTUNGEN

Eat, relax & enjoy

Erleben Sie einen Aufenthalt mal ganz besonders kulinarisch mit Sterneküche und Entspannung pur.

- 1 Flasche Südtiroler Spitzensekt
- Frühstücksbuffet für Genießer
- exklusives 4 gängiges Gourmet-Menü mit prickelndem Aperitif
- Halbpension für Feinschmecker
- Kaffee und Kuchen für Naschkatzen
- 1 Wellnessgutschein (25 €)
- Kleines Geschenk zum Abschied

ab 192 € pro Person im Doppelzimmer

Romantik Hotel & Restaurant Stafler
39040 Mauls/Freienfeld bei Sterzing . Südtirol
Tel. 0039 0472 771 136 . info@stafler.com . www.stafler.com

ROMANTIK HOTELS & RESTAURANTS INTERNATIONAL

SÜDTIROL

MERAN

ANSITZ PLANTITSCHERHOF

Hoch über den Dächern Merans ist dies der beste Platz zum Entspannen und Abschalten. Das Fünf-Sterne-Hotel mit beeindruckendem Gartenparadies bietet elegante Zimmer, eine luxuriöse Penthouse-Suite oder sogar den freien Himmel als Übernachtungsmöglichkeit. Im Golden Spa wird man rundum verwöhnt. Der Gartenpool, das Marmorhallenbad mit Solepool, der Whirlpool auf der Dachterrasse oder die Saunen sorgen zusätzlich für Entspannungsvergnügen. Geführte Wander- und Biketouren halten fit. Oldtimer werden für Spritztouren verliehen.

Tel.: 0039 0473 23 05 77
0039 334 90 59 20 8
39012 Meran
Dantestraße 56
www.plantitscherhof.com
info@plantitscherhof.com

CASTEL FRAGSBURG
Relais & Châteaux

Nur 20 Suiten, alle charmant und individuell eingerichtet, hat dieses charismatische Castel. Das ehemalige Jagdschlösschen aus 1620 ist das kleinste Fünf-Sterne-Hotel in Südtirol und thront auf einem sonnigen Felsvorsprung hoch über Meran. In privater Atmosphäre finden im Alchemistic Spa natürliche Behandlungen statt. Yoga im eigenen Baumhaus und Meditationen sind Nahrung für die Seele. Im großen Garten warten zwischen unberührter Natur ein Pool und Himmelbetten.

Tel.: 0039 0473 24 40 71
0039 347 3587408
39012 Meran
Labers/Fragsburgerstraße 3
www.fragsburg.com
info@fragsburg.com

www.gaultmillau.at – Tipps, Trends, Rankings und alle Restaurantkritiken

ANDERS
BESONDERS
Liebevoll

GENUSSURLAUBE
IM 5* HOTEL MITTE
IM VILLENVIERTE
VON MERAN

Vielfältige Zimmer & Suiten | e
exklusiver Spa | ein Gartenparadies n
Ganzjahres-Pool | Gourmetküche
Restaurant mit Cabriodach zum Öffnen
23.000 Weine, erlesene Whiskys
Zigarren | Besonderheiten wie d
hoteleigene Oldtimer-Verleih, Schlaf
unter freiem Himmel, Speedy-Wellne
anwendungen | einzigartige Verkostung

HOTEL ANSITZ
PLANTITSCHERHOF
Fam. Gufler | Dantestraße 56 | 39012 Meran | Italien
T: +39 0473 230 577 | WhatsApp: +39 334 9059208
info@plantitscherhof.com | www.plantitscherhof.com

MERAN

CASTEL RUNDEGG
Hotel & Beauty Farm

Das Schlosshotel in bester Meran-Lage versprüht herrschaftlichen Esprit. Charmant und leger nächtigt man in den Gemäuern des romantischen Hotels aus dem 12. Jahrhundert. Gewölbe, Erker und edle Antiquitäten geben dem Hideaway eine unaufdringliche Atmosphäre. Sauna und Dampfbad warten auf Entspannungshungrige. Vom beheizten Hallenbad kommt man direkt in den Schlossgarten mit Sonnenliegen. Ein hauseigenes Ärzte- und Massageteam bietet medizinische Betreuung und Behandlungen.

Tel.: 0039 0473 27 07 05
39012 Meran
Schennastraße 2
www.rundegg.com
info@rundegg.com

HOTEL THERME MERAN

Das First-Class-Hotel neben dem Kurhaus wurde von Stararchitekt Matteo Thun designt. Die Mischung aus Geradlinigkeit, Avantgarde und Heimat ist ihm gut gelungen: Holz, Stein, Leder oder Kuhfelle sowie unaufdringlich bunte Farben prägen die 139 Lifestyle-Zimmer. Im spektakulären Sky Spa kann man sich kaum zwischen Infinity-Sole-Pool, Saunen oder Whirlpool entscheiden. Die große Glasfront holt optisch den Himmel herein. Direkter Zugang zur Therme Meran.

Tel.: 0039 0473 25 90 00
39012 Meran
Thermenplatz 1
www.hotelthermemeran.it
info@hotelthermemeran.it

MEISTERS HOTEL IRMA

Eine Oase der Ruhe, wo sich alte Schule charmant mit modernem Komfort verbindet. Das historische Hotel bietet im Haupthaus neu gestaltete Zimmer in Naturtönen mit hochwertigen Materialien, in der Villa Amore edle Suiten, eine exzentrische Gartenlodge und auch ein Baumhaus für Abenteuerlustige. Dazwischen liegt eine große, verwinkelte Parkanlage, in der jeder sein Plätzchen findet. Unzählige Möglichkeiten der Entspannung bieten Solebecken, Süßwasserpool, Saunen und herrliche Massagen.

Tel.: 0039 0473 21 20 00
39012 Meran
Schönblickstraße 17
www.hotel-irma.com
info@hotel-irma.com

PALACE HOTEL MERANO

Anspruchsvolle Gäste werden sich hier wohlfühlen. Hinter der prunkvollen Fassade des Côte-d'Azur-Prachtbaus verbergen sich Kronleuchter, Marmor, Goldverzierungen, antike Möbel und aristokratisches Flair. Viele kommen, um sich im Medical Spa von Übergewicht oder Stress zu verabschieden. Aber auch „nur" erholungshungrige Gäste können sich im exklusiven Wellnessbereich oder in der weitläufigen Parkanlage entspannen.

Tel.: 0039 0473 27 10 00
39012 Meran
Cavourstraße 2
www.palace.it
info@palace.it

PARK HOTEL MIGNON

Das Fünf-Sterne-Hotel ist eine Grünoase mitten in Meran. Zwischen altem Baumbestand und farbenprächtigen Blumen findet man unter anderem eine Bambuslounge mit Diwanen und einen Seerosenteich. In der Saunawelt wählt man zwischen Bambussauna, Saline-Dampfbad oder All-Senses-Kabine. Auch Hallenbad, Freibad, Whirlpool auf der Dachterrasse stehen zum Relaxen bereit. Abends sinkt man in die großen Betten und genießt das edle Ambiente. Internet, Klimaanlage und Suite-Pad sind inklusive. Verleih von Fahrrädern. Geführte Wanderungen.

Tel.: 0039 0473 23 03 53
39012 Meran
Grabmayrstraße 5
www.hotelmignon.com
info@hotelmignon.com

SUITESEVEN Ⓝ

Hinter den Mauern der historischen Meraner Lauben würde man kein so extravagantes Boutiquehotel vermuten. Individualisten werden das moderne Design und die Topausstattung lieben. Die Zimmer beeindrucken durch Naturtöne mit bunten Farbakzenten, tolle Lichtgestaltung und edle Materialien. Alles zusammen ergibt das exquisite Ambiente. Herrlich frühstücken lässt es sich auf der idyllischen Terrasse.

Tel.: 0039 0473 86 12 99
39012 Meran
Lauben 140
www.suiteseven.it
info@suiteseven.it

MERAN

VILLA EDEN Ⓝ

Das Credo in der Villa Eden lautet trotz stressigen Alltags die Harmonie von Geist und Körper wieder zu erlangen und sich glücklich und gesund im eigenen Körper zu fühlen. Bereits 1982 wurde das einstige Meraner Nobelhotel zum ersten Destination Spa Italiens umstrukturiert und seither kombiniert man hier äußerst erfolgreich eleganten Urlaub mit ganzheitlichen Gesundheitskonzepten. Die Zimmer sind exklusiv und hochwertig eingerichtet und das Essen besteht aus frischen, nährstoffreichen Zutaten, die schmecken, ohne dabei den Magen oder die Waage zu belasten. Draußen lockt ein Panorama-Pool.

Tel.: 0039 0473 236583
39012 Meran
Winkelweg 68–70
www.villa-eden.com
info@villa-eden.com

VILLA TIVOLI

Direkt an den Sonnenhängen Merans können Gäste in absoluter Ruhe neue Energie tanken. Die Zimmer in dem Jugendstilhotel haben eine angenehme Größe, jedes ist individuell und stylisch eingerichtet. Außergewöhnlich ist das Felsenbad, das schön in die mediterrane Gartenanlage eingebunden ist und von den eigenen, eiskalten Radonquellen gespeist wird. Auch der Spabereich mit Hallenbad und Sauna ist traumhaft schön. Mit Leihfahrrädern kann man die Umgebung erkunden. In 20 Gehminuten ist man im Zentrum.

Tel.: 0039 0473 446282
39012 Meran
Verdistraße 72
www.villativoli.it
info@villativoli.it

Bei der Zusammenstellung dieses Führers ließen wir größtmögliche Sorgfalt walten, trotzdem können Daten falsch oder überholt sein. Eine Haftung können wir auf keinen Fall übernehmen.

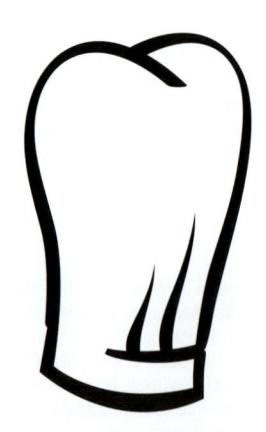

Gault&Millau

NEU! Die besten Almhütten in Tirol und Niederösterreich, alle Infos unter www.gaultmillau.at

VILLA EDEN
THE LEADING PARK RETREAT
★★★★★ L

Genuss muss keine Sünde sein!

So lautet das Motto der Villa Eden – seit eh und je bekannt für die unbeschreibliche Ruhe und den garantierten Erholungsfaktor sowie für die erstklassigen Programme des Longevity Centers für ein Leben voller Vitalität, Gesundheit und Schönheit – und wie wahr dieses ist, beweist das Small Luxury Hotel mit dem neuen Gourmet-Restaurant „Eden's Park – The Mindful Restaurant". Serviert wird das Feinste vom Feinen, schonend und kreativ zubereitet, und zwar so, dass es weder auf die Hüften noch auf die Gesundheit schlägt. Ein exzellenter Genuss, den man ganz einfach probiert haben muss!

VILLA EDEN THE LEADING PARK RETREAT
Winkelweg | Via Winkel 68-70 • I-39012 Meran/o • South Tyrol - Italy
+39 0473 236583 • info@villa-eden.com • www.villa-eden.com

SMALL LUXURY HOTELS OF THE WORLD

MERANSEN

MERANSEN

ALPENHOF ⓝ

Der Alpenhof ist ein gehobenes All-inclusive-Familienhotel, in dem kleine Kinder, Teens und Eltern auf ihre Kosten kommen. Im Sommer 2019 eröffnete das Haus nach großem Umbau: Die Fassade hat einen neuen Holzlook, der Eingangsbereich verwandelte sich in ein Abenteuerland, die Familienapartments bieten mehr Freiraum. Badespaß für alle dank mehrerer Pools, Wellenrutsche, Streichelzoo, Matsch-Spielplatz, Bauernhof, Gokartbahn und, und, und.

Tel.: 0039 0472 520252
39037 Meransen
Prockengasse 15
www.alpenhof.org
info@alpenhof.org

HUBERHOF ⓝ

Umgeben von Wanderwegen und Skigebieten ist der Huberhof ideal für Menschen, die die Natur suchen. Viel hat sich getan: Der Wellnessbereich wurde um einen Panorama-Innen- und Außenpool, Panoramasauna, Actionpool für Kinder bzw. einen Meditations- und Yogaraum erweitert. Die insgesamt 34 Zimmer sind ländlich und schick eingerichtet. Die meisten davon senioren- bzw. behindertengerecht. Das große Aktivprogramm umfasst Wanderungen im Sommer oder mit Schneeschuhen im Winter, Yogaeinheiten, Aquagym oder Pilates.

Tel.: 0039 0472 520250
39037 Meransen
Huberstraße 21
www.panoramahotel-huberhof.com
info@panoramahotel-huberhof.com

SONNENBERG ⓝ

Das Vier-Sterne-Superior-Hotel befindet sich auf einem sonnigen Hochplateau mit wunderbarem Weitblick. Die gemütlichen Zimmer sind im Südtiroler Stil mit viel Holz eingerichtet. Die neuen Suiten punkten mit moderner und stylischer Atmosphäre. Auch die Lobby, die Bar und das Restaurant wurden erneuert sowie der Wellnessbereich weiter ausgebaut: mit neuem Panoramapool und 18-Meter-Freischwimmbad. Geführte Wanderungen und Mountainbiketouren sind inklusive. Großes Kinderspielzimmer.

Tel.: 0039 0472 520232
39037 Meransen
Ausserecker Straße 35
www.sonnenberg.it
info@sonnenberg.it

NATURNS

HOTEL LINDENHOF
DolceVita Erlebnis- & Genuss Resort

Das Vier-Sterne-Superior-Wellnesshotel vereint Südtiroler Wohnkultur und modernes Design. Zirbe, Vinschgauer Marmor und Feng-Shui-Elemente sorgen für ein Wohlfühlambiente in den stylischen und geräumigen Zimmern und Suiten. Erweitert wurde der schicke Wellnessbereich mit insgesamt acht Pools und sieben Saunen. Für Kinder gibt es auch zahlreiche Aktivitäten. Vespa und Golfcar-Verleih im Haus. Geführte Wanderungen und umfangreiches Sportangebot.

Tel.: 0039 0473 666242
0039 335 227652
39025 Naturns
Kirchweg 2
www.lindenhof.it
info@lindenhof.it

PREIDLHOF
Luxury Dolce Vita Resort

Dolce-vita-Urlaub in mediterraner Klimazone. Dieses luxuriöse Hideaway ist nur für Erwachsene und entpuppt sich als perfektes Kuschelhotel für frisch Verliebte und lang Verheiratete. In dem sechsstöckigen Spa-Tower gibt es viele Arten von Wellness, was immer das Herz begehrt: vom Infinity-Sportpool über das Solebad bis zu Saunen aller Art. Durchdesignt oder romantisch ländlich sind die Zimmer, die mit Boxspringbetten ausgestattet sind. Weiters ist im Preis ein Life-Coaching oder eine Stilberatung inbegriffen.

Tel.: 0039 0473 666251
39025 Naturns
St.-Zeno-Straße 13
www.preidlhof.it
info@preidlhof.it

Die besten Weine Österreichs: der Gault&Millau-Weinguide.

s DolceVita Resort Lindenhof

Yoga mit zertifizierter Lehrerin

thouse Suite mit Himmelbett und Skydach

Nacktpool auf der Dachterrasse mit 360° Rundumblick

NEU 2019

olceVita Resort LINDENHOF

turns _ Südtirol
+39 0473 66 62 42
o@lindenhof.it
w.lindenhof.it

5.000 m² Wellnessbereich

Der NEUE Stern am Wellnesshimmel mit 7 Saunen, 8 Pools und 8 Themenruheräumen

5-Sterne-Urlaub für Paare – Adults only!

PREIDLHOF
xury DolceVita Resort

6 Pools mit 555 m² Wasserfläche

mitten von Weingärten und Olivenbäumen befindet sich nser SPA-Hotel für Erwachsene ab 16 Jahren. Ruhesuhende Paare finden hier Luxus und Romantik im Süden.

s Erwachsenenhotel bietet der Preidlhof absolute Erholungsarantie – das SPA-Resort für ruhesuchende Paare – ausgeeichnet mit dem Trivago Award 2018 als „bestes 5-Sterneotel in Italien".

eue einzigartige Love-Suiten & Penthouses begeistern mit udoor-Living-Rooms, Sauna, Rooftop-Whirlpool und Privatfinity-Pool – exklusiver Butler Service.

ealer Ausgangspunkt für erlebnisreiche Ausflüge in die olomiten und das Meraner Land, für Wanderungen in den aturpark Texelgruppe, Mountainbike-Touren auf der Meranike-Highline.

Dolce Vita & SPA im mediterranen Klima des Meraner Landes in Südtirol mit 315 Sonnentagen.

Premium SPA – Luxus pur auf 5.000 m² · Wellness & SPA speziell für Paare. Mediterrane Wasserwelt mit 6 Pools, 555 m² Wasser. Neuer 6-stöckiger SPA-Tower mit 16 Dampf-, Relax- und Schwitz-Attraktionen und Sky-Infinity-Pool.
Das Medical-Center bietet ein professionelles Med-SPA-Angebot mit Health-Check-ups, Anti-Aging.

Luxury DolceVita Resort Preidlhof***
Familie Ladurner • St. Zeno-Straße 13 • I-39025 Naturns/Italien
Tel. 0039-0473-666251 • info@preidlhof.it
www.preidlhof.it

OBERBOZEN

OBERBOZEN

GLORIETTE ⓝ

Sehr hip: Das exklusive, aber sehr charmante Designhotel befindet sich auf einem sonnigen Hochplateau und ist das perfekte Hideaway für urbane Menschen. Nahe genug an der Stadt und den atemberaubenden Bergen. Die Anreise ist mit dem Auto möglich oder man nimmt die Seilbahn, die fast bis vor die Haustüre fährt. Nur 25 moderne und gemütliche Zimmer gibt es hier. Das Spa auf dem Dach hat einen beeindruckenden Infinitypool mit Ausblick, auch die Sauna und das Dampfbad sind alles andere als gewöhnlich.

Tel.: 0039 0471 345423
39054 Oberbozen
Dorf 15
www.gloriette-guesthouse.com
info@gloriette-guesthouse.com

LATEMAR ⓝ

Inmitten der Bergwelt der Dolomiten ist das Drei-Sterne-Hotel ein authentisches Kleinod. Das hübsche Haus entspricht dem Südtiroler Bergstil. Charmant und lokal-typisch sind auch die Zimmer eingerichtet: viel Holz, aber wenig Schnörksel, ländlich charmant. Das kleine und feine Wellnessparadies umfasst ein neues Schwimmbad, Sauna und Dampfbad. Auf Wunsch gibt es auch Massagen.

Tel.: 0039 0471 345286
39054 Oberbozen
Kirchweg 1
www.hotel-latemar.net
info@hotel-latemar.net

LICHTENSTERN ⓝ

Das neu umgebaute Drei-Sterne-Superior-Hotel liegt auf 1300 Meter Seehöhe auf einem sonnigen Hochplateau. Neben den klassischen Zimmern im Südtiroler Stil gibt es neu die modernen und stylischen Superiorzimmer. Die Zimmer sind auch barrierefrei erreichbar. Herrlich nichts tun kann man im großen Garten mit Pool und Sonnenliegen oder in der Sauna. Auch der Wolfsgrubner See liegt gleich in der Nähe. Die Anreise ist auch ohne Auto möglich: mit der Rittner Seilbahn!

Tel.: 0039 0471 345147
39054 Oberbozen
Lichtenstern 8
www.lichtenstern.it
info@lichtenstern.it

OBERBOZEN/RITTEN

REGINA ⓝ

Die Lage auf dem Sonnenplateau ist einmalig, genauso wie der Ausblick auf die Dolomiten. Das Wanderhotel hat ein neues Erscheinungsbild: neue Doppelzimmer mit Bergblick oder auch den Infinitypool im Garten. Zusätzlich kann man in der Sauna oder im Dampfbad den Alltagsstress hinter sich lassen. Bei Massagen sowieso.

Tel.: 0039 0471 345142
39054 Oberbozen/Ritten
Dorf 27
www.hotel-regina.it
info@hotel-regina.it

OLANG

MIRABELL DOLOMITEN WELLNESS RESIDENZ ⓝ

Nicht nur für den Profi-Skisport lohnt es sich immer wieder am Kronplatz Station zu machen, sondern auch abseits des Leistungssports kann man hier ganz wunderbar Urlaub machen. Im Fünf-Sterne-Hotel in Olang findet man alles, was das Herz begehrt. Gemütliche Zimmer und hervorragende regionale Küche sorgen sofort für absolute Wohlfühl-Atmosphäre. Ob man zum Wellness-Wochenende kommt, aktive Auszeit in der Natur beim Wandern, Mountainbiken oder Skifahren sucht, den hauseigenen Golfplatz bespielt oder geruhsam Zeit zu zweit verbringen möchte – die Möglichkeiten sind mannigfaltig.

Tel.: 0039 0474 496191
39030 Olang
Hans-von-Perthaler-Straße 11
www.mirabell.it
hotel@mirabell.it

Bei der Zusammenstellung dieses Führers ließen wir größtmögliche Sorgfalt walten, trotzdem können Daten falsch oder überholt sein. Eine Haftung können wir auf keinen Fall übernehmen.

Gloriette
GUESTHOUSE
Oberbozen

Der Place to be in Oberbozen

25 SCHICKE ZIMMER

KLEINES FEINES RISTORANTINO

ROOFTOP SPA

Dorf 15
39054 Oberbozen, Ritten
T +39 0471 345 423
info@gloriette-guesthouse.com
www.gloriette-guesthouse.com

GREETINGS FROM · OBER BOZEN · SÜDTIROL

DAS 5-STERNE-HOTEL MIRABELL
URLAUB MIT GENUSS, ENTSPANNUNG UND HERZLICHKEIT

Mirabell

- 55 exklusive Zimmer & Suiten
- NEU: Wellness & SPA auf 1.600 m² mit neu gestaltetem Gartenparadies, neuer Aufguss-Sauna, Whirlpool & Tauchbecken
- Gourmetküche auf Haubenniveau
- Hauseigener 3 - Lochgolfplatz mit Golfschule
- Südtiroler Gastlichkeit und ein persönliches Miteinander

Infos und Reservierungen: **Tel. +39 0474 496 371** | **www.mirabell.it** | **hotel@mirabell.it**
Mirabell Dolomiten Wellness Hotel | Hotel Mirabell GmbH, Fr. Agstner Judith | H.-v.-Perthaler-Str. 11, 39030 Olang | ITALIEN | UID: IT00504890271

SÜDTIROL | Belvita

PERCHA

PERCHA

WALDHOF ⓝ

Im Herzen des Pustertals, umgeben von Wäldern und Bergen, urlaubt man hier in einem exklusiven und rustikalen Hotel. Die stilvollen Zimmer und Suiten sind ruhig gelegen und haben alle Balkone. Im Erlebnisschwimmbad, Whirlpool oder in der Tiroler Kräutersauna können Gäste herrlich entspannen. Mountainbikes und Wanderstöcke gibt es im Haus zum Ausleihen. Kinder lieben den neuen Spieleraum, wenn es regnet. Im Winter steht ein eigener Shuttle zum nahe gelegenen Skigebiet zur Verfügung.

Tel.: 0039 0474 401126
39030 Percha
Sonnbergstraße 7
www.waldhof.bz.it
info@waldhof.bz.it

PFALZEN

TANZER
Gourmet- und Boutiquehotel

Die markante Holzfassade ist sehr beeindruckend. Das kleine, aber feine Boutiquehotel liegt im Zentrum von Issing und verbindet elegant Moderne mit Tradition. Die klare Architektur zieht sich durch alle Zimmer, die mit natürlichen Materialien, zeitgemäß und gemütlich eingerichtet sind. Highlight ist die Dachterrassensuite mit viel Holz, eigener Terrasse und Dachfenster mit Blick auf die Sterne. Im Wellnessbereich lassen sich Gäste in der Sauna, bei Spa-Behandlungen oder einer Massage verwöhnen.

Tel.: 0039 0474 565366
39030 Pfalzen
Issing, Dorfstraße 1
www.tanzer.it
info@tanzer.it

---

südtirol

wiesnerhof

Sterzing-Ratsching
Alpiner Hochgenuss mit Flair

Pfitscherstraße 98 | I-39049 Pfitsch/Sterzing | T +39 0472 765 222 | info@wiesnerhof.i
wiesnerhof.it

RATSCHINGS

PFITSCH

WIESNERHOF ⓝ

Im Wiesnerhof genießt man einen sehr persönlichen Urlaub bei Familie Graus Siller. In den in warmen Farben eingerichteten Zimmern und Suiten fühlt man sich sofort zu Hause. Nach einer Wanderung in einem der beliebtesten Wandergebiete der Gegend oder einem langen Skitag am Rosskopf kann man herrlich im luxuriösen Wellnessbereich mit Pool, Whirlpool, in der Sauna oder bei einer Massage entspannen. Ein kleiner Golfplatz rundet das Hotelangebot ab.

Tel.: 0039 0472 76 52 22
39049 Pfitsch
Pfitscherstraße 98
www.wiesnerhof.it
info@wiesnerhof.it

RABLAND/PARTSCHINS

HANSWIRT

Hübsche rot-weiß-rote Fensterläden zieren die strahlende Fassade des historischen Hauses, in dem sich ein entspannt-luxuriöses Hotel befindet. Die Mischung aus Südtiroler Tradition, Antiquitäten und zeitgemäßem Komfort wurde hier perfekt umgesetzt. Die zwölf Zimmer und zehn Suiten sind in leichten, neutralen Farben gehalten, mit edlem Interieur und Balkon. Der elegante Wellnesspark umfasst Saunen und Kuschelkojen, das Panoramahallenbad und der Außenpool bieten ganzjähriges Badevergnügen.

Tel.: 0039 0473 96 71 48
39020 Rabland/Partschins
Geroldplatz 3
www.hanswirt.com
info@hanswirt.com

RÖSSL

Dolcefarniente in allen Facetten. Im Genusshotel Rössl geben Zeit, Liebe und Leichtigkeit den Takt an. 55 frisch renovierte Zimmer und Suiten in privater Atmosphäre, die Piazza, der große Social Table oder der Naturbadeteich, Pools und Whirlpools lassen einen mediterrane Leichtigkeit spüren. Leben bekommt der Urlaub durch das Angebot an Yoga, Pilates, Qigong oder eine Wandertour verliehen. Das Spielzimmer freut kleine Gäste.

Tel.: 0039 0473 96 71 43
39020 Rabland
Vinschgaustraße 26
www.roessl.com
info@roessl.com

RADEIN

ZIRMERHOF

Man entschleunigt schon bei der Ankunft dank der überwältigenden Aussicht auf 1500 Meter Seehöhe. Der uralte Bauernsitz aus dem 12. Jahrhundert besinnt sich heute auf den wahren Luxus: Raum, Zeit, Ruhe und Einfachheit. Trotzdem fehlt es an nichts: Zimmer im urigen, authentischen Holzstil bieten besten Komfort. Im hellen, weitläufigen, sich in die Natur schmiegenden Wellnessbereich genießt man den Pool oder ein Kräuterdampfbad. Highlight: Die drei Hütten in schönster Wiesenlage oder am Waldrand.

Tel.: 0039 0471 88 72 15
39040 Radein
Oberradein 59
www.zirmerhof.com
info@zirmerhof.com

RATSCHINGS

ALPHOTEL TYROL ⓝ

Seit kurzer Zeit gibt es neue Highlights im Alphotel Tyrol: Die Wellnessoase wurde großzügig erweitert und die Kinder-Indoor-Welt ist nun wirklich ein Spieleparadies für die kleinen Gäste. Hier kann jede Generation einen gelungenen Urlaub erleben. Man nächtigt in komfortablen Zimmern, Suiten sowie gemütlichen, sehr schick eingerichteten Waldchalets, die eine besondere Rückzugsmöglichkeit vom Alltag bieten. Plus: hoteleigener Skishuttle, der die Gäste individuell zur Skipiste fährt.

Tel.: 0039 0472 65 91 58
39040 Ratschings
Innerratschings 5B
www.alphotel-tyrol.com
info@alphotel-tyrol.com

RITTEN

NATUR HOTEL RAINER ⓝ

Ummantelt von einer Hülle aus Holz und Glas, herrlich eingebettet in die umliegende Bergwelt präsentiert sich das Naturhotel Rainer nach einem Umbau im vergangenen Sommer. In den neu eingerichteten Zirbenzimmern spiegelt sich die Naturverbundenheit wider. Sich erholen und Kraft tanken können Gäste in Sauna, Schwimmbad oder im Naturea Spa & Beauty – mit individueller Beratung durch eine Wellnesstrainerin. Extra: Naturkostladen „Naturado" mit Südtiroler Delikatessen und Weinkeller.

Tel.: 0039 0472 765355
39040 Ratschings/Jaufental
Jaufental/Mittertal 48
www.hotel-rainer.it
info@hotel-rainer.it

RITTEN

PARKHOTEL HOLZNER

Das im Jahre 1908 eröffnete Parkhotel Holzner am Ritten kann dem reiferen Jugendstil zugeschrieben werden. Die hohen Fenster bringen warmes Licht in die langen Gänge, auf den Thonet-Stühlen sitzt man bequem, die großzügige Raumaufteilung lässt den Gästen viel Bewegungsfreiheit. Das bestens geführte historische Haus wurde bereits mehrfach vom Denkmalschutz ausgezeichnet. Aber keine Angst. Es ist ein lebendiges Haus! „Kinder", steht im Hotel-Heft, „bringen nicht Unruhe, sondern Leben ins Haus." Kinder finden im Park ein Piratenschiff, einen Holzdrachen und vieles mehr vor, was man in einer Stadt Abenteuerspielplatz nennen würde.

Tel.: 0039 0471 345231
39054 Ritten
Dorf 18, Oberbozen
www.parkhotel-holzner.com
info@parkhotel-holzner.com

SAND IN TAUFERS

DRUMLERHOF

Im Wanderhotel Drumlerhof spürt man die Leidenschaft für die Natur. Die 37 modern gestalteten Zimmer und Suiten sind mit naturbelassenen Materialien ausgestattet und sorgen so für natürlichen Urlaub. Wandern, Radeln, Badespass sind hier möglich. Oder man nimmt sich Zeit für sich selbst und genießt das Zirm Spa mit Panoramahallenbad, die Sauna mit Zirben- und Zedernduft oder die Sonnenterrasse mit Whirlpool.

Tel.: 0039 0474 678068
39032 Sand in Taufers
Rathausstraße 6
www.drumlerhof.com
info@drumlerhof.com

ST. ANDRÄ

MY ARBOR ⓝ

Dieses seit April 2019 nur für Erwachsene geführte Wellnesshotel besticht durch die einzigartige Lage und die schöne Fassade aus Holz und Glas. Ein Teil steht auf Stützen; nicht umsonst wird es Baumhotel genannt. Die Zimmer sind geschmackvoll mit viel Holz und modernen, stylischen Accessoires eingerichtet sowie klar strukturiert. Im tollen Spa Arboris befinden sich ein Infinity Pool und eine Saunawelt mit vier Saunen. In der Panorama Außensauna kann man sich an der Aussicht nicht sattsehen.

Tel.: 0039 0472 694012
39042 St. Andrä
Leonharderstraße 26
www.my-arbor.com
info@my-arbor.com

ST. KASSIAN

CIASA SALARES ⓝ

Im Herzen der Dolomiten liegt dieses luxuriöse Gourmethotel der Familie Wieser. Die geschmackvoll alpin eingerichteten Zimmer und Suiten beeindrucken durch zeitlose Eleganz. Im Beauty Spa Vives kann man wieder zu seiner inneren Balance finden – sei es im Schwimmbad, Whirlpool, Sauna oder Dampfbad sowie im Fitnessraum. Oder man genießt die Schönheit der Umgebung auf der Terrasse oder beim Essen auf der Veranda. Highlights: der Cheese- und der Chocolate-Room für Verkostungen und Einkäufe.

Tel.: 0039 0471 849445
39030 St. Kassian
Strada Prè de Vi 31
www.ciasasalares.it
info@ciasasalares.it

NATURHOTEL RAINER ★★★★

WIR SIND NICHT BIO
WIR SIND MEHR

DAS NATÜRLICHE DESIGNHOTEL

Jaufental _ tel +39 (0)472 765 355 _ email info@hotel-rainer.it _ internet www.hotel-rainer.it

SÜDTIROL

ST. KASSIAN IN ABTEI

FANES – DOLOMITI WELLNESS

Dieses luxuriöse Wellnesshotel in Alta Badia liegt inmitten idyllischer Natur. Die edlen Möbel, klaren Holzakzente und das Spiel mit dem Licht machen die Zimmer und Suiten zu einem Genuss fürs Auge. Im SkySpa, in den Relax Rooms oder im SkyPool mit 360°-Panorama kann man sich herrlich entspannt und frei fühlen. Es gibt vielfältige Wellnessbehandlungen mit teils weltweit neuen Methoden. Exklusivität pur: die fünf Chalets, der Hubschrauberlandeplatz und die Tesla Destination Charger für E-Autos.

Tel.: 0039 0471 849470
39030 St. Kassian
Peceistraße 19
www.hotelfanes.it
info@hotelfanes.it

ST. KASSIAN IN ABTEI

ROSA ALPINA

Dieses traditionsreiche Haus liegt wunderschön eingebettet mitten in den atemberaubenden UNESCO-Dolomiten. Die 51 Gästezimmer und Suiten sowie die exklusive Penthouse-Suite sind im authentischen Tiroler Stil zeitlos und raffiniert eingerichtet, manche mit romantischem offenen Kamin. In dem modernen Spa, im Hallenbad mit Ruheraum, den Saunen, beim Billard, im Kino oder in der Libreria kann man herrlich entspannen. Besonders: das luxuriöse 310 Quadratmeter große Chalet Zeno.

Tel.: 0039 0471 849500
39036 St. Kassian in Abtei
Str. Micura de Rue 20
www.rosalpina.it
info@rosalpina.it

ST. LEONHARD/PASSEIER

ANDREUS Ⓝ

In diesem Fünf-Sterne-Hotel kommen anspruchsvolle Genießer auf ihre Kosten. Alle 80 Suiten (38 bis 325 Quadratmeter) sind mit den für Südtirol typischen Naturmaterialien eingerichtet, was für ein einmaliges Wohlfühlambiente sorgt. Neu im bereits einzigartigen Wellness- und Spabereich ist ein Kinderbecken mit Rutsche sowie eine Goldwaschstation und die Infinity Tower Sauna mit 360°-Blick im Adults-only-Bereich. Plus: Die Nähe zum 18-Loch-Golfplatz Passeier Meran sowie zur Tennis- und Reitschule.

Tel.: 0039 0473 491330
39015 St. Leonhard/Passeier
In der Kellerlahne 3A
www.andreus-resorts.it
info@andreus-resorts.it

ST. ULRICH

ADLER SPA RESORT DOLOMITI

Dieses Fünf-Sterne-Haus liegt mit seiner großen, hauseigenen Parkanlage mitten im Dorfzentrum von St. Ulrich – umgeben von der märchenhaften Kulisse der Dolomiten. Die Zimmer versprechen traumhaftes Wohnen inmitten von regionalem Holz, charmanten Farben und modernen Strukturen. Im Spa findet man beispielsweise im Rasulbad oder der Salzgrotte Entspannung. Im AKI Kids Club kommen auch die kleinen Gäste auf ihre Kosten. Top: kostenloser Verleih von Mountainbikes und E-MTBs.

Tel.: 0039 0471 775001
39046 St. Ulrich
Reziastraße 7
www.adler-resorts.com
info@adler-dolomiti.com

GARDENA GRÖDNERHOF

Die großzügige Fünf-Sterne-Spa-Wellness-Hotelanlage befindet sich in herrlicher Lage inmitten der faszinierenden Dolomiten. Die Zimmer und Suiten sind gemütlich in Holz gehalten, Möbel in gedeckten Tönen setzen tolle Akzente. Der Spa-Wellness-Beauty-Bereich wurde 2018 komplett erneuert, Gäste freuen sich über das neue Hallenbad und die großzügige Saunalandschaft. Wenige Meter entfernt befindet sich die Seilbahn auf die Seiser Alm. Ein hoteleigener Shuttle führt Gäste im Winter auf die Seceda Alm.

Tel.: 0039 0471 796315
39046 St. Ulrich/Gröden
Vidalongstraße 3
www.gardena.it
info@gardena.it

ST. VIGIL IN ENNEBERG

ST. VIGIL IN ENNEBERG

ALMHOF-CALL
Belvita- & Wellnesshotel

Dieses Vier-Sterne-Superior-Wellnesshotel ist eins der schönsten Hotels in den monumentalen Dolomiten. Mit Liebe zum Detail wurden die Zimmer und Suiten alpenländisch und natürlich eingerichtet. Eine Besonderheit ist die Panoramasuite mit Whirlwanne im Erker und Rundumblick auf St. Virgil und die Berge. In der Bel-Sana Wellness- & Beautyoase kann man sich im Schwimmbad mit Panoramablick, einer der drei Saunen oder bei einer Massage verwöhnen lassen. Special: BMW Motorrad Test Ride Center.

Tel.: 0039 0474 50 10 43
0039 335 427464
39030 St. Vigil in Enneberg
Plazores 8
www.almhof-call.com
info@almhof-call.com

EXCELSIOR Ⓝ

Bergurlaub de luxe inmitten der Dolomiten verspricht die Wohlfühloase der Familie Call. Die 68 modern-alpin eingerichteten Zimmer und Suiten garantieren eine private Atmosphäre. Neu ist die Dolomites Lodge, deren Suiten teilweise eigene Whirlpools oder Saunen haben. Auf 1300 Quadratmetern und fünf Ebenen werden Gäste mit verschiedenen Anwendungen verwöhnt oder können in einer der 20 Bade-, Schwitz- und Relaxattraktionen entspannen. Adults only: das Dolomites Sky Spa.

Tel.: 0039 0474 50 10 36
39030 St. Vigil in Enneberg
Valiaresstraße 44
www.myexcelsior.com
info@myexcelsior.com

SÜDTIROL HOTELS

Anna Stuben
GOURMET-RESTAURANT

RELAIS & CHATEAUX

HOTEL Gardena GRÖDNERHOF
Gourmet Hotel & Spa
★★★★★

Guide MICHELIN 2019

Gault MILLAU 2019

I-39046 St. Ulrich • Gröden • Dolomiten • Südtirol • Tel. +39 0471 796 315 • info@gardena.it • www.gardena.it

SARNTAL

SPACES ⓝ

Das Spaces ist kein klassisches Ferien- oder Wellnesshotel. Es ist ein aufregend anderes Hotel, das durch modernes Design und seine einzigartige Architektur beeindruckt. Die lichtdurchfluteten Chalet Suiten sind modern und elegant eingerichtet und geben Gästen ihren Freiraum. In drei großen Sälen können Feste und besondere Anlässe gefeiert werden. Mit „Hotel to rent" mietet man exklusiv das ganze Haus für Events. Highlight je nach Jahreszeit: Bike in & Bike out oder Ski in & Ski out.

Tel.: 0039 0474 501186
39030 St. Vigil in Enneberg
Str. Chi Vai 16
www.spaces-hotel.com
freedom@spaces-hotel.com

SARNTAL

THE PANORAMIC LODGE ⓝ

In der Glasfassade der Panoramic Lodge spiegelt sich die Schönheit der Sarner Berge und sie holt die Natur ins Innere. Die 30 lichtdurchfluteten Zimmer sind in Zirben- und Eichenholz gehalten. Tolle Farben setzen kleine Akzente. Im Sommer starten vor der Tür die Wanderwege, im Winter sind es 100 Schritte zur Gondelbahn in Reinswald. Das 305 Quadratmeter große Rooftop Spa lädt mit herrlichem Panoramablick zum Entspannen ein. Und abends genießt man noch einen Gin Tonic in der Lodge Bar.

Tel.: 0039 0471 095495
39058 Sarntal
Reinswald 89
www.thepanoramiclodge.it
info@thepanoramiclodge.it

SARNTHEIN/SARNTAL

GENIESSERHOTEL BAD SCHÖRGAU

Die urkundliche Erstnennung von Bad Schörgau als Bauernbadl geht auf das Jahr 1533 zurück. Eingebettet zwischen Wald und rauschendem Bach bietet heute das Nobelbad außer idyllischer Ruhe alles, was ein modernes Gourmet- und Spahotel auszeichnet: Der Service ist zuvorkommend und familiär, diverse Kneippkuren mit dem hauseigenen Quellwasser sowie Latschenkieferessenzen und hochwertige Wirkstoffe aus der Natur helfen dabei, neue Lebensenergie zu sammeln. Das Wasser ist durch seinen hohen Gehalt an Eisen und Schwefel besonders wohltuend. Die einzigartige Kombination aus Spa-Anwendungen, passender Küche und Schlafkomfort garantiert einen größtmöglichen Effekt für das Wohlbefinden.

Tel.: 0039 0471 623048
39058 Sarnthein/Sarntal
Putzen 24
www.bad-schoergau.com
info@bad-schoergau.com

TERRA – THE MAGIC PLACE

Das ist wirklich ein magischer Ort, denn man fühlt, dass die Geschwister Schneider viel Liebe und Kreativität hier hineinstecken. Die nur zehn exquisit eingerichteten Zimmer sorgen für Individualität und Persönlichkeit. Genießer, Weinkenner, Individualisten und Entdecker sind hier gerne zu Gast. Der kleine, aber feine Spabereich mit Whirlpool, finnischer Sauna oder Kräuterdampfsauna und Schwebeliegen befindet sich ganz oben im Haus. Tipp: Kuscheln im Heubett.

Tel.: 0039 0471 623055
39058 Sarnthein/Sarntal
Auen 21
www.terra.place
info@terra.place

SCHLANDERS

SCHENNA

HOHENWART

In herrlicher Lage hoch über Meran bietet das vier Häuser umfassende Resort Hohenwart alles für den perfekten Wellness- und Aktivurlaub. Die charmanten Zimmer und Suiten sind in heimischen Materialien gehalten. Das Marend-Buffet bietet nachmittags eine kleine Stärkung, einzigartige Wellnessmomente erlebt man im preisgekrönten VistaSpa. Dieses umfasst verschiedene Saunen und Dampfbäder, eine Poollandschaft und als Highlight ein Solebecken. Betreutes Kinderprogramm in den Sommerferien.

Tel.: 0039 0473 944400
39017 Schenna
Verdinserstraße 5
www.hohenwart.com
info@hohenwart.com

SCHLANDERS

FIRST CLASS HOTEL VIER JAHRESZEITEN

In diesem fantastischen Vier-Sterne-Superior-Wohlfühlhotel können Gäste herrlichen Verwöhnurlaub genießen. Jeder findet hier das Richtige: sei es ein Komfortzimmer, das Designer-Penthouse, ein Familienzimmer oder eine nostalgische Vintage-Suite. Zum Entspannen steht die große Badelandschaft im Freien mit Salzwasserpool, Wasserfällen, Felsgrotten, Sauna und Dampfbad zur Verfügung oder auch das Gartencafé mit großer Sonnenterrasse. Zu Berg- und Biketouren startet man direkt vor der Haustüre.

Tel.: 0039 0473 621400
39028 Schlanders
Andreas-Hofer-Straße 8
www.vierjahreszeiten.it
info@vierjahreszeiten.it

Alle Ergebnisse auch auf unserer Website:
www.gaultmillau.at

SCHNALS

SCHNALS

OBERRAINDLHOF

Der Oberraindlhof am Eingang des Schnalstales bietet den unvergleichlichen Charme eines unter den strengen Auflagen des Denkmalschutzes vorbildlich renovierten, über 300 Jahre alten Bauernhauses. So ist es gelungen, den ursprünglichen, rustikalen und charmanten Charakter des alten Holzhauses zu bewahren und trotzdem nicht auf modernen Wohnkomfort zu verzichten. Die alten Balken knarren beim Gehen, die Ruhe der umliegenden Natur bringt den Gast in eine andere Epoche. Zeit und Einfachheit sind hier Trumpf. Die lichtdurchfluteten Hotelzimmer sind mit viel Holz und anderen natürlichen Materialien ausgestattet.

Tel.: 0039 0473 67 91 31
39020 Schnals
Raindl 49
www.oberraindlhof.com
info@oberraindlhof.com

ZUR GOLDENEN ROSE

Schon im 15. Jahrhundert als Gasthaus erwähnt, suchen heute in diesem bezaubernden Traditionshotel Gäste genauso Ruhe und Genuss. Einerseits mit der Geschichte verbunden, geht das Haus aber auch mit der Zeit. Die hellen Zimmer sind kleine Refugien – verkleidet mit duftendem Holz sowie traditionellen Stoffen, die für romantische Behaglichkeit sorgen. Daneben gibt es acht Feriensuiten. Im Wellness- und Spabereich finden sich Sauna, Dampfbad, Eisgrotte und Beautybehandlung. Besonders: Hauskapelle für Hochzeiten.

Tel.: 0039 0473 67 91 30
39020 Schnals
Karthaus 29
www.goldenerose.it
info@goldenerose.it

SEISER ALM

SEISER ALM URTHALER

Das Fünf-Sterne-Natur- & Design-Hotel Seiser Alm Urthaler besticht durch seine Hülle aus Massivholz, gebaut ohne chemische Stoffe. Die gesunde Kraft des Holzes spielt auch in den in Fichten- oder Lärchenholz gehaltenen modernen Zimmern die Hauptrolle, ergänzt durch Naturkautschuk-Matratzen und Biobettwäsche, die Gästen erholsamen Schlaf ermöglichen. Das Antermoia Spa schenkt innere Balance. Panoramapool, Saunen und Fitnessraum sowie Kosmetikbehandlungen lassen Herzen höher schlagen.

Tel.: 0039 0471 72 79 19
39040 Seiser Alm
Compatsch 49
www.seiseralm.com
urthaler@seiseralm.com

SEXTEN

KREUZBERG

Wo sich Himmel, Berge und Menschen treffen, liegt das familiengeführte Vier-Sterne-Hotel Kreuzberg mit wunderbarer Aussicht auf die Dolomiten. Die Zimmer und Suiten sind gemütlich im alpinen Stil – mit warmen Holzmöbeln und natürlichen Materialien – eingerichtet. Abschalten vom Alltagsstress kann man im Felsenbad, Whirlpool, Kneippbecken sowie in der Sauna und im türkischen Dampfbad oder bei einer Beauty-Anwendung. Gesundes Extra: die „Vitalpina Philosophie" mit Atemprogramm und Kräuterkraft.

Tel.: 0039 0474 71 03 28
39030 Sexten
St.-Josef-Straße 55
www.kreuzbergpass.com
hotel@kreuzbergpass.com

MONIKA

In der großartigen Dolomitenkulisse begeistert das Fünf-Sterne-Hotel mit geradlinigem Luxus und purem Design. Hier bettet sich jeder im bevorzugten Zimmertyp und mit seinem Lieblingspolster in den im alpinen Stil gestalteten Zimmern und Suiten. Warme Farben und ausgewählte Designerstücke geben den Ton an – modern und stilsicher. Der Sky-Infinity-Außenpool ist ganzjährig geöffnet und das lichtdurchflutete Hallenbad begeistert mit Unterwassermusik. Freizeitmöglichkeiten: von Golfen bis Klettern.

Tel.: 0039 0474 71 03 84
0039 348 4430721
39030 Sexten
Parkweg 2
www.monika.it
info@monika.it

STEINHAUS IM AHRNTAL

AMONTI & LUNARIS WELLNESSRESORT

Im Juli 2018 öffnete das Amonti & Lunaris mit vielen Neuigkeiten seine Türen. Heimisches Holz, hochwertige Materialien und großzügige Flächen zeichnen das gesamte Gebäude, aber auch die zeitgenössisch eingerichteten Zimmer und Suiten aus. Im traumhaften 5000 Quadratmeter großen Spa- und Wellnessbereich mit seinen Pools, Saunen und Relaxzonen findet jeder, was sein Herz begehrt – Kinder z. B. im Family Spa Blue Planet. Ein Schmuckstück: die Sky Lounge mit Blick auf die Berglandschaft.

Tel.: 0039 0474 651010
0039 348 7498248
39030 Steinhaus im Ahrntal
Klausbergstraße 55
www.wellnessresort.it
amonti@wellnessresort.it

TAUFERS IM MÜNSTERTAL

TUBERIS ®

Umrahmt von den majestätischen Dolomiten schafft dieses Nature & Spa Resort eine besondere Wohlfühlatmosphäre. Die angestrebte Balance zwischen heimischer Natur, Berg und Tal spiegelt sich auch in den geräumigen und stilvoll eingerichteten Zimmern wider. Im großzügig angelegten Tuberis Spa mit In- und Outdoorpool, Saunalandschaft, Relaxzone und Gartenanlage entspannen Gäste im Einklang mit den Elementen. Auf der Panoramaterrasse genießt man die malerische Landschaft.

Tel.: 0039 0473 832168
39020 Taufers im Münstertal
St.-Johann-Straße Nr. 37
www.tuberis.com
info@tuberis.com

TIERS AM ROSENGARTEN

VAJOLET ®

Im angenehmen Ambiente dieses familiär geführten Vier-Sterne-Hotels können Gäste inmitten der prachtvollen Natur dem Alltag entfliehen und Kraft tanken. Die gemütlichen Zimmer in vier Kategorien sind ansprechend und freundlich mit viel Holz, großen Glasflächen und klaren Formen eingerichtet. Der Wellnessbereich verspricht Entspannung für Körper, Geist und Seele in Dampfbad, Sauna oder Outdoor-Whirlpool sowie im – nur im Sommer betriebenen – Schwimmbad im Freien mit Liegewiese.

Tel.: 0039 0471 095348
39050 Tiers am Rosengarten
St.-Georg-Straße 42
www.hotel-vajolet.it
info@hotel-vajolet.it

TRAMIN

ANSITZ ROMANI

Wer herrschaftlich wohnen will, hat im Ansitz Romani dazu Gelegenheit. Der Traminer Edelsitz aus dem 14. Jahrhundert wurde behutsam renoviert und zu komfortablen Ferienapartments umgebaut. Hochwertige Baumaterialien, Holzböden und antikes Mobiliar geben jedem der Apartments einen unverwechselbaren Komfort und eine ureigene behagliche Wohnlichkeit. Der Ansitz liegt im von der Sonne verwöhnten Weindorf Tramin, Ausgangspunkt für unzählige sportliche Betätigungen und auch nicht weit entfernt vom beliebten Kalterer See.

Tel.: 0039 0471 860010
39040 Tramin
Andreas-Hofer-Straße 23
www.ansitzromani.com
info@ansitzromani.com

PLATTENHOF Ⓝ

Dieses 2018 eröffnete Design- und Weinhotel inmitten der schönen Südtiroler Weinlandschaft bietet seinen Gästen Rückzug mit Blick ins Etschtal. Die 23 auf den Kalterer See ausgerichteten luxuriösen Suiten sind nach Themen gestaltet und von den umliegenden Weingärten inspiriert. In der Saunalandschaft oder im großzügigen Garten mit beheiztem Panoramapool kann man herrlich entspannen. Für die kleinen Gäste gibt es einen Spielplatz. Ein Genuss: die „Gewürztraminer aus aller Welt"-Weinverkostung.

Tel.: 0039 0471 861454
39040 Tramin
Söll 33
www.plattenhof.it
info@plattenhof.it

TRAMINERHOF Ⓝ

Einiges ist seit 2019 neu im Traminerhof, dem Bikehotel, in dem auch Wanderer, Eltern, Liebhaber von gutem Essen und Yogafans auf ihre Kosten kommen. In der Bar62 treffen einander Gäste und Einheimische, der Eingangsbereich wirkt einladend und die Zimmer bestechen durch ihr schickes, stylisches Design und den schönen Ausblick auf das Tal. Es gibt ein Hallen- und ein Freibad, eine Saunawelt sowie geführte Wanderungen und Mountainbiketouren. Top: ein sicherer Abstellraum für Fahrräder sowie ein Waschplatz.

Tel.: 0039 0471 860384
39040 Tramin
Weinstraße 43
www.traminerhof.it
info@traminerhof.it

ULTEN

ARNSTEIN

Dieses schöne Drei-Sterne-Hotel am malerischen Kirchhügel von St. Gertraud im Talschluss von Ulten ist ein idealer Ausgangspunkt für einen Aktivurlaub im Sommer und Skitouren im Winter. Die gemütlich eingerichteten Zimmer, in deren Fokus die Verwendung natürlicher Materialien steht, verfügen alle über WLAN und einen eigenen Balkon, der den Blick auf ein herrliches Bergpanorama freigibt. Ein Kinderspielplatz wartet auf die jungen Gäste. Top: die UltentalCard.

Tel.: 0039 0473 798121
39010 Ulten
Hauptstraße 112
www.arnstein.it
info@arnstein.it

VALS

MASL Ⓝ

Hier trifft echte Südtiroler Tradition auf Vier-Sterne-Gastlichkeit vor einem traumhaften Alpenpanorama. Die Zimmer sind top ausgestattet und passend zum alpinen Umfeld gemütlich eingerichtet. Im Hallenbad mit beheiztem Outdoorpool und Whirlpool, fünf Themensaunen und einer Blockhaus-Almsauna sowie einem Fitnesscenter kann man sich auspowern. Das Hotel bietet Sport, Entspannung und kulinarischen Genuss für die ganze Familie. Top: Kinderspielraum, Teenie-Raum und Streichelzoo.

Tel.: 0039 0472 547187
39037 Vals
Unterlände 21
www.hotel-masl.com
info@hotel-masl.com

VÖLS AM SCHLERN

VETZAN – SCHLANDERS

VINSCHGERHOF Ⓝ

Dieses Wanderhotel im Vinschgau ist mitten in einer der schönsten Wanderregionen der Alpen ein Topausgangspunkt für Umgebungstouren. Das fantastische Hotel bietet große, lichtdurchflutete Zimmer, die modern und im linearen Stil gestaltet sind. In der Adults-only-Vista-Wohlfühloase sind die Sauna mit Panoramablick, das Hallenschwimmbad mit Glaskuppel und der Sky Whirlpool die Highlights. Auch Hunde sind gern gesehene Gäste. Plus: erlebnisreiche Bergtouren und Ausrüstungsverleih.

Tel.: 0039 0473 742113
39028 Vetzan – Schlanders
Alte Vinschger Straße 1
www.vinschgerhof.com
rezeption@vinschgerhof.com

VILLANDERS

ANSITZ ZUM STEINBOCK

Heute wird das Villanderer Dorfbild eher von modernen Bettenburgen beherrscht, im Mittelalter überragte der Gerichtssitz alle anderen Häuser. Durch mustergültige Renovierungsarbeiten ist im Steinbock das Flair des Mittelalters erhalten geblieben. Egal ob man in der Herren-, Grafen-, Adelssuite oder im Gerichtszimmer sein Nachtquartier aufschlägt: In den komfortablen und geschmackvoll eingerichteten Zimmern kann sich der Gast immer wie ein König fühlen. Die Sonnenterrasse vor dem Ansitz lockt an lauen Sommerabenden. Bei ungünstigem Wetter sind die Stuben sehr gemütlich.

Tel.: 0039 0472 843111
39040 Villanders
F.-v.-Defregger-Gasse 14
www.zumsteinbock.com
info@zumsteinbock.com

VÖLLAN

GENIESSERHOTEL DER WALDHOF

Dieses feine Vier-Sterne-Superior-Hideaway liegt herrlich, umgeben von einem großen Naturpark mit Teich. Hier findet man Freiraum, Ruhe und traumhafte Aussichten. Die elegant eingerichteten Zimmer und Suiten im Hotel Waldhof bieten modernen Wohnkomfort und eine stylische Ausstattung. Seit dem Frühjahr 2019 gibt es Wellness vom Feinsten. Neu sind ein Panorama Infinity Pool, eine großzügige Wald-Event-Sauna und ein Ruheraum mit Aussicht auf die Mayenburg und das Tal.

Tel.: 0039 0473 568081
39011 Völlan
Mayenburgstraße 32
www.derwaldhof.com
info@derwaldhof.com

VÖLS AM SCHLERN

EMMY

In diesem etwas außerhalb von Völs gelegenen Vier-Sterne-Superior-Hotel erlebt man die Harmonie einer ökologischen Bauweise und den achtsamen Einsatz der fünf Elemente. In den mit Bedacht eingerichteten Zimmern hat man einen atemberaubenden Ausblick und genießt talseits bis abends die Sonnenstrahlen. Neben dem Panorama-Wellnessreich „Fellis Spa" mit Schwimmbad und Saunen ist die Aussichts-Sonnenterrasse der perfekte Ort zum Entspannen. Spielezimmer für die Kleinen.

Tel.: 0039 0471 726014
39050 Völs am Schlern
Putzesstraße 5
www.hotelemmy.it
info@hotelemmy.it

TURM

Der Turm in Völs ist kein Hotel von der Stange, sondern ein sehr individuelles Haus der Extraklasse, dem es gelingt, die Balance zwischen Geschichte, Kunst und Moderne zu meistern. Die dicken, massiven Mauern und Gewölbe des einstigen Gerichtsturms gehen auf das 13. Jahrhundert zurück. Zweites prägendes Element ist die bemerkenswerte Kunstsammlung, die hier im Hotel öffentlich zugänglich ist. Das Haus bietet alle Annehmlichkeiten eines Hotels dieser Kategorie und ist Ausgangspunkt wunderbarer Wanderungen.

Tel.: 0039 0471 725014
39050 Völs am Schlern
Kirchplatz 9
www.hotelturm.it
info@hotelturm.it

WELSBERG

WELSBERG

CHRISTOF ⓝ

Einfach, unkompliziert und locker – so sieht sich das Hotel Christof in Welsberg. Es enthält alle Zutaten für einen lässigen Urlaub: 31 feine Zimmer in zwei Kategorien, ein Restaurant mit Bar, einen kleinen Wellnessbereich und Garten. Die Zimmer sind hip eingerichtet mit viel Holz und stylischen Accessoires und verfügen über eine Loggia mit Aussicht auf Wald, Garten oder Berge. Auf Aktivitäten in den Dolomiten folgt Entspannung im feinen Spabereich mit Schwimmbad, Sauna oder Dampfbad.

Tel.: 0039 0474 944031
39035 Welsberg
Maria-am-Rain-Straße 10
www.hotel-christof.com
info@hotel-christof.com

WELSBERG–TAISTEN

ALPEN TESITIN ⓝ

Traditionelles Südtiroler Handwerk und ländliche Stilrichtungen ergeben im Fünf-Sterne-Panorama-Wellness-Resort eine perfekte Symbiose. Inmitten einer Kulisse von weiten Feldern und dichten Wäldern liegt dieses Hotel mit atemberaubender Aussicht auf die Dolomiten. Die Wohlfühlzimmer und Suiten sind hell und sehr geschmackvoll eingerichtet. Ein Highlight ist der vielfältige Wellnessbereich mit Sonnen-Infinitypool, Luxus-Whirlpool sowie verschiedensten Saunen mit Kräuterpeelings.

Tel.: 0039 0474 950020
39035 Welsberg–Taisten
Unterrainerstraße 22
www.alpentesitin.it
info@alpentesitin.it

alpin - stylisch - echt

AT ALPEN TESITIN
PANORAMA WELLNESS RESORT ★★★★★

www.alpentesitin.it

Hotel Alpen Tesitin - Familie Feichter
Unterrainerstraße 22
39035 Taisten/Welsberg - Südtirol
Tel +39 0474 950 020
info@alpentesitin.it

WOLKENSTEIN IN GRÖDEN

GAILERHOF ℕ

Das Bed and Breakfast Gailerhof liegt in herrlicher Ruhe mitten im Wald am Panoramaberg von Welsberg. Freiheitsliebende und Unabhängigkeit suchende Gäste finden hier stilvolle, individuelle acht Doppelzimmer und fünf Apartments. Sie sind mit Holz aus dem eigenen Wald, mit modernen Details und in warmen Farben eingerichtet und bieten einen Panoramabalkon mit Blick auf das Pustertal. Ein Muss: einen Picknickkorb mit vielen Leckereien und einer kuscheligen Decke zusammenstellen lassen.

Tel.: 0039 0474 944238
39035 Welsberg–Taisten
Schießstandweg 9
www.gailerhof.com
info@gailerhof.com

WELSCHNOFEN

ENGEL SPA & GOURMET

Eleganz und Komfort zeichnen dieses luxuriöse, dennoch sehr familiär geführte Hotel aus. Das Wellness- und Gourmetresort befindet sich mitten in den Dolomiten des Eggentals, umgeben von den sagenhaften Zacken, Spitzen und Eisrinnen des Rosengartens und Latemar. Das Interieur ist stilvoll und elegant, die Zimmer und Suiten gelten als herrschaftlich. Ein riesiger Spabereich mit Designer-Saunawelt sowie sieben Relaxräume und vier Pools im Innen- und Außenbereich bieten den Gästen reichlich und bequeme Entspannungsmöglichkeiten.

Tel.: 0039 0471 613131
39056 Welschnofen
Gummerer Straße 3
www.hotel-engel.com
booking@hotel-engel.com

WOLKENSTEIN IN GRÖDEN

ALPENROYAL GRAND HOTEL

Das Fünf-Sterne-Hotel Alpenroyal steht für Luxusurlaub der Extraklasse. Die 54 Zimmer und Suiten sind mit hochwertigen Stoffen, klassischen Farben und samtweichen Federbetten ausgestattet. Die weitläufigen Flächen bieten Privatsphäre in der Anlage sowie im Grand Parc und dem architektonischen Meisterwerk, dem neuen Wellnessbereich – ein Gegenpol zum traditionellen Haupthaus. Dieser bietet eine Badewelt mit Unterwassermusik, eine ausgezeichnete Saunawelt sowie eine Fitnesswelt und Ruheoasen.

Tel.: 0039 0471 795555
39048 Wolkenstein in Gröden
Meisulesstraße 43
www.alpenroyal.com
info@alpenroyal.com

CHALET GÉRARD
The Mountain Lodge

Dieses in fantastischer Lage hoch oben gebaute Boutiquehotel ist herrlich in die Natur eingebettet und ermöglicht Gästen einen traumhaften, unverbauten Ausblick. In den nur zwölf eleganten Zimmern und Suiten trifft alpenländisches Flair auf stilvolles Ambiente, ruhige Nächte sind garantiert. Viel Holz, Filzstoffe und Stein prägen die Einrichtung im Chalet-Stil. Nach einer Wanderung oder einem Wintersporttag findet man in der Zirbelkiefersauna oder dem Whirlpool im Freien Entspannung.

Tel.: 0039 0471 795274
39048 Wolkenstein in Gröden

www.chalet-gerard.com
info@chalet-gerard.com

GRAN BAITA
Sport- & Wellness-Hotel

Das Vier-Sterne-Superior-Hotel liegt etwas außerhalb des Zentrums von Wolkenstein – zentral und doch im Grünen. Die Zimmer sind gemütlich und luxuriös eingerichtet und bieten einen faszinierenden Ausblick auf die Dolomiten. Die Wellnessoase beeindruckt in der Sauna „Saslong" mit unsagbarem Fernblick, einem Salz-Schwebebecken oder dem Vulkania Rasulbad. Hier bleiben die Gedanken an den Alltag draußen.

Tel.: 0039 0471 795210
39048 Wolkenstein in Gröden
Nives 11
www.hotelgranbaita.com
info@hotelgranbaita.com

NIVES
Boutique Hotel

Dieses Vier-Sterne-Superior-Boutiquehotel im Herzen von Wolkenstein ist eine Oase der Ruhe, fernab vom Massentourismus. Die nur 13 Zimmer und Suiten wurden mit Liebe zum Detail modern eingerichtet – Holz, gedeckte Farben und große Fenster spielen eine wichtige Rolle. Die Juniorsuite ist sehr geräumig. Das kleine, aber feine Nives Spa und der schöne Garten runden das Erholungsangebot dieses Hotels ab. Tipp: Private Dining im gut sortierten Weinkeller oder eine Weinverkostung.

Tel.: 0039 0471 773329
39048 Wolkenstein in Gröden
Nivesstraße 4
www.hotel-nives.com
info@hotel-nives.com

ALM-HÜTTEN

DIE BESTEN

ANRATTERHÜTTE — Seite 905
Mühlbach

HAGNERALM — Seite 916
Welschnofen

JORA HÜTTE — Seite 902
Innichen

ISIHÜTTE — Seite 907
Radein

HOFER ALPL — Seite 915
Völs am Schlern

SCHATZERHÜTTE — Seite 900
Afers

MAIR IN PLUN — Seite 913
Villanders

Dieser Teil des Führers stellt Almgasthäuser, Berghütten und Schutzhütten in den Mittelpunkt.

Almhütten bzw. Berghütten befinden sich am Berg und verschönern das Wandern mit schmackhaften Speisen und erfrischenden Getränken. Oft werden traditionelle Gerichte aufgetischt, wie z. B. Knödel mit Krautsalat, Schlutzkrapfen, Gulasch und hauseigene Säfte, aber auch kreative und innovative Bergküche wird geboten.

Schutzhütten liegen im Hochgebirge und sind nicht durch Seilbahnen im öffentlichen Dienst oder über öffentliche Straßen zugänglich. Sie bieten Bergsteigern und Wanderern Verpflegung und Unterkunft bzw. Übernachtungsmöglichkeiten.

LANDKARTE

LEGENDE

▢ Hof- und Buschenschänken

⬆ Almhütten

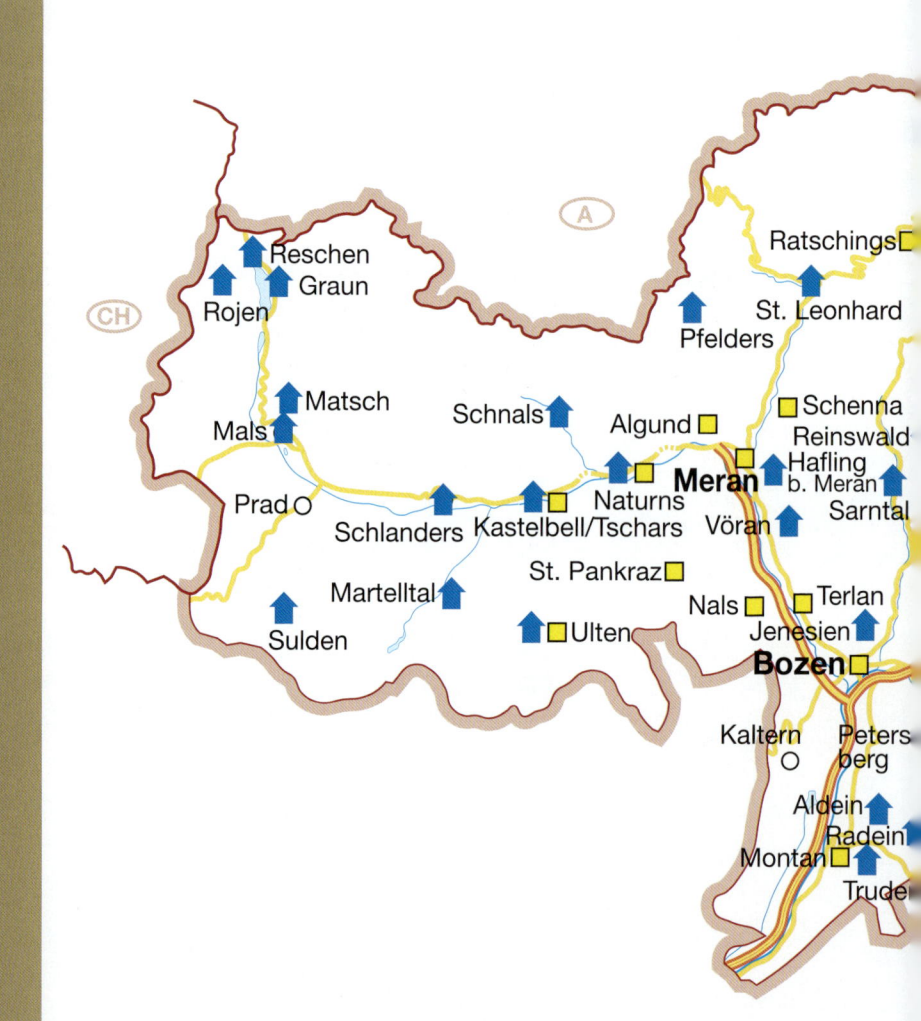

LANDKARTE

SÜDTIROL ALMHÜTTEN

ABTEI

ABTEI

MASO RUNCH HOF

Die Maso Runch kann durchaus als Gourmetalm bezeichnet werden. Hier vereinen sich Landwirtschaft und die Liebe zur Kulinarik. Die Familie Nagler bewirtschaftet diesen Hof, auf dem sie seit mehreren Generationen lebt. Das Besondere an der Küche ist die starke Verwurzelung in der ladinischen Tradition. Die Gerichte tragen eigenwillige Namen wie Turtres (frittierte Teigtaschen mit Ricotta-Spinat-Füllung), Cajinci (hausgemachte Spinat-Ricotta-Ravioli mit Parmesan und flüssiger Butter), Panicia (Gerstensuppe mit Schweinefleisch), Custeis y craut (Schweinsrippchen mit Kraut) oder Bales y golasc o polenta y golasc (Gulasch mit Knödeln oder Polenta). Milch und Eier stammen von den eigenen Tieren, die Kräuter werden im eigenen Biogarten gepflückt.

Tel.: 0039 0471 839796
39036 Abtei
Runch 11
www.masorunch.it
info@masorunch.it
Mo–Sa variabel

AFERS

SCHATZERHÜTTE

Vier Meter oberhalb der 2000-Meter-Marke liegt die Schatzerhütte. Sie zeichnet eine sagenhafte Kulisse aus: Der Aferer Geisler und der Peitlerkofel sind ständig im Blick. Die 1926 vorwiegend in Holzbauweise errichtete Hütte ist von einer schnörkellosen Architektur geprägt. Das Kulinarische darf durchaus als mehr als nur ordentlich bezeichnet werden. Die angebotenen Speisen sind herzhaft, der Tiroler Küche verpflichtet, doch getraut sich der Chefkoch, diese immer wieder auch ein wenig eigenständig zu interpretieren. Tipp: Fragen Sie nach der Holunderlimonade des Hauses. Ein besonderes Erlebnis ist auch das Frühstück auf der Alm, das man nach einer Übernachtung auf der Schatzerhütte zu sich nimmt.

Tel.: 0039 0472 521343
0039 328 7782228
39040 Afers
www.schatzerhuette.com

ALDEIN

GURNDINALM

Die Gurndinalm auf 1954 Meter Seehöhe bezeichnet sich selbst als Berggasthof. Auf der Karte stehen hausgemachte Käse- und Speckknödel sowie schmackhafte Fleischgerichte. Für einen süßen Abschluss sorgen Schmarren und Strauben. Es gibt offen ausgeschenktes Bier, Südtiroler Wein und zum Verdauen Latschenschnaps. Weil hier auch übernachtet werden kann, lockt ein Bauernfrühstück mit hofeigenen Produkten wie frischer Milch, Speck, Eiern und mehr. Die Gurndinalm liegt am südwestlichen Ausläufer der Dolomiten und ist in einem gemütlichen Spaziergang innerhalb von 20 Minuten vom Jochgrimm erreichbar. Die Alm auf einer weiten Wiesenterrasse wird nicht nur von Wanderern, sondern auch von Mountainbikern geschätzt. Der Hausberg der Alm, die zum Gurndihof in Aldein gehört, ist das Weißhorn. Unweit befindet sich der Geoparc Bletterbach, in dem man sich auf die Spuren der Dinosaurier begeben kann.

Tel.: 0039 330 765083
39040 Aldein
Jochgrimm 4
www.gurndinalm.com
info@gurndinalm.com
❄ bis Dez. 2019, Anfang März–Anfang Mai 2020

www.gaultmillau.at – Tipps, Trends, Rankings und alle Restaurantkritiken

GOSSENSASS

SÜDTIROL ALMHÜTTEN

BARBIAN

PLATZERALM
Barbianer Alm

Die Almschänke Platzer ist im weiten Umkreis bekannt, insbesondere die Fleischgerichte werden allerorts gelobt, ganz gleich, ob es sich um Schweine- oder Geflügelfleisch handelt. Erwähnenswert sind die hausgemachten Säfte: Apfel, Holunder und Himbeere. Einen Versuch wert sind auch die Süßspeisen, beispielsweise Rouladen, Buchweizen- und Linzer Torte. Erreichbar ist die Almschänke über Bad Dreikirchen oder vom Rittner Horn. An Wochenenden gibt es zünftige Grillgerichte, der Betrieb hält von Mitte Juni bis Mitte Oktober geöffnet.

Tel.: 0039 338 996 28 87
39040 Barbian
burger.helmuth@rolmail.net
täglich 11–16 Uhr

CAMPILL

ÜTIA VACIARA

Die Vaciara-Hütte in den Dolomiten liegt traumhaft unter dem imposanten Gipfel des 2875 Meter hohen Peitlerkofels. Das Prädikat „Genussvoller Almhüttenurlaub" passt hier perfekt. Der Blick schweift zum Piz da Peres, zum Kreuzkofelmassiv, auf La Varelle, den Lagazuoi und den Monte Pelmo. Aufgetischt werden regionaltypische Speisen, genossen werden können auch hofeigene Produkte – alles in rustikaler Art und Weise. In der Vaciara Almhütte kann auch übernachtet werden. Familie Zingerle bewirtschaftet auch den Bauernhof Gscnara in St. Martin in Thurn im Gadertal.

Tel.: 0039 339 702 60 03
39030 Campill
www.gscnara.it
info@gscnara.it

FREIENFELD

SIMILE-MAHD-ALM

Der Name der Simile-Mahd-Alm stammt aus Zeiten, in denen die steilen Bergwiesen rund um die Alm noch per Hand gemäht wurden. Es ist einer der wenigen Betriebe auf diesem Teil des Pfunderer Höhenweges (70 Kilometer langer Wanderweg im alpinen und teilweise hochalpinen Gelände) und deshalb auch für die Einkehr oder die Übernachtung ideal. Gekostet werden können Milchprodukte aus eigener Produktion, allen voran Butter und Graukäse. Hier sollte man sich auf Bodenständiges einstellen: Omelettes, Gerstensuppe, Variationen rund um den Graukäse. Auf Bestellung kann auch ein Braten zubereitet werden. Mohnstrudel und Schokoladekuchen kommen bei allen gut an. Erreichbar ist die Alm über eine Wanderung, die zunächst durch Wälder und dann über Wiesen bis zur Alm führt. Der Blick geht frei zu den Sarntaler Alpen und zum Penserjoch, unten im Tal sieht man das Wipptal.

Tel.: 0039 0472 647162
0039 347 238 74 57
39040 Freienfeld
Mitte Juni–Ende Sept. 2020

GOSSENSASS

ALLRISS ALM

Die Allriss Alm im Pflerschtal ist eine jener Almen, die sowohl im Sommer als auch im Winter bewirtschaftet werden. Prägend ist der Pflerscher Tribulaum, der vor der Alm mächtig in den Himmel ragt. Bewirtschaftet wird die Alm von Familie Staudacher. Dieser Name wird Alpinski-Fans sicher ein Begriff sein, war doch Patrick Staudacher einer von mehreren Südtiroler Weltmeistern in dieser Sportart. Gegessen wird in der urigen Stube oder auf der herrlichen Terrasse, für Kinder gibt es einen großen Spielplatz zum Austoben. Sehr gut sind die Knödelvariationen, gut auch das Hirschgulasch, die selbst gemachten Torten und Rouladen und die selbst angesetzten Schnäpse.

Tel.: 0039 349 264 83 58
39041 Gossensass
Pflersch 111
www.ferienhaus-staudacher.com
info@ferienhaus-staudacher.com
Di–Sa 10–21, So 10–19 Uhr

GRAUN IM VINSCHGAU

GRAUN IM VINSCHGAU

MELAGER ALM

Das Langtauferer Tal mündet bei Graun in den Vinschgau und ist Ausdruck einer weitgehend unversehrten Kulturlandschaft. Hier befindet sich auch die Streusiedlung Melag und die gleichnamige Alm, die im Besitz der Alminteressentschaft ist. In den Sommermonaten werden zahlreiche Kühe und noch mehr Jungvieh auf die Alm getrieben. Ein Gastbetrieb ist angeschlossen, wird aber unabhängig von der Viehhaltung bewirtschaftet. Hinter der Alm erheben sich die gewaltigen Gletscherriesen mit der Weißkugelspitze (3739 Meter). Die Sennerei liefert Käse und Butter, die gemeinsam mit bodenständigen Gerichten direkt auf der Alm verkostet werden können. Es fehlt nie an Speck und Würsten. Auch bei Wildgerichten herrscht kein Mangel, der Betreiber ist ein passionierter Jäger.

Tel.: 0039 0328 538 32 09
0043 650 480 96 62

39027 Graun im Vinschgau
Langtaufers 91

www.melager-alm.it
aufderklammalexander@gmail.com

täglich 11–16 Uhr
❄ Mitte Okt.–Weihnachten 2019, Mitte April–Anfang Juni 2020

HAFLING

MOSCHWALDALM

Meran 2000 hat sich sowohl im Winter als auch im Sommer als ideales Ziel für Familien etabliert. Gleiches kann für die Moschwaldalm inmitten von ausgedehnten Wäldern und Wiesen gesagt werden. Die Alm ist im Besitz von Haflinger Bauern, die hier im Sommer ihr Vieh weiden lassen. Wird an Wochentagen mit Knödeln, Bratkartoffeln, Gulasch, Speck oder Omelettes Klassisches angeboten, werden an Sonn- und Feiertagen auch Bratengerichte vom Schaf (Schöpsernes) und Ziege (auch Bockenes) aufgetischt. Das Herrengröstl wird klassisch mit Krautsalat serviert, gut ist auch der Speck am Brettl. Bei den Säften sind Zitronenmelisse, Pfefferminze und Ribisel von Qualität. Hier wird der Apfelstrudel mit Mürbteig zubereitet.

Tel.: 0039 339 634 25 87

39010 Hafling
Locherweg 32

moschwald@live.de

täglich 10–17 Uhr
❄ Dez. 2019–April 2020

WAIDMANN ALM

Meran 2000 ist im Winter ein beliebtes Familienskigebiet, aber auch im Sommer kommen Familien mit Kindern mit Alpinbob und Kinderland auf ihre Kosten. Selbstverständlich ist Meran 2000 auch ein viel begangenes Wandergebiet und die Waidmann Alm, die am großen Europäischen Fernwanderweg E5 (vom Bodensee bis zur Adria) liegt, ist im Sommer wie im Winter eine höchst willkommene Einkehrmöglichkeit. Die Karte bietet Speckknödelsuppe, Käsenocken mit brauner Butter und Parmesan, Makkaroni nach Art des Hauses, Bauerngröstl, Hauswurst mit Sauerkraut, saures Rindfleisch und Wiener Schnitzel mit Röstkartoffeln an. Natürlich fehlen auch nicht Südtiroler Speck und Käse. An Sonntagen werden Schweinsrippelen gegrillt. Die Tortenauswahl ist reich und auch Omelettes und Kaiserschmarren werden angeboten.

Tel.: 0039 0473 27 94 61

39010 Hafling

www.meran-2000.com
waidmannalm@rolmail.net

täglich 10–16 Uhr
❄ bis Weihnachten 2019, Ende März–Anfang Mai 2020

INNICHEN

JORA HÜTTE

Das Ambiente ist zwar urig und familiär, bei den kulinarischen Angeboten will man aber weit über das in Südtirol übliche hinausgehen und alpine und mediterrane Genüsse zueinander finden lassen. Die Gerichte werden frisch mit hochwertigen Produkten von Küchenchef Markus Holzer samt Team zubereitet. An Vorspeisen gibt es gegrillten Ziegenkäse vom Unter-Oltlhof, Berglinsensalat mit gesäuerter Rindszunge oder italienische Bohnensuppe mit hausgemachten Dinkelditaloni. Eine Spezialität des Hauses sind die Pastagerichte, die sich auch vielfach im Kochbuch Markus

Tel.: 0039 335 656 12 56

39038 Innichen
Am Erschbann 6

www.jora.it
info@jora.it

täglich 11.30–15 Uhr
❄ Okt.–Nov. 2019,
April–Mai, Okt.–Nov. 2020

Holzners wiederfinden. Zum Beispiel Rosmarincaserecce mit frischen Eierschwammerln, hausgemachte Maccheroni mit Hirtensauce, Minzebucatini mit Saibling, Datteltomaten und Oliven, Holzkohletagliolini mit Golden-Gel-Käse, Wildspinat und Sommertrüffel. Bei den Hauptspeisen werden geschmorte Wange vom heimischen Rind, Beuschel vom heimischen Ziegenkitz, Wiener Schnitzel vom Kalb mit Röstkartoffeln angeboten. Für Kinder gibt es eine separate Karte. Alle Gerichte stehen stets unter der Prämisse: Heimisches, und das möglichst in Bioqualität. Die gemütliche Wanderung zur Hütte führt durch Wiesen und Wälder vorbei am Innichner Wildbad oder auf direktem Weg, dort, wo im Winter die Skipiste verläuft.

JENESIEN

JENESIER JÖCHL

Tel.: 0039 338 921 32 69

39050 Jenesien
Kampideller Weg 22

Die Alm Jenesier Jöchl ist bequem zu Fuß erreichbar, und das sowohl von Sarntal als auch von Mölten aus. Der Aufstieg führt an den Stoanernen Mandln vorbei, Männchen aus Stein ähnlich, um die sich allerlei Geschichten und Mythen ranken. Die Einkehrmöglichkeit bietet eine einfache Kost: Wiener Schnitzel, Bauernbraten, Kaiserschmarren, Apfelstrudel und hausgemachte Kuchen. Das Bestellte kann in zwei kleinen Stuben oder direkt vor dem Haus genossen werden. Übrigens: Hier befinden wir uns direkt am Übergang vom Tschöggelberg ins Sarntal. Im Winter ist das Gebiet bei Schneeschuhwanderern sehr beliebt.

KASTELBELL-TSCHARS

ZIRMTALALM

Tel.: 0039 0473 426105
0039 388 989 86 60

39020 Kastelbell-Tschars
Tomberg

Die Zirmtalalm auf dem Nörderberg oberhalb von Kastelbell ist im Besitz von Tomberger Bauern (Fraktion von Kastelbell-Tschars), die im Sommer ihr Vieh hier oben auf die Weide schicken. Rund um die Alm tummeln sich allerlei Tiere (Hunde, Ziegen, Schweine), die Idylle perfekt machen die mächtigen, schützenden Zirbelkiefern und Lärchen. Da keine Straße heraufführt, muss sich die Hütte über eine Materialseilbahn beliefern lassen. Die Speisen werden auf einem kleinen Holzherd zubereitet, unter anderem auch Hammel- und Ziegenbraten. Die Zirbelkiefer ist Protagonistin in den Zirbennocken und im Zirbenschnaps. Darüber hinaus wird klassische Südtiroler Almkost angeboten. Eine Besonderheit ist der Alpenrosensaft.

KASTELRUTH

SANON HÜTTE

Tel.: 0039 0471 72 70 02

39040 Kastelruth
Piz 19
www.sanon.it
info@sanon.it

Die Seiseralm ist in ganz Europa bekannt und beliebt. Wer hier noch Traditionelles sucht, dem sei die Sanon Hütte empfohlen. Familie Kostner bietet in gemütlicher Atmosphäre typische Südtiroler Gerichte und hausgemachte Kuchen. In der Regel gibt es nur mittags Essen, wer hier abends speisen will, sollte sich rechtzeitig anmelden. Die familiär geführte Hütte ist sowohl im Winter als auch im Sommer geöffnet und von der Bergstation der Umlaufbahn in gut einer halben Stunde Fußmarsch erreichbar. Romantisch ist es auch, die Hütte mit dem Pferdeschlitten anzusteuern, sportlich kann sie auch mit dem Mountainbike angefahren werden. Stolz ist man auf der Sanon Hütte auf den hausgemachten Frischkäse. Die Stube mit Ofen im ersten Stock der Hütte verströmt Gemütlichkeit.

LÜSEN

LÜSEN

KREUZWIESENALM

Vor nunmehr fast 15 Jahren wurde beschlossen, die einst einfache Hütte stattlich auszubauen und auch Unterkünfte für all jene Wanderer anzubieten, die sich während ihrer Tour auf dem Europäischen Fernwanderweg ausrasten wollen. Rund um die Alm werden etliche Hektar Wiese gemäht und im Sommer weidet dort das Vieh der Familie Hinteregger. Die gesamte Familie hilft, einer der Söhne ist für die Käseproduktion zuständig. Und so ist es auch selbstverständlich, dass der Almkäse im Mittelpunkt des kulinarischen Angebotes steht. Hergestellt werden Weich-, Schnitt- und Graukäse, die in Pressknödeln, den Käse-Polenta-Spatzln und in den Käseknödeln zu finden sind. Käse und Butter können auch erworben und mit nach Hause genommen werden. Die Alm ist im Sommer täglich und im Winter an Wochenenden geöffnet.

Tel.: 0039 0472 41 37 14
0039 333 748 48 80

39040 Lüsen

www.kreuzwiesenalm.com
info@kreuzwiesenalm.com

täglich 11.30–19.30 Uhr
✱ variabel, bis 26. Dez. 2019

MALS

HÖFER ALM

Die Höfer Alm ist eine beliebte Einkehrstätte bei Wanderern und Familien. Es handelt sich hierbei um einen Betrieb, der auf 2066 Höhenmetern direkt an der Waldgrenze im Skigebiet Watles liegt. Das Almzentrum ist sowohl über eine Forststraße als auch per Sessellift erreichbar und im Sommer wie im Winter geöffnet. Auf der Alm weiden mehr als 80 Kühe, die Milch wird hier direkt zu ausgezeichnetem Käse und Butter veredelt. Die Bewirtschafter der Höfer Alm, die E.B.N.R. Schlinig und die Interessentschaft Amberg, übernehmen die Vermarktung und den Verkauf der Produkte. Die Küche bietet rustikale Gerichte an. Die Alm ist nicht nur ein lohnendes Einkehrziel, sondern auch idealer Ausgangspunkt für weitere Wanderungen.

Tel.: 0039 349 404 07 52

39024 Mals
Pardellesweg 26

info@watles.net

Mo–Fr 9–17, Sa, So 9–18 Uhr

PLANEILER ALM

Die Alm oberhalb des Dörfchens Planeil auf 2200 Meter Meereshöhe ist im Sommer Weideplatz für fast 300 Rinder, etliche Pferde und 700 Schafe. Das Ergebnis sind täglich 1000 Liter Milch, die von der Sennerin zu Butter, Joghurt und Käse veredelt werden. Den Weg von der Milch zum Laib kann man in der Schaukäserei mitverfolgen. Mit rund sieben Tonnen Käse pro Sommer gehört die Planeiler Alm zu den größeren Wirtschaftsalmen im Vinschgau. Und es sind Milchprodukte, die hier oben Hauptprotagonisten sind und ins Speiseangebot in Form von Frischkäse, Joghurt oder Molke Eingang finden. Darüber hinaus fehlen nicht Omelettes, Spiegeleier, Hauswürste und Suppen. Am Wochenende kommen Gulasch und Braten auf den Tisch. Der Speck stammt von den eigenen Schweinen.

Tel.: 0039 392 574 18 87

39024 Mals

karin.hofer1@gmail.com

MARTELLTAL

LYFI ALM

Das Martelltal ist eines jener Täler, das man besuchen sollte, wenn man Südtirol verstehen will. Ein wunderschöner, für Südtiroler Verhältnisse noch unberührter Ort. Die Lyfi Alm befindet sich auf uraltem Siedlungsgebiet und es wird erzählt, dass der Name viele Jahrhunderte, auf den ersten Almbesitzer Livius zurückgehen soll. Die im Eigentum der Gemeinde Martell befindliche Hütte wird im Sommer und im

Tel.: 0039 333 277 01 00

39020 Martelltal
Hintermartell 204

www.lyfialm.it
info@lyfialm.it

Di–So 11.30–15 Uhr

NATURNS

Winter bewirtschaftet. Das Steinhaus wurde 1956 erbaut und bietet Platz für Hungrige, aber auch die Möglichkeit zum Übernachten. Angeboten wird Hausmannskost: Saure Suppe, Gulasch, Knödel und Speck. Mit den Erdbeeren aus dem Tal (dieses ist berühmt für diese Früchte) werden im Sommer köstliche Nachspeisen zubereitet, auch Apfelstrudel und Bauernkrapfen sind auf der Karte. Käseliebhaber können den am Hof produzierten Käse direkt beim Senner erwerben.

MATSCH

OBERETTESHÜTTE

Lediglich von Mitte Juni bis Ende September/Anfang Oktober ist die Oberetteshütte geöffnet. Der Grund: Die Hütte befindet sich auf 2670 Meter Seehöhe inmitten der landschaftlich einmaligen Matscher Bergwelt. Damit ist die Hütte idealer Ausgangspunkt für die Besteigung der Weißkugel (3739 Meter). Die Küche stärkt nach dem anstrengenden Aufstieg mit Knödeln, Gulasch, Kaiserschmarren, Nudelpfanne sowie hausgeselchtem Speck und Almkäse direkt von den Bauern des Matschertales. Zugreifen sollte man beim Apfelstrudel oder der Linzer Torte. Beim Fleisch setzt man fast ausschließlich auf jenes der eigenen Schottischen Hochlandrinder nach der Devise: keine Antibiotika, kein Soja, keine Massenhaltung. Auf der Schutzhütte kann auch übernachtet werden.

Tel.: 0039 340 611 94 41
39034 Matsch
www.oberettes.it
info@oberettes.it

MÜHLBACH

ANRATTERHÜTTE

Die zur Almenregion Gitschberg zählende Anratterhütte ist von ausgedehnten Lärchenwäldern umgeben und liegt idyllisch auf einer weiten Wiese. Das Urige der von Holz bestimmten Alm auf 1814 Meter Meereshöhe samt schönem Schindeldach erkennt man schon von Weitem. Hier sind gepflegte Hüttenkultur mit viel Charme und Gemütlichkeit angesagt, die Vieh- und Almwirtschaft ist immer noch ein wichtiges Standbein. Auf der Sonnenterrasse genießt man eine schier unendliche Vielfalt an Knödelgerichten: 15 Variationen an der Zahl werden tagtäglich angeboten. Viele Produkte stammen aus der eigenen Landwirtschaft wie etwa Fleisch oder Salat. Kinder finden einen Streichelzoo und einen Kinderspielplatz. Natürlich gibt es von und zu der Almhütte schöne Wandermöglichkeiten.

Tel.: 0039 0472 84 95 74
0039 335 45 34 00
39037 Mühlbach
Bergstraße 22
www.anratterhof.info
info@anratterhof.info
täglich 11–16 Uhr

NATURNS

ZETNALM

Die Talseiten des unteren Vinschgaus sind vom kargen Sonnenberg und üppigen Nörderberg geprägt. Auf der einen Seite brennt die Sonne gnadenlos und entsprechend ist auch die Vegetation, auf der anderen, nordschattigen Seite bedeckt ein dunkler Waldgürtel die Flächen. Hier befinden sich mehrere Almen, darunter auch die Zetnalm. Diese ist nach nur kurzem Fußmarsch erreichbar und bei Einheimischen wie Gästen bekannt und beliebt. Das Wort Zetn bedeutet im Südtiroler Dialekt Gestrüpp. Wenn es um Fleisch geht, ist der Hüttenwirt ein Meister seines Faches und die Wildgerichte sind deshalb auch weithin bekannt. Hirsch und Reh werden zu Braten und Gulasch verarbeitet, er serviert aber auch Kalbsstelze, Bockenes (Ziegenbraten) und Schöpsernes (Schafbraten). Seine Frau bäckt köstliche Kuchen.

Tel.: 0039 335 691 86 48
39025 Naturns
Nörderberg
Mai–Ende Okt. 2020

OBERWIELENBACH

OBERWIELENBACH

LERCHERALM

Das Oberwielenbacher Tal ist eines der kleinen, unscheinbaren, aber dafür umso wertvolleren Täler Südtirols. Der Aufstieg führt über Forstwege und durch Nadelwälder. Die im 17. Jahrhundert erbaute Lercheralm ist urig geblieben. Die Speisekarte liest sich recht einfach: Rindsgulasch mit Knödeln, Hauswurst mit Sauerkraut, Knödeltris, Käseplatte oder Graukäse mit Zwiebel. Kaiserschmarren und hausgemachte Kuchen bilden den Abschluss. Für Radfahrer gibt es eine kostenlose E-Bike-Ladestation, im Winter ist die Forststraße zur Lercheralm stets gut präpariert und bietet so verschiedene Möglichkeiten für Wintersportler. Kinder können sich auf dem Spielplatz austoben.

Tel.: 0039 333 113 57 68
39030 Oberwielenbach

PETERSBERG

PETERSBERGER LEGER ALM

„Zurück zu den Wurzeln" ist das Credo der Gastgeber auf der Petersberger Leger Alm, die gemütlich vom Wallfahrtsort Maria Weißenstein in weniger als einer Stunde Fußmarsch zu erreichen ist. So viel wie möglich wird direkt auf der Alm angebaut. Auf der Speisekarte stehen Spezialitäten wie Schüttelbrotspatzln, aber auch ordentliche Marendebrettln. Knödel dürfen natürlich nicht fehlen. Der Ausblick geht hinüber nach Maria Weißenstein, zu den Ötztaler Alpen und zum Weißhorn. Es gibt eine Kost-fast-nix-Seite in der Speisekarte, zudem kann man hier auch für die Vierbeiner aus einer eigenen Hundespeisekarte wählen. Nett: der kleine Spielplatz direkt bei der Alm.

Tel.: 0039 328 209 57 25
39050 Petersberg
Weißenstein 5
www.petersbergerleger.it
info@petersbergerleger.it

PFELDERS

LAZINSER ALM

Wer typisches Hüttenessen sucht, der wird auf der Lazinser Alm fündig. Ganz gleich ob bei Leberknödeln, Gulasch mit Knödel oder Ziegenbraten: Alles kommt ordentlich auf die Teller und schmeckt. Zum Abschluss kann man ein stärkendes Glas Buttermilch trinken. Der Start der Wanderung auf die Lazinser Alm erfolgt vom großen Parkplatz in Pfelders aus und führt eben und leicht ansteigend zumeist durch einen schattigen Lärchenwald über dem Lazinser Hof bis zur Lazinser Alm am Fuß der Hochwilde, die im Sommer bewirtschaftet wird. Das stattliche, große Haus wartet auch mit einer gemütlichen Veranda auf.

Tel.: 0039 0473 64 68 00
39013 Pfelders
elisabeth.heel20@gmail.com

PRAGS

DÜRRENSTEINHÜTTE

Ein wunderbarer Rundumblick ergibt sich von der Dürrensteinhütte auf die Gipfel der Dolomiten des Pragser Tales. Ein Spaziergang von der Plätzwiesenhütte zur Dürrensteinhütte (Etappenziel des Dolomiten Höhenweges) ist ideal für Familien mit Kindern. Interessant ist es, sich in die Geschichte dieser Hütte einzulesen. Sie wurde 1968 von Tristano Costantini gegenüber einer alten österreichischen Ruine, die man noch heute bewundern kann, erbaut. Schon in der Bauphase gab es reichlich Aufregung, als eine Bombe aus dem Ersten Weltkrieg gefunden wurde und entschärft werden musste.

Tel.: 0039 0474 97 25 05
0039 346 324 29 67
39030 Prags
Plätzwiese 71
www.vallandro.it
info@vallandro.it

RASEN-ANTHOLZ

Im Sommer 1970 gab es dann die große, feierliche Eröffnung. Heute ist die Hütte beliebte Einkehrmöglichkeit für Wanderer und bietet diesen auch die Gelegenheit, im Schlaflager oder in Zimmern über Nacht zu bleiben. Nebst einer klassischen Südtiroler Küche finden sich auch Gerichte aus dem Süden. Gegessen wird in der Gaststube oder auf der Terrasse, die gegen Osten und Süden ausgerichtet ist.

STOLLA ALM

Erinnern Sie sich an die Häuschen in den Märchen der Gebrüder Grimm? Wenn ja, werden Sie die Stolla Alm lieben, wenn nein, dann sollten Sie schleunigst hierher kommen. Die Hütte ist dermaßen klein, dass hier nur bei Schönwetter serviert wird, denn innen ist es zum Sitzen zu eng. Deshalb hält der Betreiber, der unten in Sexten auch einen Bauernhof betreibt, bei Schlechtwetter Ruhetag. Der Name Stolla kommt von Klumpen und verweist auf die Wiese, in der viele Buckel und kleine Erhebungen zu finden sind. Die Stolla Alm wird auch oft mit ausgezeichneten Knödeln in Verbindung gebracht. Weitum beliebt sind auch die Schlutzkrapfen, mit Spinat und Topfen gefüllte Teigtaschen. Da hier im Sommer sehr viele italienische Gäste einkehren, wird auch Polenta mit Käse, Pilzen und Fleisch angeboten. Sehr reiche Palette an Nachspeisen: Apfelküchlein, Schnitten mit allerlei heimischen Obstsorten sowie Tiramisu. Das Pragser Tal ist wildromantisch und des Öfteren Filmkulisse für nationale wie internationale Filmproduktionen.

Tel.: 0039 338 999 24 38
39030 Prags

RADEIN

ISIHÜTTE
Almrestaurant

Das Mehl wird selbst gemahlen, das Fleisch stammt vom eigenen Bauernhof, das Gemüse wird selbst geerntet. Aber auch bei all den anderen Zutaten schaut man genau auf deren Herkunft: Der Eggerhof liefert die Teigwaren, der Käse kommt vom nahen Fleimstal, die Schafmilch vom befreundeten Bauernhof in Radein. Die Isihütte bietet einen knackigen Krautsalat mit Südtiroler Bauernspeck, rustikale Nudeln im Pfandl und dreierlei Knödel mit aufgeschäumter Butter und Parmesan sowie einen Apfelstrudel nach Großmutters Rezept an. Qualität steht hier über allem und so wird auf der Hütte nicht nur einfacher Flaschenwein glasweise ausgeschenkt, sondern es werden auch gute bis sehr gute Tropfen angeboten. Interessant ist auch die qualitativ hochstehende architektonische Gestaltung der Isihütte.

Tel.: 0039 348 810 86 94
39040 Radein
Jochgrimm 11
www.isi.st
info@isi.st

Mo, Mi–So 10–17 Uhr
❄ bis Weihnachten 2019,
Mai–Juni 2020

RASEN-ANTHOLZ

BERGERALM

Fleisch ist hier eine Sache für sich, denn der Betreiber ist ein passionierter Jäger. Deshalb sind Fleischliebhaber in der Bergeralm an der richtigen Adresse, auf Bestellung können Wild- und Lammgerichte genossen werden. Natürlich gibt es auch Knödel, Spiegeleier und Kasspatzln. Die Bergeralm, die zum Bergerhof weiter unten im Tal gehört, liegt auf 1640 Meter Meereshöhe. Hier weiden im Sommer die Kühe des Hofes. Es ist dies eine urige Hütte mit ebenso grandiosem Bergrundblick. Sonntags gibt es die klassischen Süßspeisen der Südtiroler Küche: Krapfen und Kniekiachl. Auf der Alm werden auch diverse hausgemachte Sirupe angeboten. Krönender Abschluss sind die diversen Torten.

Tel.: 0039 348 842 43 37
39030 Rasen-Antholz
www.almstunden.it
info@almstunden.it

Die besten Weine Österreichs: der Gault&Millau-Weinguide.

REINSWALD

KNUTTENALM

Die Knuttenalm liegt mitten im Naturpark Rieserferner und der Blick geht weit hinaus zu den einmaligen Dreitausendern. Die Alm ist sowohl im Winter als auch im Sommer lohnende Station für Wintersportler (Skitourengeher, Rodler) und Wanderfreunde. Auf dem Speiseplan der Hütte stehen Knuttenmaccheroni, Gulaschsuppe, Kaiserschmarren und hausgemachte Schlutzkrapfen. Der Knutti Kas ist eine Spezialität aus Rohmilch und wird von einer Naturrinde aus heimischen Bergkräutern ummantelt. Almbutter, Preiselbeermarmelade und der zünftige Knuttengeist dürfen nicht fehlen. Eine Besonderheit ist der Murmeltierbalsam, ein Allheilmittel für so mancherlei Wehwehchen.

Tel.: 0039 335 650 83 09
39032 Rein In Taufers
Rein in Taufers 112
www.knuttenalm.it
info@knuttenalm.it
bis 5. Dez. 2019, Mitte Nov. 2020

REINSWALD

GETRUMALM

Die Getrumalm wird sowohl im Winter als auch im Sommer bewirtschaftet und liegt in herrlicher Panoramalage in Reinswald, das auch das ideale Familienskigebiet des Sarntals ist. Einkehrern wird typische Südtiroler Küche angeboten, Marenden, saures Rindfleisch, Apfelstrudel, selbst gebackenes Brot. Gegessen wir in den Stuben oder auf der gemütlichen Terrasse.

Tel.: 0039 0471 188 06 39
39058 Reinswald
Nr. 28
getrumalm@yahoo.de

RESCHEN

RESCHNER ALM

Die Reschner Alm thront in einmaliger Lage über dem Reschensee, von hier hat man wohl den schönsten Blick auf das langgezogene Gewässer des oberen Vinschgaus. Die Alm liegt nahe der österreichischen und schweizerischen Grenze auf 2015 Meter Meereshöhe und ist im Besitz der Fraktion Reschen. Im Sommer sind die Weiden voller Vieh (über 400 Rinder und über 700 Schafe). Interessant: Die Milch wird über eine unterirdische Rohrleitung direkt bis zur Sennerei im Tal angeliefert. Auf der Tageskarte stehen regelmäßig Teigtaschen, die mit diversen Füllungen angeboten werden. Nennenswert ist die Vinschger Brotsuppe, ein Gericht, das fast schon in Vergessenheit geraten ist. Natürlich gibt es auch Fleischgerichte vom Wild, Schaf, Kitz und Lamm und eine zünftige Speckplatte.

Tel.: 0039 331 528 58 18
39027 Reschen
Altdorf 53
reschner.alm@gmail.com
Do–Di 11.30–17 Uhr
Okt.–Mitte Dez. 2020

ROJEN

SKIHÜTTE ROJEN

Die Skihütte Rojen befindet sich direkt an der Piste im Skigebiet Reschen/Schöneben und ist somit insbesonders Einkehrstätte für Skifahrer, aber auch Tourengeher. Ursprünglich handelte es sich um eine urige und gemütliche Hütte, das Interieur prägen Holz und rustikal wirkende Holzbänke. Später wurde auch ein moderner Holzanbau mit Bar hinzugefügt, dieser hat bei vielen aufgrund seiner Moderne zu Kopfschütteln geführt (ob zu Recht oder zu Unrecht sei jedem Besucher selbst überlassen). Auf der Sonnenterrasse können Klassiker der Südtiroler Hüttenkost verzehrt werden; mit Sicherheit geht es dann gestärkt mit dem Skifahren weiter. Nachmittags lädt die Skihütte auch zu einem wärmenden Tee oder Cappuccino und allerhand Kuchen ein.

Tel.: 0039 737 93 45
0039 336 52 19 92
39027 Rojen
Altdorfstraße 52
stecher.d@bb44.it

ST. ULRICH

ST. KASSIAN

VALPAROLA ALM-EISENÖFEN
Munt-Malga

Auf der Valparola Alm befinden wir uns an einem Ort von geschichtsträchtiger Bedeutung, denn vom 14. bis ins 16. Jahrhundert wurde in diese Gegend das in Colle Santa Lucia gewonnene Erz transportiert, geschmolzen und zu hochwertigem Roheisen verarbeitet. Die Schmelzöfen sind mittlerweile Geschichte, der Name Eisenöfen-Alm erinnert aber an die einstige Metallgewinnung. Die malerische Wiese dient heute Kühen, Pferden und Schafen als Weidefläche. Die Valparola Alm hält es im Speiseangebot sehr rustikal: Aufgetischt werden Brot, Käse, Speck, Topfen, Joghurt – alles selbst gemacht.

Tel.: 0039 333 910 53 78
39036 St. Kassian
Pre de Costa
r.volgger@rolmail.net
täglich 11–17 Uhr

ST. LEONHARD/PASSEIER

WANNSER ALM

Es geht bergauf, stetig bergauf. Auf der serpentinenartigen Straße zum Jaufenpass, im Bergdorf Walten angekommen, zweigt der Weg nochmals ab ins Wannser Tal. Die gleichnamige Alm, in Stein und Holz erbaut und mit einem schönen Schindeldach gedeckt, befindet sich auf einem geschützten Wiesenplatz auf 1640 Meter Seehöhe. Im Sommer weidet hier das Vieh aus dem Tal, die Milch wird zu Butter und zu Graukäse verarbeitet. Hier hat die Zivilisation noch nicht Einkehr gehalten, deshalb gibt es hier auch kein elektrisches Licht. Die Wirtsleute backen regelmäßig frisches Roggenbrot, auf Bestellung werden auch in Vergessenheit geratene Gerichte wie Plentener Riebl aufgetischt. Die Speisekarte ist hier oben spartanisch gehalten, an Wochenenden gibt es Fleischgerichte vom Schaf und von der Ziege.

Tel.: 0039 348 264 05 58
39015 St. Leonhard/Passeier
augscheller@gmail.com

ST. ULRICH

DANIEL HÜTTE

Die Seceda Alm ist weit über die Landesgrenzen hinaus ein Begriff. Es ist dies ein Wandergebiet für Südtirol-Liebhaber, die Daniel Hütte liegt mittendrin auf immerhin 2240 Meter Meereshöhe. Das Panorama ist atemberaubend und wird von mehreren Dolomitengipfeln geprägt. Den Grundstein zur Hütte legte 1971 Daniel Demez, 1995 übernahm Sohn Samuel mit Frau Brigitte den Betrieb. Die außergewöhnliche Lage der Hütte, die urigen Stuben und eine gute Qualität des Essens animierte auch diverse Persönlichkeiten aus Sport und Politik zur Einkehr auf der Daniel Hütte. Nebst Südtiroler Gerichten wird insbesondere Wert auf Pastagerichte gelegt. Zu vermerken sind auch die hausgemachten Süßspeisen. Weine aus Südtirol und feine Grappas, Fruchtbrände, Cognacs und Armagnacs runden die Palette ab.

Tel.: 0039 335 648 26 60
39046 St. Ulrich
Grohmannstraße 153
www.seceda.cc
daniel@seceda.cc

Alle Ergebnisse auch auf unserer Website:
www.gaultmillau.at

ST. VIGIL IN ENNEBERG

ST. VIGIL IN ENNEBERG

FANES HÜTTE

Die Fanes Hütte wurde 1928 erbaut und blickt auf eine bewegte Geschichte zurück. Sie befindet sich auf 2060 Höhenmetern mitten im Naturpark Fanes Sennes Prags. Die von Anfang Juni bis Mitte Oktober sowie vom 26. Dezember bis Mitte April geöffnete Hütte liegt direkt unter dem Limopass (2172 Meter) und bietet einen wunderschönen Ausblick auf die Tofane. Im Sommer werden die Gäste mit einem Jeep, im Winter mit einer Schneekatze zur Hütte mit 80 Schlafplätzen transportiert. Natürlich kann man auch zu Fuß hinkommen. Hier oben wird vor allem die ladinische Küche bevorzugt. In der gemütlichen Stube aus Holz werden Turtres, Hirtenmaccheroni und eine Speckplatte aufgetischt. Die Auswahl an Weinen, Schnäpsen und Likören ist umfangreich.

Tel.: 0039 0474 50 10 97
0039 348 39 00 66 0
39030 St. Vigil in Enneberg
www.rifugiofanes.com
info@rifugiofanes.com
Mitte April–Mai,
Mitte Okt.–Mitte Dez. 2020

SARNTAL

HAUSERBERGALM

Die urige Hauserbergalm liegt zwischen dem Jenesier Jöchl und Sarnthein. Die Küche ist sehr rustikal, es werden etwa Spiegeleier mit Speck, lokale Käsesorten, Pilze und natürlich Speck angeboten. Wer süße Krapfen liebt, wird hier fündig. Die urige Alm ist beliebte Einkehrstätte für Wanderer am Tschögglberg. Zur Alm gelangt man entweder vom Sarntal her oder von Jenesien aus. In der Regel öffnet die Almwirtschaft Anfang Juni und schließt Anfang November.

Tel.: 0039 347 807 26 61
39058 Sarntal
Hauserberg 28
Mitte Nov. 2019–Mai 2020

SCHLANDERS

GÖFLANER ALM

Die Göflaner Alm liegt inmitten des Nationalparks Stilfserjoch auf 1826 Metern, direkt am Göflaner Marmorweg zwischen Laas und Schlanders und unweit des höchstgelegenen Marmorbruchs Europas auf 2200 Meter Meereshöhe. Der Marmor – das weiße Gold des Mittelvinschgaus – gehört zu den Einzigartigkeiten der Region und wird weltweit geschätzt. Steigt man von der Hütte, die von Juni bis Oktober bewirtschaftet wird, höher, hat man bald ein kleinen Almboden verlassen und erreicht die letzten Baumgruppen vor der Göflaner Hütte. Der Blick wird frei auf das geschäftige Treiben rund um die Abbaustätte. Auf der Hütte mit Almausschank erhält man einfache Speisen, allesamt der Südtiroler Tradition entsprechend.

Tel.: 0039 335 766 99 67
39028 Schlanders
Schalleracker 14
www.goeflaneralm.jimdo.com
goeflaner.alm@gmail.com
täglich 11–17 Uhr
variabel, Anfang Okt. 2019–
Mitte Juni 2020

SCHNALS

BERGLALM

Das Schnalstal, bekannt auch wegen der unweit von hier gelegenen Fundstelle des Ötzis, ist ein Tal voller Kontraste. Die Ötztaler Alpen bilden den majestätischen Rahmen. Die in Besitz zweier Bauern befindliche Berglalm auf 2214 Meter Meereshöhe ist im Sommer Weidealm für das Vieh. Eine Einkehr in die Berglalm ist ein besonders gemütliches Erlebnis. Knödel kommen in vielerlei Versionen auf den Tisch, auch Lamm, Bockenes (Ziegenbraten) oder Rindsgulasch stehen auf der Speisekarte. Das Brot ist teilweise selbst gemacht, diverse Sirupe werden angesetzt. Eine Spezialität des Hauses ist der Kaiserschmarren. Die Berglalm ist ideal über Tagestouren und von mehreren Richtungen aus erreichbar. Kinder können sich am kleinen See und rund um die Alm austoben.

Tel.: 0039 339 381 64 82
39020 Schnals
Unser Frau 126
www.bergl-alm.com
info@bergl-alm.com

STERZING

SÜDTIROL ALMHÜTTEN

SCHNALS

SCHÖNE AUSSICHT

Schon der Name der Almhütte ist Programm: Schöne Aussicht. Mitten im Gletschergebiet des Schnalstales liegt sie auf über 2800 Meter Seehöhe. Von hier aus kann man auch gut die Fundstelle des Ötzis erwandern. Direkt im Grenzgebiet zwischen Italien und Österreich gelegen, bilden majestätische Bergspitzen ein umwerfendes Panorama. Der pfiffige Besitzer der Hütte, Paul Grüner, hat sich allerlei einfallen lassen, um die Hütte zum Unikat zu machen. Da gibt es ein Zollhaus direkt an der Grenze, nur wenige hundert Meter von der Schutzhütte, das einem Nest für zwei Personen gleicht. Vis-à-vis der Schönen Aussicht ist die höchstgelegene, in Bottichen angelegte Outdoor-Sauna Europas, zudem kann auch in Iglus übernachtet werden. Auf Komfort in der Hütte muss man trotzdem nicht verzichten, hier kann man essen und frühstücken. Die Küche stärkt, ist bodenständig und der klassischen Südtiroler Kost verpflichtet.

Tel.: 0039 0473 67 91 30
39020 Schnals
Karthaus 29
www.schoeneaussicht.it
info@schoeneaussicht.it

SEXTEN

TALSCHLUSSHÜTTE
Fischleintal

Die Talschlusshütte in Sexten liegt an einer sonnigen Waldlichtung auf 1548 Meter Höhe am Ende des Fischleintals und damit am Eingang des berühmten Naturparks Drei Zinnen mitten im UNESCO-Weltnaturerbe. Von der Terrasse geht der Blick auf die Sextner Sonnenuhr, die Gipfel des Elfers, Zwölfers und Einsers. Für Kinder gibt es einen Streichelzoo und einen Spielplatz. Serviert wird eine durchwegs auf Südtirol ausgerichtete Küche und einige mediterrane Gerichte. Das Fleisch stammt von nahe gelegenen Vertrauensbauern, die Kräuter aus dem eigenen Garten. Auf Anfrage werden auch besondere Ernährungswünsche wie gluten- oder laktosefreie Kost berücksichtigt. Die Hütte ist von Mai bis Ende Oktober und von Weihnachten bis Ostern geöffnet.

Tel.: 0039 0474 71 06 06
39030 Sexten
Fischleintalstraße 41
www.talschlusshuette.com
info@talschlusshuette.com
täglich 11–16 Uhr
✵ variabel bis Weihnachten 2019,
Ostern–Mitte Mai 2020

STERZING

PRANTNERALM

Ein Naturschauspiel ist die Prantneralm auf einer Seehöhe von 1800 Metern oberhalb der Fuggerstadt Sterzing. Die Alm wird im Sommer und Winter bewirtschaftet und ist für Familien mit Kindern bestens geeignet. Sie ist recht leicht erreichbar und als Plus gibt es einen großen Spielplatz sowie Ziegen, Kühe und Kaninchen zum Streicheln. Bewirtschaftet wird die Alm von Familie Gogl, in den Stuben, im Wintergarten oder auf der herrlichen Terrasse werden typische Almgerichte aufgetischt. Aus der Speisekarte: Speck- und Käseplatte, Nudelsuppe, Frittatensuppe, Leberknödel- und Speckknödelsuppe, Tagliatelle mit Wildragout, Wiener Schnitzel, Hirschgulasch, Schweinsripperl und Knödelvariationen.

Tel.: 0039 338 495 90 84
39049 Sterzing
www.prantneralm.com
info@prantneralm.com

www.gaultmillau.at
Tipps, Trends, Rankings und alle Restaurantkritiken

TERENTEN

SULDEN

SCHAUBACHHÜTTE

Besonders hoch hinaus geht, wer auf der Schaubachhütte oberhalb von Sulden einkehrt. Bereits das Bergdorf Sulden liegt auf 1900 Meter Meereshöhe, zur Schaubachhütte steigt man auf 2581 Meter hinauf. Geführt wird die Hütte von den Betreibern des Hotels Post in Sulden und geöffnet ist die Einkehrmöglichkeit, die Ausgangspunkt für vielerlei Hochtouren ist, sowohl im Sommer als auch im Winter. Die Schaubachhütte dient vor allem dazu, Wanderern und Bergsteigern eine Stärkung, ein Nachtquartier oder einen Schutz vor nahendem Unwetter zu bieten (45 Übernachtungsmöglichkeiten). Angeboten werden eine kräftigende Jause und die Gerichte der typischen Südtiroler Küche. Es locken Touren auf die Suldenspitze, den Cevedale und die Königsspitze.

Tel.: 0039 0473 613024
39029 Sulden
www.schaubachhuette.it
info@schaubachhuette.it

TERENTEN

TIEFRASTENHÜTTE

Die Hütte wurde im Jahr 1912 erbaut, 1922 wurde sie enteignet und nach dem Zweiten Weltkrieg verfiel sie zunehmend. Es war dann der örtliche Alpenverein, der das Gebäude 1974 neu errichtete. Seit 1978 ist die Tiefrasten wieder für Gäste geöffnet, heute werden hier auf 2312 Metern durchgehend warme Küche sowie ein Rucksacktransport mit der Materialseilbahn angeboten. Wanderer können auch Quartier nehmen. Geöffnet hat die Hütte über die Sommersaison von Ende Mai bis Ende Oktober. Kulinarisch bleibt man hier oben traditionell mit altbewährten und beliebten Südtiroler Schmankerln.

Tel.: 0039 0474 554999
0039 348 8954020
39030 Terenten
www.schutzhuetten.net/
tiefrastenhuette.html
info@tiefrasten.com
✱ bis Mitte Mai 2020

TIERS

SCHUTZHAUS TSCHAFON

Die Tschafonhütte ist eine der beliebtesten Almhütten im Lande. Das ist zum einen wegen der unkomplizierten Erreichbarkeit so (von Tiers sind es 90 Minuten Wanderung), zum anderen wegen des Ausblicks auf Rosengarten, Vajolettürme und Latemar. Von April bis Oktober werden Frischkäse mit Kräutern, Brennnesselspinatomelette, „Knedl mit Kress und Rucola", „Goggelen mit Eartepfl" (Eier mit Kartoffeln) oder a „guate Gerstsupp" angeboten. Auf 1737 Meter Meereshöhe wird auch im eigenen Garten geerntet. Pilze und Beeren stammen aus dem nahen Wald. Je nach Jahreszeit werden frische Brennnesseln, Guter Heinrich, Löwenzahn und Bärlauch verarbeitet. Wer auf der Tschafonhütte übernachtet, den erwartet ein Frühstück aus hausgemachten Erzeugnissen.

Tel.: 0039 347 8131152
39050 Tiers
Weißlahn 43
www.schutzhaus-tschafon.
com
info@schutzhaus-tschafon.
com

TRUDEN

HORNALM

Genau an der Landes- und Sprachgrenze zwischen Südtirol und dem Trentino liegt die Hornalm in Truden. Ganz genau genommen befindet sie sich auf dem Gemeindegebiet von Capriana und ist im Besitz der Fleimstaler Gemeinschaft, der „Magnifica Comunità di Fiemme". Trotzdem weidet auf den Wiesen im Sommer Vieh aus dem Südtiroler Dorf Truden. Entsprechend gemischt geht es auch kulinarisch zu. Polenta wird in allen Variationen angeboten, zudem Rehgulasch, Bratwurst, Pilze und mehr. Hier

Tel.: 0039 338 1022342
39040 Truden
Mühlner Straße 11
www.zur-muehle.com
info@zur-muehle.com

VILLNÖSS

kann man sich auch von den Strapazen des Fernwanderweges E 5 (vom Bodensee bis zur Adria) erholen und gemütlich übernachten. Und wem das klassische Südtirol fehlt: Die Pächter haben auch Kaiserschmarren, Knödel und Strauben auf der Karte.

ULTEN

STEINRAST

Das Ultental ist wohl eines der ursprünglichsten Täler Südtirols geblieben. Das Bergrestaurant Steinrast liegt zudem in einem versteckten Seitental des Ultentales. Mehr Südtirol pur geht also fast nicht mehr. Das Gebäude wurde im Jahre 1965, zeitgleich mit dem Arzkar-Stausee, auf 2250 Meter Höhe errichtet. Der Berggasthof in sonniger Lage befindet sich am Rande einer ebenen Almfläche mit mehreren Almhütten. Hier kann der Gast köstliche Gerichte genießen, die mit einheimischen Produkten aus dem Ultental zubereitet werden. Im Winter führt eine anspruchsvolle Rodelbahn vorbei. Die Küche überrascht mit hausgemachten Kräutergerichten wie etwa Pressknödeln mit wildem Spinat und Alpenrosenblüten. Auf Vorbestellung werden abends auch warme Gerichte serviert. Kinder fühlen sich auf der Spielwiese pudelwohl.

Tel.: 0039 328 90 39 88 85
39010 Ulten
Dorf 573
elisa.kuppelwieser@rolmail.net

VILLANDERS

MAIR IN PLUN
Villanderer Alm

Die Villanderer Alm ist eine der größten Hochalmen Europas und recht ursprünglich geblieben. Der beliebte Mair in Plun ist ein Plätzchen, das sich besonders für Familien eignet. Im Sommer laden Streichelzoo und Trampolin ein, im Winter ist das Rodeln vor der Hütte und dann hinunter entlang des Rodelweges eine riesengroße Gaudi. Das Gasthaus auf 1860 Meter Meereshöhe befindet sich am Wegkreuz zahlreicher Wanderungen zu beliebten Ausflugszielen (Rittner Horn, Villanderer Berg, Latzfonser Kreuz). Zum Kochen werden so oft wie möglich Produkte vom eigenen Bauernhof wie Rindfleisch, Milch, Eier sowie Obst, Gemüse und Kräuter verwendet. Qualitativ ist der Mair in Plun ein Garant für guten Geschmack. Im Sommer gibt es jeden Freitag frisch gefangene Bachforellen vom Grill. Aus der Karte: Käsenocken, Knödel, Gulasch, Kalbskopf, Graukäse, Speck und Kaminwurzen. Sehr gut auch der Kaiserschmarren.

Tel.: 0039 335 47 46 25
39040 Villanders
Alm 3
www.mairinplun.com
info@mairinplun.com

VILLNÖSS

GAMPENALM

Auf der Gampenalm in Villnöss kann man sich genüsslich und ohne Reue den Magen vollschlagen. Die Alm wird seit 30 Jahren von Familie Messner bewirtschaftet, die in einer getäfelten Zirbenstube Gerichte wie Gerstensuppe, Käseknödel oder Wildgulasch auftischt. Die Buchteln mit Vanillesauce sind ein Muss. Viele Produkte stammen von der eigenen Hof- und Almwirtschaft: Speck, Rindsgeselchtes, Graukäse, Milch, Buttermilch, Marmelade, Apfelsaft, Holunderblütensaft. Im Winter werden auch gemütliche Hüttenabende auf Vorbestellung angeboten. Es kann im Sommer auch übernachtet werden. Beliebt sind der Kinderspielplatz und im Winter die präparierte Rodelpiste von der Alm bis nach Zans bzw. Ranui.

Tel.: 0039 0472 840001
0039 348 272 15 87
39040 Villnöss
Alm 8
www.gampenalm.com
info@gampenalm.com

VILLNÖSS

GEISLERALM

Die Geislerlam liegt im Villnösser Tal auf knapp 2000 Metern im Naturpark Puez-Geisler. Es ist ein Ort, der Südtirol dank des überwältigenden Panoramas und der angebotenen traditionellen Hüttenkost gut repräsentiert. Auf der Karte finden sich Graukäsesuppe, Tirtlen, Marenden, Teigtaschen, Carpaccio, Wildgerichte, Hirtenmakkaroni, Gulasch mit Knödel, Lammkoteletts von der autochthonen Lammsorte Villnösser Brillenschaf. Allseits beliebt, bei Kindern wie Erwachsenen, ist der Geisler-Burger. Für die Kleinsten gibt es eine Spielwiese und einen Spielplatz.

Tel.: 0039 339 604 46 85
39040 Villnöss
St. Johann 2
www.geisleralm.com
info@geisleralm.com

KASERILLALM

Wer ein ideales Fotomotiv für Südtirol sucht, der komme ins Villnössertal und nehme die Geislerspitzen ins Visier. Die Kaserillalm, immerhin knapp unter 2000 Meter Meereshöhe gelegen, befindet sich genau unterhalb dieses eindrucksvollen Fotomotivs. Die Kaserillalm bilden zwei Hütten, eine historische und eine im Jahr 2006 erbaute, in der auch der Gastbetrieb stattfindet. Hier wird aber nicht nur aufgekocht, die Kaserillalm (so sagt es ja eigentlich auch schon der Name) inmitten des Naturparks Puez-Geisler ist eine Alm mit Schaukäserei. Thomas Mantinger präsentiert Käse in verschiedenen Ausprägungen, von weich bis gereift. Die Hüttenkost sieht des Weiteren Klassisches wie Knödel, Schlutzkrapfen und Speck vor, aber auch eine Besonderheit wie den Schinken vom Villnösser Brillenschaf, einer autochthonen Rasse aus dem Tal, deren Charakteristik die Brillen um die Augen und das besonders weiche Fleisch sind.

Tel.: 0039 0472 84 02 19
0039 334 334 42 00
39040 Villnöss
Zanserstr. 4
www.kaserillalm.com
info@unterkantiolerhof.com

WEISSENBACH

VINTL

GAMPIEL ALM

Die Gampiel Alm ist ein lohnendes Ziel für eine ausgedehnte, erlebnisreiche Wanderung. Der Aufstieg hat es in sich, doch der schöne Blick hinunter ins enge Tal inmitten der Pfunderer Berge ist eine verlockende Entschädigung. Erwähnenswert ist, dass hier auch glutenfreie Gerichte angeboten werden, etwa Schlutzkrapfen und Erdäpfelblattln. Zudem auf der Karte: Speck- und Pressknödel, Graukäse und Speckbrettl, Omelettes und Krautsalat. Ein Höhepunkt ist das hauseigene Joghurt, zum Kochen wird grundsätzlich Rohmilch verwendet. Hausgemachte Säfte: Zitrone und Melisse, Holunderblüte und Eistee. Kühe, Ziegen und Kaninchen gehören zur Alm dazu. Kinder können sich auf dem kleinen Spielplatz austoben.

Tel.: 0039 0472 549204
0039 338 4858383

39030 Vintl
Eggerseiterstraße

www.gampielalm.com
info@gampielalm.com

täglich 8–18 Uhr
✻ variabel

VÖLS AM SCHLERN

HOFER ALPL

Auf einer weit ausladenden Wiesenterrasse liegt das Berggasthaus Hofer Alpl. Es handelt sich hierbei nicht, wie der Name vermuten lässt, um eine kleine Alm, sondern ein stattliches Gebäude, das weithin sichtbar ist. Südtiroler Spezialitäten sind hier angesagt: ein herzhafter Kaiserschmarren, ein saftiges Rindsgulasch mit Knödeln, eine köstliche Schweinshaxe. Wenn möglich, stammen die Produkte aus der eigenen Landwirtschaft. Hier oben lassen sich auch sehr gut Geburtstage oder Jubiläen feiern. Ein Muss sind der Schokoladekuchen und der Zwetschkenschmarren. Man kann auch übernachten. Für E-Bike-Liebhaber gibt es eine eigene Aufladestation.

Tel.: 0039 349 4008560

39050 Völs am Schlern
Schlernstraße 47

www.hoferalpl.it
info@hoferalpl.it

VÖRAN

LEADNER ALM

Die Leadner Alm ist allen Burggräflern aus ihrer Kindheit ein Begriff. Es gibt wohl keine Familie, die nicht schon hierher einen Sonntagsausflug gemacht hat. Die auf 1530 Metern gelegene Alm oberhalb von Hafling und Vöran erreicht man ab Vöran in eineinhalb Stunden, durchgehend bis 17 Uhr wird warme Küche angeboten. Ein Auszug aus der Speisekarte: Knödelsuppe, Nudelsuppe, Gemüsesuppe, Speckknödel mit Salat, Lasagne oder Hirtenmaccheroni, Rindsgulasch mit Knödel, Wiener Schnitzel mit Röstkartoffeln, Spiegeleier mit Speck und Röstkartoffeln, Kaiserschmarren mit Preiselbeeren und Himbeermarmelade und natürlich ein schmackhaftes Marendenbrettl. Zum Abschluss gibt es hausgemachte Kuchen. Für Kinder steht eine eigene Kinderkarte zur Verfügung. Auf der Leadner Alm wird auch Getreide angebaut, das nach alter Tradition geschnitten wird.

Tel.: 0039 0473 278136

39010 Vöran

www.leadner-alm.com
info@leadner-alm.com

WEISSENBACH

SCHÖNBERGALM

Nachdem die Schönbergalm im Juni 2018 komplett abgebrannt war, wurde sie in Rekordzeit und auch dank der Hilfe vieler Spenden wieder aufgebaut. Heute erstrahlt sie in neuem Glanz. Die beiden Pächter (Andi und Raffi) können nunmehr wieder die vielen treuen Gäste verköstigen. Hier oben auf 1792 Metern kann nicht nur zu Mittag gegessen, sondern auch ganz vorzüglich gefrühstückt werden. Am Abend wird nach entsprechender Vereinbarung aufgekocht. Der Fußmarsch von Weißenbach aus führt in eineinhalb Stunden bei einem Höhenunterschied von weniger als 500 Metern zur wieder aufgebauten Alm.

Tel.: 0039 340 1405231

39030 Weissenbach
Schönberg 18

April–Ende Okt. 2020

WEISSENBACH IM AHRNTAL

WEISSENBACH IM AHRNTAL

INNERHOFER ALM

Typische bäuerliche Gerichte werden auf der Innerhofer Alm, die nur in den Wintermonaten geöffnet ist, serviert. Daneben ist der Rodelspaß garantiert, denn die Rodelbahn, die hier beginnt, ist 4,5 Kilometer lang, beleuchtet und schneesicher (bei Vollmond ein besonderes Erlebnis!). Den hungrigen Gast erwartet eine zünftige Brettljause: Speck, Käse, Kaminwurzen und Brot. Auf der Alm werden zudem herzliche Gastfreundschaft und eine warme Stube geboten. Das Gebäude ist charakteristischerweise in reiner Holzbauweise gehalten, wirkt urig und heimelig.

Tel.: 0039 0474 68 00 36
0039 347 139 24 52
39030 Weissenbach im Ahrntal
Innertal 105
herbert.leiter@gmail.com

WELSBERG-TAISTEN

TAISTNER VORDERALM

Die Taistner Alm, auch Vorderalm genannt, befindet sich hoch über dem Pustertaler Dorf Taisten auf 2012 Meter Meereshöhe und ist von blühenden Almwiesen umgeben. Die Alm liegt ziemlich genau an der Baumgrenze und ist im Besitz von mehreren Bauern aus dem Ort, die hier im Sommer ihr Vieh weiden lassen. Aus der Milch werden verschiedene Produkte wie Butter und Käse hergestellt. Gab es hier vor einigen Jahrzehnten lediglich eine Holzhütte, wurde neben dieser ein stattliches Haus erbaut, das heute auch als Gasthaus dient und besonders auch wegen der großen Sonnenterrasse beliebt ist. Die Küche bietet Knödel, Omelettes, Bratkartoffeln mit Ei und Speck, Graukäse, Polenta mit Käse und Pilzen sowie diversen Kuchen.

Tel.: 0039 340 335 96 11
39035 Welsberg-Taisten

WELSCHNOFEN

HAGNERALM

Der ökologisch geführte Bauernhof hat praktisch alles, um sich selbst zu versorgen. Rund um die Hagneralm tummeln sich Nutztiere (Kühe, Schafe, Ziegen, Hasen, Pferde), im angrenzenden Wald lebt allerlei Wild, das dann so manches Mal auch auf die Teller der Gäste kommt. Das alte, mit Schindeln verkleidete Holzhaus ist gemütlich und urig eingerichtet. Aus der eigenen Hofkäserei sind Schnitt-, Halbfett- und auch ein Weißschimmel-Weichkäse. Das Gemüse wird natürlich direkt am Hof angebaut. Speck und Salami stammen von den eigenen Schweinen. Für Kinder ist die Alm ein Erlebnis, auch der Weg dorthin ist unkompliziert und für junge Wanderer geeignet. Und zuletzt das wahrscheinlich Beste: Wer diesen Rundblick über Bozen, Mendel und den Vinschgau einmal genossen hat, der weiß, was Glückseligkeit bedeutet.

Tel.: 0039 0471 61 33 65
0039 340 225 18 89
39056 Welschnofen
Hagnerweg 9
www.hagneralm.com
hagneralm@rolmail.net
❄ bis April 2020

WOLKENSTEIN IN GRÖDEN

COMICI HÜTTE

Fällt der Name Comici Hütte, geraten viele Gäste ins Schwärmen. Die Hütte ist eben nicht nur einfach eine Hütte, sondern ein Gesamterlebnis. Die Lage und das extravagante Essen (der Fisch wird eingeflogen, feinste Schaumweine werden serviert) machen sie zu einem Ort exklusiver Erlebnisse. Beispiele? Frischkäseterrine mit Gartenkräutern und Nussbrot, Filet vom Wolfsbarsch mit Cocktailtomaten und Joghurt-Holunder-Mousse mit Sommerfrüchten. Dieses Angebot und die Kunst, auf sich aufmerksam zu machen, hat bereits so manchen Prominenten gelockt: Michael Schumacher, Fürst Albert von Monaco und Fernando Alonso ließen sich hier verwöhnen. Die Hütte befindet sich auf 2200 Meter Seehöhe am Fuße des Langkofels. Das Schutzhaus mit schöner Sonnenterrasse wurde 1955 von Familie Marzola eröffnet und ist nach dem Grödner Alpinisten-Urgestein Emilio Comici benannt.

Tel.: 0039 0471 79 41 21
39048 Wolkenstein in Gröden
Plan de Gralba 24
www.rifugiocomici.com
info@rifugiocomici.com

Gault & Millau
2020

Die neuesten Ergebnisse aus der Haubenwelt:
800 Restaurants, neu getestet und bewertet.

Plus: Die besten Weine, Wirtshäuser, Hotels und Almhütten.
Neu in dieser Ausgabe: Golfclubs, Cafés und Bars.

Zwei Bücher, ein Preis: € 39,- für Ihren Wegweiser in die Welt des guten Geschmacks
www.gaultmillau.at

Bleiben Sie up to date mit unseren täglichen Nachrichten auf **Facebook** und **Instagram**.

HOF- & BUSCHEN-SCHÄNKEN

DIE BESTEN

FRONTHOF   Seite 927
Völs am Schlern

NIEDERMAIR   Seite 922
Kastelbell

OBERPARTEGGER   Seite 927
Villanders

KINIGERHOF   Seite 925
Sexten

NALSERBACHERKELLER   Seite 923
Nals

ZMAILER-HOF   Seite 925
Schenna

Der Unterschied zwischen Hof- und Buschenschänken ist klein, aber bedeutend. Gemeinsam haben sie eine lange Tradition in Südtirol.

In allen bäuerlichen Schankbetrieben in Südtirol servieren die Bauern nach wie vor in gemütlichen Stuben vorwiegend selbst erzeugte Produkte wie hausgemachte Säfte, schmackhafte warme und kalte Gerichte, heimisches Obst und natürlich Weine.

Im Gegensatz zu den Buschenschänken liegen die Hofschänken außerhalb des klassischen Weinbaugebietes und bauen deshalb keinen eigenen Wein an. Dafür werden ausgewählte Weine aus Südtirols Kellereien und Weingütern serviert.

Die Buschenschanklizenz ist zwingend mit der Kelterung und Verabreichung eines hauseigenen Weines verbunden. Das Törggelen hat hier seinen Ursprung.

ALGUND

ALGUND

SCHNALSHUBERHOF — BUSCHENSCHANK

Tel: 0039 0473 447324
0039 335 587 88 22

39022 Algund
Oberplars 2
schnalshuber@rolmail.net
Do–So 18–21.30 Uhr
❄ 16. Dez. 2019–4. März 2020

Die Devise im Schnalshuberhof lautet: Die Natur steht an erster Stelle. So werden die Weingärten und die Obstwiesen nach biologischen Anbaukriterien bewirtschaftet und die geernteten Produkte finden sich schlussendlich auf den Tellern und in den Gläsern. Erstmals urkundlich erwähnt wurde der Schnalshuberhof in Oberplars bei Algund im fernen Jahr 1318. Familie Pinggera setzt auf eine einfache, aber doch besondere Küche und hält das traditionelle, bäuerliche Südtirol hoch. Aufgetischt werden in den denkmalgeschützten Stuben Schlutzer, Knödel, Speck, Kaminwurzen und Käse. Auf Vorbestellung gibt es auch Schupfnudeln, Rippelen und Kalbsbraten. Säfte: Apfelsaft, Ribiselsaft, Holundersaft, Melissensaft und Pfefferminzsaft. Die Weinberge liefern Fraueler, Weißburgunder, Vernatsch, Blauburgunder und einen für Südtirol ungewöhnlichen Chambourcin. Die Produkte können auch im hofeigenen Laden erworben werden.

BARBIAN

GOSTNERHOF — BUSCHENSCHANK

Tel: 0039 0471 654357
0039 349 491 13 97

39040 Barbian
Barbianerstraße 9
www.gostnerhof.com
info@gostnerhof.com

Der Gostnerhof ist ein Obst- und Weinbetrieb und bietet auch Ferienwohnungen an. Eier, Trauben, Äpfel, Kastanien, Kirschen, Himbeeren stammen vom eigenen Betrieb und werden als Zutaten für die wohlschmeckende Eisacktaler Bauernküche verwendet. Natürlich gibt es auch Knödelgerichte, Kaiserschmarren, Eier mit Speck, Bauerntoast, Brettljausen (Speck, Käse, Kaminwurzen). Auf Bestellung: Gulasch, Braten oder Schweinsstelzen. Zu verkosten gibt es auch die hofeigenen Weine: einen kräftigen Zweigelt, einen fruchtbetonten Blauburgunder und einen einfachen Vernatsch. Bei den Weißweinen überzeugt der für das Eisacktal typische Müller-Thurgau. Familien freuen sich über den schönen Kinderspielplatz.

UNTERAICHNERHOF — BUSCHENSCHANK

Tel: 0039 0471 65 01 15

39040 Barbian
Aichnerweg 2
www.unteraichnerhof.com
info@unteraichnerhof.com

Gesundheit und Natürlichkeit sind die beiden Maximen im Unteraichnerhof in Barbian. Traditionelles wird neu interpretiert. Das Schweine- und Rindfleisch stammt von den eigenen Tieren am Hof. Serviert werden heiße Kartoffeln, hausgemachtes Bauernbrot, saure Suppe, Gerstensuppe, Knödel in mehreren Variationen: Speck- oder Leberknödel, Spinat-, Käse- oder Eierschwammerlknödel, Plentene (Buchweizen-) Knödel, Käse- oder Zwetschkenknödel. Beliebt sind auch die Schlutzkrapfen. Der Salat stammt aus dem eigenen Garten, ebenso diverses Gemüse. Die süßen Krapfen mit Kastanie, Quitte und Mohn sind ein Muss für Jung und Alt. Weine: Ruländer, Müller-Thurgau und Vernatsch. Unter den Fruchtsäften ragt besonders der Maulbeersaft hervor, eine absolute Rarität.

www.gaultmillau.at

Tipps, Trends, Rankings und alle Restaurantkritiken

BRIXEN

SÜDTIROL HOF- & BUSCHENSCHÄNKEN

BOZEN

FÖHRNER — BUSCHENSCHANK

Tel: 0039 0471 28 71 81

39100 Bozen
Glaningerweg 19
foehrner@alice.it

Der Föhrnerhof blickt auf eine wechselvolle Geschichte zurück. Immerhin 900 Jahre Tradition sind erfasst. Umso interessanter ist es, dass die Föhrner-Bäuerin, Karin Bracchetti, in der Männerdomäne der Winzerei Fuß gefasst hat. Chardonnay, Gewürztraminer, Vernatsch und Lagrein werden hier gekeltert. Auch eigene Säfte werden kredenzt: Apfel-, Holunder-, Pfefferminz-, Melissen- und Ribiselsaft. Mit einer Aussicht auf Bozen, das Überetsch und bis weit hinunter ins Unterland werden Speck, Kaminwurzen, Graukäse, selbst gebackenes Brot, Speckknödelsuppe, Spinat-, Käse- und Rote-Rüben-Knödel, Schwarzbrotnocken mit Graukäse, Kalbskopf, Rippelen und Haxen kredenzt. Im Herbst tischen die Gastgeber Hauswurst mit Kraut, Schlachtplatte und Kastanien auf, im Frühjahr hingegen Kaninchen und Lamm.

BRIXEN

GUMMERERHOF — BUSCHENSCHANK

Tel: 0039 0472 83 55 53
0039 340 56 3 45 40

39042 Brixen
Pinzagen 18
www.gummererhof.it
info@gummererhof.it

Das gesellige Beisammensein steht am Gummererhof, hoch über dem Talkessel der Bischofsstadt Brixen, im Mittelpunkt. Und die Törggelenzeit ist geradezu prädestiniert dazu, dieses Beisammensein zu fördern. Schlutzkrapfen, Surfleisch und Keschtn (gebratene Kastanien) sind hier Tagesrenner, ebenso Gerstensuppe, Käsenocken, Rippelen, Würste, Knödel und Sauerkraut als Hauptgericht sowie süße Krapfen zum Abschluss. Im Spätherbst kann der „Nuie", der neue Wein, gekostet werden. Die Landschaft prägen Kastanienhaine und Weingärten. Weine: Sylvaner, Müller-Thurgau, Portugieser und Zweigelt. Der „Blatterle" ist eine echter Südtiroler Weinrarität.

HUBERHOF — BUSCHENSCHANK

Tel: 0039 0472 83 02 40
0039 329 356 75 10

39042 Brixen
Laugenstraße 27, Elvas
www.huberhof.net
info@huberhof.net

Mo 12–14.30, Fr 16–23,
Sa, So 12–23 Uhr

Der Huberhof gehörte bis zum Jahr 1848 dem Kloster Neustift. Dann gelang es den damaligen Bauern, durch Zahlung einer Ablösesumme in den Besitz der Höfe zu gelangen. Seit 2000 gibt es am Huberhof eine Buschenschank, die rustikale Gerichte anbietet. Der Tradition entsprechend sind das Speck, Käse, Kaminwurzen, Kalbskopf, Buchweizen-, Rote-Rüben-, Spinat- und Käseknödel, Schlutzkrapfen, Erdäpfelblattlen mit Kraut, zudem Hauswurst, Rippelen und Wild. Im November wird eine besondere Spezialität angeboten: Blutknödel und Blutnudeln. Zu den hofeigenen Produkten zählen verschiedene Weine und Säfte, Kastanien und Fruchtaufstriche. Während der Törggelenzeit wird der typische Süßmost ausgeschenkt, der hervorragend zu Kastanien und Nüssen passt. Wer übernachten möchte, findet drei nette Ferienwohnungen.

VILLSCHEIDERHOF — BUSCHENSCHANK

Tel: 0039 0472 83 20 37
0039 347 341 57 24

39042 Brixen
Untereben 13
www.villscheider.info
info@villscheider.info

Fr 17–20.30, Sa,
So 12–20.30 Uhr
✱ 26. Nov. 2019–7. März 2020,
7. Juni–25. Sept. 2020

Der Villscheiderhof hat einen ähnlichen Weg genommen wie schon viele Bauernwirtschaften in Südtirol. War er zunächst ein auf Vieh ausgerichteter Betrieb, wurde der Hof mehr und mehr auf einen Obstbetrieb umgestellt. Doch nach dieser Wandlung folgte noch eine weitere: Neben Obst und Wein wurde die Buschenschank eröffnet, die sehr erfolgreich und beliebt ist. Sie hält im Frühjahr und im Herbst geöffnet und offeriert eine saisonal geprägte Karte. Zur Marende gibt es selbst gebackenes Bauernbrot, Kaminwurzen und Speck aus eigener Räucherung. An Sonntagen werden zudem Wild-, Lamm- oder Rindsbraten, aber auch gebratene Schweinsrippen angeboten. Im Herbst ist das traditionelle Törggelen mit Schlachtplatte samt hausgemachten Würsten, Pökelfleisch und gebratenen Kastanien angesagt. Hausgemachte Säfte und Eigenbauweine gibt es in Hülle und Fülle.

FELDTHURNS

FELDTHURNS

OBERMOSERHOF — HOFSCHANK

Tel: 0039 0472 855215
39040 Feldthurns
Schnauders 26
www.obermoserhof.it
info@obermoserhof.it

Eine Holzstube wie aus dem Bilderbuch erwartet den Gast im Obermoserhof in Feldthurns. Frische, hofeigene Produkte sind das Credo der Hofschank. Ganz gleich ob Gemüse, Speck und Fleisch aus eigener Schlachtung, selbst gemachte Würste, Eier, Marmelade oder Säfte: Alles ist hier aus Eigenproduktion. Klassiker sind Südtiroler Suppen wie Gerstensuppe und Kürbiscremesuppe, ein Eisacktaler Tris mit Käsenocken, Spinatnocken und Schlutzkrapfen sowie Gulasch und Zwiebelrostbraten. Zu empfehlen in der Törggelenzeit ist die Schlachtplatte, ein Muss sind auch die Krapfen und die Kastanien. Säfte: Apfelsaft, Holundersaft, Ribiselsaft, Himbeersaft.

KASTELBELL

NIEDERMAIR — HOFSCHANK

Tel: 0039 0473 624091
0039 349 2593055
39020 Kastelbell
Trumsberg 4
ernst.kaserer@hotmail.com
Mo–Mi, Fr–So 11–18 Uhr
✸ 20. Dez. 2019–1. April. 2020

Am Trumsberg, hoch über Kastelbell, liegt der Niedermairhof. Getrocknetes Rindfleisch, hausgemachtes Brot, verschiedene Suppen, Schöpsernes, Rindsbraten, Hauswurst, Kaiserschmarren, hausgemachte Krapfen, Gipfelen und Apfelstrudel werden im Niedermairhof saisonal aufgetischt. Dabei ist schon allein die über 200 Jahre alte Stube ein Erlebnis. Hinzu kommt die einladende Sonnenterrasse, die einen Ausblick weit in den Vinschgau und auf den 3780 Meter hohen Cevedale erlaubt. Die Produkte können auch ab Hof erworben werden. Begleitet werden die Speisen von hauseigenem Ribisel-, Holunder- oder Himbeersaft.

KIENS

SCHIFFEREGGER — HOFSCHANK

Tel: 0039 338 1768367
39030 Kiens
Im Peuren 8, St. Sigmund

Die Pustertaler Küche ist eine fast schon eigenständige im Bereich der Südtiroler Küche. In der Hofschank Schifferegger hat man Gelegenheit, diese zu verkosten und ihren Wert kennenzulernen. Es gibt Tirtlan (in Fett ausgebackene und mit diversen Füllungen versehene Teigformen), Pressknödel, Kaiserschmarren mit Preiselbeermarmelade, Lamm-, Kitz- und Kalbfleisch, Gulasch, hausgemachte Teigwaren, Apfel- und Topfenstrudel, Biskuitroulade und Buchweizentorte. Die rustikale Küche der Hofschenke Schifferegger verwendet hauseigene Produkte oder solche von Betrieben des Vertrauens. So wie es zu Südtirol gehört, werden auch Himbeer-, Holunder- und Ribiselsaft aufgetischt. Von der Terrasse geht der Blick weit hinein ins Pustertal.

MERAN

RAUTHOF — BUSCHENSCHANK

Tel: 0039 0473 244741
39012 Meran
Katzensteinstraße 41

Eine offen einsehbare Küche in einer Buschenschank ist ungewöhnlich und zeugt davon, dass man nichts zu verstecken hat. Ein wunderbarer Ausblick kommt dann noch dazu, denn der Rauthof überzeugt mit einem herrlichen Panorama auf den Meraner Talkessel bei verführerischen Düften aus Töpfen und Pfannen. Das Repertoire ist durch und durch klassisch, stets werden Speck, Hauswürste und saures Rindfleisch angeboten. An Wochenenden wird großzügiger aufgekocht und es werden Lammbraten und Rippelen aufgetischt. Säfte: Holundersaft, Apfelsaft und Birnensaft. Des Weiteren werden am Rauthof auch die eigenen Trauben gekeltert und zu einem Goldmuskateller bzw. Gewürztraminer verarbeitet. Die Rotweinseite decken Vernatsch, Lagrein und Blauburgunder ab.

NATURNS

MONTAN

PLANITZER — BUSCHENSCHANK

Der Planitzer in Montan steht für traditionelle Gerichte, hausgemachte Säfte und Eigenbauwein. Zum Entspannen lädt die große Panoramaterrasse mit ihrem herrlichen Ausblick von der Salurner Klause übers Südtiroler Unterland bis hin zum Kalterer See und den Meraner Bergen ein. Auf den Tisch kommt, was die Südtiroler Landwirtschaft bietet. Die Speisekarte überzeugt mit Klassikern wie Speck- oder Käseknödel, Speck, Kaminwurzen und Käse, Spiegeleier mit Speck und Röstkartoffeln und saurem Rindfleisch. Das Besondere sind aber die je nach Jahreszeit angebotenen Gerichte wie beispielsweise Bohnen-, Schwarzwurzel-, Spargel- oder Kürbiscremesuppe, Brennnesselknödel, geschmortes Lamm aus dem Rohr mit Ofengemüse, Rindsgulasch mit Polenta, Hauswurst und Selchfleisch oder gebratene Schweinsrippen mit Röstkartoffeln.

Tel: 0039 0471 819407
0039 335 5354500
39040 Montan
Glen 25
www.planitzer.it
info@planitzer.it
Do–Sa 12–14.30 und 17.30–20.30, So 12–17.30 Uhr
✤ Mitte Dez. 2019–Feb 2020; Juni–August 2020

NALS

NALSERBACHERKELLER — BUSCHENSCHANK

Nals ist ein idyllisches Dorf inmitten von Obst- und Weingärten zwischen Meran und Bozen. Wer von hier hinauf nach Tisens und Prissian – Dörfer mit schönem historischen Gemäuer – fahren will, der kommt unweigerlich am Nalserbacherkeller vorbei. Warum dann nicht auch gleich eine Rast einlegen? Zum Essen gibt es Speck, Bündnerfleisch, Rindfleisch, Beinschinken, Rindscarpaccio, Käse mit heißen gekochten Kartoffeln. Im Frühjahr werden Gerichte vom Spargel aus eigenem Anbau kredenzt, im Herbst Schlachtplatten mit Kraut und Knödeln sowie Krapfen und Kastanien. Hofeigene Säfte: Apfelsaft, Holundersaft und Himbeersaft. Selbst gebrannte Fruchtdestillate und eigene Weine (Gewürztraminer und Vernatsch).

Tel: 0039 0471 678661
0039 335 5887257
39010 Nals
Prissianerstraße 1

NATURNS

PIRCHHOF — HOFSCHANK

Der Pirchhof befindet sich am Vinschger Sonnenberg oberhalb von Naturns in begehrenswerter Lage. Altes und Modernes sind hier zusammengebracht. Gastfreundschaft, frische Bergluft und eine wunderbare Aussicht samt kulinarischer Vielfalt kennzeichnen diesen Betrieb. Eine besondere Spezialität sind die Produkte aus eigener Zucht wie Gulasch vom Tiroler Grauvieh und Kitzbraten von Passeirer Gebirgsziegen. Im eigenen Garten wachsen Kartoffeln, Kräuter und Gemüse. Ein Erlebnis ist es, zur Marende mit Speck, Salami, Bündner Fleisch, Kaminwurzen und Käse auf der Sonnenterrasse einzukehren. Marke Vinschgau ist die traditionelle Brotsuppe mit Hauswurst, ein Muss die Buchteln mit Vanillesauce und der Apfelstrudel aus Mürbteig. Täglich gibt es auch frische Heumilch und Buttermilch.

Tel: 0039 0473 667812
39025 Naturns
Sonnenberg 77 a
www.pirchhof.it
info@pirchhof.it
täglich 11–16 und 17.30–20 Uhr
✤ Mitte Dez. 2019–Ende Feb. 2020

Besuchen Sie Gault&Millau auf facebook.

PERCHA

PERCHA

NIEDRISTHOF — HOFSCHANK

Der bäuerliche Ursprung und die kulinarischen Wurzeln des Pustertals nehmen im Niedristhof in Percha einen hohen Stellenwert ein. Klassiker der Küche sind Käse- und Pressknödel, Spiegeleier mit Röstkartoffeln, Graukäse und Speck, Kaminwurzen, Hauswürste, Omelettes und „Niggilan" mit Mohn. Am Hof wird Milch zu Käse und Topfen veredelt, bei Rind und Schwein ist man Selbstversorger und bietet entsprechende Braten an. Der Gedanke des Umweltschutzes wird hochgehalten: Das Holz zum Heizen und Kochen stammt aus dem eigenen Wald, der Energiebedarf wird fast zur Gänze selbst gedeckt. Säfte: Melisse, Apfel und Holunder.

Tel: 0039 0474 40 11 63
39030 Percha
Aschbach 2
www.niedristhof.it
info@niedristhof.it

RATSCHINGS

UNGERERHOF — HOFSCHANK

Am Fuße der Jaufenspitze liegt die Ungererhofschenke. Hier bestimmen die Jahreszeiten, was auf den Teller kommt. In die Kartoffelteigtaschen werden Bärlauch, Topfen, Sauerampfer, Feldkräuter, Spargel, Brennnesseln, Erdäpfel, Kraut, Kürbis oder Latschenkiefer gefüllt. Zur Hofmarende gibt es Fleisch vom Hof sowie selbst produzierten Graukäse. Die hausgemachten Bandnudeln werden mit Wild-, Lamm- oder Hasenragout angeboten, bei den Fleischgerichten ist die Palette breit gefächert: von Rind zu Kalb, über Lamm bis schließlich zu Hase und Wild. Hausgemachte Säfte von Holunder, Himbeere und Ribisel.

Tel: 0039 0472 76 64 68
0039 333 400 19 26
39040 Ratschings
Schluppes 6
www.ungerer.bz.it
info@ungerer.bz.it
✻ 6. Jän.–1. März 2020

RITTEN

EBNICHERHOF — BUSCHENSCHANK

Der Ebnicherhof am sonnigen Rittner Plateau befindet sich inmitten alter Kastanienhaine in sonniger Hanglage. Der Betrieb ist nach Spaziergängen und Wanderungen eine ideale Rast. Besonders im Herbst zur Törggelezeit ist er ein gefragtes Ausflugsziel bei Touristen wie Einheimischen. Der Hof bietet eine durch und durch bodenständige Küche an, gegessen wird auf der Sonnenterrasse oder in den Bauernstuben. Besonders beliebt sind bei den Gästen die Knödel und die Süßspeisen. Hauswurst mit Kraut und Speck finden sich stets auf der Karte. Auf Vorbestellung gibt es auch Schlutzer und Schlachtplatte, im Herbst natürlich Kastanien. Hofeigene Weine: Kerner, Müller-Thurgau, Vernatsch und Blauburgunder.

Tel: 0039 0471 97 82 64
0039 333 230 58 50
39054 Ritten
Grumeregg 6
info@ebnicherhof.com

ST. PANKRAZ IM ULTENTAL

PFROLLNHOF — HOFSCHANK

Der Pfrollnhof hoch über St. Pankraz im Ultental besticht schon allein wegen seines gewaltigen Rundblicks auf die stolze Bergwelt. Aus der Speisekarte: Speck, Kaminwurzen, hausgemachte Salami, Speckknödel, Käseknödel, Hauswürste, Sauerkraut, Schweinswürste mit Kartoffelsalat, Kaiserschmarren und Omelettes. Am Wochenende wird auf Vorbestellung auch Gulasch und Braten vom Schwein oder Rind angeboten. Eine lokale Besonderheit sind die Ultner Mohnkrapfen. Säfte: Holunder-, Zitronenmelissen-, Ribisel- und Apfelsaft. Am Wochenende wird auf Vormerkung Haflingerreiten für Kinder angeboten.

Tel: 0039 0473 78 73 15
0039 333 496 78 89
39010 St. Pankraz im Ultental
Nörderberg 6
www.pfrollnhof.com

SCHENNA

ZMAILER-HOF   HOFSCHANK

Hoch oben am Schennerberg schaut der Zmailer-Hof verträumt auf das weite Etschtal hinunter. Hier scheint die Zeit stehen geblieben zu sein. Das alte Bauernhaus steht teilweise unter Denkmalschutz, beispielsweise die Küche, der Flur und die Hausfresken. Auf der Sonnenterrasse oder in der gemütlichen Bauernstube können die Gäste diverse Knödelvariationen mit Brennnesseln, Käse oder Speck testen. Sonntags werden Gulasch, Schöpsernes, Hauswurst mit Kraut, Bauernbratl oder Rippelen aufgetischt. Säfte aus Himbeeren, Ribiseln, Holunderbeeren und Äpfeln. Der Apfelstrudel ist ein Muss.

Tel: 0039 0473 94 58 81
0039 331 291 88 76

39017 Schenna
Bergerweg 17

www.roterhahn.it
johann.thaler2@gmail.com

Sa–Do 11.30–16 Uhr
❄ Mitte Nov. 2019–1. April 2020

SEXTEN

KINIGERHOF   HOFSCHANK

Der Kinigerhof liegt auf 1399 Metern und bietet eine traumhafte Aussicht auf die Sextner Dolomiten. Das Fleisch stammt aus der eigenen Landwirtschaft und wird direkt am Hof zu Speck, Salami und Kaminwurzen verarbeitet. Gemüse und Kräuter kommen weitgehend und der jeweiligen Jahreszeit entsprechend vom Garten am Kinigerhof. Angeboten werden Schlutzkrapfen, Knödelspezialitäten, Spätzle, Gulasch, Hauswürste mit Sauerkraut, gegrillte Schweinshaxen, Bauernspeck und Kaminwurzen, Apfelstrudel, Strauben und Kaiserschmarren.

Tel: 0039 0474 71 07 04

39030 Sexten
Kiniger 1

www.kinigerhof.com
info@kinigerhof.com

TERLAN

OBERLEGAR   BUSCHENSCHANK

Der Oberlegar in Terlan ist ein sogenannter Spargelwirt. In den Frühlingsmonaten April und Mai wird hier dem edlen Gemüse Spargel gehuldigt, das im Spargeldreieck Terlan-Vilpian-Siebeneich angebaut wird. Die Gastgeberfamilie bezieht ihre Produkte von den eigenen Feldern und verarbeitet diese zu köstlichen Gerichten. Die weißen Stangen werden mit Schinken und Bozner Sauce, als Spargelstrudel oder auch zu Fleischgerichten serviert. Doch der Oberlegar hält das ganze Jahr über eine bodenständige Küche parat: Brennnesselknödel sind im Frühling die Spezialität. Im Herbst werden in den Stuben oder auf der Sonnenterrasse Kastanien-, Kürbis- und Gerstensuppe, Schlutzer, Kürbisteigtaschen, Schlachtplatte, Rippelen, Lammbraten und Rindswangelen sowie Kastanien und Krapfen kredenzt. Säfte: Apfel-, Holunder-, Kräuter- und Ribiselsaft. Weine: Weißburgunder, Sauvignon und Vernatsch.

Tel: 0039 0471 67 81 26
0039 334 3189520

39018 Terlan
Möltnerstraße 2

buschenschank.oberlegar@dnet.it

Mo, Mi–Sa 18–24, So 12–24 Uhr
❄ Jän.–März und Juni–Sept. 2020

MEIN WUNDERBARER
Kochsalon
www.martinahohenlohe.com

ULTEN/ST. WALBURG

ULTEN/ST. WALBURG

RAFFEINHOF — HOFSCHANK

Tel.: 0039 0473 795239
39016 Ulten/St. Walburg
Raffein 467
raffeinhof@gmail.com
Mi–So 12–21 Uhr
🍴 Dez. 2019, Juli 2020, variabel

Die Hofschank Raffeinhof oberhalb von St. Walburg liegt an einem beliebten Wanderweg, dem Sunnenseitnweg. Die Gastgeberfamilie verarbeitet diverse hofeigene Produkte und tischt diese in den heimeligen Stuben oder auf der Sonnenterrasse auf. Zur Tradition gehören Kaminwurzen, Käse, verschiedene Suppen, Gerichte mit Wildkräutern und Knödel entsprechend der Jahreszeit. Gerichte vom eigenen Rind und Kitz komplettieren die Speiseauswahl. Des Weiteren Kaiserschmarren, Schwarzplentener (Buchweizen) Riebl, auf Vorbestellung Muas, hausgemachte Strudel und Kuchen sowie Halbgefrorenes.

VAHRN

GRIESSERHOF — BUSCHENSCHANK

Tel.: 0039 0472 834805
0039 339 6691485
39040 Vahrn
Griessweg 5
www.griesserhof.it
griesserhof@brennercom.net

Tradition und Innovation sind das Credo der Buschenschank Griesserhof in Vahrn. Traditionsreich ist etwa der Weinanbau, der auf das ferne 14. Jahrhundert zurückgeht. Hier werden in ausgewählten Einzellagen die für das Eisacktal typischen Weißweine Sylvaner, Veltliner und Kerner gekeltert und des Weiteren auch die Rotweinsorten Blauburgunder und Zweigelt. Typische Gerichte der Südtiroler Bauernkost sind Speck und Käse, Kaminwurzen, Gerstensuppe, Schlutzer, Knödel, Käsenocken, Erdäpfelblattlen mit Kraut, Tirtlen, Hauswurst, Schlachtplatte, Omelettes, Kaiserschmarren und süße Krapfen. Bei den Säften sind zu erwähnen: Apfel, Ribisel, Holunder und Weichsel. Hier lässt es sich aber auch gut urlauben: Die denkmalgeschützte Scheune wurde 2013 saniert und umgebaut, im Dachgeschoss findet sich eine feine, nach ökologischen Richtlinien ausgebaute Ferienwohnung.

HUBENBAUER — BUSCHENSCHANK

Tel.: 0039 0472 830051
39040 Vahrn
Schattengasse 12
www.hubenbauer.com
info@hubenbauer.com
Mo, Do, Fr 14–21, Sa 12–21,
So 12–20 Uhr
🍴 Anfang Sept. 2020

Buschenschank und Hofbrauerei in einem ist der Hubenbauer in Vahrn bei Brixen. Das imposante, stattliche Haus strahlt Kraft und Ruhe aus, die Hausgeschichte reicht bis ins ferne Jahr 1197 zurück. Der Betrieb will nicht nur klassische Buschenschank sein, sondern kreativen Lifestyle bieten. Vormittags wird etwa ein Frühschoppen mit Weißwurst und eigenem Hefeweizen angeboten. Ab Mittag gibt es allerlei Selbstgemachtes. Ungewöhnlich für eine Buschenschank: Eis stellt man selbst her und serviert es in Form köstlicher Eisbecher. Regelmäßig wird auch aufgespielt und so für Stimmung gesorgt. Übrigens: Die Idee zur Hofbrauerei wurde 2010 geboren, 2018 wurde ein Teil des Hubenbauers umgebaut und die Hofbrauerei Realität.

VILLANDERS

LARM-HOF — BUSCHENSCHANK

Tel.: 0039 0472 843163
39040 Villanders
Sauders 30
www.larmhof.it
info@larmhof.it

Beim Larm-Hof handelt es sich um einen jahrhundertealten Erbhof in Villanders, der heute von der Familie Winkler als vorbildhafte Buschenschank betrieben wird. Gegessen wird in altehrwürdigen Stuben oder auf der Sonnenterrasse. Die Produkte kommen von den eigenen Weingärten und Obstwiesen, des Weiteren werden Kühe und Kälber gehalten. Zu den klassischen Speisen zählen Gerstensuppe und Schlutzkrapfen, Hauswurst und Surfleisch mit Kraut, Speck und Kaminwurzen. Im Herbst ist Törggelezeit und natürlich gibt es da auch gebratene Kastanien. Es werden auch hofeigener Müller-Thurgau und Zweigelt serviert. Und natürlich Säfte: Himbeer-, Apfel-, Erdbeer- und Holundersaft.

VÖLS AM SCHLERN

OBERPARTEGGER — BUSCHENSCHANK

Tel.: 0039 0472 847869
0039 338 3000319

39040 Villanders
Unter St. Stefan 7
www.oberpartegger.com
oberpartegger@gmail.com

„Vom Bauern beim Bauern", heißt die Devise am Oberparteggerhof. Dieser befindet sich am Villanderer Sonnenberg. Der Selbstversorgerbetrieb wird von Familie Kainzwalder geführt, Rosmarie Kainzwalder ist die Chefin in der Küche. Klassiker sind Gerstensuppe, Schlutzkrapfen und Rindsgeselchtes. Des Weiteren: Buchteln, Saure Suppe, Käsenocken und Krapfen. Spezialität des Hauses ist das im Steinofen selbst gebackene Brot. Der Bauernspeck stammt von hofeigenen Schweinen, die dort geschlachtet und verarbeitet werden. Gegessen wird in zwei originalen Bauernstuben. Säfte: Holunder-, Apfel- und Kirschsaft. Produkte können auch ab Hof gekauft werden, auch eigene Weine (Sylvaner, Weißburgunder, Vernatsch und Zweigelt) werden angeboten.

PSCHNICKERHOF — BUSCHENSCHANK

Tel.: 0039 0472 843498

39040 Villanders
Sauders 39
www.pschnickerhof.it
info@pschnickerhof.it

Original Törggelen schreiben sich viele Betriebe auf ihre Fahnen, im Pschnickerhof ist diese Tradition Realität. Hausgemachte Bauernkost steht auf der Karte, die Produkte und deren Zutaten stammen fast ausschließlich vom eigenen Bauernhof. Den Pschnickerhof gibt es schon seit dem 17. Jahrhundert. Das ganze Jahr über werden Knödel, Rippelen und Lamm offeriert. Im Frühling sind Krapfen mit Zigorifülle (Löwenzahn) und Spargel mit Schinken, im Herbst Hauswurst mit Kraut, Gerstensuppe, Spinat-Kartoffel-Nudeln, Schlachtplatte mit Kraut, süße Krapfen und gebratene Kastanien angesagt. Typisch für das Eisacktal sind der Rotwein aus Portugieser und Zweigelt sowie der Weißwein Müller-Thurgau.

VÖLS AM SCHLERN

FRONTHOF — BUSCHENSCHANK

Tel.: 0039 0471 601091

39050 Völs am Schlern
Bühelweg 2, Völser Aicha
www.fronthof.com
info@fronthof.com

Der Fronthof blickt auf eine jahrhundertealte Geschichte zurück. Bereits 1379 wurde der Hof in Völser Aicha erstmals urkundlich erwähnt und ist schon allein wegen seiner stattlichen, auf Steinquadern ruhenden Größe und seiner einmaligen Stube etwas ganz Besonderes. Die Bewirtung von Gästen hat hier Tradition, schon vor Jahrzehnten wurde hier Wein ausgeschenkt und wurden Gäste verköstigt. Angeboten wird das klassische Repertoire bäuerlicher Südtiroler Kost: Kaminwurzen, Speck, Käse, Käseknödel, Speckknödel, Hauswurst mit Kraut und auf Vorbestellung Surfleisch und gebratene Rippelen. Am Hof werden rund ein Dutzend Kühe gehalten, dazu Hühner, Schweine und Kälber. Säfte vom eigenen Hof: Apfel-, Melissen-, Himbeer- und Holundersaft. Aus den eigenen Weinbergen stammen Sylvaner, Weißburgunder, Kerner, Sauvignon, Zweigelt und Blauburgunder.

WASSERERHOF — BUSCHENSCHANK

Tel.: 0039 338 7779227

39050 Völs am Schlern
Völserried 21
www.wassererhof.com
info@wassererhof.com

✳ Jän.–Palmsamstag und Juni–August 2020

Der Wassererhof ist Buschenschank und Weingut in einem. Hier sind zwei Brüder am Werk, Christoph ist der Landwirt und Andreas der Koch. Suppen und Knödel aller Art, Schlutzer mit verschiedenen Füllungen und Gerstenrisotto werden frisch zubereitet. Ebenso finden sich Graukasknödel oder Gerstenrisotto im Repertoire. Allseits bekannt ist das Törggelen im Wassererhof mit Hauswurst, Rippelen, Schinken und Kartoffelplattln. Im Frühjahr steht Spargel auf dem Speiseplan, dazu Osterschinken und Kren. Zu all diesen Speisen wird ein guter Tropfen kredenzt, vorzugsweise ein St. Magdalener oder ein Sauvignon. Hervorzuheben sind auch die diversen kulinarischen Themenabende.

Lokalindex von A bis Z

Restaurants und Tipps

1

1070 1070 Wien 124
151 Bistro Bar 9073 Klagenfurt 170
180° 6631 Lermoos 431
1er Beisl im Lexenhof 4865 Nußdorf am Attersee 283

A

A Barraca 1010 Wien 60
Adler 6942 Krumbach 544
Adler 6867 Schwarzenberg 562
Adler 5440 Golling 306
aend 1060 Wien 60
Aichinger 4865 Nußdorf am Attersee 283
aiola Upstairs 8010 Graz 358
Al Borgo 1010 Wien 124
Albert 1080 Wien 62
Alexander 6264 Fügenberg 404
Ali's Grill 1010 Wien 124
Allerley 2540 Bad Vöslau 203
Almhof 5761 Maria Alm 315
Almhof Schneider Restaurant 6764 Lech/Arlberg 546
Almhof Schneider Wunderkammer 6764 Lech/Arlberg ... 546
AlmMonte 5602 Wagrain 335
Alpenhaus 6561 Ischgl 412
Alpenrose 6330 Kufstein 429
Alpensteakhaus 6708 Brand 536
Alpin Gourmet Stube 6580 St. Anton am Arlberg 439
Alt-Ötztal 6432 Sautens 445
Alte Burg 9853 Gmünd 168
Alte Mühle 6867 Schwarzenberg 562
Alte Point 9543 Arriach 163
Alte Post Südsteiermark 8430 Leibnitz 373
Alte Stube 6580 St. Anton am Arlberg 440
Alte Wacht 6373 Jochberg 420
Altes Backhaus 2700 Wiener Neustadt 244
Altes Brauhaus 7132 Frauenkirchen 148
Altes Gericht 6832 Sulz 564
Amador 1190 Wien 62
Amsel 8010 Graz 361
An der Kreuzung 2042 Guntersdorf 212
AN-ALAPANKA-MA 7562 Eltendorf / Zahling 148
Anton 4020 Linz an der Donau 279
Antons Tafel 1130 Wien 124
Apfelbauer 2761 Miesenbach 227
Appiano 1010 Wien 124
Apron 1030 Wien 63
Aqarium 4943 Geinberg 271
Arte Vinum 5754 Hinterglemm 310
Artis 8010 Graz 358
Artner 1040 Wien 64
Artner 1010 Wien 64

arx Restaurant 8973 Rohrmoos-Schladming 377
Astoria Resort Seefeld 6100 Seefeld 447
Auerhahn 5020 Salzburg 320
Aurelio's 6764 Lech am Arlberg 546
Aurelius 1010 Wien 64

B

Babenbergerhof 2340 Mödling 227
Bacco 1040 Wien 64
Bacher 3512 Mautern 225
Bachler 9330 Althofen 162
Bad Saag 9212 Techelsberg am Wörthersee 185
Bär 6352 Ellmau 401
Bärenbichl 6373 Jochberg 420
Bärenhof Kolm 3925 Arbesbach 202
Bärenwirt 9620 Hermagor 169
Bärenwirt 3252 Petzenkirchen 230
Balance 9210 Pörtschach 178
Bangkok 5020 Salzburg 320
Batzenhäusl 5340 St. Gilgen 333
Bauer 1010 Wien 65
Beach Club Bad Saag 9212 Techelsberg/Wörthersee ... 185
Beaulieu 1010 Wien 66
BEEF & GLORY 1080 Wien 66
Beef Club 6533 Fiss 403
Beim Czaak 1010 Wien 125
beim Krutzler 7522 Heiligenbrunn im Burgenland .. 149
Benkei 1030 Wien 67
Bergdiele Stamperl Kitzbühel 6370 Kitzbühel 424
Berggasthof Faschingalm 9990 Nußdorf-Debant 436
Berghotel Tulbingerkogel 3001 Mauerbach 224
Bergkristall 6764 Lech am Arlberg 555
Bergmann 8864 Turrach 388
Bergpfeffer 4574 Vorderstoder 292
Bertahof 5630 Bad Hofgastein 301
Bevanda 2640 Gloggnitz 210
Bierol 6334 Schwoich 446
Bio-Hotel Stanglwirt 6353 Going 405
Biohotel Schwanen 6874 Bizau 536
Bistro Porto 1040 Wien 67
Bistro-Restaurant Rosengarten 6365 Kirchberg/Tirol ... 421
Blaue Gans 7121 Weiden am See 156
Blaue Quelle 6343 Erl 402
Blauenstein 3131 Walpersdorf 241
Blumentritt 3193 St. Aegyd am Neuwalde 234
Bodulo 1170 Wien 125
Böhm 3004 Weinzierl am Riederberg 242
Bootshaus 4801 Traunkirchen 289
Brandstätter 5020 Salzburg 321
Breitenfelderhof zur Riegersburg
8313 Breitenfeld an der Rittschein 350
Bristol Lounge 1010 Wien 67
Bruder 1060 Wien 68

Lokalindex von A bis Z

ÖSTERREICH

Bruderherzstube 6533 Fiss 403
Bründlmayer 3550 Langenlois 222
Brunnauer 5020 Salzburg 321
Brunnwirt 5330 Fuschl am See 304
Brunnwirt Kassl 9334 Guttaring 169
Buberlgut 5020 Salzburg 332
Buchecker & Sohn im Gußhaus 1040 Wien 68
Buchinger 3713 Harmannsdorf 214
Buchinger - Das Wirtshaus 3713 Harmannsdorf 214
Buchingers Gasthaus 2122 Riedenthal 231
Burg Deutschlandsberg 8530 Deutschlandsberg 351
Burg Landskron 9523 Landskron 173
Buxbaum 1010 Wien 69
By Preslmayer 4020 Linz an der Donau 275

C

Café Sacher Innsbruck 6020 Innsbruck 408
Café Sacher-Graz 8010 Graz 359
Campus 1020 Wien 126
Cantinetta Antinori 1010 Wien 69
Caramé 9220 Velden am Wörthersee 186
Caylend 8020 Graz 359
Chalet Moeller 1140 Wien 125
Chen's Dining Bar 6900 Bregenz 539
Chinabar 1070 Wien 125
Chinabar an der Wien 1050 Wien 125
Chizzo 6370 Kitzbühel 424
Clementine im Glashaus 1010 Wien 69
Collio 1040 Wien 70
Convento 6020 Innsbruck 409
Csencsits 7512 Kohfidisch 149
Cucina Cipriano 1060 Wien 70
Cuisino 6991 Riezlern/Kleinwalsertal 559
Cuisino 4020 Linz an der Donau 275
Cuisino 8010 Graz 360
Cuisino Restaurant Baden 2500 Baden bei Wien 204
Cuisino Restaurant Bregenz 6900 Bregenz 537
Cuisino Restaurant Kitzbühel 6370 Kitzbühel 425
Cuisino Restaurant Klessheim 5071 Wals/Salzburg ... 335
Cuisino Wien 1010 Wien 71
CULINARIAT by BERGERGUT 4170 Afiesl 268

D

Da Max 1010 Wien 128
Da Moritz 1010 Wien 71
Da Salvatore 1130 Wien 71
Danieli 1010 Wien 126
Daniels Kristallwelten 6112 Wattens 457
Dankbarkeit 7141 Podersdorf 152
Das Anton 4020 Linz an der Donau 279
Das Campus 1020 Wien 126
das Fritz 7121 Weiden am See 155
Das Glashaus 1020 Wien 126
Das Heinz 1010 Wien 127

Das Herrenhaus 9341 Straßburg 183
Das Kappel 8442 Kitzeck im Sausal 372
Das Kleine Restaurant 5753 Saalbach 319
Das Kleine Restaurant 9504 Villach Warmbad 190
Das Linsberg 2822 Erlach an der Pitten 207
Das Maier 5532 Filzmoos 304
Das Moerisch 9871 Seeboden 182
Das Schick 1010 Wien 72
Das Schindler 6020 Innsbruck 409
Das Schloss – Herbersteins Brasserie 4020 Linz/Donau ... 279
Das Spittelberg 1070 Wien 72
Das Stefanie's 9872 Millstatt am See 176
Das Wolf 3425 Langenlebarn 221
DELIKATERIE 8344 Bad Gleichenberg 347
Denkenhof Pitterle 3233 Kilb 218
Der Bär 6352 Ellmau 401
Der Gannerhof 9932 Innervillgraten 408
DER JUNGWIRT 2464 Göttlesbrunn 211
Der Knappenhof 2651 Reichenau an der Rax 231
Der Luis 8184 Anger 346
Der Ringsmuth 1100 Wien 74
Der Sonnberg 5700 Zell am See 341
Der Speisesaal 8020 Graz 360
Der Steirer 8010 Graz 361
Der Tschebull 9580 Egg/Faaker See 166
Der Unterwirt 6341 Ebbs 400
Der Verwalter 6850 Dornbirn 540
Deval 1010 Wien 74
Didi Dorner im Magnolia 8010 Graz 361
Didilicious 5020 Salzburg 322
Die Amsel 8010 Graz 361
Die Bucht 9220 Velden am Wörthersee 189
Die Donauwirtinnen 4040 Linz an der Donau 279
Die Ente von Zürs 6763 Zürs am Arlberg 564
Die Forelle 9762 Weissensee 190
Die Genusskrämerei 5400 Hallein 308
Die Genusswerkstatt 6271 Uderns 457
Die goldene Banane 8010 Graz 366
Die Küche Wien 1010 Wien 127
Die Mühle 6020 Innsbruck 411
Die Mühle 8510 Stainz 382
Die Röhre 4866 Unterach am Attersee 291
Die Schwemme 1030 Wien 127
Die Sportalm 6365 Kirchberg in Tirol 421
Die Stub'n 5571 Mariapfarr 315
Die Stube 6764 Lech am Arlberg 555
Die Weinbank Restaurant 8461 Ehrenhausen 352
Die Weinbank Wirtshaus 8461 Ehrenhausen 352
die Wilderin 6020 Innsbruck 409
„DIE YACHT" 9220 Velden am Wörthersee 186
Dingelstedt 3 1150 Wien 75
DiningRuhm 1040 Wien 75
DO & CO Albertina 1010 Wien 76

Lokalindex von A bis Z

DO & CO Stephansplatz 1010 Wien 76
Döllerer 5440 Golling... 305
Döllerers Wirtshaus 5440 Golling 306
Dolce Vita 9020 Klagenfurt 171
Don Alfredo 1100 Wien 127
Donauwirt 3610 Weißenkirchen in der Wachau..........242
Donauwirtinnen 4040 Linz an der Donau 279
DOOR NO. 8 1070 Wien 76
Dorfschmied 9373 Klein St. Paul 173
Dorfstüberl 6432 Sautens 445
Dots 1060 Wien 127
Dots im Brunnerhof 1190 Wien...................................127
Dreikönigshof 2000 Stockerau 237
Dresch 6343 Erl 402
Dstrikt 1010 Wien 78
Duspara 1050 Wien 78

E

echt. gut essen. 5771 Leogang.....................................312
Eckel 1190 Wien 79
Eckstein 8010 Graz 361
Edelweiss & Gurgl 6456 Obergurgl............................ 437
EDERs Wirtshaus 8171 St. Kathrein am Offenegg 378
Edi 4293 Gutau... 273
Edler's Landhaus Oswald 8522 Groß-St. Florian 367
Edvard 1010 Wien 79
El Gaucho 8010 Graz 362
El Gaucho 1020 Wien 80
El Gaucho am Rochusmarkt 1030 Wien........................81
El Pescador 8010 Graz 362
Ella's Bar. Restaurant 1010 Wien..................................81
Émile 1010 Wien 81
Ente von Zürs 6763 Zürs am Arlberg......................... 564
Erlhof 5700 Zell am See.. 337
Ernele 6952 Hittisau 543
Erzherzog Johann 8990 Bad Aussee 347
ESS:ENZ 5771 Leogang 313
Essenzz 8510 Stainz 384
Essig's 4020 Linz an der Donau................................... 276
ESSkultur 6392 St. Jakob In Haus................................ 444
Essl 3602 Rossatz 232
Esslokal 3493 Hadersdorf am Kamp 213
Esszimmer 5020 Salzburg.. 323
Eugen21 1100 Wien 82

F

Fabios 1010 Wien 82
Falstaff 6900 Bregenz 537
Faschingalm 9990 Nußdorf-Debant............................ 436
Fellacher 9564 Patergassen...177
Fenice 6764 Lech am Arlberg 550
Figl 3424 Wolfpassing 246
Figl 3100 St. Pölten /Ratzersdorf 235
Filippou 1010 Wien 90

Fink 8081 Edelstauden... 352
Finsterer Stern 1010 Wien 122
Fischerhaus 9062 Moosburg..177
Fischerhütte am Toplitzsee 8993 Grundlsee 369
Fischerwirt 4432 Ernsthofen 208
Fischrestaurant Kulmer 8190 Birkfeld.................... 349
Flatschers 1070 Wien 128
Fliana Gourmet 6561 Ischgl 413
Flo's Restaurant 5700 Zell am See............................ 338
Floh 3425 Langenlebarn 222
Foggy Mix 3830 Waidhofen an der Thaya..................241
Fontana Restaurant 2522 Oberwaltersdorf............ 229
Forelle, Millstatt 9872 Millstatt am See 176
Forelle, Weissensee 9762 Weissensee.......................190
Forsthaus 8654 Fischbach 355
Forsthofalm 5771 Leogang 313
Fortino 4600 Wels 293
Franz Ferdinand 4400 Steyr 288
Freigeist 6890 Lustenau... 556
freindal Wirtschaft 9500 Villach................................189
Freyenstein 1180 Wien... 86
Friedrichshof 2424 Zurndorf 157
Frierss Feines Eck 9500 Villach..................................189
Friesacher 5081 Anif 298
FRITZ&FRIEDRICH 5562 Obertauern........................318
Fröhlicher Arbeiter 7143 Apetlon 146
Fromme Helene 1080 Wien 128
Fuhrmann 1080 Wien 83
Fux 6764 Lech am Arlberg 547
Fuxbau 6762 Stuben/Arlberg...................................... 563

G

Gallbrunner 8190 Birkfeld 350
Gallo Rosso 2361 Laxenburg....................................... 222
Gannerhof 9932 Innervillgraten................................. 408
Gasthaus Adler 5440 Golling 306
Gasthaus an der Kreuzung 2042 Guntersdorf 212
Gasthaus Csencsits 7512 Kohfidisch..........................149
Gasthaus Figl 3424 Wolfpassing................................ 246
Gasthaus Herbst 2136 Hanfthal..................................214
Gasthaus Hinterleithner 3681 Weins Hofamt Priel..242
Gasthaus im Landhaushof 9020 Klagenfurt 173
Gasthaus Kundler Klamm 6250 Kundl 429
Gasthaus Morent 6677 Zöblen im Tannheimertal..... 459
Gasthaus Pöschl 1010 Wien 84
Gasthaus Seidl 1030 Wien 84
Gasthaus Tscheppe 8462 Gamlitz 357
Gasthaus Wolf 1040 Wien 84
Gasthaus Ziegelwerk 2485 Wimpassing/Leitha.......156
Gasthaus zur Palme 3364 Neuhofen an der Ybbs ... 228
Gasthof Bauböck 4942 Gurten 273
Gasthof Gerlinde Gibiser 7561 Heiligenk./Lafnitztal...149
Gasthof Goldgasse 5020 Salzburg 323

Lokalindex von A bis Z

Gasthof Klinger 4673 Gaspoltshofen 271
Gasthof Mohren 6830 Rankweil 557
Gasthof Pils 3153 Eschenau an der Traisen 208
Gasthof Rahofer 4484 Kronstorf 274
Gasthof Schäffer 8692 Neuberg an der Mürz 375
Gasthof zum Schwan 6112 Wattens 457
Gaststätte Figl 3100 St. Pölten/Ratzersdorf 235
Gaststube 6215 Achenkirch 394
Gaumenkitzel 2880 Kirchberg am Wechsel 219
Gebrüder Winkler im Auwirt 6371 Aurach/Kitzbühel ... 397
Gelbmanns Gaststube 1160 Wien 128
Genießer Stube 6293 Tux.. 456
Genießer-Parkhotel Tristachersee 9908 Amlach/ Lienz 396
Genießerei am Markt 8010 Graz 363
Geniesserhotel Krainer 8665 Langenwang................ 372
Genießerhotel Montafoner Hof 6774 Tschagguns 564
Geniesserhotel Post Lermoos 6631 Lermoos.......... 432
Genussdorf Gmachl 5101 Bergheim bei Salzburg 302
Genusskrämerei 5400 Hallein 308
Genusswerkstatt 6271 Uderns................................... 457
Genusswirtschaft 2024 Mailberg 223
Genusswirtshaus Bittermann 2464 Göttlesbrunn....211
Gerüchteküche 8010 Graz 363
Geschwister Rauch 8343 Bad Gleichenberg 347
Gesundheitsresort Königsberg 2853 Bad Schönau... 202
Gesundheitsrestaurant Tenzo 6215 Achenkirch....... 395
ghisallo 1050 Wien 84
Gibiser 7561 Heiligenkreuz im Lafnitztal 149
Glantalerhof 9556 Liebenfels.......................................175
Glashaus 1020 Wien 69
Glass Garden 5020 Salzburg..324
Gmachl Bergheim 5101 Bergheim 309
Gmachl Elixhausen 5161 Elixhausen 303
Gmoa Keller 1030 Wien..85
Gössnitzer 5142 Eggelsberg 271
Göttfried 4020 Linz an der Donau 276
Götzlstube 9580 Egg/Faaker See................................166
Goldene Banane 8010 Graz 366
Goldene Kugel 1090 Wien 141
Goldene Zeiten 1010 Wien 85
Goldener Hirsch 5020 Salzburg 325
Goldenes Bründl 2105 Oberrohrbach........................ 229
Goldfisch 1080 Wien 86
Goldgasse 5020 Salzburg... 323
Gorfer Natur Gourmet 4451 Garsten 271
Gourmet Gasthaus Freyenstein 1180 Wien 86
Gourmetstube Hochfirst 6456 Obergurgl 437
Gozzo 3500 Krems..219
Grace 1040 Wien... 86
Gradonna 9981 Kals am Großglockner......................... 420
Grafenwirt 8966 Aich-Assach..................................... 346
Grander-Restaurant 6112 Wattens........................... 458
Green Cottage 1050 Wien 128

Greisslerei beim Taubenkobel 7081 Schützen/Geb...154
Griggeler Stuba 6764 Lech am Arlberg..................... 548
Grillhouse Da Max 1010 Wien 128
Großarler Hof 5611 Großarl 306
Grüll Bistro 5082 Grödig... 306
Grünauer 1070 Wien..87
Gründler's Genießerwirtshaus 6215 Achenkirch 396
Gründler's Gourmetstüberl 6215 Achenkirch 394
Grüne Bar 1010 Wien 105
Grüner Baum 2225 Zistersdorf..................................247
Guest House Vienna 1010 Wien 116
Gustl kocht 1030 Wien 87
Gusto im Wörtherhof 5661 Rauris.............................319
Gut Oberstockstall 3470 Kirchberg am Wagram 218
Gut Oggau 7063 Oggau 151
Gut Purbach 7083 Purbach 153
Guth 6923 Lauterach 545
Gutwinski 6800 Feldkirch 541

H

Haberl & Fink's 8262 Ilz 371
Hagstein 6370 Kitzbühel... 428
Haller's Geniesserhotel 6993 Mittelberg/Kleinwalsertal ...557
Hallerwirt 6371 Aurach bei Kitzbühel 397
HAN am Stadtpark 1030 Wien 128
Hansen 1010 Wien..87
Harkamp 8505 St. Nikolai im Sausal 379
Harry's Farm 9581 Ledenitzen.................................. 174
Hasewend by Domaines Kilger 8552 Eibiswald...... 354
Haslauerhof 2402 Haslau an der Donau 215
Haus am Hang 5340 St. Gilgen 333
Hausmair's Gaststätte 1070 Wien............................129
Hecht! 5622 Goldegg am See 305
Heimatbühne 6561 Ischgl 414
Heinz 1010 Wien...127
Heinzle 3610 Weißenkirchen in der Wachau 243
HeLeni 6280 Zell am Ziller 458
Herbeck 1180 Wien..129
Herberstein 4020 Linz an der Donau........................ 279
Herbst 2136 Hanfthal 214
Herkner 1170 Wien 102
Herrenhaus 9341 Straßburg......................................183
Herrnhaus 6230 Brixlegg 399
Herzig 1150 Wien..87
Herzog's Wirtshaus 1150 Wien................................... 88
Heunisch & Erben 1030 Wien 88
Heurigenhof Bründlmayer 3550 Langenlois 222
Heuriger Spaetrot 2352 Gumpoldskirchen 212
Hidori 1070 Wien..129
Hiesinger 3451 Rust im Tullnerfeld 233
Hilberger's Beisl 5710 Kaprun 311
Hinterleithner 3681 Weins Hofamt Priel....................242
Hirlanda 6763 Zürs am Arlberg................................. 565

Lokalindex von A bis Z

Hirschen 6867 Schwarzenberg 562
Hirschen, 5700 Zell am See 341
Hirter Braukeller 9322 Hirt 170
Hirtzberger 3610 Wösendorf 246
Hoagascht 5542 Flachau 304
Hochfirst 6456 Obergurgl 437
Hochsitz 6708 Brand 537
Höflehners Hoamatstub'n 8967 Haus 370
HÖRNLINGEN 6830 Rankweil. 558
Hofbergstubn 8333 Riegersburg 377
Hofmeisterei Hirtzberger 3610 Wösendorf 246
Hofwirt 8732 Seckau 382
Hohlwegwirt 5400 Hallein-Taxach 308
Hollerkoch 1180 Wien 129
Holzpoldl 4040 Lichtenberg 274
Hospiz Gourmet Restaurant 6580 St. Anton/Arlberg ... 441
Hospiz-Alm 6580 St. Christoph am Arlberg 443
Hotel Bergblick 6673 Grän...................................... 406
Hotel Schachner 3672 Maria Taferl 223
Hotel und Restaurant Hubertushof 5081 Anif 299
Hotel-Restaurant am Hochfuchs 5301 Eugendorf/Sbg... 303
Huber's Boutiquehotel 6290 Mayrhofen 434
Huber's im Fischerwirt 5020 Salzburg 325
Hubertus Stube 6167 Neustift im Stubaital.............. 434
Hubertushof 9220 Velden am Wörthersee 187
Hubertushof im Garten 9220 Velden am Wörthersee... 187
Hubinger 8622 Thörl.. 386
Humbachstube 6991 Riezlern/Kleinwalsertal 560
Huth Gastwirtschaft 1010 Wien 88
Hutter 3504 Krems/Stein.. 220

I

Ice Q 6450 Sölden... 449
Iglhauser Schlossbräu 5163 Mattsee 315
Ikarus 5020 Salzburg.. 327
Iki 1100 Wien..129
Il Convento 6020 Innsbruck..................................... 409
Il Mare 1070 Wien 129
Il Melograno 1010 Wien 88
Im Hofgassl 7071 Rust 154
„Im Park" – Schlossp. Mauerbach 3001 Mauerbach... 225
Imlauer Sky – Bar & Restaurant 5020 Salzburg..... 327
In-Dish 1010 Wien 130
Innovation Cooking 5340 St. Gilgen....................... 333
Interalpen-Chef's Table 6410 Telfs-Buchen/Seefeld ... 453
Interalpen-Hotel Tyrol 6410 Telfs-Buchen/Seefeld ... 454
Iris Porsche Hotel & Restaurant 5310 Mondsee 280

J

Jägerstube 6764 Lech am Arlberg............................ 549
Jagersberg 9523 Landskron 174
Jaglhof 8462 Gamlitz 356
Jakobistub'n 9963 St. Jakob in Defereggen............. 444
Jamek 3610 Weißenkirchen in der Wachau 243
Jausestuba 6764 Lech am Arlberg 553
Jeitler im Steinfeldhof 2722 Weikersdorf/Steinfeld... 241
Jell 3500 Krems.. 220
Jennys Schlössl 6534 Serfaus 449
Jilly Beach Wörthersee 9210 Pörtschach 178
Jodlbühel 6373 Jochberg 419
Johann 6923 Lauterach.. 545
Johann – Das steirische Restaurant 8970 Schladming... 381
Johann's 4020 Linz an der Donau 279
Johannesstübli 6764 Lech am Arlberg..................... 547
Johanns 8600 Bruck an der Mur 350
Josefs Himmelreich 3701 Zaussenberg/Wagram 247
Joseph 1030 Wien 130
jungWIRT 2464 Göttlesbrunn....................................211
Juritz 9181 Feistritz im Rosental 167

K

K&K Wirtshaus Weißkirchen 8741 Weißkirchen/Stmk. ... 388
Kaiser von Österreich 3500 Krems 220
Kaiserhof 6352 Ellmau 401
Kaiserterrasse 5360 St. Wolfgang 284
Kalteis 3204 Kirchberg an der Pielach 219
Kaminstub'n 8530 Deutschlandsberg......................351
Kappel 8442 Kitzeck im Sausal 372
Kastell Stegersbach 7551 Stegersbach 155
Kehlberghof 8054 Graz/Straßgang 362
Kellerbauer 5424 Bad Vigaun 301
Kendler 5753 Saalbach.. 320
Keplingerwirt 4172 St. Johann am Wimberg 284
Kilian Stuba 6992 Hirschegg /Kleinwalsertal 542
Kim Kocht 1090 Wien...89
Kim Chingu 1090 Wien..89
Kirchenwirt 5771 Leogang......................................314
Kirchenwirt Weißenkirchen 3610 Weißenk./Wachau...243
Klee am Hanslteich 1170 Wien.................................89
Kleines Restaurant 5753 Saalbach 319
Kleines Restaurant 9504 Villach Warmbad 190
Kleinsasserhof 9800 Spittal an der Drau..................183
Kliemstein Vino Vitis 4020 Linz an der Donau 277
Klinger 4673 Gaspoltshofen 271
Knappenhof 2651 Reichenau an der Rax 231
Knappenstöckl 7131 Halbturn 149
Knappenwirt 8812 Mariahof................................... 375
Kochwerkstatt 9020 Klagenfurt 171
Königsberg 2853 Bad Schönau 202
Kogel3 8430 Leibnitz 373
Kollerwirt 9063 Tanzenberg 184
Kommod 1080 Wien...89
Konstantin Filippou 1010 Wien................................. 90
Kostbar 6020 Innsbruck.. 411
Krainer 8665 Langenwang 372
Krawall 1060 Wien..130
Kraxenberg 4932 Kirchheim im Innkreis 273

Lokalindex von A bis Z

Krenn 8951 Trautenfels 386
Kreuzwirt 8463 Leutschach 374
Kristberg 6782 Silbertal im Montafon 563
Kristiania Restaurant 6764 Lech am Arlberg 549
Krone 6941 Langenegg 544
Krone 6952 Hittisau 543
Krone in Au 6883 Au im Bregenzerwald 536
Krone-Stuben 6764 Lech am Arlberg 550
Kropf 9112 Griffen 169
Kuchlmasterei 1030 Wien 130
Küche 1010 Wien 127
Kulinarium 7 1070 Wien 118
Kulmer 8190 Birkfeld 349
Kundler Klamm 6250 Kundl 429
Kunsthandwerk 9556 Liebenfels 175
Kupfer-Dachl 2801 Katzelsdorf/Leitha 217
Kupferstube 6370 Kitzbühel 425

L

L'Orient 1020 Wien 92
La Balance 9210 Pörtschach 178
La Dolce Vita 3100 St. Pölten 234
La Fenice 6764 Lech am Arlberg 550
La Terrasse 9212 Pörtschach, Techelsberg/Wörthersee ... 179
La Torre 9300 St. Veit an der Glan 181
Labstelle 1010 Wien 92
Lackner 5310 Mondsee 281
Lagana 9500 Villach 189
Lagler 7543 Kukmirn 150
Lake's 9210 Pörtschach 179
Lakeside 9081 Reifnitz 180
Landgasthaus Hiesinger 3451 Rust im Tullnerfeld ... 233
Landgasthaus Winkelhofer 3712 Eggendorf 207
Landgasthaus Zum Edi 4293 Gutau 273
Landgasthof Linde 6275 Stumm im Zillertal 452
Landgasthof Mann 3465 Königsbrunn am Wagram ... 219
Landhaus Bacher 3512 Mautern 225
Landhaus Rois 8130 Frohnleiten 356
Landhaus Stift Ardagger 3321 Ardagger 202
Landhaus zu Appesbach 5360 St. Wolfgang 285
Landhaushof 9020 Klagenfurt 173
Landhotel Agathawirt 4822 Bad Goisern 270
Landhotel Lindenhof 9544 Feld am See 167
Lanersbacher Hof 6293 Tux 456
Lang zur Festenburg 8251 Bruck an der Lafnitz ... 350
Langostinos 4861 Schörfling 286
Langwies 5424 Bad Vigaun 301
Laufke 8010 Graz 363
Le Bol 1010 Wien 130
Le Ciel by Toni Mörwald 1010 Wien 92
Le Salzgries Paris 1010 Wien 93
Le Treize 6100 Seefeld 448
Lebenbauer 1010 Wien 93

Lechtaler Stube 6764 Lech am Arlberg 551
Leiten 9063 Klagenfurt 172
Leitenhof 6351 Scheffau am Wilden Kaiser 446
Leitner 9761 Greifenburg 168
Léontine 1030 Wien 93
Lichtblick 6020 Innsbruck 410
Liegl am Hiegl 9313 St. Georgen am Längsee 180
Liepert's Kulinarium 8463 Leutschach 374
Linde 6275 Stumm im Zillertal 452
Lindenhof 9544 Feld am See 167
Lingenhel 1030 Wien 94
Linsberg 2822 Erlach an der Pitten 207
Lisboa Lounge 1040 Wien 131
Livingstone 1010 Wien 94
Lobo y Luna 1070 Wien 94
Löwen Stube 6780 Schruns 561
Löwenkeller 4600 Wels 293
Loibnerhof 3601 Dürnstein 205
Lois Stern 6370 Kitzbühel 426
Loisium 8461 Ehrenhausen 353
Looshaus am Kreuzberg 2650 Payerbach 230
Lounge 81 8344 Bad Gleichenberg 348
Loy Stub'n 9546 Bad Kleinkirchheim 164
Lucy Wang 6561 Ischgl 414
Ludwig van 1060 Wien 94
Lugeck 1010 Wien 95
Luis 8184 Anger 346
Lukas Restaurant 4780 Schärding 285
Lurgbauer 8630 St. Sebastian bei Mariazell 380
Lust.Reich 5163 Mattsee 315
Lustiger Bauer 3424 Zeiselmauer 247

M

M3 5562 Obertauern 318
M32 5020 Salzburg 328
Mährische Botschaft 2070 Retz 231
Magnothek & Wirtshaus am Zieregg 8461 Ehrenhausen ... 353
Mama & der Bulle 1010 Wien 131
Mama Liu & Sons 1060 Wien 131
Mañana's 6281 Gerlos 405
Mangia & Ridi 1010 Wien 134
Mangold 6911 Lochau 556
Maninseo 5310 Mondsee 281
Mann 3465 Königsbrunn am Wagram 219
Marchfelderhof 2232 Deutsch Wagram 205
Marco Simonis Bastei10 1010 Wien 131
Mare 1070 Wien 129
Margherita 1010 Wien 136
Mario 1130 Wien 131
Market Restaurant 1060 Wien 132
Markterwirt 5541 Altenmarkt 298
Martinelli 1010 Wien 118
MAST Weinbistro 1090 Wien 95

ÖSTERREICH

933

Lokalindex von A bis Z

Mayer & Freunde 1010 Wien 132
Mayer's Restaurant 5700 Zell am See 339
Mehdafu 6911 Eichenberg 540
Meierei im Stadtpark 1030 Wien............................... 95
Meindl 6890 Lustenau 556
Meinl am Graben 1010 Wien 96
Meißl 8182 Puch bei Weiz 376
Meissl & Schadn 1010 Wien 96
Meixner's Gastwirtschaft 1100 Wien 96
Melograno 1010 Wien 88
Memori 8054 Graz 364
Mesnerhaus 5570 Mauterndorf................................. 316
Mettnitzer 9800 Spittal an der Drau........................183
Metzgerwirt 9545 Radenthein 180
Michl Stub'n 6212 Maurach am Achensee 433
Miss Cho 8010 Graz 364
Mitter 3350 Haag-Stadt...213
Moarhofstüberl 9900 Lienz 432
Mochi 1020 Wien 97
Modern Korean 1090 Wien.. 97
Moeller 1140 Wien 125
Moerisch 9871 Seeboden..182
MÖRWALD „Tav. Schloss Grafene." 3485 Grafenegg....211
MÖRWALD „Toni M." 3483 Feuersbrunn 208
MÖRWALD „Zur Traube" 3483 Feuersbrunn 209
Möslinger 1020 Wien 133
Mohren 6830 Rankweil 557
Mole West 7100 Neusiedl am See 151
Montafoner Hof 6774 Tschagguns 564
Montafoner Stube 6787 Gargellen............................541
Morent 6677 Zöblen im Tannheimertal................... 459
Moritz 9131 Grafenstein 168
Motto am Fluss 1010 Wien... 97
Mraz & Sohn 1200 Wien 97
Mühle 6020 Innsbruck 411
Mühle 8510 Stainz 382
Mühltalhof 4120 Neufelden 282
Muhr 2463 Gallbrunn bei Schwechat 209
Murmeli 6764 Lech am Arlberg 551
Murnockerl 8431 Gralla 357
Muscheln & mehr 1080 Wien.....................................133
Muto 4020 Linz an der Donau 277

N

Nährer 3141 Rassing... 230
Nepomuk 4490 St. Florian... 283
Neugebauer 9335 Lölling 176
Neuwirt 6370 Kitzbühel 427
Nibelungenhof 3133 Traismauer 238
Nigl 3541 Senftenberg 236
NihonBashi 1010 Wien 98
Nirvana 1010 Wien 133
Nocken Toni 4820 Bad Ischl 270
nullneun 8041 Graz/Liebenau 364

Ö

Ötztaler Stube 6450 Sölden 450

O

o boufés 1010 Wien 98
Obauer 5450 Werfen... 336
Obermairs Wirtshaus 4600 Wels 293
Oberstockstall 3470 Kirchberg am Wagram 218
Ofenloch 1010 Wien..134
Ohr 7000 Eisenstadt..147
Oliver kocht 8471 Spielfeld 382
ON 1050 Wien 99
One of One - 101 1010 Wien 99
Oniriq 6020 Innsbruck 410
Opus 1015 Wien 99
Oscar 9020 Klagenfurt..171
Osteria 3100 St. Pölten.. 234
Osteria d'Atri 1010 Wien 100
Osteria Mangia e Ridi 1010 Wien..............................134
Osteria Veneta 9020 Klagenfurt................................172
Oswald 8522 Groß-St. Florian 367

P

Paco 1090 Wien 100
Palme 3364 Neuhofen an der Ybbs........................... 228
Pan e Vin 5020 Salzburg.. 328
Pannonia 7434 Bernstein 147
Pannonia 7141 Podersdorf..153
Panorama 5562 Obertauern 318
Panoramagasthof Kristberg 6782 Silbertal i. Montafon.. 563
Paolo 1030 Wien 136
Paradoxon 5020 Salzburg 329
Parlor 1030 Wien 134
Pastamara 1010 Wien 100
Patara 1010 Wien..102
Pavillon 9220 Velden am Wörthersee 188
Paznaunerstube 6561 Ischgl 415
Pescador 8010 Graz 362
Petrus 6900 Bregenz 538
Pfarrhof Sankt Andrä 8444 Sankt Andrä im Sausal... 378
Pfarrwirt 1190 Wien 102
Pfeffermühle 6764 Lech am Arlberg.........................551
Pfefferschiff zu Söllheim 5300 Hallwang/Salzburg... 309
Pfleger 9912 Anras 396
Philigrano 1010 Wien 102
philipp – Das Restaurant 8864 Turrach 387
Picea 6764 Lech am Arlberg 551
Pichlmaiers zum Herkner 1170 Wien......................102
Pier 69 6900 Bregenz 538
Pierer 8163 Fladnitz an der Teichalm 355
Pils 3153 Eschenau an der Traisen........................... 208
Pino 2340 Mödling 227
Pitterle 3233 Kilb..218

Lokalindex von A bis Z

Plachutta Hietzing 1130 Wien 103
Plachutta Nussdorf 1190 Wien 103
Plachutta Wollzeile 1010 Wien 103
Plachuttas Gasthaus zur Oper 1010 Wien 104
Plachuttas Grünspan 1160 Wien 134
Platzhirsch 5303 Thalgau 335
Pöchhacker's Krone 2531 Gaaden bei Mödling........ 209
Pöschl 1010 Wien 84
Pollak's Retzbacherhof 2074 Unterretzbach..............240
Port361 8700 Leoben 374
Post 6380 St. Johann in Tirol 445
Post Lermoos 6631 Lermoos 432
Posthotel 6280 Zell am Ziller 458
Pramerl & the Wolf 1090 Wien....................................104
Prandtauerhof Gutshofrest. 3610 Weißenk./Wachau... 244
Prankl 3620 Spitz 236
Preslmayer 4020 Linz an der Donau 275
Prilisauer 1140 Wien 134
Primavera 2500 Baden bei Wien 204
Prosecco 5020 Salzburg.. 329
Pub Klemo 1050 Wien 134
Puchegger-Wirt 2722 Winzendorf 245
Pulker's Heuriger 3602 Rührsdorf 233
Pumafalle 6152 Trins.. 454
Pusswald 8230 Hartberg.. 369

Q
Q'ero 1010 Wien 105

R
R&R Restaurant Hotel Mitterb. 3224 Mitterbach...... 227
Raffl`s Stubn 6580 St. Anton am Arlberg 441
Rahofer 4484 Kronstorf...274
Rahofer 4400 Steyr 289
Rainers Wintergarten 1100 Wien 135
Ramasuri 1020 Wien 135
Ranninger am Grottenhof 8430 Leibnitz.................... 373
Rau 4463 Großraming 272
Rauch 6800 Feldkirch..541
Rauch-Hof 8510 Stainz.. 385
Rauner 4020 Linz an der Donau................................ 280
Rauterstube 9971 Matrei in Osttirol 433
Rebhuhn 1090 Wien 135
Regina Margherita 1010 Wien 136
Rehkitz 6370 Kitzbühel... 427
Reinbachstube 5600 St. Johann im Pongau 334
Renner 1190 Wien 141
Restaurant am Friedrichshof 2424 Zurndorf..............157
Restaurant Hochsitz 6708 Brand 537
Restaurant Kupferdachl 8141 Premstätten................376
Restaurant Leiten 9063 Klagenfurt 172
Restaurant Schlossberg 8010 Graz 365
Restaurant Steirerschlössl 8740 Zeltweg 388
Retter Bio Restaurant 8225 Pöllauberg.....................376

Retzbacherhof 2074 Unterretzbach 240
Reznicek 1090 Wien 141
Riedenburg 5020 Salzburg 330
Riederalm 5771 Leogang 314
Rinderwahn 1010 Wien 136
Ringsmuth 1100 Wien 74
Ristorante Paolo 1030 Wien 136
Röhre 4866 Unterach am Attersee............................ 291
Rois 8130 Frohnleiten 356
Romantik Hotel Gmachl Elixhausen 5161 Elixhausen... 303
Roots 1050 Wien 105
Rosé 9220 Velden am Wörthersee 188
Rosenbauchs 2483 Ebreichsdorf 206
Rosengarten 6365 Kirchberg in Tirol 421
Rosnovsky und Co 1080 Wien 137
Rossbarth 4020 Linz an der Donau 278
Rote Bar 1010 Wien 106
Ruckendorfer 7000 Eisenstadt 148
Rud-Alpe 6764 Lech am Arlberg 552
Rudis Beisl 1050 Wien..105

S
s'Pfandl 6370 Reith bei Kitzbühel............................... 439
S'Platzl 2640 Gloggnitz 210
Saag 9212 Techelsberg am Wörthersee 184
SAALACHSTUBN 5071 Wals bei Salzburg 336
Sacher – Restaurant „Grüne Bar" 1010 Wien 105
Sacher – Restaurant „Rote Bar" 1010 Wien 106
Sacher – Zirbelzimmer 5020 Salzburg...................... 330
Sacher Innsbruck 6020 Innsbruck 408
Sacher-Graz 8010 Graz 359
Safenhof 8271 Bad Waltersdorf................................. 348
Sagwirt 5425 Krispl...312
Sakai 1080 Wien 106
Saluti 9971 Matrei in Osttirol 433
Salzburger Hof (Stube) 5700 Zell am See 339
Sattlerhof 8462 Gamlitz 357
Saziani Stub'n 8345 Straden 385
Saziani-G'wölb 8345 Straden 385
Schachner 3672 Maria Taferl 223
Schaufelspitz 6167 Neustift im Stubaital................... 435
Scheiblingstein 3400 Scheiblingstein........................ 235
Scherleiten 4553 Schlierbach 286
Schick 1010 Wien 72
Schickh 3511 Furth bei Göttweig............................... 209
Schiff 6952 Hittisau 543
Schiller 2453 Sommerein 236
Schindler 6020 Innsbruck 409
Schlegelkopf 6764 Lech am Arlberg 555
Schloss Aigen 5026 Salzburg/Aigen 330
Schloss Dürnstein 3601 Dürnstein 205
Schloss Gabelhofen 8753 Fohnsdorf........................ 356
Schloss Hochhaus 4655 Vorchdorf........................... 292

ÖSTERREICH

Lokalindex von A bis Z

Schloss Kapfenstein 8353 Kapfenstein.....................371
Schloss Mittersill 5730 Mittersill 317
Schloss Restaurant 5322 Hof bei Salzburg 310
Schloss Thalheim 3141 Kapelln an der Perschling 217
Schloss-Taverne im Schloss Farrach 8740 Zeltweg ... 389
Schlossberg 8010 Graz 365
Schlossherrnstube 6561 Ischgl...................................416
Schlosshotel Rosenau 3924 Rosenau Schloss......... 232
Schlossstern 9220 Velden am Wörthersee 187
Schlosswirt Kornberg 8330 Feldbach 354
Schlosswirt zu Anif 5081 Anif 299
Schmutzer 2722 Winzendorf.......................................245
Schnattl 1080 Wien 106
Schneiderei 2443 Leithaprodersdorf..........................150
Schöneck 6020 Innsbruck 410
Schreiners Gastwirtschaft 1070 Wien.......................107
Schualhus Chefs Table 6764 Lech am Arlberg 553
Schualhus Jausestuba 6764 Lech am Arlberg 553
Schulhaus 6277 Zellberg 459
Schulhus 6942 Krumbach 544
Schutzhaus am Schafberg 1170 Wien 137
Schwaigerlehen – Berngarten 5724 Stuhlfelden..... 334
Schwanen 6874 Bizau 536
Schwarz 3521 Nöhagen... 228
Schwarzes Kameel 1010 Wien 122
Schwemme 1030 Wien...127
See Restaurant Saag 9212 Techelsberg/Wörthersee ... 184
Seebacher 9563 Gnesau 168
Seefischer 9873 Döbriach 165
Seehotel Restaurant Lackner 5310 Mondsee 281
Seensucht 5700 Zell am See 340
Seeplatz'l 8993 Grundlsee 368
Seerestaurant Rosé 9220 Velden am Wörthersee.....188
Seewirtshaus 2680 Semmering................................. 235
Seher 3730 Eggenburg 206
Seidl 1030 Wien 84
Sennerland 6604 Höfen 407
SENNS.Restaurant 5020 Salzburg........................... 330
Sensei 6020 Innsbruck 410
Servitenwirt 1090 Wien..107
Settimo Cielo 1010 Wien 107
Seven Senses 5020 Salzburg................................... 332
Severin*s – The Alpine Retreat 6764 Lech am Arlberg ... 554
Shiki 1010 Wien 107
Shokudo Kuishimbo 1060 Wien................................108
SICHER RESTAURANT 9121 Tainach.....................184
Sieghard 6283 Hippach/Schwendau 407
Sigwart's Tiroler Weinstuben 6230 Brixlegg........... 400
Silvio Nickol Gourmet Restaurant 1010 Wien.........108
Simon Taxacher 6365 Kirchberg in Tirol 423
Simonis 1010 Wien 131
Singer's Tiroler Stube 6622 Berwang 398
Sinohouse 1090 Wien..109

Sitzwohl in der Gilmschule 6020 Innsbruck 411
Skopik & Lohn 1020 Wien 137
Smaragd Restaurant 3672 Maria Taferl.................... 223
Sodoma 3430 Tulln...240
Sonnberg 5700 Zell am See 341
Sonnbichl Stube 6580 St. Anton am Arlberg 442
Sonnenhof's Gourmetstube 6673 Grän 405
Sonnhof 5621 St. Veit im Pongau 334
Sopile 1040 Wien 109
Spaetrot 2352 Gumpoldskirchen................................212
Spary 8773 Kammern..371
Speisesaal 8020 Graz 360
Spittelberg 1070 Wien... 72
Sportalm 6365 Kirchberg in Tirol 421
St. Antoner Hof 6580 St. Anton am Arlberg 441
St. Peter Stiftskulinarium 5020 Salzburg................. 331
Stadtgasthaus 6900 Bregenz 539
Stafler 1120 Wien..137
Stainzerbauer 8010 Graz 367
Stamperl 6370 Kitzbühel 424
Stanglwirt 6353 Going 405
Starcke Haus 8010 Graz 366
Staribacher 8430 Leibnitz... 373
Steegwirt 4822 Bad Goisern 269
Stegweber 8541 Schwanberg 381
Steinberg 6373 Jochberg 420
Steinfeldhof 2722 Weikersdorf am Steinfelde............241
Steirer 8010 Graz 361
Steirereck 8625 Turnau 386
Steirereck im Stadtpark 1030 Wien..........................110
Steirerland 8442 Kitzeck im Sausal 372
Steirerstöckl 1180 Wien...112
Stellas 1070 Wien 112
Stern 1110 Wien 137
Sternad's Restaurant Pavillon 9220 Velden/Wörthers. ... 188
Stiar 6561 Ischgl 417
Stift Ardagger 3321 Ardagger................................... 202
Stiftsmeierhof Seitenstetten 3353 Seitenstetten ... 235
Stiftsschmiede 9570 Ossiach....................................177
Stiftsstüberl 8813 St. Lambrecht.............................. 379
Stockerwirt 2392 Sulz im Wienerwald...................... 238
Stomach 1090 Wien 112
Strandperle 6100 Seefeld 448
Strasserwirt 5020 Salzburg 332
Strasserwirt 9918 Strassen.......................................451
Stratmann 5020 Salzburg 332
Streets 8020 Graz 366
Ströck-Feierabend 1030 Wien...................................137
Stub'n 5571 Mariapfarr...315
Stube 6764 Lech am Arlberg 555
Stüva 6561 Ischgl 418
Stuwer 1020 Wien 113
Südsee 9082 Maria Wörth 176
Symphonie 5020 Salzburg 333

Lokalindex von A bis Z

T

T.O.M R - Pfarrhof Sankt Andrä 8444 Sankt Andrä/ Sausal ... 378
Tafelspitz 6830 Rankweil 559
Takans Restaurant 1180 Wien 138
Tancredi 1040 Wien 113
Tanglberg 4655 Vorchdorf 292
Tannenhof 6580 St. Anton am Arlberg 442
Tannheimer Stube 6675 Tannheim 452
Tartuf 1150 Wien 113
Tartufo 1210 Wien 138
Taubenkobel 7081 Schützen am Gebirge.................154
Taxacher 6365 Kirchberg in Tirol................................. 423
Taxenbacherhof 5660 Taxenbach 335
Tenne 6370 Kitzbühel 428
Tenzo 6215 Achenkirch 395
Terra mia 4020 Linz an der Donau.............................. 280
Terra Rossa 1160 Wien 114
Terrasse 9212 Pörtschach, Techelsberg am Wörthersee...179
Thalhof 6364 Brixen im Thale....................................... 398
Thaller 8423 St. Veit am Vogau..................................... 380
The Bank Brasserie & Bar 1010 Wien 114
The BirdYard 1080 Wien 116
The Guest House Vienna 1010 Wien 116
The View 1020 Wien 116
Tian Bistro am Spittelberg 1070 Wien.......................138
TIAN Restaurant Wien 1010 Wien 117
Tiroler Weinstuben 6230 Brixlegg 400
Toni Mörwald, Le Ciel 1010 Wien 92
Toni's Kulinarium 7 1070 Wien 118
Toro Toro 5400 Hallein.. 307
Torre 9300 St. Veit an der Glan 181
Trattoria Martinelli 1010 Wien..................................... 118
Treiber 7431 Bad Tatzmannsdorf.................................146
Triad 2853 Bad Schönau 203
Trippolt Zum Bären 9462 Bad St. Leonhard 164
Tschebull 9580 Egg/Faaker See.....................................166
Tscheppe 8462 Gamlitz 357
Tulbingerkogel 3001 Mauerbach 224
Tulsi 1090 Wien...138
Tuya 1010 Wien 118

U

Ubl 1040 Wien 138
Umami5 1080 Wien 138
Umar 1060 Wien 139
Unkai 1010 Wien 119
Unkai Sushi 1010 Wien 139
Unterwirt 6341 Ebbs 400
Urbani-Weinstuben 9500 Villach 190
Urbanides 4040 Linz an der Donau 278

V

Veneta 9020 Klagenfurt 172
Veranda 1070 Wien.. 119
Verdi 4020 Linz an der Donau....................................... 278
Verdi-Einkehr 4020 Linz an der Donau 279
Verwallstube 6580 St. Anton am Arlberg................. 443
Verwalter 6850 Dornbirn 540
Vestibül 1010 Wien 120
View 1020 Wien 116
Vincena 9906 Lavant.. 431
Vineyard 3550 Langenlois.. 222
Vino Vitis im Salzamt 4020 Linz an der Donau ... 277
Vinzenz Pauli 3100 St. Pölten 234
Vitalquelle Montafon 6780 Schruns.......................... 561
VitaTella 7152 Pamhagen 151
Völlerei 5760 Saalfelden... 320

W

Wachauer Stube 3390 Melk... 226
Wachter-Wieslers Ratschen 7474 Deutsch Schützen...147
Wälderhof 6951 Lingenau 556
Wälderstube 1840 6952 Hittisau 543
Wagner's Wirtshaus 2020 Hollabrunn 216
Waldschänke 4710 Grieskirchen................................ 272
Waldviertlerhof 1050 Wien 139
Walserstuba 6991 Riezlern/Kleinwalsertal 560
Walserstube-Jägerstube 6764 Lech am Arlberg..... 554
Wassermann 8993 Grundlsee 368
Wassermann-Wirt 8511 St. Stefan ob Stainz 380
Weiler 2136 Laa an der Thaya....................................... 220
Wein & Co 1010 Wien 139
Wein & Co Mariahilferstraße 1070 Wien..................139
Wein & Co Naschmarkt 1060 Wien.............................139
Weinbank Restaurant 8461 Ehrenhausen 352
Weinbank Wirtshaus 8461 Ehrenhausen 352
Weindlhof 4310 Mauthausen 280
Weingut Hutter 3504 Krems/Stein............................. 220
Weingut Taggenbrunn 9300 St. Veit an der Glan....... 182
Weinhaus Nigl 3541 Senftenberg 236
Weinstube 6561 Ischgl 419
Weinstube Szemes 7423 Pinkafeld 152
Weinwirt 4672 Bachmanning 269
Weinzirl 1030 Wien 120
Weissenseerhof 9762 Weissensee 191
Weißer Rauchfangkehrer 1010 Wien 123
Werzer's Badehaus 9210 Pörtschach........................178
Wetter 1160 Wien 121
Weydner Wirtshaus 2295 Oberweiden 230
Weyerhof 5733 Bramberg am Wildkogel 302
Weyringer Wallersee 5302 Henndorf am Wallersee ... 309
Wienerhof 6152 Trins 455
Wild 1030 Wien 140
Wilder Mann 6072 Lans 430

ÖSTERREICH

Lokalindex von A bis Z

Wilderer Gourmetstube 6213 Pertisau 438
Wilderin 6020 Innsbruck 409
Windischgrätzhöhe 5640 Bad Gastein 300
Winkelhofer 3712 Eggendorf 207
Winkler 5202 Neumarkt am Wallersee 317
Winkler im Auwirt 6371 Aurach bei Kitzbühel 397
Winklers zum Posthorn 1030 Wien 121
Winterstellgut 5524 Annaberg 300
Wipp'ls Hofbergstubn 8333 Riegersburg 377
Wir:zhaus 8061 St. Radegund bei Graz 379
Wirt z'Kraxenberg 4932 Kirchheim im Innkreis 273
Wirtschaft 2.0 8992 Altaussee 346
Wirtschaft am Markt 1120 Wien 121
Wirtshaus Bärenbichl 6373 Jochberg 420
Wirtshaus im Hofgassl 7071 Rust 154
Wirtshaus Poststube 1327 4801 Traunkirchen 291
Wirtshaus Steirereck 8625 Turnau 386
Wirtshaus Wolfgang Maitz 8461 Ehrenhausen 353
Wirtshaus zum Rehkitz 6370 Kitzbühel 427
Wispelhof 9020 Klagenfurt 173
Witwe Bolte 1070 Wien 140
Wörtherhof 5661 Rauris 319
Wolf 3425 Langenlebarn 221
Wolf 1040 Wien 84
Woracziczky 1050 Wien 122
Wulfisch 1020 Wien 140

Y

YACHT 9220 Velden am Wörthersee 186
yamm! 1010 Wien 140
yaoyao 5020 Salzburg 332
YOHM 1010 Wien 122

Z

Ziegelwerk 2485 Wimpassing an der Leitha 156
Zimmermann's Gasthaus 9762 Weissensee 191
Zirbelzimmer 5020 Salzburg 330
Zirbenstube 6450 Sölden 450
Zirbenstube „Postamt" 6655 Steeg/Lechtal 450
Zomm 6103 Reith bei Seefeld 439
Zündwerk 2231 Strasshof an der Nordbahn 237
Zum Bären 9462 Bad St. Leonhard 164
Zum Bergmann 8864 Turrach 388
Zum Blumentritt 3193 St. Aegyd am Neuwalde 234
Zum Buberlgut 5020 Salzburg 332
Zum Dorfschmied 9373 Klein St. Paul 173
Zum finsteren Stern 1010 Wien 122
Zum fröhlichen Arbeiter 7143 Apetlon 146
Zum goldenen Anker 2410 Hainburg an der Donau ... 214
Zum Grafenwirt 8966 Aich-Assach 346
Zum grünen Baum 2225 Zistersdorf 247
Zum Hirschen 5700 Zell am See 341
Zum Kaiser von Österreich 3500 Krems 220
Zum lustigen Bauern 3424 Zeiselmauer 247
Zum Posthorn 1030 Wien 121
Zum Renner 1190 Wien 141
Zum Reznicek 1090 Wien 141
Zum Schwarzen Bären 3644 Emmersdorf 207
Zum Schwarzen Kameel 1010 Wien 122
Zum Seher 3730 Eggenburg 206
Zum Topf 3902 Kaltenbach bei Vitis 216
Zum weissen Rauchfangkehrer 1010 Wien 123
Zur Blauen Gans 7121 Weiden am See 156
Zur Dankbarkeit 7141 Podersdorf 152
Zur goldenen Kugel 1090 Wien 141
Zur Hube 8443 Gleinstätten 357
Zur Kanne 6764 Lech am Arlberg 555
Zur Klause 8673 Ratten 377
Zur Linde 3053 Laaben bei Neulengbach 221
Zur Linde 8103 Rein 377
Zur Nocken Toni 4820 Bad Ischl 270
Zur Tenne 6370 Kitzbühel 428
Zwischenbrückenwirt 1200 Wien 123

Almhütten Niederösterreich

A
Anna-Alm 3222 Annaberg 260

E
Edelweisshütte 2734 Puchberg am Schneeberg 261
Eibl-Teichhütte 3184 Türnitz..................................... 262
Enzianhütte 2763 Muggendorf................................... 253

H
Habsburghaus 2661 Naßwald................................... 253
Hubertushaus 2732 Oberhöflein 253

J
Josef-Franz Hütte 3203 Rabenstein an der Pielach... 262
Julius-Seitner Hütte 3184 Türnitz 262

K
Kammersteinerhütte 2380 Perchtoldsdorf............... 261

L
Liechtensteinhaus 2680 Semmering........................ 262
Lilienfelder Hütte 3180 Lilienfeld.............................. 252

N
Naturfreundehaus Knofeleben 2651 Reichenau/Rax... 254
Neue Seehütte 2651 Reichenau an der Rax 254

Ö
ÖTK Schutzhaus Hochkar 3345 Göstling an der Ybbs... 260

O
Ottohaus 2651 Reichenau an der Rax 255

P
Prochenberghütte 3341 Ybbsitz................................ 255

S
s'Balzplatzerl 3224 Mitterbach................................. 261
Schutzhaus Hochkar 3345 Göstling an der Ybbs 260
Schutzhaus Vorderötscher 3224 Mitterbach........... 252

T
Terzerhaus 3224 Mitterbach 253
Traisnerhütte 3180 Lilienfeld 260

W
Wetterkoglerhaus 2870 Aspangberg/St. Peter......... 252

Y
Ybbstalerhütte 3345 Göstling an der Ybbs 252

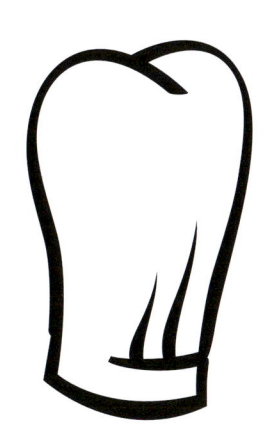

Gault&Millau

Besuchen Sie uns auf Facebook unter
www.facebook.com/Gault.Millau.Oesterreich

Lokalindex von A bis Z

Almhütten Tirol

8
8er Alm 6263 Fügen 522

Ä
Älpele 6675 Tannheim 522

A
Ackernalm 6335 Thiersee 507
Adler Lounge 9981 Kals am Großglockner................514
Aldranser Alm 6071 Aldrans 484
Almdorf Eng 6215 Hinterriss 524
Almstüberl Gschwendt 6235 Reith im Alpbachtal.... 505
Almwirtschaft Gampe Thaya 6450 Sölden 480
Alpengasthof Hochsöll 6306 Söll............................. 507
Alpengasthof Loas 6136 Pill 529
Alpengasthof Pinzgerhof 6235 Reith im Alpbachtal ... 505
Alpengasthof Schönangeralm
6313 Wildschönau/Auffach... 509
Angerer Alm 6380 St. Johann in Tirol 501
Arzler Alm 6020 Innsbruck....................................... 483
Aschinger Alm 6341 Ebbs.. 504
Aualm 6306 Söll 507
Auffangalm 6167 Neustift im Stubaital 490
Außermelang Alm 6060 Hall in Tirol 486
Autenalm 6167 Neustift im Stubaital........................ 490

B
Bacheralm 6382 Kirchdorf in Tirol 499
Bärenbadalm 6373 Jochberg 496
Bassgeiger Alm 6380 St. Johann in Tirol................. 501
Bergeralm 6150 Steinach am Brenner..................... 495
Bergfriedalm 6293 Tux 531
Berggasthaus Rofenhof 6458 Vent 482
Berggasthof Ackernalm 6335 Thiersee 507
Berggasthof Sonnbühel 6370 Kitzbühel 499
Berghaus Tirol 6370 Kitzbühel................................. 499
Bichl 6441 Umhausen 482
Birgitzer Alm 6092 Birgitz.. 484
Bockbacher Almwirtschaft 6655 Steeg/Lechtal......521
Bodenalm 9974 Prägraten....................................... 517
Böglalm 6236 Alpbach... 502
Bremer Hütte 6150 Gschnitz 486
Brugger-Alm 6373 Jochberg.................................... 497
Burgeralm 6347 Rettenschöss................................. 505

C
Café Rodel Toni 6136 Pill 529
Coburger Hütte 6414 Mieming................................479

D
Dalfaz Alm 6212 Maurach am Achensee 524
Darmstädter Hütte 6580 St. Anton am Arlberg 511

E
Edenbachalm 6673 Haldensee im Tannheimertal 519
Ehenbichler Alm 6622 Berwang 517
Eng 6215 Hinterriss 524
Erfurter Hütte 6212 Maurach am Achensee.............. 527

F
Falbesoner Ochsenalm 6167 Neustift im Stubaital .. 491
Falzturnalm 6213 Pertisau 527
Farmkehralm 6236 Alpbach..................................... 502
Feilalm 6213 Pertisau... 527
Frankalm 6364 Brixen im Thale................................ 495
Friedrichshafener Hütte 6562 Ischgl 510

G
Gaislachalm 6450 Sölden 480
Gaistalalm 6105 Leutasch 486
Gampe Thaya 6450 Sölden 480
Ganalm 6123 Terfens... 531
Gartalm-Hochleger 6264 Fügenberg 523
Geraer Hütte 6154 Vals.. 495
Gibler Alm 6652 Elbigenalp......................................517
Gleirschalm 6184 St. Sigmund im Sellrain............... 493
Gogles Alm 6527 Kauneberg................................... 511
Grander Schupf 6380 St. Johann in Tirol................. 502

H
Hämmermoosalm 6105 Leutasch............................. 487
Hallerangeralm 6108 Scharnitz 493
Hanauer Hütte 6481 St. Leonhard im Pitztal........... 480
Hechahof 6230 Brixlegg 503
Hecherhaus 6130 Schwaz 529
Heidelberger Hütte 6561 Ischgl 510
Herzebner Almwirt 6167 Neustift im Stubaital 491
Hintere Fundusalm 6441 Umhausen 482
Hochkitzbühel bei Tomschy 6370 Kitzbühel............ 499
Hochsöll 6306 Söll... 507
Höttinger Alm 6020 Innsbruck................................. 484
Holzalm 6230 Brixlegg... 503
Hornköpflhütte 6370 Kitzbühel 500
Hospiz Alm 6580 St. Anton am Arlberg 511
Huberalm 6383 Erpfendorf...................................... 496

I
Innsbrucker Hütte 6167 Neustift im Stubaital 491
Islitzer Alm 9974 Prägraten......................................517

J
Jamtalhütte 6563 Galtür.. 509
Jausenstation Bichl 6441 Umhausen...................... 482
Jausenstation Tiefenbachklamm 6234 Brandenberg... 503
Juifenalm 6181 Sellrain... 495

Lokalindex von A bis Z

K

Kaiserhaus 6234 Brandenberg 503
Kala Alm 6335 Thiersee 509
Kammerköralm 6384 Waidring 502
Karlsbader Hütte 9981 Kals am Großglockner 515
Kielebergalm 6471 Arzl im Pitztal 478
Klausenalm 6295 Ginzling 523
Kölner Haus 6534 Serfaus 513
Kreuzwiesenalm 6280 Zell am Ziller........................ 531
Krinnenalpe 6672 Nesselwängle.............................. 519
Kristallhütte 6284 Ramsau 529

L

Lackenalm 6281 Gerlos.. 523
Lermooser Alm/Tuftlalm 6631 Lermoos...................519
Loas 6136 Pill.. 529

M

Maierl 6365 Kirchberg in Tirol 497
Matreier Ochsenalm 6143 Matrei am Brenner 487
Melkalm 6370 Kitzbühel... 500
Mittlere Stuibenalm 6677 Schattwald 521
Muttekopfhütte 6473 Wenns 483
Mutterer Alm 6162 Mutters...................................... 490

N

Naringalm 6345 Kössen 500
Nassereither Alm 6465 Nassereith...........................479
Naviser Stöcklalm 6145 Navis................................. 490
Neue Dias Alpe – Almstüberl 6555 Kappl.................511
Norderbergalm 6311 Wildschönau /Oberau 509

O

Obstansersee Hütte 9941 Kartitsch 515
Olperer Hütte 6295 Ginzling.................................... 524

P

Panorama-Alm 6373 Jochberg 497
Patscheralm 6082 Patsch 491
Peer Alm 6145 Navis... 490
Pfandlhof 6330 Kufstein.. 504
Pfeishütte 6100 Seefeld 493
Pinzgerhof 6235 Reith im Alpbachtal 505

R

Ramolhaus 6456 Obergurgl 479
Rauthhütte 6105 Leutasch...................................... 487
Rodel Toni 6136 Pill 529
Rofenhof 6458 Vent... 482
Rotmoosalm 6105 Leutasch.................................... 487

S

Sahnestüberl 6450 Sölden...................................... 480
Sattelbergalm 6156 Gries am Brenner..................... 486
Scharnitzer Alm 6108 Scharnitz 493
Schneetalalm 6672 Nesselwängle............................521
Schönangeralm 6313 Wildschönau/Auffach 509
Schwarzenbachalm 6344 Kössen 500
Seealm Hög 6534 Serfaus..514
Seidlalm 6370 Kitzbühel 500
Sennhütte 6580 St. Anton am Arlberg.......................513
Sonnbühel 6370 Kitzbühel 499
Stabelealm 6444 Längenfeld 478
Stablalm 6644 Elmen 519
Stamser Alm 6422 Stams 480
Stanglalm 6372 Oberndorf in Tirol 501
Stöfflhütte auf der Walleralm 6334 Schwoich 507
Sulzlalm 6653 Stockach /Lechtal..............................521

T

Taubenseehütte 6345 Kössen 501
Tiefentalalm 6361 Kelchsau 497
Tomschy 6370 Kitzbühel... 499
Tirol 6370 Kitzbühel... 499

U

Ulmer Hütte 6580 St. Anton am Arlberg....................513
Umbrüggler Alm 6020 Innsbruck 484

V

Vilser Alm 6682 Vils 522
Volkzeiner Hütte 9931 Ausservillgraten....................514
Vordere Sulztalalm 6444 Längenfeld 478

W

Wedelhütte 6272 Kaltenbach/Zillertal......................524
Weidener Hütte 6133 Weerberg 531
Wildalpgatterl 6391 Fieberbrunn 496
Wildbichl Alm 6342 Rettenschöss 505
Wildseelederhaus 6391 Fieberbrunn...................... 496
Wimmertalalm 6281 Gerlos 523
Wodenalm 9971 Matrei in Osttirol............................515
Wurzbergalm 6444 Längenfeld.................................478

Z

Zammer Alm 6511 Zams 514
Zimmereben 6290 Mayrhofen 527
Zirbenalm 6456 Obergurgl 479
Zöhreralm 6215 Achenkirch 522
Zottahof 6236 Alpbach 502
Zunigalm 9971 Matrei in Osttirol...............................515

ÖSTERREICH

Lokalindex von A bis Z

Hotels

...liebes Rot-Flüh 6673 Grän 653

2
25hours Hotel 1070 Wien 603

A
A-ROSA Kitzbühel 6370 Kitzbühel 666
aDLERS Hotel 6020 Innsbruck 601
Aichinger 4865 Nußdorf am Attersee 588
Almfrieden Hotel & Romantikchalet
8972 Ramsau am Dachstein 658
Almhof, Kinderhotel 6281 Gerlos 624
Almwellness Hotel Pierer 8163 Fladnitz a.d. Teichalm ... 679
Alpen-Wellness Resort Hochfirst 6456 Hochgurgl ... 713
Alpenhof 6293 Tux 580
Alpenresort Schwarz 6414 Mieming 646
Alpine Wellnesshotel Karwendel 6213 Pertisau 721
Alpinhotel Pacheiner 9520 Gerlitzen 573
Alpinresort Schillerkopf 6707 Bürserberg 572
Altes Kloster 2410 Hainburg an der Donau 695
Altstadt Vienna 1070 Wien 605
amiamo 5700 Zell am See 631
Ammerhauser 5102 Anthering 694
Andaz 1100 Wien 605
ARCOTEL Kaiserwasser 1220 Wien 703
arlberg1800 RESORT 6580 St. Anton am Arlberg ... 669
art-lodge 9542 Afritz 634
Arthotel Blaue Gans 5020 Salzburg 615
ARX Boutiquehotel 8971 Rohrmoos-Schladming ... 615
Astoria Resort 6100 Seefeld 671
AUERSPERG 5020 Salzburg 603
Augarten Art Hotel 8010 Graz 610
Aurelio 6764 Lech am Arlberg 717

B
Bad Leonfelden 4190 Bad Leonfelden 658
Bär, Hotel 6534 Serfaus 631
Balance 9210 Pörtschach 647
Bellevue 5700 Zell am See 597
Bergergut 4170 Afiesl 686
Berghof 6764 Lech am Arlberg 654
Berghof 8972 Ramsau am Dachstein 575
Berghotel Tulbingerkogel 3001 Tulbingerkogel 702
Bergresort Seefeld 6100 Seefeld 663
Bergwiesenglück 6553 See/Paznaun 638
Bichlhof 6370 Kitzbühel 574
Bio- und Wellnessresort Stanglwirt 6353 Going ... 709
Biohotel Grafenast 6136 Pill 682
Biohotel Gralhof 9762 Weissensee 683
Biohotel Ramsauhof 8972 Ramsau am Dachstein ... 683
Biohotel Schwanen 6874 Bizau 678
Blaue Gans 5020 Salzburg 615

Böglerhof 6236 Alpbach 623
Boutique Hotel Träumerei #8 6330 Kufstein 611
Boutique Hotel Wachtelhof 5761 Maria Alm 613
Brandauer's Villen 5350 Strobl 691
Brennseehof 9544 Feld am See 624
Brillantengrund 1070 Wien 639
Bristol 1010 Wien 673
Bründl 4190 Bad Leonfelden 694
Buchau 6212 Maurach am Achensee 629
Burg Vital Resort 6764 Lech am Arlberg 717
Burghotel Lech 6764 Lech am Arlberg 574

C
Central 6450 Sölden 671
Cervosa 6534 Serfaus 722
Cesta Grand Aktivhotel & Spa 5640 Bad Gastein ... 642
Chesa Valisa 6992 Hirschegg/Kleinwalsertal 679
Cortisen am See 5360 St. Wolfgang 590
Cristallo 9863 Rennweg 630

D
Daberer 9635 Dellach/Gailtal 679
Daniel Wien 1030 Wien 605
Das Central 6450 Sölden 671
Das Eisenberg 8383 St. Martin an der Raab 661
Das Goldberg 5630 Bad Hofgastein 572
Das Kronthaler 6215 Achenkirch 572
Das Max 6100 Seefeld 617
Das Moerisch 9871 Seeboden 647
Das Posthotel 6280 Zell am Ziller 619
Das Rieser 6213 Pertisau 629
Das Ronacher 9546 Bad Kleinkirchheim 706
Das Schiff 6952 Hittisau 688
Das Schloss an der Eisenstraße
3340 Waidhofen an der Ybbs 691
Das Seekarhaus 5562 Obertauern 721
Das Tirol 6373 Jochberg 644
Das Traunsee 4801 Traunkirchen 592
Das Triest 1040 Wien 703
Das Tyrol 1060 Wien 617
Der Bär 6352 Ellmau 643
Der Berghof 6764 Lech am Arlberg 654
Der Daberer 9635 Dellach/Gailtal 679
Der Engel 6673 Grän 711
Der Knappenhof 2651 Reichenau an der Rax 699
Der Lärchenhof 6383 Erpfendorf 643
Der Steirerhof 8271 Bad Waltersdorf 653
Der Wilde Eder 8171 St. Kathrein am Offenegg 576
Der Wilhelmshof 1020 Wien 639
die berge 6450 Sölden 578
Die Forelle 9762 Weissensee 581
Die Riederalm 5771 Leogang 628
Die Sonne 5753 Saalbach 661
Die Wasnerin 8990 Bad Aussee 678

Lokalindex von A bis Z

Dolomiten Residenz Sporthotel Sillian 9920 Sillian ... 578
Dolomitengolf Suites 9906 Lavant 646
Drahteselböck 7071 Rust 638

E

Ebner's Waldhof am See 5330 Fuschl am See 653
Edelweiss 5602 Wagrain 683
Eder Hochkönig 5761 Maria Alm 574
Eggerwirt 5582 St. Michael im Lungau 647
Eisenberg 8383 St. Martin an der Raab 661
ElisabethHotel 6290 Mayrhofen 613
Ellmauhof 5754 Hinterglemm 625
Enzian 9762 Weissensee 595

F

Falkensteiner Hotel & Spa Bad Leonfelden
4190 Bad Leonfelden 658
Familienhotel Die Seitenalm 5550 Radstadt 630
Familienresort Ellmauhof 5754 Hinterglemm 625
Feuerberg 9551 Bodensdorf 623
Fischer am See 6611 Heiterwang 585
Forelle 9872 Millstatt am See 646
Forsthofalm 5771 Leogang 682
Forsthofgut 5771 Leogang 682
Franz Ferdinand 9631 Jenig 644
Fritsch am Berg 6911 Lochau 636

G

Galtenberg Family & Wellness Resort 6236 Alpbach... 623
GAMS Genießer- & Kuschelhotel 6870 Bezau 687
Garten-Hotel Ochensberger
8181 St. Ruprecht an der Raab 701
Gartenhotel Crystal 6263 Hochfügen im Zillertal 644
Gasthof Jagersimmerl 4645 Grünau im Almtal 654
Geinberg 4943 Geinberg 709
Genießer-Schlosshotel Seewirt 8664 Großveitsch ... 584
Geniesserhotel Bergergut 4170 Afiesl 686
Genießerhotel Die Forelle 9762 Weissensee 581
Geniesserhotel Post Lermoos 6631 Lermoos 719
Geniesserhotel Sonnhof 5621 St. Veit im Pongau ... 576
Genussdorf Gmachl 5101 Bergheim bei Salzburg 706
Gmachl 5101 Bergheim bei Salzburg 706
Gmachl Elixhausen 5161 Elixhausen 687
Goldberg 5630 Bad Hofgastein 572
Goldgasse Salzburg 5020 Salzburg 603
Golf- & Relax-Hotel Römerstein 8282 Loipersdorf ... 646
Golf-und Seehotel Engstler 9220 Velden/Wörthersee ... 648
Golfresort Haugschlag 3874 Haugschlag 643
Gradonna Mountain Resort 9981 Kals a. Großglockner... 681
grätzl hotel Meidlinger Markt 1120 Wien 605
Grafenast 6136 Pill 682
Gralhof 9762 Weissensee 683
Grand Ferdinand 1010 Wien 605
Grand Hotel Wien 1010 Wien 673

Grand Hotel Zell am See 5700 Zell am See 597
Grand Tirolia Hotel Kitzbühel 6370 Kitzbühel 644
Grimming 5661 Rauris 659
Guest House 1010 Wien 619
Gut Weissenhof 5550 Radstadt 647

H

Habachklause 5733 Bramberg am Wildkogel 624
Haugschlag 3874 Haugschlag 643
Haus Hirt Hotel & Spa 5640 Bad Gastein 610
Herkuleshof 9815 Kolbnitz 636
Hilton Vienna Danube Waterfront 1020 Wien 597
Hintertuxerhof 6293 Tux 631
Hirschwang 2651 Reichenau an der Rax 699
Hochfirst 6456 Hochgurgl 713
Hochgurgl 6456 Hochgurgl 654
Hochschober 9565 Turracher Höhe 724
Höflehner 8967 Haus 679
Holzhotel Forsthofalm 5771 Leogang 682
Hotel & Chalet Aurelio 6764 Lech am Arlberg 717
Hotel & Villa AUERSPERG 5020 Salzburg 603
Hotel Aichinger 4865 Nußdorf am Attersee 588
Hotel Alpenhof 6293 Tux 580
Hotel Alpin Spa Tuxerhof 6293 Tux 724
Hotel Altes Kloster 2410 Hainburg an der Donau 695
Hotel Altstadt Vienna 1070 Wien 605
Hotel am Brillantengrund 1070 Wien 639
Hotel am Domplatz 4020 Linz an der Donau 602
Hotel Ammerhauser 5102 Anthering 694
Hotel Bär 6534 Serfaus 631
Hotel Balance 9210 Pörtschach 647
Hotel Berghof 8972 Ramsau am Dachstein 575
Hotel Bergwiesenglück 6553 See/Paznaun 638
Hotel Böglerhof 6236 Alpbach 623
Hotel Brennseehof 9544 Feld am See 624
Hotel Bristol 1010 Wien 673
Hotel Bürgerhaus TiMiMoo 7071 Rust 615
Hotel Cervosa 6534 Serfaus 722
Hotel Cristallo 9863 Rennweg 630
Hotel Daniel Wien 1030 Wien 605
Hotel Die Sonne 5753 Saalbach 661
Hotel Fischer am See 6611 Heiterwang 585
Hotel Forelle 9872 Millstatt am See 646
Hotel Gabrium 2340 Maria Enzersdorf a. Gebirge 637
Hotel Gasthof Krone 6952 Hittisau 696
Hotel Goldgasse 5020 Salzburg 603
Hotel Grimming 5661 Rauris 659
Hotel Gut Weissenhof 5550 Radstadt 647
Hotel Hochschober 9565 Turracher Höhe 724
Hotel Imperial 1010 Wien 673
Hotel Innsbruck 6020 Innsbruck 697
Hotel Jungbrunn 6675 Tannheim 722
Hotel Kärntnerhof 1010 Wien 606
Hotel Kaiserhof 6352 Ellmau 709

ÖSTERREICH

Lokalindex von A bis Z

Hotel Karnerhof 9580 Villach-Drobollach a. Faaker See... 594
Hotel Kitzhof 6370 Kitzbühel 698
Hotel Klosterbräu 6100 Seefeld 722
Hotel Kontor 6060 Hall in Tirol 600
Hotel Krallerhof 5771 Leogang 719
Hotel Krone 1512 5020 Salzburg 603
Hotel Lamée 1010 Wien 617
Hotel Larimar 7551 Stegersbach 663
Hotel Linde 9082 Maria Wörth 587
Hotel Lürzerhof 5561 Untertauern 724
Hotel Magdalena 6273 Ried im Zillertal 661
Hotel Marienhof 2651 Reichenau an der Rax 699
Hotel Nationalpark 7142 Illmitz 696
Hotel Oberforsthof 5600 St. Johann im Pongau 630
Hotel Palais Hansen Kempinski Vienna 1010 Wien ... 675
Hotel Park Hyatt Vienna 1010 Wien 675
Hotel Peternhof 6345 Kössen 645
Hotel Post Bezau 6870 Bezau 634
Hotel Rasmushof Kitzbühel 6370 Kitzbühel 645
Hotel Riederhof 6531 Ried im Oberinntal 659
Hotel Ritz-Carlton Vienna 1010 Wien 675
Hotel Sacher Wien 1010 Wien 675
Hotel Salzburgerhof 5700 Zell am See 725
Hotel Sarotla 6708 Brand 642
Hotel Schani Salon 1070 Wien 617
Hotel Schloss Leonstain 9210 Pörtschach 637
Hotel Schloss Mittersill 5730 Mittersill 690
Hotel Schloss Mönchstein 5020 Salzburg 668
Hotel Schloss Obermayerhofen 8272 Sebersdorf ... 638
Hotel Schloss Pichlarn 8943 Aigen im Ennstal 642
Hotel Schloss Seefels
9212 Pörtschach, Techelsberg am Wörthersee 588
Hotel Seetal 6272 Kaltenbach/Zillertal 627
Hotel Sepp 5761 Maria Alm 613
Hotel Sommerhof 4824 Gosau 625
Hotel Spiess & Spiess 1030 Wien 606
Hotel Stadler 4866 Unterach am Attersee 594
Hotel Stadthalle 1150 Wien 606
Hotel Stein 5020 Salzburg 617
Hotel Steiner 5562 Obertauern 629
Hotel Tannenhof 6580 St. Anton am Arlberg 669
Hotel Tannenhof 5600 St. Johann im Pongau 576
Hotel Teichwirt 8163 Teichalm 663
HOTEL TROFANA ROYAL 6561 Ischgl 715
Hotel Unterschwarzachhof
5754 Saalbach/Hinterglemm 630
Hotel Villa Antoinette 2680 Semmering 638
Hotel Warmbaderhof 9504 Villach Warmbad............. 648
Hotel Winzer 4880 St. Georgen im Attergau............... 690
Hotel Wirtshaus Post 6380 St. Johann in Tirol..........701
Hotel Yscla 6561 Ischgl 573
Hotel Zürserhof 6763 Zürs am Arlberg 675
Hotel Zum Stern 5630 Bad Hofgastein 642
Hotel-Restaurant Staribacher 8430 Kaindorf a.d. Sulm 697

I

Ikuna Narurresort 4723 Natternbach 682
Imperial 1010 Wien 673
INNs HOLZ 4161 Ulrichsberg 683
Inntalerhof 6100 Seefeld... 648
Interalpen-Hotel Tyrol 6410 Telfs.............................. 673

J

Jägerwirt 8864 Turrach 594
Jagdhof 6167 Neustift im Stubaital 721
Jaglhof 8462 Gamlitz... 635
Jilly 9210 Pörtschach 588
Jungbrunn 6675 Tannheim 722
Juwel 5754 Hinterglemm 713

K

Kärntnerhof 1010 Wien 606
Kaiserlodge 6351 Scheffau am Wilden Kaiser 663
Kaiserwasser 1220 Wien 703
Karnerhof 9580 Villach-Drobollach am Faaker See... 594
Kempinski Hotel Das Tirol Jochberg 6373 Jochberg... 644
Kesselspitze 5562 Obertauern.................................. 655
Kinderhotel Almhof 6281 Gerlos 624
Kinderhotel Buchau 6212 Maurach am Achensee.... 629
Kitzhof 6370 Kitzbühel 698
Kleines Hotel Kärnten
9580 Villach-Drobollach am Faaker See.................... 639
Kleinsasserhof 9800 Spittal an der Drau 639
Klosterbräu 6100 Seefeld... 722
Knappenhof 2651 Reichenau an der Rax 699
Koller 4824 Gosau 635
Kollers 9871 Seeboden 590
Kontor 6060 Hall in Tirol 600
Kothmühle 3364 Neuhofen an der Ybbs 690
Krainerhütte 2500 Baden bei Wien 695
Krallerhof 5771 Leogang 719
Kristall 6213 Pertisau 690
Krone 6952 Hittisau 696
Krone 1512 5020 Salzburg... 603

L

Lärchenhof 6383 Erpfendorf 643
Lake's – my lake hotel & spa 9210 Pörtschach 690
Lamée 1010 Wien..617
Landhaus Koller 4824 Gosau 635
Landhaus zu Appesbach 5360 St. Wolfgang 590
Larimar 7551 Stegersbach 663
Le Méridien Wien 1010 Wien 606
Leermoos 6631 Lermoos..719
Lendhotel 8020 Graz 600
liebes Rot-Flüh 6673 Grän 653
Linde 9082 Maria Wörth 587
Loisium Langenlois 3550 Langenlois 613
Lorünser 6763 Zürs am Arlberg 581
Lürzerhof 5561 Untertauern 724

Lokalindex von A bis Z

M

Magdalena 6273 Ried im Zillertal............................. 661
magdas HOTEL 1020 Wien 606
Maiers Kuschelhotel 8282 Loipersdorf 689
Maiers Oststeirischer Hof 8362 Söchau...................701
Mama Thresl 5771 Leogang....................................... 636
Marienhof 2651 Reichenau an der Rax 699
Max Brown 7th District 1070 Wien 619
Maxx Hotel Wien 1050 Wien 703
Meliá Vienna 1220 Wien.. 703
Miramonte 5640 Bad Gastein.................................... 652
Moerisch 9871 Seeboden.. 647
Molzbachhof 2880 Kirchberg am Wechsel............... 681
Mountain Resort Feuerberg 9551 Bodensdorf 623
Mühltalhof 4120 Neufelden 637

N

NALA individuellhotel 6020 Innsbruck......................611
Natur- und Wellnesshotel Höflehner 8967 Haus ... 679
Naturhotel Edelweiss 5602 Wagrain 683
Naturhotel Forsthofgut 5771 Leogang..................... 682
Naturhotel Waldklause 6444 Längenfeld................. 682
Nesslerhof 5611 Großarl 636
Nidum Casual Luxury Hotel 6100 Mösern bei Seefeld... 575

O

Oberforsthof 5600 St. Johann im Pongau................. 630
Ochensberger 8181 St. Ruprecht an der Raab 701

P

Pacheiner 9520 Gerlitzen 573
Palais Coburg Hotel Residenz 1010 Wien.................675
Palais-Hotel Erzherzog Johann 8010 Graz............... 666
Panorama Royal 6323 Bad Häring 652
Panoramahotel Inntalerhof 6100 Seefeld................. 648
Park Hyatt 1010 Wien...675
pentahotel Wien 1050 Wien 607
Peternhof 6345 Kössen.. 645
Pichlmayrgut 8973 Pichl/Ennstal............................... 629
Pierer 8163 Fladnitz an der Teichalm 679
Post Family Resort 5091 Unken 631
Post Lech 6764 Lech am Arlberg............................... 666
Posthotel 6280 Zell am Ziller.....................................619
Posthotel Achenkirch 6215 Achenkirch 686
Postillion am See 9872 Millstatt am See 587
Puradies 5771 Leogang.. 628

R

Ramsauhof 8972 Ramsau am Dachstein................... 683
Rasmushof Kitzbühel 6370 Kitzbühel 645
Refugium Hochstrass 3073 Stössing 701
Reiterhof 6215 Achenkirch....................................... 652
Reiters Finest Familyhotel 7431 Bad Tatzmannsdorf... 623
RelaxResort Kothmühle 3364 Neuhofen a.d. Ybbs ... 690
Renaissance Wien Hotel 1150 Wien 703

Retter Seminar Hotel Bio Restaurant 8225 Pöllauberg... 698
Riederalm 5771 Leogang 628
Riederhof 6531 Ried im Oberinntal 659
Rieser 6213 Pertisau.. 629
Ritz-Carlton 1010 Wien..675
Ritzlerhof 6432 Sautens.. 661
Römerstein 8282 Loipersdorf................................... 646
Rogner Bad Blumau 8283 Bad Blumau..................... 652
Romantik Hotel Das Schiff 6952 Hittisau 688
Romantik Hotel Gmachl Elixhausen 5161 Elixhausen... 687
Romantik Hotel im Park 8490 Bad Radkersburg...... 658
Romantik Hotel Im Weissen Rössl 5360 St. Wolfgang... 691
Romantik Hotel Seefischer 9873 Döbriach.............. 584
Romantik Hotel Spielmann 6632 Ehrwald 687
Romantik Seehotel Jägerwirt 8864 Turrach 594
Romantikhotel Schloss Pichlarn 8943 Aigen/Ennstal ... 642
Romantikhotel Zell am See 5700 Zell am See 691
Ronacher 9546 Bad Kleinkirchheim 706
Ruby Lissi 1010 Wien 607

S

Sacher Wien 1010 Wien..675
Saint Shermin – Bed, Breakfast & Champagne
1040 Wien...619
Salve 6361 Hopfgarten im Brixental 573
Salzburgerhof 5700 Zell am See................................ 725
Sarotla 6708 Brand.. 642
Sattlerwirt 6341 Ebbs 695
Schalber 6534 Serfaus.. 655
Schani Salon 1070 Wien 617
Schillerkopf 6707 Bürserberg.................................... 572
Schloss Fuschl Resort & Spa 5322 Hof bei Salzburg... 586
Schloss Leonstain 9210 Pörtschach 637
Schloss Mittersill 5730 Mittersill 690
Schloss Mönchstein 5020 Salzburg 668
Schloss Obermayerhofen 8272 Sebersdorf 638
Schloss Pichlarn 8943 Aigen im Ennstal 642
Schloss Prielau 5700 Zell am See 691
Schloss Seefels
9212 Pörtschach, Techelsberg am Wörthersee 588
Schlossberghotel 8010 Graz 610
Schlosshotel Fiss 6533 Fiss 687
Schlosshotel Ischgl 6561 Ischgl 666
Schlosshotel Velden 9220 Velden am Wörthersee... 673
Schreiners Essen & Wohnen 1070 Wien................... 639
Schwanen 6874 Bizau 678
Seefischer 9873 Döbriach 584
Seehotel Bellevue 5700 Zell am See 597
Seehotel Brandauer's Villen 5350 Strobl 691
Seehotel Das Traunsee 4801 Traunkirchen............. 592
Seehotel Dr. Jilly 9210 Pörtschach 588
Seehotel Engstler 9220 Velden am Wörthersee 648
Seehotel Enzian 9762 Weissensee 595
Seehotel Europa 9220 Velden am Wörthersee........ 594

ÖSTERREICH

Lokalindex von A bis Z

Seehotel Grundlsee 8993 Grundlsee 585
Seekarhaus 5562 Obertauern 721
Seetal 6272 Kaltenbach/Zillertal 627
Seewirt 8664 Großveitsch 584
Seewirt Mattsee 5163 Mattsee 689
Seitenalm 5550 Radstadt 630
Selfness-& Genuss-Hotel Ritzlerhof 6432 Sautens... 661
Seminar- und Eventhotel Krainerhütte
2500 Baden bei Wien 695
Seminar-Park-Hotel Hirschwang
2651 Reichenau a. d. Rax 699
Sepp 5761 Maria Alm 613
Severin's 6764 Lech am Arlberg 668
Sille 9081 Reifnitz 590
So/Vienna 1020 Wien 607
Sommerhof 4824 Gosau 625
Sonja – Alpine Resort 5721 Piesendorf 658
Sonne Lifestyle Resort Bregenzerwald 6881 Mellau ... 721
Sonnenburg 6764 Lech am Arlberg 627
Sonnhof 5621 St. Veit im Pongau 576
Sonnhof European Ayurveda 6335 Thiersee 578
Spa & Vitalresort Eggerwirt 5582 St. Michael/Lungau... 647
Spa Hotel Bründl 4190 Bad Leonfelden 694
Spa Resort Therme Geinberg 4943 Geinberg 709
Spa-Hotel Jagdhof 6167 Neustift im Stubaital 721
Spielmann 6632 Ehrwald 687
Spiess & Spiess 1030 Wien 606
Sporthotel St. Anton 6580 St. Anton am Arlberg 576
Sportresidenz Zillertal 6271 Uderns 580
Sportresort Hohe Salve 6361 Hopfgarten im Brixental ... 573
Stadler 4866 Unterach am Attersee 594
Stadthalle 1150 Wien 606
STAGE 12 – Hotel by Penz 6020 Innsbruck 601
Stanglwirt 6353 Going 709
Staribacher 8430 Kaindorf an der Sulm 697
Stein 5020 Salzburg 617
Steiner 5562 Obertauern 629
Steirerhof 8271 Bad Waltersdorf 653
Strandhotel Sille 9081 Reifnitz 590

T

Tannenhof 6580 St. Anton am Arlberg 669
Tannenhof 5600 St. Johann im Pongau 576
Teichwirt 8163 Teichalm 663
The Alpine Palace 5754 Hinterglemm 573
The Guest House 1010 Wien 619
Theresa 6280 Zell am Ziller 655
Therme Laa – Hotel & Spa 2136 Laa an der Thaya ... 654
TiMiMoo 7071 Rust 615
TOP Hotel Hochgurgl 6456 Hochgurgl 654
Traube Braz Alpen.Spa.Golf.Hotel 6751 Braz/Bludenz ... 643

Travel Charme Fürstenhaus Am Achensee
6213 Pertisau 722
Travel Charme Ifen Hotel 6992 Hirschegg/Kleinwalsertal... 713
TROFANA ROYAL 6561 Ischgl 715
Tulbingerkogel 3001 Tulbingerkogel 702
Tuxerhof 6293 Tux 724
Tyrol 1060 Wien 617

Ü

Übergossene Alm Resort 5652 Dienten 624

U

Unterschwarzachhof 5754 Saalbach/Hinterglemm ... 630

V

VALAVIER Aktivresort 6708 Brand 572
VAYA Fieberbrunn fine living resort 6391 Fieberbrunn... 610
Verwalter 6850 Dornbirn 634
Verwöhnhotel Kristall 6213 Pertisau 690
Vienna House Martinspark Dornbirn 6850 Dornbirn ... 600
Villa Antoinette 2680 Semmering 638
Villa Postillion am See 9872 Millstatt am See 587
Villa Verdin 9872 Millstatt am See 637
Vortuna Gesundheitsresort 4190 Bad Leonfelden ... 695

W

Wachtelhof 5761 Maria Alm 613
Waldhaus Rudolfshöhe 5640 Bad Gastein 634
Waldklause 6444 Längenfeld 682
Warmbaderhof 9504 Villach Warmbad 648
Wasnerin 8990 Bad Aussee 678
Weissenseerhof 9762 Weissensee 595
Weisses Rössl 5360 St. Wolfgang 691
Wellness-Hotel Der Engel 6673 Grän 711
Wellnesshotel Alpin Juwel 5754 Hinterglemm 713
Wellnessresort Amerika-Holzer am See
9122 Klopeiner See 586
Werzer's Hotel Resort Pörtschach 9210 Pörtschach ... 588
Wesenufer Hotel & Seminarkultur an der Donau
4085 Wesenufer 702
Weyerhof 5733 Bramberg am Wildkogel 653
Wiesergut 5754 Hinterglemm 611
Wiesler 8020 Graz 600
Wildspitze 6481 Mandarfen im Pitztal 574
Wilhelmshof 1020 Wien 639
Winzer 4880 St. Georgen im Attergau 690

Z

Zeitgeist Vienna 1100 Wien 607
Zhero Hotel 6555 Kappl 611
Zürserhof 6763 Zürs am Arlberg 675
Zum Stern 5630 Bad Hofgastein 642
Zum Verwalter 6850 Dornbirn 634

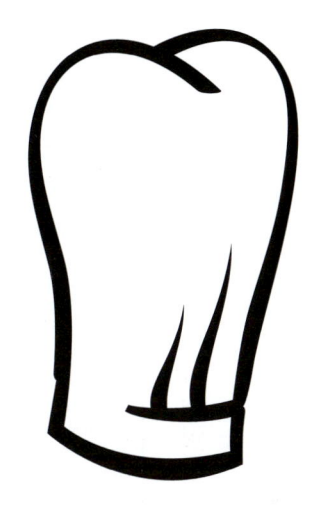

Gault&Millau

Gault&Millau 2020 – alle Ergebnisse ab sofort auch
unter www.gaultmillau.at erhältlich

Lokalindex von A bis Z

Golfclubs

A
Achensee 6213 Pertisau 744
Adamstal Franz Wittmann 3172 Ramsau bei Hainfeld... 746
Almenland 8162 Passail 744

B
Bad Kleinkirchheim – Kaiserburg
9546 Bad Kleinkirchheim.. 732
Bad Waltersdorf 8271 Bad Waltersdorf 732
Bludenz-Braz 6708 Brand 732
Böhmerwald 4161 Ulrichsberg 749
Brunn 2345 Brunn am Gebirge 732
Bucklige Welt 2871 Zöbern 751

C
Colony Club Gutenhof 2325 Himberg bei Wien......... 738

D
Diamond Club Ottenstein 3532 Rastenfeld................ 746
Diamond Country Club 3452 Mitterndorf 742
Dolomitengolf Osttirol 9906 Lavant.......................... 741

E
Enzesfeld 2551 Enzesfeld-Lindabrunn 734
Erzherzog Johann 8591 Maria Lankowitz 742

F
Föhrenwald Wr. Neustadt 2821 Lanzenkirchen 740
Fontana 2522 Oberwaltersdorf................................... 744
Frühling 2434 Götzendorf an der Leitha 737
Fürstenfeld-Loipersdorf 8282 Loipersdorf 741

G
Gastein 5640 Bad Gastein 730
Goldegg 5622 Goldegg am See 736
Golf & Country Club Brunn 2345 Brunn am Gebirge... 732
Golf & Country Club Schloss Pichlarn
8943 Aigen im Ennstal.. 730
Golf Club Almenland 8162 Passail............................ 744
Golf Club Enzesfeld 2551 Enzesfeld-Lindabrunn 734
Golf Club Gut Freiberg 8200 Gleisdorf...................... 735
Golf Club Gut Murstätten 8403 Lebring 741
Golf Club Kremstal 4531 Kematen an der Krems 738
Golf Club Riefensberg-Sulzberg 6943 Riefensberg ... 746
Golf Club Wien-Süßenbrunn 1220 Wien 750
Golf Eichenheim Kitzbühel-Aurach 6370 Kitzbühel... 739
Golf Eldorado – Bucklige Welt 2871 Zöbern 751
Golf Kössen 6345 Kössen 740
Golf Regau Attersee-Traunsee 4845 Rutzenmoos..... 747
Golf-& Landclub Achensee 6213 Pertisau 744
Golf-Club Hainburg 2410 Hainburg an der Donau..... 737
Golfclub Adamstal Franz Wittmann 3172 Ramsau/Hainfeld... 746
Golfclub Am Mondsee 5310 Mondsee 743
Golfclub Bad Kleinkirchheim – Kaiserburg
9546 Bad Kleinkirchheim.. 732
Golfclub Bad Waltersdorf 8271 Bad Waltersdorf 732

Golfclub Bludenz-Braz 6708 Brand........................... 732
Golfclub Dellach 9082 Maria Wörth 742
Golfclub Dolomitengolf Osttirol 9906 Lavant........... 741
Golfclub Donau 4101 Feldkirchen an der Donau 734
Golfclub Erzherzog Johann 8591 Maria Lankowitz ...742
Golfclub Föhrenwald Wr. Neustadt 2821 Lanzenkirchen ...740
Golfclub Frühling 2434 Götzendorf an der Leitha..... 737
Golfclub Gastein 5640 Bad Gastein 730
Golfclub Goldegg 5622 Goldegg am See 736
Golfclub Golfschaukel 7574 Neudauberg.................. 743
Golfclub Gut Altentann 5302 Henndorf am Wallersee... 738
Golfclub Gut Brandlhof 5760 Saalfelden 747
Golfclub Haugschlag-Waldviertel 3874 Haugschlag... 737
Golfclub Herzog Tassilo 4540 Bad Hall 730
Golfclub Innsbruck-Igls 6074 Rinn 746
Golfclub Kitzbühel-Schwarzsee 6370 Kitzbühel..... 739
Golfclub Kitzbüheler Alpen Westendorf
6363 Westendorf... 750
Golfclub Klagenfurt-Seltenheim
9061 Klagenfurt/Wölfnitz 739
Golfclub Lengenfeld 3552 Dross............................... 733
Golfclub Linsberg 2821 Lanzenkirchen 740
Golfclub Linz-St. Florian 4490 St. Florian................. 747
Golfclub Lungau-Katschberg
5582 St. Michael im Lungau 748
Golfclub Maria Theresia Haag/H.
4680 Haag am Hausruck 737
Golfclub Mieminger Plateau 6414 Mieming.............. 742
Golfclub Millstätter See 9872 Millstatt am See 742
Golfclub Montfort Rankweil 6830 Rankweil.............. 746
Golfclub Mühlviertel St.Oswald-Freistadt
4271 St. Oswald bei Freistadt..................................... 748
Golfclub Murtal 8724 Spielberg bei Knittelfeld 748
Golfclub Nassfeld Golf 9631 Jenig............................ 738
Golfclub Nationalpark Hohe Tauern 5730 Mittersill...743
Golfclub Neusiedlersee-Donnerskirchen
7082 Donnerskirchen 733
Golfclub Pörtschach Moosburg 9062 Moosburg......743
Golfclub Poysdorf 2170 Kleinhadersdorf 739
Golfclub Radstadt 5550 Radstadt.............................. 744
Golfclub Römergolf 5301 Eugendorf bei Salzburg.... 734
Golfclub Schladming Dachstein 8967 Haus............. 737
Golfclub Schloss Ebreichsdorf 2483 Ebreichsdorf... 733
Golfclub Schloss Ernegg 3261 Steinakirchen a. Forst...749
Golfclub Schloss Finkenstein
9585 Gödersdorf/FaakerSee 735
Golfclub Schloss Frauenthal 8530 Deutschlandsberg... 733
Golfclub Schloss Schönborn 2013 Göllersdorf........ 736
Golfclub Schönfeld 2291 Lassee.............................. 741
Golfclub Seefeld-Wildmoos 6100 Seefeld 748
Golfclub Spillern 2104 Spillern 749
Golfclub St. Pölten 3110 Neidling 743
Golfclub Stärk-Ansfelden 4052 Ansfelden 730
Golfclub Sterngartl 4181 Oberneukirchen................ 744
Golfclub SWARCO Amstetten-Ferschnitz
3325 Ferschnitz 735
Golfclub Traunsee 4656 Kirchham bei Vorchdorf 738

Lokalindex von A bis Z

ÖSTERREICH

Golfclub Urslautal 5760 Saalfelden 747
Golfclub Velden-Köstenberg 9231 Köstenberg 740
Golfclub Weitra 3970 Weitra............................. 750
Golfclub Wels 4616 Weißkirchen....................... 750
Golfclub Wien 1020 Wien................................. 750
Golfclub Wilder Kaiser 6352 Ellmau.................. 734
Golfclub Windischgarsten Pyhrn-Priel
4580 Windischgarsten......................................751
Golfclub Zell am See-Kaprun-Saalbach-Hinterglemm
5700 Zell am See...751
Golfclub Zillertal Uderns 6271 Uderns..................749
Golfpark Böhmerwald 4161 Ulrichsberg 749
Golfpark Metzenhof 4484 Kronstorf............................740
Golfschaukel 7574 Neudauberg 743
Gut Altentann 5302 Henndorf am Wallersee............. 738
Gut Brandlhof 5760 Saalfelden 747
Gut Freiberg 8200 Gleisdorf 735
Gut Murstätten 8403 Lebring 741
Gutenhof 2325 Himberg bei Wien............................ 738

H
Hainburg 2410 Hainburg an der Donau..................... 737
Haugschlag-Waldviertel 3874 Haugschlag............... 737
Herzog Tassilo 4540 Bad Hall 730

I
Innsbruck-Igls 6074 Rinn......................................746

J
Jacques-Lemans Golfclub St. Veit-Längsee
9313 St. Georgen am Längsee.....................................747

K
Kärntner Golfclub Dellach 9082 Maria Wörth............742
Kaiserwinkl Golf Kössen 6345 Kössen 740
Kitzbühel-Schwarzsee 6370 Kitzbühel 739
Kitzbüheler Alpen Westendorf 6363 Westendorf.... 750
Klagenfurt-Seltenheim 9061 Klagenfurt/Wölfnitz ... 739
Klöch 8493 Klöch... 739
Kremstal 4531 Kematen an der Krems.....................738

L
Lengenfeld 3552 Dross 733
Linsberg 2821 Lanzenkirchen 740
Linz-St. Florian 4490 St. Florian...............................747
Linzer Golfclub Luftenberg 4225 Luftenberg 741
Lungau-Katschberg 5582 St. Michael im Lungau 748

M
Maria Theresia Haag/H. 4680 Haag am Hausruck ... 737
Metzenhof 4484 Kronstorf 740
Mieminger Plateau 6414 Mieming 742
Millstätter See 9872 Millstatt am See 742
Mondsee 5310 Mondsee..743
Montfort Rankweil 6830 Rankweil............................746
Mühlviertel St.Oswald-Freistadt
4271 St. Oswald bei Freistadt....................................748
Murhof 8130 Frohnleiten 735
Murtal 8724 Spielberg bei Knittelfeld 748

N
Nassfeld Golf 9631 Jenig... 738
Nationalpark Hohe Tauern 5730 Mittersill 743
Neusiedlersee-Donnerskirchen 7082 Donnerskirchen.....733

O
Ottenstein 3532 Rastenfeld......................................746

P
Pörtschach Moosburg 9062 Moosburg.....................743
Poysdorf 2170 Kleinhadersdorf 739

R
Radstadt 5550 Radstadt...744
Regau Attersee-Traunsee 4845 Rutzenmoos 747
Reiters Golf & Country Club 7431 Bad Tatzmannsdorf ... 732
Riefensberg-Sulzberg 6943 Riefensberg..................746
Römergolf 5301 Eugendorf bei Salzburg.................. 734

S
Salzkammergut Golfclub 5360 St. Wolfgang............748
Schladming Dachstein 8967 Haus 737
Schloss Ebreichsdorf 2483 Ebreichsdorf.................. 733
Schloss Ernegg 3261 Steinakirchen am Forst 749
Schloss Finkenstein 9585 Gödersdorf/Faaker See 735
Schloss Frauenthal 8530 Deutschlandsberg............. 733
Schloss Pichlarn 8943 Aigen im Ennstal 730
Schönborn 2013 Göllersdorf..................................... 736
Schönfeld 2291 Lassee..741
Seefeld-Wildmoos 6100 Seefeld 748
Spillern 2104 Spillern 749
St. Veit-Längsee 9313 St. Georgen am Längsee.........747
Stärk-Ansfelden 4052 Ansfelden.............................. 730
Sterngartl 4181 Oberneukirchen 744
SWARCO Amstetten-Ferschnitz 3325 Ferschnitz ... 735

T
Thermengolfclub Fürstenfeld-Loipersdorf
8282 Loipersdorf 741
Traminergolf Klöch 8493 Klöch............................... 739
Traunsee 4656 Kirchham bei Vorchdorf 738

U
Urslautal 5760 Saalfelden 747

V
Velden-Köstenberg 9231 Köstenberg.......................740

W
Weitra 3970 Weitra 750
Wels 4616 Weißkirchen 750
Wien-Süßenbrunn 1220 Wien.................................. 750
Wilder Kaiser 6352 Ellmau...................................... 734
Windischgarsten Pyhrn-Priel 4580 Windischgarsten ... 751

Z
Zell am See-Kaprun-Saalbach-Hinterglemm
5700 Zell am See..751
Zillertal Uderns 6271 Uderns....................................749

Lokalindex von A bis Z

Bars und Cafés

1
15 süße Minuten 1040 Wien 780

2
26° East Bar 1010 Wien 760

5
57 Restaurant & Lounge 1220 Wien 760

A
Afro Café 5020 Salzburg.. 790
Agent Oscar 1070 Wien 760
Aloisia's Mehlspeiskuchl & Kaffeestub'n
7512 Badersdorf 786
Atmosphere Rooftop Bar 1010 Wien 760
Aurora Rooftop Bar 1100 Wien 761

B
Bachhalm 4560 Kirchdorf an der Krems 789
Balthasar Kaffee Bar 1020 Wien 780
Bar 67 6561 Ischgl 776
Barfly's Club 1060 Wien 761
Baumgartner 4810 Gmunden 788
Beimir 1160 Wien 761
Berghof Bar 6764 Lech am Arlberg........................... 777
Bernold 9500 Villach.. 787
Birdyard 1080 Wien 769
Blaue Bar 1010 Wien 761
Boiler Room 4020 Linz an der Donau 772
Bonbonniere Bar 1010 Wien 762
Botanical Garden 1090 Wien 762
Braun 5310 Mondsee 789
Bristol Bar 1010 Wien 762
Bruder 1060 Wien 762
BurgBar 2380 Perchtoldsdorf 772

C
Café am Heumarkt 1030 Wien 780
Café Am Hof 1010 Wien 781
Café Central 6020 Innsbruck 793
Café Elefant 8430 Leibnitz 792
Café Français 1090 Wien 781
Café im Kunsthistorischen Museum Wien 1010 Wien... 781
Café Oper Wien 1010 Wien 782
Café Sacher 1010 Wien 782
Café Sacher 5020 Salzburg 790
Cafemima 1020 Wien 782
Central 6020 Innsbruck 793
Chapel Bar 1150 Wien 769
Churchill 8010 Graz 775
Clementine Café-Patisserie 2500 Baden bei Wien ... 788
Comida y Ron 1010 Wien 763

D
D-Bar 1010 Wien 763
Dachboden 1070 Wien 763
Danner 6850 Dornbirn 794
Das Kniely 8463 Leutschach 792
Das Loft 1020 Wien 763
Das Torberg 1080 Wien 763
Der Dachboden 1070 Wien 763
Die Nachtigall 7400 Oberwart 772
Die Parfümerie 1070 Wien 763
Dommayer 1130 Wien 783
Dosage 1010 Wien 764

E
Easy Bar 4020 Linz an der Donau 774
Eden Bar 1010 Wien 764
EILES 1080 Wien 783
Elefant 8430 Leibnitz... 792
Englhof Bar 6277 Zellberg 777
Erlkönig Bar 6020 Innsbruck 776

F
Fabios 1010 Wien 764
First American Bar 1010 Wien 764

G
Gerstner K. u. K. Hofzuckerbäcker 1010 Wien 783
Gredler 6280 Zell am Ziller 794

H
Hacker 6240 Rattenberg/Inn 793
Hammond Bar 1020 Wien... 764
Haslberger 4710 Grieskirchen 789
Hawelka 1010 Wien 784
Heiss & Süß 3040 Neulengbach 788
Heuer am Karlsplatz 1040 Wien 764
Hochleitner 5580 Tamsweg 791

I
If Dogs Run Free 1060 Wien 764
Intermezzo Bar 1030 Wien.. 765

J
Jigger Bar 5020 Salzburg.. 775
Josef Cocktail Bar 1010 Wien 765

K
Kaffeefabrik 1040 Wien 784
Kaplan am Kurpark 7431 Bad Tatzmannsdorf 786
Katze Katze 8010 Graz 775
Katzung 6020 Innsbruck 793
Kleinod 1010 Wien 765
Kniely 8463 Leutschach 792
Konditorei-Confiserie Lienbacher 9800 Spittal a.d. Drau...787
Koppitz 8472 Straß in Steiermark.............................. 792

Lokalindex von A bis Z

Korb 1010 Wien 784
Kruger's Bar 1010 Wien 765
krypt. 1090 Wien 766
Kunsthistorisches Museum 1010 Wien 781

L

Lakeside Strandbar 9081 Reifnitz 772
Lamée Rooftop 1010 Wien 766
Lamperie 1020 Wien 766
Leitner 8523 Frauental an der Lassnitz 791
Lienbacher 9800 Spittal an der Drau 787
Liquid Diary 6020 Innsbruck 776
Loft 1020 Wien 763
Loos-Bar 1010 Wien 766
Luster 1060 Wien 767

M

Mayday Bar 5020 Salzburg 774
Mayer 4673 Gaspoltshofen 788
Meszaros Macaron & Dessert Boutique 8010 Graz ... 791
Miranda 1060 Wien 767
Mistlbacher 3390 Melk 788

N

Naber 1010 Wien 784
Nachtigall 7400 Oberwart 772
Needle Vinyl Bar 1010 Wien 767
Nelke 1020 Wien 784
Nightfly's Club 1010 Wien 767
Nussbaumer 9853 Gmünd 787

Ö

Öl 1020 Wien 767

O

Omar Bar 1080 Wien 767
Onyx Bar 1010 Wien 767

P

Parfümerie 1070 Wien 763
Park Hyatt 1010 Wien 781
Planter's Club 1010 Wien 768
Pletzer 5730 Mittersill 790
Puff 1060 Wien 768

R

Rainberg 5020 Salzburg 790

Regner 8732 Seckau 792
Ritter 1060 Wien 784
Roberto 1010 Wien 768
Rochus 1030 Wien 768

S

Sacher Salzburg 5020 Salzburg 790
Sacher Wien 1010 Wien 782
Schallert 6973 Höchst 794
Schörgi 4360 Grein 789
Schwarzenberg 1010 Wien 785
Schweiger Deli 5020 Salzburg 790
Semmelrock 9620 Hermagor 787
Silver Bar 1040 Wien 768
Skybar 1010 Wien 768
Spelunke 1020 Wien 769
Stadtkind 1010 Wien 785
Stage 12 6020 Innsbruck 776
Steinhauser 6850 Dornbirn 794

T

Tabacchi 1050 Wien 769
Taro 2460 Bruck an der Leitha 772
The Birdyard 1080 Wien 769
The Chapel Bar 1150 Wien 769
The Churchill 8010 Graz 775
The Jigger Bar 5020 Salzburg 775
The Sign 1090 Wien 769
Tomaselli 5020 Salzburg 790
Torberg 1080 Wien 763
Tür 7 1080 Wien 769

U

Urbann Café-Confiserie 4600 Wels 789

V

Viola 1080 Wien 785
Völlerei 5760 Saalfelden 774

W

Wienerroither 9210 Pörtschach 787
Wortner 1040 Wien 785

Z

Zartl 1030 Wien 786

www.gaultmillau.at – Tipps, Trends, Rankings und alle Restaurantkritiken

Lokalindex von A bis Z

Südtirol Restaurants und Tipps

1
1897 39010 St. Martin in Passeier 841
1908 39054 Ritten 838

A
Alois Lageder Paradeis 39040 Margreid.................. 831
Alpen Palace Deluxe Hotel & Spa Resort 39030 Ahrntal...808
Alpenroyal 39048 Wolkenstein in Gröden 851
Alpenroyal Grand Hotel 39048 Wolkenstein in Gröden ... 851
Alte Post 39040 Tramin... 848
Annona 39030 Steinhaus im Ahrntal 845
Ansitz Romani 39040 Tramin..................................... 848
Ansitz zum Steinbock 39040 Villanders 849
Apollonia 39010 Nals 834
Apostelstube 39042 Brixen..816
arbor 39049 Sterzing... 845
Argentieri 39100 Bozen...813
Arôme 39100 Bozen...812
Artifex im Feuerstein 39041 Brenner........................815
Astra 39053 Steinegg... 844
Aurea Vallis 39030 Ahrntal 808

B
Bad Schörgau 39058 Sarnthein/Sarntal 842
Bamboo 39100 Bozen...814
Bischofhof 39043 Klausen... 826
Bistro im Parkhotel Holzner 39054 Ritten................ 837
Braunwirt 39058 Sarnthein / Sarntal 842
brix 0.1 39042 Brixen..817

C
Capella 39033 Kolfuschg.. 827
Castel 39019 Dorf Tirol... 821
Castel Fragsburg 39012 Meran 833
Chalet Gérard 39048 Wolkenstein in Gröden 851
Culinaria im Farmerkreuz 39019 Dorf Tirol 821

D
Dolce Vita Stuben 39025 Naturns 835
Drumlerhof 39032 Sand/Taufers 839

E
Eggentaler 39053 Kardaun 826
Einhorn 39040 Mauls 832
Elephant 39042 Brixen..816
Engel SPA & Resort 39056 Welschnofen 850

F
Farmerkreuz 39019 Dorf Tirol................................... 821
Fink 39042 Brixen..816
Finsterwirt 39042 Brixen..817
Fischerwirt 39058 Sarntal 842
Flamme 39049 Sterzing 846
Fragsburg 39012 Meran... 833

G
Gardena Grödnerhof 39046 St. Ulrich/Gröden 841
Gasthaus zur Krone 39023 Laas 828
Gasthof „Zum Gold'nen Adler" 39024 Mals............ 830
Gasthof Jäger 39010 Nals... 835
Gasthofstube Stafler 39040 Mauls 832
Geniesserhotel Bad Schörgau
39058 Sarntheim/Sarntal.. 842
Genießerhotel Sonnalp 39050 Deutschnofen 820
Gérard 39048 Wolkenstein in Gröden 851
Gostner Schwaige 39040 Seiser Alm 844
Gourmetstube Einhorn 39040 Mauls 832
Grödnerhof 39046 St. Ulrich/Gröden..........................841

H
Hanswirt 39020 Partschins/Rabland........................ 835
Haselburg 39100 Bozen 812
Hidalgo 39014 Burgstall...819
Hopfen & Co. 39100 Bozen..814
Hotel Traube Post 39027 Graun im Vinschgau........ 823
Hotel Weinegg 39057 Eppan 822
Humus 39100 Bozen...814

I
In Viaggio 39100 Bozen 812

J
Jäger 39010 Nals... 835
Jasmin 39043 Klausen 826
Johannesstube 39056 Welschnofen........................ 850

K
Kaiserkron 39100 Bozen 813
Kallmünz 39012 Meran 833
Kaminstube 39031 Bruneck......................................818
Kirchsteiger 39011 Lana.. 828
Kleine Flamme 39049 Sterzing................................. 846
Kleines Genießerhotel Tanzer 39030 Pfalzen......... 836
Kohlern 39100 Bozen..812
Kreuzberg 39030 Sexten.. 844
Krone 39040 Aldein... 809
Künstlerstübele Finsterwirt 39042 Brixen................817
Kürbishof 39040 Altrei..811
Kuppelrain 39020 Kastelbell 826

L
l'Arena 39057 Eppan 822
La Passion 39030 Vintl.. 850
La Perla 39033 Corvara... 820
La Stüa de Michil 39033 Corvara 820
Lalessandra 39012 Meran 833

Lokalindex von A bis Z

Lamm 39010 St. Martin in Passeier 840
Laurin 39100 Bozen 813
Leiter am Waal 39022 Algund 809
Löwengrube 39100 Bozen 813
Luisl Stube 39022 Algund 810

M
miil 39010 Tscherms 848
Miramonti Boutique Hotel 39010 Hafling 823
Miramonti Panorama Restaurant 39010 Hafling 823

N
Nadamas 39100 Bozen 814
Nives 39048 Wolkenstein in Gröden 851

O
Oberlechner 39022 Algund 810
Oberraindlhof 39020 Schnals 843
Oberraut 39031 Bruneck 819

P
Panholzer 39052 Kaltern 824
Paradeis 39040 Margreid 831
Paradiso 39021 Latsch 830
Parkhotel Holzner 39054 Ritten 837/838
Patauner 39018 Terlan 846
Patscheiderhof 39054 Ritten 838
Petrus 39031 Bruneck 818
Philiaz 39052 Kaltern 825
Pillhof 39057 Eppan 823
Pitzock 39040 Villnöss 849
Preidlhof 39025 Naturns 835
Pretzhof 39049 Pfitsch 836

Q
Quellenhof Gourmetstube 1897
39010 St. Martin in Passeier 841

R
Restaurant 1500 39011 Lana 828
Restaurant 1524 39057 Girlan-Eppan a.d. Weinstraße ... 823
Restaurant 1908 39054 Ritten 838
Ritterhof 39052 Kaltern 825
Rössl 39020 Rabland 837
Romantik Arthotel Cappella 39033 Kolfuschg 827
Romantik Hotel Oberwirt 39020 Marling 831
Rosengarten 39050 Eggen / Deutschnofen 822
Rungghof 39057 Girlan-Eppan an der Weinstraße 823

S
Saalerwirt 39030 St. Lorenzen 840
Schlosswirt Forst 39022 Algund 811
Schöneck 39030 Pfalzen 836
Schwarz Adler 39040 Kurtatsch/Weinstraße 828
Siegi's 39052 Kaltern 825

Sigmund 39012 Meran 834
Signaterhof 39054 Ritten 839
Sissi 39012 Meran 834
Sonnalp Gourmetstube 39050 Deutschnofen 820
St. Hubertus 39036 St. Kassian in Abtei 839
Stadele 39011 Lana 830
Stafler 39040 Mauls 832
Stria 39033 Kolfuschg 828
Stube Ida 39011 Lana 830

T
Taberna Romani 39040 Tramin 848
Tanzer 39030 Pfalzen 836
Terra 39058 Sarnthein/Sarntal 843
Tilia 39034 Toblach 847
Traube Post 39027 Graun im Vinschgau 823
Trautmannsdorf 39012 Meran 834
Tree Brasserie 39100 Bozen 814
Trenkerstube 39019 Dorf Tirol 821
Turm 39050 Völs am Schlern 850
Turmwirt 39043 Klausen 827

U
Unterwirt 39043 Klausen 827

V
Vigilius Mountain Resort 39011 Lana 829/830
Vigilius Stube Ida 39011 Lana 830
Vinzenz 39049 Sterzing 846

W
Walther's 39100 Bozen 814
Wirtshaus Vögele 39100 Bozen 814

Z
Zenzero 39100 Bozen 815
Zirmerhof 39040 Radein 837
Zum Gold'nen Adle 39024 Mals 830
Zum Löwen 39010 Tisens 847
Zum Steinbock 39040 Villanders 849
Zum Turm 39032 Sand/Taufers 839
Zur Kaiserkron 39100 Bozen 813
Zur Krone 39023 Laas 828
Zur Rose 39057 Eppan 822
Zushi 39100 Bozen 815

SÜDTIROL

Lokalindex von A bis Z

Hotels Südtirol

A

Adler Spa Resort Dolomiti 39046 St. Ulrich/Gröden ... 886
Adria 39012 Meran 873
Almhof-Call 39030 St. Vigil in Enneberg 887
Alpen Tesitin 39035 Welsberg-Taisten 894
Alpenhof 39037 Meransen 878
Alphotel Tyrol 39040 Ratschings 883
Alpenpalace Luxury Hideaway & Spa Retreat
39030 Ahrntal... 854
Alpenroyal Grand Hotel 39048 Wolkenstein in Gröden ... 895
Alpiana Resort 39011 Lana 870
AMONTI & LUNARIS Wellnessresort
39030 Steinhaus im Ahrntal 891
Andreus 39015 St. Leonhard/Passeier 886
Ansitz Plantitscherhof 39012 Meran 874
Ansitz Romani 39040 Tramin 892
Ansitz Rungghof 39050 Girlan 861
Ansitz zum Steinbock 39040 Villanders 893
Arnstein 39010 Ulten 892
Avelina 39010 Hafling 862

B

Bad Schörgau 39058 Sarnthein / Sarntal 888
Belvedere 39050 Jenesien 864
Berghoferin 39040 Aldein/Radein 854
Bischofhof 39043 Klausen 868
Briol 39040 Barbian 854

C

Cappella 39033 Kolfuschg 869
Castel 39019 Dorf Tirol 858
Castel Fragsburg 39012 Meran 874
Castel Rundegg 39012 Meran.......................................875
Chalet Gérard 39048 Wolkenstein in Gröden 895
Christof 39035 Welsberg.. 894
Ciasa Salares 39030 St. Kassian 884
Cristallo 39036 La Villa in Badia.................................... 869

D

Diana 39036 La Villa /Alta Badia 869
Dolomiti Wellness 39030 St. Kassian........................... 886
Dominik 39042 Brixen 857
Drumlerhof 39032 Sand/Taufers 884

E

Eden 39012 Meran 876
Elephant 39042 Brixen 857
Emmy 39050 Völs am Schlern 893
Engel SPA & Gourmet 39056 Welschnofen................. 895
Erika 39019 Dorf Tirol 860
Excelsior 39030 St. Vigil in Enneberg........................... 887

F

Fanes – Dolomiti Wellness 39030 St. Kassian 886
Feuerstein 39041 Brenner.. 857
First Class Hotel Vier Jahreszeiten 39028 Schlanders... 889
Four Points by Sheraton Bozen 39100 Bozen........... 855

G

Gailerhof 39035 Welsberg-Taisten 895
Garberhof 39024 Mals...870
Gardena Grödnerhof 39046 St. Ulrich/Gröden 886
Gartenhotel Moser am See 39057 Eppan 860
Genießerhotel Bad Schörgau 39058 Sarnthein/ Sarntal ... 888
Genießerhotel Der Waldhof 39011 Völlan b. Meran ... 893
Genießerhotel Sonnalp 39050 Deutschnofen 858
Gérard 39048 Wolkenstein in Gröden 895
Gloriette 39054 Oberbozen 880
Golden Rose 39020 Schnals.. 890
Goldener Adler 39042 Brixen 857
Gran Baita 39048 Wolkenstein in Gröden.................. 895
Greif 39100 Bozen.. 855
Grödnerhof 39046 St. Ulrich/Gröden........................... 886

H

Hanny 39100 Bozen 855
Hanswirt 39020 Partschins/Rabland............................ 883
Hohenwart 39017 Schenna 889
Holzner 39054 Ritten 884
Hotel Lindenhof 39025 Naturns.................................... 878
Hotel Monika 39030 Sexten.. 890
Hotel Paradies 39021 Latsch..870
Hotel Quelle 39030 Gsies St. Magdalena 862
Hotel Therme Meran 39012 Meran..............................875
Hotel Weinegg 39057 Eppan.. 860
Huberhof 39037 Meransen 878

I

Irma 39012 Meran 875

J

Josef Mountain Resort 39010 Hafling...................... 862

K

Kirchsteiger 39011 Lana...870
Kohlern 39100 Bozen.. 855
Kolfuschgerhof 39033 Kolfuschg 869
Kreuzberg 39030 Sexten.. 890
Kronblick 39030 Kiens 868
Krone 39040 Aldein 854
Kuppelrain 39020 Kastelbell 867

L

La Casies 39030 Gsies 862
la maiena Meran Resort 39020 Marling...................... 872

Lokalindex von A bis Z

La Perla 39033 Corvara 858
Ladurner 39022 Algund 854
Lamm 39040 Kastelruth 868
LATEMAR 39054 Oberbozen 880
Laurin 39100 Bozen 855
Lichtenstern 39054 Oberbozen 880

M

Masl 39037 Vals 892
Meisters Hotel Irma 39012 Meran 875
Mignon 39012 Meran 875
Mirabell Dolomiten Wellness Residenz 39030 Olang ... 880
Miramonti Boutique Hotel 39010 Hafling 864
Monika 39030 Sexten 890
Moser am See 39057 Eppan 860
My Arbor 39042 St. Andrä 884

N

NATUR HOTEL RAINER 39040 Ratschings 884
Nives 39048 Wolkenstein in Gröden 895

O

Oberraindlhof 39020 Schnals 890
Oberraut 39031 Bruneck 857
Oberwirt 39020 Marling 872

P

Palace Hotel Merano 39012 Meran 875
Paradies 39021 Latsch 870
Park Hotel Mignon 39012 Meran 875
Parkhotel Holzner 39054 Ritten 884
Parkhotel Laurin 39100 Bozen 855
Parkhotel Sole Paradiso 39038 Innichen 864
Petrus 39031 Bruneck 857
Pider 39030 La Valle 869
Plantitscherhof 39012 Meran 874
Plattenhof 39040 Tramin 892
Preidlhof 39025 Naturns 878

Q

Quelle 39030 Gsies St. Magdalena 862

R

RAINER 39040 Ratschings 884
Regina 39054 Oberbozen /Ritten 880
Rössl 39020 Rabland 883
Romantik Arthotel Cappella 39033 Kolfuschg ... 869
Romantik Hotel Oberwirt 39020 Marling 872
Romantik Hotel Stafler 39040 Mauls 873
Rosa Alpina 39036 St. Kassian in Abtei 886
Rundegg 39012 Meran 875
Rungghof 39050 Girlan 861

S

San Luis 39010 Hafling 864
Sand 39020 Kastelbell / Tschars 867
Sassongher 39033 Corvara 858
Schgaguler 39040 Kastelruth 868
Schönblick 39031 Reischach 858
Seiser Alm Urthaler 39040 Seiser Alm 890
Sheraton Bozen 39100 Bozen 855
Sole Paradiso 39038 Innichen 864
Sonnalp 39050 Deutschnofen 858
SONNENBERG 39037 Meransen 878
Spaces 39030 St. Vigil in Enneberg 888
Stafler 39040 Mauls 873
Stroblhof 39057 Eppan 860
SuiteSeven 39012 Meran 875

T

Tanzer 39030 Pfalzen 882
Terra – The Magic Place 39058 Sarnthein/Sarntal ... 888
The Panoramic Lodge 39058 Sarntal 888
Therme Meran 39012 Meran 875
Tivoli 39012 Meran 876
Traminerhof 39040 Tramin 892
Traube Post 39027 Graun im Vinschgau 861
TschögglbergerHof 39050 Jenesien 866
Tuberis 39020 Taufers im Münstertal 891
Turm 39050 Völs am Schlern 893

U

Unterwirt 39043 Klausen 868
Urthaler 39040 Seiser Alm 890

V

Vajolet 39050 Tiers am Rosengarten 891
Vier Jahreszeiten 39028 Schlanders 889
Vigilius Mountain Resort 39011 Lana 870
Villa Eden 39012 Meran 876
Villa Tivoli 39012 Meran 876
Vinea 39019 Dorf Tirol 860
Vinschgerhof 39028 Vetzan -Schlanders 893

W

Waldhof 39011 Völlan bei Meran 893
Waldhof 39030 Percha 882
Wiesnerhof 39049 Pfitsch 883

Z

Zirmerhof 39040 Radein 883
zum Steinbock 39040 Villanders 893
Zur Goldenen Rose 39020 Schnals 890

Lokalindex von A bis Z

Südtiroler Almhütten

A
Allriss Alm 39041 Gossensass 901
Anratterhütte 39037 Mühlbach 905

B
Bergeralm 39030 Rasen-Antholz 907
Berglalm 39020 Schnals 910

C
Comici Hütte 39048 Wolkenstein in Gröden 916

D
Daniel Hütte 39046 St. Ulrich/Gröden 909
Dürrensteinhütte 39030 Prags 906

F
Fanes Hütte 39030 St. Vigil in Enneberg 910

G
Gampenalm 39040 Villnöss 913
Gampiel Alm 39030 Vintl 915
Geisleralm 39040 Villnöss 914
Getrumalm 39058 Reinswald 908
Göflaner Alm 39028 Schlanders 910
Gurndinalm 39040 Aldein 900

H
Hagneralm 39056 Welschnofen 916
Hauserbergalm 39058 Sarntal 910
Höfer Alm 39024 Mals 904
Hofer Alpl 39050 Völs am Schlern 915
Hornalm 39040 Truden 912

I
Innerhofer Alm 39030 Weißenbach-Ahrntal 916
Isihütte 39040 Radein 907

J
Jenesier Jöchl 39050 Jenesien 903
Jora Hütte 39038 Innichen 902

K
Kaserillalm 39040 Villnöss 914
Knuttenalm 39032 Rein In Taufers 907
Kreuzwiesenalm 39040 Lüsen 904

L
Lazinser Alm 39013 Pfelders 906
Leadner Alm 39010 Vöran 915
Lercheralm 39030 Oberwielenbach 906
Lyfi Alm 39020 Martelltal 904

M
Mair in Plun 39040 Villanders 913
Maso Runch Hof 39036 Abtei 900

Melager Alm 39027 Graun im Vinschgau 902
Moschwaldalm 39010 Hafling 902

O
Oberetteshütte 39034 Matsch 905

P
Petersberger Leger Alm 39050 Petersberg 906
Planeiler Alm 39024 Mals 904
Platzeralm 39040 Barbian 901
Prantneralm 39049 Sterzing 911

R
Reschner Alm 39027 Reschen 908
Rojen 39027 Rojen 908

S
Sanon Hütte 39040 Kastelruth 903
Schatzerhütte 39040 Afers 900
Schaubachhütte 39029 Sulden 912
Schönbergalm 39030 Weissenbach 915
Schöne Aussicht 39020 Schnals 911
Schutzhaus Tschafon 39050 Tiers 912
Simile-Mahd-Alm 39040 Freienfeld 901
Skihütte Rojen 39027 Rojen 908
Steinrast 39010 Ulten 913
Stolla Alm 39030 Prags 907

T
Taistner Vorderalm 39035 Welsberg-Taisten 916
Talschlusshütte 39030 Sexten 911
Tiefrastenhütte 39030 Terenten 912
Tschafon 39050 Tiers 912

Ü
Ütia Vaciara 39030 Campill 901

V
Valparola Alm-Eisenöfen 39036 St. Kassian 909

W
Waidmann Alm 39010 Hafling 902
Wannser Alm 39015 St. Leonhard/Passeier 909

Z
Zetnalm 39025 Naturns 905
Zirmtalam 39020 Kastelbell / Tschars 903

Lokalindex von A bis Z

Südtirol Hof- und Buschenschänken

E
Ebnicherhof 39054 Ritten 924

F
Föhrner 39100 Bozen 921
Fronthof 39050 Völs am Schlern 927

G
Gostnerhof 39040 Barbian 920
Griesserhof 39040 Vahrn 926
Gummererhof 39042 Brixen.. 921

H
Hubenbauer 39040 Vahrn 926
Huberhof 39042 Brixen 921

K
Kinigerhof 39030 Sexten 925

L
Larm-Hof 39040 Villanders 926

N
Nalserbacherkeller 39010 Nals................................ 923
Niedermair 39020 Kastelbell.. 922
Niedristhof 39030 Percha 924

O
Oberlegar 39018 Terlan 925
Obermoserhof 39040 Feldthurns............................... 922
Oberpartegger 39040 Villanders................................. 927

P
Pfrollnhof 39010 St. Pankraz im Ultental 924
Pirchhof 39025 Naturns 923
Planitzer 39040 Montan 923
Pschnickerhof 39040 Villanders................................ 927

R
Raffeinhof 39016 Ulten / St. Walburg......................... 926
Rauthof 39012 Meran.. 922

S
Schifferegger 39030 Kiens.. 922
Schnalshuberhof 39022 Algund 920

U
Ungererhof 39040 Ratschings 924
Unteraichnerhof 39040 Barbian 920

V
Villscheiderhof 39042 Brixen 921

W
Wassererhof 39050 Völs am Schlern 927

Z
Zmailer-Hof 39017 Schenna 925

SÜDTIROL

Gault&Millau
2020

Die neuesten Ergebnisse aus der Haubenwelt:
800 Restaurants, neu getestet und bewertet.

Plus: Die besten Weine, Wirtshäuser, Hotels und Almhütten.
Neu in dieser Ausgabe: Golfclubs, Cafés und Bars.

Zwei Bücher, ein Preis: € 39,- für Ihren Wegweiser in die Welt des guten Geschmacks
www.gaultmillau.at

Bleiben Sie up to date mit unseren täglichen Nachrichten
auf **Facebook** und **Instagram**.

Notizen

Jahrgangsbewertungen

Gault&Millau präsentiert

Jahr	Niederösterr.	Burgenland	Steiermark	Wien	Südtirol	Piemont	Toskana	Bordeaux	Burgund	Rioja	Kalifornien
1998	6	6	5	5	5+	7	6	6	5	6	7
1999	7	7	7	7	5+	6	7	5	6	6	6
2000	6	7	6	7	5+	6+	6	6	6	5	6
2001	6	6	6	5	5	6	5	5	6	6	7
2002	6	7	6	6	4	4	4	4	6	5	5
2003	5+	7	6	7	5+	6	6	5+	6	5	5
2004	5+	5+	4+	4	5	6	6	5	5	6	5
2005	5	4	5	5	4+	5	4+	6	5+	5+	5+
2006	6	7	5+	6	5	5	6	5	5	4+	4+
2007	5	5	5+	5	5	5	6	4	5	4+	5
2008	4	5	5+	5	4+	5	5	4–6	5	5	4+
2009	7	7	6	6	7	7	7	7	6	6	5
2010	3–5	4–5	5	4–5	5	5	5	7	4	6	4
2011	6	6–7	6	6	5	5	5	4–5	4–5	4–5	4–5
2012	6	6	6	6	5	6	6	4	6+	5	6
2013	6	6	6	6	6	5	5	3	5	4	5
2014	4	4–5	3–4	4	4+	5+	5	5	5	4	6
2015	7	7	6	6	7	6	6	7	7	6	6
2016	5	5	4	7	5	6	6	6	4	6	5
2017	6	7	6	6	5	4	5	4	6	5	6
2018	6	7	6–7	6	6	7	6–7	6	6+	5+	7

0 = abzulehnen; 1 = schlecht; 2 = klein; 3 = mäßig; 4 = gut; 5 = sehr gut; 6 = erstklassig; 7 = hervorragend

Notizen